Inhalt

W0337531

Einleitung ... 11

I Begriffe, Untersuchungsgruppe, Forschungsstand und Konzeption der Untersuchung ... 17

1 Schlüsselbegriffe, (Kinder-)Armutskonzepte und Überblick über die Untersuchungsgruppe ... 19
1.1 Begriffsbestimmungen und Definitionsversuche ... 19
1.1.1 „Absolute" vs. „relative Armut" ... 19
1.1.2 Kindbegriffe ... 20
1.1.3 Definitionen von Migration, Migrant und Migrationshintergrund ... 21
1.2 (Kinder-)Armutskonzepte ... 24
1.2.1 Ressourcen- vs. Lebenslagenansätze ... 25
1.2.2 Kinderarmutskonzepte ... 35
1.3 Überblick zu Gruppen der Kinder mit Migrationshintergrund ... 41
1.3.1 Die zweite und dritte Generation aus den ehemaligen Anwerbestaaten ... 41
1.3.2 Kinder aus Spätaussiedlerfamilien ... 46
1.3.3 Flüchtlingskinder mit und ohne Aufenthaltsrecht ... 49
Exkurs zu Flüchtlingsgruppen und ihrem Aufenthaltsstatus ... 51

2 Forschungsstand und -desiderate zur Armut von Kindern mit Migrationshintergrund ... 62
2.1 Armut von Migranten(familien) als Thema der Armutsforschung und -berichterstattung ... 62
2.2 Armut von Kindern mit Migrationshintergrund als Thema der Kinderarmutsforschung ... 74
2.3 Die Armut von Migranten(kindern) als Thema der Migrationsforschung ... 81
2.3.1 Ausländische Kinder aus Anwerbestaaten ... 83
2.3.2 Kinder aus Spätaussiedlerfamilien ... 84
2.3.3 Die Armut von Flüchtlingskindern ... 88
2.4 Zwischenfazit: Methodische Probleme der Analyse von Armut bei Kindern mit Migrationshintergrund und Forschungsdesiderate ... 95

3 Die Konzeption der folgenden Armuts- und Lebenslagenanalyse von Kindern mit Migrationshintergrund ... 101
3.1 Berücksichtigte Lebenslagendimensionen, Untersuchungsgruppen und Aufbau ... 101
3.2 Fragestellungen ... 106
3.3 Methode und Literaturquellen ... 107

II Analyse der Lebenslagen von Kindern mit Migrationshintergrund bzw. ihrer Familien ... 111

4 Einkommens-, Armuts- und Wohnsituation von Migrantenfamilien ... 113
4.1 Entwicklungen der Einkommen und Armutsrisiken von Migranten ... 113
Exkurs: Familiäre (Niedrig-)Einkommen und Handlungsspielräume von Kindern ... 115
4.1.1 Einkommen und Armutsrisiken von Ausländern und Deutschen im Vergleich ... 118
4.1.2 Unterschiede in den Armutsrisiken von Migranten nach weiteren Indikatoren ... 120
4.1.3 Transferleistungsbezug ... 138
4.1.4 Entwicklung von Einkommen und Armutsrisiken verschiedener Migrantengruppen ... 143
4.1.5 Armutsrisiken der zweiten bzw. dritten Generation aus Anwerbeländern ... 149
4.1.6 Armutsrisiken von Spätaussiedlern ... 152
4.1.7 Armutsrisiken von Flüchtlingen, Asylsuchenden und illegalisierten Ausländern ... 153
4.1.8 Zwischenfazit: (Kinder-)Armutsrisiken nach Herkunftsgruppen und Aufenthaltsstatus ... 159
4.2 Die Wohnsituation von Migranten(familien) ... 162
Exkurs: (Kinder-)Armut und Wohnen ... 165
4.2.1 Die Wohnversorgung von Nichtdeutschen im Vergleich zu Deutschen ... 171
4.2.2 Unterschiede in der Wohnsituation verschiedener Migrantengruppen unter besonderer Berücksichtigung von Ausländern aus den ehemaligen Anwerbestaaten ... 178
4.2.3 Die Wohnsituation von Spätaussiedlerfamilien ... 183
4.2.4 Die Wohn- und Unterkunftssituation von Flüchtlingsfamilien ... 188
4.2.5 Zwischenfazit: Die Wohnsituation von Migrantenhaushalten ... 196

Carolin Butterwegge

Armut von Kindern mit Migrationshintergrund

Für meine Familie

Carolin Butterwegge

Armut von Kindern mit Migrationshintergrund

Ausmaß, Erscheinungsformen und Ursachen

VS VERLAG

Bibliografische Information der Deutschen Nationalbibliothek
Die Deutsche Nationalbibliothek verzeichnet diese Publikation in der Deutschen Nationalbibliografie; detaillierte bibliografische Daten sind im Internet über <http://dnb.d-nb.de> abrufbar.

Diese Arbeit wurde vom Fachbereich Gesellschaftswissenschaften der Universität Duisburg-Essen als Dissertation zur Erlangung des Doktorgrades (Dr. Phil.) genehmigt.

Name der Gutachterinnen und Gutachter:
1. Prof. Dr. Jochen Zimmer
2. Prof. Dr. Ursula Boos-Nünning

Tag der Disputation: 25.11.2009

1. Auflage 2010

Lektorat: Frank Engelhardt

VS Verlag für Sozialwissenschaften ist eine Marke von Springer Fachmedien.
Springer Fachmedien ist Teil der Fachverlagsgruppe Springer Science+Business Media.
www.vs-verlag.de

Umschlaggestaltung: KünkelLopka Medienentwicklung, Heidelberg
Gedruckt auf säurefreiem und chlorfrei gebleichtem Papier
Printed in the Netherlands

ISBN 978-3-531-17176-0

5 Erscheinungsformen und Ausmaß der Unterversorgung in den Lebenslagendimensionen von Kindern mit Migrationshintergrund 198
5.1 Gesundheit, Kinderarmut und Migration 198
Exkurs 1: (Kinder-)Armut und Gesundheit 299
Exkurs 2: Migration und Gesundheit 208
5.1.1 Die Gesundheitssituation und -versorgung von Kindern mit Migrationshintergrund 212
5.1.2 Die Gesundheitssituation und -versorgung von Aussiedlerkindern 224
5.1.3 Die Gesundheitssituation und -versorgung von Flüchtlingskindern 226
5.1.4 Zwischenfazit: Gesundheitssituation und -versorgung von Kindern mit Migrationshintergrund 235
5.2 Bildungsbe(nach)teiligung und -armut von Kindern mit Migrationshintergrund 236
Exkurs zu zentralen Begriffen aus dem Bildungsbereich 239
5.2.1 Ethnische Unterschichtung in der Bildung? – Befunde zur Bildungsbeteiligung ausländischer Kinder 242
5.2.3 Bildungsbeteiligung und -erfolge von Aussiedlerkindern 278
5.2.4 Bildungsteilhabe von Kindern mit Fluchthintergrund 281
5.2.5 Zwischenfazit: Die Bildungssituation und -benachteiligung von Kindern mit Migrationshintergrund 292
5.3 Soziale Netzwerke und Exklusionsrisiken von Kindern mit Migrationshintergrund 294
Exkurs: Netzwerkforschung und soziale Netzwerke von Kindern 294
5.3.1 Soziale Netzwerke von Familien und Kindern unter Armutsbedingungen 297
5.3.2 Soziale Netzwerke von Kindern mit Migrationshintergrund 301
5.3.3 Soziale Netzwerke von Spätaussiedlerkindern 310
5.3.4 Soziale Netzwerke von Flüchtlingskindern 312
5.3.5 Zwischenfazit: Soziale Netzwerkstrukturen von Kindern mit Migrationshintergrund 316
5.4 Kumulierte Unterversorgungslagen und Lebenslagentypen bei Migranten(kindern) 317
5.4.1 Wechselwirkungen und Kumulationen von Unterversorgungslagen 318
5.4.2 Kumulative Unterversorgung von armen (Migranten-)Kindern nach der AWO-ISS-Studie 321
5.4.3 Resümee: Lebenslagetypen mit spezifischen Armutsrisiken von Kindern mit Migrationshintergrund 327

III Ansätze zur Erklärung der hohen Armutsrisiken von Kindern mit Migrationshintergrund 337

6 Erscheinungsformen, Ursachen und Auslöser für ethnische Ungleichheiten des Arbeitsmarktes 339
6.1 Wandel des Arbeitsmarktes sowie der Erwerbs- und Arbeitslosenstrukturen von Migranten 340
6.1.1 Erwerbsstrukturen 340
6.1.2 Die Arbeitslosigkeit von Migranten 355
6.2 Die Segmentierung des Arbeitsmarktes 359
6.2.1 Theorien der Arbeitsmarktsegmentation 360
6.2.2 Befunde zur Arbeitsmarktsegmentation und zu prekären Beschäftigungsverhältnissen 370
6.3 Das „Humankapital" von Migranten als Erklärungsansatz für ethnische Arbeitsmarktungleichheit 379
6.3.1 Allgemeine und migrationsspezifische Annahmen der Humankapitaltheorie 379
6.3.2 Befunde zum „Humankapital" von Migranten 382
6.4 Diskriminierungen am Arbeitsmarkt und benachteiligendes Ausländerrecht 394
6.4.1 Rassismus- und Diskriminierungstheorien 394
6.4.2 Diskriminierungsformen im Erwerbsleben 399
6.4.3 Formen direkter (rechtlicher) Diskriminierung auf dem Arbeitsmarkt 405

7 Migrationssoziologische Konzepte zur Erklärung und Migrationspolitik als Einflussfaktor der Armutsrisiken von Migranten 422
7.1 Erklärungsansätze der Migrationssoziologie 422
7.1.1 Frühe Ansätze zu Prozessen einer (misslungenen) strukturellen Integration 423
7.1.2 Theorien zu ethnischer Unterschichtung 429
7.1.3 Ethnizität und Ethnisierungsprozesse 447
7.2 Armutsrelevante Auswirkungen der Migrations- und Integrationspolitik 456
7.2.1 Phasen der Migrations- und Integrationspolitik 457
7.2.2 Integrationspolitik, ausländerrechtliche Statusgruppen und Armutsrisiken 466

8 Ansätze zur Erklärung der (Migranten-)Kinderarmut im Zuge des gesellschaftlichen Wandels und Sozialstaatsumbaus ... 474
8.1 Ansätze zur Erklärung der Kinderarmut im Kontext des gesellschaftlichen Wandels ... 474
8.1.1 „Risikogesellschaft“ und „Zweite Moderne“ ... 474
8.1.2 Globalisierung und Maternalisierung der Armut ... 481
8.2 Der Um- und Abbau des Wohlfahrtsstaates im Zuge „neoliberaler“ Modernisierung ... 488
8.2.1 Die Folgen der (Re-)Privatisierung sozialer Risiken im Zuge des Sozialstaatsumbaus ... 493
8.2.2 Sozialstaatszugang von und Familienleistungen für Migranten ... 503

9 Mikrosoziologische Erklärungsmodelle und Einflussfaktoren für (Migranten-)Kinderarmut ... 507
9.1 Auf Familien- und Kindesebene angesiedelte Erklärungsansätze für Kinderarmut ... 507
9.1.1 Risiko- und Resilienzfaktoren im Kindesalter ... 507
9.1.2 Das integrative AWO-ISS-Modell „Einflussfaktoren auf die Lebenssituation armer Kinder“ ... 514
9.2 Familiäre Einflussfaktoren für die kindliche Bewältigung von Armutsrisiken ... 515
9.2.1 Die Schlüsselrolle der Familie bei der Bewältigung armutsbedingter Belastungen eines Kindes ... 516
9.2.2 Eltern-Kind-Beziehungen in armen Familien ... 519
9.2.3 Veränderungen innerfamilialer Beziehungsgefüge unter Emigrationsbedingungen ... 522
9.2.4 Elterliche Bewältigungsstrategien und familiale Ressourcen ... 529
9.3 Bedingungsfaktoren zur Bewältigung von Armutsrisiken seitens der Kinder ... 530

IV Fazit und Ausblick ... 537

10 Resümee und Ausblick zur Kinderarmut bei Migranten ... 539
10.1 Fazit zu den Armutsrisikogruppen unter Kindern mit Migrationshintergrund ... 539
10.2 Fazit zu den Ursachen der hohen Kinderarmutsrisiken bei Migranten ... 540
10.3 Ausblick: Thesen zur Förderung der Integration und Gleichbehandlung von Kindern mit Migrationshintergrund aus einkommensarmen Familien ... 544

Verzeichnisse ... 547

1 Verzeichnis der Abbildungen und Tabellen ... 549
2 Verzeichnis der Abkürzungen ... 551
3 Quellen- und Literaturverzeichnis ... 553
3.1 Wissenschaftliche Quellen ... 553
3.2 Internetliteratur ... 578
3.3 Pressemitteilungen und Zeitungsliteratur ... 579
3.4 Gesetze, Richtlinien und Verordnungen ... 579

Einleitung

Die seit Anfang der 1990er-Jahre zuerst allmählich und seit Inkrafttreten des als „Hartz IV" bezeichneten Gesetzespaketes zu Beginn des Jahres 2005 sprunghaft gestiegene Kinderarmut in Deutschland ist inzwischen zu einem gesellschaftspolitischen Problemfeld größter Brisanz avanciert. Damit setzen sich nicht nur die Öffentlichkeit und die Sozialpolitik auf der Ebene des Bundes, der Länder und der Kommunen, sondern auch die Armutsforschung auseinander. Dies geschah seit Ende der 90er-Jahre so intensiv, dass man mittlerweile von der Kinderarmutsforschung als eigenständigem Forschungszweig sprechen kann. Innerhalb dieser Forschungsrichtung herrscht weitgehend Einigkeit über die hauptsächlich betroffenen Gruppen: alleinerziehende Eltern (meist: Mütter), kinderreiche Familien, Erwerbslosenhaushalte sowie (nichtdeutsche) Migrantenfamilien.

Die Armutsforschung identifizierte *ausländische* Kinder schon früh als besonders armutsgefährdete Gruppe innerhalb der Minderjährigen. 1998 resümierte der Zehnte Kinder- und Jugendbericht, dass ausländische Familien generell von kurz- und längerfristiger Armut stärker als deutsche betroffen seien, was sich sowohl in dem mit 30 Prozent sehr hohen Ausländeranteil minderjähriger Sozialhilfeempfänger/innen im Jahr 1993 als auch in den mit rund einem Drittel ebenso hohen relativen Kinderarmutsquoten bemerkbar machte.[1] Dieses Faktum bestätigten auch die Armuts- und Reichtumsberichte der Bundesregierung aus den Jahren 2001 und 2005,[2] wobei der zuletzt genannte Bericht die Armutsrisikoquote von Migrant(inn)en für 2003 mit 24 Prozent fast doppelt so hoch veranschlagte wie jene des Bevölkerungsdurchschnitts im früheren Bundesgebiet (12,4 %).

Wenngleich *nichtdeutsche* Kinder somit unbestritten zu den armutsgefährdetsten Gruppen innerhalb der Minderjährigen zählen, ist die Forschungslage zu ihrer spezifischen Armutsbetroffenheit keineswegs befriedigend. Noch weniger sind das Ausmaß, migrationsspezifische Erscheinungsformen, Ursachen, Einflussfaktoren und Bewältigungsstrategien von familiärer Armut und kindlichen Belastungen für Kinder *mit Migrationshintergrund*[3] erforscht, denen sich diese Untersuchung widmet. Die Gründe für die Forschungslücken bezüglich der Armut dieser heterogenen Gruppe von Kindern liegen wohl in dem noch jungen „Alter" der Kinderarmutsforschung, die sich zunächst mit Erscheinungsformen von Kinderarmut bei verschiedenen Altersgruppen, den Folgen etwa im Sozial-, Gesundheits- und Bildungsbereich sowie Risiko- und Schutzfaktoren oder Bewältigungsformen beschäftigt hat, ohne spezielle Betroffenengruppen (mit Ausnahme der Kinder von Alleinerziehenden) gesondert in den Blick zu nehmen. Die meisten Studien beschränken sich somit auf *deutsche* Untersuchungsgruppen, während sie Kinder aus Zuwandererfamilien entweder gänzlich außen vor lassen oder lediglich vereinzelte Befunde zu ausländischen Kindern insgesamt anführen. Außerdem sind Kinder

---

1 Vgl. Bundesministerium für Familie, Senioren, Frauen und Jugend (im Folgenden: BMFSFJ) (Hrsg.): Zehnter Kinder- und Jugendbericht. Bericht über die Lebenssituation von Kindern und die Leistungen der Kinderhilfen in Deutschland, Bonn 1998, S. 91

2 Vgl. Bundesministerium für Arbeit und Sozialordnung (im Folgenden: BMAS) (Hrsg.): Lebenslagen in Deutschland. Der erste Armuts- und Reichtumsbericht der Bundesregierung, Bonn 2001, S. 208; Bundesministerium für Gesundheit und Soziale Sicherung (im Folgenden: BMGS) (Hrsg.): Lebenslagen in Deutschland. Der 2. Armuts- und Reichtumsbericht der Bundesregierung, Berlin 2005, S. 74 u. 166

3 Erläuterungen zu zentralen Begriffen wie diesem folgen in Kapitel 1 dieser Arbeit.

mit Migrationshintergrund eine sehr heterogene Gruppe, mit deren Besonderheiten sich die Forschung zur sozialen Ungleichheit äußerst selten beschäftigt hat, weil man dies bislang der Migrationssoziologie und den mit ihr verwandten Wissenschaftsdisziplinen überließ. Schließlich resultieren diese Erkenntnislücken auch aus der mangelhaften Präzision amtlicher Statistiken und vieler Untersuchungen, die allein eine ausländische Staatsangehörigkeit, nicht aber eine familiäre Migrationsgeschichte, das Geburtsland oder die Sprachpraxis in Familien ausweisen – was der gewachsenen Pluralität von Migrationsformen in Deutschland, darunter etwa (statusdeutsche aber zugewanderte) Aussiedler/innen, Eingebürgerte und eine wachsende Zahl binationaler Ehen, immer weniger gerecht wird. Statistische Informationen zum genauen Anteil einzelner Herkunftsnationalitäten, Aufenthaltsstatus und -dauer oder familiären Sprachpraxen sind überwiegend für größere ausländische Migrantengruppen aus den ehemaligen Anwerbestaaten verfügbar.

Untersuchungsgegenstand der vorliegenden Arbeit sind die hohe Armutsbetroffenheit von Kindern mit Migrationshintergrund in Deutschland, deren Ausmaß, Erscheinungsformen und Ursachen. Gleichwohl geht es keineswegs darum, die von Elisabeth Beck-Gernsheim kritisierten defizitorientierten Diskussionen der 1970er-Jahre um das vorrangig als Opfer einer falschen oder fehlenden Migrationspolitik ins Blickfeld geratene „arme Ausländerkind" wiederzubeleben. Egal ob es die Gesundheit, das Wohnen, die Familie oder die Schule betraf, rückten diese Debatten als durchgängiges Grundmotiv einen (wie auch immer gearteten) Kulturkonflikt in den Mittelpunkt der Erklärung von Missständen, Defiziten und Mängeln, von denen Migrantenkinder umgeben waren, die man als „heimatlos", „ohne Sprache und inneren Halt" sowie als in einer ausweglosen Lage gefangen charakterisierte.[4] Vielmehr zielt diese Arbeit auf eine klischeefreie Deskription der äußerst pluralen und bloß teilweise von Armut geprägten Lebenslagen von Kindern mit Migrationshintergrund sowie auf eine Untersuchung, wie diese sich im Laufe der Jahre entwickelt haben und Anfang des 21. Jahrhunderts darstellen.

Viele Kinder aus von Armut betroffenen Zuwandererfamilien weisen zwar weitgehende Gemeinsamkeiten mit Kindern aus einkommensarmen einheimischen Familien auf, aber durchaus auch große Differenzen, etwa in der gesundheitlichen oder der Bildungssituation, beispielsweise je nach Herkunftsgruppe und Aufenthalts- oder Generationenstatus. Das Ausmaß der Armutsbetroffenheit ist bei Familien mit Migrationshintergrund außerdem ein anderes als bei einheimischen Familien. Zugleich sind die bereichsspezifischen Erscheinungsformen und Folgen von Armut partiell andere, sodass sich Pauschalisierungen verbieten und eine tiefergehende Analyse sowohl der Benachteiligungsformen in verschiedenen Lebensbereichen als auch ihrer Ursachen für verschiedene Teilgruppen der Kinder mit Migrationshintergrund notwendig wird. Die Arbeit geht von der These aus, dass es weniger kulturelle Fremdartigkeiten, Identitätsprobleme, Kulturkonflikte oder andere individuelle Merkmale von Migranten(kindern) als strukturelle Einflussfaktoren (wie ausländer- und sozialrechtliche Bestimmungen oder Merkmale des Bildungssystems) sind, die für die in den letzten Jahren besonders gestiegenen Armutsrisiken vieler Migrantenfamilien verantwortlich sind.

4 Vgl. E. Beck-Gernsheim: Wir und die Anderen. Vom Blick der Deutschen auf Migranten und Minderheiten, Frankfurt a. M. 2004, S. 80

Weil über das Ausmaß der Armutsbetroffenheit von Kindern mit Migrationshintergrund, ihre spezifischen Erscheinungsformen, Hintergründe und Ursachen somit weitgehende Unkenntnis herrscht, ist das Schließen dieser Forschungslücken das Kernanliegen meiner Untersuchung. Sie möchte zudem die in verschiedenen Fachdisziplinen wie der Migrationssoziologie, den Sozialarbeitswissenschaften oder den Bildungs- und Gesundheitswissenschaften durchaus vorhandenen Teilerkenntnisse zusammenführen. Weder dürfen dabei unzulässige Verallgemeinerungen zwischen Kindern einzelner Migrantengruppen vorgenommen, noch sollte der Blick für strukturelle Determinanten dieses Teilaspekts der Entwicklung sozialer Ungleichheit in der deutschen (Einwanderungs-)Gesellschaft verstellt werden. Schließlich wird die bisher meist nur begrenzte Ausschnitte umfassende Forschung zu Lebens- und Unterversorgungslagen bestimmter Teilgruppen wie Flüchtlings- oder Spätaussiedlerkindern vorgestellt. Diese werden in Untersuchungen zwar meist ausgeblendet, finden aber gerade deshalb hier besondere Aufmerksamkeit. Die Zusammenschau der Befunde dient der Zeichnung eines Gesamtbildes zur Kinderarmut bei Migrant(inn)en, welches erstmals die wichtigsten Teilgruppen der „Kinder mit Migrationshintergrund" sowie auch *im*materielle Erscheinungsformen von Kinderarmut für diese Untersuchungsgruppe in die Analyse einbezieht. Die vielfältigen Unterschiede in den Lebenslagendimensionen zwischen verschiedenen Migrantenkindergruppen werden dabei angemessen berücksichtigt und auch Gemeinsamkeiten mit armen einheimischen Kindern nicht verschwiegen.

Um die beschriebenen Untersuchungsziele zu erreichen, wird eine Sekundärauswertung sowohl kinderarmutsspezifischer als auch migrationswissenschaftlicher Literatur verschiedener Provenienz vorgenommen. Zur Erhellung der Lebenslagen ausländischer Kinder kann auf Ergebnisse der staatlichen Sozial- und Migrationsberichterstattung verschiedener Fachressorts zurückgegriffen werden, wobei diese auch gelegentlich die größten Nationalitätengruppen unter Zuwandererkindern gesondert ausweisen. Der Vorteil der Nutzung von „regierungsamtlichen" Berichten besteht darin, die in der staatlichen Sozialberichterstattung (etwa den Familien-, Kinder- und Jugend- sowie den Migrationsberichten) verstreuten Erkenntnisse zu bündeln, womit eine faktenreiche und differenzierte Einschätzung der Lebenslagen und Armutsrisiken besonders von nichtdeutschen Kindern möglich wird. Um dies auch für einzelne Herkunftsgruppen wie für Kinder aus Spätaussiedler- und Flüchtlingsfamilien oder ansatzweise für Kinder ohne Aufenthaltspapiere zu leisten, wird ergänzend auf qualitative Studien der Migrationsforschung zurückgegriffen.

Die Arbeit ist in vier Teile (I bis IV) untergliedert, die wiederum einzelne Kapitel enthalten. Teil I behandelt im ersten Kapitel Schlüsselbegriffe, (Kinder-)Armutskonzepte sowie die Eingrenzung der Untersuchungsgruppe. Das zweite Kapitel arbeitet den zerfaserten Forschungsstand auf und fasst ihn zusammen, während das dritte Kapitel Details zur Konzeption der Untersuchung benennt, wie deren Ziele, die Untersuchungsgruppen, Forschungsfragen, Methodik, angewandte Literatur oder die nachfolgend berücksichtigten Dimensionen der kindlichen bzw. familiären Lebenslage. Teil II beinhaltet den Kern der eigenen Untersuchung: die Analyse der Armutsrisiken und (im)materiellen Lebenslagen von Kindern mit Migrationshintergrund bzw. ihren Familien, welche anhand von Sekundärliteratur geleistet wird. Das dort enthaltene vierte Kapitel greift die wichtigsten *familiären* Dimensionen der Lebenslage von Kindern auf, etwa die Einkommenssituation bzw. Armutsrisiken und die Wohnsituation der Haushalte. Sie werden für die eingangs genannten Migrantengruppen mittels diverser Indikatoren analysiert, wobei die übergreifende Fragestellung jene nach dem Ausmaß und den Erscheinungsformen von (Unter-)Versorgungslagen bei Migrantenhaushalten unterschiedlicher Herkunfts- und ausländerrechtlicher Statusgruppen für die zentralen Dimensionen der Lebenslage (Einkommen bzw. Armut und Wohnen) ist. Das fünfte Kapitel konzentriert sich auf die *kindlichen* Dimensionen einer Lebenslage, so auf die Gesundheit, die sozialen Netzwerke, die Freizeitgestaltung und die Bildungssituation. Die Bildungsbenachteiligung bzw. -armut ist ein wichtiger Teilaspekt von Kinderarmut, weil sie sowohl eine häufige Folge der Einkommensarmut von Familien als auch die Ursache einer sich über Generationen vererbenden Armut sein kann. Für die genannten Dimensionen einer kindlichen Lebenslage werden zunächst die von der Kinderarmutsforschung dokumentierten klassischen Unterversorgungslagen armer Kinder behandelt und anschließend wird geprüft, ob und wenn ja, welche Unterschiede zwischen armen einheimischen und Kindern mit Migrationshintergrund der verschiedenen Herkunfts- und Statusgruppen in der jeweiligen Dimension empirisch belegt sind.

Teil III behandelt Ansätze zur Erklärung der hohen Armutsrisiken von Kindern mit Migrationshintergrund sowie mögliche Einflussfaktoren. Auf die Benachteiligung erwachsener Migrant(inn)en[5] am Arbeitsmarkt bezogene Erklärungskonzepte stehen im Mittelpunkt des sechsten Kapitels, weil sowohl die hohe Arbeitslosigkeit als auch die geringen Arbeitsmarkterfolge von Zuwanderern an vorderster Stelle bei der Erklärung ihrer hohen Armutsrisiken stehen, von denen die Kinder indirekt betroffen sind. Zwar spielt die Vererbung von Bildungs(miss)erfolgen eine maßgebliche Rolle bei der Entstehung neuer Armutsrisiken, insgesamt wird der Bildungsbereich jedoch oft überbewertet und manchmal als einzig wichtige Dimension geradezu verabsolutiert. Angesichts dessen und der Tatsache, dass eine Berufsausbildung Migrant(inn)en weniger als Deutsche vor Sozialhilfebezug schützt, sich insbesondere hohe Qualifizierungen für Ausländer/innen weniger rentieren[6] und sich der Bildungsbenachteiligung von Migrantenkindern inzwischen unzählige Forschungsarbeiten widmen, wird dieser Ursachenbereich hier nur am Rande unter Einflüssen des „Humankapitals“ behandelt, zumal im Zentrum die Entstehung von ethnischen Ungleichheiten des Arbeitsmarktes steht.[7] In Kapitel 7 folgen Ansätze der Migrationssoziologie, welche die hohen Armutsrisiken von Migrant(inn)en mittelbar über das Scheitern der strukturellen Integration, über ethnische Unterschichtungs- oder über Ethnisierungsprozesse erklären. Hierunter fallen außerdem ausländerpolitische Entwicklungen sowie ausländerrechtliche Bestimmungen, die zu einer (im)materiellen Benachteiligung einiger ausländischer Migrantengruppen beitragen. Im achten Kapitel werden Aspekte des sozialen Wandels der Gesellschaft erörtert und es wird dargelegt, welche sich auf die gestiegenen Armutsrisiken von Kindern auswirken. Ein

5 Ich verwende in Überschriften und in Fußnoten die weibliche Form der Lesbarkeit halber nicht.

6 Vgl. P. Bremer: Ausgrenzungsprozesse und die Spaltung der Städte. Zur Lebenssituation von Migranten, Opladen 2000, S. 117

7 Dazu sei auf die entsprechend umfangreiche Fachliteratur verwiesen; vgl. etwa H. Diefenbach: Ethnische Segmentation im deutschen Schulsystem – Eine Zustandsbeschreibung und einige Erklärungen für den Zustand, in: Jahrbuch Arbeit – Bildung – Kultur, Bd. 21–22 2003/04, S. 225 ff., H. Solga: Institutionelle Ursachen von Bildungsungleichheiten, in: R. Wernstedt/M. John-Ohnesorg (Hrsg.): Soziale Herkunft entscheidet über Bildungserfolg. Konsequenzen aus IGLU 2006 und PISA III, Berlin 2008, S. 15 ff. Wichtig sind auch die Beiträge in: G. Auernheimer (Hrsg.): Schieflagen im Bildungssystem. Die Benachteiligung der Migrantenkinder, 3. Aufl. Wiesbaden 2008

Teilaspekt, der hier behandelt wird, sind Tendenzen zum Um- und Abbau des Sozialstaates, die sich für die Gesellschaft insgesamt, für einen Teil der Familien sowie für einige Gruppen von Einwanderern (kinder)armutsverschärfend auswirken. Das neunte Kapitel widmet sich schließlich den von der Kinderarmutsforschung als relevant belegten mikrosozialen Einflussfaktoren auf Ebene der Familien und der Kinder, welche – wie etwa Bewältigungsstrategien oder Eltern-Kind-Beziehungen – sowohl negative als auch positive Auswirkungen auf von Armut betroffene Kinder zeitigen können. Der Teil V bzw. das zehnte Kapitel bilanziert die Erkenntnisse dieser Arbeit in Bezug auf Erscheinungsformen und Ursachen von Kinderarmut bei Migrant(inn)en sowie Forschungsdesiderate und gibt abschließend in Thesenform einen Ausblick auf mögliche Ansatzpunkte für die Förderung der Integration und Gleichbehandlung von Kindern mit Migrationshintergrund.

I

Begriffe, Untersuchungsgruppe, Forschungsstand und Konzeption der Untersuchung

1 Schlüsselbegriffe, (Kinder-)Armutskonzepte und Überblick über die Untersuchungsgruppe

Um das Anliegen der Untersuchung zur hohen Armutsbetroffenheit von Kindern mit Migrationshintergrund in Deutschland einleitend zu konkretisieren, folgt im ersten Abschnitt eine Bestimmung der Kernbegriffe. Im zweiten Abschnitt des Kapitels werden Ansätze und Grenzen zur Messung von Einkommensarmut sowie multidimensionale (Kinder-)Armutskonzepte vorgestellt, die den Ausgangspunkt der Analyse der Lebenslagen von Kindern mit Migrationshintergrund in Kapitel 4 und 5 bilden. Der dritte Abschnitt gibt einen Überblick über die sehr heterogene Untersuchungsgruppe insgesamt und stellt grundlegende Fakten zur Größe und den Besonderheiten einzelner Gruppen von Kindern (aus den Anwerbestaaten, aus Aussiedler- und aus Flüchtlingsfamilien) zusammen.

1.1 Begriffsbestimmungen und Definitionsversuche

1.1.1 „Absolute“ vs. „relative Armut“

An der Frage, wie „Armut“ zu definieren und zu messen ist, scheiden sich seit jeher die Geister. So ist eine Vielzahl von Armutsbegriffen, -konzepten und -grenzen entwickelt worden: „Es gibt indirekte, direkte, relative, absolute, ressourcenabhängige, einkommensbasierte, deprivationsbasierte, lebenslagenbasierte, konsumorientierte, warenkorbbasierte, primäre, sekundäre, tertiäre, konsensuale, wissenschaftliche, politische, subjektive, objektive usw. Armutsgrenzen.“[1] Trotz dieser Vielzahl von Armutsbegriffen und -grenzen, welche die Armutsforschung entwickelt, diskutiert und empirisch umgesetzt hat, konnte sich eine allgemein verbindliche Begriffsbestimmung oder gar ein einzig „richtiger“ Ansatz, um den Umfang und die Auswirkungen von Armut zu bestimmen, nicht durchsetzen.[2]

Einig ist sich die Fachwelt bei allem Streit um Definitionen, Messmethoden und Grenzen von Armut weitestgehend darüber, dass es sich in wohlhabenden Staaten wie der Bundesrepublik i. d. R. um ein relatives und nicht um ein absolutes Phänomen handelt. Als *absolut* oder auch *extrem* arm wird ein die physische Existenz bedrohendes Niveau des Lebensstandards bezeichnet, das die Ausstattung mit lebensnotwendigen Gütern und Ressourcen sowie den Zugang zu diesen nicht gewährleistet, wie es etwa kennzeichnend für die Situation von jener Milliarde Menschen ist, die in Ländern der sog. Dritten Welt unter der offiziell proklamierten Armutsschwelle von weniger als einem bzw. 1,25 US-Dollar Einkommen pro Kopf am Tag leben.[3] Dass absolute Armut „in und für Deutschland kein Thema“ sei, beklagt jedoch Werner Schönig und konstatiert, dass es sehr wohl Sinn mache, auch in der Bundesrepublik

---

1 W. Strengmann-Kuhn: Armut trotz Erwerbstätigkeit. Analysen und sozialpolitische Konsequenzen, Frankfurt a. M./New York 2003, S. 13

2 Vgl. W. Hanesch u. a.: Armut in Deutschland. Der Armutsbericht des DGB und des Paritätischen Wohlfahrtsverbands, Reinbek bei Hamburg 1994, S. 23

3 Vgl. Social Watch Deutschland (Hrsg.): Report 2003/Nr. 3 – Die Armen und der Markt. Ein internationaler Bericht zivilgesellschaftlicher Organisationen über den Fortschritt bei Armutsbekämpfung und Gleichstellung der Geschlechter, o. O. 2003, S. 40

nach einer solchen zu suchen.[4] Mit Blick auf physische und psychosoziale Notlagen von auf der Straße lebenden Jugendlichen (auch mit Migrationshintergrund) und Migrantenfamilien mit ungesichertem bzw. fehlendem Aufenthaltsstatus, die etwa vom Arbeitsmarkt, dem Ausbildungs- sowie dem Gesundheitsversorgungssystem weitgehend ausgeschlossen sind, könnte diese These ausschließlich relativer Armut hinterfragt werden, wofür aber eine eigene Untersuchung angemessen wäre. Hingegen wird *relative* Armut als eine extreme Ausprägung sozialökonomischer Ungleichheit verstanden, bei welcher der Lebensstandard von Armen in Bezug zum durchschnittlichen Lebensstandard einer Gesellschaft gesetzt wird.[5] Als relativ arm gelten Personen oder Haushalte, „die über nur so geringe materielle, kulturelle und soziale Mittel verfügen, dass sie von der Lebensweise ausgeschlossen sind, die in der Bundesrepublik als unterste Grenze des Akzeptablen annehmbar ist".[6] Das früher dominierende, an physischen Existenznotwendigkeiten ausgerichtete absolute Armutsverständnis ist damit um die Berücksichtigung des soziokulturellen Mindeststandards der jeweiligen Gesellschaft erweitert worden.[7]

Relative Einkommensarmut wurde und wird hierzulande mittels verschiedener, sich im Laufe der Zeit ändernder Indikatoren nachgewiesen. So galten lange der Bezug von Sozialhilfe- und Asylbewerberregelleistungen („bekämpfte Armut") sowie ein Nettoeinkommen, welches unter der Hälfte des durchschnittlichen Haushaltsäquivalenzeinkommens lag, als wichtigste Armutsindikatoren; Letzteres hatte sich als Definition relativer Armut im engeren Sinn durchgesetzt. Inzwischen sind es im Wesentlichen der Bezug von SGB II- („Hartz IV") und Asylbewerberregelleistungen sowie ein Einkommen, das weniger als 60 Prozent des Medianäquivalenzeinkommens beträgt und damit auch Menschen in der sog. verdeckten Armut erfasst.

Empirische Daten zu diesen vier Indikatoren – also zum Sozialhilfe-, Arbeitslosengeld II- und Asylbewerberleistungsbezug sowie zur relativen Einkommensarmut im engeren Sinn – werden als Hinweise zur Prüfung der Armutsrisiken von Migrant(inn)en im vierten Kapitel herangezogen; liegen sie bei einem Zuwandererhaushalt mit Kindern vor, wird dieser Auffassung entsprechend von „Einkommensarmut eines Haushaltes" bzw. „familiärer Armut" gesprochen. Auf Kindesebene bezieht sich das Adjektiv „arm" allein auf die so beschriebene defizitäre Einkommenssituation der Familie.

1.1.2 Kindbegriffe

Wenn von „Kindern" die Rede ist, sind darin im englischen Sprachgebrauch, der sich an der weltweit geltenden Kinderrechtskonvention der Vereinten Nationen orientiert, grundsätzlich

4 Vgl. W. Schönig: Gibt es in Deutschland absolute Armut? Lebenslagentheoretische Rekonstruktion, empirische Schätzung und Handlungsansätze, in: L. F. Neumann/H. Romahn (Hrsg.): Wirtschaftspolitik in offenen Demokratien. Festschrift für Uwe Jens zum 70. Geburtstag, Marburg 2005, S. 217

5 Vgl. W. Hanesch: Armut und Armutspolitik, in: H.-U. Otto/Hans Thiersch (Hrsg.): Handbuch Sozialarbeit und Sozialpädagogik, 2., überarb. Aufl. Neuwied 1999, S. 81

6 Siehe A. Klocke/K. Hurrelmann: Kinder und Jugendliche in Armut, in: dies. (Hrsg.): Kinder und Jugendliche in Armut. Umfang, Auswirkungen und Konsequenzen, 2., überarb. Aufl. Wiesbaden 2001, S. 12

7 Vgl. H. G. Beisenherz: Kinderarmut in der Wohlfahrtsgesellschaft. Das Kainsmal der Globalisierung, Opladen 2002, S. 302

alle minderjährigen, d. h. unter 18-jährigen Kinder *und* Jugendlichen eingeschlossen. Weil dieser Terminus die verschiedenen kindlichen Lebensphasen bis zum jungen Erwachsenenalter jedoch nicht weiter differenziert, sind im Deutschen sowie in der hiesigen Kindheitsforschung für die verschiedenen Altersstufen die Begriffe des frühen Kindesalters (0–3 Jahre), des Vorschul-, Kindergarten- bzw. Elementaralters (3–5 Jahre), des Grundschulalters bzw. der mittleren Kindheit (6–10 Jahre), der älteren Kindheit (11–13 Jahre) und der Jugend (14–17 Jahre) gebräuchlich. Das deutsche Kinder- und Jugendhilferecht unterscheidet bis zu 13-jährige Kinder, 14- bis 17-jährige Jugendliche sowie 18- bis 27-jährige junge Volljährige voneinander.[8]

Die meisten Kinderarmutsstudien konzentrieren sich auf Jugendliche und junge Erwachsene bzw. ältere Kinder; je jünger die Altersgruppe, desto lückenhafter sind die Erkenntnisse in Hinblick auf Erscheinungsformen, Auswirkungen und Ursachen von Kinderarmut. Die folgende Untersuchung beschränkt sich daher auf die Gruppe der Bis-zu-13-Jährigen mit Migrationshintergrund im engeren Sinn, wobei ein besonderes Augenmerk Kindern im frühen und mittleren Kindesalter gilt; ältere Jugendliche und junge Erwachsene bleiben damit außen vor. Die Untersuchung soll dazu beitragen, diese blinden Flecken zum Erkenntnisstand der Lebenslagen und Armutsrisiken von Kindern mit Migrationshintergrund zu erhellen.

1.1.3 Definitionen von Migration, Migrant und Migrationshintergrund

Das ebenfalls im Mittelpunkt stehende Begriffskonstrukt „Migrationshintergrund“ ist von „Migration“ abgeleitet, welche sowohl Zu- als auch Abwanderung umfasst und für die „räumliche Bewegung zur Veränderung des Lebensmittelpunktes von Individuen oder Gruppen über eine sozial bedeutsame Entfernung“ steht.[9] Die dauerhafte Verlagerung des Lebensmittelpunktes über die Grenzen eines Nationalstaates hinweg (Außenwanderung) ist dabei kennzeichnend für die transnationale Migration. Im Folgenden wird eine solche Außenwanderung vorausgesetzt, wenn von Migration, Migrant(inn)en oder Ein- bzw. Zuwanderern die Rede ist. Nach dieser Definition werden unter dem Oberbegriff „Migrant(inn)en“ neben sog. Arbeitsmigrant(inn)en auch Spätaussiedler/innen, Flüchtlinge und Asylsuchende sowie Eingebürgerte subsumiert, die ihren Lebensmittelpunkt in einem anderen als ihrem Herkunftsland haben; Wanderungs- bzw. Migrationsbewegungen umfassen dementsprechend diese verschieden motivierten Formen internationaler Migration. Da unter den Oberbegriff „Migration“ ebenso legale wie illegale Wanderungsformen fallen, werden mit dem übergreifenden Terminus „Migrationspolitik“ im Folgenden sowohl ausländer-, integrations- und asylpolitische Maßnahmen und Entscheidungsfindungen, mithin also der Gesamtkomplex der früher als „Ausländerpolitik“ bezeichneten *migration policy,* umschrieben. Nur wenn explizit auf einzelne Teilbereiche rekurriert wird, werden diese etwa als Integrations- oder Asylpolitik benannt.

---

8 Vgl. § 7 Sozialgesetzbuch (SGB). Achtes Buch (VIII). Kinder und Jugendhilfe, v. 3.5.1993, in: BGBl. I S. 638 ff.

9 Vgl. Beauftragte der Bundesregierung für Ausländerfragen (im Folgenden: Bundesausländerbeauftragte) (Hrsg.): Daten und Fakten zur Ausländersituation, 20. Aufl. Berlin 2002, S. 3. Eine Definition des „Migrationshintergrunds“ für statistische Zwecke nahm erstmals der Mikrozensus 2005 vor; vgl. Statistisches Bundesamt (nachfolgend: StBA) (Hrsg.): Leben in Deutschland. Haushalte, Familien und Gesundheit – Ergebnisse des Mikrozensus 2005, Wiesbaden 2006, S. 74

Des Weiteren ist gelegentlich die Rede von „der Migrationsforschung", was an sich irreführend ist, weil es sich dabei nicht um eine eigenständige Fachrichtung, sondern um verschiedene Teildisziplinen sozialwissenschaftlicher Fachrichtungen wie der Soziologie oder der Politikwissenschaft handelt, die sich mit jeweils migrations- bzw. integrationsspezifischen Fragestellungen ihres Forschungsgebietes befassen. Da sich jedoch größere Forschungszweige wie die Migrationssoziologie einschließlich der Migrationsberichterstattung oder die interkulturelle Erziehungs- und Sozialarbeitswissenschaften etabliert haben, ist diese Begriffswahl durchaus angemessen, weil dort primär Migrant(inn)en, ihr Eingliederungsprozess und die Folgen von Einwanderung für Zuwanderer und aufnehmende Gesellschaften im Fokus stehen.[10]

Im Unterschied zu Migrant(inn)en bezieht sich der „Ausländer"-Begriff auf eine höchst heterogene Bevölkerungsgruppe, deren gemeinsames Merkmal allein die nichtdeutsche Staatsangehörigkeit ist. Im allgemeinen Sprachgebrauch werden im Unterschied zur amtlichen Statistik häufig auch Eingebürgerte, sog. Russlanddeutsche und Doppelstaatler/innen dieser Gruppe zugeordnet, weil ihnen das Merkmal der nichtdeutschen Herkunft gewissermaßen „lebenslang" unterstellt wird.[11] Am Beispiel der Spätaussiedler/innen, die als deutsche Volkszugehörige i. d. R. nach ihrer Einreise einen deutschen Pass erhalten, wird ersichtlich, dass nicht alle Migrant(inn)en automatisch Ausländer/innen sind; zudem leben viele Ausländer/innen häufig bereits in der zweiten oder dritten Generation hier, sodass insbesondere ausländische Kinder und Jugendliche häufig gar keine eigene Migrationserfahrung haben, sondern allenfalls ihre Eltern bzw. Großeltern. Im Folgenden wird der „Ausländer"-Begriff deshalb allein für die juristische Tatsache der nichtdeutschen Staatsangehörigkeit einer Person verwendet.

1. Kinder mit Migrationshintergrund und Synonyme dafür

Wenn im alltäglichen Sprachgebrauch von „ausländischen Kindern", „Migrantenkindern" oder solchen „mit Migrationshintergrund" die Rede ist, sind damit i. d. R. vor allem jene Minderjährigen gemeint, deren nichtdeutsche (Groß-)Eltern seit 1955, dem Jahr des ersten Anwerbeabkommens der Bundesrepublik Deutschland mit Italien, als „Gastarbeiter/innen" aus den ehemaligen Anwerbeländern des Mittelmeerraumes in die Bundesrepublik einwanderten. Auch im vorliegenden Kontext gilt das besondere Augenmerk „Kindern mit Migrationshintergrund", allerdings wird der Terminus hier als Oberbegriff für verschiedene Gruppen von

10 Deshalb sind im Folgenden, wenn von „Migrationsforschung" als Oberbegriff die Rede ist, alle auf die Erforschung von Migration und Integration im weitesten Sinn ausgerichteten Teildisziplinen der Sozialwissenschaften wie die Migrationssoziologie, die migrationsbezogene Politikwissenschaft, die interkulturelle Sozialarbeitswissenschaft, die Ethnomedizin, die Migrationspädagogik u. v. m. gemeint.

11 Darin kommt das im deutschen Staatsangehörigkeitsrecht lange ausschließlich geltende Abstammungsprinzip zum Ausdruck, welches auf einem ethnisch-kulturellen Nationsbegriff fußt, dessen wesentliche Elemente eine gemeinsame Abstammung, Sprache, Kultur, Religion, Heimat und Geschichte sind. Demnach konnte lange Zeit nur Deutsche/r sein, wer von deutschen Eltern abstammte, nicht aber jemand, der zwar hier lebte und geboren war, aber von Eltern ausländischer Herkunft abstammte. Mit der Reform des Staatsangehörigkeitsrechts im Jahr 2000 wurde das (weiterhin geltende) Abstammungsprinzip um das Geburtsortsprinzip republikanischer Tradition ergänzt, nachdem Bürger/in eines Staates sein kann, wer dort geboren ist und sich zu den geltenden Menschen- und Bürgerrechten bekennt. Vgl. H. Storz: Einwanderungsland Deutschland, in: ders./C. Reißlandt (Hrsg.): Staatsbürgerschaft im Einwanderungsland Deutschland. Handbuch für die interkulturelle Praxis in der Sozialen Arbeit, im Bildungsbereich, im Stadtteil, Opladen 2002, S. 25 ff.

Minderjährigen aus Zuwandererfamilien verwendet und zugleich intern weiter differenziert: Er umfasst ausländische Kinder (der zweiten bzw. dritten Generation sowie aus Flüchtlingsfamilien) ebenso wie eingebürgerte (v. a. aus Aussiedlerfamilien) und Kinder mit doppelter Staatsangehörigkeit, die meist aus binationalen Ehen stammen. Der Terminus „Migrationshintergrund“ erfasst dabei so präzise wie möglich das Kriterium, auf das hier abgehoben wird, aber auch nicht mehr und nicht weniger: Er zeigt, dass ein Kind entweder selbst (i. d. R. mit der Familie) aus dem Ausland zugewandert oder aber bereits hier geboren ist oder von eingewanderten Eltern abstammt, die teilweise bereits selbst in der zweiten Generation hierzulande leben.[12] Der Mikrozensus zählt seit 2005 zu den Menschen mit Migrationshintergrund „alle nach 1949 auf das heutige Gebiet der Bundesrepublik Deutschland Zugewanderten sowie alle in Deutschland geborenen Ausländer und alle in Deutschland als Deutsche Geborenen mit zumindest einem zugewanderten oder als Ausländer in Deutschland geborenen Elternteil“.[13] Somit ist es zunächst unerheblich, ob ein Kind, wie die meisten Spätaussiedler/innen, die deutsche Staatsbürgerschaft besitzt oder es, wie viele Familien ehemals angeworbener Arbeitsmigrant(inn)en, trotz generationsübergreifender Aufenthaltsdauer noch über einen ausländischen Pass – im günstigsten Fall den eines privilegierten EU-Landes – und eine Aufenthaltsgenehmigung für Deutschland verfügt. Die einzige, aber zentrale Gemeinsamkeit der Untersuchungsgruppe besteht im Migrationshintergrund des Kindes bzw. seiner Familie oder eines Elternteils, welcher die konkrete familiäre Lebenswirklichkeit in vielerlei Aspekten prägen kann, sei es hinsichtlich der muttersprachlichen oder bilingualen Sozialisation, der in der Familie gelebten kulturellen Traditionen, Normen und sozialen Rollen oder hinsichtlich von Identitätsentwicklungs- und Ethnisierungsprozessen. Franz Hamburgers Kritik an dieser Begriffswahl als „folgenreiche Etikettierung und Stigmatisierung“ von jungen Menschen, die selber nie gewandert seien und die überdies eine „Vorenthaltung des Subjektstatus“ darstelle,[14] ist insofern keinesfalls gerechtfertigt, als die Migrationserfahrungen der (Groß-) Elterngeneration sowohl den familiären Lebensalltag, die sprachliche Sozialisation im frühen Kindesalter und die Identitätsentwicklungen (Fremd- und Selbstzuschreibungen) der Kinder als auch ihre Teilhabechancen nachhaltig prägen, selbst wenn sie selber nie migriert sind.

12 In statistischen Erhebungen wie dem Sozio-ökonomischen Panel des Deutschen Instituts für Wirtschaftsforschung (nachfolgend: DIW) wird die Bevölkerung mit Migrationshintergrund dahingehend operationalisiert, dass sie alle Personen einschließt, „die in Haushalten leben, in denen mindestens ein Zuwanderer oder eine in Deutschland geborene, mindestens 16 Jahre alte Person mit ausländischer Staatsbürgerschaft lebt.“ Aufgrund der Vielfalt der Zuwandererbevölkerung und der Migrationsbedingungen werden für einige Analysen jedoch weitere individuelle Herkunftsmerkmale wie der Geburtsort oder der Einbürgerungsstatus herangezogen; vgl. I. Tucci/G. G. Wagner: Einkommensarmut bei Zuwanderern überdurchschnittlich gestiegen, in: DIW-Wochenbericht 5/2005, S. 80. In den PISA-Studien wurde der Migrationshintergrund von Schülern anhand ihrer Geburtsorte und jenen der Eltern im Ausland sowie der Verkehrssprache und Verweildauer der Familien in Deutschland ausgewiesen, was den Einbezug von Schülern der zweiten Generation, aus Spätaussiedlerfamilien sowie binationalen Ehen ermöglichte. In den Auswertungen wurden i. d. R. Kinder aus Familien, in denen beide Elternteile im Ausland geboren waren, unterschieden von jenen, bei denen nur ein Elternteil im Ausland geboren war bzw. die keine familiäre Migrationsgeschichte hatten; vgl. J. Baumert/G. Schümer: Familiäre Lebensverhältnisse, Bildungsbeteiligung und Kompetenzerwerb, in: Deutsches PISA-Konsortium (Hrsg.): PISA 2000. Basiskompetenzen von Schülerinnen und Schülern im internationalen Vergleich, Opladen 2001, S. 341 ff.

13 Siehe StBA (Hrsg.): Bevölkerung und Erwerbstätigkeit. Bevölkerung mit Migrationshintergrund – Ergebnisse des Mikrozensus 2005. Fachserie 1 Reihe 2.2, Wiesbaden 2007, S. 6

14 Vgl. F. Hamburger: Gefährdung durch gute Absichten, in: Kind – Jugend – Gesellschaft 3/2002, S. 79

Während im Alltagssprachgebrauch nach wie vor von „Ausländerkindern“ die Rede ist, hat sich in der migrationswissenschaftlichen Fachliteratur der Begriff der zweiten bzw. dritten (Ausländer-)Generation eingebürgert, welcher präziser beschreibt, dass es sich meist um im Inland geborene und aufgewachsene, trotzdem aber ausländische Nachkommen der ersten Einwanderergeneration, der sog. Pioniermigrant(inn)en, handelt. Die Bezeichnung „zweite“ bzw. „dritte Generation“ implizierte lange eine gewisse Kritik an der Ausländer- und Integrationspolitik, welche die Nachkommen der ursprünglich angeworbenen Arbeitsmigrant(inn)en auch über Generationen hinweg zu „Ausländer(inne)n“ machte, weil ihre staatsbürgerliche Inklusion (Aufenthaltsverfestigung, Einbürgerung durch Geburt im Inland) von dem erklärten Nichteinwanderungsland Deutschland verweigert wurde. Seit Kinder ausländischer Eltern, die längere Zeit rechtmäßig hierzulande leben, durch die Reform des Staatsangehörigkeitsrechts im Jahr 2000 qua Geburt automatisch die deutsche Staatsbürgerschaft erhalten, hat diese Kritik jedoch an Gewicht verloren.[15]

Synonym für „Kinder mit Migrationshintergrund“ werden aus sprachlich-pragmatischen Gründen im Folgenden auch Begriffskombinationen wie „Kinder ethnischer Minderheiten“, „allochthone Kinder“ oder einfach „Migrantenkinder“ verwendet. Die aus dem Griechischen stammenden Fachtermini „autochthon“ bzw. „allochthon“ werden gelegentlich synonym für „alteingesessen“ und „zugewandert“ gebraucht. Allochthon bedeutet ortsfremd (von einem anderen Ort stammend); Sozialwissenschaftler/innen bezeichnen Menschen mit Migrationshintergrund deshalb auch als Allochthone und Einheimische bzw. Alteingesessene als Autochthone. Autochthone Minderheiten sind entsprechend alteingesessene, sich aber z. B. in ihrer Kultur oder Sprache von der Mehrheitsgesellschaft unterscheidende Bevölkerungsgruppen wie die Sorben, während größere Einwanderergruppen wie z. B. türkische Migrant(inn)en, die in der Aufnahmegesellschaft institutionelle Strukturen ethnischer Gemeinden aufgebaut haben, als allochthone Minderheiten bezeichnet werden.

Ausländische Kinder bilden indes nur eine Teilgruppe von Kindern mit Migrationshintergrund, nämlich jene ohne deutschen Pass. Dem wird in vielen Untersuchungen, die sich zwar von ihrem theoretischen Anspruch her auf *Migranten*kinder konzentrieren, in der Umsetzung meist aber nur *ausländische* Kinder der zweiten oder dritten Generation aus den ehemaligen Anwerbestaaten einbeziehen, nicht angemessen Rechnung getragen. Die Rede vom „ausländischen Kind“ hebt im Folgenden deshalb allein auf dessen rechtlichen Status als nichtdeutsche/r Staatsbürger/in ab, jenem Kriterium also, das nach wie vor von der Mehrzahl sozialwissenschaftlicher Untersuchungen sowie Statistiken erhoben wird.

1.2 (Kinder-)Armutskonzepte

Konzepte zur Messung von Armut werden üblicherweise danach unterschieden, ob sie, wie Ressourcenansätze, allein das Einkommen und somit die materielle Mangellage einer

15 Entsprechend sind die Zahlen im Inland geborener ausländischer Kinder von bis zu 100.000 während der 1990er-Jahre auf 40.000 (2002) gesunken, weitere 38.000 erhielten gleichzeitig die deutsche Staatsangehörigkeit; vgl. StBA (Hrsg.): Datenreport 2004. Zahlen und Fakten für die Bundesrepublik Deutschland, Bonn 2004, S. 49 f.

Person(engruppe) betrachten oder, wie lebenslagen-, deprivations- und exklusionsorientierte Ansätze, ein erweitertes Armutsverständnis zugrunde legen.[16] Entsprechend der jeweils zugrunde liegenden Konzeption bedient sich die Armutsforschung verschiedener Mess- und Operationalisierungsmethoden, um Betroffenengruppen, Umfang und Erscheinungsformen von Armut zu bestimmen und (v. a. sozial-, aber auch familienpolitische sowie pädagogische) Handlungsstrategien daraus abzuleiten.[17] Diese gängige Zweiteilung bricht die vorliegende Arbeit auf, indem sie, wie im Folgenden schrittweise entwickelt wird, zwar die familiäre Einkommensarmut als Kern der Definition von Kinderarmut begreift, darüber hinaus aber einen multidimensionalen Armutsbegriff zum Ausgangspunkt nimmt, der Benachteiligungen ebenso in *im*materiellen kindlichen Lebensbereichen wie der Bildung oder Gesundheit offenbart.

Bezüglich der folgenden Skizze von Armutskonzepten, ihren Messmethoden und Ergebnissen ist voran zu stellen, dass letztlich jede Konzeption der Armutsforschung politisch-normativer Natur ist und ihre Erkenntnisse mit impliziten Folgen und Bedeutungsgehalten politisch interpretiert wurden und werden, die es bei jeder Thematisierung mit zu berücksichtigen gilt.[18] Besonders deutlich zeigt dies die heftige Kritik, welche die damalige CDU/CSU/FDP-Bundesregierung anlässlich der Veröffentlichung des Zehnten Kinder- und Jugendberichts im August 1998 am methodischen Vorgehen der Expertenkommission übte, die eine wachsende Kinderarmut in Deutschland konstatiert hatte.[19] In ihrer Stellungnahme wies die Bundesregierung nämlich die Ergebnisse der Expertenkommission zur Armutsbetroffenheit von Kindern und insbesondere die Aussagen zur Situation derjenigen mit Zuwanderungshintergrund zurück, weil das angewandte Messkonzept kein seriöses sei.

1.2.1 Ressourcen- vs. Lebenslagenansätze

Ressourcenansätze begreifen Armut vornehmlich als eine Unterausstattung an monetären[20] bzw. nichtmonetären[21] Ressourcen, die in ihrem Zusammenspiel das Lebensniveau und damit Wohlergehen von Haushalten in einer bestimmten Gesellschaft determinieren. Unterschreiten die ökonomischen Mittel einer Person bzw. eines Haushalts ein gesellschaftlich definiertes materielles Existenzminimum, liegt definitionsgemäß eine Armut (an Ressourcen) vor.[22] Danach müssten theoretisch also sämtliche Ressourcen (wie Einkommen, Wohnung etc.) ermittelt werden, über die ein Individuum oder ein Haushalt verfügt, die wiederum in Bezug zu den ökonomischen und sozialen Standards des jeweils geltenden Existenzminimums zu setzen wären. Allerdings ist nicht ganz unstrittig, was unter Ressourcen genau zu verstehen

16 Vgl. R. Merten: Kinderarmut. Herausforderungen für (Sozial-)Politik, Textfassung eines Vortrags, Saarbrücken 2005, S. 4

17 Vgl. G. E. Zimmermann: Ansätze zur Operationalisierung von Armut und Unterversorgung im Kindes- und Jugendalter, in: Ch. Butterwegge (Hrsg.): Kinderarmut in Deutschland. Ursachen, Erscheinungsformen, Gegenmaßnahmen, 2. Aufl. Frankfurt a. M./New York 2001, S. 59 ff.

18 Vgl. W. Hanesch u. a.: Armut in Deutschland, a. a. O., S. 23

19 Vgl. Ch. Butterwegge, Armut in einem reichen Land. Wie das Problem verharmlost und verdrängt wird, Frankfurt a. M./New York 2009, S. 133

20 Zum Beispiel Einkommen aus Erwerbsarbeit, Transferleistungen und Vermögen

21 Zum Beispiel Ergebnisse hauswirtschaftlicher Produktion

22 Vgl. W. Voges u. a.: Methoden und Grundlagen des Lebenslagenansatzes. Endbericht, Bremen 2003, S. 30

ist. Die Armutsforschung fasst meist lediglich das (bedarfsgewichtete) Haushaltseinkommen darunter,[23] während in der Ökonomie zwischen menschlichen, physischen und sozialen Ressourcen differenziert wird, die man des Öfteren mit den Begriffen des Human-, Sach- und Sozialkapitals beschreibt – allerdings besteht kein Konsens darüber, wie diese empirisch zu operationalisieren sind. Diese Schwierigkeiten und die wenig differenzierte statistische Datenlage führen dazu, dass die meisten Studien dieser Ausrichtung nur eine einzige Ressource, nämlich das verfügbare (Haushalts-)Einkommen, erfassen.[24]

Die Operationalisierung von Armut(sschwellen) in Ressourcenansätzen wirft eine Reihe von Fragen auf. Zu klären ist etwa, welche Einkommensressourcen zu erfassen sind: Zählt dazu nur das Erwerbseinkommen im engeren Sinn, auch Einkommen aus sozialen Transfers oder gar solches aus Vermögen? Von welcher Bezugsgröße geht man bei der Armutsmessung aus: Ist es eine Einzelperson, ein Haushalt oder eine „Bedarfsgemeinschaft", wie sie das Sozialgesetzbuch kennt? Wird das Einkommen aller Haushaltsmitglieder gleichermaßen berücksichtigt oder nur das des Haushaltsvorstandes? Wie können unterschiedliche Haushaltstypen und -größen miteinander verglichen werden? Wird dazu ein (durch die Anzahl von Haushaltsmitgliedern geteiltes) Pro-Kopf-Einkommen ermittelt oder ist der Bedarf von Kindern und älteren Familienmitgliedern äquivalent zu gewichten, wie es die alte oder neue OECD-Skala tut? Wie genau wird die Armutsschwelle definiert, d. h. ab welcher Einkommensgrenze wird ein Haushalt bzw. eine Person zur armen Bevölkerung gezählt? Welcher Zeitraum oder -punkt wird zur Erhebung gewählt – soll Armut also im Quer- oder im Längsschnitt hinsichtlich ihrer Dauer gemessen werden, wie es die „dynamische" Armutsforschung anstrebt? Wie kann Kinderarmut mittels des Ressourcenansatzes konkret belegt werden? Und schließlich eine weitere zentrale Frage: Welche Datenbasis wird herangezogen, welche die gewünschten Kriterien berücksichtigt – die Sozialhilfe- bzw. Alg-II-Statistik, der Mikrozensus, das Sozio-ökonomische Panel (SOEP)[25], die auch Privatvermögen einbeziehende Einkommens- und Verbrauchsstichprobe oder gar das European Union Statistics on Income and Living Conditions (EU-SILC)?

1. Sozialhilfeorientierte Armutsforschung, verdeckte Armut und Äquivalenzeinkommensarmutskonzepte

Jahrzehntelang galt – wenngleich nicht unumstritten – das Niveau der (laufenden) Hilfe zum Lebensunterhalt („HLU"), dem allgemeinen Sprachgebrauch folgend hier auch als „Sozialhilfe" bezeichnet, als eine „quasioffizielle" Grenze für Einkommensarmut,[26] die etwa die

23 Vgl. W. Hanesch u. a.: Armut in Deutschland, a. a. O., S. 23 f.

24 Vgl. hierzu G. E. Zimmermann: Formen von Armut und Unterversorgung im Kindes- und Jugendalter, a. a. O., S. 57; U. Meier/H. Preuße/E. M. Sunnus: Steckbriefe von Armut. Haushalte in prekären Lebenslagen, Wiesbaden 2003, S. 22 ff.

25 Das Sozio-ökonomische Panel (im Folgenden auch SOEP genannt) ist eine repräsentative Datenquelle für die Bundesrepublik, welches seit 1984 jährlich vom DIW in Berlin erhoben wird und sich am Äquivalenzeinkommen orientiert. Diese Längsschnittbefragung von ca. 6.000 deutschen und ausländischen Haushalten erfasst jährlich die Daten von rund 12.000 volljährigen Personen in Bezug auf Einkommen, Wohnen, (Aus-) Bildung und mehr; Kinder werden über Haushaltsfragebögen bloß indirekt erfasst.

26 Vgl. W. Hanesch: Armut und Armutspolitik, a. a. O., S. 81

dynamische Armutsforschung zum Ausgangspunkt nahm, um Armut in Deutschland erstmals im Zeitverlauf, d.h. insbesondere deren Dauer und den Verlauf von „Armutskarrieren", zu erfassen.[27] Als „arm" galten danach Bedürftige, deren Einkommen an einem bestimmten Stichtag niedriger als die Sozialhilfebemessungsgrenze lag und die aufgrund dessen laufende Unterhaltsleistungen der Sozialhilfe bezogen. Entsprechend wurde die bis Jahresende 2004 bestehende Sozialhilfestatistik häufig als Datenquelle für die Messung von Einkommensarmut herangezogen; seit der Reform der sozialen Sicherungssysteme durch „Hartz IV" u.a. Reformen entspricht dies der Statistik des Arbeitslosengeldes II in Verbindung mit jener von SGB-XII-Leistungen. Die HLU gewährleistete laut Bundessozialhilfegesetz (BSHG) das soziokulturelle Existenzminimum, also (Über-)Lebensnotwendiges und soziale Teilhabe.[28] Sie setzte sich aus einem Eckregelsatz für den Haushaltsvorstand sowie anteiligen Zahlungen für weitere Mitglieder und – je nach Bedarf beantragten – wiederkehrenden Leistungen etwa für Winterkleidung zusammen; zudem wurden, sofern die Wohnfläche eine angemessene Größe nicht überstieg, auch Unterkunftskosten weitgehend übernommen. Von den Regelsätzen musste der monatliche Bedarf an Nahrungsmitteln, Getränken und Sonstigem (Stromkosten, die Ausgaben für Wäsche und Hausrat sowie für Körperpflegemittel und Reinigung) gedeckt werden.[29] Im Jahr 2003 betrug der Eckregelsatz für den Haushaltsvorstand im Bundesdurchschnitt 291 Euro, hinzu kamen für volljährige Haushaltsangehörige (z.B. Ehepartner/innen) 80 Prozent des Eckregelsatzes (233 Euro). Unter-7-Jährige erhielten 55 Prozent desselben (146 Euro), 8- bis 13-Jährige 65 Prozent (189 Euro) und 14- bis 17-Jährige aufgrund ihres besonderen Wachstumsbedarfs 90 Prozent desselben (262 Euro). De facto lag die Sozialhilfegrenze (bzw. das soziokulturelle Existenzminimum) eines Elternpaares mit zwei Kindern zwischen 6 und 13 Jahren nach Abzug der Kaltmiet- und Krankenversicherungskosten bei einem monatlichen Einkommen von 859 Euro.

Ende der 1980er-Jahre dominierte v.a. in kommunalen Armutsberichten die am Sozialhilfebezug orientierte Armutsberichterstattung.[30] Der Sozialhilfebezug eines Haushalts, der auch als „bekämpfte Armut" bezeichnet wurde, galt damit lange als quasioffizielle Armutsgrenze.[31] Es war jedoch politisch umstritten, ob Sozialhilfeempfänger/innen als Arme einzustufen seien, weshalb diese „politische Armutsdefinition" immer wieder Diskussionen

27 Vgl. St. Leibfried u.a.: Zeit der Armut. Lebensläufe im Sozialstaat, Frankfurt a.M. 1995; P. Buhr: Dynamik von Armut. Dauer und biografische Bedeutung von Sozialhilfebezug, Opladen 1995; M. Ludwig: Armutskarrieren. Zwischen Abstieg und Aufstieg im Sozialstaat, Opladen 1996; L. Leisering: Dynamik von Armut, in: E.-U. Huster/J. Boeckh/H. Mogge-Grotjahn (Hrsg.): Handbuch Armut und Soziale Ausgrenzung, Wiesbaden 2008, S. 118ff.

28 Das frühere Bundessozialhilfegesetz wie auch das 2005 eingeführte SGB II sehen die Möglichkeit der Kürzung von Regelleistungen auf das zum physischen Überleben Notwendige, also das sog. physische Existenzminimum, vor. Die Sozialhilfe wurde nach dem BSHG nachrangig (Subsidiaritätsprinzip) zur Deckung eines individuellen Bedarfs mit dem Ziel der Hilfe zur Selbsthilfe gewährt. Ihre zwei bei Bedürftigkeit gewährten Hauptpfeiler waren die „Hilfe in besonderen Lebenslagen" (HBL) in Form einmaliger Leistungen und laufende Hilfe zum Lebensunterhalt (HLU); vgl. ergänzend G. E. Zimmermann: Formen von Armut und Unterversorgung im Kindes- und Jugendalter, a.a.O., S. 62f.

29 Vgl. hierzu und zum Folgenden: StBA (Hrsg.): Sozialhilfe in Deutschland. Entwicklung, Umfang und Strukturen, Wiesbaden 2003, S. 55

30 Vgl. H.-J. Andreß/G. Lipsmeier: Kosten von Kindern – Auswirkungen auf die Einkommensposition und den Lebensstandard, in: A. Klocke/K. Hurrelmann (Hrsg.): Kinder und Jugendliche in Armut, a.a.O., S. 32

31 Vgl. G. E. Zimmermann: Ansätze zu Operationalisierung von Armut und Unterversorgung im Kindes- und Jugendalter, a.a.O., S. 72

(z. B. um das „Lohnabstandsgebot" oder um die Existenz von Armut hierzulande) auslöste.[32] Die Ergebnisse von Armutsstudien auf der Basis von Sozialhilfedaten weisen indes einen grundlegenden Mangel auf: Armut als solche wird nur ausgewiesen, wenn ein Haushalt wegen zu geringen Einkommens Transferleistungen bezieht, während ein Niedrigeinkommen knapp oberhalb der Armutsschwelle ebenso wenig abgebildet wird wie die sog. verdeckte Armut. Diese bezeichnet man auch als „Dunkelziffer der Armut"; gemeint sind damit Menschen, welche Unterhaltsleistungen wie Sozialhilfe aus Gründen der Scham oder Angst nicht wahrnehmen, obwohl sie Anspruch darauf hätten.

Die Bestimmung relativer Armutsbetroffenheit mittels anderer Konzepte als dem Sozialhilfebezug setzte sich allmählich durch. Eine 1984 eingeführte Armutsdefinition der EU-Kommission wertet Personen als (relativ) arm, die über so geringe (materielle, kulturelle und soziale) Mittel verfügen, dass sie von der Lebensweise ausgeschlossen sind, die in dem Mitgliedstaat als Minimum angenommen wird.[33] Hegemonie erlangte in der sozialwissenschaftlichen Forschung insbesondere das sog. Äquivalenzeinkommen[34]. Anhand der Nettoeinkommensstatistik wird dafür das durchschnittliche Haushaltsnettoeinkommen eines Landes ermittelt; je nach Ansatz liegt die Grenze relativer Armut bei 40 Prozent („strenge Armut"), 50 oder 60 Prozent desselben. Letztgenannte Einkommensverhältnisse wurden früher zumeist als „prekärer Wohlstand" oder als „in Armutsnähe liegend" bezeichnet, seit Ende der 1990er-Jahre verwendet man diesen Begriff jedoch für Einkommen im Bereich der 75-Prozent-Schwelle. Zudem besteht Uneinigkeit in der Frage, welchen Mittelwert man zugrunde legen soll: die Orientierung am Durchschnitt bzw. arithmetischen Mittel, die lange Jahre als Armutsgrenze galt, oder am Median der Einkommensverteilung, der neuerdings von statistischen Erhebungen der EU verwendet wird und deutlich niedrigere Armutsgrenzen ausweist.[35] Die in internationalen Vergleichsstudien (z. B. der OECD) dominierende Armutsgrenze von 60 Prozent des Medianeinkommens wird inzwischen auch von einer Vielzahl von Untersuchungen hierzulande herangezogen, sie liegt auch den Armuts- und Reichtumsberichten der Bundesregierung zugrunde und betrug im Jahr 2003 für einen Single 938 Euro.[36]

---

32 Die in wissenschaftlichen Untersuchungen übliche Gleichsetzung von Armut mit Sozialhilfebezug wurde besonders von der Bundesregierung kritisiert. Sie vertrat die Auffassung, dass die sozialen Sicherungssysteme der Arbeitslosenunterstützung und Sozialhilfe ja von ihrer Intention her durch die Sicherung des soziokulturellen Existenzminimums „existenzbedrohende Not und reale Armut" verhinderten, Sozialhilfe folglich Armut bekämpfe und sie nicht schaffe, weshalb sie gelegentlich auch als „bekämpfte Armut" bezeichnet wird; vgl. BMFSFJ (Hrsg.): Zehnter Kinder- und Jugendbericht, a. a. O., S. XIII ff.

33 Vgl. BMAS (Hrsg.): Lebenslagen in Deutschland. Der erste Armuts- und Reichtumsbericht, a. a. O., S. 9

34 Dies bedeutet, dass der Bedarf aller Haushaltsmitglieder, die von dem Nettoeinkommen inklusive Transferleistungen leben, mit einzelnen Faktoren berücksichtigt wird, indem Personengewichte nach Alter und Anzahl der Personen im Haushalt gebildet werden. Ergänzend vgl. A. Klocke/K. Hurrelmann: Einleitung: Kinder und Jugendliche, in: dies. (Hrsg.): Kinder und Jugendliche in Armut, a. a. O., S. 12

35 Zu verschiedenen Armutsgrenzen sowie deren Vor- und Nachteilen vgl. BMAS (Hrsg.): Lebenslagen in Deutschland. Der erste Armuts- und Reichtumsbericht, a. a. O., S. 8 f.; ergänzend St. Sell: Armutsforschung und Armutsberichterstattung aus Sicht einer lebenslageorientierten Sozialpolitik, in: ders. (Hrsg.): Armut als Herausforderung. Bestandsaufnahme und Perspektiven der Armutsforschung und Armutsberichterstattung, Berlin 2002, S. 12 ff.

36 Vgl. BMGS (Hrsg.): Lebenslagen in Deutschland, a. a. O., S. 6

Nach der beschriebenen Methodik werden Armuts(risiko)*quoten* einzelner sozialer Gruppen ausgewiesen, d. h. es wird das Risiko, als Angehörige/r einer bestimmten sozialen Gruppe (z. B. Alleinerziehende) von Armut betroffen zu sein, ausgedrückt. Wenn also die Armutsquote der Bis-zu-18-Jährigen 1998 in Westdeutschland bei fast 19, in Ostdeutschland hingegen bei rund 10 Prozent lag,[37] so deutet dies im Umkehrschluss auf ein fast um die Hälfte geringeres Armutsrisiko von ost- gegenüber westdeutschen Jugendlichen hin. Deshalb wird die Armutsquote, d. h. der Anteil einer von Armut betroffenen Bevölkerungsgruppe an der Gesamtgruppe, oftmals auch als Armutsrisikoquote bezeichnet.

Äquivalenzeinkommensarmutskonzepte wie das der OECD-Skalen oder der Sozialhilfe- bzw. Arbeitslosengeld-II-Regelsätze gewichten Haushaltsangehörige mit jeweils unterschiedlichen Faktoren, um zu bestimmen, ob ein Mehrpersonenhaushalt unter der Armutsgrenze liegt.[38] Die alte ebenso wie die neue OECD-Skala verwenden für die erste erwachsene Person den Faktor 1; für jede weitere Person über 15 Jahren werden jedoch 0,7 nach der alten bzw. 0,5 nach der neuen Berechnungsform und für Unter-15-Jährige die Faktoren 0,5 (alte) bzw. 0,3 (neue OECD-Skala) verwendet.[39] Dies führt je nach Gewichtungsskala zu erheblich variierenden Ergebnissen hinsichtlich der Strukturen und Risikogruppen von Armut und macht die Grenzen einer (zuverlässigen) Bestimmung relativer Armut deutlich. Die alte OECD-Skala zeichnete ein erheblich größeres Ausmaß von Kinderarmut in Deutschland als die neue, inzwischen meist verwendete OECD-Skala es tut, die vor allem für Über-65-Jährige eine hohe Armutsquote nachweist.[40] Relative Armutskonzepte werden daher vermehrt kritisiert.[41] Diese Armutsmessung sei in räumlicher Hinsicht unpräzise, weil es maßgeblich vom Erfassungsgebiet und der territorialen Basis der Statistik abhängig sei, „welche Armutsquote und welche Armutsdynamik diese Art relativer Armutsforschung abbildet oder konstruiert", bemängelte etwa Gerhard H. Beisenherz.[42] So ergäben sich völlig unterschiedliche Armutsquoten, je nachdem, ob das jeweilige Durchschnittseinkommen auf Basis des SOEP insgesamt oder getrennt für West- und Ostdeutschland berechnet werde; ebenso mache es einen Unterschied, ob reiche oder problembelastete Stadtteile und Regionen im Erfassungsgebiet enthalten sind. Selbst bei identischen Datenquellen führten zahlreiche Fehlerquellen zu variierenden Ergebnissen.[43]

---

37 Vgl. A. Klocke/K. Hurrelmann: Einleitung: Kinder und Jugendliche, a. a. O., S. 14

38 Dies bedeutet, dass der Bedarf aller Haushaltsmitglieder, die von dem Nettoeinkommen inklusive Transferleistungen leben, mit einzelnen Faktoren (sog. Bedarfsgewichte) berücksichtigt wird, indem Gewichte nach dem Alter und der Anzahl von Personen im Haushalt gebildet werden. Ergänzend vgl. ebd., S. 12. Das Haushaltseinkommen geteilt durch das Bedarfsgewicht ergibt das Haushaltsäquivalenzeinkommen.

39 Vgl. BMAS (Hrsg.): Lebenslagen in Deutschland. Der erste Armuts- und Reichtumsbericht, a. a. O., S. 9

40 Vgl. BMGS (Hrsg.): Lebenslagen in Deutschland, a. a. O., S. 20

41 Vgl. Ch. Butterwegge: Nutzen und Nachteile der dynamischen Armutsforschung, in: Zeitschrift für Sozialreform 2/1996, S. 74 ff.

42 Vgl. hierzu und zum Folgenden: H. G. Beisenherz: Kinderarmut, a. a. O., S. 306

43 Vgl. J. Bacher/C. Wenzig: Sozialberichterstattung über die Armutsgefährdung von Kindern, in: H.-R. Leu (Hrsg.): Sozialberichterstattung zu Lebenslagen von Kindern, Opladen 2002, S. 118. Auf Grundlage von SOEP-Daten von 1997 kam der Armutsbericht des DGB und anderer auf ein durchschnittliches Haushaltsnettoäquivalenzeinkommen von 3.792 DM, im Datenreport des StBA wurde es auf 4.311 DM beziffert und die Berechnungen Wenzigs und Bachers ergaben einen dazwischen liegenden Wert von 3.996 DM.

2. Der Lebenslagenansatz und mehrdimensionale Armutskonzepte

Zu Beginn der 1990er-Jahre setzte sich in der deutschen Armutsforschung allmählich ein erweitertes Verständnis von Armut durch, das über die rein finanzielle Dimension von *Einkommens*armut deutlich hinausgeht. Armut wird darin als komplexeres, sich in zentralen Lebensdimensionen widerspiegelndes Phänomen begriffen. Mehrdimensionale Armutskonzepte lassen sich danach unterscheiden, welche Lebensbereiche sie einbeziehen und wie sie diese multidimensionale Benachteiligung operationalisieren. Das in der deutschsprachigen Literatur dominierende Konzept für ein multidimensionales Armutsverständnis ist der sog. Lebenslagenansatz. Verbreitet sind ferner deprivationsbasierte Armutskonzepte[44] und Modelle sozialer Ausgrenzungsprozesse („Exklusion"), die in der frankophonen Armutsforschung dominieren.[45]

Ein kurzer Rückblick auf die historischen Wurzeln des Lebenslagenansatzes zeigt, dass es eine lange Tradition besitzt, für Analysen sozialer Ungleichheit auf Konzepte sozialer Lagen zurückzugreifen. Der Begriff der Lebenslage wurde erstmals 1925 durch Otto Neurath[46] geprägt und 1956 von Gerhard Weisser präzisiert. Ausgangspunkt der Weisser'schen Studien waren Konzepte zur Analyse (vertikaler) sozialer Ungleichheiten, die angesichts der wachsenden Pluralisierung von Lebenslagen zunehmend an Erklärungskraft einbüßten, da sich die Gesellschaft (auch horizontal) weit mehr ausdifferenziert hatte, als damit hätte erfasst werden können. Weisser suchte deshalb erweiterte Kategorien zur Erklärung differierender Lebensbedingungen in einer so hochkomplexen Gesellschaft, in der vor allem nichtvertikale neue Ungleichheiten strukturprägendes Gewicht erlangten, zu entwickeln. Er begriff eine Lebenslage als jenen „Spielraum, den einem Menschen (einer Gruppe von Menschen) die äußeren Umstände nachhaltig für die Befriedigung der Interessen bieten, die den Sinn seines Lebens bestimmen."[47] Diese Definition hebt damit auf objektive Rahmenbedingungen menschlichen Handelns („Spielraum") ab, die inhaltlich nicht weiter spezifiziert sind. Zudem hat sie den Anspruch, soziale Unterschiede sowohl in der horizontalen als auch der vertikalen Dimension zu erfassen und gleichzeitig materielle wie immaterielle Aspekte zu behandeln. Hans-Rudolf Leu sieht den entscheidenden Vorteil des Konzepts deshalb darin, dass es der

---

44 Vgl. H. J. Andreß/G. Lipsmeier: Kosten von Kindern – Auswirkungen auf die Einkommensposition und den Lebensstandard, a. a. O., S. 48. Ergänzend vgl. H. J. Andreß/G. Lipsmeier: Was gehört zum notwendigen Lebensstandard und wer kann ihn sich leisten? Ein neues Konzept zur Armutsmessung, in: APuZ, B 31–32/1995, S. 35 ff.; H. J. Andreß/A. Krüger/B. K. Sedlacek: Armut und Lebensstandard. Zur Entwicklung des notwendigen Lebensstandards der Bevölkerung 1996 bis 2003. Gutachten im Rahmen des Armuts- und Reichtumsberichtes der Bundesregierung, Köln 2004

45 Vgl. dazu M. Kronauer: Exklusion. Die Gefährdung des Sozialen im hoch entwickelten Kapitalismus, Frankfurt a. M./New York 2002; H. Häußermann/M. Kronauer/W. Siebel: Stadt am Rand: Armut und Ausgrenzung, in: dies. (Hrsg.): An den Rändern der Städte. Armut und Ausgrenzung, Frankfurt a. M. 2004, S. 20 ff.; S. Paugam: Armut und soziale Exklusion. Eine soziologische Perspektive, in: ebd., S. 72 ff.; P. Böhnke: Die exklusive Gesellschaft. Empirische Befunde zu Armut und sozialer Ausgrenzung, in: St. Sell (Hrsg): Armut als Herausforderung, a. a. O., S. 46 ff.

46 Vgl. O. Neurath: Wirtschaftsplan und Naturalrechnung. Von der sozialistischen Lebensordnung und vom kommenden Menschen, Berlin 1925

47 Vgl. G. Weisser: Wirtschaft, in: W. Ziegenfuss (Hrsg.): Handbuch der Soziologie, Stuttgart 1956, S. 986; ergänzend: R. Möller: „Lebenslage" als Ziel der Politik, in: WSI-Mitteilungen 10/1978, S. 555

Vielfalt von Lebensformen und der Wertschätzung individueller Entscheidungsmöglichkeiten in der Gesellschaft entgegen komme.[48]

Ingeborg Nahnsen, eine Schülerin Weissers, entwickelte das Konzept und den Begriff der Lebenslage 1975 weiter, indem sie diese als „Gesamtlebenschance eines Individuums" beschrieb, die sich in verschiedenen Dimensionen (Gesundheit, Bildung usw.) abbilde.[49] Im Gegensatz zu ihrem Lehrer, der den Begriff des Spielraumes im Sinn der Interessenbefriedigung eher vage fasste, verwies Nahnsen auf die gesellschaftliche Bedingtheit der Interessenentfaltung und -befriedigung: „Lebenslage (wird) begriffen als der Spielraum, den die gesellschaftlichen Umstände dem Einzelnen zur Entfaltung und Befriedigung seiner wichtigen Interessen bieten."[50] Zwecks einer besseren empirischen Operationalisierbarkeit plädierte Nahnsen dafür, den objektiv gegebenen „(Gesamt-)Spielraum" der Lebenslage eines Menschen in die fünf folgenden (fiktiven) „Einzelspielräume" zu zergliedern:

1. den *Versorgungs- und Einkommensspielraum* (Umfang möglicher Versorgung mit Gütern und Diensten);
2. den *Kontakt- und Kooperationsspielraum* (Möglichkeiten zur Pflege sozialer Kontakte und des Zusammenwirkens mit anderen);
3. den *Lern- und Erfahrungsspielraum (*Bedingungen zur Sozialisation, Internalisierung sozialer Normen, Bildungs- und Ausbildungsschicksal, Erfahrungen in der Arbeitswelt, Grad möglicher beruflicher und räumlicher Mobilität);
4. den *Muße- und Regenerationsspielraum* (Kompensation der durch Arbeitsbedingungen, Wohnmilieu, Umwelt, Existenzunsicherheit u. Ä. hervorgerufenen psycho-physischen Belastungen) sowie
5. den *Dispositionsspielraum* (Mitentscheidung Einzelner in verschiedenen Lebensgebieten).

In den 1990er-Jahren wurden aus der quantitativen Beschreibung dieser Spielräume von der Armutsforschung dominierende Strukturen abgeleitet, die mancherorts in *Typisierungen* bestimmter Lebenslagen fortgeschrieben wurden, wie es das Lebenslagenkonzept vorsieht. So kann die Lebenslage „Armut" als ein Zusammenspiel von spezifisch restringierten Spielräumen verstanden und in mehrere Typen von Lebenslagen in Armut ausdifferenziert werden,[51] womit auf der Makroebene einer Gesellschaft eine Vielzahl von Lebenslagen existieren. Dieses Verständnis von „Lebenslage" quasi als „soziale Lage" oder „Wohlfahrtslage einer Person(engruppe)" dominiert heutzutage; zudem ist, wie in folgendem Zitat Pierre Bourdieus,

48 Siehe H.-R. Leu: Sozialberichterstattung über die Lage von Kindern, Opladen 2002, S. 21

49 Vgl. I. Nahnsen: Bemerkungen zum Begriff und zur Geschichte des Arbeitsschutzes, in: M. Osterland (Hrsg.): Arbeitssituation, Lebenslage und Konfliktbereitschaft, Frankfurt a. M./Köln 1975, S. 145 ff.; ergänzend: K.A. Chassé/M. Zander/K. Rasch: Meine Familie ist arm. Wie Kinder im Grundschulalter Armut erleben und bewältigen, Opladen 2003, S. 53

50 I. Nahnsen: Bemerkungen zum Begriff und zur Geschichte des Arbeitsschutzes, a. a. O., S. 148

51 Vgl. K.A. Chassé/M. Zander/K. Rasch: Meine Familie ist arm, a. a. O., S. 53. Zu Typen kindlicher Lebenslagen in Armut, die von den Extrempolen „elterliche Armut – kindliche Kompensation" bis hin zu „strenger elterlicher Armut – starke und mehrfache Belastungen der Kinder" reichen; vgl. ebd., S. 265 ff.; außerdem: B. Hock/G. Holz/W. Wüstendörfer: Frühe Folgen – langfristige Konsequenzen?, Armut und Benachteiligung im Vorschulalter. Vierter Zwischenbericht zu einer Studie im Auftrag des Bundesverbandes der Arbeiterwohlfahrt, Frankfurt a. M. 2000, S. 77 ff.

häufig von einer „Lebenslage Armut" die Rede: „Armut im Sinne von Einkommensarmut ist in einer modernen Gesellschaft geprägt durch die o. g. Merkmale (Schichtzugehörigkeit und soziale Herkunft, Anm. *C. B.*) und stellt eine Lebenslage dar."[52]

Wolfgang Clemens wies auf einige Vor- und Nachteile, Eigenschaften und Implikationen des Lebenslagenkonzeptes hin.[53] Es biete einmal die Chance einer Vermittlung zwischen der Makro-, Meso- und Mikroebene sozialer Ungleichheit, weil sowohl die „objektive" Seite struktureller Bedingungen als auch die „subjektive" Seite individuellen Handelns berücksichtigt werde, sodass die Handlungsebene (einer Person) mit der Strukturebene (der Gesellschaft) verbunden und in einen historischen und individuellen Zeitbezug eingebettet werde. Zum anderen lägen Schwierigkeiten in der Abgrenzung einzelner Dimensionen, welche die (Gesamt-)Lebenslage konstituierten, sowie in der Ausarbeitung sozialer Indikatoren zu ihrer Erfassung. Wolfgang Voges u. a. fassen den Kern des Ansatzes folgendermaßen zusammen: Eine Lebenslage sei multidimensional und beinhalte „ökonomische wie nicht-ökonomische, materielle und immaterielle Dimensionen (z. B. Gesundheit, Partizipation); das Haushaltseinkommen (...) bleibt trotz der Multidimensionalität das zentrale Merkmal der Lebenslage, da es den Zugang zur Befriedigung zahlreicher Bedürfnisse gewährt; im Vergleich mit ähnlichen Termini ist für den Lebenslagenansatz vor allem die Betonung der prinzipiellen Handlungsspielräume als Opportunitäten und ihrer lebenslagenspezifischen Grenzen charakteristisch."[54]

Der Lebenslagenansatz ist für die Armutsforscher Klocke und Hurrelmann „der umfassendste und soziologisch gehaltvollste Ansatz"[55] – wenngleich keinesfalls geklärt sei, welche Lebensbereiche man bei seiner Operationalisierung in die Analyse einbeziehen müsse und wie man Schwellenwerte bestimmen könne. So ist offen, ob die Dimensionen „soziale Kontakte" und „subjektives (gesundheitliches) Wohlbefinden" einzubeziehen sind. Die Probleme bei der Messung und Gewichtung der genannten Faktoren sowie bei der Festlegung von Unterversorgungsschwellen, die bei Lebenslagenanalysen in unterschiedlicher Weise gelöst wurden, verdeutlichen schließlich, dass es sich bei dem Ansatz um ein noch nicht abgeschlossenes, einheitlich angewandtes Forschungskonzept handelt.

3. Konjunktur des Lebenslagenansatzes in der Armutsforschung

Das von Otto Neurath und Gerhard H. Weisser geprägte mehrdimensionale Verständnis einer Lebenslage nahm die Armutsforschung zum Ausgangspunkt der Entwicklung und Anwendung eines komplexeren Armutsbegriffs.[56] Wolfgang Glatzer und Werner Hübinger schlugen Anfang der 1990er-Jahre vor, Lebenslagenanalysen zum Bestandteil einer kontinuierlichen Armutsberichterstattung zu machen. „Die primäre Aufgabe der Lebenslagenforschung ist, die inferioren Lebenslagen und ihren Abstand zum Wohlstand der übrigen Gesellschaft aufzuzeigen, ihre

52 Siehe P. Bourdieu, zit. nach: G. Holz: Kinderarmut verschärft Bildungsmisere, in: APuZ 21–22/2003, S. 3
53 Vgl. W. Clemens: Lebenslage als Konzept sozialer Ungleichheit – Zur Thematisierung sozialer Differenzierung in Soziologie, Sozialpolitik und Sozialarbeit, in: Zeitschrift für Sozialreform 3/1994, S. 143 ff.
54 Siehe W. Voges u. a.: Methoden und Grundlagen des Lebenslagenansatzes, a. a. O., S. 43
55 Siehe auch zum Folgenden: A. Klocke/K. Hurrelmann: Einleitung: Kinder und Jugendliche, a. a. O., S. 13
56 Vgl. auch zum Folgenden: W. Hanesch u. a.: Armut in Deutschland, a. a. O., S. 23 ff. u. 176 f.

Entwicklung zu beobachten sowie Öffentlichkeit und Politik darüber aufzuklären."[57] Seither erlebte das Lebenslagenkonzept innerhalb der Armutsforschung eine regelrechte Konjunktur. Zahlreiche Studien griffen v.a. die empirisch quantifizierbaren Aspekte des Ansatzes auf, während der subjektorientierte, nur qualitativen Forschungsmethoden zugängliche Teil des Spielräumekonzepts unterentwickelt blieb.[58] Der Armutsbericht von Hanesch u.a. begriff Armut nach dem Lebenslagenansatz erstmals als kumulative Unterversorgung in mindestens zwei von vier zentralen Lebensbereichen, also Einkommen, Arbeit, Ausbildung und Wohnen; in anderen Konzeptionalisierungen wurden überdies der Gesundheitsbereich sowie „soziale Beziehungen" einbezogen. Bei der Operationalisierung des Konzepts werden in der jeweiligen Dimension der Lebenslage „normale" gesellschaftliche Standards zugrunde gelegt, deren Unterschreitung als individuelle bereichsspezifische „Unterversorgung" (auch: „Deprivation") gewertet wird. Für jede Dimension sind Unterversorgungsschwellen festgelegt (z.B. im Bereich „Wohnen" die Schwelle von einem Raum pro Person, für das „Einkommen" die 60-Prozent-Grenze vom Median des Nettoäquivalenzeinkommens, vgl. auch Abb. 1.1), wobei sowohl eine Unterversorgung in einer einzelnen Dimension als auch ihr gehäuftes Auftreten („Kumulation") gemessen werden.

Die wohl „prominenteste" (weil sich bereits im Titel „Lebenslagen in Deutschland" ausdrückende) Verwendung des Lebenslagenansatzes nahm 2001 der erste Armuts- und Reichtumsbericht der Bundesregierung vor. Unter „Lebenslage" verstand er die (aktuelle) Befindlichkeit einer Person, die deren Wohlstandsposition und eine „Vielzahl weiterer Dimensionen wie z.B. Bildung, Erwerbsstatus, Gesundheit, Wohnsituation einschließlich Wohnumfeld, die Familiensituation und soziale Netzwerke" umfasst, wobei „die individuelle Ausführung des Spielraums durch äußere Umstände bestimmt ist."[59] Eine Unterversorgung liege im Sinn des Weisser'schen Konzepts vor, wenn die Handlungsspielräume einer Person in so gravierender Weise eingeschränkt sind, dass eine gleichberechtigte Teilhabe an Aktivitäten und Lebensbedingungen der Gesellschaft nicht (mehr) möglich sei, so der Bericht weiter. Stefan Sell spricht in dem Zusammenhang von einer „Inflationierung" des Lebenslagebegriffs und kritisiert an seiner Verwendung im (ersten) Armuts- und Reichtumsbericht, dass der Ansatz gleichsam fragmentarisch in der „additiven Abhandlung der einzelnen lebenslagenrelevanten Bereiche wie Wohnung, Bildung und Gesundheit" wieder auftauche.[60] Auch der 2002 veröffentlichte Elfte Kinder- und Jugendbericht, der in den abschließenden Empfehlungen für eine „Jugendpolitik als Lebenslagenpolitik" plädierte, sowie der 2005 publizierte Zweite Armuts- und Reichtumsbericht der Bundesregierung orientierten sich am Lebenslagenansatz.[61]

---

57 W. Glatzer/W. Hübinger: Lebenslagen und Armut, in: D. Döring/W. Hanesch/E.U. Huster: Armut im Wohlstand, Frankfurt a.M. 1990, S. 50

58 Vgl. Ch. Butterwegge u.a.: Armut und Kindheit, a.a.O., S. 29; einen Überblick zu älteren Untersuchungen geben W. Hanesch u.a.: Armut in Deutschland, a.a.O., S. 26f.

59 Vgl. R. Hauser/U. Neumann: Armut in der Bundesrepublik Deutschland, in: Kölner Zeitschrift für Soziologie und Sozialpsychologie (nachfolgend: KZfSS), Sonderheft 32/1992, S. 247; zit. nach BMAS (Hrsg.): Lebenslagen in Deutschland. Der erste Armuts- und Reichtumsbericht, a.a.O., S. 7

60 Siehe St. Sell: Armutsforschung und Armutsberichterstattung aus Sicht einer lebenslageorientierten Sozialpolitik, in: ders. (Hrsg.): Armut als Herausforderung, a.a.O., S. 21

61 Vgl. BMFSFJ (Hrsg.): Elfter Kinder- und Jugendbericht. Bericht über die Lebenssituation junger Menschen und die Leistungen der Kinder- und Jugendhilfe in Deutschland, Berlin 2002, Teil B II, S. 105ff.; BMGS (Hrsg.): Lebenslagen in Deutschland, a.a.O., S. 3ff. Der zweite Armuts- und Reichtumsbericht nahm aber den Lebenslagenansatz sowie den Capability-Ansatz Amartya Sens zum Ausgangspunkt der Bericht-

Werner Schönig schlägt vor, das – ursprünglich an relativer Armut ausgerichtete – Lebenslagenkonzept im Hinblick auf absolute Armut zu konkretisieren.[62] Diese definiert er als eine Situation, in der grundlegende Bedürfnisse des Menschen in Bezug auf Ernährung, Kleidung, Wohnung, Gesundheit und Bildung nicht erfüllt sind. Absolute Armut setze eine extreme Unterversorgung in Dimensionen der Lebenslage voraus, was einer Deprivation gleichkomme, „durch die Personen so stark restringiert werden, dass ihnen Handlungsspielräume in einzelnen Dimensionen der Lebenslage völlig verschlossen bleiben. Extreme Unterversorgung kann und wird sich i. d. R. auf einzelne Dimensionen der Lebenslage und einzelne Phasen der Biographie beschränken; erst wenn zu einem Zeitpunkt in mehreren Dimensionen extreme Unterversorgung konstatiert wird, soll die Lebenslage insgesamt als absolute Armut deklariert werden",[63] empfiehlt Schönig deshalb.

Abbildung 1.1 Indikatoren und Unterversorgungsschwellen relativer und absoluter Armut in fünf Lebenslagendimensionen

Lebenslagen-dimension	**Indikator**	**relative Armut/ Unterversorgungsschwelle**	**absolute Armut/ Unterversorgungsschwelle**
Einkommen	bedarfsgewichtetes verfügbares Haushaltsnettoeinkommen	50 Prozent des durchschnittlichen gewichteten Haushaltsnettoeinkommens	Nichtinanspruchnahme von Sozialhilfe
Arbeit	Art und Umfang der Beschäftigung	1) registrierte Arbeitslosigkeit 2) stille Reserve 3) geringfügige Beschäftigung	verfestigte Langzeitarbeitslosigkeit von mindestens zwei Jahren Dauer
Bildung	schulische Bildung berufliche Bildung	kein (Aus-)Bildungsabschluss	funktionaler Analphabetismus
Wohnen	Wohnungsgröße und -belegung Wohnungsausstattung	weniger als ein Wohnraum pro Person kein Bad und/oder WC in der Wohnung	Wohnungslosigkeit
Gesundheit	subjektive gesundheitliche Zufriedenheit	Skala von 0 bis 10	signifikantes Unterschreiten wichtiger Gesundheitsindikatoren und/oder nachhaltige Rationalisierung

Quelle: W. Schönig: Gibt es absolute Armut in Deutschland?, a. a. O., S. 226; W. Hanesch u. a.: Armut in Deutschland, a. a. O., S. 128

erstattung, der Teilhabe- und Verwirklichungschancen in den Mittelpunkt rückt und Armut als Mangel an Verwirklichungschancen begreift; vgl. ebd., S. 10

62 Nach einer Expertise für den zweiten Armuts- und Reichtumsbericht gilt ein in Deutschland lebender Mensch als extrem arm, der den minimalen Lebensstandard hierzulande deutlich unterschreitet und diese Lebenslage nicht aus eigener Kraft verlassen kann; vgl. K. Mingot/U. Neumann/M. Ludwig: Menschen in extremer Armut. Forschungsbericht im Auftrag des Bundesministeriums für Gesundheit und Soziale Sicherung, Darmstadt 2003, S. 4. Vgl. zum Folgenden: W. Schönig: Gibt es in Deutschland absolute Armut?, a. a. O., S. 221 f.

63 Siehe ebd.

Mittels dieser Operationalisierung von absoluter Armut auf Basis amtlich verfügbarer statistischer Daten und seriösen Schätzungen kommt Schönig zu dem Schluss, dass zwischen 200.000 und 800.000 Personen in Deutschland von absoluter Armut (also einer extremen Unterversorgung in mindestens zwei Dimensionen der Lebenslage) betroffen seien, was bis zu einem Prozent der Bevölkerung entspreche. Ein mit Blick auf Migrant(inn)en als Untersuchungsgruppe erhebliches Manko dieser Untersuchung besteht jedoch darin, dass Schönig allein die Unterversorgungslagen der einheimischen, nicht aber die der zugewanderten Bevölkerung problematisiert und quantifiziert.

1.2.2 Kinderarmutskonzepte

Die bisher erörterten Armutskonzepte beschränkten sich alle gleichermaßen auf die relative Armut von „merkmalsfähigen", d. h. volljährigen Personen(gruppen) oder von Haushalten. Nur wenige Untersuchungen erfassen die Armutsbetroffenheit von Kindern indirekt über äquivalenzgewichtete Haushaltseinkommen, um die besonderen Betroffenheitsrisiken von *Haushalten* mit Kindern auszuweisen.[64] Erst Mitte der 1990er-Jahre, nachdem die Infantilisierung[65] allenthalben als neuer Armutstrend ausgemacht worden war, begann die Armutsforschung, angeregt durch die soziologische Kindheitsforschung, sich mit Kindern und Jugendlichen als eigenständig handelnden und wissenschaftlich zu erforschenden Subjekten auseinanderzusetzen, woraufhin sich allmählich eine eigenständige Kinderarmutsforschung etablierte. Seit Ende der 1990er-Jahre bestätigt eine große Zahl besonders von Sammelbänden[66] und empirischen Studien[67] bei Kindern und Jugendlichen hierzulande eine „Sockelarmut", die man bezüglich ihrer Erscheinungsformen, Hintergründe, Ursachen, Folgen und möglicher Gegenstrategien in den Blick nahm.

Zu Beginn des neuen Jahrtausends folgten zahlreiche weitere fachwissenschaftliche Beiträge,[68] sodass seither von einer regelrechten Hochkonjunktur der Kinderarmutsforschung

64 Vgl. G. E. Zimmermann: Formen von Armut und Unterversorgung im Kindes- und Jugendalter, a. a. O., S. 71 ff.

65 Vgl. R. Hauser: Entwicklungstendenzen der Armut in der Bundesrepublik Deutschland, in: D. Döring/R. Hauser (Hrsg.): Politische Kultur und Sozialpolitik. Ein Vergleich der Vereinigten Staaten und der Bundesrepublik Deutschland unter besonderer Berücksichtigung des Armutsproblems, Frankfurt a. M./New York 1989, S. 126

66 Vgl. U. Otto (Hrsg.): Aufwachsen in Armut. Erfahrungswelten und soziale Lagen von Kindern armer Familien, Opladen 1997; G. Iben (Hrsg.): Armut und Kindheit. Analysen und Projekte, Münster 1998; J. Mansel/G. Neubauer (Hrsg.): Armut und soziale Ungleichheit bei Kindern, Opladen 1998; A. Klocke/K. Hurrelmann (Hrsg.): Kinder und Jugendliche in Armut, a. a. O.; Th. Altgeld/P. Hofrichter (Hrsg.): Reiches Land – kranke Kinder?, Frankfurt a. M. 2000; Ch. Butterwegge (Hrsg.): Kinderarmut in Deutschland, a. a. O.

67 Vgl. ders. u. a.: Kinderarmut in Ost- und Westdeutschland, 2. Aufl. Wiesbaden 2008; K. Holm/U. Schulz: Kindheit in Armut weltweit, Opladen 2002; A. Richter: Wie erleben und bewältigen Kinder Armut?, Eine qualitative Studie über die Belastungen aus Unterversorgungslagen und ihre Bewältigung aus subjektiver Sicht von Grundschulkindern einer ländlichen Region, Aachen 2000. Einzelne Kinderarmutskonzepte werden hier vorgestellt, wobei deren fragestellungsrelevante Befunde in die Lebenslagenanalyse in Kapitel 4 und 5 einfließen.

68 Vgl. etwa die mehrbändige AWO-ISS-Studie von G. Holz u. a. sowie H. Weiß (Hrsg.): Frühförderung von Kindern und Familien in Armutslagen, München/Basel 2000; Ch. Butterwegge/M. Klundt (Hrsg.): Kinderarmut und Generationengerechtigkeit. Familien und Sozialpolitik im demografischen Wandel, 2. Aufl. Opladen 2002; W. M. Zenz/K. Bächer/R. Blum-Maurice (Hrsg.): Die vergessenen Kinder. Vernachlässigung, Armut und Unterversorgung in Deutschland, Köln 2002; G. Bäcker: Child and family poverty rates in Germany,

gesprochen werden kann. Sie befragen Minderjährige als betroffene Subjekte zu deren eigener Situation, nehmen methodologisch somit die Perspektive des Kindes ein und verfolgen zugleich mehrdimensionale Armutskonzepte. Dennoch sind bisher nur *Teilaspekte* der Lebenswelten von Kindern, die unter Armutsbedingungen aufwachsen, erforscht worden. Die Untersuchungen konzentrieren sich etwa auf Armutsfolgen in den Bereichen von Schullaufbahn und Gesundheit, des Sozialverhaltens oder in kindlichen Selbstbildern. Auch unterschiedliche Formen von Bewältigungsstrategien, die Kinder als Reaktion auf Belastungen oder Unterversorgungslagen entwickeln, sind aus der Kindperspektive nachgezeichnet worden.[69] Am seltensten sind bisher die Auswirkungen von Armut auf ganz junge Kinder erforscht worden, weil hier gänzlich andere Zugangsformen (als Interviews) gefunden und Unterversorgungsschwellen definiert werden müssen als für ältere Kinder oder Jugendliche, die ihre subjektive Einschätzung fast ebenso wie Erwachsene artikulieren können.[70] Problematisch ist neben dem Forschungsstand besonders die Datenlage dazu: Je jünger die Kinder sind, desto weniger Studien geben unter Einbezug subjektiver Elemente differenziert über ihre Lebenslagen Auskunft.

Festzuhalten bleibt, dass es lange Zeit keine Verbindung zwischen Kindheits- und Armutsforschung gegeben hat: „Die neuere soziologische Kindheitsforschung beschäftigte sich nicht explizit mit ‚armen Kindern', die Armutsforschung nahm Kinder nicht als spezifische Gruppe der Armutspopulation wahr."[71] Die veränderte Sicht auf die gesellschaftliche Stellung und Rolle von Kindern hat schließlich Debatten um Kinderrechte sowie um entsprechende Strategien einer „Politik (durch und) für Kinder" und dadurch wiederum die Sozialwissenschaften beeinflusst. Infolgedessen sind verschiedene Kindersurveys und Sozialberichte zu Kindern erschienen, die das empirische Wissen über Lebensbedingungen, Wünsche und Wahrnehmungen von Kindern enorm erweitert haben.[72] Kindzentrierte Armutskonzepte blicken somit zwar auf eine sehr junge Tradition zurück; der Hochkonjunktur der Kinderarmutsforschung ist es aber zu verdanken, dass inzwischen mehrere gehaltvolle Ansätze entwickelt wurden, deren genauere Betrachtung lohnt. Im Folgenden werden einige mehrdimensionale (Kinder-)Armutskonzepte und -begriffe vorgestellt.

1. Beispiele für mehrdimensionale, subjektorientierte Kinderarmutskonzepte

In theoretischer wie auch methodischer Hinsicht erwähnenswert ist die konzeptionelle Weiterentwicklung des Lebenslagenansatzes mit Blick auf die Altersgruppe 6- bis 11-Jähriger, die in einem Teilprojekt des nordrhein-westfälischen Forschungsverbunds „Armut und Kindheit"

---

in: P. Krause/G. Bäcker/W. Hanesch (Hrsg.): Combating Poverty in Europe: the German welfare regime in practice, Burlington (USA) 2003, S. 289 ff.; K.A. Chassé/M. Zander/K. Rasch: Meine Familie ist arm, a. a. O.; M. Zander (Hrsg.): Kinderarmut. Einführendes Handbuch für Forschung und soziale Praxis, Wiesbaden 2005; dies.: Armes Kind – starkes Kind? Die Chance der Resilienz, Wiesbaden 2008

69 Vgl. A. Richter: Wie erleben und bewältigen Kinder Armut?, a. a. O.

70 Vgl. z. B. B. Hock/G. Holz/W. Wüstendörfer: Frühe Folgen – langfristige Konsequenzen?, a. a. O.

71 Siehe K.A. Chassé/M. Zander/K. Rasch: Meine Familie ist arm, a. a. O., S. 44

72 Vgl. Ch. Butterwegge u. a.: Armut und Kindheit, a. a. O., S. 65; J. Zinnecker/R. K. Silbereisen: Kindheit in Deutschland, Weinheim/München 1996

zu Lebensverhältnissen armer Kinder in städtischen und ländlichen Gebieten stattfand.[73] Für die qualitative Studie wurden 25 Kinder und ihre Eltern sowie Expert(inn)en aus Münster und Umgebung befragt. Mit Urie Bronfenbrenner differenzierten die Forscherinnen die Lebenslagen von Kindern zunächst in drei Dimensionen einer unmittelbaren (Familie und Schule), mittelbaren (Wohnumfeld etc.) sowie ideologischen Perspektive (Politik etc.).[74] Die Kinderinterviews orientierten sich an den von Nahnsen unterschiedenen Handlungsspielräumen, die wie folgt modifiziert wurden:

1. Der *Kontakt- und Kooperationsspielraum* gibt über Qualität und Dichte der sozialen Beziehungen der Kinder Auskunft; erfragt wurden Gleichaltrigenbeziehungen und deren Beeinflussung durch Familie, Schule und Nachmittage, „beste/r Freund/in" und das Feiern von Kindergeburtstagen.
2. Der *Muße- und Regenerationsspielraums* zeigt, inwieweit Kinder in einer gedeihlichen Umgebung aufwachsen und ausreichende Regenerationsbedingungen finden; erfragt wurden die Bereiche „räumliche Mobilität", „Teilhabe an öffentlichen Angeboten", „Familienurlaub" sowie „Freizeitgestaltung und Hobbys".
3. Hinsichtlich des *Einkommens- und Versorgungsspielraums* wurden die Kinder (ergänzend zu den Aussagen der Eltern) nach ihrer Wahrnehmung der finanziellen Situation der Familie, nach ihrem Taschengeld und nach bestehenden Zusatzverdienstmöglichkeiten befragt.
4. Der *Lern- und Erfahrungsspielraum* erfasst, über welche Möglichkeiten für Lernen und Entfaltung die Befragten verfügen. Gefragt wurde etwa, ob die Kinder gerne zur Schule gehen, wie sich die Beziehungen zu Lehrern und Klassenkameraden gestalten, wo Hilfe geholt werden kann und wie Leistungen gelobt/sanktioniert wurden.
5. Der *Entscheidungs- und Dispositionsspielraum* betrifft die Partizipation der Kinder an familialen Entscheidungsprozessen, ihre Ängste, Gestaltungs- und Veränderungswünsche.

Die Forscherinnen suchten die Folgen von Armut bei Grundschulkindern zu erhellen, indem sie den Einfluss des kulturellen Kapitals der Familien mit den Sozialbeziehungen und dem Lernerfolg der Kinder in Bezug setzten. Armut begriffen sie dabei als ein lebensweltliches, kontextabhängiges und stets interpretationsbedürftiges Phänomen, wobei der Fokus auf die subjektive Wahrnehmung, Deutung und Bewältigung durch die Kinder zu richten sei.[75] Im Ergebnis sei für die Entwicklung armer Kinder primär entscheidend, inwieweit die Familie als Quelle sozialer und emotionaler Anerkennung zur Verfügung stehe; zugleich werde die Bedeutung der sekundären Sozialisationsinstanzen Schule und Kindertagesstätte meist unterschätzt, wo entscheidende Weichen für die soziale und kulturelle kindliche Entwicklung gestellt würden.[76]

Subjektorientierte und lebensweltliche Schwerpunkte setzte des Weiteren eine Untersuchung zu Erfahrungsformen und Bewältigungsstrategien armer Kinder im Grundschulalter

73 Vgl. Ch. Butterwegge u. a.: Armut und Kindheit, a. a. O.
74 Vgl. hierzu und zum Folgenden: ebd., S. 229 ff.
75 Vgl. ebd., S. 225 f.
76 Zu weiteren Ergebnissen der Eltern-, Kinder- und Experteninterviews vgl. ebd., S. 235 ff.

von Karl-August Chassé, Margherita Zander und Konstanze Rasch.[77] In einer qualitativen, querschnittsbetrachtenden Fallstudie zu Kinderarmut in Ostdeutschland, der das auf kindliche Erfahrungswelten übertragene Lebenslagenkonzept zugrunde lag, ermittelten die Autor(inn)en verschiedene Lebenslagen aus Sicht der Kinder. Als erkenntnisleitend bei der Übertragung des Lebenslagenkonzeptes auf Kinder sahen die Armutsforscher/innen in Anlehnung an Nahnsen die zentrale Fragestellung nach „Bedingungen für die Entfaltung und Realisation ‚wichtiger Interessen' bzw. der Grundanliegen der Individuen" an.[78] Anders formuliert gehe es um die Frage, wie weitgehend einem Kind Handlungsoptionen offen stünden, wie viel Partizipation und soziale Teilhabe möglich sei und wie das Kind diese Handlungsspielräume nutzen könne.[79] Bei der Übertragung auf Minderjährige gelte es deshalb zunächst zu klären, was unter „Grundanliegen" und „wichtigen Interessen" von Kindern – entsprechend ihrer jeweiligen Alters- und Entwicklungsstufe – zu verstehen sei. Im Sinn des Lebenslagenkonzeptes könne man mit Weisser davon ausgehen, dass im Hinblick auf Kinder mit eben jenen (historisch und kulturell geprägten) Grundbedürfnissen „physische, psychische, soziale und kulturelle Bedürfnisbefriedigung" gemeint seien.[80]

Chassé, Zander und Rasch analysierten elterliche Lebenslagen und kindliche Bewältigungsstrategien, um daraus Typen bzw. Strukturen kindlicher Armutslagen abzuleiten. Sie fanden heraus, dass – obwohl alle Kinder der Untersuchungsgruppe in materiell eingeschränkten Elternhäusern aufwuchsen – sich die Strukturen sowohl der elterlichen Belastungen als auch der kindlichen Benachteiligungen in den verschiedenen Lebenslagen sehr variabel darstellten. Die kindlichen Lebenslagentypen könne man zwischen zwei Extrempolen ansiedeln:[81]

Typ 1: Elterliche Armut – kindliche Kompensation: Die Kinder wachsen in positiv geprägten Eltern-Kind-Beziehungen auf, die Familien verfügen i. d. R. über ein relativ leistungsstarkes, kindbezogenes Netzwerk und können auf einen erweiterten Familienverband als Brücke und kontinuierliche Gleichaltrigenbeziehungen zurückgreifen, sodass ein Großteil der Armutsfolgen für das Kind ausgeglichen werden kann. Weitere familiäre Merkmale sind ein geringes Gewicht weiterer kumulativer Belastungen, eine offene familiäre Kommunikation (auch über Armut) und vorgelebte Bewältigungsstrategien.

Typ 2a: Benachteiligte Kinder mit wenig wirksamen Kompensationsmöglichkeiten;

Typ 2b: Kinder mit Kompensationsmöglichkeiten außerhalb der Familie;

Typ 3: Elterliche strenge Armut – starke und mehrfache Belastung der Kinder: Bei diesen Kindern aus meist kumulativ belasteten Familien seien eher belastende und problematische denn befriedigende und förderliche Strukturen des Aufwachsens zu konstatieren,

77 Vgl. hierzu und zum Folgenden: K. A. Chassé/M. Zander/K. Rasch: Meine Familie ist arm, a. a. O.
78 Siehe hierzu und zum Folgenden: ebd., S. 54 f.
79 Vgl. M. Zander: Was wir über Kinderarmut wissen, in: Thema Jugend. Schattendasein, Zeitschrift für Jugendschutz und Erziehung 4/2002, S. 4
80 Vgl. K. A. Chassé/M. Zander/K. Rasch: Meine Familie ist arm, a. a. O., S. 55
81 Vgl. ebd., S. 265 ff. Für eine Zusammenfassung der elterlichen und kindlichen Belastungen für die vier Typen benachteiligter Kinder vgl. ebd., S. 300 ff.

die hauptsächlich in Eltern-Kind-Beziehungen, der familialen Alltagsgestaltung und -bewältigung, dem kindlichen Aktivitätsspektrum, den Gleichaltrigenbeziehungen und (leistungsmäßig wie sozial) in der Schule festzustellen seien.

2. Das Kinderarmutskonzept der AWO-ISS-Studie

Besondere Resonanz in der Literatur fand das Kinderarmutskonzept, welches die sog. AWO-ISS-Studie entwickelte. Das Forschungsprojekt mit dem Titel „Lebenslagen und Lebenschancen von armen Kindern und Jugendlichen" wurde über mehrere Jahre vom Institut für Sozialarbeit und Sozialpädagogik (ISS) im Auftrag des Bundesverbandes der Arbeiterwohlfahrt in deren Einrichtungen durchgeführt und stellt die bislang wohl umfassendste Untersuchung zur Kinderarmut in Deutschland dar, weil sowohl alle Altersgruppen von Vorschulkindern bis hin zu 17-Jährigen in den Blick genommen als auch qualitative, quantitative sowie längschnittorientierte Erhebungsmethoden kombiniert worden sind. Den kindzentrierten Armutsbegriff der Untersuchung zeigt folgende Abbildung:

Abbildung 1.2 Fünf Dimensionen der Lebenslage eines Kindes

(1) Materielle Situation des Haushalts („familiäre Armut")

(2–5) Dimensionen der Lebenslage des Kindes

(2) Materielle Versorgung des Kindes	Grundversorgung, d. h. Wohnen, Nahrung, Kleidung, materielle Partizipationsmöglichkeiten
(3) Versorgung im kulturellen Bereich	z. B. kognitive Entwicklung, sprachliche und kulturelle Kompetenzen, Bildung
(4) Situation im sozialen Bereich	Soziale Kontakte, soziale Kompetenzen
(5) Psychische und physische Lage	Gesundheitszustand, körperliche Entwicklung

Quelle: G. Holz/S. Skoluda: „Armut im frühen Grundschulalter". Abschlussbericht der vertiefenden Untersuchung zu Lebenssituation, Ressourcen und Bewältigungshandeln von Kindern im Auftrag des Bundesverbandes der Arbeiterwohlfahrt, Frankfurt a. M. 2003, S. 7

Dieses kindzentrierte Armutskonzept der AWO-ISS-Studie nimmt zwar die materielle Armutslage eines Haushaltes bzw. einer Familie zum Ausgangspunkt der Armutsdefinition, konzentriert sich darüber hinaus aber auf die Lebenssituation und die (im)materiellen Lebenslagen des Kindes. Diese können demnach analytisch in die vier Dimensionen der (1.) materiellen und (2.) kulturellen Versorgung, (3.) der Situation im sozialen Bereich sowie (4.) der psychischen und physischen Lage aufgefächert werden.[82] Unter der Leitfrage „Was kommt beim Kind an?" wird die materielle Grundversorgung von Kindern in den Bereichen Wohnen, Nahrung

82 Vgl. G. Holz u. a.: Zukunftschancen für Kinder. Wirkung von Armut bis zum Ende der Grundschulzeit, Berlin/Bonn 2005, S. 34 ff.

und Kleidung betrachtet; hinsichtlich der kulturellen „Versorgung“ werden die kognitive Entwicklung, die Sprache, die Schule, die Bildung und kulturelle Kompetenzen einbezogen. Die Situation des Kindes im sozialen Bereich hebt auf soziale Kontakte und Kompetenzen ab, während sich die physische und psychische Lage auf seinen Gesundheitszustand bezieht. Diese analytische Trennung familiärer und kindlicher Lebenslagen ermöglicht Aussagen über die vielfältigen Auswirkungen familiärer Armut in den einzelnen Lebensdimensionen.

Das Prädikat „arm“ wurde an ein (Vorschul-[83])Kind nur vergeben, sofern dessen Familie „entweder Sozialhilfe, Arbeitslosenhilfe oder Leistungen nach dem Asylbewerberleistungsgesetz erhielt“ und/oder ein Einkommen gemäß der Kindertagesstättenbeitragshöhe unterhalb der für diesen Haushalt gültigen 50-Prozent-Einkommensschwelle hatte *und* zugleich die Beiträge vollständig vom Jugendamt ersetzt wurden.[84] Von Armut im jüngeren Kindesalter sei indes nur zu sprechen, wenn ein Kind in einer armen Familie lebe, sich materielle, kulturelle, gesundheitliche oder soziale Unterversorgung zeigten und sowohl aktuelle Entwicklungsbedingungen als auch Zukunftsperspektiven beeinträchtigt seien.[85] In der Erhebung wurden sieben Bereiche unterschieden, für die jeweils (im Vergleich zur Gesamtgruppe) ermittelt wurde, ob ein Kind dort „auffällig“ war. Zur Operationalisierung des kindzentrierten Armutskonzepts wurden diese Bereiche möglicher „Auffälligkeiten“ den kindlichen Lebenslagendimensionen zugeordnet, woraus sich folgende bereichsspezifische Unterversorgungslagen ableiten ließen:

Abbildung 1.3 Zuordnung der Erhebungs- zu den Lebenslagendimensionen

Lebenslage …	**Bereich möglicher „Auffälligkeiten“ des Kindes**
im *sozialen* Bereich	1. Soziales/emotionales Verhalten
im *kulturellen* Bereich	2. Sprachverhalten 3. Spielverhalten 4. Arbeitsverhalten
Gesundheitliche Lage	5. Motorik 6. Gesundheit und Entwicklung
Materielle Versorgung/Lage	7. Grundversorgung

Quelle: Eigene Darstellung nach B. Hock/G. Holz/W. Wüstendörfer: Frühe Folgen – langfristige Konsequenzen?, a. a. O., S. 33 u. 39

Die Befunde der Studie belegen, dass arme (Vorschul-)Kinder v. a. in der materiellen Versorgung sowie im kulturellen und sozialen Bereich häufiger benachteiligt waren, d. h. zumeist ein mehr als doppelt so hohes Risiko wie nichtarme Kinder trugen, Auffälligkeiten zu entwickeln; in der gesundheitlichen Lage zeigten sich indes kaum Unterschiede. Die multi-

83 Das AWO-ISS-Kinderarmutskonzept mitsamt Unterversorgungsindikatoren wurde ursprünglich für Kindertagesstättenkinder entwickelt, im Laufe des Projekts aber für Grundschulkinder verschiedener Altersgruppen ausgeweitet.

84 Vgl. ebd., S. 33

85 Vgl. G. Holz u. a.: Armutsprävention vor Ort – „Mo.Ki – Monheim für Kinder“. Evaluationsergebnisse zum Modellprojekt von Arbeiterwohlfahrt Niederrhein und Stadt Monheim, Frankfurt a. M. 2005, S. 21

dimensionalen Benachteiligungsformen *armer* Kinder verstärkten sich im späteren Kindesalter zudem, wie die AWO-ISS-Folgestudien dokumentieren.[86] Das Kinderarmutskonzept der AWO-ISS-Studie ist damit das wohl präziseste, um Erscheinungsformen, multidimensionale Auswirkungen und den Verlauf von Armut bei Kindern verschiedener Altersgruppen sowohl aus der Kind- als auch der Erwachsenenperspektive sichtbar zu machen, zu messen und zu erklären.[87] Es operationalisiert die für Kinder bedeutsamen Dimensionen kindlicher Lebenslagen, indem diese zu vier möglichen Unterversorgungsbereichen gebündelt werden, über denen gewissermaßen die Einkommensarmut der Familie als zentraler Indikator für familiäre Armut angesiedelt ist. Die Bildung der drei Lebenslagetypen aus den empirischen Ergebnissen ermöglicht schließlich in Verbindung mit den Daten zur Armutsbetroffenheit der Familien und weiteren Variablen Aussagen zur Einflussstärke, die bestimmte Faktoren wie „gemeinsame Aktivitäten der Familie" auf die tatsächlichen Risiken eines Kindes besitzen, in einem der Bereiche auffällig zu werden.

1.3 Überblick zu Gruppen der Kinder mit Migrationshintergrund

Die in Deutschland lebende Bevölkerung mit Migrationshintergrund ist aufgrund der historisch gewachsenen, unterschiedlich motivierten Einwanderungsformen heute vielfältiger denn je. Neben länger ansässige Arbeitsmigrant(inn)en und deren Nachkommen sind Spätaussiedler/innen, Flüchtlinge und Asylsuchende sowie irreguläre Zuwanderer getreten, deren Lebenslagen eine immense Bandbreite aufweisen. Im Folgenden wird ein erster Überblick über die sehr heterogene Untersuchungsgruppe der hierzulande lebenden Kinder mit Migrationshintergrund gegeben, der einige Eckdaten und Besonderheiten der jeweils betrachteten Gruppe referiert und sich entlang der o. g. Teilgruppen strukturiert.

1.3.1 Die zweite und dritte Generation aus den ehemaligen Anwerbestaaten

Die Anzahl von in Deutschland lebenden Kindern und Jugendlichen der zweiten und dritten Generation aus Anwerbestaaten ließ sich lange ausschließlich „auf Umwegen" und in groben Zügen beziffern, was ein schwieriges Unterfangen darstellte. Dies liegt v. a. darin begründet, dass in der Migrationsforschung unterschiedliche Kriterien („Geburtsort im Inland", „Minderjährigkeit" und „ausländische Staatsangehörigkeit") benutzt werden, um diese Gruppe zu definieren. Je nachdem, ob man nur ein, zwei oder alle drei der Kriterien berücksichtigt, ergeben sich unterschiedliche Angaben zur Größe der zweiten und dritten Generation; diese Ungenauigkeit verschärft sich durch die automatische Vergabe doppelter Staatsbürgerschaften an im Inland geborene Kinder ausländischer Eltern durch das „neue" Staatsangehörigkeit, weil diese Kinder (trotz Optionspflicht) statistisch lediglich als Deutsche ausgewiesen werden.

86 Vgl. G. Holz/S. Skoluda: „Armut im frühen Grundschulalter", Abschlussbericht der vertiefenden Untersuchung zu Lebenssituation, Ressourcen und Bewältigungshandeln von Kindern im Auftrag des Bundesverbandes der Arbeiterwohlfahrt, Frankfurt a. M. 2003, S. 134; G. Holz u. a.: Zukunftschancen für Kinder, a. a. O., S. 65 ff.

87 Die wichtigsten Ergebnisse fließen in die Lebenslagenanalyse der Kapitel 4 und 5 ein.

Ende 2003 lebten insgesamt rund 1,34 Mio. ausländische Kinder und Jugendliche in Deutschland, was einem Minderjährigenanteil von 18,3 Prozent aller Ausländer/innen entspricht.[88] Nach Altersgruppen und der Geburt im Inland differenziert, waren von den insgesamt 312.000 ausländischen Unter-6-Jährigen fast 85 Prozent hier geboren, bei den 1,02 Mio. 6- bis 18-jährigen Ausländer(inne)n waren es immerhin noch fast 64 Prozent. Die höchsten Anteile in Deutschland Geborener haben nach Angaben des Datenreports 2006 die zuerst angeworbenen Zuwanderer aus den ehemaligen Anwerbeländern Griechenland, Spanien, Italien und Portugal (mit rund 22 %); es folgen Zuwanderer aus der Türkei (mit 18 %) sowie Migrant(inn)en aus Ex-Jugoslawien (mit 13 %, was durch die Flüchtlingszuwanderung der 1990er-Jahre beeinflusst ist).[89] Wenn ausschließlich das Kriterium der Geburt im Inland (nicht aber ein minderjähriges Alter) herangezogen wird, kommt man auf rund 1,5 Mio. (ca. ein Fünftel der insgesamt 7,3 Mio.) in der Bundesrepublik lebende Ausländer/innen, die der zweiten bzw. dritten Generation zugerechnet werden. Aus den ehemaligen Anwerbeländern kamen die Eltern von 655.000 in Deutschland geborenen Türk(inn)en und von 173.000 Italiener(inne)n; rund 140.000 hatten Eltern aus einem Nachfolgestaat des ehemaligen Jugoslawiens, weitere 94.000 aus Griechenland, 29.000 aus Spanien, 25.000 aus Portugal sowie rund 16.000 aus Marokko und 4.600 aus Tunesien. Geht man davon aus, dass türkische Zuwanderer rund ein Viertel und Migrant(inn)en aus den übrigen Anwerbestaaten[90] weitere 30 Prozent der ausländischen Bevölkerung stellen, wie es die amtliche Statistik für Ende 2003 ausweist, wäre zu vermuten, dass Kinder aus Familien angeworbener „Gastarbeiter/innen“ ebenfalls mehr als die Hälfte der 1,5 Mio. in Deutschland geborenen Ausländerkinder ausmachen, was rund 846.000 in Deutschland lebenden Ausländerkindern der zweiten Generation mit „Gastarbeiter“-Migrationshintergrund entspräche.

Die zweite bzw. dritte Generation erfasste auch die amtliche Statistik nicht – bis erstmals mit dem Mikrozensus 2005 die Menschen mit Migrationshintergrund danach unterschieden wurden, ob sie über eine eigene Migrationserfahrung verfügten oder zu den Nachkommen der Eingewanderten zählen.[91] Zur Gruppe der „Ausländer/innen ohne eigene Migrationserfahrung“, welche mit der zweiten bzw. dritten Ausländergeneration weitgehend deckungsgleich sein müsste, zählten 2005 insgesamt 1,7 Mio. Menschen, wovon ca. 795.000 unter 15 Jahre alt waren und worin keine eingebürgerten Kinder enthalten sind.[92]

Spätere Ausführungen dieser Arbeit beziehen sich zumeist auf die (in sich durchaus heterogene) Gruppe der zweiten bzw. dritten Generation von Kindern aus Arbeitsmigrantenfamilien der ehemaligen Anwerbestaaten, weil in der Literatur üblicherweise keine Unterscheidung der Kinder nach Nationalität bzw. Herkunftsland der Eltern vorgenommen wird.

---

88 Vgl. hierzu und zum Folgenden: Beauftragte der Bundesregierung für Migration, Flüchtlinge und Integration (im Folgenden als Bundesintegrationsbeauftragte bezeichnet) (Hrsg.): Sechster Bericht über die Lage der Ausländerinnen und Ausländer in Deutschland, BT-Drs. 15/5826, Berlin 2005, S. 308 ff.

89 Vgl. StBA (Hrsg.): Datenreport 2006. Zahlen und Fakten für die Bundesrepublik Deutschland, Bonn 2006, S. 566

90 Italien, Griechenland, Portugal, Spanien, Marokko, Kroatien, Bosnien-Herzegowina und Serbien-Montenegro; vgl. auch zum Folgenden: Bundesintegrationsbeauftragte (Hrsg.): Sechster Bericht, a. a. O., S. 314

91 Vgl. StBA (Hrsg.): Bevölkerung und Erwerbstätigkeit, a. a. O., S. 5

92 Eigene Berechnungen nach: ebd., S. 26. Zur zweiten bzw. dritten Generation kamen außerdem weitere 1,8 Mio. Unter-15-Jährige hinzu, die einen deutschen Pass hatten, obwohl sie über einen Migrationshintergrund verfügten, womit es sich um Kinder von Spätaussiedlern und eingebürgerte bzw. vom Ius Soli profitierende Kinder handeln dürfte.

Stattdessen wird meist über die Gesamtgruppe ausländischer Kinder bzw. gelegentlich noch über jene der klassischen Anwerbenationalitäten oder über die zweite Generation berichtet.[93] Deshalb seien vorweg einige von der Migrationsforschung herausgearbeitete Besonderheiten einzelner (griechischer, italienischer, ehemals jugoslawischer, spanischer, portugiesischer sowie türkischer) Teilgruppen skizziert.

Bezüglich von Kindern *griechischer* Zuwanderer, von denen Ende 2003 über 350.000 hierzulande lebten,[94] beschäftigten sich ältere Untersuchungen besonders mit dem Sozialisationsprozess, der Bildungssituation und dem Besuch griechischer Schulen.[95] Die neuere Forschung behandelt v. a. die familiale und Bildungssituation griechischstämmiger *Jugendlicher*,[96] wobei über Konflikte zwischen Jugendlichen und ihren Eltern bezüglich der Optionen Rückkehr vs. Verbleib berichtet wird und man griechischen Jugendlichen und ihren Eltern durchgängig hohe Bildungsaspirationen bescheinigt. Ursula Boos-Nünning und Yasemin Karakaşoğlu weisen auf drei Besonderheiten der Migration aus Griechenland hin: Erstens hätten sich (außerhalb des Arbeitsmarktes) bereits früh Strukturen einer griechischen Einwandererkolonie herausgebildet, zu der nationale ebenso wie religiöse (griech.-orth.) Vereine und Gruppierungen zählten, zweitens seien Rückkehroptionen ins Herkunftsland sowohl bei Erwachsenen als auch bei Jugendlichen verbreiteter als bei anderen Migranten und schließlich sei die (fast flächendeckende) Struktur griechischer Privatschulen aller Formen bemerkenswert.[97]

Zu Kindern *italienischer* Migrant(inn)en, von denen Ende 2003 rund 600.000 in Deutschland lebten,[98] stehen in einer Reihe von Untersuchungen besonders die Bildungssituation sowie Fragen der Identitätsbildung Jugendlicher im Spannungsfeld zwischen kulturellen „Zwischenwelten“ und der immer häufiger postulierten „Transnationalität“ im Mittelpunkt.[99] Für italienische Zuwanderer sehen Boos-Nünning und Karakaşoğlu drei Besonderheiten: Aufgrund ihrer schon früh bestehenden Niederlassungsfreiheit zeichneten sich einerseits bereits früh Strukturen eigenethnischer Ökonomien (v. a. im Gastgewerbe), nicht aber von Migrantenselbstorganisationen ab, andererseits pendele eine nicht geringe Zahl mit längeren

---

93 Vgl. etwa die Lageberichte der Bundesausländer- bzw. Bundesintegrationsbeauftragten und BMFSFJ (Hrsg.): Familien ausländischer Herkunft in Deutschland, Leistungen Belastungen Herausforderungen. Sechster Familienbericht, Berlin 2000; BMFSFJ (Hrsg.): Zehnter Kinder- und Jugendbericht, a. a. O.; StBA (Hrsg.): Datenreport 2004, a. a. O., S. 580 f.; dass. (Hrsg.): Datenreport 2006, a. a. O., S. 565 ff.

94 Davon waren 94.000 hier geboren; vgl. Bundesintegrationsbeauftragte (Hrsg.): Sechster Bericht, a. a. O., S. 317

95 Vgl. etwa M. Damanakis: Sozialisationsprobleme der griechischen Gastarbeiterkinder in den Grund- und Hauptschulen des Bundeslandes Nordrhein-Westfalen, Kastellaun 1978; A. Zografou: Zwischen zwei Kulturen. Griechische Kinder in der Bundesrepublik, Frankfurt a.M. 1979

96 Vgl. W. Baros: Familien in der Migration. Eine qualitative Analyse zum Beziehungsgefüge zwischen griechischen Adoleszenten und ihren Eltern im Migrationskontext, Frankfurt a. M. 2001; Ch. Govaris: „Wir haben ein eigenes Profil. Wir kennen uns in beiden Welten aus…“. Das interkulturelle Selbstbild griechischer Migrantenjugendlicher in Deutschland, in: J. Held/A. Spona (Hrsg.): Jugend zwischen Ausgrenzung und Integration, Bd. II, Ergebnisse eines internationalen Projekts, Riga 1999, S. 59. Einen Überblick über neuere Untersuchungen geben U. Boos-Nünning/Y. Karakaşoğlu: Viele Welten leben. Zur Lebenssituation von Mädchen und jungen Frauen mit Migrationshintergrund, Münster u. a. 2005, S. 17 ff.

97 Vgl. ebd., S. 56

98 Davon waren 173.000 bereits hier geboren; vgl. Bundesintegrationsbeauftragte (Hrsg.): Sechster Bericht, a. a. O., S. 317

99 Vgl. etwa M. Libbi/N. Bergmann/V. Califano (Hrsg): Berufliche Integration und plurale Gesellschaft. Zur Bildungssituation von Menschen mit italienischem Migrationshintergrund in Deutschland, Düsseldorf 2006. Für einen Überblick vgl. U. Boos-Nünning/Y. Karakaşoğlu: Viele Welten leben, a. a. O., S. 19 ff.; ergänzend zum Folgenden: ebd., S. 53 ff.

Aufenthaltszeiten zwischen Italien und Deutschland hin und her, was man auch für Kinder und Jugendliche berichtet. Ein Widerspruch zeichne sich schließlich darin ab, dass Italiener/innen zwar ebenso wie die italienische Lebensart ein Stück weit in Deutschland als integriert und dazugehörig empfunden und positiv bewertet würden, die vergleichsweise häufigen Bildungs*miss*erfolge der italienischen Kinder und Jugendlichen dies aber nicht widerspiegelten.

Bei Minderjährigen mit *ex-jugoslawischem* Migrationshintergrund stellt sich die Forschungslage besonders disparat und (bezogen auf jüngere Befunde) desolat dar. Dies resultiert zum einen daraus, dass überwiegend ältere Untersuchungen existieren, die etwa die Bildungssituation von Kindern der seit 1968 angeworbenen Arbeitsmigranten behandeln, und zum anderen daraus, dass es sich bei den insgesamt knapp über eine Million Zuwanderern mit einer Staatsangehörigkeit des früheren Jugoslawiens (Ende 2003[100]) um eine sozioökonomisch, politisch und ethno-religiös besonders heterogene Migrantengruppe handelt, von der ein Großteil während der 1990er-Jahre (meist vorübergehend) als Flüchtlinge in Deutschland Zuflucht fanden.[101] Diese spezifische Migrationsgeschichte hat dazu geführt, dass zwei größere Gruppen zu unterscheiden sind: Kinder aus lang ansässigen Familien ex-jugoslawischer *Arbeitsmigrant(inn)en* verschiedener Ethnien, die größtenteils hier geboren und sozialisiert sind und deshalb der Gruppe der „zweiten und dritten Generation aus Anwerbestaaten" zuzuordnen sind, sowie Kinder aus *Flüchtlings*familien, häufig Sinti und Roma, Kosovoalbaner/innen und andere ethnische Minderheiten aus dem Raum des ehemaligen Jugoslawiens, die hierzulande meist über einen aufenthaltsrechtlich prekären Status verfügen und mehrheitlich in Armut und sozialer Benachteiligung leben. Boos-Nünning und Karakaşoğlu sprechen deshalb von einer Hierarchie nach dem Grad der Integration, die sich herausgebildet habe: Besonders gut schnitten Kroat(inn)en und Slowen(inn)en ab, während Bosnier/innen, Makedonier/innen, Kosovo-Albaner/innen und Albaner/innen besonders schlecht abschnitten.

Die Kinder *spanischer* und *portugiesischer* Migrant(inn)en, von denen Ende 2003 noch rund 245.000 Zuwanderer (aufgrund von Rückwanderungen mit abnehmender Tendenz) in der Ausländerstatistik aufgeführt waren,[102] fallen ähnlich wie griechisch- und italienischstämmige Minderjährige zahlenmäßig kaum mehr als bedeutsame Gruppe ins Gewicht, sodass sie innerhalb der Migrationsberichterstattung inzwischen äußerst selten gesondert berücksichtigt werden. Die nach den Anwerbeabkommen mit Spanien (1960) und Portugal (1964) Zugewanderten sind i. d. R. katholischer Religionszugehörigkeit und gelten als gut integriert, wie beispielsweise aus der seit langem hohen Zahl binationaler Eheschließungen ersichtlich ist. Insbesondere spanische Migrant(inn)en verfügen über ethnische Gemeindestrukturen und Selbstorganisationen, die sich, wie der (bundesweit aktive) Verband spanischer Elternvereine, etwa für eine erfolgreiche Bildungslaufbahn der zweiten bzw. dritten Generation einsetzen. Offenbar tun sie dies mit Erfolg: Die Verteilung auf Schulformen von spanischen Kindern gleicht jener Deutscher;[103] ebenso liegen die Schulabschlüsse spanischer Kinder (wie jene

100 Davon waren 204.000 hier geboren; vgl. Bundesintegrationsbeauftragte (Hrsg.): Sechster Bericht, a. a. O., S. 317
101 Für einen Literaturüberblick vgl. U. Boos-Nünning/Y. Karakaşoğlu: Viele Welten leben, a. a. O., S. 21 ff. u. 59 ff.
102 Davon waren 55.000 hierzulande geboren; vgl. Bundesintegrationsbeauftragte (Hrsg.): Sechster Bericht, a. a. O., S. 317
103 Vgl. ebd., S. 33

vietnamesischer Gastarbeiterkinder[104] in ostdeutschen Bundesländern) aus bisher ungeklärten Ursachen auf einem noch höheren Niveau als jenes deutscher Gleichaltriger.

Zu Kindern und Jugendlichen aus Familien *türkischer* Herkunft bzw. Staatsangehörigkeit, die seit 1961 als „Gastarbeiter/innen" angeworben worden waren, existiert im Gegensatz zu den bisher genannten Gruppen – zumal es sich laut Ausländerzentralregister um 1,87 Mio. Erwachsene und über 650.000 in Deutschland Geborene handelt[105] – eine Fülle von Untersuchungen älteren und jüngeren Datums, die sich v. a. mit der schulischen und beruflichen Situation, Identitätsentwicklungsprozessen, problembehafteten Lebenslagen von *Jugendlichen* sowie mit Bildungsaspirationen und Erziehungsvorstellungen in den Familien beschäftigen.[106] Türkische Kinder, Jugendliche und Erwachsene werden zudem in der Sozial- und Migrationsberichterstattung sowie in vielen Untersuchungen häufig als einzige Ausländergruppe aus den Anwerbestaaten gesondert ausgewiesen, sodass Prozesse ihrer sozialstrukturellen Integration vergleichsweise gut dokumentiert sind.[107]

In Bezug auf die Lebenslagen von Minderjährigen türkischer Herkunft sind mindestens vier Besonderheiten zu berücksichtigen: Erstens handelt es sich um eine ethnisch sehr heterogene Migrantengruppe überwiegend islamischer Religion, die über die vergleichsweise ausgeprägtesten Strukturen ethnischer Ökonomie und Gemeinden hierzulande verfügt. Zweitens gehört ein nicht geringer Teil der als „türkisch" ausgewiesenen Jugendlichen eigentlich der Ethnie der Kurden an und ist nicht im Zuge der Gastarbeitermigration, sondern asylsuchend in die Bundesrepublik eingewandert, womit häufig ein unsicherer Aufenthaltsstatus der Familie korrespondiert.[108] Drittens ist die Wahrnehmung von Türk(inn)en in der deutschen

---

104 Dieser Trend wurde in den 1990er-Jahren indes noch nicht ausgemacht, stattdessen wies man auf schulische Probleme hin; vgl. V. Th. H. Ha: Schul- und Berufssituation vietnamesischer Kinder und Jugendlicher in den neuen Bundesländern, in: Friedrich-Ebert-Stiftung (Hrsg.): Chancengleichheit für ausländische Jugendliche, Düsseldorf 1994, S. 54. Außerdem vgl. K. Weiss: Ausländische Schüler in den neuen Bundesländern – eine Erfolgsstory, in: G. Auernheimer (Hrsg.): Schieflagen im Bildungssystem. Die Benachteiligung der Migrantenkinder, 3., überarb. u. erw. Aufl. Wiesbaden 2009, S. 179 ff.

105 Vgl. Bundesintegrationsbeauftragte (Hrsg.): Sechster Bericht, a. a. O., S. 317

106 Eine Darstellung der umfangreichen Literatur würde den Rahmen weit sprengen. Dafür sei auf Publikationen des Zentrums für Türkeistudien (ZfT) und eine Bibliografie verwiesen: U. Boos-Nünning/R. Grube/H. H. Reich: Die türkische Migration in deutschsprachigen Büchern 1961–1984, Opladen 1990, S. 308 ff. Die Situation kurdischer Jugendlicher behandelt z. B. S. Schmidt: Kurdisch-Sein, mit deutschem Pass. Formale Integration, kulturelle Identität und lebensweltliche Bezüge von Jugendlichen kurdischer Herkunft in Nordrhein-Westfalen. Eine quantitative Studie, Bonn 2000. Einen Überblick über die Literatur zu Mädchen und jungen Frauen türkischer Herkunft geben U. Boos-Nünning/Y. Karakaşoğlu: Viele Welten leben, a. a. O., S. 23 ff. Einige ausgewählte jüngere Untersuchungen sind folgende: B. Nauck: Intergenerative Konflikte und gesundheitliches Wohlbefinden in türkischen Familien: ein interkultureller und interkontextueller Vergleich, in: ders./U. Schönpflug (Hrsg.): Familien in verschiedenen Kulturen, Stuttgart 1997, S. 324 ff.; W. Heitmeyer/J. Müller/H. Schröder: Verlockender Fundamentalismus. Türkische Jugendliche in Deutschland, Frankfurt a. M. 1997; A. Toprak: Sozialisation und Sprachprobleme. Eine qualitative Untersuchung über das Sprachverhalten türkischer Migranten der zweiten Generation, Frankfurt a. M. 2000; I. Atabay: Ist dies mein Land? Identitätsentwicklungen türkischer Migrantenjugendlicher in der Bundesrepublik. Herbolzheim 2001; C. Deniz: Migration, Jugendhilfe und Heimerziehung: Rekonstruktion biographischer Erzählungen männlicher türkischer Jugendlicher in Einrichtungen der öffentlichen Erziehung, Frankfurt a. M. 2001; Ü. Polat: Zwischen Integration und Desintegration. Positionen türkischstämmiger Jugendlicher in Deutschland, in: I. Attia/H. Marburger (Hrsg.): Alltag und Lebenswelten von Migrantenjugendlichen, Frankfurt a. M. 2000, S. 11 ff.

107 Vgl. etwa BMFSFJ (Hrsg.): Zehnter Kinder- und Jugendbericht, a. a. O., S. 28 ff.

108 Türkische Kurden bilden neben Irakern seit langem eine der Hauptherkunftsgruppen von Asylsuchenden; vgl. Bundesintegrationsbeauftragte (Hrsg.): Daten – Fakten – Trends. Migrationsgeschehen. Stand: 2004, Berlin 2005, S. 18

Mehrheitsgesellschaft spätestens seit den Rückkehrförderungsdebatten der 1980er-Jahre durch Überfremdungsängste und Konkurrenz geprägt, die türkischstämmige Zuwanderer häufiger als andere Arbeitsmigrant(inn)en zur Zielscheibe von Diskriminierung (etwa bei der Ablehnung durch Vermieter) werden ließen bzw. lassen.[109] Und viertens sind bei keiner anderen Gruppe die Bildungserfolge so gespalten: Berichtet wird einerseits vermehrt von bildungserfolgreichen jungen Türk(inn)en und andererseits von den erschreckend hoch liegenden Anteilen türkischer Schulabgänger ohne Abschluss, weshalb Günther Schulze vorschlug, bei der zweiten Generation türkischer Zuwanderer zwischen Migrationsgewinnern und -verlierern zu unterscheiden.[110]

1.3.2 Kinder aus Spätaussiedlerfamilien

Die Anzahl eingewanderter Spätaussiedler/innen[111] wird in den vom Aussiedlerbeauftragten regelmäßig herausgegebenen Informationsmaterialien fortlaufend dokumentiert.[112] Seit Bestehen der Bundesrepublik Deutschland bis Anfang des 21. Jahrhunderts sind über 5 Mio. Menschen auf Grundlage des Bundesvertriebenengesetzes (BVFG)[113] als Spätaussiedler/innen, deren Ehegatt(inn)en, Nachkommen oder sonstige Familienangehörige eingewandert. Mit rund 1,4 Mio. zog eine Minderheit zwischen 1950 und 1987 zu, wovon mit über 60 Prozent die Mehrheit aus Polen kam, während 15 Prozent aus Rumänen und 8 Prozent aus der Sowjetunion kamen.[114] Aussiedler/innen bilden damit gegenwärtig die größte, wenngleich sehr heterogene Teilgruppe der Bevölkerung mit Migrationshintergrund. 1993 hatte das Kriegsfolgenbereinigungsgesetz die Rahmenbedingungen für die Zuwanderung und Eingliederung von Aussiedler(inne)n gravierend verändert, wodurch die Verlagerung der Ausgangsräume von Osteuropa nach Russland begünstigt wurde;[115] seither bilden die sog. Russlanddeutschen die größte Gruppe unter den Aussiedler(inne)n. Während der 1990er-Jahre verkehrte sich zudem das Verhältnis von deutschstämmigen Spätaussiedler(inne)n und Familienangehörigen

109 Vgl. Bundesministerium für Arbeit und Sozialordnung (BMAS) (Hrsg.): Situation der ausländischen Arbeitnehmer und ihrer Familienangehörigen in der Bundesrepublik Deutschland. Repräsentativuntersuchung 2001. Teil A: Türkische, ehemalige jugoslawische, italienische sowie griechische Arbeitnehmer und ihre Familienangehörigen in den alten Bundesländern und im ehemaligen West-Berlin, Tabellenband, Offenbach/ München 2002, S. 96 (im Folgenden als „Repräsentativuntersuchung 2001, Tabellenband" bezeichnet)

110 Vgl. G. Schulze: Berufliche und soziale Integration türkischer Arbeitnehmer – Vergleich der ersten und zweiten Generation, in: Friedrich-Ebert-Stiftung (Hrsg.): Chancengleichheit für ausländische Jugendliche, a.a.O., S. 64. Zu Hochqualifizierten vgl. U. S. Ofner: Akademikerinnen türkischer Herkunft. Narrative Interviews mit Töchtern aus zugewanderten Familien, Berlin 2003; M. Hummrich: Bildungserfolg und Migration. Biographien junger Frauen in der Einwanderungsgesellschaft, Opladen 2002

111 Wenngleich vor 1993 immigrierte Abstammungsdeutsche formalrechtlich als „Aussiedler/innen" und danach eingewanderte korrekterweise als „Spätaussiedler/innen" bezeichnet werden sollten, werden beide Begriffe aus sprachlich-pragmatischen Gründen im Folgenden synonym verwendet.

112 Vgl. Beauftragte der Bundesregierung für Aussiedlerfragen (Hrsg.): Info-Dienst Deutsche Aussiedler. Nr. 113, Bonn Jan. 2002; ders. (Hrsg.): Info-Dienst Deutsche Aussiedler. Nr. 110 Bonn, Jan. 2001

113 Vgl. Gesetz über die Angelegenheiten der Vertriebenen und Flüchtlinge (Bundesvertriebenengesetz, BVFG) v. 19.5.1953, in: BGBL I 1953, S. 201 ff.

114 U. Herbert/K. Hunn: Beschäftigung, soziale Sicherung und soziale Integration von Ausländern, in: M. G. Schmidt (Hrsg.): Geschichte der Sozialpolitik in Deutschland seit 1945, Bd. 7, 1982–1989. Finanzielle Konsolidierung und institutionelle Reform, Baden-Baden 2005, S. 645

115 Vgl. W. Peters: Aussiedlerzuzug – Entwicklungen und Perspektiven, in: ZAR 5–6/2003, S. 193 ff.

allmählich ins Gegenteil: Während 1993 noch 74 Prozent als Spätaussiedler/innen und 26 Prozent als deren Familienangehörige anerkannt wurden, lag der Anteil der „Deutschstämmigen" 2002 bei rund 22 Prozent bzw. 78 Prozent Angehörige.[116]

Die Zuzugszahlen waren Mitte der 1980er-Jahre von rund 50.000 (1986) auf über 200.000 (1988) erheblich angestiegen[117] und schnellten nach dem Fall der Berliner Mauer 1989 nochmals sprunghaft in die Höhe: Allein 1990 immigrierten rund 400.000 Menschen; immer mehr davon kamen aus Ländern der ehemaligen Sowjetunion. Aufgrund der gestiegenen Zuwanderung suchte das Aussiedleraufnahmegesetz von 1990 die Aussiedlermigration erstmals zu beschränken. In der Folge sanken die jährlichen Zuzugszahlen zunächst auf 230.000 (1991) und stabilisierten sich bis 1995 auf diesem relativ hohen Niveau.[118] Seitdem sank die Aussiedlerzuwanderung kontinuierlich: 1998 unterschritt die Zahl einreisender Spätaussiedler/innen samt Angehöriger mit 103.000 ein Niveau, welches zehn Jahre zuvor in rasantem Anstieg durchbrochen worden war, 2002 kamen noch rund 91.000, 2004 noch 60.000 und 2006 bloß 7.500.[119]

Die Größenordnung des Zuzugs von Spätaussiedler*kindern* dokumentieren Materialien des Aussiedlerbeauftragten der Bundesregierung. Die Zahl nimmt ebenso ab wie die der Erwachsenen, allerdings lassen die Daten keine Eingrenzung der Altersgruppe Bis-zu-13-Jähriger, sondern nur Bis-zu-6-Jähriger und Minderjähriger zu. Von 1996 bis 1999 zogen rund 168.000 Minderjährige (davon fast 38.000 unter 6 Jahren) zu, wobei anfangs mit 59.000 die höchste Zuzugszahl verzeichnet wurde, die zuletzt auf rund 32.000 sank.[120] In den Folgejahren bis 2002 reisten jährlich etwa 28.000 und insgesamt ca. 85.000 Unter-18-Jährige ein (darunter 20.200 unter 6 Jahren), wobei das männliche Geschlecht jeweils in der Mehrzahl war.[121] Für 1998 bis 2002 schätzte die Bundesintegrationsbeauftragte, dass etwa 150.000 Kinder und Jugendliche mit Aussiedlerhintergrund neu zuwanderten.[122] Von Januar bis Dezember 2005 zogen schließlich noch ca. 4.700 Minderjährige (davon 1.444 unter 6 Jahren) zu.[123] Aussiedler/innen weisen ähnliche soziodemografische Merkmale wie die ausländische Bevölkerung auf: Rund ein Drittel der Neuzuwanderer ist unter 18 Jahre alt und etwa ein Fünftel aller nichterwerbstätigen Spätaussiedler/innen pro Einreisejahrgang sind Kinder in noch nicht schulpflichtigem Alter.

Die Eingliederungsprozesse junger Spätaussiedler/innen weisen einige Besonderheiten auf, welche die Migrationsforschung herausgearbeitet hat. Dazu zählt einmal, dass Spätaus-

116 Vgl. Bundesintegrationsbeauftragte (Hrsg.): Migrationsbericht der Integrationsbeauftragten im Auftrag der Bundesregierung, Berlin/Bonn 2004, S. 30 f.

117 Für einen Überblick zu Zuzugszahlen von Spätaussiedlern nach Herkunftsländern 1980 bis 2003 vgl. BMGS (Hrsg.): Lebenslagen in Deutschland, a. a. O., S. 153

118 Vgl. hierzu und zum Folgenden: K. J. Bade/J. Oltmer: Normalfall Migration, Bonn 2004, S. 117; ergänzend: Unabhängige Kommission „Zuwanderung" (nachfolgend: UKZU) (Hrsg.): Zuwanderung gestalten – Integration fördern. Bericht der Unabhängigen Kommission „Zuwanderung", Berlin 2001, S. 178 ff.

119 Vgl. Bundesministerium des Innern: 2005 – Spätaussiedlerzuzug weiter rückläufig, Pressemitteilung v. 10.01.06

120 Eigene Berechnungen nach: Beauftragter der Bundesregierung für Aussiedlerfragen und nationale Minderheiten (Hrsg.): Zahlen, Daten, Fakten. Info-Dienst Deutsche Aussiedler, Nr. 110, Bonn 2001, S. 30

121 Vgl. Bundesverwaltungsamt (Hrsg.): Aussiedler und deren Angehörige. Schriftliches und mündliches Verfahren, Monatsstatistik, Köln 2007, S. 2

122 Vgl. Bundesintegrationsbeauftragte (Hrsg.): Migrationsbericht der Integrationsbeauftragten, a. a. O., 2004, S. 125

123 Vgl. Bundesverwaltungsamt: Statistik Altersstruktur Januar–Dezember 2005, Bonn 2006

siedler/innen als Abkömmlinge deutscher Auswanderer als „privilegierte Zuwanderer" gelten, denen zügig Eingliederungshilfen und ein eigener Wohnraum bereitgestellt werden. Zum anderen wird die Auswanderung zumeist als ein „Familienprojekt" realisiert, weshalb die Kinder nicht selten in einem mehrere Generationen umfassenden Familienverband einreisen, der für sie häufig eine stärkere Familienorientierung impliziert.[124] Eine dritte Besonderheit besteht in der Irreversibilität der getroffenen Auswanderungsentscheidung, die überwiegend als endgültiger Schritt geplant worden ist. Zumindest von der deutschstämmigen Elterngeneration wird die Emigration nach Deutschland meist als „Rückkehr" empfunden, während dies für die im Ausland aufgewachsenen Jugendlichen selten zutrifft.[125] Im Gegensatz zu EU-Bürger(inne)n, deren Lebensrealität zum Teil von Pendelmigration zwischen Herkunfts- und Aufnahmekontext geprägt ist, und im Unterschied zu Fluchtmigrant(inn)en, die sich oft unfreiwillig zum Verlassen ihres Heimatlandes gezwungen sahen und eine (häufig unmögliche) Rückkehr anstreben, planen Spätaussiedler/innen deshalb unter einer endgültigeren Prämisse ihre Gegenwart und Zukunft in Deutschland, weshalb sie der Eingliederung in die hiesige Gesellschaft (in den Bereichen Arbeit, Wohnen und Bildung) eine hohe Bedeutung beimessen.

Eine spezifische Schwierigkeit für quantitative Untersuchungen zur Situation von (Spät-) Aussiedlern ist eng mit der deutschen Kriegsgeschichte, der Aufnahmepolitik Vertriebener und dem daraus resultierenden besonderen Rechtsstatus für Abstammungsdeutsche verknüpft, die sich noch aus dem alten Reichs- und Staatsangehörigkeitsrecht von 1913 herleiten: Als vertriebene deutsche Volkszugehörige bekamen Aussiedler/innen früher nach ihrer Einreise auf Antrag die deutsche Staatsbürgerschaft durch ein Einbürgerungsverfahren verliehen. Seit der Reform des Staatsangehörigkeitsrechts erhalten sie diese automatisch (d. h. ohne Antragsverfahren), sofern sie bestimmte Voraussetzungen (wie Deutschkenntnisse) erfüllen. Weil Aussiedler/innen somit trotz ihres Migrationshintergrunds in der amtlichen Statistik als Deutsche und nicht als Zugewanderte ausgewiesen wurden, blieben ihre sozialstrukturellen Integrationsprozesse – etwa im Bereich der Bildung oder des Arbeitsmarktes[126] – aufgrund fehlender Daten weitgehend im Dunkeln. Weder schließen die regelmäßig vom Bundesbeauftragten für Aussiedlerfragen herausgegebenen Materialien über Entwicklungen der Aussiedlermigration diese Informationslücke, noch wurden Aussiedler/innen in haushaltsbezogenen Erhebungen wie dem Mikrozensus bis 2004 als eine Bevölkerungsgruppe mit Migrationshintergrund ausgewiesen. Sofern qualitative Studien dies nicht taten, gab mithin lediglich die sog. Zuwandererstichprobe des Sozio-ökonomischen Panels über die Lebensbedingungen von Spätaussiedler(inne)n als eigenständiger Teilgruppe der Bevölkerung mit Migrationshintergrund in Bereichen wie Einkommen, Wohnen und Arbeitsmarktintegration gesicherte Auskünfte.

124 Vgl. L. Herwartz-Emden/M. Westphal: Integration junger Aussiedler: Entwicklungsbedingungen und Akkulturationsprozesse, in: J. Oltmer (Hrsg.): Migrationsforschung und interkulturelle Studien, Osnabrück 2002, S. 229 ff.

125 Vgl. BMFSFJ (Hrsg.): Familien ausländischer Herkunft, a. a. O., S. 138

126 Der Erwerbsstatus von Spätaussiedlern wird durch die Bundesagentur für Arbeit nur für die Dauer von fünf Jahren nach der Einreise gesondert ausgewiesen.

1.3.3 Flüchtlingskinder mit und ohne Aufenthaltsrecht

Die in Deutschland lebenden ausländischen Kinder mit Fluchthintergrund, im Folgenden aus sprachlich-pragmatischen Gründen auch als Kinder von „Flüchtlingen und Asylsuchenden“ bezeichnet, zählen zur „neuen Migration“, weil ihre Zuwanderung hierzulande erst in den 1990er-Jahren ein größeres Ausmaß annahm.[127] Dennoch entspringt ihre Aufnahme einer ebenso alten Tradition wie die Bundesrepublik, die in der geschichtlichen Erfahrung der Flucht von Juden und Andersdenkenden während der nationalsozialistischen Gewaltherrschaft im sog. Dritten bzw. Großdeutschen Reich sowie der Verantwortung einer Bundesrepublik wurzelt, die über zwölf Mio. infolge des Zweiten Weltkrieges geflohene Flüchtlinge, Displaced Persons und deutsche Vertriebene integrieren bzw. rückführen musste. Aufgrund dieser historischen Verpflichtung beschlossen die Mütter und Väter des Grundgesetzes 1949, der Aufnahme politisch Verfolgter einen hohen Rang in der Verfassung zu geben.[128]

1. Art und Ausmaß der Fluchtmigration nach Deutschland

Die Migration von Flüchtlingen und Asylsuchenden gewann schrittweise an Bedeutung, spielte innerhalb der Zuwanderung insgesamt quantitativ jedoch nur eine untergeordnete Rolle. Bis in die 1970er-Jahre lagen die Zuzugszahlen in die Bundesrepublik mit deutlich weniger als 10.000 (überwiegend aus dem „Ostblock“ stammenden) Flüchtlingen und Asylsuchenden pro Jahr sehr niedrig, weshalb die Flucht- und Asylpolitik jahrzehntelang ein weitgehend unbeachtetes Politikfeld innerhalb der sonst von heftigen Auseinandersetzungen geprägten Ausländerpolitik bildete. Seither stieg die Zahl der Asylgesuche von rund 11.000 Erstanträgen (1976) auf einen ersten Höchststand von 107.000 (1980) steil an und ein Großteil der Flüchtlinge stammen seitdem aus sog. Entwicklungsländern.[129] Ab 1983 nahmen die Zuzugszahlen (fast) kontinuierlich in bis dahin ungekannte Größenordnungen zu. So beantragten 1989 ca. 121.000 Flüchtlinge politisches Asyl, 1991 waren es bereits 256.000[130] und im Folgejahr mit rund 438.000 die meisten Personen in der Geschichte der Bundesrepublik, was im Wesentlichen den Bürgerkriegen im damaligen Jugoslawien geschuldet war; 1993 waren es immerhin noch 322.000. Danach fielen die Antragszahlen zunächst sprunghaft auf rund 127.000 in den Jahren 1994/95 und sinken seither kontinuierlich; seit 1998 unterschreiten sie regelmäßig die 100.000er- und seit 2003 die 50.000er-Grenze.[131] 2006 beantragten bloß noch 21.000 Menschen politisches Asyl.[132]

Die Zahl der in Deutschland lebenden Bevölkerung mit Fluchthintergrund ist dennoch schwerlich präzise zu beziffern, weil zwar Neuantragsteller/innen erfasst werden, nicht aber Abschiebungen und freiwillige Rückwanderungen. Noch weniger sind Angaben zur Zahl

127 Vgl. BMFSFJ (Hrsg.): Elfter Kinder- und Jugendbericht, a. a. O., S. 205
128 Vgl. K. J. Bade/J. Oltmer: Normalfall Migration, a. a. O., S. 52
129 Vgl. hierzu und zum Folgenden: ebd., S. 87
130 Vgl. ebd., S. 106
131 Vgl. BAMF (Hrsg.): Aktuelle Zahlen zu Asyl, Nürnberg, 17.10.07, S. 2
132 Vgl. BMI (Hrsg.): Bundesinnenminister Dr. Wolfgang Schäuble: Asylbewerberzugang im Jahr 2005 auf niedrigstem Stand seit 20 Jahren, Pressemitteilung v. 08.01.2006

minderjähriger Flüchtlinge möglich, weil statistische Veröffentlichungen meist nur Erwachsene und höchst selten deren Familienangehörige einschließlich der Kinder ausweisen. Nach Angaben des Bundesamtes für Migration und Flüchtlinge lebten Ende 2003 insgesamt rund 1,1 Mio. Migrant(inn)en mit Fluchthintergrund in Deutschland, darunter viele Familienangehörige von Asylberechtigten und nicht anerkannten, aber vor Abschiebung geschützten Flüchtlingen,[133] womit Fluchtmigrant(inn)en rund 15 Prozent der ausländischen Bevölkerung stellten. Zu ihren soziodemografischen Merkmalen ist lediglich von Asyl*bewerber(inne)n* bekannt, dass es (mit 61 % der Erstantragsteller) mehrheitlich Männer und v. a. immer mehr junge Menschen und Kinder sind.[134] 2005 waren rund 68 Prozent der insgesamt fast 29.000 Asylerstantragssteller/innen jünger als 25 Jahre, 2004 waren es noch 55 Prozent. Fast 46 Prozent (13.271) der Asylerstgesuche stellten Bis-zu-15-Jährige und weitere 5,2 Prozent (1.505) 16- bis 17-Jährige bzw. deren Sorgeberechtigte oder Vormünder.

Die quantitativ vergleichsweise geringe Bedeutung der Fluchtmigration zeigt sich ferner daran, dass jene Migrantengruppen, bei denen Flüchtlinge eine Mehrheit stellen dürften, unter den häufigsten Nationalitäten von Ausländer(inne)n in Deutschland nur eine untergeordnete Rolle spielen: Zum Jahresende 2003 stammten rund 7 Prozent aller Nichtdeutschen aus Serbien und Montenegro, 3 Prozent aus Kroatien, 2 Prozent aus Bosnien-Herzegowina; jeweils rund 1 Prozent kam aus Rumänien, dem Iran, dem Irak und China und jeweils weniger als 1 Prozent aus Afghanistan und dem Libanon. Zusammengenommen ergibt dies rund 19 Prozent (rund 1,4 Mio.) von 7,3 Mio. Ausländer(inne)n.[135] Frauen und Kinder waren, anders als bei Arbeitsmigrant(inn)en, deutlich in der Mehrheit, allerdings werden sie (wie alle Minderjährigen, die mit ihren Sorgeberechtigten einreisen) als Familienangehörige der (meist männlichen) Antragsteller eingestuft, woraus sich ihre aufenthaltsrechtliche Stellung ableitet.

Die Gruppe der Fluchtmigrant(inn)en ist in sich somit äußerst heterogen, da ihre Mitglieder aus vielen Staaten fast aller Weltregionen (Afrikas, Asiens, Lateinamerikas, der ehemaligen Sowjetunion sowie Nahost) stammen. Die zahlreichen, dafür aber teilweise nur in geringer Größenordnung vertretenen Herkunftsnationalitäten, -regionen und -sprachen erschweren es, ohne Pauschalisierungen von einer Gruppe „der Flüchtlinge“ zu sprechen oder gar deren soziale Lage statistisch auszuweisen. Fluchtmigrant(inn)en unterliegen zudem je nach Phase ihres Asylverfahrens bzw. dessen Ergebnis höchst unterschiedlichen ausländer- und asylrechtlichen Bestimmungen. Aus der aufenthaltsrechtlichen Statusgruppe können sich gänzlich unterschiedliche Teilhaberechte (etwa im Zugang zu Arbeitsmarkt und wohlfahrtsstaatlichen Leistungen) ableiten, die sich in den Lebensbedingungen und individuellen Handlungsspielräumen Betroffener niederschlagen. Dies offenbart auch die Vielfalt von Statusgruppen mit entsprechend differierenden sozialen Teilhaberechten und Bleibeperspektiven, in die Asylsuchende und Flüchtlinge eingeteilt sind. Peter Kühne und Harald Rüßler sprechen hinsichtlich der Lebensverhältnisse von Flüchtlingen in Deutschland deshalb von einer Hierarchie, die sich aus der aufenthaltsrechtlichen Statushierarchie ergebe, ja sogar von einer Statuspyramide „mit einer vom Umfang her kleinen ‚Spitze‘ anerkannter

133 Vgl. BAMF (Hrsg.): Migration und Asyl in Zahlen, 12. Aufl. Nürnberg 2004, S. 81

134 Vgl. auch zum Folgenden: BAMF (Hrsg.): Migration, Integration und Asyl in Zahlen, Nürnberg, 31.12.2005, S. 32

135 Eigene Berechnung nach: Bundesintegrationsbeauftragte (Hrsg.): Sechster Bericht, a. a. O., S. 314

Flüchtlinge und einem breiten Sockel solcher Fluchtmigranten, denen die Anerkennung verweigert wird".[136]

Um dieser Heterogenität der Bevölkerung mit Fluchthintergrund, ihre verschiedenen ausländerrechtlichen Statusgruppen sowie die damit verbundenen Rechtspositionen mit Blick auf Armutsrisiken von Kindern mit Fluchthintergrund zu illustrieren, folgt ein Exkurs zu den verschiedenen Flüchtlingsgruppen, die nach altem und neuen Ausländerrecht unterschieden werden. Informiert wird dabei über die Flüchtlingen i. d. R. gewährten Aufenthaltstitel sowie über Eckpunkte ihrer sozialen und arbeitsmarktbezogenen Teilhaberechte.

Exkurs zu Flüchtlingsgruppen und ihrem Aufenthaltsstatus

1. Kontingentflüchtlinge

Bei ihnen handelt es sich um Flüchtlingsgruppen, die im Rahmen humanitärer Hilfsaktionen auf der Grundlage des Gesetzes über humanitäre Hilfsaktionen vom 22. Juli 1980 in einer bestimmten Anzahl („Kontingent") aufgenommen worden sind. Neben den bis Ende der 1980er-Jahre eingereisten vietnamesischen *Boatpeople* waren dies ausschließlich jüdische Zuwanderer, die überwiegend aus den Nachfolgestaaten der Sowjetunion stammten. Auf der genannten Gesetzesgrundlage und einer ergänzenden Entscheidung der Innenministerkonferenz von 1991 erhielten Kontingentflüchtlinge bis Ende 2004 ein Bleiberecht in Form einer Aufenthalts*erlaubnis*, Zugang zum Arbeitsmarkt, Eingliederungshilfen (z. B. Sprachkurse) und Sozialhilfe nach Maßgabe des Bundessozialhilfegesetzes, also Integrationsangebote, wie sie im Wesentlichen auch für Spätaussiedler/innen und anerkannte Flüchtlinge bestehen.[137] Seit Inkrafttreten des Zuwanderungsgesetzes am 1. Januar 2005 erhalten Kontingentflüchtlinge bereits mit ihrer Aufnahme eine Niederlassungserlaubnis (§ 23 Abs. 2 AufenthG), die allerdings (wie zuvor) mit einer Wohnsitzauflage verbunden werden kann. Dies entspricht den Rechtsvorgaben der Europäischen Union, die im Asylbereich mit einer Vielzahl von Richtlinien Mindestnormen für die nationale Gesetzgebung der Mitgliedstaaten vorgibt.[138]

Das Bundesamt für die Anerkennung ausländischer Flüchtlinge (BAFl) schätzte, dass zwischen 1991 und 2002 im Schnitt bis zu 20.000 Zuzüge pro Jahr verzeichnet wurden, mindestens aber 164.000 jüdische Zuwanderer in die Bundesrepublik einwanderten.[139] Hinzu kommen knapp 7.000 weitere Flüchtlinge, die man als Kontingentflüchtlinge im Rahmen

136 Siehe P. Kühne/H. Rüßler: Die Lebensverhältnisse der Flüchtlinge in Deutschland, Frankfurt a. M./New York 2000, S. 107

137 Vgl. hierzu und zum Folgenden: ebd., S. 83 ff. u. 104; außerdem: S. Gruber/H. Rüßler: Hochqualifiziert und arbeitslos. Jüdische Kontingentflüchtlinge in Nordhein-Westfalen. Problemaspekte ihrer beruflichen Integration. Eine empirische Studie, Opladen 2002

138 Vgl. M. Holzberger: Die Harmonisierung der europäischen Flüchtlingspolitik, in: Ch. Butterwegge/ G. Hentges (Hrsg.): Zuwanderung im Zeichen der Globalisierung. Migrations-, Integrations- und Minderheitenpolitik, 2. Aufl. Opladen 2003, S. 111 ff.; M. Haase/J.C. Jugl: Asyl- und Flüchtlingspolitik der EU (http://www.bpb.de/themen/7H6FAJ,0,0,Asyl_und_Fl%FCchtlingspolitik_der_EU.html; 11.6.08)

139 Vgl. hierzu und den nachfolgend genannten Flüchtlingszahlen: Bundesamt für die Anerkennung ausländischer Flüchtlinge (nachfolgend: BAFl) (Hrsg.): Migration und Asyl in Zahlen, 9. Aufl. Nürnberg 2003, S. 71 und 96 f.

humanitärer Hilfsaktionen aufnahm. Die Zahl jüdischer Emigrant(inn)en aus der ehemaligen Sowjetunion schätzte das BAMF auf 188.000 Menschen.[140]

2. Asylberechtigte

Sie haben ein Asylverfahren nach Art. 16a des Grundgesetzes erfolgreich durchlaufen und sind damit anerkannte Flüchtlinge, die politisches Asyl und damit ein gesichertes Aufenthaltsrecht erhalten. Nach dem bis Ende 2004 geltenden Ausländerrecht besaßen sie ebenso wie ihre Ehegatt(inn)en und minderjährigen Kinder Anspruch auf eine unbefristete Aufenthalts*erlaubnis*; nach dem neuen Aufenthaltsgesetz (§ 25 Abs. 1) erhalten sie seither eine Aufenthalts- und nach drei Jahren eine Niederlassungserlaubnis, sofern die Gründe für ihre Anerkennung als politisch Verfolgte weiterhin Bestand haben. Asylberechtigte sind Deutschen und EU-Ausländer(inne)n in wirtschaftlicher Hinsicht weitgehend gleichgestellt und können nach wie vor etwa Sozialleistungen nach dem SGB XII und SGB II sowie Sprachkurse in Anspruch nehmen; ebenso erhalten sie vollen arbeitserlaubnisrechtlichen Zugang zum Arbeitsmarkt.[141]

Die soziale und materielle Situation asylberechtigter Flüchtlinge thematisiert die armutsrelevante Fachliteratur höchst selten. Einige Untersuchungen weisen Flüchtlinge zwar gesondert aus, jedoch bleibt ihr Status meist unklar.[142] Ein Grund dafür mag darin liegen, dass die einzelnen Nationalitätengruppen von Asylberechtigten quantitativ so wenig ins Gewicht fallen, dass sie in repräsentativen Erhebungen der Sozial- und Migrationsberichterstattung i. d. R. unter „Sonstige“ subsumiert werden, weshalb Analysen sie zumeist ausklammern. Das Bundesamt für Migration, Integration und Flüchtlinge bezifferte ihre Gesamtzahl Ende 2002 auf 131.000 Personen mit weiteren 170.000 Familienangehörigen, die selber keine Asylverfahren durchlaufen haben. Anzumerken ist, dass die Anerkennungsquote der rund 2,6 Mio. von 1990 bis 2002 gestellten Asylanträge seit Jahren sinkt und zuletzt im Jahr 2005 mit 0,9 Prozent einen historischen Tiefstand erreichte, womit auch die Zahl Asylberechtigter tendenziell weiter abnimmt.[143]

3. Konventionsflüchtlinge

Flüchtlinge, die auf Grundlage des Non-Refoulement-Gebots der Genfer Flüchtlingskonvention vor einer Abschiebung geschützt sind und infolgedessen ein Aufenthaltsrecht erhielten,

140 Vgl. BAMF (Hrsg.): Migration und Asyl in Zahlen, a. a. O., 12. Aufl., S. 81

141 Vgl. St. Angenendt: Kinder auf der Flucht. Minderjährige Flüchtlinge in Deutschland. Im Auftrag des Deutschen Komitees für Unicef, Opladen 2000, S. 55; G. Classen: Sozialleistungen für MigrantInnen und Flüchtlinge. Grundlagen für die Praxis, Hildesheim 2005, S. 27 ff.

142 Vgl. W. Hanesch/P. Krause/G. Bäcker: Armut und Ungleichheit in Deutschland. Der neue Armutsbericht der Hans Böckler Stiftung, des DGB und des Paritätischen Wohlfahrtsverbands, Reinbek bei Hamburg 2000, S. 391 ff.

143 Vgl. BAMF (Hrsg.): Teilstatistik: „Aktuelle Zahlen zu Asyl“, Bundesamt für Migration und Flüchtlinge: Teilstatistik „Migration und Asyl“, Nürnberg 2005 (http://www.bamf.de/cln_043/nn_564242/SharedDocs/Anlagen/DE/DasBAMF/Downloads/statistik-1-migration-asyl.htm, 28.04.06), S. 6

bezeichnet man als „Konventionsflüchtlinge". Sie erhalten das „Kleine Asyl", welches bis 2004 in § 51 Abs. 1 AuslG a. F. geregelt war. Da Konventionsflüchtlinge i. d. R. keine individuelle politische Verfolgung nach Art. 16a GG nachweisen konnten, wurde ihr Asylgesuch überwiegend abgelehnt. Allerdings bekamen sie i. d. R. eine (etwas sicherere, aber auch befristete) Aufenthalts*befugnis* nach § 30 AuslG a. F., weil sie nicht in ihre Herkunftsländer zurückgewiesen werden durften, da ihr Leben oder ihre Freiheit dort aufgrund ihrer „Rasse", Religion, Staatsangehörigkeit, der Zugehörigkeit zu einer bestimmten sozialen Gruppe oder ihrer politischen Überzeugung gefährdet war. Die Aufenthaltsbefugnis wurde für höchstens zwei Jahre erteilt, konnte aber verlängert werden, wenn sich an den Erteilungsvoraussetzungen (z. B. der politischen Situation im Herkunftsland) nichts geändert hatte; außerdem bestand nach acht Jahren die Möglichkeit einer Aufenthaltsverfestigung.

Das seit 2005 geltende neue Aufenthaltsgesetz brachte für Konventionsflüchtlinge einige Verbesserungen mit sich, welche im Wesentlichen die europäische Rahmengesetzgebung verlangte. Paragraf 60 Abs. 1 sieht in Verbindung mit Paragraf 25 Abs. 2 AufenthG nunmehr für Konventionsflüchtlinge eine Aufenthalts*erlaubnis* (anstelle einer -befugnis) vor; zugleich wurden geschlechtsspezifische und nichtstaatliche Verfolgung in den Katalog der Schutzgründe aufgenommen und der Adressatenkreis damit erweitert.[144] Die Neuregelung stellte Konventionsflüchtlinge außerdem Asylberechtigten weitgehend gleich, insbesondere hinsichtlich der Verlängerungs- und Verfestigungsmöglichkeiten ihres Aufenthaltsstatus, der (uneingeschränkten) Erwerbstätigkeit, der Möglichkeiten des Familiennachzugs sowie der Inanspruchnahme von Sozialhilfe- bzw. Alg-II-Leistungen. Laut Bundesamt für Migration und Flüchtlinge lebten Ende 2003 rund 75.000 Konventionsflüchtlinge in Deutschland, womit sich ihre Zahl binnen fünf Jahren knapp verdreifacht hat.[145]

4. Aufenthaltsbefugte Kriegs- und Bürgerkriegsflüchtlinge

Seit der Asylrechtsnovelle von 1993 können bestimmte Flüchtlingsgruppen vorübergehend aufgenommen werden, sofern sich Bund und Länder aus humanitären oder völkerrechtlichen Gründen darauf verständigten. Da Bürgerkriegsflüchtlinge i. d. R. keine individuelle Verfolgung nachweisen können, sollte ihnen von den obersten Landesbehörden für die Dauer eines Konflikts eine Aufenthalts*befugnis* nach Paragraf 32 AuslG a. F. gewährt werden. Diese Regelung wurde nur 1999 für ca. 15.000 Bürgerkriegsflüchtlinge aus dem Kosovo angewandt. Sie erhielten eine (ortsgebundene) Aufenthaltsbefugnis, einen nachrangigen Arbeitsmarktzugang und, sofern sie keine Beschäftigung fanden, unterhaltssichernde Leistungen nach dem Asylbewerberleistungsgesetz.[146] Nach dem Ende des Bürgerkrieges in Jugoslawien kehrten die meisten von ihnen in ihre Herkunftsländer zurück, weshalb sie im Folgenden unberücksichtigt bleiben. Nach Schätzungen des Bundesamtes lebten Ende 2003 noch rund 6.500 Kontingentflüchtlinge hierzulande, die entweder durch Bleiberechtsregelungen einen

---

144 Vgl. D. Frings/P. Knösel (Hrsg.): Das neue Aufenthaltsrecht. Alle Gesetze und Verordnungen – mit umfangreichen Erläuterungen zum Zuwanderungsgesetz, Frankfurt a. M. 2005, S. 42 ff.

145 Vgl. BAMF (Hrsg.): Migration und Asyl in Zahlen, a. a. O., 12. Aufl., S. 81

146 Vgl. Bundesausländerbeauftragte (Hrsg.): Migrationsbericht der Ausländerbeauftragten, Berlin/Bonn 2001, S. 48

gesicherten Aufenthalt erhalten hatten oder ausreisepflichtig waren.[147] Mit Inkrafttreten des Zuwanderungsgesetzes 2005 erhielten die bis dahin aufenthaltsbefugten Migranten eine (befristete) Aufenthaltserlaubnis nach Paragraf 23 Abs. 1 AufenthG („Aufenthaltsgewährung durch oberste Landesbehörden"), mit der übergangsweise Ansprüche auf SGB-II- und SGB-XII-Leistungen verbunden sind.[148]

5. Asylbewerber/innen und Asylsuchende

Als Asyl*bewerber*/innen werden im amtlichen Sprachgebrauch Schutz suchende Ausländer/innen bezeichnet, die politisches Asyl entweder noch beantragen wollen oder dies beim zuständigen Bundesamt für Migration und Flüchtlinge in Nürnberg bereits getan haben, ohne dass hierüber schon entschieden wäre. Weil sich Asylverfahren i. d. R. über mehrere Jahre hinziehen, erhalten Asylbewerber/innen nach altem wie neuem Ausländerrecht für die Verfahrensdauer ein zunächst auf sechs Monate befristetes, verlängerbares Aufenthaltsrecht in Form der Aufenthalts*gestattung* nach § 55 und 56 Asylverfahrensgesetz (AsylVfG). Diese ist wie die Duldung im engeren Sinn kein Aufenthaltstitel, sondern stellt den Aufenthalt eines Ausländers lediglich vorübergehend straffrei.

Während der Asylverfahrensdauer unterliegen Antragstellende und ihre Familienangehörigen vielfältigen Beschränkungen. So werden sie etwa einem Aufenthaltsort zugewiesen und sind verpflichtet, sich in dem Bezirk der zuständigen Ausländerbehörde aufzuhalten (sog. Residenzpflicht). Währenddessen werden sie i. d. R. in Sammelunterkünften einquartiert. Während der 1980er- und 90er-Jahre unterlagen sie sogar einem zum Teil zwei und später fünf Jahre währendem Arbeitsverbot.[149] Mittlerweile dürfen Asylbewerber/innen nur im ersten Jahr nach der Antragstellung keine Erwerbstätigkeit ausüben, sondern erhalten Regelleistungen nach dem Asylbewerberleistungsgesetz; im Anschluss daran haben sie einen nachrangigen Arbeitsmarktzugang. Während Erwachsene im Asylverfahren aufgrund der ungeklärten Aufenthaltsperspektive keinen Anspruch auf Integrations- und Deutschspracherwerbsmaßnahmen haben,[150] unterliegen Flüchtlingskinder in schulpflichtigem Alter in den meisten Bundesländern der Schulpflicht bzw. dem -recht und können damit prinzipiell Grund- und Hauptschulen besuchen.[151]

Die Zahl der Asylsuchenden sinkt seit dem Höchststand von 438.000 Antragsteller(inne)n im Jahr 1993 fast kontinuierlich. Dies dürfte wohl kaum einem Rückgang weltweiter Fluchtursachen, sondern der Erschwerung der Einreise in die „Festung Europa" durch das seitdem geltende Rechtskonzept „sicherer Drittstaaten" und des Flughafenverfahrens geschuldet

---

147 Vgl. BAMF (Hrsg.): Migration und Asyl in Zahlen, a. a. O., 12. Aufl.

148 Zu den Übergangsregelungen für Aufenthaltsbefugte im Einzelnen vgl. D. Frings/P. Knösel (Hrsg.): Das neue Aufenthaltsrecht, a. a. O., S. 114 ff.

149 Vgl. U. Herbert/K. Hunn: Beschäftigung, soziale Sicherung und soziale Integration von Ausländern, a. a. O., S. 640 f.

150 Vgl. hierzu und zum Folgenden: P. Kühne/H. Rüßler: Die Lebensverhältnisse der Flüchtlinge, a. a. O., S. 106

151 Vgl. B. Harmening: Wir bleiben draußen. Schulpflicht und Schulrecht von Flüchtlingskindern in Deutschland. Juristische Expertise im Auftrag von Terre des Hommes, Osnabrück 2005

sein.[152] Im Jahr 2001 beantragten noch 88.000 Menschen erstmals Asyl, 2002 noch 71.000, im Folgejahr ca. 50.000, 2004 rund 35.000 und 2005 gerade noch 28.000.[153] Die Anzahl von sich im Asylverfahren befindenden Kindern und Jugendlichen unter 18 Jahren ist indes undokumentiert.

6. „Geduldete"/De-facto-Flüchtlinge

Zuwanderer, die entweder als abgelehnte Asylbewerber/innen oder als aus humanitären, politischen oder anderen Gründen nicht rückführbare Flüchtlinge im Bundesgebiet leben, werden von der amtlichen Statistik als „De-facto-Flüchtlinge" ausgewiesen und aufgrund der ihnen ausgestellten Aufenthaltsbescheinigung einer sog. Duldung auch als „Geduldete" bezeichnet. Ihr Aufenthalt ist zwar zumindest nach rechtlichem Verständnis „nicht auf Dauer angelegt",[154] eine Mehrheit der geduldeten Flüchtlinge lebt aber dennoch bereits seit den 1990er-Jahren mit diesem unsicheren Status hierzulande, der i. d. R. alle drei bis sechs Monate verlängert werden muss. Ein Beispiel dafür bilden vor 1999 eingereiste Schutzsuchende aus Bosnien-Herzegowina, die mit 345.000 Flüchtlingen (1996) das Gros der von Deutschland aufgenommenen Bürgerkriegsflüchtlinge aus den Staaten Ex-Jugoslawiens stellten. Ihnen wurde keine Aufenthaltsbefugnis nach Paragraf 32 AuslG a. F. gewährt, weil Bund und Länder über die Kostenverteilung jahrelang keine Einigung erzielen konnten.[155] Betroffene mussten deshalb Asylanträge stellen, die regelmäßig abgelehnt wurden, weil keine individuelle staatliche Verfolgung nachweisbar war; im Anschluss gewährte man ihnen aufgrund von Abschiebestoppregelungen der Bundesländer eine ausländerrechtliche Duldung (nach den §§ 54 u. 55 AuslG a. F., § 24 Abs. 4 AufenthG). Des Weiteren erhielten auch Flüchtlinge anderer Herkunft wie Iraker/innen, aus dem Kosovo stammende Roma-Flüchtlinge oder Kosovo-Albaner/innen aufgrund bestehender Rückführungshindernisse häufig eine Duldung oder eine Aufenthalts*befugnis*. Mittlerweile sind jedoch insbesondere jene aus Ländern Ex-Jugoslawiens zurückgekehrt, einige konnten von einer Altfallregelung profitieren und eine Aufenthalts*befugnis* erhalten, wieder andere verblieben im Duldungsstatus.

Grundsätzlich ist zur Duldung anzumerken, dass sie im engeren Sinn keine ausländerrechtliche Aufenthaltsgenehmigung (einen sog. Aufenthaltstitel) darstellt, weil sie den Aufenthalt eines Ausländers nicht legalisiert, sondern ihn bis zur „vorübergehend ausgesetzten" Abschiebung nur straffrei stellt. Sie ist für Migrant(inn)en reserviert, die aus juristischen oder faktischen Gründen nicht abgeschoben werden können; sei es, weil ihnen die Ausreisepapiere fehlen oder das Herkunftsland sie nicht wieder aufnehmen will oder weil ihnen im

152 Vgl. P. Bendel: Neue Chancen für die EU-Migrationspolitik?, in: Ch. Butterwegge/G. Hentges (Hrsg.): Zuwanderung im Zeichen der Globalisierung. Migrations-, Integrations- und Minderheitenpolitik, 3. Aufl. Wiesbaden 2006, S. 123 ff.

153 Vgl. BAMF (Hrsg.): Teilstatistik: „Aktuelle Zahlen zu Asyl", Nürnberg, 21.9.06, S. 2

154 Siehe R. Holzapfel: Kinder aus asylsuchenden und Flüchtlingsfamilien: Lebenssituation und Sozialisation, in: B. Dietz/R. Holzapfel (Hrsg.): Kinder aus Familien mit Migrationshintergrund. Kinder in Aussiedlerfamilien und Asylbewerberfamilien – alleinstehende Kinderflüchtlinge, Opladen 1999, S. 67

155 Vgl. hierzu und zum Folgenden: St. Angenendt: Kinder auf der Flucht, a. a. O., S. 21 ff.; R. Holzapfel: Kinder aus asylsuchenden und Flüchtlingsfamilien, a. a. O., S. 67

Heimatland Gefahr für Leib und Leben droht.[156] Die auf höchstens ein Jahr befristeten Duldungen werden nach gängiger Rechtspraxis bei Weiterbestehen der Abschiebehindernisse regelmäßig verlängert (sog. Kettenduldungen), was das Zuwanderungsgesetz eigentlich abschaffen wollte; man ließ die Ermessenspielräume aber so groß, dass eine neue Initiative der Länderinnenminister im Herbst 2006 notwendig wurde, um eine einmalige Bleiberechtsregelung für sog. „Altfälle" zu schaffen.[157] Duldungen konnten nach zwei Jahren in den (etwas sichereren) Titel einer Aufenthalts*befugnis* umgewandelt werden. Dabei spielt allerdings das Weiterbestehen der festgestellten Abschiebehindernisse eine ausschlaggebende Rolle: Sobald die Bundesregierung aufgrund von Lageberichten des Auswärtigen Amtes die Situation im Herkunftsland als „positiv verändert" beurteilt, kann nach altem wie neuem Ausländerrecht eine Abschiebung erfolgen.

Geduldete Flüchtlinge unterliegen der Residenzpflicht, womit sie verpflichtet sind, sich an dem ihnen zugewiesenen Wohnort aufzuhalten; verlassen sie diesen ohne Erlaubnis der zuständigen Ausländerbehörde, machen sie sich strafbar. Zugleich haben sie nur einen nachrangigen oder – je nach bisheriger Aufenthaltsdauer – gar keinen Arbeitsmarktzugang und ebenso wenig Anspruch auf Leistungen der (alten) Sozialhilfe, da sie zum Kreis der Asylbewerberleistungsberechtigten gehören.[158] Auch integrationsfördernde Maßnahmen wie Sprachkurse oder Eingliederungshilfen in den Arbeitsmarkt nach dem SGB II sind Geduldeten aufgrund ihres „nicht auf Dauer angelegten" Aufenthaltszwecks verschlossen.

Wenngleich die Zahl von De-facto-Flüchtlingen mit Abschiebungshindernissen seit 1996 (mit 500.000) zurückgegangen ist, bildeten sie Ende 2002 mit 416.000 Personen immer noch die größte Gruppe unter den Fluchtmigrant(inn)en.[159] Die meisten von ihnen (227.000) besaßen eine Duldung nach Paragraf 55 oder 56 AuslG a. F., einige wenige eine sog. Grenzübertrittsbescheinigung und die übrigen eine Aufenthaltsbefugnis. Zugleich hielten sich noch rund 93.000 „geduldete" Migrant(inn)en mit einer Staatsangehörigkeit Ex-Jugoslawiens in Deutschland auf, weitere 45.000 hatten eine Aufenthaltsbefugnis.[160] Bis Jahresende 2005 verringerte sich die Zahl von Inhaber(inne)n einer Duldung auf fast 180.000, und rund 209.000 Menschen erhielten insgesamt (laufende) Leistungen des Asylbewerberleistungsgesetzes.[161]

---

156 Vgl. E. Peter: Die Rechtsstellung der Flüchtlingskinder in Deutschland, in: H. v. Balluseck (Hrsg.): Minderjährige Flüchtlinge. Sozialisationsbedingungen, Akkulturationsstrategien und Unterstützungssysteme, Opladen 2003, S. 51

157 Vgl. Bundesintegrationsbeauftragte (Hrsg.): Sechster Bericht, a. a. O., S. 222; zur Entscheidung der Innenministerkonferenz vgl. Netzwerk Migration in Europa e. V. (Hrsg.): Deutschland: Innenministerkonferenz beschließt Bleiberecht, in: Newsletter Migration und Bevölkerung 10/2006

158 Vgl. G. Classen/R. Rothkegel: Die Existenzsicherung für Ausländer nach der Sozialrechtsreform, Zu aktuellen Anwendungsproblemen der Leistungsgewährung für Ausländer nach SCB II („Hartz IV"), SGB XII und AsylbLG, sowie zur Bemessung des Regelsatzes nach SGB II/SGB XII. Berlin, Juli 2006, S. 13 (http://www.fluechtlingsinfo-berlin.de/fr/pdf/Classen_Rothkegel_Hartz_IV.pdf; 2.2.08)

159 Vgl. auch zum Folgenden: Bundesintegrationsbeauftragte (Hrsg.): Migrationsbericht der Integrationsbeauftragten, a. a. O., 2004, S. 53

160 Vgl. ebd., S. 52

161 Vgl. StBA (Hrsg.): Ausländische Bevölkerung in Deutschland nach aufenthaltsrechtlichem Status am 31.12.2005 (http://www.destatis.de/basis/d/bevoe/bevoetab9.php; 26.9.06); StBA (Hrsg.): Asylbewerberleistungen im Jahr 2005 weiter rückläufig, Pressemitteilung v. 26.9.06

7. Flüchtlinge ohne Duldung

Im Kontext der Aufenthaltsformen von De-Facto-Flüchtlingen fand bereits Erwähnung, dass einige wenige Flüchtlinge im Besitz sog. Grenzübertrittsbescheinigungen sind. Diese räumen ihnen eine Frist bis zur freiwilligen Ausreise ein und dienen primär dem Zweck, ihre tatsächliche Ausreise durch die Abgabe der Bescheinigung an der Grenze nachzuweisen. Rein rechtlich sind Grenzübertrittsbescheinigungen jedoch gar nicht vorgesehen und werden nicht einmal in der Ausländergesetzgebung erwähnt. Die Bescheinigung ist kein Aufenthaltstitel und auch keine Duldung, wird jedoch von vielen Ausländerbehörden immer wieder als Ersatz für Letztere ausgegeben. Zuwanderer mit einer Grenzübertrittsbescheinigung sind zwar aktuell vor einer Abschiebung geschützt, bilden aber die unterste Gruppe in der Statushierarchie von Migrant(inn)en mit legalem Aufenthalt. Zur Anzahl der Migrant(inn)en mit Grenzübertrittsbescheinigungen sind keine Informationen verfügbar.

8. Unbegleitete minderjährige Flüchtlinge

Die Gruppe von Flüchtlingskindern kann auch danach unterschieden werden, ob sie, wie die überwiegende Mehrheit, im Familienverband flüchteten und folglich mit Angehörigen hier leben oder allein eingereist sind, ein Clearingverfahren durchlaufen haben und anschließend in Kinder- und Jugendhilfeeinrichtungen untergebracht wurden, weil sorgeberechtigte Angehörige fehlen. Unbegleitete Flüchtlingskinder, die einen speziellen, internationalen Konventionen entsprechenden Schutz genießen solange sie unter 16 Jahre alt sind, sind in den Asylbewerberzahlen eingeschlossen und werden statistisch nicht eigens ausgewiesen. Ihre rechtliche Lage und die tatsächliche Situation sind vergleichsweise umfassend erforscht, wenngleich es sich um eine relativ geringe Größenordnung von geschätzten 5.000 bis 10.000 Minderjährigen handelt.[162]

Bezüglich der Altersstruktur unbegleiteter Flüchtlingskinder stellte Silke Jordan in einer 1996/97 durchgeführten Untersuchung, die Daten von 512 Minderjährigen dieser Zielgruppe in spezialisierten Kinder- und Jugendeinrichtungen auswertete, fest, dass alleinreisende Kinder ein Altersspektrum von 8 bis 18 Jahren aufwiesen. Die Hälfte war bis zu 15 Jahre, rund 43 Prozent 16 oder 17 und fast 7 Prozent mehr als 18 Jahre alt; das Durchschnittsalter lag bei 16 Jahren, womit es sich überwiegend um *ältere* Jugendliche handelt.[163] Hinsichtlich der Geschlechtszugehörigkeit bestätigten sich die Ergebnisse anderer Studien insofern, als nur

162 Die Ungenauigkeit dieser Schätzung resultiert daraus, dass weder das zuständige BAFl noch das Bundesverwaltungsamt im Rahmen des Ausländerzentralregisters die Zahl unbegleiteter minderjähriger Flüchtlinge gesondert erfasst. Auch einzelne Bundesländer führen nicht über die Minderjährigen Statistik; überdies werden keine einheitlichen Daten (Zugangs- oder Bestandszahlen) erhoben. Hinzu kommt, dass zur Zahl illegal hier lebender Minderjähriger ebenfalls keine Schätzungen existieren; vgl. S. Jordan: Fluchtkinder. Allein in Deutschland, Karlsruhe 2000, S. 26 f.; S. Dahlgaard: Unbegleitete minderjährige Flüchtlinge in Hamburg, in: K. Weiss/P. Rieker (Hrsg.): Allein in der Fremde. Fremdunterbringung ausländischer Jugendlicher in Deutschland, Berlin 1998, S. 73 ff.; S. Jordan: Clearingverfahren und Erstaufnahme/Erstversorgung – pädagogische Maßnahmen für unbegleitete minderjährige Flüchtlinge – Ein Bericht über die Bundesländer Berlin, Hessen, Hamburg und Bayern, in: ebd., S. 85 ff.

163 Vgl. S. Jordan: Fluchtkinder, a. a. O., S. 100

17 Prozent der Befragten weiblichen, 82 Prozent hingegen männlichen Geschlechts waren. Ungeklärt bleibt indes, warum die Geschlechterverhältnisse zwischen den Bundesländern erheblich differierten: Waren in Hamburger Einrichtungen nur 3 Prozent der Befragten weiblichen Geschlechts, traf dies in Hessen für fast 39 Prozent zu. Mit rund 23 Prozent die größte Gruppe der Minderjährigen stammte aus der Türkei und war kurdischer Volkszugehörigkeit, Äthiopier/innen (überwiegend weiblichen Geschlechts) waren mit 20 Prozent am zweitstärksten vertreten; Afghanistan bildete mit fast 10 Prozent das drittwichtigste Herkunftsland.[164] Weitere Herkunftsländer waren Sierra Leone, Eritrea, Rumänien, Bangladesh, Libanon, Liberia, Togo, Vietnam, Guinea und Angola. Zur Bildungssituation in den Herkunftsländern stellte Jordan fest, dass 7 Prozent eine höhere, über die Hälfte eine mittlere Schulbildung und rund ein Viertel eine Elementarbildung durchlaufen hatten; insgesamt 12 Prozent hatten zum Befragungszeitpunkt einen Schulabschluss. Nur 2 Prozent der von Jordan befragten Minderjährigen erhielten einen positiven und 33 Prozent einen ablehnenden Bescheid,[165] weitere 63 Prozent befanden sich im laufenden Asylverfahren.

9. „Illegal(isiert)e" Migrantenkinder

Eine weitere Teilgruppe von Migrantenkindern sind Minderjährige, die ohne Aufenthaltspapiere, mithin also „illegal" bzw. durch ein fehlenden legalen Status „illegalisiert" hierzulande leben. Ihre Bezeichnung als „Illegalisierte" wird im Folgenden bevorzugt, weil sie darauf hinweist, dass die Existenz von Menschen prinzipiell nicht „illegal" sein kann, sondern lediglich das geltende und sich gelegentlich auch ändernde (Ausländer-)Recht ihnen keinen legalen Aufenthaltsstatus zuweist, womit bereits ihre Anwesenheit auf inländischem Territorium einen Straftatbestand erfüllt. Zu unterscheiden sind bei illegalisierten Minderjährigen alleinlebende Jugendliche mit Migrationshintergrund in Straßen- und Bahnhofsmilieus von Großstädten (die nachfolgend aufgrund ihres höheren Alters außen vor bleiben) und Kinder, die in „illegalisierten" Familien geboren wurden, deren Aufenthaltsgenehmigung erloschen ist oder die ohne Genehmigung aus dem Herkunftsland nachgeholt wurden, wobei sich die folgenden Ausführungen zumeist auf Letztere, also in Familien lebende Minderjährige konzentrieren. Da die meisten *Kinder* ohne Papiere offenbar aus Familien mit Fluchthintergrund stammen, mit denen sie hier leben, werden sie im vorliegenden Kontext als Teilgruppe von Flüchtlingskindern geführt.[166] Deren (mutmaßlich geringe) Zahl und ihre Lebensbedingungen liegen zwar im Dunkeln, es mehren sich aber die Berichte von ihrer Existenz in wissenschaftlichen Untersuchungen und Berichten aus der sozialen Praxis einzelner Großstädte. Im Folgenden werden einige dieser bruchstückhaften Informationen angeführt.

Hinweise auf die Größenordnung von irregulären Minderjährigen geben einmal die (meist unveröffentlichten amtlichen) Zahlen zu (älteren) Minderjährigen in Abschiebehaft sowie einzelne biografische Studien, die Jugendliche unterschiedlicher Herkunft oder (wer-

164 Vgl. ebd., S. 186

165 41 % davon erhielten eine Duldung und bei 44 % wurde die Ablehnung angefochten, d. h. sie erhielten eine Aufenthaltsgestattung, weitere 7 % erhielten eine Aufenthaltsbefugnis und 2 % hatten keinen Aufenthaltsstatus.

166 Vgl. W. Krieger u. a.: Lebenslage „illegal". Menschen ohne Aufenthaltsstatus in Frankfurt a. M., Karlsruhe 2006, S. 80

dende) Mütter ohne Papiere einbeziehen.[167] In Berlin ergab eine kleine Anfrage von Bündnis 90/Die Grünen für das erste Quartal 1998, dass sich insgesamt 81 Personen im Alter von 14 bis unter 18 Jahren, die von der Polizei aufgegriffen wurden, im Abschiebegewahrsam befanden.[168] Wolfgang Krieger und seine Mitautor(inn)en schätzten die Zahl von Kindern in Frankfurt a. M. auf einige Hundert bis Eintausend.[169] Ein Beitrag von Rainer Münz, Stefan Alscher und Veysel Özsan erhellt die Lebenslagen von „Illegalen", allerdings beschränken sich die Ausführungen in weiten Teilen auf Erwachsene.[170] Immerhin zwei Passagen weisen auf die Existenz „illegaler" Jugendlicher hin: Im Bereich der sexuellen Dienstleistungen seien männliche Prostituierte („Strichjungen", „Hustler") aber auch minderjährige Mädchen tätig, deren Hauptherkunftsland Polen sei. Im Bereich der Gesundheitsversorgung weisen die Verfasser besonders auf Schwierigkeiten bei der Versorgung Schwangerer hin, was impliziert, dass auch Kinder in der Illegalität geboren werden. Im Bildungsbereich seien Differenzen bei der Rechtsauslegung der Frage zu beobachten, ob ein Schulbesuch illegal hier lebender Kinder zulässig sei. Die Verfasser benennen einige sich in der Praxis herauskristallisierende Probleme:

- die Gefahr für Schulleiter, sich strafbar zu machen;
- die Durchführung von Personenkontrollen durch die Polizei vor Grundschulen;
- Unfallversicherungen für die Kinder;
- finanzielle Zuwendungen pro Kind an den jeweiligen Schulträger;
- die Gefahr der Konzentration der Kinder besonders an konfessionellen Schulen, die dazu führe, dass einige Schulen sich bereits gezwungen sähen, die Aufnahme weiterer statusloser Kinder zu verweigern;
- in einigen Fällen die Tatsache, dass Kinder über längere Zeit oder auf Dauer keine Schule besuchten.[171]

Auch Jörg Alt bemerkte am Rande, dass ihm „von einer zunehmenden Anzahl an Minderjährigen und Heranwachsenden berichtet" werde.[172] Seine Kontaktpersonen stünden beispielsweise in Verbindung mit russischen Straßenkindern, die sich als Waisen auf der Suche nach einer besseren Zukunft auf den Weg in den Westen gemacht hätten; außerdem seien Heranwachsende aus Afrika und elternlose Straßenkinder anzutreffen. Als weitere (ältere) Gruppen nennt Alt Minderjährige, bei denen ein legaler Familiennachzug gescheitert sei, Jugendliche, denen im Alter von 16 Jahren wegen jugendtypischer Delikte keine Aufenthaltserlaubnis ausgestellt werde, sowie Jugendliche meist osteuropäischer Herkunft, die (wiederkehrend) für eine i. d. R. dreimonatige Dauer als Strichjungen arbeiteten. Norbert Cyrus schätzte deren

167 Vgl. ebd., S. 136; G. Heck: Illegalisierte Migranten in Deutschland. Zwischen Opfermythos und organisierter Kriminalität. Plädoyer für einen Perspektivwechsel, in: M. Ottersbach/E. Yildiz (Hrsg.): Migration in der metropolitanen Stadtgesellschaft. Zwischen Ethnisierung und Neuorientierung, Münster 2004, S. 136 ff.

168 Vgl. Bündnis 90/Die Grünen: Kleine Anfrage (Nr. 3602 vom 31.3.98), Berlin 1998, in: http://home.snafu.de/rro/fv/index.html?info-22.htm; v. 24.3.03

169 Vgl. W. Krieger u. a.: Lebenslage „illegal", a. a. O., S. 136

170 Vgl. R. Münz/St. Alscher/V. Özsan: Leben in der Illegalität, in: K. J. Bade (Hrsg.): Integration und Illegalität in Deutschland, Osnabrück 2001, S. 77 ff.

171 Vgl. ebd., S. 89

172 Vgl. J. Alt: Illegal in Deutschland, a. a. O., S. 225

Zahl für Berlin auf etwa 1.000.[173] Am Beispiel rumänischer Kinderbanden zeichnet Alt die besondere Gefährdung „illegaler" Minderjähriger durch Kriminelle nach, die gezielt Geschwisterpaare oder Cliquen rumänischer Herkunft für Straftaten anwerben würden. Unter den Arbeitsmigranten wurde dem Verfasser kein Fall von Familien mit Kindern bekannt, wohl aber bei Flüchtlingen, die sich als Familie gezwungen sahen, ihr Herkunftsland zu verlassen.

Philip Anderson berichtet in einer Münchener Untersuchung von illegalisierten Minderjährigen, die hauptsächlich in ihren Familien lebten. Wenngleich man unter Papierlosen überwiegend Erwachsene antreffe, die entweder kinderlos seien oder die Kinder von der Partnerin oder den Großeltern zu Hause versorgen ließen, existierten durchaus „illegale" Kinder von Migrant(inn)en, „die beispielsweise zunächst mit einem Aufenthaltstitel gekommen sind, diesen Status dann aber verloren haben (Touristinnen und Touristen, Studentinnen und Studenten, Asylbewerberinnen und Asylbewerber). Es können auch Familienmitglieder sein, die im Rahmen der Zusammenführung hierher gekommen und geblieben sind. Zu dieser Gruppe zählen auch die Kinder von statuslosen allein erziehenden Frauen."[174] Anderson schätzte die Zahl von in München lebenden Kindern ohne Aufenthaltsstatus auf „etliche hundert". Für Hamburg kolportierte ein Zeitungsbericht im Sommer 2006 eine Zahl von mindestens 100 Kindern, die aufgrund neuer Schülererfassungsmethoden der Schulbehörden, der sog. Schulregister, dort akut von Entdeckung und Abschiebung bedroht seien.[175] Ein Beitrag über die Gesundheitsversorgung papierloser Migrant(inn)en in Berlin informiert darüber, dass allein von 2001 bis 2004 mit Hilfe der medizinischen Beratungsstelle für Migrant(inn)en der Malteser rund 200 Neugeborene zur Welt kamen, bei denen besonders die Beschaffung einer Geburtsurkunde ein großes Problem sei.[176] Für Frankfurt a. M. gehen Expertenschätzungen von etwa 25.000 bis 40.000 Menschen aus, worunter Familien mit Kindern eine zwar wahrgenommene, aber kleine Teilgruppe v. a. von „Illegalen" mit Fluchthintergrund und Kinder und Jugendliche insgesamt zwischen 5 und 10 Prozent (also bis zu 400 Minderjährige) ausmachen.[177]

Aus diesem Exkurs zu den unter den Flüchtlingsbegriff fallenden ausländerrechtlichen Statusgruppen sowie den weiteren Teilgruppen von Fluchtmigrant(inn)en dürfte ersichtlich geworden sein, dass sich hinsichtlich der Lebensbedingungen und Teilhaberechte (v. a. im Arbeitmarkt und bei sozialstaatlichen Leistungen) aufenthaltsrechtlich betrachtet zwei größere Gruppen unterscheiden lassen: Zum einen sind dies Asyl*berechtigte* und andere (Kontingent- und Konventions-)Flüchtlinge mit einem relativ sicheren Bleiberecht, die in Rechten und Pflichten wie der Inanspruchnahme von SGB-XII- oder SGB-II-Leistungen EU-Bürger(inne)n und Deutschen weitgehend gleichgestellt sind. Zum anderen sind dies

173 Vgl. N. Cyrus: Zuwanderer aus Polen auf den formellen und informellen Arbeitsmärkten in der Bundesrepublik Deutschland. Ein Literaturbericht, Berlin 1998, S. 24

174 Siehe auch zum Folgenden: Ph. Anderson: „Dass Sie uns nicht vergessen...". Menschen in der Illegalität in München. Eine empirische Studie im Auftrag der Landeshauptstadt München 2003, S. 73 ff.

175 Vgl. H. Cremer: Nebeneffekt Abschiebung. Mit der Einführung von Schulregistern werden erstmals auch Kinder erfasst, die illegal in Deutschland leben und zur Schule gehen. Für sie wächst die Gefahr der Ausweisung, in: die tageszeitung v. 16.10.06

176 Vgl. A. Franz: Lebenssituation, soziale Bedingungen, Gesundheit, a. a. O., S. 186

177 Vgl. W. Krieger/M. Ludwig: Vorstellung der Frankfurter Studie „Lebenslage illegal". Vortrag auf der Tagung „Menschen ohne Papiere", Arnoldshain am 27.3.2006, S. 10 f. u. 19 (http://www.evangelische-akademie.de/admin/projects/akademie/pdf/material/062343_13.pdf; 22.1.07)

Asyl*suchende* und Flüchtlinge mit einem temporären Aufenthaltsrecht und minderen, mit dem Asylbewerberleistungsbezug verknüpften Teilhaberechten, die im Folgenden deshalb auch als Migrant(inn)en mit *prekärem Aufenthaltsstatus* bezeichnet werden. Als Sondergruppen können schließlich unbegleitete Minderjährige und illegalisierte Migrantenkinder gelten, wobei Erstere einem jenen von Kindern aus Asylbewerberfamilien vergleichbaren Status haben und Letztere besonders prekären Lebensbedingungen ausgesetzt sein dürften. Es lässt sich zudem erahnen, wie heterogen die (im)materiellen Lebenslagen und Zukunftsperspektiven von Flüchtlingsfamilien bzw. -kindern hierzulande aussehen. Sie sind in hohem Maße abhängig von der Phase des familiären Asylverfahrens einschließlich der bisherigen Aufenthaltsdauer sowie dem jeweils erteilten Aufenthaltsstatus, aus dem sich z. B. der Zugang zum Arbeitsmarkt ableitet.

Ein abschließender Blick auf die Zusammensetzung der Gruppe der Fluchtmigrant(inn)en nach aufenthaltsrechtlichem Status verdeutlicht nochmals ihre Heterogenität. Von den für Ende 2003 geschätzten 1,14 Mio. Personen mit Fluchthintergrund in Deutschland stellten De-Facto-Flüchtlinge mit rund 415.000 Migrant(inn)en die größte Gruppe, ihnen folgten Asylbewerber/innen mit 164.000.[178] Unter den Fluchtmigrant(inn)en mit gesichertem Aufenthaltsstatus bildeten die knapp 131.000 Asylberechtigten mit ihren 170.000 Familienangehörigen die größte Gruppe, weitere 75.000 Personen waren Konventions- und fast 7.000 Kontingentflüchtlinge sowie 173.000 jüdische Zuwanderer aus den GUS-Staaten. Mit einem nicht auf Dauer angelegten bzw. widerrufbaren Status mit eingeschränktem Arbeits- bzw. Ausbildungszugang lebten also, fasst man Asylbewerber/innen und De-facto-Flüchtlinge zusammen, rund 580.000 Flüchtlinge und Asylsuchende, d. h. mehr als die Hälfte der ausländischen Fluchtmigrant(inn)en in Deutschland. Über deren Altersstruktur und die genaue Zahl von Kindern liegen keine Informationen vor. Hinzu kommen unbegleitete minderjährige Flüchtlinge sowie „illegalisierte Kinder".

178 Vgl. hierzu und zum Folgenden: Ph. Thalheimer: Fluchtmigration, in: BAFl (Hrsg.): Wanderungsbewegungen. Migration, Flüchtlinge und Integration, Schriftenreihe Bd. 10, Nürnberg 2003, S. 33

2 Forschungsstand und -desiderate zur Armut von Kindern mit Migrationshintergrund

In Bezug auf die Armutsbetroffenheit von Kindern mit Migrationshintergrund in Deutschland ist ebenso wie bei Lebenslagen und Armutsrisiken erwachsener Migrant(inn)en ein ausgesprochen lückenhafter und auf mehrere Fachdisziplinen entfallender Forschungsstand zu konstatieren. Dies wird im Folgenden anhand der (unzureichenden) Thematisierung von Migrantenarmut in der *Armuts*forschung, von Kindern mit Migrationshintergrund in der *Kinderarmuts*forschung und von Kinderarmut in der *Migrations*forschung gezeigt.

2.1 Armut von Migranten(familien) als Thema der Armutsforschung und -berichterstattung

Seit den 1980er-Jahren konzentriert sich die Allgemeine Soziologie primär auf den Sozialstruktur- und Ungleichheitswandel innerhalb der westdeutschen Bevölkerung.[1] Im Mittelpunkt des Forschungsinteresses standen Themen wie Individualisierung, sozialstrukturelle Differenzierung, soziale Milieus mit entsprechenden Lebensstilen und später der gesellschaftliche Strukturwandel in Form der Globalisierung.[2] Daneben etablierte sich in den 80er-Jahren eine eigenständige Armutsforschung, die sich nachgerade „boomartig" entwickelte und ausdifferenzierte. Die wachsende Armut und die prekären Lebenslagen insbesondere von Migrant(inn)en und Kindern blieben als Schwerpunkte weiterhin der speziellen Soziologie, und hier v. a. der (Kinder-)Armutsforschung, der Familien- sowie der Migrationssoziologie überlassen, welche ökonomische Aspekte des Eingliederungsprozesses von Einwandererkindern indes als Stiefkind behandelten.

Ausländer/innen blieben in der Sozialstrukturforschung somit lange Zeit unberücksichtigt. Erst jüngere Sozialstrukturanalysen behandeln auch die Position Nichtdeutscher im Gefüge sozialer Schichten, wobei sich die Studien, wie die exemplarisch im Folgenden vorgestellten, meistenteils auf ehemals angeworbene Arbeitsmigrant(inn)en bzw. deren (nichtdeutsche) Nachkommen konzentrieren. So kontrastierte Rainer Geißler die soziale Schichtzugehörigkeit erwerbstätiger Ausländer/innen (aus den Anwerbestaaten Türkei, Italien, Ex-Jugoslawien, Griechenland und Spanien) und Westdeutscher auf Basis des Sozio-ökonomischen Panels für 1991 und 2000.[3] Wie bereits in den 80er-Jahren zeigte sich, dass dieser Bevölkerungsteil

---

1 Vgl. u. a. R. Kreckel (Hrsg.): Soziale Ungleichheiten. Soziale Welt, Sonderband 2, Göttingen 1983; U. Beck: Jenseits von Klasse und Schicht?, Soziale Ungleichheiten, gesellschaftliche Individualisierungsprozesse und die Entstehung neuer sozialer Formationen und Identitäten, in: ebd., S. 35 ff.; R. Geißler: Die Sozialstruktur Deutschlands: ein Studienbuch zur sozialstrukturellen Entwicklung im geteilten und vereinten Deutschland, Opladen 1992 sowie spätere Auflagen; St. Hradil: Sozialstrukturanalyse in einer fortgeschrittenen Gesellschaft, Opladen 1987; ders.: Soziale Ungleichheit in Deutschland, 8. Aufl. Opladen 2001

2 Vgl. auch U. Beck: Die Risikogesellschaft. Auf dem Weg in eine andere Moderne, Frankfurt a. M. 1986; ders.: Was ist Globalisierung?, Irrtümer des Globalismus – Antworten auf Globalisierung, Frankfurt a. M. 1997; ders. (Hrsg.): Perspektiven der Weltgesellschaft, Frankfurt a. M. 1998; P. A. Berger/St. Hradil (Hrsg.): Lebenslagen, Lebensläufe, Lebensstile. Soziale Welt, Sonderband 7, Göttingen 1990; ders.: Soziale Milieus – eine praxisorientierte Forschungsperspektive, in: APuZ 44/45/2006, S. 3 ff.

3 Vgl. hierzu und zum Folgenden: R. Geißler: Die Sozialstruktur Deutschlands, a. a. O., 4., überarb. Aufl., S. 242

sich „etwas nach oben umgeschichtet“ habe, dennoch könne über die Hälfte der Migrant(inn)en im Jahr 2000 „im untersten Teil der Schichtungshierarchie angesiedelt“ werden: Immer noch 52 Prozent der ausländischen (vs. 19 % der deutschen) Erwerbstätigen seien als Un- bzw. Angelernte tätig gewesen (1991: 56 %). Zugleich sei die Gruppe qualifizierter Zuwanderer angewachsen: Facharbeiter/innen stellten mit rund 16 Prozent die zweitgrößte Schicht und vor allem Frauen drängten mit fast 20 Prozent auch in die mittleren und höheren Dienstleistungsberufe vor. Geißler betonte darüber hinaus die Entstehung eines ausländischen Mittelstandes; mit 8 Prozent Selbstständigen unter allen Nichtdeutschen träten Existenzgründer/innen zudem immer häufiger aus der sog. Nischenökonomie heraus. Er berichtete, dass Ausländer/innen in etwa Einkommen wie Deutsche mit vergleichbarer Qualifikation erzielten; aufgrund der größeren Haushalte und im Durchschnitt niedrigeren Qualifikationen lägen ihre gewichteten Pro-Kopf-Einkommen allerdings bei nur 77 Prozent des Einkommensniveaus Deutscher. Die niedrigen Einkommen und hohen Arbeitsmarktrisiken hätten zur Folge, dass mit 22 Prozent vergleichsweise viele Ausländer/innen an oder unter die Armutsgrenze gedrückt würden (Deutsche: 7 %). Im „Modell der sozialen Schichtung“ ordnete Geißler Nichtdeutsche nach ihrer sozialen Schichtzugehörigkeit wie folgt in die Sozialstruktur ein:

Abbildung 2.1 Soziale Schichtung der westdeutschen Bevölkerung 2000

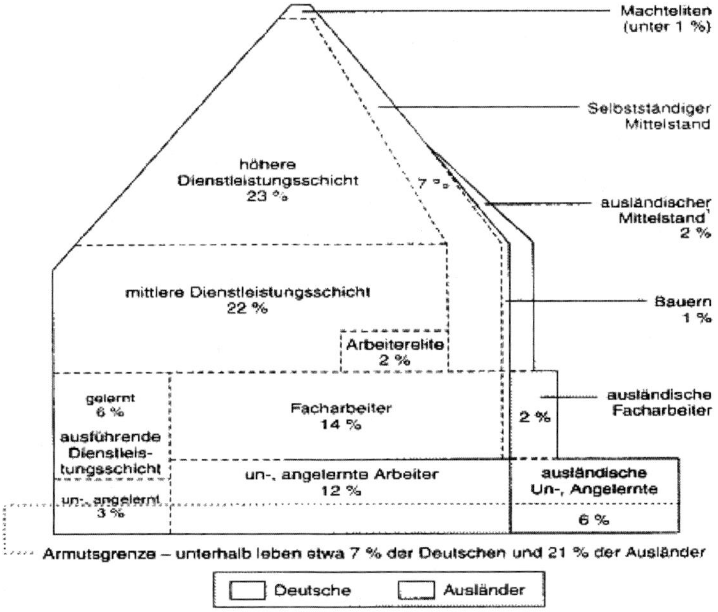

Quelle: R. Geißler: Die Sozialstruktur Deutschlands, a. a. O., 4., überarb. Aufl., S. 100

Obwohl das Schichtungsmodell nur nach Nationalität unterscheidet und somit eine begrenzte Aussagekraft hat, verdeutlicht es, dass sich die soziale Lage der ausländischen Bevölkerung aus den Anwerbestaaten mehr als 25 Jahre nach dem Anwerbestopp von 1973 kaum verändert hat: Mit 6 von insgesamt 10 Prozent Ausländer(inne)n an der Gesamtbevölkerung waren immer noch die meisten Nichtdeutschen als un- bzw. angelernte Arbeiter/innen und nur 2 Prozent als Facharbeiter/innen beschäftigt. Hinzu kommen weitere 2 Prozent, die als Selbstständige, mittlere oder höhere Dienstleister/innen tätig waren, während die oberen Positionen der beruflichen Statushierarchie offenbar nur von Deutschen besetzt werden. In dem Hausmodell platzierte Geißler Nichtdeutsche in einem „Anbau" neben dem „deutschen Haus", da zwar ihre materiell-ökonomische Situation jener der deutschen Arbeiterschicht ähnele und sie insofern in einem Schichtungsmodell mehrheitlich über den deutschen Randschichten lagerten, aber ihre spezifische Randständigkeit von „zusätzlichen Defiziten in politischen und sozialen Teilnahmechancen" herrühre. Geißler resümiert daher, dass sich Ausländer/innen – trotz der Notwendigkeit einer Relativierung des Begriffs der Unterschichtung – zwar nicht unter die sozial deklassierten deutschen Randschichten schöben, da sie sich von der materiellen Lage her über diesen befänden, wohl aber eine kleine Minderheit zu den Armen und Langzeitarbeitslosen gehöre.[4] Für die Mehrheit der angeworbenen Südeuropäer/innen sei aufgrund des niedrigen Ausbildungsniveaus, der belasteten, wenig angesehenen und qualifizierten Arbeitsstellen, der relativ niedrigen Einkommen, ungünstigen Wohnsituation, minderen Rechte, schlechteren Berufschancen und Tendenzen zur sozialen Isolation und Diskriminierung jedoch weiterhin der Begriff der „Randschicht" gerechtfertigt.

1. Ausländer- und Migrantenarmut in der soziologischen Armutsforschung

Die Armutsforschung in der Bundesrepublik widmet sich seit Mitte der 1970er-Jahre der Armut, ihren (materiellen und sozialräumlichen) Erscheinungsformen, Risikogruppen und Ursachen.[5] Anfänglich wurden „amtliche Armutsberichte" auf kommunaler Ebene (etwa von München 1987) bzw. von einzelnen Bundesländern (wie Bremen, Hamburg und Nordrhein-Westfalen) und später von Wohlfahrtsverbänden vorgelegt.[6] Die originär wissenschaftlichen Untersuchungen konzentrierten sich fast ausnahmslos auf die Analyse der materiellen Armut in der deutschen (Mittelschichts-)Bevölkerung, welche an der Sozialhilfe orientierte Armutskonzepte als Hauptbetroffene auswies, etwa Arbeitslose, Alleinerziehende und alte Menschen. Die Armutsrisiken von besonders bedrohten Gruppen wie Obdachlosen, Asylbewerber(inne)n oder behinderten Menschen in Wohnheimen überließ man indes häufig

4 Vgl. ebd., S. 248

5 Einen Überblick über die Armutsforschung der 1980er- und frühen 90er-Jahre geben W. Hanesch u. a.: Armut in Deutschland, a. a. O., S. 23 ff. Zentrale Beiträge sind etwa St. Leibfried/W. Voges (Hrsg.): Armut im modernen Wohnfahrtsstaat, in: KZfSS 1992, Sonderheft 32; W. Glatzer/W. Hübinger: Lebenslagen und Armut, a. a. O., S. 31 ff. Einen Überblick über die Anfänge der bundesdeutschen Armutsforschung der 1970er-Jahre gibt Ch. Butterwegge, Armut in einem reichen Land, a. a. O., S. 120 ff.

6 Vgl. St. Sell: Armutsforschung und Armutsberichterstattung aus Sicht einer lebenslageorientierten Sozialpolitik, a. a. O., S. 11; P. Buhr/M. Ludwig/St. Leibfried: Armutspolitik im Blindflug. Zur Notwendigkeit einer Erweiterung der Armutsberichterstattung, in: D. Döring/W. Hanesch/E.-U. Huster (Hrsg.): Armut im Wohlstand, Frankfurt a. M. 1990, S. 80 f.

den angewandten Sozialwissenschaften.[7] Die seit den frühen 80er-Jahren enorm gestiegene Armutsbetroffenheit der ausländischen Bevölkerung, die damals hauptsächlich aus angeworbenen „Gastarbeiter(inne)n" und ihren Familien bzw. Nachkommen bestand, wurde in der hiesigen Armutsforschung lange Zeit ebenso wenig behandelt.[8] Dies änderte sich erst im Laufe der 1990er-Jahre allmählich, nachdem Armutsberichte nichtstaatlicher Organisationen belegt hatten, dass Ausländer/innen zu den besonders armutsbedrohten Bevölkerungsgruppen zählten.[9] Einige im Folgenden vorgestellte und an der Schnittstelle zwischen Armuts- und Migrationsforschung zu verortende Ausnahmen belegen die gestiegene Armut von Nichtdeutschen seit den 1980er-Jahren anhand verbreiteter Armutsindikatoren: der relativen Einkommensarmut, dem Bezug von Sozialhilfeleistungen sowie der verdeckten Armut.

Eine erste frühe Ausnahme ist ein Beitrag Manfred Zuleegs, der bereits Mitte der 80er-Jahre die Armut von Ausländer(inne)n aufgrund ihrer höheren Arbeitslosigkeit und des Kinderreichtums infolge des Strukturwandels und des nachrangigen Arbeitsmarktzugangs bei Nicht-EG-Bürger(inne)n problematisierte und von einer „Politik der verordneten Armut" sprach.[10] Auf die Möglichkeit der Ermessenausweisung aufgrund von Sozialhilfebezug anspielend, kritisierte Zuleeg, dass die Armut von Ausländer(inne)n bekämpft werde, indem man die Armen außer Landes schaffe.[11] Er konstatierte eine „Zweiklassengesellschaft" bzw. sogar eine „vielfältig gestufte Art von ständischer Gesellschaft mit einem unterschiedlichen Maß an Rechten", eine Unterschichtung der Deutschen durch Ausländer/innen, für die Armut zum kennzeichnenden Merkmal werde.

Für die Jahre 1984 bis 1989 untersuchte Wolfgang Seifert die Einkommensentwicklung und die relative Armut von Ausländer(inne)n aus den früheren Anwerbestaaten mittels Einkommensdatensätzen des Sozio-ökonomischen Panels (SOEP).[12] Er belegte insgesamt eine Verschlechterung ihrer Einkommenspositionen im Vergleich zu Deutschen. Im Zeitverlauf

---

7 Als Beispiel vgl. P. Semrau: Entwicklung der Einkommensarmut, in: ebd., S. 111 ff.; ergänzend die Sammelbandbeiträge in St. Sell (Hrsg.): Armut als Herausforderung, a. a. O. Eine populärwissenschaftliche Ausnahme, die auch Obdachlose, Analphabeten und in Heimen Untergebrachte thematisierte, bildet J. Roth: Armut in der Bundesrepublik Deutschland. Untersuchungen und Reportagen zur Krise des Sozialstaates, 4. Aufl. Reinbek bei Hamburg 1981.

8 Als Ausnahme vgl. M. Zuleeg: Politik der Armut und Ausländer, in: St. Leibfried/F. Tennstedt (Hrsg.): Politik der Armut und Die Spaltung des Sozialstaats, Frankfurt a. M. 1985, S. 295 ff.

9 Zu den migrationsspezifischen Ergebnissen der Armutsberichte vgl. den folgenden Abschnitt. Jüngere Beiträge der Armutsforschung, welche die Armut von Ausländer(inne)n aufgreifen, sind z. B. G. G. Wagner: Chancengleichheit – Nicht nur ein Problem für Zuwanderer, in: D. Döring/W. Hanesch (Hrsg.): Soziale Sicherheit in Gefahr. Zur Zukunft der Sozialpolitik, Frankfurt a. M. 1995, S. 136 ff.; U. Meier/H. Preuße/E.-M. Sunnus: Steckbriefe von Armut, a. a. O., S. 99 ff.; St. Hradil: Soziale Ungleichheit in Deutschland, a. a. O., S. 249 ff.; BMAS (Hrsg.): Situation der ausländischen Arbeitnehmer und ihrer Familienangehörigen in der Bundesrepublik Deutschland. Repräsentativuntersuchung 2001. Teil A: Türkische, ehemalige jugoslawische, italienische sowie griechische Arbeitnehmer und ihre Familienangehörigen in den alten Bundesländern und im ehemaligen West-Berlin, Berichtsband, Offenbach und München 2002, S. 33 ff. (im Folgenden als Repräsentativuntersuchung 2001, Berichtsband bezeichnet); R. Hauser: Armut und Zuwanderung in die Europäische Union, in: D. Döring/W. Hanesch (Hrsg.): Soziale Sicherheit in Gefahr. Zur Zukunft der Sozialpolitik, Frankfurt a. M. 1995, S. 148 ff.

10 Vgl. M. Zuleeg: Politik der Armut und Ausländer, a. a. O., S. 298 ff.

11 Vgl. auch zum Folgenden: ebd., S. 301

12 Vgl. hierzu und zum Folgenden: W. Seifert: Die Mobilität der Migranten: Die berufliche, ökonomische und soziale Stellung ausländischer Arbeitnehmer in der Bundesrepublik. Eine Längsschnittanalyse mit dem Sozio-Ökonomischen Panel, 1984–1989, Berlin 1995

zeigte sich einerseits eine Abnahme des Ausländeranteils im obersten Einkommensquintil um fast 5 auf nur noch 10 Prozent (Deutsche: 20%) und andererseits eine wachsende Ansammlung ausländischer Haushalte im untersten Quintil: Während 1984 rund 30 Prozent der Nichtdeutschen über ein Einkommen dieser niedrigsten Gruppe verfügten, traf dies 1989 bereits für rund 39 Prozent zu, während dies bei Deutschen in beiden Jahren nur 19 Prozent betraf.[13] Erhebliche Gruppenunterschiede machte Seifert auch im Hinblick auf die Häufigkeit und Dauer von Armut aus: Gemessen an der Anzahl von Armutsperioden innerhalb des Untersuchungszeitraumes seien 22 Prozent der Ausländer/innen, aber nur 11 Prozent der Deutschen bis zu sechs Mal von Armut betroffen gewesen, länger als drei Jahre in Armut lebten 43 Prozent der Ersteren und 32 Prozent der Letzteren. Auch bis Mitte der 90er-Jahre änderte sich an dieser höheren Armutsbetroffenheit von Ausländer(inne)n kaum etwas. Seifert wies ebenfalls mittels SOEP-Daten für 1997 eine weiterhin über jener von Deutschen liegende Armutsquote der ausländischen Bevölkerung nach:[14] Rund 8 Prozent der deutschen, aber 34 Prozent der türkischen und 29 Prozent der Haushalte von Migrant(inn)en aus den früheren Anwerbeländern wiesen Einkommen unter der Armutsgrenze auf. Für die zweite Generation der in Deutschland Geborenen sei die Armutsbetroffenheit mit 18 Prozent zwar geringer, aber immer noch höher als für Deutsche gewesen, wobei das höchste Risiko die Gruppe mit der kürzesten Aufenthaltsdauer getragen habe.

Den hohen Sozialhilfebezug von Zuwanderern nahm auch eine Auswertung der Zuwandererstichprobe des Sozio-ökonomischen Panels von Felix Büchel, Joachim Frick und Wolfgang Voges aus dem Jahr 1995 zum Anlass, um Ausländer/innen als „neue Risikogruppe der Armut" zu klassifizieren.[15] Sie wies nach, dass vor 1984 eingewanderte Ausländer/innen zwar rund doppelt so häufig Sozialhilfe bezogen wie Deutsche (5,5 bzw. 2,7%), sie im Falle eines Leistungsbezugs trotz durchschnittlich größerer Haushalte aber niedrigere Bezüge aufwiesen; zugleich hatten nach 1984 zugewanderte Migrant(inn)en (mit rund 9%) wesentlich höhere Sozialhilfequoten.[16] Zugleich belegten die Verfasser, dass man nach der Kontrolle der wichtigsten sozioökonomischen Merkmale keine signifikanten Unterschiede in der Inanspruchnahme mehr feststellen konnte, womit der häufigere Sozialhilfebezug nicht auf die nationale Herkunft, sondern auf die schwächere soziale Struktur der ausländischen Bevölkerung zurückzuführen sei. Das Autorentrio bestätigte darüber hinaus ein mit zunehmender Aufenthaltsdauer hierzulande schnell und stark abnehmendes Risiko, Sozialhilfe zu beziehen: Während Migrant(inn)en mit bis zu zwei Jahren Aufenthalt ein deutlich höheres Risiko trugen, konnte man nach fünf Jahren keine signifikanten Unterschiede mehr feststellen, was als Beleg dafür gelten könne, dass das soziale System seinen Anspruch erfülle, Sozialhilfe insbesondere bei Zuwanderern explizit als transitorische Eingliederungshilfe einzusetzen.

13 Vgl. auch zum Folgenden: ebd., S. 241 ff.

14 Vgl. hierzu und zum Folgenden: W. Seifert: Migration als Armutsrisiko in: E. Barlösius/W. Ludwig-Mayerhofer (Hrsg.): Die Armut der Gesellschaft, Opladen 2001, S. 215. Zugrunde liegt hier eine Armutsgrenze von 50% des durchschnittlichen Haushaltsäquivalenzeinkommens.

15 Vgl. G. G. Wagner: Chancengleichheit – Nicht nur ein Problem für Zuwanderer, a. a. O., S. 129 ff.; St. Hradil: Soziale Ungleichheit, a. a. O., S. 249 f.

16 Vgl. F. Büchel/J. Frick/W. Voges: Der Sozialhilfebezug von Zuwanderern in Westdeutschland, in: KZfSS 49/1997, S. 279

Eine undifferenzierte Kritik am vermeintlich überhöhten Sozialhilfebezug von Zuwanderern scheine also nicht gerechtfertigt, resümierten die Autoren.

Die hohen Armutsrisiken von Migrant(inn)en und ihre kumulative Armutsbetroffenheit erfuhren auch in kommunalen und stadtsoziologischen Studien verstärkt Beachtung.[17] Beispielhaft genannt sei die Untersuchung zu Analysen und Modellen multikultureller Stadtpolitik, in der Michael Krummacher und Viktoria Waltz eine bei Ausländerhaushalten viermal höhere kumulative Unterversorgung in mehreren Lebensbereichen als bei westdeutschen Haushalten konstatierten, die man als ein Zeichen für das Scheitern ihrer sozialen Integration interpretieren könne.[18] Da die Armut von Flüchtlingen ohnehin offensichtlich sei, untersuchten sie nur für ehemals angeworbene Arbeitsmigrant(inn)en und deren Nachkommen verschiedene Lebenslagendimensionen, darunter auch „Löhne, Haushaltseinkommen und Einkommensarmut". Krummacher und Waltz gelangten zu dem Schluss, dass keine andere Gruppe der (westdeutschen) Bevölkerung größere Armuts- und Unterversorgungsrisiken in den berücksichtigten Lebenslagendimensionen trug. Obwohl es eine gewisse Aufstiegsmobilität gegeben habe, sei diese bei Ausländer(inne)n gering, während eine soziale Angleichung an die Mehrheitsgesellschaft nicht erfolge, da sich Armutsrisiken und soziale Benachteiligungen der ersten auf die nachfolgenden Generationen vererbten.[19] Die soziale Integration der dauerhaft hier anwesenden Ausländer/innen als Teilziel staatlicher Ausländerpolitik sei damit zweifellos gescheitert.

In einem später verfassten Beitrag machten Krummacher und Waltz eine Dualisierung der Lebenslagen von Migrant(inn)en in deutschen Städten und Stadtteilen aus. Die Migrant(inn)en teilten sich in

- „eine Mehrheit mit langer Aufenthaltsdauer und Bleibeabsichten (Einwanderer) und Minderheiten mit begrenzter Verweildauer (Flüchtlinge, Pendelmigranten, Erwerbstouristen und Irreguläre) mit prekären Lebenslagen;
- in eine Mehrheit mit sozialen und ökonomischen Unterschichtsmerkmalen und anhaltend schlechten Bedingungen in den Bereichen Arbeitsmarktintegration, Schul- und Berufsausbildung, Einkommen, Wohnen, Wohnumfeld und Gesundheit (Migrationsverlierer) und eine wachsende Minderheit mit sozialer Aufstiegsmobilität (Migrationsgewinner);
- in eine Mehrheit mit geringen oder fehlenden Möglichkeiten politischer Partizipation (v. a. Nicht-Unionsbürger) und eine wachsende Minderheit mit gleichen Bürgerrechten (v. a. Eingebürgerte);
- in erhebliche Teile mit großen Integrationsfortschritten in Bezug auf deutsche Sprachkenntnisse, Bildung, kulturelle Handlungsmuster und soziale Kontakte, in Teile, die in dieser Hinsicht in einer ungeklärten Zwischenposition leben, und eine wachsende

17 Vgl. P. Bremer/N. Gestring: Migranten – ausgegrenzt?, in: H. Häußermann/M. Kronauer/W. Siebel (Hrsg.): An den Rändern der Städte. Armut und Ausgrenzung, Frankfurt a. M. 2004, S. 258 ff.; H. Häußermann: Desintegration durch Stadtpolitik?, in: APuZ, 40–41/2006, S. 15 ff.; J. Friedrichs/J. Blasius: Leben in benachteiligten Wohngebieten, Opladen 2000; Bremer, Peter: Ausgrenzungsprozesse und die Spaltung der Städte, a. a. O.

18 Vgl. M. Krummacher/V. Waltz: Einwanderer in der Kommune. Analysen, Aufgaben und Modelle für eine multikulturelle Stadtpolitik, Essen 1996, S. 110, ergänzend: ebd., S. 304 (Tabelle 12)

19 Vgl. ebd., S. 122 f.

Minderheit mit eher starker Betonung des Rückzuges in die eigene ethnische und/oder religiöse Gruppe."[20]

Peter Bremer und Norbert Gestring rückten indes den relativen und zweiseitigen Exklusionsprozess von Migrant(inn)en, der ökonomische, soziale, kulturelle, institutionelle und räumliche Dimensionen beinhalte und überdies die subjektive Perspektive Betroffener berücksichtige, in den Mittelpunkt eines Sammelbandbeitrags.[21] Die Armutsbetroffenheit von Migrant(inn)en bildete einen Teilaspekt ihrer 2005 veröffentlichten Untersuchung, die Ausgrenzungsprozesse v. a. in den Bereichen Ausländerrecht, Arbeitsmarkt (einschließlich Arbeitslosigkeit, Einkommen und [Aus-]Bildung) sowie Wohnen in den Blick nahm. Obwohl zunächst zwischen angeworbenen ausländischen „Gastarbeiter(inne)n", Asylbewerber(inne)n und Spätaussiedler(inne)n unterschieden wurde, beschränkte sich die sekundärstatistische Analyse auf die zuerst Genannten sowie (erwachsene) Zuwanderer der zweiten bzw. dritten Generation. Je nach der Armutsschwelle seien Ausländer/innen, darunter besonders Türk(inn)en sowie größere Familien, zwei bis drei Mal so häufig von (Einkommens-)Armut betroffen, konstatierten Bremer und Gestring, wobei nicht zuletzt die sozialrechtlichen Rahmenbedingungen zu einer höheren Quote verdeckt Armer auch unter Arbeitsmigrant(inn)en und ihren Kindern führten.[22] Von 1985 bis 1995 habe sich zudem die Situation Deutscher verbessert, jene der ausländischen Bevölkerung hingegen verschlechtert. Auch treffe die These der überwiegend kurzen Armutsdauer für einen Großteil der ausländischen Bevölkerung nicht zu. Schließlich betonten die Verfasser für Zuwanderer der zweiten Generation die trotz zum Teil höherer schulischer Qualifizierung weiterhin großen Schwierigkeiten, sich auch nur temporär auf dem hiesigen Ausbildungs- und dem ersten Arbeitsmarkt zu platzieren.[23]

Ein Sammelbandbeitrag Jürgen Boeckhs behandelt explizit die Armuts- und Ausgrenzungsrisiken der Zuwandererbevölkerung in den Lebenslagendimensionen Arbeit und Einkommen, (Aus-)Bildung, Wohnsituation und Gesundheit, wobei aber Aussiedler/innen und Fluchtmigrant(inn)en ausgeklammert bleiben.[24] Die hohe Armutsrisikoquote der ausländischen Bevölkerung wertet Boeckh als das „Abbild ihrer arbeitsmarktbezogenen Risiken" wie beispielsweise der niedrigeren Beschäftigungsquote und der höheren Arbeitslosigkeit. Die Benachteiligungen in den unterschiedlichen Lebenslagen seien indes auf die Ausgestaltung der (rechtlichen) Rahmenbedingungen sowie auf die individuellen Voraussetzungen der Migrant(inn)en zurückzuführen.

---

20 Siehe M. Krummacher/V. Waltz: Einbürgerung/Nichteinbürgerung und was dann? Integration und interkulturelle Arbeit im Stadtteil, in: H. Storz/C. Reißlandt (Hrsg.): Staatsbürgerschaft im Einwanderungsland, a. a. O., S. 87

21 Vgl. P. Bremer/N. Gestring: Migranten – ausgegrenzt?, a. a. O., S. 262

22 Vgl. ebd., S. 274 f.; ergänzend: P. Bremer: Ausgrenzungsprozesse und die Spaltung der Städte, a. a. O., S. 113 ff.

23 Vgl. P. Bremer/N. Gestring: Migranten – ausgegrenzt?, a. a. O., ebd., S. 273 u. 284

24 Vgl. J. Boeckh: Migration und soziale Ausgrenzung, in: E.-U. Huster/J. Boeckh/H. Mogge-Grotjahn (Hrsg.): Handbuch Armut und Soziale Ausgrenzung, a. a. O., S. 364 ff. Zum Folgenden: ebd., S. 371

2. Verdeckte Armut unter Migranten

Obwohl verdeckte Armut weit verbreitet ist, existieren kaum verlässliche Zahlen dazu, wie hoch die Zahl von „verdeckt" oder „verschämt Armen" im Vergleich zu jener von „bekämpft Armen" ist.[25] Unbestritten ist aber, dass einige Bevölkerungsgruppen ein erhöhtes Risiko tragen, von verdeckter Armut betroffen zu sein. So weist der 2002 veröffentlichte Elfte Kinder- und Jugendbericht darauf hin, dass Familien mit Kindern sowie Alleinerziehende mit Quoten von jeweils 7,5 bis 8,5 Prozent nicht sehr häufig verdeckt arm seien und die Altersgruppe der 7- bis 17-Jährigen die höchsten Quoten der Nichtinanspruchnahme hatten.[26] Neben alten Menschen, die häufig aus Angst vor dem Unterhaltsrückgriff auf Nachkommen ihre Ansprüche nicht geltend machen, scheinen es insbesondere Ausländer/innen ohne gefestigten Aufenthaltsstatus zu sein, die – aus Angst vor aufenthaltsrechtlichen Konsequenzen etwa in Form der Nichtverlängerung von Arbeits- und Aufenthaltserlaubnis – keine Hilfe in Anspruch nehmen.[27] Auf Sozialhilfedaten fußende Befunde zu Armutsrisiken von Migrant(inn)en sind somit relativierungsbedürftig, weil der Anteil verdeckt armer Ausländer/innen mit prekärem Aufenthaltsstatus besonders groß sein dürfte. Hinzu kommt, dass die meisten Ausländer/innen mit unsicherem Aufenthaltsstatus seit 1993 dem Adressatenkreis von Asylbewerberleistungen zugeordnet wurden.

Eine nicht repräsentative Untersuchung zur Armut von in Privathaushalten lebenden Klient(inn)en der Caritas gibt über die verdeckte Armut bei Ausländer(inne)n im Jahr 1991 Auskunft.[28] Richard Hauser und Hans-Joachim Kinstler stellten darin für Ausländer/innen zwar eine mit 21 Prozent etwas höhere Betroffenheit als für Deutsche (18 %) fest. Eine Gegenüberstellung mit SOEP-Daten desselben Jahres ergab aber, dass die verdeckte Armut unter Ausländer(inne)n in Westdeutschland rund zweieinhalb Mal so hoch wie bei Deutschen lag. Der Zugang zu den Befragten über soziale Einrichtungen der Caritas verzerrte jedoch das Gesamtbild erheblich, da überwiegend katholische Arbeitsmigrant(inn)en nur weniger Nationalitäten[29] erreicht wurden. Berücksichtigt wurden sowohl in Einrichtungen lebende Migrant(inn)en als auch „Nichtsesshafte" sowie Haushalte von Arbeitsmigrant(inn)en mit einer überdurchschnittlichen Kinderzahl;[30] die Ergebnisse wurden für Migrant(inn)en aus den Anwerbestaaten (32 % der befragten Zuwanderer), Aussiedler/innen (35 %), Flüchtlinge (21 %) und Sonstige (11 %) ausgewertet. Die Untersuchung konstatierte zwar eine Dunkelziffer von

---

25 G. E. Zimmermann schätzte die Relation von bekämpfter und verdeckter Armut auf 1 : 1; vgl. ders.: Formen von Armut und Unterversorgung im Kindes- und Jugendalter, a. a. O., S. 63

26 Vgl. BMFSFJ (Hrsg.): Elfter Kinder- und Jugendbericht, a. a. O., S. 139

27 Vgl. R. Hauser/H.-J. Kinstler: Zuwanderer unter Caritas-Klienten, in: W. Hübinger/R. Hauser (Hrsg.): Die Caritas-Armutsuntersuchung. Eine Bilanz, Freiburg i. Br. 1995, S. 97

28 Vgl. ebd., S. 84 ff.

29 Die hier als Arbeitsmigranten bezeichnete Gruppe von Ausländer(inne)n setzte sich hauptsächlich aus Italienern (38 %), Jugoslawen (24 %), Portugiesen (6 %), Spaniern (15 %) und Griechen (2 %) zusammen, unterrepräsentiert waren Türken mit 10 %; die Flüchtlinge stammten überwiegend aus nichteuropäischen Staaten wie Rumänien und der Türkei. Vgl. hierzu: ebd., S. 88. Daneben ergaben sich weitere Differenzen aus der im Durchschnitt kürzeren Aufenthaltsdauer und dem Familienstand.

30 Vgl. ebd., S. 86 ff. Im Vergleich zur einheimischen Referenzgruppe mit 4,2 % der bis zu 18-jährigen Caritas-Klienten wiesen die Arbeitsmigranten mit 6 % den höchsten Anteil an Kindern und Jugendlichen auf, es folgten Aussiedler mit 4,8 %, Flüchtlinge mit 4,5 und Sonstige mit 10 %. Durchschnittlich 5,7 % aller Zuwanderer waren jünger als 19 Jahre.

60 Prozent in der Gesamtbevölkerung, bei den Befragten traf dies aber nur für 43 Prozent zu, was sich u. a. daraus erklärte, dass sie bereits soziale Dienste des Wohlfahrtsverbandes in Anspruch nahmen.[31] Von in Privathaushalten lebenden Zuwanderern waren indes bloß 22 Prozent verdeckt arm; aufgeschlüsselt nach Zuwanderungsgruppen traf dies für 15 Prozent der Flüchtlinge, 21 Prozent der Arbeitsmigrant(inn)en, fast 25 Prozent der Aussiedler/innen und 26 Prozent der „sonstigen Zuwanderer" zu.[32]

Irene Bäcker und Richard Hauser kommen entgegen dieser älteren Befunde in einem Gutachten für den 2005 veröffentlichten zweiten Armuts- und Reichtumsbericht zu dem Ergebnis, dass je nach Modell zwischen 34 und 43 Prozent der Berechtigten insgesamt die ihnen zustehende Unterstützung nicht wahrnehmen, während sie für Ausländer/innen eine mit 54 bis 70 Prozent wesentlich höhere Nichtinanspruchnahmequote von Sozialhilfe nachweisen.[33] Auch der spätere Untersuchungszeitpunkt könnte eine Rolle spielen, so ihre Annahme: „Möglicherweise fürchten Ausländer zunehmend um ihre Aufenthaltserlaubnis oder empfinden das gesellschaftliche Umfeld zunehmend als ablehnend oder gar feindlich gesonnen, so dass sie häufiger als früher auf ihre Rechte verzichten."[34] Becker und Hauser spielen damit auf eine ausländerrechtliche Regelung an, nach der die Inanspruchnahme von Sozialhilfe Grund für eine Ausweisung nach Ermessen der Ausländerbehörde (§ 55 Abs. 2, S. 6 AufenthG) sein kann bzw. der Erteilung eines gesicherten Aufenthaltsstatus entgegensteht, weil die „eigenständige Sicherung des Lebensunterhalts" eine Voraussetzung etwa für den Nachzug von Familienangehörigen zur Erlangung eines unbefristeten Aufenthaltstitels sowie der Einbürgerung darstellt.

3. Ausländer und Migranten in der Sozial- und Armutsberichterstattung

Anfang der 1990er-Jahre etablierte sich eine „inoffizielle" (da nichtstaatliche) Armutsberichterstattung, die vor allem von Wohlfahrtsverbänden getragen wurde und sich anfänglich noch auf die Einkommensentwicklung in den westdeutschen Bundesländern konzentrierte.[35] Sie zielte darauf ab, das Vakuum amtlicher Berichterstattung über die Verteilung gesellschaftlicher Ressourcen zu füllen und zugleich die vielfältigen Benachteiligungen umfassender als bis dahin geschehen zu dokumentieren. Die Armutsforschung gewann damit eine neue Qualität, weil die Datenbasis wuchs und zugleich erstmals Unterversorgungslagen in den Bereichen Arbeit, (allgemeine und berufliche) Bildung, Wohnen und Gesundheit berücksichtigt wurden. Der erste Armutsbericht, den der Deutsche Gewerkschaftsbund (DGB) zusammen

---

31 Vgl. U. Neumann: Die Armut der Caritas-Klienten im Vergleich mit der Armut unter der westdeutschen Bevölkerung, in: W. Hübinger/R. Hauser (Hrsg.): Die Caritas-Armutsuntersuchung, a. a. O., S. 80

32 Vgl. R. Hauser/H.-J. Kinstler: Zuwanderer unter Caritas-Klienten, a. a. O., S. 97

33 Vgl. I. Becker/R. Hauser: Nicht-Inanspruchnahme zustehender Sozialhilfeleistungen (Dunkelzifferstudie). Endbericht zur Studie im Auftrag des Bundesministeriums für Gesundheit und Soziale Sicherung, Frankfurt a. M. 2003, S. 130 u. 136

34 Vgl. I. Becker/R. Hauser: Nicht-Inanspruchnahme zustehender Sozialhilfeleistungen, a. a. O., S. 131

35 Vgl. W. Hanesch u. a.: Armut in Deutschland, a. a. O.; W. Hübinger/R. Hauser (Hrsg.): Die Caritas-Armutsuntersuchung, a. a. O.; W. Hübinger/U. Neumann: Menschen im Schatten. Lebenslagen in den neuen Bundesländern, Freiburg i. Br. 1998; schließlich die sog. AWO-ISS-Studie zur Kinderarmut (vgl. dazu die Veröffentlichungen von B. Hock und G. Holz), die an späterer Stelle ausführlich behandelt wird.

mit dem Paritätischen Wohlfahrtsverband (DPWV) 1994 herausgab, zählt ebenso dazu wie die schon erwähnte mehrbändige Armutsuntersuchung des Deutschen Caritasverbandes (DCV).[36] Mit der Etablierung dieser nichtstaatlichen Armutsberichterstattung rückten Ausländer/innen allmählich als eine von Armut bedrohte Risikogruppe in den Blick, wie der folgende Literaturüberblick zeigt.

Der erste Armutsbericht des DGB und des DPWV klammerte Zuwanderer noch weitgehend aus, zumal der Schwerpunkt auf dem sozialstrukturellen Angleichungsprozess von Ost- an Westdeutschland lag. Mit einer Ausnahme: Eine überproportionale Betroffenheit von Unterversorgung in *allen* erhobenen Bereichen (Wohnung, Bildung, Arbeit und Einkommen) konnte für keine Merkmalsgruppe ausgemacht werden – außer für un- und angelernte Arbeiter/innen, westdeutsche Personen ohne Schulabschluss und *Ausländer/innen*,[37] die in „allen Feldern überaus starke Unterversorgungsanteile" hatten: „16,7 Prozent von ihnen sind einkommensarm, 44,2 Prozent wohnraumunterversorgt und 8,3 Prozent wohnungsausstattungsunterversorgt. 27,2 Prozent verfügen über keinen allgemeinbildenden Schulabschluss und über die Hälfte, 55,7 Prozent, über keinen beruflichen Abschluss. Weit über ein Drittel, 37,2 Prozent, fallen in den Bereich kumulativer Armut" (aber nur 7,3 % der Westdeutschen);[38] womit die Nationalität mehr als jedes andere Merkmal einen engen Zusammenhang mit Unterversorgungsrisiken aufweise, weshalb man Ausländer/innen in der Bundesrepublik als eine „ausgesprochene Armutsgruppe" bezeichnen könne.

Die von Werner Hübinger und Richard Hauser herausgegebene Untersuchung des Deutschen Caritasverbandes nahm Zuwanderer indes schon als von Armut bedrohte Klientel besonders in den Blick.[39] Die angenommene höhere Armutsbetroffenheit von Zuwanderern bestätigte sich (außer beim Sozialhilfebezug) für das Erhebungsjahr 1991 bei der Anwendung einer Reihe von Armutskonzepten: Die Befragten mit Migrationshintergrund waren mit 47 zu einem 7 Prozent höheren Anteil von relativer Einkommensarmut betroffen als der Durchschnitt der Befragten und zugleich war auch ihr Anteil von Sozialhilfeempfänger(inne)n geringfügig höher.[40] Die Tendenz einer im Vergleich zur deutschen Referenzgruppe umfassenden Benachteiligung von Migrant(inn)en in fast allen indirekt einkommensrelevanten Dimensionen (außer bei Schulden) spricht für sich: Zuwanderer hatten seltener als Einheimische einen Berufsabschluss, waren häufiger arbeitslos und ihre Wohnsituation (bezogen auf den verfügbaren Wohnraum und die qualitative Ausstattung) war deutlich ungünstiger

---

36 Vgl. W. Hanesch u. a.: Armut in Deutschland, a. a. O.; W. Hübinger/R. Hauser (Hrsg.): Die Caritas-Armutsuntersuchung, a. a. O.

37 Auf Grundlage des SOEP wurden wohnberechtigte Ausländer mit türkischer, griechischer, jugoslawischer, spanischer und italienischer Staatsangehörigkeit in die Erhebung einbezogen. Vgl. W. Hanesch u. a.: Armut in Deutschland, a. a. O., S. 172

38 „Kumulative Armut" bedeutet, dass Unterversorgungen in mehreren der Lebenslagedimensionen Einkommen, Bildung, Gesundheit und Wohnen kumulieren (was dann dieser Definition zufolge Armutsbetroffenheit ausmacht), d. h. gehäuft auftreten; vgl. W. Hanesch u. a.: Armut in Deutschland, a. a. O., S. 172 f. Vgl. dazu auch W. Voges u. a.: Methoden und Grundlagen des Lebenslagenansatzes, a. a. O., S. 165 f.

39 Vgl. R. Hauser/W. Hübinger: Arme unter uns. Teil 1: Ergebnisse und Konsequenzen der Caritas-Armutsuntersuchung, Freiburg i. Br. 1993; dies.: Arme unter uns. Teil 2: Dokumentation der Erhebungsmethoden und der Instrumente der Caritas-Armutsuntersuchung, Freiburg i. Br. 1993; R. Hauser/H.-J. Kinstler: Zuwanderer unter Caritas-Klienten, a. a. O., S. 86 ff. Bei „Zuwanderern" unterschied man Arbeitsmigranten, Aussiedler, Flüchtlinge und Sonstige; vgl. ebd., S. 86

40 Vgl. R. Hauser/H.-J. Kinstler: Zuwanderer unter Caritas-Klienten, a. a. O., S. 96 f. Zum Folgenden: ebd., S. 91 ff.

als bei den ohnehin schon weit unter dem Bevölkerungsdurchschnitt liegenden deutschen Caritas-Klient(inn)en.

Der zweite Armutsbericht des DGB, der Hans-Böckler-Stiftung und des DPWV aus dem Jahr 2000 behandelte die Armut ausländischer und deutscher Zuwanderer als einen Schwerpunkt. Allerdings mache „die Vielschichtigkeit des Themas Migration, seine historische, wirtschafts- und sozialpolitische Bedeutung, die zunehmende gesamteuropäische Dimension sowie die hohe Binnenheterogenität der Migranten" die Auseinandersetzung mit der sozialökonomischen Situation von Zuwanderern schwierig, was zugleich aber die Dringlichkeit der Thematik verdeutliche.[41] Der Bericht wies daher durchgehend Bezüge zu ausländerrechtlichen Rahmenbedingungen wie Aufenthaltstitel bzw. Transferleistungs- und Arbeitsmarktzugang auf, womit der Blick erstmals auf die ausländerpolitisch gesetzten Rahmenbedingungen gerichtet wurde, die solche Einkommensdisparitäten mit erklären. Allerdings konzentrierten sich die Autoren um Walter Hanesch fast ausschließlich auf die Erfassung der Arbeits- und Einkommensverhältnisse von Zuwanderern, während bezüglich anderer Unterversorgungslagen mit Ausnahme der (Aus-)Bildungssituation auf weiterführende Literatur verwiesen wurde. Die Ergebnisse schreiben im Wesentlichen die eingangs angeführten Befunde Wolfgang Seiferts für die späten 1980er-Jahre fort. Hanesch u. a. konstatierten für 1998, dass die Armutsquote ausländischer Migrant(inn)en[42] mit 20 Prozent signifikant höher als die der westdeutschen Gesamtbevölkerung (fast 10 %) und von deutschen Zuwanderern (14 %) lag. Nach soziodemografischen und -ökonomischen Merkmalen (deutlich jüngere und größere Haushalte sowie geringere Bildungs- und Berufsabschlüsse) lasse sich zusammenfassen, „dass Gruppen, die auch in der Gesamtbevölkerung ein hohes Risiko tragen, in Armut oder prekärem Wohlstand zu leben, unter Migrant(inn)en stark vertreten sind und diese Gruppen zudem noch höhere Quoten aufweisen."[43] Schließlich variierte die höhere Repräsentanz nichtdeutscher Migrant(inn)en im Niedrigeinkommensbereich mit ihrer deutlich geringeren sozialen Mobilität: „Vor dem Hintergrund der durchschnittlich höheren Anzahl von Jahren in Armut und der geringen Einkommensmobilität kann von einer dauerhaften Einkommensarmut unter ausländischen Migranten auf hohem Niveau gesprochen werden."[44]

Der erste Armuts- und Reichtumsbericht der Bundesregierung beschränkte sich mangels differenzierter Daten auf die Gegenüberstellung deutscher und ausländischer Haushalte und ist aus verschiedenen Gründen (z. B. der Ausklammerung der verdeckten Armut und fehlende Erfassung von Aussiedlern) relativierungs- bzw. ergänzungsbedürftig. Ein zentrales und frühere Befunde fortschreibendes Ergebnis ist aber, dass sich nach Daten des SOEP von 1985 bis 1998 sowohl der Anteil einkommensarmer Ausländer/innen um ca. 4 auf rund 14 Prozent als auch jener armutsnah Lebender um 4 auf über 25 Prozent erhöhte, womit Nichtdeutsche in allen Jahren ein erheblich höheres Armutsrisiko als Deutsche trugen.[45] Der zweite Armuts-

41 Vgl. W. Hanesch/P. Krause/G. Bäcker: Armut und Ungleichheit in Deutschland, a. a. O., S. 394

42 Darunter werden Arbeitsmigranten („Gastarbeiter"), Asylsuchende, Kriegs- und Bürgerkriegsflüchtlinge sowie „neue Arbeitsmigranten" subsumiert. Deutsche Migranten sind Vertriebene, deutschstämmige Aussiedler und Übersiedler aus der DDR. Vgl. hierzu und zum Folgenden: ebd., S. 426 ff.

43 Siehe ebd., S. 442

44 Siehe ebd., S. 446

45 Als arm werden Haushalte mit bis zu 60 % des Mediannettoäquivalenzeinkommens (nach der neuen OECD-Skala) klassifiziert, armutsnah entsprechend jene mit bis zu 75 % desselben. Der Anteil armer Deutscher

und Reichtumsbericht stellte fest, dass die „Armutsrisikoquote" bei Migrant(inn)en zwischen 1998 und 2003 erneut von 19 auf 24 Prozent gestiegen sei und damit weiterhin deutlich über jener der Gesamtbevölkerung (mit 15 %) lag.[46] Die ökonomische Integration von Zuwanderern hänge sowohl von Merkmalen wie der bisherigen Verweildauer in Deutschland als auch dem Zusammenleben mit Einheimischen ab, so der Bericht weiter; überdurchschnittlich betroffen seien insbesondere Jüngere, Ältere und Frauen ausländischer Herkunft.

Eine Zäsur stellt der dritte Armuts- und Reichtumsbericht der Bundesregierung aus dem Jahr 2008 dar, weil er erstmals die Armutsdaten von Migrant(inn)en nicht nach dem Merkmal der Staatsangehörigkeit dokumentiert, sondern auf Basis des Mikrozensus 2005 die Bevölkerung nach dem Migrationshintergrund sowie der Geburt im Inland/Eingebürgerte unterscheidet. Der Bericht weist aus, dass das Risiko, einkommensarm zu sein, bei Personen mit Migrationshintergrund mit 28 Prozent doppelt so hoch war wie bei Personen ohne Migrationshintergrund.[47] Danach lag das Armutsrisiko von „Eingebürgerten und als Deutsche geborenen Kindern von Zuwanderern" bei 25, jenes von Zuwanderern bzw. Ausländer(inne)n bei 35 Prozent.

Innerhalb der staatlichen Sozialberichterstattung der Bundesregierung informieren die Berichte der Ausländer- (bzw. seit dem Jahr 2004 Integrations)beauftragten über die Lage der Ausländer/innen sowie andere Sozialberichte einschließlich der Datenreporte des Statistischen Bundesamtes fortschreibend über die Einkommens- und Vermögensverhältnisse von Nichtdeutschen. Die vergleichsweise niedrigen Einkommen von Migrant(inn)en, die in Verbindung mit ihren größeren Haushalten zu einer höheren Armutsbetroffenheit führen, wurden dort ebenso dokumentiert wie ihre höheren Sozialhilfe- und Arbeitslosigkeitsrisiken.

Die bisher genannten einschlägigen Armutsberichte widmen sich, sofern Migrant(inn)en überhaupt erwähnt werden, meist nur den Einkommenslagen von nichtdeutschen *Erwachsenen* oder Haushalten, d.h. sie berichten meist ausschließlich über statistisch „merkmalsfähige", volljährige Personen. Dies ist im Wesentlichen der ungenügenden kindspezifischen Aussagekraft der amtlichen Statistik und anderer Mikrodatensätze geschuldet, welche die sozioökonomische Situation der Minderjährigen, die in Haushalten von Erwachsenen leben, lange nur über die Zahl der Haushaltsmitglieder thematisierten, obwohl gerade für Kinder insbesondere jüngeren Alters eine dramatische Armutsbetroffenheit belegt ist.[48] So weisen die Armuts- und Reichtumsberichte der Bundesregierung lediglich (vom Haushaltseinkommen abgeleitete) Kinderarmutsquoten aus, welche das Risiko von Minderjährigen beziffern, in einkommensarmen Familien aufzuwachsen. Auch der vom DGB und von anderen Organisatio-

stieg zugleich nur geringfügig von 7,9 auf 8,2 %, jener armutsnah lebender schwankte um 13 %; vgl. auch zum Folgenden: BMAS (Hrsg.): Lebenslagen in Deutschland. Daten und Fakten, a. a. O., S. 269

46 Vgl. auch zum Folgenden: BMGS (Hrsg.): Lebenslagen in Deutschland, a. a. O., S. 201 f. Diese „Armutsrisikoquote" erfasst Haushalte bzw. Personen, deren äquivalenzgewichtetes Median-Nettoeinkommen (nach der Einkommens- und Verbrauchsstichprobe EVS) unterhalb von 60 % liegt; vgl. ebd., S. 19. Unter „Migranten" werden dort allein Nichtdeutsche summiert.

47 Vgl. BMAS (Hrsg.): Lebenslagen in Deutschland. Der dritte Armuts- und Reichtumsbericht, Bonn 2008, S. 140. Zu den im Folgenden genannten Gruppen vgl. StBA (Hrsg.): Bevölkerung und Erwerbstätigkeit. Bevölkerung mit Migrationshintergrund – Ergebnisse des Mikrozensus 2005. Fachserie 1 Reihe 2.2, Wiesbaden 2007, S. 6 ff.

48 Vgl. etwa Ministerium für Arbeit, Gesundheit und Soziales des Landes Nordrhein-Westfalen (MAGS) NRW (Hrsg.): Sozialbericht NRW 2007. Armuts- und Reichtumsbericht, Düsseldorf 2007, S. 270

nen im Jahr 1994 veröffentlichte Armutsbericht wies bezüglich der Unterversorgung von Kindern bloß auf „die krass überproportionalen Unterversorgungsquoten“ in den Bereichen hin, in denen Unter-14-Jährige eine indirekte Merkmalsfähigkeit zeigten: 1992 lebte jedes achte bis neunte Kind in West- und mehr als jedes fünfte Kind in Ostdeutschland in einem einkommensarmen Haushalt, 33 Prozent aller Kinder in den alten und 39 Prozent der Minderjährigen in den neuen Ländern lebten in wohnraumunterversorgten Verhältnissen.[49] Kindheit, insbesondere in größeren Familien, sei damit in beiden Teilen der Bundesrepublik mit einem außerordentlichen Armutsrisiko verknüpft, so die Verfasser/innen, woraus sie weiteren Forschungsbedarf und die Schlussfolgerung ableiteten, dass rasches politisches Handeln erforderlich sei. Ähnliches gelte überdies für das „Problemfeld der sich verfestigenden Subkulturen von verarmten Ausländern“.[50]

2.2 *Armut von Kindern mit Migrationshintergrund als Thema der Kinderarmutsforschung*

Eine eigenständige *Kinder*armutsforschung etablierte sich erst gegen Ende der 1990er-Jahre als Reaktion auf die festgestellte Infantilisierung der Armut mit einer Reihe von Konzepten, die Ausmaß, Erscheinungsformen und Ursachen von Kinderarmut behandelten. Diese Entwicklung begünstigte zwar einen Wandel des Problembewusstseins in der Öffentlichkeit, führte aber kaum dazu, dass Kinder mit Migrationshintergrund häufiger als eigenständige Untersuchungsgruppe berücksichtigt wurden. Untersuchungen konzentrierten sich somit lange auf (deutsche) Kinder von Alleinerziehenden oder aus kinderreichen Familien, während die (deprivierte) materielle Lage von Kindern aus zugewanderten Familien, insbesondere aus Anwerbestaaten, nur selten in das Forschungsinteresse rückte.[51] 1998 hob der Zehnte Kinder- und Jugendbericht der Bundesregierung erstmals neben dem „gravierenden Problem“ der Kinderarmut allgemein auch die Armut von Zuwandererkindern hervor,[52] womit er ein wissenschaftlich und regierungsamtlich bis dahin nicht thematisiertes soziales Problem benannte, das seither sukzessive mehr Aufmerksamkeit erfährt.

Nach wie vor existieren kaum Studien, welche Kinderarmutsrisiken differenziert für verschiedene Herkunftsgruppen behandeln. So werden etwa die besonders hohen Armutsrisiken von Flüchtlingskindern fast gar nicht thematisiert. Dieser blinde Fleck der Armutsforschung ist besonders bedauernswert und nicht nachzuvollziehen, weil gerade Flüchtlinge mit prekärem Aufenthaltsstatus bekanntermaßen am unteren Ende der legalen gesellschaftlichen Status- und Einkommenshierarchie in prekären (im)materiellen Verhältnissen leben. In den folgenden Abschnitten werden erste Befunde zur Armut von Kindern mit Migrationshintergrund analog

49 Vgl. auch zum Folgenden: W. Hanesch u. a.: Armut in Deutschland, a. a. O., S. 175 f.

50 Vgl. ebd., S. 176

51 Vgl. etwa W. Hanesch/P. Krause/G. Bäcker: Armut und Ungleichheit in Deutschland, a. a. O., S. 291. Besonders nennenswert ist in diesem Zusammenhang die mehrbändige Studie der Arbeiterwohlfahrt zur Armut von Kindern und Jugendlichen (vgl. dazu die Veröffentlichungen von B. Hock und G. Holz) sowie die international vergleichende Kinderarmutsstudie von Unicef; vgl. M. Corak/M. Fertig/M. Tamm: A Portrait of Child Poverty in Germany. Unicef Innocenti Research Center. Innocenti Working Papers 2005-03, Florenz 2005

52 Vgl. BMFSFJ (Hrsg.): Zehnter Kinder- und Jugendbericht, a. a. O., S. 91

der im ersten Kapitel skizzierten Kinderarmutskonzepte für verschiedene Altersgruppen der Bis-zu-13-Jährigen zusammenfassend vorgestellt.

1. Relative Armut

Während hohe Armutsrisiken von Kindern aus Aussiedler- und Flüchtlingsfamilien so gut wie gar nicht thematisiert wurden,[53] sind sie bei *ausländischen* Kindern und insbesondere kinderreichen nichtdeutschen *Haushalten* in ressourcenorientierten Ansätzen der Kinderarmutsforschung in der Vergangenheit mehrfach belegt worden.[54] Zuerst informierte der Zehnte Kinder- und Jugendbericht 1998 unter Bezugnahme auf verschiedene Daten der Jahre 1994 und 1996 darüber, dass ausländische Familien generell von kurz- und langfristiger Armut stärker als deutsche betroffen seien, was nicht nur die Sozialhilfestatistik, sondern auch Berechnungen mit dem Armutsmaß des durchschnittlichen Äquivalenzeinkommens gezeigt hätten.[55] 30 Prozent der Bis-zu-7-Jährigen im Sozialhilfebezug waren 1993 *ausländische* Kinder; zudem sei der Anteil nichtdeutscher Haushalte mit drei bzw. mehr Kindern, die 1984 unter der Armutsschwelle lebten, bis 1989 von 56 auf 79 Prozent gestiegen, und rund 44 Prozent der ausländischen Kinder aus Nichtanwerbestaaten hätten in einkommensarmen Familien gelebt. Walter Hanesch, Peter Krause und Gerhard Bäcker machten darauf aufmerksam, dass sich die Zahl ausländischer Unter-18-Jähriger im Sozialhilfebezug zugleich in den alten Bundesländern mehr als vervierfachte und sie zuletzt 23 Prozent aller minderjährigen Sozialhilfeempfänger/innen stellten.[56] Auch bei der Anwendung der Hälfte des Durchschnittseinkommens als Armutsmaß habe die Armut minderjähriger Ausländer/innen 1994 rund ein Drittel und bei nicht aus den Anwerbestaaten stammenden Zuwandererkindern sogar 44 Prozent betragen. Für 2001 wies die AWO-ISS-Studie ein mehr als doppelt so hohes Risiko ausländischer (23 %) wie deutscher (8 %) Kinder nach, in einkommensarmen Familien aufzuwachsen.[57] Dies galt zwar für alle Altersgruppen bis hin zu 17-Jährigen, der Unterschied war aber mit 29 bei ausländischen bzw. 13 Prozent bei deutschen Bis-zu-6-Jährigen am ausgeprägtesten.

---

53 Ausnahmen sind: U. Boos-Nünning: Kinder aus Zuwandererfamilien in einer Gesellschaft der Ungleichheit, in: H. Buchkremer/W.-D. Bukow/M. Emmerich (Hrsg.): Die Familie im Spannungsfeld globaler Mobilität. Zur Konstruktion ethnischer Minderheiten im Kontext der Familie, Opladen 2000, S. 60 ff.; M. Corak/M. Fertig/M. Tamm: A Portrait of Child Poverty in Germany, a. a. O., S. 8

54 Vgl. G. E. Zimmermann: Formen von Armut und Unterversorgung im Kindes- und Jugendalter, a. a. O., S. 65 ff.; G. Holz u. a.: Zukunftschancen für Kinder, a. a. O., S. 54; außerdem folgende Beiträge von U. Boos-Nünning: Migration, Armut, Kinder: Risiken in der modernen Gesellschaft, in: BMFSFJ (Hrsg.): Kulturarbeit und Armut. Konzepte und Ideen für die kulturelle Bildung in sozialen Brennpunkten und mit benachteiligten jungen Menschen, Remscheid 2000, S. 33 ff.; dies.: Armut von Kindern aus Zuwandererfamilien, in: Ch. Butterwegge (Hrsg.): Kinderarmut in Deutschland, a. a. O., S. 150 ff.; dies: Kinder aus Zuwandererfamilien in einer Gesellschaft der Ungleichheit, a. a. O., S. 53 ff.; dies.: Kinder und Jugendliche mit Migrationshintergrund: Armut und soziale Deprivation, in: M. Zander (Hrsg.): Kinderarmut. Einführendes Handbuch für Forschung und soziale Praxis, Wiesbaden 2005, S. 161 ff.; O. Groh-Samberg/M. Grundmann: Soziale Ungleichheit im Kindes- und Jugendalter, in: APuZ 26/2006, S. 13 f.

55 Siehe BMFSFJ (Hrsg.): Zehnter Kinder- und Jugendbericht, a. a. O., S. 91

56 Vgl. W. Hanesch/P. Krause/G. Bäcker: Armut und Ungleichheit in Deutschland, a. a. O., S. 291

57 Als Armutsgrenze galten 50 % des bedarfsgewichteten Haushaltsnettoeinkommens für Gesamtdeutschland, nach Berechnungen des DIW; vgl. G. Holz u. a.: Zukunftschancen für Kinder, a. a. O., S. 54

Eine 2005 veröffentlichte, international vergleichende Untersuchung des Kinderhilfswerks der Vereinten Nationen UNICEF untersuchte auf Grundlage von Daten des Sozio-ökonomischen Panels Entwicklungstendenzen der Kinderarmut von 1991 bis 2001.[58] Miles Corak und seine Mitautoren wiesen darin nach, dass der Anstieg der Kinderarmutsquote in Westdeutschland von rund 7 auf 10 Prozent vor allem auf die Zunahme der Einkommensarmut ausländischer Haushalte zurückzuführen war.[59] Denn während die Kinderarmutsquote westdeutscher Minderjähriger nur geringfügig von 7,6 Prozent 1991 auf 8,1 Prozent im Jahr 2001 stieg, verdreifachte sich die Armutsquote nichtdeutscher Kinder von 5 auf 15 Prozent.

Die Armut ausländischer Migrantenkinder steht außerdem im Mittelpunkt einiger Beiträge von Ursula Boos-Nünning.[60] Sie merkt an, dass man aufgrund unzureichender Daten nur ein lückenhaftes und unvollständiges Bild objektiver Bedingungen und sozialer Faktoren des Aufwachsens von Kindern mit Zuwanderungshintergrund in der Bundesrepublik zeichnen könne.[61] Das von Boos-Nünning behandelte Themenspektrum reicht von Analysen der hohen (Einkommens-)Armut von Familien sog. Gastarbeiter/innen über die „staatlich verursachte Armut" von Kindern aus Flüchtlingsfamilien bis hin zu „Kinderleben unter Bedingungen sozialräumlicher Segregation" und in „ethnischen Gettos". Durch die Zusammenschau zentraler Befunde zur sozialen und materiellen Lage von Migrant(inn)en gelangt Boos-Nünning zu dem Schluss, dass nicht nur zugewanderte, sondern auch in Deutschland geborene ausländische Kinder „stärker als Deutsche von Armut betroffen sind und dass sich diese Problemlagen auch bei ihnen kumulieren".[62] Allerdings müsse dies auch vor dem Hintergrund größerer Familien von Ausländer(inne)n gesehen werden, denn Kinderreiche – und dazu gehörten nichtdeutsche Familien i. d. R. – seien in Deutschland generell überproportional von Armut betroffen. Weil die Einkommen von Ausländer(inne)n trotz vergleichbarer Tätigkeiten zudem niedriger ausfielen als von Deutschen, verschärfe sich die Situation für die in diesen Familien lebenden Kinder. Schließlich beziffert der dritte Armuts- und Reichtumsbericht die Armutsrisikoquote von Kindern und Jugendlichen mit Migrationshintergrund unter 15 Jahren für 2005 auf 32,6 Prozent, während jene der altersgleichen Einheimischen nur bei 13,7 Prozent liege.[63]

58 Vgl. zur internationalen Vergleichsstudie: Unicef Innocenti Research Center (Hrsg.): Child Poverty in Rich Countries 2005. Report Card No. 6, Florence 2005; zum Folgenden: M. Corak/M. Fertig/M. Tamm: A Portrait of Child Poverty in Germany, a. a. O.

59 Allerdings nahmen sie als Armutsschwelle die nicht mehr zeitgemäße Hälfte des gewichteten Medianeinkommens an; vgl. hierzu und zum Folgenden: ebd., S. 6 u. 11

60 Vgl. U. Boos-Nünning: Migration, Armut, Kinder, a. a. O., S. 33 ff.; dies.: Armut von Kindern aus Zuwandererfamilien, a. a. O., S. 150 ff.; dies.: Kinder und Jugendliche mit Migrationshintergrund, a. a. O., S. 161 ff.

61 Vgl. hierzu und zum Folgenden: U. Boos-Nünning: Kinder aus Zuwandererfamilien, a. a. O., S. 53 f.

62 Siehe ebd., S. 59

63 Vgl. BMAS (Hrsg.): Lebenslagen in Deutschland. Der dritte Armuts- und Reichtumsbericht, a. a. O., S. 141. Dabei beruhen die Daten auf einer Sonderauswertung des Mikrozensus. Zur Definition dieser Gruppe im Mikrozensus vgl. StBA (Hrsg.): Bevölkerung und Erwerbstätigkeit, a. a. O., S. 6

2. Die Armutsdauer

Angesichts der Erkenntnis der Kinderarmutsforschung, dass sich besonders eine lang anhaltende materielle Deprivation negativ auf die Entwicklung von Kindern niederschlägt,[64] stellt sich die Frage nach der Dauer und Dynamik der Armut von Kindern mit Migrationshintergrund. Sie ist für diese Gruppe gleichwohl nur in Ansätzen beantwortet worden. Petra Buhr übertrug den Ansatz der dynamischen, d. h. verlaufsorientierten Armutsforschung[65] auf die Situation von Minderjährigen, um herauszufinden, wie *lange* Kinder in Armut leben und ob es sich i. d. R. um Übergangsphasen, „vererbte" oder lang andauernde, sich bis ins Erwachsenenalter fortsetzende Zustände handelt.[66] Buhr untersuchte auf Basis einer Längsschnitt-Stichprobe von Bremer Sozialhilfedaten die Neuzugänge in den Sozialhilfebezug (HLU) des Jahres 1989[67] und stellte fest, dass es sich um einen großen Teil um Zuwanderer handelte, was auch der Kinderdatensatz bestätigte: Weit über die Hälfte der Kinder (59 %) kamen aus zugewanderten Familien (davon 11 % aus DDR-Übersiedlerfamilien, 32 % Spätaussiedler aus Osteuropa und der ehemaligen Sowjetunion sowie 16 % aus Asylbewerberfamilien). Buhr fand heraus, dass Kinder aus Spätaussiedler- und Asylbewerberfamilien im Vergleich zu ansässigen Kindern, die durchschnittlich knapp eineinhalb Jahre im HLU-Bezug lebten, nur für eine besonders kurze Zeit Sozialhilfe bezogen. Etwa 40 Prozent der Untersuchungsgruppe waren nach spätestens einem Jahr ausgeschieden, ein knappes Fünftel bezog die Transferleistung länger als fünf Jahre regelmäßig. Differenziert nach ansässigen *deutschen* und *ausländischen* Kindern lag die mittlere Bezugsdauer von Ersteren bei 35 und von Letzteren nur bei 18 Monaten, was allerdings keine weitere Erklärung fand.

Die bereits erwähnte UNICEF-Studie nahm auch die Dauer von Armutsphasen bei Kindern mit Migrationshintergrund im Zeitraum von 1991 bis 2001 in den Blick. Die Autoren Corak, Fertig und Tamm konstatierten, dass die Dauer von Armutsphasen im Durchschnitt des Untersuchungszeitraums bei Nichtdeutschen im Mittel mit rund 1,3 Jahren nur unwesentlich kürzer als die von Deutschen mit 1,39 Jahren war.[68] Gestützt wird dieser Befund durch das Ergebnis, dass die Werte zu *Ein*stiegen in Armutsphasen bei Ausländer(inne)n höher als bei Deutschen lagen, zugleich die *Aus*stiegsphasen aber fast gleiche Werte bei beiden Gruppen aufweisen. Corak, Fertig und Tamm wiesen ferner darauf hin, dass Migrantenkinder, sofern ihren Familien der Ausstieg aus einer Phase der Einkommensarmut gelinge, auch häufiger innerhalb der nächsten zwei Jahre nicht mehr davon betroffen seien: 91 Prozent der ausländischen, aber nur 71 Prozent der deutschen Kinder lebten nach einem Jahr nicht mehr in Armut, nach zwei Jahren waren es 88 bzw. 65 Prozent.

Die AWO-ISS-Langzeitstudie, welche von 1999 bis 2003/04 u. a. die Armutsdynamik bei Kindern mit und ohne Migrationshintergrund vom Vorschulalter bis zum Ende der

64 Vgl. S. Walper: Auswirkungen von Armut auf die Entwicklung von Kindern, in: A. Lepenies u. a.: Normalität, Abweichung und ihre Ursachen, München 1999, S. 301

65 Vgl. z. B. St. Leibfried/L. Leisering u. a.: Zeit der Armut, a. a. O.; M. Ludwig: Armutskarrieren, a. a. O.; P. Buhr: Dynamik von Armut, a. a. O.

66 Vgl. hierzu und zum Folgenden: P. Buhr: Übergangsphase oder Teufelskreis? Dauer und Folgen von Armut bei Kindern, in: A. Klocke/K. Hurrelmann (Hrsg.): Kinder und Jugendliche in Armut, a. a. O., S. 78 ff.

67 Mit der veränderten Situation nach 1989/90 und der Einführung des Asylbewerberleistungsgesetzes 1993 haben diese Befunde allerdings erheblich an Aussagekraft eingebüßt.

68 Vgl. hierzu und zum Folgenden: M. Corak/M. Fertig/M. Tamm: A Portrait of Child Poverty, a. a. O., S. 18 ff.

Grundschulzeit untersuchte, kam indes zu einem ganz anderen Ergebnis. Kinder aus Zuwandererfamilien lebten danach nicht nur mit 40 Prozent wesentlich seltener als deutsche (71 %) dauerhaft in Wohlstand, sondern auch mehr als doppelt so häufig (28 zu 12 %) dauerhaft in Armut.[69] Während rund 6 Prozent beider Gruppen der Armut entkamen, fielen fast 25 Prozent der Migrantenkinder, aber bloß 10 Prozent der übrigen innerhalb des Untersuchungszeitraumes erneut in Armut. Gerda Holz u. a. resümierten, dass das Risiko einer Armutserfahrung für Migrationskinder „fast vier Mal so hoch wie für Nicht-Migranten" (Odds Ratio von 3,7) sei, zudem stieg das relative Risiko für Migrationskinder zwischen Vorschulalter und Grundschulende (von 2,4 auf 3,9) stark an.

3. Migrantenkinderarmut in mehrdimensionalen Armutsuntersuchungen

Nur marginal Erwähnung finden Kinder mit Migrationshintergrund in dem nordrhein-westfälischen Forschungsverbund der dualen Armutsforschung, weil die relativ geringen Fallzahlen der befragten Grundschulkinder kaum Schlüsse zu ihrer spezifischen Situation zulassen: Im Münsteraner Teilprojekt waren nur zwei von insgesamt 17 befragten Familien nichtdeutscher (irakischer) Herkunft, im Kölner Teilprojekt zu Bildungsübergängen, Wohlbefinden und Gesundheit stellten Kinder mit Migrationshintergrund zwar in der westdeutschen Untersuchungsgruppe mit 48 Prozent einen überproportional hohen Anteil,[70] wurden in die Auswertung aber nur relativ unspezifisch einbezogen.[71] Die Autor(inn)en kommen lediglich zu dem Schluss, dass die Schulverteilung von Kindern nicht nur mit der sozialen Lage ihrer Eltern korrespondiere, sondern dass sich darin „eine deutlich herkunftsspezifische Note" manifestiere, die dem Prinzip der Chancengleichheit widerspreche: „Migrationsspezifische, berufliche und sozioökonomische Positionen der Haushalte bzw. ihrer Vorstände sind für die Verteilung auf die unterschiedlichen Schulformen weiterhin ausschlaggebend."[72]

Die Auswirkungen familiärer Armut auf Kinder in den Bereichen materielle Versorgung, Gesundheit und (Vorschul-)Bildung erhellte besonders die AWO-ISS-Studie. Kinder mit Migrationshintergrund werden zwar in allen Teilstudien gelegentlich gesondert erwähnt, eine migrationsspezifische Auswertung und Zusammenführung der Befunde unterblieb aber. Der Schwerpunkt der nichtrepräsentativen ersten Teiluntersuchung lag auf Kindern im Vorschulalter, von denen etwa 900 im Jahr 1999 befragt wurden.[73] Die empirischen Befunde bestätigen die höhere Armutsbetroffenheit von Migrantenkindern, weil Kinder nichtdeutscher Staatsangehörigkeit mit 42 Prozent mehr als doppelt so häufig arm waren wie deutsche Kinder (20 %). Sie

69 Vgl. auch zum Folgenden: G. Holz u. a.: Zukunftschancen für Kinder, a. a. O., S. 122 f.

70 Als „Kinder mit Migrationshintergrund" wurden Minderjährige begriffen, bei denen mindestens ein Elternteil im Ausland geboren wurde, während das Kriterium „Staatsangehörigkeit" unberücksichtigt blieb. Bei der Erfurter Gruppe waren sie mit 7 % der Untersuchungsgruppe – gemessen an der Gesamtbevölkerung – überproportional vertreten.

71 Vgl. Ch. Butterwegge/K. Holm/M. Zander u. a.: Armut und Kindheit, a. a. O., S. 256 u. 200

72 Ebd., S. 211. Ebenso wenig aussagekräftig sind die migrationsspezifischen Ergebnisse der Kölner Vertiefungsstudie; vgl. Ch. Butterwegge/M. Klundt/M. Belke-Zeng: Kinderarmut in Ost- und Westdeutschland, a. a. O., S. 217 ff.

73 Einen Überblick über die drei Schwerpunkte der von 1997 bis 2005 durchgeführten Studien geben G. Holz u. a.: Zukunftschancen für Kinder, a. a. O., S. 15

differenzieren aber – und das ist rar in der Fachliteratur – die Zusammensetzung der Gruppe armer Kinder nach ihrem Zuwanderungshintergrund bzw. ihrer Nationalität und setzen diese zu dem jeweiligen Anteil an armen bzw. nichtarmen Kindern insgesamt in Bezug:

Tabelle 2.2 Staatsangehörigkeit armer und nichtarmer Kinder im Vergleich

Staatsangehörigkeit	**Prozent aller Kinder**	**Prozent der armen Kinder**	**Prozent der nichtarmen Kinder**
Deutsch	63,9	48,9	69,2
Deutsch/Aussiedlerkind*	9,3	7,5	10
EU-Nationalität	2,4	3,5	2
Türkisch	15,2	17,2	14,5
Jugoslawisch (oder ehem. Jug.)	3,1	7,9	1,4
Sonstige	6	15	2,8
Gesamt	100	100	100
N	867	227	640

* Kinder, deren Eltern in den letzten zehn Jahren zugewandert sind; jene bereits länger in Deutschland lebender Aussiedlerfamilien fallen unter die Rubrik „Deutsch“.

Quelle: B. Hock/G. Holz/W. Wüstendörfer: Frühe Folgen – langfristige Konsequenzen?, a. a. O., S. 51

Einheimische deutsche Vorschulkinder bildeten zwar fast 64 Prozent des Samples, stellten aber mit 48 Prozent weniger als die Hälfte der armen Kinder, waren dort also unterproportional vertreten. Die übrigen 36 Prozent hatten einen Migrationshintergrund, darunter verfügten 26,8 Prozent über einen ausländischen und bloß 2,4 Prozent über den Pass eines EU-Mitgliedstaates. Geringfügig überrepräsentiert in der Gruppe der amen Kinder waren solche mit türkischem Pass, einer EU-Staatsangehörigkeit, aus Staaten Ex-Jugoslawiens sowie aus Familien, die nicht den aufgeführten „klassischen“ Zuwanderungsnationalitäten entstammten. Bei den zuletzt genannten beiden Gruppen handelte es sich zu einem großen Teil um Kinder von Bürgerkriegsflüchtlingen bzw. von Asylbewerber(inne)n: „Über ein Viertel dieser Kinder hat einen unsicheren Aufenthaltsstatus, bei einem weiteren Viertel ist der Aufenthaltsstatus unbekannt“.[74] Unterdurchschnittlich war allerdings die Armutsbetroffenheit von Aussiedlerkindern, was sich, so die Forscher/innen, nicht mit Befunden aus repräsentativen Erhebungen decke.

Neben den Armutsquoten der Haushalte dokumentierte die erste AWO-ISS-Studie Benachteiligungen bzw. (mutiple) Deprivationen in weiteren Dimensionen der Lebenslagen von Vorschulkindern. Während sich die Staatsangehörigkeit (im Gegensatz zur Armut der Familie) im materiellen, gesundheitlichen und sozialen Bereich nicht als Einflussgröße für das Entstehen von Auffälligkeiten bei den Kindern erwies, war das Bild im kulturellen Bereich ein

74 Siehe hierzu und zum Folgenden: B. Hock/G. Holz/W. Wüstendörfer: Frühe Folgen, a. a. O., S. 51

anderes:[75] Ohne Auffälligkeiten blieb nur ein Drittel der armen nichtdeutschen, aber etwa die Hälfte der armen deutschen Kinder, während etwa ein Fünftel der Migrationskinder in allen drei Teilbereichen auffällig war (deutsche Kinder: 11 Prozent). Ein ähnliches Bild ergab sich hinsichtlich des Einflussfaktors „Sprachkenntnisse der Eltern“: Nur ein Viertel der Kinder, die mit keinem ihrer Elternteile auf Deutsch kommunizierten, blieb ohne Auffälligkeit, dagegen gab es diese bei etwa einem Drittel sowohl im Spiel- als auch im Sprach- und Arbeitsverhalten.

Die zweite AWO-ISS-Vertiefungsstudie zu „Armut im frühen Grundschulalter“, welche u. a. die Lebenssituation, die Ressourcen und das Bewältigungshandeln armer und nichtarmer Grundschulkinder in 27 Fallstudien erhob,[76] dokumentierte erhebliche Veränderungen in der Lage der bereits 1999 befragten Kinder im Jahr 2001. Im *materiellen* Bereich waren alle armen Kinder hinsichtlich Spielmaterialien oder Freizeitmöglichkeiten benachteiligt, zusätzlich kamen Einschränkungen im Konsumbereich und (extremer Art) im Wohnbereich hinzu, welche die Eltern zwar durch eine kindorientierte Prioritätensetzung ausgleichen, nicht aber beseitigen konnten.[77] Im *kulturellen* Bereich wurden arme Kinder häufiger verspätet eingeschult oder hatten schulische Probleme und im *gesundheitlichen* Bereich zeigte der größte Teil der armen, aber nur wenige der nichtarmen Kinder psychosomatische Beschwerden, Kopf- und Bauschmerzen oder chronische Erkrankungen. Im *sozialen* Bereich zeigten vor allem die bereits 1999 als multipel depriviert eingestuften Kinder starke Auffälligkeiten wie aggressives Verhalten und häufige Regelverletzungen. Die Vertiefungsstudie untermauerte die Armutsbelastung von Kindern mit Migrationshintergrund, selbst wenn diese in Deutschland geboren und aufgewachsen waren. Die Benachteiligung äußerte sich bei ihnen in einer „in fast allen Dimensionen“ belasteteren Lebenslage und eingeschränkteren Zukunftschancen, zudem setzte sich die bereits im Vorschulalter festgestellte generelle Benachteiligung „ungebrochen und meist wirkungsreicher fort“.[78] Kinder aus Zuwandererfamilien lebten demnach häufiger in größeren Familien, unter beengteren und schlechteren Wohnbedingungen und ihre Eltern waren beruflich niedrig oder nicht qualifiziert und arbeitslos. „Nicht-deutsche Kinder in belastenden Lebenssituationen sind stärker beeinträchtigt als deutsche“, konstatierten die Forscher/innen deshalb, allerdings seien angesichts der Heterogenität der Lebenssituation von Zuwandererfamilien v. a. die Armutsbetroffenheit und die soziale Integration einer Familie entscheidend.[79]

Die dritte AWO-ISS-Teilstudie thematisierte die Armutsauswirkungen im späten Grundschulalter auf Basis einer Wiederholungsbefragung der nunmehr 10-Jährigen im Jahr 2003/04.[80] Sie ergab noch dramatischer ausfallende Folgen von Armut insbesondere im *materiellen* und *kulturellen* Bereich am Ende der Grundschulzeit als vor der Einschulung. Im *sozialen* Bereich waren noch beträchtliche Unterschiede, etwa in Bezug auf weniger Vereinsaktivitäten, (heimische) Geburtstagsfeiern und das Einladen von Freunden, zu beobachten, die im *gesundheitlichen* Bereich (etwa in Bezug auf Risikoverhalten) am geringsten ausgeprägt waren. Als dominierender Einflussfaktor für das Entstehen von Auffälligkeiten bei

75 Vgl. B. Hock/G. Holz/W. Wüstendörfer: Frühe Folgen, a. a. O., S. 55 ff.; zum Folgenden: ebd., S. 63
76 Vgl. G. Holz/S. Skoluda: „Armut im frühen Grundschulalter“, a. a. O.
77 Vgl. hierzu und zum Folgenden: ebd., S. 133 f.
78 Vgl. auch zum Folgenden: ebd., S. 147 ff.
79 Siehe ebd., S. IX
80 Vgl. auch zum Folgenden: G. Holz/A. Richter u. a.: Zukunftschancen für Kinder, a. a. O., S. II f.

Kindern erwies sich die finanzielle Lage der Familien, weil Unterschiede zwischen Kindern mit und ohne Migrationshintergrund sowie zwischen Mädchen und Jungen weniger bedeutsam ausfielen, wenn die materielle Lage der Familie kontrolliert wurde. Die Forscher/innen konstatierten, dass die Kombination von Armut und Migrationshintergrund mit Blick auf den kindbezogenen Lebenslagetyp die ungünstigste sei. Arme Grundschulkinder insbesondere mit Migrationshintergrund waren von Einschränkungen im *materiellen* Bereich (hinsichtlich eines Kinderzimmers sowie bei Kleidung und Spielzeug) schließlich am stärksten betroffen.

Die verschiedenen Befunde zur Armutsbetroffenheit der Migrant(inn)en sagen recht wenig über materielle Handlungsspielräume der in den Familien lebenden Kinder und Jugendlichen aus. Nicht bekannt ist etwa, ob und ggf. wie das Haushaltseinkommen zwischen den Familienmitgliedern aufgeteilt und welcher Anteil davon für die Belange der Kinder eingesetzt wird. Ungeklärt ist weiterhin die Frage, wie Migrantenkinder Armut bewältigen und ob sich vielleicht Unterschiede im Bewältigungsverhalten oder in den moderierenden Schutz- und Risikofaktoren zwischen deutschen und zugewanderten Familien sowie zwischen den Ethnien ergeben. In der Kinderarmutsforschung bleiben die spezifischen Handlungsspielräume von Kindern mit Migrationshintergrund weitgehend ausgeblendet, während jugendliche Migrant(inn)en schon häufiger eine Untersuchungsgruppe darstellen.[81]

In der Zusammenschau der Befunde lässt sich als Gemeinsamkeit der meisten Kinderarmutspublikationen festhalten, dass sie ihr Forschungsinteresse primär auf autochthone, deutsche Kinder in Armutslagen gerichtet und allenfalls noch *ausländische* Kinder am Rande thematisiert haben, obwohl einhellig konstatiert wird, dass diese bzw. ihre Familien ganz besonders von Einkommensarmut bzw. Sozialhilfebezug betroffen sind. Ausnahmen[82] bilden einzelne Sammelbandbeiträge, die AWO-ISS-Studien sowie die v. a. in jüngerer Zeit verstärkt publizierten Beiträge zur *Bildungs*armut, in denen Kinder mit Migrationshintergrund spätestens seit den Ergebnissen des internationalen Schulleistungsvergleichs PISA als spezifische Problemgruppe explizit berücksichtigt werden. Die hohe Einkommensarmutsbetroffenheit von Kindern *mit Migrationshintergrund* wird indes kaum vertiefend erörtert. Allochthone Kinder bilden damit nach wie vor – ebenso wie Migrant(inn)en in der Armutsberichterstattung und -forschung – eine Randgruppe und ihre Lebenslagen weiterhin Neuland für die Kinderarmutsforschung.

2.3 Die Armut von Migranten(kindern) als Thema der Migrationsforschung

Innerhalb der Migrationsforschung nahm v. a. die Migrationssoziologie die Armutsrisiken von Zuwanderern in den Blick. Vor allem in frühen migrationssoziologischen Studien der 1980er-Jahre bildete die Einkommensarmut von Migrant(inn)en als ethnisch aufgeladene Facette sozialer Ungleichheit und als Indikator für einen misslungenen (sozialstrukturellen) Integrationsprozess ein Forschungsthema.[83] Der Schweizer Soziologe Hans-Joachim

81 Vgl. A. Klocke/K. Hurrelmann: Kinder und Jugendliche in Armut, a. a. O.; Deutsche Shell (Hrsg.): Jugend 2000. 13. Shell Jugendstudie, Bd. I u. II, Opladen 2000

82 Weitere Ausnahmen werden in der anschließenden Aufarbeitung des Forschungsstandes thematisiert.

83 Vgl. H. Esser: Aspekte der Wanderungssoziologie. Assimilation und Integration von Wanderern, ethnischen Gruppen und Minderheiten. Eine handlungstheoretische Analyse, Darmstadt/Neuwied 1980; F. Heckmann:

Hoffmann-Nowotny hatte mit dem Terminus „ethnische Unterschichtung"[84] das Phänomen in den 70er-Jahren frühzeitig benannt und seine Genese erklärt, was aber – abgesehen von wenigen Ausnahmen[85] – jenseits der Alpenrepublik lange kaum zur Kenntnis genommen wurde. In den darauffolgenden Jahr(zehnt)en wandte sich die Migrationssoziologie primär den Determinanten des Eingliederungsprozesses seitens der Zuwanderer und besonders ihrer Identitätsentwicklung und assimilativen Integrationsverläufen zu. Die sozialstrukturelle Dimension des Eingliederungsprozesses, zu der auch der Bereich der Einkommensarmut zählt, sowie strukturelle Bedingungen der Aufnahmegesellschaften wurden kaum behandelt. Die wenigen eingangs bereits vorgestellten älteren Untersuchungen, die an der Schnittstelle zwischen soziologischer Armuts- und Migrationsforschung angesiedelt sind, belegen ebenso wie die nichtstaatliche Armutsberichterstattung immerhin die hohen Armutsrisiken *erwachsener* Ausländer/innen bzw. ihrer Haushalte für die 1980er- und 90er-Jahre. Mit Beginn des 21. Jahrhunderts stieg die Zahl warnender Untersuchungen zur Verfestigung prekärer Einkommenslagen von Menschen mit Migrationshintergrund deutlich.[86]

Hierzulande aufgewachsene Kinder und insbesondere Jugendliche mit Migrationshintergrund bilden seit langem eine eigenständige Untersuchungsgruppe bzw. Objekte der interdisziplinären Migrationsforschung meist soziologischer oder (sozial)pädagogischer Tradition. Ihnen widmet sich, je nachdem welche Teilgruppe (zweite bzw. dritte Generation, Kinder z. B. türkischer Herkunft, Aussiedler- oder Flüchtlingskinder) betrachtet wird, zum Teil eine Vielzahl von Studien.[87] So ist der Erkenntnisstand zu den Lebenslagen allochthoner Kinder im Allgemeinen und ihren Armutsrisiken im Besonderen äußerst unterschiedlich weit gediehen. Am besten dokumentiert sind die Armutsrisiken für ausländische Kinder, weil die Unterscheidung nach nichtdeutscher Staatsangehörigkeit das gängigste Differenzkriterium vieler Untersuchungen darstellt. Die hohe Armutsbetroffenheit anderer allochthoner Gruppen wird indes kaum eigens thematisiert, wenngleich die vielfältigen Benachteiligungen, etwa von unbegleiteten Flüchtlingskindern, nicht selten im Forschungszentrum stehen: Verknüpfungspunkte zwischen Migrationswissenschaften, sozialer Ungleichheits- und Kinderarmutsforschung sowie den Sozialarbeitswissenschaften fehlen weitgehend.

Die Bundesrepublik: ein Einwanderungsland?, Zur Soziologie der Gastarbeiterbevölkerung als Einwandererminorität, Stuttgart 1981, S. 185 ff.; ders.: Ethnische Minderheiten, Volk und Nation. Soziologie interethnischer Beziehungen, Stuttgart 1992, S. 79. Nicht Armutsrisiken, dafür aber die Einkommensverteilung von ausländischen Arbeitsmigrant(inn)en verschiedener Herkunftsgruppen nahm die Repräsentativuntersuchung von 1980 in den Blick; vgl. U. Mehrländer u. a.: Situation der ausländischen Arbeitnehmer und ihrer Familienangehörigen in der Bundesrepublik Deutschland. Repräsentativuntersuchung 1980, Bonn 1981, S. 232 ff. u. 253 ff. Jüngere Untersuchungen sind P. Bremer/N. Gestring: Migranten – ausgegrenzt?, a. a. O., S. 258 ff.

84 Vgl. H.-J. Hoffmann-Nowotny: Soziologie des Fremdarbeiterproblems. Eine theoretische und empirische Analyse am Beispiel der Schweiz, Stuttgart 1973, S. 51 ff.

85 Vgl. H. Esser: Aspekte der Wanderungssoziologie, a. a. O., S. 253 ff.; F. Heckmann: Ethnische Minderheiten: Volk und Nation, a. a. O., S. 68 ff.

86 Vgl. Sachverständigenrat für Zuwanderung und Integration (Hrsg.): Jahresgutachten 2004, S. 98; außerdem: Netzwerk Migration in Europa e. V. (Hrsg.): Zwei Berichte zu Armut bei Migranten, in: Newsletter Migration und Bevölkerung 3/2005

87 Vgl. Beiträge des Sammelbandes von J. Held/A. Spona (Hrsg.): Jugend zwischen Ausgrenzung und Integration, a. a. O.; v. a. J. Held/Ch. Riegel: Integrations- und Ausgrenzungsprozesse von Jugendlichen, in: ebd., S. 59 ff.

2.3.1 Ausländische Kinder aus Anwerbestaaten

Der Stand der Migrationsforschung zu Kindern der zweiten und dritten Ausländergeneration aus den ehemaligen Anwerbestaaten ist, wie beim Überblick über die Untersuchungsgruppe eingangs illustriert, insgesamt als höchst zerfasert und insbesondere für jüngere Kinder als disparat zu beschreiben. „Ausländerkinder" und v. a. -jugendliche stehen zwar bereits seit den 70er-Jahren im Fokus zahlreicher Untersuchungen, die anfangs auch soziale Problemlagen, insbesondere im Bildungsbereich, in den Blick nahmen.[88] Danach wandte sich das Interesse aber primär der Entwicklung kultureller Identitäten der Kinder zu, die man als „zwischen den Kulturen stehend" einstufte oder deren Bildungsverläufe man biografisch auswertete.[89] Die Literatur zu älteren „Gastarbeiter"-Kindern ist somit umfassend, während armutsrelevante Fragestellungen eine meist vergeblich zu suchende Ausnahme bleiben.

Die migrationsbezogene Sozialberichterstattung des Bundes beschränkte sich, sofern sie Minderjährige als Familienangehörige überhaupt auswies, bis zum Mikrozensus 2005 primär auf „ausländische" Kinder und gelegentlich auf die wichtigsten Herkunftsgruppen derselben, während sie kaum auf die zweite Generation oder einzelne kleinere Herkunftsgruppen Bezug nahm. Relativ häufig wird die soziale Situation insbesondere türkischer Familien als größter Ausländergruppe explizit ausgewiesen; gelegentlich stehen aber auch spanische, italienische, griechische oder portugiesische Kinder im Fokus der Sozialberichterstattung des Bundes, etwa im Sechsten Familienbericht oder in den Berichten über die Lage der Ausländerinnen und Ausländer, welche die Bundesmigrationsbeauftragte in regelmäßigen Abständen publiziert. Verschiedene (eher sozialpädagogisch ausgerichtete) Publikationen, die häufig von Wohlfahrtsverbänden herausgegeben wurden und der *nichtstaatlichen* Sozialberichterstattung zuzuordnen sind,[90] machen v. a. auf die sich konkret abzeichnenden, lebensweltlichen Probleme von Migrantenjugendlichen der zweiten bzw. dritten Generation etwa im (Aus-)Bildungsbereich oder delinquenten Verhaltensweisen aufmerksam. Sie thematisieren vornehmlich Integrationsdefizite in den institutionellen Bereichen von (Vor-)Schule, Jugendhilfe oder Ausbildungsmarkt und leiten daraus oftmals integrations-, bildungs- oder kommunalpolitische Handlungsstrategien ab. Hinweise auf etwaige Armutsrisiken für Familien von Arbeitsmigrant(inn)en und ihren Auswirkungen auf Kinder finden sich indes selten.[91]

---

88 Hier seien nur einige ausgewählte Publikationen älteren Datums genannt: U. Becker/H. Oberloskamp: Kinder ausländischer Arbeitnehmer in der Bundesrepublik. Handbuch für Sozialarbeiter, Pädagogen, Juristen und sonstige Mitarbeiter der Jugendhilfe, Bonn o.J.; K. Klemm/G. Hansen: Kinder ausländischer Arbeitnehmer, Bochum 1979; U. Neumann: Erziehung ausländischer Kinder, Düsseldorf 1980; F. Ronneberger (Hrsg.): Türkische Kinder in Deutschland. Referate und Ergebnisse des Seminars der Südosteuropa-Gesellschaft über Bildungsprobleme und Zukunftserwartungen türkischer Gastarbeiter, München 1977

89 Vgl. die Beiträge des Sammelbandes von M. Gemende/W. Schröer/St. Sting (Hrsg.): Zwischen den Kulturen. Pädagogische und sozialpädagogische Zugänge zur Interkulturalität, Weinheim/München 1999; Ü. Polat: Zwischen Integration und Desintegration, a. a. O., S. 11 ff.; Ch. Govaris: „Wir haben ein eigenes Profil", a. a. O., S. 106 ff. Einen Überblick über die jüngere Literatur zu Kindern aus Familien griechischer, italienischer, jugoslawischer und türkischer Arbeitsmigrant(inn)en geben U. Boos-Nünning/Y. Karakaşoğlu: Viele Welten leben, a. a. O., S. 15 ff. u. 51 ff.

90 Vgl. etwa Bundesarbeitsgemeinschaft Jugendsozialarbeit (Hrsg.): Partizipation und Chancengleichheit zugewanderter Jugendlicher. Gestaltung der Integrationspolitik als Herausforderung an die Jugendpolitik, Bonn 2000; Arbeiterwohlfahrt Bundesverband (Hrsg.): Sozialbericht 2002. Die Einwanderungsgesellschaft. Forderungen an das Jahrzehnt der Integration, Bonn 2002

91 Als Ausnahme vgl. U. Boos-Nünning: Migration, Armut, Kinder, a. a. O., S. 34 ff.

2.3.2 Kinder aus Spätaussiedlerfamilien

Innerhalb der Migrationsforschung beschäftigten sich zahlreiche, zumeist qualitative Forschungsarbeiten insbesondere mit dem Integrationsprozess *jugendlicher* und *erwachsener* Spätaussiedler/innen.[92] Besonders häufig standen dabei Aspekte der Arbeits- und Ausbildungsintegration, von Familienverhältnissen sowie Identitätsentwicklungen Jugendlicher im Mittelpunkt.[93] Aufgrund ihrer staatsbürgerlichen Inklusion und der u. a. finanziellen Eingliederungshilfen, die erst Mitte der 90er-Jahre reduziert wurden, überwog lange die Einschätzung, dass Spätaussiedler/innen als privilegierte Migrantengruppe von den bei Ausländer(inne)n sonst üblichen sozialen Problemlagen wie Armut und Arbeitslosigkeit verschont blieben. Seither haben mehrere Momente die Aussiedlereingliederung zu einem gesellschaftlichen Problemfeld ersten Ranges werden lassen, weshalb man diese Migrantengruppe als „neue Problemgruppe" wahrnimmt: Mit der Kürzung der Eingliederungshilfen trafen hohen Zuzugszahlen zusammen; zugleich sank das berufliche Qualifikationsniveau und die Deutschkenntnisse der Zugewanderten nahmen ab.[94] Wachsende Schwierigkeiten der Eingliederung in den Arbeits- sowie den freien Wohnungsmarkt waren die Folge. Sozioökonomische Benachteiligungen und eine etwaige Armutsbetroffenheit wurden lange nur am Rande erörtert.[95]

Mit den Auswirkungen der gewachsenen Eingliederungsproblematik von Minderjährigen aus Aussiedlerfamilien beschäftigen sich nicht wenige Beiträge der Fachliteratur.[96] Sie berichten von Sprach- und Identitätsproblemen, Delinquenz und Schulschwierigkeiten aufgrund von „Seiteneinsteigertum" sowie von der Kürzung schulischer Förderprogramme.[97] Hinzu kommt, dass viele der Jugendlichen und jungen Erwachsenen nicht mehr selbst „deutsche

92 Vgl. L. Kossolapow: Aussiedler-Jugendliche. Ein Beitrag zur Integration Deutscher aus dem Osten, Weinheim 1987; R. Strobel/W. Kühnel/W. Heitmeyer: Junge Aussiedler zwischen Assimilation und Marginalität. Abschlussbericht (Kurzfassung), Bielefeld 1999; M. Bahlmann: Aussiedlerkinder – ein (sonder)pädagogisches Problem?, Münster/Hamburg/London 2000; R. K. Silberreisen/E.-D.Lantermann/E. Schmitt-Rodermund (Hrsg.): Aussiedler in Deutschland. Akkulturation von Persönlichkeit und Verhalten, Opladen 1999; K. J. Bade/J. Oltmer (Hrsg.): Aussiedler: deutsche Einwanderer aus Osteuropa, Osnabrück 1999. Besonders intensiv wurde die Situation jugendlicher Spätaussiedler allerdings in „grauen" Veröffentlichungen der Bundesarbeitsgemeinschaft Jugendsozialarbeit (z. B. den jährlich durchgeführten Sozialberichten) oder in der von ihr herausgegebenen Fachzeitschrift „Jugend – Beruf – Gesellschaft" dokumentiert. Ältere Veröffentlichungen, die zu Beginn der 1990er-Jahre entstanden, sind kaum übertragbar – besonders da sich der Zuzug von Spätaussiedlern und ihre Integrationssituation seitdem grundlegend verändert hat –, weil damals bei Aussiedlern andere Herkunftsländer dominierten und sich seither auch die gesamtwirtschaftliche Situation sowohl im Herkunfts- als auch im Aufnahmekontext stark verändert hat.

93 Vgl. etwa B. Dietz: Jugendliche Spätaussiedler. Ausreise, Aufnahme, Integration. Berlin 1997; ergänzend vgl. Beiträge der Sammelbände von K. J. Bade/J. Oltmer (Hrsg.): Aussiedler: deutsche Einwanderer, a. a. O.; R. K. Silberreisen/E.-D. Lantermann/E. Schmitt-Rodermund (Hrsg.): Aussiedler in Deutschland, a. a. O.

94 K. J. Bade/J. Oltmer: Normalfall Migration, a. a. O., S. 119; zum Folgenden: BMFSFJ (Hrsg.): Familien ausländischer Herkunft in Deutschland, a. a. O., S. 136 ff.

95 Vgl. M. Gemende: AussiedlerInnen: Von den integrierten „Volkdeutschen" zur neuen Problemgruppe, in: W. Schröer/St. Sting (Hrsg.): Gespaltene Migration, Opladen 2003, S. 96; BMGS (Hrsg.): Lebenslagen in Deutschland, a. a. O., S. 167

96 Vgl. für einen Überblick BMFSFJ (Hrsg.): Familien ausländischer Herkunft in Deutschland, a. a. O., S. 60 f., zur Situation weiblicher Aussiedlerjugendlicher vgl. U. Boos-Nünning/Y. Karakaşoğlu: Viele Welten leben, a. a. O., 15 f.

97 Vgl. C. Leggewie: Integration und Segregation, in: K. J. Bade/R. Münz (Hrsg.): Migrationsreport 2000. Fakten – Analysen – Perspektiven, Bonn 2000, S. 96

Volkszugehörige" im Sinn des § 6 Bundesvertriebenengesetz sind, sodass sie lediglich als Familienangehörige eine Einreiseerlaubnis erhielten. Deswegen und aufgrund erfahrener Ausgrenzungen (als „Russen") fühlen sie sich häufig in Deutschland nicht zugehörig. Dorothee Meister spricht deshalb von einer „halbierten Integration" bei Aussiedlerjugendlichen.[98]

Überdurchschnittliche Armutsrisiken von Spätaussiedler(inne)n sind in der Sozialberichterstattung dennoch gelegentlich dokumentiert wurden – zuletzt wies sogar der zweite Armuts- und Reichtumsbericht der Bundesregierung auf ihre mit mehr als einem Viertel überdurchschnittliche Armutsquote hin.[99] Auch die Kinder- und Jugendberichte griffen die Kinderarmutsproblematik bei Aussiedler(inne)n auf. So wies der Zehnte Kinder- und Jugendbericht der Bundesregierung 1998 ausdrücklich auf die Armutsbetroffenheit von Aussiedlerkindern hin, „denn ihre Familien beziehen geringe Einkommen, die vor allem bei mehreren Kindern nicht ausreichen, Armut zu überwinden", zumal die Lebenshaltungskosten durch den Neuaufbau des Haushalts meist hoch lägen.[100] Der Folgebericht macht auf die „problematische Lebenslage" vieler Aussiedler/innen aufmerksam, die von geringem Einkommen und Wohnraumunterversorgung besonders betroffen seien und zudem ein geringeres Niveau an Ausbildungsabschlüssen und eine erhöhte Zahl subjektiver Problemlagen hätten. „Kinder aus Aussiedlerfamilien lassen sich damit ebenfalls als verstärkt von sozioökonomischen Problemlagen betroffen beschreiben."[101]

In der Migrationsforschung werden Armuts- und Niedrigeinkommensrisiken von Spätaussiedler*kindern* indes entweder am Rande oder gar nicht thematisiert.[102] Hinweise auf die prekäre wirtschaftliche Lage von Aussiedlerfamilien, die häufig als einer der Hauptgründe für die Auswanderungsentscheidung genannt wird, finden sich überwiegend bezogen auf die Herkunftskontexte sowie in einigen der im Folgenden vorgestellten Beiträge für *Jugendliche*. Barbara Dietz berichtete über die stark gestiegene Abhängigkeit Jugendlicher von sozialstaatlichen Leistungen und von Zuwendungen der Eltern in den 1990er-Jahren. So sei die Sozialhilfebedürftigkeit von Aussiedlerjugendlichen verschiedensten Quellen zufolge stetig auf 15 Prozent (gegenüber 3 % bei der Gesamtbevölkerung für 1995) gestiegen.[103] In einer

98 Vgl. D. M. Meister: Die halbierte Integration. Aussiedlerjugendliche in Deutschland, in: M. Gemende/W. Schröer/St. Sting (Hrsg.): Zwischen den Kulturen, a. a. O., S. 109

99 Vgl. BMGS (Hrsg.): Lebenslagen in Deutschland, a. a. O., S. 167. Ergänzend vgl. Kap. 4.1 dieser Arbeit

100 Vgl. BMFSFJ (Hrsg.): Zehnter Kinder- und Jugendbericht, a. a. O., S. 91

101 Vgl. dass. (Hrsg.): Elfter Kinder- und Jugendbericht, a. a. O., S. 143. Der Folgebericht konzentriert sich hingegen ausschließlich auf die schwierige ökonomische Situation *ausländischer* Kinder; vgl. dass. (Hrsg.): Zwölfter Kinder- und Jugendbericht, a. a. O., S. 68

102 Vgl. exemplarisch dafür C. M. Roebers: Migrantenkinder im vereinigten Deutschland. Eine Längsschnittstudie zu differentiellen Effekten von Persönlichkeitsmerkmalen auf den Akkulturationsprozess von Schülern, Münster 1997. Die Längsschnittstudie verglich den Akkulturationsprozess von DDR-Übersiedlerkindern mit jenen von Aussiedlerkindern aus der ehemaligen Sowjetunion. Neben dem Selbstkonzept, den Sprachkenntnissen und den kognitiven Fähigkeiten der Schüler/innen untersuchte Roebers die soziale und emotionale Situation aus Sicht der Kinder, ihrer Klassenkamerad(inn)en und Lehrer/innen. Über Elternbefragungen wurden indirekt auch Entwicklungstendenzen des sozioökonomischen Status der Familien thematisiert, wobei Roebers zu dem Befund kam, dass ausgesiedelte Familien während des zweijährigen Untersuchungszeitraums die vergleichsweise schlechteste ökonomische Lage aufwiesen, die sich zwar bereits nach einem Jahr deutlich verbesserte, nicht aber den Status der übergesiedelten oder den der einheimischen Vergleichsgruppe erreichte. Vgl. ebd., S. 232 ff.

103 Vgl. B. Dietz: Jugendliche Aussiedler in Deutschland: Risiken und Chancen der Integration, in: K. J. Bade/J. Oltmer (Hrsg.): Aussiedler: deutsche Einwanderer aus Osteuropa, Osnabrück 1999, S. 167

Expertise für den Zehnten Kinder- und Jugendbericht führte Dietz aus, dass die Haushaltseinkommen von Spätaussiedler(inne)n zumindest in den ersten Aufenthaltsjahren hierzulande vor dem Hintergrund der schwierigen beruflichen Eingliederung der Eltern sehr niedrig und besonders kinderreiche Haushalte von ungünstigen Verhältnissen betroffen seien.[104] Auch die Auswirkungen der angespannten familiären Finanzlage auf die Kinder erwähnte Dietz: Insbesondere zahlreiche für einheimische Kinder oft selbstverständliche Konsumgüter wie Ferienreisen, kostenträchtige Freizeitaktivitäten, Markenkleidung und Spielsachen blieben für die Aussiedlerfamilien unerschwinglich. Besonders enttäuschend für die Kinder sei dabei, dass sie an dem vor ihrer Auswanderung in Aussicht gestellten „Konsumparadies" Deutschland nicht teilhaben könnten.

Joachim Walter und Günter Grühl sahen hinsichtlich des deutlich gewachsenen Armutsrisikos von Kindern und Jugendlichen in der Bundesrepublik allgemein und verstärkt bei jungen Aussiedler(inne)n die Gefahr, dass es sich zu dauerhaften Benachteiligungen verfestige.[105] Mechthild Bahlmann griff die Armutsthematik bei Aussiedlerkindern explizit auf und beleuchtete sowohl die Armutsrisiken und finanziellen Notlagen neu eingereister Familien als auch die Empfindungen ausgesiedelter Jugendlicher bezüglich ihrer im Vergleich zu Einheimischen durch Armut geprägten Konsumstandards.[106] Ein Manko ist gleichwohl, dass sie nicht auf aktuellere Studien zur Armutsbetroffenheit dieser Migrantengruppe Bezug nehmen konnte.

Ein Problemaufriss Anton Sterblings skizziert in einem Sammelbandbeitrag zur Armut im Jugendalter explizit die „Besonderheiten der Armutslage und der sozialen Deprivation von Jugendlichen aus Aussiedlerfamilien".[107] Anhand einer Gruppe von Jugendlichen *rumänischer* Herkunft benennt er vier (allerdings sehr kulturspezifische, d. h. kaum auf andere Aussiedlerherkunftsgruppen übertragbare) Faktoren, die in der ersten Aufenthaltsphase eine armutsbegünstigende Konstellation erzeugten:

1. hohe Ausgabenbelastungen durch den Neuausstattungsbedarf der Haushalte und Wohnungen;
2. zumeist niedrige Haushaltseinkommen durch Probleme bei der beruflichen Eingliederung;
3. ausreisebedingte Schulden (etwa durch hohe Antragskosten) sowie
4. „gewisse kulturell geprägte Aspekte des Konsum- und Sparverhaltens", die sich teils entschärfend, teils aber auch – insbesondere, soweit es die Situation der Jugendlichen betreffe – verschärfend auf die Armutslagen in den Familien auswirkten.[108]

Sterbling ist der Auffassung, dass die Bedürfnisse der Jugendlichen bei den kulturell geprägten Ausgabeprioritäten der (meist gleichzeitig anfallenden) Haushaltseinrichtungskosten häufig

104 Vgl. ebd., 12 f.

105 Vgl. J. Walter/G. Grühl: Junge Aussiedler im Jugendstrafvollzug, in: K. J. Bade/J. Oltmer (Hrsg.): Aussiedler: deutsche Einwanderer aus Osteuropa, a. a. O., S. 187

106 Vgl. hierzu und zum Folgenden: M. Bahlmanns: Aussiedlerkinder, a. a. O., S. 55 ff.

107 Vgl. hierzu und zum Folgenden: A. Sterbling: Besonderheiten der Armutslage und der sozialen Deprivation von Jugendlichen in Aussiedlerfamilien, in: J. Mansel/K.-P. Brinkhoff (Hrsg.): Armut im Jugendalter. Soziale Ungleichheit, Ghettoisierung und die psychosozialen Folgen, Weinheim/München 1998, S. 87 ff.

108 Siehe ebd., S. 90

zu kurz kommen. Überdies stellte er starke Restriktionen im Konsum- und Ausgabeverhalten der Jugendlichen aus Aussiedlerfamilien fest. Typisch für die untersuchten Familien seien konforme, an den Verhaltensmustern und normativen Vorstellungen hier lebender Landsleute ausgerichtete Bestrebungen, sozialprestigeträchtige, nach außen sichtbare Statussymbole zu erwerben, was in der Folge zu Anschaffungs- und Ausgabenzwängen sowie zu rigiden Prioritätensetzungen führe, die sich negativ auf die Konsum- und Entfaltungsmöglichkeiten der Jugendlichen auswirkten. Die durch materielle Lebensbedingungen und Armutslagen der Aussiedlerfamilien – insbesondere in der ersten Zeit nach der Einreise in die Bundesrepublik – begründete soziale Deprivation werde teilweise durch soziokulturell motivierte Restriktionen und Abgrenzungen verstärkt, weshalb Jugendliche oft Schwierigkeiten mit der subjektiven Verarbeitung ihrer Situation bekämen. Sterbling verweist schließlich auf den zentralen Stellenwert von Erwartungen, Orientierungen und Anpassungsleistungen der Jugendlichen einerseits und ihrer schulischen und beruflichen Eingliederung andererseits, welche zentrale Faktoren der erfolgreichen Bewältigung von Armutslagen bildeten. Als problematische Reaktionen auf Armuts- und Enttäuschungserfahrungen im Jugendalter, die nicht selten bei den rumänischen Jugendlichen anzutreffen seien, nennt Sterbling die Bewältigungsstrategien „Rückzug auf Familie und Aussiedlermilieu", „Verklärung der Vergangenheit und der Herkunftsgesellschaft", „Flucht in die virtuelle Welt der Massenmedien", „soziale Isolation und Entfremdung", „dauerhafte innerfamiliäre Konflikte" sowie „Aggressionsneigungen und kriminelles Verhalten", die – natürlich nur unter ungünstigen Umständen – zu einem erhöhtem Armutsrisiko und sozialem Außenseitertum in der Generationenfolge führen könnten.[109]

Schließlich machen Ursula Boos-Nünning und Yasemin Karakaşoğlu auf die schlechte finanzielle Situation von jungen Aussiedler*innen* aufmerksam. Die befragten 15- bis 21-jährigen Mädchen und jungen Frauen bewerteten ihre finanzielle Situation (ebenso wie jene aus Ex-Jugoslawien) im Vergleich zu Gleichaltrigen aus griechischen, italienischen und türkischen Familien häufiger als finanziell nicht bzw. überhaupt nicht gut.[110] Im Gruppenvergleich zeigte sich ferner, dass die jungen Aussiedlerinnen ihren Lebensunterhalt seltener aus eigener Erwerbstätigkeit und häufiger aus sozialstaatlichen Quellen (BAföG u. a.) sicherten, während der Anteil der von Eltern und Familie finanzierten Aussiedlerinnen mit rund 67 Prozent etwa jenem der anderen Gruppen entsprach.

Seit Mitte der 1990er-Jahre weist die Fachliteratur zudem auf eine wachsende räumliche Konzentration von Spätaussiedler(inne)n in bestimmten Regionen der Bundesrepublik (z. B. in Osnabrück sowie in Lahr/Baden-Württemberg) hin.[111] Dennoch befassen sich nur wenige Beiträge der Fachdiskussion mit Prozessen der räumlichen und sozialen Segregation von solchen Spätaussiedlerkindern, die in benachteiligten Stadtquartieren des sozialen Wohnungsbaus aufwachsen. Die anfangs bei Aussiedler(inne)n noch festgestellte Mobilität von Sozial- hin zu freifinanzierten Wohnungen infolge einer sich verbessernden sozialen Situation lasse sich für Mitte der 90er-Jahre nicht mehr nachweisen, konstatierte Boos-Nünning.[112] Kleinräumige „Gettos" hätten sich auch für Aussiedler/innen in starkem Maße

109 Siehe ebd.
110 Vgl. auch zum Folgenden: U. Boos-Nünning/Y. Karakaşoğlu: Viele Welten leben, a. a. O., S. 92 f.
111 Vgl. BMFSFJ (Hrsg.): Familien ausländischer Herkunft in Deutschland, a. a. O., S. 61
112 Vgl. U. Boos-Nünning: Armut von Kindern aus Zuwandererfamilien, a. a. O., S. 166

herausgebildet, weil diese als einkommensschwache Gruppe nur geringe Chancen auf dem freien Wohnungsmarkt besäßen und sie als Neuzuwanderer zudem meist bestrebt seien, in Orte oder Bundesländer zu ziehen, wo bereits Verwandte oder Bekannte lebten. Analog zur Diskussion um türkische „Gettos" berichte die lokale Presse überdies häufig von sozialen Pulverfass- und Krisenszenarien, wenn Spätaussiedler/innen geballt aufträten.

2.3.3 Die Armut von Flüchtlingskindern

Weil die Migration von Flüchtlingen und Asylsuchenden erst Anfang der 1990er-Jahre zu einer quantitativ bedeutsamen Zuwanderungsform in der Bundesrepublik avancierte, ist der Erkenntnisstand der Asylforschung noch relativ begrenzt. Im Mittelpunkt standen bisher v. a. politikwissenschaftliche Fragestellungen,[113] während die Lebenssituation von (erwachsenen) Flüchtlingen und Asylsuchenden nur selten und lediglich in Teilaspekten wie der Erwerbssituation Aufmerksamkeit erfuhr.[114] Dies liegt im Wesentlichen darin begründet, dass die sozialstrukturellen Lebensbedingungen von Flüchtlingsfamilien aufgrund der Vielzahl von Herkunftsstaatsangehörigkeiten sowie der geringen Größe der einzelnen Gruppen in der migrationsspezifischen Sozialberichterstattung (wie den Migrationslageberichten) entweder gänzlich unberücksichtigt bleiben oder man Flüchtlinge in quantitativen Erhebungen unter „sonstige Ausländer/innen" summiert. Mit Ausnahme der Zuwandererstichprobe des Sozio-ökonomischen Panels, die wiederum nur in Privathaushalten lebende Migrant(inn)en erfasst, weisen haushaltsbezogene Erhebungen einen Fluchthintergrund von Ausländer(inne)n nicht gesondert aus. So bleibt es vornehmlich qualitativen Studien überlassen, die Situation einzelner Flüchtlingsgruppen zu erhellen.

Ende der 1990er-Jahre mehrten sich aber Untersuchungen, die sich mit *Kindern und Jugendlichen* aus Flüchtlingsfamilien beschäftigen und beispielsweise deren eingeschränkten Bildungszugang oder eine wenig kindgerechte Unterbringung und Betreuung in Asylbewerberunterkünften problematisieren.[115] Wiederholt machten Wohlfahrtsverbände und Flüchtlings-

113 Man untersuchte v. a. Fluchtursachen und migrationspolitische Auswirkungen politischer und rechtlicher Aspekte der Regelung von Flucht und Asyl, die sich, wie Bestimmungen des Arbeitsmarktzugangs oder der (sprachlichen) Integrationsförderung, höchstens mittelbar auf die Lebenssituation von Flüchtlingen und Asylsuchenden niederschlagen. Seit dem 1999 in Kraft getretenen Amsterdamer Vertrag dominieren überdies Forschungsarbeiten zur Harmonisierung der europäischen Rechtslage in den Bereichen Flüchtlingsaufnahme, Grenzsicherung und der Gestaltung von Asylverfahren. Vgl. z. B. St. Angenendt (Hrsg.): Migration und Flucht. Aufgaben und Strategien für Deutschland, Europa und die internationale Gemeinschaft, Bonn 1997; ders. (Hrsg.): Asylum and Migration Policies in the European Union, Berlin 1999; Bundesamt für die Anerkennung ausländischer Flüchtlinge (Hrsg.): Zuwanderung und Asyl, Bd. 8 der Schriftenreihe, Nürnberg 2001

114 Vgl. P. Kühne/H. Rüßler, Harald: Die Lebensverhältnisse der Flüchtlinge in Deutschland, a. a. O.; P. Kühne: Arbeitsmarktintegration auch für Flüchtlinge, in: U. Mehrländer/G. Schultze (Hrsg.): Einwanderungsland Deutschland. Wege nachhaltiger Integration, Bonn 2001, S. 222 f.; S. Gruber/H. Rüßler: Hochqualifiziert und arbeitslos, a. a. O.

115 Vgl. R. Holzapfel: Kinder aus asylsuchenden und Flüchtlingsfamilien, a. a. O.; U. Neumann: Das Recht auf Bildung für Migranten- und Flüchtlingskinder, in: B. Overwien/A. Prengel (Hrsg.): Recht auf Bildung. Zum Besuch der Sonderberichterstatters der Vereinten Nationen in Deutschland, Opladen 2007, S. 237; U. Rieger: Rechtliche Probleme beim Zugang zu Bildung und Ausbildung für Kinder ohne sicheren Aufenthaltsstatus, in: ebd., S. 245 ff.

organisationen auf die erheblichen sozialen Problemlagen – insbesondere von Kindern Geduldeter und von Asylbewerber(inne)n – aufmerksam und forderten Verbesserungen ihrer Rechtslage.[116] Kritik erfuhr gelegentlich auch die prekäre materielle Lage von Flüchtlings*familien*, die sich an den geminderten Unterhaltsleistungen nach dem Asylbewerberleistungsgesetz für Flüchtlinge mit ungesichertem Status entzündete. Die Untersuchungen konzentrierten sich allerdings i. d. R. auf einzelne Teilgruppen wie unbegleitete Minderjährige[117] oder Asyl*bewerber*kinder.[118] Der Erkenntnisstand zu ihren Lebenslagen ist, je nachdem, welche Teilgruppe im Fokus steht, daher sehr unterschiedlich weit gediehen und für das Gros der Flüchtlingskinder ausgesprochen lückenhaft.

Zu beobachten ist insgesamt, dass den vielfältigen Benachteiligungen von Flüchtlingsfamilien in den Bereichen Wohnen, Bildung und erlebter Ausgrenzung zwar je nach Teilgruppe sogar eine erhebliche Aufmerksamkeit geschenkt wird, angesichts dessen aber Aspekte der familiären Einkommensarmut und ihre Auswirkungen auf Kinder vernachlässigt werden. Die wenigen Ausnahmen, welche asylsuchende und Flüchtlingsfamilien dennoch als besonders von Armut betroffene Gruppe ausweisen, seien nachfolgend vorgestellt: So konstatierte der Zehnte Kinder- und Jugendbericht, dass neben der höheren Arbeitslosigkeit von Migrant(inn)en der „Asylbewerberstatus, aufgrund dessen lediglich reduzierte Sozialhilfeleistungen und eingeschränkte Hilfen bei Krankheit gezahlt werden", einer der Gründe für die häufige Armut ausländischer Kinder sei.[119] „Dem gelegentlich zu hörenden Argument, die geringere Unterstützung sei gerechtfertigt, weil Asylanten- und Flüchtlingsfamilien weniger Ansprüche auf Bildung und Kultur hätten", widersprach der Bericht indes und merkte kritisch an: „Da eine Arbeitserlaubnis nicht erteilt wird, erzeugen die staatlichen Regulierungen diese extreme Armut. Diese Situation geht zu Lasten der Kinder und ihrer Lebenschancen."[120] Ursula Boos-Nünning problematisierte neben der Armut von Kindern mit Migrationshintergrund im Allgemeinen auch die von struktureller Ausgrenzung gekennzeichnete prekäre Lage von Flüchtlingskindern im Besonderen. Grundsätzlich müsse man zwischen Asylbewerber(inne)n und -berechtigten unterscheiden, weil die Integration der Erstgenannten in die deutsche Gesellschaft nicht als politisches Ziel angesehen werde. In einem Textabschnitt mit dem Titel „Staatlich verursachte Armut: Kinder aus Flüchtlingsfamilien" präzisiert Boos-Nünning, dass dies insbesondere für Kinder von Asylbewerber/innen ohne Arbeitserlaubnis gelte.[121] Besonders betroffen seien Kinder, die von unter dem Existenzminimum des Sozialhilfesatzes liegenden Leistungen des Asylbewerberleistungsgesetzes lebten (1994 waren das Kinder in rund 75.000 Haushalten) und die von ergänzenden Leistungen der Sozialhilfe und dem Kindergeld ausgeschlossen seien.

116 Vgl. St. Angenendt: Kinder auf der Flucht, a. a. O.

117 Vgl. Ph. Anderson: Status Flüchtlingskind – Auswirkungen auf die Lebensverhältnisse von Kindern, in: DJI, Projekt Multikulturelles Kinderleben (Hrsg.): Flüchtlingskinder. Eine Randgruppe im multikulturellen Milieu, Projektheft 3, München 2000

118 Vgl. St. Angenendt: Kinder auf der Flucht, a. a. O.; H. von Balluseck (Hrsg.): Minderjährige Flüchtlinge, a. a. O.; R. Holzapfel: Kinder aus asylsuchenden und Flüchtlingsfamilien, a. a. O., S. 53 ff.; DJI, Projekt Multikulturelles Kinderleben (Hrsg.): Flüchtlingskinder, a. a. O.

119 Siehe BMFSFJ (Hrsg.): Zehnter Kinder- und Jugendbericht, a. a. O., S. 91

120 Ebd.

121 Siehe U. Boos-Nünning: Kinder aus Zuwandererfamilien, a. a. O., S. 60 f.

1. Kinder aus aufenthaltsberechtigten Flüchtlingsfamilien

Besonders lückenhaft ist der Stand der Forschung zur Lebenssituation von dauerhaft aufenthaltsberechtigten Flüchtlingskindern, die Familienangehörige von Asylberechtigten oder nach der Genfer Konvention Anerkannten sind und insgesamt nur wenige Prozent der Bevölkerung mit Fluchthintergrund ausmachen. Die Familien sind Deutschen in wirtschaftlicher und sozialer Hinsicht weitgehend gleichgestellt und verfügen ebenso wie viele Migrant(inn)en aus den ehemaligen Anwerbestaaten über einen unbefristeten Aufenthaltstitel. Da ihre Zahl zu klein ist, um in quantitativen Erhebungen ins Gewicht zu fallen, bleiben ihre Lebenslagen und Armutsrisiken weitgehend im Dunkeln. Lediglich eine qualitative Studie des Deutschen Jugendinstituts (DJI) zur Situation von Kindern mit Migrationshintergrund in benachteiligten Stadtteilen macht darauf aufmerksam, dass die familiären Einkommenslagen der 1999 befragten Flüchtlingskinder noch prekärer und ihre Armutsrisiken höher als jene anderer Migrantenkinder waren.[122] Etwa ein Drittel der befragten Kinder lebte in Flüchtlingsfamilien mit einem Haushaltsnettoeinkommen unter 2.000 DM, bei einem weiteren Drittel habe das Familieneinkommen zwischen 2.000 und 3.000 DM gelegen. Nur ein Viertel der Familien hatte zwischen 3.000 und 4.000 DM zu Verfügung und bei nur ganz wenigen der Haushalte liege das Einkommen darüber, so die Autorin Ulrike Berg.

2. Kinder aus asylsuchenden und geduldeten Familien

Die sehr spezifische und problematische Situation von Kindern aus Sinti- und Romafamilien überwiegend ex-jugoslawischer Herkunft ist in der Fachliteratur fast gänzlich unterbelichtet, weil lediglich einzelne Beiträge über (pädagogische oder sozialarbeiterische) Projekte für diese Zielgruppe berichten.[123] Eine Untersuchung im Auftrag von Unicef, welche manche dieser Forschungslücken insbesondere hinsichtlich der Betreuungs-, Bildungs- und Wohnsituation von Romakindern schließt, berichtet von rund 20.000 Kindern aus Roma-Flüchtlingsfamilien, die Ende 2006 in Deutschland lebten. Davon besaß etwa ein Drittel einen gesicherten Aufenthaltsstatus und die übrigen zwei Drittel hatten entweder eine Duldung, eine Aufenthaltsgestattung oder eine Grenzübertrittsbescheinigung.[124] Trotz oftmals langjährigem Aufenthalt ist Romas der Zugang zum Ausbildungs- und Arbeitsmarkt meist faktisch verschlossen, weshalb die Familien mehrheitlich (Sach-)Leistungen nach dem Asylbewerberleistungsgesetz und vereinzelt nach dem BSHG beziehen und damit faktisch größtenteils der hierzulande in Armut lebenden Bevölkerung zuzurechnen sind. Joachim Brenner spricht in Zusammenhang mit der Abhängigkeit der Roma von Asylbewerberleistungen und dem in Frankfurt a. M. offenbar

122 Vgl. U. Berg: Flüchtlingskinder in multikulturellen Stadtvierteln – Ergebnisse der Kinderbefragung, in: DJI, Projekt Multikulturelles Kinderleben (Hrsg.): Flüchtlingskinder, a. a. O., S. 80 ff.

123 Vgl. dazu den Exkurs von Ph. Anderson: Status Flüchtlingskind, a. a. O., S. 39; J. Brenner: Die Arbeit des Fördervereins Roma in Frankfurt am Main, in: Interkulturell und Global 3–4/2003, S. 191 ff.; S. Ernst: „Schaworalle" – Erfahrungen aus einem Projekt mit Roma-Kindern aus Rumänien, in: ebd., S. 203 ff.; Zentrum für Antisemitismusforschung der Technischen Universität Berlin (Hrsg.): Zur Lage von Kindern aus Roma-Familien in Deutschland. Zusammenfassung der Ergebnisse einer Studie des Zentrums für Antisemitismusforschung der Technischen Universität Berlin im Auftrag von Unicef, o. O. 2007

124 Vgl. ebd., S. 35

verbreiteten Entzug dieser Hilfen und dem Ausschluss eines Drittels der Roma-Flüchtlinge von gesundheitserhaltenden Leistungen durch Sozialämter davon, dass „die aufenthaltsrechtliche Entwicklung (der Romafamilien; Anm. C. B.) in die ‚Illegalität' durch die sozioökonomische Marginalisierung begleitet" werde und sich „dieser Armutszustand" besonders gravierend bei Säuglingen, Kleinkindern und kranken Menschen bemerkbar mache.[125] Neben der prekären materiellen Situation sei die Lage von Roma-Flüchtlingen von erheblicher perspektivischer Unsicherheit, aber auch von spezifisch kulturellen Traditionen der Großfamilie geprägt. Philip Anderson berichtet von daraus resultierenden Schwierigkeiten, eine Wohnung zu bekommen und Sozialhilfe zu erhalten. „Das führt dazu, dass sie in kleinen überfüllten Wohnungen leben und u. U. keine Miete zahlen. Teilweise werden sie in Hotels untergebracht oder sie sind obdachlos. Die meisten Roma haben große soziale Probleme."[126]

Die Erkenntnislage zu Lebensbedingungen von Kindern aus Asyl*bewerber*familien sonstiger Herkunftsstaaten ist weit besser. So untersuchte Steffen Angenendt im Auftrag des Kinderhilfswerks der Vereinten Nationen (UNICEF) neben integrationspolitischen und (aufenthalts)rechtlichen Rahmenbedingungen minderjähriger Flüchtlinge auch deren Lebenslagen unter besonderer Berücksichtigung jener Problembereiche, in denen Kinderrechte verletzt werden. Angenendt bezog sowohl in Familien lebende als auch alleinreisende Flüchtlingskinder ein. Eine prekäre materielle Situation von Flüchtlingsfamilien konstatierte er im Rahmen von Erläuterungen zu den äußerst niedrigen Leistungen des Asylbewerberleistungsgesetzes. Gravierende Defizite der übrigen Lebensbedingungen, die aus schlechten ausländerrechtlichen Rahmenbedingungen resultierten, belegte der Verfasser v. a. in den Bereichen „Wohnen", „Ernährung", „Schule und Ausbildung" sowie der gesundheitlichen und psychosozialen Situation von Flüchtlingskindern.[127]

Die wohl umfassendste Studie zur sozialen Situation von Flüchtlingskindern wurde als Expertise für den Zehnten Kinder- und Jugendbericht der Bundesregierung von Renate Holzapfel verfasst.[128] Die Ausführungen unterscheiden ebenfalls unbegleitete sowie in asylsuchenden Familien lebende Flüchtlingskinder, wobei Letzteren größere Aufmerksamkeit zuteil wird: Umfassend werden die Lebensbedingungen in den verschiedenen Unterbringungsphasen nach der Einreise sowie die daraus für Familien und Kinder entstehenden Probleme in der sozialen Lage, der Bildung, der Gesundheit (und insbesondere der prekären, aus dem Sachleistungsprinzip resultierenden Kinderernährung), im Wohnen und hinsichtlich der sozialen Netzwerke aufgearbeitet. Bezüglich der materiellen Lage der asylsuchenden Familien weist Holzapfel auf große Datenlücken hin, da die Zahl der sich selbst unterhaltenden Familien mit Kindern weitgehend unbekannt sei. Anhand von Daten der Asylbewerberleistungsstatistik zeigt Holzapfel, dass 1994 rund 62.000 der insgesamt 75.000 Familien (mit 211.000 minderjährigen Kindern) aus Asylbewerberleistungen, 900 Familien aus Erwerbsarbeit und 2.700 aus anderen Sozialleistungen ihren Lebensunterhalt bestritten. Bezug nehmend auf

125 Siehe J. Brenner: Die Arbeit des Fördervereins Roma, a. a. O., S. 195
126 Siehe ebd.
127 Vgl. hierzu und zum Folgenden: St. Angenendt: Kinder auf der Flucht, a. a. O., S. 43 ff. Die Ausführungen zu den jeweiligen Lebenslagen (vgl. ebd., S. 59 ff.) werden im folgenden Kapitel mit den Ergebnissen anderer Studien zusammengeführt.
128 Vgl. R. Holzapfel: Kinder aus asylsuchenden und Flüchtlingsfamilien, a. a. O., S. 53 ff.

Praxisberichte aus Frankfurt a. M. referiert die Verfasserin folgende, für ausländische Kinder (und besonders für jene im Asylverfahren) spezifische Problemlagen:

- „Zunehmende Unterversorgung der Kinder, die in Verbindung mit zunehmender Arbeitslosigkeit und Sozialhilfeabhängigkeit und verstärkt bei ausländischen Familien gesehen wird: ‚Die Zahl der ausländischen Hilfeempfänger stieg innerhalb von fünf Jahren um 111,7 Prozent. In der Altersgruppe der 14- bis 18-jährigen ist der Ausländeranteil bereits höher als 50 Prozent';
- mangelhafte Budgetplanung der von Armut betroffenen Familien (...);
- Konsumorientierung, verstanden als Ausdruck gesellschaftlicher Zugehörigkeit;
- mangelhafte Ernährung der Kinder;
- akute Geldnot, wegen der die Kinder Schwierigkeiten haben, selbst geringe Teilnehmerbeträge für Essen oder Ausflüge aufzubringen, Verkettung von Problemen in Familien, Überforderung der Kinder;
- Schulprobleme und Versagen und mangelhafte Zukunftsperspektiven."[129]

Holzapfel kritisiert in dem Kontext das „diskriminierende" Sachleistungsprinzip des Asylbewerberleistungsgesetzes und führt eine zunehmende Infantilisierung von Armut und die besondere Armutsbetroffenheit von Ausländer(inne)n an. Ebenso moniert sie das Fehlen aussagekräftiger Untersuchungen über das Konsumverhalten von Flüchtlingen und Asylsuchenden, zumal auch in ihren Heimatländern wohlhabende Flüchtlinge soziale Abstiege in Deutschland erlebten[130] und alltägliche, von Erwachsenen wahrscheinlich als „geringfügig" empfundene Einschränkungen von Kindern bereits als elementar verletzend wahrgenommen würden, weshalb Armut als Barriere zu werten sei. Schon kleine Unkostenbeiträge hielten (Flüchtlings-)Kinder von der Inanspruchnahme allgemeiner Freizeitangebote in Schulen und Kinderbetreuungseinrichtungen ab. Holzapfel resümiert, dass „Armut und Kindheit" bis dahin eher zögerlich thematisiert worden seien, und der Versuch, Versäumtes nachzuholen, nunmehr (Ende der 1990er-Jahre) in eine Zeit von Rekordzahlen (Langzeit-)Arbeitsloser ohne jegliche Perspektiven falle. „Am untersten Ende dieser Skala verletzter Hoffnungen und Verarmung stehen die Asylsuchenden, Flüchtlinge und ihre Kinder, insbesondere weil ihnen die Hände gebunden sind, wenn sie für ihren eigenen Lebensunterhalt sorgen wollen."[131]

3. Unbegleitete minderjährige Flüchtlinge

Vor allem in den letzten Jahren sind Veröffentlichungen zu der – ausländerrechtlich betrachtet sehr speziellen – Gruppe unbegleiteter Kinderflüchtlinge zahlreicher geworden. Dazu beigetragen hat die jahrelange Debatte um ein Zuwanderungsgesetz, in deren Verlauf mehrfach eine Verbesserung der prekären Lage jugendlicher Flüchtlinge vehement (aber folgenlos) gefordert

129 Ebd., S. 78
130 Vgl. auch zum Folgenden: ebd.
131 Siehe ebd.

worden war.[132] So problematisierte auch der Migrationslagebericht 2002 vor dem Hintergrund einer nicht ausreichenden Berücksichtigung des Kindeswohls die Rechtsbestimmung, wonach asylsuchende Jugendliche ab 16 Jahren im Asylverfahren entgegen internationaler Konventionen wie Volljährige behandelt werden, und plädierte für eine Rücknahme der Erklärungsvorbehalte, welche die 1990 amtierende Bundesregierung bei der Ratifizierung der UN-Kinderrechtskonvention zur Bedingung gemacht hatte. Neben Untersuchungen zu Lebensbedingungen unbegleiteter Kinderflüchtlinge in Einrichtungen der Kinder- und Jugendhilfe[133] dominieren Publikationen zu ausländerrechtlichen Rahmenbedingungen und deren Auswirkungen besonders für über-16-jährige Alleinreisende die Migrationsforschung,[134] wodurch die konkrete soziale Situation, Lebenslagen und Armutsrisiken jüngerer Kinder weitgehend unterbelichtet sind. Eine umfassende Aufbereitung der rechtlichen, sozialen und integrationsspezifischen Situation von alleinreisenden *Kinder*flüchtlingen leistet vor allem die bereits erwähnte Expertise Holzapfels für den Zehnten Kinder- und Jugendbericht.[135] Anhand einiger Fallbeispiele beleuchtet die Verfasserin die von Clearingstellen bis zu Hotels und Jugendhilfeeinrichtungen reichende Bandbreite von Unterbringungsformen sowie die Zugangschancen zu Schule und Bildungsinstitutionen in den Bundesländern. Behandelt werden zudem die körperliche und psychische Gesundheitssituation sowie soziale Kontakte und Gleichaltrigenbeziehungen, während die kindliche (Unter-)Versorgung in Bezug auf monetäre Ressourcen keine Erwähnung findet.

Ein sich ebenfalls auf *unbegleitete* Flüchtlingskinder konzentrierender Sammelband Hilde von Ballusecks beleuchtet Sozialisationsbedingungen, Akkulturationsstrategien und Unterstützungssysteme für minderjährige Flüchtlinge, womit er klassische migrationssoziologische Themenfelder aufgreift, die primär für Jugendliche der zweiten bzw. dritten Generation angeworbener Arbeitsmigrant(inn)en aufgearbeitet worden sind. Folgerichtig stehen Identitätskonstruktionen und Akkulturationsprozesse von Jugendlichen mit unsicherem Aufenthaltsstatus im Vordergrund, die mittels ethnografischer Fallrekonstruktionen analysiert werden. Bemerkenswert ist der Sammelband besonders, weil der einleitende Teil auf soziale Ungleichheit als theoretischen Rahmen rekurriert, wobei sich von Balluseck auf soziale Strukturierungsprinzipien von Klasse bzw. Schicht, Geschlecht und Ethnizität bezieht. Sie konstatiert, dass die Bedeutung von Armut als Risikofaktor im Sozialisationsprozess empirisch belegt sei,[136] sich die Auswirkungen von Armut jedoch höchst unterschiedlich darstellten, denn nicht alle in Armut aufwachsenden Flüchtlingskinder reagierten beispielsweise in gleicher Weise deviant. So bewirke Armut insbesondere bei männlichen Jugendlichen auch keineswegs ein sich selbst-ausgrenzendes Verhalten; in Verbindung mit einer marginalisier-

---

132 Engagiert sind hier z. B. Pro Asyl, der Bundesfachverband Unbegleitete minderjährige Flüchtlinge sowie der Deutsche Kinderschutzbund; vgl. zum Folgenden: Bundesausländerbeauftragte (Hrsg.): Bericht der Beauftragten der Bundesregierung für Ausländerfragen über die Lage der Ausländer in der Bundesrepublik Deutschland, Bonn/Berlin 2002, S. 345 u. 132 (im Folgenden auch als „Lagebericht 2002“ bezeichnet)

133 Vgl. S. Dahlgaard: Unbegleitete minderjährige Flüchtlinge in Hamburg, a. a. O., S. 73 ff.; S. Jordan: Fluchtkinder, a. a. O.

134 Vgl. U. Neumann u. a. (Hrsg.): Lernen am Rande der Gesellschaft. Bildungsinstitutionen im Spiegel von Flüchtlingsbiografien, Münster u. a. 2003

135 Vgl. auch zum Folgenden: R. Holzapfel: Kinder aus asylsuchenden und Flüchtlingsfamilien, a. a. O., S. 176 ff.

136 Vgl. H. von Balluseck: Flüchtlingskinder und Jugendliche im System der Sozialen Ungleichheit, in: dies. (Hrsg.): Minderjährige Flüchtlinge, a. a. O., S. 25

ten Position verstärke sie allerdings die Gefahr, dass die faktische Ausgrenzung durch den Aufenthaltsstatus zu einem selbst-ausgrenzenden Verhalten führe. Neben den genannten sozialen Strukturierungsprinzipien nennt von Balluseck als weitere, die Folgen von Armut moderierende Faktoren die individuelle Ausstattung (Gesundheit, Schönheit und Begabung) sowie das familiale Erbe (Zuwendung, Anerkennung und Schicksalsschläge) der Kinder. Aus einem Vergleich der Familien deutscher „Unterschichten" mit Flüchtlingsfamilien sei der Eindruck entstanden, „dass die Armut in den Familien minderjähriger Flüchtlinge und auch bei unbegleiteten Jugendlichen nicht das dominierende Thema ist."[137] Diese These wird in einer Fußnote jedoch insofern relativiert, als „Restriktionen, die sich aus dem Flüchtlingsstatus ergeben, und Konflikte mit der Kultur des Aufnahmelandes" entscheidend seien. Bei Flüchtlingen in Deutschland bewirke nicht der Mangel an ökonomischen Ressourcen primär das Erleben von Armut, sondern der Vergleich mit den verschiedenen Gruppierungen in der Gesellschaft, unter denen die Flüchtlinge die unterste Schicht bildeten, so von Balluseck.

4. Kinder aus illegalisierten Familien

Das politisch seit Ende der 1990er-Jahre gestiegene Interesse an den Lebenslagen irregulärer Zuwanderer lässt sich in den Migrationslageberichten der damaligen Ausländerbeauftragten Marieluise Beck nachzeichnen.[138] Auch ein stetig wachsendes wissenschaftliches und mediales Interesse an dieser sehr heterogenen Gruppe von Zuwanderern kristallisiert sich seither heraus. Allerdings konzentrieren sich die meisten Untersuchungen auf die politische Analyse des Phänomens und seiner Kontrolle, während die Lebenssituation Betroffener nur vereinzelt dokumentiert ist und sich vorhandene Studien zumeist auf einzelne Erwachsenengruppen konzentrieren.[139] Nur Ausnahmen lassen Rückschlüsse auf die Lebenslagen Jugendlicher in der Illegalität zu, während illegalisierte Kinder zwar erwähnt werden, bislang aber keine eigenständige Untersuchungsgruppe bildeten.[140] Ebenso gibt es zu den Einkommensver-

---

137 Siehe ebd., S. 31

138 Vgl. Bundesausländerbeauftragte (Hrsg.): Bericht der Beauftragten der Bundesregierung für Ausländerfragen über die Lage der Ausländer in der Bundesrepublik Deutschland, Bonn/Berlin 1997, S. 71 (im Folgenden als „Lagebericht 1997" bezeichnet); dies (Hrsg.): Bericht der Beauftragten der Bundesregierung für Ausländerfragen über die Lage der Ausländer in der Bundesrepublik Deutschland, Bonn/Berlin 2000, S. 163 (im Folgenden als „Lagebericht 2000" bezeichnet); dies. (Hrsg.): Lagebericht 2002, S. 87 u. 219. Zur erhöhten politischen Aufmerksamkeit trug besonders die mehrfach im Kontext europäischer Gesetzgebungsverfahren diskutierten Umgangsweisen mit „undokumentierter Migration" bei, wobei hierzulande die sog. Zuwanderungskommission unter Vorsitz Rita Süssmuths die Lebenslagen Betroffener in den Bereichen „Bildung" und „Gesundheit" (folgenlos) problematisierte; vgl. UKZU (Hrsg.): Zuwanderung gestalten – Integration fördern, a. a. O., S. 198

139 Zu den Lebenslagen erwachsener Migrant(inn)en vgl. J. Alt: Illegal in Deutschland, a. a. O.; ders.: Leben in der Schattenwelt – Problemkomplex illegale Migration. Neue Erkenntnisse zur Lebenssituation illegaler Migranten in München, Leipzig und anderen Städten, Karlsruhe 2003; R. Münz/St. Alscher/V. Özcan: Leben in der Illegalität, a. a. O., S. 79 ff.; W. Krieger u. a.: Lebenslage „illegal", a. a. O.

140 Zu minderjährigen Migrantinnen als Opfer von Frauenhandel vgl. L. Ackermann: Illegal, scheinlegal, legal – Frauen ohne Menschenrechte, in: J. Alt/M. Bommes (Hrsg.): Illegalität. Grenzen und Möglichkeiten der Migrationspolitik, Wiesbaden 2006, S. 165 ff.; A. Franz: Lebenssituation, soziale Bedingungen, Gesundheit: Menschen ohne Krankenversicherung, in: ebd., S. 180 ff.; zur Situation v. a. polnischer Migrant(inn)en vgl. M. S. Rerrich: „Bodenpersonal im Globalisierungsgeschehen". Illegale Migrantinnen als Beschäftigte in

hältnissen illegalisierter Migrant(inn)en allenfalls indirekte Hinweise, die sich aus den Beschäftigungsformen erschließen; sie zeigen, dass Löhne und Einkommen je nach Branche, Einsatzort und anderem stark variieren.[141]

2.4 *Zwischenfazit: Methodische Probleme der Analyse von Armut bei Kindern mit Migrationshintergrund und Forschungsdesiderate*

An der lückenhaften Erkenntnislage zur Armutsbetroffenheit von Zuwanderern und insbesondere ihren Kindern hat sich, wie der vorausgegangene Überblick zum Stand der (Kinder-) Armuts- und Migrationsforschung illustrierte, nur wenig geändert. Dies ist im Wesentlichen auf die Wahl der Untersuchungsgruppe zurückzuführen, die mit „Kindern" und „Migrationshintergrund" zwei Merkmale vereint, welche die empirische Armutsforschung aufgrund erheblicher methodischer Schwierigkeiten bislang kaum zufriedenstellend hat operationalisieren können.

1. Methodische Probleme der Erfassung von Armut bei Kindern mit Migrationshintergrund

Schon bei den Kinderarmutskonzepten offenbarte sich, dass angesichts der (noch) lückenhaften Erkenntnislage zur Lebenssituation von armen Kindern sowohl mit als auch ohne Migrationshintergrund eine auch nur annähernd exakte Analyse von deren Armutsrisiken kaum möglich ist. Im Wesentlichen ist dies dem Stand der (Kinder-)Armutsforschung geschuldet, die sich bislang nicht auf ein Konzept hat einigen können, um sowohl die familiäre Einkommensarmut als auch deren multidimensionale Auswirkungen auf Kinder methodisch einwandfrei empirisch zu fassen. So vernachlässigen Studien zur Armutsbetroffenheit von *Haushalten* spezifische Verteilungsmechanismen innerhalb dieser Gemeinschaften bzw. ihre Auswirkungen auf die individuellen Spielräume von Kindern[142] oder verwenden nur bedingt geeignete Äquivalenzgewichtungen, wie die Differenz der Armutsquoten beim Vergleich unterschiedlicher Skalen deutlich macht. Gleichfalls schwierig zu erfassen ist die Komplexität des multidimensionalen Phänomens der Kinderarmut, welche erst durch die dynamische Armutsforschung im Zeitverlauf sowie durch für Kinder modifizierte Lebenslagenkonzepte in ihren immateriellen Facetten konkretisiert wurde. So geht es bei der Entscheidung für ressourcen- oder lebenslagenorientierte Konzepte auch um die Frage, ob Kinderarmut vorwiegend als ein ökonomisches oder als ein soziales Phänomen begriffen und untersucht wird.[143] Für den Fall, dass die vielfältigen *im*materiellen Aspekte im Vordergrund stehen, stellen sich weitergehende Fragen, die bisher *kind*spezifisch nur ansatzweise untersucht wurden.

---

deutschen Haushalten, in: Mittelweg 36 5/2002, S. 15; zu „illegalen" Kindern und Jugendlichen in Frankfurt a. M. vgl. W. Krieger u. a.: Lebenslage „illegal", a. a. O., S. 136 ff.

141 Vgl. R. Münz/St. Alscher/V. Özcan: Leben in der Illegalität, a. a. O., S. 79 ff.; Ph. Anderson: „Dass Sie uns nicht vergessen…", a. a. O., S. 45

142 Vgl. G. E. Zimmermann: Folgen von Armut und Unterversorgung im Kindes- und Jugendalter, a. a. O., S. 60

143 Vgl. H. G. Beisenherz: Kinderarmut, a. a. O., S. 297 f.

Ein wesentlicher Grund für die besonders disparate Forschungslage zur Armut von Kindern mit Migrationshintergrund liegt jedoch in der sozialen Heterogenität dieser Untersuchungsgruppe und den damit verbundenen methodischen Schwierigkeiten, ihre spezifische Lebenssituation mittels traditioneller Instrumente der empirischen Sozialwissenschaften (wie Paneldaten der Sozialberichterstattung, Transferleistungs- und Einkommensstatistiken)[144] zu beschreiben. Einfacher (aber nicht weiterführend) wäre dieses Unterfangen, wenn lediglich *nichtdeutsche* Kinder oder einzelne Ausländergruppen im Fokus stünden. In repräsentativen Erhebungen wie dem Mikrozensus, die auch Einkommens- und Armutstendenzen abfragen, wurde als einzige „migrationsspezifische" Kategorie lange Zeit allein die ausländische vs. deutsche Staatsangehörigkeit einer Person bzw. eines Haushaltsvorstands ausgewiesen.[145] In Bezug auf Armutsrisiken ist jedoch schon die Gruppenbildung „*ausländischer* Kinder" problematisch, weil sich die Lebens- und Armutslagen verschiedener Herkunftsgruppen erheblich unterscheiden, ebenso wie jene von Zuwanderern mit unterschiedlicher Aufenthaltsdauer oder ausländerrechtlichem Status.[146] Formal zählen Kinder irakischer Flüchtlinge ebenso zu nichtdeutschen Kindern wie jene japanischer und US-amerikanischer Geschäftsleute und von selbstständigen türkischen Einwanderern der zweiten Generation. Hinzu kommt, dass mit der historischen Ausdifferenzierung der Einwanderung nach Deutschland immer mehr Eingebürgerte[147] und Spätaussiedler/innen (als sog. Abstammungsdeutsche) statistisch zur Gruppe der Deutschen gezählt wuden, ohne dass ihr tatsächlicher Migrationshintergrund noch in irgendeiner Form erkennbar war, was sich erst mit dem Mikrozensus 2005 änderte. Dies führte zu der paradoxen Situation, dass wissenschaftliche Untersuchungen jüngst eingereiste, des Deutschen kaum mächtige Spätaussiedlerjugendliche lange Zeit als Deutsche führten, denen man Ausländer/innen der zum Teil dritten Generation konträr gegenüber stellte. Kinder aus binationalen Ehen, die meist sowohl die deutsche als auch eine weitere Staatsangehörigkeit hatten, wurden statisch bloß als Deutsche gerechnet; zu ihrer Lebenswirklichkeit existieren auch kaum Untersuchungen.[148]

Ein differenziertes Bild der spezifischen Einkommens- und Armutslagen von Migrant(inn)en vermittelte unter einer Vielzahl repräsentativer Datensätze allein das Sozio-ökonomische Panel. Es ist die einzige Datenbasis, welche in einer 1984 eingeführten und im Laufe der Zeit erweiterten Zusatzstichprobe regelmäßig repräsentative Einkommensstichproben von Migrant(inn)en nach Nationalität, Migrationshintergrund und Zuwanderergruppe aufschlüsselt.[149] Allerdings bleiben auch hier aufgrund des Zugangs über vom Einwohnermeldeamt

144 Einen Überblick über die gängigen Mikrodatenquellen der Sozialberichterstattung findet sich in BMAS (Hrsg.): Daten und Fakten. Materialband zum ersten Armuts- und Reichtumsbericht der Bundesregierung, Bonn 2001, S. 3 ff.

145 Dies galt bis zum Jahr 2005; vgl. StBA (Hrsg.): Leben in Deutschland, a. a. O., S. 73

146 Vgl. dazu die Befunde in Kapitel 4.1 dieser Arbeit

147 Allein in den Jahren 1990 bis 2003 wurden rund 1,34 Mio. ausländische Staatsangehörige eingebürgert; vgl. eigene Berechnungen nach: Bundesintegrationsbeauftragte (Hrsg.): Daten – Fakten – Trends. Einbürgerung. Stand: 2004, Berlin, Mai 2005, S. 6

148 Als Ausnahme vgl. S. v. Below: Schulische Bildung, berufliche Ausbildung und Erwerbstätigkeit junger Migranten. Ergebnisse des Integrationssurveys des Bundesinstituts für Bevölkerungsforschung (BIB), Wiesbaden 2003

149 Vgl. J. R. Frick/J. Söhn: Das Sozio-oekonomische Panel (SOEP) als Grundlage für Analysen zur Bildungslage von Personen mit Migrationshintergrund, in: BMBF (Hrsg.): Migrationshintergrund von Kindern und Jugendlichen: Wege zur Weiterentwicklung der amtlichen Statistik, Bonn/Berlin 2005, S. 81 ff. Seit 2005

erfasste, in Privathaushalten lebende Zuwanderer einige Gruppen wie „illegale" Migrant(inn)en, Flüchtlinge und Aussiedler/innen, die nach ihrer Einreise in Übergangs- oder anderen Sammelunterkünften leben, außen vor. Die Armutsforscher Walter Hanesch, Peter Krause und Gerhard Bäcker betonen jedoch, dass gerade die beiden zuerst genannten Gruppen ein sehr hohes Armutsrisiko tragen, da sie keinen Zugang zum legalen Arbeitsmarkt sowie zu staatlichen Leistungen besitzen.[150] Die Stärken des SOEP als der größten Wiederholungsbefragung von ausländischen und deutschen Migrant(inn)en bestehen vor allem in seinen besonderen, durch das Längsschnittdesign und die überproportionale Zuwandererstichprobe geschaffenen Analysemöglichkeiten. Die Stichprobe umfasst Gemeinschaften mit einem Haushaltsvorstand türkischer, spanischer, italienischer, griechischer und ehemals jugoslawischer Nationalität und ist, so das DIW, „gegenwärtig die einzige methodisch zuverlässige Stichprobe von Zuwanderern, die von 1984 bis 1995 nach Westdeutschland gekommen sind".[151] Das SOEP hat zudem den Vorteil, dass es im Gegensatz zu am Sozialhilfebezug ausgerichteten Armutskonzepten die verdeckte Armut mit abbildet, welche bei Zuwanderern als besonders hoch eingeschätzt wird.[152] Die (objektiven) Lebensbedingungen der größeren Migrantengruppen einschließlich gruppenspezifischer Unterschiede können damit ausreichend erhellt werden, weshalb migrationswissenschaftliche Untersuchungen fast ausnahmslos auf SOEP-Datensätze zurückgreifen, um etwa die Einkommensverhältnisse, die Wohnsituation oder den Bildungsstand zu analysieren.

Datenquellen wie der Mikrozensus lassen indes keine gesonderte Erfassung von Flüchtlingen und Asylsuchenden zu, obwohl sie auch in Gemeinschaftsunterkünften Lebende einbeziehen.[153] Das Sozio-ökonomische Panel wiederum, welches repräsentative Informationen etwa über die Einkommen der größten Herkunftsgruppen liefert, ist haushaltsbezogen angelegt und klammert in Sammelunterkünften (wie Asylbewerberwohnheimen) lebende Migrant(inn)en aus. So kann hinsichtlich der Erfassung der Bevölkerung mit Fluchthintergrund in den Zusatzstichproben des SOEP eine positive Selektion nicht ausgeschlossen werden, weil nur die besser etablierten unter Flüchtlingen und Asylsuchenden, die bereits in privaten Haushalten leben, einbezogen werden.[154] Hinzu kommen die statistisch marginale Gruppengröße von Flüchtlingen mit gesichertem Aufenthaltsstatus sowie deren Vielzahl von Staatsangehörigkeiten, die einer z. B. herkunftsspezifischen Datenauswertung entgegenstehen. Mit der Asylbewerberleistungsstatistik steht indes eine amtliche Statistik zur Verfügung, die zumindest über die materielle Lage eines Teils der Flüchtlingsbevölkerung – nämlich aller noch im Asylverfahren befindlichen Zuwanderer und von Flüchtlingen mit einem Abschiebeschutz („Duldung") oder mit noch nicht dreijähriger Bezugsdauer von Asylbewerberleistungen – recht verlässlich Auskunft gibt.

ist auch der Mikrozensus in dieser Hinsicht präziser geworden; vgl. StBA (Hrsg.): Leben in Deutschland, a. a. O., S. 73

150 Vgl. W. Hanesch/P. Krause/G. Bäcker u. a.: Armut und Ungleichheit in Deutschland, a. a. O., S. 429

151 Vgl. Homepage des Deutschen Instituts für Wirtschaftsforschung, http://www.diw.de/soep; 22.3.2003

152 Hierzu gibt es widersprüchliche Befunde; vgl. I. Becker/R. Hauser: Nicht-Inanspruchnahme zustehender Sozialhilfeleistungen, a. a. O., S. 130

153 Vgl. StBA (Hrsg.): Bevölkerung und Erwerbstätigkeit. Bevölkerung mit Migrationshintergrund, a. a. O., S. 333

154 Vgl. J. Frick/J. Söhn: Das Sozio-oekonomische Panel (SOEP) als Grundlage für Analysen zur Bildungslage von Personen mit Migrationshintergrund, a. a. O., S. 83

In der einschlägigen Fachliteratur beziehen vor allem die Armutsberichte der Caritas und der Hans-Böckler-Stiftung explizit die materielle Lage von Flüchtlingen auf Grundlage von SOEP-Daten mit ein; die Daten lassen aber keine Differenzierung nach Flüchtlings(status)-gruppen zu. Gänzlich im Dunkeln bleiben schließlich die Armutsrisiken und Einkommensverhältnisse der wachsenden Zahl irregulärer Migrant(inn)en, insbesondere jener mit minderjährigen Haushaltsangehörigen, über die so gut wie keine Informationen vorliegen. Studien, welche die prekären finanziellen und ausländerrechtlichen Lagen von geduldeten Flüchtlingen und Asylsuchenden dokumentieren, stammen vornehmlich aus der grauen Literatur. Nichtstaatliche Organisationen (sog. Non-Governmental Organisations, NGOs), darunter insbesondere Flüchtlingsverbände und (kirchliche) Wohlfahrtsverbände, machen politische Handlungsträger/innen seit langem auf die (auch materiellen) Probleme von Flüchtlingskindern bzw. -familien in Deutschland aufmerksam.[155]

Resümieren lässt sich, dass einige Gruppen der allochthonen Bevölkerung in der Armuts- und Sozialberichterstattung ebenso wie in der Migrationsforschung aufgrund einer mangelhaften Präzision der meisten repräsentativen Datenquellen ausgeklammert bleiben: (Neu-)Zuwanderer, die in Übergangswohnheimen oder als Geduldete provisorisch in Sammelunterkünften leben, bleiben mitsamt ihren Familienangehörigen bei haushaltsbezogenen Erhebungen wie dem SOEP unberücksichtigt. Schon gar nicht wird die Existenz „illegaler" Migrant(inn)en von der Armutsforschung zur Kenntnis genommen. Ebenso bleiben die höchst heterogenen Lebenslagen eines nicht geringen Teils von Kindern mit Migrationshintergrund im Dunkeln, weil ihnen mangels differenzierter kindspezifischer Daten bzw. aufgrund eines ungefestigten Aufenthaltsstatus keine Aufmerksamkeit zuteil wird. Unkenntnis herrscht vor allem hinsichtlich der Pluralität der Lebenslagen junger Menschen aus Spätaussiedler- und Flüchtlingsfamilien sowie bei Unterschieden in den Armutsrisiken je nach ethnischer Herkunft, Einbürgerungs- und Aufenthaltsstatus, Wohnlage und familiärem Bildungshintergrund. Für die Analyse der Armutsrisiken von Kindern aus Zuwandererfamilien müsste außerdem die Datenlage in Bezug auf den Migrationshintergrund (besonders mit Blick auf Spätaussiedler/innen und Eingebürgerte) sehr viel differenzierter sein und insbesondere spezifische Aspekte wie den Aufenthaltsstatus, das Geburtsland, die Sprachpraxis sowie die bisherige Verweildauer ausweisen. Um die bekämpfte und verdeckte Armut unter Kindern mit Migrationshintergrund zu erfassen und damit noch realitätsnähere und zugleich differenziertere Befunde zu ermöglichen, müsste man neben der Statistik des Bezugs von Sozialhilfe und von Asylbewerberleistungen ab 1993 ergänzend Befunde zur relativen und verdeckten Armut unter Migrant(inn)en mit und ohne Aufenthaltsstatus heranziehen, wozu es angesichts der Datenlage auch in absehbarer Zeit kaum gesicherte Erkenntnisse geben wird. Neben der wachsenden Pluralisierung von Lebenslagen müssten ferner herkunfts- und geschlechtsspezifische Ausprägungen sozialer Lagen sehr viel umfassender thematisiert werden, weil nur durch einen differenzierten Blick auf die Gesamtgruppe von Migrant(inn)en in der Bundesrepublik zugleich Tendenzen kollektiver vs. differenzieller Steigerungen

155 Zuletzt sind im Rahmen der Debatte um das Zuwanderungsgesetz zahlreiche Gutachten und Stellungnahmen zur Lage der Flüchtlinge in Deutschland und politischen Handlungsmöglichkeiten zu ihrer Verbesserung gemacht worden; vgl. die Dokumente zur Zuwanderungsdebatte von Pro Asyl u. a. (www.migration-info.de/dokumente_und_materialien/deutschland.htm; 11.06.06)

gesellschaftlicher Teilhabe, ethnisch geschlossener Partizipationsformen oder struktureller Ausgrenzungsmechanismen festzustellen wären.

2. Forschungsdesiderate – eine Zwischenbilanz

Migrationsspezifische Aspekte von *Kinder*armut in Deutschland sind, obwohl Armutsstudien Kinder aus zugewanderten Familien inzwischen unisono als besonders von Armut betroffene Gruppe innerhalb der Minderjährigen kennzeichnen, weiterhin kaum erforscht, weil sich die Kinderarmutsforschung hierzulande weitgehend auf Erscheinungsformen bei *deutschen* Kindern konzentriert. Schon bei den ausnahmslos in neuerer Zeit entstandenen Kinderarmutskonzepten fällt auf, dass angesichts der (noch) lückenhaften Erkenntnislage zur Lebenssituation von armen Kindern im Allgemeinen die Situation jener mit Migrationshintergrund im Besonderen unterbelichtet ist. Nur wenige Untersuchungen thematisieren Letztere ausdrücklich, ohne jedoch die Heterogenität der Gruppe und die verborgenen (v. a. ausländer)rechtlichen und migrationsspezifischen Wirkungszusammenhänge zu behandeln. Wenn überhaupt weisen Kinderarmutsstudien fast ausnahmslos Ergebnisse für *ausländische* und gelegentlich noch für *türkische* Kinder aus, für die erhebliche (Bildungs-)Armutsrisiken belegt sind. Somit lässt sich bilanzieren, dass – zumindest in der *Kinder*armutsforschung (mit den genannten Ausnahmen) – tiefergehende Untersuchungen zu migrationsspezifischen Erscheinungsformen, Einflussfaktoren, Bewältigungsstrategien und politisch-rechtlichen Rahmenbedingungen der Armut und Benachteiligung von Kindern mit Zuwanderungshintergrund bislang fehlen. Eine auch nur annähernd realitätsnahe Analyse dessen ist schon allein aufgrund der nur Teilgruppen in den Blick nehmenden Forschung kaum möglich, was durch die hohe Heterogenität der Untersuchungsgruppe noch verschärft wird.

Die Migrations*soziologie* beschäftigte sich zwar zu Beginn der 1980er-Jahre mit der ethnischen Unterschichtung durch Arbeitsmigrant(inn)en, machte dann allerdings stärker Fragen von Kultur und Ethnizität im Eingliederungsprozess von Zuwanderern und ihren Kindern zum Ausgangspunkt, als sich mit der sozio-ökonomischen Schlechterstellung von Migranten(familien) und ihren Auswirkungen auf die Lebens- und Bildungschancen der Kinder zu befassen. In den eingangs vorgestellten Studien anderer migrationswissenschaftlicher Disziplinen (Migrationssozialarbeit/-pädagogik, interkulturelle Erziehungswissenschaft etc.) sind die o. g. Desiderate zumindest teilweise – besonders die ausländerrechtlichen Rahmenbedingungen, die Bildungs- und Qualifikationsdefizite von Zuwanderern und ihren Kindern sowie familiäre Unterstützungsprozesse durch ethnische Netzwerke betreffend – aufgearbeitet worden, was die Kinderarmutsforschung bisher jedoch kaum zur Kenntnis nahm. Allerdings beschränken sich diese Studien in der Regel auf die Situation spezifischer Teilgruppen älterer Kinder und Jugendlicher mit Migrationshintergrund, wie die zweite Generation aus den Anwerbestaaten, spätausgesiedelte Jugendliche, Mädchen und junge Frauen oder unbegleitete Flüchtlingskinder. Zudem erforschte man vornehmlich mikrosoziologische Fragestellungen wie (kulturelle) Identitätsentwicklungen, Lebensverläufe, Sprachdefizite oder Bildungsbiografien. Die Makroperspektive gesamtgesellschaftlicher sozialer Ungleichheit mit der spezifischen Rolle von Migrant(inn)en in der Armuts- und Sozialstruktur hierzulande wurde dadurch vernachlässigt, obwohl sie ein ernst zu nehmendes soziales Problem darstellt. Deprivationen in den Lebenslagen vieler Familien und Kinder mit Migrationshintergrund sind somit zwar in zahlreichen Studien verschiedenster Fachrichtungen bereichsspezifisch dokumentiert, aber kaum vor dem Hintergrund des gesellschaftlichen Wandels im Zeichen der Globalisierung und seiner *strukturellen* ökonomischen Benachteiligungen für bestimmte Migrantengruppen thematisiert worden. Ebenso wenig fächerübergreifende Aufmerksamkeit ist den aus eigenständigen Fachdisziplinen gewonnenen Befunden zuteil geworden.

Es lassen sich mit Blick auf die Forschungslage zur Armut von Kindern mit Migrationshintergrund in Deutschland somit mehrere Grundtendenzen in der Literatur resümieren: In der *soziologischen Armuts*forschung wurde die Armut der zugewanderten Bevölkerung lange Zeit höchstens am Rande berücksichtigt und allenfalls für Teilgruppen (Ausländer/innen aus Anwerbestaaten) belegt. Insbesondere die *nicht*staatliche *Armuts- und Sozialberichterstattung* hat seit den 1990er-Jahren jedoch wesentliche Beiträge zur empirischen Dokumentation des Ausmaßes der Armutsbetroffenheit von ausländischen Migrant(inn)en geleistet. Die hierzulande noch junge *Kinderarmuts*forschung weist ähnliche Tendenzen auf: Zwar ist das Wissen, um Kinderarmut bzw. ihre Auswirkungen in mehreren Dimensionen beschreiben, messen und erklären zu können, schnell gewachsen, Betroffene mit Migrationshintergrund bildeten aber ein ausgesprochenes Stiefkind der Kinderarmutsforschung, sodass allenfalls bruchstückhafte Informationen zur Situation armer allochthoner Kinder existieren, die aus verschiedenen Untersuchungen zusammengeführt werden müssen. *Migrationswissenschaftliche* Untersuchungen, die sich vornehmlich mit mikrosoziologischen Fragestellungen einzelner Migrantenkindergruppen auseinandersetzen, schließen diese Forschungslücken nur teilweise und vornehmlich in einzelnen untersuchungsrelevanten immateriellen Dimensionen wie Bildung und Wohnen, weil ökonomische Mangellagen von Kindern und Familien vernachlässigt werden. Das Ausmaß, die Entwicklungstendenzen, multidimensionalen Erscheinungsformen, Ursachen und Einflussfaktoren der je nach Teilgruppe unterschiedlich stark gestiegenen Armut bei Kindern mit Migrationshintergrund stellen infolgedessen einen blinden Fleck der soziologischen Forschung dar, der nur durch die Zusammenführung interdisziplinärer Befunde erhellt werden kann, was die folgenden Kapitel dieser Arbeit leisten wollen.

3 Die Konzeption der folgenden Armuts- und Lebenslagenanalyse von Kindern mit Migrationshintergrund

Im Folgenden wird ein Konzept für die in den Kapiteln 4 und 5 folgende Analyse der Armuts- und Lebenslagen von „Kindern mit Migrationshintergrund" vorgestellt, das eine Untersuchung sowohl des Umfangs und der Entwicklung der Armutsbetroffenheit als auch von deren immateriellen Erscheinungsformen erlaubt. Mit der Vorgehensweise werden nicht nur die in statistischen Erhebungen meist berücksichtigte Gruppe *ausländischer* Kinder einbezogen, sondern vor allem auch Erkenntnisse zu den anderen Migrantenkindergruppen bzw. ihren Lebenslagen gewonnen – also zu Spätaussiedlerkindern, solchen der zweiten bzw. dritten Generation aus ehemaligen Anwerbestaaten, Flüchtlingskindern und (falls Fachliteratur vorhanden) zu illegalisierten Minderjährigen. Ausgehend von der vergleichsweise intensiv erforschten (allgemeinen) Kinderarmut in Deutschland werden die Armutslagen von Kindern mit Migrationshintergrund in ihren wesentlichen Erscheinungsformen aufgearbeitet, soweit sie durch die Fachliteratur und die Sozialberichterstattung des Bundes belegt worden sind. Es geht darum, sowohl die materiellen Lebensbedingungen als auch armutsrelevante immaterielle Lebensbereiche wie Gesundheit und Bildung(sbeteiligung) für verschiedene Gruppen von Kindern mit Migrationshintergrund zu erhellen und deren besondere Lebensumstände herauszuarbeiten.

3.1 Berücksichtigte Lebenslagendimensionen, Untersuchungsgruppen und Aufbau

Die folgende Untersuchung orientiert sich am Lebenslagenansatz und an dessen kindspezifischen Weiterentwicklungen, da eine allein am Einkommen als Ressource orientierte Analyse dem multidimensionalen Phänomen der Armut von Kindern nicht einmal ansatzweise gerecht wird. Weil insbesondere das Kinderarmutskonzept der AWO-ISS-Studie für die Analyse dieses facettenreichen Untersuchungsgegenstandes fruchtbare Aspekte – wie die analytische Trennung der familiären Einkommens(unter)versorgung von kindlichen Dimensionen einer Lebenslage – impliziert, nehme ich seine erweiterte Form zum Ausgangspunkt.

Die Untersuchung folgt damit einem im Kern ressourcenorientierten, d. h. materiellen Armutsbegriff, der auf Kindesebene um (im)materielle Dimensionen der kindlichen Lebenslage erweitert wird. Von Kinderarmut als der Armut eines Kindes – und nicht: der Armut an Kindern – wird im engeren Sinn nur gesprochen, sofern relative Armut[1] bei dessen Familie vorliegt. Da familiäre Einkommensarmut die Deprivation von Kindern indes nicht nur in materiellen, sondern gleichfalls in *im*materiellen Lebensbereichen begünstigt, werden zudem Unterversorgungsrisiken und Benachteiligungen in weiteren Dimensionen der Lebenslagen von Kindern mit Migrationshintergrund berücksichtigt. Neben dem Kriterium *familiärer*

---

1 Je nach Konzeption der jeweiligen Untersuchung, auf die ich mich im Folgenden beziehe, werden unterschiedliche Grenzwerte für relative Einkommensarmut benutzt, die deshalb jeweils mit aufgeführt werden. Meist handelt es sich um die 50-%-Grenze des durchschnittlichen Haushaltsnettoäquivalenzeinkommens oder um die 60-%-Grenze des Medianäquivalenzeinkommens; ebenfalls gilt von Fall zu Fall der Bezug von Sozialhilfe bzw. Alg II sowie jener von Asylbewerberleistungen als Indikator für die Einkommensarmut eines Haushaltes.

Armut wird somit ein erweitertes *mehrdimensionales* Verständnis von Armut auf Kindesebene eingeführt, um deren kindspezifische Auswirkungen in verschiedenen Lebensbereichen sichtbar zu machen.

1. Behandelte Lebenslagendimensionen

Zur Beantwortung der Frage, welche Dimensionen einer Lebenslage von Kindern mit Migrationshintergrund in die sich anschließende Analyse einzubeziehen sind, ist mit dem zugrunde liegenden Armutsbegriff davon auszugehen, dass erstens das Haushaltseinkommen von Migrantenfamilien als Schlüsselfaktor im Mittelpunkt steht. Für die Analyse der Einkommensarmutsbetroffenheit von Migrant(inn)en werden Befunde der Fachliteratur zu den eingangs vorgestellten Armutsindikatoren des Sozialhilfe- (bzw. Alg II-)Bezugs, zur verdeckten Armut sowie zur relativen Einkommensarmut gemessen am Haushaltsäquivalenzeinkommen vorgestellt.

Zweitens ist zu klären, ob neben der Einkommenssituation als erstem und zentralem Indikator für Kinderarmut weitere Lebenslagendimensionen auf Familienebene zu berücksichtigen sind, und wenn ja welche. Einschlägige Studien untersuchen bei Erwachsenen oder Haushaltsgemeinschaften meist die Bereiche Arbeit/Beruf, (Aus-)Bildung, Wohnen und Gesundheit, wobei überwiegend die Makroperspektive bedient wird und die Dimension der individuellen (durch äußere Lebenslagen determinierten) Spielräume außen vor bleibt.[2] Da vor allem die benachteiligte Arbeitsmarktsituation von Migrant(inn)en als eine maßgebliche Ursache ihrer hohen Armutsbetroffenheit gilt, findet sie erst im Teil III dieser Arbeit bei den Erklärungsansätzen (Kap. 6 f.) Berücksichtigung.

Auf Haushaltsebene manifestiert sich vor allem in der Wohnsituation, ob Kinder unter gedeihlichen Umfeldbedingungen aufwachsen. Für die Wohn-Dimension, die in der Literatur sogar für verschiedene Migrantengruppen dokumentiert ist, sind kindliche Unterversorgungslagen infolge familiärer Einkommensarmut häufig belegt worden. Da Kinderarmut meistenteils mit beengten Wohnverhältnissen korreliert, wird deshalb im vierten Kapitel, das sich den *familiären* Lebens- und Unterversorgungslagen widmet, neben dem Einkommensbereich als zweite auf der *Haushalts*ebene relevante Untersuchungsdimension die Wohnsituation von Familien mit Migrationshintergrund in den Blick genommen. Die Einführung dieser Dimension einer familiären Lebenslage stützt sich auf die Annahme, dass die jeweiligen Wohnbedingungen – also die Wohnung selbst sowie deren unmittelbares Umfeld – für das Aufwachsen von Kindern und deren Persönlichkeitsentwicklung von maßgeblicher Bedeutung sind.[3] Um die Wohnsituation von Migrantenfamilien zu illustrieren, werden Forschungsergebnisse zu Eigentümer- und Sozialwohnungsquoten sowie weitere Indikatoren für Unterversorgungslagen (z. B. die Belegungsdichte sowie die Ausstattung der Wohnungen) erörtert.

Angesichts der direkten Auswirkung familiärer Lebenslagen auf im Haushalt lebende Kinder sind haushaltsbezogene Indikatoren wie die Wohnungsgröße und -ausstattung sowie

2 Vgl. z. B. W. Hanesch/P. Krause/G. Bäcker: Armut und Ungleichheit in Deutschland, a. a. O., S. 29
3 Vgl. A. Richter: Wie erleben und bewältigen Kinder Armut?, a. a. O., S. 37

das zur Verfügung stehende Einkommen zwar von maßgeblicher Bedeutung für die Analyse kindlicher Lebenslagen, weil sie Aufschluss über die materiellen Ressourcen einer Familie und die Rahmenbedingungen für ein Kinderleben geben. Sie allein sagen aber noch nichts darüber aus, was „beim Kind ankommt" und welche Umgangsformen Kinder innerhalb dieser (maßgeblich von vorhandenen personalen und sozialen Ressourcen der Familienmitglieder geprägten und bei armen Kindern häufiger eingeschränkten) Handlungsspielräume entwickeln, womit sie keinesfalls hinreichend und daher um kindspezifische Indikatoren zu ergänzen sind. Deshalb ist drittens zu klären, welche (im)materiellen Untersuchungsdimensionen auf *Kindes*ebene zu berücksichtigen sind. Wie im zweiten Kapitel gezeigt, sind in der Kinderarmutsforschung verschiedene Ansätze zur Deskription und Analyse multidimensionaler Auswirkungen familiärer Armut auf Kinder entwickelt worden. Ihnen ist gemeinsam, dass sie die materielle Situation, die Bildung, die (physische und psychische) Gesundheit sowie Freundschaften und soziale Beziehungen als besonders relevante Bereiche eines Kinderlebens identifiziert haben, in denen sich Erscheinungsformen von Kinderarmut manifestieren. Da die Einkommens- bzw. Wohnsituation bereits auf Haushaltsebene Berücksichtigung findet und in der Literatur zudem kaum Erkenntnisse über die materielle Situation von Kindern mit Migrationshintergrund existieren, berücksichtigt die folgende Analyse kindlicher Lebenslagendimensionen die Gesundheit, die Bildung(steilhabe) sowie soziale Netzwerke einschließlich Freizeitaktivitäten.

Der zuletzt genannte Untersuchungsbereich wird einbezogen, um nicht nur defizitäre Unterversorgungslagen zu erfassen, sondern auch den besonderen (interkulturellen) Kompetenzen bzw. Ressourcen und Handlungsspielräumen von Kindern mit Migrationshintergrund Rechung zu tragen.[4] Ressourcenorientierte Ansätze der Kindheitsforschung gehen auf Konzepte zurück, in denen Kinder primär als „sich in aktiver Auseinandersetzung mit Lebenswelten entwickelnde Personen", also als Individuen verstanden werden, die sich in Interaktionsprozessen mit ihrer physischen und sozialen Umwelt entfalten.[5] Damit wird v. a. sozialen Beziehungen eine zentrale Bedeutung zugewiesen. Magdalena Joos führt dieses Kindverständnis auf aus dem englischsprachigen Raum stammende Konzepte des „well-beeings" (Wohlergehens) zurück, welche gegenüber der in der Sozialberichterstattung weit verbreiteten Defizitorientierung die Fähigkeiten, Stärken und Kompetenzen sowie das Wohlbefinden von Kindern in den Mittelpunkt rücken. Als Konsequenz fordert sie für die Sozialberichterstattung, von einer Defizit- hin zu einer ganzheitlichen Orientierung zu gelangen, d. h. „die Stärken, Optionen und Chancen" zu betonen. Für besonders wichtig erachtet Joos folgende Indikatoren: Dichte und Qualität des sozialen Netzwerkes von Kindern, partizipative und kooperative Fähigkeiten, Persönlichkeitsmerkmale (etwa Selbstachtung, Selbstbestimmung und Lernfähigkeit), funktionierende Kinderkulturen, aber auch bedrohliche Lebensumstände (etwa Gewalt, Flucht und sexuelle Ausbeutung).

4 Im Gegensatz zu Ressourcenansätzen der Armutsforschung sind mit dem in diesem Kapitel genutzten Ressourcenbegriff v. a. Fertigkeiten und Kompetenzen individueller, familiärer oder institutioneller Art gemeint, die im Sinn von Schutzfaktoren die Bewältigung von Unterversorgungslagen fördern können.

5 Vgl. hierzu und zum Folgenden: M. Joos: Kinderbilder und politische Leitideen in der Sozialberichterstattung, in: H.-R. Leu (Hrsg.): Sozialberichterstattung zu Lebenslagen von Kindern, a. a. O., S. 42 ff.; dies.: Die soziale Lage der Kinder. Sozialberichterstattung über die Lebensverhältnisse von Kindern in Deutschland, Weinheim/München 2001, S. 104 ff.

Die bisher angeführten Überlegungen lassen es sinnvoll erscheinen, ergänzend zur Analyse der Lebenslagendimensionen von (benachteiligten) Kindern mit Migrationshintergrund mögliche Ressourcen (im Sinn protektiver Faktoren) von Familien, Kindern und sozialen Kontexten einzubeziehen, um neben den objektiv messbaren (strukturellen) Rahmenbedingungen auch handlungs- (bzw. prozess)bezogene Aspekte kindlicher Ressourcen und Bewältigungsmöglichkeiten zu beleuchten. Dies erscheint umso angemessener, als auch migrationswissenschaftliche Diskurse zunehmend auf die mit Migration verbundenen (interkulturellen) Kompetenzen und Ressourcen abheben, um einseitig defizitorientierte Perspektiven aufzubrechen, die der Pluralität gelebter Lebensformen in multikulturellen Gesellschaften längst nicht mehr gerecht werden.[6] Allerdings gerät eine solche Vorgehensweise automatisch in die Gefahr einer normativ geprägten Indikatorenauswahl, zumal eigene Erhebungen nicht durchgeführt und so die Perspektiven von Kindern mit Migrationshintergrund nur indirekt unterstellt bzw. erfasst werden können.

Aufgrund der skizzierten Operationalisierungsansätze von Lebenslagenkonzepten für Kinder sowie der bisher angestellten Überlegungen wird die folgende Analyse der Lebenslagen in zwei Kapiteln vorgenommen: Im vierten, sich auf erwachsene Zuwanderer bzw. Familien und Haushalte mit Migrationshintergrund beziehenden Kapitel werden materielle Lebenslagen in den Bereichen „Einkommen bzw. Armut" sowie „Wohnen" vorgestellt. Im fünften Kapitel werden jene Lebensbereiche auf Kindesebene in den Blick genommen, welche die immateriellen Erscheinungsformen von Kinderarmut am prägnantesten abbilden: Gesundheit, Bildung und soziale Netzwerke einschließlich von Freizeitaktivitäten. Neben den üblichen Indikatoren der Sozialberichterstattung werden ergänzend, soweit in der Literatur dokumentiert, subjektive Faktoren wie das Wohlbefinden von Kindern mit Migrationshintergrund berücksichtigt. Schließlich richtet ein letzter Untersuchungsschwerpunkt des vierten Kapitels den Fokus auf die Kumulation und Wechselwirkungen von Unterversorgungslagen bei Migrantenkindern.

2. Untersuchungsgruppen

Hinsichtlich der Untersuchungsgruppe von „Kindern mit Migrationshintergrund" ist zu klären, wie man angesichts des lückenhaften und disparaten Forschungsstandes ihrer Heterogenität mit Blick auf die Analyse spezifischer Armuts- und Unterversorgungsrisiken gerecht werden kann. Die fragestellungsrelevante Fachliteratur zu der Untersuchungsgruppe ist verschiedenen Disziplinen der Sozialwissenschaften zu entnehmen, höchst umfangreich und beschränkt sich größtenteils auf einzelne Gruppen wie ausländische Kinder (zumeist der zweiten Generation). Die sich anschließende Aufarbeitung des „zerfaserten" Forschungsstandes folgt daher den gängigen Klassifizierungskriterien, anhand deren Migrantenkindergruppen nach ihrer Herkunftsregion und dem Grund ihrer Zuwanderung bzw. ihrem Aufenthaltsstatus unterschieden werden.

Daraus ergibt sich eine dreifache Differenzierung der Untersuchungsgruppe, welche die Gesamtheit der in Deutschland lebenden Kinder mit Migrationshintergrund erfasst, ohne

6 Vgl. U. Boos-Nünning/Y. Karakaşoğlu: Viele Welten leben, a.a.O., S. 14

zentrale Unterschiede zwischen den wichtigsten Gruppen zu verwässern: 1) Kinder mit verschiedenen ausländischen Herkunftsstaatsangehörigkeiten, die überwiegend der zweiten oder dritten Generation angeworbener Arbeitsmigrant(inn)en aus den früheren Anwerbestaaten angehören,[7] 2) solche mit Spätaussiedlerhintergrund sowie 3) Kinder aus asylsuchenden und Flüchtlingsfamilien. Wie im Exkurs zu Flüchtlingsgruppen im ersten Kapitel gezeigt wurde, variieren die aufenthaltsrechtlichen Bestimmungen, die sich unmittelbar in den Lebensbedingungen dieser höchst heterogenen Gruppe ausländischer Kinder niederschlagen, je nach Aufenthaltsstatus der Familie erheblich. Da ein Schwerpunkt der Analyse auf dieser meist vernachlässigten Gruppe liegen soll, wird bei ihr eine weitere Differenzierung vorgenommen, die sich nach der Sicherheit des Aufenthaltsstatus der Familie bzw. deren Zuordnung zum Adressatenkreis von Asylbewerberleistungen bezieht, an den zahlreiche Auflagen gebunden sind: Unterschieden werden die Ausführungen für 1) Kinder aus Flüchtlingsfamilien mit gesichertem Aufenthaltsstatus (Asylberechtigte, Kontingent- und Konventionsflüchtlinge), 2) solche mit prekärem, d. h. ungeklärtem und nicht auf Dauer angelegtem Aufenthaltsstatus (Asylsuchende und geduldete De-facto-Flüchtlinge), 3) die eine Sonderstellung einnehmenden unbegleiteten Kinderflüchtlinge sowie 4) illegalisierte Kinder, die ohne Aufenthaltspapiere hier leben.

3. Analoger Aufbau der Analyse einzelner Lebenslagendimensionen

Die im Folgenden ausgewertete Fachliteratur zeigt weitgehende Parallelen in typischen Risikolagen von Kindern aus armen und aus Migrantenfamilien. Ihre Benachteiligungen in den verschiedenen Dimensionen einer Lebenslage entwickeln sich zu einem Großteil offenbar unabhängig vom Migrationshintergrund, nämlich schichtspezifisch. Die Kinderarmutsforschung hat zwar sowohl typische Erscheinungsformen von Kinderarmut als auch Risikogruppen aufgearbeitet, dabei aber migrationsspezifische Aspekte und Migrantenkinder vernachlässigt. Um etwaige Gemeinsamkeiten und Differenzen zwischen armen deutschen und verschiedenen Migranten(kinder)gruppen zu beleuchten, führe ich für jede Lebenslagendimension einen analogen Aufbau der Analyse ein, in der eingangs der allgemeine Forschungsstand zu (Unter-)Versorgungslagen von armen Kindern bzw. ihren Familien und den bereichsspezifischen Auswirkungen von familiärer Armut skizziert wird. Weil auf die soziale Situation von Migrantenkindern jedoch weitere Faktoren Einfluss nehmen, die einerseits als migrations-endogen, andererseits aber auch als exogen produzierte Barrieren (z. B. indirekter struktureller Benachteiligung) zu beschreiben sind, werden außerdem Besonderheiten in der Versorgungssituation verschiedener *Migranten*(kinder)gruppen beleuchtet.

Die sich anschließende Analyse von Armutsrisiken und Lebenslagen von Kindern bzw. Familien mit Migrationshintergrund in Deutschland ist folgendermaßen strukturiert: Jede der nacheinander thematisierten Dimensionen der familiären (Kapitel 4.1: Einkommen, 4.2: Wohnversorgung und -umfeld) bzw. kindlichen (Kapitel 5.1: Gesundheit, 5.2: Bildung,

7 Zu dieser Gruppe wären eigentlich auch eingebürgerte Kinder zu zählen, die eine wachsende Gruppe bilden. Da sie meistenteils aber als Deutsche ausgewiesen werden, ist über ihre Lebenslagen kaum etwas bekannt, weshalb sie bei der folgenden Analyse nicht als eigenständige Gruppe geführt werden.

5.3: soziale Netzwerke) Lebenslage wird in einem analogen Untersuchungsaufbau in mehreren Teilschritten analysiert:

1. Einleitend werden zentrale Begrifflichkeiten, Datenquellen und Thesen vorgestellt, welche die Kinderarmutsliteratur jeweils zum Thema (Gesundheit, Bildung usw.) entwickelt hat. So werden, ausgehend von den für Erwachsene abgeleiteten Lebenslagen, deren Dimensionen für arme Kinder, ihre Unterversorgungsschwellen und Handlungsspielräume sowie von der Fachliteratur dokumentierte mögliche Folgen von einer Unterversorgung erörtert. Da die Befunde sich meist auf von Armut betroffene *autochthone* Kinder beziehen, ist ihre Übertragbarkeit auf Kinder mit Migrationshintergrund keineswegs vorauszusetzen. Aufgrund dessen werden zusätzlich Erkenntnisse der Migrationsforschung zu den jeweiligen Bereichen herangezogen. Danach wird das Ausmaß kindlicher Unterversorgung in der jeweiligen Dimension zunächst für arme Kinder im Allgemeinen skizziert und dann für die verschiedenen Untersuchungsgruppen im Besonderen.
2. Systematische Unterschiede in der gesellschaftlichen Teilhabe offenbaren sich erst beim Vergleich von Durchschnittswerten verschiedener sozialstruktureller Indikatoren für verschiedene Bevölkerungsgruppen. Aufgrund der migrationsspezifisch ungenügenden Datenlage wird der Frage nachgegangen, welche Unterschiede in der Unterversorgungsproblematik der jeweiligen Dimension für Deutsche und Ausländer/innen bzw. ihre Kinder beobachtbar sind. Ohne die üblichen konstruktivistischen Grenzziehungen zwischen beiden Gruppen zementieren zu wollen, ist diese komparative Vorgehensweise angebracht, um den Blick für eine makrosoziologische Gesamtbetrachtung des Phänomens der hohen Armutsrisiken von Kindern mit Migrationshintergrund zu schärfen. So zeigen sich am Beispiel des Einkommens signifikante Unterschiede zwischen den Lebenslagen deutscher und ausländischer Familien, die sich, so ist zu vermuten, auch auf konkrete Handlungsspielräume und Lebensumfeldbedingungen der Kinder auswirken, erst in einer komparativen Perspektive.
3. Schließlich wird der Forschungsstand zur jeweils betrachteten Dimension einer Lebenslage für die eingangs unterschiedenen Teiluntersuchungsgruppen aufgearbeitet. Hierzu werden (sofern sie existieren) migrationswissenschaftliche Studien herangezogen, welche die Lebenslagen von Kindern verschiedener ausländischer Staatsangehörigkeit, aus Aussiedler- sowie aus Flüchtlingsfamilien mit gesichertem, prekärem und fehlendem Aufenthaltsstatus[8] erhellen und die teils auf besondere, strukturell bedingte Risikolagen für diese Migrantenkindergruppen hinweisen.

3.2 Fragestellungen

Die übergreifende Fragestellung des vierten und fünften Kapitels bezieht sich auf das Ausmaß und die vielfältigen Erscheinungsformen von (Kinder-)Armut in der zugewanderten Bevölke-

8 Sowohl bei den wissenschaftlichen Studien als auch bei der Differenzierung der Statusgruppen von Kindern und Jugendlichen mit Migrationshintergrund beziehe ich mich auf die in Kapitel 1 bereits eingeführten Strukturierungen.

rung. Daher sucht der erste Abschnitt des vierten Kapitels zu klären, welche Einkommenssituationen bei Migrant(inn)en anzutreffen sind, wie sie sich im Zeitverlauf entwickelt haben und – als Schwerpunkt – wie hoch das Ausmaß der Armutsbetroffenheit bei verschiedenen Zuwanderergruppen war und ist und durch welche Faktoren es maßgeblich bestimmt wird. Bei der Analyse weiterer Lebenslagendimensionen werden als Einstieg in das jeweilige Thema (Wohnen, Gesundheit etc.) folgende Fragen bereichsspezifisch aufgegriffen: Welche Erkenntnisse hat die Kinderarmutsforschung gewonnen? Welche Indikatoren werden zur Bestimmung einer Unterversorgungslage nach dem Lebenslagenansatz für Familien bzw. Kinder in dieser Dimension herangezogen und wie äußert sich eine Unterversorgungslage dort konkret? Welche Verbreitung haben solche Unterversorgungslagen und wie wirken sich diese kurz- und langfristig für betroffene Kinder aus? Schlagen sich Deprivationen in dieser Dimension womöglich (in)direkt in anderen Bereichen einer Lebenslage nieder (Wechselwirkung, Kumulation)?

In Bezug auf Unterversorgungslagen ausländischer Kinder wird ein ganzes Bündel von Fragen aufgeworfen. So ist etwa zu klären, ob und wenn ja, welche Unterschiede zwischen ihnen und armen deutschen Kindern in der jeweiligen Dimension empirisch dokumentiert sind und ob die auf Letztere bezogenen Befunde der Armutsforschung ohne weiteres (oder mit Modifikationen) auf Erstere übertragbar sind. Sind beide Gruppen in gleichem Ausmaß von Deprivationen betroffen und, falls dies nicht der Fall sein sollte, welche Unterschiede (z. B. in der Stabilität, kurz- und langfristigen Folgen) sind festzustellen?

Die für verschiedene Migrantenkindergruppen differenzierten Ausführungen gehen ähnlichen Fragen nach. So werden Befunde zu Lebens- und Unterversorgungslagen von Migrantenkindern verschiedener Zuwanderungsgruppen in der jeweiligen Dimension zusammengeführt und es wird nach dem Ausmaß von Deprivationen bei den verschiedenen Gruppen gefragt. Hinsichtlich der Differenzen zwischen den Gruppen wird die Frage aufgeworfen, welche Unterschiede sich zwischen ihnen in Bezug auf Über- und Unterversorgungslagen abzeichnen. Gibt es, wie innerhalb der deutschen Bevölkerung, immer mehr privilegierte sowie benachteiligte Migrantengruppen, sodass man von einer Polarisierung der Lebenslagen auch bei Zuwanderern sprechen kann? Welche Gemeinsamkeiten haben Kinder mit Migrationshintergrund, die sich in besonders prekären Lebenslagen befinden, und durch welche Faktoren sind ihre Handlungsspielräume restringiert? Macht es für bestimmte Migrantenkindergruppen womöglich sogar Sinn, von Formen absoluter Armut zu sprechen?

Zum Abschluss werden übergreifende Fragestellungen resümiert, so etwa jene, in welchen Dimensionen einer Lebenslage die Unterversorgung besonders eklatant ist. Welche Migrantenkindergruppen sind am stärksten von Unterversorgungslagen betroffen? Wie äußern sich die Armutsbetroffenheit und die Unterversorgungsrisiken bei Kindern mit Migrationshintergrund im Besonderen? Welche Lebenslagentypen lassen sich bei der Untersuchungsgruppe zusammenfassend beschreiben?

3.3 Methode und Literaturquellen

Um die Fragestellungen der Untersuchung zu beantworten und das Ziel einer differenzierten Analyse der Armutsrisiken und Lebenslagen der in Deutschland aufwachsenden Kinder mit

Migrationshintergrund zu erreichen, wird eine Sekundärauswertung interdisziplinärer Fachliteratur vorgenommen. Die Befunde der staatlichen Sozial- und Migrationsberichterstattung verschiedener Fachressorts zu den zum Teil von Armut geprägten Lebenslagen v. a. *ausländischer* Kinder werden zusammengeführt und um eine umfassende Sekundärauswertung sowohl kinderarmutsspezifischer als auch migrationswissenschaftlicher Fachliteratur ergänzt. Sie ist notwendig, weil statistische Daten als Grundlage der Sozialberichterstattung weiterhin meist nur in Privathaushalten lebende größere Gruppen der ausländischen Bevölkerung ausweisen und damit einige besonders von Armut bedrohte und damit für das Untersuchungsthema relevante Teilgruppen der Bevölkerung mit Migrationshintergrund (in Sammelunterkünften wie Wohnheimen lebende Ausländer und solche, die aufgrund zu geringer Fallzahlen nicht gesondert ausgewiesen werden) ausklammern. Da die Erkenntnislage für diese zahlenmäßig kleinen Migranten(kinder)gruppen aufgrund dessen mehr als lückenhaft ist, greife ich hierfür auf Befunde qualitativer Studien der Migrationsforschung zurück. Durch diese ergänzende Auswertung können auch die Lebenslagen von Kindern aus Spätaussiedlerfamilien, aus Flüchtlingsfamilien sowie ansatzweise jene aus Familien ohne Aufenthaltspapiere erhellt werden. Außen vor bleibt bei dieser Vorgehensweise indes das subjektive Erleben von Kindern, das höchstens ansatzweise durch vereinzelt vorliegende Studien zur Zufriedenheit und zum Wohlbefinden von Kindern und Jugendlichen mit Migrationshintergrund gezeigt werden kann.

Die für die Lebenslagenanalyse ausgewerteten Regierungsberichte unterschiedlicher Ressorts, die zumindest für größere Gruppen der ausländischen Bevölkerung Deutschlands gesicherte Aussagen zu Lebenslagen zulassen, beziehen sich auf weite Bereiche der gesellschaftlichen und sozialen Ordnung: die ausländische Familie (Sechster Familienbericht), Kinder und Jugendliche (Zehnter, Elfter und Zwölfter Kinder- und Jugendbericht), die Entwicklung gesellschaftlicher bzw. sozialer Ungleichheiten und Ressourcen (Erster, Zweiter und Dritter Armuts- und Reichtumsbericht) sowie die ausländische Wohnbevölkerung (Migrationslageberichte der Bundesausländer- bzw. seit 2005 der Bundesintegrationsbeauftragten). Um wichtige Entwicklungen der Fachdiskussion aufzuzeigen, werden Berichte verschiedener Ministerien, Beauftragten und Bundesämter (im Folgenden auch kurz „Regierungsberichte" genannt) meist analog ihrer Erscheinungsjahre aufgearbeitet, woraus sich folgende Chronologie ergibt:

1. Bundesausländerbeauftragte (Hrsg.): Bericht der Beauftragten der Bundesregierung für Ausländerfragen über die Lage der Ausländer in der Bundesrepublik Deutschland, Bonn 1997 („Lagebericht 1997");
2. BMFSFJ (Hrsg.): Zehnter Kinder- und Jugendbericht der Bundesregierung, Bonn 1998;
3. Bundesausländerbeauftragte (Hrsg.): Bericht über die Lage der Ausländerinnen und Ausländer, Berlin/Bonn 2000 („Lagebericht 2000");
4. BMFSFJ (Hrsg.): Familien ausländischer Herkunft in Deutschland. Sechster Familienbericht der Bundesregierung, Berlin 2000;
5. BMAS (Hrsg.): Erster Armuts- und Reichtumsbericht der Bundesregierung, Bonn 2001;
6. Unabhängige Kommission „Zuwanderung" (Hrsg.): Zuwanderung gestalten – Integration fördern, Berlin 2001 (sog. Süßmuth-Bericht);
7. BMFSFJ (Hrsg.): Elfter Kinder- und Jugendbericht der Bundesregierung, Berlin 2002;

8. Bundesausländerbeauftragte (Hrsg.): Bericht der Beauftragten der Bundesregierung für Ausländerfragen über die Lage der Ausländer in der Bundesrepublik Deutschland, Berlin 2002 („Lagebericht 2002“);
9. StBA (Hrsg.): Datenreport 2002, Wiesbaden 2002;
10. StBA (Hrsg.): Datenreport 2004, Wiesbaden 2004;
11. Sachverständigenrat Zuwanderung und Integration (Hrsg.): Migration und Integration – Erfahrungen nutzen, Neues wagen. Jahresgutachten 2004, Nürnberg 2004;
12. Bundesintegrationsbeauftragte[9] (Hrsg.): Sechster Bericht über die Lage der Ausländerinnen und Ausländer in der Bundesrepublik Deutschland, Berlin 2005;
13. BMGS (Hrsg.): Lebenslagen in Deutschland. Der 2. Armuts- und Reichtumsbericht der Bundesregierung, Berlin 2005;
14. BMFSFJ (Hrsg.): Zwölfter Kinder- und Jugendbericht der Bundesregierung, Berlin 2006;
15. BMFSFJ (Hrsg.): Siebter Familienbericht der Bundesregierung, Berlin 2006;
16. StBA (Hrsg.): Datenreport 2006, Wiesbaden 2006;
17. StBA (Hrsg.): Bevölkerung und Erwerbstätigkeit. Bevölkerung mit Migrationshintergrund – Ergebnisse des Mikrozensus 2005. Fachserie 1 Reihe 2.2, Wiesbaden 2007;
18. Bundesintegrationsbeauftragte (Hrsg.): 7. Bericht über die Lage der Ausländerinnen und Ausländer in der Bundesrepublik Deutschland, Berlin 2007;
19. BMAS (Hrsg.): Lebenslagen in Deutschland. Der dritte Armuts- und Reichtumsbericht der Bundesregierung, Bonn 2008.

Bei der Nutzung dieser Sozial- und Migrationslageberichte als primäre Literaturquellen sind einige Besonderheiten in Bezug auf deren Zustandekommen, Auftrag, Adressaten und notwendige Eigenschaften zu berücksichtigen. Sozialberichte auf Bundesebene, die i. d. R. von Expertenkommissionen aus Wissenschaft und Praxis erstellt werden, dienen vornehmlich dazu, Informationen über den Wandel der Lebensbedingungen einer Bevölkerungsgruppe bereitzustellen.[10] Adressaten sind neben der interessierten Öffentlichkeit Entscheidungsträger/innen in Politik, Wirtschaft und Wissenschaft, die gesetzlich festgelegt sind (z. B. bei den Kinder- und Jugendberichten), außerdem Vertreter/innen aus Bundestag und -rat. Familien-, Kinder- und Jugend-, Migrations- sowie Armuts- und Reichtumsberichte sollen neben einer wissenschaftlichen Erfassung des Status Quo und jüngerer Entwicklungen im Untersuchungsbereich deren (politische) Bewertung erleichtern, weshalb sie unter streng wissenschaftlichen Kriterien nur bedingt verwertbar sind.[11] Da zumeist renommierte Fachleute über Expertisen, Anhörungen oder die Mitgliedschaft in der jeweiligen Kommission an der Erstellung der Sozialberichte der Bundesregierung mitwirken, bündeln sie – wenngleich nicht frei von Verzerrungen – dennoch einen großen Teil des zum Erstellungszeitpunkt vorhandenen Expertenwissens sowie des aktuellen Erkenntnisstands; zudem sind Stellungnahmen der Bundesregierung, die teilweise erheblich von jener in den Berichten differierende Bewertun-

9 Sie wird in dieser Arbeit auch als „Bundesintegrationsbeauftragte“; ihre „Berichte über die Lage der Ausländerinnen und Ausländer“ werden der Lesbarkeit halber als „Lageberichte“ bezeichnet.

10 Im Einzelnen siehe dazu den jeweiligen Berichtsauftrag und die Zusammensetzung der Expertenkommissionen.

11 Vgl. hierzu und zum Folgenden: J. Bacher/C. Wenzig: Sozialberichterstattung über die Armutsgefährdung von Kindern, a. a. O., S. 111

gen vornehmen, gesondert vorangestellt.[12] Zahlreiche Kriterien und Anforderungen – z. B. eine regelmäßige (sowohl in zeitlicher als auch thematischer Hinsicht) und durch autonome Expert(inn)en durchgeführte Berichterstattung – müssen Sozialberichte überdies erfüllen. Nach Ansicht Johann Bachers und Claudia Wenzigs sollten sie des Weiteren objektive und subjektive Aspekte aufgreifen, eine Bewertung gesellschaftlicher Entwicklungen vornehmen, den Gegenstandsbereich systematisch durchdringen, nach Möglichkeit international vergleichend sowie auf Längsschnittdaten basierend sein und schließlich auch Auskunft zu Detailfragen geben.

Die Nutzung amtlicher Sozialberichte bietet im Kontext der vorliegenden Arbeit immense Vorteile, welche die zuvor genannten Nachteile hinsichtlich ihrer wissenschaftlichen Aussagekraft mehr als kompensieren: Sie enthalten für das Untersuchungsthema, die multidimensionalen Erscheinungsformen von Kinderarmut bei Migranten, eine Vielzahl wichtiger und gesicherter wissenschaftlicher Erkenntnisse, die allerdings höchst verstreut auffindbar sind und deshalb einer Zusammenführung bedürfen. Wissenschaftliches Neuland kann damit (im folgenden Kapitel) zwar nicht betreten werden, jedoch ermöglicht diese Vorgehensweise das sehr umfassende und im Einzelnen erheblich unterbelichtete Themenfeld angemessen abzubilden und damit das eigentliche Forschungsdesiderat der fehlenden Zusammenschau von Befunden zu schließen.

Die Analyse der Sozialberichterstattungsergebnisse zur (Unter-)Versorgung von Migrant(inn)en in den einbezogenen Dimensionen einer Lebenslage kann angesichts der Heterogenität der Gruppe von Kindern mit Migrationshintergrund und ihrer ausdifferenzierten sozialstrukturellen Integrationsformen höchstens in Ansätzen beleuchten, wie vielfältig sich deren soziale Situation tatsächlich darstellt. Der Anspruch, dazu allgemein gültige Aussagen zu treffen, soll keineswegs eingelöst werden, weil die Lebensbedingungen der von Armut und Unterversorgung betroffenen Kinder mit Zuwanderungshintergrund, die im Mittelpunkt dieser Arbeit stehen, viel zu heterogen dafür sind. Die Ergebnisse stellen somit eher eine Situationsbeschreibung deprivierter Lebensbedingungen minderjähriger Migrant(inn)en in der bundesrepublikanischen Einwanderungsgesellschaft des frühen 21. Jahrhunderts dar und erhellen somit – im Kontext vorangegangener sozial- und migrationspolitischer Entscheidungen bzw. Entscheidungen jüngeren Datums – allenfalls Erscheinungsformen eines von der Armutsforschung bisher vernachlässigten Teilaspekts von Kinderarmut.

12 Sozialberichte enthalten neben Stellungnahmen der Bundesregierung Ausführungen zu dem Berichtsauftrag und ein Verzeichnis der Mitglieder der jeweiligen Expertenkommission sowie Anlagen und gesonderte Expertisen. In den Stellungnahmen äußert die Bundesregierung Zustimmung oder Kritik zu einzelnen Berichtsaussagen und dokumentiert außerdem, mittels welcher Maßnahmen sie etwa auf einzelne Problemlagen reagieren will.

II

Analyse der Lebenslagen von Kindern mit Migrationshintergrund bzw. ihrer Familien

4 Einkommens-, Armuts- und Wohnsituation von Migrantenfamilien

Dieses Kapitel nimmt eine Analyse der Dimensionen „Einkommen(sarmut)" und „Wohnen" der Lebenslagen von Familien mit Migrationshintergrund vor.

4.1 Entwicklungen der Einkommen und Armutsrisiken von Migranten

Die Einkommens- und Vermögenssituation[1] ist der wichtigste Indikator für die Teilhabe eines Menschen an zentralen Lebensaspekten moderner Gesellschaften. Dieser Bereich weist die größten Wechselwirkungen mit anderen Dimensionen einer Lebenslage auf, weil genügend Geldmittel zugleich die wichtigste Ressource für die Erfüllung eines angemessenen Lebensstandards darstellen. Deshalb werte ich in dieser Untersuchung die Einkommenssituation einer Familie als Schlüsseldimension für elementare Handlungsspielräume eines Kindes. Liegt das Nettoäquivalenzeinkommen eines Haushalts unter einer bestimmten Grenze relativer Armut,[2] gilt dieser in der Einkommensdimension als unterversorgt bzw. depriviert. Um die finanzielle Lage eines Haushaltes zu bestimmen, zieht man meist Indikatoren wie die Höhe des (Erwerbs-)Einkommens und des Vermögens (Sparguthaben, Immobilien, Wertpapiere etc.) sowie der absehbaren Vermögensbildung (inklusive Erbschaften) heran, zum Teil werden außerdem Überschuldungen, ein etwaiger Bezug von Transferleistungen sowie deren Höhe berücksichtigt. In der migrationssoziologischen Literatur wird die Einkommenshöhe von Migrant(inn)en üblicherweise als ein Indikator für das Gelingen ihres strukturellen Integrationsprozesses gewertet, weil es als Resultat ihrer Platzierung im Arbeitsmarkt bzw. der Mehrheitsgesellschaft anzusehen ist.[3] Umgekehrt ist der auch als „ethnische Unterschichtung" beschriebene Eingliederungsprozess von Neuzuwanderern in die untersten Ränge der Berufs- und Arbeitsmarkthierarchie einer Gesellschaft als eine der Ursachen für die hohe Armutsbetroffenheit von Arbeitsmigrant(inn)en zu werten.[4]

Bei der folgenden Analyse von Einkommens-, Vermögens- und Überschuldungssituationen bei Zuwanderern sind einige grundlegende Sachverhalte zu berücksichtigen. So ist die

---

1 Zum Einkommensbegriff vgl. DIW (Hrsg.): Repräsentative Analyse der Lebenslagen einkommensstarker Haushalte, Berlin 2003, S. 38 ff. Als Einkommen gelten Mittel, die einer Person aus der Teilnahme am Wirtschaftsprozess in einem bestimmten Zeitraum zufließen, wobei darunter i. d. R. Geld-, z. T. aber auch Sachmittel fallen. Im Folgenden werden unter Einkommen Geldmittel verstanden, die einem Haushalt aus Erwerbstätigkeit oder dem Bezug von Sozial- und Transferleistungen zur Verfügung stehen. Für (Privat-) Vermögen gibt es keine verbindliche Definition; häufig wird es aus Ertrag bringenden wirtschaftlichen Gütern berechnet, die nach einem bestimmten Tauschwert gehandelt werden und einem Wirtschaftssubjekt zuzuordnen sind; vgl. M. Grimm: Die Verteilung der Geld- und Grundvermögen auf sozioökonomische Gruppen im Jahr 1988 und Vergleich mit früheren Ergebnissen, Frankfurt a. M. 1998, zit. nach: ebd., S. 41

2 Je nach Untersuchung werden unterschiedliche Grenzwerte für relative Einkommensarmut herangezogen; früher überwog die 50-%-Grenze des durchschnittlichen Haushaltsnettoäquivalenzeinkommens, heute ist es die 60-%-Grenze des Medianäquivalenzeinkommens.

3 Hartmut Esser begriff das Einkommen in frühen Arbeiten als eine Variable der strukturellen Assimilation und später, verklausuliert als „ökonomisches Kapital", als eine Komponente der (strukturellen) Platzierung von Akteuren im Prozess der (Sozial-)Integration; vgl. ders.: Aspekte der Wanderungssoziologie, a. a. O., S. 221; ders.: Integration und ethnische Schichtung. Gutachten für die Geschäftsstelle der Unabhängigen Kommission „Zuwanderung" des Bundesministeriums des Innern, Mannheim 2001, S. 15

4 Vgl. dazu ausführlich den Teil III, Kap. 7.1

Einkommenshöhe als bedeutsamste Größe für alle anderen Lebensbereiche ausschlaggebend: Stehen einem Haushalt nicht genügend Geldmittel zur Verfügung, beschränkt sich sein Angebot an Wohnraum auf das knappe Gut erschwinglicher Miet- oder Sozialwohnungen in z. T. benachteiligten Wohngegenden; hinsichtlich der Ernährung reicht zumindest bei Arbeitslosengeld-II-Haushalten der Regelsatz kaum für eine gesunde Ernährung und beides trifft Kinder und Jugendliche in besonderem Maße. Die Verfügbarkeit von Vermögen kann sich als das Zünglein an der Waage erweisen: Wenn das erwirtschaftete Einkommen niedriger als der Lebenshaltungsbedarf ist und zugleich keine „Notgroschen" vorhanden sind, haben Betroffene keine Spielräume, um vorübergehende Engpässe finanziell auszugleichen, sodass auch kurze Armutsphasen zu existenziellen Problemen führen können. Eine ausbleibende Lohnzahlung, unerwartet hohe Nebenkostenabrechnungen des Vermieters oder andere unvorhersehbare Ereignisse münden in dieser Konstellation leicht in Überschuldung. Umgekehrt können größere Vermögensbestände einer Familie deren Kindern Freiheit, Unabhängigkeit und materielle Sicherheit vermitteln, die einen von aktuellen Einkommensverhältnissen unabhängigen Lebensstandard ermöglichen.

Im Mittelpunkt der Ausführungen zu Einkommens- und Armutsrisiken von Migrant(inn)en steht nachfolgend die Frage, wie sich die Einkommens- und Armutslagen von Migrant(inn)en im Laufe der Jahre im Vergleich zu Deutschen, bei denen eine Polarisierung beobachtbar ist,[5] verändert haben. So wird erörtert, ob es auch im 21. Jahrhunderts noch berechtigt ist, von einer ethnisch geschichteten Gesellschaft hierzulande zu sprechen, und, falls dies der Fall ist, welche Migrantengruppen das untere Ende der Schichtungspyramide einnehmen und ob dies gar auch für die Folgegenerationen der Arbeitsmigrant(inn)en zutrifft. Zu fragen ist somit, inwiefern sich die Unterschichtungsthese vielleicht noch für Teilgruppen der Bevölkerung mit Migrationshintergrund (Aussiedler, Flüchtlinge etc.) aufrechterhalten lässt. Kann, wie Rainer Geißler es für angebracht hält, hinsichtlich der verbesserten Lebens- und Arbeitsbedingungen ethnischer Minderheiten am ehesten von einer „Teilintegration" von Zuwanderern hierzulande gesprochen werden?[6] Oder ist es vielmehr angemessen, von einer nur in Teilbereichen ethnisch geschichteten Gesellschaft zu sprechen? In welchen Einkommensgruppen sind Zuwanderer im Deutschland des 21. Jahrhunderts häufig anzutreffen? Welche Migrantengruppen sind besonders von Armutsrisiken bedroht und welche Ethnien oder ausländerrechtlichen Statusgruppen verfügen über besonders hohe Einkommenslagen? Sind es primär neue Zuwanderergruppen wie Aussiedler/innen oder die sog. irregulären Migrant(inn)en, welche die deutsche Gesellschaft sozialstrukturell unterschichten, während etwa die zweite bzw. dritte Generation aus Anwerbestaaten inzwischen auch hinsichtlich ihrer Einkommensverhältnisse zur „sozialstrukturell gelungenen" Integration tendiert? Eine Menge Fragen harren einer Antwort. Sie können gleichwohl nicht in Gänze beantwortet werden, weil es keine Einkommens- und Vermögensdatensätze gibt, welche die Zuwanderergruppen verschiedener Staatsangehörigkeiten, Ethnien, Zuzugskohorten und Aufenthaltsstatus unterscheiden. Die zumindest Teilantworten gebende Auswertung bestehender Untersuchungen weist zwar auf eine insgesamt im Vergleich zu Nichtmigrant(inn)en defizitäre Einkommensausstattung vieler immigrierter Familien hin, gibt aber gar keine Auskunft, wie sich diese

5 Vgl. BMAS (Hrsg.): Lebenslagen in Deutschland. Der erste Armuts- und Reichtumsbericht, a. a. O., S. 62
6 Vgl. R. Geißler: Die Sozialstruktur Deutschlands, a. a. O., S. 294

Rahmenbedingungen auf die im Haushalt lebenden Kinder und ihre Handlungsspielräume auswirken. Als eigenständig handelnde, konsumierende und denkende Subjekte wissen Kinder aus armutsbetroffenen Familien ab dem Grundschulalter um Armut und materielle Einschränkungen, entwickeln aber durchaus unterschiedliche, meist geschlechtsspezifisch geprägte Formen des Umgangs damit.[7]

Exkurs: Familiäre (Niedrig-)Einkommen und Handlungsspielräume von Kindern

Die Kinderarmutsforschung beschäftigt seit längerem die Frage, welche Bedeutung ein familiäres Niedrigeinkommen für Kinder im Kontext eines insgesamt gestiegenen Wohlstandsniveaus und Konsumdrucks besitzt.[8] Hinsichtlich der Chancengleichheit von Kindern ist das familiäre Erwerbseinkommen als Fließgröße kurzfristig wichtiger als das Privatvermögen (bzw. Überschuldungslagen als dessen negatives Pendant), welches als Bestandsgröße zunächst den Eltern und im Erbgang erst indirekt den Nachkommen zugute kommt. Die lebenslagenorientierte Kinderarmutsforschung diskutiert deshalb die Bedeutung von familiärem Niedrigeinkommen mit Blick auf finanzielle Handlungsspielräume, die Minderjährigen zur Befriedigung ihrer Bedürfnisse bleiben. Diese unterscheiden sich je nach Alter der Kinder, dem elterlichen Einkommen und nicht zuletzt der intergenerationellen Weitergabe monetärer Ressourcen innerhalb von Familien, über die allerdings – wie auch über spezifische Ausgabeverhalten, Nebentätigkeiten u. a. von Kindern mit Migrationshintergrund – kaum etwas bekannt ist.

Für das Wohlbefinden von Kindern spielt neben der Einkommenssituation der Familie vor allem die subjektive Bewertung der finanziellen Lage durch die Kinder selbst eine bedeutsame Rolle.[9] Die Münchener Psychologin Sabine Walper betont, dass es weniger objektive Lebensbedingungen oder Stressoren seien, die nachteilige Konsequenzen für die kindliche Entwicklung nach sich zögen, während die subjektive Einschätzung hierbei eine wesentliche Rolle spiele. Der Zusammenhang zwischen familiärem Niedrigeinkommen und belastetem kindlichen Wohlbefinden sei nämlich nur sehr schwach vorhanden und mache sich höchstens indirekt bemerkbar, wenn Kinder ihre eigene ökonomische Deprivation als solche auch wahrnähmen. Auch weise der von Müttern berichtete finanzielle Druck keinen einfachen Zusammenhang zu Depressivität und somatischen Beschwerden von Kindern auf, was darauf zurückzuführen sei, dass Einsparungen zunächst in Bereichen vorgenommen würden, welche Kinder nicht direkt tangierten.

Im Rahmen der Kinderarmutsforschung wird insbesondere der Konsumzwang problematisiert, angesichts dessen bereits Grundschulkinder oft das Gefühl entwickeln, in der Peergroup nicht mithalten zu können, da sie nicht über die Geldmittel für prestigeträchtige

7 Vgl. G. Holz/A. Richter u. a.: Zukunftschancen für Kinder, a. a. O., S. 190; A. Richter: Wie erleben und bewältigen Kinder Armut?, a. a. O., S. 85 ff.

8 Vgl. ebd., S. 57 ff.; K. A. Chassé/M. Zander/K. Rasch: Meine Familie ist arm, a. a. O., S. 119 ff.

9 Vgl. hierzu und zum Folgenden: S. Walper: Ökonomische Knappheit im Erleben ost- und westdeutscher Kinder und Jugendlicher, a. a. O., S. 169 ff.

und als Statussymbole fungierende Konsumartikel verfügen.[10] Da Lifestyle und Konsum zudem identitätsstiftend sind, gehört es zu einer der zentralen Herausforderungen im Kindes- und Jugendalter, sich mittels Mode, Musik und Freizeit selbst zu inszenieren. Diese Zusammenhänge von Konsumgesellschaft und Leistungsdruck thematisiert auch der Elfte Kinder- und Jugendbericht, der mit Blick auf die Erweiterung von Freizeit- und Konsumweltangeboten eine „Vielfalt von Optionen" sieht, die verbunden seien mit dem Zwang, auszuwählen, sich zu entscheiden, sich einzuschränken und zu verzichten – „begleitet von dem Eindruck, zu kurz zu kommen, weil immer nur ein kleiner Teil aus der großen Angebotsfülle gekauft, konsumiert, besessen und genutzt werden kann."[11] Erworbenes und Erlebtes befriedigen Wünsche nur kurzfristig und sind schnell wieder out, merkt der Bericht an, weil die Wunsch- und Konsumspirale ständig neu beginnt und Werbung für eine direkte Präsenz all dessen, was gerade „in" ist, sorgt. So werde Konsumverhalten besonders problematisch, wenn das Kaufen an sich langfristig andere Zwecke als die Beschaffung von Waren und Dienstleistungen verfolge; bereits Mitte der 1990er-Jahre seien bundesweit 6 Prozent aller Jugendlichen als „kaufsüchtig" und weitere 16 Prozent als „kompensatorisch kaufend" eingestuft worden.

Heranwachsende handhaben Geld und Konsumdruck individuell sehr unterschiedlich. Soziale Ungleichheit tritt jedoch gerade hierbei besonders deutlich zutage: Während sich Minderjährige aus wohlhabenden Elternhäusern Konsumbedürfnisse und Markenwünsche erfüllen und damit Maßstäbe für Gleichaltrige setzen können, sind arme Kinder häufig auf andere Umgangsformen wie die Reduktion eigener Wünsche oder delinquente Lösungsstrategien angewiesen. Der Elfte Kinder- und Jugendbericht führt an, dass die Teilhabe an der Warenwelt und an altersspezifischen Freizeitaktivitäten für in einer Konsumgesellschaft aufwachsende Minderjährige Teil der personalen und sozialen Identitätsentwicklung sowie der Positionierung innerhalb der Peergroup sei. Er sprach denn auch von einer „massiven Einschränkung der Handlungs- und Entscheidungsspielräume sowie von Entwicklungsperspektiven" sozioökonomisch benachteiligter Kinder im Vergleich zu wohlhabenden Minderjährigen.[12] Besonders Jugendliche mit wenig Einkommensspielräumen hätten oftmals das Gefühl, den Anschluss zu verlieren, negativ aufzufallen und nicht dazu zu gehören; zudem liefen sie – etwa, weil kommerzielle Freizeitaktivitäten unerschwinglich seien oder sie in wenig geachteten Wohnverhältnissen lebten – Gefahr, Stigmatisierungs- und Ausgrenzungsprozessen durch Gleichaltrige ausgesetzt zu sein. Minderjährige sind damit nicht nur einem wachsenden Konsumdruck ausgesetzt, sondern werden als Konsument(inn)en auch gezielter und massiver umworben als früher. Das hängt mit ihrer immens gewachsenen Kaufkraft zusammen: Der Elfte Kinder- und Jugendbericht führt Schätzungen an, wonach 6- bis 17-Jährige im Jahr 1999 über rund 9 Mrd. und 15- bis 20-Jährige sogar über rund 16 Mrd. Euro Kaufkraft aus Taschengeld, Geschenken, Arbeitsverdiensten und Sparguthaben verfügten.[13] Indes ist der Erkenntnisstand zu materiellen Spielräumen von Minderjährigen mit

10 Vgl. G. Unverzagt/K. Hurrelmann: Konsum-Kinder. Was fehlt, wenn es an gar nichts fehlt, Freiburg i. Br. 2001, S. 24 ff.

11 Siehe hierzu und zum Folgenden: BMFSFJ (Hrsg.): Elfter Kinder- und Jugendbericht, a. a. O., S. 145 f.

12 Siehe ebd., S. 146

13 Vgl. hierzu und zum Folgenden: ebd., S. 144; Ch. Feil: Kinder, Geld und Konsum. Die Kommerzialisierung der Kindheit. Weinheim/München 2003, S. 87 ff.

Migrationshintergrund (mit Ausnahme jugendlicher Spätaussiedler) kaum befriedigend. Der Bericht erwähnte diesbezüglich bloß, dass aufgrund der geringeren Ausbildungsbeteiligung ausländischer Jugendlicher – trotz besserer Schulabschlüsse – insbesondere junge Frauen türkischer Herkunft bis zum Alter von 30 Jahren zur Hälfte kein eigenes Einkommen haben.[14]

Die wachsende Ungleichverteilung von materiellen Ressourcen macht auch vor Minderjährigen nicht halt. Einerseits sind bereits Kleinkinder durch (sich steuerlich rentierende) Schenkungen bzw. Vermögensüberschreibungen von Eltern reich, andererseits lebt eine wachsende Zahl Jugendlicher immer jüngeren Alters in Verschuldung. Letzteres wird von der Armutsforschung jedoch nur selten zur Kenntnis genommen, obwohl Studien bereits in den 1990er-Jahren von Zusammenhängen zwischen Jugendmarketingstrategien von Banken (etwa im Girokonto- oder im Mobiltelefonbereich) und Kredite aufnehmenden, überschuldeten Jugendlichen berichteten.[15] Demnach steigt der Anteil verschuldeter Minderjähriger, gefördert durch vereinfachte Zugangswege zu Kreditkarten und Privatkrediten, seit Jahren an. Jugendliche seien bei Kreditinstituten begehrte Kunden und würden von Ratenkaufanbietern, Mobilfunknetzbetreibern etc. heiß umworben, weiß der Elfte Kinder- und Jugendbericht, was bei einem Teil zu „aussichtloser Überschuldung" führe, bevor erstmals eigenständig ein die Existenz sicherndes Einkommen verdient würde.[16] Bereits 1996 seien laut einer Befragung 17 Prozent aller Jugendlichen mit durchschnittlich etwa 280 Euro verschuldet gewesen; mit der Volljährigkeit seien diese Beträge nochmals spürbar gestiegen. Außerdem seien etwa 5 Prozent bereits *über*schuldet, was in etwa einer Größenordnung von 250.000 Jugendlichen entspreche.

Einzelne Untersuchungen thematisieren die Zahlung von Taschengeld an Kinder. Für Grundschulkinder in Ostdeutschland fanden Karl-August Chassé und seine Mitautor(inn)en heraus, dass fast alle Kinder ungeachtet des Geschlechts und der ethnischen Herkunft Taschengeld erhielten.[17] Allerdings fehlen gänzlich Untersuchungen, welche die Minderheit von Kindern *ohne* Taschengeld in den Blick nehmen, wie Christine Feil bemängelte; über diese Gruppe sei lediglich bekannt, dass sie häufiger aus dem Osten Deutschlands und aus Familien mit niedrigerem bzw. mittlerem Sozialstatus kommen, während das Geschlecht und die Nationalität das Fehlen von Taschengeld offenbar nicht beeinflussten.[18] Sie berichtete, dass der größte Anteil von Kindern entweder ohne oder mit nur sporadischen Zahlungen in der Gruppe der 6- bis 8-Jährigen anzutreffen sei. Die AWO-ISS-Vertiefungsstudie bestätigte, dass Grundschulkinder aus armen Familien weniger und unregelmäßiger Taschengeld erhielten als nichtarme,[19] ihre eigene materielle Situation im Vergleich zu nichtarmen Kindern signifikant häufiger als schlecht einschätzten und zu einem höheren Anteil angaben, dass ihnen dies etwas ausmache.

14 Vgl. BMFSFJ (Hrsg.): Elfter Kinder- und Jugendbericht, a. a. O., S. 145
15 Vgl. A. Bieligk: Die armen Kinder, a. a. O., S. 51
16 Siehe BMFSFJ (Hrsg.): Elfter Kinder- und Jugendbericht, a. a. O., S. 146
17 Vgl. K.A. Chassé/M. Zander/K. Rasch: Meine Familie ist arm, a. a. O., S.127 ff.
18 Vgl. Ch. Feil: Kinder, Geld und Konsum, a. a. O., S. 48 ff.
19 Vgl. hierzu und zum Folgenden: G. Holz/S. Skoluda: „Armut im frühen Grundschulalter", a. a. O., S. 136 ff.

4.1.1 Einkommen und Armutsrisiken von Ausländern und Deutschen im Vergleich

Anhand der Indikatoren „verfügbares Durchschnittseinkommen" sowie „Armutsrisikoquote" wird nachfolgend der Frage nachgegangen, wie sich die Einkommens- und Armutstendenzen der ausländischen im Vergleich zur deutschen Bevölkerung laut neueren Daten entwickelt haben.

1. Einkommensentwicklungen

In der Sozialberichterstattung werden die Einkommenstendenzen von Ausländer(inne)n und Deutschen seit Mitte der 1980er-Jahre in Zeitreihen komparativ dargestellt. Verschiedene repräsentative Datenquellen weisen seither auf eine allgemeine Zunahme des Wohlstands ebenso wie auf eine Auseinanderentwicklung der Einkommenslagen beider Gruppen im früheren Bundesgebiet hin. Dies ist nicht nur innerhalb der Gesamtbevölkerung zu beobachten,[20] sondern zeichnet sich ebenso zwischen Ausländer(inne)n und Deutschen sowie zwischen Ausländer(inne)n verschiedener Herkunftsgruppen ab.[21] So konstatierte der erste Armuts- und Reichtumsbericht der Bundesregierung auf Basis von Daten des SOEP erstmals „amtlich" eine solche Vergrößerung der Einkommensschere unter Nichtdeutschen von 1985 bis 1998. Demnach erhöhte sich einerseits der Anteil einkommensarmer Ausländer/innen um rund 4 auf ca. 14 und jener armutsnah Lebender um 4 auf über 25 Prozent.[22] Andererseits nahm unter ihnen auch der Anteil Reicher geringfügig um 0,3 auf 1,4 Prozent sowie Wohlhabender um 0,5 auf 9,6 Prozent zu. Zugleich wurde eine Vergrößerung des Abstandes zwischen deutschen und ausländischen Haushalten dokumentiert, weil der Anteil einkommensarmer Deutscher bei rund 8 Prozent stabil blieb. Vor allem aber vergrößerte die Reichtumszunahme bei Letzteren die Schere: Unter ihnen stieg der Anteil Wohlhabender von 18 auf 22 Prozent; zugleich nahm der Anteil Reicher bei ihnen um 2 auf über 8 Prozent zu. Der Bericht führte schließlich an, dass die Nettoäquivalenzeinkommen von Ausländer(inne)n Mitte der 1980er-Jahre noch fast 80 Prozent der verfügbaren Einkommen der Gesamtbevölkerung im früheren Bundesgebiet erreichten, dieser Anteil bis 1996 auf rund 70 Prozent zurückging und bis 1998 wieder auf rund 73 Prozent zunahm, wobei das Ausmaß der Ungleichheit innerhalb der ausländischen Bevölkerungsgruppe geringer als bei der deutschen war.[23]

Diesen Trend einer sich bis 1998 weiter vergrößernden Einkommensschere zwischen deutschen und ausländischen Arbeitnehmer(inne)n bestätigte der Migrationslagebericht des Jahres 2002.[24] Auch bei der zweiten Generation vergrößerte sich demnach die Einkommensungleichheit, weil der Anteil Wohlhabender und die Betroffenheit von Niedrigeinkommen zunahmen. Gert G. Wagner und Ingrid Tucci werteten SOEP-Daten für 2002 aus, die belegen,

---

20 Vgl. StBA (Hrsg.): Datenreport 2004, a. a. O., S. 624; StBA (Hrsg.): Datenreport 2006, a. a. O., S. 611

21 Vgl. auch zum Folgenden: BMAS (Hrsg.): Lebenslagen in Deutschland. Daten und Fakten, a. a. O., S. 269

22 Bei diesen und den folgenden Daten werden, sofern nicht anders ausgewiesen, Haushalte mit bis zu 50 % des Nettoäquivalenzeinkommens nach der neuen OECD-Skala als arm klassifiziert, armutsnah entsprechend jene mit bis zu 60 % desselben; Wohlhabende verdienten bis zu 150 und Reiche bis zu 200 % desselben.

23 Vgl. BMAS (Hrsg.): Lebenslagen in Deutschland. Der erste Armuts- und Reichtumsbericht, a. a. O., S. 208; hierzu und zum Folgenden: BMAS (Hrsg.): Lebenslagen in Deutschland. Daten und Fakten, a. a. O., S. 267 f.

24 Vgl. Bundesausländerbeauftragte (Hrsg.): Lagebericht 2002, a. a. O., S. 315

dass ausländische Migrant(inn)en mit 12.685 Euro wesentlich geringere Haushaltsnettoäquivalenzeinkommen erzielten als gebürtige Deutsche (ohne Aussiedler und Eingebürgerte) mit 16.391 Euro.[25] Zudem erwirtschafteten nur 13 Prozent der Haushalte gebürtiger Deutscher, aber 25 Prozent der ausländischen Lebensgemeinschaften ein Einkommen unterhalb der Armutsgrenze von 60 Prozent des (äquivalenzgewichteten) Medianeinkommens. Überdurchschnittliche Einkommen (150 % des Medians und mehr) verzeichneten hingegen 23 Prozent der Deutschen und 10 Prozent der Ausländer/innen. Feststellbar ist somit eine wachsende Spreizung durchschnittlicher Einkommen zwischen Ausländer(inne)n und Deutschen, die sich im beginnenden 21. Jahrhundert unvermindert fortsetzt.

Der Mikrozensus 2005 gibt erstmals Auskunft über die gewichteten Nettoäquivalenzeinkommen von Menschen *mit Migrationshintergrund*. Demnach erreichte die dort erfasste Bevölkerung mit Migrationshintergrund (darunter auch Aussiedler/innen sowie Ausländer/innen der zweiten Generation) 79 Prozent des Durchschnittswertes der Gesamtbevölkerung, Ausländer/innen 73 und Eingebürgerte 82 Prozent.[26] Die Pro-Kopf-Einkommen von ausländischen und eingebürgerten Migrant(inn)en (ohne Aussiedler) lagen also weit unter denjenigen autochthoner Deutscher, womit sie auch einem erhöhten Armutsrisiko ausgesetzt sind. Dieser Trend geringerer materieller Ressourcen zeigt sich auch beim Einkommen aus Erwerbstätigkeit: Bloß 14 Prozent der Erwerbstätigen mit Migrationshintergrund erzielten ein Einkommen über 2.000 Euro (ohne Migrationshintergrund: 23 %), während sie in der Einkommensgruppe unter 1.100 Euro mit 47 Prozent wesentlich stärker als Einheimische (37 %) vertreten waren.

2. Armutsrisiken 1998 bis 2005

Die im zweiten Kapitel für die 1980er- und frühen 90er-Jahre gezeigte überdurchschnittliche Armutsbetroffenheit ausländischer Migrant(inn)en wird in Sozialberichten und der Fachliteratur jüngeren Datums regelmäßig bestätigt.[27] Für 1998 dokumentierte der Armutsbericht der Hans-Böckler-Stiftung u. a., dass Haushalte ausländischer Zuwanderer mit rund 64 Prozent mehr als doppelt so häufig in Armut und Niedrigeinkommen lebten wie „Nicht-Migranten" (mit 29 %).[28] Nach den Datenreports des Statistischen Bundesamtes lebten im Jahr 2000 fast 60 Prozent der ausländischen, aber „nur" 28 Prozent der deutschen Bevölkerung im Niedrigeinkommensbereich[29] und rund 22 Prozent der Ersteren und 6 Prozent der Letzteren hatten

25 Vgl. hierzu und zu folgenden Angaben: I. Tucci/G. G. Wagner: Einkommensarmut bei Zuwanderern überdurchschnittlich gestiegen, a. a. O., S. 79 ff.

26 Vgl. auch zum Folgenden: Bundesintegrationsbeauftragte (Hrsg.): 7. Bericht, a. a. O., S. 115; BMAS (Hrsg.): Lebenslagen in Deutschland. Der dritte Armuts- und Reichtumsbericht, a. a. O., S. 140

27 Vgl. etwa UKZU (Hrsg.): Zuwanderung gestalten – Integration fördern, a. a. O., S. 226; BMAS (Hrsg.): Lebenslagen in Deutschland. Daten und Fakten, a. a. O., S. 267 f.; StBA (Hrsg.): Datenreport 2002. Zahlen und Fakten für die Bundesrepublik Deutschland, Bonn 2002, S. 589

28 Vgl. W. Hanesch/P. Krause/G. Bäcker: Armut und Ungleichheit in Deutschland, a. a. O., S. 435. Als Niedrigeinkommen galten Äquivalenzeinkommen unter 75 % des durchschnittlichen (westdeutschen) Nettoeinkommens, Armut lag bei weniger als 50 % desselben vor.

29 Vgl. StBA (Hrsg.): Datenreport 2002, a. a. O., S. 589. Als Grenzwert für Niedrigeinkommen galt die 75-%-Grenze des Durchschnittsäquivalenzeinkommens, Datenbasis war das SOEP.

einen Verdienst von weniger als der Hälfte des Durchschnittseinkommens. 2002 waren immerhin noch 10 Prozent der deutschen, aber mit 27 Prozent fast drei Mal so häufig Nichtdeutsche von Armut (hier: weniger als 60 % des Medianeinkommens) betroffen.[30] Bis 2004 sank die Armutsquote von Ausländer(inne)n schließlich auf 23,8 Prozent, womit sie zuletzt fast doppelt so hoch wie jene von Deutschen (12 %) lag.[31]

Die jüngste migrationsspezifische Fünfjahresauswertung des SOEP (1998 bis 2003) ergab eine erneute Verschlechterung der ökonomischen Lage von Zuwandererhaushalten.[32] Waren anfangs noch 19 Prozent der Zuwanderer gegenüber 12 Prozent der „Mehrheitsbevölkerung" einkommensarm,[33] stieg dieser Anteil bis 2003 bei Ersteren auf 23 und bei Letzteren bloß auf 14 Prozent. Besonders hoch – und auch stabil bleibend – waren überdies die Risiken von Frauen, die sowohl 1998 eine mit 21 um 5 als auch 2003 eine mit 24 um 3 Prozent höhere Armutsrisikoquote als Männer mit Migrationshintergrund hatten. Dies galt zwar auch für die Mehrheitsgesellschaft, Migrantinnen trugen aber zu allen Zeiten das höchste Risiko, was vermutlich auch mit ihrer geringeren Erwerbsbeteiligung zusammen hinge, so Wagner und Tucci. Auf der anderen Seite habe sich gleichzeitig eine Schicht Wohlhabender unter den Zuwanderern herausgebildet, die von 5 auf 7 Prozent gewachsen sei. Bei deutschen Haushalten kletterten die entsprechenden Anteile von 20 auf 22, bei „gemischten" (d. h. binationalen) Haushalten von 17 auf 18 Prozent.

4.1.2 Unterschiede in den Armutsrisiken von Migranten nach weiteren Indikatoren

Das Risiko immigrierter Familien, in Einkommensarmut zu geraten, hängt von vielerlei Einflussfaktoren ab, von denen einige – mit Ausnahme herkunftsspezifischer Unterschiede, auf die später eingegangen wird – hier vorgestellt werden. Einflussreich sind zum einen Anzahl und Höhe der Erwerbs- und Besitzeinkünfte (bzw. der Schulden) sowie der privaten und staatlichen Transfers. Zum anderen sind die Größe und Zusammensetzung des Familienhaushaltes einschließlich des Alters der Kinder wesentliche Bestimmungsgrößen, weil sie seinen Einkommensbedarf bedingen.[34] Einen guten, in Abb. 4.1 fixierten Überblick über die Armutsrisiken der Bevölkerung mit Migrationshintergrund nach sozialstrukturellen Merkmalen erlaubt der Sozialbericht NRW 2007, für den man Mikrozensus-Daten des Jahres 2005 auswertete.

30 Vgl. StBA (Hrsg.): Datenreport 2004, a. a. O., S. 632

31 Vgl. dass. (Hrsg.): Datenreport 2006, a. a. O., S. 617

32 Vgl. auch zum Folgenden: I. Tucci/G. G. Wagner: Einkommensarmut bei Zuwanderern überdurchschnittlich gestiegen, a. a. O., S. 80 ff. Als „Zuwandererhaushalte" zählten jene, in denen nur Zuwanderer oder in Deutschland geborene Ausländer/innen lebten, während „gemischte Haushalte" solche waren, „in denen mindestens eine Person mit Migrationshintergrund mit einer in Deutschland geborenen Person deutscher Staatsangehörigkeit lebt", und „deutsche Haushalte" Lebensgemeinschaften bezeichneten, die nur aus Einheimischen bestanden.

33 Zugrunde lag eine Armutsschwelle von weniger als 60 % des Medians vom Nettoäquivalenzeinkommen.

34 Vgl. W. Hanesch/P. Krause/G. Bäcker: Armut und Ungleichheit in Deutschland, a. a. O., S. 408

Abbildung 4.1 Armutsrisikoquoten der Bevölkerung mit Migrationshintergrund*) in NRW nach sozialstrukturellen Merkmalen**)

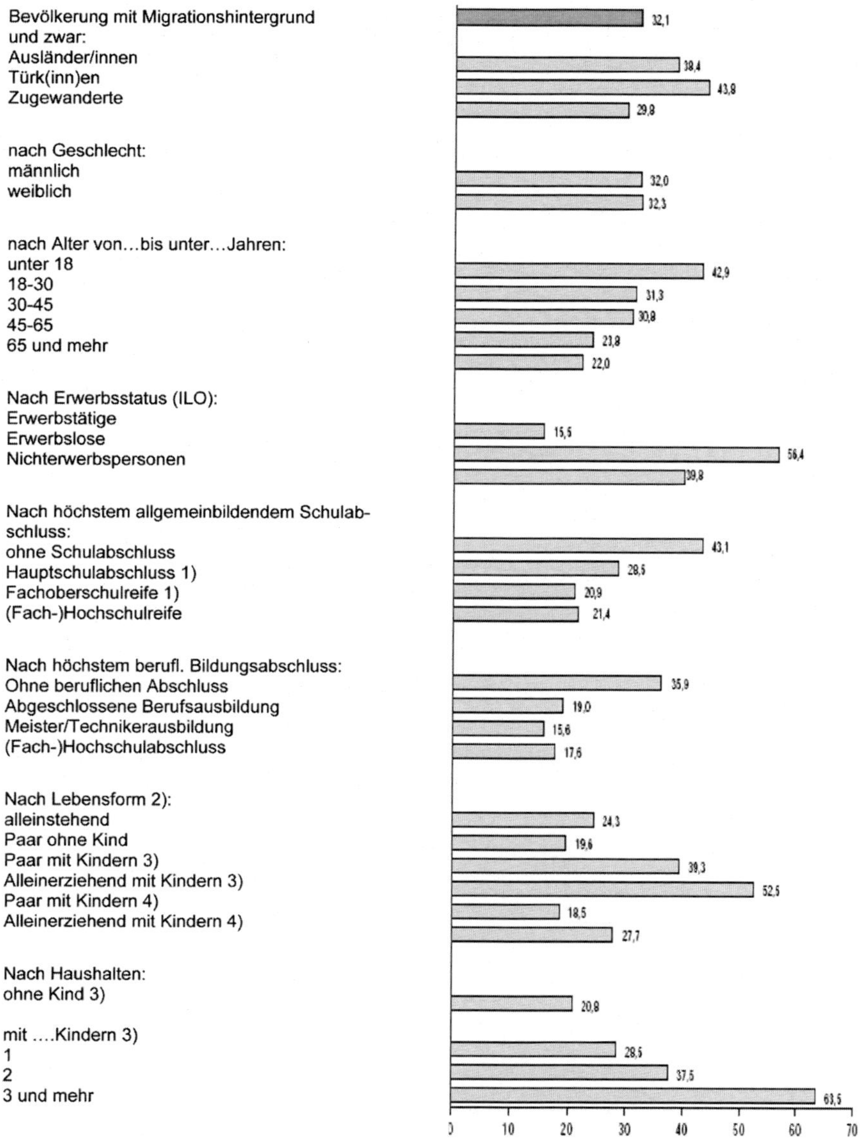

*) Zahl der Personen mit Migrationshintergrund und einem Nettoäquivalenzeinkommen von weniger als 50% vom arithmetischen Mittel der Gesamtbevölkerung je 100 Personen mit Migrationshintergrund und entsprechenden sozialstrukturellen Merkmalen – **) Ergebnisse des Mikrozensus – 1) oder gleichwertiger Abschluss – 2) betrachtet werden Personen, die der jeweiligen Lebensform angehören – 3) jüngstes Kind im Alter von unter 18 Jahren – 4) jüngstes Kind im Alter von 18 und mehr Jahren

Quelle: MAGS NRW (Hrsg.): Sozialbericht 2007, a. a. O., S. 301

Personengruppen mit den höchsten Armutsrisikoquoten unter Migrant(inn)en in NRW waren der Abbildung zufolge kinderreiche Haushalte (63 %), Erwerbslose (56 %) und Alleinerziehende mit minderjährigen Kindern (52 %); mit einem deutlich geringeren, aber immer noch überproportionalen Armutsrisiko folgten Menschen ohne Schulabschluss (43 %), Türk(inn)en (43 %) sowie Unter-18-Jährige (42 %).

1. Armutsrisiken nach Migrationshintergrund

Der Mikrozensus 2005 erlaubte auch erstmals eine Auswertung von Armutsrisiken nach dem Migrationshintergrund.[35] Er weist folgende bundesweite Armutsrisikoquoten aus:

Abbildung 4.2 Bevölkerung nach Migrationshintergrund und Armutsrisikoquote 2005

			Deutschland insgesamt	
		Geschlecht	Gesamt	Armutsrisikoquote[1)]
			1 000	%
Bevölkerung ohne Migrationshintergrund		männlich	32.543	11,0
		weiblich	34.589	12,2
		Gesamt	**67.132**	**11,6**
Bevölkerung mit Migrationshintergrund		männlich	7.795	27,9
		weiblich	7.538	28,5
		Gesamt	**15.333**	**28,2**
darunter	(Spät-)Aussiedler/innen und Nachkommen	männlich	1.995	20,0
		weiblich	2.058	21,4
		Gesamt	**4.053**	**20,7**
	Eingebürgerte und als Deutsche geborene Kinder von Zuwanderern	männlich	1.992	24,3
		weiblich	1.967	25,0
		Gesamt	**3.959**	**24,7**
	Zugewanderte und hier geborene Ausländer/innen	männlich	3.809	34,0
		weiblich	3.512	34,6
		Gesamt	**7.321**	**34,3**
Gesamt		männlich	40.339	14,3
		weiblich	42.127	15,2
		Gesamt	**82.465**	**14,8**

Quelle: Bundesintegrationsbeauftragte (Hrsg.): 7. Bericht über die Lage der Ausländerinnen und Ausländer in Deutschland. Tabellenanhang, Berlin, Dezember 2007, S. 49 (nachfolgend: 7. Lagebericht, Tabellenanhang). Die Daten stammen aus einer Sonderauswertung des StBA vom Mikrozensus 2005 für die Bundesintegrationsbeauftragte. Die Armutsrisikogrenze lag bei weniger als 60 % des durchschnittlichen Medianeinkommens.

35 Vgl. Bundesintegrationsbeauftragte (Hrsg.): 7. Bericht über die Lage der Ausländerinnen und Ausländer in Deutschland, BT-Drs. 16/7600, Berlin, Dezember 2007, S. 115 (nachfolgend: 7. Lagebericht); zum Folgenden: dies. (Hrsg.): 7. Lagebericht, Tabellenanhang, a. a. O., S. 46

Die Abbildung 4.2 zeigt, dass Autochthone ohne Migrationshintergrund (mit 11 %) das geringste und Menschen mit Migrationshintergrund (mit einer Armutsquote von 28 %) ein ca. 2,5-fach so hohes Armutsrisiko tragen. Die sich aufgeschlüsselt nach Migrationshintergrund ergebende Rangfolge der Armutsbetroffenheit weist aus, dass unter den Menschen mit Migrationshintergrund die Aussiedler/innen samt Nachkommen (mit 20 %) das geringste Armutsrisiko haben; ihnen folgen Eingebürgerte und als Deutsche Geborene (mit 24 %) sowie schließlich Menschen mit ausländischen Pass, die selbst zugewandert oder hier geboren sind und mit 34 Prozent das höchste Armutsrisiko tragen. Frauen mit Migrationshintergrund haben in allen Gruppen ein geringfügig (1–2 %) höheres Armutsrisiko als Männer.

2. Altersgruppenspezifische Armutsrisiken

Wie die Rede von der Infantilisierung der Armut impliziert, tragen besonders Kinder und junge Menschen hierzulande seit Anfang der 1990er-Jahre hohe Risiken, in (familiärer) Einkommensarmut aufzuwachsen. So stieg die Armutsquote von 1997 bis 2004 bei Unter-10-Jährigen von 12,9 auf 14,8 Prozent und bei 10- bis 20-Jährigen von 16,2 auf 18,4 Prozent.[36] Eine Infantilisierung der Armut ist für ausländische Kinder in besonderem Maße festzustellen, wie ihre erheblich gestiegenen und überproportionalen Sozialhilferisiken belegen. Für 1998 bezifferten Hanesch, Krause und Bäcker die Niedrigeinkommensquote von Bis-zu-15-jährigen Ausländer(inne)n auf 77 und vom westdeutschen Bevölkerungsdurchschnitt auf 51 Prozent, womit sie bei beiden Gruppen die höchste von allen Altersgruppen war.[37] Die altersgruppenspezifische Armutsbetroffenheit von Deutschen und Zuwanderern weist im Zeitverlauf zwischen 1998 und 2003 zudem einige Besonderheiten auf (vgl. Abb. 4.3).

Während das Armutsrisiko der bis-zu-20-jährigen Mehrheitsbevölkerung demnach um 3 auf 18 Prozent 2003 stieg, erhöhte es sich bei Zuwanderern um 2 auf fast 25 Prozent.[38] Die Armutsquote der 21- bis 40-Jährigen, also der Elterngeneration, nahm bei Zuwanderern um rund 7 auf fast 25 Prozent klarer als bei Deutschen zu, bei denen sie „bloß“ um 4 auf 15 Prozent stieg. Am stärksten stieg allerdings die Armutsquote von über-60-jährigen Zuwanderern, die sich in fünf Jahren auf 30 Prozent annähernd verdoppelte, während jene altersgleicher Deutscher bei rund 14 Prozent weitgehend stabil blieb.

36 Der Berechnung liegen Daten des SOEP zugrunde, die als Armutsschwelle 60 % vom Median des Nettoäquivalenzeinkommens ansetzt; vgl. StBA (Hrsg.): Datenreport 2006, a. a. O., S. 617

37 Vgl. W. Hanesch/P. Krause/G. Bäcker: Armut und Ungleichheit in Deutschland, a. a. O., S. 439. Als Niedrigeinkommen galten Äquivalenzeinkommen unter 75 % des durchschnittlichen (westdeutschen) Nettoeinkommens. Bei 16- bis 30-Jährigen waren 64 % der Ausländer und 41 % des Bevölkerungsdurchschnitts betroffen, bei 31- bis 45-Jährigen, also der Elterngeneration, waren es immerhin noch 61 bzw. 33 %. Ältere Ausländer trugen ein weit geringeres Niedrigeinkommensrisiko.

38 Vgl. hierzu und zum Folgenden: Ebd., S. 82. Als „Zuwandererhaushalte“ wurden solche gewertet, in denen nur Zuwanderer oder in Deutschland geborene Ausländer/innen lebten.

Abbildung 4.3 Armutsquoten[39] bei Zuwanderern und Einheimischen 1998 und 2003 (in %)

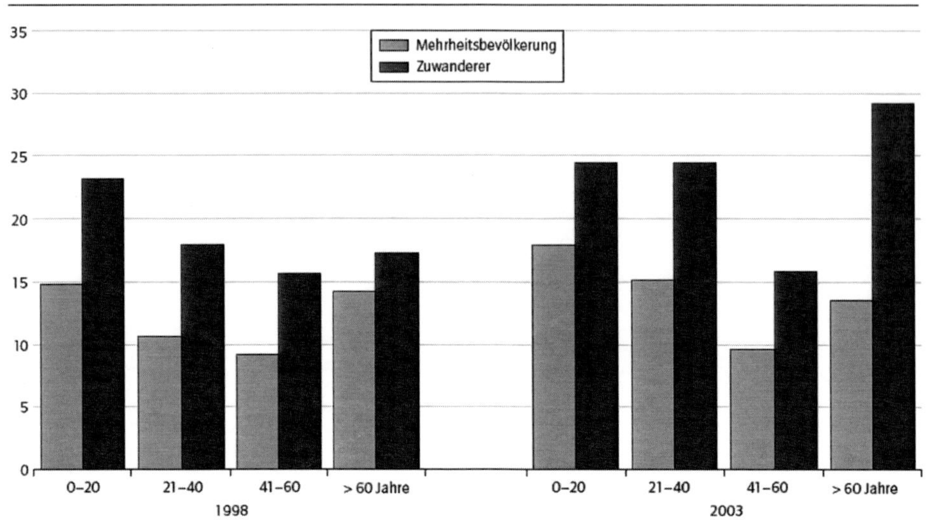

Quellen: SOEP 1998 und 2003 (1998: ohne E-Stichprobe, 2003: ohne G-Stichprobe); Berechnungen des DIW Berlin, in: I. Tucci/G. G. Wagner: Einkommensarmut bei Zuwanderern überdurchschnittlich gestiegen, a. a. O., S. 82

Die Armutsrisikoquote von unter-15-jährigen Kindern und Jugendlichen mit Migrationshintergrund bezifferte der dritte Armuts- und Reichtumsbericht auf der Grundlage von Mikrozensuszahlen von 2005 auf 32 Prozent, womit sie bei ihnen fast drei Mal so hoch wie bei Gleichaltrigen ohne Migrationsgeschichte (13 %) liegt.[40] Auch Über-64-Jährige *mit* Migrationshintergrund trugen mit 27 zu 13 Prozent ein fast drei Mal so hohes Risiko, einkommensarm zu sein.

3. Armutsrisiken und Haushaltsmerkmale (Haushaltsgröße, Familienstand)

Trotz Angleichungstendenzen haben ausländische Familien nach wie vor durchschnittlich größere Haushalte mit einer jüngeren Altersstruktur als deutsche, was sich auch in ihren Armutsrisiken niederschlägt. Wie sehen nun Familienstand und Haushaltsgrößen in der nichtdeutschen Bevölkerung heutzutage tatsächlich aus und worin unterscheiden sie sich noch von jenen der Deutschen? Festzustellen ist zunächst, dass ausländische Migrant(inn)en nach wie vor nicht nur kinderreicher, sondern auch häufiger und früher verheiratet sind: Der Zwölfte Kinder- und Jugendbericht konstatierte für das Jahr 2000, dass eheliche Lebensgemeinschaften bei ausländischen Familien mit Kindern verbreiteter waren als bei deutschen (86 gegenüber 78 %),

39 Bezogen auf das Nettohaushaltsäquivalenzeinkommen des Vorjahres, neue OECD-Skala, gewichtet.

40 Vgl. BMAS (Hrsg.): Lebenslagen in Deutschland. Der dritte Armuts- und Reichtumsbericht, a. a. O., S. 141. Ihm liegt eine Armutsgrenze von weniger als 60 % des Pro-Kopf-Nettoäquivalenzeinkommens (Median) zugrunde.

während Alleinerziehende (12 gegenüber 15 %) sowie nichteheliche Lebensgemeinschaften (2 gegenüber 6 %) bei ihnen seltener waren.[41] Der Sechste Familienbericht dokumentierte für 1997, dass Ausländerinnen im Vergleich zu Deutschen wesentlich früher heirateten: Während nur 0,6 Prozent der deutschen Frauen zwischen 15 und 20 Jahren bereits verheiratet waren, traf dies für 5,7 Prozent der Nichtdeutschen zu. Auch bei den folgenden Altersstufen bis 30 Jahre lag die Verheiratetenquote bei Ausländerinnen mit 45 Prozent um etwa 10 Prozent höher.[42] Analog dazu waren die Scheidungsquoten besonders bei jüngeren Ausländerinnen merklich niedriger (um ab 60 Jahren zuzunehmen). Der Datenreport belegt für das Jahr 2004, dass nach Herkunftsregionen betrachtet Türk(inn)en mit 79 Prozent die höchsten Anteile Verheirateter und die geringsten Anteile Geschiedener und Alleinlebender aufwiesen; ihnen folgten Zuwanderer aus Ex-Jugoslawien (mit 65 %) und schließlich jene aus den EU-Anwerbestaaten Griechenland, Italien und Spanien (mit 63 %) sowie Aussiedler/innen (mit 58 %, zum Vergleich: 53 % der Deutschen waren verheiratet).[43] Unterschiede zwischen verschiedenen Herkunftsgruppen sind, wie Abb. 4.4 zeigt, ebenso bezüglich der Kinderzahl erkennbar.[44]

Abbildung 4.4 Anteil von türkischen Kindern, Kindern der Aussiedlerfamilien aus Russland und deutschen Kindern mit und ohne Geschwister im Haushalt (2002, in %)

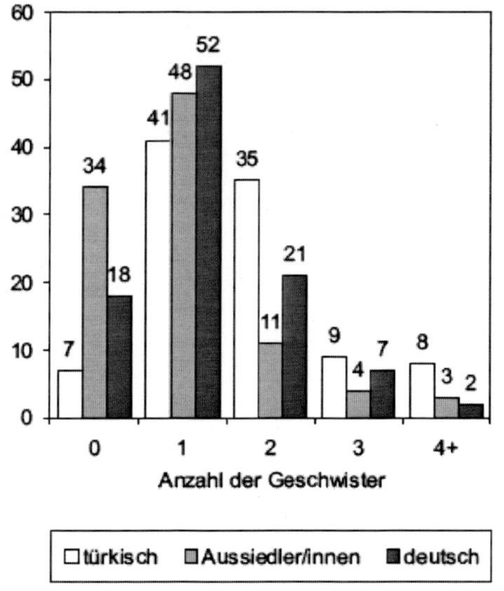

Quellen: D. Müller: Familiale Situation türkischer und deutscher Familien im Vergleich, unveröff. Manuskript 2005; ders.: Familiale Situation russlanddeutscher und deutscher Familien im Vergleich, unveröff. Manuskript 2005, zit. nach: BMFSFJ (Hrsg.): Zwölfter Kinder- und Jugendbericht, a. a. O., S. 54

41 Vgl. BMFSFJ (Hrsg.): Zwölfter Kinder- und Jugendbericht, a. a. O., S. 54
42 Vgl. dass. (Hrsg.): Familien ausländischer Herkunft, a. a. O., S. 73
43 Vgl. StBA (Hrsg.): Datenreport 2006, a. a. O., S. 566. Zu Familienformen von Zuwanderern aus der Türkei, Ex-Jugoslawien, Griechenland und Italien für 2001 vgl. BMAS (Hrsg.): Repräsentativuntersuchung 2001, Tabellenband, a. a. O., S. 60
44 Zur Anzahl der in Deutschland lebenden Kinder von Zuwanderern aus der Türkei, Ex-Jugoslawien, Griechenland und Italien für 2001 vgl. ebd., S. 67

Der Abbildung zufolge wuchsen im Jahr 2002 Aussiedlerkinder mit einem Drittel weitaus am häufigsten geschwisterlos auf und weitere 48 Prozent hatten nur ein Geschwisterkind, womit es sich überwiegend um Kleinfamilien bis zu 4 Personen handelte. Mit einem Geschwisterkind lebten am häufigsten (52 %) deutsche Kinder, während dies für Türk(inn)en (41 %) am seltensten zutrifft. Dafür sind Letztere bei Familien mit drei, vier und mehr Kindern am häufigsten vertreten.

Ferner ist eine stetige Zunahme binationaler Ehen und Partnerschaften beobachtbar. Nur bei 4 Prozent aller Eheschließungen in der Bundesrepublik war 1960 ein/e Ausländer/in beteiligt, 1980 schon bei fast 10, 1996 bei rund 14 und 2000 bereits bei fast 19 Prozent – und somit bei jeder fünften Trauung im früheren Bundesgebiet.[45] 1999 waren von insgesamt 19,5 Mio. Ehepaaren in Deutschland 1,2 Mio. (oder 6,7 %) ausländische Paare und 740.000 (oder 3,8 %) binationale Partnerschaften.[46] Allerdings besitzt dies sowohl hinsichtlich der Wohlstands- als auch der Armutsquoten keine Relevanz, da sich binationale Haushalte in beiden Indikatoren nicht wesentlich von deutschen Haushalten unterscheiden, sodass ihre spezifische Konstellation in weiteren Betrachtungen außen vor bleiben kann.[47]

Bezüglich der Haushaltsgröße ist festzustellen, dass Einpersonenhaushalte sowohl unter Deutschen als auch unter Ausländer(inne)n mit Anteilen von 37 bzw. 29 Prozent die am weitesten verbreitete Haushaltsform bilden.[48] Daneben steigen bei beiden Gruppen die Anteile Alleinerziehender tendenziell, womit die Parallelen aber weitestgehend erschöpft sind: 2002 waren 23 Prozent der ausländischen (und 34 % der deutschen) Haushalte Zweipersonenhaushalte, weitere 18 Prozent Drei- (deutsche: 14 %), 17 Prozent (10 %) Vier- und 11 Prozent (3 %) Fünf- und Mehrpersonenhaushalte. Ausländer/innen lebten damit weiterhin seltener in Klein- und häufiger in Großhaushalten als Deutsche; allerdings gleichen sich die Größe der Haushalte bzw. die Kinderzahlen beider Gruppen zunehmend an. Nichtdeutsche lebten schließlich wesentlich häufiger mit Kindern zusammen: 1999 lebten in knapp der Hälfte aller deutschen Haushalte Kinder, gleichzeitig traf dies für 60 Prozent der binationalen und fast drei Viertel der ausländischen Haushalte zu. Die durchschnittliche Anzahl von Kindern pro Familie variiert zudem erheblich: 1999 hatten deutsche Ehepaare im Mittel 1,7 und ausländische 2,05 Kinder; bei Alleinerziehenden waren es bei Deutschen 1,36 und bei Ausländer(inne)n 1,6 Kinder.[49] Drei bzw. mehr Kinder hatten 12 Prozent der deutschen und 27 Prozent der ausländischen Paarhaushalte und bei Alleinerziehenden waren es 6 bzw. 12 Prozent. Als Gründe für diesen „relativen Kinderreichtum" nannte der Migrationslagebericht 2002 die unterschiedliche Altersstruktur der ausländischen und der deutschen Bevölkerung[50] sowie die höhere Geburtenrate ausländischer Frauen, die sich mit steigender Aufenthaltsdauer allerdings jener der deutschen Frauen weiter annähert.

Geht mit einer höheren Anzahl im Haushalt lebender Personen bzw. Kinder ein ungünstigeres Verhältnis von Erwerbstätigen zu den zu versorgenden Haushaltsmitgliedern einher,

45 Vgl. Bundesintegrationsbeauftragte (Hrsg.): Sechster Bericht, a. a. O., S. 309
46 Vgl. hierzu und zum Folgenden: Bundesausländerbeauftragte (Hrsg.): Lagebericht 2002, a. a. O., S. 267 f.
47 Vgl. G. G. Wagner/I. Tucci: Einkommensarmut bei Zuwanderern überdurchschnittlich gestiegen, a. a. O., S. 83
48 Vgl. hierzu und zum Folgenden: Bundesintegrationsbeauftragte (Hrsg.): Sechster Bericht, a. a. O., S. 67 f.
49 Vgl. Bundesausländerbeauftragte (Hrsg.): Lagebericht 2002, a. a. O., S. 268
50 Zum Altersaufbau der deutschen und zugewanderten Bevölkerung im Vergleich für 2005 vgl. StBA (Hrsg.): Leben in Deutschland, a. a. O., S. 77 ff.

dann verringert sich das pro Kopf zur Verfügung stehende Einkommen, womit sich das Risiko der Einkommensarmut erhöht.[51] Diesen Zusammenhang verdeutlichten Walter Hanesch, Peter Krause und Gerhard Bäcker auf Basis von SOEP-Daten für 1998, indem sie den *durchschnittlich verfügbaren Einkommen* von ausländischen Migrant(inn)en, Spätaussiedler(inne)n und der Bevölkerung Westdeutschlands deren durchschnittliche *Äquivalenz*einkommen gegenüberstellten und schließlich Armutsquoten berechneten. Während Spätaussiedler/innen mit 4.354 DM pro Monat am meisten und der Bevölkerungsdurchschnitt Westdeutschlands kaum (33 DM) weniger verdiente, hatten ausländische Migrant(inn)en mit 4.111 DM das mit Abstand geringste Einkommen.[52] Bei Berücksichtigung der (in Klammern angegebenen) Haushaltsgröße mittels des durchschnittlichen Äquivalenzeinkommens verdienten ausländische Zuwanderer (3,5) mit 1.587 DM pro Person weiterhin am wenigsten und Spätaussiedler/innen (3,4) mit 1.596 DM kaum mehr, während es bei der Bevölkerung Westdeutschlands (2,8) mit 2.074 DM weit höher lag. Betrachtet man nun die Armuts- und Niedrigeinkommensquoten dieser Gruppen, ergibt sich eine analoge Risikoverteilung: In Armut lebten 20 Prozent der Ausländer/innen und 17 Prozent der Spätaussiedler/innen, aber bloß ca. 10 Prozent der Bevölkerung Westdeutschlands; von Niedrigeinkommen waren sogar fast 64 Prozent Ersterer und fast 55 Prozent der Spätaussiedler/innen, aber bloß ca. 35 Prozent der Durchschnittsbevölkerung betroffen.[53] Außerdem zeigten Hanesch, Krause und Bäcker, dass die Niedrigeinkommensquote ausländischer Zuwanderer ab einer Haushaltsgröße von drei Personen mit 65 Prozent bereits enorm hoch lag und bei vier auf 70 und bei fünf Personen sogar bis 81 Prozent stieg. Schließlich trugen kinderlose ausländische Paarhaushalte mit 28 Prozent ein um mehr als die Hälfte niedrigeres Risiko, ein Niedrigeinkommen zu erzielen, als ausländische Paarhaushalte mit erwachsenen (62 %) und solche mit minderjährigen (77 %) Kindern.

Arbeiterfamilien mit Migrationshintergrund stellen nach Ansicht Olaf Groh-Sambergs und Matthias Grundmanns die größte Armutsgruppe in Deutschland dar.[54] Zu diesem Schluss gelangten die Verfasser in ihrer Auswertung von SOEP-Daten der Jahre 2000 bis 2004, u. a. weil allein ein Viertel aller armen Kinder aus Arbeiterfamilien mit Migrationshintergrund und bis zu zwei Kindern in extrem armen Haushalten lebten; insgesamt kamen 56 Prozent aller armen Kinder aus Arbeiterhaushalten. Der in Abb. 4.5 gezeigte Vergleich der Armuts- und Prekaritätsrisiken von Paaren mit drei bzw. mehr und ein bis zwei Kindern, die Arbeiterberufe ausübten, bestätigt, dass Kinderreichtum insbesondere bei Migrant(inn)en mit erheblichen Risiken extremer Armut einhergeht.

51 Vgl. W. Hanesch/P. Krause/G. Bäcker: Armut und Ungleichheit in Deutschland, a. a. O., S. 409

52 Vgl. auch zum Folgenden: ebd., S. 431

53 Als Armutsschwelle galt 50 % des arithmetischen Mittels vom Äquivalenzeinkommen, Niedrigeinkommen traf für weniger als 75 % desselben zu. Vgl. ebd., S. 435, zum Folgenden: ebd., S. 439

54 Vgl. auch zum Folgenden: O. Groh-Samberg/M. Grundmann: Soziale Ungleichheit im Kindes- und Jugendalter, a. a. O., S. 13 f., ergänzend: O. Groh-Samberg: Armut, soziale Ausgrenzung und Klassenstruktur. Zur Integration multidimensionaler und längsschnittlicher Perspektiven, Wiesbaden 2009, S. 265. Extreme Armut kennzeichnet sich danach durch ein „dauerhaftes Zusammenwirken von Einkommensarmut und materiellen Lebenslagendeprivationen". Prekarität bezeichnet den Bereich „an der Grenze zur Armut" und gesicherter Wohlstand bedeutet, dass „Personen dauerhaft vor Einkommensprekarität und Lebenslagendeprivationen geschützt sind." Siehe O. Groh-Samberg/M. Grundmann: Soziale Ungleichheit im Kindes- und Jugendalter, a. a. O., S. 12

Abbildung 4.5 Armut und Prekarität von Kindern nach Herkunftsfamilien (in %)

	Quoten (Zeilen-%)			Struktur (Spalten-%)				
	Wohlstand	Prekarität	extreme Armut	Wohlstand	Prekarität	extreme Armut	Total	N.
Alleinerziehende total	31,6	30,1	38,3	5,5	13,9	34,0	11,1	401
Paare mit 1–2 Kindern total	72,9	21,0	6,2	78,0	59,5	33,8	68,1	2.931
Höhere Klassen	86,5	10,6	2,9	50,2	16,3	8,6	36,9	1.455
FacharbeiterInnen	68,8	27,1	4,1	18,5	19,3	5,7	17,1	843
Einfache ArbeiterInnen	42,1	40,7	17,2	9,3	23,9	19,5	14,1	633
darunter mit Migrationshintergrund	*31,6*	*42,7*	*25,7*	*2,5*	*9,1*	*10,6*	*5,1*	*252*
Paare mit 3 bzw. mehr Kindern total	50,1	30,7	19,2	16,5	26,7	32,2	20,9	1.021
Höhere Klassen	74,8	24,8	0,4	11,0	9,7	0,3	9,3	477
FacharbeiterInnen	45,4	27,9	26,8	3,8	6,2	11,4	5,3	245
Einfache ArbeiterInnen	17,0	41,9	41,1	1,7	10,9	0,6	6,2	299
darunter mit Migrationshintergrund	*11,8*	*37,3*	*50,9*	*0,7*	*6,0*	*15,8*	*3,9*	*170*
Total	*63,5*	*24,0*	*12,5*	*100*	*100*	*100*	*100*	*4.353*

Quelle: SOEP, Wellen 2000–2004, balanciertes Panel, nur Kinder geboren 1984–2000. Berechnungen von O. Groh-Samberg/M. Grundmann: Soziale Ungleichheit im Kindes- und Jugendalter, a. a. O., S. 14

Die SOEP-Daten veranschaulichen unter anderem – mit den genannten Einschränkungen hinsichtlich der Untererfassung von Neuzugewanderten – wie groß die Armutsrisiken von kinderreichen Arbeiterfamilien mit Migrationshintergrund[55] tatsächlich sind: Mehr als die Hälfte der Bis-zu-17-Jährigen aus Familien einfacher Arbeiter mit Migrationshintergrund mit drei bzw. mehr Kindern lebten in extremer Armut (während es bei Familien dieser Größe im Mittel 19 % waren) und weitere 37 Prozent in der „Prekarität" (im Mittel: 30 %), womit insgesamt etwa 88 Prozent der Kinder dieser Familien in prekären bis armen Verhältnissen lebten. Von allen Kindern aus Familien einfacher Arbeiter/innen, die in extremer Armut lebten, kamen mehr als ein Viertel aus Migrantenfamilien (ohne Alleinerziehendenhaushalte) und bei Kindern in der Prekarität betrug ihr Anteil 15 Prozent, womit Migrantenkinder bei beiden

55 Der Migrationshintergrund wurde im APuZ-Text nicht näher spezifiziert. Dort ist allein von „eingewanderten Arbeiterfamilien" die Rede. Gleichwohl wird diese Gruppe in der dem Artikel zugrunde liegenden Monografie Groh-Sambergs spezifiziert, die ebenfalls mit SOEP-Daten arbeitet. Ein Migrationshintergrund liegt vor, wenn die befragte Person in der Zuwandererstichprobe des SOEP erfasst wird, ein anderes Geburtsland als Deutschland, eine Immigrationsbiografie oder eine ausländische Nationalität hat. Zu ihnen zählen zudem jene Personen, die in Haushalten von Personen mit primärem Migrationshintergrund leben; vgl. O. Groh-Samberg: Armut, soziale Ausgrenzung und Klassenstruktur, a. a. O., S. 217

Werten erheblich überrepräsentiert waren. „Armut ist damit eingebettet in die klassen- und migrationsspezifische Strukturierung sozialer Ungleichheiten“,[56] resümiert Groh-Samberg diese Ergebnisse. Er und Grundmann kritisierten die Rede von der Infantilisierung der Armut insofern als zu einseitig, als sie nur auf den Aspekt der Polarisierung von Haushaltsformen mit und ohne Kinder(n) abhebe und die sozialstrukturellen und ethnischen Polarisierungen ausblende. „Kinderarmut steht im Schnittfeld mehrfacher gesellschaftlicher Spaltungsprozesse: zwischen kinderreichen und kinderlosen Lebensformen, zwischen Arbeiterklassen und höheren Klassen, zwischen Einheimischen und Zuwanderern.“[57]

Olaf Groh-Samberg findet in seiner Untersuchung extrem niedrige Armutsrisiken für kinderreiche Familien der gehobenen Klassen ohne Migrationshintergrund.[58] Dies unterstreicht, „dass sich ein Großteil der Paare in Deutschland, die höheren Klassen angehören und keinen Migrationshintergrund besitzen, Kinder ohne weiteres ‚leisten‘ können, ohne in Armut zu geraten“, was in scharfem Kontrast zu den immigrierten Arbeiterklassen stehe, für die mehrere Kinder fast zwangsläufig in die extreme Armut führten.

Somit deutet einiges darauf hin, dass sich Kinderreichtum bei Ausländer(inne)n stärker als bei Deutschen auf Armutsrisiken auswirkt. Diese Annahme untermauert auch eine Untersuchung Wolfgang Seiferts auf Basis von SOEP-Daten für 1984 bis 1989, nach welcher der Anteil von mit Niedrigeinkommen lebenden Familien bei Nichtdeutschen im Falle der Vergrößerung des Haushalts stärker zunahm als bei Deutschen.[59] Der Anteil armer ausländischer Familien mit bis zu zwei Kindern stieg um 3 auf 26 Prozent, bei Deutschen hingegen nur um 2 auf 19 Prozent. Die mit 23 Prozent höchsten Zuwachsraten verzeichneten aber ausländische Familien mit drei bzw. mehr Kindern, von denen 1989 rund 79 Prozent in Armut lebten, während die entsprechende Armutsquote Deutscher von 40 auf 25 Prozent gesunken war. Seifert schlussfolgert hieraus, dass Kinderreichtum bei deutschen Familien „zunehmend sozialstaatlich aufgefangen wird“,[60] während ausländische Familien in steigendem Maße mit finanzieller Unterversorgung konfrontiert seien.

4. Armutsrisiken und Familienform

Erhebliche Auswirkung auf die Höhe des Armutsrisikos hat, wie sich schon beim Vergleich der Armutsrisiken von Paarhaushalten mit und ohne Kinder andeutete, mit Blick auf Erwerbs- und Kinderbetreuungsmöglichkeiten insbesondere die Familienform bzw. die „Vollständigkeit“ einer Familie. So sind Alleinerziehende trotz zahlreicher sozialpolitischer Ausgleichsmaßnahmen eine der Hauptsrisikogruppen für Armut in Deutschland. Ihre Armutsrisikoquote lag mit rund 35 Prozent im Jahr 2003 weiterhin dramatisch hoch,[61] woran sich die Relevanz des Einflussfaktors „Haushalts- bzw. Familienform“ bestätigt.

56 Ebd., S. 265
57 O. Groh-Samberg/M. Grundmann: Soziale Ungleichheit im Kindes- und Jugendalter, a. a. O., S. 14
58 Siehe auch zum Folgenden: O. Groh-Samberg: Armut, soziale Ausgrenzung und Klassenstruktur, a. a. O., S. 228
59 Vgl. auch zum Folgenden: W. Seifert: Die Mobilität der Migranten, a. a. O., S. 246 f.
60 Siehe ebd., S. 247
61 Vgl. BMGS (Hrsg.): Lebenslagen in Deutschland, a. a. O., S. 76

Allerdings gab es lange Zeit nur vereinzelte Untersuchungen, welche über die Verbreitung der Familienform „Alleinerziehend“ bei der Bevölkerung mit Migrationshintergrund informierten. So ging man für die 1980er-Jahre aufgrund der traditionell höheren Familienorientierung der angeworbenen Arbeitsmigrant(inn)en davon aus, dass es sich um eine quantitativ unbedeutende Gruppe handelte.[62] Spätestens mit dem Eintritt der zweiten Ausländergeneration ins Elternalter kristallisierte sich jedoch eine allmählich wachsende Zahl von Alleinerziehendenhaushalten bei Ausländer(inne)n und besonders bei binationalen Elternschaften heraus. Dies offenbarte einmal mehr die erste PISA-Studie für das Jahr 2000 anhand des Anteils von in Alleinerziehendenhaushalten aufwachsenden Jugendlichen, der bei Schüler(inne)n ohne familiären Migrationshintergrund mit 13,7 Prozent am niedrigsten, bei Schüler(inne)n, deren Eltern beide im Ausland geboren waren, mit 15,4 Prozent merklich höher und bei Schüler(inne)n, von denen nur ein Elternteil im Ausland geboren war, mit 22 Prozent mit Abstand am höchsten lag.[63] Der repräsentative Mikrozensus 2005 ergab schließlich, dass 14,5 Prozent der Kinder in Deutschland insgesamt und 16 Prozent der ausländischen Kinder bei Alleinerziehenden aufwuchsen, während es bei Kindern ohne Migrationshintergrund 19 und bei jenen mit einem solchen bloß 8,1 Prozent waren.[64]

Spezifische Armutsrisiken sind für alleinerziehende Migrant(inn)en indes kaum dokumentiert. Für 1989 berechnete Wolfgang Seifert auf Basis von SOEP-Daten für ausländische Alleinerziehende (mit 39 %) zwar ein sehr hohes Niedrigeinkommensrisiko, aber dennoch ein geringeres als für deutsche (mit 44 %).[65] SOEP-Daten des Jahres 1998, mithin also neun Jahre später, belegten für ausländische Alleinerziehende jedoch ein mit 83 (!) Prozent wesentlich höheres Niedrigeinkommensrisiko als für Alleinerziehende im westdeutschen Bevölkerungsdurchschnitt (70 %).[66] Die Merkmalskombination „Ausländer/in“ und alleinerziehend war unter einer Vielzahl sozioökonomischer und -demografischer Merkmale (Alter, Haushaltsgröße und -typ, Bildung, Erwerbsstatus und Berufsstellung) überdies die Kombination mit den höchsten Niedrigeinkommensquoten. Noch größer waren die Unterschiede zwischen ausländischen und deutschen Familien allerdings bei Paarhaushalten mit minderjährigen Kindern: 77 Prozent der Ersteren, aber „bloß“ 47 Prozent der Letzteren fanden sich im Niedrigeinkommensbereich, womit ausländische Paare mit Kindern ein um 30 Prozent höheres Risiko trugen.

Der Sozialbericht 2004 des Landes Nordrhein-Westfalen, wo rund ein Viertel aller in der Bundesrepublik gemeldeten Nichtdeutschen leben, illustriert die Armutsbetroffenheit Alleinerziehender anhand von Daten des Mikrozensus. Ausländer/innen erzielten danach im Jahr 2003 rund 69 Prozent des durchschnittlichen Nettoäquivalenzeinkommens in NRW.[67] Ihre Armutsrisikoquote[68] lag mit 39 Prozent mehr als drei Mal so hoch wie jene von Deut-

62 Vgl. etwa W. Seifert: Die Mobilität der Migranten, a. a. O., S. 247

63 Vgl. Deutsches PISA-Konsortium (Hrsg.): PISA 2000. Basiskompetenzen von Schülerinnen und Schülern im internationalen Vergleich, Opladen 2001, S. 335

64 Vgl. StBA (Hrsg.): Bevölkerung und Erwerbstätigkeit, a. a. O., S. 180 f.

65 Vgl. W. Seifert: Die Mobilität der Migranten, a. a. O., S. 247

66 Vgl. W. Hanesch/P. Krause/G. Bäcker: Armut und Ungleichheit in Deutschland, a. a. O., S. 439. Als Niedrigeinkommen galten Äquivalenzeinkommen unter 75 % des durchschnittlichen Nettoeinkommens im früheren Bundesgebiet.

67 Vgl. hierzu und zum Folgenden: Ministerium für Gesundheit, Soziales, Frauen und Familie des Landes NRW (MGSFF NRW): Sozialbericht 2004. Armuts- und Reichtumsbericht, Düsseldorf 2004, S. 292 f. u. 205 f.

68 Gemessen an 50 % des durchschnittlichen Nettoäquivalenzeinkommens.

schen (12 %). Einige Gruppen der ausländischen Bevölkerung in Nordrhein-Westfalen waren besonders gravierenden Armutsrisiken ausgesetzt:

- Ausländische Familien mit drei bzw. mehr Kindern waren zu 70 Prozent von Einkommensarmut betroffen (während es insgesamt ca. 44 % waren);
- ausländische Paare mit minderjährigen Kindern waren mit 47 Prozent mehr als doppelt so häufig wie Paare mit Kindern insgesamt (20 %) arm;
- ausländische Alleinerziehende mit minderjährigen Kindern waren zu 63 Prozent einkommensarm (im Landesdurchschnitt: 42 %), mit volljährigen Kindern waren es immerhin noch 26 Prozent (im Landesdurchschnitt: 12 %);
- ausländische Unter-18-Jährige trugen mit 54 Prozent ein mehr als doppelt so hohes Armutsrisiko wie Gleichaltrige im Landesdurchschnitt (26 %).

Die Befunde machen insgesamt deutlich, dass alle Familienformen bei Ausländer(inne)n mit größeren Armutsrisiken als bei der Mehrheitsbevölkerung einhergehen. Besonders große Differenzen zeigen sich bei ausländischen Alleinerziehenden und Paarhaushalten mit minderjährigen Kindern. Eine überwältigende Mehrheit ausländischer Alleinerziehender mit minderjährigen Kindern lebt im Niedrigeinkommensbereich.

5. Armutsrisiken, Erwerbsstatus und berufliche Stellung

Der Erwerbsstatus von Eltern bzw. Haushaltsangehörigen, aus dem sich das Familieneinkommen generiert, gilt als der maßgebliche Bestimmungsfaktor für familiäre Armutsrisiken, weil neben Kindern Alleinerziehender insbesondere Familien von (Langzeit-)Arbeitslosen in Deutschland von Armut betroffen sind.[69] Die Armutsrisiken Erwachsener nach Erwerbstatus lagen 2004 bei Arbeitslosen mit durchschnittlich 42 Prozent am höchsten; es folgten Auszubildende (19 %), Teilzeiterwerbstätige (13 %) sowie Nichterwerbstätige (11 %), während Vollzeiterwerbstätige mit 4,3 Prozent weit unterdurchschnittliche Armutsrisiken hatten und Arbeitslose unter den genannten Gruppen die einzigen waren, deren Armutsquote von 1997 bis 2004 (um fast 12 auf 42 %) zunahm.[70]

Allerdings unterscheiden sich Deutsche und Nichtdeutsche auch in dieser Hinsicht voneinander, wie der Sozialbericht des Landes NRW für 2003 ausweist: Während rund 57 Prozent der erwerbs*losen* Ausländer/innen weniger als die Hälfte des durchschnittlichen Äquivalenzeinkommens verdienten, waren es bei der Bevölkerung im Landesdurchschnitt bloß 43 Prozent.[71] Von erwerbs*tätigen* Ausländer(inne)n waren 15 und im Bevölkerungsdurchschnitt bloß 6,7 Prozent von Armut betroffen. Somit schützt weder eine Erwerbstätigkeit Ausländer/innen so nachhaltig vor Armut wie die Mehrheitsbevölkerung, noch trifft dies für

69 Vgl. G. Bäcker/J. Neubauer: Soziale Sicherung und Arbeitsförderung bei Armut durch Arbeitslosigkeit, in: E.-U. Huster/J. Boeckh/H. Mogge-Grotjahn (Hrsg.): Handbuch Armut und Soziale Ausgrenzung, a. a. O., S. 503

70 Die gerundeten Prozentwerte fußen auf SOEP-Daten und einer Armutsschwelle von 60 % des Medians vom Nettoäquivalenzeinkommen; vgl. StBA (Hrsg.): Datenreport 2006, a. a. O., S. 618

71 Vgl. MGSFF NRW (Hrsg.): Sozialbericht 2004, a. a. O., S. 125 u. 301

eine Erwerbslosigkeit bzw. deren finanzielle Absicherung zu. Ausländer/innen sind zudem doppelt (und je nach Nationalität bis zu drei Mal) so häufig arbeitslos wie Deutsche und vergleichbar häufig von Langzeitarbeitslosigkeit betroffen.[72]

In Bezug auf Niedrigeinkommen und Erwerbstatus zeigten Hanesch, Krause und Bäcker für 1998 folgendes:

Abbildung 4.6 Niedrigeinkommensquoten nach Erwerbsstatus der Personen 1998 (alte Bundesländer, nur über 16 Jahre, in %)

	Ausländische Migranten		**Bevölkerung in den alten Bundesländern**	
	Alle	Niedrigeinkommensquote	Alle	Niedrigeinkommensquote
erwerbstätig	49,6	41,3	48,7	21,4
in Ausbildung	10,4	74,2	7,7	48,8
nicht erwerbstätig	29,9	76,0	37,8	34,7
arbeitslos	10,2	79,4	5,8	67,0

Quelle: W. Hanesch/P. Krause/G. Bäcker: Armut und Ungleichheit in Deutschland, a. a. O., S. 440. Datenbasis SOEP

Der Tabelle ist zweierlei zu entnehmen. Erstens schützt Erwerbstätigkeit Ausländer/innen wesentlich seltener als Deutsche vor einem Niedrigeinkommen, was v. a. auf größere Haushaltskontexte und die dominante Berufsstellung als un- bzw. angelernte oder Facharbeiter/innen zurückzuführen sein dürfte. Unter den über-16-jährigen Nichtdeutschen sind zweitens die Niedrigeinkommensquoten besonders bei Auszubildenden, Nichterwerbstätigen und Arbeitslosen überproportional hoch, mehr als drei Viertel der beiden zuletzt genannten Gruppen leben im Niedrigeinkommensbereich und entsprechend hoch dürften ihre Risiken liegen, unter die Armutsgrenze zu rutschen. Schließlich bestätigt auch die jüngste SOEP-Auswertung zu Einkommen von Zuwanderern das besonders hohe Verarmungsrisiko arbeitsloser Migrant(inn)en. Mehr als 45 Prozent von ihnen (gegenüber 37 % der arbeitslosen Deutschen) lebten 2003 mit einem Einkommen unterhalb der Armutsgrenze.[73]

Die Armutsrisiken von Menschen mit Migrationshintergrund unterscheiden sich des Weiteren durch die berufliche Stellung der Betreffenden. Olaf Groh-Samberg sieht Arbeiterfamilien mit Migrationshintergrund als die größte und markanteste Kerngruppe der Armut

72 Im Juni 2003 zählten rund 185.000 Ausländer/innen zu den Langzeitarbeitslosen, ein Jahr später waren es mehr als 205.000, womit ihre Langzeitarbeitslosenquote mit 38 % fast ebenso hoch wie jene Deutscher (39 %) lag. Vgl. V. Franz: Arbeitslosigkeit und Sozialhilfebezug. Inwieweit sind Migranten von „Hartz IV" betroffen?, in: AiD, Integration in Deutschland 3/2004 (http://www.isoplan.de/aid/; 22.4.2007)

73 Vgl. G. G. Wagner/I. Tucci: Einkommensarmut bei Zuwanderern überdurchschnittlich gestiegen, a. a. O., S. 80

in Deutschland.[74] In seiner Untersuchung auf Grundlage von Daten des SOEP 2000 bis 2004 wiesen Migrant(inn)en aus der Arbeiterklasse wesentlich höhere Armutsrisiken als jene aus höheren Klassen auf, besonders wenn sie kinderreich oder alleinerziehend waren. Die Angehörigen der Arbeiterklasse mit Migrationshintergrund hatten eine Armutsrisikoquote von 25 Prozent und stellten bereits 30 Prozent aller Personen in extremer Armut. Ein Migrationshintergrund sei aber auch für Personen der mittleren und höheren Berufsklassen mit einem deutlich überdurchschnittlichen Armutsrisiko verbunden, das sogar größer als das der autochthonen sei. Von den kinderreichen Arbeiterfamilien mit Migrationshintergrund lebte fast jede zweite in extremer Armut. Sie seien „eine fast vollständig in Armut oder Prekarität lebende Gruppe, die kaum mehr an den Zonen des Wohlstandes partizipieren kann, die immerhin für über 70 Prozent der Menschen in Deutschland die Normalität darstellt."[75] Damit zeichne sich „ein Ausmaß der gesellschaftlichen Spaltung ab, das einer vollständigen sozialen Segregation gleichkommt."

6. Armutsrisiken und familiäre Aufenthaltsdauer

Im Allgemeinen wird angenommen, dass sich eine längere Aufenthaltsdauer bei Einwanderern günstig auf Kenntnisse der Verkehrssprache, schulische und berufliche Qualifikationen sowie die Verfestigung des Aufenthaltsstatus auswirkt und dies in besonderem Maße für hier geborene Kinder der zweiten bzw. dritten Generation gilt. Mit validen Deutschkenntnissen wachsen die Chancen sowohl auf eine erfolgreiche Bildungskarriere und eine günstige berufliche Platzierung als auch jene auf ein hohes Einkommen. Länger in Deutschland ansässige Ausländer/innen sind daher häufiger in höheren Einkommenslagen zu finden als Neuankömmlinge,[76] womit allerdings noch nicht geklärt ist, ob dies umgekehrt auch für Armutsrisiken gilt, die folglich bei langen Aufenthaltszeiten niedriger liegen müssten. Dagegen spricht indes die enorm hohe Armutsrisikoquote der zweiten Ausländergeneration, die laut zweitem Armuts- und Reichtumsberichts für 2001 bei rund einem Drittel liegt.[77] Die Aufenthaltsdauer ist darüber hinaus für die Verfestigung des Aufenthaltsstatus von maßgeblicher Bedeutung, weil man befristete Aufenthaltstitel erst nach mehrjährigem Aufenthalt in unbefristete umwandeln kann. Somit ist dieser Indikator besonders für EU-Drittstaatler/innen und andere Migrant(inn)en ohne verfestigten Aufenthaltsstatus von Bedeutung, weil sich ein prekärer Status in Arbeitsmarktzugangsbarrieren und somit mittelbar in Armutsrisiken niederschlägt.[78] Bei Flüchtlingen und Asylsuchenden spielt die Aufenthaltsdauer hinsichtlich der übrigen Lebensbedingungen noch eine weit größere Rolle: So bringt man neu eingereiste Flüchtlinge samt ihren Familienangehörigen, darunter viele Kinder, (separiert von der deut-

74 Vgl. auch zum Folgenden: O. Groh-Samberg: Armut, soziale Ausgrenzung und Klassenstruktur, a. a. O., S. 226 f. Zur Einteilung von (mittleren/höheren bzw. Arbeiter-)Klassen vgl. ebd., S. 216. Zur Definition extremer Armut vgl. Fußnote 21 in diesem Kapitel.

75 Siehe hierzu und zum Folgenden: ebd.

76 Vgl. Bundesintegrationsbeauftragte (Hrsg.): Sechster Bericht, a. a. O., S. 62

77 Vgl. BMGS (Hrsg.): Lebenslagen in Deutschland, a. a. O., S. 167. Vgl. dazu vertiefend Kap. 4.1.5 dieser Arbeit.

78 So erhalten z. B. nachgezogene Ehegatten erst nach einer gewissen Aufenthaltszeit mit der sog. Niederlassungserlaubnis einen unbefristeten Aufenthaltstitel, der nach einigen Jahren – sofern sonstige Voraussetzungen wie genügend Einkommen und Wohnraum erfüllt sind – zu einer Einbürgerung führen kann.

schen Bevölkerung) zunächst in zentralen Aufnahmelagern und anschließend für die ersten Monate in Übergangswohnheimen und anderen Sammelunterkünften unter, bevor sie – im Falle der Anerkennung ihres Asylgesuchs oder von Abschiebehindernissen – unter den sich v. a. in Ballungsgebieten verschärfenden Bedingungen des sozialen Wohnungsmarktes einen eigenen Hausstand gründen dürfen. Zugleich sind sie für das erste Jahr ihres Aufenthalts vom Arbeitsmarkt ausgeschlossen und für bis zu vier Jahre auf den Bezug von Unterhaltsleistungen nach dem Asylbewerberleistungsgesetz verwiesen, bevor ihnen die um rund ein Drittel höheren Leistungen der Sozialhilfe bzw. des Arbeitslosengeldes II zustehen.

Für Mitte der 1990er-Jahre wiesen Felix Büchel, Wolfgang Voges und Joachim Frick ein mit zunehmender Aufenthaltsdauer in Deutschland schnell und stark abnehmendes Sozialhilferisiko von Zuwanderern nach.[79] Während Migrant(inn)en mit bis zu zwei Jahren Aufenthalt noch ein deutlich erhöhtes Sozialhilferisiko hatten, fand man nach fünf Jahren keine signifikanten Unterschiede mehr, was als Beleg dafür gelten könne, dass das soziale System seinen Anspruch erfülle, Sozialhilfe insbesondere bei Zuwanderern explizit als transitorische Eingliederungshilfe einzusetzen. Wenn somit tatsächlich Zusammenhänge zwischen der Aufenthaltsdauer und dem Armutsrisiko bestünden, müssten jene Migrant(inn)en mit der längsten Aufenthaltsdauer im Regelfall die geringsten Armutsrisiken tragen. Der Datenreport 2006 dokumentiert allerdings, dass dies keineswegs der Fall ist. Wohl hatten im Jahr 2004 Zuwanderer aus Südwesteuropa,[80] die über die im Gruppenvergleich mit 32 Jahren längste durchschnittliche Aufenthaltsdauer verfügten, mit 13 Prozent die niedrigsten Armutsrisikoquoten, bei Aussiedler(inne)n als der Gruppe mit der kürzesten mittleren Aufenthaltsdauer (von 15 Jahren) liegen die Armutsrisikoquoten aber niedriger als bei Zuwanderern aus der Türkei (mit 23 Jahren bzw. einer Armutsrisikoquote von 35 %) und aus Ex-Jugoslawien (mit 21 Jahren bzw. einer Armutsrisikoquote von 37 %).

Die große Mehrheit der Kinder aus Zuwandererfamilien ist bereits hierzulande geboren und aufgewachsen. Tatsächlich sind rund 70 Prozent aller bei der Schulleistungsstudie PISA in Deutschland getesteten Jugendlichen mit Migrationshintergrund in Deutschland zur Welt gekommen; bei der Grundschulleistungsvergleichsstudie IGLU waren es bereits rund 75 Prozent der 10-Jährigen. Manche sind bereits Enkelkinder der ursprünglich migrierten Personen und nur wenige im Rahmen von Familiennachzugsregelungen erst als Jugendliche eingereist und haben entsprechend andere kulturell geprägte Sozialisationsbedingungen, die eine sprachliche und schulische Integration erschweren (können). Das Höchstalter von Kindern im Rahmen des Familiennachzugs bildete deshalb u. a. während der 1980er-Jahre einen ausländerpolitischen Streitpunkt zwischen den Parteien.[81] Nach Auffassung einer im Auftrag von Unicef erstellten Studie hat die bisherige Aufenthaltsdauer der Familien in Deutschland hinsichtlich der Armutsrisiken von Kindern mit Migrationshintergrund insofern eine hohe Bedeutung, als Kinder aus „neuen Ausländergruppen" die mit Abstand höchsten (um 15 %

---

79 Vgl. F. Büchel/J. Frick/W. Voges: Der Sozialhilfebezug von Zuwanderern in Westdeutschland, a. a. O., S. 279

80 Dazu zählten Migranten aus Griechenland, Italien, Portugal und Spanien, während man außerdem Zuwanderer aus der Türkei, Ex-Jugoslawien und Aussiedler/innen einbezog. Vgl. StBA (Hrsg.): Datenreport 2006, a. a. O., S. 566

81 Vgl. K.-H. Meier-Braun: Deutschland, Einwanderungsland, Frankfurt a. M. 2002, S. 61; U. Herbert/K. Hunn: Beschäftigung, soziale Sicherung und soziale Integration von Ausländern, a. a. O., S. 631 ff.

schwankenden) Armutsquoten hatten, während Kinder aus „Gastarbeiter“-Familien mit ca. 10 und deutsche Kinder mit ca. 6 bis 7 Prozent wesentlich geringere Risiken trugen.[82]

7. Armutsrisiken und Wohnregion (Ost – West, Stadt – Land)

Die Unterscheidung zwischen westdeutschen (alten) und ostdeutschen (neuen) Bundesländern stellt ein gängiges Differenzierungsmerkmal sowohl für Daten der Sozialberichterstattung auf Bundesebene als auch für die meisten Untersuchungen der Armutsforschung dar, weil nach wie vor zahlreiche, Verallgemeinerungen erschwerende Differenzen, z. B. in den familiären Lebensformen und -bedingungen sowie den Armutsrisiken, zu beobachten sind.[83] Erhebliche, in Bezug auf Letztere relevante regionale Unterschiede existieren hinsichtlich der Familienformen und der Müttererwerbstätigkeit (in den neuen Ländern gibt es weitaus mehr berufstätige und alleinerziehende Mütter), der institutionellen Kinderbetreuungsmöglichkeiten (die dort auch für Unter-3-Jährige gut ausgebaut sind) sowie der Arbeitslosigkeit und Einkommenshöhe. Daher verwundert es kaum, dass auch Erscheinungsformen, Umfang, Ursachen und Auslöser von (Kinder-)Armut in den neuen Bundesländern andere sind als in den alten.[84] Zwischen 1990 und 1995 etwa stieg dem Sozio-ökonomischen Panel in Westdeutschland zufolge die Kinderarmutsquote von 12 auf 15 Prozent und die Sozialhilfequote von 4 auf 6 Prozent. In Ostdeutschland verzeichnete man zugleich einen kollektiven Anstieg der Einkommen, welcher allerdings mit einer Erhöhung des Anteils relativ armer Kinder von 5 auf 14 Prozent einherging. Die Regionen unterscheiden sich außer in den Armutsquoten auch in der durchschnittlichen Dauer von Armutsphasen: Das DIW wies mittels eines Vergleichs der vom SOEP ausgewiesenen Armutsquoten nach, dass im früheren Bundesgebiet nicht nur die Armutsquoten von 1992 bis 2000 höher als in Ostdeutschland lagen, sondern die Betroffenheit dort außerdem länger andauerte.[85]

In der Migrationsforschung ist die Differenzierung zwischen neuen und alten Bundesländern auch zu beobachten, da sich die meisten Untersuchungen auf das frühere Bundesgebiet beschränken. Grund dafür ist, dass in Ostdeutschland der Anteil der ausländischen an der Gesamtbevölkerung mit 1 bis maximal 2 Prozent nur einen Bruchteil des westdeutschen Niveaus erreicht und somit rein quantitativ unbedeutend bleibt. Von den Ende der 1990er-Jahre rund 7 Mio. Ausländer(inne)n lebten (mit starken regionalen und lokalen Konzentrationen) rund 97 Prozent im früheren Bundesgebiet und Selbiges trifft für die Bevölkerung mit Migrations-

82 Die Angaben beziehen sich auf die Jahre 1994/95 bis 2001; vgl. M. Corak/M. Fertig/M. Tamm: A Portrait of Child Poverty in Germany. RWI-Discussion Papers, No. 26, Essen 2005, S. 8

83 Zu regionalen Armutsrisiken vgl. StBA (Hrsg.): Datenreport 2006, a. a. O., S. 613 ff.

84 Vgl. Ch. Butterwegge/M. Klundt/M. Behlke-Zeng: Kinderarmut in Ost- und Westdeutschland, a. a. O.; Magdalena Joos: Armutsentwicklung in den alten und neuen Bundesländern, in: U. Otto (Hrsg.): Aufwachsen in Armut, Opladen 1997, S. 56 ff.; S. Walper: Ökonomische Knappheit im Erleben ost- und westdeutscher Kinder und Jugendlicher, a. a. O., S. 170 ff.; außerdem: R. Becker/M. Nietfeld: Arbeitslosigkeit und Bildungschancen von Kindern im Transformationsprozess. Eine empirische Studie über die Auswirkungen sozioökonomischer Deprivation auf intergenerationale Bildungsvererbung, in: KZfSS 1/1999, S. 55 ff. Zum Folgenden vgl. M. Joos: Die Entwicklung der relativen Einkommensarmut von Kindern in Deutschland 1990 bis 1995, in: J. Mansel/G. Neubauer (Hrsg.): Armut und soziale Ungleichheit bei Kindern, Opladen 1998, S. 26 ff.

85 Vgl. auch zum Folgenden: B. Otto/Th. Siedler: Armut in West- und Ostdeutschland. Ein differenzierter Vergleich, in: DIW-Wochenbericht 4/2003, S. 63 ff.

hintergrund zu, von der im Jahr 2005 knapp 96 Prozent dort lebten.[86] Gleichwohl war auch die Geschichte der Deutschen Demokratischen Republik – ähnlich wie jene der Bundesrepublik – durch Migration in Form der Anwerbung von „Gastarbeitern" und die Aufnahme von Asylsuchenden geprägt.[87] Die jüngere ostdeutsche Migrationsrealität zeichnet sich indes dadurch aus, dass die wenigen dort lebenden Migrant(inn)en meistenteils ihren Wohnorten zugewiesen wurden, weil es sich um Aussiedler/innen, Asylsuchende oder Flüchtlinge handelt, die im Rahmen von Regelungen zum sog. Lastenausgleich nach festgelegten Schlüsseln auf die Bundesländer verteilt werden. Vor allem in den ostdeutschen Großstädten Leipzig und Dresden zeichnet sich allmählich – wie in westdeutschen Ballungsgebieten und seinen sozial benachteiligten Stadtteilen – mit einem Ausländeranteil von 5 Prozent die mit Westdeutschland vergleichbare Tendenz einer Konzentration der zugewanderten Bevölkerung in städtischen Ballungsräumen und dort wiederum in einigen wenigen Stadtvierteln ab. Allerdings sind die Zuwanderer meist anderer Herkunftsnationalität, darunter viele Vietnames(inn)en und Asylbewerber/innen aus sog. Entwicklungsländern Asiens, Afrikas und dem Nahen Osten. Die Migrationswissenschaften beginnen gerade erst zögerlich, dies zur Kenntnis zu nehmen und sich damit auseinanderzusetzen; einige wenige Arbeiten thematisieren inzwischen den Integrationsprozess der zu DDR-Zeiten angeworbenen Vertragsarbeitnehmer/innen und ihrer Nachkommen aus ehemals sozialistischen Ländern wie Vietnam oder Mozambique.[88] Gesonderte Daten über Armutsquoten ausländischer Kinder oder solcher mit Migrationshintergrund für Ostdeutschland liegen aber nicht vor, weil alle Erhebungen sich entweder auf die zugewanderte Bevölkerung Westdeutschlands konzentrieren oder Werte für Gesamtdeutschland berechnen.

Lebenslagen und Bewältigungsstrategien von Kindern sind ohne regionale Dimensionen (ebenso wenig wie ohne eine Berücksichtigung von Geschlecht oder sozialer Herkunft) kaum verständlich, wie Hiltrud Bayer und Renate Bauereiss aufgrund von Befunden der empirischen Regionalforschung betonen.[89] Dies gelte auch mit Blick auf (Migranten-)Kinder: Demnach variiert der Kinderanteil zwischen Großstädten und Landkreisen (in denen deutlich höhere Anteile von Kindern an der Gesamtbevölkerung festgestellt werden) erheblich; außerdem lebt die überwiegende Mehrheit von Kindern in ländlichen bis verdichteten Regionen; weniger als ein Drittel wohnt in (Groß-)Städten. Der Anteil Nichtdeutscher an Unter-15-Jährigen unterstreicht die regionale Konzentration der ausländischen Bevölkerung: Landkreise mit weniger als 1 Prozent an unter-15-jährigen Ausländer(inne)n finden sich ausschließlich in den neuen Bundesländern; insgesamt liegt der Ausländeranteil mit unter 10 Prozent in Landkreisen allgemein niedriger. Die höchsten Ausländeranteile weisen die Stadtstaaten Berlin, Hamburg und Bremen sowie die westdeutschen Flächenländer Nordrhein-Westfalen, Hessen, Baden-

86 Vgl. W. Hanesch/P. Krause/G. Bäcker: Armut und Ungleichheit in Deutschland, a. a. O., S. 394; StBA (Hrsg.): Bevölkerung und Erwerbstätigkeit, a. a. O., S. 8

87 Vgl. K. J. Bade/J. Oltmer (Hrsg.): Normalfall Migration, a. a. O., S. 90 ff.

88 Die Migrationspolitik analysiert etwa das Memorandum „Zuwanderung in den Neuen Ländern", das im Januar 2003 von ostdeutschen Ausländerbeauftragten und anderen publiziert wurde. Vgl. Redaktionsgruppe Memorandum: Memorandum Zuwanderung und Integration in den Neuen Ländern. Chancen, Risiken, Aufgaben, Berlin 2002

89 Vgl. auch zum Folgenden: H. Bayer/R. Bauereiss: Regionale Unterschiede in den Ressourcen für den Kinderalltag, in: H.-J. Leu (Hrsg.): Sozialberichterstattung zu Lebenslagen von Kindern, Opladen 2003, S. 206 ff. u. 217 f.

Württemberg und Bayern auf. Rund 80 Prozent aller Ausländer/innen leben in Städten mit mehr als 100.000 Einwohnern und hier wiederum konzentriert in Stadtteilen, die als sozial benachteiligt gelten. Für 2005 weist der Mikrozensus aus, dass bei den Unter-5-Jährigen der Anteil der Personen mit Migrationshintergrund in sechs Städten über 60 Prozent liegt: in Nürnberg (67,0 %), Frankfurt am Main (64,6 %), Düsseldorf (63,9 %), Stuttgart (63,6 %), Wuppertal (62,0 %) und Augsburg (60,2 %).

Hinsichtlich der Armutsquoten von Menschen mit Migrationshintergrund erlaubt der Mikrozensus 2005 erstmals eine Auswertung nach der Gemeindegröße.[90] Dieses weist die Abbildung 4.7 aus:

Abbildung 4.7 Bevölkerung nach Migrationshintergrund, Gemeindegröße und Armutsrisikoquote

		Städte über 200.000 EW		Städte mit 20.000-200.000 EW		Gemeinden mit weniger als 20.000 EW	
	Geschlecht	Gesamt	Armutsrisikoquote[1)]	Gesamt	Armutsrisikoquote[1)]	Gesamt	Armutsrisikoquote[1)]
		1 000	%	1 000	%	1 000	%
Bevölkerung ohne Migrationshintergrund	männlich	6.810	12,8	10.777	10,8	14.956	10,4
	weiblich	7.502	12,3	11.670	12,1	15.417	12,2
	Gesamt	**14.312**	**12,5**	**22.447**	**11,5**	**30.373**	**11,3**
Bevölkerung mit Migrationshintergrund	männlich	2.635	31,8	3.121	28,0	2.040	22,7
	weiblich	2.521	31,8	3.031	28,8	1.985	23,8
	Gesamt	**5.156**	**31,8**	**6.152**	**28,4**	**4.025**	**23,2**
darunter: (Spät-)Aussiedler/innen und Nachkommen	männlich	455	21,9	896	20,1	644	18,5
	weiblich	471	22,4	943	21,9	644	19,8
	Gesamt	**926**	**22,1**	**1.839**	**21,1**	**1.288**	**19,2**
darunter: Eingebürgerte und als Deutsche geborene Kinder von Zuwanderern	männlich	682	28,7	756	24,8	554	18,3
	weiblich	680	27,8	739	26,4	548	19,6
	Gesamt	**1.362**	**28,3**	**1.495**	**25,6**	**1.103**	**19,0**
darunter: Zugewanderte und hier geborene Ausländer/innen	männlich	1.498	36,3	1.469	34,5	841	28,9
	weiblich	1.370	37,1	1.350	34,9	792	30,1
	Gesamt	**2.868**	**36,7**	**2.819**	**34,7**	**1.634**	**29,5**
Gesamt	männlich	9.445	18,1	13.897	14,7	16.996	11,9
	weiblich	10.023	17,3	14.702	15,7	17.402	13,5
	Gesamt	**19.468**	**17,7**	**28.599**	**15,2**	**34.398**	**12,7**

Quelle: Bundesintegrationsbeauftragte (Hrsg.): 7. Lagebericht, Tabellenanhang, a. a. O., S. 49

Die Daten stammen aus einer Sonderauswertung des StBA vom Mikrozensus 2005 für die Bundesintegrationsbeauftragte. Die Armutsrisikogrenze war weniger als 60 % des durchschnittlichen Medianeinkommens. Aufgrund fehlender Werte konnten 7,7 % der Bevölkerung nicht in die Einkommensberechnung mit einbezogen werden.

Die Abbildung gibt erstens Aufschluss über die Verteilung der Bevölkerung mit und ohne Migrationshintergrund über verschiedene Gemeindegrößen. Während die meisten Auto-

90 Vgl. Bundesintegrationsbeauftragte (Hrsg.): 7. Lagebericht, a. a. O., S. 155; zum Folgenden: dies. (Hrsg.): 7. Lagebericht, Tabellenanhang, a. a. O., S. 46

chthonen (30 Mio.) in ländlichen Gemeinden bis zu 20.000 Einwohner(inne)n und ein großer weiterer Teil (22 Mio.) in Städten (20.000–200.000 Einwohner) leben, wohnt bloß ein relativ kleiner Teil (14 Mio.) in Großstädten über 200.000 Einwohner(inne)n. Von der Bevölkerung mit Migrationshintergrund leben die meisten (6,1 Mio.) in Städten, ein Großteil (5,1 Mio.) in Großstädten und bloß 4 Mio. in ländlichen Gemeinden. Diese werden offenbar besonders von Spätaussiedler(inne)n bevorzugt, während ausländische Zuwanderer und hier Geborene Nichtdeutsche überwiegend in Großstädten leben. Die Daten spiegeln zweitens eine Zunahme der Armutsrisikoquoten mit steigender Gemeindegröße wider, die sich tendenziell bei allen Bevölkerungsgruppen mit und ohne Migrationshintergrund widerspiegelt. Sie ist bei Ersteren aber wesentlich deutlicher ausgeprägt: Die Armutsquote von Autochthonen in (ländlichen) Gemeinden mit weniger als 20.000 Einwohner(inne)n liegt um 1,2 % niedriger als von jenen in Städten mit über 200.000 Einwohner(inne)n, während die gleiche Differenz bei Menschen mit Migrationshintergrund 8,6 % beträgt. Fast ein Drittel der Menschen mit Migrationshintergrund in diesen Großstädten ist von Armut betroffen, während es in ländlichen Gemeinden weniger als ein Viertel sind. Hinsichtlich der Armutsrisiken zeigt sich zudem eine Rangfolge zwischen den in Großstädten lebenden verschiedenen Bevölkerungsgruppen mit Migrationshintergrund, die mit jener in Abbildung 4.1 vergleichbar ist: Ausländische Zuwanderer und hier geborene Ausländer/innen sind mit 36 Prozent am stärksten armutsbedroht, es folgen Eingebürgerte und als Deutsche Geborene mit 28 und Spätaussiedler/innen mit 22 Prozent, während Autochthone mit bloß 12 Prozent weit niedrigere Armutsrisiken haben. In ländlichen Gemeinden ist bemerkenswert, dass Aussiedler/innen samt Nachkommen sowie Eingebürgerte und als Deutsche Geborene mit 19 Prozent vergleichbare Armutsrisiken haben und lediglich ausländische Migrant(inn)en hier mit einer Armutsquote von 30 Prozent negativ hervorstechen.

4.1.3 Transferleistungsbezug

Im Folgenden werden Entwicklungstendenzen des Sozialhilfebezugs von Ausländer(inne)n bis zum Jahr 2004 näher untersucht. Anschließend werden Daten zur Inanspruchnahme der 2005 eingeführten sog. Grundsicherung für Arbeitssuchende, auch Arbeitslosengeld II („Alg II“) genannt, durch Nichtdeutsche erörtert, weil die entsprechenden Statistiken bloß die Staatsangehörigkeit, nicht aber einen etwaigen Migrationshintergrund ausweisen. Dabei wird ausschließlich auf Durchschnittswerte für Westdeutschland Bezug genommen, weil die Berücksichtigung der (durchaus vorhandenen) regionalen Unterschiede den Rahmen sprengen würde.[91]

91 Diese werden von einer Sonderauswertung des StBA dokumentiert. Sie zeigt, dass sich die landesspezifischen Sozialhilfequoten von Ausländern wie die allgemeinen Sozialhilfequoten verhalten: Bundesländer mit einer relativ hohen allgemeinen Sozialhilfequote weisen i. d. R. auch eine relativ hohe Ausländer-Sozialhilfequote auf und umgekehrt. Das Spektrum der Sozialhilfequoten von Ausländern reichte 2003 von 20 % in Bremen (Deutsche: 7,2 %) bis zu 4,8 % (Deutsche: 1,8 %) in Baden-Württemberg. Vgl. StBA (Hrsg.): Statistik der Sozialhilfe in Deutschland. Ausländer in der Sozialhilfe- und Asylbewerberleistungsstatistik 2003, Wiesbaden 2005, S. 7

1. Sozialhilfebezüge ausländischer Einwanderer bis zum Jahr 2004

Der zweite Armuts- und Reichtumsbericht der Bundesregierung fasste die Entwicklung der Sozialhilferisiken von Ausländern und Deutschen von 1980 bis 2003 zusammen. Im Vergleich zur (west)deutschen Bevölkerung, deren Sozialhilfequote in diesem Zeitraum fast kontinuierlich zunahm und sich von 1,4 auf 2,9 Prozent mehr als verdoppelte, versechsfachte sich die Sozialhilfequote von Ausländer(inne)n von 1,5 auf mehr als 8,4 Prozent (auf insgesamt 616.000 Ausländer/innen).[92] Einen Höhepunkt verzeichnete Letztere mit 11 bzw. 10 Prozent in den Jahren 1992/93 auf dem Höhepunkt der Asylzuwanderung, sank mit der Einführung der Asylbewerberleistungsstatistik jedoch deutlich auf 6 Prozent (1994), um danach wieder anzusteigen.

Aufgeschlüsselt nach Alterskohorten zeigt sich, dass die Zunahme des Sozialhilferisikos bei Ausländer(inne)n von 1985 bis 1998 insbesondere Kinder und Jugendliche sowie Über-60-Jährige betraf, während sich das Risiko von Erwachsenen mittleren Alters nur geringfügig erhöhte. Dies belegen Querschnittsdaten für 1998: Während das Sozialhilferisiko der im früheren Bundesgebiet lebenden Nichtdeutschen im Mittel 9 Prozent betrug, lag jenes von unter-7-jährigen Ausländer(inne)n bei 14,8 und jenes von 7- bis 11-Jährigen bzw. 11- bis 15-Jährigen bei je 14 Prozent; für 15- bis 18-Jährige lag es mit rund 12 Prozent merklich niedriger.[93] Insgesamt rund 211.000 unter-15-jährige Nichtdeutsche wuchsen somit im Sozialhilfebezug auf, wovon mit 206.000 die überwältigende Mehrheit in Westdeutschland wohnte. Damit zählen besonders Kinder und Jugendliche sowie Ältere unter Zuwanderern zu den „bedürftigen Einkommensarmen", welche zur Sicherung des Existenzminimums auf regelmäßige soziale Transferleistungen angewiesen sind. Eine weitere Differenzierung nach Alterskohorten bestätigt das: Die überproportional hohen Sozialhilferisiken teilen ausländische nämlich mit deutschen Kindern. Nicht nur zählen Kinder – je jünger, desto häufiger – zu den Bevölkerungsgruppen mit den höchsten Risiken; diese Infantilisierung der Armut trifft für ausländische Kinder sogar in besonderem Maße zu, weil sie in größeren Familien leben, was ihr Sozialhilferisiko zusätzlich erhöht. So wies der Migrationslagebericht 2000 darauf hin, dass jene Herkunftsgruppen mit den höchsten Anteilen jüngerer Kinder, also Haushalte türkischer und griechischer Migrant(inn)en, im Jahr 1997 über die geringsten Einkommen verfügten. Insbesondere Unter-7-Jährige seien davon betroffen gewesen: 16 Prozent bezogen Sozialhilferegelleistungen, während dies „nur" für 7 Prozent der gleichaltrigen Deutschen zutraf.[94]

Für das Jahr 2002 zeigt eine Auswertung der Sozialhilfestatistik des Statistischen Bundesamtes ein differenzierteres Bild:[95] Rund 22 Prozent (oder 614.000 Personen) aller Bezieher/innen laufender Hilfeleistungen („HLU") waren nicht deutsch, was einer Ausländer-Sozialhilfequote von 8,4 Prozent entsprach. Etwa 10 Prozent davon waren EU-Bürger/innen, weitere 10 Prozent anerkannte Asylberechtigte, ein weiteres Prozent Bürgerkriegsflüchtlinge und alle übrigen, also 79 Prozent, „sonstige Ausländer". Differenziert nach Haushaltsformen

92 Vgl. zu diesen gerundeten Zahlen und zum Folgenden: BMGS (Hrsg.): Lebenslagen in Deutschland, Anhänge, a.a.O., S. 161

93 Vgl. BMAS (Hrsg.): Lebenslagen in Deutschland. Daten und Fakten, a.a.O., S. 272, zum Folgenden: eigene Berechnungen nach ebd., S. 271

94 Vgl. Bundesausländerbeauftragte (Hrsg.): Lagebericht 2000, a.a.O., S. 181. Nicht eingerechnet sind hier die Kinder, die von Regelleistungen des Asylbewerberleistungsgesetzes lebten.

95 Vgl. hierzu und zum Folgenden: StBA (Hrsg.): Sozialhilfe in Deutschland 2003, a.a.O., S. 14 ff.

waren 58.000 (21 % der Haushalte) Ehepaare mit Kindern, 48.000 (17 %) Alleinerziehende und 86.000 (knapp 31 %) Alleinstehende. Im Vergleich beider Gruppen stellte der Bericht fest, liegt die Sozialhilfequote von Ausländer(inne)n (mit 8,6 %) gegenüber jener von Deutschen (2,9 %) wesentlich höher; ausländische Kinder und Jugendliche hatten mit 13,4 Prozent ein noch höheres Sozialhilferisiko. Aus statistischer Sicht dafür verantwortlich zu machen ist, dass der Anteil Minderjähriger bei Ausländer(inne)n mit 21 Prozent merklich höher als bei Deutschen mit 18 Prozent lag; somit waren die durchschnittlich kinderreicheren ausländischen Familien eher als deutsche auf ergänzende Hilfen angewiesen. Ursächlich dafür seien zudem die mit rund 19 Prozent wesentlich höhere Arbeitslosigkeit von Ausländer(inne)n, ihr hoher Anteil an Ungelernten sowie die niedrigeren Bildungsabschlüsse. Das Statistische Bundesamt wies schließlich in einer Sonderauswertung eine unterdurchschnittliche Dauer des Sozialhilfebezugs bei Ausländer(inne)n nach.[96] Ende 2004 bezogen ca. 40 Prozent aller ausländischen HLU-Empfänger/innen die Unterhaltsleistungen kürzer als ein Jahr (gegenüber 42 % der Deutschen), was man als Kurzzeitbezug wertete; rund 15 Prozent bei beiden Gruppen gehörten mit einer mehr als 5-jährigen Bezugsdauer zu den Langzeitempfänger(inne)n, darunter besonders viele kinderlose Ehepaare sowie Alleinstehende. Ausländische Frauen lebten mit 9,6 Prozent häufiger als nichtdeutsche Männer (7,9 %) von Sozialhilfe.

Die folgende Abbildung mit Sozialhilfequoten nach Haushaltsformen veranschaulicht, dass sich die Sozialhilferisiken von Ausländer(inne)n ähnlich verteilen wie ihre relativen Armutsrisiken.

Abbildung 4.8 Sozialhilfeanteile[97] der Haushalte am Jahresende 2004 in Deutschland (in %)

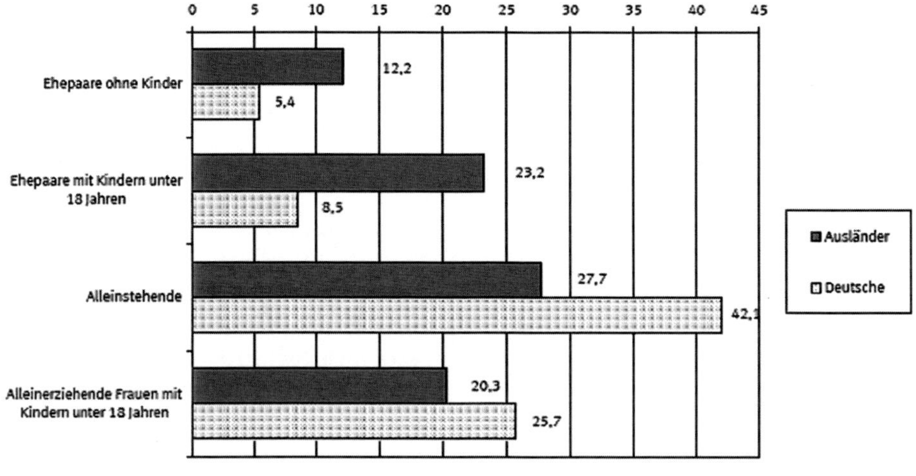

Quelle: StBA (Hrsg.): Statistik der Sozialhilfe in Deutschland. Ausländer, a. a. O., S. 22

96 Vgl. auch zum Folgenden: dass. (Hrsg.): Statistik der Sozialhilfe in Deutschland. Ausländer in der Sozialhilfe- und Asylbewerberleistungsstatistik 2004, Wiesbaden 2005, S. 15 ff. u. 14

97 Anteil der Haushalte, die laufende Hilfe zum Lebensunterhalt außerhalb von Einrichtungen bezogen, an allen entsprechenden Haushalten

Besonders große Unterschiede offenbaren die Sozialhilfequoten von Familien mit minderjährigen Kindern, da deutsche einem fast drei Mal so hohen Sozialhilferisiko ausgesetzt sind wie ausländische. Allerdings ist auch das Armutsrisiko kinderloser ausländischer Ehepaare um das 2,2-fache höher als jenes deutscher. Bemerkenswert ist schließlich, dass ausländische Alleinerziehende zwar (mit 20,3 %) ein ausgesprochen hohes, aber immer noch etwas geringeres *Sozialhilfe*risiko als deutsche Alleinerziehende (25,7 %) und ausländische Ehepaare mit minderjährigen Kindern (23,2 %) tragen, was dem eingangs zitierten Befund höherer Armutsrisiken ausländischer als deutscher Alleinerziehender widerspricht.

2. Bezug von Grundsicherungsleistungen nach dem SGB II

Mit Inkrafttreten des Vierten Gesetzes für moderne Dienstleistungen am Arbeitsmarkt, meist „Hartz IV"[98] genannt, ist das jahrzehntelang bestehende soziale Sicherungssystem der Bundesrepublik in zentralen Stützpfeilern grundlegend umstrukturiert worden. Die 2003 eingeführte bedarfsabhängige Grundsicherung im Alter und bei (voller) Erwerbsminderung wurde im neuen SGB XII verankert. Die bis dahin existente, sich an das Arbeitslosen*geld* anschließende Arbeitslosen*hilfe* wurde ersatzlos abgeschafft und zugleich die Höchstbezugsdauer des Arbeitslosengeldes gekürzt. Ehemalige Arbeitslosen- und Sozialhilfeempfänger/innen, denen eine 3-stündige Arbeit täglich zumutbar ist, werden seitdem zu „erwerbsfähigen Hilfebedürftigen" gezählt; im Falle des Fehlens von Ersparnissen oder anderen (Partner-) Einkünften erhalten sie die sog. Grundsicherungsleistung für Arbeitsuchende nach dem SGB II, die im Folgenden auch Arbeitslosengeld II, kurz „Alg II", genannt wird. Grundsätzlich erhalten also nur hilfebedürftige Menschen in Bedarfsgemeinschaften SGB-II-Leistungen; sie werden nach ihrer Erwerbsfähigkeit unterschieden, d. h. es gibt Alg-II-Empfänger/innen, die Grundsicherungsleistungen erhalten, und (nichterwerbsfähige) Familienangehörige wie Kinder, denen man das sog. Sozialgeld zahlt.[99]

Die Höhe des monatlichen Alg-II-Eckregelsatzes betrug bei seiner Einführung im Jahr 2005 für einen alleinstehenden Erwachsenen 345 Euro.[100] Sonstige „erwerbsfähige Angehörige" wie Jugendliche ab 14 Jahren erhielten 80 Prozent dessen, also 276 Euro, und wenn zwei erwerbsfähige Volljährige in einer Bedarfsgemeinschaft zusammenlebten, erhielten beide 90 Prozent (310 Euro). Nichterwerbsfähige Angehörige von Alg-II-Bezieher(inne)n bekommen Sozialgeld nach § 28 SGB II, das für Kinder und unter-14-jährige Jugendliche 60 Prozent des Eckregelsatzes (207 Euro) betrug.

Zur Inanspruchnahme von Alg-II-Leistungen durch Migrant(inn)en gibt es kaum verlässliche Daten. Einer ersten Auswertung der Bundesanstalt für Arbeit zufolge lebten im Juli 2005 über 6,8 Mio. Menschen in SGB-II-Bedarfsgemeinschaften, darunter rund 5,06 Mio.

---

98 Vgl. Viertes Gesetz für moderne Dienstleistungen am Arbeitsmarkt v. 24.12.2003, in: BGBl I , S. 2954 ff.

99 Zum Übergang der alten Arbeitslosenhilfe in die Sozialhilfe vgl. Bundesagentur für Arbeit: Grundsicherung für Arbeitssuchende. Entwicklung bis Juni 2005. Bericht der Statistik der BA Dezember 2005, Nürnberg 2005, S. 11

100 Vgl. § 20 Abs. 2 Sozialgesetzbuch (SGB) Zweites Buch (II) – Grundsicherung für Arbeit Suchende v. 24.12.2003, in: BGBl. I S. 2954. Dieser Eckregelsatz stieg zum 1.7.2007 auf 347 und zum 1.7.2008 auf 351 Euro. Zum Folgenden: § 20 Abs. 2 u. 3; § 28 Abs. 1 S. 1

(74 %) erwerbsfähige und 1,8 Mio. (26 %) nichterwerbsfähige Hilfebedürftige.[101] Unter den erwerbsfähigen Hilfebedürftigen waren 948.000 Ausländer/innen, was einer Quote von 18,7 Prozent entspricht; unter den Nichterwerbsfähigen waren es rund 17,7 Prozent. Die Alg-II-Quote von Ausländer(inne)n insgesamt wurde mit 16,6 Prozent genau doppelt so hoch angegeben wie jene von Deutschen (8,3 %).

Für März 2006 bezifferte das Bremer Institut für Arbeitsmarktforschung und Jugendberufshilfe (BIAJ), das regelmäßig Daten der Bundesagentur für Arbeit auswertet, die Zahl nichtdeutscher Alg-II-Empfänger/innen im Bundesgebiet auf 965.000 (was einem Anteil von 18,5 Prozent aller Bezieher/innen entspricht), wovon 810.000 in West- und 155.000 in Ostdeutschland lebten.[102] Im früheren Bundesgebiet betrug der Ausländeranteil damit 24,2 und in Ostdeutschland immerhin 8,3 Prozent aller Alg-II-Bezieher/innen (ohne Berlin waren es in den neuen Bundesländern bloß 3,8 %). Die Alg-II-Dichte bei Ausländer(inne)n, d. h. der Anteil nichtdeutscher Alg-II-Empfänger/innen an 1.000 15 bis 64 Jahre alten Einwohner(inne)n, streute indes zwischen den einzelnen Bundesländern erheblich: Am höchsten lag sie mit 284 bzw. 273 von 1.000 Einwohner(inne)n in Sachsen-Anhalt bzw. Berlin und am niedrigsten in Baden-Württemberg (109) bzw. Bayern (102).[103] Bemerkenswert ist schließlich, dass die Alg-II-Quoten von Ausländer(inne)n in den meisten westlichen Bundesländern (außer Berlin, Bremen und Hamburg) zwei- bis fast dreifach so hoch wie jene von Deutschen lagen, während sie sich in den ostdeutschen Bundesländern bei beiden Gruppen weitgehend annäherten.[104] Schließlich sei die Alg-II-Dichte unter Ausländer(inne)n in Bayern und Baden-Württemberg, konstatiert das BIAJ, niedriger als jene der Deutschen in den sechs ostdeutschen Ländern und Bremen.

Ein Kurzbericht des Instituts für Arbeitsmarkt- und Berufsforschung der Bundesagentur für Arbeit (IAB) informierte über eine im Januar 2005 und 2006 durchgeführte repräsentative Erhebung mit über 1.700 jungen, 18- bis 24-jährigen Erwachsenen, die Arbeitslosengeld II erhielten.[105] Der Ausländeranteil unter ihnen lag mit 15,4 Prozent wesentlich höher als im Bevölkerungsdurchschnitt, ebenso der Anteil von Alg-II-Bezieher(inne)n mit Migrationshintergrund: Rund 27 Prozent waren selbst nach Deutschland zugewandert, bei weiteren 14 Prozent waren beide Eltern oder nur ein Elternteil zugewandert. Damit hatten fast 42 Prozent der Stichprobe einen Migrationshintergrund, während dies in der Gesamtbevölkerung bei unter

---

101 Vgl. hierzu und zum Folgenden: ebd., S. 7 ff.

102 Vgl. hierzu und zum Folgenden: Bremer Institut für Arbeitsmarktforschung und Jugendberufshilfe (BIAJ) (Hrsg.): Kurzmitteilung: Deutsche und nichtdeutsche Arbeitslosengeld-II-Empfänger/innen. Ländervergleich März 2006, Bremen, 10.4.06. Daten zu ausländischen Minderjährigen im Sozialgeldbezug wurden nicht ausgewiesen.

103 Die übrigen westdeutschen Bundesländer belegten folgende „Ränge“: Bremen lag (mit 263 pro 1.000 Einwohnern) an dritter Stelle; es folgten Schleswig-Holstein (mit 225) an fünfter, Niedersachsen (mit 206) an sechster, NRW und Hamburg (mit jeweils 199) gleichrangig an achter, Hessen (mit 171) an elfter, das Saarland (mit 170) an zwölfter und Rheinland-Pfalz (mit 146) an 14. Stelle.

104 So lag die Alg-II-Empfängerdichte in Brandenburg bei Deutschen mit 148 von 1.000 15- bis 64-jährigen Einwohnern um ein 1,19-faches nur geringfügig höher als jene bei Ausländern mit 176; in Hessen waren Ausländer mit 171 gegenüber Deutschen mit bloß 61 von 1.000 Einwohnern hingegen um ein 2,8-faches stärker betroffen.

105 Vgl. Institut für Arbeitsmarkt- und Berufsforschung der Bundesagentur für Arbeit (IAB) (Hrsg.): Kurzbericht 26/2006

15-Jährigen lediglich für 27 Prozent zutraf.[106] Des Weiteren dokumentiert der Datensatz, dass ein sehr hoher Anteil von Alg-II-Bezieher(inne)n schulisch und beruflich gering qualifiziert war: Rund 19 Prozent hatten keinen Schulabschluss, von den übrigen hatten mehr als die Hälfte lediglich einen Haupt- oder Sonderschulabschluss. Nach dem Arbeitsmarktstatus zeigte sich, dass Arbeitslose mit 37 Prozent die größte Gruppe bildeten, gefolgt von Schüler(inne)n (21 %), Auszubildenden und Maßnahmeteilnehmer(inne)n (jeweils 12 %), Mutterschaft und Elternzeit (9 %) sowie Erwerbstätigen (6 %).

Schließlich sind laut drittem Armuts- und Reichtumsbericht 19 Prozent (oder 978.000) der Alg-II-Bezieher/innen im Jahresdurchschnitt 2007 Ausländer/innen, während es bei Bezieher(inne)n von Arbeitslosengeld I bloß 10 Prozent waren.[107] Bei der Grundsicherung im Alter und bei Erwerbsminderung, die überwiegend von über-65-jährigen Rentner(inne)n in Anspruch genommen wird, bestand demnach von 2003 bis 2007 eine Relation von 79 Prozent deutscher und 21 Prozent ausländischer Empfänger/innen. „Die überwiegende Mehrzahl der Grundsicherungsbezieher – und dies gilt auch für Ausländer/innen – verfügt dabei über eigenes Einkommen, insbesondere in Form von Renten. Die Leistungen der Grundsicherung im Alter stocken folglich im Regelfall vorhandenes Einkommen bis zur Höhe des soziokulturellen Existenzminimums auf."[108] Hierzu konstatiert der Siebte Lagebericht der Integrationsbeauftragten, dass sich „die Arbeitslosigkeit von Ausländer(inne)n im Berichtszeitraum stark in den Rechtskreis des SGB II verlagert" habe, da von den 532.000 Nichtdeutschen 82 Prozent bei den Trägern der Grundsicherung und 18 Prozent bei der Bundesagentur für Arbeit gemeldet seien.[109]

4.1.4 Entwicklung von Einkommen und Armutsrisiken verschiedener Migrantengruppen

Bisher wurden überwiegend Differenzen zwischen den Armutsrisiken bzw. der Einkommenslage von Deutschen und Ausländer(inne)n erörtert, weil sich die meisten Datenquellen auf die Gegenüberstellung dieser Merkmalsgruppen beschränken. Diese Vorgehensweise verbirgt die erheblichen Unterschiede zwischen verschiedenen Herkunftsgruppen, denen deshalb im Folgenden gesondert Aufmerksamkeit zuteil wird. Es gibt nur wenige, meist veraltete Studien der Armutsforschung, welche die Einkommenssituation von Migrant(inn)en verschiedener Herkunft in der Bundesrepublik umfassend analysieren und zugleich auf repräsentativen Daten beruhen. Auch in der gängigen Sozialberichterstattung von Bund und Ländern fehlten solch differenzierte Angaben lange, weil man meist entweder Ausländer/innen generell oder nur deren größte Gruppen (wie etwa Türken, EU-Ausländer) auswies.[110] Der Datenreport des Statistischen Bundesamts ist seit dem Jahr 2004 dazu übergangen, zentrale Indikatoren der sozialen Lage für verschiedene Migrantengruppen zu benennen; dafür entfiel jedoch die (zunehmend unscharfe) Klassifizierung von Deutschen und Ausländern. Allerdings ist hier die Armutsbetroffenheit von *Kindern* mit Migrationshintergrund unterbelichtet, weil nur „merk-

106 Vgl. auch zum Folgenden: ebd., S. 3 f.
107 Vgl. BMAS (Hrsg.): Lebenslagen in Deutschland. Der dritte Armuts- und Reichtumsbericht, a. a. O., S. 148 f.
108 Ebd., S. 149
109 Vgl. Bundesintegrationsbeauftragte (Hrsg.): 7. Lagebericht, a. a. O., S. 117
110 Vgl. BMAS (Hrsg.): Repräsentativuntersuchung 2001, Berichtsband, a. a. O., S. 33 ff.

malsfähige“, d. h. volljährige Personen einbezogen werden und sich die auf Minderjährige bezogenen Hinweise lediglich auf deren Eigenschaft als Haushaltsangehörige beschränken.

1. Einkommen, Höhe und Verteilung bei verschiedenen Migrantengruppen

Die erheblichen Unterschiede zwischen den Nettoeinkommen von Migrant(inn)en verschiedener Herkunftsgruppen und Geschlechtszugehörigkeit sind seit langem bekannt. Bereits die Repräsentativuntersuchung von 1980 machte darauf aufmerksam, dass bei ausländischen Arbeitnehmern Jugoslawen und bei Arbeitnehmer*innen* Jugoslawinnen und Griechinnen jeweils im Vergleich mit Türk(inn)en, Spanier(inne)n, Italiener(inne)n und Portugies(inn)en die größten Anteile in hohen Verdienstlagen hatten; umgekehrt stachen besonders Portugiesinnen und Italienerinnen durch ihre hohe Repräsentanz in unteren Einkommenssegmenten (bis zu 1.000 DM pro Monat) hervor.[111] Auch die Höhe der monatlichen (nicht äquivalenzgewichteten) *Haushalts*einkommen ergab Unterschiede: Bei Männern erklärten v. a. Griechen, dass ihr monatliches Einkommen über 3.000 DM liege, während es bei Frauen vor allem Jugoslawinnen, Griechinnen und Spanierinnen waren. Die Repräsentativuntersuchung zeigte außerdem, dass ausländische Arbeitnehmer*innen* wesentlich häufiger als Männer Haushaltseinkommen unter 1.200 DM erzielten.

Auf der Basis der Zuwandererstichprobe des Sozio-ökonomischen Panels dokumentierte der zweite Armutsbericht der Hans-Böckler-Stiftung, des DGB und des DPWV Einkommensunterschiede zwischen Arbeitsmigrant(inn)en aus EU-Anwerbeländern,[112] der Türkei und Ex-Jugoslawien, Spätaussiedler(inne)n, Asylbewerber(inne)n und Flüchtlingen, einer heterogenen Restgruppe „sonstige ausländische Migranten“ sowie der zweiten bzw. dritten Generation, die neben hier geborenen erwachsenen Ausländer(inne)n auch deren Kinder einschloss, sofern diese bis zum Alter von 12 Jahren eingereist waren.[113] Bei den durchschnittlich verfügbaren monatlichen Haushaltseinkommen zeigte sich für 1998, dass „sonstige ausländische Migrant(inn)en“ (mit 4.890 DM) das höchste Einkommen erzielten; mit einigem Abstand folgten türkische Migrant(inn)en (4.370 DM), Spätaussiedler/innen (4.354 DM) und Nicht-Migrant(inn)en (4.353 DM).[114] Im Mittelfeld lagen EU-Zuwanderer aus Italien, Spanien und Griechenland (mit 4.173 DM), während die Einkommen der zweiten bzw. dritten Generation (3.715 DM) weit darunter lagen und lediglich von jenen der Asylbewerber/innen bzw. Flüchtlinge (2.839 DM) unterschritten wurden. Unter Berücksichtigung der Haushaltsgröße durch das monatliche Netto*äquivalenz*einkommen zeichnete sich (ohne Asylbewerber und Flüchtlinge, die keine ausreichenden Fallzahlen erreichten) indes eine veränderte „Rangfolge“ ab, die sich, um es vorweg zu nehmen, auch in gruppenspezifischen Niedrigeinkommensrisiken wider findet: Die niedrigsten Netto-

111 Für 1980 vgl. U. Mehrländer u. a.: Situation der ausländischen Arbeitnehmer, a. a. O., S. 233 ff. Zum Folgenden: ebd., S. 252

112 Spanien, Italien und Griechenland wurden hier zusammengefasst; vgl. W. Hanesch/P. Krause/G. Bäcker: Armut und Ungleichheit in Deutschland, a. a. O., S. 427. Armutsschwelle war die 50-%-Grenze des Äquivalenzeinkommens; vgl. ebd., S. 51. Zu den unterschiedenen Migrantengruppen vgl. ebd., S. 427

113 Auch die Caritas-Armutsstudie nahm eine solche Differenzierung vor, beschränkte sich aber auf die Klientel ihrer Einrichtungen und erfasste somit nur Teilgruppen in Deutschland lebender Migrant(inn)en. Die Ergebnisse bestätigten im Wesentlichen die nachfolgend wiedergegebenen Befunde und werden daher nicht eigens angeführt.

114 Vgl. auch zum Folgenden: ebd., S. 431

äquivalenzeinkommen hatten im Mittel türkische Migrant(inn)en (1.285 DM), die zweite bzw. dritte Generation (1.553 DM), Spätaussiedler/innen (1.596 DM) sowie Zuwanderer aus Ex-Jugoslawien (1.632 DM); mit einigem Abstand folgten EU-Bürger/innen aus den Anwerbestaaten (1.794 DM) und schließlich sonstige ausländische Migrant(inn)en, welche nur ein geringfügig niedrigeres Pro-Kopf-Einkommen (2.088 DM) erzielten als Nicht-Migrant(inn)en (2.174 DM). Schließlich zeigte sich in Bezug auf Armut und Niedrigeinkommen, dass Zuwanderer aus der Türkei mit 83 Prozent am häufigsten armutsnahe Äquivalenzeinkommen bis zu 75 Prozent des Durchschnittseinkommens erzielten;[115] mit größerem Abstand folgten Spätaussiedler/innen und EU-Migrant(inn)en aus Italien, Spanien und Griechenland (mit 54 %) sowie Zuwanderer aus Ex-Jugoslawien (51 %, zum Vergleich: Nicht-Migranten waren zu 29 % betroffen).

Die Repräsentativuntersuchung des Jahres 2001 dokumentiert die Einkommenslagen ex-jugoslawischer, italienischer, griechischer und türkischer Zuwanderer.[116] Ebenso wie bei den zuvor referierten Einkommensrangfolgen ergibt sich je nachdem, ob man das durchschnittliche Nettoeinkommen von Arbeitnehmer(inne)n, das Haushaltsnettoeinkommen oder das Äquivalenzeinkommen betrachtet, erneut eine unterschiedliche Position der Nationalitäten. So erzielten Jugoslaw(inn)en einen noch geringeren durchschnittlichen Nettoverdienst als Türk(inn)en; höhere Einkommen als beide Gruppen hatten Griech(inn)en und schließlich Italiener/innen mit den im Gruppenvergleich höchsten Einkommen. Bei den die Haushaltsgröße berücksichtigenden Äquivalenzeinkommen zeigte sich, „dass den türkischen Haushalten im Durchschnitt die geringsten finanziellen Mittel pro Monat (1.759 DM) zu Verfügung"[117] standen und sich ex-jugoslawische Haushalte (1.948 DM) davon nicht wesentlich unterschieden, während die finanzielle Lage griechischer (DM 2.208) am besten und jene italienischer Haushalte (2.188 DM) kaum schlechter war.[118] In den höchsten Einkommensgruppen (mehr als 2.500 DM pro Monat) waren besonders Griech(inn)en und Italiener/innen stark vertreten; es folgten mit deutlichem Abstand Migrant(inn)en aus Ex-Jugoslawien und der Türkei.

Einzelne Untersuchungen weisen auch Hochverdiener/innen unter Zuwanderern aus. Der zweite Armuts- und Reichtumsbericht der Bundesregierung konstatiert, dass Migrant(inne)n aus westlichen Herkunftsländern häufiger als Zuwanderer aus Drittländern in höheren Einkommensschichten anzutreffen waren.[119] Die Expertenkommission bezieht sich dabei auf ein Gutachten des DIW, wonach im Jahr 2002 rund 23 Prozent der gebürtigen Deutschen und immerhin 21 Prozent der Eingebürgerten wohlhabend waren.[120] Im Mittelfeld lagen Aussiedler/innen sowie ausländische Staatsbürger/innen, die zu 10 Prozent wohlhabend waren. Betrachtet man die Einkommen von Ausländer(inne)n verschiedener Herkunftsgruppen nochmals differenzierter, ist festzustellen, dass Zuwanderer aus westlichen Ländern („EU-15 und andere westliche Industrieländer") mit rund 22 Prozent fast ebenso häufig wie Einheimische wohlha-

115 Vgl. auch zum Folgenden: ebd., S. 435
116 Vgl. auch zum Folgenden: BMAS (Hrsg.): Repräsentativuntersuchung 2001, Berichtsband, a. a. O., S. 33 ff.
117 Siehe ebd., S. 35
118 Vgl. auch zum Folgenden: BMAS (Hrsg.): Repräsentativuntersuchung 2001, Tabellenband, a. a. O., S. 53 (Tab. 4.6)
119 Vgl. BMGS (Hrsg.): Lebenslagen in Deutschland, a. a. O., S. 201
120 Als wohlhabend bezeichnete man Personen, die mindestens 150 % des Medians vom jährlichen Haushaltsnettoäquivalenzeinkommen (auf der Basis von Gesamtdeutschland) erzielten; arm waren entsprechend jene mit weniger als 60 % desselben; vgl. hierzu und zum Folgenden I. Tucci/G.G. Wagner: Einkommensarmut bei Zuwanderern überdurchschnittlich gestiegen, a. a. O., S. 81 f.

bend waren, während jene aus nichtwestlichen Ländern mit 5 Prozent sowohl am seltensten zu den Wohlhabenden als auch mit 32 Prozent am häufigsten zu den Armutsbetroffenen zählten. Eine noch ungünstigere Einkommenslage als diese Gruppe hatten lediglich Migrant(inn)en der zweiten bzw. dritten Generation, die zu 33 Prozent arm und bloß zu 3 Prozent wohlständig waren (zum Vergleich: Die entsprechenden Werte der Referenzgruppe betrugen 16 bzw. 17 %).

Dieses Bild einer zunehmenden Polarisierung der Einkommen zeichnet sich noch deutlicher ab, wenn man, wie in Abbildung 4.9 die Einkommensverteilung verschiedener Herkunftsgruppen von Migrant(inn)en im Vergleich zu jenen gebürtiger Deutscher anhand von Quintilen in den Blick nimmt.

Der Abbildung zufolge sind einerseits Migrantengruppen identifizierbar, deren Einkommenslagen vergleichbar mit oder sogar günstiger als jene von Deutschen sind, und andererseits solche, die sich mehrheitlich in unteren Einkommenslagen befinden, was besonders auf Zuwanderer türkischer, ex-jugoslawischer oder sonstiger Drittstaats-Herkunft zutrifft. Am besten schnitten Migrant(inn)en ab, die aus Staaten der Europäischen Union und anderen westlichen Industrieländern (nicht aber aus den ehemaligen Anwerbeländern Italien, Spanien, Portugal und Griechenland) eingewandert sind: Sie befanden sich noch häufiger als gebürtige Deutsche im höchsten Einkommensquintil und wiesen im niedrigsten Segment noch geringere Anteile auf. Größere Anteile in den beiden höchsten Quintilen fanden sich überdies bei Migrant(inn)en aus den vier genannten EU-Anwerbeländern sowie bei im Inland geborenen Ausländer(inne)n; allerdings bleiben ihre Werte deutlich unter jenen gebürtiger Deutscher.

Abbildung 4.9 Einkommensverteilung* im Jahre 2003 nach Zuwanderergruppen

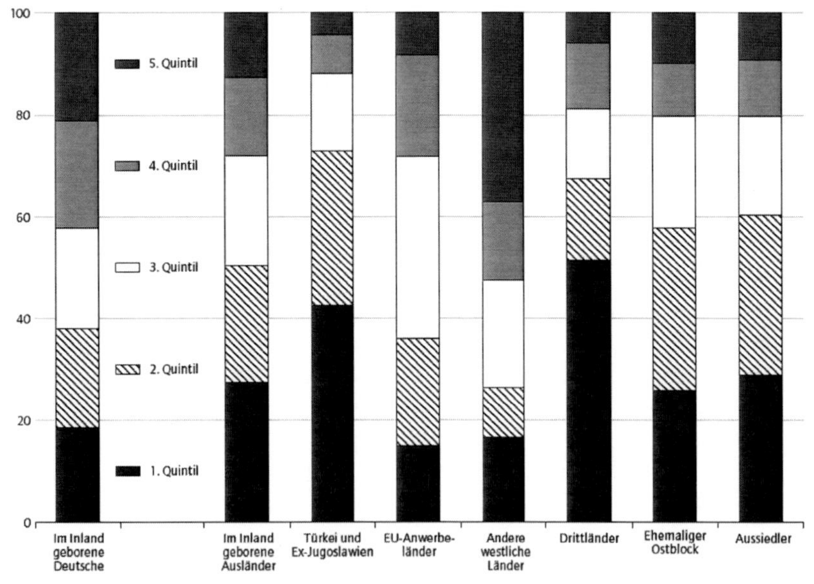

* bezogen auf das Nettohaushaltsäquivalenzeinkommen des Vorjahres, gewichtet nach der neuen OECD-Skala

Quelle: SOEP 2003 (ohne G-Stichprobe), Berechnungen des DIW Berlin, in: I. Tucci/G.G. Wagner: Einkommensarmut bei Zuwanderern überdurchschnittlich gestiegen, a. a. O., S. 84

Die Verfasser Tucci und Wagner führten diese im Vergleich zu anderen Gruppen weitaus günstigere Position von im Inland geborenen Ausländer(inne)n im oberen Einkommensbereich u. a. auf ihre Altersstruktur und die damit einhergehende relativ hohe Erwerbsbeteiligung zurück. Besonders ungünstig stellte sich die Einkommenssituation von Zuwanderern aus Drittstaaten wie der Türkei und Ex-Jugoslawien dar, welche die höchsten Anteile im untersten und die geringsten Anteile im höchsten Quintil hatten. Zuwanderer aus den früheren Anwerbestaaten waren hingegen im mittleren Bereich besonders stark und im untersten Quintil seltener als im Inland geborene Deutsche vertreten.

Im Wesentlichen bestätigten sich diese Befunde in den Datenreports (2004 und 2006) des Statistischen Bundesamtes, welche Zuwanderer aus der Türkei, Ex-Jugoslawien, den EU-Anwerbestaaten (Griechenland, Italien, Portugal und Spanien) und Aussiedler/innen unterscheiden.[121] Mit Deutschen vergleichbar hohe Einkünfte erzielten 2001 allein Zuwanderer aus EU-Anwerbestaaten, und zwar unabhängig davon, ob man ihren Anteil im obersten Einkommensquartil oder das *durchschnittliche* Bruttoeinkommen betrachtete (das bei ihnen mit 2.390 DM sogar höher als jenes von Deutschen mit 2.320 DM lag). Das *Bruttoeinkommen* von Migrant(inn)en aus der Türkei lag zwar rund 440 DM unter jenem von Deutschen, aber noch merklich über jenem von Aussiedler(inne)n (1.720 DM) und von Zuwandern aus Ex-Jugoslawien (1.700 DM). Unter Berücksichtigung der bedarfsgewichteten Haushaltsgröße zeigt sich für 2004 die schon aus den 1990er-Jahren bekannte Rangfolge: Haushalte aus den EU-Anwerbestaaten erzielten mit 1.110 Euro (3,2 Pers.) das höchste (aber geringfügig unter jenem von Deutschen liegende) monatliche Haushalts*äquivalenz*einkommen, es folgten Aussiedlerhaushalte mit 940 Euro (3,3), jene aus dem früheren Jugoslawien mit 870 Euro (3,0) sowie aus der Türkei mit bloß 850 Euro (3,8).[122] Von 1996 bis 2004 verbesserte sich die Einkommenslage einschließlich einer Verringerung der Armutsrisiken bei Migrant(inn)en aus der Türkei und den Anwerbestaaten deutlich, während sie sich für Aussiedler/innen und Migrant(inn)en aus Ex-Jugoslawien eher verschlechterte, wie die Zunahme ihrer Armutsquoten um 7 Prozent widerspiegelt.

2. Die Armutsrisiken verschiedener Migrantengruppen

Ebenso wie in der Einkommensverteilung sind Unterschiede zwischen den Armutsrisiken verschiedener Herkunftsgruppen seit den 1990er-Jahren bekannt. Der Armutsbericht der Hans-Böckler-Stiftung u. a. dokumentiert anhand von SOEP-Daten für die Jahre 1985, 1991, 1995 und 1998 jeweils beträchtliche Unterschiede in der Armutsbetroffenheit verschiedener Migrantengruppen.[123] Von 1985 bis 1998 sank die Armutsquote von Einwanderern aus Spanien, Italien und Griechenland von 18 bis auf 9,6 Prozent, womit sie zuletzt, anders als meist unterstellt, noch unter jener der nicht-migrierten Bevölkerung Westdeutschlands (8 %) lag. Zugleich

121 Vgl. auch zum Folgenden: StBA (Hrsg.): Datenreport 2004, a. a. O., S. 581

122 Vgl. auch zum Folgenden: dass. (Hrsg.): Datenreport 2006, a. a. O., S. 566. Da hier monatliche Haushaltsäquivalenzeinkommen angegeben werden, die bereits auf die Haushaltsgröße umgerechnet worden sind, wird in Klammern die durchschnittliche Personenzahl pro Haushalt angegeben.

123 Vgl. auch zum Folgenden: W. Hanesch/P. Krause/G. Bäcker: Armut und Ungleichheit in Deutschland, a. a. O., S. 435

verzeichneten Migrant(inn)en aus Ex-Jugoslawien mit einer von 21,5 auf 12,5 Prozent sinkenden Armutsquote eine ähnliche Entwicklung; sie trugen aber nach wie vor höhere Armutsrisiken als Nicht-Migrant(inn)en. Die mit Abstand höchsten Armutsquoten (neben Flüchtlingen und Asylsuchenden) hatten Türk(inn)en; sie waren 1985 zu 30 und 1998 noch zu fast 28 Prozent einkommensarm. Auch Spätaussiedler/innen trugen – trotz ihres privilegierten sozial- und arbeitsrechtlichen Status – mit 23 Prozent 1997 bzw. 17 Prozent 1998 vergleichsweise hohe Armutsrisiken. Insgesamt lebten, so resümierten Hanesch, Krause und Bäcker, über drei Viertel der ausländischen und über zwei Drittel der deutschen Migrant(inn)en (einschließlich von DDR-Übersiedlern) zum Befragungszeitraum im Niedrigeinkommensbereich.[124]

Ebenfalls auf Basis der ersten Zuwandererstichprobe des SOEP von 1994/95 analysierten Felix Büchel, Joachim Frick und Wolfgang Voges die Sozialhilfebezüge verschiedener Migrantengruppen. Für Asylbewerber/innen und Flüchtlinge stellten sie ebenso wie der zweite Armutsbericht der Hans-Böckler-Stiftung den mit Abstand häufigsten Anteil an HLU-Bezieher(inne)n sowie die im Durchschnitt höchsten Bezüge fest, betonten aber zugleich, dass man diese Gruppe aufgrund der Besonderheit ihres Status nicht mit anderen vergleichen könne und das Ergebnis vor dem Hintergrund ihrer „erschwerten Arbeitsmarktintegration“ kaum überraschend ausfalle.[125] Migrant(inn)en aus den Anwerbeländern wiesen unterdurchschnittliche Bezugsquoten gegenüber dem Zuwandererdurchschnitt auf, wobei ihre Leistungen im Bezugsfall deutlich höher lagen. Aussiedler/innen nehmen anscheinend eine ganz besondere Stellung unter Migrant(inn)en im Sozialhilfebezug ein. Charakteristisch für diese Gruppe war zwar ein mit mehr als 12 Prozent (im Vergleich zu Deutschen mit 2,7 % und anderen Zuwanderergruppen mit 9 %) überdurchschnittlich hoher Anteil von HLU-Bezieher(inne)n; gleichzeitig nahmen sie jedoch mit 672 DM vergleichsweise geringe Beträge in Anspruch.[126] Gemessen am gesamten verfügbaren Nettoeinkommen kam dem Sozialhilfebezug bei Aussiedler(inne)n nur eine unterdurchschnittliche Bedeutung zu, weil zugleich andere Einkommensquellen wie Eingliederungshilfen fast 60 Prozent ihres Durchschnitteinkommens ausmachten (zum Vergleich: bei Asylbewerbern und Flüchtlingen waren dies 39 %). Obwohl Aussiedlerhaushalte zudem nur insgesamt 1,9 Prozent aller Haushalte in Westdeutschland stellten, seien 6,5 Prozent aller Sozialhilfezahlungen an sie gegangen, was allerdings weniger der Vielzahl „individueller gesellschaftlicher Drop-Outs“, sondern der Breite der Unterstützung geschuldet sei.[127]

Wolfgang Seifert behandelte in seinen Beiträgen zwar schwerpunktmäßig die Armutsrisiken von Arbeitsmigrant(inn)en aus den früheren Anwerbestaaten, schenkte aber auch der besonderen Armutsgefährdung anderer Statusgruppen Aufmerksamkeit, so etwa von Personen ohne legalen Aufenthaltsstatus, Asylbewerber(inne)n und Flüchtlingen sowie Saison-, Kontrakt- und Gastarbeiter(inne)n aus Osteuropa.[128] Zum Armutspotenzial zu zählen

124 Vgl. ebd., S. 441

125 Siehe F. Büchel/J. Frick/W. Voges: Der Sozialhilfebezug von Zuwanderern in Westdeutschland, a. a. O., S. 281

126 Zum Vergleich: Deutsche Haushalte mit durchschnittlich 2,4 Personen bezogen 680 DM, Haushalte von vor 1984 eingereisten Ausländern mit 3 Personen 598 DM, jene von später eingereisten Ausländern mit 3 Personen 1.058 DM und jene von Asylbewerbern und Flüchtlingen mit 3,9 Personen im Mittel 1.166 DM; vgl. ebd., S. 280

127 Siehe ebd., S.283

128 Vgl. hierzu und zum Folgenden: W. Seifert: Migration als Armutsrisiko, a. a. O., S. 203 ff.

sei vor allem die große Mehrzahl der sog. Illegalen, aber auch der größte Teil der 1,1 Mio. in Deutschland lebenden Flüchtlinge und Asylbewerber/innen, die am Rande der Gesellschaft lebten und ein „erhebliches Armutspotenzial" darstellten. Seifert führte deshalb an, der Einreisestatus bestimmter Immigranten begründe „bereits ein erhöhtes Armutsrisiko, das sich durch geringere Ansprüche gegenüber der wohlfahrtsstaatlichen Sicherung, z. B. durch das Asylbewerberleistungsgesetz, noch verschärft."[129] Auch die Autoren des zweiten Armutsberichts der Hans-Böckler-Stiftung u. a. bekräftigten die überproportionale Armutsgefährdung von Flüchtlingen und Asylbewerber(inne)n. Vor dem Hintergrund, dass das SOEP den sozioökonomischen Status von Flüchtlingen regelmäßig überbewerte, weil die in Sammelunterkünften Lebenden ausgeklammert werden, schätzten Hanesch, Krause und Bäcker den Anteil Einkommensarmer in dieser Gruppe mit zum Teil prekärem Aufenthaltsstatus für 1994/95 auf „weit mehr als die Hälfte" ein; im Niedrigeinkommensbereich habe sogar über 90 Prozent dieser Gruppe gelebt, womit jedoch aufgrund ihres rechtlichen Status zu rechnen gewesen sei.[130]

Schließlich dokumentierte der Datenreport 2006 die Armutsrisikoquoten für verschiedene Herkunftsgruppen von Migrant(inn)en und Deutschen im Vergleich der Jahre 1996 und 2004 auf Basis des SOEP. 1996 hatten demnach Zuwanderer aus der Türkei mit 39 Prozent die höchsten Armutsrisiken, es folgten Zuwanderer aus Ex-Jugoslawien (30 %), Aussiedler/innen (20 %), Zuwanderer aus Südwesteuropa (15 %) und Deutsche (12 %).[131] Im Jahr 2004 hatten indes Zuwanderer aus Ex-Jugoslawien mit 37 Prozent Einkommensarmen jene aus der Türkei (mit 35 %) als Gruppe mit den höchsten Armutsrisiken abgelöst, beiden folgten Aussiedler/innen (mit 27 %), Deutsche (mit 15 %) und Zuwanderer aus Südwesteuropa mit bloß noch 13 Prozent und damit einer geringeren Armutsrisikoquote als Deutsche. Im Zeitverlauf nahmen somit die Armutsrisiken bei Migrant(inne)n aus Südwesteuropa und der Türkei ab, während sie bei Aussiedler(inne)n, Ex-Jugoslaw(inn)en sowie Deutschen stiegen.

4.1.5 Armutsrisiken der zweiten bzw. dritten Generation aus Anwerbeländern

Intergenerationell vererbte Armutsrisiken wurden bis in die 1990er-Jahre in der Migrationsforschung weitgehend ausgeblendet. Die ethnische Unterschichtung wurde zumindest für die erste Generation ausländischer „Gastarbeiter/innen" kaum hinterfragt; im Übrigen gingen die meisten Studien davon aus, dass sich die ungünstige soziale Lage der Arbeitsmigrant(inn)en mit deren steigender Verweildauer, im Laufe der Generationen und im Zuge der Ausdifferenzierung von Migrationsformen zum Positiven verändern werde. Man vermutete, dass sich die ethnische Unterschichtung der Einwanderer im Laufe des Eingliederungsprozesses mit dem Generationswechsel quasi von selbst erledige, sobald die Zuwanderer in der zweiten, spätestens aber in der dritten Generation vollständig integriert hier lebten. Dieser Einschätzung widersprachen jedoch alsbald empirische Befunde, die sich bis heute verhärtet haben.

129 Siehe ebd., S. 203
130 Vgl. W. Hanesch/P. Krause/G. Bäcker: Armut und Ungleichheit in Deutschland, a. a. O., S. 433
131 Vgl. StBA (Hrsg.): Datenreport 2006, a. a. O., S. 566. Die „Zuwanderer aus Südwesteuropa" stammten aus Griechenland, Italien, Portugal und Spanien. Als Armutsrisikoquote galten 60 % des Medianäquivalenzeinkommens.

Wolfgang Seifert hat als einer der ersten Migrationsforscher/innen die Einkommen von Ausländer(inne)n aus den Anwerbestaaten zwar nicht nach Generationen, dafür aber nach Altersgruppen analysiert. Er zeigte für die zweite Hälfte der 1980er-Jahre, dass sich die Anteile von jungen (16- bis 39-jährigen) Ausländer(inne)n im Niedrigeinkommensbereich deutlicher vergrößerten als bei älteren.[132] Am Beispiel der Bildungsstruktur, welche bereits für die erste Generation wegen ihrer Konzentration am unteren Ende der beruflichen Statushierarchie auf ein erhöhtes Armutsrisiko deutete, wies Seifert auf eine im Vergleich dazu günstigere Ausgangslage der zweiten Generation hin. Gleichwohl bleibe der Migrations-, Bildungs- und Sozialhintergrund der Eltern noch für die Bildung der Kinder prägend. Besonders mittlere und höhere Bildungsabschlüsse erzielten Migrantenjugendliche in geringerem Maße als gleichaltrige Deutsche; dementsprechend bestehe für sie auch ein erhöhtes Arbeitslosigkeits- und Armutsrisiko, so sein Fazit. Für 1997 stellte Seifert fest, dass die Armutsbetroffenheit der zweiten Generation (also in Deutschland Geborener) mit 18 Prozent deutlich niedriger als von Immigranten aus Anwerbeländern insgesamt (29 %) und von Türk(inn)en (34 %) gelegen habe.[133] Peter Bremer machte diesbezüglich darauf aufmerksam, dass sich die zweite Generation zwar besser aus unteren Einkommensklassen löse, jedoch kaum in hohe bzw. höchste Einkommensklassen vorstoße und zudem in stärkerem Maße Gefahr laufe, aus mittleren Positionen wieder abzusteigen. Seines Erachtens haben sich die Armutsrisiken bei Zuwanderern hierzulande überhaupt erst infolge zunehmender Aufenthaltszeiten ergeben.[134] Demnach sehen sich Einwanderer erst mit einer wachsenden Arbeitslosigkeit und somit nach längerem Aufenthalt mit Problemen der Unterversorgung konfrontiert, was die dominierende These einer „Integration als Frage der Zeit“ widerlege. Gleichwohl seien die vorliegenden Daten nicht differenziert genug, um fundierte Aussagen zu einzelnen Generationen machen zu können, schränkt Bremer ein. Schlussfolgern lasse sich aber, dass vor allem Teilgruppen der ersten und zweiten Generation Abstiegsprozesse durchlaufen hätten, während es bei der zweiten bzw. dritten Generation sowohl Angleichungsprozesse an die Situation der Deutschen als auch Polarisierungen innerhalb der jeweiligen Gruppe gegeben habe.

Die gestiegenen Armutsquoten von Ausländer/innen der zweiten bzw. dritten Generation bestätigt auch folgender Tabellenauszug des zweiten Armutsberichts der Hans-Böckler-Stiftung:

132 Zugrunde lagen SOEP-Daten von 1984–89. Vgl. W. Seifert: Die Mobilität der Migranten, a. a. O., S. 248

133 Vgl. W. Seifert: Migration als Armutsrisiko, a. a. O., S. 215 f.

134 Vgl. P. Bremer: Ausgrenzungsprozesse und die Spaltung der Städte, a. a. O., S. 121

Tabelle 4.10 Armut und Niedrigeinkommensquoten unter ausländischen Migranten der zweiten/dritten Generation[135] 1985 bis 1998 (alte Bundesländer, in %)

Einkommen der zweiten und dritten Generation	**1985**	**1991**	**1997**	**1998**
Unter 50 Prozent* (Armutsquote)	18,4 (10,5)	19,2 (7,9)	25,8 (6,1)	22,5 (8,0)
Unter 75 Prozent (Niedrigeinkommensquote)	51,7 (34,4)	52,0 (32,9)	59,9 (30,2)	65,2 (29,2)

* als Armutsschwelle wurden 50 % des arithmetischen Mittels vom Äquivalenzeinkommen angesetzt[136]
Quelle: W. Hanesch/P. Krause/G. Bäcker: Armut und Ungleichheit in Deutschland, a. a. O., S. 435

Verglichen mit der (in Klammern angegebenen) insgesamt leicht rückläufigen Armutsentwicklung bei „Nicht-Migranten" nahm das Armutsrisiko der zweiten bzw. dritten Generation im Beobachtungszeitraum von 18 auf über 22 Prozent zu und verzeichnete 1997 mit fast 26 Prozent einen Höchststand. Der Anteil der im Niedrigeinkommensbereich lebenden zweiten bzw. dritten Generation stieg von 51 (1985) auf 65 Prozent (1998), womit zuletzt fast zwei Drittel der hier geborenen Nachkommen ehemals angeworbener Arbeitsmigrant(inn)en betroffen waren.[137] Die zweite bzw. dritte Generation war zudem die einzige der berücksichtigten Migrantengruppen,[138] deren Armutsquote im Berechnungszeitraum zunahm. Im Durchschnitt etwas niedrigere Bruttoeinkommen von Migrant(inn)en der zweiten als der ersten Generation bestätigte des Weiteren der Datenreport für das Jahr 2001, und zwar sowohl für Zuwanderer aus Ex-Jugoslawien (mit 1.650 in der zweiten bzw. 1.700 Euro in der ersten Generation) und der Türkei (mit 1.840 bzw. 1.870 Euro) als auch für EU-Ausländer/innen (mit 2.110 bzw. 2.390 Euro).[139] Für 2002 ergab eine migrationsspezifische Auswertung des SOEP, dass jede/r Dritte der zweiten Generation in Armut lebte, also weniger als 60 Prozent des äquivalenzgewichteten Medianeinkommens zur Verfügung hatte (bei gleichaltrigen Deutschen waren es 16 %).[140] Zugleich hatte die zweite Generation mit 3 Prozent nur minimale Chancen, einem wohlhabenden Haushalt (mit einem Einkommen von 150 % des Medians) anzugehören; in der Referenzkategorie waren es immerhin 17 Prozent und damit fast sechs Mal so viele.

---

135 Neben hier geborenen Kindern ausländischer Eltern werden auch Kinder und Jugendliche dazu gezählt, die bis zum Alter von 12 Jahren einreisten und darüber hinaus noch 4 Jahre eine Schule im Inland besuchten. Kinder von Spätaussiedlern sowie eingebürgerte Kinder werden hingegen ausgeklammert.

136 Vgl. W. Hanesch/P. Krause/G. Bäcker: Armut und Ungleichheit in Deutschland, a. a. O., S. 51

137 Vgl. ebd., S. 433

138 Ausreichende Fallzahlen lagen bei Migranten türkischer und ex-jugoslawischer Herkunft, aus EU-Anwerbestaaten (Griechenland, Italien, Spanien) sowie bei Spätaussiedlern vor.

139 Vgl. StBA (Hrsg.): Datenreport 2004, a. a. O., S. 581. Das Durchschnittseinkommen Deutscher lag bei 2.230 Euro.

140 Vgl. auch zum Folgenden: I. Tucci/G. G. Wagner: Einkommensarmut bei Zuwanderern überdurchschnittlich gestiegen, a. a. O., S. 82. Zur zweiten Generation zählten Personen unter 36 Jahren, die eine ausländische Staatsbürgerschaft hatten und in Deutschland geboren waren sowie in Deutschland geborene Kinder – unabhängig von ihrer Staatsbürgerschaft –, die in Zuwandererhaushalten lebten. Ähnliches berichtet der zweite Armuts- und Reichtumsbericht, der für 2003 den Anteil der zweiten Generation, die unter der Armutsgrenze lebte, auf 34 % bezifferte und jenen in der Gesamtbevölkerung auf 15,4 %; vgl. BMGS (Hrsg.): Lebenslagen in Deutschland, a. a. O., S. 167

Es kann somit festgehalten werden, dass ausländische Migranten(kinder) der zweiten bzw. dritten Generation zu den am stärksten von Armut betroffenen Zuwanderergruppen gehören, womit sich Armutsvererbungstendenzen andeuten.[141] Allerdings lassen vorhandene Daten, die sich überwiegend auf Volljährige und junge Erwachsene der zweiten bzw. dritten Generation beschränken, meist keine Schlüsse darüber zu, ob und wenn ja welche Unterschiede zwischen den Armutsrisiken einzelner Herkunftsgruppen innerhalb der zweiten Generation bestehen.[142] Über die materiellen Handlungsspielräume von *Kindern* der zweiten bzw. dritten Generation aus Anwerbestaaten liegen, ebenso wenig wie über ihre subjektive (Un-)Zufriedenheit damit, keine gesicherten Informationen vor.

4.1.6 Armutsrisiken von Spätaussiedlern

Hinweise auf die häufig prekäre wirtschaftliche Lage von Aussiedlerfamilien fanden sich lange Zeit allenfalls in einigen migrationswissenschaftlichen Sammelbandbeiträgen, die den Blick auf die (u. a. strukturelle) Integrationsproblematik dieser Migrantengruppe richteten.[143] Anton Sterbling führt daher als überaus wünschenswert an, dass Fragen und Probleme zur Armutsproblematik von Aussiedler(inne)n durch systematische Untersuchungen gründlicher untersucht würden, zumal man Möglichkeiten des Vergleichs mit anderen armutsgefährdeten Gruppen, insbesondere mit anderen Migrantengruppen, gewinnen könne.[144] Anhand der ersten Zuwandererstichprobe des SOEP von 1994/95 bezifferte Sterbling die Einkommenshöhe von Aussiedlerhaushalten als „rund ein Drittel niedriger als das entsprechende Einkommen deutscher Haushalte", wobei die ungünstige Einkommenslage besonders in der ersten Zeit nach der Aussiedlung auch mit Schwierigkeiten der beruflichen Integration der Eltern zusammenhänge.[145]

Die hohen Armutsrisiken von Spätaussiedler(inne)n belegen auch die einschlägigen Armutsberichte seit Mitte der 1990er-Jahre auszugsweise.[146] Für 1997 bezifferte die Caritas-Armutsuntersuchung den Anteil von Aussiedler(inne)n in *verdeckter* Armut auf rund 25 und jenen von Aussiedler(inne)n in *relativer* Armut auf 46 Prozent. Für dasselbe und das Folgejahr belegte der zweite Armutsbericht der Hans-Böckler-Stiftung ein Sinken der Armutsquote von Spätaussiedler(inne)n in Westdeutschland um 6 auf rund 17 Prozent, womit sie zwar

141 Vgl. I. Tucci/G. G. Wagner: Einkommensarmut bei Zuwanderern überdurchschnittlich gestiegen, a. a. O., S. 81

142 Zur finanziellen Situation und materiellen Handlungsspielräumen von Mädchen und jungen Frauen verschiedener Herkunftsgruppen vgl. U. Boos-Nünning/Y. Karakaşoğlu: Viele Welten leben, a. a. O., S. 92 f.

143 Vgl. M. Wehmann: Freizeitorientierungen jugendlicher Aussiedler und Aussiedlerinnen, in: K. J. Bade/J. Oltmer (Hrsg.): Aussiedler. Deutsche Einwanderer aus Osteuropa, Osnabrück 1999, S. 207; E.-D. Lantermann/M. Hänze: Werthaltung, materieller Erfolg und soziale Integration von Aussiedlern, in: R. K. Silberreisen u. a. (Hrsg.): Aussiedler in Deutschland. Akkulturation von Persönlichkeit und Verhalten, Opladen 1999, S. 176 ff.

144 Vgl. hierzu und zum Folgenden: A. Sterbling: Besonderheiten der Armutslage, a. a. O., S. 95 f.

145 Dass sich die ökonomische Mangellage auf die erste Zeit nach der Zuwanderung beschränkt, belegte Sterbling anhand der Entwicklungen der Vollbeschäftigungsquote männlicher Aussiedler zwischen 20 und 60 Jahren, die nach einem Jahr des Aufenthalts bei 50, nach 2 bei 70 und nach etwa 5 Jahren bei etwa 85 % lag, während bei den Aussiedlerinnen auch nach 5 Jahren erst eine Quote von 30 % erreicht wurde; vgl. ebd., S. 91

146 Vgl. W. Hanesch/P. Krause/G. Bäcker: Armut und Ungleichheit in Deutschland, a. a. O., S. 435; BMFSFJ (Hrsg.): Zehnter Kinder- und Jugendbericht, a. a. O., S. 91; zum Folgenden: W. Hübinger/R. Hauser: Die Caritas-Armutsuntersuchung, a. a. O., S. 97

signifikant höher als jene der deutschen Bevölkerung (9,9 %) lag, aber immer noch niedriger als jene ausländischer Migrant(inn)en (mit 20,7 %).[147] Demnach lebten 1998 fast 55 Prozent der Spätaussiedler/innen im Niedrigeinkommensbereich mit weniger als 75 Prozent des Nettoäquivalenzeinkommens. Trotz bestehender Eingliederungshilfen und eines besseren sozial- und arbeitsrechtlichen Status wiesen sie somit hohe Armutsquoten bzw. eine schlechte Einkommensposition auf, resümierten Hanesch, Krause und Bäcker. Ein Vergleich der Armutsrisikoquote von Aussiedler(inne)n der Jahre 1996 und 2004 ergab, dass diese von 20 auf 24 Prozent stieg, womit zuletzt fast ein Fünftel arm war.[148]

Die erwähnte Sonderauswertung des SOEP zur Einkommenssituation von Zuwanderern informierte ebenfalls am Rande über die Einkommensverhältnisse von Spätaussiedler(inne)n.[149] Diese erzielten demnach im Jahr 2002 ein Bruttojahreseinkommen von rund 12.863 Euro, was zwar unter jenem von Deutschen (16.391 Euro), Eingebürgerten (14.208 Euro) und Ausländer(inne)n aus westlichen Ländern (16.161 Euro) lag, aber merklich über jenem von Ausländer(inne)n insgesamt (12.685 Euro) und solchen aus nichtwestlichen Ländern (11.728 Euro). In Bezug auf die Einkommensverteilung dokumentiert Abb. 4.9 für 2003, dass zwar 60 Prozent der Aussiedler/innen in den beiden untersten Einkommensquintilen lebten und somit dort überrepräsentiert waren, zugleich aber (mit jeweils 20 %) stärker als Drittstaatler/innen und türkische Zuwanderer in den beiden obersten sowie im mittleren Segment vertreten waren. Im Vergleich der Herkunftsgruppen lagen sie mit dieser Einkommensverteilung im unteren Mittelfeld, da im Inland Geborene, Ausländer/innen aus westlichen Ländern sowie aus EU-Anwerbestaaten günstigere Einkommenspositionen hatten.

Die Armutsrisikoquote von Spätaussiedler(inne)n bezifferten Tucci und Wagner für 2003 auf 25 Prozent, und ein Zehntel lebte im Wohlstand (mit mehr als 150 % des Medianeinkommens), womit sie vergleichbare Werte mit Ausländer(inne)n insgesamt aufwiesen.[150] Für 2005 weist der Mikrozensus für Spätaussiedler/innen und ihre Nachkommen aus, dass jede/r fünfte arm war.[151] Im Vergleich zu ausländischen Zuwanderern, von denen mehr als jede/r dritte in Armut lebte, waren dies zwar relativ wenig, ihre Armutsrisikoquote lag aber dennoch um mehr als 8 Prozent über jener der Bevölkerung ohne Migrationshintergrund.

4.1.7 Armutsrisiken von Flüchtlingen, Asylsuchenden und illegalisierten Ausländern

Die hohen Armutsrisiken der heterogenen Gruppe von Migrant(inn)en mit Flucht- und Asylhintergrund bleiben sowohl in der Sozialberichterstattung als auch in der soziologischen Armutsforschung meist unterbelichtet. Diese Ausblendung ist mehreren Gründen geschuldet. Der wohl bedeutsamste ist, dass Flüchtlinge, die weder zu den Asylberechtigten noch zu den

147 Vgl. W. Hanesch/P. Krause/G. Bäcker: Armut und Ungleichheit in Deutschland, a. a. O., S. 435 u. 447

148 Vgl. StBA (Hrsg.): Datenreport 2006, a. a. O., S. 566. Armutsgrenze war 60 % des Medianeinkommens; Datenbasis war das SOEP.

149 Vgl. auch zum Folgenden: I. Tucci/G.G. Wagner: Einkommensarmut bei Zuwanderern überdurchschnittlich gestiegen, a. a. O., S. 82

150 Datenbasis war das SOEP und die Armutsgrenze wurde berechnet nach der 60-%-Grenze des Medians vom Haushaltsnettoäquivalenzeinkommen. Vgl. ebd.

151 Vgl. Bundesintegrationsbeauftragte (Hrsg.): 7. Bericht, Tabellenanhang, a. a. O., S. 49, hier als Abb. 4.2 wiedergegeben.

Konventions- oder Kontingentflüchtlingen zählen, bloß eine vorläufige Aufenthaltsgenehmigung erhalten und sich das SOEP als eine der wichtigsten migrationsspezifischen Datenquellen auf ausländische Migrant(inn)en konzentriert, die bereits zur Wohnbevölkerung zählen, d. h. dauerhaft in Privathaushalten leben.[152] Insbesondere neu zugewanderte Flüchtlinge, deren Integration in die deutsche Gesellschaft bis zur Klärung des ausländerrechtlichen Status ausdrücklich nicht intendiert ist, bringt man zunächst in Sammelunterkünften unter, bevor ihnen meist erst nach längerem Aufenthalt der Bezug einer eigenen (Sozial-)Wohnung gestattet wird, womit sie zur „Wohnbevölkerung" zählen. Auch die Migrationslageberichte der Bundesausländerbeauftragten klammern die soziale Situation von Asylsuchenden, Geduldeten und Menschen „mit Abschiebehindernissen" deshalb aus, obwohl sie regelmäßig über die Lebensverhältnisse dauerhaft hier lebender Migranten („mit gewöhnlichem Aufenthalt") berichten.

Die Ursachen für die hohen Armutsrisiken von Flüchtlingen und Asylsuchenden werden in der Literatur überwiegend in ausländerrechtlichen Restriktionen verortet, wie dem fehlenden oder eingeschränkten Zugang zum Arbeitsmarkt oder zu sozialstaatlichen Leistungen (Sozialhilfe vs. Asylbewerberleistungen). Manfred Zuleeg wertete die „Politik der verordneten Armut" für Flüchtlinge bereits 1985 als ein Indiz dafür, dass der Staat Armut einsetze, um politische Ziele (wie Abschreckung) zu erreichen.[153] Der Zehnte Kinder- und Jugendbericht der Bundesregierung sah 1998 im Asylbewerberstatus bzw. dessen reduzierten Sozialleistungen einen der Gründe, warum ausländische Kinder stärker von Armut betroffen waren als deutsche. „Da eine Arbeitserlaubnis nicht erteilt wird, erzeugen die staatlichen Regulierungen diese extreme Armut", stellte der Bericht fest.[154] Die mit dem prekären Aufenthaltsstatus verbundenen Restriktionen sind somit zum einen armutsrelevant, weil sie betroffenen Migrant(inn)en einen gleichberechtigten Arbeitsmarktzugang in der Regel verwehren, sodass diese ihren Lebensunterhalt nicht eigenständig mit Erwerbstätigkeit sichern können und deshalb meist auf Regelleistungen des Asylbewerberleistungsgesetzes angewiesen sind, und zum anderen, weil sie im Fall eines *nach*rangigen Arbeitsmarktzugangs angesichts der Konkurrenz mit einheimischen Erwerbslosen faktisch nur geringe Chancen auf eine angemessen entlohnte, sozialversicherungspflichtige Beschäftigung haben.[155] Besonders jugendliche Geduldete, denen aufgrund ihres nachrangigen Arbeitsmarktzugangs die Aufnahme einer Berufsausbildung untersagt ist, haben deshalb schon häufig Fürsprache gefunden, ohne dass dies etwas hätte ändern können.[156]

---

152 Dies galt bis 2005 auch für den Mikrozensus, der seither auch Menschen aus Gemeinschaftsunterkünften erfasst; vgl. StBA (Hrsg.): Bevölkerung und Erwerbstätigkeit, a. a. O., S. 333

153 Vgl. M. Zuleeg: Politik der Armut und Ausländer, a. a. O., S. 301 ff.

154 Vgl. BMFSFJ (Hrsg.): Zehnter Kinder- und Jugendbericht, a. a. O., S. 91

155 Dieser nachrangige Arbeitsmarktzugang für Geduldete, die von der Bleiberechtsregelung in § 104 des Gesetzes zur Umsetzung von aufenthalts- und asylrechtlichen Richtlinien der Europäischen Union v. 19.8.07 profitierten, wurde auf eine Maximallänge von 4 Jahren Aufenthalt beschränkt. Zum entsprechenden IMK-Beschluss vgl. R. Marx: Die Anordnungen der Bundesländer zur Umsetzung des Bleiberechtsbeschlusses vom 17.11.06, in: ZAR 2/07, S. 47 ff.

156 Vgl. Bundesausländerbeauftragte (Hrsg.): Lagebericht 2002, a. a. O. 2002, S. 84

1. Einkommensverhältnisse von (anerkannten) Flüchtlingen und Asylberechtigten

Über die Einkommensverhältnisse von anerkannten Flüchtlingen und Asylberechtigten gibt es kaum gesicherte Befunde. Bestehende Untersuchungen wie das SOEP erheben zwar den Fluchthintergrund eines Zuwanderers, unterscheiden aber nicht zwischen bleibeberechtigten, im Asylverfahren befindlichen oder abschiebegeschützten Flüchtlingen. Für 1991 dokumentierte auch die Armutsuntersuchung des Caritasverbandes die wesentlich ungünstigeren Einkommensverhältnisse von Flüchtlingen, wobei die Ergebnisse ebenfalls nicht nach Bleibeberechtigten und Flüchtlingen mit prekärem Status unterschieden wurden. Die 280 Befragten waren Asylberechtigte, Asylsuchende und De-Facto-Flüchtlinge (meist Geduldete) und mehrheitlich nichteuropäischer (60 %), rumänischer (17 %), türkischer (8 %) oder jugoslawischer (3 %) Staatsangehörigkeit.[157] Zum Erhebungszeitpunkt (also vor der Einführung des Asylbewerberleistungsgesetzes) lebten rund 76 Prozent der Flüchtlinge (von denen die Mehrheit keine Arbeitserlaubnis hatte) von Sozialhilfeleistungen, etwa 15 Prozent lebte in verdeckter und rund 63 Prozent in relativer Armut. Bis auf den Bereich der verdeckten Armut befanden sich die befragten Flüchtlinge damit in einer erheblich schlechteren finanziellen Situation als andere Zuwanderergruppen und waren eklatant häufiger von relativer Armut betroffen.

Hanesch, Krause und Bäcker konstatierten anhand ihrer Auswertung der Zusatzstichprobe des SOEP von 1994/95 eine „schon allein wegen ihrer Größenordnung" kaum mit anderen Migrantengruppen vergleichbare Armutsquote von 50 Prozent bei Asylbewerber(inne)n und Flüchtlingen, bei der die „rechtliche Diskriminierung und die Herausnahme dieser Bevölkerungsgruppe aus dem Geltungsbereich des BSHG (Sozialhilfe)" ihren Niederschlag finde.[158] Allerdings sei zu berücksichtigen, dass mit den SOEP-Daten zumeist der sozioökonomische Status von Asyl*berechtigten* bzw. Flüchtlingen mit gesichertem Status erfasst und dieser damit deutlich zu positiv eingeschätzt werde, weil die häufig in Sammelunterkünften lebenden Asyl*bewerber/innen* und Flüchtlinge im laufenden Verfahren, also gerade jene Gruppen, die ein „sehr hohes Armutsrisiko" trügen, ausgeklammert blieben.[159] Für 1997/98 belegten die Daten, dass Flüchtlinge und Asylbewerber/innen unter allen befragten Migrantengruppen das mit Abstand niedrigste Äquivalenzeinkommen hatten; es betrug ungefähr die Hälfte dessen, was der Referenzgruppe der westdeutschen Bevölkerung zur Verfügung stand, und rund zwei Drittel des Durchschnittswertes der ausländischen Bevölkerung insgesamt. 1997 lebten rund 92 und 1998 sogar 96 Prozent der Flüchtlinge mit weniger als 75 Prozent des mittleren Äquivalenzeinkommens und etwa 57 Prozent waren 1997 von relativer Armut betroffen.

2. Flüchtlinge im Asylbewerberleistungsbezug: Materielle Versorgung und Empfängerzahlen

Bevor die materiellen Leistungen des Asylbewerberleistungsgesetzes und ihre Empfänger/innen näher aufgeschlüsselt werden, ist zu klären, welchen Flüchtlingsgruppen diese Unterhaltsleis-

157 Vgl. auch zum Folgenden: W. Hübinger/R. Hauser: Die Caritas-Armutsuntersuchung, a. a. O., S. 86 ff. Als arm galten Haushalte mit weniger als 50 % des Nettohaushaltsäquivalenzeinkommens.
158 Siehe W. Hanesch/P. Krause u. a.: Armut und Ungleichheit in Deutschland, a. a. O., S. 447 u. 433
159 Siehe auch zum Folgenden: ebd., S. 429 ff.

tung nach ausländerrechtlichen Vorgaben zusteht und welche die höheren Regelleistungen der Sozialhilfe (seit Anfang 2005: SGB XII bzw. II) bekommen. Als die damalige CDU/CSU/FDP-Koalition das Gesetz trotz vielfacher Proteste 1993 einführte, gehörten ausschließlich Asylbewerber/innen im laufenden Verfahren, vollziehbar zur Ausreise Verpflichtete sowie deren Ehegatt(inn)en und Kinder – sofern sie eine bis zu sechs Monate geltende Aufenthaltserlaubnis hatten – zum Adressatenkreis dieses „neuen", migrantenspezifischen Stützpfeilers der sozialen Sicherung in Deutschland.[160] Geduldete waren generell ausgenommen und die Bezugsdauer war auf ein Jahr begrenzt; im Anschluss erhielten Betroffene die höheren Regelleistungen nach dem Bundessozialhilfegesetz. Allerdings wurde das Asylbewerberleistungsgesetz im Laufe der Jahre mehrfach geändert (und aus Betroffenensicht: verschärft), so etwa in der Neufassung vom 5. August 1997,[161] durch welche man die Bezugsdauer auf bis zu 3 Jahre verlängerte und den Adressatenkreis auf Geduldete und Bürgerkriegsflüchtlinge erweiterte. Weitere Verschärfungen erfolgten mit dem Zuwanderungsgesetz 2005, welches noch mehr aus humanitären Gründen bleibeberechtigte Migrant(inn)en mit Aufenthaltserlaubnis einbezog.[162]

Nach dem Gesetz sind die Unterhaltsleistungen vorrangig als Sachleistungen mit ergänzendem Taschengeld zu gewähren, wobei dies für manche Gruppen zwingend vorgeschrieben ist und für andere im Ermessen der Ausländerbehörde liegt bzw. von den Vorgaben der Kommunalpolitik abhängt. In der Praxis wird die von § 3 Abs.1 und 2 AsylbLG zumindest in Erstaufnahmeeinrichtungen geforderte Deckung des notwendigen Bedarfs (an Ernährung, Unterkunft, Heizung, Kleidung u. a.) nach dem Sachleistungsprinzip häufig auf Leistungsberechtigte insgesamt ausgedehnt, bevor diese nach i. d. R. dreijähriger Bezugsdauer höhere Unterhaltsleistungen nach dem SGB XII erlangen.[163] Allerdings gewähren Hamburg, Bremen, Berlin, Sachsen-Anhalt, Mecklenburg-Vorpommern sowie die große Mehrzahl der Kreise und Kommunen in NRW, Rheinland-Pfalz und Schleswig-Holstein den Flüchtlingen außerhalb von Erstaufnahmeeinrichtungen *Geld*leistungen oder Wertgutscheine, während man in Bayern oder Baden-Württemberg aus Gründen der Abschreckung meist auf Sachleistungen setzt. Die Höhe der monatlichen Grundleistungen in Geldwert, welche den Leistungsberechtigten in den 1990er-Jahren i. d. R. als Sachleistung mit einem monatlichen „Taschengeld" von 80 DM für Erwachsene gewährt wurde, bezifferten Harald Kühne und Peter Rüßler unter Bezug auf Angaben des Bundesinnenministeriums für 1998 wie folgt:

160 Vgl. auch zum Folgenden: §§ 1 u. 2 Asylbewerberleistungsgesetz (AsylbLG) i. d. F. v. 30.6.1993

161 Im BGBl. I, S. 2022 ff., danach geändert durch Art. 56 der Achten Zuständigkeitsanpassungsverordnung vom 25.11.2003 (BGBl. I 2003, S. 2304 ff.). Zu den einzelnen Modifikation des AsylbLG vgl. auch G. Classen: Sozialleistungen für MigrantInnen und Flüchtlinge, a. a. O., S. 54 f.

162 Zu der Reform des AsylbLG 1998 vgl. Netzwerk Migration in Europa e. V.: Deutschland: Änderung des Asylbewerberleistungsgesetzes, in: Newsletter MuB 6/1998. Folgende Gruppen erhalten seitdem höhere Unterhaltsleistungen nach dem SGB XII bzw. SGB II: Asylberechtigte, Konventionsflüchtlinge, Ausländer mit Aufenthaltserlaubnis nach § 23 AufenthG (Altfallregelung), 23a (Härtefallkommission), § 25 Abs. 3 (menschenrechtliches Abschiebehindernis), § 25 Abs. 4 S. 2 AufenthG (humanitäre Härte) sowie mit einer Aufenthaltserlaubnis aus anderen als humanitären Gründen (z. B. Familiennachzug). Vgl. G. Classen: Das Asylbewerberleistungsgesetz und seine Novellen von 1997, 1998 und 2005, Berlin 2005

163 Vgl. auch zum Folgenden: G. Classen: Sozialleistungen für MigrantInnen und Flüchtlinge, a. a. O., S. 82 f.

Tabelle 4.11 Grundleistungen gemäß Asylbewerberleistungsgesetz 1998, in DM (in €)[164]

	Haushaltsvorstand/ Alleinstehende	**Haushaltsangehörige**	
		Kinder ab 7 Jahre	**Kinder bis 7 Jahre**
Ernährung	255	225	150
Kleidung	40	40	40
Gesundheits- und Körperpflege	10	10	10
Gebrauchs- u. Verbrauchsgüter des Haushalts (ohne Hausrat und Energie)	15	15	15
Haushaltsenergie	40	20	5
Summe	360 (184,07 €)	310 (158,50 €)	220 (132,94 €)

Quelle: H. Kühne/P. Rüßler: Die Lebensverhältnisse der Flüchtlinge, a. a. O., S. 173

Seit die rot-grüne Bundesregierung Anfang 2005 für SGB-XII- bzw. SGB-II-Leistungen einen pauschalierten Eckregelsatz in Höhe von anfangs 345 Euro einführte, erhalten Alleinstehende nach dem Asylbewerberleistungsgesetz monatliche Grundleistungen in Höhe von 184 sowie einen Barbetrag von rund 40 Euro (Bis-zu-14-Jährige: 20 Euro), womit die monatlich gewährten Regelleistungen um ca. 35 Prozent unter dem geltenden Sozialhilfe-Eckregelsatz liegen, der das soziokulturelle Existenzminimum abdecken soll.[165] Flüchtlinge und Asylsuchende im Asylbewerberleistungsbezug dürften daher, nimmt man übliche Kriterien der Armutsforschung zum Ausgangspunkt, nicht nur relativ, sondern sogar extrem arm sein.

Die Zahl von Leistungsempfänger(inne)n hat sich entsprechend der schwankenden Zahl von Asylsuchenden und der Ausweitung des Adressatenkreises von Asylbewerberleistungen im Laufe der 1990er-Jahre erheblich verändert. Der erste Armuts- und Reichtumsbericht der Bundesregierung dokumentierte für 1994 eine Zahl von 462.000 Empfänger(inne)n; 1996 wurde mit 508.000 Personen ein Höchstwert erreicht, der bis 1998 auf rund 450.000 sank.[166] Mit rund 393.000 Bezieher(inne)n lebten die meisten in den alten und mit 56.000 bloß eine Minderheit in den neuen Bundesländern. Aufgeschlüsselt nach Altersgruppen zeigt sich für Ende 1998, dass die Asylbewerberleistungsbezieher/innen mit durchschnittlich 23,2 Jahren wesentlich jünger als Deutsche im Sozialhilfebezug waren, was sich auch in dem hohen Anteil von fast 40 Prozent (172.000) Bis-zu-18-Jährigen zeigte: 17 Prozent (bzw. 76.000) der Empfänger/innen waren bis 6, fast 9 Prozent (39.000) 7 bis 11,7 Prozent (31.000) 11 bis 15 sowie über 5 Prozent (24.000) 15 bis 18 Jahre alt.

Mit dem Sinken der Zahl von Asylbewerberleistungsempfänger(inne)n reduzierten sich auch die Bruttoausgaben von 2,8 Mrd. 1994 auf 1,2 Mrd. Euro 2005.[167] Im Jahr 2000 wurde erstmals die 400.000er-Grenze unterschritten und es bezogen noch rund 353.000 Menschen

164 Die Höhe der Grundleistungen ist trotz der Vorschrift ihrer jährlichen Anpassung seit 1993 nicht verändert worden. Die Euro-Angaben stammen aus: ebd., S. 85

165 Vgl. ebd., S. 55 f.

166 Vgl. auch zum Folgenden: BMAS (Hrsg.): Lebenslagen in Deutschland. Daten und Fakten, a. a. O., S. 276 ff.

167 Vgl. BAMF (Hrsg.): Asyl in Zahlen. Tabellen, Diagramme, Karten, Erläuterungen, 15. Aufl. Nürnberg (31.12.2006), S. 55. Zum Folgenden: BMGS (Hrsg.): Lebenslagen in Deutschland, Anhang, a. a. O., S. 162

Asylbewerberleistungen, 2003 waren es etwa 264.000 und 2005 bloß noch 211.000 Personen.[168] Auch die Merkmale der Empfängergruppe veränderten sich kaum: Am Jahresende 2004 überwogen Männer (58%); über die Hälfte (52%) war jünger als 25 Jahre und das Durchschnittsalter lag bei 25 Jahren.[169] Bis-zu-18-Jährige machten mit ca. 36 Prozent mehr als ein Drittel der Empfänger/innen aus; 14 Prozent (32.000) davon waren Kinder unter 7 Jahren. Dieser hohe Kinderanteil findet sich auch in den Folgejahren bis 2006: Von den 193.000 Empfänger(inne)n von Asylbewerberleistungen waren rund 71.000 unter 18 Jahren alt; von ihnen erhielten fast 50.000 die niedrigeren Asylbewerbergrundleistungen und die übrigen Hilfe-zum-Lebensunterhalt-Leistungen analog zur Höhe der Sozialhilfe (SGB XII).[170]

Nach Herkunftsländern betrachtet, kamen die meisten Asylbewerberleistungsempfänger/innen (fast 29%) aus Serbien und Montenegro. Weitere 9 Prozent waren türkischer, fast 6 Prozent iranischer, 5 Prozent afghanischer und 3,6 Prozent irakischer Staatsangehörigkeit. Die meisten Hilfebezieher/innen (46%) kamen vom europäischen Kontinent, aus Asien stammten rund 37 und aus Afrika bloß 11 Prozent. Diese „Rangfolge" der Herkunftskontinente hat sich nach Angaben des Statistischen Bundesamtes seit Inkrafttreten des Asylbewerberleistungsgesetzes nicht verändert.

3. Die Einkommenssituation in Familien ohne Aufenthaltsrecht

Zu den Einkommensverhältnissen der sehr heterogenen Gruppe illegalisierter Migrant(inn)en gibt es nur vereinzelte Hinweise, die sich aus den vermuteten Beschäftigungsformen erschließen; gesicherte Informationen über die materielle Lage von „illegalen" Familien oder illegalisierten Minderjährigen sind nicht zugänglich.[171] So weisen Rainer Münz, Stefan Alscher und Veysel Özan lediglich darauf hin, dass die Einkommenssicherung das Hauptmotiv von Migrant(inn)en sein dürfte, die Risiken eines illegalen Aufenthaltes auf sich zu nehmen, und sie führen die Formen illegaler Beschäftigung von Migrant(inn)en näher aus.[172] Neben abhängig Beschäftigten gebe es auch Selbstständige, etwa in den Bereichen Straßenmusik, Handel mit (z.T. gefälschten) Markenartikeln, Schrotthandel und „professionelles Betteln".

Die Informationen über Erwerbseinkommen aus illegaler Beschäftigung deuten darauf hin, dass Löhne und Einkommen je nach Branche, Einsatzort und anderem stark variieren und es zudem gelegentlich zu Vorenthaltungen des Lohns kommt. Norbert Cyrus machte darauf aufmerksam, dass die Lohnhöhe zumindest bei polnischen Pendelmigrant(inn)en meist den Vorstellungen der Betroffenen entspreche, weshalb sich die illegale Beschäftigung von Migrant(inn)en nicht generell mit Niedrigeinkommen gleichsetzen lasse. Allerdings dürfte diese Aussage für andere Gruppen Illegalisierter wie Flüchtlingsfamilien und (z.T. minderjährige) Frauen in der Prostitution, die sich wegen einer Abschiebungsandrohung in einer

168 Zu den Zahlen bis 2003 vgl. ebd.; ab 2003 vgl. BAMF (Hrsg.): Asyl in Zahlen, 15. Aufl., a.a.O., S. 54

169 Vgl. StBA (Hrsg.): Statistik der Sozialhilfe in Deutschland. Ausländer, a.a.O., 2004, S. 8 u. 19ff.

170 Vgl. Deutscher Bundestag (Hrsg.): Antwort der Bundesregierung auf die Kleine Anfrage der Abgeordneten Josef Philip Winkler, Markus Kurth, Volker Beck (Köln), weiterer Abgeordneter und der Fraktion Bündnis 90/Die Grünen, BT-Drucksache 16/7365, Berlin 2007, S. 3

171 Vgl. auch W. Krieger u.a.: Lebenslage „illegal", a.a.O., S. 133ff.

172 Vgl. auch zum Folgenden: R. Münz/St. Alscher/V. Özcan: Leben in der Illegalität, a.a.O., S. 79ff.

ungleich prekäreren Situation befinden, durchaus in Frage zu stellen sein. Gemeinsam ist illegal Beschäftigten indes, dass sie keine Möglichkeit haben, ihren Lohn tatsächlich einzuklagen.[173]

Philip Anderson traf in einer kurz nach der Jahrtausendwende in München durchgeführten Untersuchung einerseits Hungerlöhne zwischen 5 und 10 DM pro Stunde an, die illegale Beschäftigte bei extrem langen Arbeitszeiten auf Baustellen erhielten, und andererseits Einkünfte bis zu 1.500 DM, die in der Gastronomie (bei einer Wochenarbeitszeit von über 60 Stunden) erzielt wurden.[174] Der Verfasser ist aufgrund der Ergebnisse seiner Studie zu Angebot und Nachfrage nach illegalen Erwerbsformen der Ansicht, dass die Existenz „Illegaler" entscheidend von der ökonomischen Dimension abhängt und die Wirtschaft solche Menschen mindestens ebenso entscheidend zum eigenen „Überleben" braucht. Es komme nicht von ungefähr, „dass diese bei knapper Gewinnmarge arbeitenden, auf maximale Flexibilität und dienstleistungsbezogene ‚just in time production' ausgerichteten Bereiche auf die Dienste der ‚stillen Reserve' zurückgreifen. Arbeitgeberinnen und Arbeitgeber wissen die Vorzüge solcher Arbeitskräfte zu schätzen, wie schon konstatiert: Diese Menschen wollen viel und lange arbeiten, legen nicht so viel Wert auf Freizeit, weil sie oft ohne ‚Anhang' oder nähere Familie da sind bzw. Geldverdienen im Vordergrund steht. Sie rechnen mit keinem hohen Verdienst im hiesigen Sinne – im Vergleich mit Heimatlöhnen sind ‚Sklavenlöhne' hier oft üppig."[175] Wolfgang Krieger und seine Mitautoren berichteten in ihrer Studie über Papierlose in Frankfurt a. M. von einer breiten Streuung der Lohnhöhe, die von 1.500 Euro im Monat bis hin zu sporadischen Einkünften reichte; die (Stunden-)Löhne rangierten zwischen 3 und 10 Euro pro Stunde und einem durchschnittlichen Monatsverdienst von 750 Euro bei einer täglichen Arbeitszeit von 6 bis 12 Stunden.[176] Befragte hatten kundgetan, sich zwar nichts leisten zu können, aber auch mit wenig Geld auszukommen, sich mit kostenlos erreichbaren Gütern (Sperrmüll, Gebrauchtwaren) zu behelfen und bedürftigen Verwandten im Herkunftsland ab und zu Geld zu schicken.

4.1.8 Zwischenfazit: (Kinder-)Armutsrisiken nach Herkunftsgruppen und Aufenthaltsstatus

Resümiert man diese Befunde zu Einkommens- und Armutstendenzen von Migrant(inn)en, zeigt sich das ambivalente Bild einer bei Ausländer(inne)n nach wie vor verbreiteten Armut, von der einige Herkunfts- und ausländerrechtliche Statusgruppen besonders betroffen sind. Die Einkommensverteilung kann als ein sich allmählich ausdifferenzierendes Spektrum beschrieben werden, an dessen Rändern sich zugleich eine Dualisierung – in Form eines wachsenden Teils armer wie wohlhabender Zuwanderer – abzeichnet: Während sich die Einkommen von Ausländer(inne)n aus westlichen Industrie- und EU-Ländern immer mehr jenen von Einheimischen anpassen, sich also vermehrt auch in höheren Einkommensschichten

173 Vgl. R. Fodor: Rechtsgutachten zum Problemkomplex des Aufenthalts von ausländischen Staatsangehörigen ohne Aufenthaltsrecht und ohne Duldung in Deutschland, in: J. Alt/R. Fodor: Rechtlos? Menschen ohne Papiere, Karlsruhe 2001, S. 132 ff.

174 Vgl. Ph. Anderson: „Dass Sie uns nicht vergessen…", a. a. O., S. 45

175 Siehe ebd., S. 56

176 Vgl. W. Krieger u. a.: Lebenslage „illegal", a. a. O., S. 134

finden, ist am entgegengesetzten, armutsnahen Ende des Spektrums die Konzentration anderer Gruppen zu beobachten: Bei ihnen handelt es sich entweder um neue Zuwanderer, die – wie viele Spätaussiedler/innen – erst während der 1990er-Jahre einreisten, um Flüchtlinge und Asylsuchende mit prekärem aufenthaltsrechtlichen Status oder um Drittstaatler/innen wie Zuwanderer aus der Türkei oder Ex-Jugoslawien.

Die höheren Armutsrisiken von ausländischen Migrant(inn)en, die weniger aus generell niedrigeren Einkommen als vielmehr aus größeren Haushalten resultieren, sind in der ausländerspezifischen Sozialberichterstattung seit langem und bis in jüngere Jahre dokumentiert. Sie spiegeln sich in allen üblichen Armutsindikatoren wider, so etwa in den höheren Sozialhilfe- bzw. Alg-II-Bezugsquoten, den auf Nettoäquivalenzeinkommen basierenden Armuts(risiko)quoten oder den Empfängerzahlen von Asylbewerberleistungen. Besonders hohen Armutsrisiken ausgesetzt sind Kinder und Jugendliche, alte Menschen, kinderreiche Familien und alleinerziehende Frauen ohne deutschen Pass. Allerdings sind die Armutsquoten besonders für kleinere Nationalitätengruppen, Spätaussiedler/innen und die sehr heterogenen Gruppe ausländischer Fluchtmigrant(inn)en nur bruchstückhaft belegt. Neue Untersuchungen, welche migrantengruppenspezifische Auswertungen z. B. des Sozio-ökonomischen Panels vornehmen, weisen auf wachsende und aktuell sehr hohe Armutsrisiken von jungen Ausländer(inne)n der zweiten bzw. dritten Generation ebenso wie von Spätaussiedler(inne)n hin, während sich für länger ansässige ausländische Familien aus den ehemaligen EU-Anwerbestaaten zwar immer noch recht hohe, im Zeitverlauf aber gesunkene Armutsrisiken sowie die Herausbildung eines Mittelstandes abzeichnen. Für Eingebürgerte und Migrant(inn)en, die mit Deutschen in binationalen Haushaltsgemeinschaften leben, sind indes keine erhöhten Armutsrisiken, dafür aber eine mit Deutschen und Ausländer(inne)n aus westlichen (EU-) Ländern vergleichbare Repräsentanz in hohen Einkommenslagen nachgewiesen worden.[177]

Unzureichend ist der Erkenntnisstand vor allem zu Armutstendenzen bei Asylsuchenden und Flüchtlingen sowie Illegalisierten, zumal es sich um ethnisch-kulturell, aufenthaltsrechtlich und sozio-ökonomisch sehr heterogene Gruppen handelt, die von der Armutsforschung in der Regel kaum erwähnt werden. Einig ist sich die Fachwelt weitgehend darin, dass besonders Flüchtlinge und Asylsuchende mit prekärem Aufenthaltsstatus, die Asylbewerber(sach)leistungen beziehen, in staatlich induzierter Armut und zumeist in materieller Not leben, ebenso wie jene, die nur einen nachrangigen oder keinen legalen Zugang zum Arbeitsmarkt haben. Für illegalisierte Migrant(inn)en ist partiell belegt, dass sie häufig niedrigste Stundenlöhne in der Schattenwirtschaft erzielen und zum Teil Ausbeutungsverhältnissen unterliegen, in denen nicht immer Löhne gezahlt werden. Somit sind für jene Migrantengruppen, die den höchsten Armutsrisiken ausgesetzt sind, besonders große Forschungsdesiderate in Bezug auf Armutsrisiken zu konstatieren.

Die hohe Relevanz der Herkunftsgruppe für das Armutsrisiko der *Kinder* mit Migrationshintergrund untermauert eine Unicef-Studie, die auf Basis von SOEP-Daten zwischen 1991 und 2001 für Westdeutschland einen Anstieg der (haushaltsbezogenen) Kinderarmutsquote insgesamt von 7,5 auf 10,2 Prozent feststellt.[178]

177 Vgl. I. Tucci/G. G. Wagner: Einkommensarmut bei Zuwanderern überdurchschnittlich gestiegen, a. a. O., S. 82 f.

178 Als Armutsschwelle wurden 50 % des Medians vom Nettoäquivalenzeinkommen herangezogen. Vgl. auch zum Folgenden: M. Corak/M. Fertig/M. Tamm: A Portrait of Child Poverty in Germany, a. a. O., S. 5 ff.

Abbildung 4.12 Kinderarmutsquoten in Westdeutschland nach Staatsbürgerstatus (in %)

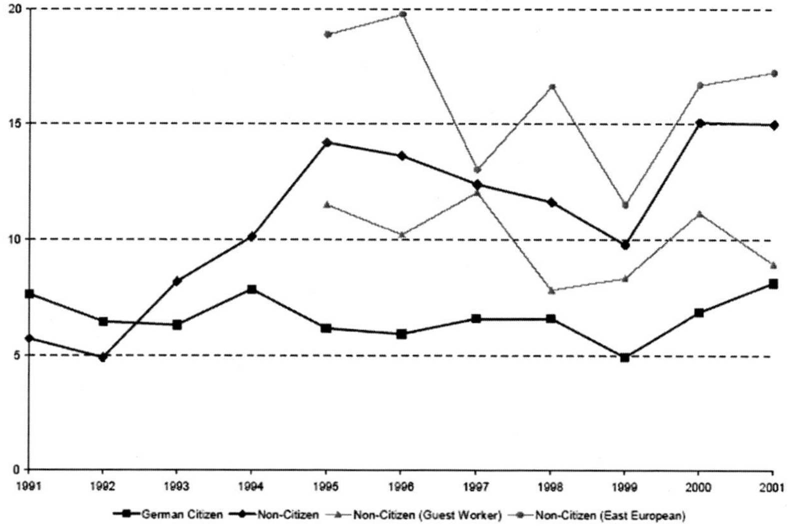

Quelle: M. Corak/M. Fertig/M. Tamm: A Portrait of Child Poverty in Germany, a. a. O., S. 8

Das Schaubild offenbart zunächst einmal, dass der für Westdeutschland konstatierte Anstieg der Kinderarmutsquote im Wesentlichen auf einer Zunahme der Armut unter *ausländischen* Kindern zurückzuführen ist, weil die Armutsquote *deutscher* Kinder relativ konstant blieb. Ab 1994/95 sind die Quoten mittels Daten der Zuwandererstichprobe für verschiedene Herkunftsgruppen[179] differenziert. Hieran zeigt sich, dass ausländische Kinder aus Anwerbeländern sogar ein tendenziell leicht sinkendes Risiko verzeichneten, wenngleich ihre Armutsquote nach wie vor deutlich über jener der Deutschen lag – und intern zudem nochmals größere Unterschiede zwischen einzelnen Nationalitäten aufwies, wie die Abbildung leider nicht erkennen lässt. Von den drei ausgewiesenen Migrantengruppen hatten Kinder der zweiten bzw. dritten „Gastarbeiter"-Generation eindeutig die geringsten Armutsrisiken, im Unterschied zu „neuen" Zuwanderern: Insbesondere nichtdeutsche Migrant(inn)en aus osteuropäischen Ländern, also etwa Familienangehörige von Kontingentflüchtlingen oder Spätaussiedler(inne)n, waren von Armut betroffen: 1996 lebte jedes fünfte Kind dieser neu zugewanderten Familien in einkommensarmen Verhältnissen; trotz zeitweiligem Rückgang ihrer Armutsquote auf rund 11 Prozent (1999) stieg diese in den Jahren 2000/01 erneut auf rund 17 Prozent.

Dass es nicht allein die Herkunftsregion, sondern v. a. die daraus i. d. R. resultierende aufenthaltsrechtliche (Schlechter-)Stellung von Migranten aus Drittstaaten ist, welche sich auf das *Kinder*armutsrisiko auswirkt, lassen folgende (nichtrepräsentative) Befunde der AWO-ISS-Studie vermuten:[180]

179 Unterschieden wurden Deutsche, Ausländer, ausländische „Gastarbeiter" sowie „Ausländer aus Osteuropa".
180 Migrantenkinder mit Staatsangehörigkeit eines EU-Drittstaates stellten mit 211 Kindern 24,2 % des gesamten Samples (867 Kinder); vgl. auch Tab. 2.2 dieser Arbeit.

Tabelle 4.13 Sicherheit des Aufenthaltsstatus und Armutsbetroffenheit (ohne EU-Staatsangehörige)

Anteil	**Aufenthaltsstatus**							
	Relativ sicher*		Unsicher**		Unklar		Gesamt	
	Anzahl	Prozent	Anzahl	Prozent	Anzahl	Prozent	Anzahl	Prozent
Arme Kinder	53	32,5	21	80.2	23	47,9	97	40,9
Nichtarme Kinder	110	67,5	5	19,8	25	52,1	140	59,1
Gesamt	163	100	26	100	48	100	237	100

* Relativ sicher = Aufenthaltsberechtigung, unbefristete Aufenthaltserlaubnis
** unsicher = Duldung, Bürgerkriegsflüchtlinge, laufendes Asylverfahren

Quelle: B. Hock/G. Holz/W. Wüstendörfer: Frühe Folgen – langfristige Konsequenzen?, a. a. O., S. 52

Die Daten unterstreichen nochmals eindrucksvoll, wie sehr sich das Armutsrisiko von Vorschulkindern ohne deutschen Pass bzw. EU-Staatsangehörigkeit an der Sicherheit des Aufenthaltsstatus der Familie festmacht: Ist der familiäre Aufenthaltsstatus gesichert, liegt ihre Armutsquote mit 32 Prozent knapp über jener armer Kinder (26 %) im gesamten Sample. Hingegen lebten fast 81 Prozent der Kinder mit prekärem Aufenthaltsstatus in einkommensarmen Familien, und nur etwas weniger als 20 Prozent von ihnen wuchsen in gesicherten Einkommensverhältnissen auf. Anzumerken bleibt, wie die Autor(inn)en festhalten, dass mit einem unsicheren Aufenthaltsstatus zum Zeitpunkt der Erhebung (1998) i. d. R. keine Arbeitsberechtigung der Eltern einherging,[181] sodass die Familien ihre Existenz zumeist von Leistungen des Asylbewerberleistungsgesetzes oder der Sozialhilfe bestritten.

4.2 Die Wohnsituation von Migranten(familien)

Die Wohnsituation der Bevölkerung in Deutschland wird von statistischen Erhebungen wie dem SOEP oder dem Mikrozensus regelmäßig dokumentiert.[182] Die i. d. R. haushaltsbezogenen Daten unterscheiden allein die (nicht)deutsche Staatsangehörigkeit der Befragten, sodass meist Vergleiche der Wohnsituation von deutschen und ausländischen Haushalten als Wirtschaftsgemeinschaften gezogen werden.[183] Obgleich die Wohnbedingungen der zugewanderten Bevölkerung äußerst heterogen sind und Pauschalisierungen sich von daher verbieten, werden sie allenfalls noch für die größten Ausländergruppen gesondert behandelt und fast

181 Diese Regelung wurde im Dezember 2000 geändert. Seitdem haben Flüchtlinge mit einer Duldung oder Aufenthaltsgestattung nach einer einjährigen Wartezeit einen – wenn auch eingeschränkten, da nachrangigen – Arbeitsmarktzugang. Vgl. Bundesausländerbeauftragte (Hrsg.): Lagebericht 2002, a. a. O., S. 83

182 Vgl. z. B. StBA (Hrsg.): Armut und Lebensbedingungen. Ergebnisse aus LEBEN IN EUROPA für Deutschland 2005, Wiesbaden 2006, S. 29 f.

183 Vgl. etwa W. Clark/A. I. Drever: Wohnsituation von Ausländern: Trotz Verbesserungen immer noch großer Abstand zu deutschen Haushalten, in: DIW-Wochenbericht 20/2001, S. 469 ff.

gar nicht für statistisch unterbelichtete Migrantengruppen (wie Aussiedler und Flüchtlinge mit ungeklärtem Aufenthaltsstatus) differenziert.[184]

In der Migrationsforschung werden die Wohnverhältnisse von Migrant(inn)en als ein Indikator der strukturellen Dimension des Integrationsprozesses gewertet, bilden sie doch eine wichtige Rahmenbedingung, an der sich die prinzipielle Offenheit einer Aufnahmegesellschaft gegenüber Zuwanderern erkennen lässt. Die Wohnsituation weist darauf hin, wie weit die strukturelle Assimilation bei den jeweiligen Migranten(gruppen) vorangeschritten ist: So wertet man eine wachsende Wohneigentumsbildung als Hinweis auf gestiegene Bleibeabsichten und die Konzentration einer Migrantengruppe in bestimmten Quartieren als Zeichen für deren residenzielle Segregation,[185] während die durch Provisorien geprägten Wohnbedingungen von Asylsuchenden und Flüchtlingen in Sammelunterkünften darauf hindeuten, dass eine strukturelle Eingliederung der Bewohner/innen integrationspolitisch nicht angestrebt ist.

Die Wohnsituation der Bevölkerung mit Migrationshintergrund wird – neben rechtlichen und (wohnungs)politischen Maßgaben etwa in Bezug auf die Gewährung von Wohngeld und die Förderung von Eigenheimen oder sozialem Wohnungsbau – maßgeblich von den Rahmenbedingungen des (regional differierenden) Wohnungsmarktes determiniert. Dieser spaltet sich in vier verschiedene, voneinander relativ unabhängige Segmente, die jeweils unterschiedliche Öffnungsgrade gegenüber Zugewanderten aufweisen: den Immobilienmarkt, den privaten Mietwohnungsmarkt, den Sozialen Wohnungsmarkt sowie „Wohnheime" und „Sammelunterkünfte" als migrantenspezifische Unterbringungsformen.

1. Der Immobilienmarkt, welcher für fast 45 Prozent der (West-)Deutschen inzwischen zu Wohneigentum geführt hat, hält für weniger vermögende und ausländische Wohnungseigentümer/innen einige Barrieren (z. B. in Form rassistischer Vorurteile von Hauseigentümergemeinschaften) bereit. Die Migrationsbeauftragte berichtete von der Praxis einzelner Wohnungsbaugesellschaften und Kommunen, Wohnungen bzw. Baugrundstücke nur zum Teil bzw. unter Beachtung einer Ausländerquote von höchstens 10 Prozent zu vergeben.[186] Insgesamt verfügten (bei steigender Tendenz) rund 15 Prozent der Ausländer/innen im Jahr 2002 über Wohneigentum.[187]
2. Der private Mietwohnungsmarkt stellt besonders für Haushalte mit mittleren und hohen Einkommen einen Großteil des Wohnraums bereit. Allerdings zeigt der Mietwohnungsmarkt besonders in westdeutschen Großstädten wie Köln oder München deutliche Anzeichen von Überlastung, die u. a. in der Umwandlung von Wohn- in Büroraum bzw. von Miet- in Eigentumswohnungen wurzeln und für die einkommensschwachen Bevölkerungsschichten zu einem Rückgang bezahlbaren Wohnraums führt. Besonders Türk(inn)en (mit 43 %) und Jugoslaw(inn)en (mit 30 %) berichten von einer Ablehnung durch Vermieter/innen, während dies nur für 17 Prozent der Italiener/innen und 22 Pro-

184 Vgl. BMAS (Hrsg.): Repräsentativuntersuchung 2001, Berichtsband, a. a. O., S. 44 ff.; W. Clark/A. I. Drever: Wohnsituation von Ausländern, a. a. O., S. 469 ff.; StBA (Hrsg.): Datenreport 2004, a. a. O., S. 577; dass. (Hrsg.): Datenreport 2006, a. a. O., S. 566; U. Boos-Nünning/Y. Karakaşoğlu: Viele Welten leben, a. a. O., S. 68 ff.

185 Vgl. dazu H. Esser: Aspekte der Wanderungssoziologie, a. a. O., S. 149 ff.

186 Vgl. Bundesintegrationsbeauftragte (Hrsg.): Sechster Bericht, a. a. O., S. 151

187 Vgl. ebd., S. 70

zent der Griech(inn)en zutraf, wie die nur eben jene Ausländergruppen einbeziehende Repräsentativuntersuchung 2001 ergab.[188] Angesichts steigender Konkurrenz um billigen Wohnraum kann daher besonders bei als „ethnisch/kulturell fremd" eingestuften und vermehrt bei muslimischen Migrant(inn)en[189] nur sehr eingeschränkt von einer „Zugänglichkeit" oder Offenheit des allgemeinen Mietwohnungsmarktes gesprochen werden.[190]

3. Der (i. d. R. durch Kommunen subventionierte) Sozialwohnungsmarkt bildet für einkommensschwache Menschen mit und ohne Migrationshintergrund die häufigste Wohnalternative. Gerade für dieses, speziell auf einkommensschwache Schichten zugeschnittene Segment ist indes seit einigen Jahren bei tendenziell steigender Nachfrage ein rückläufiger Wohnraumbestand durch auslaufende Sozialbindungen festzustellen, was in manchen Großstädten zu erheblich gestiegenen Wartezeiten geführt hat.[191] Tendenziell konzentrieren sich immer mehr der verbliebenen Sozialwohnungen auf bestimmte, häufig als benachteiligt geltende Sozialräume (Stadtteile, Quartiere). Bei Sozialwohnungen, die sich in Trägerschaft größerer Wohnungsanbieter befinden, limitieren überdies z. T. quartiersbezogene „Ausländerquoten" den weiteren Zuzug von Migrant(inn)en. Die Inanspruchnahme öffentlich geförderter Sozialwohnungen von Ausländer(inne)n wird ferner durch ausländerrechtliche Bestimmungen erschwert: Durch Vorlage eines Mietvertrages müssen Zuwanderer ohne dauerhaften Aufenthaltsstatus für die Verlängerung ihrer Aufenthaltserlaubnis „ausreichenden Wohnraum" und einen „eigenständig gesicherten Lebensunterhalt" ohne Sozialhilfebezug nachweisen.[192]
4. Als speziell für Migrant(inn)en eingerichtetes Segment sind schließlich Wohnheime, Sammelunterkünfte und andere provisorische Wohnformen wie Hotelunterbringungen zu nennen, in die neu eingereiste Flüchtlinge und Spätaussiedler/innen nach ihrem Aufenthalt in zentralen Aufnahmelagern eingewiesen werden. Etwa 15 Prozent der Ausländer/innen hierzulande unterliegen der Residenzpflicht und bekommen ihren Wohnort in bestimmten Regionen bzw. Landkreisen zugewiesen, innerhalb derer sie sich nach dem Aufenthalt in der Sammelunterkunft eigenen Wohnraum suchen müssen. In den ursprünglich nur für einen Übergangszeitraum eingerichteten Sammelunterkünften werden aufgrund der Überlastung des sozialen Wohnungsmarktes inzwischen zunehmend längere Aufenthaltszeiten von bis zu fünf Jahren verzeichnet. Allerdings ist auch die

188 BMAS (Hrsg.): Repräsentativuntersuchung 2001, Berichtsband, a. a. O., S. 46

189 Die häufig mit Diskriminierung verbundene Einstufung von Menschen bestimmter ethnischer Zugehörigkeit als „fremd" unterliegt Veränderungen. Während in den 1960er- und 70er-Jahren vornehmlich italienische Migranten als kulturell fremd stigmatisiert und z. T. abgelehnt wurden, trifft es heutzutage besonders Türken und Schwarzafrikaner.

190 Vgl. D. Gebhardt/F. Chicote: „Wie steht es mit Diskriminierung in Berlin?" – Ergebnisse einer Fragebogenumfrage unter MigrantInnen und People of Colour in Berlin, in: Antidiskriminierungsnetzwerk Berlin des TBB (Hrsg.): Antidiskriminierungsreport Berlin 2003–2005, Berlin 2005, S. 26 ff.

191 Vgl. H. Häußermann/M. Kronauer/W. Siebel: Stadt am Rand: Armut und Ausgrenzung, a. a. O., S. 31 f.

192 Vgl. zu den Bestimmungen des „ausreichenden Wohnraums" und des Familiennachzugs § 17 Abs. 4 und zu der Aufenthaltstitelverlängerung § 24 Abs. 2 AuslG. Die entsprechenden Paragrafen des Aufenthaltsgesetzes sind § 29 Abs. 1 sowie § 5 Abs. 1 Nr. 1 AufenthG, welcher die Sicherung des Lebensunterhaltes ohne Inanspruchnahme öffentlicher Mittel (wie SGB-II-Leistungen und Wohngeld) zur Voraussetzung der Erteilung eines Aufenthaltstitels macht; vgl. D. Frings/P. Knösel (Hrsg.): Das neue Ausländerrecht. Alle Gesetze und Verordnungen – mit umfangreichen Erläuterungen zum Zuwanderungsgesetz, Frankfurt a. M. 2005, S. 25

Zahl von in Sammelunterkünften lebenden Migrant(inn)en aufgrund der gesunkenen Neuzuwanderung von Spätaussiedler(inne)n und Flüchtlingen seit einigen Jahren stark rückläufig, was sich merklich auf die Belegungsdichte auswirkt. In diesem Teilbereich des Wohnungsmarktes ist von einem weiteren Abbau der Kapazitäten auszugehen.

Die bisherigen Ausführungen verdeutlichen die Notwendigkeit, die Wohnsituation der zugewanderten Bevölkerung differenzierter – etwa nach ethnischen Herkunftsgruppen, dem Einreisezeitpunkt bzw. der Aufenthaltsdauer, dem Wohngebiet und der Region – in den Blick zu nehmen. Um angesichts des Mangels an präzisen empirischen Daten hierüber dennoch einen Überblick über die Wohnbedingungen der Gesamtheit der Bevölkerung mit Migrationshintergrund zu vermitteln, werden in diesem Kapitelteil zunächst einige Befunde zur Wohnsituation von Ausländer(inne)n im Vergleich zu jener von Deutschen referiert; im Anschluss wird die Unterkunftssituation verschiedener Migrantengruppen soweit möglich miteinander verglichen und jene von Spätaussiedler(inne)n und Flüchtlingsfamilien u. a. in Wohnheimen bzw. Sammelunterkünften erörtert. Zuvor vermittelt ein Exkurs grundlegende Erkenntnisse der Kinderarmutsforschung, welche die Bedeutung des Wohnraums für Kinder verschiedener Altersgruppen aus einkommensarmen Familien belegen. Der Exkurs ist notwendig, um die sich anschließenden Ausführungen zur Wohnsituation eingewanderter Familien in ihren Auswirkungen auf die in den Haushalten aufwachsenden *Kinder* beurteilen zu können, deren Ebene (etwa in der Versorgung mit Kinderzimmern und der in der Wohnung zur Verfügung stehenden Spielfläche) durch die Zuordnung der Wohnsituation als Dimension der *familiären* Lebenslage im Rest dieser Arbeit außen vor bleibt.

Exkurs: (Kinder-)Armut und Wohnen

„Wohnen" ist der Bereich, in dem Kinder aus einkommensarmen Verhältnissen am häufigsten Defizite wahrnehmen und zum Ausdruck bringen.[193] Dazu befragte arme Grundschulkinder legten großen Wert auf ein eigenes Kinderzimmer, auf einen Raum für „ungestörtes Lernen" und Spielen und äußerten den Wunsch nach einer größeren Wohnung, besonders der Küche und Wohnstube. Der Zehnte Kinder- und Jugendbericht der Bundesregierung schätzte die mit Schlagwörtern wie „Wohnungsnot" oder „Obdachlosigkeit" dramatisierte Wohnsituation von Familien angesichts verfügbarer statistischer Daten dennoch *im Durchschnitt* als relativ günstig ein. Er schränkte aber ein, dass Gruppen wie kinderreiche, „sozial schwache" oder zugewanderte Familien „erhebliche Probleme" hätten.[194] Bei steigenden Zahlen von Familienmitgliedern seien deutlich abnehmende Quadratmeterzahlen zu verzeichnen: Familien mit drei Kindern verfügten etwa über 25 Quadratmeter pro Kopf, diejenigen mit vier Kindern nur noch über 20. Mehrheitlich stehe pro Person und pro Kind ein Raum zur Verfügung; rund 90 Prozent der Familienhaushalte verfügten über mindestens ein Kinderzimmer und mehr als die Hälfte aller Kinder hatten (relativ kleine) Einzelzimmer. Im Umkehrschluss bedeutet dies, dass etwa 10 Prozent der Familien über kein Zimmer für Kinder verfügten

193 Vgl. auch zum Folgenden: K.A. Chassé/M. Zander/K. Rasch: Meine Familie ist arm, a. a. O., S. 122
194 Vgl. BMFSFJ (Hrsg.): Zehnter Kinder- und Jugendbericht, a. a. O., S. 52

und fast jedes zweite Kind sich einen Raum mit Geschwistern teilte. Bezogen auf die Raum- und die Personenzahl wies der Bericht außerdem auf eine Wohnraum*über*versorgung vieler Ein- und Zwei-Personenhaushalte ohne Kinder hin, während „der Anteil unterversorgter Hauptmieterhaushalte mit vier und mehr Personen bei knapp 40 Prozent" liege, worin sich eine deutliche Benachteiligung von Familien mit Kindern zeige.[195]

In der lebenslagenorientierten Armutsforschung wird das Vorhandensein von „weniger als einem Raum pro Person" bei Haushalten als eine Unterversorgung im Bereich „Wohnen" gewertet. Weitere Indikatoren dafür sind die Items „mangelhafte Ausstattung der Wohnung" sowie das subjektive Empfinden des Wohnumfeldes als schlecht oder benachteiligt. Das Statistische Bundesamt spricht von einer „angemessenen Wohnungsgröße" von 20 qm je Person im Haushalt und konstatiert, dass im Jahr 2005 rund 5 Prozent der gesamten, aber 11 Prozent der armutsgefährdeten Bevölkerung und davon am häufigsten in Städten (14 % gegenüber 6 % der armutsgefährdeten Landbevölkerung) Lebende von einer Wohnraumunterversorgung betroffen waren.[196] Armutsgefährdete Menschen seien aber vor allem von qualitativen Mängeln wie Feuchtigkeit in der Wohnungsqualität und dem Wohnumfeld (Flug- und Verkehrslärm, Kriminalität und Vandalismus in der Wohnumgegend) stärker beeinträchtigt.

Die Kinderarmutsforschung schenkt der Wohnsituation als einer vom Haushaltseinkommen und von den Bedingungen des Wohnungsmarktes abhängigen familiären Dimension der Lebenslage besondere Aufmerksamkeit. Sie wird als eine maßgebliche Determinante für die Handlungsspielräume und Entwicklungschancen von Kindern gewertet. So kommt der Wohnung als räumlichem Mittelpunkt sowie als Schutz- und Entfaltungsraum nicht nur für das Familienleben, sondern auch für die Qualität des Sozialisationsprozesses von Kindern sowie für deren Möglichkeiten zur persönlichen Entfaltung eine „außerordentliche Bedeutung" zu.[197]

Einkommensarme und kinderreiche Familien sind von beengten Wohnverhältnissen besonders betroffen, wie Untersuchungen mehrfach belegt haben.[198] Die Kinderarmutsforschung untersucht die Wohnsituation von Familien daher unter der Fragestellung, ob Kindern zuhause genügend Raum für eigene Bedürfnisse bleibt und Rückzugsmöglichkeiten zur Verfügung stehen. Üblicherweise wird die Qualität kindlichen Wohnens anhand von Indikatoren wie dem Vorhandensein eines eigenen Zimmers pro Kind, den räumlichen Gelegenheiten zur Erledigung von Hausaufgaben, für Besuchsmöglichkeiten von Freund(inn)en und das Feiern von Kindergeburtstagen bewertet.[199] Gelegentlich wird zudem nach der Verfügbarkeit neuer Medien bzw. eines eigenen Computers und danach gefragt, ob Kinder ihr Wohnumfeld als angenehm empfinden. Für Kinder spätestens ab dem Grundschulalter gilt ein (allein genutztes) Zimmer als wichtigste Unterversorgungsschwelle im Wohnbereich.[200] Die AWO-ISS-Vertiefungsstudie bezifferte den Anteil armer Grundschulkinder ohne eigenes Zimmer auf

195 Vgl. ebd.
196 Siehe auch zum Folgenden: StBA (Hrsg.): Armut und Lebensbedingungen, a. a. O., S. 29
197 Aufgezählt werden hier überdies qualitative und quantitative Kriterien eines familiengerechten Wohnens; vgl. BMFSFJ (Hrsg.): Familien und Familienpolitik im geeinten Deutschland – Zukunft des Humanvermögens. Fünfter Familienbericht, Bonn 1995, S. 135
198 Vgl. hierzu und zum Folgenden: G. Holz/S. Skoluda: „Armut im frühen Grundschulalter", a. a. O., S. 136; vertiefend: K.A. Chassé/M. Zander/K. Rasch: Meine Familie ist arm, a. a. O., S. 122 ff.
199 Vgl. ebd., S. 122
200 Vgl. etwa A. Bieligk: Die armen Kinder, a. a. O., S. 57; A. Richter: Wie erleben und bewältigen Kinder Armut?, a. a. O., S. 38; K.A. Chassé/M. Zander/K. Rasch: Meine Familie ist arm, a. a. O., S. 116 ff.

58 Prozent, während dies bloß für rund 19 Prozent der nichtarmen Kinder zutraf; weniger als 15 qm bewohnten 33 Prozent der armen und 3 Prozent der nichtarmen Kinder.[201]

Wohn(raum)funktionen sind für Kinder altersabhängig zu bewerten, da sie in jeder kindlichen Entwicklungsphase eine andere Funktion erfüllen: Babys und Kleinkinder benötigen primär Schutz vor Lärm und die Nähe zur Bezugsperson, Vorschulkinder brauchen Platz zum Spielen, Schulkinder benötigen einen (Arbeits-)Platz für Schularbeiten und das Spielen mit Gleichaltrigen, ältere Kinder und Jugendliche brauchen zur Identitätssicherung einen eigenen Raum, den sie selbst gestalten können und der Distanz zu den Eltern schafft.[202] So ist die Ausstattung von Kindern mit einem eigenen Zimmer auch altersabhängig: In Westdeutschland bewohnten 1990 ca. 40 bis 50 Prozent aller Kinder ein eigenes Zimmer, von 8-Jährigen waren es bereits 60 und von Jugendlichen ab 14 Jahren rund 70 Prozent.[203] Des Weiteren ist der insgesamt verfügbare Lebensraum einer Wohnung zu berücksichtigen, denn insbesondere für jüngere Kinder spielen Wohnzimmer und Küche eine Schlüsselrolle, wobei – wie bereits der Zehnte Kinder- und Jugendbericht betonte – die Nähe zu Eltern oder Betreuungspersonen für Kinder oftmals wichtiger als ein separater Raum ist. Da Kinder mit steigendem Lebensalter mehr und mehr Freizeit mit Spielen außer Haus verbringen, erlangen bei älteren Kindern auch Gegebenheiten des unmittelbaren Wohnumfelds wie eine kindbezogene Infrastruktur (Spielplätze, Verkehrsberuhigung, Grünflächen usw.) und bei Jugendlichen das entferntere Wohnumfeld bzw. der Stadtteil als Indikatoren für Wohnqualität eine Bedeutung.

Vergegenwärtigt man sich ein Familienleben unter räumlich stark beengten Wohnverhältnissen, so wird schnell deutlich, welche Folgen dies für das Aufwachsen betroffener Kinder haben kann. Eine wichtige Ressource, um negative Auswirkungen zu vermeiden, kann in dieser Hinsicht das Verhalten von Eltern darstellen, die – wenn sie nicht selbst überfordert sind, was in finanziellen Krisensituationen häufig vorkommt – etwa durch das Managen der Raumnutzung zwischen den Familienmitgliedern oder ausgleichende außerhäusliche Freizeitaktivitäten (die allerdings oft Geld kosten) negative Folgen für die Entwicklung ihrer Kinder auffangen können.[204] Die Auswirkungen beengter Wohnverhältnisse für Kinder sind laut Befunden der Kinderarmutsforschung vielschichtig. So fällt erstens die Wohnung als Spiel- und Aufenthaltsort mit Gleichaltrigen für arme Kinder meist aus und schränkt sie damit in ihren sozialen Kontakten ein, was sich besonders für Mädchen, die traditionell mehr Zeit im Haus verbringen, verschärfend auswirkt.[205] Häufig können Kindergeburtstage nicht zuhause gefeiert werden, wodurch „Gegeneinladungen" zu Geburtstagen ausbleiben. Zweitens nehmen Kinder am ehesten im Wohnbereich ein Defizit, wie das, kein eigenes Zimmer zu haben, wahr und artikulieren es, zumal sie durch den Besuch von Vorschuleinrichtungen oder Schulen schon früh über Vergleichsmöglichkeiten mit „normalen" Wohnverhältnissen einkommensstärkerer

201 Vgl. G. Holz u. a.: Zukunftschancen für Kinder, a. a. O., S. 71

202 Vgl. A. Flade: Das Kinderzimmer – ein Zimmer im Wandel, in: C. Burghardt u. a.: Kind und Wohnen. Vom Wohnungsgrundriß bis zur Hausordnung, Opladen 1994, zit. nach: A. Bieligk: Die armen Kinder, a. a. O., S. 60

203 Vgl. M. Joos: Selektive Kontexte. Umwelten von Kindern und Erwachsenen in Ost- und Westdeutschland, in: B. Nauck/H. Bertram (Hrsg.): Kinder in Deutschland. Lebensverhältnisse von Kindern im Regionalvergleich, Opladen 1995, S. 186

204 Vgl. ebd., S. 194

205 Vgl. A. Richter: Wie erleben und bewältigen Kinder Armut?, a. a. O., S. 38

Schichten verfügen und den Vergleich spätestens ab dem Grundschulalter auch vornehmen.[206] Beengte Wohnverhältnisse nehmen Kindern Rückzugsmöglichkeiten und, besonders wenn sie ihr Zimmer mit Geschwistern teilen, die Privatsphäre, was mit zunehmendem Alter problematischer und häufig zur Quelle von Konflikten wird.[207] Drittens kann sich beispielsweise das Fehlen eines ruhigen Arbeitsplatzes für die Erledigung von Schulaufgaben und/oder des heimischen Computers nachteilig auf den Schulerfolg auswirken. Räumliche Enge erhöht die Gefahr, dass Kinder aufgrund mangelhafter oder fehlender Unterrichtsvorbereitung frühzeitig den Anschluss an die geforderten Lerninhalte verlieren. Daraus können Leistungs- und Versetzungsprobleme und infolgedessen ein Haupt- oder Sonderschulbesuch bzw. das Fehlen eines Schulabschlusses resultieren, was auch den Zusammenhang zwischen sozialer Herkunft und Schulerfolg plausibel macht. Schließlich ist viertens der Fernseh- und Videospielkonsum in Familien, die unter räumlich beengten Wohnverhältnissen leiden, weiter verbreitet, was wiederum negative Folgen für die motorische Entwicklung und die Gesundheit von Kindern (z. B. in Bezug auf Übergewicht) haben kann.

Die Kinderarmutsforschung weist auf weitere Kriterien kindgerechten Wohnens hin. Neben dem Wohnumfeld wird der Sicherheit des Wohnens (d. h. seltene bis gar keine Wohnortwechsel) ein hoher Stellenwert eingeräumt, weil ein konstantes räumliches und soziales Umfeld von besonderer Bedeutung für die soziale und persönliche Entwicklung von Kindern ist und arme Kinder häufiger dauernde Umzüge und Wohnortwechsel beklagen.[208] Mit zunehmendem Alter und abhängig von der Jahreszeit verlegen Kinder und Jugendliche ihre Sozialkontakte meist außer Haus, womit zunächst die unmittelbare und später die weitere Wohngegend einen größeren Stellenwert im Spannungsfeld zwischen Schutz- und Risikofaktoren erlangen.[209] Im Wohnumfeld können verschiedenste Faktoren ein gedeihliches Aufwachsen von Kindern fördern; ihr Fehlen kann für Kinder aber auch als Risikofaktor wirken. Zu nennen wären Kinderspielplätze in der unmittelbaren Wohnumgebung und im besten Fall naturbelassene Spielflächen, auf denen Leib und Leben spielender Kinder nicht durch den Straßenverkehr gefährdet sind. Für ältere (und v. a. männliche) Kinder bedeutsam sind besonders Sportflächen (für Street- und Fußball, Skaten etc.), für Mädchen sind es häufiger Räumlichkeiten für Treffpunkte, die kein Geld erfordern und trotzdem sozialen Austausch ermöglichen. Wichtige Ressourcen gerade für Kinder, deren Familien sich keine (kostspieligen) Freizeitaktivitäten wie Musik- und Sportunterricht leisten können, bilden wohnortnahe betreute Freizeitangebote, Hausaufgabenhilfen, Offene Türen und andere Angebote der Jugendhilfe, die in den letzten Jahren häufig von Mittelkürzungen betroffen waren.

Die grundlegende Bedeutung des Wohnumfelds und des Sozialraums für Kinder variiert nicht nur geschlechts- und ethnien-, sondern auch alters- und milieuspezifisch. Der Zehnte Kinder- und Jugendbericht dokumentiert, dass ein Großteil von Kindern und Jugendlichen in Deutschland an Stadträndern oder in Außenbezirken von Großstädten aufwächst und der Trend dahin geht, dass Familien mit zunehmendem Alter der Kinder in das Umland bzw. an die Peripherie von Städten ziehen.[210] Das Wohnumfeld sei dort, meist mit eigenem Garten

---

206 Vgl. auch zum Folgenden: K. A. Chassé/M. Zander/K. Rasch: Meine Familie ist arm, a. a. O., S. 122 ff.
207 Vgl. A. Richter: Wie erleben und bewältigen Kinder Armut?, a. a. O., S. 66
208 Vgl. K. A. Chassé/M. Zander/K. Rasch: Meine Familie ist arm, a. a. O., S. 123
209 Vgl. A. Richter: Wie erleben und bewältigen Kinder Armut?, a. a. O., S. 37
210 Vgl. hierzu und zum Folgenden: BMFSFJ (Hrsg.): Zehnter Kinder- und Jugendbericht, a. a. O., S. 56

am Haus, für kleine Kinder und deren Spielbedürfnisse zwar günstig, ältere Kinder kämen jedoch „zu spät“ bzw. zum falschen Zeitpunkt in diese Gegenden. Demgegenüber weist das Wohnumfeld in benachteiligten Sozialräumen vornehmlich westdeutscher Großstädte und Ballungsgebiete, in denen vor allem Kinder mit Migrationshintergrund und aus armen autochthonen Familien heranwachsen, viele nachteilige Aspekte auf.[211] Kinder sind dort häufiger mit einer anregungsärmeren und risikoreicheren Umgebung konfrontiert, weil Angebote kindgerechter Infrastruktur wie Spiel- und Sportplätze, Vereine sowie naturbelassene und autofreie Flächen häufig fehlen und der Straßenverkehr ein erhebliches Gefährdungspotenzial darstellt. Häufig sind auch Büchereien, Schwimmbäder, Musik- und Malschulen schwer erreichbar, weil entweder die räumliche Distanz zu groß ist, es an kostengünstigen Transportmöglichkeiten und/oder öffentlicher Verkehrsanbindung mangelt oder bereits eine geringe Kostenbeteiligung einer Teilhabe der Kinder entgegensteht. Die Bedeutung der kindbezogenen Infrastruktur ist gerade für einkommensschwache Familien (gleich welcher Herkunft) besonders groß, weil sie Angebote und Dienste aus eigenen Mitteln kaum finanzieren können. Sparmaßnahmen der öffentlichen Hand, die im Kinder- und Jugendbereich ansetzen und den Abbau von (Freizeit-)Angeboten beinhalten, wirken sich deshalb gerade für die Spielräume von Kindern aus einkommensschwachen und zugewanderten Familien nachteilig aus.

Als Folge von (u. a. infrastrukturellen) Defiziten des Wohnumfeldes verlagern Kinder ihre Freizeitaktivitäten in Wohnungen, wodurch eine passive, konsumorientierte Nutzung häuslicher Medien verstärkt, die motorische Entwicklung der Kinder eingeschränkt und ihre Kommunikation mit Gleichaltrigen behindert werden kann. Für das Freizeitverhalten von Kindern aus ökonomisch schlechter gestellten Familien ist dennoch weniger der familiale Schutzraum und die organisierte Freizeitgestaltung als die Inanspruchnahme des offenen Straßenraums charakteristisch. Als Alternative zu meist beengten häuslichen Spielmöglichkeiten stehen (die in den letzten Jahren verstärkt privatisierten und/oder geschlossenen) Freizeiteinrichtungen wie Schwimmbäder, Sportplätze, Vereine sowie andere Jugend- und Kultureinrichtungen zur Verfügung, bei denen besonders wichtig ist, dass sie fußläufig (und nicht nur durch Fahrdienste der Eltern) erreichbar sind. Die besondere Gefährdung von Kindern durch den Straßenverkehr hat in den vergangenen Jahren zwar abgenommen, wie die rückläufige Zahl *tödlicher* Verkehrsunfälle belegt. Insbesondere (männliche) 6- bis 7-jährige, ausländische und einer niedrigeren sozialen Schicht angehörende Kinder seien jedoch weiterhin stark gefährdet, weiß der Zehnte Kinder- und Jugendbericht, zumal die Bundesrepublik im internationalen Vergleich bei der Zahl der im Straßenverkehr *verletzten* Kinder nach wie vor eine Spitzenposition einnehme.[212]

Den Exkurs abschließend, soll noch der Frage nachgegangen werden, ob eine Übertragung des eingangs angeführten, im Lebenslagenansatz primär genutzten Indikators für eine Unterversorgung im Wohnbereich, also das Nichtvorhandensein eines eigenen Kinderzimmers, auf die Gesamtgruppe von Kindern bzw. Familien mit Migrationshintergrund möglich und sinnvoll ist. Eine Reihe von Gründen sprechen dagegen. Zum einen sind Wohn- und Lebensarten entscheidend kulturell geprägt, sodass eine Bewertung der eigenen Wohnsituation

---

211 Vgl. C. Reißlandt/G. Nollmann: Kinderarmut im Stadtteil. Intervention und Prävention, in: APuZ 26/2006, S. 24 ff.

212 Vgl. BMFSFJ (Hrsg.): Zehnter Kinder- und Jugendbericht, a. a. O., S. 57

als schlecht trotz vergleichbarer Umstände in Familien verschiedener ethnischer Herkunft durchaus unterschiedlich ausfallen kann, je nachdem, welche (kulturell geprägten) Maßstäbe und Gewohnheiten den Lebensalltag dominieren. Schon aus der kulturellen Heterogenität der Bevölkerung mit Migrationshintergrund ergibt sich deshalb die Notwendigkeit, bei der Beschreibung der Wohnsituation von Zuwanderern verschiedene Gruppen zu unterscheiden. Zum anderen ist ein (kleiner) Teil dieser Gruppe, nämlich (neu zugewanderte) Spätaussiedler, Flüchtlinge und Asylsuchende, mit gänzlich anderen Wohnbedingungen in Sammelunterkünften konfrontiert.[213]

Dennoch ist es plausibel anzunehmen, dass in Deutschland aufwachsende Kinder unabhängig von ihrer ethnisch-kulturellen Herkunft aus verschiedensten Gründen ein eigenes Kinderzimmer als Rückzugs-, Arbeits- und Spielraum benötigen. In beengten Wohnverhältnissen, d. h. wenn (mehrere) Geschwister sich ein Zimmer teilen, weichen sie gerne auf andere Räume der Wohnung oder öffentliche Plätze aus, sofern die Eltern dies zulassen. Der Zehnte Kinder- und Jugendbericht führt hierzu an, dass ausländische Familien dem Aktivitätsbedürfnis ihrer Kinder eine andere Toleranz entgegenbrächten, weil im Vergleich zu Deutschen ein geringerer Teil der ausländischen Kinder in der ganzen Wohnung spielen dürfe.[214] Vor allem unter ungünstigen Wohn- und Wohnumfeldbedingungen verschärften sich diese Probleme, so der Bericht weiter; ausländische Kinder verlegten ihr Spiel daher häufiger nach draußen als ihre deutschen Altersgenoss(inn)en. Ein weiterer Grund für die Übertragbarkeit der genannten Unterversorgungsschwelle auf Kinder mit Migrationshintergrund ist die Tatsache, dass sich Kinder, besonders wenn sie wie die zweite bzw. dritte Generation hier geboren und aufgewachsen sind, schnell an neue Umgebungen gewöhnen und kulturelle Orientierungen und Bewertungsmaßstäbe (etwa im Wohnbereich) nicht nur von der Familie, sondern auch von Gleichaltrigen übernehmen. Kulturelle Prägungen hinsichtlich des familiären Zusammenlebens auf mehr oder weniger Raum können zwar, sofern im Herkunftsland traditionell beengtere Wohnformen üblich waren, die subjektive Einschätzung von Kindern anderer kultureller Prägung aufbrechen, unter schlechten Wohnbedingungen zu leben, nicht aber langfristig bestehende Vergleichsmaßstäbe mit Wohnformen in einheimischen Haushalten ausschalten.[215] Deshalb kann man davon ausgehen, dass negative Folgeerscheinungen von Armut und deprivierten Wohnlagen sowohl für einheimische als auch für hierzulande aufgewachsene Kinder mit Migrationshintergrund im Kern vergleichbar sind. Ebenso leiden über einen längeren Zeitraum in Sammelunterkünften lebende Kinder aus (neu eingereisten) Aussiedler- und Flüchtlingsfamilien unter beengten Wohnverhältnissen, erst recht, wenn kein baldiges Ende diese Zustands durch einen Auszug aus der Sammelunterkunft oder gar eine Abschiebung in Sicht ist. Hinsichtlich der für die kindliche Entwicklung optimalen Wohn-

---

213 Inwieweit etwa im Herkunftsland erworbene kulturelle Prägungen die Ausstattung einer Wohnung mit bestimmten Einrichtungsgegenständen oder langlebigen Konsumgütern beeinflussen und in Aufnahmeländern fortbestehen, variiert individuell und von Ethnie zu Ethnie erheblich. Präferenzen der Wohnausstattung wie das Vorhandensein von Perserteppichen anstelle von (europäischen) Sitzmöbeln oder die Verbreitung von Videorecordern und Satellitenschüsseln in türkisch-deutschen Haushalten sind hinlänglich dokumentiert. Bezüglich der Zugänglichkeit von Wohnzimmern für Kinder wird berichtet, dass neben sozioökonomischen Merkmalen auch die ethnische Zugehörigkeit signifikanten Einfluss darauf habe. Vgl. ebd., S. 52

214 Vgl. ebd., S. 68

215 Vgl. P. Bremer: Ausgrenzungsprozesse, a. a. O., S. 156

bedingungen ist somit das Anlegen unterschiedlicher, von einer anderen Kultur, Nationalität oder dem Aufenthaltsstatus abgeleiteter doppelter Maßstäbe keinesfalls gerechtfertigt.

4.2.1 Die Wohnversorgung von Nichtdeutschen im Vergleich zu Deutschen

Untersuchungen haben in der Vergangenheit mehrfach belegt, dass die Wohnsituation von Ausländer(inne)n verglichen mit jener von Deutschen durch im Durchschnitt ungünstigere Bedingungen gekennzeichnet war.[216] Im Folgenden werden wohnungs- und sozialraumbezogene Lebensbedingungen von Nichtdeutschen anhand von vier Indikatoren ausgewertet: 1. Wohneigentums- und Sozialwohnungsbelegungsquoten, 2. Wohnungsgrößen, 3. Ausstattungsmerkmale der Wohnungen sowie 4. Sozialräume, in denen sich die Wohnungen befinden. Da sich strukturelle Differenzen zwischen den Wohnlagen von Deutschen und Ausländer(inne)n besonders an Mittelwerten verschiedener Indikatoren der Wohnraumversorgung demonstrieren lassen, werden i. d. R. Durchschnittswerte für beide Gruppen der Wohnbevölkerung Westdeutschlands verglichen, die gelegentlich um weitere Befunde etwa für türkische Migrant(inn)en ergänzt werden.

1. Wohneigentumsquoten und die Belegung von Sozialwohnungen

Der 1980 noch mit 2,3 Prozent verschwindend geringe Anteil ausländischer Wohneigentümer/innen ist mittlerweile Geschichte.[217] 1995 hatten schon 6 Prozent der (nichtdeutschen) Migrant(inn)en Wohneigentum gebildet, im Jahr 2002 bereits über 15 Prozent.[218] Jüngere Untersuchungen weisen tendenziell auf eine allgemeine Verbesserung in den Wohneigentumsbedingungen (bestimmter Gruppen) von Ausländer(inne)n hin, in Teilbereichen aber auch auf eine Stagnation.[219] Die Migrationslageberichte dokumentieren eine sukzessiv steigende Verbreitung von Wohneigentum bei Ausländer(inne)n.[220] Während 1995 noch 90 Prozent von ihnen in Mietwohnungen lebten und nur 6,5 Prozent Eigentümer/innen selbst genutzten Wohnraums waren, erhöhte sich dieser Anteil bis zum Jahr 2000 auf 8,8 und bis 2002 auf 15,5 Prozent. Der Datenreport des Jahres 2002 berichtete, dass sich die Quote von Wohnungseigentümer(inne)n mit ausländischem Pass stärker erhöht als jene von Deutschen.[221] Der Sechste Familienbericht dokumentierte ferner strukturelle Unterschiede zwischen den Eigentümerquoten von deutschen, binationalen und ausländischen Familien. Demnach verfügten knapp 65 Prozent der deutschen Ehepaare mit Kindern über Wohneigentum und rund 20 Prozent der ausländischen. Binationale

216 Vgl. U. Mehrländer u. a.: Situation der ausländischen Arbeitnehmer und ihrer Familienangehörigen, a. a. O., S. 446; W. Seifert: Die Mobilität der Migranten, a. a. O., S. 229; P. Bremer: Ausgrenzungsprozesse und die Spaltung der Sädte, a. a. O., S. 155 ff.; P. Bremer/N. Gestring: Migranten – ausgegrenzt?, a. a. O., S. 275 ff. Für einen Überblick über neuere Untersuchungen vgl. U. Boos-Nünning/Y. Karakaşoğlu: Viele Welten leben, a. a. O., S. 69 ff.; Bundesintegrationsbeauftragte (Hrsg.): Sechster Bericht, a. a. O., S. 67 ff.

217 Vgl. P. Bremer: Ausgrenzungsprozesse und die Spaltung der Städte, a. a. O., S. 159

218 Vgl. Bundesintegrationsbeauftragte (Hrsg.): Sechster Bericht, a. a. O., S. 70

219 Vgl. W. Clark/A. I. Drever: Wohnsituation von Ausländern, a. a. O., S. 469 ff.

220 Vgl. auch zum Folgenden: Bundesausländerbeauftragte (Hrsg.): Lagebericht 2000, a. a. O., S. 158; dies. (Hrsg.): Lagebericht 2002, a. a. O., S. 322; Bundesintegrationsbeauftragte (Hrsg.): Sechster Bericht, a. a. O., S. 70

221 Vgl. StBA (Hrsg.): Datenreport 2002, a. a. O., S. 503

Paare lagen mit Anteilen von 47 (bei deutschem) bzw. knapp 39 Prozent (bei ausländischem Haushaltsvorstand) genau zwischen diesen Werten.[222]

Den nur unteren Einkommensgruppen offen stehende kommunale Sozialwohnungsmarkt nehmen Ausländer/innen seit langem überproportional häufig in Anspruch.[223] Deshalb führten viele Kommunen in den 1970er-Jahren Ausländerbegrenzungsquoten für die Wohnungsvergabe ein, wonach öffentlich geförderte Wohnungen nur in einem Umfang von 15 bis 30 Prozent an ausländische Haushalte vergeben werden sollten.[224] Allerdings werden diese Richtwerte in fast allen westdeutschen Großstädten regelmäßig überschritten, weil oftmals 40 bis 50 Prozent der Bewerber/innen für Sozialwohnungen ausländischer (und besonders häufig türkischer bzw. ex-jugoslawischer) Nationalität sind.

2. Wohnungsgrößen und -belegungsdichte

Signifikante Unterschiede gibt es bei der durchschnittlichen Wohnfläche, die ausländischen und deutschen Haushalten zur Verfügung steht, sowie bei der Belegungsdichte, bei der weniger als ein Raum pro Haushaltsmitglied als Unterversorgungsschwelle gilt. Für die zur Verfügung stehende Wohnfläche erweist sich v. a. das Haushaltsnettoeinkommen als maßgebliche Einflussgröße: Je höher es ist, desto mehr Räume haben ausländische Familien zur Verfügung.[225] Bei der Betrachtung von Mittelwerten ist es überdies vonnöten, Pro-Kopf-Angaben zu verwenden, um die nach wie vor größere Personenzahl in ausländischen Haushalten zu berücksichtigen.

Die Migrationslageberichte der Bundesausländerbeauftragten deuten zusammengenommen auf eine leichte Annäherung zwischen den Haushaltsgrößen von Deutschen und Ausländer(inne)n hin.

Tabelle 4.14 Deutsche und Ausländer/innen nach Haushaltsgrößen (in %)

Haushaltsgröße	1995		2002	
	Ausländer	Deutsche	Ausländer	Deutsche
1 Person	16,9	18,6	29,9	37,3
2 Personen	22,6	33,6	23,7	34,5
3 Personen	18,7	21,5	18,0	13,9
4 Personen	25,0	18,1	17,0	10,7
5 und mehr Personen	16,5	8,2	11,5	3,7

Quellen: Für 1995 BMA (Hrsg.): Repräsentativuntersuchung 1995, zit. nach: Bundesausländerbeauftragte (Hrsg.): Lagebericht 1997, a. a. O., S. 66; für 2002 vgl. Bundesintegrationsbeauftragte (Hrsg.): Sechster Bericht, a. a. O., S. 67

222 Vgl. BMFSFJ (Hrsg.): Familien ausländischer Herkunft, a. a. O., S. 154

223 Vgl. U. Mehrländer u. a.: Situation der ausländischen Arbeitnehmer und ihrer Familienangehörigen, a. a. O., S. 472

224 Zu wohnungspolitischen Maßnahmen zur Begrenzung der Ausländerzuzugs in bestimmte Stadtgebiete Westberlins vgl. U. Mochow: Segregation von Migranten in Berlin. Zur Geschichte eines integrationspolitischen Leitbildes, Bachelorarbeit der Humboldt Universität, Berlin 2006, S. 16 ff.

225 Vgl. U. Mehrländer u. a.: Situation der ausländischen Arbeitnehmer und ihrer Familienangehörigen, a. a. O., S. 672

Gemäß der Tabelle sind ausländische Haushalte im Vergleich zu deutschen zwar nach wie vor häufiger größer und seltener kleiner; zugleich erfolgte aber von 1995 bis 2002 eine Annäherung der Haushaltsgröße beider Gruppen. Bei Ausländer(inne)n sind nach wie vor häufiger Familien- und seltener Einpersonenhaushalte zu finden.[226]

Hinsichtlich der Wohnfläche und Belegungsdichte ist festzustellen, dass die ausländische Bevölkerung nach wie vor unter beengteren Umständen als Deutsche leben, sich ihre Wohnsituation aber allmählich verbessert und sich der Abstand zwischen beiden Gruppen verringert. Noch 1989 wohnten Ausländer/innen im Durchschnitt auf einer halb so großen Fläche wie Deutsche, 1997 verfügten sie im Schnitt bereits über 24 und Deutsche über 37 qm.[227] Der Sechste Familienbericht wies außerdem darauf hin, dass Letzteren 1993 durchschnittlich 1,8 und Ausländer(inne)n 1,0 Räume pro Person zur Verfügung standen.[228] Die „gravierende Schlechterstellung“ von Nichtdeutschen, welche die Bundesausländerbeauftragte unter Bezugnahme auf eine Auswertung von SOEP-Daten konstatierte, tritt bei der Wohnfläche pro Kopf am deutlichsten hervor: „Während 1998 jedes Mitglied eines deutschen Haushaltes über eine Wohnfläche von 46 qm (1985: 39 qm) verfügte, hatten Ausländer 1998 nur eine Wohnfläche von 31 qm.“[229] Gegenüber 1985 sei dies zwar eine leichte Zunahme von 2 Quadratmetern, die Verhältnisse in türkischen Haushalten seien aber noch ungünstiger gewesen, weil bei ihnen mit nur 27 (bei einem Zuwachs von 3) Quadratmetern der größte Abstand verzeichnet wurde. Relativierend fügt der Migrationslagebericht hinzu, dass ausländische Haushalte häufiger der Unterschicht angehörten, die ausländische Bevölkerung jünger als die deutsche sei und es weniger ausländische Einzelhaushalte gebe, die erfahrungsgemäß über die relativ größte Wohnfläche verfügten.

Des Weiteren zeigen die Daten des SOEP bei deutschen, ausländischen und türkischen Haushalten differenzielle Entwicklungen in der Wohnungsbelegungsdichte. Von 1985 bis 1998 verringerte sich die durchschnittliche Pro-Kopf-Raumzahl bei ausländischen Haushalten von 1,5 auf 1,3, während sie bei deutschen von 1,6 auf 1,8 und bei türkischen Haushalten geringfügig von 1,0 auf 1,1 Räume pro Person stieg.[230] Die Mittelwerte der Pro-Kopf-Wohnflächen weisen somit auf einen wachsenden Abstand zwischen deutschen und ausländischen Haushalten hin, der sich für türkische Haushalte indes nicht konstatieren lässt.

Eine geringere Zimmer- als Personenanzahl in einem Haushalt gilt nach dem Lebenslagenansatz als eine Unterversorgungslage in der Wohndimension. Für 1997 zeigte Wolfgang Seifert in einer Auswertung von SOEP-Daten, dass 37 Prozent der ausländischen Haushalte aus Anwerbeländern, knapp 50 Prozent der türkischen und nur 5 Prozent der deutschen Haushalte weniger als einen Raum pro Person zur Verfügung hatten.[231] Zugleich nahm das Risiko, von Wohnraumunterversorgung betroffen zu sein, für Nichtdeutsche mit steigender

226 Vgl. Bundesintegrationsbeauftragte (Hrsg.): Sechster Bericht, a. a. O., S. 67

227 Die Prozentwerte sind gerundet. Vgl. StBA (Hrsg.): Datenreporte 1992 und 1999, zit. nach: P. Bremer: Ausgrenzungsprozesse, a. a. O., S. 157

228 Vgl. BMFSFJ (Hrsg.): Familien ausländischer Herkunft, a. a. O., S. 153

229 Siehe hierzu und zum Folgenden: Bundesausländerbeauftragte (Hrsg.): Lagebericht 2002, a. a. O., S. 322; ergänzend: W. Clark/A. I. Drever: Wohnsituation von Ausländern, a. a. O., S. 470

230 Zu den hier und im Folgenden genannten SOEP-Daten vgl. Tabelle 1 in: W. Clark/A. I. Drever: Wohnsituation von Ausländern, a. a. O., S. 469

231 Vgl. auch zum Folgenden: W. Seifert: Migration als Armutsrisiko, a. a. O., S. 218. Zu vergleichbaren Befunden gelangt P. Bremer: Ausgrenzungsprozesse und die Spaltung der Städte, a. a. O., S. 157

Aufenthaltsdauer ab – rund 63 Prozent der Ausländer/innen mit bis zu 9 Jahren Aufenthalt gegenüber 18 Prozent der hier Geborenen waren wohnraumunterversorgt. Zu vergleichbaren Ergebnissen kamen Wolfgang Voges u. a. aufgrund der Auswertung verschiedener Datenquellen für das Folgejahr. Sie konstatierten, dass Migrant(inn)en, insbesondere aus EU-Drittstaaten, vor allem durch den Familiennachzug und infolge der ungünstigeren ökonomischen Ausgangsposition überproportional oft in Wohnungen mit weniger Zimmern als Haushaltsmitgliedern untergebracht seien. SOEP-Daten hätten für bloß 5 Prozent der Deutschen 1997 eine Unterversorgung hinsichtlich der Belegungsdichte dokumentiert, aber für 28 Prozent der EU-Migrant(inn)en und für fast die Hälfte aller Drittstaatler/innen.[232] Bis zum Jahr 2003 änderte sich dies kaum: Zuwanderer trugen unabhängig davon, ob sie in Armut lebten, ein im Vergleich zur Mehrheitsbevölkerung zwei bis drei Mal höheres Risiko, in beengten Wohnverhältnissen zu leben.[233] Bei „Personen in Armut" waren 10 Prozent der Mehrheitsbevölkerung und 34 Prozent der Zuwanderer im Wohnbereich unterversorgt. Bei nichtarmen Personen waren es 5 bzw. 24 Prozent der Zuwanderer.

Die Versorgung von *Kindern* mit Migrationshintergrund mit einem eigenen Zimmer ist indes nur selten erfragt worden.[234] Die AWO-ISS-Studie zeigte zwar, dass arme Vor- und Grundschulkinder drei bis vier Mal so häufig wie nichtarme ohne ein eigenes Kinderzimmer und in beengten Wohnverhältnissen aufwuchsen, wies aber nicht den Anteil von Migrantenkindern dabei aus.[235] Allerdings stellten Holz u. a. fest, dass insbesondere *arme* Kinder mit Migrationshintergrund mit 63 Prozent häufiger Mängel in der materiellen Versorgung (ein Indikator dafür waren beengte Wohnverhältnisse) aufwiesen als arme deutsche Kinder (mit 39 %). Die schlechtere Lebenslage vieler Migrantenkinder hänge zudem viel mehr mit ihrer höheren Armutsquote als mit dem Migrationshintergrund selbst zusammen. „In der Grundversorgung allerdings wird der Armutseffekt durch einen Migrationseffekt verstärkt, was durch die engen Wohnverhältnisse (von Migrantenfamilien, *Anm. C. B.*) erklärbar ist."[236]

3. Die Ausstattung der Wohnungen

Die Qualität einer Wohnung wird primär durch ihre baulichen Gegebenheiten und ihre Ausstattung bestimmt. Früher wurden das Vorhandensein eines Bads/einer Dusche, eines WCs und einer Zentralheizung innerhalb der Wohnung als Indikatoren eines qualitativ hochwertigen Wohnstandards eingestuft. Seitdem die beiden ersten Indikatoren jedoch bei fast

---

232 Vgl. W. Voges u. a.: Methoden und Grundlagen des Lebenslagenansatzes, a. a. O., S. 168 u. 235

233 Als Zuwanderer wurden nach Deutschland immigrierte Personen definiert, aber auch solche, die in Deutschland geboren wurden und entweder eine ausländische Staatsbürgerschaft besaßen oder in Haushalten mit Zuwanderern lebten. Eine beengte Wohnsituation lag vor, wenn die Anzahl der Räume kleiner als die Anzahl der Haushaltsmitglieder war und hohe Wohnkosten verzeichnet wurden, was sich im Wohngeldbezug bzw. in einer Mietkostenbelastung von mehr als 25 % des Haushaltsnettoeinkommens ausdrückte. Vgl. I. Tucci/G. G. Wagner: Einkommensarmut bei Zuwanderern, a. a. O., S. 79 u. 85

234 Für über 14-jährige Mädchen und junge Frauen mit Migrationshintergrund vgl. U. Boos-Nünning/Y. Karakaşoğlu: Viele Welten leben, a. a. O., S. 72 f.

235 Für Vorschulkinder vgl. B. Hock/G. Holz/W. Wüstendörfer: Frühe Folgen – langfristige Konsequenzen?, a. a. O., S. 56; für 10-Jährige vgl. G. Holz u. a.: Zukunftschancen für Kinder, a. a. O., S. 71; zum Folgenden: ebd., S. 67

236 Ebd., S. 68

allen Wohnungen zum Standard geworden sind, setzen jüngere Erhebungen vermehrt das Vorhandensein eines Balkon/einer Terrasse, eine mögliche Gartennutzung sowie ein junges Alter der Bausubstanz als Indikatoren ein.

Die Ausstattung der Wohnungen mit Zentralheizung in Deutschland hat seit Ende der 1970er-Jahre erheblich zugenommen. So verringerte sich der Anteil von Wohnungen ohne Sammelheizung von 36 Prozent 1978 auf 15 Prozent 1993; 1998 waren es im Mittel noch 12 Prozent. Davon konnten auch Ausländer/innen profitieren, deren Ausstattungsgrad mit Toilette und Bad sich bis 1998 ebenfalls nahezu vervollständigte.[237] Ein Vergleich von ausländischen mit deutschen Haushalten zeigt, dass 1998 noch 16 Prozent der Ersteren, aber nur 7 Prozent der Letzteren ohne Zentralheizung lebten. Für Ende der 90er-Jahre resümierte der Migrationslagebericht eine „weitgehende Annäherung an den Standard deutscher Wohnungen", wobei sich größere Unterschiede nur hinsichtlich des Vorhandenseins einer Zentralheizung feststellen ließen, über die drei Viertel der Ausländer/innen im Vergleich zu 9 von 10 Deutschen verfügten; lediglich 40 Prozent der Ausländer/innen bewohnten überdies eine Wohnung mit Balkon oder Terrasse.[238]

Nimmt man die Wohnqualität einzelner Gruppen in den Blick, so fällt bei den Haushalten der untersten Einkommenskategorie, die das sog. pauschalierte Wohngeld[239] beziehen, auf, dass sie weitaus häufiger Mängel in der Wohnungsausstattung hinnehmen müssen als Empfänger/innen der nächst höheren Einkommenskategorie, die das sog. Tabellenwohngeld beziehen (90 %).[240] Wohngeld beziehende Haushalte mit Kindern waren bezüglich der Ausstattung, aber auch der Fläche sowie der Wohnkostenbelastung besser gestellt als solche ohne Kinder. Rückt man das Merkmal „Nationalität" in den Mittelpunkt und betrachtet deutsche, ausländische und binationale Haushalte getrennt, bestätigt sich die schlechtere Ausstattung der Wohnungen ausländischer Migrant(inn)en.

Der Sechste Familienbericht konstatierte (anhand veralteter Daten der letzten Wohnungsstichprobe von 1993) bezüglich der Wohnungsausstattung von Paarhaushalten mit Kindern, dass der Anteil von Wohnungen mit Zentralheizungen bei deutschen Paaren am höchsten war; danach folgten binationale Paare mit deutschem, dann jene mit ausländischem Haushaltsvorstand und an letzter Stelle ausländische Familien.[241] Bezüglich des Vorhandenseins langlebiger Gebrauchsgüter, die man als Hinweis auf einen hohen Ausstattungsgrad wertete, bestätigen sich sowohl Gemeinsamkeiten als auch deutliche, z. T. nationalitäten- bzw. kulturspezifische Unterschiede: Während fast alle Haushalte gleich welcher Nationalität Fernsehgeräte und Autos hatten, wiesen Ausländer/innen (bzw. binationale Paarhaushalte

237 Vgl. auch zum Folgenden: Bundesintegrationsbeauftragte (Hrsg.): Sechster Bericht, a. a. O., S. 68

238 Siehe Bundesausländerbeauftragte (Hrsg.): Lagebericht 1997, a. a. O., S. 67

239 Zum Empfängerkreis von Wohngeld, das sich seit 2001 in das allgemeine und das sog. Pauschalwohngeld teilt, sowie zu davon nicht erfassten „Wohnungsnotfällen", d. h. akut von Obdachlosigkeit bedrohten Personen vgl. BMAS (Hrsg.): Lebenslagen in Deutschland, Daten und Fakten, a. a. O., S. 179. Das ehemalige Tabellenwohngeld wurde am 1.1.2001 in das „allgemeine Wohngeld" umgewandelt, dessen Empfänger/innen i. d. R. über ein Einkommen knapp oberhalb des Sozialhilfeniveaus verfügen. Das Pauschalwohngeld hingegen wurde durch den „besonderen Mietzuschuss" abgelöst und wird überwiegend an Bezieher/innen von Sozialhilferegelleistungen ausgezahlt.

240 Vgl. hierzu und zum Folgenden: BMAS (Hrsg.): Lebenslagen in Deutschland. Der erste Armuts- und Reichtumsbericht, a. a. O., S. 168; BMAS (Hrsg.): Lebenslagen in Deutschland. Daten und Fakten, a. a. O., S. 204

241 Vgl. auch zum Folgenden: BMFSFJ (Hrsg.): Familien ausländischer Herkunft, a. a. O., S. 154 f.

mit ausländischem Haushaltsvorstand) deutliche Präferenzen für Videorecorder und Kühl-/Gefrierkombinationen auf. Deutsche Haushalte waren indes deutlich besser mit Computern, Fotoapparaten, Musikanlagen, Geschirrspülmaschinen, Mikrowellen und Wäschetrocknern ausgestattet. Dies zeige, dass die praktisch notwendigen Geräte bei ausländischen Haushalten zwar vorhanden, die Ausstattungsgrade im Vergleich zu deutschen Haushalten allerdings wesentlich niedriger seien, kommentierte der Sechste Familienbericht, was aufgrund der sehr unterschiedlichen Phasen von Migrationsprojekten und damit der Lebenslagen ausländischer Familien auch nicht anders zu erwarten sei und sich mit zunehmenden Integrationschancen schnell ändern könne.

Schon Anfang der 1990er-Jahre zahlten Ausländer/innen sowohl die Kaltmiete als auch den durchschnittlichen Quadratmeterpreis betreffend mehr als Deutsche für vergleichsweise schlechter ausgestattete und kleinere Wohnungen. Der seit einigen Jahren zu beobachtende Anstieg der Mietkostenbelastung trifft gleichwohl nicht nur Ausländer/innen in besonderem Maß, sondern ebenso Familien mit mehreren Kindern, Alleinerziehende und einkommensschwache Haushalte insgesamt. 1998 wandten 22 Prozent der ausländischen Haushalte mehr als 40 Prozent ihres Einkommens für die Kaltmiete auf, aber nur 17 Prozent der deutschen, was der damaligen Ausländerbeauftragten Marieluise Beck zufolge angesichts der Tatsache, dass ausländische Haushalte über wesentlich geringere Einkommen verfügten, besonders schwer wog.[242] Peter Bremer machte darauf aufmerksam, dass Ausländer/innen trotz schlechter ausgestatteter Wohnungen 1998 eine höhere Bruttokaltmiete pro Quadratmeter zahlten als Deutsche, worin er unter Bezug auf Rainer Geißler „Ausländeraufschläge" vermutete, die Vermieter/innen nur realisieren könnten, weil Migrant(inn)en größere Schwierigkeiten bei der Wohnungssuche hätten.[243]

4. Wohnort, -umfeld und -zufriedenheit

Seit den 1980er-Jahren ist eine starke Konzentration der ausländischen Bevölkerung in westdeutschen Städten zu beobachten.[244] Da fast 60 Prozent aller Nichtdeutschen in Städten mit mehr als 500.000 Einwohner(inne)n und weitere 21 Prozent in Großstädten (100.000 bis 500.000 Einwohner) lebte, summiert sich der Anteil von in Großstädten lebenden Ausländer(inne)n auf mehr als 80 Prozent.[245] Im ländlichen Raum lag der Ausländeranteil deutlich niedriger, obwohl auch hier Konzentrationen von Migrant(inn)en in bestimmten Quartieren beobachtbar sind.[246] Dies führt zu einem ausgeprägten Stadt-Land-Gefälle in den Ausländeranteilen der Wohnbevölkerung oder – wie der Sechste Familienbericht

242 Vgl. Bundesausländerbeauftragte (Hrsg.): Lagebericht 2002, a. a. O., S. 323

243 Vgl. P. Bremer: Ausgrenzungsprozesse und die Spaltung der Städte, a. a. O., S. 159

244 Eine Repräsentativuntersuchung bezifferte schon 1980 den Anteil von Ausländern, die in Wohneinheiten (Häusern und Wohnvierteln) mit einem hohen Ausländeranteil lebten, auf rund 40 %, davon lebte die Mehrheit in Städten; vgl. U. Mehrländer u. a.: Situation der ausländischen Arbeitnehmer, a. a. O., S. 673. Zur Verteilung der Menschen mit Migrationshintergrund in Städten und ländlichen Regionen vgl. auch Kap. 4.1.2

245 Vgl. auch zum Folgenden: BMFSFJ (Hrsg.): Familien ausländischer Herkunft, a. a. O., S. 157. Die Daten stammen aus: BMAS (Hrsg.): Repräsentativuntersuchung '95. Situation der ausländischen Arbeitnehmer und ihrer Familienangehörigen in der Bundesrepublik Deutschland, Bonn 1996, S. 246

246 Siehe ebd.

ausführt – zu einer großen „Ähnlichkeit mit dem regionalen Gefälle in der Einwohnerdichte der Kreistypen: Je höher diese Dichte ist, desto höher auch der Ausländeranteil.“[247] Aufgrund der Heterogenität der Wohnorte von Zuwanderern verbieten sich zwar pauschale Aussagen über das Wohnumfeld von Ausländer(inne)n hierzulande, es kann aber davon ausgegangen werden, dass die überwiegende Mehrheit von Kindern und Jugendlichen mit Migrationshintergrund in westdeutschen Großstädten, und hier meist in benachteiligten Wohnumfeldern aufwächst.

Im Rahmen dieser Arbeit ist zu fragen, unter welchen Wohn*umfeld*bedingungen *Kinder* mit Migrationshintergrund in Deutschland mehrheitlich aufwachsen und ob sie mit jenen des Gros autochthoner Gleichaltriger übereinstimmen. Der Lagebericht 2006 ging davon aus, „dass die durchschnittliche Wohnumgebung von Ausländerinnen und Ausländern schlechter ist als von Deutschen“,[248] wozu etwa eine höhere Belastung durch Verkehrs-, Flug- und Industrielärm sowie Luftverunreinigungen gehöre, womit typische Wohngegenden eben jene Merkmale aufweisen, denen auch die armutsgefährdete Bevölkerung in Deutschland vermehrt ausgesetzt ist.

Die sozial benachteiligten Quartiere bzw. Wohnumfelder, in denen ein Großteil der Zuwanderer lebt, werden in der Migrationsforschung vornehmlich mit Blick auf (des)integrative Wirkungen im Eingliederungsprozess thematisiert.[249] Man geht davon aus, dass die gesellschaftliche Partizipation umso geringer ist, je problematischer sich das Wohnumfeld darstellt; zudem wird hinsichtlich seiner (ethnischen, multikulturellen oder deutsch-gemischten) Zusammensetzung diskutiert, welche Milieus die größten Vor- und Nachteile für Zuwanderer und ihr Zusammenleben mit der einheimischen Bevölkerung haben.[250] In der (Kinder-)Armutsforschung wird einem benachteiligten Wohnumfeld eine eigenständige benachteiligende und stigmatisierende Wirkung für Kinder aus einkommensschwachen und/oder immigrierten Familien zugeschrieben, welche die Ausgrenzungsprozesse der Bewohner/innen verstärkt.[251] Aufgrund einer vorherrschenden „Kultur der Armut“, Arbeits- und Perspektivlosigkeit fehlten dort erwachsene und gleichaltrige „rolemodels“, die Kindern Vorbilder vermittelten; zudem entfalte der Sozialraum bei Bewerbungen um Ausbildungs- und Arbeitsplätze als „stigmatisierte Adresse“ eine ausgrenzende Wirkung.[252]

Außerdem konzentrieren sich Migrant(inn)en in „Gebietstypen“ vornehmlich *west*deutscher Ballungsräume und Großstädte, die von Einheimischen wegen Umweltbelastungen, schlechter Bausubstanz, unattraktiven Bauformen und Standortnachteilen gemieden werden, konstatiert Peter Bremer.[253] Die niedrigeren Pro-Kopf-Einkommen, Zugangsschwierigkeiten zum privaten Wohnungsmarkt sowie bestehende soziale Netzwerke bewirken in

247 Siehe auch zum Folgenden: ebd.

248 Siehe Bundesintegrationsbeauftragte (Hrsg.): Sechster Bericht, a. a. O., S. 69

249 Vgl. U. Boos-Nünning/Y. Karakaşoğlu: Viele Welten leben, a. a. O., S. 73

250 Vgl. Bundesintegrationsbeauftragte (Hrsg.): Sechster Bericht, a. a. O., 74 ff.

251 Vgl. BMFSFJ (Hrsg.): Zehnter Kinder- und Jugendbericht, a. a. O., S. 54

252 Vgl. kritisch zu Culture-of-Poverty-Ansätzen: A. Schacht: Sozialräumliche Milieus der Armut. Zur Bedeutung des Wohnens in benachteiligten Wohngebieten, in: J. S. Dangschat (Hrsg.): Modernisierte Stadt – Gespaltene Stadt, a. a. O., S. 303 ff.

253 Vgl. P. Bremer: Ausgrenzungsprozesse und die Spaltung der Sädte, a. a. O., S. 160; ergänzend: H. Häußermann/A. Kapphan: Berlin: Ausgrenzungsprozesse in einer europäischen Stadt, in: H. Häußermann/M. Kronauer/W. Siebel (Hrsg.): An den Rändern der Städte. Armut und Ausgrenzung, Frankfurt a. M. 2004, S. 222 ff.

Verbindung mit weiteren Faktoren diese Konzentration von Zuwanderern (ebenso wie von benachteiligten deutschen Familien) in als marginalisiert geltenden Stadtteilen und Quartieren westdeutscher Großstädte.[254] Grob lassen sich zwei Schwerpunkte ausmachen: Zum einen liegen städtische Wohnareale von Migrant(inn)en, bedingt durch die Nähe zu früheren Arbeitsstätten ehemaliger „Gastarbeiter/innen", in Industrienähe und innerstädtischen Gebieten mit relativ alten Baubeständen, guter Infrastruktur und vergleichsweise niedrigen Wohnungsmieten. Eine gute Verkehrsanbindung, die multikulturelle Infrastruktur und gewachsene (oft eigenethnische) Nachbarschaften bieten für die Bewohner/innen große Vor-, in einigen Aspekten (wie dem Deutschspracherwerb) aber auch Nachteile. Zum anderen sind durch die Schwerpunkte des sozialen Wohnungsbaus der letzten 30 Jahre Großsiedlungen an den Rändern von Großstädten („Trabantensiedlungen" oder „Sozialbaugroßsiedlungen") entstanden, die infolge der Zuweisungspraxis in Belegrechtswohnungen einen hohen Ausländeranteil aufweisen. Unter deutschen Bewohner(inne)n sind dort überproportionale Anteile armer, alleinerziehender, arbeitsloser und alter Menschen zu finden. Die Großsiedlungen sind i. d. R. zwar durch vergleichsweise moderne und günstige Wohnungen gekennzeichnet, liegen dafür aber in peripheren Hochhaussiedlungen mit oft lückenhafter Infrastruktur ohne (wohnortnahe) Erwerbsmöglichkeiten. Den in den Sozialbau-Großsiedlungen sowie den innerstädtischen Armutsquartieren entstandenen sozialen Problemen begegnen viele Kommunen mit städtebaulichen und infrastrukturellen Maßnahmen, die zu einem Großteil durch das Bundesprogramm „Soziale Stadt" finanziert wurden und werden.[255] Dazu richtete man etwa Begegnungsstätten und Bürgertreffpunkte ein, aber auch Grünanlagen, verkehrsberuhigte Straßen sowie Spiel- und Sportplätze für Kinder.

Hinsichtlich der Wohn*zufriedenheit* von Migrant(inn)en liegen kaum Informationen vor. Lediglich der Datenreport 2002 führt an, dass einheimische Deutsche (auf einer Zufriedenheitsskala von 1 bis 10) ihre Wohnsituation mit einem Durchschnittswert von 7,9 am positivsten bewerten und Aussiedler/innen sich mit 7,7 nur geringfügig darin unterschieden. Ausländische Zuwanderer schätzten mit Zufriedenheitswerten je nach Herkunftsgruppe zwischen 7,4 und 6,6 ihre Wohnsituation demgegenüber weniger positiv ein.

4.2.2 Unterschiede in der Wohnsituation verschiedener Migrantengruppen unter besonderer Berücksichtigung von Ausländern aus den ehemaligen Anwerbestaaten

Die nach wie vor bestehenden Unterschiede zwischen Deutschen und Ausländer(inne)n, die sich beim Vergleich von Mittelwerten bei Indikatoren zur Wohnqualität offenbaren, verbergen allerdings bestehende Differenzen in der Wohnsituation verschiedener Herkunftsgruppen. Die Wohnbedingungen sind in der Literatur besonders für größere Gruppen ausländischer Zuwanderer aus den Anwerbestaaten, seltener für Aussiedler/innen und fast gar nicht für zah-

254 Vgl. zum Folgenden: Bundesintegrationsbeauftragte (Hrsg.): Sechster Bericht, a. a. O., S. 71 f.

255 Vgl. ebd., S. 76 ff; ergänzend Beiträge aus: Difu-Projektgruppe, Bundestransferstelle Soziale Stadt (Hrsg.): Soziale Stadt. info 17. Schwerpunkt: Integration von Migrantinnen und Migranten, Newsletter zum Bund-Länder-Programm Soziale Stadt, Sept. 2005

lenmäßig unbedeutende Nationalitätengruppen von Fluchtmigrant(inn)en sowie für Zuwanderer in Sammelunterkünften, die man nicht der Wohnbevölkerung zurechnet, beleuchtet worden.

1. Wohneigentumsbildung und Sozialwohnungsquoten

Nationalitätenspezifische Unterschiede in der Wohneigentumsbildung sind nur punktuell dokumentiert, weil die Staatsbürgerschaft von Immobilienbesitzer(inne)n in Grundbüchern nicht erfasst wird. Laut einer Auswertung von SOEP-Daten des Jahres 1999 verfügten EU-Ausländer/innen (besonders aus Österreich, Italien und Griechenland) mit bis zu 40 Prozent am häufigsten über Wohneigentum, während dies für 18 Prozent der Migrant(inn)en aus den übrigen ehemaligen Anwerbeländern, für rund 16 Prozent aller türkischen Staatsbürger/innen und für etwa 13 Prozent aller Migrant(inn)en aus Ex-Jugoslawien zutraf, wobei die beiden zuletzt genannten Gruppen noch häufiger in ihren Herkunftsländern Häuser bzw. Wohnungen besaßen.[256] Mehrfach bestätigt wurden überdurchschnittliche Eigentümerquoten von Italiener(inne)n und Griech(inn)en.[257] Sie hatten laut Repräsentativuntersuchung des Jahres 2001 mit 13,8 bzw. 9,7 Prozent wesentlich höhere Wohneigentumsquoten als Zuwanderer aus der Türkei (7,6 %) bzw. Ex-Jugoslawien (7 %). Der Folgebericht des Jahres 2005 konstatiert am Beispiel Nordrhein-Westfalens eine besonders starke Wohneigentumsbildung von ausländischen Selbstständigen und türkisch(stämmig)en Zuwanderern.[258]

Auch in der Belegung von Sozialwohnungen unterscheiden sich die Herkunftsgruppen. Allerdings haben sich diese im Zeitverlauf für verschiedene Gruppen differenziell entwickelt. Die hohen Sozialwohnungsquoten der 1980er-Jahre (33 % bei Türken, 28 % bei Griechen, 19 % bei Jugoslawen und 18 % bei Italienern für 1985) sanken bei allen in den Vergleich einbezogenen Nationalitätengruppen mit Ausnahme der Zuwanderer aus Ex-Jugoslawien erheblich, was schon 1995 beobachtbar war und sich bis 2001 tendenziell fortsetzte. Allein bei ex-jugoslawischen Migrant(inn)en, von denen in den 1990er-Jahren besonders Bürgerkriegsflüchtlinge zuzogen, stieg die Sozialwohnungsquote erheblich auf 25 (1995) bzw. 24 Prozent (2001).[259]

256 Vgl. die Tab. 4.15 und ergänzend: W. Hinrichs: Ausländische Bevölkerungsgruppen in Deutschland. Integrationschancen 1985–2000, Berlin 2003, S. 33 f.
257 Vgl. Bundesintegrationsbeauftragte (Hrsg.): Sechster Bericht, a. a. O., S. 70. Zum Folgenden: BMAS (Hrsg.): Repräsentativuntersuchung 2001, Tabellenband, a. a. O., S. 91
258 Vgl. Bundesintegrationsbeauftragte (Hrsg.): Sechster Bericht, a. a. O., S. 70
259 Vgl. ebd., S. 92. Die Prozentangaben wurden gerundet.

Abbildung 4.15 Wohnformen nach Staatsangehörigkeit 1999 (in %)

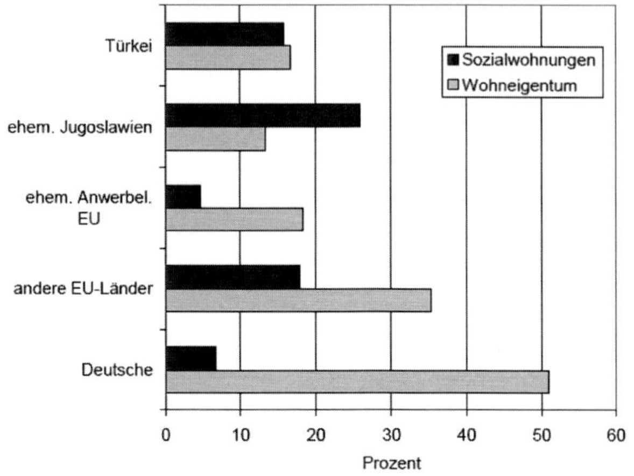

Quelle: W. Keck: Integrationsmuster von Zuwanderergruppen in der Bundesrepublik Deutschland. Diplomarbeit Freie Universität Berlin 2001, S. 100, zit. nach: W. Hinrichs: Ausländische Bevölkerungsgruppen in Deutschland, a. a. O., S. 33

Solche Unterschiede zwischen verschiedenen Herkunftsgruppen zeichnet auch Abbildung 4.15 nach, welche Sozialwohnungs- und Wohneigentumsquoten einiger Migrantengruppen im Vergleich mit Deutschen für 1999 ausweist. Während rund 7 Prozent der Letzteren in öffentlich geförderten Wohnungen lebten, traf dies für knapp 6 Prozent der Migrant(inn)en aus EU-Anwerbeländern, rund 17 Prozent aller Türk(inn)en, 18 Prozent aller übrigen EU-Bürger/innen und rund 27 Prozent der ex-jugoslawischen Staatsangehörigen in den alten Bundesländern zu.

Ein Vergleich der Sozialwohnungsquoten von ausländischen Arbeitnehmer(inne)n aus den Anwerbestaaten der jüngsten Repräsentativuntersuchung untermauert diese nationalitätenspezifischen Unterschiede für 2001. Danach lebten Menschen mit ehemals jugoslawischem Pass mit fast 25 Prozent weitaus am häufigsten in öffentlich gefördertem Wohnraum, mit größerem Abstand folgten Türk(inn)en (18 %), Griech(inn)en (13 %) sowie Italiener/innen (10 %).[260]

2. *Wohnungsgrößen und Belegungsdichte*

Ebenso sind differenzielle Wohnungs-Belegungsdichten für verschiedene Ausländergruppen dokumentiert, die sich unter anderem aus deren unterschiedlichen Haushaltsgrößen ableiten.[261] Der Sechste Familienbericht konstatierte unter Berufung auf die Repräsentativuntersuchung

260 Vgl. ebd., S. 92

261 Vgl. W. Seifert: Migration als Armutsrisiko, a. a. O., S. 218

des Bundesministeriums für Arbeit und Sozialordnung von 1995, dass sich der Anteil ausländischer Haushalte mit fünf und mehr Personen zwischen 1985 und 1993 von 27,5 auf 16,5 Prozent stark verringert und sich außerdem die Haushaltsstruktur bei Griech(inn)en und Italiener(inne)n jener der Deutschen weitgehend angenähert habe, während Türk(inn)en weiterhin in überdurchschnittlich großen Haushalten lebten.

Die Datenreporte des Statistischen Bundesamtes dokumentieren die Entwicklung der Haushaltsgrößen verschiedener Zuwanderergruppen für die Jahre 1996, 2001 und 2004.[262] Türkische Haushalte waren sowohl 1996 als auch 2004 mit durchschnittlich 3,8 Personen die größten; es folgten Haushalte von Aussiedler(inne)n mit im Mittel 3,3 Personen, von Migrant(inn)en aus Südwesteuropa (Griechenland, Italien, Portugal und Spanien) mit 3,2, aus Ex-Jugoslawien mit 3,0 und schließlich von Deutschen mit 2,5 Personen.[263] Analog zu diesen gruppenspezifischen Haushaltsgrößen unterschied sich die pro Person zur Verfügung stehende Wohnfläche: Die mit Abstand größten Pro-Kopf-Wohnflächen hatten 2004 deutsche Haushalte mit 49 qm, mit großem Abstand folgten die Haushalte von Aussiedler(inne)n mit immerhin 33 qm, von Zuwanderern aus Südwesteuropa mit 32 und aus Ex-Jugoslawien mit 31 qm. Die geringste Wohnfläche verzeichneten mit 24 qm pro Person türkische Haushalte, die mit weniger als der Hälfte der Fläche deutscher Haushalte auskommen mussten. Bemerkenswert ist schließlich, dass sich im Zeitraum von 1996 bis 2001 die pro Person zur Verfügung stehende Wohnfläche bei allen Migrantengruppen um 5 qm vergrößerte (außer bei türkischen Haushalten, die sich nur um 2 qm verbesserten), während jene Deutscher konstant blieb, sodass insgesamt eine leichte Annäherung stattfand.

Über die Unterversorgung von Migrantenfamilien unterschiedlicher Herkunftsgruppen mit Wohnraum sind indes kaum Erkenntnisse vorhanden. Die Untersuchung „Viele Welten leben“ erhob aber das Vorhandensein eines eigenen Zimmers für Mädchen und junge Frauen aus den ehemaligen Anwerbestaaten, die mehrheitlich der zweiten Generation angehörten. Danach verfügten durchschnittlich 34 Prozent aller Befragten[264] über kein und 66 Prozent über ein eigenes Zimmer. Zu beobachten waren zugleich erhebliche Unterschiede zwischen den Gruppen: Mit 52 Prozent hatten mehr als die Hälfte der Mädchen aus türkischen Familien kein eigenes Zimmer, während es bei griechischen mit 27 Prozent etwas mehr als ein Viertel waren, junge Frauen aus ex-jugoslawischen Familien folgten mit 28 und aus italienischen mit immerhin 33 Prozent. Außerdem zeigte sich, dass insbesondere hohe Anteile italienischer Mädchen gute Wohnbedingungen[265] hatten, ihnen folgten griechische und jugoslawische Mädchen, während türkische Mädchen deutlich schlechter gestellt waren. Allerdings lebte auch ein Viertel bis ein Fünftel der griechischen, italienischen und jugoslawischen Mädchen unter (sehr) schlechten Wohnbedingungen, bei türkischen Mädchen waren es sogar 40 Prozent.

262 Für 2001 vgl. StBA (Hrsg.): Datenreport 2004, a. a. O., S. 577; für 1996 und 2004 vgl. StBA (Hrsg.): Datenreport 2006, a. a. O., S. 566

263 Vgl. StBA (Hrsg.): Datenreport 2004, a. a. O., S. 577. Zu Haushaltsgrößen von Zuwanderern aus der Türkei, Ex-Jugoslawien, Griechenland und Italien vgl. BMAS (Hrsg.): Repräsentativuntersuchung 2001, Tabellenband, a. a. O., S. 89

264 Befragt wurden insgesamt 950 Migrantinnen aus Aussiedlerfamilien sowie griechischer, italienischer, türkischer und ex-jugoslawischer Herkunft (ohne Flüchtlinge). Vgl. zum Folgenden: U. Boos-Nünning/Y. Karakaşoğlu: Viele Welten leben, a. a. O., S. 72 f.

265 Die Wohnqualität wurde mittels eines Indexes ermittelt, der die Variablen Raum pro Person, Eigentum oder Miete, Größe des Hauses und eigenes Zimmer/eigener Bereich enthielt; vgl. auch zum Folgenden: ebd., S. 72 f.

3. Wohnungsausstattungen

Der Sechste Familienbericht wies unter Bezug auf die Wohnungsstichprobe von 1993 auf eine weitgehende Annäherung der Wohnungsausstattung deutscher und ausländischer Haushalte hinsichtlich des Vorhandenseins einer innenliegenden Küche und eines Bades bzw. einer Dusche hin.[266] Die damals bestehenden Unterschiede in Bezug auf die Existenz einer Zentralheizung (mit der 75 % der ausländischen und 90 % der deutschen Haushalte ausgestattet waren) scheinen sich tendenziell zwar einzuebnen, existieren aber nach wie vor. Laut Repräsentativuntersuchung 2001 bestanden bei diesem Indikator zudem beträchtliche Gruppenunterschiede, denn 86 Prozent der Griech(inn)en, jeweils 83 Prozent der Italiener/innen und ex-jugoslawischen Staatsangehörigen, aber bloß 80 Prozent der Türk(inn)en verfügten darüber.[267] Im Gruppenvergleich konnten Italiener/innen mit Abstand am häufigsten einen Garten und eine eigene Terrasse/einen Balkon nutzen, während sie und Türk(inn)en auch am häufigsten über eine Dusche/ein Bad sowie ein innenliegendes WC verfügten.

4. Wohnort, -umfeld und -zufriedenheit

Hinsichtlich der Großstadt-Landbewohner-Relation sind Unterschiede zwischen verschiedenen Migrantengruppen kaum dokumentiert. Lediglich der Zehnte Kinder- und Jugendbericht wies darauf hin, dass „86 Prozent der Griechen, 82 Prozent der Italiener, 81 Prozent der Personen aus dem ehemaligen Jugoslawien und 77 Prozent der Türken ihre Wohnung in Städten mit mehr als 100.000 Einwohnern" hatten.[268]

Die Repräsentativuntersuchung von 2001 zeichnet Gruppenunterschiede in Bezug auf das Leben in von deutschen vs. von Ausländer(inne)n dominierten Wohngebieten für Nichtdeutsche aus den Anwerbestaaten nach.[269] Danach lebten 44 Prozent der Türk(inn)en in einem Wohnviertel, in dem überwiegend Migrant(inn)en wohnten. Bei Ex-Jugoslaw(inn)en und Griech(inn)en lag der entsprechende Prozentsatz etwa bei einem Drittel bzw. über einem Viertel, bei Italiener(inne)n hingegen lediglich bei einem Fünftel. Mehr als 60 Prozent der befragten Ausländer/innen war es egal, ob in ihrem Wohnviertel hauptsächlich Migrant(inn)en oder Einheimische lebten. Während etwa ein Viertel der Türk(inn)en und ein (gutes) Zehntel der anderen drei befragten Nationalitäten lieber in einem Wohnviertel überwiegend mit Migrant(inn)en leben wollten, präferierten 13 Prozent der Türk(inn)en, 22 Prozent der Ex-Jugoslaw(inn)en, 23 Prozent der Griech(inn)en und 25 Prozent der Italiener/innen ein überwiegend deutsches Wohnviertel. In den Jahren 1985 bis 2001 nahm insbesondere der Prozentsatz von Türk(inn)en massiv zu, die lieber in einem von Migrant(inn)en geprägten Umfeld leben wollten, was in geringerem Ausmaß aber auch bei den anderen Gruppen zu beobachten war.

Nur punktuell sind subjektive Bewertungen der Wohn*zufriedenheit* verschiedener Herkunftsgruppen belegt. Im Laufe der 1990er-Jahre scheint die Zufriedenheit mit der Wohn-

---

266 Vgl. BMFSFJ (Hrsg.): Familien ausländischer Herkunft, a. a. O., S. 153

267 Vgl. auch zum Folgenden: BMAS (Hrsg.): Repräsentativuntersuchung 2001, Tabellenband, a. a. O., S. 94

268 Vgl. BMFSFJ (Hrsg.): Zehnter Kinder- und Jugendbericht, a. a. O., S. 54

269 Vgl. BMAS (Hrsg.): Repräsentativuntersuchung 2001, Tabellenband, a. a. O., S. 94; zum Folgenden vgl. BMAS (Hrsg.): Repräsentativuntersuchung 2001, Berichtsband, a. a. O., S. 46

situation insgesamt zugenommen zu haben, da 1996 noch rund 70 Prozent aller befragten Ausländer/innen aus Anwerbestaaten berichteten, dass sie mit ihrer Wohnung zufrieden oder sehr zufrieden seien, während es einer Marplan-Studie zufolge 1998 bereits 15 Prozent mehr waren, was der Lagebericht 2002 als einen „sehr wichtigen Indikator für Integration" wertete.[270] Der Sechste Familienbericht führte hierzu 1998 veröffentlichte, aber kaum verallgemeinerbare Untersuchungsergebnisse aus Hamburg an, wonach beträchtliche Gruppenunterschiede zu konstatieren sind. Ex-Jugoslaw(inn)en (30 %), Portugies(inn)en (34 %) und Türk(inn)en (38 %) zeigten sich demnach am seltensten zufrieden mit ihrer Wohnung und deren Ausstattung, während dies rund die Hälfte der Iraner/innen und Pol(inn)en und sogar 77 Prozent der Italiener/innen taten.[271] Rund ein Viertel aller Ausländer/innen beanstandeten ihre Miete als zu hoch. Besonders häufig beklagten dies mit 37 Prozent Türk(inn)en, aber auch Portugies(inn)en (mit 24 %) und Jugoslaw(inn)en (mit 23 %).[272] Schließlich dokumentierte der Datenreport 2002 für das Jahr 2001 auf Basis von SOEP-Daten, dass Zuwanderer aus der damaligen EU mit einer Wohnzufriedenheit von durchschnittlich 7,4 (auf einer Zufriedenheitsskala von 1 bis 10) knapp hinter Deutschen (7,9) und Aussiedler(inne)n (7,7) rangierten, während Zuwanderer aus der Türkei und Ex-Jugoslawien ihre Wohnsituation mit 6,6 deutlich ungünstiger bewerteten.

4.2.3 Die Wohnsituation von Spätaussiedlerfamilien

Die Daten- und Erkenntnislage zu Wohnbedingungen von Spätaussiedlern ist ausgenommen dünn, weil ihr Migrationshintergrund in der amtlichen Statistik aufgrund der deutschen Staatsangehörigkeit bis zum Jahr 2005 nicht erfasst wurde. Die Mehrzahl migrationswissenschaftlicher Studien, die sich mit ihren Lebens- und Wohnbedingungen beschäftigen, stammt überdies aus den frühen 1990er-Jahren und damit aus einer Ära, die aufgrund des seither stattgefundenen Wandels der Spätaussiedlerzuwanderung v. a. im Hinblick auf das Herkunftsland Russland mit jener des frühen 21. Jahrhunderts schwerlich vergleichbar ist.[273]

1. Vom Übergangswohnheim in private oder Sozialwohnungen in ethnischen Enklaven?

Das Aufnahmeverfahren für Spätaussiedler/innen sieht vor, sie und ihre Angehörigen nach der Einreise zunächst für wenige Tage in einem Erstaufnahmelager des Bundes unterzubringen, um die Aufnahmeformalitäten zu erledigen. Im Anschluss daran schickt das Bundesverwal-

---

270 Siehe zu den unveröffentlichten 1998er-Daten der jährlich durchgeführten, repräsentativen Befragungen der Marplan-Studien: Bundesausländerbeauftragte (Hrsg.): Lagebericht 2000, a. a. O., S. 68, und zu den Daten von 2000 die Marplan-Studie Ausländer in Deutschland 2000. Soziale Situation, zit. nach: dies. (Hrsg.): Lagebericht 2002, a. a. O., S. 323

271 Die Zustimmung insgesamt lag bei 43 %. Vgl. BMFSFJ (Hrsg.): Familien ausländischer Herkunft, a. a. O., S. 155

272 Vgl. ebd., S. 156

273 Für einen Literaturüberblick und die Wohnsituation von Aussiedlern 1990 bis 1992 vgl. M. Fuchs: Die Wohnsituation der Aussiedler, in: R. K. Silberreisen/E.-D. Lantermann/E. Schmitt-Rodermund (Hrsg.): Aussiedler in Deutschland, a. a. O., S. 92 ff.

tungsamt sie auf der Grundlage des Wohnortzuweisungsgesetzes[274] in eigens eingerichtete Übergangswohnheime, in denen die Familien leben, bis sie eine Wohnung auf dem freien oder dem Sozialen Wohnungsmarkt finden – was häufig mehrere Jahre in Anspruch nimmt.[275] So wies Barbara Dietz in einer Expertise für den Zehnten Kinder- und Jugendbericht auf die steigende Aufenthaltsdauer von Familien in Übergangswohnheimen hin, weil deren Umzug in eine eigene Wohnung, der überdies immer häufiger von der Zuteilung einer Sozialwohnung abhängig sei, vielen Aussiedler(inne)n erst nach ein bis drei Jahren gelinge.[276]

Ob sich bei der Eingliederung von Aussiedler(inne)n auf dem Wohnungsmarkt jenen der „Gastarbeiter" vergleichbare Schwierigkeiten ergeben, wurde und wird weiterhin kontrovers diskutiert. Marek Fuchs konstatierte, dass besonders größere Aussiedlerhaushalte rascher eine (Sozial-)Wohnung fänden und die in seine Untersuchung einbezogenen Aussiedler/innen im Unterschied zu anderen Migranten Anfang der 1990er-Jahre kaum mehr am privaten Wohnungsmarkt teilnähmen.[277] Für die Haushalte von zu dieser Zeit eingereisten Aussiedlerfamilien aus Polen, Rumänien und der ehemaligen Sowjetunion stellte ein Aussiedlerpanel des Bundesinstituts für Bevölkerungsforschung indes fest, dass sie häufig Merkmale (z. B. eine höhere Zahl von Familienangehörigen) aufwiesen, die eine problemlose Eingliederung in den Wohnungsmarkt erschwerten. Die Wiederholungsbefragung der Jahre 1991 und 1994 zeigte, dass im Vergleich zu Deutschen weitaus größere Anteile von Aussiedler(inne)n in Mehrgenerationenhaushalten, größeren Familien und engeren Wohnverhältnissen lebten.[278] Allerdings verbesserte sich die Wohnsituation der Haushalte verhältnismäßig rasch: Während in der ersten Befragungswelle nur rund 10 Prozent in einer eigenen Mietwohnung und die übrigen in Sammelunterkünften lebten, waren es 1994 bereits 94 Prozent, sodass damals von einer (nach einer Zeit im Übergangswohnheim) relativ problemlosen Eingliederung in den Wohnungsmarkt auszugehen war. Gut die Hälfte der Interviewten empfand zudem die Bedingungen, unter denen sie in Deutschland lebten, als positiv, allerdings litten fast 11 Prozent objektiv und subjektiv unter „schlechten Bedingungen".

Mit den steigenden Zuzugszahlen mehrten sich in der Fachliteratur der 1990er-Jahre überwiegend kritische Bewertungen der Wohneingliederung von Aussiedler(inne)n. So vertrat Barbara Dietz die Auffassung, dass sich die noch zu Beginn der 1990er-Jahre (infolge ihrer sich verbessernden wirtschaftlichen Situation) feststellbare Mobilität der Aussiedler/innen von Sozial- hin zu frei finanzierten Wohnungen für Mitte der 90er-Jahre nicht mehr nachweisen lasse. Außerdem treffe der – auch für „Gastarbeiter/innen" belegte – Befund zu, dass Aussiedlerhaushalte trotz größerer Personenzahl in kleineren Wohnungen lebten als einheimische Deutsche, weshalb es nicht unbegründet scheine, „von einer Eingliederung der Aussiedler-

274 Die Rechtsgrundlage heißt präzise Gesetz über die Festlegung eines vorläufigen Wohnortes für Spätaussiedler (WoZuG), i. d. F. des 4. Änderungsgesetzes v. 02.06.2000 (nachzulesen in: http://www.bmi.bund.de/dokumente/Artikel/ix_20362.htm; 25.2.04)

275 Vgl. M. Bahlmann: Aussiedlerkinder, a. a. O., S. 57. Für Anfang der 1990er-Jahre berichtete Fuchs von einer durchschnittlichen Aufenthaltsdauer in Übergangswohnheimen von 24,1 Monaten; vgl. M. Fuchs: Die Wohnsituation der Aussiedler, a. a. O., S. 96

276 Vgl. B. Dietz: Kinder aus Aussiedlerfamilien, in: dies./R. Holzapfel: Kinder aus Familien mit Migrationshintergrund, a. a. O., S. 21

277 Vgl. M. Fuchs: Die Wohnsituation der Aussiedler, a. a. O., S. 102 u. 93

278 Vgl. hierzu und zum Folgenden: U. Mammey: Aussiedlerhaushalte und -familien in Deutschland. Expertise zum 6. Familienbericht, 1997; zit. nach: BMFSFJ (Hrsg.): Familien ausländischer Herkunft, a. a. O., S. 136

haushalte in die unteren sozialen Schichten der Gesellschaft zu sprechen.“[279] Mechthild Bahlmann konstatierte, dass die Wohnsituation von Aussiedlerfamilien auch nach mehrjährigem Aufenthalt hierzulande sowohl in Bezug auf den zur Verfügung stehenden Wohnraum als auch auf dessen qualitative Ausstattung als problematisch anzusehen sei.[280] Sie stellte fest, dass 1994 in 76 Prozent der Aussiedlerwohnungen ein Bad/WC oder eine Zentralheizung fehlte. Berichtet werde auch über Vorbehalte von Vermieter(inne)n und Makler(inne)n auf dem freien Wohnungsmarkt, weil es – so ein gängiges Vorurteil – bei Spätaussiedler(inne)n üblich sei, auch Freunde und Verwandte in der Wohnung unterzubringen. Barbara Dietz berichtete in einem Beitrag, der auf einer bundesweiten, im Winter 1994/95 durchgeführten Befragung von rund 250 Spätaussiedler(inne)n und Einheimischen zwischen 15 und 25 Jahren beruht, von rund einem Drittel aller Aussiedlerjugendlichen, die zum Erhebungszeitpunkt in einer Sozialwohnung lebten (vs. 3 % der Einheimischen), was auch daraus resultiere, dass sie als einkommensschwache Gruppe auf dem freien Wohnungsmarkt nur geringe Chancen hätten.[281] Folgende Tabelle zeigt ihre Wohnsituation:

Tabelle 4.16 Art der Wohnung (in %)

Art der Wohnung	Aussiedlerjugendliche (n=253)	Einheimische Jugendliche (n=253)
Übergangswohnheim	13,4	trifft nicht zu
Wohnheim	6,7	7,1
Sozialwohnung	30,8	2,8
Genossenschaftswohnung	5,1	1,2
Mietwohnung, gemietetes Haus	38,0	42,3
Eigene Wohnung, eigenes Haus	5,2	46,6
anderes	0,8	0,0

Quelle: B. Dietz: Jugendliche Aussiedler, a. a. O., S. 169

1994/95 wohnten die befragten Spätaussiedlerjugendlichen offenbar rund zehn Mal so häufig wie einheimische Familien in Sozialwohnungen, rund 20 Prozent lebten noch in (Übergangs-)Wohnheimen und 5 Prozent verfügten über Wohneigentum. Letzteres ist für eine so „neue“ Zuwanderergruppe schon beträchtlich, erstaunt aber nicht weiter, da es sich bei der Migrationsentscheidung von Aussiedlerfamilien bekanntermaßen um eine irreversible, auf Dauer angelegte Rückkehr ins Herkunftsland handelt. Der Wunsch nach einer Immobilie scheint zudem besonders bei russlanddeutschen Aussiedler(inne)n weit verbreitet zu sein und wird mit steigender Verweildauer offenbar auch realisiert.[282] Der Anteil von in

279 Vgl. M. Fuchs: Wohnversorgung bei Aussiedlern. Ergebnisse einer Panel-Studie zur Situation nach der Einreise, in: Sozialwissenschaften und Berufspraxis 18/1995, S. 160; zit. nach: B. Dietz: Kinder aus Aussiedlerfamilien, a. a. O., S. 21

280 Vgl. hierzu und zum Folgenden: M. Bahlmann: Aussiedlerkinder, a. a. O., S. 59

281 Vgl. B. Dietz: Jugendliche Aussiedler in Deutschland, a. a. O., S. 168

282 Der Anteil von in eigenem Wohneigentum lebenden Aussiedlerfamilien war nach 4-jähriger Aufenthaltsdauer in Deutschland auf über 8 % gestiegen; vgl. M. Fuchs: Die Wohnsituation der Aussiedler, a. a. O., S. 96

Mietwohnungen Lebenden war bei Aussiedler(inne)n und Einheimischen etwa gleich hoch, wobei Erstere Genossenschaftswohnungen bevorzugten. Dietz führt den hohen Anteil von in Sozialwohnungen lebenden Aussiedler(inne)n auf deren fehlendes alltagsempirisches Wissen, Sprachprobleme und mangelnde Eigeninitiative zurück, aufgrund derer sie sich auf dem privaten Wohnungsmarkt nur schlecht gegen einheimische Konkurrenten behaupten könnten, weshalb sie meist nur bei vergleichsweise günstigen Wohnungen oder unter Mithilfe von Verwandten aufträten.

Über die Größe und Ausstattung der Wohnungen von Aussiedlerfamilien liegen nur bruchstückhafte und zudem veraltete Informationen vor. Marek Fuchs fand heraus, dass die von ihm zu Beginn der 1990er-Jahre befragten Aussiedlerhaushalte unter sehr beengten Wohnverhältnissen und niedrigen Wohnstandards lebten, die sich mit steigender Verweildauer jedoch schnell verbesserten. Dies traf für mehrere Indikatoren zu: So stieg die Pro-Kopf-Wohnfläche von rund 9 nach 6 Monaten Aufenthalt auf 20 qm nach 4 Jahren, die Zimmerversorgung pro Person verbesserte sich zugleich von 0,4 auf 0,8 Prozent und über eigenes Land oder einen Garten verfügten anfangs 7 und zuletzt 28 Prozent.[283] Fuchs fügt relativierend hinzu, dass, verglichen mit den durchschnittlichen Wohnstandards der einheimischen Bevölkerung, „die Wohnsituation der Aussiedler aber auch nach mehreren Jahren in Deutschland als problematisch anzusehen" sei.

Seit der starken Zunahme der Aussiedlerzuwanderung in den frühen 1990er-Jahren zeichnet sich das Bestreben von Spätaussiedlerfamilien ab, nach dem Übergangszeitraum in Wohnheimen in die Nähe von Verwandten und Bekannten zu ziehen. Im Zuge dieser sog. Kettenmigration entstanden seit Mitte der 90er-Jahre einige wenige Hauptzuzugsgebiete in der Bundesrepublik mit einem sehr hohen Aussiedleranteil. Bezüglich der Wohnsituation von Spätaussiedlerfamilien mehren sich damit auch Anzeichen einer wachsenden sozialräumlichen Segregation. Erstmals zu diesem Zeitpunkt zeichneten sich auch zunehmende Integrationsprobleme von jungen und erwachsenen Spätaussiedler(inne)n etwa auf dem Arbeitsmarkt sowie in Bezug auf (Aus-)Bildung, Deutschkenntnisse und eine gestiegene Sozialhilfeabhängigkeit ab. Um weiteren sozialräumlichen Konzentrationstendenzen vorzubeugen, wurde 1996 die Gewährung von Sozial- und Eingliederungshilfen an den Zuweisungsort der Gemeinschaftsunterkunft gebunden; Aussiedler/innen hält man damit an, die ersten 3 Jahre nach ihrer Verteilung an dem ihnen zugewiesenen Wohnort zu leben.[284]

Vor einer problembehafteten Konzentration russischsprachiger Enklaven mit „Zügen und Problemen der Koloniebildung in der Spannung von Integration und Segregation, die aus Einwanderungsprozessen des 19. Jahrhunderts" bekannt seien, warnen seither viele Beiträge der Fachliteratur.[285] Im Unterschied zu den Kolonien ehemals angeworbener Arbeitsmigrant(inn)en treten solche Konzentrationen allerdings nicht nur in Westdeutschland und nicht nur auf dem freien, sondern auch auf dem sozialen Mietwohnungsmarkt auf, da Kommunen oder genossenschaftliche Wohnungsbauträger zu Hochzeiten der Aussiedlerzuwanderung ganze

283 Vgl. auch zum Folgenden ebd., S. 98 f.

284 Vgl. BMGS (Hrsg.): Lebenslagen in Deutschland, a. a. O., S. 157

285 Vgl. U. Mammey: Segregation, regionale Mobilität und soziale Integration, in: K.J. Bade (Hrsg.): Aussiedler: deutsche Einwanderer, Osnabrück 1999, S. 110 ff.; M. Fuchs: Die Wohnsituation der Aussiedler, a. a. O., S. 91 f.; zum Folgenden: BMFSFJ (Hrsg.): Familien ausländischer Herkunft, a. a. O., S. 61

Kontingente für Spätaussiedler/innen reservierten.[286] Der Sechste Familienbericht stellte fest, dass die auch in Ostdeutschland anzutreffenden Siedlungskonzentrationen von Aussiedler(inne)n häufig auf Immobilienspekulationen mit ganzen Wohnkomplexen beruhten, wodurch z. T. abrupt relativ geschlossene, große Aussiedlerkolonien entstanden seien. Der Bericht räumte überdies regional unterschiedliche Reaktionen auf die räumliche Segregation ein: Während einige Gemeinden (z. B. in Niedersachsen) gegen zu starke Konzentrationen und einen weiteren Zuzug von Spätaussiedlern protestierten, hätten v. a. die neuen Bundesländer erhebliches Interesse an der Ansiedelung in durch Abwanderung dezimierte Gebiete gezeigt, wobei einiges darauf hindeute, dass dort Fehler der alten Bundesländer durch die künstliche Anlage von Aussiedlerkolonien mit durchaus vergleichbaren gesellschaftlichen Folgeproblemen wiederholt würden.

Die Bundesregierung geht, zumal die Aussiedlerzuwanderung seit 1990 kontinuierlich sinkt, in ihren Armuts- und Reichtumsberichten im Gegensatz zu den eingangs genannten älteren Befunden von einer relativ problemlosen Aussiedlereingliederung in den freien Wohnungsmarkt aus.[287] Darauf weisen auch die jüngeren Datenreporte des Statistischen Bundesamtes hin, die auf Basis des Sozio-ökonomischen Panels dokumentieren, dass Aussiedler/innen inzwischen in Bezug auf die Wohnsituation zu den privilegierteren Zuwanderergruppen zu zählen sind. Sowohl für 1996 als auch 2004 bewohnten sie mit 28 (1996) bzw. 33 qm (2004) eine größere Wohnfläche pro Person als türkische, ex-jugoslawische und Haushalte von Migrant(inn)en aus den EU-Anwerbestaaten; nach wie vor bestand allerdings ein erheblicher Abstand zur Pro-Kopf-Wohnfläche einheimischer Deutscher (49 qm).[288] Daher verwundert es nicht, dass Spätaussiedler/innen nach diesen (und vor den anderen befragten Nationalitäten) die höchste Zufriedenheit mit ihrer Wohnung äußerten.[289] Bei diesen Angaben ist gleichwohl ein nicht geringer Teil der Spätaussiedlerfamilien außen vor geblieben – nämlich die in Wohnheimen und Sammelunterkünften Lebenden –, weil sich Paneldaten wie das SOEP auf in Privathaushalten lebende Zuwanderer und somit auf eine positiv selektierte Teilgruppe der Aussiedlerbevölkerung beschränken. Dem ist bei der Interpretation der Befunde ebenso Rechung zu tragen wie in dieser Arbeit, weshalb nachfolgend einige Forschungserkenntnisse zu Unterkunftsbedingungen von Aussiedlerfamilien in Wohnheimen vorgestellt werden.

2. Unterkunftsbedingungen von Kindern in Wohnheimen und Gemeinschaftsunterkünften

Obwohl die Sozialberichterstattung die Unterkunftssituation von Spätaussiedlern in Wohnheimen und Gemeinschaftsunterkünften ignoriert, weil sie als „vorübergehend" eingeordnet und von haushaltsbezogenen Erhebungen wie dem SOEP ausgeklammert wird, sind die besonders für Familien ungünstigen Wohnbedingungen dort hinlänglich dokumentiert. Die Lebensbedingungen in den Unterkünften sind vor allem für Kinder, die Spiel- und Entfaltungsmög-

286 Vgl. B. Dietz: Kinder aus Aussiedlerfamilien, a. a. O., S. 22

287 Vgl. BMAS (Hrsg.): Lebenslagen in Deutschland. Der erste Armuts- und Reichtumsbericht, a. a. O., S. 201; BMGS (Hrsg.): Lebenslagen in Deutschland, a. a. O., S. 157

288 Zuwanderer aus den „EU-Anwerbestaaten" sind Ausländer aus Griechenland, Italien, Portugal und Spanien; vgl. StBA (Hrsg.): Datenreport 2006, a. a. O., S. 566

289 Vgl. dass. (Hrsg.): Datenreport 2004, a. a. O., S. 577

lichkeiten benötigen, denkbar ungeeignet, zumal sich die ursprünglich als kurz eingeplanten Aufenthaltszeiten inzwischen auf mehrere Jahre erstrecken. Die Essener Migrationspädagogin Ursula Boos-Nünning beschreibt die Bedingungen in Übergangswohnheimen für Aussiedler- und mehr noch für Flüchtlingskinder sogar als „katastrophal“, zumal diese Form der Unterbringung eine politische und gesellschaftliche („anreizmindernde“) Funktion erfülle.[290] Den Kindern fehle es nicht nur an Bewegungsmöglichkeiten, Spielräumen und -plätzen im Freien, sondern sie lebten – weil Kontakte zu Nachbar(inne)n selten seien und wenn, dann nur durch besonderes Engagement von Betreuungspersonen (so es sie denn gebe) zustande kämen – sozialräumlich „wie auf einer Insel“.

Als „im allgemeinen belastend“ stufte auch Barbara Dietz die Wohn- und Lebensverhältnisse für Aussiedlerfamilien in Übergangswohnheimen ein.[291] Für die nicht selten drei Generationen umfassenden Familien stünde meist nur ein einziges Zimmer zur Verfügung, sodass für Bedürfnisse Einzelner kein Raum bleibe. Dietz berichtete allerdings auch von Aussiedlerkindern, welche die Wohnheime bald als vertraute Umgebung empfänden, in der sie Freunde mit ähnlichen Erfahrungen und dem gleichen sprachlichen Hintergrund kennenlernten. Kinder würden aber mit allen familiären und durch das Wohnheim bedingten Konflikten konfrontiert: „Eheprobleme der Eltern, Alkoholmissbrauch, Lärmbelästigung, Aggressionen zwischen den Bewohnern.“[292] Die Familien büßten unter diesen Bedingungen ihre stabilisierende Funktion für die Kinder ein, denen es nicht zuletzt aufgrund finanzieller Engpässe an Betreuungsmöglichkeiten mangele, sodass viele (auch kleine) Kinder sich selbst überlassen blieben, sofern Eltern Sprachkurse besuchten oder erwerbstätig waren. Außerdem verhindere die oftmals abseitige Lage der Wohnheime an Stadträndern spontane Kontakte zu einheimischen Kindern, wie auch Spiel- und Bewegungsmöglichkeiten fehlten.

Mechthild Bahlmann bemängelt hinsichtlich der Quadratmeterzahl und der Zimmeraufteilung eine „räumliche Not“ von Aussiedlerfamilien in Übergangswohnheimen, die nicht selten zu familiären Konflikten führe.[293] Für Kinder ergebe sich aus solchen Situationen des kompakten Wohnens vor allem die Schwierigkeit, Hausaufgaben adäquat zu erledigen. Als problematisch wertet Bahlmann zudem, dass Wohnheime oft in entlegenen Orten mit schlechter Infrastruktur liegen, wodurch die Kinder von jedweder Freizeitgestaltung, z. B. in Vereinen, abgeschnitten seien.

4.2.4 Die Wohn- und Unterkunftssituation von Flüchtlingsfamilien

Auch bei Flüchtlingen und Asylsuchenden ist eine differenzierte Betrachtung der Wohnsituation einzelner Teilgruppen nötig. Allerdings muss diesbezüglich nicht nach der Unterbringungsphase im Anschluss an die Einreise, sondern v. a. nach aufenthaltsrechtlichen Kriterien unterschieden werden. Rechtlich gibt das Asylverfahrensgesetz vor, dass Asylsuchende i. d. R. in Gemeinschaftsunterkünften wohnen müssen; die Verpflichtung endet spätestens mit ihrer

290 Vgl. hierzu und zum Folgenden: U. Boos-Nünning: Kinder aus Zuwandererfamilien, a. a. O., S. 73 f.
291 Vgl. auch zum Folgenden: B. Dietz: Kinder aus Aussiedlerfamilien, a. a. O., S. 21 f.
292 Ebd., S. 21
293 Vgl. M. Bahlmann: Aussiedlerkinder, a. a. O., S. 58

Anerkennung als Asylberechtigte oder als Abschiebegeschützte. Zudem beschränkt die sog. Residenzpflicht ihren räumlichen Aufenthalt auf den Bezirk der zuständigen Ausländerbehörde.[294] Für die Art der Unterbringung von Minderjährigen mit Fluchthintergrund ist ausschlaggebend, ob sie unbegleitet oder mit ihren Familien eingereist und wie alt sie sind, welchen Aufenthaltsstatus sie haben und was die jeweiligen Bedingungen vor Ort zulassen.[295]

Philip Anderson, der die Lebens- und Wohnsituation von Flüchtlingsfamilien u. a. in München untersuchte, stellte fest, dass der Übergang von Gemeinschaftsunterkünften in eigene Wohnungen für Flüchtlingsfamilien vor allem von drei Aspekten abhängig sei: dem Aufenthaltsstatus, der Staatsangehörigkeit und der Situation der jeweiligen Familie einschließlich ihrer sozialen Netzwerke: „Diejenigen, die zumindest eine Duldung erreicht haben, können eine Wohnung auf dem privaten Markt anmieten. Diejenigen mit einer Aufenthaltsbefugnis müssen sogar die Unterkunft verlassen und werden dazu aufgefordert, sich eine private Unterkunft zu suchen. Sie haben keinen Anspruch auf eine Sozialwohnung, da keine Konkurrenz mit Einheimischen oder auch mit Einwanderern mit sicherem Status auf dem sozialen Wohnungsmarkt entstehen soll. Allerdings werden die Kosten der Anmietung einer privaten Wohnung von der zuständigen Behörde übernommen, im Regelfall vom Amt für Wohnungswesen."[296] Die Staatsangehörigkeit des Asylbewerbers sei insofern bedeutsam, als etwa Asylsuchende irakischer und afghanischer Nationalität ihren Aufenthaltsstatus relativ schnell wechselten und verhältnismäßig rasch eine wesentlich sicherere Aufenthaltsbefugnis erhielten. Gut organisierte Netzwerke der Landsleute trügen dazu bei, dass meist ein angemessener Wohnraum außerhalb der Unterkunft gefunden werde. Zudem seien manche Immobilienmakler auch auf bestimmte Asylbewerbergruppen spezialisiert. Anderson fügt hinzu, dass Personen mit Duldung (z. B. Kosovo-Albaner und Romaflüchtlinge), die kaum Aussicht auf einen sicheren Aufenthaltstitel haben, prinzipiell viel schlechter dastünden. Die Einzelsituation einer Familie wirke sich insofern aus, als viele Familien mit der Aufarbeitung der eigenen Geschichte so beschäftigt seien, dass ihnen die notwendige Energie für die Suche nach einer Wohnung in einem fremden Land unter objektiv schweren und für sie meist völlig neuartigen Bedingungen fehle. Die Suche nach geeignetem Mietwohnraum erschwere sich noch dadurch, dass Flüchtlingsfamilien in den Augen vieler Vermieter/innen aufgrund der unsicheren Perspektive oder langfristig ungeklärter Lebensverhältnisse nicht besonders erwünscht seien. Da diese Faktoren sich gegenseitig verstärkten, wohnten viele Flüchtlingsfamilien jahrelang in Gemeinschaftsunterkünften.

1. Die Wohnsituation von Flüchtlingsfamilien mit gesichertem Aufenthalt

Die Wohnsituation von Flüchtlingen, welche nach Abschluss ihres Asylverfahrens die Gemeinschaftsunterkunft verlassen und auf dem freien Wohnungsmarkt eine Bleibe finden, bleibt

294 Zur Residenzpflicht im Zuwanderungsgesetz vgl. Bundesintegrationsbeauftragte (Hrsg.): Sechster Bericht, a. a. O., S. 275 f.

295 Vgl. S. Klingelhöfer/P. Rieker: Junge Flüchtlinge in Deutschland. Expertise zu vorliegenden Informationen, zum Forschungsstand und zum Forschungsbedarf. Deutsches Jugendinstitut e. V., Regionale Arbeitsstelle Halle 2003

296 Auch zum Folgenden: Ph. Anderson: Status Flüchtlingskind, a. a. O., S. 23 f.

in der Literatur fast vollständig unterbelichtet. In der repräsentativen Sozialberichterstattung bleibt die (Wohn-)Situation von Flüchtlingen mit gesichertem Aufenthaltsstatus unerwähnt, weil die Fallzahlen der vielen einzelnen Herkunftsgruppen zu klein für eine gesonderte Berücksichtigung sind. Auch die Migrationslageberichte der Bundesausländerbeauftragten geben hierüber keine Auskunft, ebenso wenig die Armuts- und Reichtumsberichte der Bundesregierung. Untersuchungen aus der Migrationsforschung, welche die Wohnsituation von Flüchtlingskindern aufgreifen, beschränken sich i. d. R. auf die Bedingungen in Gemeinschaftsunterkünften und die Unterbringung unbegleiteter Kinderflüchtlinge in Jugendhilfeeinrichtungen.

Lediglich eine von Ulrike Berg verfasste Expertise des DJI behandelt explizit die Wohnsituation von in Stadtteilen westdeutscher Großstädte (also nicht in Wohnheimen) lebenden Flüchtlingskindern. Berg stellt fest, dass deren Familien sich zumindest in Bezug auf den (erfragten) Typ des Wohnhauses kaum von anderen Migrantenfamilien unterschieden.[297] Von den 77 Flüchtlingskindern des Samples lebten 31 Familien in Mehrfamilienhäusern, 17 in einem Hochhaus oder Wohnblock und zwei in einem Einfamilienhaus. Obwohl keine Angaben über die konkreten Bedingungen der Wohnung (wie z. B. die Anzahl der Schlafzimmer, die sanitäre Ausstattung oder die Nachbarschaft) erhoben wurden, waren die betreffenden Familien gegenüber den Flüchtlingsfamilien in Gemeinschaftsunterkünften zumindest in zweierlei Weise besser gestellt, ergänzt Berg: „Sie verfügen über eine Privatsphäre und sie können nicht so ohne weiteres bereits über ihre Adresse stigmatisiert werden.“

Allerdings gibt es Hinweise darauf, dass Diskriminierungen etwa auf dem Wohnungsmarkt besonders Zuwanderer afrikanischer, lateinamerikanischer und asiatischer Herkunft aufgrund ihrer Hautfarbe treffen, worunter viele Flüchtlinge zu vermuten sind.[298] Renate Holzapfel berichtete von „großen Schwierigkeiten“ und der Diskriminierung besonders dunkelhäutiger Migrant(inn)en auf dem freien Wohnungsmarkt.[299] Vorurteile und Falschinformationen, andere Lebensgewohnheiten, höhere Kinderzahlen und die pauschale Ablehnung von Ausländer(inne)n durch Vermieter/innen führten dazu, dass Flüchtlingsfamilien entweder überteuerte oder schlechte Wohnungen bezögen, noch dazu häufig in einem Umfeld, das für Kinder wenig geeignet sei.

2. Die Wohn- und Unterkunftssituation von Flüchtlingsfamilien mit prekärem Status

Die Wohn- und Unterkunftssituation von Asylsuchenden und (Bürgerkriegs-)Flüchtlingsfamilien wird von der (haushaltsbezogenen) Sozialberichterstattung ebenso wie von den Migrationslageberichten der Ausländerbeauftragten gänzlich ausgeklammert, da Bewohner/innen temporärer Unterkünfte nicht zur Wohnbevölkerung gezählt werden. Die Migrationslageberichte informieren aber regelmäßig über Veränderungen der Rechtslage von Fluchtmigrant(inn)en,

297 Vgl. auch zum Folgenden: U. Berg: Flüchtlingskinder in multikulturellen Stadtvierteln, a. a. O., S. 82
298 Vgl. D. Gebhardt/F. Chicote: „Wie steht es mit Diskriminierung in Berlin?“, a. a. O., S. 30 ff.
299 Siehe auch zum Folgenden: R. Holzapfel: Kinder aus asylsuchenden und Flüchtlingsfamilien, a. a. O. S. 76

etwa die Residenzpflicht, die Abschiebehaft, Ausreisezentren oder die Flughafenunterbringung betreffend, die zuletzt im Zuwanderungsgesetz neu justiert wurde.[300]

Die Unterbringung von Asylbewerber(inne)n in Gemeinschaftsunterkünften erfolgt auf Grundlage des Asylverfahrensgesetzes durch die Bundesländer, welche für die Erstaufnahme und vorläufige Unterbringung der neu Eingereisten zuständig sind. Die Verteilung in Erstaufnahmezentren erfolgt über einen Zentralcomputer in Nürnberg, der die Flüchtlinge abhängig von Aufnahmequoten der Bundesländer und deren jeweils vorhandenen Kapazitäten zur Betreuung einzelner Nationalitätengruppen den Landesaufnahmeeinrichtungen zuweist. Auf Individualinteressen Betroffener, etwa bezüglich der Zuweisung in ein Bundesland, wo Verwandte leben, wird (mit Ausnahme von Familienbindungen ersten Grades, d. h. von Ehegatten und minderjährigen Kindern) keine Rücksicht genommen.[301] Nach der nur wenige Tage währenden Erstunterbringung in einer der Anlaufstellen der zentralen Ausländerbehörden, die mit einer Anhörung zum Asylverfahren endet, werden die Asylsuchenden den landeseigenen Aufnahmestellen zugewiesen, d. h. einer Gemeinschaftsunterkunft des Bezirks, in dem sie zu einem 6- bis maximal 12-wöchigen (Wohn-)Aufenthalt verpflichtet sind. Je nachdem, welche Prognose die zentralen Ausländerbehörden bezüglich des Ausgangs des Asylverfahrens treffen, werden die Flüchtlinge im Anschluss entweder als Wohnungssuchende geführt oder (in der Mehrzahl) in Gemeinschaftsunterkünften der Kommunen untergebracht. Grundsätzlich gilt, dass Asyl*bewerber/innen* nicht wohnberechtigt sind und ihnen der Aufenthalt zunächst nur für die Durchführung des Asylverfahrens gestattet ist. Bloß in Fällen, in denen laut Ausländerbehörde „voraussichtlich eine Anerkennung" oder zumindest eine sechsmonatige Duldung mit Verlängerungsperspektive zu erwarten ist, dürfen sie als „Wohnungssuchende geführt", d. h. als Anspruchsberechtigte auf Wartelisten für Sozialwohnungen gesetzt werden.[302] Weil dies, wie die verschwindend geringen Asylanerkennungsquoten dokumentieren, für einen Großteil der Flüchtlinge und Asylsuchenden indes nicht zutrifft, bringt man die meisten – in konzeptioneller bzw. organisatorischer Verantwortung der jeweiligen Kommune, an die sie durch die Residenzpflicht gebunden sind – in Gemeinschaftsunterkünften unter, bis ihr weiterer Aufenthalt geklärt ist.

Die Unterbringung nach dem Aufenthalt in landeseigenen Aufnahmestellen erfolgt überwiegend in (kommunalen) Gemeinschaftsunterkünften. Manche Großstädte mieten für Flüchtlingsfamilien auch Hotels, Pensionen, Sozialwohnungen oder Wohnanlagen an. In ihnen treten nach Ansicht Renate Holzapfels Probleme für Kinder auf, die durchaus mit der Situation in den Gemeinschaftsunterkünften vergleichbar sind.[303] Bundesweite Statistiken, wie viele Personen über welche Zeiträume in Sammelunterkünften leben (müssen), liegen nicht vor, wobei eine (unveröffentlichte) Marplan-Studie für 1998 von etwa 1,2 Prozent

300 Zu Neujustierungen des Flughafenverfahrens und der Residenzpflicht im Zuwanderungs- bzw. Asylverfahrensgesetz vgl. Bundesintegrationsbeauftragte (Hrsg.): Sechster Bericht, a. a. O., S. 262 ff.

301 Vgl. hierzu und zum Folgenden: P. Kühne/H. Rüßler: Die Lebensverhältnisse von Flüchtlingen a. a. O., S. 63 ff. Diese Rechtspraxis wurde 2005 durch das EU-Rahmenrecht geändert, das festgelegt ist in der Richtlinie 2005/85/EG des Rates vom 1. Dezember 2005 über Mindestnormen für Verfahren in den Mitgliedstaaten zur Zuerkennung und Aberkennung der Flüchtlingseigenschaft, Brüssel 2005.

302 Vgl. hierzu und zum Folgenden: ebd., S. 169 f. u. 146 ff.

303 Vgl. R. Holzapfel: Kinder aus asylsuchenden und Flüchtlingsfamilien, a. a. O., S. 73

Ausländer(inne)n, die in Gemeinschaftsunterkünften wohnten, berichtet.[304] Eine Expertise des DJI dokumentiert für München, dass ca. 25 bis 30 Prozent der 1998 in Zuständigkeit des städtischen Flüchtlingsamtes befindlichen 11.000 Flüchtlinge in Gemeinschaftsunterkünften lebten; hinzu kamen knapp 8.000 Plätze in 31 staatlichen Unterkünften der Landeshauptstadt.[305] Nach Ansicht Andersons zeichnet sich zwar die Tendenz ab, Flüchtlingsfamilien in kleineren Wohneinheiten (5 bis 30 Plätze) zu platzieren, allerdings seien weit weniger als 10 Prozent der vom Flüchtlingsamt betreuten Familien dort untergebracht.

Am Beispiel Dortmunds, das in den 1990er-Jahren Formen dezentraler Unterbringung in Übergangswohnheimen wählte, wird nachfolgend exemplarisch eine gängige Praxis der Unterbringung von Fluchtmigrant(inn)en illustriert, die Peter Kühne und Harald Rüßler nachvollzogen. Die dortige Praxis sei im Vergleich mit den Konzepten anderer Kommunen eher als sozialverträglich denn abschreckend einzuordnen, betonen die Autoren. Gleichwohl ist aufgrund der hohen Fluktuation der Fluchtzuwanderung und des stetigen Wandels der bundeslandspezifischen und kommunalen Aufnahmegegebenheiten eine Übertragbarkeit der Befunde nicht gegeben. Zu Beginn der von einer starken Zuwanderung geprägten 90er-Jahre weitete man in Dortmund ebenso wie andernorts die Kapazitäten für vorübergehende Unterkünfte aus, um einen Zusammenbruch im Unterbringungsbereich zu vermeiden. Zu dem Katalog ergriffener Maßnahmen gehörte die Anmietung von Hotelzimmern und Wohngebäuden, die Nutzung städtischer Gebäude (z. B. von Turnhallen) als Notunterkünfte sowie der Neubau von Übergangseinrichtungen, die allerdings nach einem Rückgang der Zuzugszahlen ab 1995 schrittweise wieder geschlossen wurden.[306] Für die Anerkennung eines Gebäudes als Flüchtlingswohnheim galten folgende Mindeststandards:

Zustand und Lage:
Die Bausubstanz musste sich in einem funktionsgerechten Zustand befinden und ausreichende Sicherheitsmaßnahmen vorsehen. Bezüglich der Infrastruktur waren Objekte geeignet, in denen die Deckung der Grundbedarfe des täglichen Lebens fußläufig möglich war.

Wohnfläche:
An der maximalen Aufnahmekapazität gemessen, sollte jedem Bewohner 7 qm einschließlich der Gemeinschaftsräume und innerhalb der rein belegungsfähigen Räume, also der Schlaf- und Wohnzimmer, 3 qm zur Verfügung stehen. In einem 12 qm großen Raum konnten bis zu vier Personen untergebracht werden.

Sanitäre Ausstattung:
1 Waschbecken für 5 Bewohner, 1 Dusche für 20, 1 WC für 8 und 1 Urinal für 10.

---

304 Vgl. Bundesausländerbeauftragte (Hrsg.): Lagebericht 2000, a. a. O., S. 158. Die Angabe stammt aus: Marplan (Hrsg.): Ausländer in Deutschland 1998. Soziale Situation, Offenbach a. M. Die nur Ausländer aus Anwerbestaaten einschließende Repräsentativuntersuchung 2001 berichtet von stark zurückgegangenen Anteilen von Ausländern in Gemeinschaftsunterkünften und Wohnheimen. Während dies 1980 noch für mehr als 10 % der Migranten aus Italien, der Türkei und dem ehemaligen Jugoslawien zutraf, waren es 2001 lediglich 2,8 % Ex-Jugoslawen und weit weniger bei den anderen Gruppen; vgl. BMAS (Hrsg.): Repräsentativuntersuchung 2001, Tabellenband, a. a. O., S. 91

305 Vgl. Ph. Anderson: Status Flüchtlingskind, a. a. O., S. 24

306 Vgl. auch zum Folgenden: P. Kühne/H. Rüßler: Die Lebensverhältnisse der Flüchtlinge, a. a. O., S. 147 ff.

In den Dortmunder Flüchtlingswohnheimen waren im Mittel knapp über 200 Flüchtlinge auf drei Etagen untergebracht. Jede Person erhielt ein Bett inklusive Bettgarnitur (ohne Kopfkissen) sowie einen Stuhl als Zimmerausstattung; eigene Einrichtungsgegenstände waren nicht erlaubt. Jeweils drei Personen standen ein Kühlschrank, ein Kleiderschrank, eine Kochplatte, ein Tisch, ein kleiner Topf und eine Pfanne zur Verfügung. Darüber hinaus erhielt jede/r beim Einzug leihweise eine Tasse, einen Teller und einen Bestecksatz. Kochmöglichkeiten bestanden nicht nur auf den Zimmern, sondern auch in einer Gemeinschaftsküche pro Etage. Außerdem gab es in jeder Unterkunft eine Waschküche mit Waschmaschinen und Trocknern; Erwachsenen stand ferner ein Gemeinschafts- und Kindern ein Spielraum zur Verfügung.

Eine solch karge Ausstattung und die besonders für kinderreiche Familien beengten Wohnverhältnisse in Übergangswohnheimen sind auch für andere Bundesländer und Kommunen hinlänglich dokumentiert.[307] Nach Informationen einer Unicef-Studie wandelten Kommunen besonders zu Hochzeiten der Asyl- und Aussiedlerzuwanderung Anfang der 1990er-Jahre (abweichend von den genannten Unterbringungsformen) auch Kasernen, Krankenhäuser, Container oder andere Provisorien mit niedrigen baulichen Standards in Flüchtlingswohnheime um. Steffen Angenendt bemängelte, dass bei etwa zwei Drittel der Betroffenen mit weniger als 6 Quadratmetern nach üblichen Kriterien eine Wohnraumunterversorgung vorlag.[308]

Unterschiede zwischen den Bundesländern und Kommunen zeigen sich vor allem in den Standorten der Gemeinschaftsunterkünfte. Besonders geduldete Roma-Flüchtlingsfamilien werden häufig in Provisorien untergebracht, die der Abschreckung eines weiteren Zuzugs dienen. Die von Unicef in Auftrag gegebene Untersuchung nennt als bevorzugte Unterkunfts-Standorte Gewerbegebiete und Stadtrandlagen ohne Verkehrsanbindung; in innerstädtischen Lagen funktioniere man „vorwiegend alte Schulgebäude, heruntergekommene Hotels und Verwaltungsgebäude“ zu Wohnheimen um und nutze, wie in Köln jahrelang praktiziert, Container-Sammellager, Zelte, Kasernen und Flüchtlingsschiffe.[309] Auch eine Berliner Untersuchung bestätigt, dass Flüchtlings-Gemeinschaftsunterkünfte mehrheitlich außerhalb von Kommunen und in Distanz zu Einzelhandelsgeschäften, öffentlicher Verkehrsanbindung und Wohngebieten Einheimischer liegen.[310] Einige Kommunen ohne Gemeinschaftsunterkünfte stellten auch Sozialwohnungen oder Zimmer in einfachen Pensionen zur Verfügung.

Bezüglich kindgerechter Gegebenheiten berichtet Stefan Thimmel in einer Untersuchung über Berliner Unterkünfte von einem Spielzimmer pro Einrichtung; außerdem seien zumindest in einigen Einrichtungen Betreuungskapazitäten für 3- bis 7-jährige Kinder vorhanden, deren Eltern außer Haus waren.[311] Für jüngere und ältere Kinder sowie jene, deren Eltern

307 Vgl. R. Holzapfel: Kinder aus asylsuchenden und Flüchtlingsfamilien, a. a. O. S. 69 ff.; Zentrum für Antisemitismusforschung der Technischen Universität Berlin (Hrsg.): Zur Lage von Kindern aus Roma-Familien, a. a. O., S. 16

308 Zum Folgenden vgl. St. Angenendt: Kinder auf der Flucht, a. a. O., S. 64 f.

309 Siehe Zentrum für Antisemitismusforschung der Technischen Universität Berlin (Hrsg.): Zur Lage von Kindern aus Roma-Familien, a. a. O., S. 16

310 Vgl. R. Holzapfel: Kinder aus asylsuchenden und Flüchtlingsfamilien, a. a. O., S. 72. Dies bestätigt auch die Unicef-Studie für geduldete Roma-Flüchtlinge; vgl. Zentrum für Antisemitismusforschung der Technischen Universität Berlin (Hrsg.): Zur Lage von Kindern aus Roma-Familien, a. a. O., S. 16

311 Vgl. St. Thimmel: Ausgegrenzte Räume – Ausgegrenzte Menschen. Zur Unterbringung von Flüchtlingen und AsylbewerberInnen am Beispiel Berlin, Frankfurt a. M. 1994, S. 138, zit. nach: R. Holzapfel: Kinder aus asylsuchenden und Flüchtlingsfamilien, a. a. O., S. 73

mangels Beschäftigungsmöglichkeiten im Haus anwesend waren, fehlten sämtliche Raum- und Betreuungsangebote. Verschärfend auf die Situation wirke sich der hohe Anteil von Kindern und Jugendlichen aus, die zwischen 30 und 40 Prozent der Bewohner/innen ausmachten. Thimmel berichtet von zahlreichen Konfliktsituationen in den Unterkünften, die meist entstünden, wenn Kinder auf Fluren und in Wohnräumen spielten: „Die Situation der Kinder war für alle Befragten der wesentliche Kritikpunkt, einerseits wegen der Auseinandersetzungen, die sich am Verhalten der Kinder unter den Erwachsenen entzünden, andererseits wegen der unzulänglichen Spiel- und Bewegungsmöglichkeiten."[312] Allerdings gibt es auch Wohnheime ohne jegliche Sozialbetreuung, die, besonders wenn ausschließlich Roma-Flüchtlingsfamilien dort untergebracht sind, für die Kinder Stigmatisierung und Ausgrenzung hervorrufen.[313] Eine Unicef-Studie berichtet von rund 2.200 Roma-Kindern, die Ende 2006 allein in den Städten Münster, Köln und Hamburg in Gemeinschaftsunterkünften lebten. Seit Ende 2003 habe in einigen Kommunen hinsichtlich der Unterbringung von Flüchtlingsfamilien jedoch ein Kurswechsel dergestalt eingesetzt, als städtische Verwaltungen geduldeten Flüchtlingen mit günstigen „Integrationsprognosen" vermehrt den Einzug in Privatwohnungen gestatteten.

Die Expertise Holzapfels macht auf eine vergleichsweise kostenintensive Unterbringung von Flüchtlingsfamilien und alleinreisenden Über-16-Jährigen in Hotels und Pensionen aufmerksam, mit deren Betreibern einzelne Kommunen in Zeiten fehlender Wohnheimplätze längerfristige Belegungsverträge aushandelten. „Was als Übergangs- bzw. Notlösung bezeichnet wurde, erwies sich jedoch in zunehmendem Maße als längerfristiger Aufenthalt. Die längste Aufenthaltszeit in Hotels haben Asylbewerber, abgelehnte Asylsuchende und Bürgerkriegsflüchtlinge, da sie keinen gesicherten Aufenthaltsstatus und keinen Anspruch auf Sozialwohnungen haben."[314] Die Stadt Frankfurt a. M. brachte zu Hochzeiten des Asylbewerberzuzugs 1993 rund 2.100 Personen, darunter 30 Prozent Kinder, in Hotels unter.[315] Auch 1996 habe der Kinderanteil noch 22 Prozent betragen. Obwohl die Unterbringung dem Gaststättenrecht entsprach und den Betroffenen somit z. T. noch weniger Raum als in Gemeinschaftsunterkünften zur Verfügung stand, erfolgte die Belegung dauerhaft, wie eine Stichprobe 1996 ergab: Rund 58 Prozent der Hotelbewohner/innen lebten bis zu 2 Jahre und länger dort; besonders betroffen waren kinderreiche Familien. Auch von einer kindgerechten Infrastruktur konnte keine Rede sein: Nur in wenigen Hotels hätten zwischenzeitlich Kinderspielzimmer durchgesetzt werden können, und nur in Ausnahmefällen seien Gemeinschaftsräume für Erwachsene vorhanden gewesen.

312 Siehe ebd.

313 Vgl. auch zum Folgenden: Zentrum für Antisemitismusforschung der Technischen Universität Berlin (Hrsg.): Zur Lage von Kindern aus Roma-Familien, a. a. O., S. 16 ff.

314 Ebd.

315 Vgl. S. Comerford/A. Starke: Kinder und Armut. Die Situation von Kindern in Hotels in Frankfurt unter besonderer Berücksichtigung der Lebenslage Wohnen mit Einbeziehung allgemeiner theoretischer Aspekte von Armut. Unveröff. Diplomarbeit an der Fachhochschule Frankfurt a. M. 1996, S. 40, zit. nach: R. Holzapfel: Kinder aus asylsuchenden und Flüchtlingsfamilien, a. a. O., S. 74

3. Die Wohnsituation unbegleiteter Kinderflüchtlinge

Die Wohn- und Unterkunftssituation von unbegleiteten Kinderflüchtlingen, bei denen es sich meist um Jugendliche handelt, lässt sich gegenüber den bis hier gemachten Ausführungen noch sehr viel weniger generalisieren, da sie je nach Alter des Kindes, Bundesland und Kommune völlig anders sein kann. Nach der Einreise bringt man alleinreisende Kinderflüchtlinge zunächst in Erstaufnahmeeinrichtungen, die zum Teil eigens für sie geschaffene sog. Clearingstellen sind, wo über weitere Maßnahmen entschieden wird.[316] Unter-16-jährige Minderjährige werden betreuten Wohnformen, Jugendwohnheimen, Pflegefamilien oder Pflegestellen zugewiesen.

Als wichtigsten Unterschied in den Wohnformen sieht Steffen Angenendt den jeweiligen Grad der Betreuung an. Dieser sei in (überwiegend ganztags betreuten) Wohnheimen, wo ein Großteil der unbegleiteten Kinderflüchtlinge untergebracht werde, mit drei bis vier Kindern pro sozialpädagogischer Fachkraft am höchsten.[317] Die Kinder lebten dort in ethnisch gemischten, homogenen oder integrierten Gruppen gemeinsam mit deutschen Kindern, wobei in Fachkreisen umstritten sei, welche Betreuungsform am besten geeignet sei. Unterschiede zwischen diesen Wohnheimen bestehen vor allem in der Intensität psychosozialer Betreuung (für die Aufarbeitung von Fluchttraumata und/oder Gewalterfahrungen), in der Handhabung von Mahlzeiten (Gewährung von Mahlzeiten vs. Selbstverpflegung) sowie in der Versorgung mit Kleidung (grundsätzlich aus Altkleiderbeständen vs. Einkauf aus dem Pflegesatz nach dem AsylblG). Am positivsten für Kinderflüchtlinge wertet Angenendt die Unterbringungsform in Pflegefamilien. Dies können Verwandte oder andere, vom Vormund dazu bestimmte Familien sein, welche entstehende Ausgaben entweder durch den Sozialhilfe- oder den Asylbewerberleistungssatz bestreiten. Unter-16-Jährige werden manchmal aus Kostengründen, wie der Autor einfließen lässt, in sog. niedrigschwelligen Betreuungsangeboten der Jugendhilfe untergebracht, wo sie weitgehend sich selbst überlassen blieben, weil Sozialarbeiter/innen dort nur gelegentlich zur Verfügung stünden.

4. Problembereiche im Wohnen von Familien ohne Aufenthaltsrecht

Die vielfältigen Problemlagen papierloser Migrant(inn)en erstrecken sich auch auf den Wohnbereich. Sie verschärfen sich, wenn weitere Familienangehörige wie Kinder betroffen sind. Durch ihre rechtlose Lage und weil dies ihren Aufenthalt gefährden würde, können „illegale" Zuwanderer selbst keine Mietverträge abschließen. Das deutsche Mietrecht verpflichtet Vermieter/innen dazu, ihre Mieter/innen beim Einwohnermeldeamt anzumelden. Auch eine häufig geforderte Verdienstbescheinigung können Betroffene nur in den seltensten Fällen vorweisen.

Als Familie mit Kind(ern) ohne Aufenthaltsstatus in einer westdeutschen Großstadt, wo erschwinglicher, familiengerechter Wohnraum ohnehin häufig rar gesät ist, eine angemessene, nicht zu teure und v. a. entdeckungssichere Unterkunft zu finden, dürfte mehr als schwierig sein. In der Fachliteratur sind aber einige Strategien dokumentiert, anhand derer Illegalisier-

316 Vgl. auch zum Folgenden: R. Holzapfel: Kinder aus asylsuchenden und Flüchtlingsfamilien, a. a. O., S. 180
317 Vgl. hierzu und zum Folgenden: St. Angenendt: Kinder auf der Flucht, a. a. O., S. 66 ff.

te trotzdem zu Wohnraum gelangen. Ob und wie schnell dies gelingt, hängt primär davon ab, ob Betroffene allein sind und über welche Netzwerke sie verfügen. Die Bandbreite an Unterkunftsmöglichkeiten sei groß, berichten Rainer Münz, Stefan Alscher und Veysel Özcan. In der Beliebtheitsskala ganz unten rangierten Abrisshäuser; zudem böten sich auch Massenunterkünfte an, in denen eine tage-, wochen- oder monatsweise Anmietung möglich ist.[318] Weit verbreitet scheint zu sein, zunächst bei Bekannten, Verwandten oder Mitgliedern der ethnischen Community vorübergehend Aufnahme zu finden und sich von dort aus um langfristige Wohnmöglichkeiten zu kümmern. Über „legale" Bekannte können dann Mietverträge abgeschlossen werden, womit die Einmietung in eine Wohnung, die offiziell anderen Personen überlassen wurde, gelingt. Das setzt allerdings einen toleranten Vermieter und gute nachbarschaftliche Beziehungen voraus. Berichtet wird darüber hinaus von Untermietverträgen mit legalen Dritten und Einwohnverhältnissen, bei denen für verschiedenste „Gegenleistungen" Unterkunft gewährt wird.[319]

Besonders schwierig gestaltet sich die Unterkunftssituation für alleinstehende Kinderflüchtlinge, die aus Angst vor Abschiebung vor dem Erreichen ihrer Volljährigkeit in die Illegalität abtauchen und sich mangels Alternativen der Straße und ihren Bewohner(inne)n zuwenden. Nicht nur aus Frankfurt a. M. berichten Streetworker von einer steigenden Zahl jugendlicher „Straßenkinder" mit Migrationshintergrund, die zum Nächtigen Notschlafstellen aufsuchten, wo Anonymität gewährleistet ist. Inwiefern dies auf ein fehlendes Aufenthaltsrecht oder auf die Angst vor der Kontaktaufnahme mit Erziehungsberechtigten zurückzuführen ist, bleibt indes im Dunkeln. Eine Untersuchung des Deutschen Jugendinstituts zu Straßenkarrieren von Jugendlichen wies lediglich darauf hin, dass die City-Szenen, die sich aus jugendlichen Asylbewerber(inne)n und minderjährigen unbegleiteten Flüchtlingen zusammensetzten, auch von der aufsuchenden Sozialarbeit noch zu wenig erreicht würden.[320]

4.2.5 Zwischenfazit: Die Wohnsituation von Migrantenhaushalten

Bilanziert man zunächst die vergleichenden Befunde zu Wohnbedingungen von deutschen und ausländischen Haushalten, lassen sich mehrere Entwicklungstendenzen beobachten. Zusammengenommen weisen sie zwar auf eine strukturelle Benachteiligung von Ausländer(inne)n in der Wohnungsqualität und besonders im Wohn*umfeld* hin, nicht aber auf eine generelle Unterversorgung ausländischer Haushalte in dieser Lebenslagendimension. Einerseits nimmt die Wohneigentumsbildung unter der ausländischen Bevölkerung kontinuierlich zu, andererseits ist ihr Anteil in öffentlich geförderten Sozialwohnungen nach wie überproportional hoch, was u. a. ein Resultat ihrer hohen Armutsbetroffenheit sein dürfte. Im Laufe der Zeit hat sich besonders die Wohnungs*ausstattung* nichtdeutscher Haushalte jener der deutschen Haushalte weitgehend angeglichen, während in der Pro-Kopf-Wohn*fläche* ebenfalls Zuwächse zu verzeichnen sind, ohne dass diese über den nach wie vor sehr hohen Abstand

318 Vgl. R. Münz/St. Alscher/V. Özcan: Leben in der Illegalität, a. a. O., S. 86
319 Vgl. J. Alt: Illegal in Deutschland, a. a. O., S. 168
320 Vgl. H. Permien/G. Zink: Endstation Straße? Straßenkarrieren aus der Sicht von Jugendlichen, München 1998, S. 39

zu Deutschen hinwegtäuschen können. Resümieren lässt sich somit zwar eine Verbesserung der Wohnbedingungen von Ausländer(inne)n in den letzten Jahrzehnten, der qualitative Abstand zu den Wohnbedingungen Deutscher (besonders bei der Pro-Kopf-Wohnfläche) ist aber weiterhin groß und zudem recht stabil.

Die alleinige Betrachtung von Mittelwerten zu Wohnqualitätsindikatoren der deutschen und ausländischen Bevölkerung zeichnet ein verzerrtes und v. a. unzureichendes Bild. In diesem Fall wird es etwa durch die nur bei einigen Migrantengruppen zu beobachtende Wohneigentumsbildung und die steigende Zahl wohnraum*unter*versorgter Migrantenfamilien bestimmter Herkunftsgruppen beeinflusst, die statistische Erhebungen besonders häufig ausklammern. Zwischen den Herkunftsgruppen sind zudem erhebliche Unterschiede in der Wohnraumversorgung zu konstatieren, die sich im Laufe der Jahre mit der generellen Ausdifferenzierung der Lebenslagen sowie dem Hinzukommen neuer Migrantengruppen mit zum Teil ungeklärtem Aufenthaltsstatus seit den 1990er-Jahren tendenziell verstärkt haben.

Die Ausführungen zu den Wohnbedingungen verschiedener Zuwanderergruppen machen des Weiteren deutlich, dass auch in dieser Lebenslagendimension eine gespaltene Entwicklung zu verzeichnen ist. Zuwanderer leben zwar nach wie vor mehrheitlich in prekären Wohnverhältnissen, immer mehr verfügen indes auch über Wohneigentum. Einerseits ist bei einer Minderheit von meist länger ansässigen Migrant(inn)en – vornehmlich aus den alten EU-15-Mitgliedstaaten, anderen westlichen Ländern, den früheren EU-Anwerbestaaten und Osteuropa – eine stetig wachsende Wohneigentumsbildung zu beobachten. Die allmähliche Verbesserung der Wohnsituation dieser meist länger ansässigen und aufenthaltsrechtlich privilegierten Migrant(inn)en spiegelt sich ferner in gestiegenen Wohnflächen, sinkenden Belegungsdichten sowie der besseren Ausstattung ihrer Wohnungen wider. Bei Spätaussiedler(inne)n ist hinsichtlich der Wohnfläche und Belegungsdichte ebenfalls eine Verbesserung zu beobachten, was sich auch in ihrer vergleichsweise hohen Wohnzufriedenheit widerspiegelt; gleichzeitig bestehen aber Anzeichen für ihre unter integrationspolitischen Gesichtspunkten problembehaftete Konzentration in Sozialwohnungen einiger weniger städtischer Armutsgebiete.

Schließlich fügt sich die Verarmung breiter Teile besonders der in jüngeren Jahren zugewanderten Bevölkerung in den sozialen Abstieg eines Teils der Deutschen und die sich auch sozialräumlich vertiefende Spaltung der Gesellschaft ein, in deren Folge räumliche Armutskonzentrationen v. a. in Städten entstanden sind, deren Auswirkungen für das Aufwachsen von Kindern mit Migrationshintergrund noch zu wenig erforscht sind. Eine erhebliche Unterversorgung im Wohnbereich ist besonders für einen Teil der Haushalte aus der Türkei und Ex-Jugoslawien (darunter auch viele Flüchtlinge) zu beobachten. Die lückenhaften Forschungsergebnisse deuten aber darauf hin, dass zumindest diese Herkunftsgruppen sowie Zuwanderer mit prekärem oder fehlendem Aufenthaltsstatus die autochthone Gesellschaft in der Lebenslagendimension des Wohnens unterschichten. Dies manifestiert sich v. a. in den für Kinder und Familien ungünstigen Unterkunftsbedingungen in Wohnheimen und Sammelunterkünften, der Residenzpflicht und den großen Schwierigkeiten des Zugangs zum freien Mietwohnungsmarkt.

5 Erscheinungsformen und Ausmaß der Unterversorgung in den Lebenslagendimensionen von Kindern mit Migrationshintergrund

Dieses Kapitel analysiert die Erscheinungsformen von Unterversorgung in der Gesundheit, der Bildung und den sozialen Netzwerken als zentralen Dimensionen der Lebenslage von *Kindern* mit Migrationshintergrund.

5.1 Gesundheit, Kinderarmut und Migration

Die Gesundheit – welche die Weltgesundheitsorganisation (WHO) 1946 als Zustand des vollständigen körperlichen, geistigen und sozialen Wohlbefindens und nicht nur der des Freiseins von Krankheiten und Gebrechen definiert – ist sowohl bei Erwachsenen als auch bei Kindern hochkomplex, vielschichtig und multifaktoriell bedingt. Ein Recht auf Gesundheit ist in Artikel 25 der Allgemeinen Erklärung der Menschenrechte verankert, wonach jeder Mensch das Recht auf einen Lebensstandard hat, der seine und seiner Familie Gesundheit und Wohl gewährleistet, einschließlich Nahrung, Kleidung, Wohnung, ärztliche Versorgung und notwendige soziale Leistungen, sowie das Recht auf Sicherheit im Falle von Arbeitslosigkeit, Krankheit, Invalidität oder Verwitwung im Alter sowie bei anderweitigem Verlust seiner Unterhaltsmittel durch unverschuldete Umstände. Die Jugendforscher Andreas Klocke und Klaus Hurrelmann begreifen Gesundheit in einer interdisziplinären Perspektive als dynamisches Kontinuum zwischen Gesundheit und Krankheit. Der Gesundheitszustand eines Menschen wird damit als ein Prozess verstanden, der sich „aus dem Zusammenspiel physiologischer, sozialökologischer und seelisch-psychischer Faktoren“ erklärt.[1] Dieses Gesundheits-Krankheits-Verständnis sei besonders für die heutzutage im Jugendalter vorherrschenden Gesundheitsbeeinträchtigungen, also chronische somatische Beschwerden, psychosomatische Beeinträchtigungen, psychische Belastungen und Anomiesymptome in stärkerem Maße geboten als die nur körperbezogenen Konzeptionen.

Auf Bundesebene dokumentierte erstmals 1998 der „Gesundheitsbericht für Deutschland“ den Gesundheitszustand und das Gesundheitsverhalten der Bevölkerung, die Verbreitung von Risikofaktoren sowie die Inanspruchnahme von Leistungen.[2] Seitdem wird die Gesundheitsberichterstattung durch Themenhefte, die verschiedene Schwerpunkte (so auch die „Armut bei Kindern“) aufgreifen, regelmäßig fortgeschrieben. Die Gesundheitsberichterstattung des Bundes, der Länder und der Kommunen bildet somit ein von der Kinder- und Jugend- sowie der Sozial- und Migrationsberichterstattung weitgehend getrenntes Themenfeld, was sich bis zum Regierungswechsel im Jahr 2005 auch in unterschiedlichen ministeriellen Ressorts mani-

---

1 Vgl. hierzu und zum Folgenden: A. Klocke/K. Hurrelmann: Psychosoziales Wohlbefinden und Gesundheit der Jugendlichen nichtdeutscher Nationalität, in: J. Mansel/A. Klocke (Hrsg.): Die Jugend von heute. Selbstanspruch, Stigma und Wirklichkeit, Weinheim/München 1996, S. 195

2 Vgl. StBA (Hrsg.): Gesundheitsbericht für Deutschland, Stuttgart 1998. Eine Expertise für den zweiten Armuts- und Reichtumsbericht stellt Befunde zur Gesundheit verschiedener Bevölkerungsgruppen, darunter Kinder sowie (erwachsene) Migrant(inn)en, in Zusammenhang mit sozialer Ungleichheit vor; vgl. Th. Lampert/ Th. Ziese: Armut, soziale Ungleichheit und Gesundheit. Expertise des Robert Koch-Instituts zum 2. Armuts- und Reichtumsbericht der Bundesregierung, Berlin 2005, S. 143 ff. u. 193 ff.

festierte.[3] Zusammengenommen ergeben die Regierungsberichte verschiedener Ministerien dennoch ein vielschichtiges und hochkomplexes Bild der Zusammenhänge von Kinderarmut, Migration und Gesundheit in Deutschland. Durchgeführt vom Robert Koch-Institut, startete zudem im Jahr 2003 der erste bundesweite Kinder- und Jugendgesundheitssurvey, eine Zeitreihen abbildende, repräsentative Berichterstattung zur gesundheitlichen Situation von Kindern und Jugendlichen, deren Ergebnisse viele Forschungslücken schließen.[4]

Über die gesundheitliche Situation von Nichtdeutschen informieren besonders der Sechste Familienbericht sowie die Migrationslageberichte, wobei Letztere mangels migrationsspezifisch genügender Daten schwerpunktmäßig migrations*politische* wie rechtliche Dimensionen des Themas oder allein Facetten der Gesundheit von *Ausländer(inne)n* insgesamt aufgreifen. In Bezug auf Menschen *mit Migrationshintergrund* ist der Erkenntnisstand so lückenhaft wie bei keiner anderen Bevölkerungsgruppe: In einschlägigen Regierungsberichten und Expertisen werden meist nur die Merkmale „deutsch" bzw. „nichtdeutsch" und allenfalls noch gesundheitliche Daten zu einzelnen Nationalitätengruppen erwachsener Ausländer/innen aus den ehemaligen Anwerbeländern ausgewiesen.[5]

Bevor die Befunde zur Gesundheit und Morbidität von Kindern mit Migrationshintergrund vorgestellt werden, sind einige grundsätzliche Zusammenhänge zu erörtern. In einem ersten Exkurs zu „Kinderarmut und Gesundheit" werden Wechselwirkungen von sozialer und gesundheitlicher Ungleichheit bei Kindern und die Auswirkungen familiärer Armut auf die Kindergesundheit diskutiert. Ein zweiter Exkurs skizziert Zusammenhänge von „Gesundheit und Migration" sowie den Forschungsstand zur Gesundheit von Migrant(inn)en in Deutschland. Die danach vorgestellten Untersuchungsergebnisse zur gesundheitlichen Situation von *ausländischen* Kindern sind überwiegend den Migrations- und anderen Regierungsberichten entnommen, gelegentlich werden überdies Befunde für einzelne größere Herkunftsgruppen aus den Anwerbestaaten ausgewiesen. Befunde zur Gesundheit von Kindern aus Spätaussiedler- und Flüchtlingsfamilien werden zuletzt erörtert.

Exkurs 1: (Kinder-)Armut und Gesundheit

1. Zusammenhänge von sozialer und gesundheitlicher Ungleichheit bei Kindern

Erste sozialepidemiologische Studien zu dem (damals noch umstrittenen) Zusammenhang von sozialer Herkunft und Gesundheit stammen aus den späten 1970er- und den frühen 80er-Jahren. Das Thema verlor danach allerdings die erlangte Aufmerksamkeit, bis es ge-

---

3 Zu dieser Problematik vgl. I. Zimmermann/W. Korte/M. Freigang: Kinder, Gesundheit und Armut aus Sicht der Gesundheitsberichterstattung in Hamburg, in: Th. Altgeld/P. Hofrichter (Hrsg.): Reiches Land – kranke Kinder?, Frankfurt a. M. 2000, S. 110 f.

4 Vgl. zu den Ergebnissen der Erhebung www.kiggs.de; 2.12.07

5 Vgl. Th. Lampert/Th. Ziese: Armut, soziale Ungleichheit und Gesundheit, a. a. O., S. 196 ff. Verbesserungen diesbezüglich sind mit dem Mikrozensus 2005 zu erwarten, der den Migrationshintergrund der Befragten differenziert erfasst; vgl. StBA (Hrsg.): Bevölkerung und Erwerbstätigkeit, a. a. O., S. 292 ff.

gen Ende der 90er-Jahre erneut größere Beachtung fand.[6] Heute geht man geht davon aus, dass gesundheitliche Einschränkungen (wie chronische Krankheiten, Vernachlässigung, Drogenkonsum etc.) mit dem System sozialer Ungleichheit in Beziehung stehen und sie häufig auf die soziale Herkunft zurückzuführen sind, da zahlreiche Untersuchungen stabile schichtbedingte Gesundheitslagen belegt haben.[7] So weisen Bevölkerungsgruppen mit wenig qualifizierten Berufsabschlüssen und niedrigen Einkommen nicht nur einen schlechteren Gesundheitszustand auf (objektive Dimension), sondern schätzen diesen auch als schlechter ein (subjektive Dimension).[8]

Erwachsene stuft man in der Lebenslagendimension „Gesundheit" üblicherweise als depriviert bzw. „unterversorgt" ein, wenn eine chronische Erkrankung, Behinderung oder sonstige schwere gesundheitliche Beeinträchtigung vorliegt und Betroffene ihren Gesundheitszustand zugleich selbst als beeinträchtigt einschätzen.[9] Die vielfältigen Auswirkungen einer niedrigen Sozialschichtzugehörigkeit und Einkommensarmut auf die Gesundheit(seinschätzung) sind in verschiedenen Sozialberichten der Bundesregierung und amtlichen Statistikveröffentlichungen dokumentiert, die Befunde beschränken sich aber weitgehend auf die erwachsene Bevölkerung.[10] Für das Jahr 2005 konstatierte zuletzt eine Erhebung des Statistischen Bundesamtes, dass die armutsgefährdete Bevölkerung in Deutschland ihren Gesundheitszustand rund drei Mal so häufig wie Nichtarmutsgefährdete als „schlecht bzw. sehr schlecht" bewertete und ebenfalls häufiger von chronischen Krankheiten oder gesundheitlichen Beeinträchtigungen im Alltag betroffen war.[11] Unter Bezugnahmen auf die 2004 eingeführte Praxisgebühr und verstärkte private Zuzahlungen stellte man außerdem fest, dass rund 22 Prozent der Armutsgefährdeten (gegenüber 7 % der nicht Gefährdeten) aus finanziellen Gründen auf einen notwendigen Arztbesuch verzichtet hatten.

In der Literatur wird neben dem Zusammenhang „Armut macht krank" – worauf sich die meisten Untersuchungen konzentrieren – noch „Krankheit macht arm" als eine zweite These diskutiert.[12] Für Kinder treffe die letztgenannte These indes nicht zu, merken Antje Richter und ihre Mitautoren an, weil die familiäre Situation maßgeblich die kindliche Lebenslage

6 Vgl. A. Klocke: Der Einfluß sozialer Ungleichheit auf das Ernährungsverhalten im Kindes- und Jugendalter, in: E. Barlösius/E. Feichtinger/B. M. Köhler (Hrsg.): Ernährung in der Armut. Gesundheitliche, soziale und kulturelle Folgen in der Bundesrepublik Deutschland, Berlin 1995, S. 185 ff.

7 Vgl. ebd. Einen Überblick über empirische Befunde für Erwachsene und Kinder in Deutschland gibt A. Mielck: Soziale Ungleichheit und Gesundheit. Empirische Ergebnisse, Erklärungsansätze, Interventionsmöglichkeiten, Bern u. a. 2000, S. 53 ff.; A. Bieligk: Die armen Kinder, a. a. O., S. 75 ff.; Th. Lampert/Th. Ziese: Armut, soziale Ungleichheit und Gesundheit, a. a. O., S. 29 ff.

8 Vgl. StBA (Hrsg.): Datenreport 2002, a. a. O., S. 474 f.

9 Zu anderen Operationalisierungsmöglichkeiten einer Unterversorgung im Gesundheitsbereich nach dem Lebenslagenansatz vgl. W. Voges u. a.: Methoden und Grundlagen des Lebenslagenansatzes, a. a. O., S. 31 u. 80

10 Vgl. BMAS (Hrsg.): Lebenslagen in Deutschland. Der erste Armuts- und Reichtumsbericht, a. a. O., S. 175 ff.; StBA (Hrsg.): Datenreport 2006, a. a. O., S. 464

11 Vgl. auch zum Folgenden: StBA (Hrsg.): Armut und Lebensbedingungen, a. a. O., S. 33 ff. Armutsgefährdet waren Personen, denen weniger als 60 % vom Median des Nettoäquivalenzeinkommens zur Verfügung standen, was 2004 rund 856 Euro entsprach; vgl. ebd., S. 17

12 Vgl. auch zum Folgenden: G. Holz: Teil I: Gesundheitsdefizite und Gesundheitspotenziale sozial benachteiligter und armer Kinder im frühen Kindesalter, in: A. Richter/G. Holz/A. Thomas (Hrsg.): Gesund in allen Lebenslagen. Förderung von Gesundheitspotenzialen bei sozial benachteiligten Kindern im Elementarbereich, Frankfurt a. M. 2004, S. 17 f.; K. Hurrelmann: Gesundheitsrisiken von sozial benachteiligten Kindern, in: Th. Altgeld/P. Hofrichter (Hrsg.): Reiches Land – kranke Kinder?, a. a. O., S. 25 f.; F. Klink: Psychosoziale und gesundheitliche Auswirkungen bei von Arbeitslosigkeit betroffenen und bedrohten Jugendlichen – ge-

bestimme und die familiale Armutssituation i. d. R. nicht über gesundheitliche Beeinträchtigungen der Kinder herbeigeführt werde. Die für Erwachsene meist gewählte gesundheitliche Unterversorgungsschwelle „Vorhandensein einer Krankheit oder Behinderung und Wahrnehmung des gesundheitlichen Befindens als depriviert" wird dem Lebenslagenansatz entsprechend für Kinder und Jugendliche operationalisiert. Unterversorgungen im Gesundheitsbereich können bei ihnen anhand einer Vielzahl von Indikatoren dokumentiert werden: der Säuglingssterblichkeit, der Mortalitätsrate[13] (z. B. durch Unfälle), des Ernährungsverhaltens, chronischer Erkrankungen, Behinderungen, Vernachlässigungen, Misshandlungen und Missbrauchserfahrungen und einer alters(in)adäquaten Entwicklung. Ferner kommt die subjektive Einschätzung des eigenen Gesundheitszustandes als „schlecht" durch die Kinder selbst hinzu, was sie aber erst ab dem Grundschulalter artikulieren. Erst wenn empirische Befunde auf objektive Einschränkungen der Gesundheit von Minderjährigen aus sozial benachteiligten (Migranten-)Familien hinweisen und sie diese selbst als depriviert einschätzen, könne theoretisch eine kindliche Unterversorgungslage in der Lebenslagendimension „Gesundheit" konstatiert werden.

1998 klammerte der Zehnte Kinder- und Jugendbericht, in dem die gestiegene Kinderarmut ausführlich behandelt wurde, die gesundheitliche Ungleichheit noch vollständig aus. Seither werden sowohl von der sozialwissenschaftlichen und -epidemiologischen Forschung als auch von sozialpolitischen Akteuren und der Gesundheitsberichterstattung negative Folgen familiärer Armut für das gesundheitliche Wohlbefinden von Kindern vermehrt behandelt.[14] Viele Untersuchungen jüngeren Datums konzentrieren sich auf den geburtsnahen Bereich der Mortalität von Säuglingen und Kleinkindern, vergleichsweise wenige untersuchen die Morbidität von (Schul-)Kindern vor dem Hintergrund sozialer Ungleichheit.[15] Die Zusammenhänge zwischen der Gesundheit von Kindern und dem sozioökonomischen Status von Familien gaben der Elfte bzw. Zwölfte Kinder- und Jugendbericht der Bundesregierung hinlänglich wieder.[16] Da in den sozioökonomischen Status neben dem Einkommen auch der berufliche Status und der Bildungsabschluss der Eltern einfließen, lassen sich eigenständige

schlechtsspezifisch betrachtet, in: ebd., S. 43 ff.; G. Neubauer: Armut macht krank – Reichtum erhält gesund?, in: J. Mansel/G. Neubauer (Hrsg.): Armut und soziale Ungleichheit bei Kindern, a. a. O., S. 194

13 Die Mortalität bezeichnet die Sterbequote innerhalb eines festgelegten Zeitraumes bezogen auf die Bevölkerungszahl, also i. d. R. die Prozentzahl von Todesfällen durch verschiedene Faktoren (Krankheiten, Unfälle etc.).

14 Vgl. zu konzeptionellen Zusammenhängen A. Mielck: Soziale Ungleichheit und Gesundheit, a. a. O.; zur kindbezogenen Forschung vgl. A. Richter/G. Holz/Th. Altgeld (Hrsg.): Gesund in allen Lebenslagen, a. a. O.; Th. Lampert/M. Richter: Gesundheitliche Ungleichheit bei Kindern und Jugendlichen, in: ders./K. Hurrelmann (Hrsg.): Gesundheitliche Ungleichheit. Grundlagen, Probleme, Perspektiven, Wiesbaden 2006, S. 199 ff.

15 Vgl. A. Mielck: Armut und Gesundheit bei Kindern und Jugendlichen, in: A. Klocke/K. Hurrelmann (Hrsg.): Kinder und Jugendliche in Armut, a. a. O., S. 230 ff.; Cl. Wenzig: Armut, Gesundheit und sozialer Kontext von Kindern, Hamburg 2005. Die Morbidität bezeichnet die Erkrankungsrate als „die in einem bestimmten Zeitraum registrierte Zahl der Krankheitsfälle einer definierten Krankheit bezogen auf die Bevölkerungszahl"; vgl. Hoffmann-La Roche und Urban & Fischer (Hrsg.): Roche Lexikon Medizin, 4. Aufl. München u. a. 1998, S. 1125. Die Mortalität hingegen bezieht sich auf die Sterblichkeitsrate. Einen Überblick über jüngere Untersuchungen zum Zusammenhang zwischen sozialer Herkunft und Kindergesundheit geben auch Th. Lampert/Th. Ziese: Armut, soziale Ungleichheit und Gesundheit, a. a. O., S. 146 ff.

16 Vgl. BMFSFJ (Hrsg.): Zwölfter Kinder- und Jugendbericht, a. a. O., S. 111; dass. (Hrsg.): Elfter Kinder- und Jugendbericht, a. a. O., S. 222

Effekte der Einkommensarmut gleichwohl kaum von Einflüssen der sozialen Schichtung unterscheiden. Fast alle herkömmlichen sozialepidemiologischen Untersuchungen verwenden schichtbezogene Variablen und nur einige wie die AWO-ISS-Studie beleuchten explizit die Folgen familiärer Einkommensarmut für das kindliche Wohlbefinden.

Der Elfte Kinder- und Jugendbericht konstatiert, dass sich einfache Zusammenhänge zwischen Morbidität und sozialer Lage nicht herstellen lassen, weil die Abhängigkeit des Gesundheitszustandes von der sozialen Lage je nach Art der Erkrankung sehr stark variiert.[17] Zudem sind Differenzen zwischen Kindern unterschiedlichen Geschlechts und Alters bedeutsam. Da Gesundheit multifaktoriell bedingt ist, führt familiäre Armut keineswegs generell zu erhöhter Mortalität und Morbidität von Kindern. Vielmehr fließen zahlreiche Faktoren darin ein, wie die AWO-ISS-Studie für Kinder im Vorschulalter herausarbeitete: Neben dem männlichen Geschlecht eines Kindes wirkten sich regelmäßige häusliche Streitigkeiten und das Fehlen gemeinsamer familiärer Wochenendaktivitäten negativ auf die Gesundheit von 6-Jährigen aus,[18] während ein gutes Familienklima, ökologische Lebensbedingungen, ein bewusstes Gesundheitsverhalten der Eltern, Gleichaltrigennetzwerke und funktionierende nachbarschaftliche Netzwerke ausgleichende (Schutz-)Funktionen übernahmen und so Gesundheitsbiografien günstig beeinflussten.

Nach einem Modell Andreas Mielcks geht eine erhöhte gesundheitliche Gefährdung von Kindern in Armutslagen aus dem Zusammenspiel der drei Faktoren „Lebensbedingungen" (Wohnbedingungen und Freizeitangebote), „Gesundheitsverhalten" (z. B. Rauchen und Ernährung) sowie „gesundheitliche Versorgung" (etwa Nichtteilnahme an Kindervorsorgeuntersuchungen und Impfungen) hervor, die zu erhöhter Morbidität führen.[19] Das Modell verknüpft die Armut im Elternhaus mit der Morbidität von Kindern und Jugendlichen. Es „greift dabei sowohl auf die sozialen Rahmenbedingungen (Wohnumfeld) als auch auf das Gesundheitsverhalten (Rauchen und Ernährung) sowie auf die soziale Kompetenz der Eltern (Inanspruchnahme von Vorsorgeuntersuchungen oder Impfungen) zurück";[20] zudem weist es auf mögliche Rückwirkungen einer erhöhten Morbidität bezüglich der Verfestigung von Armutslagen hin.

2. Auswirkungen familiärer Armut auf die Kindergesundheit

Gesundheitliche Beeinträchtigungen, die infolge familiärer Armut und/oder der Zugehörigkeit zu einer niedrigen sozialen Schicht bei Kindern vermehrt auftreten, variieren je nach Altersgruppe, weshalb sie nachfolgend anhand verschiedener Indikatoren entlang kindlicher Lebensverlaufsphasen vorgestellt werden. Der Zwölfte Kinder- und Jugendbericht konstatiert, dass Kinder aus Familien mit niedrigem sozioökonomischen Status bezüglich

17 Vgl. ebd., S. 222; zum Folgenden: dass. (Hrsg.): Zwölfter Kinder- und Jugendbericht, a. a. O., S. 111

18 Vgl. G. Holz: Teil I: Gesundheitsdefizite und Gesundheitspotenziale sozial benachteiligter und armer Kinder im frühen Kindesalter, a. a. O., S. 41

19 Vgl. A. Mielck: Armut und Gesundheit bei Kindern und Jugendlichen, a. a. O., S. 251

20 Siehe A. Klocke: Armut bei Kindern und Jugendlichen und die Auswirkungen auf die Gesundheit. Gesundheitsberichterstattung des Bundes, Heft 3/01, Berlin 2001, S. 11

Mortalität, Morbidität und gesundheitsbezogener Lebensqualität schlechter abschneiden.[21] Überdurchschnittlich häufig kommen danach Säuglingssterblichkeit, Untergewicht bei der Geburt, angeborene Fehlbildungen sowie akute und chronische Erkrankungen vor; ferner seien Kinder dieser Sozialschichten häufiger von Unfällen, schlechter Mundgesundheit (Karies), ungünstigem Ernährungsverhalten, psychischen Auffälligkeiten und eingeschränktem subjektiven Wohlbefinden betroffen.

Am meisten von familiärer Armut gefährdet sind Säuglinge und Kleinkinder, weil sie hinsichtlich der Ernährung und Körperpflege von ihren Bezugspersonen abhängig und zugleich noch nicht in institutionelle Kontexte integriert sind, in denen physische Auffälligkeiten bemerkt werden könnten. Besonders die ersten Lebensmonate und -jahre, in denen Kinder auf psychosoziale Interaktionen und die grundlegende Befriedigung ihrer Bedürfnisse durch Eltern angewiesen sind, bilden eine kritische Periode, in der belastende Lebensumstände zu teilweise lebenslangen gesundheitlichen Schäden beim Kind führen können.[22] Gerd Neuhäuser führt an, dass es infolge einer unzureichenden oder mangelhaften Kalorienzufuhr bei Kleinkindern zu Störungen des Längenwachstums und der Gewichtszunahme kommen könne, die in armen Familien überproportional häufig aufträten. Besonders für Kleinkinder könnten die Folgen von Ernährungsstörungen (wie Befindlichkeitsstörungen, Entwicklungsverzögerungen, Veränderungen an den Knochen und ekzemartige Hautausschläge) – sofern nicht rechtzeitig eine Diagnose gestellt und eine Therapie durchgeführt werde – eine akut lebensbedrohliche Situation zur Folge haben. Entsprechende Kontrollen von Größe und Gewicht eines Kindes in den Vorsorgeuntersuchungen hätten deshalb eine besondere Relevanz.

Für Kinder im Vorschulalter sind Entwicklungsstörungen in Form von Sprach- und Sprechstörungen, körperlichen und intellektuellen Entwicklungsrückständen sowie kinderpsychiatrischen Störungen im Zusammenhang mit der sozialen Herkunft in einer Vielzahl von (sozialpädiatrischen) Studien nachgewiesen worden.[23] Schuleingangsuntersuchungen belegen, dass Kinder aus sozial benachteiligten Familien und Stadtteilen mit überdurchschnittlicher Sozialhilfedichte einen erhöhten Förderbedarf aufweisen.[24] In Brandenburg konnte ein sozialer Gradient[25] bei verschiedenen Gesundheits- und Entwicklungsstörungen von Einschulungskindern nachgewiesen werden – insbesondere bei mentalen Beeinträchtigungen (14,6), psychomotorischen Störungen (6,3), emotionalen und sozialen Störungen (5,1), Sprech- und Sprachstörungen (4,2), Adipositas (3,3) sowie Karies (2,5).

21 Im geburtsnahen Bereich korrelieren die Anzahl an Totgeburten und die Säuglingssterblichkeit in der ersten Lebenswoche mit dem Bildungsstand der Mütter und der Sozialschichtzugehörigkeit der Familien, wie zahlreiche Studien belegt haben; vgl. A. Mielck: Armut und Gesundheit bei Kindern und Jugendlichen, a. a. O., S. 232 ff. Vgl. zum Folgenden: BMFSFJ (Hrsg.): Zwölfter Kinder und Jugendbericht, a. a. O., S. 111

22 Vgl. hierzu und zum Folgenden: G. Neuhäuser: Kindliche Entwicklungsgefährdungen im Kontext von Armut, sozialer Benachteiligung und familiärer Vernachlässigung. Erkenntnisse aus medizinischer Sicht, Probleme und Handlungsmöglichkeiten, in: H. Weiß (Hrsg.): Frühförderung mit Kindern und Familien in Armutslagen, München/Basel 2000, S. 35

23 Vgl. T. Mayer: Entwicklungsrisiken bei armen und sozial benachteiligten Kindern und die Wirksamkeit früher Hilfen, in: H. Weiß (Hrsg.): Frühförderung mit Kindern, a. a. O., S. 142 f.; G. Holz: Teil I: Gesundheitsdefizite und Gesundheitspotenziale sozial benachteiligter und armer Kinder, a. a. O., S. 31; Th. Lampert/M. Richter: Gesundheitliche Ungleichheit bei Kindern und Jugendlichen, a. a. O., S. 203 f.

24 Vgl. auch zum Folgenden: BMFSFJ (Hrsg.): Zwölfter Kinder- und Jugendbericht, a. a. O., S. 111

25 Dieser Faktor gibt an, um wie viel sich Gesundheits- und Entwicklungsstörungen bei Kindern der untersten gegenüber der obersten Schicht erhöhen; vgl. ebd.

Auch die AWO-ISS-Studie belegte gesundheitliche Beeinträchtigungen armer Kinder im Vor- und Grundschulalter.[26] Mit rund 30 Prozent waren arme Kinder im Elementaralter häufiger gesundheitlich depriviert als nichtarme (mit 20 %): Sie nässten häufiger ein (7 vs. 3 %), waren in ihrer körperlichen Entwicklung und v. a. in der Größe zurückgeblieben (10 vs. 5 %), häufiger chronisch erkrankt (11 vs. 9 %), öfter krank (14 vs. 9 %) und in der Motorik auffälliger (27 vs. 22 %).[27] Gesundheitliche Auffälligkeiten häuften sich besonders in Familien, die dauerhaft in Armut lebten, in denen häusliche Streitigkeiten auftraten und familiäre Aktivitäten am Wochenende fehlten.[28] Claudia Wenzig fand heraus, dass besonders strenge familiäre Armut mit Auffälligkeiten bezüglich der Sprachfähigkeiten, des Körpergewichts sowie der intellektuellen Entwicklung bei Grundschulkindern einherging.[29] Für das mittlere Kindesalter ist außerdem belegt, dass der Gesundheitszustand von Kindern mit ihrer sozialen Herkunft[30] und dem besuchten Schultyp korreliert. Eine andere Studie zeigte anhand von schulärztlichen Untersuchungen in einer 8. Jahrgangsstufe, dass Haupt- und Realschüler/innen von Krankheiten häufiger betroffen waren als Gymnasiast(inn)en: Kinderkrankheiten (Mumps, Masern), Mittelohrentzündungen, Unfälle mit anschließender ärztlicher Behandlung sowie Krankenhausaufenthalte kamen signifikant häufiger vor.[31] Die AWO-ISS-Vertiefungsstudie ergab für 10-Jährige indes nur geringe Differenzen bei objektiven und subjektiven Indikatoren des Gesundheitszustands je nach sozialer Lage.[32] Häufiger als bei nichtarmen traten bei armen Kindern lediglich Bronchitis und Gewichtsprobleme auf, während Kinder aus Familien mit überdurchschnittlichen Einkommen häufiger unter Allergien und Hautausschlägen (Neurodermitis) litten.

Die weitgehend aus dem Ernährungsverhalten (und mangelnder Bewegung) resultierende Zunahme von Fettleibigkeit und Übergewicht bei Minderjährigen hat in den letzten Jahren nicht nur vermehrte gesundheits*wissenschaftliche*, sondern auch gesundheits*politische* Aufmerksamkeit gefunden. Im Juni 2004 stellte die damalige Verbraucherministerin Renate Künast in einer Regierungserklärung fest, dass es einen „evidenten Zusammenhang zwischen Armut, Herkunft, Bildung und Übergewicht" gebe, und fügte hinzu, dass die Herkunft nicht das Gewicht und damit die Chancen dieser Kinder bestimmen dürfe.[33] Dem Zwölften Kinder- und Jugendbericht zufolge war etwa jede/s zehnte der 5- und 6-Jährigen 1998/99 in Bayern zu dick.[34] Als chronische, auch im Kindesalter bereits auftretende Folgeerkrankungen von Übergewicht gelten Störungen des Stütz- und Halteapparates, Bluthochdruck und Fettstoffwechselstörungen. Hinzu kommt, dass fettleibige Jugendliche mit Übergewicht einen erheblichen gesundheitlichen Risikofaktor mit in ihr Erwachsenenalter nehmen. Zugleich wird immer häufiger über eine

26 Vgl. auch Cl. Wenzig: Armut, Gesundheit und sozialer Kontext von Kindern, a. a. O.
27 Vgl. G. Hock/B. Holz/W. Wüstendörfer: Frühe Folgen, a. a. O., S. 59
28 Vgl. G. Holz/S. Skoluda: „Armut im frühen Grundschulalter", a. a. O., S. 134
29 Vgl. Cl. Wenzig: Armut, Gesundheit und sozialer Kontext von Kindern, a. a. O., S. 255
30 Zu Ergebnissen der WHO-Studie zur Gesundheit und den Krankheiten von 11- bis 15-Jährigen vgl. Th. Lampert/Th. Ziese: Armut, soziale Ungleichheit und Gesundheit, a. a. O., S. 152 ff.
31 Vgl. N. Glaser-Möller u. a.: Gesundheit und soziale Lage in Hamburg, in: W. Süß/A. Trojan (Hrsg.): Armut in Hamburg 1992, zit. nach: A. Mielck: Armut und Gesundheit bei Kindern und Jugendlichen, a. a. O., S. 242
32 Vgl. G. Holz u. a.: Zukunftschancen für Kinder, a. a. O., S. 72 ff.
33 Siehe R. Künast: Regierungserklärung der Bundesministerin für Verbraucherschutz, Ernährung und Landwirtschaft zur Bekämpfung von Über-, Fehl- und Mangelernährung vor dem Deutschen Bundestag v. 17. Juni 2004
34 Vgl. BMFSFJ (Hrsg.): Zwölfter Kinder und Jugendbericht, a. a. O., S. 113

Unterernährung armer Kinder berichtet, welche nicht nur die falsche, sondern auch eine zu einseitige Nahrung bekommen, weil die finanziellen Mittel für eine gesunde Kost schlichtweg fehlen.[35] Chassé, Zander und Rasch konstatierten sowohl Engpässe in der Essensversorgung von Kindern, die besonders in der zweiten Monatshälfte die Ernährung beeinträchtigten, als auch Unregelmäßigkeiten in der Essensversorgung armer Familien.

Verschiedentlich wurde außerdem ein Zusammenhang zwischen der kindlichen Zahngesundheit, der Sozialschichtzugehörigkeit und der Schulbildung der Eltern nachgewiesen.[36] Andreas Klocke zeigt, dass kariöse, wegen Karies entfernte oder gefüllte Zähne sowohl bei 8- bis 9-Jährigen als auch bei 13- bis 14-Jährigen aus unteren Schichten wesentlich häufiger anzutreffen waren als bei solchen aus der oberen Sozialschicht. Neben verschiedenen Ernährungsmustern greifen seiner Ansicht nach auch soziokulturell geprägte Selbstverständlichkeiten von Zahnhygiene.[37]

Für 12- bis 16-Jährige sind mehrfach signifikante Zusammenhänge zwischen familiärer Armut, einer gefährdeten psychosozialen Gesundheit und erhöhter Morbidität belegt worden.[38] Der international vergleichende Bielefelder Survey „Health Behaviour in School-Aged Children (HBSC)" dokumentierte 1998 für arme Jugendliche ein doppelt so hohes Risiko wie für nichtarme, sich hilflos und mehrmals in der Woche schlecht zu fühlen sowie einsam und nicht sehr glücklich zu sein. Außerdem trugen sie ein höheres Risiko, Magenschmerzen und Schlafstörungen zu haben, und schätzten ihren Gesundheitszustand häufiger als „nicht sehr gut" ein. Bezüglich der erhöhten psychosozialen Morbidität wies der Autor Andreas Klocke besonders auf Konsequenzen in Sozialisation und Sozialbeziehungen der betroffenen Kinder hin, denn die aus der Erwachsenenforschung bekannten Verhaltensweisen wie „Rückzug aus sozialen Kontakten" und zunehmende Einsamkeit zeigten sich auch bei ihnen. Die genannten Beeinträchtigungen der körperlichen Leistungsfähigkeit sowie der psychischen Ausgeglichenheit berührten somit die Chancen zur Interaktion und Teilhabe an jugendlichen Lebenswelten, also den gesamten Prozess des Aufwachsens. Schließlich seien noch Behinderungen[39] von Kindern angeführt, für die ein eindeutiger Zusammenhang

35 Vgl. G. Holz: Teil I: Gesundheitsdefizite und Gesundheitspotenziale sozial benachteiligter und armer Kinder, a. a. O., S. 36; zum Folgenden: K.A. Chassé/M. Zander/K. Rasch: meine Familie ist arm, a. a. O., S. 117 f.

36 Vgl. L. Schenk/H. Knopf: Mundgesundheitsverhalten von Kindern und Jugendlichen in Deutschland. Erste Ergebnisse aus dem Kinder- und Jugendgesundheitssurvey (KiGGS), in: Bundesgesundheitsblatt 5–6/2007, S. 655; A. Mielck: Soziale Ungleichheit und Gesundheit, a. a. O., S. 116. Für 8- bis 14-Jährige vgl. G. Holz: Teil I: Gesundheitsdefizite und Gesundheitspotenziale sozial benachteiligter und armer Kinder, a. a. O., S. 33; für 11- bis 15-Jährige vgl. Th. Lampert/Th. Ziese: Armut, soziale Ungleichheit und Gesundheit, a. a. O., S. 152 ff.

37 Vgl. A. Klocke: Armut bei Kindern und Jugendlichen und die Auswirkungen auf die Gesundheit, a. a. O., S. 3 ff.

38 Vgl. etwa Th. Elkeles/R. Kirschner/M. Kunert: Armut und Gesundheit bei Jugendlichen und jungen Erwachsenen. Sekundäranalysen von Daten der „Biogramm-Forschung", in: J. Mansel/K. P. Brinkhoff (Hrsg.): Armut im Jugendalter. Soziale Ungleichheit, Ghettoisierung und die psychosozialen Folgen, Weinheim/München 1998, S. 166 f.; zum Folgenden: A. Klocke: Armut bei Kindern und Jugendlichen und die Auswirkungen auf die Gesundheit, a. a. O., S. 6

39 „Behinderungen" werden nach einer Begriffsbestimmung der Weltgesundheitsorganisation aus dem Jahr 2000 anhand der drei Dimensionen „Schädigungen" (besonders chronische Krankheiten), „Leistungs- und Aktivitätsstörungen" (im Zusammenhang von Kommunikation, Bewegung und Versorgung) sowie „Teilhabeeinschränkungen, insbesondere in sozialen Beziehungen, im Bildungs- und Ausbildungswesen, bei Arbeit und Beschäftigung, im kulturellen und politischen Leben, die die soziale Integration beeinträchtigen" definiert. Im allgemeinen Sprachgebrauch ist die Unterscheidung von körperlicher, geistiger und seelischer Behinderung verbreitet, wobei besonders die beiden zuletzt genannten Formen primär als Probleme der Per-

mit der sozialen Lage der Familie konstatiert wird, wie besonders die sonderpädagogische Forschung belegt hat, „und zwar nicht nur im Falle der so genannten Lernbehinderung. Die unteren sozialen Schichten sind bei nahezu allen Behinderungen überproportional betroffen“, konstatierte der Elfte Kinder- und Jugendbericht.[40] Hans Weiß macht diesbezüglich auf den hohen Stellenwert sozialer Kontexte aufmerksam, in denen besonders Lern-, zum Teil aber auch Sprachbehinderungen und Verhaltensauffälligkeiten entstehen.[41] Diese sozialen Kontexte vereinten bestimmte Merkmale wie niedrige Einkommen, eine unsichere berufliche und finanzielle Situation, schlechte Wohnbedingungen (häufig in sozialen Brennpunkten), schwierige Familienverhältnisse und ein ungünstiges Familienklima, eine wenig förderliche häusliche Lernumwelt sowie nicht selten eine unzureichende Befriedigung kindlicher Bedürfnisse. Rund 80 bis 90 Prozent der als lernbehindert geltenden Schüler/innen kämen aus solchen Lebens- und Sozialisationsverhältnissen, die größtenteils „zentrale Dimensionen gravierender materieller und soziokultureller Armut widerspiegeln“, so der Forscher. Weniger bekannt (und auch bei weitem nicht so eindeutig) sei überdies, dass auch bei der Gruppe von Kindern mit organisch bedingten (also z. B. geistigen, körperlichen oder sinnesspezifischen) Behinderungen diejenigen aus einem ökonomisch und sozial deprivierten Milieu überrepräsentiert seien. Der Elfte Kinder- und Jugendbericht bestätigt diesbezüglich, dass im Rahmen von Schuleingangsuntersuchungen festgestellt worden sei, dass fast jedes zehnte Kind mit niedrigem sozialen Status, aber bloß jedes 100. Kind mit hohem sozialen Status von Behinderungen bedroht sei.[42] Familien mit behinderten Kindern seien ferner oft Mehrkindfamilien und lebten überdurchschnittlich häufig auf dem Land, in kleinen Städten oder in belasteten Stadtteilen großer Städte.

Abschließend sei die oft zu lang anhaltenden Schädigungen psychischer Art führende Kindesvernachlässigung und -misshandlung angeführt, deren Häufigkeit anscheinend ebenfalls in Zusammenhang mit der sozialen Lage von Familien steht. Verlässliche Aussagen zur Verbreitung von (physischer, psychischer oder erzieherischer) Vernachlässigung sind indes nicht möglich. Allerdings kann man davon ausgehen, dass sie wesentlich häufiger als (physische und psychische) Misshandlungen im Sinn aktiver und absichtsvoller, auf seelische und körperliche Schäden gerichtete Handlungen vorkommen. Der Elfte Kinder- und Jugendbericht führt an, dass insbesondere bei Vernachlässigungsformen basale Beziehungsstörungen der Familie in Verbindung mit der ökonomischen Situation ursächlich zu sein scheinen. Kinder mit Vernachlässigungssymptomen stammten zu 90 Prozent aus Familien „die arm sind, am Rande der Gesellschaft leben und unter vielfältigen psychosozialen Belastungen stehen.“[43]

---

sönlichkeitsentwicklung verstanden werden. Abgrenzungsprobleme dieser Dimensionen untereinander führen gemeinsam mit weiteren Faktoren dazu, dass die Datenlage bezüglich der Betroffenheit von Behinderungen in der Bundesrepublik unzureichend ist, da nur Schwerbehinderungen erfasst werden. Rund 1 % aller 6- bis 18-Jährigen gelten als „schwerbehindert“, ihre Sonderschulbesuchsquote liegt bei 4,4 % und Schätzungen gehen davon aus, dass etwa 5 % aller Kinder und Jugendlichen als behindert bezeichnet werden können. Vgl. BMFSFJ (Hrsg.): Elfter Kinder- und Jugendbericht, a. a. O., S. 220

40 Vgl. ebd., S. 222

41 Vgl. hierzu und zum Folgenden: H. Weiß: Kindliche Entwicklungsgefährdungen im Kontext von Armut und Benachteiligung. Erkenntnisse aus psychologischer und pädagogischer Sicht, in: ders. (Hrsg.): Frühförderung mit Kindern, a. a. O., S. 67 f.

42 Vgl. BMFSFJ (Hrsg.): Elfter Kinder- und Jugendbericht, a. a. O., S. 222

43 Siehe ebd., S. 223

Der Vernachlässigungssituation eines Kindes, die sich meist in der Nichtbefriedigung von kindlichen Grundbedürfnissen nach Pflege, Betreuung, Zuwendung, Anregung, Liebe und Akzeptanz äußert, liegt nach Ansicht von Hans Weiß häufig eine Wahrnehmungsstörung der Eltern zugrunde, welche die Bedürfnisse des Kindes entweder gar nicht oder nur verzerrt bemerken.[44] Der Erziehungswissenschaftler Reinhold Schone merkt dazu Folgendes an: Je geringer die finanziellen und materiellen Ressourcen (materielle Dimension), je schwieriger das soziale Umfeld (soziale Dimension), je desorganisierter die Familiensituation (familiale Dimension), je belasteter und defizitärer die persönliche Situation der erziehenden Eltern/des Elternteils (persönliche Dimension der Erziehungsperson) und je herausfordernder die Situation und das Verhalten des Kindes sind, desto stärker steigt das Risiko, dass Beziehungsstörungen zwischen Eltern und Kindern sich zu einer massiven Vernachlässigung verdichten.[45]

3. Inanspruchnahme von Gesundheitsdienstleistungen und Gesundheitsverhalten

Das Gesundheits*verhalten* ist stärker handlungsbezogen und beinhaltet veränderbare Verhaltensmuster. Es spiegelt sich in der Inanspruchnahme kindlicher Vorsorgeuntersuchungen, in Ernährungsgewohnheiten, in jugendlichem Risikoverhalten und Drogenkonsum sowie in sportlichen oder passiven Freizeitaktivitäten wider, wird nach elterlichem Vorbild in der Familie eingespielt, verfestigt sich im Jugendalter und wird dann oft lebenslang beibehalten. Als belegt gilt, dass Kinder aus armen Familien ein ungünstigeres Gesundheitsverhalten haben, was sich sowohl in schlechterer Zahnhygiene und selteneren sportlichen Aktivitäten als auch in überdurchschnittlichem TV-Konsum, dem Ernährungsverhalten (einschließlich Rauchen und Alkoholkonsum) sowie häufigerem Übergewicht zeigt.[46]

Hinsichtlich der Teilnahme an Vorsorge- und Früherkennungsmaßnahmen sind schichtspezifische Differenzen im Kindes- und Erwachsenenalter belegt.[47] Von niedrigeren sozialen Schichten seltener genutzt werden bei Kindern der Impfschutz und bei Erwachsenen Krebsfrüherkennungsuntersuchungen. Auch die Inanspruchnahmequoten der Kindervorsorgeuntersuchungen U1–U9, die auf Entwicklungsverzögerungen und -störungen von der Geburt eines Kindes bis zum Alter von 13 Jahren aufmerksam machen, zeigen einen klaren sozialen Gradienten: Je höher der soziale Status, desto größer der Anteil der Inanspruchnahme.[48] Dies weist auf ein zwar häufig beklagtes, in der sozialepidemiologischen Praxis gleichwohl ungelöstes Problem hin: Gerade sozial benachteiligte Familien nehmen Vorsorgeuntersuchungen seltener wahr, obwohl ihre Kinder größere Auffälligkeitsrisiken tragen.

In Bezug auf Ernährungsmuster, die als Ursache für eine zunehmende Fehl- und Übergewichtigkeit von Kindern gelten, ist das elterliche Ernährungsverhalten maßgeblich,

---

44 Vgl. H. Weiß: Kindliche Entwicklungsgefährdungen, a. a. O., S. 66

45 Vgl. R. Schone: Vernachlässigung von Kindern. Basisfürsorge und Interventionskonzepte, in: H. Weiß (Hrsg.): Frühförderung mit Kindern und Familien in Armutslagen, a. a. O., S.75

46 Einen Überblick über Untersuchungen zum Gesundheitsverhalten von Kindern geben Th. Lampert/Th. Ziese: Armut, soziale Ungleichheit und Gesundheit, a. a. O., S. 156 ff. Zu schichtspezifischen Ernährungsmustern vgl. die Beiträge in: E. Barlösius/E. Feichtinger/B. M. Köhler (Hrsg.): Ernährung in der Armut, a. a. O.

47 Vgl. A. Mielck: Soziale Ungleichheit und Gesundheit, a. a. O., S. 210 ff.

48 Vgl. auch G. Holz: Teil I: Gesundheitsdefizite und Gesundheitspotenziale sozial benachteiligter und armer Kinder, a. a. O., S. 30 f.; A. Mielck: Soziale Ungleichheit und Gesundheit, a. a. O., S. 211 f.

weil es zumeist auf den Nachwuchs übertragen wird. Da über die Art und Zubereitung von Nahrungsmitteln in Familien wenig bekannt ist, gestaltet sich die Erfassung von Ernährungsgewohnheiten allerdings besonders schwierig.[49] Es gibt aber Hinweise darauf, dass Familien mit knapperem Budget seltener frische und abwechslungsreiche Kost und häufiger Fastfood (Hamburger, Cola und Süßgetränke) konsumieren, die Ernährung also einseitiger ist und Mangel-, Fehl- und Überernährung begünstigt.[50] Andreas Klocke, der für positive soziale Lebensbedingungen und die Qualität von Ernährung ein lineares Verhältnis konstatiert, machte bei Kindern aus unteren Sozialschichten ein signifikant ungünstigeres Ernährungsverhalten aus als bei solchen aus dem obersten Quintil. Mit steigendem Alter und zunehmender Orientierung der Kinder auf Peergroups gehe meist ein negativeres Ernährungsverhalten einher, weil in der Freizeit oft hyperkalorische und „ernährungsphysiologisch unerwünschte" Lebensmittel wie Hamburger und Chips gegessen würden.

Exkurs 2: Migration und Gesundheit

Das Themenfeld „Gesundheit und Migration" ist sehr komplex und vielschichtig. An seiner Erforschung sind mehrere Fachdisziplinen wie die Ethnomedizin, die transkulturelle und vergleichende Psychiatrie oder die Migrationssoziologie beteiligt, die verschiedenste Fragestellungen hinsichtlich der Gesundheit und Krankheit von Zuwanderern erforschen. Der erste Armuts- und Reichtumsbericht konstatierte, dass die gesundheitliche Situation von Migrant(inn)en durch „komplexe Wechselwirkungsprozesse verschiedener Faktoren des Lebens in der Fremde" beeinflusst werde.[51] „Kulturspezifische Besonderheiten und soziale Bedingungen sowie fehlende oder mangelnde Sprachkenntnisse bzw. die Länge des Aufenthalts im Aufnahmeland" spielten hierbei eine Rolle. Gleichwohl können über die gesundheitliche Situation von Migrant(inn)en hierzulande keine gesicherten Aussagen getroffen werden, weil diese sich mindestens ebenso heterogen wie die übrigen Dimensionen der Lebenslage gestalten und zudem nur begrenzt aussagekräftiges Datenmaterial vorliegt. Zumindest eine nach Nationalitäten und Statusgruppen differenzierte Analyse dieses Themenfeldes wäre geboten, was angesichts der Datenlage jedoch nicht zu verwirklichen ist.

49 Einen Überblick über Ernährungsgewohnheiten von Kindern und Jugendlichen geben erste Ergebnisse der KIGGS-Studie. Vgl. dazu G. B. M. Mensink/C. Kleiser/A. Richter: Lebensmittelverzehr bei Kindern und Jugendlichen in Deutschland. Ergebnisse des Kinder- und Jugendgesundheitssurveys (KiGGS), in: Bundesgesundheitsblatt 5–6/2007, S. 609 ff. Zu Verbrauchs- und Verzehrstudien vgl. Th. Adolf: Lebensmittelaufnahme und Vitaminversorgung Erwachsener in Abhängigkeit vom Einkommen, in: E. Barlösius/E. Feichtinger/B.M. Köhler (Hrsg.): Ernährung in der Armut, a. a. O., S. 89 ff.; G. Holz: Teil I: Gesundheitsdefizite und Gesundheitspotenziale sozial benachteiligter und armer Kinder, a. a. O., S. 37; K.A. Chassé/M. Zander/K. Rasch: Meine Familie ist arm, a. a. O., S. 117 ff.

50 Vgl. hierzu und zum Folgenden A. Klocke: Der Einfluss sozialer Ungleichheit auf das Ernährungsverhalten im Kindes- und Jugendalter, a. a. O., S. 192 ff.

51 Siehe auch zum Folgenden: BMAS (Hrsg.): Lebenslagen in Deutschland. Der erste Armuts- und Reichtumsbericht, a. a. O., S. 206

1. Zusammenhänge von Migration und Gesundheit

Migrationsendogene Einflussfaktoren für die Gesundheit von Zuwanderern stellen in der medizinischen Praxis und Forschung weitgehend unerforschte Einflussgrößen dar. Manche Forscher/innen betonen, dass Migrant(inn)en spezifische Krankheitsrisiken tragen, die sowohl aus ihrem durchschnittlich niedrigeren sozialen Status einschließlich belastender Arbeitsbedingungen als auch aus der Immigration selbst resultierten, und dass die Gewichtung von Krankheitstypen bei ihnen eine andere sei.[52] Schließlich seien ihre spezifischen Risiken durch den Zugang zur Gesundheitsversorgung geprägt, der wiederum durch sprachliche, kulturelle und/oder rechtliche Barrieren determiniert werde. Untersucht wird auch der sog. Healthy-migrant-Effect, wonach erwachsene Einwanderer im Vergleich zur autochthonen Bevölkerung niedrigere, über einen längeren Zeitraum stabile Mortalitätsraten haben.[53]

Die Migrationssoziologie hat herausgearbeitet, dass Definitionen und Vorstellungen von Krankheit, ihren Ursachen und ihrer Wahrnehmung sowie Erwartungen an ihre Behandlung durch Ärzte ethnokulturell geprägt sind und zudem innerhalb der Migrationsbevölkerung je nach Herkunftsland, Religionszugehörigkeit und Aufenthaltsdauer erheblich differieren.[54] Je nach Einwanderungsphase sind Migrant(inn)en und ihre Kinder unterschiedlichen gesundheitlichen Risiken ausgesetzt, sodass sich ihr Gesundheitszustand im Laufe des Eingliederungsprozesses häufig verändert. Ihre gesundheitliche Lage ist somit nicht nur von klassischen Einflussfaktoren wie dem Bildungsstand und dem Erwerbsstatus abhängig, sondern wird von weiteren migrationsspezifischen Faktoren geprägt: dem Gesundheitszustand *vor* der Immigration und dem *Zugang* zur Gesundheitsversorgung im Aufnahmeland, der durch den Aufenthaltsstatus, die Beherrschung der Verkehrssprache, den Generationenstatus, die interkulturelle Kompetenz des Personals im Gesundheitswesen u. a. beeinflusst ist.[55] Ein schlechter Gesundheitszustand von Neuzuwanderern verbessert sich aufgrund der qualitativ guten Gesundheitsversorgung in Deutschland zumeist rasch. Allerdings trifft dies beispielsweise für Flüchtlinge mit prekärem Status nicht zu, weil Migrant(inn)en, die unter das Asylbewerberleistungsgesetz fallen, nur bei akuten Erkrankungen eine gesundheitliche Notversorgung offen steht. Hinzu kommt, dass Zuwanderer der ersten Generation, also auch Kinder mit eigener Migrationserfahrung, aufgrund der erlebten Entwertung eigener Kenntnisse vorübergehend Entwurzelungs- und Orientierungsprobleme entwickeln können und somit zusätzlichen psychosozialen Stressfaktoren ausgesetzt sind.

---

52 Vgl. H. Schulte-Sasse: Was bedeutet Migration für die Gesundheit?, in: Bundesintegrationsbeauftragte (Hrsg.): Gesunde Integration, a. a. O., S. 15

53 Kritisch dazu vgl. O. Razum: Migration, Mortalität und der Healthy-migrant-Effect, in: M. Richter/K. Hurrelmann (Hrsg.): Gesundheitliche Ungleichheit, a. a. O., S. 255 ff.

54 Die Vorstellungen und Definitionen reichen von kulturspezifischen Symptombeschreibungen durch Kranke über eine ebensolche Erklärung von Erkrankungsursachen bis zu kulturell begründeten Diagnosen und (Selbst-)Behandlungsformen.

55 In diese Richtung weisen auch die Ausführungen von Ulla Wittig u. a., die neben dem Prozesscharakter der Migration und der damit verbundenen Veränderung des Gesundheitszustandes im Zeitverlauf konstatieren, dass der Gesundheitszustand von Migranten vom Erwerbsstatus, vom Akkulturationsstil, von den Arbeits- und Wohnbedingungen sowie von der Zugänglichkeit der Gesundheitsversorgung beeinflusst werde; vgl. U. Wittig u. a.: Migration, Gesundheit und medizinisches System, in: Psychosozial 1/2004, S. 77

2. Forschungsstand zu Gesundheit und Krankheit von Migrant(inn)en

Insgesamt ist die gesundheitliche Situation der zugewanderten Bevölkerung hierzulande nur in wenigen Teilaspekten erforscht, auch weil, wie die damalige Ausländerbeauftragte Marieluise Beck bemängelte, die migrationsspezifisch mangelhafte Datenbasis der Gesundheitsberichterstattung kaum gesicherte Aussagen darüber sowie über die Inanspruchnahme von gesundheitlichen Diensten durch Migrant(inn)en zulässt.[56] Ebenso wenig erhellt worden sind die theoretischen Zusammenhänge von Migration und Gesundheit. Die Migrationslageberichte dokumentieren vor allem eine ungünstigere gesundheitliche Lage erwachsener *Ausländer/innen*.[57] Für einzelne Herkunftsgruppen sind spezifische gesundheitliche Risiken, Verhaltensformen und Zugangsbarrieren in der Inanspruchnahme von Gesundheitsdienstleistungen indes kaum erforscht.

Die älteren Migrationslageberichte zeichnen ein recht aussagekräftiges, über die Jahre fortgeschriebenes Bild hoher gesundheitlicher Belastungen von Ausländer(inne)n, die mit einer unterdurchschnittlichen Inanspruchnahme von Gesundheitsleistungen einhergehen.[58] Nichtdeutsche hatten danach im Jahr 2000 eine fünf Mal höhere Tuberkulose-Inzidenz als Deutsche,[59] und trotz einer leicht sinkenden Zahl von Aidserkrankungen steigt der Ausländeranteil bei den daran Erkrankten. Auch die Müttersterblichkeit liegt höher als bei Deutschen, wie Forschungsergebnisse aus den 1980er- und 90er-Jahren zeigen.[60] Wolfgang Seifert, der Daten des SOEP für die Jahre 1984 bis 1989 auswertete, kam zu dem Ergebnis, dass sich deutsche und ausländische *Erwerbstätige* kaum in der Zufriedenheit mit ihrer Gesundheit unterschieden, obwohl die Berufsgruppen mit besonders belastenden Arbeitsbedingungen auch eine geringere Zufriedenheit angaben.[61] Ausländische Arbeitslose wiesen aber ein extrem hohes Maß an längeren oder chronischen Beschwerden bzw. Krankheiten auf, während diese bei Ausländer(inne)n insgesamt seltener waren als bei Deutschen.

Die häufig ungesunden Arbeitsbedingungen in formal unqualifizierten Tätigkeiten wie dem Reinigungsgewerbe erhöhen das Risiko von Migrant(inn)en, Opfer eines Arbeitsunfalls, von Berufskrankheiten oder von Berufsunfähigkeit zu werden.[62] Trotz der höheren Risiken ist die Inanspruchnahme von Rehabilitationsmaßnahmen bei ihnen nur unterdurchschnittlich. Der Zusammenhang zwischen einer ausländischen Nationalität, Arbeitsbedingungen und Krankheiten ist laut Sechstem Familienbericht ab Mitte der 1970er-Jahre nahezu konstant be-

56 Vgl. Bundesausländerbeauftragte (Hrsg.): Lagebericht 2000, a. a. O., S. 108 ff. u. 160 ff.

57 Vgl. dazu auch W. Seifert: Die Mobilität der Migranten, a. a. O., S. 217 ff.

58 Berücksichtigt wurden nur gesundheitliche Indikatoren, zu denen gesicherte Daten vorlagen. Vgl. Bundesausländerbeauftragte (Hrsg.): Lagebericht 1997, a. a. O., S. 68 ff.; dies. (Hrsg.): Lagebericht 2000, a. a. O., S. 160 ff.; dies. (Hrsg.): Lagebericht 2002, a. a. O., S. 319 ff.

59 Vgl. ebd.

60 Vgl. BMFSFJ (Hrsg.): Familien ausländischer Herkunft, a. a. O., S. 193

61 Vgl. auch zum Folgenden: W. Seifert: Die Mobilität der Migranten, a. a. O., S. 220

62 Vgl. Bundesausländerbeauftragte (Hrsg.): Lagebericht 2000, a. a. O., S. 108 u. 160 ff.; BMFSFJ (Hrsg.): Familien ausländischer Herkunft, a. a. O., S. 188 ff. Türkische Migranten trugen 1997 mit 9,7 % unter allen Krankenversicherten das höchste Risiko, Opfer eines Arbeitsunfalls zu werden, Ausländer folgten mit 8,6 und Deutsche mit bloß 5,6 %. Vgl. Th. Lampert/Th. Ziese: Armut, soziale Ungleichheit und Gesundheit, a. a. O., S. 197

legt.[63] Seitdem lässt sich für Berufstätige verschiedener ausländischer Staatsangehörigkeit eine höhere Rate krankheitsbedingter Arbeitsunfähigkeit sowie von Arbeitsunfällen verzeichnen.

Vergleichsweise gut dokumentiert sind psychische Belastungen von Migrant(inn)en, die etwa durch die Trennung von Freunden und gewohnter Umgebung sowie unsichere Zukunftsperspektiven begünstigt werden. Petrus Han weist diesbezüglich auf den „Akkulturationsstress" im Einwanderungsland hin, der sich besonders entfalte, wenn der Akkulturationsprozess durch Schwierigkeiten behindert wird. Neben Einwanderern der ersten Generation leiden besonders Flüchtlinge häufig unter (Folter-)Traumata und anderen fluchtbedingten psychischen Belastungen, die zum Teil noch durch Nach-Flucht-Erfahrungen wie eine unsichere Zukunftsperspektive, eine drohende Abschiebung oder beengte Unterkunftsbedingungen im Sammelunterkünften verschärft werden. Die internationale Forschung beantwortet die Frage, ob Migrant(inn)en im Vergleich zur einheimischen Bevölkerung höhere oder niedrigere psychische Erkrankungsraten aufweisen, jedoch widersprüchlich.[64] Der Sechste Familienbericht führt an, dass besonders türkische Migrant*innen* der ersten Generation für psychosomatische Erkrankungen prädestiniert seien.[65] Ihre psychosoziale Versorgung, bei der ein steigender Bedarf zu verzeichnen sei, stimme bedenklich, weil dem geringen Anteil von ambulant psychiatrisch behandelten Ausländer(inne)n ein im Vergleich zur deutschen Bevölkerung doppelt so hoher Anteil an Zwangseinweisungen gegenüberstehe, weshalb gravierende Unterschiede in der Inanspruchnahme zu vermuten seien. Resümieren lässt sich somit, dass Migration an sich nicht psychisch krank macht, sondern mit Belastungsfaktoren einhergeht, welche die Entstehung und den Verlauf psychischer Störungen begünstigen können.[66]

Schließlich gibt es Hinweise auf Unterschiede im Gesundheitsverhalten von alloch- und autochthonen Frauen. So nehmen ausländische seltener als deutsche Frauen Vorsorgeuntersuchungen zur Krebsfrüherkennung und schwangerschaftsbegleitende Angebote wahr.[67] Zugleich sind sie insbesondere im mittleren Lebensalter (40 bis 59 Jahre) häufiger übergewichtig und adipös, was laut dem Mikrozensus 2005 auch für Spätaussiedler/innen und Frauen mit Migrationshintergrund zutrifft.[68]

Vorerst kann somit festgehalten werden, dass spezifische und zum Teil höhere gesundheitliche Belastungen mit einer geringeren Partizipation erwachsener Migrant(inn)en an der Gesundheitsversorgung einschließlich Vorsorgeuntersuchungen einhergehen, was sie mit Personen niedriger Sozialschichten teilen. In der Literatur mehren sich Hinweise, dass die Unterschiede in der Inanspruchnahme und dem sonstigen Krankheitsverhalten von Zuwanderern sich in nicht unerheblichem Maße auf ihren rechtlichen Status in Deutschland und

63 Vgl. auch zum Folgenden: BMFSFJ (Hrsg.): Familien ausländischer Herkunft, a. a. O., S. 190

64 Zu psychosomatischen Erkrankungen Erwachsener im Migrationszusammenhang, zum Akkulturationsstress und zum Folgenden vgl. P. Han: Soziologie der Migration. Erklärungsmodelle, Fakten, Politische Konsequenzen, Perspektiven, Stuttgart 2000, S. 198 ff.; zu älteren Studien über psychosomatische Erkrankungen von Migrant(inn)en siehe Kh. Al-Jaar: Gesundheit und Migration. Eine empirische Untersuchung des Zusammenhangs von psychosomatischen Krankheiten und psychosozialen Stressoren, Münster u. a. 2002, S. 38 ff. u. 81 ff.

65 Vgl. BMFSFJ (Hrsg.): Familien ausländischer Herkunft, a. a. O., S. 191

66 Vgl. Bundesintegrationsbeauftragte (Hrsg.): Sechster Bericht, a. a. O., S. 83

67 Vgl. auch zum Folgenden: Th. Lampert/Th. Ziese: Armut, soziale Ungleichheit und Gesundheit, a. a. O., S. 201 ff.

68 Vgl. Bundesintegrationsbeauftragte: 7. Bericht, a. a. O., S. 138

die damit verbundenen Rechte der Inanspruchnahme medizinischer Leistungen sowie ihre überproportionale Zugehörigkeit zu niedrigen Sozialschichten zurückführen lassen.[69] Die geringere Teilhabe an Gesundheitsdienstleistungen hängt auch damit zusammen, dass den spezifischen Bedürfnissen von Migrant(inn)en in der medizinischen Versorgung noch nicht ausreichend Rechnung getragen wird, weshalb seit langem ein Bedarf an interkultureller Öffnung für das Gesundheitswesen konstatiert wird.[70]

5.1.1 Die Gesundheitssituation und -versorgung von Kindern mit Migrationshintergrund

Angesichts der für erwachsene Migrant(inn)en skizzierten gesundheitlichen Beeinträchtigungen stellt sich hier die Frage, ob (ausländische) Kinder mit Migrationshintergrund im Vergleich zu jenen ohne Zuwanderungsgeschichte bzw. deutschen ebenfalls gesundheitlich deprivierter sind und – sofern dies zutrifft – von welchen Krankheiten und gesundheitlichen Belastungen sie besonders betroffen sind. Es interessiert zudem, welche Unterschiede sich zwischen der Gesundheitssituation und dem Gesundheitsverhalten einzelner Migrantengruppen zeigen. Diese Fragen können keinesfalls abschließend beantwortet werden, weil zur gesundheitlichen Lage von Kindern mit Migrationshintergrund nur wenige, überwiegend ältere Untersuchungen existieren.[71] Diese weisen zudem nur in den seltensten Fällen aus, ob sich erhobene Daten auf deutsche und/oder ausländische Kinder und wenn ja, auf welche Herkunftsgruppe sie sich beziehen.[72] Besonders für jüngere Kinder ist die Erkenntnislage ausgesprochen lückenhaft, während Jugendliche schon häufiger im Fokus von Gesundheitsuntersuchungen standen.[73] Umfassende Erkenntnisse stammen aus dem Kinder- und Jugendgesundheitssurvey, genannt „KiGGS-Studie“ des Robert Koch-Instituts.[74]

Die nachfolgend zusammengeführten Literaturbefunde weisen sowohl bezüglich der gesundheitlichen Situation als auch der Inanspruchnahme krankheitsbezogener Leistungen auf deutliche Unterschiede zwischen Kindern und Jugendlichen mit und ohne Migrations-

---

69 Vgl. U. Wittig u. a.: Migration, Gesundheit und medizinisches System, a. a. O., S. 77 f.

70 Vgl. St. Gaitanides: Interkulturelle Öffnung der sozialen Dienste, in: K. Barwig/W. Hinz-Rommel (Hrsg.): Interkulturelle Öffnung sozialer Dienste, Freiburg i. Br. 1995, S. 65 ff.

71 Vgl. Kh. Al-Jaar: Gesundheit und Migration, a. a. O., S. 89. Einige Beiträge jüngeren Datums finden sich in: Bundesintegrationsbeauftragte (Hrsg.): Gesunde Integration, Berlin 2003; z. B. J. Butler: Gesundheitliche und soziale Lage von Kindern nichtdeutscher Herkunft in einem Berliner Innenstadtbezirk, a. a. O., S. 106 ff.; J. Gardemann: Zur Gesundheitssituation von Flüchtlingskindern, a. a. O., S. 101 ff.; K. Mashkoori: Migrantenfamilien und deren Kinder, a. a. O., S. 104 f.

72 Dies trifft auch für die Untersuchungen zu, die Andreas Mielck zur gesundheitlichen Ungleichheit von Kindern anführt; vgl. ders.: Soziale Ungleichheit und Gesundheit, a. a. O., S. 118

73 Vgl. A. Klocke/K. Hurrelmann: Gesundheit der Jugendlichen nichtdeutscher Nationalität, a. a. O., S. 193 ff.; A. Mackovic-Stegemann: „Zielgruppenorientierte Gesundheitsförderung von Migranten – Optimierung über interkulturelle Teamarbeit“. Dissertation an der Universität Osnabrück 2005, S. 97 ff.

74 Vgl. Robert Koch-Institut (Hrsg.): Kinder- und Jugendgesundheitssurvey (KiGGS) 2003–2006: Kinder und Jugendliche mit Migrationshintergrund in Deutschland. Bericht im Auftrag des Bundesministeriums für Gesundheit, Berlin, Juli 2008; ergänzend: S. Deininger/L. Schenk/C. Weilandt: Migrantensensible Vorgehensweise im Kinder- und Jugendgesundheitssurvey, in: Bundesintegrationsbeauftragte (Hrsg.): Gesunde Integration, Berlin 2003, S. 78 ff.; L. Schenk: Migrantenbericht, KIGGS, Studie zur Gesundheit von Kindern und Jugendlichen in Deutschland, Berlin o.J.; dies.: Migrantenspezifische Teilnahmebarrieren und Zugangsmöglichkeiten im Kinder- und Jugendgesundheitssurvey, Berlin 2003; Bundesintegrationsbeauftragte (Hrsg.): 7. Bericht, a. a. O., S. 138 f.

hintergrund sowie zwischen einzelnen Herkunftsgruppen der Ersteren hin. Parallelen zeigen sich in Bezug auf das Krankheitsspektrum ausländischer und einheimischer Kinder aus einkommensarmen Familien sowie darin, dass eine gesundheitlich deprivierte Situation von Kindern meist nicht mit einem subjektiv als schlecht eingestuften Gesundheitsbefinden korreliert.[75] Da sich Unterschiede und Gemeinsamkeiten in der gesundheitlichen Situation in den verschiedensten Indikatoren vom geburtsnahen Bereich über die frühkindliche Gesundheitsvorsorge bis hin zum Gesundheitsverhalten und Krankheitsspektrum älterer Kinder offenbaren, werden sie analog kindlicher Lebensphasen aufgearbeitet.

1. Geburtsnaher Bereich

In den geburtsnahen Bereichen von „Schwangerschaft", „Mütter- und Säuglingssterblichkeit", „Vorsorgeuntersuchungen" und „Impfschutz von Kleinkindern" zeichnen sich systematische Unterschiede in der Gesundheitssituation für Migrant(inn)en und Menschen ohne Migrationshintergrund ab – die ebenfalls für obere und untere Einkommensschichten dokumentiert sind. So zeigte die KiGGS-Studie, dass Frauen mit Migrationshintergrund während der Schwangerschaft signifikant seltener rauchten und Alkohol konsumierten als Frauen ohne Migrationshintergrund, was sie mit Frauen eines höheren Sozialstatus teilten.[76] Zudem gebären hierzulande lebende ausländische Frauen ihre Kinder im Vergleich zu deutschen in jüngerem Alter und nehmen, wie mehrfach belegt ist, Angebote zur Vorsorge und Begleitung der Schwangerschaft in geringerem Umfang in Anspruch.[77] Besorgniserregend ist das erhöhte Risiko einer untergewichtigen Frühgeburt bei ausländischen (und besonders türkischen) Frauen. Hinsichtlich der Müttersterblichkeit widersprechen sich indes die Aussagen: Der Migrationslagebericht des Jahres 2000 machte ebenso wie der 2001 veröffentlichte erste Armuts- und Reichtumsbericht den langfristig positiven Trend einer gesunkenen Quote der Müttersterblichkeit bei Ausländerinnen aus, die 1997 erstmals unter jene deutscher Mütter gefallen sei, während der Sechste Familienbericht eine deutlich höhere Sterblichkeit ausländischer als deutscher Mütter konstatierte.[78] Die KiGGS-Studie belegt, dass Mütter mit Migrationshintergrund ihre Babys trotz ihrer überproportionalen Zugehörigkeit zu sozial benachteiligten Schichten häufiger stillen als Mütter ohne Migrationshintergrund, was v. a. für Migrantinnen aus der ehemaligen Sowjetunion und aus arabisch-islamischen Ländern gilt, nicht aber für Türkinnen.[79]

---

75 Vgl. A. Klocke/K. Hurrelmann: Psychosoziales Wohlbefinden und Gesundheit der Jugendlichen nichtdeutscher Nationalität, a. a. O., S. 204

76 Vgl. K. E. Bergmann u. a.: Perinatale Einflussfaktoren auf die spätere Gesundheit. Ergebnisse des Kinder- und Jugendgesundheitssurveys (KiGGS), in: Bundesgesundheitsblatt 5–6/2007, S. 672 ff.

77 Vgl. auch zum Folgenden: BMFSFJ (Hrsg.): Familien ausländischer Herkunft, a. a. O., S. 193

78 Vgl. Bundesausländerbeauftragte (Hrsg.): Lagebericht 2000, a. a. O., S. 160; BMAS (Hrsg.): Lebenslagen in Deutschland. Der erste Armuts- und Reichtumsbericht, a. a. O., S. 206; BMFSFJ (Hrsg.): Familien ausländischer Herkunft, a. a. O., S. 193. Die Migrationslageberichte 2002, 2005 und 2007 behandeln dieses Thema nicht.

79 Vgl. C. Lange/L. Schenk/R. Bergmann: Verbreitung, Dauer und zeitlicher Trend des Stillens in Deutschland. Ergebnisse des Kinder- und Jugendgesundheitssurveys (KiGGS), in: Bundesgesundheitsblatt 5–6/2007, S. 632; Robert Koch-Institut (Hrsg.): Kinder- und Jugendgesundheitssurvey (KiGGS) 2003–2006: Kinder und Jugendliche mit Migrationshintergrund, a. a. O., S. 55

Ein weiterer in der Gesundheitsberichterstattung ausgewiesener Indikator ist die bei Ausländer(inne)n erhöhte Säuglingssterblichkeit. Seit den 1990er-Jahren ist diese zwar sowohl bei Deutschen als auch bei Ausländer(inne)n gesunken, liegt bei Letzteren aber immer noch höher.[80] Als mögliche Ursachen nennt der Migrationslagebericht 2002 folgende Faktoren: Untergewicht bei der Geburt, das Alter, die Familienstellung, die Ausbildung, das Gesundheitsverhalten und die soziale Lage der Mutter, das Familieneinkommen sowie den Zugang zu und die Inanspruchnahme von Vorsorgeuntersuchungen der Gesundheitsversorgung. Dem Sechsten Familienbericht zufolge ist außerdem die Sterblichkeit von Kleinkindern mit ausländischer Staatsangehörigkeit deutlich erhöht. Sie könne auf „angeborene Fehlbildungen und Affektionen mit Ursprung in der Perinatalzeit, neuropädiatrische Krankheiten, Infektionskrankheiten und Unfälle" zurückgeführt werden.[81]

2. Frühes und mittleres Kindesalter

Die gesundheitliche Situation von ausländischen Kleinkindern unterscheidet sich in einigen Facetten von jener einheimischer Gleichaltriger. Für das frühe Kindesalter gibt es dem Sechsten Familienbericht zufolge Hinweise auf Probleme bei der Früherkennung von Behinderungen und Entwicklungsstörungen, auf Defizite im Impfstatus sowie Symptome und Auffälligkeiten bei Einschulungs- und Schulentlassungsuntersuchungen.[82] Demnach kann die geringere Inanspruchnahme von Vorsorgeuntersuchungen durch ausländische Kinder eine Früherkennung von Entwicklungsstörungen verhindern, was sich durch deren niedrigere Besuchsquote vorschulischer Einrichtungen noch verstärkt.

In der Literatur ist es umstritten, ob Kinder mit Migrationshintergrund eine schlechtere Gesundheit als einheimische Gleichaltrige haben. Ulla Wittig u. a. sahen es zwar als Konsens an, dass selbst in Deutschland geborene Kinder von Arbeitsmigranten der zweiten bzw. dritten Generation sich in einer schlechteren gesundheitlichen Situation als Kinder autochthoner Eltern befinden,[83] hingegen konnte die KiGGS-Studie pauschal keine schlechtere Gesundheit, sondern nur in wenigen Untersuchungsbereichen höhere Risiken und in anderen sogar Vorteile feststellen. Auch die AWO-ISS-Studie machte keine signifikanten Unterschiede in der gesundheitlichen Lage zwischen armen Kindern mit und ohne Migrationshintergrund aus.[84] Die Nationalität hatte schon bei Kindern im Vor- und im frühen Grundschulalter keinen Effekt in Bezug auf das Auftreten gesundheitlicher Auffälligkeiten, was sich in der Wiederholungsbefragung derselben Kinder am Ende der Grundschulzeit erneut zeigte: Bei den armen Kindern mit Migrationshintergrund war sogar ein größerer Anteil nie gesundheitlich auffällig als bei jenen ohne Migrationshintergrund.[85] Zu beiden Befragungszeitpunkten (1999 und 2003/04) gesundheitlich depriviert waren rund 8 Prozent der armen Migrantenkinder und 10 Prozent der armen deutschen.

80 Vgl. auch zum Folgenden: Bundesausländerbeauftragte (Hrsg.): Lagebericht 2002, a. a. O., S. 318
81 Siehe BMFSFJ (Hrsg.): Familien ausländischer Herkunft, a. a. O., S. 193 f.
82 Vgl. ebd, S. 193 f.
83 Vgl. U. Wittig/M. Merbach/R.G. Siefen: Migration, Gesundheit und medizinisches System, a. a. O., S. 76
84 Vgl. B. Hock/G. Holz/W. Wüstendörfer: Frühe Folgen, a. a. O., S. 59
85 Vgl. G. Holz u. a.: Zukunftschancen für Kinder, a. a. O., S. 129 f.

Hinsichtlich des Krankheitsspektrums weist der Sechste Familienbericht auf höhere gesundheitliche Beeinträchtigungen ausländischer Kinder durch Krankheiten der Atmungsorgane, des Verdauungstrakts, Infektionskrankheiten (wie der Tuberkulose) sowie durch Unfälle mit Verletzungsfolgen hin.[86] Aufgrund dessen und höherer Raten infektiöser Erkrankungen sieht der Elfte Kinder- und Jugendbericht in ausländischen Minderjährigen eine Risikopopulation sowohl hinsichtlich chronischer Erkrankungen als auch bleibender Behinderungen.[87] Zudem erhöhe neben dem Faktor eines „niedrigen Sozialstatus" auch eine ausländische Staatsangehörigkeit das Betroffenheitsrisiko sowohl bei der Säuglingssterblichkeit als auch der Häufigkeit von Verkehrsunfällen signifikant. Der Migrationslagebericht 2005 stellt fest, dass ausländische und insbesondere türkische Kinder wesentlich häufiger übergewichtig und adipös sind und – bedingt durch eine geringere Inanspruchnahme von Vorsorgeuntersuchungen – auch eine schlechtere Zahngesundheit und einen sich erst allmählich verbessernden Impfschutz aufweisen.[88]

In Bezug auf die kindliche Gesundheits*versorgung* wurde eine geringere Inanspruchnahme von Vorsorgeuntersuchungen durch zugewanderte Familien mehrfach belegt. Daten des Kölner Gesundheitsamtes aus dem Jahr 2001 dokumentieren, dass selbst 6-Jährige aus „unteren sozialen Lagen" mit 76 Prozent häufiger an der U-8-Vorsorgeuntersuchung teilnahmen als hier geborene ausländische Kinder mit 64 sowie im Ausland geborene mit 61 Prozent.[89] Auch die Inanspruchnahme der zwei Jahre später stattfindenden U-9-Untersuchung bestätigt diesen Trend. Diese Tendenz belegt auch die bundesweite KiGGS-Studie, wonach Kinder mit Migrationshintergrund noch seltener an den Vorsorgeuntersuchungen teilnahmen als Kinder aus Familien mit einem niedrigen Sozialstatus:[90] Die U-3-Untersuchung im Alter von 5 Wochen besuchten 81 Prozent der Migrantenkinder und 97 Prozent der Nichtmigrantenkinder (im Vergleich: 90 Prozent eines unteren und 97 Prozent eines oberen Sozialstatus sowie 95 Prozent aller Kinder), bei der U-9-Untersuchung im sechsten Lebensjahr waren es 67 bzw. 89 (79 bzw. 89 sowie 86 Prozent insgesamt). Zudem hatten 14 Prozent der Kinder mit Migrationshintergrund keine der Untersuchungen U 3 bis 9 besucht, während es bei Kindern insgesamt nur 3 Prozent waren. Niedriger lag bei ihnen auch die Inanspruchnahme einiger Facharztgruppen, so etwa von Augenärzten und Chirurgen, während Kinderärzte von ihnen offenbar länger als von Kindern ohne Migrationshintergrund aufgesucht wurden.

86 Vgl. ebd. S. 194

87 Vgl. BMFSFJ (Hrsg.): Elfter Kinder- und Jugendbericht, a. a. O., S. 219

88 Vgl. Bundesintegrationsbeauftragte (Hrsg.): Sechster Bericht, a. a. O., S. 84

89 Vgl. G. Holz: Teil I: Gesundheitsdefizite und Gesundheitspotenziale sozial benachteiligter und armer Kinder, a. a. O., S. 31

90 Vgl. auch zum Folgenden: P. Kamtsiuris u. a.: Inanspruchnahme medizinischer Leistungen. Ergebnisse des Kinder- und Jugendgesundheitssurveys (KiGGS), in: Bundesgesundheitsblatt 5–6/2007, S. 838 ff, ergänzend: Robert Koch-Institut (Hrsg.): Kinder- und Jugendgesundheitssurvey (KiGGS) 2003–2006: Kinder und Jugendliche mit Migrationshintergrund, a. a. O., S. 110. Ist im Folgenden in Zusammenhang mit der KiGGS-Studie von dem „Migrationshintergrund" die Rede, gilt, dass dieser anhand von Informationen zum Geburtsland des Kindes und der Eltern sowie zur Staatsangehörigkeit der Eltern ermittelt wurde. Als Migranten werden Kinder und Jugendliche bezeichnet, die selbst aus einem anderen Land zugewandert sind und von denen mindestens ein Elternteil nicht in Deutschland geboren ist, oder von denen beide Eltern zugewandert bzw. nicht deutscher Staatsangehörigkeit sind. Vgl. Th. Lampert u. a.: Körperlich-sportliche Aktivität von Kindern und Jugendlichen in Deutschland. Ergebnisse des Kinder- und Jugendgesundheitssurveys (KiGGS), in: Bundesgesundheitsblatt 5–6/2006, S. 635

Nach Herkunftsgruppen besuchten die Vorsorgeuntersuchungen besonders selten Kinder und Jugendliche aus arabisch-islamischen Ländern, der ehemaligen Sowjetunion und der Türkei; außerdem spielten der Integrationsgrad, der Aufenthaltsstatus, die Aufenthaltsdauer sowie die Einwanderergeneration ein Rolle.[91]

Eine für Migrantenkinder im Mittel günstigere gesundheitliche Situation als für deutsche Kinder ist mehrfach in Bezug auf höhere Grippeimpfschutzquoten und eine geringere Allergiebelastung dokumentiert worden,[92] was zumindest für die Allergiebelastung auch für Kinder aus deutschen Familien mit einem niedrigen Sozialstatus zutrifft. Bei Grippeschutzimpfungen hatten ausländische Kinder (im Gegensatz zu ausländischen Erwachsenen) im Jahr 2003 mit 9,9 Prozent (1999: 8,3 %) eine höhere Impfquote als deutsche mit 6,7 Prozent (1999: 6,1 %).[93] Hinsichtlich des übrigen Impfschutzes machte der Migrationslagebericht 2005 auf eine verbesserte und mittlerweile „günstige Tendenz" v. a. bei Diphtherie- und Tetanus- sowie in geringerem Ausmaß auch bei Polioimpfungen von Migrantenkindern aufmerksam.[94] Besonders hier geborene ausländische sowie türkische Kinder würden durch Impfungen gut erreicht und wiesen höhere Impfquoten als Kinder aus den osteuropäischen Staaten auf. Die KiGGS-Studie relativiert diesen Befund indes, weil nach ihren Ergebnissen große Unterschiede zwischen verschiedenen Altersgruppen und der jeweils betrachteten Impfung bestanden.[95] So waren 7- bis 10-jährige Kinder mit Migrationshintergrund signifikant häufiger gegen Masern und signifikant seltener gegen Keuchhusten geimpft als Gleichaltrige ohne Migrationsgeschichte, während 14- bis 17-Jährige seltener die zweite Masern-, Mumps- und Hepatitis B-Impfung erhalten hatten und sich in der Gesamtheit der befragten Kinder und Jugendlichen bei Hepatitis B, Mumps, Keuchhusten und Röteln keine signifikanten Unterschiede zeigten. Zudem weist die KiGGS-Studie auf eine geringere Schmerzbetroffenheit hin, da Eltern von 3- bis 10-jährigen Kindern ohne Migrationshintergrund häufiger als jene ohne Zuwanderungsgeschichte angaben, dass ihre Kinder an Schmerzen litten.[96]

Weitere Parallelen zwischen sozial benachteiligten deutschen Kindern und Kindern mit Migrationshintergrund zeigen sich in der (Fein-)Motorik sowie in der Zahngesundheit. In Bezug auf motorische Fähigkeiten belegt die KiGGS-Studie größere Defizite für Kinder mit als für jene ohne Migrationshintergrund, die sie mit Kindern eines niedrigen Sozialstatus teilen.[97] Die Defizite zeigten sich v. a. bei Aufgaben zur Überprüfung koordinativer Fähigkeiten

91 Vgl. Robert Koch-Institut (Hrsg.): Kinder- und Jugendgesundheitssurvey (KiGGS) 2003–2006: Kinder und Jugendliche mit Migrationshintergrund, a. a. O., S. 110

92 Vgl. Bundesausländerbeauftragte (Hrsg.): Lagebericht 2000, a. a. O., S. 162. Die geringere Allergiebelastung bestätigt auch die KiGGS-Studie; vgl. M. Schlaud/K. Atzpodien/W. Thierfelder: Allergische Erkrankungen. Ergebnisse aus dem Kinder- und Jugendgesundheitssurvey (KiGGS), in: Bundesgesundheitsblatt 5–6/2007, S. 701 ff.

93 Vgl. Th. Lampert/Th. Ziese: Armut, soziale Ungleichheit und Gesundheit, a. a. O., S. 202

94 Siehe Bundesintegrationsbeauftragte (Hrsg.): Sechster Bericht, a. a. O., S. 85

95 Vgl. auch zum Folgenden: C. Poethko-Müller/R. Kuhnert/M. Schlaud: Durchimpfung und Determinanten des Impfstatus in Deutschland. Ergebnisse des Kinder- und Jugendgesundheitssurveys (KiGGS), in: Bundesgesundheitsblatt 5–6/2007, S. 858 f.

96 Vgl. U. Ellert/H. Neuhauser/A. Roth-Isigkeit: Schmerzen bei Kindern und Jugendlichen in Deutschland: Prävalenz und Inanspruchnahme medizinischer Leistungen. Ergebnisse des Kinder- und Jugendgesundheitssurveys (KiGGS), in: Bundesgesundheitsblatt 5–6/2007, S. 713

97 Vgl. auch zum Folgenden: A. Starker u. a.: Motorische Leistungsfähigkeit. Ergebnisse des Kinder- und Jugendgesundheitssurveys (KiGGS), in: Bundesgesundheitsblatt 5–6/2007, S. 775 ff.

von 4- bis 10-Jährigen, waren aber auch bei älteren Kindern und Jugendlichen in Form einer geringeren Ausdauer bei körperlichen Leistungen wie dem Fahrradfahren beobachtbar. Auf eine schlechtere Zahngesundheit von Migrantenkindern weisen sowohl die Migrationslageberichte als auch der erste Armuts- und Reichtumsbericht der Bundesregierung hin,[98] der Studien anführt, nach denen sowohl 3- bis 6-jährige als auch ältere *ausländische* Kinder eine deutlich schlechtere Zahngesundheit haben.[99] Die KiGGS-Studie belegt zwar viele Gemeinsamkeiten in Bezug auf eine schlechte Zahnhygiene von Kindern mit Migrationshintergrund und jenen eines niedrigen Sozialstatus, aber auch, dass die Unterschiede bei der täglichen Zahnpflege zwischen Kindern mit und ohne Migrationshintergrund innerhalb jeder Sozialschicht feststellbar und somit nicht auf den Sozialstatus zurückzuführen waren.[100] Zugleich nahmen Kinder aus Migrantenfamilien wesentlich seltener als jene ohne Migrationsgeschichte jährliche Zahnarztkontrollbesuche (16,4 vs. 6,1 %) und die Kariesprophylaxe wahr, was die Autorin Liane Schenk zu dem Resümee veranlasste, dass ein Migrationshintergrund „das größte Risiko eines ungünstigen Mundgesundheitsverhaltens" sei.[101] Nach Herkunftsländern wiesen Kinder und Jugendliche aus der Türkei, der ehemaligen Sowjetunion sowie aus arabisch-islamischen Ländern die höchsten Kariesrisiken, die geringste Zahnputzfrequenz, Inanspruchnahmeorientierung sowie Fluodierung auf.[102]

Schließlich bildet die überproportionale Verbreitung von Adipositas (Fettleibigkeit) und Fehlernährung, die der Zwölfte Kinder- und Jugendbericht zu einer der vier „‚neuen' Kinderkrankheiten" zählt, eine weitere Gemeinsamkeit im Krankheitsspektrum von Kindern aus Migrantenfamilien und solchen aus niedrigen sozialen Schichten.[103] Eine Untersuchung in Bayern habe 1998/99 ergeben, dass *ausländische* 5- bis 6-Jährige fast doppelt so häufig übergewichtig und adipös wie deutsche Kinder gewesen seien, was auch vom Migrationslagebericht des Jahres 2005 bestätigt wird: Danach waren nichtdeutsche Berliner Schulanfänger/innen mit 15,1 Prozent und besonders türkische mit 22,7 Prozent weitaus häufiger adipös als deutsche mit 11,3 Prozent; ein ähnliches Bild ergab sich zudem bei Schulentlassungsuntersuchungen.[104] Die KiGGS-Studie bestätigte dies ebenfalls für 7- bis 10-jährige Kinder mit *Migrationshintergrund,* die mit 11 Prozent fast doppelt so häufig von Adipositas betroffen waren wie Kinder ohne Migrationshintergrund.[105] Nach Herkunftsgruppen waren Mädchen und Jungen aus der Türkei, Mädchen aus Mittel- und Südeuropa sowie Jungen aus Polen am häufigsten übergewichtig.[106] Den Zusammenhang von Fettleibigkeit und gesundheitlicher Ungleichheit unterstrich auch die damalige Verbraucherschutzministerin Renate Künast in

98 Vgl. Bundesausländerbeauftragte (Hrsg.): Lagebericht 1997, a. a. O., S. 162
99 Vgl. BMAS (Hrsg.): Lebenslagen in Deutschland. Der erste Armuts- und Reichtumsbericht, a. a. O., S. 206
100 Vgl. L. Schenk/H. Knopf: Mundgesundheitsverhalten von Kindern und Jugendlichen in Deutschland, a. a. O., S. 656
101 Siehe ebd., S. 657
102 Vgl. Robert Koch-Institut (Hrsg.): Kinder- und Jugendgesundheitssurvey (KiGGS) 2003–2006: Kinder und Jugendliche mit Migrationshintergrund, a. a. O., S. 122 f.
103 Vgl. auch zum Folgenden: BMFSFJ (Hrsg.): Zwölfter Kinder- und Jugendbericht, a. a. O., S. 112
104 Vgl. Bundesintegrationsbeauftragte (Hrsg.): Sechster Bericht, a. a. O., S. 84
105 Vgl. B.-M. Kurth/A. Schaffrath-Rosario: Die Verbreitung von Übergewicht und Adipositas bei Kindern und Jugendlichen in Deutschland. Ergebnisse des bundesweiten Kinder- und Jugendgesundheitssurveys (KiGGS), in: Bundesgesundheitsblatt 5–6/2007, S. 740
106 Vgl. Robert Koch-Institut (Hrsg.): Kinder- und Jugendgesundheitssurvey (KiGGS) 2003–2006: Kinder und Jugendliche mit Migrationshintergrund, a. a. O., S. 120

einer Regierungserklärung. Sie nannte es inakzeptabel, dass Armut, Herkunft, Bildung und Übergewicht eindeutig zusammenhingen. Besonders Kinder aus Migrantenfamilien seien negativ betroffen. Es dürfe nicht zu einer „neuen Benachteiligung" von ohnehin Schwächeren kommen, so die Grünen-Politikerin.[107]

Zur Ernährungssituation von Migrantenkindern gab es lange Zeit kaum Studien.[108] Untersuchungen in Berliner Kindertagesstätten zeigten, dass Migrantenkinder trotz Aufrechterhaltung kulturell geprägter familiärer Ernährungsweisen rund doppelt so häufig „ungünstige Ernährungsmuster" an den Tag legen wie autochthone Kinder. Wünschenswerte Mischkost sei bei ihnen allerdings häufiger als bei deutschen gewesen, während der Verzehr von Fast-Food-Produkten, Süßigkeiten, Knabberartikeln und kalorienreichen Erfrischungsgetränken problematischer gewesen sei.[109] Mit der KiGGS-Studie gibt es erstmals eine repräsentative Untersuchung zum Verzehrverhalten. Sie zeigt erhebliche Unterschiede zwischen Kindern mit und ohne Migrationshintergrund. Die befragten Migrantenkinder tranken beispielsweise häufiger Softdrinks und seltener Fruchtsäfte sowie Milch.[110] Kinder aus türkischen Familien konsumierten am meisten täglich Leitungswasser, rohes Gemüse und gebratene oder frittierte Kartoffeln, Schokolade und Knabberartikel, was als ungesund galt, während Kinder mit anderem Migrationshintergrund (nicht: aus Aussiedlerfamilien) etwas häufiger Fisch, gegartes Gemüse, Nudeln oder Reis aßen, was als gesünder bewertet wurde. Zudem hatten Kinder mit Migrationshintergrund einen höheren Körperfettanteil als Kinder ohne Migrationsgeschichte.[111] Die KiGGS-Studie dokumentierte für Kinder und Jugendliche mit Migrationshintergrund (ebenso wie für Kinder eines niedrigen Sozialstatus) zudem eine erhöhte Quote an Essstörungssymptomen, von denen 30 Prozent gegenüber 20 Prozent der Nichtmigrant(inn)en (rd. 22 % im Durchschnitt) betroffen waren.[112]

3. Älteres Kindesalter

Die Gesundheitssituation von 11-, 13- und 15-jährigen Schüler(inne)n aus Nordrhein-Westfalen, die 1994 in einem Bielefelder Teilprojekt des Gesundheitssurveys der WHO erforscht wurde,

107 Vgl. Deutscher Bundestag (Hrsg.): Regierungserklärung der Bundesministerin für Verbraucherschutz, Ernährung und Landwirtschaft zur Bekämpfung von Über-, Fehl- und Mangelernährung am 17.6., Berlin 2004

108 Vgl. auch zum Folgenden: G. Holz: Teil I: Gesundheitsdefizite und Gesundheitspotenziale sozial benachteiligter und armer Kinder, a. a. O., S. 38

109 Das ungünstigere Ernährungsverhalten ausländischer 11- bis 15-Jähriger, das Parallelen mit jenem von Jugendlichen aus der untersten Sozialschicht zeigte, bestätigt auch Andreas Klocke. Es müsse für ausländische Familien aber relativiert werden, weil das Ernährungsverhalten in hohem Maße durch kulturelle Komponenten (etwa bei Weiß- statt Vollkornbrot) bestimmt werde. Vgl. A. Klocke: Der Einfluss sozialer Ungleichheit auf das Ernährungsverhalten, a. a. O., S. 197

110 Vgl. auch zum Folgenden: G. B. M. Mensink./C. Kleiser/A. Richter: Lebensmittelverzehr bei Kindern und Jugendlichen in Deutschland, a. a. O., S. 615 ff.

111 Vgl. H. Stolzenberg/H. Kahl/K. E. Bergmann: Körpermaße bei Kindern und Jugendlichen in Deutschland. Ergebnisse des Kinder- und Jugendgesundheitssurveys (KiGGS), in: Bundesgesundheitsblatt 5–6/2007, S. 668

112 Vgl. H. Hölling/R. Schlack: Essstörungen im Kindes- und Jugendalter. Erste Ergebnisse aus dem Kinder- und Jugendgesundheitssurvey (KiGGS), in: Bundesgesundheitsblatt 5–6/2007, S. 795 f.; ergänzend: Robert Koch-Institut (Hrsg.): Kinder- und Jugendgesundheitssurvey (KiGGS) 2003–2006: Kinder und Jugendliche mit Migrationshintergrund, a. a. O., S. 74

bei dem über 6.300 Schüler/innen, davon 866 (oder 13,8 %) ausländischer Staatsangehörigkeit,[113] befragt und medizinisch untersucht wurden, zeigt folgende Tabelle.

Tabelle 5.1 Gesundheitliche Beschwerden nach Nationalität und Geschlecht (in %)

Nationalität	**nichtdeutsch insg.**		**deutsch**		**Alle**		**Sign. <**	
Mehrmals wöchentlich	**männl.**	*weibl.*	**männl.**	*weibl.*	**männl.**	*weibl.*	**männl.**	*weibl.*
Kopfschmerzen	10	*24*	8	*18*	8	*19*	n. s.	*.01*
Magenschmerzen	8	*13*	4	*10*	4	*10*	.001	*.05*
Rückenschmerzen	14	*13*	8	*11*	9	*11*	.001	*.05*
Allgemein schlecht	8	*15*	4	*8*	5	*9*	.01	*.001*
Gereizt, verärgert	18	*28*	15	*20*	16	*21*	n. s.	*.001*
Nervös	16	*20*	12	*15*	12	*16*	.05	*.01*
Schlecht einschlafen	17	*20*	14	*19*	15	*19*	n. s.	*n. s.*
Benommen, schwindlig	9	*13*	5	*12*	6	*12*	.01	*n. s.*
Insgesamt N.	440	*426*	2.752	*2.683*	3.217	*3.124*		

Quelle: A. Klocke/K. Hurrelmann: Psychosoziales Wohlbefinden und Gesundheit der Jugendlichen nichtdeutscher Nationalität, a. a. O., S. 205

Die Tabelle zeigt sich mehr oder weniger ausgeprägt in *allen* der erfragten Indikatoren widerspiegelnde höhere gesundheitliche Beeinträchtigungen der ausländischen im Vergleich zu deutschen Kindern. Größer als die Disparitäten zwischen diesen Gruppen sind indes geschlechtsspezifische Differenzen: Alle Mädchen gaben in sämtlichen Bereichen häufiger eine gesundheitliche Belastung an als ihre männlichen Altersgenossen; ihr Betroffenheitsanteil liegt bei vielen Indikatoren gut doppelt so hoch. Ausländische Mädchen stimmten mit Abstand am häufigsten der Aussage zu, durch Kopfschmerzen, eine gereizte, verärgerte Stimmung u. a. belastet zu sein. Eine stärkere Betroffenheit von gesundheitlichen Beschwerden gaben jedoch auch ausländische Jungen an: Doppelt so viele wie deutsche stimmten zu, Magenschmerzen zu haben und sich allgemein schlecht zu fühlen; häufiger benannt wurden zudem psychosomatische Beschwerden wie „schlecht einschlafen können" und Nervosität. Gleichzeitig bewerteten sie ihren Körper durchgehend positiver als deutsche Gleichaltrige und gaben sich ausgesprochen körperbewusst.[114] Ausländische Kinder stimmten der Aussage „ich finde mich gut aussehend" überdies wesentlich häufiger zu und wollten seltener „etwas an ihrem Körper

113 Vgl. A. Klocke/K. Hurrelmann: Psychosoziales Wohlbefinden und Gesundheit der Jugendlichen nichtdeutscher Nationalität, a. a. O., S. 197 ff. Die Nationalitätenverteilung der Ausländerstichprobe, die insgesamt 13,8 % Nichtdeutsche auswies, war repräsentativ: 5 % der Befragten waren türkischer, 0,6 % griechischer, 0,9 % italienischer und 7,3 % anderer Nationalität; vgl. ebd., S. 197. Die Stichprobe weist deutlich auf die mehrheitliche Zugehörigkeit zur sog. Unterschicht hin: Nur etwa halb so viele ausländische Jugendliche hatten ein eigenes Zimmer, sie besuchten häufiger die Hauptschule und kamen mehr als doppelt so oft aus Familien der untersten Sozialschicht. Besonders ungünstig stellte sich in allen strukturellen Daten die Situation von türkischern Kindern dar.

114 Vgl. hierzu und zum Folgenden: ebd., S. 206 f.

ändern“ als gleichaltrige Deutsche. Der Anteil derjenigen, die angaben, eine Diät zu machen, lag bei Nichtdeutschen beiderlei Geschlechts doppelt so hoch wie in der Vergleichsgruppe.

Tabelle 5.2 Subjektiv bewerteter Gesundheitszustand nach Nationalität (in %) (Frage: „Wie gesund bist du deiner Meinung nach?“)

Gesundheitszustand	**Türkisch**	**Griech./ italienisch**	**andere Nationalität**	**nichtdeutsch insgesamt**	**Deutsch**	**Alle**
sehr gesund	40	39	41	40	37	37
ziemlich gesund	47	53	51	50	57	56
nicht sehr gesund	13	9	9	10	6	7
N	268	68	397	733	5.042	5.775

Quelle: A. Klocke/K. Hurrelmann: Psychosoziales Wohlbefinden und Gesundheit der Jugendlichen nichtdeutscher Nationalität, a. a. O. S. 204

Die in der Tabelle aufgeführte Bewertung des eigenen Gesundheitszustandes ergibt das zunächst bemerkenswerte Ergebnis, dass ausländische Kinder der ausgewiesenen Herkunftsgruppen sich trotz der zuvor beschriebenen, durchgängig höheren Prävalenzquoten häufiger als deutsche Gleichaltrige „sehr gesund“ fühlten. Ein größerer Anteil bewertete den eigenen Gesundheitszustand gleichwohl auch als „nicht sehr gut“, wobei türkischstämmige Kinder dem besonders häufig zustimmten. Dies deckt sich mit Befunden zur Selbsteinschätzung des Gesundheitszustandes armer Kinder, wonach sich nur ein verhältnismäßig kleiner Teil als gesundheitlich depriviert empfindet. Dieses Ergebnis – objektiv schlechtere Lebensumstände wirkten sich nicht auf das subjektive Wohlbefinden aus – ist nach Ansicht von Klocke und Hurrelmann folglich ambivalent zu bewerten, zumal die „Entkoppelung von sozialer Lage und Lebenslage“ bereits aus der Lebensqualitätsforschung bekannt sei.

4. Altersunabhängige Befunde u. a. der KiGGS-Studie zu weiteren gesundheitsbezogenen Indikatoren

Zumindest bei einigen Gesundheitsindikatoren zeichnen sich geringere Belastungen und ein entsprechend günstigeres Gesundheitsverhalten von Kindern mit Migrationshintergrund ab. Dies betrifft etwa die Allergiebelastung und den Alkoholkonsum, wobei sich vor allem türkische Minderjährige günstig abheben, weiß der Migrationslagebericht des Jahres 2000.[115] Der Nachfolgebericht weist darauf hin, dass ausländische Jugendliche auch bei der Medikamenteneinnahme ein geringeres Abhängigkeitsrisiko tragen. Hinsichtlich der psychisch-gesundheitlichen Situation von Kindern mit Migrationshintergrund sind indes widersprüchliche Befunde zu verzeichnen, auf die der Sechste Familienbericht aufmerksam machte: Einige Untersuchungen gingen von einer etwa gleich hohen, andere von einer höhe-

115 Vgl. Bundesausländerbeauftragte (Hrsg.): Lagebericht 2000, a. a. O., S. 162; zum Folgenden: dies. (Hrsg.): Lagebericht 2002, a. a. O., S. 320

ren psychischen Symptombelastung ausländischer Kinder im Vergleich zu deutschen aus.[116] Letztere Annahme könne – beispielsweise als Arbeitshypothese bei Lehrkräften – mit der Gefahr einer Sonderbehandlung (z. B. Sonderschulüberweisung) verbunden sein; ebenso kontraproduktiv sei gleichwohl das Übersehen der besonderen Belastungssituation von Kindern aus Arbeiterfamilien ausländischer Herkunft.

Die KiGGS-Studie informierte im Jahr 2007 auf repräsentativer Datengrundlage erstmals umfassend über weitere Gesundheitsindikatoren, wobei man (Klein-)Kinder bis hin zu 17-Jährigen mit Migrationshintergrund befragte und untersuchte. Festgestellt wurde dabei, dass die Befragten mit Migrationshintergrund seltener eine Arzneimittelanwendung angaben als Kinder ohne Migrationshintergrund, was sie mit Kindern eines niedrigen Sozialstatus teilten.[117] Hinsichtlich sportlicher Aktivitäten hatten jüngere Kinder mit Migrationshintergrund mit jenen eines niedrigen Sozialstatus und solchen aus Ostdeutschland gemeinsam, dass sie wesentlich häufiger sportlich inaktiv waren als andere Kinder, was besonders in (kostenträchtigen) Vereinssportarten zum Ausdruck kam.[118] Die geringste Inaktivität wiesen Mädchen mit Migrationshintergrund eines niedrigen Sozialstatus auf. Bei männlichen Jugendlichen war dieser Unterschied ebenfalls beobachtbar, aber kaum ausgeprägt.

Hinsichtlich somatischer Erkrankungen dokumentierte die KiGGS-Studie u. a. mittels einer Elternbefragung eine Vielzahl von Unterschieden zwischen Kindern und Jugendlichen mit bzw. ohne Zuwanderungsgeschichte.[119] Jene mit Migrationshintergrund (ebenso wie jene aus Familien mit niedrigem Sozialstatus) wiesen signifikant *höhere* Prävalenzraten pro Jahr bei Erkältungen, grippalen Infekten und Bindehautentzündungen auf,[120] ebenso bei Mandelentzündungen, Masern und Anämie.[121] Seltener waren Kinder und Jugendliche mit als ohne Migrationshintergrund indes trotz ihres niedrigen sozioökonomischen Status von akuten Erkrankungen wie akuter Bronchitis, Pseudokrupp, Magen-Darm-Infektionen, Mittelohrentzündungen, Windpocken, Scharlach, Skoliose (Wirbelsäulenverbiegung) sowie Migräne betroffen.[122] „Die berichteten unterschiedlichen Prävalenzraten bezüglich des Sozialstatus und des Migrationshintergrundes bei akuten Erkrankungen könnten jedoch in erster Linie auf Unterschiede in der Symptomaufmerksamkeit und auf Inanspruchnahmeeffekte zurückzuführen sein. Auch soziokulturelle Unterschiede, wie z. B. die Einstellung zu Krankheiten,

116 Vgl. auch zum Folgenden: BMFSFJ (Hrsg.): Familien ausländischer Herkunft, a. a. O., S. 191

117 Vgl. H. Knopf: Arzneimittelanwendung bei Kindern und Jugendlichen. Erfassung und erste Ergebnisse beim Kinder- und Jugendgesundheitssurvey (KiGGS), in: Bundesgesundheitsblatt 5–6/2007, S. 864

118 Vgl. auch zum Folgenden: Th. Lampert u. a.: Körperlich-sportliche Aktivität von Kindern und Jugendlichen in Deutschland, a. a. O., S. 637 ff.

119 Vgl. auch zum Folgenden: P. Kamtsiuris u. a.: Prävalenz von somatischen Erkrankungen bei Kindern und Jugendlichen in Deutschland. Ergebnisse des Kinder- und Jugendgesundheitssurveys (KiGGS), in: Bundesgesundheitsblatt 5–6/2007, S. 686 ff. Keine Unterschiede bei Befragten mit und ohne Migrationshintergrund ergaben sich bei folgenden Items: Herpesinfektionen, Blasen- und Harnwegsentzündungen, obstruktive (spastische) Bronchitis, Kampfanfällen bzw. Epilepsie, Keuchhusten, Lungenentzündungen, Schilddrüsenkrankheiten, Mumps, Röteln, Herzkrankheiten und Diabetes Mellitus.

120 Diese akuten Erkrankungen wie auch Magen-Darm-Infektionen traten ebenfalls häufiger bei Kindern mit höherem Sozialstatus auf; vgl. ebd., S. 696

121 Das heißt eine Verminderung der Sauerstofftransportkapazität des Blutes. Hier bestanden keine Parallelen zu Kindern mit niedrigem Sozialstatus. Vgl. Robert Koch-Institut (Hrsg.): Kinder- und Jugendgesundheitssurvey (KiGGS) 2003–2006: Kinder und Jugendliche mit Migrationshintergrund, a. a. O., S. 72

122 Vgl. ebd., S. 69

könnten die Ursache (...) sein",[123] führten die Verfasser/innen der entsprechenden Teilstudie an. Zu hinterfragen seien zudem die niedrigeren Prävalenzraten von Migrantenkindern bei Scharlach und Windpocken, wobei die Gründe in einer Unterdiagnostizierung, Kommunikationsproblemen mit Ärzten oder einer geringeren Inanspruchnahme von Gesundheitsleistungen liegen könnten.

Im Bereich psychischer Erkrankungen sind die KiGGS-Ergebnisse durchaus ambivalent. So berichteten Eltern mit Migrationshintergrund zwar seltener von einer Diagnose für die Aufmerksamkeitsdefizitsyndrom-Störung (ADHS), in Bezug auf ADHS-Verdachtsfälle kehrte sich dieses Verhältnis jedoch um, was möglicherweise auf eine Unterdiagnostizierung oder ein unterschiedliches Inanspruchnahmeverhalten hinweist.[124] Bei weiteren Untersuchungen hierzu wurde auf eine migrationsspezifische Auswertung der Befunde verzichtet.[125] Allerdings wiesen Kinder mit Migrationshintergrund fast anderthalb mal so oft psychische Auffälligkeiten in den Bereichen emotionale, Hyperaktivitäts-, Verhaltens- und Probleme mit Gleichaltrigen auf.[126]

Die KiGGS-Studie wies schließlich darauf hin, dass Gesundheitschancen und -risiken innerhalb der Migrantenpopulation ungleich verteilt seien.[127] Das Gesundheitsverhalten von Kindern aus binationalen Ehen mit einem einheimischen Elternteil sei mit jenem von Kindern ohne Migrationshintergrund vergleichbar. Hinsichtlich verhaltens- und lebensstilabhängiger Gesundheitsmerkmale zeigten sich bei Kindern und Jugendlichen aus der Türkei, der ehemaligen Sowjetunion und den arabisch-islamischen Ländern die größten Differenzen zu Kindern aus Deutschland, während jene aus Westeuropa, Kanada sowie den USA die geringsten Unterschiede aufwiesen. Zur Erklärung der vielfältigen Unterschiede in der Gesundheit von Kindern mit und ohne Migrationshintergrund wiesen die Autor(inn)en darauf hin, dass der „Migrationshintergrund" ein komplexes Bedingungsgefüge all jener Merkmale sei, die eine Lebenssituation von Migrant(inn)en und Nichtmigrant(inn)en unterscheiden. Solche gesundheitsrelevanten Merkmale seien „unterschiedliche Umwelt- und Lebensbedingungen in Herkunfts- und Aufnahmeland, die besondere soziale und rechtliche Lage von Migrant(inn)en im Aufnahmeland, ihre ethnische Zugehörigkeit und damit verbundene Ethnisierungsprozesse, Zugangsbarrieren zur gesundheitlichen Versorgung sowie das Migrationsereignis selbst."[128] Der Sozialstatus sei ein Faktor, der die Unterschiede zwischen den Herkunftsgruppen mit bedinge, diese aber nicht hinreichend erkläre, zumal Gesundheitsvor- und -nachteile gegenüber Kindern und Jugendlichen ohne Migrationshintergrund auch bei Kontrolle des Schichteinflusses bestehen blieben.

---

123 Siehe P. Kamtsiuris u. a.: Prävalenz von somatischen Erkrankungen bei Kindern, a. a. O., S. 696

124 Vgl. R. Schlack u. a.: Die Prävalenz der Aufmerksamkeitsdefizit-/Hyperaktivitätsstörung (ADHS) bei Kindern und Jugendlichen in Deutschland. Erste Ergebnisse aus dem Kinder- und Jugendgesundheitssurvey (KiGGS), in: Bundesgesundheitsblatt 5–6/2007, S. 831 ff.

125 Vgl. U. Ravens-Sieberer u. a.: Psychische Gesundheit von Kindern und Jugendlichen in Deutschland Ergebnisse aus der BELLA-Studie im Kinder- und Jugendgesundheitssurvey (KiGGS), in: Bundesgesundheitsblatt 5–6/2007, S. 872

126 Vgl. Robert Koch-Institut (Hrsg.): Kinder- und Jugendgesundheitssurvey (KiGGS) 2003–2006: Kinder und Jugendliche mit Migrationshintergrund, a. a. O., S. 74

127 Vgl. auch zum Folgenden: ebd., S. 124 f.

128 Ebd., S. 123, zum Folgenden: ebd., S. 124

Das Thema „Behinderungen“ von Kindern aus Zuwandererfamilien sei hier nur am Rande gestreift, weil es – wie im Übrigen das gesamte Feld von „Migration und Behinderung“ – einen recht blinden Fleck in Forschung und Praxis darstellt. Laut Sechstem Familienbericht nimmt man kindliche Entwicklungsstörungen oder -verzögerungen in Migrantenfamilien häufig nicht rechtzeitig wahr, wozu die geringere Inanspruchnahme von Schwangeren- und Kindervorsorgeuntersuchungen sowie die niedrigere Kindergartenbesuchsquote beitragen.[129] Aufgrund sprach- und kulturbedingter Kommunikationsschwierigkeiten würden auf Behinderungen hinweisende Auffälligkeiten zum Teil als Verhaltensstörungen interpretiert. Einige repräsentative, aber regional begrenzte Studien hätten überdurchschnittliche Quoten angeborener und erworbener Behinderungen bei ausländischen Kindern festgestellt, obwohl die Inanspruchnahme diesbezüglicher Sozialleistungen gleichzeitig unterdurchschnittlich war. Ausländische Familien nähmen zudem vergleichsweise seltener eine Fremdunterbringung ihrer behinderten Kinder oder die Unterstützung von Selbsthilfegruppen wahr. Der Sechste Migrationslagebericht konstatiert, dass sich im Vergleich zu deutschen Staatsbürger(inne)n eine Unterversorgung von (erwachsenen) Migrant(inn)en mit Behinderungen und ihrer Angehörigen[130] abzeichne.[131] Bei behinderten Kindern mit Migrationshintergrund sei eine unzureichende bzw. später einsetzende (Früh-)Förderung aufgrund mangelnder Kenntnisse der Familien über Behandlungsmöglichkeiten beobachtet worden.

Hinweise auf die Verbreitung von Kindesmissbrauch, Kindesmisshandlung und -vernachlässigung in immigrierten Familien sind äußerst dünn gesät.[132] Die Polizeiliche Kriminalstatistik dokumentierte für 2002 einen mit 14 Prozent überhöhten Anteil ausländischer Tatverdächtiger bei sexuellem Missbrauch.[133] Die entsprechende Untersuchung vermutet einen größeren Verleugnungsdruck in muslimischen Familien, weil zusätzlich Fragen der Familienehre berührt, Täter als besonders verachtenswert und ehrlos angesehen sowie von der Familie und der Community verstoßen würden. In Bezug auf Kindesmisshandlung, d. h. die unmittelbar von einem Kind erfahrene Gewalt in seiner Familie, gibt es viele Hinweise auf eine vergleichsweise hohe Betroffenheit von Migrantenkindern. Eine 1998 mit über 16.000 Neunt- und Zehntklässlern in neun Städten von Christian Pfeiffer, Peter Wetzel und Dirk Enzmann durchgeführte Erhebung zeigte, dass die (etwa 14 bis 15 Jahre alten) Jugendlichen aus Migrantenfamilien deutlich höheren Belastungen unterworfen waren – und das in allen untersuchten Bereichen: der Partnergewalt, der schweren Züchtigung und Misshandlung in der Kindheit sowie der schweren Misshandlung innerhalb der letzten zwölf Monate.[134] Die Ergebnisse wurden für verschiedene Zuwanderergruppen (Aussiedler, Südeuropäer und

129 Vgl. auch zum Folgenden: ebd., S. 194 f.

130 Vgl. R. Schlack/H. Hölling: Gewalterfahrungen von Kindern und Jugendlichen im subjektiven Selbstbericht. Erste Ergebnisse aus dem Kinder- und Jugendgesundheitssurvey (KiGGS), in: Bundesgesundheitsblatt 5–6/2007, S. 822

131 Vgl. auch zum Folgenden: Bundesintegrationsbeauftragte (Hrsg.): Sechster Bericht, a. a. O., S. 86

132 Vgl. Ch. Pfeiffer/P. Wetzels/D. Enzmann: Innerfamiliäre Gewalt gegen Kinder und Jugendliche und ihre Auswirkungen, in: Kriminologisches Forschungsinstitut Niedersachsen (http://www.kfn.uni-hannover.de; 6.6.2006)

133 Vgl. E. Wendler: Kindesmisshandlung und Vernachlässigung in Migrantenfamilien, in: G. Deegener/W. Körner (Hrsg.): Kindesmisshandlung und Vernachlässigung. Ein Handbuch, Göttingen u. a. 2005, S. 191

134 Vgl. hierzu und zum Folgenden: C. Pfeiffer/P. Wetzels/D. Enzmann: Innerfamiliäre Gewalt gegen Kinder, a. a. O., S. 18 ff.

andere), nach Einbürgerungsstatus sowie für türkische und ex-jugoslawische Zuwanderer differenziert. Besonders von Misshandlungen betroffen waren (im Vergleich zu deutschen Jugendlichen mit 7 %) türkischstämmige Eingebürgerte mit fast 25 und türkische Jugendliche mit 21 Prozent, Ex-Jugoslaw(inn)en mit 18 und Ausländer/innen aus Südeuropa mit 17 Prozent; mit größerem Abstand folgen andere Eingebürgerte und Aussiedlerjugendliche aus den Nachfolgestaaten der Sowjetunion. Die besondere Betroffenheit von Jugendlichen türkischer und jugoslawischer Herkunft zeigte sich auch bei „schweren Züchtigungen", der „erlebten Partnergewalt zwischen Eltern" und den „innerhalb der letzten 12 Monate gemachten familiären Gewalterfahrungen". Ein Vergleich der Ethnien innerhalb der Gruppe von Jugendlichen, deren Eltern entweder arbeitslos waren oder Sozialhilfe bezogen, belegte außerdem, dass sich die Unterschiede zwischen den Gruppen bei Kontrolle der sozioökonomischen Lage der Familien nur unwesentlich verringerten: Während einerseits fast 20 Prozent der deutschen Jugendlichen schwere Gewalterfahrungen innerhalb des vorangegangenen Jahres gemacht hatten, traf dies für 18 Prozent der Aussiedler/innen und für 19 Prozent der anderen Ausländer/innen zu. Mit einer diesbezüglich deutlich höheren Belastung mussten hingegen 47 Prozent der eingebürgerten Türk(inn)en, 35 Prozent der Ex-Jugoslaw(inn)en, 34 Prozent der Türk(inn)en, 27 Prozent der Ausländer/innen aus Südeuropa und 27 Prozent der anderen Eingebürgerten leben. Zu vergleichbaren Befunden gelangt auch die KiGGS-Studie, wonach Minderjährige mit Migrationshintergrund wesentlich häufiger Gewalterfahrungen gemacht hatten.[135] Signifikant häufiger war bei ihnen die Bereitschaft ausgeprägt, als Täter/innen Gewalt auszuüben, ebenso wie ihre Betroffenheit als Täter *und* Opfer, während sich bei Opfern keine signifikanten Unterschiede zu Nicht-Migrant(inn)en ergaben.

5.1.2 Die Gesundheitssituation und -versorgung von Aussiedlerkindern

Hinsichtlich der Gesundheit von Kindern aus Spätaussiedlerfamilien wäre es sinnvoll, die Befunde danach zu differenzieren, ob es sich um bereits länger ansässige, in Privatwohnungen lebende oder um neu eingereiste Kinder handelt. Allerdings ist der Forschungsstand zur Gesundheit *beider* Gruppen ausgesprochen lückenhaft, ebenso wie zur gesundheitlichen Situation erwachsener Spätaussiedler/innen,[136] sodass eine analytische Trennung der Forschungsergebnisse nicht vorgenommen werden kann. Gesundheitsbezogene Untersuchungen für diese Gruppe liegen vor allem zu Eingliederungsprozessen Jugendlicher und Erwachsener vor, die Fragestellungen der psychischen Gesundheit mit Blick auf Entwicklungen der (kulturellen) Identität, Akkulturationsorientierungen und Werthaltungen nachgehen.[137]

---

135 Vgl. R. Schlack/H. Hölling: Gewalterfahrungen von Kindern und Jugendlichen im subjektiven Selbstbericht. Erste Ergebnisse aus dem Kinder- und Jugendgesundheitssurvey (KiGGS), in: Bundesgesundheitsblatt 5–6/2007, S. 821

136 Vgl. A. Riecken: Migration und psychiatrische Erkrankungen. Aussiedler und Spätaussiedler im Niedersächsischen Landeskrankenhaus Osnabrück: 1990–1996. Diplomarbeit an der Universität Osnabrück 1999, S. 12

137 Vgl. R. K. Silberreisen/E. Schmitt-Rodermund: Wohlbefinden der jugendlichen Aussiedler, in: R. K. Silberreisen/E.-D. Lantermann/E. Schmitt-Rodermund (Hrsg.): Aussiedler in Deutschland, a. a. O., S. 257 ff. Ergänzend vgl. weitere Beiträge des Sammelbandes.

Im Unterschied zu angeworbenen Arbeitsmigranten der ersten Generation, deren guter Gesundheitszustand ein Auswahlkriterium war, weiß der Sechste Familienbericht von „Anzeichen, dass Aussiedler bereits im Herkunftsland gesundheitliche Belastungen aufweisen."[138] Dies bestätigt Barbara Dietz, die ausführt, dass in den Hauptherkunftsländern Russland und Kasachstan aufgrund schwerer Umweltschäden, Wasserverschmutzung, Bodenzerstörung und Luftverunreinigung eine z. T. gesundheitsgefährdende Umweltsituation bestehe, welche in Verbindung mit einem mangelhaften Gesundheitswesen die Lebensqualität der Bevölkerung und in erster Linie der Kinder in starkem Maße einschränke.[139] Bedingt durch eine schlechte medizinische Versorgung, mangelnde Ernährung sowie Alkohol- und Drogenkonsum habe zudem die Kindersterblichkeit in den 1990er-Jahren erheblich über dem Durchschnitt entwickelter Industrienationen gelegen.

Der Sechste Familienbericht konstatierte zur Gesundheit von in Übergangswohnheimen lebenden Spätaussiedlerkindern, dass die (häufig über mehrere Jahre andauernden) Lebensumstände in Wohnheimen gesundheitlich sehr belastend seien, da mehrere Generationen auf engstem Raum lebten und so keine Möglichkeit bestehe, auf die Ruhebedürfnisse von Kindern, Kranken und Behinderten Rücksicht zu nehmen.[140] Nach Aussagen von Beratungsstellen fänden sich „auffallend viele behinderte und chronische kranke Kinder und Erwachsene und alkohol- oder suchtkranke Aussiedler mit belasteter Frühsozialisation" in den Übergangsheimen und Beratungen. Von einer „Besorgnis erregenden Häufung von Krankheitssymptomen" sowohl bei jugendlichen als auch erwachsenen Aussiedler(inne)n berichteten verstärkt auch Kliniken, ärztliche Praxen und psychosoziale Beratungsstellen, sodass Aussiedler/innen mancherorts sogar als „Risikogruppe in Hinblick auf somatische und psychische Störungen" wahrgenommen würden.[141] Als verbreitete Symptome würden Suchtprobleme, Depressionen, Schlafstörungen, Erschöpfung und funktionelle Beschwerden wie z. B. Magengeschwüre und Herzbeschwerden angegeben.

Sowohl über die psychosoziale Integration als auch über die gesundheitliche und psychische Situation von Aussiedler*kindern* ist nach Ansicht von Barbara Dietz wenig bekannt. Es gebe aber Berichte, denen zufolge Behinderungen, psychosomatische Störungen und chronische Erkrankungen keine Seltenheit darstellten.[142] Kindertagesstätten, Schulen und Beratungsinstitutionen konstatierten, dass psychosoziale Probleme (besonders Unsicherheit, Ängstlichkeit und Verstörtheit) von Aussiedlerkindern zugenommen hätten. Ihre Freizeit verbrächten die Kinder überdurchschnittlich häufig mit der Familie oder zumindest in deren (oftmals beengten) Räumlichkeiten. Ebenso nähmen sie nicht an Freizeitaktivitäten einheimischer Kinder teil – sei es aufgrund fehlender Kontakte oder „weil sie bzw. ihre Eltern diese nicht finanzieren können". Ausflüge, Spielsachen, vor allem aber viele sportliche Aktivitäten, die sich besonders gut für ein gemeinsames Verbringen der Freizeit eigneten, kosteten Geld; Aussiedlereltern hätten dafür jedoch keine Mittel und stünden dem kommerzialisierten Spiel und Sport der Kinder generell kritisch gegenüber.

138 Vgl. hierzu und zum Folgenden: ebd., S. 197
139 Vgl. B. Dietz: Kinder aus Aussiedlerfamilien, a. a. O., S. 28
140 Vgl. auch zum Folgenden: BMFSFJ (Hrsg.): Familien ausländischer Herkunft, a. a. O., S. 197
141 Siehe ebd., S. 197
142 Vgl. B. Dietz: Kinder aus Aussiedlerfamilien, a. a. O., S. 28

Der Sechste Familienbericht sieht einen „starken Belastungsfaktor" für jugendliche Aussiedler/innen darin, dass die Auswanderungsentscheidung der Eltern häufig gegen ihren Willen getroffen worden und so das Heimweh entsprechend ausgeprägter als bei hier geborenen Jugendlichen ausländischer Herkunft sei.[143] Auch der Migrationssoziologe Petrus Han führt erhöhte Probleme jugendlicher Aussiedler/innen (wie Enttäuschungen, Vorwürfe, Aggressionen, Rückzugstendenzen und abweichende Verhaltensweisen) darauf zurück.[144] Der Familienbericht nennt seitens der Eltern überhöhte Versprechungen und Druck, welcher die verstärkt zu beobachtenden Rückzugs- und Abschließungstendenzen der Jugendlichen begünstige. Junge Aussiedler/innen verblieben zunehmend innerhalb ihrer eigenen Sprachgruppe und nähmen selten Kontakt zu einheimischen Gleichaltrigen auf.[145] Ebenso seien die Ausbildungsziele meist hoch angesiedelt, könnten jedoch aufgrund von Sprachproblemen und der Nichtanerkennung im Ausland erworbener Qualifikationen kaum eingelöst werden. Bezogen auf die gesundheitliche Lage scheine bei männlichen Jugendlichen überdies Alkohol- und bei weiblichen Jugendlichen Tablettenmissbrauch keine Seltenheit darzustellen.[146]

5.1.3 Die Gesundheitssituation und -versorgung von Flüchtlingskindern

Die Kinder von Flüchtlingen und Asylsuchenden bleiben seitens der Sozial-, Gesundheits- und Migrationsberichterstattung weitgehend ausgeblendet, sodass bezüglich ihrer Gesundheitssituation ebenfalls ein Forschungsdesiderat zu konstatieren ist.[147] Man kann aber davon ausgehen, dass die Sicherheit des Aufenthaltsstatus einen wesentlichen Einflussfaktor für ihre gesundheitliche Lage bildet. Darauf wies die AWO-ISS-Studie hin. Sie zeigte für Vorschulkinder, dass nicht deren ausländische Nationalität, wohl aber die Sicherheit des Aufenthaltsstatus für das Auftreten gesundheitlicher Beeinträchtigungen eine wichtige Rolle spielte.[148] Dies dürfte maßgeblich daraus resultieren, dass sich der Umfang der Gesundheitsversorgung von Flüchtlingen nach ihrem Aufenthaltsstatus richtet.[149] Familienangehörige von Migrant(inn)en, die unter das Asylbewerberleistungsgesetz fallen, sind erheblich schlechter gestellt, weil ihre gesundheitlichen Beeinträchtigungen nach den Paragrafen 4 und 6 des Gesetzes nur im Fall *akuter* Erkrankungen und Schmerzzustände und sofern sie „zur Sicherung der Gesundheit unerlässlich sind" medizinisch behandelt werden.[150]

Die durch aufenthaltsrechtliche Bestimmungen eingeschränkte Gesundheitsversorgung von Zuwanderern mit prekärem oder fehlendem Aufenthaltsstatus – die sich auch in der Verwei-

143 Vgl. BMFSFJ (Hrsg.): Familien ausländischer Herkunft, a. a. O., S. 197; ergänzend auch B. Dietz/H. Roll: Jugendliche Aussiedler. Portrait einer Zuwanderergeneration, Frankfurt a. M. 1997, S. 158

144 Vgl. P. Han: Soziologie der Migration, a. a. O., S. 178

145 Dies ist in der Literatur vielfach bestätigt worden; vgl. U. Boos-Nünning/Y. Karakaşoğlu: Viele Welten leben, a. a. O., S. 153 ff.

146 Vgl. dazu auch J. Walter/G. Grübl: Junge Aussiedler im Strafvollzug, a. a. O., S. 181

147 Vgl. J. Gardemann: Soziale Lage und Gesundheit. Zur Gesundheitssituation von Flüchtlingskindern, in: Bundesgesundheitsblatt 45/2002, S. 891 f.

148 Vgl. G. Holz: Teil I: Gesundheitsdefizite und Gesundheitspotenziale sozial benachteiligter und armer Kinder, a. a. O., S. 42; B. Hock/G. Holz/W. Wüstendörfer: Frühe Folgen, a. a. O., S. 59

149 Vgl. hierzu und zum Folgenden: St. Angenendt: Kinder auf der Flucht, a. a. O., S. 74

150 Zu den Auswirkungen der §§ 4 u. 6 AsylblG im Einzelnen vgl. G. Classen: Sozialleistungen für MigrantInnen a. a. O., S. 91 ff.

gerung von Krankenscheinen zur ambulanten Behandlung durch Behörden manifestiert – steht deshalb im Fokus der Kritik von Gesundheitswissenschaftler(inne)n und Flüchtlingsinitiativen, die vor u. U. gravierenden gesundheitlichen Folgen sowohl für Betroffene als auch für die Gesellschaft warnen. So moniert Eberhard Vorbrodt, dass häufig rechtliche Erwägungen von Sachbearbeiter(inne)n des Sozialamtes und nicht von Amtsärzten, wie in einigen Bundesländern üblich, Vorrang vor medizinischen Notwendigkeiten besitzen, sodass Flüchtlinge wie in einer Dreiklassenmedizin von der ambulanten Versorgung ausgeschlossen seien.[151]

Von Armut bedroht bzw. betroffen waren nach Ansicht von Zahra Mohammadzadeh im Wesentlichen drei Migrantengruppen: die in „erzwungener Armut" durch das Asylbewerberleistungsgesetz Lebenden, die aufgrund ihres Rechtsstatus unter das BSHG Fallenden (also Asylberechtigte, Kontingentflüchtlinge und einige De-facto-Flüchtlinge) sowie die sog. illegalen Einwanderer.[152] Unter Bezugnahme auf die Ottawa-Charta der Weltgesundheitsorganisation, welche gesundheitliche Chancengleichheit für alle Menschen verlangt, kritisiert Mohammadzadeh den formalen Ausschluss der ersten Gruppe von medizinischen Leistungen durch das Asylbewerberleistungsgesetz, das mit diesen hehren Zielen nichts gemein habe. Im Hinblick auf die Sozialhilfeempfänger/innen unter Zuwanderern sei nicht mehr der formale Ausschluss das Problem, weil die Ausgrenzung hier über transkulturelle Barrieren, Zugangsprobleme, Kommunikationsschwierigkeiten oder den Unwillen, sich mit schwierigen Klient(inn)en aus anderen Kulturen auseinanderzusetzen, funktioniere. Und schließlich müssten Gesundheitsämter und Ärzte auch undokumentierten Flüchtlingen Hilfe bei Krankheit und den Schutz der Gesundheit gewähren, weil diese höherwertige Rechtsgüter als politische Interessen des Staates seien.

Angesichts der Heterogenität der Gruppe von Flüchtlingskindern, ihren Aufenthaltsstatus und Gesundheitsbedingungen wären verallgemeinernde Ausführungen unangemessen. Im Folgenden wird deshalb der Erkenntnisstand zur gesundheitlichen Situation und Versorgung von Flüchtlingskindern mit dauerhaftem und mit prekärem Aufenthaltsstatus, alleinreisenden und „papierlosen" Flüchtlingskindern differenziert.

1. Kinder aus asylberechtigten und anerkannten Flüchtlingsfamilien

Über die Gesundheitssituation von dauerhaft aufenthaltsberechtigten Flüchtlingen ist wenig bekannt, da sie in der regulären Gesundheitsberichterstattung schon aufgrund kleiner Fallzahlen nicht gesondert ausgewiesen, sondern unter sonstigen Ausländer(inne)n rubriziert werden. Der Sechste Familienbericht konstatierte, dass sich Flüchtlinge gesundheitlich „im Wesentlichen nicht sehr stark von der übrigen Migrantenbevölkerung" unterschieden und dass spezifische Aspekte ein schlechter Impfstatus und traumatische Erlebnisse infolge von Folter-, Kriegs- und Gewalterfahrungen seien.[153] Dieser Befund erscheint vor dem Hintergrund plausibel, dass

151 Vgl. E. Vorbrodt: Medizinische Versorgung von Migranten mit ungesichertem Aufenthaltsstatus, in: M. Franke/R. Geene/E. Luber (Hrsg.): Armut und Gesundheit. Materialien zur Gesundheitsförderung, Bd. 1, Berlin 1999, S. 49 f.

152 Vgl. auch zum Folgenden: Z. Mohammadzadeh: Gesundheitssicherung in der Migration: Die Rolle des Öffentlichen Gesundheitsdienstes, in: M. Franke/R. Geene/E. Luber (Hrsg.): Armut und Gesundheit, a. a. O., S. 62 f.

153 Siehe auch zum Folgenden: BMFSFJ (Hrsg.): Familien ausländischer Herkunft, a. a. O., S. 189

Asylberechtigte und anerkannte Flüchtlinge samt ihren Familienangehörigen mit gewöhnlichem Aufenthaltsstatus grundsätzlich den gleichen Anspruch auf Gesundheitsversorgung wie deutsche und ihnen gleichgestellte EU-Migrant(inn)en haben, zugleich aber durch die Fluchterfahrung besonderen psychischen Belastungen ausgesetzt sind. Im Bedarfsfall stehen ihnen ebenso wie deutschen und ausländischen Sozialhilfe- bzw. SGB-II-Bezieher(inne)n Gesundheitsleistungen im Rahmen der Gesetzlichen Krankenversicherung offen.

Über die gesundheitliche Lage von Flüchtlings*kindern* mit gesichertem Aufenthaltstatus ist noch weniger bekannt, wobei auch der Kinder- und Jugendgesundheitssurvey des Robert Koch-Instituts hierzu kaum Erkenntnisse liefert. Wissenschaftliche Untersuchungen klammerten die gesundheitliche Situation von Flüchtlingskindern bis auf das häufige Vorkommen und die Möglichkeiten der Behandlung von (Flucht-)Traumata in der Vergangenheit weitgehend aus.[154] Joachim Gardemann zufolge deuten die wenigen systematisch gesammelten Gesundheitsdaten über Flüchtlingskinder „auch im deutschen Sprachraum auf einen schlechteren Gesundheitsstatus und schlechtere gesundheitliche Versorgung innerhalb dieser Bevölkerungsgruppe hin".[155] Gleichwohl könne die „unzureichende Unterbringung und Ernährung, Ausgrenzung und mangelndes gesundheitsbezogenes Inanspruchnahmeverhalten der Eltern" diesen Umstand nicht allein erklären, zumal Gewalterfahrungen, Angst, Hilflosigkeit und Misserfolge als solche bei Eltern und Kindern die Krankheitslast erhöhten. Der Migrationslagebericht 2000 schließlich machte auf überdurchschnittlich häufige Krankenhausaufenthalte von Flüchtlingskindern aufmerksam, ohne ihre Diagnose oder den Betroffenenkreis näher zu erläutern. Einem Münsteraner Stadtteilgesundheitsbericht zufolge nähmen Flüchtlingskinder seltener Vorsorgeuntersuchungen im Kindesalter wahr und wiesen im Impfschutz (Tetanus) große Defizite auf.[156]

2. Flüchtlingskinder mit prekärem Aufenthaltsstatus

Die Gesundheits*situation* von Flüchtlingskindern aus asylsuchenden und geduldeten Familien ist in der Fachliteratur bloß vereinzelt erörtert worden.[157] So informiert lediglich ein Gesundheitsbericht der Stadt Münster aus dem Jahre 1998 über eine erhebliche Mindernutzung der Kindervorsorgeuntersuchungen durch bereits im Inland geborene Kinder von Asylsuchenden und Flüchtlingen, trotz prinzipiell gleicher Zugangsmöglichkeiten. Befragt worden waren dazu 178 Kinder, die mit ihren Familien in städtischen Übergangswohnheimen lebten. Demnach waren 70 Prozent der Kinder nach ihrer Geburt (U1, U2) noch kinderärztlich untersucht worden, nach sechs Wochen (U3) waren es noch 59 und nach sechs Monaten (U5) bloß noch 8 Prozent. Ebenso hatten die Flüchtlingskinder trotz prinzipiell gleicher Zugangsmöglichkeiten im Unterschied zu allen Kindern erheblich geringere Immunisierungsraten, so etwa

154 Vgl. etwa U. Berg: Flüchtlingskinder in multikulturellen Stadtvierteln, a. a. O., S. 77 ff.; Ph. Anderson: Status Flüchtlingskind, a. a. O., S. 67

155 Siehe auch zum Folgenden: J. Gardemann: Zur Gesundheitssituation von Flüchtlingskindern, a. a. O., S. 101

156 Vgl. Bundesausländerbeauftragte (Hrsg.): Lagebericht 2000, a. a. O., S. 162 f.

157 Vgl. R. Holzapfel: Kinder aus asylsuchenden und Flüchtlingsfamilien, a. a. O., S. 99 ff.; Ph. Anderson: Status Flüchtlingskind, a. a. O., S. 67. Vgl. auch zum Folgenden: J. Gardemann: Soziale Lage und Gesundheit, a. a. O., S. 889 ff.; ders.: Zur Gesundheitssituation von Flüchtlingskindern, a. a. O., S. 101 ff.

bei Tetanus, Diphtherie und Polio, gegen die nur 23 Prozent geimpft waren. Außerdem wiesen die Kinder vergleichsweise häufig stationäre Kurzaufenthalte in Krankenhäusern auf. Den Einfluss des Aufenthaltsstatus auf die Inanspruchnahme der kindlichen Vorsorgeuntersuchungen bestätigt auch die KiGGS-Studie: Dort nahmen lediglich die Hälfte der Migrantenkinder und -jugendlichen mit ungesichertem Aufenthalt, aber fast 70 Prozent jener mit sicherem Aufenthalt alle Früherkennungsuntersuchungen in Anspruch.[158]

Im Vordergrund der Gesundheitsberichterstattung über Kinder im Asylbewerberleistungsbezug steht deren einschränkte Gesundheits*versorgung*. Sie wird seit langem von Flüchtlingsinitiativen, aber auch dem United Nation Committee on the Rights of the Child kritisiert, welches sich bereits 1995 besorgt darüber zeigte, dass die medizinische Behandlung und Versorgung asylsuchender Kinder in Deutschland allem Anschein nach nicht in Übereinstimmung mit den Prinzipien und insbesondere Artikel 1 und 2 der UN-Kinderrechtskonvention stehe.[159]

Die asylrechtlichen Bestimmungen, die den Zugang zu Gesundheitsleistungen für Migrant(inn)en im Asylbewerberleistungsbezug seit Inkrafttreten des entsprechenden Gesetzes im Juli 1993 einschränken, griffen auch die Migrationslageberichte auf.[160] Der Bericht des Jahres 2002 machte darauf aufmerksam, dass Angebote zu Vorsorgeuntersuchungen des öffentlichen Gesundheitswesens und der Gesetzlichen Krankenversicherung zwar grundsätzlich allen Ausländer(inne)n, nicht aber Leistungsberechtigten des Asylbewerberleistungsgesetzes, also „Geduldeten", Asylbewerber(inne)n und vollziehbar Ausreisepflichtigen bis zu drei Jahren nach der Einreise offen stehen.[161] Für Letztere sind dafür aber „Erstuntersuchungen" nach der Einreise zum Schutz vor übertragbaren Krankheiten und Erkrankungen der Atmungsorgane (Tuberkulose) verpflichtend. Obwohl medizinische Behandlungen grundsätzlich nur bei akuten Schmerzen und Erkrankungen gewährt würden, bestehe bei Schwangerschaft und Geburt ein uneingeschränkter Anspruch auf die erforderliche medizinische Versorgung, einschließlich Schutzimpfungen, Vorsorgeuntersuchungen während der Schwangerschaft sowie der Übernahme von Entbindungs- und Nachsorgekosten, führt der Bericht aus. Der (grundsätzlich ausgeschlossenen) Versorgung mit Zahnersatz werde überdies nur bei medizinisch unaufschiebbaren Gründen entsprochen, wie auch chronische Krankheiten (z. B. von Folteropfern oder traumatisierten Flüchtlingen) nur behandelt würden, sofern sie zur Gesundheitssicherung erforderlich seien.[162]

Eine von Unicef in Auftrag gegebene Untersuchung erörterte die rechtlichen Zugangsbarrieren bei der Inanspruchnahme kurativer, rehabilitativer und präventiver Gesundheitsleis-

158 Vgl. Robert Koch-Institut (Hrsg.): Kinder- und Jugendgesundheitssurvey (KiGGS) 2003–2006: Kinder und Jugendliche mit Migrationshintergrund, a. a. O., S. 109

159 Vgl. hierzu und zum Folgenden: R. Holzapfel: Kinder aus asylsuchenden und Flüchtlingsfamilien, a. a. O., S. 99 ff.

160 Vgl. Bundesausländerbeauftragte (Hrsg.): Lagebericht 2002, a. a. O., S. 218 f. Zur Entstehung des Asylkompromisses vgl. U. Herbert: Geschichte der Ausländerpolitik in Deutschland. Zwangsarbeiter, Gastarbeiter, Flüchtlinge, München 2001, S. 308 ff.

161 Vgl. hierzu und zum Folgenden: Bundesausländerbeauftragte (Hrsg.): Lagebericht 2002, a. a. O., S. 217 f.; eine Aufstellung der ausländerrechtlichen Statusgruppen, die Asylbewerberleistungen beziehen, findet sich (Stand: August 2006) bei G. Classen/R. Rothkegel: Die Existenzsicherung für Ausländer nach der Sozialhilfereform, a. a. O., S. 13

162 Vgl. Bundesausländerbeauftragte (Hrsg.): Lagebericht 2002, a. a. O., S. 218. Zu Inanspruchnahmeproblemen von Gesundheitsleistungen und rechtlichen Barrieren für erwachsene Asylbewerber und illegale Migranten vgl. auch A. Mackovic-Stegemann: Zielgruppenorientierte Gesundheitsförderung von Migranten, a. a. O., S. 117 ff.

tungen speziell für Flüchtlings*kinder* mit prekärem Status.[163] Ebenso wie Erwachsene haben Kinder im Asylbewerberleistungsbezug weder einen vollen Anspruch auf (zahn)ärztliche Hilfe noch ein Anrecht auf Leistungen der Gesundheitsvorsorge (etwa Zahnerhalt, Früherkennung von psychosomatischen Krankheitsbildern etc.) oder einen Arztbesuch, für den teilweise erst eine Genehmigung des Sozialamtes vorliegen müsse. Nach Ansicht des Verfassers Steffen Angenendt ist die Behandlung lediglich akuter Erkrankungen und Verletzungen vor allem deshalb problematisch, weil gerade bei minderjährigen Flüchtlingen häufig psychosomatische, aus Fluchterfahrungen und unsicheren Lebensbedingungen in Deutschland resultierende Beeinträchtigungen vorliegen, die sich im Zeitverlauf zu manifesten Krankheitsbildern verfestigen.[164] Unterschieden werden diesbezüglich primäre Traumatisierungserfahrungen durch Krieg, Flucht und Orientierungslosigkeit sowie „sekundäre Traumatisierungen", die durch Erfahrungen mit dem Flüchtlingsstatus entstehen.[165] Renate Holzapfel weist in diesem Zusammenhang auf Versorgungsmängel in der psychosozialen Betreuung von Kindern mit Flucht- oder anderem Migrationshintergrund hin.[166] Selbst in Fachkreisen der Gesundheitsarbeit werde eine rechtzeitige und angemessene Behandlung von Flüchtlingskindern durch Ignoranz erschwert, z. B. wenn Amtsärzte entsprechende Behandlungen blockierten. Den Kindern werde, so ein Experte, eine eigene Erfahrungswelt abgesprochen und sie würden nur als „Kinder von Flüchtlingen" betrachtet, wobei man übersehe, dass sie ebenso wie Erwachsene Flüchtlinge sind, die nur noch mehr des Schutzes bedürften. „Sie sind nicht vergleichbar mit ‚unseren' Kindern, auch nicht mit jenen, die wir ‚Ausländerkinder' nennen."[167]

Für geduldete Romakinder bestehen hinsichtlich der Inanspruchnahme kurativer und präventiver Leistungen dieselben Barrieren wie für andere Kinder mit prekärem Status, sodass eine Behandlung vom Ermessen des Sozialamtes bzw. von dessen Kostenübernahme durch die Gewährung eines Krankenscheines abhängt. Eine Expertise im Auftrag Unicefs machte diesbezüglich auf die Möglichkeit des generellen Ausschlusses von Sozialleistungen aufmerksam, der praktiziert werde, wenn Betroffenen seitens der Behörden etwa eine Einreise zwecks Sozialleistungsbezug, unterschlagene Vermögenswerte oder eine fehlende Mitwirkung bei der Klärung der Ausreise bzw. der (Wieder-)Beschaffung des Passes o. Ä. unterstellt wird.[168] Roma-Kinder, deren Eltern von einem solchen Sozialleistungsausschluss betroffen sind, „haben keinen Zugang zur öffentlichen Gesundheitsversorgung und erhalten keine Krankenscheine. Ärztliche Dienste müssen sie selbst bezahlen", womit sie von der gesundheitlichen Regelversorgung ausgeschlossen und besonders benachteiligt seien. Spezifisch für rumänische Roma ohne Sozialleistungsbezug und Pässe richtete Frankfurt a. M. 1997 eine Sprechstunde im Stadtgesundheitsamt ein.

163 Vgl. hierzu und zum Folgenden: St. Angenendt: Kinder auf der Flucht, a. a. O., S. 74; zu den rechtlichen Bestimmungen vgl. G. Classen: Sozialleistungen für MigrantInnen und Flüchtlinge, a. a. O., S. 91 ff.

164 Vgl. Ph. Anderson: Status Flüchtlingskind, a. a. O., S. 63 ff.

165 Vgl. J. Ringel/D. Liebenow: Sekundäre Traumatisierung durch den Flüchtlingsstatus, in: H. v. Balluseck (Hrsg.): Minderjährige Flüchtlinge, a. a. O., S. 133 ff.

166 Vgl. auch zum Folgenden: R. Holzapfel: Kinder aus asylsuchenden und Flüchtlingsfamilien, a. a. O., S. 216

167 Vgl. J. Sobotta: Die Zeit heilt keine Wunden. Anmerkungen zur psychosozialen Situation von Kinder- und jugendlichen Flüchtlingen, in: PSZ-Ausdruck 1/1996, S. 25, zit. nach: R. Holzapfel: Kinder aus asylsuchenden und Flüchtlingsfamilien, a. a. O., S. 216

168 Vgl. auch zum Folgenden: Zentrum für Antisemitismusforschung der Technischen Universität Berlin (Hrsg.): Zur Lage von Kindern aus Roma-Familien, a. a. O., S. 14 f.

Die Gesundheitssituation von Flüchtlingskindern thematisierte auch die AWO-ISS-Studie am Rande. Gerda Holz und ihre Mitautor(inn)en belegten, dass Vorschulkinder aus Zuwandererfamilien mit unsicherem Aufenthaltsstatus (also v. a. aus Flüchtlingsfamilien) mit rund 32 Prozent doppelt so häufig gesundheitlich auffällig waren wie jene mit relativ sicherem Status (16 %).[169] Renate Holzapfel berichtet von Hautkrankheiten, Kopf- und Magenschmerzen, sowie bei 6- bis 12-jährigen Kindern im Bereich psychosomatischer Beschwerden je nach Alter von Überängstlichkeit, Depressionen, Bettnässen, Aggressionen sowie Rückzug. Ganz junge Kinder zeigten Stresssymptome im Spielverhalten, Überängstlichkeit, Trennungsängste und Alpträume, während bei Jugendlichen besonders Selbstzerstörungstendenzen beobachtet würden. Zudem sei die oftmals katastrophale medizinische Versorgung in den Herkunftsländern häufig für verschleppte Leiden verantwortlich, die eine längere (zahn)medizinische Behandlung nötig machten. Neben der fluchtbedingt höheren psychosomatischen Belastung kämen bei Flüchtlingskindern die Unsicherheit über den weiteren Aufenthalt der Familie sowie die Wohnsituation in Sammelunterkünften verschärfend hinzu. Holzapfel beschreibt die beengten Wohnbedingungen in Unterkünften als sehr belastend, insbesondere auf Hotelunterbringungen reagierten Kinder mit einem verstärkten Auftreten psychosomatischer Erkrankungen (Bauch- und Kopfschmerzen, apathisches Verhalten und Hyperaktivität).

Zu der für die Gesundheit relevanten Ernährungssituation von asylsuchenden und geduldeten Flüchtlingsfamilien vermutet Holzapfel, dass es ihnen nach vorliegenden Erkenntnissen weitgehend möglich sei, die Ernährungsgewohnheiten der Herkunftsländer aufrechtzuerhalten – „vorausgesetzt, dass sie nicht der Versorgung in Gemeinschaftsunterkünften, mit Sachmitteln oder Wertgutscheinen unterliegen und nicht in ländlichem Gebiet wohnhaft sind".[170] Die Grund- und Lebensmittelversorgung von Flüchtlingsfamilien mit Sachleistungen, die in § 3 AsylblG verankert ist, wird in der Literatur häufig kritisiert.[171] Allerdings *müssen* nur in der Erstaufnahmeeinrichtung Sachleistungen zur Deckung des notwendigen Bedarfs (der Ernährung, Unterkunft, Heizung, Kleidung etc.) gewährt werden, bei allen anderen Unterkunftsformen haben diese zwar Vorrang, es *können* aber auch Geldleistungen oder Wertgutscheine ausgegeben werden, was einige Gemeinden praktizieren.[172] In der Praxis sind je nach Kommune unterschiedlich kombinierte Formen der Sachleistungsgewährung beobachtbar: Kantinenverpflegung, folienverpackte Fertigmenüs, Essens(bestell)pakete, Warenbezug von heimeigenen Spezialläden oder durch „Kundenkontoblätter" in festgelegten Supermärkten sowie der Einkauf mit Wertgutscheinen. Holzapfel moniert, dass besonders Lebensmittelpakete für Kleinkinder und (in nur wenigen Geschäften einlösbare) Wertgutscheine z. T. zu einer „unsinnigen und mangelhaften" Ernährung (Aussage einer Kinderärztin) führten.

---

169 Vgl. G. Holz: Teil I: Gesundheitsdefizite und Gesundheitspotenziale sozial benachteiligter und armer Kinder, a. a. O., S. 42. Zu gesundheitlichen Auffälligkeiten zählten Indikatoren wie „das Kind nässt noch ein", es ist „in seiner körperlichen Entwicklung zurückgeblieben", „hat eine chronische Erkrankung", „ist häufig krank" oder „in Bezug auf seine Motorik auffällig"; vgl. B. Hock/G. Holz/W. Wüstendörfer: Frühe Folgen, a. a. O., S. 59

170 Siehe ebd., S. 79

171 Vgl. St. Angenendt: Kinder auf der Flucht, a. a. O., S. 65; zum Folgenden: R. Holzapfel: Kinder aus asylsuchenden und Flüchtlingsfamilien, a. a. O., S. 79

172 Vgl. G. Classen: Sozialleistungen für MigrantInnen und Flüchtlinge, a. a. O., S. 82; zum Folgenden: S. 89

3. Unbegleitete Kinderflüchtlinge

Nur einzelne Beiträge widmen sich der gesundheitlichen Lage von unbegleiteten Kinderflüchtlingen.[173] Am ehesten wird ihre aufenthaltsrechtliche Zwitterstellung zwischen Kinder- und Jugendhilfe sowie dem Geltungsbereich des Asylbewerberleistungsgesetzes problematisiert, die sich unmittelbar auf die Wohnungs- und nicht zuletzt auch die Gesundheitssituation der Betroffenen auswirkt.[174] Bis-zu-15-Jährige, die in Kinder- und Jugendhilfeeinrichtungen leben, stehen die vom Kinder- und Jugendhilfe- sowie vom Bundessozialhilfegesetz vorgesehenen umfassenden gesundheitserhaltenden Leistungen offen, während Über-16-Jährige i. d. R. wie erwachsene Asylbewerber/innen behandelt werden.

Die wenigen existenten Untersuchungen konstatieren übereinstimmend, dass (psycho)-somatische Beschwerden, die aus erheblichen seelischen Belastungen im Zusammenhang mit Flucht, Elternlosigkeit und Orientierungsschwierigkeiten im neuen Umfeld resultieren, bei alleinreisenden Flüchtlingskindern weit verbreitet sind.[175] Hilde von Balluseck nennt zudem regressive Tendenzen, die sich in Bettnässen oder einer Verzögerung der sexuellen Entwicklung äußerten, sowie ein negatives Selbstwertgefühl und Heimatlosigkeit als Symptome.[176] Anderson zitiert einen Kinderarzt, dem zufolge „starke psychosomatische Krankheiten wie z. B. Kopf- und Magenschmerzen, Aggressivität bis hin zu chronischen Verhaltensauffälligkeiten, Suizidversuche und Psychosen“ typisch für diese Flüchtlingskindergruppe seien.[177] Weitgehend im Dunkeln bleiben allerdings das übrige Krankheitsspektrum sowie das gesundheitliche (Un-)Wohlbefinden unbegleiteter Kinderflüchtlinge im Vergleich zu anderen Migrantengruppen.

4. Kinder aus illegalisierten Familien

Wohlfahrtsverbände, Migrantenorganisationen und zivilgesellschaftliche Gruppen monieren seit Ende der 1990er-Jahre vermehrt die gänzlich fehlende Gesundheitsversorgung undokumentierter Migrant(inn)en und fordern politische Initiativen, um ein Minimum an Strukturen und Offenheit von Gesundheitsleistungen zu gewährleisten.[178] Die gesundheitlichen Problembereiche illegalisierter Migrant(inn)en stehen – zumal in der amtlichen Berichterstattung primär strafrechtliche Aspekte behandelt werden – dennoch kaum im Fokus wissenschaft-

---

173 Vgl. R. Holzapfel: Kinder aus asylsuchenden und Flüchtlingsfamilien, a. a. O., S. 186; S. Jordan: Fluchtkinder, a. a. O., S.133; Ph. Anderson: Status Flüchtlingskind, a. a. O., S. 63 ff.

174 Vgl. etwa E. Peter: Die Rechtsstellung der Flüchtlingskinder in Deutschland, a. a. O., S. 60 ff.

175 Vgl. J. Gardemann: Soziale Lage und Gesundheit, a. a. O., S. 889; Ph. Anderson: Status Flüchtlingskind, a. a. O., S. 63 ff.

176 Vgl. H. v. Balluseck/A. Meißner: Formen und Auswirkungen von Traumatisierung bei minderjährigen Flüchtlingskindern, in: dies. (Hrsg.): Minderjährige Flüchtlinge, a. a. O., S. 77

177 Siehe Ph. Anderson: Status Flüchtlingskind, a. a. O., S. 65

178 Vgl. J. Lindert: Krankheit kennt keine Papiere, in: Bundesintegrationsbeauftragte (Hrsg.): Gesunde Integration, Berlin 2003, S. 143 ff.; Katholisches Forum Leben in der Illegalität (Hrsg.): Manifest Illegalität – für eine differenzierte und lösungsorientierte Diskussion, 2006 (http://www.forum-illegalitaet.de/ManifestUnterzeichnerPublikation.pdf; 3.9.06); Bundesausländerbeauftragte (Hrsg.): Lagebericht 2002, a. a. O., S. 87

licher Aufmerksamkeit.[179] Da die wenigen existierenden Beiträge häufig auf Erfahrungen der Beratungspraxis oder von in der Flüchtlingsarbeit engagierten Initiativen beruhen und sich zudem ausnahmslos auf erwachsene Migrant(inn)en konzentrieren, bleiben die gesundheitlichen Lebens- und Versorgungsbedingungen keiner anderen Migranten*kinder*gruppe derart unterbelichtet, weshalb sich auch die folgenden Befunde auf die Gesundheitssituation Erwachsener beschränken.[180] Allein ein Beitrag über die Gesundheitsversorgung papierloser Migrant(inn)en in Berlin informiert darüber, dass zu behandelnde Kinder von ihren Eltern mit einer Vielzahl unterschiedlicher Erkrankungen in die medizinische Beratungsstelle gebracht würden.[181]

Das allmählich gestiegene politische Interesse an den gesundheitlichen Problemen Illegalisierter zeichnet sich in den Migrationslageberichten ab.[182] So wies der Bericht von 1997 erstmals auf die nicht sichergestellte medizinische Versorgung „Illegaler" hin, verbunden mit der Aussage, dass deren medizinische Grundversorgung im Interesse des Einzelnen und der Allgemeinheit gesichert sein müsse, schon um die Verbreitung ansteckender Krankheiten zu verhindern.[183] Der Folgebericht des Jahres 2000 schätzte die gesundheitliche Versorgung der Illegalisierten als „schwierig" ein, zumal gesetzliche Regelungen nicht existierten.

Der Migrationslagebericht 2002 wertete die gesundheitliche Versorgung „Illegaler" als „sehr problematisch", zumal theoretisch bestehende Ansprüche auf Krankenhilfe in der Praxis nicht eingelöst würden.[184] Betroffene suchten aus Angst vor Abschiebung nur bei schwerwiegenden Erkrankungen ärztliche Hilfe und insbesondere Jüngere nähmen gesundheitliche Beeinträchtigungen zunächst hin oder verleugneten sie. Während bei Bagatellverletzungen eigene soziale Netzwerke als Anlaufstation fungierten, würden für notwendige medizinische Behandlungen und Therapien bevorzugt Ärzte aus den Heimatländern aufgesucht. Im Krankheitsfalle trügen undokumentierte Migrant(inn)en erhöhte Risiken, ernsthafte und langwierige gesundheitliche Schädigungen davon zu tragen, wobei auch Krankheitsverschleppungen und Ansteckungen vorkämen. Im Zusammenhang mit der Zugänglichkeit von (psychosozialen) Gesundheitsdiensten wurden des Weiteren „besondere psychische Belastungen" problematisiert, denen „Illegale" ausgesetzt sind. Durch den fehlenden aufenthaltsrechtlichen Status befänden sich Betroffene in einem dauerhaften Stresszustand, der durch die Furcht vor Ergreifung, Bestrafung und Ausweisung begründet sei. Auch eine psychiatrische und psychosomatische Behandlung sowie Rehabilitationsmaß-

179 Vgl. J. Alt: Illegal in Deutschland, a. a. O., S. 72 ff.; U. Zabel: Aus der Beratungsarbeit im Caritas Migrationsdienst Berlin, in: Sekretariat der Deutschen Bischofskonferenz (Hrsg.): Leben in der Illegalität in Deutschland – eine humanitäre und pastorale Herausforderung, Bonn 2001, S. 96 ff.; R. Münz/St. Alscher/V. Özkan: Leben in der Illegalität, a. a. O., S. 81 ff.

180 So beschränkt sich J. Alt in seinen Studien zur Lebenssituation „Illegaler" in Leipzig und später auch München weitgehend auf erwachsene Migranten, obwohl über 20 Kinder in den von ihm untersuchten Gemeinschaften lebten. Bei den Betroffenen seien Gefühle von Angst, Misstrauen und Sehnsucht nach Erlösung weit verbreitet, zudem wiesen traumatisierte Flüchtlinge im Gegensatz zu Arbeitsmigranten oft eine passiv-abwartende Haltung auf; vgl. ders.: Illegal in Deutschland, a. a. O., S. 225 u. 175 ff.

181 Vgl. A. Franz: Lebenssituation, soziale Bedingungen, Gesundheit, a. a. O., S. 186

182 Vgl. auch Bundesintegrationsbeauftragte (Hrsg.): Sechster Bericht, a. a. O., S. 214

183 Vgl. Bundesausländerbeauftragte (Hrsg.): Lagebericht 1997, a. a. O., S. 71; zum Folgenden: dies. (Hrsg.): Lagebericht 2000, a. a. O., S. 163

184 Vgl. hierzu und zum Folgenden: Bundesausländerbeauftragte (Hrsg.): Lagebericht 2002, a. a. O., S. 219; ergänzend die Originalquelle: J. Alt: Illegal in Deutschland, a. a. O., S. 72 ff.

nahmen seien für diese Gruppe kaum zugänglich;[185] noch schwieriger sei jedoch ihre mit einem erhöhten Entdeckungsrisiko verbundene ambulante und stationäre Versorgung, sodass ein „frühzeitiges Verlassen der Klinik" mit entsprechenden gesundheitlichen Risiken und der Gefahr von zusätzlichen Spätschäden gängig sei. Als problematisch sei schließlich die Lage von Schwangeren zu bewerten, die höchstens bei Komplikationen während der Entbindung einen Arzt aufsuchten.[186] Problematisiert wurde ferner eine fehlende „menschenrechtlich orientierte Bewertung der Situation", die aufgrund ihrer Thematisierung durch Kirchen und Wohlfahrtsverbände (neben der polizei- und ordnungsrechtlichen Dimension) zunehmend Eingang in die Wahrnehmung von Öffentlichkeit und Politik finde.[187] Ein Rechtsgutachten lege nahe, dass ein auf die aufenthaltsrechtliche Dimension verengter Blick dazu beitrage, dass Rechte der Betroffenen in anderen Lebensbereichen nicht hinreichend zur Kenntnis genommen würden. Der Bericht empfahl deshalb, u. a. in dem Bereich „staatlicher Leistungen bei Krankheit, Schwangerschaft und Geburt" einen Ansatzpunkt politischer Strategien für eine Verbesserung der Situation Betroffener zu sehen. Diese Einschätzung werde noch dadurch unterstrichen, dass freie Einrichtungen des Gesundheitswesens zunehmend (und unter Verwendung von Eigenmitteln) Ressourcen und Kapazitäten bereitstellten, um eine medizinische Versorgung „Illegaler" zu ermöglichen.[188]

Ein Positionspapier der deutschen Bischöfe aus dem Jahr 2001 stufte die „ungünstigen Arbeits- und Wohnbedingungen" Illegalisierter als überdurchschnittlich gesundheitsgefährdend ein.[189] Da mit Krankheiten oft Einkommens- und Lebensunterhaltsverluste einhergingen, würden zwar Beratungsstellen aufgesucht, zugleich werde Kranksein aber nach Möglichkeit vermieden oder vertuscht. An sich harmlose Krankheiten würden so verschleppt und nähmen nicht selten bedrohliche Ausmaße an, die u. U. zu gesundheitlichen Dauerschäden führten, wobei sich besondere Probleme bei Schwangerschaften und heimlichen Kindesgeburten ohne Arztbeteiligung ergäben. Für „illegale" Kinder sei neben dem Schulbesuch besonders der Umgang mit Gleichaltrigen eingeschränkt, den Eltern aus Angst verbieten würden, was nicht selten Sozialisationsstörungen und innerfamiliäre Konflikte mit sich bringe. Nach Ansicht der Bischofskonferenz führt dies zu hoher sozialer Isolierung und gesellschaftlicher Ablehnung; extreme psychische Belastungen bei den Betroffenen seien die Folge. Aus dem (für jeden geltenden) Recht auf Leben und körperliche Unversehrtheit (Art. 2 Abs. 2 GG) sei auch für Menschen ohne Aufenthaltsrecht und mit einer Duldung das – auch praktisch durchsetzbare – Recht auf Zugang zum öffentlichen Gesundheitssystem und zur medizinischen Versorgung abzuleiten, fordern die Bischöfe, wobei zu gewährleisten sei, dass betroffenen Ausländer(inne)n keine Anzeigen vom medizinischen Personal drohten.

Die tatsächliche Nutzung medizinischer Dienste und Einrichtungen des Gesundheitswesens zählt für „Illegale" nach Ansicht von Rainer Münz und seinen Koautoren zu den am

185 Siehe Bundesausländerbeauftragte (Hrsg.): Lagebericht 2002, a. a. O., S. 214 f.

186 Vgl. dazu auch W. Krieger u. a.: Lebenslage „illegal", a. a. O., S. 109 ff.

187 Vgl. auch zum Folgenden: Bundesausländerbeauftragte (Hrsg.): Lagebericht 2002, a. a. O., S. 87

188 Zu Gesundheitsinitiativen wie jener der Malteser in Berlin vgl. A. Franz: Lebenssituation, soziale Bedingungen, Gesundheit, a. a. O., S. 185. Für eine Übersicht zu Gesundheitsdiensten für Flüchtlinge und papierlose Migrant(inn)en vgl. die Webseite des Aktionsbündnisses gegen Abschiebungen Rhein-Main (http://www.aktivgegenabschiebung.de/links_medizin.html; 11.1.07)

189 Vgl. hierzu und zum Folgenden: Sekretariat der Deutschen Bischofskonferenz (Hrsg.): Leben in der Illegalität in Deutschland – eine humanitäre und pastorale Herausforderung, Bonn 2001, S. 20 u. 52

schwierigsten lösbaren Problemen, obwohl *de facto jeder* abhängig Beschäftigte über den Anspruch auf Leistungen der Unfall- und Krankenversicherung verfüge.[190] Die Literatur dokumentiert aber verschiedene Strategien, mittels derer Betroffene ohne eine Offenlegung ihrer Identität bzw. ihres Aufenthaltsstatus Zugang zu medizinischer Versorgung finden. In manchen Fällen seien Migrant(inn)en Mitglied einer (gesetzlichen) Krankenversicherung des Heimatlandes oder einer privaten Versicherung hierzulande, welche für Behandlungskosten (außer von Arbeitsunfällen und Schwangerschaften) aufkomme. Da private Versicherungen jedoch vergleichsweise teuer seien, kämen sie für einen Großteil ohnehin nicht in Frage. Im Krankheitsfall zeige sich überdies die Bedeutung sozialer Netzwerke, da die Verwendung von Versicherungs(chip)karten anderer etlichen Personen einen relativ risikofreien und (für sie) zudem kostenlosen Zugang zu medizinischer Versorgung ermögliche. Informelle Netzwerke von Ärzten, Sozialarbeitern, Hebammen und Dolmetschern gewährleisteten außerdem eine ambulante (nicht aber eine stationäre) Versorgung. Münz u. a. weisen schließlich darauf hin, dass die für Mitarbeiter/innen von Sozial- und Jugendämtern bestehende Meldepflicht von undokumentierten Zuwanderern für Mitarbeiter/innen von Gesundheitsämtern und Krankenhäusern nicht gilt.[191] Während Letztere (trotz der Pflicht, medizinische Notfälle auch ohne Versichertenkarte zu behandeln) ein Interesse haben, Patientendaten auch im Hinblick auf die Kostenerstattung durch Sozialämter zu erfassen, liege das Interesse öffentlicher Gesundheitsämter – schon allein deshalb, weil im Interesse der Öffentlichkeit „die Volksgesundheit bedrohende Krankheiten“ behandelt werden sollten – eher in der Behandlung medizinischer Notfälle.

5.1.4 Zwischenfazit: Gesundheitssituation und -versorgung von Kindern mit Migrationshintergrund

Die lückenhaften Forschungsergebnisse zur Gesundheitssituation von Kindern mit Migrationshintergrund weisen auf den ersten Blick auf höhere gesundheitliche Belastungen besonders ausländischer Kinder hin, die sich mit wenigen Ausnahmen (Allergien, Impfschutz) bei fast allen Gesundheitsindikatoren verschiedener Altersstufen, beginnend im geburtsnahen Bereich (Säuglingssterblichkeit und Frühgeburten) bis hin zum Jugendalter, widerspiegeln. Besonders ausgeprägt sind die Unterschiede zu deutschen Kindern in Bezug auf die Zahngesundheit und die Verbreitung von Übergewicht und Adipositas, häufiger sind bei ihnen aber auch Infektionskrankheiten (wie Tuberkulose) sowie Unfälle mit Verletzungsfolgen. Defizite sind vor allem in Bezug auf die Gesundheitsversorgung und die Inanspruchnahme von Vorsorgeuntersuchungen durch ausländische Kinder (bzw. während der Schwangerschaft ihre Mütter) belegt, die häufig auf Informationsdefizite Zugewanderter zurückgeführt werden. Insgesamt zeigen diese Befunde für ausländische Kinder somit beträchtliche Parallelen zu gesundheitlichen Belastungen, die für Kinder aus sozial benachteiligten Familienverhältnissen dokumentiert sind.

190 Vgl. auch zum Folgenden: R. Münz/St. Alscher/V. Özkan: Leben in der Illegalität, a. a. O., S. 81 ff.
191 Vgl. ebd., S. 84 f.; Bundesausländerbeauftragte (Hrsg.): Lagebericht 2002, a. a. O., S. 220

Da nicht nur zwischen deutschen Familien und solchen mit Migrationshintergrund, sondern auch zwischen wohlhabenden und armen Familien signifikante Unterschiede in den gesundheitlichen Lagen beobachtbar sind (wenngleich zahlreiche Parallelen bestehen), wirken auf den Gesundheitszustand von Migrantenkindern offenbar sowohl migrations- als auch schichtspezifische Einflussfaktoren. Allerdings kontrollieren die Untersuchungen je nach Ausrichtung entweder den Einfluss der Sozialschicht oder jenen der Nationalität, womit unklar bleibt, in welchem Ausmaß die höheren gesundheitlichen Prävalenzraten ausländischer Kinder auf ihre nichtdeutsche Staatsangehörigkeit oder ihre höhere Armutsbetroffenheit zurückzuführen sind. Lediglich die AWO-ISS-Studie konstatiert hierzu, dass die ausländische Staatsangehörigkeit an sich keinen Einfluss auf die Gesundheit von Vorschulkindern habe, wohl aber die Armutsbetroffenheit der Familie. Diese Forschungsdesiderate erstaunen umso mehr, als die Zusammenhänge zwischen familiärer Armut und Kindergesundheit, wie eingangs gezeigt, seit langem einen Schwerpunkt der Kinderarmutsforschung bilden.

Nur partielle Erkenntnisse gibt es zu Unterschieden in der gesundheitlichen Situation verschiedener Migrantenkindergruppen. Allenfalls türkische Kinder werden gelegentlich gesondert behandelt und dabei etwa in Bezug auf die Zahngesundheit und die Verbreitung von Übergewicht und Adipositas als besonders belastet eingeschätzt. Sehr dürftig ist das Wissen um die Gesundheit von Spätaussiedlerkindern, für die es äußerst vage Hinweise auf gesundheitliche Beeinträchtigungen durch beengte Verhältnisse in Wohnheimen, häufigere chronische Erkrankungen und (bei Jugendlichen) psychosomatische Symptome und Suchtprobleme gibt. Für Flüchtlingskinder sind Verallgemeinerungen aufgrund der Heterogenität der Gruppe besonders unangemessen, zumal kaum gesicherte Erkenntnisse zu ihrer Gesundheitssituation bestehen. Besonders dokumentiert ist zwar der rechtliche Ausschluss von Leistungen im Krankheitsfall bei Asylbewerberleistungsberechtigten, nicht aber die Folge dieser nur auf Notfälle eingeschränkten Versorgung für die Gesundheit und Krankheitsprävalenz von Kindern. Noch nebulöser ist der Erkenntnisstand zur gesundheitlichen Lage bloß für illegalisierte Kinder, die von der regulären Gesundheitsversorgung auch in Notlagen gänzlich ausgeschlossen sind und vermutlich zu den am stärksten gesundheitlich gefährdeten Migranten(kinder)gruppen gehören.

5.2 Bildungsbe(nach)teiligung und -armut von Kindern mit Migrationshintergrund

Bildung ist im Kontext von Kinderarmut unzweifelhaft eine zentrale und zugleich wohl auch die am intensivsten erforschte (kindliche) Lebenslagendimension, weil in ihr der Grundstein für eine erfolgreiche Platzierung Heranwachsender im Statussystem einer (Wissens-)Gesellschaft gelegt wird. Die Bundesregierung konstatierte hinsichtlich der Zusammenhänge zwischen erfolgreicher Bildung und sozioökonomischer Platzierung, dass gerade in der deutschen Gesellschaft mit ihrer engen Verbindung zwischen (Aus-)Bildungs- und Beschäftigungssystem die „Verteilung der Lebenschancen wesentlich durch das Nadelöhr der (überwiegend öffentlich vermittelten) Bildungschancen“ erfolge.[192]

192 Siehe BMAS (Hrsg.): Lebenslagen in Deutschland. Der erste Armuts- und Reichtumsbericht, a. a. O., S. 119

Im Kontext von Armut und sozialer Benachteiligung kommt der Bildung hauptsächlich bei der Vererbung von Armutsrisiken durch die hierzulande besonders enge Kopplung von Bildungserfolgen an die soziale Herkunft von Schüler(inne)n eine herausragende Bedeutung zu. Das individuelle Bildungsniveau einschließlich erworbener Zertifikate vermittelt sowohl direkt den Zugang zu verschiedenen sozialen Positionen als auch indirekt zu sozialen Schichten und beeinflusst damit maßgeblich das Ausmaß vertikaler sozialer Mobilität einer Person.[193] Diese von der Bildungssoziologie herausgearbeitete Platzierungsfunktion in der Gesellschaft wird auch als „Allokationsfunktion" oder „Statuszuweisung" bezeichnet. Mit der Platzierung unmittelbar verbunden ist die Selektionsfunktion des Bildungssystems, die aufgrund von dessen immanent meritokratischem Anspruch einer ausschließlich auf Individualleistung gründenden Auslese der Schüler/innen solche mit niedrigen und solche mit hohen schulischen Fähigkeiten unterscheidet, um eine diesen angemessene berufliche Platzierung zu gewährleisten. Die Realität indessen widerspricht den theoretischen Vorannahmen – und das ist ein zentraler Gegenstand der folgenden Ausführungen: Nicht individuelle Leistungen, vielmehr die soziale und teilweise auch die ethnische Herkunft von Schüler(inne)n entscheiden neben anderen Faktoren oftmals über individuelle Bildungschancen, was sich besonders bei Kindern aus armen Zuwandererfamilien zeigt.

Zugleich ist Bildung ein Grund- und Menschenrecht, das in Art. 25 der Allgemeinen Erklärung der Menschenrechte von 1948 verankert ist und damit einen universellen, d. h. unteilbaren Charakter hat. Darüber hinaus enthält die UN-Kinderrechtskonvention von 1989 in Artikel 28 die Forderung nach der Gewährleistung eines kostenlosen und obligatorischen Grundschulbesuchs für alle Kinder. In Deutschland wird dieser durch die allgemeine Schulpflicht für (fast) alle Kinder und Jugendlichen bis zum 16. Lebensjahr verwirklicht. Das Recht auf Bildung ist ebenfalls im Grundgesetz verankert und wird in den Landesverfassungen, etwa in Art. 11 Abs. 1 der Baden-Württembergischen Verfassung, wie folgt präzisiert: „Jeder junge Mensch hat ohne Rücksicht auf Herkunft oder wirtschaftliche Lage das Recht auf eine seiner Begabung entsprechende Erziehung und Ausbildung."[194]

Im Zuge des durch Globalisierungsprozesse geprägten gesellschaftlichen Wandels steht auch das deutsche Bildungswesen unter einem enormen Veränderungsdruck. Der allmähliche Funktionswandel der Bildung wird von verschiedenen sozialwissenschaftlichen Fachdisziplinen kontrovers behandelt. Übereinstimmung herrscht darin, dass sich im Laufe der Zeit die zu erfüllenden Aufgaben verändert haben. Im Bereich der frühkindlichen Bildung rücken zunehmend Prozesse der „unabsichtlichen Selbstbildung", d. h. der Hilfe zur Selbst-

193 Seit den 1960er-Jahren hat das Bildungswesen einen Umbruch erfahren, der sich analog zum fortschreitenden sozialen Wandel der Gesellschaft in mehreren Phasen manifestierte. Zunächst leitete die Bildungsexpansion aus sozialstruktureller Perspektive mit einer kontinuierlichen Höherqualifizierung der Bevölkerung die wohl wichtigste Veränderung der Nachkriegs- hin zu einer postmodernen Gesellschaft ein, die Rainer Geißler als gesamtgesellschaftliche „Umschichtung nach oben" beschrieb. Mehr Menschen als früher gelang durch den Erwerb von Bildungszertifikaten ein sozialer Aufstieg im Statussystem. Diese soziale Aufwärtsmobilität zeigt sich besonders, wenn man die Bildungsbeteiligung der 50er-Jahre mit jener am Ende des 20. Jahrhunderts vergleicht: Während 1952 noch 79 % aller Siebtklässler Volks-, 6 % Real- , 2 % Sonderschulen sowie 13 % Gymnasien besuchten, besuchten 1999 rund 4 % Sonder-, 22 % Haupt- , 10 % Gesamt-, 24 % Real- und 9 % (v. a. in Thüringen und Sachsen bestehende) Integrierte Haupt- und Realschulen sowie 31 % Gymnasien. Vgl. R. Geißler: Die Sozialstruktur Deutschlands, a. a. O., S. 335 ff.

194 Vgl. BMFSFJ (Hrsg.): Zehnter Kinder- und Jugendbericht, a. a. O., S. 168

bildung durch Erziehung, welche maßgeblich durch die Förderung von auf Bildungsprozesse zielenden Arrangements (also „durch pädagogisch geplante Settings“) gestützt werden, in den Fokus der Forschung.[195] Weil der sozialisierende Einfluss von Familien immer weniger vorausgesetzt werden kann, hat die schulische Sozialisation von Kindern, zu welcher sowohl der Erwerb von Kenntnissen und Fähigkeiten als auch das eigenständige Lernen gehören, eine größere Bedeutung erlangt. Im Zuge des gesellschaftlichen Fortschritts ist der gesellschaftlich verfügbare Wissensbestand gewachsen; zudem haben auch Kompetenzen der Auswahl und selbstständigen Aneignung von Bildungsinhalten einen höheren Stellenwert erlangt.[196]

Der auf dem Bildungssystem lastende Veränderungsdruck verstärkt ohnehin immanente Selektionsmechanismen weiter. Im Zuge dieser Veränderung und der allgemeinen Höherqualifizierung durch die Bildungsexpansion werden lebenslanges und informelles Lernen sowie (Aus-)Bildungszertifikate bedeutsamer. Darauf hebt auch der Terminus „Wissensgesellschaft“ ab, mit dem man betont, dass schulische und berufliche Bildung bzw. Kenntnisse zum wohl wichtigsten Gut des Wirtschaftens im postindustriellen Zeitalter geworden sind und Bildung sogar „zur wichtigsten Grundlage für den materiellen Wohlstand moderner Gesellschaften geworden“ ist.[197] Aus der Pluralisierung von Lebenslagen ergibt sich für das Bildungssystem ferner die Notwendigkeit, auf eine wachsende Vielfalt unterschiedlicher Lebensstile, Glaubensrichtungen, sozialer und nicht zuletzt ethnischer Milieus in der Schülerschaft adäquat zu reagieren. Als wichtige Aufgabe von Bildungssystemen in pluralistischen Gesellschaften sieht Stefan Hradil deshalb an, einen „Grundkonsens von Grundwerten“ sowie „gemeinsame Spielregeln“ sicherzustellen.

Ein grundlegendes, mit dem meritokratischen Leistungsimperativ des Bildungssystems verbundenes normatives Gebot ist die Chancengleichheit, die sich im Streben nach der Gleichheit von Bildungs*chancen* ausdrückt; sie wird zu Recht immer wieder als besonders wichtiges Ziel bildungspolitischer Reformen in modernen Gesellschaften hervorgehoben. Heiner Meulemann definiert Chancen*gleichheit* als die proportionale Repräsentation einer Gruppe, was bedeutet, dass Kinder verschiedener Schichten dem Anteil dieser Schichten an der Gesamtbevölkerung entsprechend bei einem bestimmten Schulabschluss vertreten sind.[198] Die Chancen*gerechtigkeit* verbinde diese proportionale Repräsentation mit der Gerechtigkeit gegenüber schulischen Leistungskriterien, so Meulemann, sodass, wenn Chancengleichheit als Chancengerechtigkeit verwirklicht werde, die „gleich leistungsstarken Kinder aus verschiedenen Schichten dem Anteil dieser Schichten an der Gesamtbevölkerung entsprechend bei einem bestimmten Schulabschluss vertreten“ seien.

Nach Hradil misst man die Chancengleichheit im Bildungswesen üblicherweise inhaltlich nicht als Übereinstimmung mit der jeweiligen individuellen Leistung (als Leistungsgerechtigkeit), sondern formal als das Fehlen von bestimmten unerwünschten, da leistungs*fremden* Einflüssen auf die Bildungserfolge. Eine Gleichheit der Bildungschancen besteht infolgedessen

195 Siehe L. Thiersch, in: W. A. Grossmann: Pädagogische Erfolge brauchen einen langen Atem. Neue Anforderungen an den Kindergarten, in: M. Kampshoff/B. Lumer (Hrsg.): Chancengleichheit im Bildungswesen, Opladen 2002, S. 39

196 Vgl. hierzu und zum Folgenden: St. Hradil: Soziale Ungleichheit in Deutschland, a. a. O., S. 150

197 Siehe ebd., S. 149

198 Vgl. auch zum Folgenden: H. Meulemann: Soziale Herkunft und Schullaufbahn: Arbeitsbuch zur sozialwissenschaftlichen Methodenlehre, Frankfurt a. M. 1979, S. 16

nur, sofern die (soziale) Herkunft, das Geschlecht, der Wohnort, die ethnische Zugehörigkeit und andere leistungsfremde Merkmale *keinen* messbaren Einfluss auf Bildungsergebnisse haben, mithin also keine systematischen Unterschiede in den Bildungserfolgen der so konstruierten Gruppen auftreten. Dies ist etwa der Fall, wenn aus den verschiedenen Gruppen (Männer, Frauen, Arbeiter, Beamte, Zuwanderer etc.) jeweils so große Anteile z. B. das Abitur oder einen Hochschulabschluss erlangen, „wie es ihrem Bevölkerungsanteil entspricht".[199] Diese Definition basiert somit auf der Annahme, dass individuelle Ungleichheiten in der Leistungsfähigkeit sehr wohl existieren, damit eine über das Bildungswesen funktionierende meritokratische Statuszuweisung legitimieren können und sich in allen gesellschaftlichen Gruppen potenziell gleich große Leistungspotenziale befinden, die somit zumindest theoretisch zu vergleichbaren Bildungserfolgen der einzelnen Bevölkerungsgruppen führen müssten. Umgekehrt ist eine Bildungschancengleichheit nicht gegeben, wenn etwa Frauen, Einheimische und Angehörige oberer Schichten regelmäßig höhere Bildungschancen als männliche und/oder zugewanderte Jugendliche bzw. solche aus einkommensarmen Familien haben, wie es hierzulande beobachtbar ist.

Exkurs zu zentralen Begriffen aus dem Bildungsbereich

In der Lebenslagenforschung wertet man in der Bildungsdimension bei Erwachsenen das Fehlen eines Schulabschlusses und/oder einer Berufsausbildung als eine Unterversorgungslage. Bei Jugendlichen wird das Verlassen der Schule ohne Hauptschulabschluss und bei jüngeren Kindern eine Zurückstellung bei der Einschulung sowie die Nichtversetzung bzw. das Wiederholen einer Klasse als Deprivation bzw. Unterversorgung eingestuft. Besonders im Zuge der allgemeinen Höherqualifizierung von Schüler(inne)n besteht ein Dissens indes darin, ob ein Hauptschulabschluss, bei dem die Chancen auf eine qualifizierte Berufsausbildung im dualen System tendenziell sinken, bereits als Deprivation zu werten ist.

Der Begriff „Bildungsarmut", welcher im Zuge der Diskussion humankapitaltheoretischer Konzepte verstärkt Verbreitung erfahren hat, beschreibt – ebenso wie „Deprivation" im Lebenslagenansatz – die Unterversorgungslage eines Individuums im Bildungsbereich, die sich im Lebenslauf zu einer allgemeinen Einkommensarmut verfestigen kann.[200] Als „bildungsarm" werden Individuen eingestuft, welche institutionalisierte Mindeststandards in der schulischen und beruflichen (Aus-)Bildung verfehlen, womit Jugendliche und junge Erwachsene gemeint sind, die keinen Hauptschul- und/oder Berufsbildungsabschluss haben. Der Begriff hebt aber vor allem darauf ab, die in der Gesellschaft bestehende Bildungsarmut als Objekt von Sozialpolitik zu begreifen.

Die Bildungserfolge sozialer Gruppen werden auf der Grundlage bildungsstatistischer Daten anhand der sog. Bildungsbeteiligung ausgewiesen. Diese beschreibt das Ausmaß der

199 Siehe ebd., S. 153

200 Vgl. hierzu und zum Folgenden: J. A. Allmendinger: Bildungsarmut: Zur Verschränkung von Bildungs- und Sozialpolitik, in: Soziale Welt 50/1999, S. 38 ff. Diskutiert werden dort nationale, internationale, relative und absolute Dimensionen von Bildungsarmut, von denen hier nur die absolute, auf Deutschland bezogene Dimension erwähnt wird: Das Fehlen eines Abschlusses oder einer Ausbildung; vgl. ergänzend: dies./St. Leibfried: Bildungsarmut, in: APuZ 21–22/2003, S. 12 ff.

Teilhabe einer Gruppe an formalen Bildungsprozessen und bildet damit einen Messwert, welcher anhand von Indikatoren wie „reguläre Einschulung", „Sitzenbleiben", „Besuch weiterführender Schulformen" oder „Schul- und Studienabschlüsse" den (Miss-)Erfolg einer sozialen Gruppe (z. B. nach Schicht- oder ethnischer Zugehörigkeit) im Vergleich zu einer Referenzgruppe klassifiziert.[201] Die sog. Bildungsbeteiligungsquote erfasst den Anteil der in formale Bildungsprozesse Eingebundenen an der jeweils altersgleichen Bevölkerungsgruppe. Ein Beispiel: Ein Vergleich der Bildungsbeteiligungsquoten von Ausländer(inne)n und Deutschen für 2001 zeigte, dass ausländische 15- bis 20-Jährige mit rund 69 Prozent eine um 23 Prozent niedrigere Bildungsbeteiligungsquote als deutsche Gleichaltrige hatten; bei 25- bis 30-Jährigen waren nur 3 Prozent der Ausländer/innen, aber 15 Prozent der Deutschen in formale Bildungsprozesse eingebunden.[202]

Die amtliche Bildungsstatistik, die auf Datenquellen u. a. der Kultusministerien und des Statistischen Bundesamtes basiert, setzt schon im frühen Kindesalter mit der Beteiligung von Kindern an institutionellen Vorschulangeboten ein.[203] Dokumentiert werden jährliche Einschulungen und Zurückstellungen während der Grundschuljahre, die Partizipation an weiterführenden Schulformen der Sekundarstufen I und II, entsprechende Schulabschlüsse, Abiturientenzahlen und Hochschulzugangsberechtigungen.[204] In dieser lebenslauforientierten Erfassung bundesweiter Bildungsdaten kommt ein erweitertes Verständnis von „Bildung als lebenslangem Lernen" zum Ausdruck, das von der vorschulischen Bildungs- bis zur Weiterbildungsbeteiligung Erwachsener reicht. Des Weiteren erheben Datenquellen wie der Mikrozensus des Statistischen Bundesamtes oder das SOEP des DIW repräsentative (Panel-) Daten zur Bildungsbeteiligung aller Altersgruppen, von Kindergartenkindern über ältere Kinder und Jugendliche bis hin zu erwachsenen Arbeitnehmer(inne)n. Internationale Vergleichsstudien wie die Mathematikstudie TIMMS oder die Schülerleistungsvergleichstudie PISA ergänzen das Spektrum; als bildungspolitische Steuerungsinstrumente, die dem Ziel der Effizienzsteigerung dienen, haben sie eine enorme Bedeutung erlangt und relativieren die stark national geprägten Bildungsdiskurse.[205]

In die folgende Analyse der Lebenslagendimension „Bildung" fließen Befunde sowohl der PISA- und IGLU-Studien als auch der migrationsbezogenen Bildungsforschung ein. Weitere Informationen liefern Daten des Mikrozensus sowie (bildungs)statistische Veröffentlichungen der Kultusministerkonferenz und des Statistischen Bundesamtes, welche über die Bildungsbeteiligung ausländischer und deutscher Schüler/innen in einzelnen Bundesländern

201 Vgl. H. Diefenbach: Kinder und Jugendliche aus Migrantenfamilien im deutschen Bildungssystem. Erklärungen und empirische Befunde. Wiesbaden 2007, S. 14 ff.

202 Vgl. W. Jeschek/E. Schulz: Bildungsbeteiligung von Ausländern: Kaum Annäherung an die Schul- und Berufsabschlüsse von Deutschen, in: DIW-Wochenbericht 39/2003, S. 591

203 Vgl. etwa StBA (Hrsg.): Fachserie 11, Reihe 1, Bildung und Kultur oder die Veröffentlichungen der KMK.

204 Bezogen auf das spätere Lebensalter werden zudem die Berufsbildung sowie die (Fach-)Hochschulbildung (etwa in Bezug auf Quoten von Studienanfängern und -abbrechern sowie von Hochschulabsolventen) ausgewiesen, die hier indes wegen der Einschränkung der Untersuchungsgruppe auf Minderjährige außen vor bleiben. Vgl. Th. Eckert: Bildungsstatistik, in: R. Tippelt (Hrsg.): Handbuch Bildungsforschung, Wiesbaden 2005, S. 459 ff.

205 Vgl. F.-O. Radtke: Integrationsleistungen der Schule. Zur Differenz von Bildungsqualität und Beteiligungsgerechtigkeit, in: Vorgänge. Zeitschrift für Bürgerrechte und Gesellschaftspolitik 3/2003, S. 23

informieren.[206] Zwar werden somit verschiedenste Datenquellen genutzt, diese beschränken sich aber größtenteils auf die Gegenüberstellung von Deutschen/Nichtdeutschen oder auf die größten Herkunftsgruppen aus den früheren Anwerbestaaten. Besonders Auswertungen der Zuwandererstichproben des Sozio-ökonomischen Panels, dessen Längsschnittdaten Aussagen über die Bildungskarrieren der Minderjährigen aus einbezogenen Haushalten zulassen, liefern wertvolle Erkenntnisse, weil sie über die (zu Beginn der Erhebung im Jahr 1984) fünf zahlenmäßig größten Zuwanderergruppen, nämlich Zuwanderer aus der Türkei, Jugoslawien, Italien, Griechenland und Spanien, und seit Erweiterung der Stichprobe 1994/95 auch über Aussiedler/innen Auskunft geben.[207]

An dieser Stelle soll nochmals auf problematische Aspekte der Interpretation quantitativer, auf vorhandenem Datenmaterial basierender Bildungsstatistiken hingewiesen werden. Die größte Schwierigkeit liegt darin, dass bildungsstatistische Daten nach wie vor nur das Kriterium der Staatsangehörigkeit erfassen, obwohl der Vergleich der Bildungsbeteiligung deutscher und ausländischer Schüler/innen nur sehr bedingt aussagekräftig ist. Spätaussiedlerkinder werden ebenso wie Eingebürgerte statistisch als Deutsche (ohne Migrationshintergrund) ausgewiesen, sodass ihre Bildungsbeteiligung unberücksichtigt bleibt. Bei der Interpretation der amtlichen Bildungsstatistik ist damit ein sog. Creaming-Effekt zu beachten, der mit steigenden Einbürgerungszahlen vorauszusetzen ist, weil Einbürgerungen i. d. R. einen längeren Aufenthalt, sichere Deutschkenntnisse und eine eigenständige Sicherung des Lebensunterhalts der Familien voraussetzen. Man kann deshalb davon ausgehen, dass insbesondere bildungserfolgreiche Schüler/innen aus sozial und sprachlich gut „integrierten" Migrantenfamilien ihre Staatsangehörigkeit durch Einbürgerung aufgeben und als Deutsche in die Statistik eingehen, während Schüler/innen aus Familien, die soziale Transferleistungen beziehen, den Ausländerstatus behalten, womit eine Verzerrung der Ergebnisse zuungunsten von Migrant(inn)en anzunehmen ist.[208] Dietrich Thränhardt und Uwe Hunger beschreiben das als einen „rechnerischen Negativeffekt" der Schulstatistik auf die Bildungsbeteiligung ausländischer Schüler/innen,[209] der mit wachsenden Einbürgerungszahlen größer werde und von dem besonders Schüler/innen iranischer, vietnamesischer, marokkanischer und türkischer Herkunft betroffen seien, weil diese die höchsten Einbürgerungsquoten verzeichneten. Mit der Einschulung der ersten Schülerjahrgänge, die nach der Reform des Staatsangehörigkeitsrechts im Jahr 2000 geboren sind, stelle sich dieses statistische Erfassungsproblem in weit gravierenderem Ausmaß, sodass bis dahin eine Modifikation der bildungsstatistischen Erfassung des Merkmals „Migrationshintergrund" unerlässlich sei.

---

206 Vgl. R. T. Riphahn/O. Serfling: Neue Evidenz zum Schulerfolg der zweiten Generation in Deutschland, in: Vierteljahreshefte zur Wirtschaftsforschung 2/2002, S. 230 ff.; Sekretariat der ständigen Konferenz der Kultusminister der Länder in der Bundesrepublik Deutschland (Hrsg.): Ausländische Schüler und Schulabsolventen 1991–2000. Statistische Veröffentlichungen der Kultusministerkonferenz, Nr. 163, Bonn, Okt. 2002

207 Vgl. H. Diefenbach: Bildungsbeteiligung und Berufseinmündung von Kindern aus Migrantenfamilien. Eine Fortschreibung der Daten des Sozio-ökonomischen Panels, in: Sachverständigenkommission Elfter Kinder- und Jugendbericht (Hrsg.): Migration und die europäische Integration. Herausforderungen für die Kinder- und Jugendhilfe, München 2002, S. 13 f.

208 Vgl. K. Salentin/F. Wilkening: Ausländer, Eingebürgerte und das Problem einer realistischen Zuwanderer-Integrationsbilanz, in: KZfSS 55/2003, S. 289

209 Vgl. U. Hunger/D. Thränhardt: Der Bildungserfolg von Einwandererkindern in den Bundesländern. Diskrepanzen zwischen der PISA-Studie und den offiziellen Schulstatistiken, in: G. Auernheimer (Hrsg.): Schieflagen im Bildungssystem, a. a. O., S. 65

Für die Analyse der Bildungsdimension und die Ausleuchtung der Erfahrungsspielräume von Kindern mit Migrationshintergrund wird aufgrund dieser Schwierigkeiten folgendes Vorgehen gewählt: Zunächst werden – vor dem Hintergrund allgemeiner Bildungsbeteiligungstendenzen – Daten der amtlichen Schulstatistik zu Beteiligungsdifferenzen zwischen deutschen und ausländischen Schüler(inne)n angeführt, um der Frage nachzugehen, wie sich die Bildungschancen beider Gruppen im Vergleich zueinander entwickelt haben und zuletzt darstellten.[210] Die Analyse der Bildungsbeteiligung folgt den verschiedenen Stufen der Bildungslaufbahn, beginnt also im Elementarbereich und geht über die Grundschulzeit bis hin zu weiterführenden Schulformen der Sekundarstufen I und II, wobei komparative Entwicklungen aufgezeigt werden. Den Rahmen sprengen würde indes die Berücksichtigung geschlechts- oder bundesländerspezifischer Disparitäten, weshalb (bis auf einige bemerkenswerte Befunde) auf weiterführende Literatur verwiesen wird. Sofern in der Fachliteratur dokumentiert, werden zudem Disparitäten der Bildungserfolge von Kindern verschiedener Herkunftsgruppen vorgestellt, die sich i. d. R. auf türkische, griechische, spanische, italienische und ex-jugoslawische Schüler/innen, also zumeist die zweite bzw. dritte Generation angeworbener Arbeitsmigrant(inn)en, beschränken. Dabei wird gefragt, welche Herkunftsgruppen schulisch am erfolgreichsten und welche am wenigsten erfolgreich sind. Schließlich werden die Besonderheiten der Bildungsbeteiligung und des schulischen Erfolgs von Aussiedler- sowie von Flüchtlingskindern, sofern Erkenntnisse dazu bestehen, erörtert.

5.2.1 Ethnische Unterschichtung in der Bildung? – Befunde zur Bildungsbeteiligung ausländischer Kinder

Eine Vielzahl bildungssoziologischer Untersuchungen der letzten Jahre hat die Bildungsbe*nach*teiligung ausländischer Kinder problematisiert. Insgesamt zeigt sich aber, dass ihre Bildungs(miss)erfolge sich erheblich ausdifferenziert, wenn nicht gar polarisiert haben:[211] Von 1985 bis 1995 stieg der Anteil junger Ausländer/innen mit Realschulabschluss von 19 auf knapp 27 Prozent und jener von Abiturient(inn)en von über 5 auf fast 10 Prozent; zugleich sank der Anteil von Ausländer(inne)n ohne bzw. bloß mit Hauptschulabschluss von 76 auf 57 Prozent.[212] Im Schuljahr 2004/05 erreichte immerhin fast ein Zehntel der ausländischen (und ein Viertel der deutschen) Schulabsolvent(inn)en die (Fach-)Hochschulreife; zudem steigt der Anteil studierender Bildungsinländer/innen tendenziell.[213] Somit ist es durchaus angebracht, die schulische Höherqualifizierung eines nicht geringen Teils der zweiten bzw. dritten Generation zu würdigen. Analog dazu haben sich jedoch auch die Bildungsabschlüsse deutscher Schüler/innen erheblich verbessert, sodass ferner der – keineswegs geringer gewordene – Abstand

210 Ergänzend zu den Migrationslageberichten, in denen die Bildungsbefunde regelmäßig zusammengefasst und diskutiert werden vgl. H. Diefenbach: Bildungsbeteiligung und Berufseinmündung von Kindern, a. a. O., S. 15 ff.; dies.: Ethnische Segmentation im deutschen Schulsystem, a. a. O., S. 225 ff.; C. Kristen: Hauptschule, Realschule oder Gymnasium? Ethnische Unterschiede am ersten Bildungsübergang, in: KZfSS 54/2002, S. 534 ff.; R. T. Riphahn/O. Serfling: Neue Evidenz zum Schulerfolg der zweiten Generation in Deutschland, a. a. O., S. 230 ff.

211 Vgl. C. Leggewie: Integration und Segregation, a. a. O., S. 94

212 Vgl. BMFSFJ (Hrsg.): Familien ausländischer Herkunft, a. a. O., S. 178

213 Vgl. StBA (Hrsg.): Datenreport 2006, a. a. O., S. 56

der Schulabschlüsse der jeweiligen Gruppen in Betracht zu ziehen ist. Allerdings liegt die Schulbesuchsquote ausländischer Minderjähriger weiterhin um rund 10 Prozent unter jener der deutschen; besonders überrepräsentiert sind sie nach wie vor in Haupt- und Sonderschulen. Im Schuljahr 2004/05 blieben 19 Prozent der ausländischen Schulabsolvent(inn)en ohne Abschluss[214] und bis zu einem Fünftel erwarb nur einen Hauptschulabschluss, was durchaus als „ethnische Unterschichtung des Bildungssystems" gewertet werden kann.[215]

Die Verbesserungen am oberen bzw. die Verschlechterungen am unteren Ende der Bildungsteilhabe von Migrantenkindern bilden sich besonders prägnant im Zeitverlauf ab. Durch die Bildungsexpansion erhöhten sich zwar die Chancen auf eine gute Schulbildung auch für ausländische Schüler/innen, jedoch nicht für alle Gruppen gleichermaßen und überdies nicht in demselben Ausmaß, wie die Chancen der deutschen zunahmen. Stefan Hradil konstatiert, dass zwar Kinder aller Berufs-, Einkommens- und Bildungsschichten von der Bildungsexpansion profitierten, ein kleiner Teil der Arbeiter/innen und Ausländer/innen generell jedoch davon ausgenommen war, weil sich auch alle anderen Gruppen vom größer gewordenen „Bildungskuchen" ein größeres Stück herausgeschnitten hatten.[216] Von 1983 bis 1998 verdoppelte sich der Anteil ausländischer an allen Schüler(inne)n auf mehr als 11 Prozent, während ihr Anteil bei Jugendlichen ohne Schulabschluss um 5 auf mehr als 24 Prozent und bei Hauptschulabsolvent(inn)en um 9 auf 16 Prozent stieg.[217] Sehr viel geringer ausgeprägt war die Zunahme bei Realschüler(inne)n (um 6,6 auf 8,8 %) und bei Abiturient(inn)en (um 3,7 auf 4,7 %), sodass eine Auseinanderentwicklung der Bildungserfolge zu konstatieren ist. Die Benachteiligung junger Nichtdeutscher perpetuiert sich ferner in der Berufsausbildung.[218]

Ein Überblick über die Gesamtschülerschaft und die Anteile ausländischer Schüler/innen zeigt, dass insgesamt im Schuljahr 2004/05 rund 12,3 Mio. Schüler/innen allgemeinbildende und berufliche Schulen in Deutschland besuchten. Rund 9,6 Mio. gingen auf allgemeinbildende Schulen; davon waren 950.000 (9,9 Prozent) nichtdeutsch.[219] Der Mikrozensus 2005 weist sogar 3,4 Mio. bzw. 26 Prozent Schüler/innen mit Migrationshintergrund an den allgemein- und berufsbildenden Schulen aus.[220] 2,7 Mio. Jugendliche besuchten 2004/05 berufliche Schulen, womit der Ausländeranteil bei 7,2 Prozent lag.

---

214 Vgl. ebd.

215 Von sich im Schulsystem abzeichnenden „Unterschichtungsprozessen" berichtet z. B. der Sechste Familienbericht; vgl. BMFSFJ (Hrsg.): Familien ausländischer Herkunft, a. a. O., S. 178

216 Vgl. ebd., S. 165

217 Zu diesen und den folgenden Daten vgl. H. Solga: Ohne Abschluss in die Bildungsgesellschaft. Die Erwerbschancen gering qualifizierter Personen aus soziologischer und ökonomischer Perspektive, Opladen 2005, S. 268

218 Dies ist indes ein eigenes, umfangreiches Themenfeld; vgl. BMBF (Hrsg.): Berufsbildungsbericht 2006, Berlin 2006, S. 111 ff.; M. Granato: Jugendliche mit Migrationshintergrund – auch in der beruflichen Bildung geringere Chancen?, in: G. Auernheimer (Hrsg.): Schieflagen im Bildungssystem, a. a. O., S. 103 ff.; dies.: Jugendliche mit Migrationshintergrund in der beruflichen Bildung, in: WSI-Mitteilungen 8/2003, S. 474 ff.

219 Vgl. auch zum Folgenden: StBA (Hrsg.): Fachserie 11, Reihe 1. Bildung und Kultur, Allgemeinbildende Schulen, Schuljahr 2004/05, Wiesbaden 2005, S. 12 ff. u. 99 ff.

220 Davon kamen 27 % aus (Spät-)Aussiedlerfamilien, 34 % waren eingebürgerte oder als Deutsche geborene Kinder von Zugewanderten und nur 39 % besaßen eine ausländische Staatsangehörigkeit, waren überwiegend aber in Deutschland geboren. 22 % aller Migrantenkinder und -jugendlichen haben einen türkischen Hintergrund; vgl. Bundesintegrationsbeauftragte (Hrsg.): 7. Bericht, a. a. O., S. 57

Abbildung 5.3 Ausländeranteil nach Schulformen im Schuljahr 2004/05 (in %)

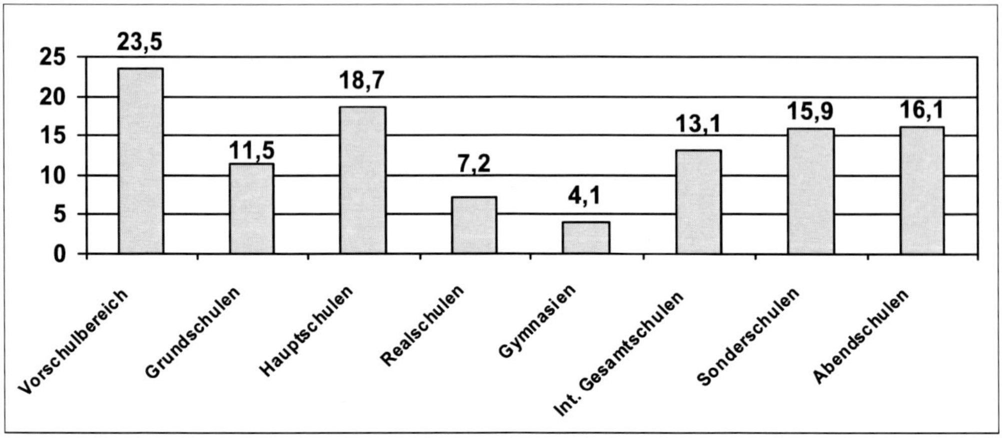

Quelle: StBA (Hrsg.): Datenreport 2006, a. a. O., S. 56

Die Abbildung zeigt für das Schuljahr 2004/05 die erhebliche Streuung der Anteile nichtdeutscher Schüler/innen. Sie veranschaulicht, dass ausländische Schüler/innen trotz der eingangs beschriebenen schulischen Aufwärtsmobilität insbesondere an Haupt- (18 %), Abend- (16 %), Sonder- (16 %) und Integrierten Gesamtschulen (13 %) deutlich überrepräsentiert waren und ihr Anteil mit 23 Prozent im Vorschulbereich am höchsten lag. Leicht überrepräsentiert waren sie an Grundschulen, während ihr Anteil an Realschulen (7 %) und Gymnasien (4 %) geringer als jener an der gesamten Schülerschaft war.

1. Vorschulen und Kindergärten

In der Literatur hat sich seit längerem die Auffassung durchgesetzt, dass schon im Elementarbereich frühkindliche bildungsbiografische Weichenstellungen erfolgen, die im Fall von Fehlentwicklungen später meist nur schwer bzw. unter Mühen (wie dem Besuch von Abendschulen, um Schulabschlüsse nachzuholen) korrigierbar sind. Man kann davon ausgehen, dass sich das Fehlen (früh)kindlicher Betreuungsangebote besonders für Kinder aus benachteiligten und zugewanderten Familien negativ bemerkbar macht, weil sie meist weniger passgenaue individuelle häusliche Förderung und Anregungen erhalten, sodass Partizipationsmöglichkeiten an altersgruppenspezifischen Infrastruktureinrichtungen wie Kindertagesstätten, Vorschulen oder schulischen Ganztagsangeboten für sie eine größere Bedeutung als für andere Kinder haben. Zugleich werden Kindertagesstätten auch als Orte der Bildung begriffen, mithin also als erste Stufen des Bildungssystems, welche die (Selbst-)Bildung von Vorschulkindern und deren Chancengleichheit als Vorbereitung auf den späteren Schulbesuch fördern sollen.[221] Für

221 Vgl. BMFSFJ (Hrsg.): Elfter Kinder- und Jugendbericht, a. a. O., S. 160; W. A. Grossmann: „Pädagogische Erfolge brauchen einen langen Atem“, a. a. O., S. 35 ff.; K. Fuchs: Wovon der Besuch einer Kindestagesstätte

Kinder mit Migrationshintergrund ist der Besuch vorschulischer Einrichtungen zusätzlich für den frühkindlichen Erwerb des Deutschen relevant, weil dessen mühelose Beherrschung immer mehr zu einer *Voraussetzung* der Einschulung avanciert: Schulanfänger/innen, welche die Verkehrssprache nicht ausreichend beherrschen, werden von der Einschulung zurückgestellt und zwecks sprachlicher Förderung auf Vorschulen und Schulkindergärten verwiesen. Mittlerweile haben diese Erkenntnisse auch die Sozial- und Bildungspolitik dahingehend beeinflusst, dass diese schon innerhalb des Elementarbereichs vermehrt eine spielerische Vermittlung von Sprache und Bildungsinhalten anstrebt und sich in Kindertagesstätten bundesweit Sprachstandserhebungen etabliert haben.[222]

Der Zusammenhang von sozialer Herkunft und Bildungsungleichheit, welcher die Aufmerksamkeit auf vorschulische Bildungsprozesse als einen Ursachenkomplex lenkt, ist seit Jahrzehnten bekannt, wie Rolf Becker und Wolfgang Lauterbach mit Verweis auf ein Gutachten aus dem Jahr 1969[223] festhalten. Sie hinterfragen die o. g. Annahme, nach der Kindertageseinrichtungen besonders für Kinder unterer Sozialschichten als „Anregungsinstitution" hohe Bedeutung haben, weil ihnen dort unabhängig vom familiären soziokulturellen Kontext Entfaltungsmöglichkeiten zuteil werden.[224] Wenngleich ein vornehmliches Ziel von Maßnahmen in diesem Bereich der Ausgleich primärer Herkunftseffekte sei, bleibe fraglich, ob Kindertageseinrichtungen dieser ihnen oft zugeschriebenen Ausgleichsfunktion gerecht werden könnten. Becker und Lauterbach gelangen in ihrer Analyse von SOEP-Daten zu dem Schluss, dass sich eine vorschulische Kinderbetreuung – unter anderem aufgrund mittelmäßiger Qualität – zwar für die Bildungschancen westdeutscher Schulkinder günstig auswirke, besonders aber bei sozial benachteiligten und Ausländerkindern nur in eingeschränktem Maß die Wahrscheinlichkeit fördere, auf das Gymnasium zu wechseln.[225]

Bevor Entwicklungen der institutionellen Betreuung von Vorschulkindern mit Migrationshintergrund vorgestellt werden, skizziert ein Überblick die Veränderungen der Ganztagsbetreuungsstrukturen im Elementarbereich, welche dafür wichtige Rahmenbedingungen bilden. Die Kapazitäten der vorschulischen Kinderbetreuungsangebote in Deutschland sind je nach zu betreuender Altersgruppe im Vergleich zu jenen anderer westlicher Länder immer noch relativ gering. Besonders eklatant ist der Mangel an Kinderkrippenplätzen, wobei dies v. a. für die westlichen Bundesländer gilt:[226] Dort stieg die Zahl der Krippenplätze für 100 Unter-

abhängt ...! Eine Auswertung des Mikrozensus für Kinder, in: Th. Rauschenbach/M. Schilling (Hrsg.): Kinder- und Jugendhilfereport 2, Weinheim/München 2005, S. 162; zum Folgenden: Konsortium Bildungsberichterstattung (Hrsg.): Bildung in Deutschland. Ein indikatorengestützter Bericht mit einer Analyse zu Bildung und Migration, Bielefeld 2006, S. 170

222 Vgl. dazu auch die Ausführungen in BMFSFJ (Hrsg.): Zwölfter Kinder- und Jugendbericht, a. a. O., S. 103 ff.; Bundesintegrationsbeauftragte (Hrsg.): 7. Bericht, a. a. O., S. 52 f.

223 Vgl. H. Heckhausen: Förderung der Lernmotivation und intellektueller Tüchtigkeiten, in: Deutscher Bildungsrat (Hrsg.): Gutachten und Studien der Bildungskommission: Begabung und Lernen, Stuttgart 1968

224 Vgl. R. Becker/W. Lauterbach: Vom Nutzen vorschulischer Kinderbetreuung für die Bildungschancen, in: dies. (Hrsg.): Bildung als Privileg?, Erklärungen und Befunde zu den Ursachen der Bildungsungleichheit, Wiesbaden 2004, S. 127

225 Vgl. ebd., S. 152

226 Die Ursachen hierfür sind v. a. sozialhistorischer Natur und liegen in der Konstruktion von Arbeitswelt, Vereinbarkeit von Familie und Beruf für Frauen sowie der entsprechend flächendeckend ausgebauten Infrastruktur für eine ganztägige (Klein-)Kinderbetreuung der ehemaligen DDR begründet; vgl. auch BMFSFJ (Hrsg.): Zehnter Kinder- und Jugendbericht, a. a. O., S. 194

3-Jährige von durchschnittlich 1,1 im Jahr 1990/91 über 1,9 im Jahr 1998 bis auf 2,4 Plätze 2002, während in Ostdeutschland das Angebot zugleich von über 50 (1991) auf 37 Plätze (2002) sank. In den Stadtstaaten standen 1991 und 1998 rund 22 Plätze für 100 Kinder zur Verfügung, 2002 waren es 25,8.[227] Entsprechend groß waren auch die Unterschiede in der Inanspruchnahme von Kinderkrippen für unter Unter-3-Jährige: In den westlichen Bundesländern (einschließlich Berlin-West) lag die Inanspruchnahmequote Ende 2002 bei fast 6 und in den östlichen Bundesländern (einschließlich Berlin-Ost) bei rund 36 Prozent. Auch für 2006 konstatiert der Migrationslagebericht 2007 noch eine „Angebotslücke an Betreuungsplätzen vor allem in den alten Bundesländern und hier insbesondere in den Ballungsgebieten",[228] da die Versorgungsquote von Unter-3-Jährigen im früheren Bundesgebiet ohne Berlin nur bei 8 Prozent lag, womit die Ausbauziele des 2005 in Kraft getretenen Tagesbetreuungsausbaugesetzes (TAG)[229] nicht erreicht würden.

Für 3- bis 5-Jährige trug die Einführung des Rechtsanspruchs auf einen Kindergartenplatz (§ 24 SGB VIII) im August 1996 zu einer beträchtlichen Ausweitung des Angebots an Betreuungsplätzen v. a. in den alten Bundesländern bei. Ihre Versorgungsquote, die 1971 noch bei rund 40 und 1990 bereits bei 80 Prozent gelegen hatte, stieg auf regional z. T. über 100 Prozent an – allerdings mit deutlichen Differenzen zwischen Ost- und Westdeutschland sowie den Stadtstaaten.[230] In der *Ganztagsplatz*-Versorgung von Vorschulkindern setzen sich diese Differenzen zwischen den west- und ostdeutschen Bundesländern weiter fort: Nur rund 18 Prozent aller Kindergartenplätze in West-, aber 97 Prozent in Ostdeutschland waren Ende 1998 für eine mehr als sechsstündige Betreuung inklusive Mittagessen ausgerichtet. In absoluten Zahlen entspricht dies rund 730.000 Plätzen (davon 405.000 in West- und 328.000 in Ostdeutschland). Bundesweite Zahlen darüber, wie hoch der Anteil nichtdeutscher Kinder in Ganztagsbetreuungseinrichtungen ist, sind nicht bekannt.

Im Hinblick auf die institutionelle Vorschulbetreuung von Kindern mit Migrationshintergrund sind seit dem „PISA-Schock" politisch-administrative Diskussionen darüber aufgekommen, ob es Aufgabe von Institutionen des Elementarbereichs ist, Kindern bereits *vor* ihrer Einschulung genügend Deutschkenntnisse zu vermitteln, damit sie dem Schulunterricht ohne sprachliche Schwierigkeiten folgen können. Die häufig angeführte Argumentationskette lautet, dass die Beherrschung der deutschen Sprache eine notwendige Voraussetzung für einen erfolgreichen (Grund-)Schulbesuch darstellt, weil sich eine mangelnde Deutschkompetenz auf den gesamten weiteren Schulbesuch negativ auswirke – mit den bekanntlich hohen Zahlen ausländischer Schulabgänger/innen ohne Abschluss. Geschlussfolgert wird daraus, dass eine gezielte Deutschförderung von Kindern mit fremder Muttersprache bereits vor Beginn der Schulpflicht, also im Kindergarten, einsetzen müsse. Inzwischen herrscht deshalb ein weitgehender Konsens, dass die Deutschförderung nicht primär in den Aufgabenbereich von Grundschulen fällt, sondern Kinder bereits *vor* ihrer Einschulung in Kindertagesstätten ausreichende Kenntnisse der Verkehrssprache erwerben müssen, wobei man die Notwendigkeit

227 Vgl. hierzu und zum Folgenden: dass. (Hrsg.): Zwölfter Kinder- und Jugendbericht, a. a. O., S. 193 f.
228 Vgl. Bundesintegrationsbeauftragte (Hrsg.): 7. Bericht, a. a. O., S. 48
229 Vgl. Gesetz zum qualitätsorientierten und bedarfsgerechten Ausbau der Tagesbetreuung für Kinder (Tagesausbaubetreuungsgesetz – TAG) v. 31.12.2004, in: BGBL. I, S. 3852
230 Vgl. M. Joos: Die soziale Lage der Kinder, a. a. O., S. 145 ff., ergänzend: BMFSFJ (Hrsg.): Zwölfter Kinder- und Jugendbericht, a. a. O., S. 193

einer gezielten *vor*schulischen Sprachförderung sowohl für alloch- wie autochthone Kinder betont. In Hessen baute man entsprechende Sprachlernangebote für Eltern und Kleinkinder aus; seit 2003/04 werden Landeskinder dort nur noch mit ausreichenden Deutschkenntnissen eingeschult; sofern ihnen diese fehlen, stellt man sie für eine Intensivsprachförderung zurück bzw. schult sie später ein.[231]

Es gibt indes noch weitere Lösungsvorschläge, um den veränderten Anforderungen an die vorschulische Erziehung gerecht zu werden: Diskutiert werden u. a. die Einführung eines Pflichtjahres im Kindergarten vor der Einschulung sowie eine frühere Einschulung bereits im 5. Lebensjahr, um die „Schulfähigkeit" der Kinder gezielt zu fördern; zudem sollen die Betreuungsmöglichkeiten für Unter-3-Jährige in den alten Bundesländern flächendeckend ausgebaut werden. Berlin führte als eines der ersten Länder eine regelmäßige Sprachstandserhebung, genannt „Bärenstark", in Kindertagesstätten sowie ein halbes Jahr vor der Einschulung ein, um zu prüfen, wie es um die Deutschkompetenzen alloch- und autochthoner Kinder bestellt ist, und um ihren sprachlichen Förderbedarf zu ermitteln.[232] Die Auswertung der Erhebung spricht für sich: Bei zwei Dritteln der fast 10.000 einbezogenen Kinder wurden (mit großen Disparitäten innerhalb der Bezirke) unzureichende Sprachfähigkeiten und somit ein Förderbedarf festgestellt. Dies galt nicht nur für 90 Prozent der Migrantenkinder, sondern auch für 50 Prozent der deutschen. Mittlerweile haben nahezu alle Bundesländer solche Sprachstandsmessungen eingeführt.[233] Trotz dieser richtungsweisenden Initiativen, welche die Notwendigkeit der Sprachförderung für *alle* Kinder betonen, dominiert in der Fachliteratur zu den Sprachstandserhebungen oftmals eine defizitäre Sicht auf Kinder aus Zuwandererfamilien, weil zwar deren ungenügende Deutschkenntnisse hervorgehoben, nicht aber muttersprachliche Kompetenzen berücksichtigt werden.[234]

Die AWO-ISS-Studie zeigte, dass bereits bei Vorschulkindern häufiger Auffälligkeiten in der materiellen Versorgung oder der gesundheitlichen Lage beobachtbar waren, sofern sie aus armen Familien und/oder solchen mit wenig gemeinsamen familiären Aktivitäten kamen. Sie wies in diesen Dimensionen ebenso wie im „kulturellen Bereich" bei armen Migrantenkindern eine noch ausgeprägtere Benachteiligung als bei armen einheimischen Kindern nach. Besonders Kinder aus armen Zuwandererfamilien waren häufiger in den drei Teildimensionen des kulturellen Bereichs auffällig, also dem Spiel-, Sprach- und Arbeitsverhalten.[235] Weil man diesen früh einsetzenden Deprivationen am wirkungsvollsten durch

---

231 Vgl. Bundesintegrationsbeauftragte (Hrsg.): Sechster Bericht, a. a. O., S. 27

232 Vgl. Senatsverwaltung für Bildung, Jugend und Sport (Hrsg.): Berliner Sprachstanderhebung und Materialien zur Sprachförderung für Kinder in der Vorschul- und Schuleingangsphase, Berlin 2002; Senatsverwaltung für Bildung, Jugend und Sport (Hrsg.): Ergebnisse der Sprachstandserhebung „Bärenstark", Berlin 2002; dazu außerdem: Bundesausländerbeauftragte (Hrsg.): Lagebericht 2002, a. a. O., S. 178

233 Für einen Überblick zu Maßnahmen einzelner Bundesländer vgl. Bundesintegrationsbeauftragte (Hrsg.): Sechster Bericht, a. a. O., S. 29 f.

234 Vgl. W. A. Grossmann: „Pädagogische Erfolge brauchen einen langen Atem", a. a. O., S. 41

235 Für die Bestimmung einer Auffälligkeit im sog. kulturellen Bereich untersuchte man das Spiel-, Sprach- und Arbeitsverhalten der Kindergartenkinder. Als auffällig zählte jenes Fünftel der Kinder mit den wenigsten Punkten in einem der drei Bereiche. Hinsichtlich des Spielverhaltens wurde bewertet, wie ein Kind spielt (ausdauernd, intensiv, phantasievoll, mit anderen Kindern zusammen), während beim Sprachverhalten bewertet wurde, ob es auf Fragen antwortet, sein Gegenüber dabei anschaut, deutlich spricht und sich verständlich ausdrücken kann, einen großen Wortschatz hat, Gesprochenes versteht und grammatikalisch richtig spricht. In Bezug auf das Arbeitsverhalten floss ein, ob ein Kind Anweisungen versteht, schnell oder

geschulte Erzieher/innen in institutionalisierter Form begegnen kann, ist der Besuch von Kindertageseinrichtungen für Kinder aus Zuwandererfamilien und solchen mit niedrigem sozioökonomischen Status von besonderer Bedeutung.

Die institutionelle Betreuungssituation von Migrantenkindern im Vorschulalter und besonders ihr Versorgungsgrad mit Kindergarten- oder Hortplätzen galten lange Zeit als unzureichend.[236] Dies änderte sich aber allmählich und hat sich zuletzt stark verbessert, was der Einführung des Rechtsanspruches auf einen Kindergartenplatz sowie dem Ausbau der Ganztagsbetreuung zu verdanken ist. So kamen 1991 in nordrhein-westfälischen Kindertagesstätten noch weniger als die Hälfte der Kinder aus Zuwandererfamilien, bis 1998 stieg ihr Anteil auf rund 87 und bis 2001 auf 92 Prozent.[237] Noch 1998 benannte der Zehnte Kinder- und Jugendbericht – obwohl bundes- und landesweite Zahlen dazu nicht vorlagen – aufgrund von Auswertungen verschiedener städtischer Betreuungsdaten eine „eklatante Unterversorgung" in der institutionellen Betreuung von Vorschulkindern aus Zuwandererfamilien.[238] Als Beispiel nannte er Duisburg, wo Ende 1994 ca. 83 Prozent der deutschen, aber weniger als die Hälfte der ausländischen Kinder Tagesstätten besuchten. Der Bericht machte auf die Zunahme der Wahrscheinlichkeit eines Kindergartenbesuches mit steigender Aufenthaltsdauer der Familien aufmerksam und betonte beträchtliche nationalitätenspezifische Unterschiede, denn türkische, jugoslawische und spanische Kinder besuchten Kindergärten häufiger als jene anderer Herkunftsgruppen. Die Expertenkommission sah die Gründe dafür „in erster Linie in den fehlenden geeigneten Plätzen und darin, daß Eltern nicht wissen, wie sie an die Plätze heran kommen. Sei es, weil sie nicht mit den Modalitäten vertraut sind (z. B. nicht wissen, daß sie sich vormerken lassen müssen; daß sie ihre Kinder in mehreren Kindergärten gleichzeitig anmelden sollten, um sich auf jeden Fall einen Platz zu sichern), oder auch weil ihnen die Plätze vorenthalten werden, z. B. wegen des vom Träger vorgeschriebenen begrenzten Anteils von ausländischen Kindern in Tageseinrichtungen."[239] Schließlich belegten SOEP-Daten der Jahre 1984 bis 1998, dass rund 67 Prozent der nichtdeutschen, aber 86 Prozent der deutschen Kinder Vorschuleinrichtungen besuchten.[240] Bei 6-Jährigen lagen die Anteile ausländischer Kinder ohne institutionelle Betreuung mit fast 32 Prozent deutlich höher als bei deutschen mit knapp 13 Prozent; bei 7-Jährigen traf dies für fast 22 Prozent der ausländischen und 5 Prozent der deutschen Kinder zu.

---

eher zögerlich mit Aufgaben beginnt und diese zügig und sorgfältig bearbeitet, seine Aufgaben selbstständig durchführt, diese beendet und anderen Kindern hilft oder selbst Hilfe von Erziehern in Anspruch nimmt. Vgl. B. Hock/G. Holz/W. Wüstendörfer: Frühe Folgen, a. a. O., S. 36

236 Vgl. Konsortium Bildungsberichterstattung (Hrsg.): Bildung in Deutschland, a. a. O., S. 150

237 Vgl. Koordinatorenteam „interkulturelle Erziehung im Elementarbereich" des LZZ NRW: Die Ergebnisse der PISA-Studie und ihre Implikationen für die Förderung von Migrantenkindern im Elementarbereich, Solingen-Ohligs, Juli 2002

238 Siehe dazu und zum Folgenden: BMFSFJ (Hrsg.): Zehnter Kinder- und Jugendbericht, a. a. O., S. 194. Das Problem einer fehlenden bundesweiten Datenbasis für den Kindergartenbesuch von Kindern mit Migrationshintergrund resultiert aus der Ungenauigkeit der Jugendhilfestatistik, welche die Besuchszahlen nicht nach Staatsangehörigkeit oder Migrationshintergrund differenziert; vgl. dazu M. Joos: Die soziale Lage von Kindern, a. a. O., S. 151

239 Siehe BMFSFJ (Hrsg.): Zehnter Kinder- und Jugendbericht, a. a. O., S. 195

240 Vgl. hierzu und zum Folgenden: H. Diefenbach: Bildungsbeteiligung und Berufseinmündung von Kindern, a. a. O., S. 17 f. Einbezogen wurden türkische, (ex-)jugoslawische, griechische, spanische und italienische Kinder.

Jüngere Daten belegen, dass sich die Unterschiede in der Betreuungssituation weiter eingeebnet haben. „Die spezifische Kindergartenbesuchsquote der ausländischen Kinder liegt mit 42,3 Prozent nicht wesentlich unter der der deutschen und ausländischen Kinder insgesamt mit 47,5 Prozent", hob der Migrationslagebericht 2002 hervor.[241] Darüber hinaus lasse sich resümieren, dass – von den Unter-3-Jährigen abgesehen – die prozentuale Diskrepanz zwischen der Kindergartenbesuchsquote ausländischer und jener der Gesamtheit aller Kinder mit steigendem Alter abnehme. Diesen Sachverhalt belegen auch Daten des Mikrozensus für Mai 2003. Sie zeigen eine nur noch geringfügig unter jener aller Kinder liegende Beteiligungsquote ausländischer Kinder im früheren Bundesgebiet:[242] In der Altersgruppe der 3- bis 4-Jährigen besuchten 50 Prozent der ausländischen und 54 Prozent aller Kinder Tageseinrichtungen, bei 4- bis 5-Jährigen waren es 77 bzw. 83 Prozent und bei 5- bis 6-Jährigen schon 84 bzw. 89 Prozent. Allerdings macht der Migrationslagebericht 2005 auf erhebliche bundesländerspezifische Unterschiede in den Versorgungsquoten ausländischer Kinder aufmerksam. Während im Bundesdurchschnitt 74 Prozent der 3- bis 8-jährigen Nichtdeutschen Tageseinrichtungen besuchten, erreichten Rheinland-Pfalz und Baden-Württemberg ca. 85 Prozent, Niedersachsen lediglich 63 Prozent und Hamburg knapp die Hälfte, was der Bericht als einen „engen Zusammenhang zwischen dem regionalen Angebot an Kindertagesstättenplätzen und der jeweiligen Inanspruchnahme durch ausländische Familien" interpretiert.[243]

Auch der Bildungsbericht 2006 konstatiert von 1991 bis 2004 eine Annäherung der Kindertageseinrichtungs-Beteiligungsquote ausländischer und deutscher Kinder.[244] Bereits seit dem Jahr 2000 besuchten nichtdeutsche Kinder zu über 80 Prozent Kindertageseinrichtungen, nähmen dieses Angebot aber nach wie vor etwas seltener als deutsche Gleichaltrige wahr. „Die Herkunft aus diesem oder jenem Staat", so der Bericht weiter, „hat nach den Ergebnissen der DJI-Betreuungsstudie kaum Einfluss auf die Besuchsquoten der Kindergartenkinder." Demgegenüber ergab eine Auswertung von Mikrozensuszahlen des Jahres 2000 für Kinder von EU-Drittstaatler(inne)n eine um 10 Prozent unter jener deutscher Kinder liegende Inanspruchnahmequote von Kindertagesstätten; zudem waren ausländische Kinder vor allem in den ersten Kindergartenjahren unterrepräsentiert,[245] was auch der Bildungsbericht 2006 für 3-Jährige bestätigt. Ausschlaggebend für die Inanspruchnahme von Kindertagesstätten durch ausländische Eltern scheint neben dem regionalen Angebot an Plätzen auch die Frage zu sein, ob der Kindergartenbesuch kostenpflichtig ist. Den hohen Anteil nichtdeutscher Kinder in der vorschulischen Erziehung erklärten nämlich sowohl der Zehnte Kinder- und Jugend- als auch der Migrationslagebericht 2002 damit, dass „dieses Schulangebot im Gegensatz zu Kindergärten grundsätzlich kostenfrei" sei.[246] Anzeichen dafür, dass die Kostenfreiheit für die elterliche Entscheidung, ein Kind in institutionelle Betreuung zu geben, ausschlaggebend sei, wisse das Saarland zu berichten, so der Migrationslagebericht weiter: Seitdem das letzte

241 Vgl. hierzu und zum Folgenden: Bundesausländerbeauftragte (Hrsg.): Lagebericht 2002, a. a. O., S. 175 f.

242 Vgl. hierzu und zum Folgenden: Bundesintegrationsbeauftragte (Hrsg.): Sechster Bericht, a. a. O., S. 26; ergänzend: M. Kreyenfeld: Soziale Ungleichheit und Kinderbetreuung. Eine Analyse der sozialen und ökonomischen Determinanten der Nutzung von Kindertageseinrichtungen, in: R. Becker/W. Lauterbach (Hrsg.): Bildung als Privileg?, a. a. O., S. 113 f.

243 Siehe Bundesintegrationsbeauftragte (Hrsg.): Sechster Bericht, a. a. O., S. 27

244 Vgl. Konsortium Bildungsberichterstattung (Hrsg.): Bildung in Deutschland, a. a. O., S. 150

245 Vgl. K. Fuchs: Wovon der Besuch einer Kindestagesstätte abhängt…!, a. a. O., S. 150

246 Siehe Bundesausländerbeauftragte (Hrsg.): Lagebericht 2002, a. a. O., S. 176

Kindergartenjahr dort kostenfrei sei, habe sich der Anteil ausländischer Kinder, die einen Kindergarten besuchen, deutlich erhöht. Der Folgebericht macht schließlich darauf aufmerksam, dass der hohe Versorgungsgrad ausländischer Kinder besonders vor dem Hintergrund beachtlich sei, dass Kinder aus sozioökonomisch besser gestellten Familien häufiger Kindergärten besuchten als solche aus Familien niedrigerer Einkommensgruppen.[247]

Abschließend sollen Vorklassen und Schulkindergärten Erwähnung finden, die der Vorbereitung auf die Grundschule dienen. Sie haben im Vergleich zu Kindertagesstätten für ausländische Kinder eine vergleichsweise geringe Bedeutung. Das bundesweite Platzangebot sank von fast 80.000 im Jahr 1992 über 64.000 im Jahr 2000 auf nur noch 30.000 im Jahr 2005.[248] Zugleich blieb aber der überproportionale Ausländeranteil von rund 16 Prozent in Vorklassen und rund 21 Prozent in Schulkindergärten in diesem Zeitraum bestehen, nur 2002/03 stieg er vorübergehend. Vorklassen und Schulkindergärten werden somit weiterhin überproportional oft von Kindern ausländischer Staatsangehörigkeit in Anspruch genommen, wobei unklar bleibt, ob dies freiwillig oder aufgrund ihrer häufigeren Zurückstellungen von der Einschulung wegen fehlender Deutschkenntnisse geschieht. Überproportional hoch sind besonders die Quoten türkischer und – seit Mitte der 1990er-Jahre – auch jene der Kinder aus dem früheren Jugoslawien.

2. Primarbereich/Grundschule

Der Primarbereich wurde in der bildungssoziologischen Forschung lange vernachlässigt. Ein Grund dafür ist, dass sich die Bildungsungleichheit auf dieser frühen Stufe kindlicher Bildungskarrieren noch kaum aufzeigen lässt, zumal die wichtigste Selektionsstufe im deutschen Schulwesen – der Übergang auf weiterführende Schulformen – bei Grundschüler(inne)n noch bevorsteht. Doch gerade weil während des Grundschulbesuchs die Weichen für spätere Schulkarrieren gestellt werden, ist das mangelnde Interesse für diese Schulform in der Ungleichheitsforschung kaum zu rechtfertigen. Darauf machte besonders die internationale Grundschulvergleichsstudie IGLU aufmerksam. Sie wies zwar am Ende der Primarzeit schon bestehende, aber noch nicht sehr ausgeprägte Kompetenzunterschiede je nach sozialer und ethnischer Herkunft der Grundschüler/innen nach. Andere Untersuchungen belegen, dass sich diese Leistungsdisparitäten zu systematischen Differenzen in den Bildungserfolgen an verschiedenen Formen weiterführender Schulen verdichten, womit sie zum Teil auf die im früh gegliederten Schulsystem entstandenen differenziellen Lern- und Entwicklungsmilieus zurückzuführen sind.[249] Allerdings sind vor, während und am Ende von Grundschullaufbahnen ebenfalls Selektionsschwellen zu finden, die sich besonders für

247 Vgl. Bundesintegrationsbeauftragte (Hrsg.): Sechster Bericht, a. a. O., S. 26. Dazu ergänzend: Bundesintegrationsbeauftragte (Hrsg.): 7. Bericht a. a. O., S. 47

248 Vgl. auch zum Folgenden: StBA (Hrsg.): Fachserie 11, Reihe 1. Schuljahr 2005/06, a. a. O., S. 53 u. 180 ff. Der Ausländeranteil an allgemeinbildenden Schulen einschließlich Vorklassen, Schulkindergärten und Kollegs betrug bundesweit 9,8 % bzw. 10,7 % im früheren Bundesgebiet.

249 Vgl. J. Baumert/P. Stanat/R. Watermann: Schulstruktur und die Entstehung differenzieller Lern- und Entwicklungsmilieus, in: dies. (Hrsg.): Herkunftsbedingte Disparitäten im Bildungswesen: Differenzielle Bildungsprozesse und Probleme der Verteilungsgerechtigkeit. Vertiefende Analysen im Rahmen von PISA 2000, Wiesbaden 2006, S. 177

Kinder mit Migrationshintergrund als entscheidende Hürden für eine erfolgreiche und vor allem altersadäquate Bildungslaufbahn erweisen: Einmal sind das Zurückstellungen von der Einschulung, die meist mit der Einweisung in besondere Förderklassen verbunden sind, sodann Klassenwiederholungen aufgrund schwacher Schülerleistungen, die Feststellung eines „besonderen Förderbedarfs" mit anschließender Überweisung auf eine Sonderschule und schließlich die Übergangsempfehlungen, welche von Grundschullehrer(inne)n für die zukünftige Schulform am Ende der Grundschulzeit abgegeben werden und in einigen Bundesländern (wie Baden-Württemberg und NRW) sogar verbindlich und somit allenfalls durch Rechtsmittel der Eltern anfechtbar sind.

Die Zahl von Grundschüler(inne)n (ohne freie Waldorfschulen) des Primarbereichs schrumpft aufgrund des Geburtenrückgangs (unter Beibehaltung großer regionaler Differenzen) seit Jahren leicht: von 3,42 Mio. Kindern 1992 auf 3,17 Mio. im Schuljahr 2005/06.[250] Zugleich stiegen die absoluten Zahlen und Anteile ausländischer Grundschüler/innen beträchtlich: 1992 waren es 313.000 ausländische Grundschüler/innen (womit ihr Anteil bei 9,2 % bundesweit lag, davon lebten 292.000 bzw. 11,6 % im früheren Bundesgebiet); bis 2005 stieg ihre Zahl auf 354.000 (bzw. 11,2 % bundesweit, davon lebten 325.000 bzw. 12 % im früheren Bundesgebiet). Der Anteil nichtdeutscher Grundschüler/innen nimmt somit trotz eines vergleichsweise geringen Zuwachses absoluter Zahlen ausländischer Schüler/innen schon allein aufgrund des stärkeren Geburtenrückgangs bei Deutschen bzw. der insgesamt sinkenden Einschulungszahlen stetig zu.

Zudem haben sich die Herkunftsregionen der nichtdeutschen Schüler/innen bzw. ihrer Familien stark ausdifferenziert. Von 1992 bis 2005 nahmen im Bundesgebiet besonders die Zahlen polnischer (um 8.000), türkischer (um 40.000), asiatischer (um 53.000) und amerikanischer (um 6.000) Schüler/innen zu, während die Zahl von Schüler(inne)n aus den früheren Anwerbestaaten (mit Ausnahme jener aus der Türkei und Portugal) stark zurückging und jene aus afrikanischen Ländern geringfügig stieg.[251] Die Vielfalt von Herkunftsgruppen offenbart ein Blick auf die Nationalitäten der 354.000 ausländischen Grundschüler/innen des Schuljahres 2005/06: Aus den Anwerbestaaten stammten 156.500 türkische, 22.500 italienische, 5.100 portugiesische, 2.600 spanische und 1.200 griechische Kinder, weitere 7.200 besaßen einen albanischen Pass und 41.000 den eines Staates des früheren Jugoslawiens.[252] Größere Gruppen „neuer Zuwanderer" waren 7.200 polnische und 8.800 russische Grundschüler/innen; aus Afrika kamen 14.000, aus (v. a. Süd-)Amerika 5.100 und aus Asien 43.000. Die regionalen Differenzen in den Ausländerquoten bleiben auch bei Grundschüler(inne)n bestehen: Das Spektrum streute von 1,7 bis 2,5 Prozent ausländischer Grundschüler/innen in ostdeutschen Ländern über das mit 15 Prozent im Mittelfeld liegende Nordrhein-Westfalen bis zu den Stadtstaaten Berlin, Hamburg und Bremen, die mit 19 bis 23 Prozent die höchsten Anteile hatten.

---

250 Vgl. hierzu und zu folgenden Zahlen des Jahres 2005/06: StBA (Hrsg.): Fachserie 11, Reihe 1, Schuljahr 2005/06, a. a. O., S. 53 ff. Außer in Berlin und Brandenburg, in denen sog. Orientierungsstufen in den Klassen 5 und 6 existierten, umfassten Grundschulen die 1. bis 4. Jahrgangsstufe.

251 Ausgewiesen werden ausländische Schüler/innen an allen allgemeinbildenden Schulen; vgl. ebd., S. 189

252 Bosnien und Herzegowina, Kroatien, Mazedonien und Serbien-Montenegro; vgl. hierzu und zum Folgenden: ebd., S. 224. Die Zahlen wurden der Lesbarkeit halber auf Hundert gerundet.

Auf die Selektionsschwellen der Grundschule und ihren Beitrag zur ethnischen Bildungsungleichheit zurückkommend, ist festzustellen, dass die häufigere Zurückstellung bzw. verspätete Einschulung von Kindern mit Migrationshintergrund nur partiell dokumentiert ist.[253] Die Einschulung beruht auf der schulärztlich festgestellten „Schulfähigkeit" eines Kindes und wird von der entscheidungsbefugten Schulleitung bestätigt. In der Praxis wird bei Kindern mit Migrationshintergrund – entgegen der in den meisten Bundesländern eindeutigen Rechtslage – eine Zurückstellung oftmals inoffiziell mit Deutschdefiziten begründet. Während man „nichtschulfähige" autochthone Kinder meist in Schulkindergärten (bzw. Vorklassen) einweist, um ihre körperliche, soziale oder seelische Reife vor Schuleintritt noch zu verbessern, überstellt man Migrantenkinder mit v. a. sprachlichen Defiziten primär in Vorbereitungs-, Förder- oder Auffangklassen, die der schnellstmöglichen Eingliederung in Regelklassen dienen.

Noch in den 1980er- und 90er-Jahren wurden insbesondere Jungen, Kinder ohne Kindergartenbesuch und solche ausländischer Herkunft häufiger als andere zurückgestellt, wobei unter Letzteren besonders türkische Kinder, die 1994 die Hälfte aller ausländischen Kinder in Schulkindergärten stellten, überrepräsentiert waren.[254] Heike Diefenbach kam mittels einer Analyse von SOEP-Daten für das Jahr 2000 zu einem veränderten Ergebnis: Danach waren bei 8-jährigen deutschen bzw. ausländischen Kindern mit 52 bzw. 49 Prozent die Einschulungsdifferenzen kaum mehr nennenswert, und auch bei 9-Jährigen lagen die Beschulungsraten mit 97 bzw. 95 Prozent nah beieinander.[255] Der Bildungsbericht 2006, der dazu Daten der Schulstatistik Nordrhein-Westfalens anführte, bezifferte den Anteil ausländischer Kinder mit verspäteter Einschulung für 2004 auf 12 und jenen deutscher Kinder auf 7 Prozent; zudem war die Zurückstellungsquote von Ausländerkindern nach einer starken Zunahme von 1995 bis 1998 seither auf diesem hohen Niveau weitgehend konstant geblieben.[256] Von 1995 bis 2004 nahm außerdem der Anteil *vor*zeitig eingeschulter ausländischer Kinder bis auf zuletzt mehr als 4 Prozent zu, allerdings war die Steigerung bei deutschen Schüler(inne)n sehr viel ausgeprägter.

Auswertungen der PISA-2000-Datensätze zeigten, dass Migrantenkinder besonders in der Grundschulzeit ein wesentlich höheres Risiko tragen, sitzen zu bleiben, als jene ohne Migrationshintergrund.[257] Diese höhere sog. Repetentenquote nimmt zwar bereits in der Grundschulzeit ihren Anfang, in der sie zugleich am ausgeprägtesten ist, liegt aber auch in den Sekundarstufen I und II noch zwei bis drei Mal so hoch wie bei einheimischen Schüler(inne)n. Im Unterschied zu Letzteren, die am häufigsten die 7. und 8. Klasse wiederholten, droht Migrantenkindern jedoch vor allem in der 1., 2. und 3. Klasse eine Nichtversetzung, wobei ihr

253 Vgl. Bundesausländerbeauftragte (Hrsg.): Lagebericht 2002, a. a. O., S. 174 f.

254 Vgl. BMFSFJ (Hrsg.): Zehnter Kinder- und Jugendbericht, a. a. O., S. 138

255 Vgl. Bundesausländerbeauftragte (Hrsg.): Lagebericht 2002, a. a. O., S. 176; H. Diefenbach: Ethnische Segmentation, a. a. O., S. 229; außerdem: M. Gomolla/F.-O. Radtke: Institutionelle Diskriminierung. Die Herstellung ethnischer Differenz in der Schule, Opladen 2002, S. 154 ff.

256 Vgl. auch zum Folgenden: Konsortium Bildungsberichterstattung (Hrsg.): Bildung in Deutschland, a. a. O., S. 151

257 Vgl. J. A. Krohne/U. Meier: Sitzenbleiben, Geschlecht und Migration, in: G. Schümer/K.-J. Tillmann/M. Weiß (Hrsg.): Die Institution Schule und die Lebenswelt der Schüler. Vertiefende Analysen der PISA-2000-Daten zum Kontext von Schülerleistungen, Wiesbaden 2004, S. 135

Wiederholungsrisiko vier Mal höher als jenes einheimischer Kinder ist.[258] Im weiteren Verlauf von der 4. bis zur 6. Klasse reduziert es sich auf ein „bloß" doppelt so hohes Risikoniveau, um sich dann weitgehend anzugleichen. Außerdem verkehren sich bei Migrantenkindern die bei einheimischen zu beobachtenden geschlechtsspezifischen Differenzen in ihr Gegenteil, weil ausländische Mädchen im Grundschulalter eine gleich hohe bis höhere Repetentenquote haben als ihre männlichen Altersgenossen. Die Verfasser/innen führen dies auf das schlechter ausgebildete deutsche Sprachstandsniveau beim Schuleintritt zurück, welches – wie Bettina Hurrelmann zeigt – die Grundlage für den dann einsetzenden Schriftspracherwerb darstellt.[259] Aufgrund der skizzierten Einschulungspraxen und Repetentenquoten unterscheiden sich schließlich auch die Altersspannen ausländischer und deutscher Grundschüler/innen geringfügig voneinander: Im Jahr 2000 besuchten nur 16 Prozent der deutschen, aber 22 Prozent der ausländischen 13-Jährigen eine Grundschule, während die entsprechenden Anteile bei 14-Jährigen 4 bzw. fast 6 Prozent betrugen.[260]

Bereits im Grundschulalter lassen sich außerdem systematische Unterschiede in den schulischen Kompetenzniveaus zwischen Schüler(inne)n mit und ohne Migrationshintergrund und solchen aus verschiedenen Sozialschichten ausmachen. Dies belegte die repräsentative Internationale Grundschul-Lese-Untersuchung („IGLU"), die ebenso wie PISA im Gegensatz zur amtlichen Schulstatistik den Migrationshintergrund von Schüler(inne)n anstelle der Staatsangehörigkeit erhob. Man untersuchte dafür die schulischen Kompetenzen von über 1.500 Kindern aus 16 Bundesländern am Ende der 4. Klasse in den Kompetenzbereichen Lesen, Naturwissenschaft und Mathematik. Bei rund einem Viertel der im früheren Bundesgebiet befragten Grundschüler/innen war mindestens ein Elternteil im Ausland geboren, und zwischen den alten Bundesländern streuten die Anteile von 19 Prozent in Bayern bis fast 36 Prozent in Bremen, während dies in den neuen Bundesländern nur auf 4 Prozent zutraf. Die Autor(inn)en kommen zu dem brisanten Ergebnis, dass die Kompetenzunterschiede von Grundschüler(inne)n nach ethnischer Herkunft in fast keinem der 35 teilnehmenden Staaten größer als in Deutschland waren, weil sich hierzulande die – nach Norwegen – nominell größte Leistungsdiskrepanz in allen Kompetenzbereichen zwischen Grundschüler(inne)n mit und ohne Migrationsgeschichte zeigte.[261] Gleichzeitig wurde der hohe Stellenwert der Sozialschicht und des (bildungsnahen) Elternhauses für den schulischen Erfolg bestätigt: Es gebe zwar deutliche Überlappungen in den Leistungsverteilungen von Kindern verschiedener Sozialschichten, jedoch könne der Zusammenhang zwischen Sozialschicht und Lesekompetenz als „eng, aber nicht deterministisch" beschrieben werden.[262]

---

258 Vgl. hierzu und zum Folgenden: J. A. Krohne/U. Meier/K.-J. Tillmann: Sitzenbleiben, Geschlecht und Migration – Klassenwiederholungen im Spiegel der PISA-Daten, in: Zeitschrift für Pädagogik 3/2004, S. 385 ff.

259 Vgl. ebd.; ergänzend B. Hurrelmann: Ein erweitertes Konzept von Lesekompetenz und Konsequenzen für die Leseförderung, in: G. Auernheimer (Hrsg.): Schieflagen im Bildungssystem, a. a. O., S. 161 ff.

260 Vgl. H. Diefenbach: Ethnische Segmentation, a. a. O., S. 229

261 Vgl. K. Schwippert/W. Bos/E.-M. Lankes: Heterogenität und Chancengleichheit am Ende der vierten Jahrgangsstufe in den Ländern der Bundesrepublik und im internationalen Vergleich, in: W. Bos/E.-M. Lankes u. a. (Hrsg.): IGLU. Einige Länder der Bundesrepublik im nationalen und internationalen Vergleich, Münster/New York u. a. 2004, S. 186 f.

262 Siehe ebd., S. 174. Die IGLU-Studie folgt in der Zuordnung der Familien zu Sozialschichten („Dienstklassen") der bereits von PISA 2000 entwickelten Einstufung, bei der sowohl der Beruf (und das damit verbundene Prestige) des Haushaltsvorstandes als auch der höchste Bildungsabschluss berücksichtigt werden; vgl. ebd., S. 166 f.

Den IGLU-Befunden zufolge, die man für Grundschüler/innen türkischer, italienischer, serbischer und bosnischer Herkunftssprache differenzierte, schnitten Kinder, deren Eltern beide in Deutschland geboren waren, vor allem in der Lesekompetenz, aber auch in den beiden anderen Bereichen am besten ab, was bereits die erste PISA-Studie dokumentiert hatte. Kinder, deren Eltern beide im Ausland geboren sind, hatten das niedrigste Kompetenzniveau, während Schüler/innen aus binationalen Elternhäusern dazwischen liegende, mittlere Testleistungen erreichten.[263] Die Kompetenzunterschiede zwischen den Bundesländern fielen zudem krass aus: Nur in Brandenburg ließen sich keine Unterschiede in der Lesekompetenz von Schüler(inne)n mit und ohne Migrationshintergrund feststellen, und die Leseleistungen von Bremer Grundschüler(inne)n mit und ohne Migrationshintergrund wiesen das im Ländervergleich niedrigste Niveau auf. Gleichzeitig erzielten autochthone Grundschüler/innen in Bayern in allen drei Kompetenzbereichen deutlich höhere Leistungen als jene mit Migrationshintergrund, während dies in Nordrhein-Westfalen nur beim Lesen und in Hessen nur in den naturwissenschaftlichen Kompetenzen beobachtbar war. Die Frage, ob der konstatierte Malus der Kinder mit Migrationsgeschichte durch schulische oder Unterrichtsfaktoren bedingt oder auf andere strukturelle Merkmale zurückzuführen war, ließen Kurt Schwippert, Wilfried Bos und Eva-Maria Lankes offen.

3. Sonderschulen

Der Übergang in eine Sonderschule (auch „Förderschule" genannt) stellt für Eltern und betroffene Kinder gleichermaßen eine Belastung dar. Gerade von Eltern mit Migrationshintergrund fallen Einsprüche gegen eine Sonderschulüberweisung vehement aus, weil der Sonderschulbesuch häufig ihren hohen Bildungsaspirationen entgegensteht und sie ihn als Stigmatisierung ablehnen.[264] Die Überweisung erfolgt im Kontext der Feststellung eines sonderpädagogischen Förderbedarfs durch Lehrer/innen oder (eher selten) auf Wunsch von Erziehungsberechtigten, sofern absehbar ist, dass Lern- und Entwicklungsschwierigkeiten[265] der Kinder von der Regelschule nicht mehr aufgefangen werden können. Die meisten Kinder sind zu diesem Zeitpunkt schon schulisch auffällig geworden, etwa, indem sie Schuljahre wiederholten oder man erhebliche (Verständigungs-)Probleme beobachtete. Nicht grundlos werden Sonderschulen „als Sammelbecken für alle nicht zeitig erkannten und behandelten Faktoren des Schulversagens" kritisiert, die oft erst wahrgenommen werden, wenn „das Kind in den Brunnen gefallen" ist.[266] Im Zusammenhang mit dem Lebenslagenansatz ist relevant, dass der Besuch einer Sonderschule im Regelfall zum Verlassen der Schule ohne qualifizierten Abschluss führt, womit Sonderschüler(inne)n zumeist eine klassische Unterversorgung im Bildungsbereich, sprich „Bildungsarmut", droht.[267]

Der Besuch von Sonderschulen wird in der Bildungsstatistik getrennt unter der Rubrik „Förderschulen" ausgewiesen und zudem für alle Klassen von der Grundschule bis

263 Vgl. ebd., S. 178 ff.
264 Vgl. BMFSFJ (Hrsg.): Familien ausländischer Herkunft, a. a. O., S. 181
265 Dazu zählen Lern- und Sprachbehinderungen sowie Erziehungsprobleme; vgl. ebd., S. 139
266 Siehe BMFSFJ (Hrsg.): Zehnter Kinder- und Jugendbericht, a. a. O., S. 139
267 Vgl. J. Allmendinger: Bildungsarmut: Zur Verschränkung von Bildungs- und Sozialpolitik, a. a. O., S. 35 ff.

zum Sekundarbereich zusammengefasst, sodass eine Zuordnung zur Primar- oder zu einer Sekundarstufe nicht möglich ist.[268] Diese Erfassungsweise führt u. a. dazu, dass die meisten bildungssoziologischen Studien zwar die Bildungsbeteiligung ausländischer Sekundarschüler/innen in vielen Facetten analysieren, dabei aber häufig ihre Überrepräsentation an Sonderschulen außen vor lassen.[269] Dies bedingt eine erhebliche Verzerrung der Gesamtergebnisse, die gerade in Bezug auf die Bildungs(miss)erfolge von ausländischen Kindern kaum akzeptabel ist, weil sie an Sonderschulen (besonders mit dem Schwerpunkt Lernen) immer noch häufiger vertreten sind, wie der Migrationslagebericht 2002 bestätigte: „Seit 30 Jahren ist eine Zunahme der Überweisungen von ausländischen Schülern an Sonderschulen für Lernbehinderte zu verzeichnen, während der Anteil deutscher Kinder in diesem Zeitraum an diesen Schulen kontinuierlich gesunken ist."[270] Der Folgebericht konstatiert seit Anfang der 1990er-Jahre eine geringfügige Abnahme des Ausländeranteils an Hauptschulen, „während er sich an Sonderschulen drastisch erhöhte."[271] In Zusammenhang mit den bei der Einschulung beobachteten häufigeren Zurückstellungen von Migrantenkindern steige mit ihrer Überalterung auch das Risiko einer Sonderschulüberweisung, denn unter der Prämisse alters- und leistungshomogener Lerngruppen gelte ein zu hohes Alter als legitimer Grund für die Einleitung eines Sonderschulverfahrens. Als weitere Ursachen benennt der Lagebericht, dass mangelnde Deutschkenntnisse häufig zu generellen Lernschwierigkeiten umdefiniert und nicht als mögliche Ursachen für Lernprobleme erkannt würden und Zweisprachigkeit mehrheitlich ignoriert oder sogar negativ belegt und mit mangelndem Integrationswillen gleichgesetzt werde, wofür in der Fachliteratur der Begriff der „institutionellen Diskriminierung" gebräuchlich sei.[272]

Die Brisanz des Anstiegs sowohl der absoluten Zahlen als auch der Anteile ausländischer Schüler/innen an Sonderschulen zeigt sich in der langfristigen Entwicklung der Schülerzahlen an allgemeinbildenden und Förderschulen, welche die folgende Tabelle für den Zeitraum von 1970 bis 1987 illustriert:

268 Zudem ist eine große Zahl verschiedener Förder- bzw. Sonderschulen, etwa mit den Schwerpunkten „Lernen", „Sehen", „Sprache" u. a. zu unterscheiden; vgl. StBA (Hrsg.): Fachserie 11, Reihe 1, a. a. O., Schuljahr 2005/06, S. 53

269 Als Ausnahme vgl. H. Diefenbach: Ethnische Segmentation im deutschen Schulsystem, a. a. O., S. 236 ff.

270 Siehe hierzu und zum Folgenden: Bundesausländerbeauftragte (Hrsg.): Lagebericht 2002, a. a. O., S. 180 f.

271 Siehe Bundesintegrationsbeauftragte (Hrsg.): Sechster Bericht, a. a. O., 33

272 Zur Theorie der institutionellen Diskriminierung vgl. M. Gomolla/F.-O. Radtke: Institutionelle Diskriminierung, a. a. O.; H. Flam/J. Klieres: Gesetze, institutionelle Rahmenbedingungen und Orientierungen, in: H. Flam (Hrsg.): Migranten in Deutschland. Statistiken – Fakten – Diskurse, Konstanz 2007, S. 64 ff.; U. Hormel: Diskriminierung in der Einwanderungsgesellschaft. Begründungsprobleme pädagogischer Strategien und Konzepte, Wiesbaden 2007, S. 113 ff.

Tabelle 5.4 Ausländische Schüler/innen in den Sonderschulen nach Jahren (1970 bis 1987)

Jahr	ausländische Schüler/innen an allgemeinbildenden Schulen (in 1.000)	deutsche u. ausländische Schüler/innen an Sonderschulen (in 1.000)	ausländische Schüler/innen an Sonderschulen (in 1.000)	Anteil ausländischer an allen Sonderschüler(inne)n (in %)
1970	159,0	320,0	3,9	1,2
1975	386,9	393,8	12,6	3,1
1977	435,4	398,0	18,1	4,5
1980	635,1	353,9	27,7	7,8
1982	720,7	319,3	36,1	11,2
1985	657,2	271,4	39,6	14,6
1987	694,8	254,1	41,0	16,1

Quelle: A. Ucar: Sind Migrantenkinder sonderschulbedürftig? – Benachteiligung und Ausgrenzung der Kinder aus Migrantenfamilien im Bildungsbereich, in: H. Marburger (Hrsg.): Schule in der multikulturellen Gesellschaft. Ziele, Aufgaben und Werge interkultureller Erziehung, Frankfurt a. M. 1991, S. 77

Die Tabelle dokumentiert für 1970 noch einen mit 1,2 Prozent sehr geringen Anteil ausländischer Schüler/innen an Sonderschulen, der erst seit 1975 stetig zunimmt. 1980 waren schon fast 8 Prozent der Schüler/innen an Sonderschulen nichtdeutsch, zwei Jahre später waren es 11, 1985 bereits 15 und 1987 schon 16 Prozent, womit ihr Anteil mehr als doppelt so hoch wie bei den Schüler(inne)n insgesamt lag. Vor dem Hintergrund, dass die Zahl von Sonderschüler(inne)n in diesem Zeitraum um rund 70.000 sank, ist die Zunahme des Anteils ausländischer Sonderschüler/innen um fast 15 Prozent bzw. 38.000 Kinder und Jugendliche (besonders türkischer und italienischer Staatsangehörigkeit) als äußerst problematisch zu bewerten.

Werden die Befunde für Sonderschulformen differenziert, zeigt sich, dass Förderschulen für Lern- und Geistigbehinderte den größten Zuwachs im Anteil ausländischer Schüler/innen hatten: Vergleicht man die Ausländeranteile an Berliner Schulformen des Schuljahres 1974/75 mit jenen von 1988/89, verzeichneten Grundschulen einen vergleichsweise niedrigen Zuwachs um das 2,8-fache, während die Zuwächse in Hauptschulen (3,6-fach), Gymnasien (4-fach), Realschulen (5,5-fach) und Gesamtschulen (4,2-fach) nah beieinander lagen. An Sonderschulen für Lern- und Geistigbehinderte stieg der Anteil um mehr als das 14-fache, an anderen Sonderschulen „bloß“ um ein 9-faches.[273] Seit Mitte der 80er-Jahre wurden zudem immer mehr Sonderschulen v. a. für behinderte Kinder zugunsten integrativer Modelle geschlossen, woraufhin sich der Anteil behinderter Sonderschüler/innen nahezu halbierte.

An der dramatischen Überrepräsentation der verbliebenen ausländischen Kinder an (westdeutschen) Schulen für Lernbehinderte hat sich indes auch in den 1990er-Jahren kaum etwas geändert: Während nur 2,1 Prozent aller deutschen Schüler/innen Sonderschulen

273 Vgl. A. Ucar: Sind Migrantenkinder sonderschulbedürftig?, a. a. O., S. 82 f.

mit dem Schwerpunkt Lernen besuchten, traf dies für 4,4 Prozent der ausländischen zu.[274] Nur unwesentlich veränderte sich der Ausländeranteil bei Sonderschüler(inne)n zumindest im früheren Bundesgebiet: Er stieg von rund 18 Prozent 1992 auf einen Höchststand von 19,7 Prozent in den Jahren 2002/03, um danach bis auf 19 Prozent (2005) zu sinken.[275] Der Migrationslagebericht 2005 bestätigt diese Tendenzen für das Schuljahr 2005/06: „Bei einem Anteil von 9,8 Prozent an der Gesamtschülerschaft liegt ihr Anteil [der ausländischen Schüler/innen, Anm. *C. B.*] an Sonderschülern bei 16 Prozent und an den Sonderschulen für den besonderen Förderbereich ‚Lernen' sogar bei 19 Prozent."[276] Um den auch in quantitativer Hinsicht nach wie vor hohen Stellenwert des Sonderschulbesuchs ausländischer Kinder hierzulande vor Augen zu führen, seien einige aktuellere Daten ergänzt: Im Schuljahr 2005/06 besuchten von 416.000 Sonderschüler(inne)n bundesweit mit rund 200.000 (48 %) etwas weniger als die Hälfte Förderschulen mit dem Schwerpunkt Lernen, bei Ausländer(inne)n waren es 39.000 von 65.000, was rund 60 Prozent der ausländischen Sonderschüler/innen insgesamt entspricht.[277]

Bei der Bildungsbeteiligung an Sonderschulen sind enorme Differenzen sowohl geschlechts- und nationalitätenspezifischer Art als auch zwischen verschiedenen Wohnorten und Bundesländern zu verzeichnen: „1994 war das Risiko [einer Sonderschulüberweisung, Anm. *C. B.*] für spanische Schüler in Rheinland-Pfalz doppelt so hoch wie in Nordrhein-Westfalen, für Schüler portugiesischer Herkunft in Rheinland-Pfalz und Nordrhein-Westfalen nur halb so hoch wie in Baden-Württemberg. Genauer gesagt tragen vor allem Jungen dieses Risiko: In den Bundesländern, für die nach Geschlecht differenzierende Angaben vorlagen, waren etwa zwei Drittel aller Schüler ausländischer Herkunft an Sonderschulen für Lernbehinderte Jungen", wusste der Zehnte Kinder- und Jugendbericht.[278] Auch der Migrationslagebericht 2005 führt erheblich variierende Ausländeranteile bei Sonderschüler(inne)n an: Die höchsten Anteile hatten Hamburg (mit 33 %), Hessen (26 %) und Baden-Württemberg (25 %), die niedrigsten hingegen Schleswig-Holstein (mit 8 %) sowie Rheinland-Pfalz und Bayern

274 Dies gilt für 1991 bis 2000; vgl. Sekretariat der ständigen Konferenz der Kultusminister der Länder in der Bundesrepublik Deutschland (KMK) (Hrsg.): Ausländische Schüler und Schulabsolventen 1991–2000. Statistische Veröffentlichungen der Kultusministerkonferenz, Nr. 163, Bonn (Okt.) 2002, S. 42

275 Vgl. StBA (Hrsg.): Fachserie 11, Reihe 1, Schuljahr 2005/06, a. a. O., S. 187. In den neuen Ländern einschließlich Berlin stieg der Ausländeranteil bei Sonderschülern um mehr als das Doppelte von 1,6 auf 3,6 %; vgl. ebd., S. 188

276 Siehe Bundesintegrationsbeauftragte (Hrsg.): Sechster Bericht, a. a. O., S. 33. Diese Daten sind der Schulstatistik des Schuljahres 2005/06 entnommen; vgl. StBA (Hrsg.): Fachserie 11, Reihe 1, Schuljahr 2005/06, a. a. O., S. 172 ff.

277 Vgl. ebd., S. 173

278 Siehe ebd., S. 139; ergänzend: BMFSFJ (Hrsg.): Familien ausländischer Herkunft, a. a. O., S. 181. Wie groß die Differenzen, die an dieser Stelle nicht weiter vertieft werden können, zwischen den jeweiligen Bundesländern tatsächlich sind, macht folgende Aussage deutlich: „So ist der Anteil der Schüler in Sonderschulen mit dem Förderschwerpunkt Lernen unter den Schülern aus dem Gebiet des ehemaligen Jugoslawien in den drei genannten Ländern jeweils mehr als fünf- (Baden-Württemberg), sechs- (Niedersachsen) bzw. siebenmal (Saarland) höher als der Anteil unter den deutschen Schülern, während er diesen bundesweit lediglich um das 3,5-fache überragt. Ähnlich liegen die Verhältnisse bei den türkischen Schülern, die in Baden-Württemberg, Niedersachsen und dem Saarland zu jeweils mehr als dreimal so hohen Anteilen Sonderschulen mit dem Förderschwerpunkt Lernen besuchen wie die deutschen Schüler, während sie dies bundesweit nur knapp doppelt so häufig tun. Schließlich sind Griechen, Italiener und Spanier in Baden-Württemberg gemessen an ihrer Gesamtzahl fast viermal so häufig in Sonderschulen mit dem Schwerpunkt Lernen vertreten wie deutsche Schüler (zum Vergleich: bundesweit gut zweimal so häufig)"; siehe ebd., S. 44.

(je 13 %).[279] Daten der Kultusministerkonferenz aus dem Jahr 2000 weisen außerdem bundesweit – mit Ausnahme Bremens, wo diese Schulform ausläuft – auf ein steigendes Risiko ausländischer Schüler/innen hin, eine Sonderschule für Lernbehinderte zu besuchen. Anhand eines Relativen-Risiko-Indices (RRI-Wert), der das Risiko einer Referenzgruppe (hier: ausländische Schüler) gegenüber einer Vergleichsgruppe (hier: deutsche Schüler) bezogen auf eine bestimmte zu untersuchende Beteiligung (hier: der Besuch einer Sonderschule) misst, berechneten Reimer und Aline Kornmann daraus ein im Bundesdurchschnitt um mehr als zweifach höheres Risiko (RRI-Wert von 2,1) ausländischer wie deutscher Kinder, eine Sonderschule für Lernbehinderte zu besuchen.[280] Die RRI-Werte streuten von 1,88 im Saarland bis zu Baden-Württemberg, das mit einem 3,6-fach höheren Risiko für ausländische Schüler/innen die höchsten Sonderschulrisiken barg.

Ein interessanter Befund zeigt sich besonders für die ostdeutschen Bundesländer, in denen, wie anschließend auch für den Sekundarstufenbereich gezeigt wird, ausländische Schüler/innen wesentlich günstigere Chancen auf eine erfolgreiche Bildungskarriere als in Westdeutschland haben. In vier der fünf neuen Länder (Thüringen, Sachsen, Sachsen-Anhalt und Brandenburg) liegen die Sonderschulquoten ausländischer Schüler/innen nämlich unter jenen der deutschen, wobei die Unterschiede in Thüringen besonders ausgeprägt sind: 6 Prozent der ausländischen, aber 10 Prozent der deutschen Kinder besuchten im Schuljahr 2004/05 dort Sonder- bzw. Förderschulen, wie Karin Weiss nachwies.[281]

Die Teilhabedisparitäten des Sonderschulbesuchs von Kindern verschiedener Nationalitäten sind groß und haben sich im Laufe der Jahre zudem verändert. In den 1990er-Jahren, in denen rund 2,1 Prozent der deutschen und 4,4 Prozent der ausländischen Schüler/innen allgemeinbildender Schulen Sonderschulen des Schwerpunkts Lernen besuchten, waren mit 7,5 Prozent Sonderschüler(inne)n besonders Kinder aus Ex-Jugoslawien überproportional betroffen, während Schüler/innen aus den EU-Anwerbestaaten Italien, Griechenland, Portugal und Spanien mit 4,5 Prozent etwa dem Durchschnitt aller ausländischen Schüler/innen entsprachen und jene aus den übrigen EU-Staaten (1,5 %) und Polen (1,3 %) sogar noch geringere Sonderschüleranteile als deutsche hatten.[282] Für das Jahr 2000 belegten Reimer und Aline Kornmann, dass Kinder aus Frankreich, Großbritannien und Polen (mit RRI-Werten von 0,62 bis 0,86) nur unterdurchschnittliche Sonderschulrisiken trugen, während Schüler/innen aus Ex-Jugoslawien (im Vergleich zu deutschen) ein um fast das Fünffache höhere Risiko

279 Vgl. Bundesintegrationsbeauftragte (Hrsg.): Sechster Bericht, a. a. O., S. 33

280 Vgl. R. Kornmann/A. Kornmann: Erneuter Anstieg der Überrepräsentation ausländischer Schüler in Schulen für Lernbehinderte, in: Forschungsstelle Migration und Integration, Pädagogische Hochschule Freiburg (Hrsg.): Interkulturell und Global 1/2003, S. 260. Der RRI als Maßstab für Bildungsbenachteiligungen ist vergleichbar mit der in den PISA-Studien angewandten Methodik der Odds Ratios. Ein Wert unter 1 bildet eine Unter- und ein Wert über 1 eine Überrepräsentation der entsprechenden Gruppe ab; vgl. ergänzend: R. Kornmann: Zur Überrepräsentation ausländischer Kinder und Jugendlicher in „Sonderschulen mit dem Schwerpunkt Lernen", in: G. Auernheimer (Hrsg.): Schieflagen im Bildungssystem, a. a. O., S. 72

281 Vgl. K. Weiss: Ausländische Schüler in den neuen Bundesländern, a. a. O., S. 182

282 Vgl. KMK (Hrsg.): Ausländische Schüler und Schulabsolventen 1991–2000, a. a. O., S. 43

trugen.[283] Zwischen diesen Polen lagen Kinder portugiesischer, italienischer und türkischer Nationalität mit einem um etwa das Doppelte höheren Risiko.[284]

Tabelle 5.5 Ausländeranteile an Schüler(inne)n allgemeinbildender Schulen insg. und an Förderschulen mit dem Schwerpunkt Lernen nach Staatsangehörigkeit im Schuljahr 2005/06 (in %)

Herkunftsland/ -region	Anteil an Schüler(inne)n allgemeinbildender Schulen insg.	Anteil an Schüler(inne)n von Förderschulen mit dem Schwerpunkt Lernen insg.	Herkunftsland/ -region	Anteil an Schüler(inne)n allgemeinbildender Schulen insg.	Anteil an Schüler(inne)n von Förderschulen mit dem Schwerpunkt Lernen insg.
Griechenland	3,5	2,74	Afrika	3,87	11,27
Italien	6,56	8,20	davon aus Marokko	1,32	1,51
Spanien	0,74	0,44	Asien	12,71	10,44
Türkei	43,08	38,16	davon aus Afghanistan	1,49	1,2
Portugal	1,42	1,29	davon aus dem Iran	1,14	0,41
Bosnien u. Herzegowina	2,46	11,02	davon aus dem Libanon	1,34	2,78
Serbien u. Montenegro	5,17	13,69	davon aus Vietnam	1,60	0,12
Kroatien	2,29	1,52			
Mazedonien	0,93	0,99			

Quelle: StBA (Hrsg.): Fachserie 11, Reihe 1, Schuljahr 2005/06, a. a. O., S. 224 f., eigene Berechungen

Von 1991 bis 2000 stiegen besonders die Risiken bosnischer Kinder (von 0 auf 1,71); kontinuierlich verschlechterte sich die Situation portugiesischer Kinder (von 1,36 auf 2,0), die erstmals im Jahr 2000 ein höheres Risiko als türkische Kinder (von 2,31 auf 1,9) trugen. Betrachtet man schließlich die Anteile ausgewählter Nationalitäten von Schüler(inne)n an Förderschulen des Schwerpunkts Lernen, zeigt sich für 2005/06 das in Tab. 5.5 wiedergegebene Bild. Die Tabelle dokumentiert die relative Repräsentanz ausgewählter Herkunftsgruppen an Sonderschulen für Lernbehinderte, welche die von Kornmann angeführten Tendenzen im Wesentlichen bestätigt. Danach sind von überwiegend hier geborenen Schüler(inne)n aus „Gastarbeiterfamilien" besonders jene aus Spanien, Vietnam (als Anwerbeland der damaligen DDR) und Griechenland, aber auch aus Portugal, der Türkei und Kroatien unter-

283 Vgl. R. Kornmann/A. Kornmann: Erneuter Anstieg der Überrepräsentation ausländischer Schüler in Schulen für Lernbehinderte, a. a. O., S. 262

284 Diefenbach nennt für dasselbe Jahr Kinder aus Ex-Jugoslawien, mit türkischer und italienischer Nationalität als Gruppen mit besonders hohen Sonderschulquoten; vgl. H. Diefenbach: Ethnische Segmentation im deutschen Schulsystem, a. a. O., S. 238

proportional zu ihrem Anteil an Schüler(inne)n insgesamt dort vertreten, was für italienische Kinder, wie Untersuchungen mehrfach belegten, ebensowenig wie für jene marokkanischer Staatsangehörigkeit zutrifft.[285] Die Schüler/innen aus den Herkunftsgruppen, von denen die Mehrheit Flüchtlingen und Asylsuchenden zuzurechnen ist, sind hingegen an Förderschulen überrepräsentiert, wie die überproportionalen Sonderschüleranteile von Kindern aus Bosnien und Herzegowina, Serbien und Montenegro, dem Libanon und Afrika insgesamt zeigen; dies trifft indes nicht für Schüler/innen aus (häufig hoch qualifizierten) Flüchtlingsfamilien aus dem Iran und Afghanistan zu.

4. Sekundarstufe I

Aufgrund der weitgehenden Dreigliedrigkeit des deutschen Schulsystems bildet der Übergang von der Grund- auf eine weiterführende Schule, der i. d. R. von der Schulübergangsempfehlung der Grundschullehrer/innen abhängt, die langfristig wirksamste und im internationalen Vergleich bei 10-jährigen Schüler(inne)n ausgenommen früh einsetzende Selektionsstufe hinsichtlich der Bildungschancen.[286] Gleichzeitig gründet die Übergangsempfehlung auf vorausgegangenen Selektionsmechanismen vor und während der Grundschulzeit, wie Leistungsbeurteilungen, Zurückstellungen, Klassenwiederholungen und Sonderschulüberweisungen. Die am Ende des Grundschulbesuchs mittels der Verteilung auf verschiedene Schulformen getroffene Auslese von Schüler(inne)n ist zugleich die Grundlage für die sich im Jugendalter verfestigenden unterschiedlichen Beteiligungschancen alloch- und autochthoner Schüler/innen, weil die Schulformen wenig durchlässig sind und ein Aufstieg in höhere Schulformen bzw. das Nachholen von Schulabschlüssen nur unter Mühen (wie dem Besuch von Abendschulen, an denen ausländische Jugendliche überrepräsentiert sind) erreichbar ist.[287] Der Migrationslagebericht 2005 wertete die migrationsspezifischen Befunde der IGLU- und PISA-Studie als Indizien dafür, dass ein Leistungsrückgang bei Schüler(inne)n mit Migrationshintergrund besonders zwischen der 4. und 9. Jahrgangsstufe, also nach der Grundschule und damit nach der Verteilung auf unterschiedliche Schulformen, erfolgt.[288] „Soziale und migrationsspezifische Disparitäten nehmen in der Sekundarstufe noch zu, Leistungsfortschritte finden kaum noch statt."[289]

Im Mittelpunkt der meisten Forschungsarbeiten zur Bildungsungleichheit stehen deshalb die Übergänge von Grund- auf Haupt- sowie weiterführende Schulen, ebenso wie die von Lehrer(inne)n abgegebenen Schulempfehlungen, Schülerleistungen und das Entscheidungs-

---

285 Vgl. G. Auernheimer: Schüler und Eltern italienischer Herkunft im deutschen Schulsystem, in: M. Libbi/N. Bergmann/V. Califano (Hrsg.): Berufliche Integration und plurale Gesellschaft. Zur Bildungssituation von Menschen mit italienischem Migrationshintergrund in Deutschland, Düsseldorf 2006, S. 57

286 Die Befunde C. Kristens, die feststellte, dass der tatsächliche Schulübergang in 95% der von ihr in Baden-Württemberg untersuchten Fälle der Empfehlung der Grundschullehrer entspricht, sind allerdings nur begrenzt auf andere Bundesländer übertragbar, weil die Grundschulempfehlung dort im Gegensatz zu anderen Regionen verbindlichen Charakter hat; vgl. dies.: Hauptschule, Realschule oder Gymnasium?, a. a. O., S. 539

287 Zum Auf- und Abstiegsverhalten von deutschen und Migrantenkindern vgl. H. Diefenbach: Bildungsbeteiligung und Berufseinmündung von Kindern, a. a. O., S. 31

288 Vgl. Bundesintegrationsbeauftragte (Hrsg.): Sechster Bericht, a. a. O., S. 31

289 Siehe ebd.

verhalten von Eltern.[290] Jüngere Untersuchungen belegen, dass die von Grundschullehrer(inne)n abgegebenen Leistungsbewertungen und Schulempfehlungen nur lose an tatsächliche Schülerleistungen gekoppelt sind und auch fachfremde Leistungen (wie das Klassenniveau und die Bildungsnähe des Elternhauses) darin einfließen.[291] So zeigte die IGLU-Studie, dass Grundschulkinder mit vergleichbaren Testleistungen erheblich streuende Benotungen durch Lehrkräfte erhielten. Besonders jene mit zwei aus dem Ausland stammenden Eltern hatten bei vergleichbaren Testleistungen und sozialer Herkunft geringere Chancen auf eine Gymnasialempfehlung als Schüler/innen, deren Eltern hier geboren waren.[292] Eine 1997 bei Hamburger Fünftklässler(inne)n durchgeführte Erhebung zu Lernausgangslagen, die sog. LAU-5-Studie, belegte nicht nur den losen Zusammenhang von Schülerleistungen und Schulempfehlungen der Lehrkräfte, sondern auch, dass unterschiedliche Schülergruppen verschieden hohe Leistungsniveaus erzielen mussten, um eine Gymnasialempfehlung zu erhalten.[293] Dafür die höchsten Leistungen mussten Kinder aus bildungsbenachteiligten Elternhäusern erbringen; in schwächerem Ausmaß traf dies zudem für Kinder alleinerziehender Eltern und für Jungen zu.

Schulübergänge und -empfehlungen

Nimmt man die faktischen Schulübergänge Nichtdeutscher in den Blick, offenbaren sich erhebliche Unterschiede nach Herkunftsgruppen. Heike Diefenbach analysierte in einer Auswertung von SOEP-Daten der Jahre 1985 bis 1995 die Grundschulübergänge von ausländischen Schüler(inne)n aus den Anwerbestaaten Griechenland, Italien, Spanien, Türkei und Ex-Jugoslawien. Zu berücksichtigen ist dabei, dass die Ergebnisse Bildungsübergange zu einem Zeitraum abbilden, an dem die Migrationsbevölkerung noch homogener als heute war und Schüler/innen mit Fluchthintergrund, etwa bei ex-jugoslawischen Staatsangehörigen, noch kaum ins Gewicht fielen. Den mit Abstand höchsten Anteil von Schüler(inne)n, die auf eine *Haupt*schule wechselten, hatten Italiener/innen mit 70 und Türk(inn)en mit 62 Prozent; von Schüler(inne)n aus Spanien und Ex-Jugoslawien waren es rund die Hälfte, aus Griechenland indes bloß 42 Prozent (Deutsche: 31 %).[294] Hinsichtlich des Übergangs auf *Gymnasien* zeigten sich griechische Schüler/innen mit 26 Prozent am erfolgreichsten, mit Abstand folgten Spanier/innen (18 %), Ex-Jugoslaw(inn)en (14 %) und schließlich Türk(inn)en mit 9 und Italiener/innen mit 8 Prozent. *Real*schulen besuchten Schüler/innen aus Ex-Jugoslawien (mit 23 %) fast ebenso häufig wie Deutsche (27 %) und Spanier/innen und Griech(inn)en

---

290 Vgl. R. H. Lehmann/R. Peek: Aspekte der Lernausgangslage und der Lernentwicklung von Schülerinnen und Schülern der fünften Klasse an Hamburger Schulen. Bericht über die Erhebung im September 1996 (LAU 5), Hamburg 1997; C. Kristen: Hauptschule, Realschule oder Gymnasium?, a. a. O., S. 534 ff.; W. Bos u. a. (Hrsg.): IGLU, a. a. O.

291 Für einen Überblick vgl. F.-O. Radtke: Die Illusion der meritokratischen Schule. Lokale Konstellationen der Produktion von Ungleichheit im Erziehungssystem, in: K. J. Bade/M. Bommes (Hrsg.): Migration – Integration – Bildung. Grundfragen und Problembereiche (IMIS-Beiträge 23), Osnabrück 2004, S. 145 ff.

292 Vgl. W. Bos u. a.: Schullaufbahnempfehlungen von Lehrkräften für Kinder am Ende der vierten Jahrgangsstufe, in: ders. u. a. (Hrsg.): IGLU, a. a.O., S. 206 ff.

293 Vgl. R. H. Lehmann/R. Peek: Aspekte der Lernausgangslage, a. a. O. (Kap. 5.2, unpag.)

294 Vgl. H. Diefenbach: Bildungsbeteiligung und Berufseinmündung von Kindern und Jugendlichen aus Migrantenfamilien, a. a. O., S. 29

(jeweils ein Fünftel), während dies bei Italiener(inne)n mit 18 und bei Türk(inn)en mit 17 Prozent seltener war. Weit größere Unterschiede zwischen den Herkunftsgruppen waren indes beim Wechsel auf *Integrierte Gesamt*schulen zu beobachten: Während spanische (mit 4 %) und italienische Schüler/innen (mit 2,4 %) sie noch seltener als Deutsche (mit 6,5 %) besuchten, nutzten türkische (mit 7 %), griechische (mit über 10 %) und aus Ex-Jugoslawien stammende Schüler/innen (mit 11 %) sie häufiger.

In Bezug auf die Zusammenhänge zwischen Schülerleistungen und Schulübergangsempfehlungen *ausländischer* Kinder widersprechen sich indes die Befunde. So konstatierten Rainer Lehmann und Rainer Peek, dass nichtdeutsche Grundschüler/innen in Hamburg zwar eindeutig seltener als deutsche eine Gymnasialempfehlung erhielten, die Analyse jedoch den Schluss nahe lege, dass „bei ihnen nicht von einer Bildungsbenachteiligung gesprochen werden“ könne, weil der für sie geltende gruppenspezifische Leistungsstandard, um eine Gymnasialempfehlung zu erhalten, deutlich niedriger als der für deutsche Kinder war.[295] Als Erklärung führen die Verfasser an, dass Migrantenkinder häufiger in Grundschulen mit eher niedrigerem Leistungsstand und einer liberaleren Empfehlungspraxis anzutreffen seien und darüber hinaus vermutet werden könne, dass ihnen „ein gewisser Bonus seitens der Lehrkräfte gegeben wird, die auf fortschreitende sprachliche und soziale Integration dieser Schülerinnen und Schüler setzen.“

Zu einem anderen Ergebnis gelangt Cornelia Kristen bei logistischen Regressionsanalysen, mit der sie den Einfluss von Noten und anderen Aspekten bei Schulübergangsempfehlungen von sechs ausgewählten Grundschulen Baden-Württembergs untersuchte. Sie fand heraus, dass die Übergangsmuster ausländischer und deutscher Kinder weitgehend den erreichten Noten entsprachen, sofern auch der Migrantenanteil in der Schulklasse kontrolliert wurde, weshalb sie eine Diskriminierung seitens der Lehrkräfte ausschloss.[296] Allerdings hatten türkische und italienische Schüler/innen auch bei gleichen Leistungen geringere Chancen auf den Besuch höherer Schulformen als deutsche, woraus die Verfasserin schlußfolgerte, dass die ethnische Herkunft zwar für die Frage, ob ein Kind auf die Hauptschule wechsele, eine bedeutsame Rolle spiele, nicht aber hinsichtlich der Entscheidung, ob es eine Realschule oder ein Gymnasium besuche.[297] In einem späteren Beitrag resümiert Kristen, dass sich aus diesen „früheren Ergebnissen keine Aussagen über ethnische Diskriminierungen in den Lehrerbeurteilungen“ ableiten ließen, weil die Beeinflussung der dem Übergang zugrunde liegenden Notenvergabe selbst durch Diskriminierungspräferenzen der Lehrkräfte nicht auszuschließen sei.[298] Mittels multinominaler Regressionsmodelle zu Schullaufbahnempfehlungen fand Kristen die Annahme bestätigt, dass sich die Chancenunterschiede türkischer und deutscher Kinder bei Kontrolle von Schülerleistungen (die durch wissenschaftliche Testverfahren ermittelt wurden) und Noten einebneten und verbliebene Unterschiede nicht

---

295 Vgl. auch zum Folgenden: R. H. Lehmann/R. Peek: Aspekte der Lernausgangslage, a. a. O. (Kap. 5.2, unpag.)

296 Der tatsächliche Schulübergang entsprach in 95 % der von Kristen untersuchten Fälle der Empfehlung der Grundschullehrer. Allerdings sind die Befunde kaum auf andere Bundesländer übertragbar, weil Grundschulempfehlungen in Baden-Württemberg im Gegensatz zu jenen in anderen Bundesländern verbindlichen Charakter hatten. Vgl. auch zum Folgenden: C. Kristen: Hauptschule, Realschule oder Gymnasium?, a. a. O., S. 549

297 Vgl. ebd., S. 545

298 Siehe C. Kristen: Ethnische Diskriminierung in der Grundschule? Die Vergabe von Noten und Bildungsempfehlungen, in: KZfSS 3/2006, S. 81

mehr signifikant waren. Insgesamt hätten die Analysen keine Hinweise ergeben, dass die Lehrer/innen „Empfehlungen in Abhängigkeit von der ethnischen Herkunft aussprechen."[299]

Die Verteilung ausländischer Schüler/innen auf weiterführende Schulen

Die geringeren Bildungschancen von Migrantenkindern, die sich etwa in ihrer Überrepräsentanz in Haupt- und Sonderschulen sowie ihren selteneren Abschlüssen weiterführender Schulen manifestieren, haben sowohl die amtliche Schulstatistik als auch bildungssoziologische Untersuchungen aufgearbeitet.[300] Die Schulstatistik für das Schuljahr 2002/03 weist aus, dass insgesamt rund 5,35 Mio. Schüler/innen die Klassen 5 bis 10 allgemeinbildender Schulen, die der Orientierungs- und Mittelstufe (Sekundarbereich I) zugeordnet sind, besuchten.[301] 463.000 Schüler/innen (oder 8,7 %) davon waren nichtdeutsch; der Anteil von Kindern mit Migrationshintergrund, also Nachkommen von Eingebürgerten, Spätaussiedlern und binationalen Partnerschaften, lag jedoch höher. Schüler/innen der 7. Klasse (ohne Sonderschüler/innen) verteilten sich entsprechend Abb. 5.6 auf die Schulformen.

Demnach sind Gymnasien mit über einem Drittel der Schüler/innen zur quantitativ bedeutsamsten Schulform in Deutschland avanciert. Ein Viertel besuchte Realschulen, gut jede/r fünfte eine Hauptschule und fast jede/r zehnte eine Integrierte Gesamtschule. Die darin zum Ausdruck kommende, im Vergleich zu früheren Jahren beobachtbare schulische Höherqualifizierung von Schüler(inne)n verschärft die Schwierigkeiten auf dem Berufsausbildungsstellenmarkt für Betroffene mit einem Haupt- oder gar keinem Schulabschluss.

299 Siehe ebd., S. 92. Allerdings wurde bei den Analysen der sozioökonomische Hintergrund der Schüler nicht kontrolliert, sodass vorgelagerte primäre Herkunftseffekte, welche die zum Ausgangspunkt der Analyse genommenen Noten und Testleistungen der Schülergruppen bereits im Vorfeld negativ beeinflussen, außen vor bleiben. Aus diesem Grund ist die weit reichende Schlussfolgerung Kristens, dass es keine ethnische Diskriminierung im Grundschulbereich und besonders bei Schulübergangsempfehlungen gebe, zu relativieren.

300 Neben der im Folgenden herangezogenen Literatur vgl. die Diskussion aktueller internationaler und regionaler Studien bei: I. Gogolin: Chancen und Risiken nach PISA – über die Bildungsbeteiligung von Migrantenkindern und Reformvorschläge, in: G. Auernheimer (Hrsg.): Schieflagen im Bildungssystem, a. a. O., S. 33 ff.; BMFSFJ (Hrsg.): Familien ausländischer Herkunft, a. a. O., S. 176 ff.; H. Ditton: Ungleichheit und Mobilität durch Bildung. Theorie und empirische Untersuchung über sozialräumliche Aspekte von Bildungsentscheidungen, Weinheim 1992; Bund-Länder-Kommission für Bildungsplanung und Forschungsförderung: Förderung von Kindern und Jugendlichen mit Migrationshintergrund, Bonn 2003; H. Diefenbach: Schulerfolgsquoten ausländischer und deutscher Schüler an Integrierten Gesamtschulen und an Schulen des dreigliedrigen Systems, in: F. Swiaczny/S. Haug (Hrsg.): Migration – Integration – Minderheiten. Neuere interdisziplinäre Forschungsergebnisse. Materialien zur Bevölkerungswissenschaft, Wiesbaden 2003, S. 77 ff. Zur Schulstatistik vgl. die jährlich vom StBA veröffentlichte Fachserie 11, Reihe 1. Bildung und Kultur, dessen weitere Veröffentlichungen und Publikationen der KMK.

301 Eingerechnet sind hier außerdem die Schüler von Abendhaupt- und Abendrealschulen; vgl. dass. (Hrsg.): Fachserie 11, Reihe 1. Bildung und Kultur, Schuljahr 2002/03, a. a. O., S. 12

Abbildung 5.6 Schüler/innen der 7. Klassenstufe im Schuljahr 2002/03 (in %)

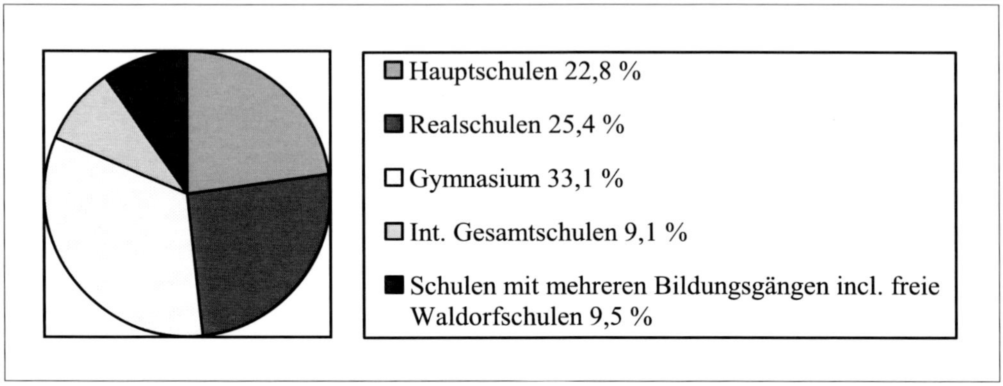

Quelle: StBA (Hrsg.): Fachserie 11, Reihe 1, Schuljahr 2002/03, a. a. O., S. 13

Fasst man die Bildungsbeteiligung *ausländischer* Schüler/innen an den Schulformen der Sekundarstufe I ins Auge, zeichnet sich ein gänzlich anderes Bild ab. Zum selben Zeitpunkt hatten im Bundesdurchschnitt 18,2 Prozent aller Haupt-, 6,8 Prozent aller Real-, 12,7 Prozent aller Gesamtschüler/innen und 3,9 Prozent aller Gymnasiast(inn)en einen ausländischen Pass. Nichtdeutsche Schüler/innen waren somit besonders an Gymnasien und Realschulen unterproportional zu ihrem Anteil an Schüler(inne)n insgesamt (9,8 %) vertreten, während es sich bei Hauptschulen, Integrierten Gesamtschulen und Sonderschulen mit dem Schwerpunkt Lernen der Sekundarstufe I, die mit 15,8 Prozent Ausländeranteil knapp unter dem Durchschnittswert der Hauptschulen lagen, umkehrt verhielt. Dieser Trend setzte sich danach weiter fort.[302]

Die *Haupt*schule hat im Laufe der Jahre an Relevanz eingebüßt und verkommt immer mehr zur „Problemschule" für Kinder aus Migrantenfamilien und niedrigen Sozialschichten, weshalb immer mehr Bundesländer erwägen, diese Schulform in Gänze abzuschaffen.[303] Die zu beobachtende Konzentration von Schüler(inne)n aus niedrigen Sozialschichten wirkt sich prinzipiell insofern negativ auf die Leistungen einzelner Schüler/innen aus, als sie durch ein anregungsärmeres, homogeneres Lernniveau „höchstwahrscheinlich stark hinter den Erwartungen zurückbleiben, zu denen ihre individuellen Leistungsvoraussetzungen berechtigen."[304] Für Kinder mit Migrationshintergrund bleibt, wenngleich abgeschwächt, der Trend zur Hauptschule als wichtigster Schulform ungebrochen: Während 1985 noch fast 75 Prozent der Ausländerkinder (und bloß 40 % der deutschen) nach der Grundschule

302 Für das Schuljahr 2005/06 vgl. StBA (Hrsg.): Fachserie 11, Reihe 1, Schuljahr 2005/06, a. a. O., S. 22

303 Vgl. H. Ditton: Ungleichheit und Mobilität durch Bildung, a. a. O., S. 205. Die Abschaffung der Hauptschule, die in den ostdeutschen Bundesländern bis auf Mecklenburg-Vorpommern schon vollzogen ist, erwog im Herbst 2007 Rheinland-Pfalz; vgl. Focus online: Rheinland-Pfalz: Aus für die Hauptschule (http://www.focus.de/schule/schule/bildungspolitik/rheinland-pfalz_aid_137577.html; 13.3.08)

304 Siehe G. Schümer: Zur doppelten Benachteiligung von Schülern aus unterprivilegierten Gesellschaftsschichten im deutschen Schulwesen, in: dies./K.-J. Tillmann/M. Weiß (Hrsg.): Die Institution Schule und die Lebenswelt der Schüler. Vertiefende Analysen der PISA-2000-Daten zum Kontext von Schülerleistungen, Wiesbaden 2004, S. 102

auf Hauptschulen wechselten, traf dies 1995 für rund 37 Prozent der ausländischen (24 % der deutschen) Kinder zu.[305] Im Schuljahr 2005/06 besuchten 22 Prozent (bzw. fast 190.000) der ausländischen Schüler/innen allgemeinbildender Schulen Hauptschulen, während es bei deutschen lediglich 12 Prozent waren.[306]

*Integrierte Gesamt*schulen haben für ausländische Schüler/innen nach wie vor eine weitaus größere Bedeutung als für deutsche. Das Angebot an Gesamtschulen, die in Bayern, Baden-Württemberg und Sachsen-Anhalt eine zu vernachlässigende Randerscheinung darstellen, variiert allerdings erheblich zwischen den Bundesländern. In den übrigen Ländern kommt ihnen ein umso höherer Stellenwert zu: In den 1990er-Jahren besuchten bundesweit 8,6 Prozent der deutschen und rund 14 Prozent der ausländischen Schüler/innen an allgemeinbildenden Schulen Integrierte Gesamtschulen;[307] im Schuljahr 2005/06 waren es noch 5,2 Prozent der deutschen und 7,2 Prozent (ca. 62.000) der ausländischen Schüler/innen.[308] Auch hier sind nationalitätenspezifische Präferenzen festzustellen: Fast 16 Prozent der türkischen und rund 12 Prozent der polnischen Schüler/innen besuchten diese Schulform, und auch Schüler/innen außereuropäischer Herkunft waren dort überproportional vertreten. Wenig genutzt wurden Gesamtschulen indes von Schüler(inne)n aus den nördlichen EU-Staaten und Ex-Jugoslawien.

Im Gegensatz dazu ist die Bedeutung der *Real*schule für deutsche ebenso wie für ausländische Schüler/innen kontinuierlich gestiegen. Allein bei dieser Schulform ist eine Annäherung der Bildungsbeteiligung beider Gruppen zu beobachten: Von 7 Prozent ausländischen Schüler(inne)n, die 1985 Realschulen besuchten, stieg der Anteil bis 1995 auf fast 35 Prozent, während die entsprechenden Werte bei Deutschen nur geringfügig von 22 auf 27 Prozent zunahmen.[309] Im Schuljahr 2005/06 besuchten insgesamt 11,1 Prozent (ca. 94.700) aller ausländischen Schüler/innen allgemeinbildender Schulen im früheren Bundesgebiet Realschulen, während es bei deutschen mehr als 15 Prozent waren.[310]

Kaum verändert hat sich demgegenüber der Anteil ausländischer Kinder, die auf *Gymnasien* wechselten: Ihr Anteil lag 1985 bei 8,6 Prozent, stieg dann auf 11,9 (1986) bzw. 16,3 Prozent (1990) und ist seither wieder rückläufig (zum Vergleich: Die Gymnasialwechsel deutscher Schüler stiegen im selben Zeitraum von 25 auf 37 %).[311] Im Schuljahr 2005/06 besuchten insgesamt ca. 10 Prozent (ca. 89.400) aller ausländischen Schüler/innen allgemeinbildender Schulen in Westdeutschland Gymnasien, während es bei deutschen mehr als ein Viertel war.[312] Nach Herkunftsgruppen betrachtet lag der Gymnasiastenanteil im Schuljahr 2000/01 bei

305 Vgl. hierzu und zu den folgenden, auf Auswertungen des SOEP beruhenden Zahlen: H. Diefenbach: Ethnische Segmentation im deutschen Schulsystem, a. a. O., S. 229 ff. Beachtenswert sind die enormen Differenzen in den Quoten ausländischer Hauptschüler zwischen den Bundesländern: Während bundesweit rund 16 % der deutschen Schüler Hauptschulen besuchten, waren es unter Nichtdeutschen mehr als 40 %. In Bayern lagen die entsprechenden Werte bei 36 bzw. 66 %, in Hessen hingegen bei 11 bzw. 21 %; vgl. KMK (Hrsg.): Ausländische Schüler und Schulabsolventen 1991–2000, a. a. O., S. 27. Ähnlich groß sind die Länderdisparitäten bei Realschulen und Gymnasien; vgl. ebd., S. 32 u. 34.

306 Vgl. StBA (Hrsg.): Fachserie 11, Reihe 1, Schuljahr 2005/06, a. a. O., S. 22

307 Vgl. hierzu und zum Folgenden: KMK (Hrsg.): Ausländische Schüler und Schulabsolventen 1991–2000, a. a. O., S. 36 ff. Auch hier bestanden erhebliche Unterschiede zwischen den Bundesländern; vgl. ebd.

308 Vgl. StBA (Hrsg.): Fachserie 11, Reihe 1, Schuljahr 2005/06, a. a. O., S. 22

309 Vgl. H. Diefenbach: Bildungsbeteiligung und Berufseinmündung, a. a. O., S. 229. Die Werte wurden gerundet.

310 Vgl. StBA (Hrsg.): Fachserie 11, Reihe 1, Schuljahr 2005/06, a. a. O., S. 22

311 Vgl. H. Diefenbach: Bildungsbeteiligung und Berufseinmündung, a. a. O., S. 229

312 Vgl. StBA (Hrsg.): Fachserie 11, Reihe 1, Schuljahr 2005/06, a. a. O., S. 22

spanischen Schüler(inne)n mit 15 Prozent am höchsten, um fast die Hälfte niedriger (6,1 %) war er bei italienischen und (mit 5,4 %) am niedrigsten bei türkischen Schüler(inne)n.[313]

Gegenüber dieser gesamtdeutschen Betrachtung von Gymnasiastenanteilen ausländischer Schüler/innen ergeben sich indes beträchtliche Abweichungen, wenn man allein Ostdeutschland in den Blick nimmt, wo anteilig nur sehr wenige Schüler/innen ohne deutschen Pass leben und zudem andere Schulstrukturen vorherrschen, sodass sich ein unmittelbarer Vergleich mit Westdeutschland verbietet.[314] Ein außerordentlich hoher Anteil ausländischer Schüler/innen besucht nämlich dort Gymnasien: Im Schuljahr 2004/05 waren es in allen fünf ostdeutschen Ländern jeweils mehr als 33 Prozent der nichtdeutschen Schüler/innen des jeweiligen Bundeslandes, wobei deutsche Schüler/innen lediglich in drei Ländern (Thüringen, Sachsen-Anhalt und Brandenburg) höhere Gymnasialquoten als ausländische hatten. In Mecklenburg-Vorpommern besuchten je 39 Prozent der deutschen und ausländischen Schüler/innen Gymnasien; in Sachsen waren es sogar 39 Prozent der deutschen und 45 Prozent der ausländischen Schüler/innen.

Bemerkenswert ist des Weiteren der Trend, dass Schulformen für *nachholende Schulabschlüsse* wie Abendhaupt- und Abendrealschulen zugleich überproportionale Ausländeranteile haben, mit steigender Tendenz: Institutionen für nachholende Schulabschlüsse verzeichnen nicht nur insgesamt wachsende Schülerzahlen, sondern noch stärker steigende Anteile ausländischer Schüler/innen, was darauf hindeutet, dass diese ihre durch die frühe schulische Selektion bedingten Nachteile durch den Besuch einer Einrichtung des zweiten Bildungsweges auszugleichen suchen.[315] Im Schuljahr 2005/06 besuchten 0,5 Prozent der ausländischen, aber lediglich 0,2 Prozent der deutschen Schüler/innen allgemeinbildender Schulen eine Abendrealschule; an Abendgymnasien waren es 0,3 bzw. 0,2 Prozent.[316] Die These, dass ausländische Schüler die wenigen vorhandenen Möglichkeiten einer Korrektur frühzeitiger Selektionsentscheidungen durch das Bildungssystem stärker nutzen als deutsche Gleichaltrige, wird ferner durch die Tatsache gestützt, dass ausländische Schüler/innen nach ihrem Übergang in die Sekundarstufe häufiger in höhere Schulformen auf- und seltener in niedrigere Schulformen absteigen.[317]

Neben geschlechtsspezifischen Disparitäten, die hier nicht weiter vertieft werden, sind große Differenzen in der nationalitätenspezifischen Bildungsbeteiligung bestehen geblieben, wie Heike Diefenbach auf Basis von SOEP-Daten für 1985 bis 1995 nachwies: Während italienische Kinder mit 70,8 und türkische Kinder mit 62,3 Prozent am häufigsten auf die Hauptschule und mit jeweils 8,2 bzw. 9,6 Prozent am seltensten auf das Gymnasium wechselten, besuchten Griech(inn)en mit 42,5 und Spanier/innen mit 51,3 Prozent deutlich seltener

313 Vgl. L. Herwartz-Emden: Migrant/-innen im deutschen Bildungssystem. Situationsbeschreibung: Kinder mit Migrationshintergrund, in: BMBF (Hrsg.): Migrationshintergrund von Kindern und Jugendlichen: Wege zur Weiterentwicklung der amtlichen Statistik, Bonn/Berlin 2005, S. 17

314 In Ostdeutschland sind überwiegend Sekundarschulen (Real-, Regel- und Mittelschulen) anzutreffen. Hauptschulen gibt es nur in Mecklenburg-Vorpommern, und in Thüringen, Sachsen und Sachsen-Anhalt existieren nur wenige Gesamtschulen. Vgl. hierzu und zum Folgenden: K. Weiss: Ausländische Schüler in den neuen Bundesländern, a. a. O., S. 182 ff.

315 Vgl. H. Diefenbach: Kinder und Jugendliche aus Migrantenfamilien im deutschen Bildungssystem, a. a. O., S. 79 f.

316 Vgl. ebd.

317 Vgl. H. Diefenbach: Bildungsbeteiligung und Berufseinmündung, a. a. O., S. 31

Hauptschulen, während ihr Gymnasiast(inn)enanteil mit jeweils 26,2 bzw. 18,3 Prozent entsprechend höher lag.[318] Diese „Rangfolge“ der Migrantenkindergruppen aus Anwerbestaaten nach Bildungserfolgen ist bis in das beginnende 21. Jahrhundert bestehen geblieben. Dies belegt nachfolgende Tabelle:

Tabelle 5.7 Ausländische Schüler/innen nach ausgewählten Staatsangehörigkeiten und Schulart der Sekundarstufe I und II (allgemeinbildende Schulen) im Schuljahr 2002/03 (in %)

Staatsangehörigkeit	**Hauptschule**	**Realschule**	**Gymnasien**	**Integrierte Gesamtschule**	**Sonstige**	
Griechenland (n = 17.347)	43,7	20,9	21,1	9,4	4,9	100
Italien (n = 35.391)	51,5	19,8	11,9	10,7	6,1	100
Portugal (n = 6.950)	44,2	20,6	16,2	11,8	7,2	100
Spanien (n = 4.188)	28,3	24,2	26,6	14,0	6,9	100
Türkei (n = 210.273)	45,7	18,4	10,8	16,3	8,8	100
Deutschland*	22,8	25,4	33,1	9,1	9,6	100

* entnommen aus: StBA (Hrsg.): Fachserie 11, Reihe 1, Schuljahr 2002/03, a. a. O., S. 13

Quelle: Bundesintegrationsbeauftragte (Hrsg.): Sechster Bericht, a. a. O., S. 323

Zu den nationalitätenspezifischen Disparitäten der Schulformverteilung von Schüler(inne)n der (überwiegend) zweiten Generation aus Anwerbestaaten lässt sich (ohne dass weitere Einflussfaktoren wie die soziale Herkunft, Aufenthaltsdauer u. a. kontrolliert wurden) somit resümieren, dass die zweite Generation aus griechischen und besonders spanischen Elternhäusern mit den höchsten Gymnasiastenanteilen unter Schüler(inne)n aus den Anwerbestaaten am bildungserfolgreichsten ist. Die Verteilung spanischer Schüler/innen auf die Schularten ist am ehesten mit jener der Deutschen zu vergleichen.[319] Italienische und türkische Staatsangehörige schneiden im Gruppenvergleich am schlechtesten ab; fast die Hälfte von ihnen besuchen Hauptschulen und überproportional häufig sind sie in Sonderschulen für Lernbehinderte und bei Abgänger(inne)n ohne Schulabschluss anzutreffen. Ebenso liegen ihre Gymnasiastenanteile um 10 bis 15 Prozent unter jenen der bildungserfolgreicheren

318 Vgl. H. Diefenbach: Ethnische Segmentation im deutschen Schulsystem, a. a. O., S. 229; zur geschlechtsspezifischen Bildungsbeteiligung bei Migrantenkindern vgl. H. Diefenbach: Bildungsbeteiligung und Berufseinmündung, a. a. O., S. 25 ff. Im Schuljahr 2002/03 besuchten mit 38 % mehr ausländische Mädchen als Jungen (32 %) weiterführende Schulen; vgl. Bundesintegrationsbeauftragte (Hrsg.): Sechster Bericht, a. a. O., S. 33. Die nationalitätenspezifische Bildungsbeteiligung sowie die hohen Übergangsraten italienischer und türkischer Kinder auf Hauptschulen bestätigen auch andere Studien; vgl. hierzu und zum Folgenden: C. Kristen: Hauptschule, Realschule oder Gymnasium?, a. a. O., S. 541

319 Vgl. Bundesintegrationsbeauftragte (Hrsg.): Sechster Bericht, a. a. O., S. 33

Migrantengruppen, wobei allerdings zu Beginn des 21. Jahrhunderts ein größerer Teil als in den 1990er-Jahren diese Schulform besucht und auch ihre Anteile an Hauptschüler(inne)n leicht gesunken sind. Kinder aus Familien ex-jugoslawischer Arbeitsmigrant(inn)en gelten als annähernd so bildungserfolgreich wie spanische und griechische Kinder, wobei dies nicht für Schüler/innen zutrifft, die mit ihren Familien erst in den 1990er-Jahren als Flüchtlinge vor dem Bürgerkrieg geflohen sind.[320] Besonders türkische und spanische Kinder besuchen Integrierte Gesamtschulen, um der frühen Selektion auf andere Schulformen zu entgehen. Schüler/innen portugiesischer Staatsangehörigkeit schließlich weisen mittlere Bildungserfolge auf, die zwischen jenen griechischer und spanischer einerseits und türkischer und italienischer Schüler/innen andererseits angesiedelt sind. Die nationalitätenspezifischen Unterschiede in der Verteilung auf Schulformen bestätigte ebenfalls die erste PISA-Studie. Die Mehrheit der Jugendlichen, deren Väter aus der Türkei (mit 62 %) oder aus Ex-Jugoslawien (60 %) zugewandert waren, besuchten einen Bildungsgang des unteren Niveaus,[321] während dies zugleich für etwa die Hälfte der Schüler/innen aus Griechenland und Italien, für 45 Prozent derjenigen mit Vätern aus der ehemaligen Sowjetunion und Polen (meist: Aussiedlerfamilien) und für 26 Prozent der Kinder deutscher Väter zutraf.

Die bisher referierten Beteiligungsdisparitäten zwischen ausländischen und deutschen Schüler(inne)n sind nur eingeschränkt aussagekräftig, weil ein möglicherweise vorhandener Migrationshintergrund oder die soziale Herkunft nicht erhoben werden. Ergänzend werden daher zentrale Befunde der Schülerleistungsstudien PISA zu schulischen Kompetenzen 15-Jähriger vorgestellt, die präzisere Informationen bezüglich des Migrationshintergrundes geben.

Migrationsspezifische Ergebnisse der PISA-Studien

Selten ist die deutsche Bildungsszene so nachhaltig aufgeschreckt worden wie durch die Ergebnisse der ersten, im Jahr 2000 veröffentlichten PISA-Studie, die unserem Schulsystem im internationalen Vergleich neben der hohen Korrelation von sozialer Herkunft und Bildungserfolg eine besonders ineffektive Förderung der schulischen Kompetenzen von (mehrsprachigen) Kindern mit Migrationshintergrund bescheinigte.[322] Wie die IGLU-Studie

---

320 Zu den Bildungserfolgen von Mädchen aus ex-jugoslawischen Familien von Arbeitsmigranten vgl. U. Boos-Nünning/Y. Karakaşoğlu: Viele Welten leben, a. a. O., S. 173; zu den Sonderschulquoten verschiedener (Flüchtlingsmigranten-)Gruppen aus Ex-Jugoslawien vgl. H. Diefenbach: Kinder- und Jugendliche aus Migrantenfamilien im deutschen Bildungssystem, a. a. O., S. 68

321 Zum „unteren Niveau“ wurden Schüler/innen von haupt- und beruflichen Schulen sowie des unteren Niveaus Integrierter Gesamtschulen zusammengefasst, während das „mittlere und höhere Niveau“ Realschule, Gymnasien sowie obere Kurse in Deutsch, Englisch oder Mathematik an Integrierten Gesamtschulen einschloss; vgl. auch zum Folgenden: J. Baumert/G. Schümer: Familiäre Lebensverhältnisse, Bildungsbeteiligung und Kompetenzerwerb im nationalen Vergleich, a. a. O., S. 196

322 Vgl. ebd.; zu Bundesländerdifferenzen vgl. P. Stanat: Schulleistungen von Jugendlichen mit Migrationshintergrund: Differenzierung deskriptiver Befunde aus PISA und PISA-E, in: Deutsches PISA-Konsortium (Hrsg.): PISA 2000. Ein differenzierter Blick auf die Länder, Opladen 2003, S. 247 ff.; J. Baumert/G. Schümer: Familiäre Lebensverhältnisse, Bildungsbeteiligung und Kompetenzerwerb im nationalen Vergleich, a. a. O., S. 189 ff.

zeichnen sich auch die PISA-Erhebungen[323] im Unterschied zur amtlichen Bildungsstatistik durch eine Erfassung des Migrationshintergrundes von Schüler(inne)n anhand ihrer Geburtsorte, jenen der Eltern und der familiären Sprachpraxis (statt bloß der Staatsangehörigkeit) aus.[324] Damit ist zwar eine Identifikation von Bildungsinländer(inne)n bzw. der zweiten, nicht aber der dritten Generation möglich, die nach diesem Ansatz als „authochthon", d.h. als einheimisch ohne Migrationshintergrund, ausgewiesen wird, sofern die Familiensprache deutsch ist. Als weitere Indikatoren für einen Migrationshintergrund erfragte man die Muttersprache der Schüler/innen, die Hauptsprache in der Familie sowie die Verweildauer in Deutschland. Außerdem wurde der Bildungserfolg anhand von (eigens getesteten) Basiskompetenzen 15-Jähriger in den Bereichen „Lesen", „Mathematik" sowie „Naturwissenschaften" gemessen. Nachteilig ist, dass Schüler/innen verschiedener Herkunftsgruppen zu Auswertungsgruppen zusammengefasst wurden (wie z.B. Polen/ehemalige Sowjetunion sowie Griechenland/Italien), deren Bildungserfolge z.T. durchaus unterschiedlich ausfallen. Am nachteiligsten für die Interpretation erweist sich indes die Tatsache, dass Schüler/innen an Sonderschulen ausgeklammert sind, was die Ergebnisse besonders für Kinder mit Migrationshintergrund zu positiv ausfallen lässt, weil die Gruppe mit den mutmaßlich niedrigsten schulischen Kompetenzen unberücksichtigt bleibt.

Die Zusammensetzung der Stichprobe von 1.056 an der (ersten) PISA-O-Studie teilnehmenden Schüler(inne)n mit Migrationshintergrund repräsentiert die Migrationsrealität der Bundesrepublik zwar nicht in allen Facetten, liefert aber dennoch wertvolle Hinweise, welche die herkömmlichen Bildungs- und Sozialstatistiken nicht zulassen. So war bei 21 Prozent der 15-Jährigen der Gesamtstichprobe mindestens ein Elternteil im Ausland geboren, bei ca. 15 Prozent traf dies für beide Elternteile zu und in den westlichen Bundesländern lagen diese Anteile von „Kindern mit einfachem bzw. doppeltem Migrationshintergrund" mit im Mittel 27 bzw. 19 Prozent nochmals deutlich höher.[325] Ausgewiesen wurden die wichtigsten Zuwanderungsgruppen: die zweite Generation aus griechischen/italienischen Familien, aus Aussiedlerfamilien (aus Polen/der ehemaligen Sowjetunion), aus Familien Ex-Jugoslawiens, der Türkei sowie aus „anderen Ländern" (Bürgerkriegsflüchtlinge, Asylsuchende bzw. Flüchtlinge sowie Migranten aus den übrigen EU- sowie Drittstaaten). Die Herkunftsländer und weitere Merkmale der Schüler/innen mit Migrationshintergrund dokumentieren folgende Tabelle und die sich anschließenden Ausführungen.

323 Prinzipiell zu unterscheiden ist zwischen der internationalen Vergleichsstudie PISA-O, in der die Leistungen 15-jähriger Schüler in 32 OECD-Ländern miteinander verglichen wurden, sowie der nationalen Erweiterungsstudie PISA-E, welche die Kompetenzen von Neuntklässlern nach Bundesländern auswertete. Die PISA-Studien sind als ein Testzyklus konzipiert, der in drei Erhebungswellen in den Jahren 2000, 2003 und 2006 jeweils einen der drei Kompetenzbereiche als Schwerpunkt untersuchte. Vgl. Deutsches PISA-Konsortium (Hrsg.): PISA 2000. Basiskompetenzen, a.a.O.; Deutsches PISA-Konsortium (Hrsg.): PISA 2000. Ein differenzierter Blick auf die Länder, a.a.O.

324 Vgl. U. Hunger/D. Thränhardt: Der Bildungserfolg von Einwandererkindern in den Bundesländern, a.a.O., S. 51 ff.

325 Vgl. J. Baumert/G. Schümer: Familiäre Lebensverhältnisse, Bildungsbeteiligung und Kompetenzerwerb, a.a.O., S. 341

Tabelle 5.8 15-Jährige aus Familien mit Migrationshintergrund nach dem Geburtsland des Vaters und der Mutter, der Verweildauer in Deutschland und der Umgangssprache in der Familie

Herkunftsland der Familien	Vater*	Mutter*	Verweildauer des Jugendlichen in Deutschland (in % der jeweiligen Migrantengruppe)				Umgangssprache in der Familie deutsch
			Seit Geburt	Zuwanderung vor Schulbeginn	Zuwanderung während der Grundschulzeit	Zuwanderung während der Sekundarschulzeit	
Griechenland/ Italien	9,2	6,1	76,6	11,7	10,4	1,3	65,9
Türkei	16,9	16,5	69,1	18,8	7,2	4,9	26,5
Polen/ehem. Sowjetunion	38,1	40,7	13,2	39,7	32,8	14,2	53,4
ehem. Jugoslawien	8,2	8,1	51,8	26,8	14,3	7,1	16,7
andere Länder	27,6	28,7	63,0	20,1	13,2	3,7	64,2
Familien mit Migrationsgeschichte insg.	100,00	100,00	45,6	27,0	19,3	8,1	50,4

* in % der Familien mit Migrationsgeschichte insgesamt

Quelle: J. Baumert/G. Schümer: Familiäre Lebensverhältnisse, Bildungsbeteiligung und Kompetenzerwerb, a. a. O., S. 343

Die Tabelle zeigt, dass Jugendliche aus russlanddeutschen und polnischen Aussiedlerfamilien mit 38 Prozent die größte Gruppe unter den Schüler(inne)n mit Migrationshintergrund bildeten und Jugendliche türkischer Herkunft mit 17 Prozent die zweitgrößte Gruppe; es folgten mit 9 Prozent Schüler/innen aus Italien bzw. Griechenland und mit 8 Prozent Kinder aus Ex-Jugoslawien. Jugendliche spanischer und portugiesischer Herkunft als wesentlich kleinere Gruppen zählte man aus diesem Grund zu „Anderen“, welche mit 27 Prozent mehr als ein Viertel der Migrantenstichprobe ausmachten. Bemerkenswert ist weiterhin, dass fast die Hälfte der Kinder mit einem im Ausland geborenen Vater in Deutschland zur Welt kamen und mehr als 70 Prozent im Vorschulalter eingereist waren, während Seiteneinsteiger/innen in nennenswertem Umfang nur noch bei ausgesiedelten Jugendlichen sowie jenen aus Flüchtlingsfamilien zu finden waren.[326] Die Hauptverkehrssprache war in mehr als der Hälfte der Familien deutsch; lediglich bei Familien türkischer und jugoslawischer Herkunft verständigte sich bloß eine Minderheit trotz durchschnittlich langer Aufenthaltsdauer vergleichsweise selten in deutscher Sprache. In Bezug auf die soziale Schichtzugehörigkeit[327] der Schüler/innen mit

326 Vgl. ebd., S. 343

327 PISA verwendet für die Zuordnung der sozioökonomischen Stellung der Familien zweierlei Maß: Als Standardindikator wird der von Harry Ganzeboom u. a. auf Basis von Daten zu Bildung, Beruf und Einkommen von

Migrationshintergrund bestätigten sich die Ergebnisse anderer Untersuchungen, nach denen Zuwanderer v. a. der Arbeiterschicht und seltener hohen Soziallagen zugehörig sind.[328] Die PISA-Forscher/innen fanden heraus, dass 63 Prozent der einbezogenen Migrationsfamilien (vs. 39 % der deutschen) den beiden Arbeiterschichten angehörten, während insgesamt 19 Prozent der Familien mit Migrationshintergrund (vs. 38 % der deutschen) aus der oberen bzw. unteren Dienstklasse kamen.[329] Zugleich betrug der Mittelwert des Sozioökonomischen Indexes (ISEI) bei deutschen 45 und bei Familien mit Migrationshintergrund lediglich 37 Punkte. Zwischen den Herkunftsgruppen zeigten sich außerdem beträchtliche Unterschiede: Väter mit dem höchsten sozioökonomischen Status hatten Schüler/innen aus „anderen Ländern" (ISEI-Wert: 43), es folgten Jugendliche aus Griechenland bzw. Italien (mit 39) und schließlich aus Polen bzw. der ehemaligen Sowjetunion, der Türkei und Ex-Jugoslawien (mit jeweils 36).

Der im vorliegenden Untersuchungszusammenhang herausragende Befund der PISA-Studien für Deutschland ist, dass Jugendliche aus Zuwanderfamilien sowohl im Lesen als auch in Mathematik und in den Naturwissenschaften weitaus niedrigere durchschnittliche Kompetenzniveaus erreichen als Schüler/innen, von denen nur ein oder kein Elternteil im Ausland geboren ist (deren Kompetenzniveaus sich kaum voneinander unterscheiden).[330] Ein Fünftel der Schüler/innen mit zwei aus dem Ausland stammenden Elternteilen, also einem sog. doppeltem Migrationshintergrund, erreichten gerade die erste von fünf Kompetenzstufen im Leseverständnis und galten damit als „Risikoschüler/innen", 46 Prozent erzielten lediglich die zweite und nur 2 Prozent das höchste Kompetenzniveau (von Schülern aus autochthonen oder binationalen Elternhäusern erreichten weniger als 10 % die erste und weitere 10 % die höchste Stufe).[331] Zudem blieb das im Mittel niedrigere Leistungsniveau von Migrantenkindern bestehen, selbst wenn sie in Deutschland geboren und aufgewachsen waren. Eine multiple Klassifikationsanalyse, welche die Leistungsmittelwerte der Gruppen um Kontexteffekte bereinigt abbildet, zeigte schließlich, dass sich die Unterschiede in der Lesekompetenz von Kindern mit und ohne Migrationshintergrund weitgehend nivellierten, sofern die Sozialschichtzugehörigkeit der Familie, deren Verweildauer in Deutschland sowie deren Umgangssprache kontrolliert wurden.[332] Im Ländervergleich die höchsten mittleren

---

74.000 Beschäftigten aus 16 Ländern entwickelte Internationale Sozioökonomische Index (ISEI) angewendet, der einen Mittelwert des sozioökonomischen Status einer Gruppe anzeigt. Hinzu kommt die Einteilung von sozialen Klassen nach der Kategorisierung von Robert Erikson, John Goldthorpe u. a., bei der nach den Gesichtspunkten „Art der Tätigkeit", „Stellung im Beruf", „Weisungsbefugnisse" und „erforderliche Qualifikationen" sechs verschiedene Sozialschichten konstruiert werden; vgl. ebd., S. 327 ff. u. 339; zum Folgenden vgl. S. 344 f.

328 Vgl. R. Geißler (Hrsg.): Die Sozialstruktur Deutschlands, a. a. O., S. 241

329 Die Prozentwerte im Text wurden für die Lesbarkeit gerundet. Vgl. auch zum Folgenden: J. Baumert/G. Schümer: Familiäre Lebensverhältnisse, Bildungsbeteiligung und Kompetenzerwerb, a. a. O., S. 344 f.

330 Für die Lesekompetenzniveaus vgl. ebd., S. 375 ff.; für mathematische Kompetenzniveaus vgl. PISA Konsortium Deutschland (Hrsg.): PISA 2003. Der Bildungsstand der Jugendlichen in Deutschland – Ergebnisse des zweiten internationalen Vergleichs, Münster u. a. 2004; für naturwissenschaftliche Kompetenzen vgl. M. Prenzel u. a. (Hrsg.): PISA 2006 in Deutschland. Die Kompetenzen der Jugendlichen im dritten Ländervergleich, Zusammenfassung, o.O. 2008, S. 18 (http://www.ipn.uni-kiel.de/aktuell/publikationen.html;7.1.08)

331 Vgl. auch zum Folgenden: J. Baumert/G. Schümer: Familiäre Lebensverhältnisse, Bildungsbeteiligung und Kompetenzerwerb, a. a. O., S. 375 f.

332 Vgl. ebd., S. 375 f.; zu den Bundesländerergebnissen vgl. P. Stanat: Schulleistungen von Jugendlichen mit Migrationshintergrund, a. a. O., S. 248

Kompetenzniveaus im Lesen, in den Naturwissenschaften und Mathematik erreichten Jugendliche aus Migrantenfamilien in Bayern, die niedrigsten Mittelwerte hatten bremische Schüler/innen aus Zuwandererfamilien.

Die erste PISA-Studie machte außerdem auf beträchtliche Unterschiede der Bildungschancen von Jugendlichen mit und ohne Migrationshintergrund an den verschiedenen Schulformen aufmerksam. Während sich Schüler/innen aus deutschen und deutsch-zugewanderten Elternhäusern diesbezüglich kaum voneinander unterschieden, zeigten sich bei Jugendlichen mit doppeltem Migrationshintergrund signifikante Unterschiede: Mit einem Hauptschüleranteil von fast 50 und einem Gymnasiastenanteil von bloß 15 Prozent war bei ihnen eine Bildungsbeteiligung zu beobachten, wie sie in Deutschland etwa 1970 anzutreffen war, konstatierten Jürgen Baumert und Gundel Schümer.[333] Disparitäten zwischen Schüler(inne)n mit und ohne (bzw. mit binationalem) Migrationshintergrund zeigten sich des Weiteren in den Chancen zum Besuch einer weiterführenden Schule.[334] Autochthone Jugendliche hatten im Vergleich zu Gleichaltrigen aus Zuwandererfamilien weitaus größere Chancen, anstelle einer Haupt- eine andere weiterführende Schule zu besuchen. Ihre relativen Chancen eines Gesamtschulbesuchs lagen etwa um das Doppelte, die eines Realschulbesuchs um das 2,6-fache und die eines Gymnasialbesuchs um das 4,4-fache höher als jene von Jugendlichen mit doppeltem Migrationshintergrund. Schüler/innen aus deutsch-gemischten Ehen nahmen erwartungsgemäß eine mittlere Position ein, lagen aber näher an den Chancen einheimischer Kinder. Die PISA-Forscher/innen resümierten außerdem, dass „die Differenzen der Beteiligungschancen aus Familien mit und ohne Migrationshintergrund weitaus geringer sind, als die Disparitäten zwischen Jugendlichen unterschiedlicher Sozial- und Bildungsschichten.“[335]

Eine länderspezifische Auswertung des PISA-2000-Datensatzes offenbarte, dass die Chancen auf einen mittleren bzw. höheren Bildungsgang von Kindern ohne bzw. mit Migrationshintergrund zwischen den Bundesländern beträchtlich variierten. In Bayern hatten Schüler/innen aus deutschen Elternhäusern eine um das 3,2-fach höhere Chance als Kinder, deren Eltern beide im Ausland geboren waren, in Niedersachsen hingegen nur um das 1,8-fache.[336] Allerdings verringerten sich die Unterschiede in den Chancen auf einen mittleren bzw. höheren Bildungsgang zwischen den Gruppen (und den Bundesländern) bei Kontrolle der Sozialschicht deutlich; unter Berücksichtigung der Lesekompetenz war sogar keine Benachteiligung von Jugendlichen aus Zuwandererfamilien mehr nachweisbar. Als entscheidende Hürde für diese Schüler/innen sei indes die Sprachkompetenz zu werten, hoben Baumert und Schümer hervor: „Weder die soziale Lage der zugewanderten Familien noch die

333 Vgl. hierzu und zum Folgenden: J. Baumert/G. Schümer: Familiäre Lebensverhältnisse, Bildungsbeteiligung und Kompetenzerwerb, a. a. O., S. 373 ff.

334 Um die relativen Chancen des Sekundarschulbesuches für die verschiedenen Gruppen zu ermitteln, bedient PISA sich sog. Odds Ratios, die einen mit dem Relativen-Risiko-Index vergleichbaren Kennwert abbilden, der das Verhältnis von (Bildungs-)Beteiligungschancen einer Gruppe im Vergleich zu einer Referenzgruppe unter Kontrolle von Einflüssen wie bspw. der Schichtzugehörigkeit, sprachlichen oder schulischen Kompetenzen angibt. Im konkreten Fall sind Jugendliche, deren Eltern beide zugewandert sind, die Referenzgruppe und werden mit Jugendlichen aus deutschen und gemischten Elternhäusern in ihrer Chance verglichen, am Ende der Vollzeitschulpflicht eine andere Schulform als die Hauptschule zu besuchen.

335 Siehe ebd., S. 374

336 Vgl. J. Baumert/G. Schümer: Familiäre Lebensverhältnisse, Bildungsbeteiligung und Kompetenzerwerb im nationalen Vergleich, a. a. O., S. 199

Distanz zur Majoritätskultur als solche" seien für die Disparitäten der Bildungsbeteiligung verantwortlich zu machen, sondern „die Beherrschung der deutschen Sprache auf einem dem jeweiligen Bildungsgang angemessenem Niveau."[337]

Die PISA-2000-Daten belegten für 15-Jährige mit einer anderen als der deutschen Muttersprache in den alten Bundesländern des Weiteren eine (mit 40 %) fast doppelt so hohe Repetentenquote wie jene von Gleichaltrigen deutscher Muttersprache (21 %). In Ostdeutschland fiel der Unterschied mit 14 bzw. 41 Prozent noch größer aus und auch zwischen den Bundesländern waren erhebliche Unterschiede zu verzeichnen.[338] Eine Sonderauswertung von Julia A. Krohne u. a. belegte ein 2,7 Mal höheres Sitzenbleib-Risiko der 15-jährigen Migrantenjugendlichen, wobei Mädchen mit einem 3,2 Mal so hohen Risiko gegenüber Jungen (mit 2,4) wiederum das größte Wiederholungsrisiko trugen.[339] Kontrollierte man zusätzlich die Sozialschicht, lag das Risiko von Migrantenkindern mit einem Odds Ratio von 2,3 immer noch doppelt so hoch; die Kontrolle der Lesekompetenz reduzierte es auf ein „nur noch" 1,5 Mal so hohes Risiko. Damit erwiesen sich die Faktoren „soziale Herkunft" und „Lesekompetenz" zwar als verhältnismäßig erklärungskräftig hinsichtlich der überproportionalen Repetentenquote von Jugendlichen mit Migrationshintergrund, begründen aber den bis zuletzt bestehen bleibenden Unterschied eines 1,5 Mal so hohen Risikos keineswegs gänzlich, was auf weitere, hier nicht kontrollierte Einflussfaktoren verweist.

Schließlich machten Befunde der PISA-2003-Studie darauf aufmerksam, dass „Jugendliche der ersten Generation noch ungünstigere Ergebnisse als zugewanderte Jugendliche erzielen, obwohl sie in Deutschland aufgewachsen sind und ihre gesamte Schulzeit in deutschen Schulen verbracht haben."[340] Damit erreichten im Inland geborene Jugendliche mit Migrationshintergrund noch geringere Kompetenzniveaus als Jugendliche mit Migrationshintergrund, die im Ausland geboren und zur Schule gegangen sind. Der Lagebericht wertet dies als Indiz dafür, dass ein junges Einreisealter bzw. eine Geburt im Inland offenbar keine hinreichenden Bedingungen für den Erfolg im deutschen Bildungssystem sind.[341] Dies bestätigt sich in einer Internationalen Vergleichsauswertung der PISA-2003-Folgestudie zu Leistungsdifferenzen von Kindern mit und ohne Migrationshintergrund, nach der Erstere in Deutschland (nach Belgien und Dänemark) im Ländervergleich die größten Kompetenzunterschiede zu Kindern ohne Zuwanderungsgeschichte aufwiesen.[342] Von Schüler(inne)n der ersten Zuwanderergeneration erreichten hierzulande über 25 Prozent nicht die zweite (von sechs) Kompetenzstufen in Mathematik, bei der zweiten Generation waren es gar mehr als 40 Prozent, während dies bei einheimischen weniger als 10 Prozent betraf. Die diesbezüglichen Unterschiede

337 Siehe ebd.

338 Vgl. G. Schümer/K.-J. Tillmann/M. Weiß: Institutionelle und soziale Bedingungen schulischen Lernens, in: Deutsches PISA-Konsortium (Hrsg.): PISA 2000 – Die Länder der Bundesrepublik im Vergleich, Opladen 2002, S. 207 f.

339 Vgl. J. A. Krohne/U. Meier/K.-J. Tillmann: Sitzenbleiben, Geschlecht und Migration – Klassenwiederholungen, a. a. O., S. 388

340 Vgl. G. Ramm u. a.: Soziokulturelle Herkunft: Migration, in: PISA Konsortium Deutschland (Hrsg.): PISA 2003, a. a. O., S. 271. Jugendliche der ersten Generation sind in Deutschland Geborene.

341 Vgl. Bundesintegrationsbeauftragte (Hrsg.): Sechster Bericht, a. a. O., S. 32

342 Vgl. Deutsches PISA-Konsortium (Hrsg.): Wo haben Schüler mit Migrationshintergrund die größten Erfolgschancen: Eine vergleichende Analyse von Leistung und Engagement in PISA 2003. Kurzzusammenfassung, Berlin 2006 (http://www.oecd.org/dataoecd/2/57/36665235.pdf; 8.7.08)

zwischen Schüler(inne)n der zweiten Generation und Einheimischen verringerten sich zwar unter Kontrolle des sozioökonomischen Hintergrunds und des Bildungsniveaus der Eltern, waren aber immer noch signifikant und wesentlich ausgeprägter als in den meisten anderen Ländern. Signifikant waren die Differenzen im Mathematik-Kompetenzniveau zwischen Schüler(inne)n mit und ohne Migrationshintergrund überdies auch nach Kontrolle der im Elternhaus gesprochenen Sprache. Beim Lesen waren die Unterschiede zwischen der ersten und zweiten Generation indes kaum (wohl aber zu Einheimischen) ausgeprägt, allerdings lag auch hier der Anteil von Schüler(inne)n, welche die zweite Kompetenzstufe nicht erreichten, mit mehr als 40 Prozent höher als in den meisten Vergleichsstaaten.[343]

5. Sekundarstufe II und Schulabschlüsse

Die bisher gezeichnete Entwicklung sich während der Schullaufbahn polarisierender, ethnisch segmentierter Bildungschancen, die alloch- wie autochthone Grundschüler/innen tendenziell in Bildungsgewinner/innen und -verlierer/innen spaltet, setzt sich in der Teilhabe an Bildungsgängen der Sekundarstufen I und II sowie den Schulabschlüssen fort, die ein maßgeblicher Einflussfaktor für spätere Berufschancen und daraus resultierende Einkommens(armuts)verhältnisse sind. Die geringe Beteiligung ausländischer Schüler/innen an der Sekundarstufe II, deren Abschluss eine Hochschulzugangsberechtigung beinhaltet, führt die Selektion vorgeschalteter Stufen der Schullaufbahn nach ethnischer Herkunft nochmals eindringlich vor Augen: So wurden in der Sekundarstufe II, die von Gymnasien, Integrierten Gesamt- und freien Waldorfschulen angeboten wird, im Schuljahr 2005/06 insgesamt rund 823.000 Schüler/innen unterrichtet, wovon etwa 38.000 (bzw. 4,6 % der Oberstufenschüler/innen bei einem Ausländeranteil von 9,8 % an allen Schülern) nichtdeutsch waren.[344] Gleichzeitig streute der Ausländeranteil zwischen den Schulformen erheblich (um die Entwicklung im Zeitverlauf zu zeigen, werden die entsprechenden Prozentanteile des Jahre 1992 zusätzlich in Klammern angegeben): Die geringsten Ausländeranteile unter Schüler(inne)n im Sekundarbereich II fanden sich mit 2,6 (1992: 2,9) Prozent an Waldorfschulen und mit 4 (4,7) Prozent an Gymnasien, während die Oberstufe an Integrierten Gesamtschulen mit 10,7 (13,3) Prozent und jene an Abendgymnasien mit 13 (6,5) Prozent wesentlich höhere Anteile ausländischer Schüler/innen verzeichneten. Im Vergleich von 1992 mit 2005 zeigt sich zudem, dass die Beteiligung ausländischer Schüler/innen an den traditionellen schulischen Bildungsgängen der Sekundarstufe II, also der Oberstufe in Gymnasien und Waldorfschulen, leicht gesunken ist, während sie sich an Abendgymnasien, an denen das Abitur auf dem zweiten Bildungsweg nachgeholt werden kann, exakt verdoppelt hat.

Die Schulabschlüsse ausländischer Schüler/innen haben sich – ebenso wie jene deutscher – im Laufe der Jahre dennoch verbessert. Allerdings besteht, wie die Migrationslageberichte wiederholt bestätigten, „weiterhin eine erhebliche Diskrepanz zwischen den Bildungserfolgen beider Gruppen“, weil sich der Abstand zwischen ihnen (hier für den Zeitraum von 1997 bis

343 Vgl. ebd., Abb. 2.4a u. 2.4b
344 Vgl. auch zum Folgenden StBA (Hrsg.): Fachserie 11, Reihe 1. Schuljahr 2005/06, a. a. O., S. 53 u. 180 ff.

1999) nicht nennenswert verändert habe.[345] Heike Diefenbach führt an, dass sich die erheblichen Nachteile ausländischer Schulabgänger/innen besonders an den beiden Polen der Skala abbilden, also bei Schüler(inne)n, welche die Sekundarstufe ohne Hauptschulabschluss oder mit Fachhochschulreife bzw. Abitur verlassen. Diefenbachs Auswertung bestätigt zudem die Spaltung der Bildungserfolge: „Im Zeitverlauf (von 1990 bis 2001, Anm. *C. B.*) gesehen hat der Anteil von Migrantenkindern, die einen Hauptschulabschluss erringen, leicht abgenommen, während der Anteil der Migrantenkinder, die einen höherwertigen Abschluss erringen, leicht zugenommen hat."[346] Die Abschlüsse deutscher und ausländischer Schulabsolvent(inn)en zeigt folgende Tabelle:

Tabelle 5.9 Schulabschlüsse von Absolvent(inn)en der Schuljahre 1992, 1995, 2002 und 2005 (in %)

Art des Schulabschlusses	Absolv. insg.	deut. Absolv.	ausländ. Absolv.	Absolv. insg.	deut. Absolv.	ausländ. Absolv.	Absolv. insg.	deut. Absolv.	ausländ. Absolv.	Absolv. insg.	deut. Absolv.	ausländ. Absolv.
	Schuljahr 1992			**Schuljahr 1995**			**Schuljahr 2002**			**Schuljahr 2005***		
ohne Hauptschulabschluss	8,2	*6,7*	**20,9**	8,8	*7,7*	**19.7**	9,1	*8,2*	**19,5**	8,2	*7,2*	**17,5**
Hauptschulabschluss	27,0	*25,1*	**44,4**	27,4	*25,7*	**43,8**	25,5	*24,1*	**40,8**	24,8	*23,2*	**41,7**
Realschulabschluss	40,1	*41,6*	**26,3**	38,9	*40,1*	**26,8**	40,2	*41,3*	**28,8**	41,6	*42,6*	**31,2**
Fachhochschulreife	0,7	*0,8*	**0,6**	0,8	*0,8*	**0,8**	1,3	*1,3*	**1,4**	1,3	*1,3*	**1,4**
Allg. Hochschulreife	24,0	*25,8*	**7,8**	24,1	*25,7*	**8,8**	23,9	*25,1*	**9,5**	24,1	*25,7*	**8,2**
Insgesamt	100	100	100	100	100	100	100	100	100	100	100	100

* Die Daten der Schulabgänger/innen des Jahres 2005 sind entnommen aus: StBA (Hrsg.): Fachserie 11, Reihe 1. Schuljahr 2005/06, a. a. O., S. 255

Quelle: Bundesintegrationsbeauftragte (Hrsg.): Sechster Bericht, a. a. O., S. 324

Die sich in der Tabelle abzeichnenden Trends bei Schulabschlüssen im Bundesgebiet ergeben bemerkenswerte Entwicklungen. Der anfangs über 20 Prozent liegende Anteil ausländischer Schulabgänger/innen ohne Hauptschulabschluss sank geringfügig auf 17,5 Prozent 2005, während der Anteil abschlussloser deutscher Absolvent(inn)en relativ stabil blieb und zuletzt

345 Siehe Bundesausländerbeauftragte (Hrsg.): Lagebericht 2002, a. a. O., S. 181 f. Der Folgebericht dokumentiert die („kaum veränderte") Fortsetzung dieses Trends für den Berichtszeitraum bis 2002/03; vgl. Bundesintegrationsbeauftragte (Hrsg.): Sechster Bericht, a. a. O., S. 34 u. 324. Für den Berichtszeitraum bis 2006 vgl. dies. (Hrsg.): 7. Bericht, a. a. O., S. 59

346 Siehe H. Diefenbach: Ethnische Segmentation im deutschen Schulsystem, a. a. O., S. 239 u. 231 ff.

mit 7,2 Prozent immer noch um mehr als die Hälfte niedriger lag.[347] Am stärksten sank zudem der Anteil ausländischer Schulabsolvent(inn)en mit Hauptschulabschluss; er war aber 2005 mit 41 Prozent (in absoluten Zahlen: 35.500) um mehr als 19 Prozent höher als bei deutschen Schüler(inne)n. Für Letztere blieb die Mittlere Reife unverändert der häufigste Abschluss, dessen Relevanz für ausländische Schüler/innen zwar um fast 5 auf 31 Prozent zunahm, im Vergleich zum Hauptschulabschluss, den 41 Prozent erreichten, jedoch einen weiterhin geringeren Stellenwert hat. Die Fachhochschulreife erwarben zuletzt ausländische häufiger als deutsche Schüler/innen. Bei der allgemeinen Hochschulreife sind ambivalente Entwicklungen zu beobachten: Während sie nach wie vor rund ein Viertel der deutschen Schüler/innen erreichten, stieg die Abiturientenquote bei Ausländer(inne)n von 1992 bis 2002 zwar um 1,7 auf 9,5 Prozent geringfügig, sank danach aber wieder auf 8,2 Prozent (2005), womit die Differenz zur Abiturientenquote deutscher Schüler/innen (sowohl 1992 als auch 2005) mit über 17 Prozent konstant groß blieb. Auswertungen des Sozio-ökonomischen Panels für 2001 bestätigten diese Befunde zur „Bildungsarmut" unter ausländischen Schulentlassenen im Wesentlichen,[348] deuten überdies aber geschlechtsspezifische Differenzen an:

Tabelle 5.10 Schulentlassene von allgemeinbildenden Schulen nach Abschlussart, Geschlecht und Nationalität 2001 (in %)

Abschlussart	**Deutsche**		**Ausländer/innen**	
	Männer	**Frauen**	**Männer**	**Frauen**
Mit Abschluss	89,2	93,7	75,6	84,2
davon Hauptschulabschluss	27,5	20,8	40,7	39,3
davon Realschulabschluss	39,7	43,8	25,8	32,6
davon Abitur	22,0	29,1	9,2	12,3
Ohne Hauptschulabschluss	*10,8*	*6,3*	*24,4*	*15,8*
Insgesamt	100,00	100,00	100,00	100,00

Quelle: W. Jeschek/E. Schulz: Bildungsbeteiligung von Ausländern, a. a. O., S. 592

Die in der Tabelle angeführten Prozente ergeben, dass rund 15.000 (9.500 männliche und 5.600 weibliche) ausländische Schulabgänger/innen die Schule 2001 ohne Hauptschulabschluss verließen und daher in der Lebenslagendimension Bildung als „unterversorgt" einzustufen sind, wobei nach Ansicht der Verfasser der angegebene Wert aufgrund der nicht vollständigen Erfassung niedriger als der reale liegen dürfte. Schließlich zeigt sich, dass junge Ausländer*innen* – wie ihre deutschen Geschlechtsgenossinnen – im Mittel höhere Abschlüsse erzielten als männliche Nichtdeutsche: Ausländische Mädchen verließen die Schule wesentlich häufiger mit Realschulabschluss oder Abitur als Jungen, während relativ wenige keinen oder bloß einen Hauptschulabschluss erwarben.

347 Zu den bundesländerspezifischen Quoten von Abgängern ohne Hauptschulabschluss und mit Abitur vgl. KMK (Hrsg.): Ausländische Schüler und Schulabsolventen 1991–2000, a. a. O., S. 54 ff.

348 Vgl. hierzu und zum Folgenden: W. Jeschek/E. Schulz: Bildungsbeteiligung von Ausländern, a. a. O., S. 588 ff.

Abschließend seien Disparitäten in den Schulabschlüssen einzelner Migrantengruppen aus den Anwerbestaaten vorgestellt. Die Datenlage zu den Schulabschlüssen der größten Gruppen der ausländischen Nationalitäten ist allerdings recht dürftig, da keine *bundes*weite Statistik hierzu existiert, sondern lediglich die Statistischen Landesämter die nationalitätenspezifischen Abschlüsse erfassen. Die Schülerdatensätze des Statistischen Bundesamtes lassen lediglich eine Differenzierung nach deutsch/ausländisch zu.[349] Um die Disparitäten in den Schulabschlüssen einzelner Migrantengruppen zu erleuchten, verweise ich deshalb auf die Bildungsabschlüsse einzelner Herkunftsgruppen der jüngeren Bevölkerung. Über diese gibt der Mikrozensus 2005 für die Bevölkerungsgruppe 25- bis unter 35-jähriger Menschen mit Migrationshintergrund Auskunft, wobei nicht erfasst wurde, ob die Schulabschlüsse im Inland erworben wurden.[350] Mit mehr als 60 Prozent von Personen mit Hochschulreife sind EU-Ausländer/innen (ohne die ehemaligen Anwerbestaaten und die Türkei) dieser Altersgruppe die am höchsten qualifizierte, während Deutsche rund 40, Migrant(inn)en aus den ehemaligen Anwerbestaaten rund 37, Aussiedler/innen mehr als 30 und Migrant(inn)en aus der Türkei bloß 15 Prozent Abiturient(inn)en aufweisen. Umgekehrt verhält es sich bei den Personen ohne Schulabschluss: Diese Gruppe ist bei EU-Ausländer(inne)n quasi kaum vorhanden und bei Deutschen ohne Migrationshintergrund rund 3 Prozent groß.[351] Migrant(inn)en aus der Türkei haben mit 18 Prozent am häufigsten keinen Schulabschluss, es folgen mit 9 Prozent Personen aus den ehemaligen Anwerbestaaten (ohne Türkei) und mit 4 Prozent Aussiedler/innen.

Der im Jahr 2000 erhobene Integrationssurvey des Bundesinstituts für Bevölkerungsforschung untersuchte Indikatoren der sozialstrukturellen Integration von 18 bis 30 Jahre alten italienischen und türkischen Migrant(inn)en, die überwiegend der zweiten Generation angehörten, samt deren ggf. vorhandenen weiteren Staatsangehörigkeiten und dem Einbürgerungsstatus.[352] Susanne von Below fand dabei heraus, dass die autochthonen Befragten mit fast 40 Prozent die höchste Abiturientenquote hatten; es folgten eingebürgerte Italiener/innen mit rund 36 Prozent, deutsch-italienische Doppelstaatler/innen mit 32 und Italiener/innen mit fast 22 Prozent. Eine Abiturientenquote von jeweils 20 Prozent erreichten Deutsche türkischer Herkunft und deutsch-türkische Doppelstaatler/innen. Türkische Migrant(inn)en hatten zudem (mit 14 %) die höchsten Anteile von Schulentlassenen ohne Abschluss; ihnen folgten Italiener/innen mit 12 und Deutsche türkischer Herkunft mit 11 Prozent. Die Ergebnisse zeigen somit eine enorme Bildungsungleichheit zwischen den Gruppen, die von türkischen Staatsangehörigen als der einen Extremgruppe bis hin zu Autochthonen und eingebürgerten Deutschitaliener(inne)n[353] als der anderen reicht. Höhere Bildungsabschlüsse von Eingebürgerten der genannten Herkunftsgruppen für 2001 belegten auch Kurt Salentin und Frank

349 Vgl. StBA (Hrsg.): Fachserie 11, Reihe 1. Bildung und Kultur, Allgemeinbildende Schulen, Schuljahr 2006/07, S. 175 ff.

350 Vgl. auch zum Folgenden: Konsortium Bildungsberichterstattung (Hrsg.): Bildung in Deutschland, a. a. O., S. 148

351 Vgl. hierzu Abb. H2–9 in: ebd.

352 Vgl. auch zum Folgenden: S. v. Below: Schulische Bildung, berufliche Ausbildung und Erwerbstätigkeit junger Migranten, a. a. O., S. 35 ff.

353 Zur Bildungssituation italienischer Schüler vgl. auch G. Auernheimer: Schüler und Eltern italienischer Herkunft im deutschen Schulsystem, a. a. O., S. 56 ff.

Wilkening.[354] Eingebürgerte Migrant(inn)en ex-jugoslawischer Herkunft waren demnach im Jahr 2000 bezogen auf ihre Abiturientenquote (18,2 %) noch bildungserfolgreicher als Deutsche (17,8 %) und als Eingebürgerte türkischer Herkunft; bloß 0,7 Prozent von ihnen hatten keinen Schulabschluss. Hingegen hatten lediglich 3,5 Prozent der Migrant(inn)en mit einem Pass des ehemaligen Jugoslawiens ein Abitur und rund 18 Prozent von ihnen keinen Schulabschluss. Die höheren Bildungserfolge von Eingebürgerten und Doppelstaatler(inne)n offenbaren ein weiteres Mal, warum die allein auf die ausländische Staatsangehörigkeit abhebende amtliche Schulstatistik kaum mehr geeignet ist, schulische Disparitäten zwischen Schüler(inne)n mit und ohne Migrationshintergrund angemessen abzubilden.

5.2.3 Bildungsbeteiligung und -erfolge von Aussiedlerkindern

Die (migrations)wissenschaftliche Fachliteratur zur Bildungssituation erwähnt Aussiedlerkinder zwar als relevante Größe innerhalb der multiethnischen Schülerschaft hierzulande, geht aber – bis auf wenige im Folgenden vorgestellte Ausnahmen – nicht näher auf deren Bildungsbeteiligung, -erfolge oder gar -problemlagen ein. Dies ist in der Regel der Ausrichtung schulstatistischer Datensätze geschuldet, die ausgesiedelte Schüler/innen als Deutsche erfassen.[355] Im Vergleich mit anderen Migrantenkindergruppen ist bei Schüler(inne)n aus Aussiedlerfamilien zudem zu berücksichtigen, dass viele von ihnen erst im Kindes- oder Jugendalter mit ihren Familien zugewandert sind und sie häufig lückenhafte Deutschkenntnisse haben. Wesentlich häufiger als die (meist hier geborenen) Kinder aus Arbeitsmigrantenfamilien gliedern sie sich deshalb als Seiteneinsteiger/innen im deutschen Schulsystem ein. Je nach Bundesland stehen ihnen verschiedene schulische oder die Schule flankierende Förderangebote zum Deutscherwerb zur Verfügung, wie etwa Schwerpunktschulen (in Nordhein-Westfalen), Förderklassen oder Tagesinternate.[356]

Die Schulerfolge von Spätaussiedlerkindern sind nur partiell im Rahmen einzelner Sonderauswertungen quantitativer Datensätze wie PISA aufgearbeitet worden.[357] Zudem widersprechen sich die (wenigen und verstreuten) Befunde. Die PISA-2000-Studie dokumentierte, dass Spätaussiedlerkinder mit 38 Prozent nach türkischen Schüler(inne)n (48 %) im Vergleich zu Kindern aus den übrigen früheren Anwerbestaaten (30 %), „sonstigen Staaten" (20 %) und ohne Migrationshintergrund (16 %) am häufigsten Hauptschulen besuchten; umgekehrt verhielt es sich bezüglich ihrer Gymnasialbeteiligung, wo sie mit 18 Prozent (ebenfalls nach türkischen

354 Vgl. auch zum Folgenden: K. Salentin/F. Wilkening: Ausländer, Eingebürgerte und das Problem einer realistischen Zuwanderer-Integrationsbilanz, a. a. O., S. 289. Verwendet wurden dafür Datensätze der Bielefelder Studie „Zusammenleben in Deutschland" aus dem Jahr 2001 und SOEP-Daten für 2000; vgl. ebd., S. 282

355 Vgl. etwa R. Hansen/S. Hornberg: Nicht-Deutsche in Schule und Ausbildung, in: W. Böttcher/K. Klemm (Hrsg.): Bildung in Zahlen. Statistisches Jahrbuch zu Daten und Trends im Bildungsbereich, Weinheim/München 1995, S. 96

356 Zu Vor- und Nachteilen verschiedener Fördermaßnahmen vgl. M. Bahlmann: Aussiedlerkinder, a. a. O., S. 83 ff.

357 Vgl. A. G. Müller/P. Stanat: Schulischer Erfolg von Schülerinnen und Schülern mit Migrationshintergrund: Analysen zur Situation von Zuwanderern aus der ehemaligen Sowjetunion und der Türkei, in: J. Baumert/P. Stanat/R. Watermann (Hrsg.): Herkunftsbedingte Disparitäten im Bildungswesen: Differenzielle Bildungsprozesse und Probleme der Verteilungsgerechtigkeit, a. a. O., S. 221 ff.

Schülern mit 12 %) die geringste Repräsentanz verzeichneten.[358] Vergleichsweise hoch lag mit einem Drittel zugleich ihr Anteil von Realschüler(inne)n, während sie an Integrierten Gesamtschulen mit unter 10 Prozent im Migrantengruppenvergleich die geringste Repräsentanz zeigten. Die Nachfolgeerhebung im Jahr 2003 offenbarte, dass Aussiedlerjugendliche in allen Bundesländern seltener eine „verzögerte Schullaufbahn" als Kinder mit türkischem Migrationshintergrund, aber häufiger als jene aus „sonstigen Anwerbestaaten", „sonstigen Staaten" und „ohne Migrationshintergrund" aufwiesen.[359]

Der Zwölfte Kinder- und Jugendbericht führt indes an, dass Spätaussiedlerkinder im Bildungssystem „zwar im Niveau der besuchten Schulen und in den Leistungen unter jenen autochthoner Kinder liegen, aber eine höhere Position als Kinder aus Migrantenfamilien anderer Herkunft einnehmen".[360] Dies kann nach den PISA-2000-Daten allerdings lediglich mit Blick auf türkische Kinder, nicht aber für jene aus „Anwerbe-" oder „sonstigen Staaten" bestätigt werden kann, die häufiger als Aussiedlerkinder Gymnasien und seltener Hauptschulen besuchen. Auch Cornelia Kristen zeichnet ein sehr positives Bild der Schulerfolge von Aussiedlerkindern. Sie schnitten – soweit sie als solche identifizierbar waren – an den untersuchten Grundschulen Baden-Württembergs von allen Migrantengruppen am vorteilhaftesten beim Übergang auf weiterführende Schulformen ab; im Vergleich zu einheimischen Kindern waren nur noch geringe Unterschiede in der Bildungsbeteiligung festzustellen.[361]

Dieser positiven Einschätzung widersprechen Befunde von Barbara Dietz, die Spätaussiedlerjugendliche bezüglich ihrer Bildungschancen als unterprivilegiert im Vergleich zu einheimischen Schüler(inne)n charakterisierte und zudem konstatierte, dass deren Bildungssituation mit jener der ausländischen Jugendlichen strukturell vergleichbar sei.[362] Als Beleg führte Dietz an anderer Stelle die Schulstatistik des Landes NRW an, die Aussiedlerkinder gesondert ausweist.

358 Nach Berechnungen des Konsortiums aus den PISA-E-Daten; vgl. auch zum Folgenden: Konsortium Bildungsberichterstattung (Hrsg.): Bildung in Deutschland, a. a. O., S. 152

359 Nach Berechungen des Bildungsberichtskonsortiums aus PISA-2003-Daten; vgl. Abb. H3–4, in: ebd., S. 153. Eine „verzögerte Schullaufbahn" weist auf vorausgegangene Selektionsschwellen wie verspätete Einschulungen oder höhere Repetentenquoten hin.

360 Siehe BMFSFJ (Hrsg.): Zwölfter Kinder- und Jugendbericht, a. a. O., S. 67

361 Vgl. C. Kristen: Hauptschule, Realschule oder Gymnasium?, a. a. O., S. 541

362 Vgl. B. Dietz: Kinder aus Aussiedlerfamilien, a. a. O., S. 37; ergänzend: dies.: Jugendliche Aussiedler, a. a. O., S. 164

Abbildung 5.11 Anteile ausländischer und ausgesiedelter Schüler/innen an allen Schüler(inne)n nach Schulform in NRW (in %)*

Jahr	Förder-schule**		Hauptschule		Realschule		Gymnasium		Gesamtschule		Anteile insg.***	
	Ausl.	*Auss.*	Ausl.	*Auss.*	Ausl.	*Auss.*	Ausl.	*Auss.*	Ausl.	*Auss.*	Ausl.	*Auss.*
1990	19,3	*1,8*	25,4	*8,2*	9,1	*2,9*	5,5	*1,5*	18,2	*3,0*	12,5	*3,8*
1995	20,9	*3,6*	24,9	*13,0*	8,7	*6,2*	5,7	*1,8*	17,4	*5,9*	13,5	*5,7*
2000	21,0	*3,8*	22,0	*12,8*	8,7	*7,1*	5,1	*2,0*	16,5	*6,8*	12,7	*5,2*
2005	21,0	*2,7*	22,1	*7,7*	9,2	*3,6*	4,8	*1,3*	16,6	*3,6*	12,2	*3,7*

* ohne Freie Waldorfschulen, an denen die Ausländer- bzw. Aussiedleranteile mit bis zu 2 % sehr gering waren
** Sonderschule im Bildungsbereich Grund- und Hauptschule, Realschule/Gymnasium und Berufskolleg
*** an allen allgemeinbildenden und beruflichen Schulen

Quelle: Ministerium für Schule und Weiterbildung des Landes Nordrhein-Westfalen (Hrsg.): Amtliche Schuldaten zum Schuljahr 2005/06. Migranten im Schulwesen, Düsseldorf 2007, S. 41 f. (http://www.schulministerium.nrw.de/BP/Schulsystem/Statistik/2005_06/Migranten.pdf; 2.2.08)

Die Daten veranschaulichen zum einen die über die Schuljahre konstant bleibende überdurchschnittlich hohe Repräsentanz von Aussiedlerkindern und -jugendlichen an Hauptschulen und ihre unterdurchschnittliche Beteiligung an Förderschulen und Gymnasien. Zum anderen zeigt sich für die Jahre 1995 und 2000 ihre überdurchschnittliche Repräsentanz an Real- und Gesamtschulen, die 2005 nicht mehr feststellbar ist. Unterschiede im Vergleich zu ausländischen Schüler(inne)n ergeben sich somit insbesondere an Förder- und Gesamtschulen, die von Letzteren überdurchschnittlich häufig besucht werden. Die Bildungsbeteiligungsmuster von ausländischen und ausgesiedelten Schüler(inne)n unterscheiden sich damit erheblich, obwohl beide Gruppen im Vergleich zu einheimischen Schüler(inne)n schulisch benachteiligt sind, wie besonders die Gemeinsamkeiten ihrer geringen Beteiligung an Gymnasien und ihres häufigeren Besuchs von Hauptschulen zeigen.

Die Einschätzung, dass Aussiedler/innen schulisch benachteiligt sind, teilt auch Mechthild Bahlmann aufgrund einer Analyse von deren schulischen Problemlagen, die von Sprachschwierigkeiten bis zur Überrepräsentation in Sonderschulen für Lernbehinderte reichten. Auf Basis der nordrhein-westfälischen Bildungsstatistik des Schuljahres 1999/2000 bestätigt sie die bereits von Dietz konstatierte geringe Repräsentanz von Aussiedlerkindern an Sonderschulen: „Hiernach beträgt der Anteil der einheimischen Deutschen an der Sonderschule insgesamt 3,6 Prozent, für die ausländischen Schüler kann man einen Wert von 6,4 Prozent errechnen und für Aussiedler ist ein Prozentsatz von nur 2,9 zu verzeichnen."[363] An Schulen für Lernhilfe betrugen die entsprechenden Werte für einheimische Schüler/innen 1,7 Prozent, für ausländische 4,2 und für ausgesiedelte 1,8 Prozent. Nach Ansicht der Autorin ist dieses Ergebnis besonders erstaunlich, wenn man bedenkt, dass Nordrhein-Westfalen das Bundesland mit den größten Aussiedleranteilen ist. Keineswegs ausschließen lasse sich überdies, dass Aussiedler/innen zu einer Gruppierung werden könnten, die vor allem durch schulorganisatorische Bedingungsmechanismen die oberen Rangreihen in der Sonderschulrepräsentation

363 Vgl. hierzu und zum Folgenden: M. Bahlmann: Aussiedlerkinder, a. a. O., S. 111 f.

einnehmen. Alarmierend sei vor allem der Aussiedleranteil an Hauptschulen des Bundeslandes: „Während 9,4 Prozent der einheimischen Schüler diese Schulform besuchen, sind es 20 Prozent der Ausländer- und 28,5 Prozent (!) der Aussiedlerschüler.“[364] Laut Kornmanns Relativem Risiko-Index ergebe sich für diese Überrepräsentation ein Wert von fast genau drei, womit für Aussiedlerjugendliche das Risiko, eine Hauptschule zu besuchen, fast drei Mal so hoch wie für einheimische Jugendliche sei.

5.2.4 Bildungsteilhabe von Kindern mit Fluchthintergrund

Die Bildungssituation von Flüchtlingskindern unterscheidet sich von jener anderer Schüler/innen mit Migrationshintergrund durch mehrere Besonderheiten. Allerdings gibt es keine Daten der Schulstatistik zu ihrer Bildungsbeteiligung oder ihren Schulabschlüssen, weil Flüchtlingskinder regelmäßig in der Kategorie „Sonstige Ausländer“ geführt und nicht eigens ausgewiesen werden, sodass ihre spezifischen schulischen Problemlagen selten Aufmerksamkeit finden.[365] Deshalb können nachfolgend kaum Forschungsergebnisse zu ihrer Bildungssituation im Vergleich mit anderen Migrantengruppen referiert, sondern lediglich (u. a. rechtliche) Besonderheiten ihrer schulischen Situation vorgestellt werden, welche die Fachliteratur partiell dokumentiert.

Dazu zählt einmal, dass Flüchtlingskinder häufiger als andere Migrantenkinder als Seiteneinsteiger/innen unterschiedlichen Alters in das hiesige Schulsystem eintreten. Dies hängt maßgeblich von ihrer schulischen Vorbildung ab, die ganz unterschiedlich gelagert sein kann, sodass sich ihre Einstufung zu Lernniveaus bzw. Jahrgangsstufen entsprechend schwierig gestaltet. So haben viele Flüchtlingskinder bereits Schulen im Herkunftsland besucht, wobei ihre früher gemachten schulischen Erfahrungen und Lerninhalte oft erheblich von den hierzulande üblichen abweichen – auch, weil die dortigen Bildungssysteme durch andere Strukturen und Kulturen geprägt sind. Ein kleiner Teil der Älteren hat im Herkunftsland Schulen bis kurz vor dem Abschluss besucht, andere sind zwar alphabetisiert, aber nur in anderen Schriftsprachen. Die meisten Flüchtlingskinder haben zwar Anfänge einer (Grund-) Schulbildung erhalten, mussten diese dann aber fluchtbedingt abbrechen. Fast alle der neu eingereisten älteren Kinder blicken, bedingt durch die Flucht- und die sich anschließende Erstunterbringungsphase, auf längere Zeiträume ohne schulische Sozialisation zurück. Zum anderen haben viele Flüchtlingskinder bei ihrer Einschulung kaum Deutschkenntnisse und/ oder alltägliche Sozialisationserfahrungen in der hiesigen Gesellschaft. Erschwerend für das Erlernen einfacher Begriffe kommt hinzu, dass ihnen aufgrund ihrer meist ganz anderen kulturellen und sprachlichen Sozialisation die Erfahrung von hiesigen Jahreszeiten, Tieren, Pflanzen, Sitten und Gebräuchen anfangs noch fehlt. Der Schuleintritt stellt für viele somit eine große sprachliche, kognitive und soziale Herausforderung dar, die u. U. noch durch die Ablehnung und Vorurteile seitens der Mitschüler/innen erschwert wird. Dennoch bescheinigt

364 Ebd., S. 112

365 Vgl. R. Holzapfel: Kinder aus asylsuchenden und Flüchtlingsfamilien, a. a. O., S. 83 ff., St. Angenendt: Kinder auf der Flucht, a. a. O., S. 69 ff.; J. Ringel/H. v. Balluseck: Die Schule, in: H. v. Balluseck (Hrsg.): Minderjährige Flüchtlinge, a. a. O., S. 176 ff.

man Flüchtlingskindern in der Regel eine überaus hohe Lernmotivation, einerseits getragen von dem Bemühen, die Eltern durch besonders gute Leistungen und braves Verhalten zu entlasten, und andererseits negativ beeinflusst von ungewissen Zukunftsperspektiven.[366] Zudem richten die Eltern häufig hohe Erwartungen an die schulischen Leistungen ihrer Kinder, was sich für diese belastend auswirken kann, sofern sie den Anforderungen nicht gerecht zu werden vermögen.

In den Bundesländern existieren verschiedenste Modelle für die Einschulung und den Spracherwerb von Flüchtlingskindern. Vor die altersunabhängige Einschulung in Regelklassen wird in einigen Ländern ein intensiver mehrmonatiger, z. T. von Volkshochschulen oder privaten Sprachschulen durchgeführter Deutschunterricht geschaltet.[367] Andere Bundesländer und Kommunen stellen jüngere Flüchtlingskinder in Vorschulen zurück und gliedern ältere zunächst in Intensiv- und Förderkurse an Schulen ein. Häufig ein Problem ist die eng mit den jeweils an der Schule vorhandenen Sprachfördermöglichkeiten verknüpfte anschließende Einstufung von Seiteneinsteiger(inne)n in passende Jahrgangsstufen, zumal Lehrer/innen nur selten über Informationen und Erfahrungen verfügen, wie eine solche am besten vorzunehmen ist. Denn neben den Möglichkeiten für einen Deutscherwerb ist beim Schuleintritt einerseits zu berücksichtigen, dass der Lernstoff den individuellen schulischen *und* sprachlichen Voraussetzungen des Kindes angemessen ist, und andererseits, dass keine Einstufung in altersmäßig völlig unpassende Jahrgangsstufen erfolgt. Ebenso wie Spätaussiedler- werden Flüchtlingskinder andernorts auch in spezielle Vorbereitungsklassen eingeschult, die zwar nicht für alle Schulformen und flächendeckend in allen Schulen eingerichtet sind, aber gleichwohl ein wichtiges Förderinstrument darstellen. Die Vorbereitungsklassen dienen der Integration in Regelklassen nach spätestens einem Jahr, wobei im Bedarfsfall auch eine längere Verweildauer möglich ist. Ein Großteil der Kinder wird danach mutmaßlich in Haupt- und Sonderschulen eingeschult, was mangels bildungsstatistischer Lücken, die Flüchtlingskinder unter „sonstigen Nationalitäten" summieren, nicht empirisch belegt ist.

In den Bildungskarrieren von Kindern aus Flüchtlingsfamilien treten im Unterschied zu jenen anderer Schüler/innen mit Migrationshintergrund während der Schullaufbahn somit einige Differenzen zutage. Sie resultieren aus einer Vielzahl von Faktoren, die auf verschiedenen Ebenen zu lokalisieren sind: Auf der Mikroebene kann es sich beispielsweise um schulische Erfahrungen im Herkunftsland, sprachliche Verständigungsschwierigkeiten, traumatische (Nach-)Fluchterfahrungen oder unsichere Zukunftsperspektiven angesichts einer drohenden Abschiebung handeln. Auf der Mesoebene führt das Vorhandensein von (Sprach-)Förderangeboten lokaler Bildungsinstitutionen, die Flüchtlingskindern eine chancenreiche Schulbildung ermöglichen sollen, zu je nach Wohnregion unterschiedlich gearteten Chancen. So sind (außer)schulische Sprachförderangebote für Flüchtlingskinder im Flächenstaat Thüringen, wo nur 1,5 Prozent der Bewohner/innen einen ausländischen Pass haben, mit den vergleichsweise attraktiven Fördermöglichkeiten des Berliner Stadtgebietes schwerlich zu vergleichen, wo eine große Zahl von Kindern aus ausgesiedelten, türkischen oder anderen ausländischen Familien eine Deutschförderung erhalten, von der Kinder aus Flüchtlingsfamilien ebenfalls profitieren.

---

366 Vgl. R. Holzapfel: Kinder aus asylsuchenden und Flüchtlingsfamilien, a. a. O., S. 90 u. 166
367 Vgl. hierzu und zum Folgenden: ebd., S. 85 ff.

Die bedeutsamsten Einflussfaktoren für den Schulbesuch von Flüchtlingskindern mit prekärem Aufenthaltsstatus, die sich unmittelbar auf die Meso- und Mikroebene auswirken, sind indes auf der Makroebene verankert. Ausländerrechtliche und bildungspolitische Vorgaben schreiben den jeweiligen Akteur(inn)en eine Ungleichbehandlung von Flüchtlingskindern mit prekärem Aufenthaltsstatus mit anderen ausländischen bzw. deutschen Kindern vor. Denn dem Aufenthaltsstatus kommt hinsichtlich der Bildungs*teilhabe* eine maßgebliche Bedeutung zu, weil das bestehende Ausländerrecht in Verbindung mit länderspezifischen Bestimmungen den Zugang zu (weiterführenden) Schulen für einige Statusgruppen von Flüchtlingskindern einschränkt. Jutta Ringel und Karin Weiss werten deshalb „die Rahmenbedingungen der sozialen Ungleichheit im allgemeinen und des Flüchtlingsstatus im besonderen" als starke Hemmnisse für eine erfolgreiche Schulkarriere von Flüchtlingskindern beiderlei Geschlechts.[368]

1. Flüchtlingskinder mit gesichertem Aufenthaltsstatus

Kinder von Asylberechtigten, Konventions- und Kontingentflüchtlingen mit gesichertem Aufenthaltsstatus sind von den genannten Einschränkungen im Zugang zu Bildungseinrichtungen nicht (mehr) betroffen, sondern diesbezüglich mit anderen Schüler(inne)n formal gleichgestellt. Über ihre Verteilung auf Schulformen, schulische Erfolge und (Aus-) Bildungsabschlüsse im Vergleich zu anderen Ausländergruppen liegen allerdings fast keine Untersuchungen vor, sodass ihre Bildungssituation hier weitgehend unkommentiert bleibt. Es gibt aber Hinweise, dass jüdische Kontingentflüchtlinge aus der ehemaligen Sowjetunion, die insbesondere unter ostdeutschen Schüler(inne)n eine zahlenmäßig bedeutsame Gruppe bilden, aus höher qualifizierten Elternhäusern stammen, weshalb den Eltern größere Bildungsaspirationen und den Kindern bzw. Jugendlichen höhere Schulerfolge zugeschrieben werden.[369] Ähnliches gilt für Schüler/innen, die aus (häufig hoch qualifizierten) iranischen, afghanischen oder südostasiatischen Flüchtlingsfamilien stammen. Eine Untersuchung von Kurt Salentin und Frank Wilkening informiert über die schulischen und beruflichen Abschlüsse von (erwachsenen) Migrant(inn)en aus Sri Lanka und Vietnam im Vergleich zu Türk(inn)en bzw. Italiener(inne)n. Sie zeigt, dass die beiden Gruppen mit Flüchtlingshintergrund (u. a. aufgrund ihrer kürzeren Aufenthaltsdauer) wesentlich seltener das Schul- und Ausbildungssystem im Inland durchliefen als die Herkunftsgruppen mit Arbeitsmigrationshintergrund, zugleich aber die Anteile von Flüchtlingen mit einem (meist im Herkunftsland erworbenen) Hochschulabschluss wesentlich höher als bei den Arbeitsmigrant(inn)en waren – dies galt sowohl für Eingebürgerte als auch für Ausländer/innen der Flüchtlingsgruppen.[370] Ebenfalls höher als bei den Arbeitsmigrantengruppen waren die Anteile von Flüchtlingen, die sich in einer Berufsausbildung befanden.

368 Siehe J. Ringel/H. v. Balluseck: Die Schule, a. a. O., S. 182
369 Vgl. K. Weiss: Ausländische Schüler in den neuen Bundesländern, a. a. O., S. 185 ff.
370 K. Salentin/F. Wilkening: Ausländer, Eingebürgerte und das Problem einer realistischen Zuwanderer-Integrationsbilanz, a. a. O., S. 289

2. Flüchtlingskinder mit prekärem Aufenthaltsstatus

In der Sozialberichterstattung der Bundesregierung wird besonders die Relevanz von (frühkindlichen) Bildungsprozessen für die Entwicklung und Erziehung junger Menschen hervorgehoben. So postulierte der Elfte Kinder- und Jugendbericht, dass „*alle* Kinder und Jugendlichen die Chancen erhalten, durch Bildung diejenige Selbstständigkeit zu erwerben, die zur Lebensbewältigung heute erforderlich ist."[371] Der Folgebericht machte Bildungsprozesse gar zum Schwerpunkt der Berichterstattung. Der unzureichend verwirklichte Bildungszugang von Migrantenkindern mit prekärem Aufenthaltsstatus bleibt in den Kinder- und Jugend- sowie den Familienberichten der Bundesregierung indes trotz des o. g. universellen Anspruchs weitgehend unberücksichtigt. Dasselbe trifft auf Erhebungen des Sozio-ökonomischen Panels, die Publikationen des Statistischen Bundesamtes sowie jene der Kultusministerkonferenz zu. Auch in den Migrationslageberichten wird zwar die Bildungssituation ausländischer Schüler/innen und verschiedenste Rechtsaspekte der Lebenslage unbegleiteter Flüchtlingskinder thematisiert, die Bildungsbeteiligung von Flüchtlingskindern (ebenso wie von illegalisierten Kindern) bleibt aber ein Tabu; lediglich eine Fußnote erwähnt, dass Kinder in laufenden Asylverfahren in einigen Bundesländern von der Schulpflicht ausgenommen sind.[372] Allerdings problematisierte die Bundesregierung in ihrem ersten Bericht zur Umsetzung der UN-Kinderrechtskonvention in Deutschland gegenüber den Vereinten Nationen die Ausgrenzung einer „nicht unbeachtlichen Gruppe von Kindern und Jugendlichen" ausländischer Herkunft von Jugendhilfeleistungen, etwa im Bereich der sprachlichen Förderung.[373]

Noch in den 1980er-Jahren war Flüchtlingskindern ohne dauerhaftes Aufenthaltsrecht der Schulbesuch in der Bundesrepublik mitunter ganz verwehrt oder wurde nur informell geduldet. In den 1990er-Jahren ergaben sich in einigen Bundesländern diesbezüglich Verbesserungen. Bis zum Jahr 2007 wurde die (Aus-)Bildung und Beschulung von Kindern aus Flüchtlingsfamilien mit dem Hinweis auf einen bloß „vorübergehend geduldeten" Aufenthalt oder eine „illegale Einreise" trotz internationaler Konventionen in Frage gestellt.[374] Denn obwohl das u. a.[375] in Art. 28 und 29 der UN-Kinderrechtskonvention verankerte Recht auf Förderung und Bildung ein universelles ist, standen – den wiederholten Appellen von Flüchtlings- und Kinderrechtsorganisationen zum Trotz, den Vorbehalt der Bundesregierung zur UN-Kinderrechtskonvention zurückzunehmen – ausländerrechtliche Barrieren einer (weiterführenden) Schul- und vor allem einer Berufsausbildung von Kindern und Jugendlichen ohne Daueraufenthaltsrecht nach wie vor entgegen.

Die Bildungssituation bzw. -teilhabe von minderjährigen Flüchtlingen mit prekärem Status stellt sich in den einzelnen Bundesländern fast ebenso heterogen dar wie ihre Aufnah-

371 Hervorhebung nicht im Original; siehe BMFSFJ (Hrsg.): Elfter Kinder- und Jugendbericht, a. a. O., S. 46

372 Vgl. Bundesausländerbeauftragte (Hrsg.): Lagebericht 2002, a. a. O., S. 179 u. 353. Eine Ausnahme bildet der Berufsausbildungszugang geduldeter Jugendlicher.

373 Siehe BMFSFJ (Hrsg.): Bericht der Bundesrepublik Deutschland an die Vereinten Nationen gemäß Artikel 44 Absatz 1 Buchstabe b des Übereinkommens über die Rechte des Kindes, Berlin 2001, S. 44

374 Vgl. R. Holzapfel: Kinder aus asylsuchenden und Flüchtlingsfamilien, a. a. O., S. 83

375 Einen Überblick zur Verankerung des Grundrechts auf Förderung und Bildung in nationalen Gesetzen (§ 1 Abs. 1 KJHG) und in internationalen Konventionen (wie Art. 26 der UN-Menschenrechtskonvention) vgl. S. Jordan: Fluchtkinder, a. a. O., S. 93; ergänzend: I. Richter: Menschenrecht auf Bildung?, in: Vorgänge. Zeitschrift für Bürgerrechte und Gesellschaftspolitik 3/2003, S. 18 ff.

me- und Unterkunftsbedingungen.[376] Im Folgenden wird deshalb die Beschulungssituation der verschiedenen Flüchtlingskindergruppen mit unsicherem Status vorgestellt, die für einzelne Bundesländer zu beobachten und in der Literatur dokumentiert ist.[377] Für keine der Gruppen gibt es Untersuchungen, welche die Bildungsbeteiligung entsprechend jener der ausländischen Schüler/innen, etwa in Bezug auf die Verteilung auf Schulformen oder Schulabschlüsse erhellen. Steffen Angenendt vermutet, „dass im Vergleich zu anderen ausländischen Schülern nur ein kleiner Teil von ihnen einen anerkannten Schulabschluss schafft."[378]

Kinder aus neu eingereisten Asylbewerberfamilien

Während der Erstunterbringungsphase in Zentralen Aufnahmestellen unterliegen neu eingereiste Flüchtlingskinder in schulpflichtigem Alter in vielen Bundesländern explizit nicht der Schulpflicht, sondern haben allenfalls ein Schulrecht, weshalb viele von ihnen so lange keine Bildungseinrichtungen besuchen, bis ihr weiterer örtlicher Verbleib geklärt ist. Dies gilt in der Erstaufnahmephase für Bayern, Baden-Württemberg, Brandenburg, Bremen, Hessen, Mecklenburg-Vorpommern und Niedersachsen.[379]

Hinsichtlich des Schulbesuchs von Asylbewerberkindern *nach* der Aufnahme- und Erstunterbringungsphase gibt es in den einzelnen Bundesländern und Kommunen ebenfalls gänzlich verschiedene schulrechtliche Bestimmungen und Handhabungen in der Praxis. Anfang 2005 räumten sieben Bundesländer (Baden-Württemberg, Hessen, Rheinland-Pfalz, Saarland, Sachsen, Sachsen-Anhalt und Thüringen) Flüchtlingskindern im laufenden Asylverfahren lediglich ein Schul*recht* ein. Bis Sommer 2005 zählte auch Nordrhein-Westfalen dazu; die übrigen Länder behandeln Asylbewerberkinder in dieser Hinsicht gleichrangig mit anderen ausländischen Kindern.[380] Dies bedeutet, dass Kindern ohne gewöhnlichen Aufenthalt, d. h. insbesondere mit einer Aufenthaltsgestattung oder Duldung, die einem der sieben Bundesländer zugewiesen wurden, der Schulbesuch nur auf Antragstellung gewährt wird. In welcher Form dies geschieht, ist in den jeweiligen Schulgesetzen der Länder und ihrer rechtlichen Konkretisierung mittels Verwaltungsvorschriften, Verordnungen, Erlassen, Rundschreiben und Handreichungen der Kultusministerien geregelt. Entsprechend große Unterschiede finden sich in der Beschulungspraxis der genannten sieben Bundesländer. Ende 2003 betrafen diese rund 10.400 Bis-zu-17-Jährige allein in Asyl*erst*verfahren.[381] In Rheinland-Pfalz, im Saarland und in Thüringen besteht für Kinder während des laufenden Asylverfahrens oder bei einer kurzfristigen Duldung *keine* Schulpflicht, ebenso in Baden-Württemberg, wo allerdings Minderjährige, die auf absehbar längere Zeit dort leben, davon ausgenommen

376 Für eine Übersicht über die unterschiedliche Handhabung der Beschulung von Flüchtlingskindern während der 1990er-Jahre in Hamburg, NRW und Hessen vgl. R. Holzapfel: Kinder aus asylsuchenden und Flüchtlingsfamilien, a. a. O., S. 84 ff; zur Praxis der übrigen Bundesländer vgl. St. Angenendt: Kinder auf der Flucht, a. a. O., S. 70 ff.

377 Die Aussagen zum Schulrecht der Bundesländer sind entnommen aus: B. Harmening: Wir bleiben draußen, a. a. O. Die Expertise gibt den rechtlichen Stand vom 1. Februar 2005 wieder.

378 Siehe St. Angenendt: Kinder auf der Flucht, a. a. O., S. 70

379 Vgl. B. Harmening: Wir bleiben draußen, a. a. O., S. 12 ff.

380 Vgl. ebd., S. 9

381 Einschließlich NRW; vgl. ebd., S. 21; zum Folgenden: ebd., S. 9 ff.

sind. Hessen sieht zwar für Kinder mit Aufenthaltsgestattung während des Asylverfahrens eine Schulpflicht vor, nicht aber für geduldete, während Sachsen und Sachsen-Anhalt beide Gruppen von der Schulpflicht ausnehmen.

Björn Harmening macht auf erhebliche Nachteile des Schulbesuchsrechts gegenüber der Schulpflicht aufmerksam: Überwiegend würden Flüchtlinge von Schul(behörd)en nicht auf die Möglichkeit des Schulbesuchs ihrer Kinder aufmerksam gemacht, zum Teil seien zusätzliche außerschulische Fördermaßnahmen (z. B. Nachhilfe) nicht zugänglich und vor allem leite sich aus der Freiwilligkeit des Schulbesuchsrechts ab, dass bei schulunwilligen Schüler(inne)n oder Schulkapazitätsengpässen keine Verpflichtung zum Schulbesuch bestehe. Dies führe in Einzelfällen zu Schulverweisen sozial schwieriger Kinder und erhöhe das Risiko eines unregelmäßigen Schulbesuchs, weil häufig keine Maßnahmen vorgesehen seien, um eine kontinuierliche Teilnahme in der Praxis durchzusetzen. Es komme auch vor, dass Kosten für öffentliche Verkehrsmittel, Nachhilfeunterricht oder eine kostenintensive schulische Betreuung behinderter Schüler/innen bei bloßem Schulbesuchsrecht nicht übernommen würden. Harmenig kritisiert, „dass gerade auch in vielen Schulen bei der Umsetzung des Schulrechts und der Schulpflicht mit zweierlei Maß agiert“ werde;[382] als Beispiel führt er die Praxis einiger Kommunen an, bei unregelmäßigem Schulbesuch das Schulverhältnis zu beenden.

Neben diesen rechtlichen Besonderheiten der Beschulungssituation von (neu eingereisten) Flüchtlingskindern sind, sofern sie Schulen besuchen, bei ihnen einige weitere Aspekte zu berücksichtigen. So verschafft der Schulbesuch Flüchtlingskindern und -jugendlichen „– zum Teil zum ersten Mal in ihrem Leben – Zugang zum Kennenlernen der Normen, Werte und bevorzugten Verhaltensweisen der Mehrheitsgesellschaft“; entsprechend werde er häufig von ihnen als Privileg gewertet.[383] Von der Instanz Schule erhofften sich die Kinder vor allem den Zugang zu Bildung, Ausbildung und einer bezahlten Tätigkeit, berichteten Jutta Ringel und Hilde von Balluseck. Nicht nur die z. T. traumatische Vergangenheit, sondern auch ungewisse Zukunftserwartungen prägen den Lebens- und Schulalltag von Flüchtlingskindern ohne sicheres Aufenthaltsrecht maßgeblich. Die Ungewissheit eines Kindes, ob es zum Zeitpunkt eines potenziellen Schulabschlusses noch im Land weilt oder mit seiner Familie vielleicht bereits ins Herkunftsland abgeschoben wurde, dürfte einem auf einen qualifizierten Schulabschluss ausgerichteten Lernen wenig zuträglich sein. Untersuchungen wie jene von Philip Anderson zeugen dennoch von einer sehr hohen Lern- und Leistungsmotivation vieler Flüchtlingskinder, die von den Eltern häufig darin unterstützt würden und im Vergleich zu Kindern mit geregeltem Aufenthaltsstatus in der Schule oftmals besser abschnitten.[384] Für Familien stelle die in Deutschland erworbene „handfeste“ schulische Bildung der Kinder vor allem einen Hoffnungsfaktor für bessere Zukunftsperspektiven dar, wie Anderson hervorhebt. Für das Gros der Kinder sei daher klar, dass von ihnen als „Bildungsbevorzugten“ eine ordentliche Arbeit und entsprechende Schulabschlüsse erwartet würden. Erschwerend komme jedoch die Tatsache hinzu, dass die Mehrheit der Lehrer/innen über Hintergründe und Lebenswirklichkeiten der Flüchtlingskinder nicht informiert seien. Weil die Kinder den Schulbesuch vor allem als „ersehnte Normalität“ ansähen und nur dort die Sprache, Normen

382 Siehe ebd., S. 23
383 Siehe auch zum Folgenden: J. Ringel/H. v. Balluseck: Die Schule, a. a. O., S. 177 f.
384 Vgl. hierzu und zum Folgenden: Ph. Anderson: Status Flüchtlingskind, a. a. O., S. 42

und Werte erlernen sowie Kontakte zu Gleichaltrigen knüpfen könnten, wertet Anderson den Schulbesuch als entscheidenden Faktor für ihre soziale Integration.

Wohnort- und Schulwechsel sind für Kinder aus Asylbewerberfamilien keine Seltenheit, weil Umverlegungen von Flüchtlingen in andere Wohnheime bzw. Unterkünfte von Amts wegen gelegentlich angeordnet werden. So kündigte die Stadt Köln anlässlich der Umsetzung des Zuwanderungsgesetzes an, geduldete Flüchtlinge künftig in andere Gemeinden zwangsumzusiedeln, um die „Lasten" der Aufnahme ausgeglichener zwischen den Kommunen zu verteilen.[385] Von häufigen Umzügen und Schulwechseln sind offenbar besonders die Kinder langjährig geduldeter Romaflüchtlinge betroffen. Eine in Berlin durchgeführte Befragung ergab, dass die Hälfte der Romafamilien seit ihrer Ankunft zwei bis drei, rund 10 Prozent vier und 8 Prozent mehr als fünf Mal das Wohnheim wechseln mussten; Expert(inn)en aus Köln und Hamburg berichteten ebenfalls von häufigen Umzügen.[386] Die im Auftrag von Unicef durchgeführte Untersuchung benennt den Wohnortwechsel neben dem (Wohnheim-) Unterbringungsfaktor, der fehlenden Schulpflicht und dem höheren Einreisealter als einen Grund für die Bildungsmisserfolge geduldeter Romakinder.[387]

Der Besuch von Kindertagesstätten ist für Flüchtlingskinder mit prekärem Aufenthaltsstatus nur dann möglich, wenn Eltern den Weg über das Jugendamt nehmen und dort durch eine Befürwortung vom Sozialamt unterstützt werden.[388] Gleichwohl ist er für sie besonders bedeutsam, weil Vorschuleinrichtungen als Lernorte eine erste Möglichkeit bieten, bereits im frühen Kindesalter in der Hauptverkehrssprache und den gesellschaftlichen Normen der Mehrheitsgesellschaft sozialisiert zu werden. In Flüchtlingswohnheimen ist eine individuelle Förderung durch Spiel- und Betreuungsmöglichkeiten für Kleinkinder i. d. R. nicht vorgesehen. Umstritten ist indes, ob das für 3- bis 6-Jährige bestehende Recht auf einen Kindergartenplatz ebenso für Kinder mit Asylbewerber- und Duldungsstatus gilt. In ihrer Stellungnahme zum Zehnten Kinder- und Jugendbericht widersprach die damalige CDU/CSU/FDP-Bundesregierung nämlich der Auffassung, dass ein Rechtsanspruch für Kinder aus Erstaufnahmelagern und aus Familien, „deren Aufenthalt im Bundesgebiet nur ein vorübergehender ist", besteht.[389] Denn nach § 6 Abs. 2 SGB VIII haben nur Kinder mit rechtmäßigem und gewöhnlichem Aufenthalt, die also mindestens über eine ausländerrechtliche Duldung verfügten, Anspruch auf einen Kindergartenplatz. In der Praxis sind die Barrieren im Zugang zur Vorschulbetreuung von Flüchtlingskindern zahlreich, weiß Renate Holzapfel zu berichten.[390] Hindernisse seien nicht nur Informationsdefizite, sondern auch weite Wege der oft sehr abgelegen untergebrachten Flüchtlinge zu den Einrichtungen. Erschwerend für die oft auf Sozialhilfe angewiesenen Flüchtlingsfamilien komme hinzu, dass viele Kommunen sich weigerten, für Kinderbetreuungskosten aufzukommen, weshalb die Inanspruchnahme auch an fehlenden finanziellen Möglichkeiten der Eltern scheitere.

385 Vgl. A. Joeres: Zwangsumsiedelung für Flüchtlinge, in: taz nrw (köln) v. 22.6.2004

386 Vgl. B. Milhok: Zurück nach nirgendwo. Bosnische Romaflüchtlinge in Berlin, Berlin 2000, S. 88. Zum Folgenden: Zentrum für Antisemitismusforschung der Technischen Universität Berlin (Hrsg.): Zur Lage von Kindern aus Roma-Familien, a. a. O., S. 21

387 Vgl. ebd., S. 21

388 Vgl. J. Ringel/H. v. Balluseck: Die Schule, a. a. O., S. 173

389 Vgl. BMFSFJ (Hrsg.): Zehnter Kinder- und Jugendbericht, a. a. O., S. XXX f.

390 Vgl. R. Holzapfel: Kinder aus asylsuchenden und Flüchtlingsfamilien, a. a. O., S. 165

Kinder aus Flüchtlingsfamilien mit (Ketten-)Duldung

Die Bildungsbeteiligung und -erfolge von Flüchtlingskindern mit trotz längerem Aufenthalt prekärem Status, darunter viele Romakinder und andere Bürgerkriegsflüchtlinge aus den Ländern Ex-Jugoslawiens, werden in der Fachliteratur fast vollständig tabuisiert.[391] Sofern ihre Schulsituation dennoch Thema ist, erörtert man meist rechtliche Zugangsbarrieren, die einzelne Bundesländer in ihren Schulgesetzen verankert haben, nicht aber tatsächliche Schulerfolge oder Abschlüsse, über die wenig bekannt ist.[392] Besonders problematisch ist die (vor)-schulische Bildungssituation von Kindern aus geduldeten Roma-Flüchtlingsfamilien, die keine Kindertagesstätten besuchen, weil sie in Sammelunterkünften wohnen und keinen Anspruch auf einen Kindergartenplatz haben. Eine Expertenbefragung im Auftrag Unicefs nennt als Grund für Kita-Abweisungen das „Fehlen der Berufstätigkeit von Eltern", die „hohen, von Eltern nicht aufbringbaren Kosten" bzw. das Fehlen von deren Übernahme durch das Sozial- bzw. Jugendamt, mangelndes elterliches Interesse, fehlende Einrichtungskapazitäten sowie „Kinderbetreuungsmöglichkeiten in Unterkünften".[393] Berichte über die Bildungsbeteiligung von geduldeten Romakindern weisen darauf hin, dass jene Kinder, welche Schulen besuchen, überwiegend in Grund-, Haupt- und Sonderschulen und bloß ein kleiner Teil von ihnen „auf Gesamt- oder Realschulen zu finden" seien.[394] Allein in Frankfurt a.M. und in Köln sind in Zusammenarbeit mit Roma-Selbstorganisationen und Kommunen zwei Projekte entstanden, welche der meist fehlenden Vorschulbetreuung und Beschulung dieser Flüchtlingskindergruppe mit niedrigschwelligen, am Roma-Gemeinwesen orientierten Ansätzen entgegenwirken.[395]

Lediglich in Hessen und Sachsen haben Flüchtlingskinder mit einer längerfristigen Duldung keine Schul*pflicht*, und im Saarland liegt ihr Schulbesuch im Ermessen der Behörde, während Nordrhein-Westfalen die Schulpflicht für *alle* Kinder in dem im August 2006 in Kraft getretenen Schulgesetz ausdrücklich verankert und damit eine Vorreiterrolle übernommen hat.[396] Allerdings gewähren die Länder ohne Schul*pflicht* Kindern mit längerfristigem Duldungsstatus regelmäßig ein Schulbesuchs*recht,* mit Ausnahme des Saarlandes, welches für Kinder mit kurzfristiger Duldung nicht einmal dies vorsieht. Baden-Württemberg kennt für kurzfristig geduldete Kinder sowie für jene aus Familien abgelehnter Asylbewerber/innen ein sog. Schulantragsrecht anstatt der Schulpflicht. Erhebliche Unterschiede zwischen den Ländern bestehen in der Praxis der Information von Eltern über dieses Schulbesuchsrecht und dessen Verwirklichung: Während Familien in Sachsen behördlich über das Schulantragsrecht der Kinder informiert werden, überlässt Hessen dies dem Zufall bzw. der Information durch

391 Als Ausnahme vgl. S. Hornberg (Hrsg.): Die Schulsituation von Sinti und Roma in Europa, Frankfurt a.M. 2000; Zentrum für Antisemitismusforschung der Technischen Universität Berlin (Hrsg.): Zur Lage von Kindern aus Roma-Familien, a.a.O., S. 19ff.

392 Vgl. R. Holzapfel: Kinder aus asylsuchenden und Flüchtlingsfamilien, a.a.O., S. 166; St. Angenendt: Kinder auf der Flucht, a.a.O., S. 69ff.; S. Ernst: „Schaworalle" – Erfahrungen aus einem Projekt mit Roma-Kindern, a.a.O., S. 203ff.

393 Vgl. Zentrum für Antisemitismusforschung der Technischen Universität Berlin (Hrsg.): Zur Lage von Kindern aus Roma-Familien, a.a.O., S. 22; zum Folgenden: ebd., S. 19

394 Siehe ebd. Zum Folgenden vgl. S. Ernst: „Schaworalle" – Erfahrungen aus einem Projekt mit Roma-Kindern, a.a.O., S. 203ff.; zum Kölner Projekt „Amaro Kher" vgl. die Webseite http://www.amaro-kher.de; 20.1.07

395 Vgl. Zentrum für Antisemitismusforschung der Technischen Universität Berlin (Hrsg.): Zur Lage von Kindern aus Roma-Familien, a.a.O., S. 33f.

396 Vgl. B. Harmening: Wir bleiben draußen, a.a.O., S. 7f.

Mitarbeiter/innen von Sozialbehörden, Einrichtungen oder dem Engagement einzelner Privatpersonen, was Björn Harmenig in Verbindung mit den häufig mangelnden Deutschkenntnissen Betroffener als „erschwerten Zugang zu den bestehenden Bildungseinrichtungen" wertet.[397] Um einen Eindruck von der ungefähren Anzahl betroffener Kinder zu erhalten, seien Daten des Ausländerzentralregisters für Ende 2003 angeführt: In Hessen lebten rund 3.800 Bis-zu-17-Jährige mit einer Duldung und in Sachsen rund 570.

3. Unbegleitete Flüchtlingskinder

Die schulische Situation alleinreisender Flüchtlingskinder ist in der Literatur ebenfalls unterbelichtet. Philip Anderson macht darauf aufmerksam, dass sie oftmals nicht nur losgeschickt wurden, um einer gefährlichen Situation zu entgehen, sondern auch den elterlichen „Auftrag" hätten, mittels einer soliden Schulbildung ein erfolgreiches Leben in Europa zu führen.[398] Renate Holzapfel betont diesbezüglich die zumeist überdurchschnittliche Lernbereitschaft und die Herkunft der Kinder aus bildungsprivilegierten Familien in den Herkunftsländern.[399]

In Deutschland haben die in *Erst*aufnahmeeinrichtungen untergebrachten, alleinreisenden Unter-16-Jährigen einen Anspruch auf Betreuung und schulische sowie sprachliche Förderung, der meist durch Hausunterricht oder die Anmeldung zum Deutschunterricht an Schulen oder außerschulischen Einrichtungen eingelöst wird.[400] Silke Jordan macht aber darauf aufmerksam, dass die Realisierung dieser Fördermaßnahmen längst nicht garantiert sei, weil in sämtlichen der von ihr untersuchten Bundesländer nicht für alle Minderjährigen Schulplätze zur Verfügung standen. Auch Steffen Angenendt weist auf die Praxis des Hausunterrichts hin, der stattfinde, sofern die baulichen Voraussetzungen und entsprechende Etats vorhanden seien.[401] Der hausinterne Unterricht werde durch Mitarbeiter/innen oder externe Lehrkräfte angeboten und könne Alphabetisierungskurse, Deutschunterricht oder einen dem Kenntnisstand der Schüler/innen angepassten Lehrstoff beinhalten. Ziel sei neben der Vorbereitung des Besuchs einer öffentlichen Schule auch, den Tagesablauf der Kinder zu ordnen. In den meisten Bundesländern sei grundsätzlich auch der Besuch von Sprachkursen außerhalb der Einrichtung möglich, was aber häufig an einem Mangel an Plätzen bzw. finanziellen Engpässen der Kommunen scheitere.

In ihrer Studie zur pädagogischen Versorgung unbegleiteter Flüchtlingskinder in Berlin, Hessen, Hamburg und Bayern traf Silke Jordan in 83 Prozent der einbezogenen Erstaufnahmeeinrichtungen außerhäusliche schulische Förderung für die Minderjährigen an, wobei 58 Prozent der befragten Jugendlichen diese Angebote annahmen.[402] Zwar sei die Eingliederung der Minderjährigen in das Schulsystem und die Unterstützung der Kinder

---

397 Siehe ebd., S. 21. Zu den Nachteilen des Schulbesuchrechts am Beispiel von Roma-Kindern vgl. Zentrum für Antisemitismusforschung der Technischen Universität Berlin (Hrsg.): Zur Lage von Kindern aus Roma-Familien, a. a. O., 24; zum Folgenden vgl. B. Harmening: Wir bleiben draußen, a. a. O., S. S. 19

398 Vgl. Ph. Anderson: Status Flüchtlingskind, a. a. O., S. 19

399 Vgl. R. Holzapfel: Kinder aus asylsuchenden und Flüchtlingsfamilien, a. a. O., S. 184

400 Vgl. S. Jordan: Clearingverfahren und Erstaufnahme/Erstversorgung, a. a. O., S. 90

401 Vgl. St. Angenendt: Kinder auf der Flucht, a. a. O., S. 71

402 Vgl. auch zum Folgenden: S. Jordan: Fluchtkinder, a. a. O., S. 125

durch Hausaufgabenhilfe bzw. Förderunterricht Ziel der Unterrichtsmaßnahmen außerhalb der Einrichtungen, allerdings besuchten die Minderjährigen (mit Ausnahme jener in Hessen) in den meisten Fällen Schulen bzw. Klassen mit einem speziellen Angebot für ausländische Schüler/innen oder mit einer speziellen Berufsorientierung. „Statt einer Eingliederung in Regelklassen steht die Beschulung der Minderjährigen in Sondermaßnahmen im Vordergrund.“[403]

Hinsichtlich der Einschulung und Bildungsteilhabe in Regelschulen unterliegen unbegleitete Flüchtlingskinder denselben Zugangsbeschränkungen wie Flüchtlingskinder mit prekärem Aufenthaltsstatus, weshalb die dort gemachten Ausführungen auch für sie weitgehend zutreffen.[404] Allerdings reisen die Minderjährigen zumeist erst im Jugendalter ein, wodurch eine altersgemäße schulische Eingliederung aufgrund fehlender Deutschkenntnisse erschwert wird. Jüngere Kinder in spezialisierten Heimen unterliegen einer stärkeren Kontrolle, ob sie angebotene Möglichkeiten auch wahrnehmen, während über-16-jährige, in Erwachsenenwohnheimen Lebende sich i. d. R. selbst überlassen bleiben.

4. *Kinder ohne Aufenthaltspapiere*

Die schulische Situation von illegalisierten Kindern bleibt im Vergleich zu jener von legal aufhältigen Flüchtlingskindern noch unterbelichteter. Ihre Situation wird nur von vereinzelten Publikationen anhand weniger Falldokumentationen beleuchtet.[405] Bei illegalisierten Kindern handelt es sich mehrheitlich entweder um illegal eingereiste oder um im Laufe des Asylverfahrens untergetauchte Familien. Manche statuslose Frauen bekommen auch hierzulande Kinder oder haben diese aus dem Herkunftsland nachgeholt und leben bereits länger mit ihnen hier. Wolfgang Krieger und Monika Ludwig berichten davon, dass Familien mit Nachwuchs meist nur einen zeitlich befristeten Aufenthalt intendieren, bis die Kinder im Herkunftsland schulpflichtig werden.[406]

In rechtlicher Hinsicht haben statuslose Minderjährige in den Bundesländern weder Rechte noch Pflichten in Bezug auf einen Schulbesuch.[407] Selbst wenn ein Schulbesuchsrecht besteht, dürfte es von illegalisierten Kindern kaum in Anspruch genommen werden, weil dies zu ihrer Meldung und Abschiebung führen könnte. Dieses „Entdeckungsrisiko“ gründete sich in § 76 AuslG a. F., der „öffentliche Stellen“, also auch Erzieher/innen und Lehrer/innen, bei Kenntnis eines „illegal Aufhältigen“ zur Information der Ausländerbehörde verpflichtete. Diese Bestimmung übernahm im Jahr 2005 der § 87 Abs. 2 Nr. 1 AufenthG. Der § 92a AuslG a. F. (bzw. § 96 Abs. 1 AufenthG) stellte zudem die „Beihilfe zu unerlaubtem Aufenthalt“ durch humanitäre Helfer/innen unter Strafe. Obwohl beide Bestimmungen wiederholt kritisiert wurden – z. B. durch die Unabhängige Kommission „Zuwanderung“ unter dem

403 Ebd., S. 126
404 Vgl. R. Holzapfel: Kinder aus asylsuchenden und Flüchtlingsfamilien, a. a. O., S. 184
405 Vgl. R. Münz/St. Alscher/V. Özcan: Leben in der Illegalität, a. a. O., S. 88 f.; W. Krieger u. a.: Lebenslage „illegal“, a. a. O., S. 145 ff.
406 Vgl. ebd., S. 149
407 Vgl. ebd., S. 146

Vorsitz Rita Süßmuths[408] – und in offenem Widerspruch zu internationalen Konventionen[409] stehen, wurde die Reform des Aufenthalts- bzw. Zuwanderungsgesetzes 2005 nicht für eine Entschärfung dieser Bestimmungen zumindest hinsichtlich des Schulrechts Minderjähriger ohne Aufenthaltsstatus genutzt.

Jörg Alt wies in seiner Untersuchung auf zwei Leipziger Flüchtlingsfamilien hin, in denen keines der Kinder wegen des zu großen Enttarnungsrisikos einen Kindergarten oder eine Schule besuchte.[410] In einer sich auf München beziehenden Studie hob Alt besonders die Kontextabhängigkeit der Möglichkeiten eines Schulbesuchs von illegalisierten Kindern hervor: Je nach Vertrautheit der Kommune mit dem Phänomen „Illegaler" bzw. der Offenheit von Diskussionen darüber gestalteten sich auch die Möglichkeiten des Kindergarten- und Schulbesuchs. In Großstädten wie München mit einem etablierten Netzwerk für irreguläre Migranten in Notlagen sei es einfacher, Kinder in Kindergärten und Schulen unterzubringen, als in Leipzig, wo es eine vergleichsweise junge Tradition illegaler Zuwanderung gebe.

Wie Expert(inn)en in einer Frankfurter Studie berichteten, führte das Fehlen einer offiziellen Verdienstbescheinigung von Eltern ohne legalen Status i.d.R. dazu, dass man für den Kindertagesstättenbesuch Höchstsätze verlangte. Die fehlende Meldebescheinigung der Kinder verunmöglichte zudem eine formelle Anmeldung in Grund- und weiterführenden Schulen, was die Meldepflicht durch Schulleiter/innen noch verschärfte. Statuslose Eltern stünden daher „vor der Wahl, entweder die Aufdeckung ihres Status zu riskieren, um eine Meldebescheinigung zu erhalten, oder auf eine Anmeldung in der Schule zu verzichten. Dennoch gelingt es bisher in nicht wenigen Fällen, dass Kinder von Statuslosen eine Schule besuchen, weil die Eltern als Alternative zur Meldebescheinigung einen anderen Nachweis erbracht oder auch gefälschte Meldebescheinigungen vorgelegt haben."[411]

Als den Schulbesuch von Kindern ohne Aufenthaltsrecht zusätzlich erschwerende Faktoren wertet Jörg Alt die ungeklärte Kostenträgerschaft bei Lernmitteln und Freizeitveranstaltungen sowie das Fehlen eines Versicherungsschutzes bei Unfällen. Allerdings hätten alle in München befragten Familien durchaus Lösungen für die versicherungsrechtliche Registrierung gefunden, sodass eher ein anderes Problem, das „Illegale" mit „Legalen" teilten, den Schulbesuch verhindert habe: die Schwierigkeit, überhaupt einen Kindergarten- oder Schulplatz zu bekommen, da „gute, sozial ausgerichtete und von hilfsbereiten Pädagogen geleitete Institutionen" ohnehin mit langen Wartezeiten behaftet und überlaufen seien, sodass die Aufnahme zusätzlicher Kinder vorhandene Kapazitäten sehr strapaziere.[412] Des Weiteren sei kaum zu kontrollieren, ob Kinder sich nicht selbst verplapperten, was andere wiederum aufgriffen und weitererzählten. Pater Alt berichtete schließlich von einer Familie, in der dem Schularzt Misshandlungsspuren an den Kindern aufgefallen waren, die er meldete, worauf

408 Die Kommission empfahl, „in den Allgemeinen Verwaltungsvorschriften zum Ausländergesetz eindeutig klarzustellen, dass Schulen und Lehrer nicht verpflichtet sind, den Behörden ausländische Schüler zu melden, die sich illegal in Deutschland aufhalten"; siehe UKZU (Hrsg.): Zuwanderung gestalten – Integration fördern, a.a.O., S. 197.

409 Die Konvention zum Schutz der Rechte aller Wanderarbeitnehmer und ihrer Familienangehörigen, die von der Bundesrepublik noch nicht ratifiziert wurde, regelt in Artikel 30 auch den Schulbesuch solcher Kinder; vgl. J. Alt: Illegal in Deutschland, a.a.O., S. 225

410 Vgl. J. Alt: Illegal in Deutschland, a.a.O., S. 225

411 Siehe W. Krieger u.a.: Lebenslage „illegal", a.a.O., S. 146

412 Vgl. hierzu und zum Folgenden: J. Alt: Leben in der Schattenwelt, a.a.O., S. 217

eine Kettenreaktion bis zur Abschiebung folgte. Erschwerend wirke außerdem die Situation auf dem Münchener Mietwohnungsmarkt, die gerade Familien mit Kindern oft dazu nötige, sich nach billigerem Wohnraum umzusehen, was entweder lange Schulwege oder eine Aufgabe des Schulplatzes mit allen negativen sozialen Folgen für betroffene Kinder nach sich ziehe.

5.2.5 Zwischenfazit: Die Bildungssituation und -benachteiligung von Kindern mit Migrationshintergrund

Zu resümieren ist hinsichtlich der referierten quantitativen und qualitativen Forschungsergebnisse eine nach wie vor bestehende Bildungsbenachteiligung von Kindern mit Migrationshintergrund gegenüber einheimischen für alle Stufen der schulischen Laufbahn. Die Befunde aus dem vorschulischen Bereich weisen auf dessen maßgeblichen Einfluss für den späteren Schulerfolg von Migrantenkindern hin und offenbaren zugleich, dass Armut in Verbindung mit einem Migrationshintergrund offenbar jene Merkmalskombination darstellt, welche die Wahrscheinlichkeit einer Beeinträchtigung der kindlichen Entwicklung und Bildungschancen schon in frühem Kindesalter erhöht.

Die relativen schulischen Benachteiligungen von *ausländischen* im Vergleich zu deutschen Schüler(inne)n sind bestens dokumentiert. Statistisch gut belegt sind sie für Einschulungszurückstellungen, Klassenwiederholungen in den ersten Grundschuljahren sowie den Anteil von Schulabgänger(inne)n ohne Abschluss, welche die „Armutsrisikopopulation" von morgen bilden. In Bezug auf die Verteilung auf verschiedene Schulformen fällt die nach wie vor enorme Überrepräsentanz ausländischer Kinder an Haupt- und Sonderschulen ins Auge. Ausgesprochen positiv zu bewerten ist hingegen ihre wachsende Teilhabe an Realschulen, Integrierten Gesamtschulen sowie an Schulen des zweiten Bildungsweges. An herkömmlichen Gymnasien verbessert sich die Partizipation ausländischer Schüler/innen indes nur allmählich, sodass inzwischen rund 12 Prozent von ihnen eine (Fach-)Hochschulreife erreichen.[413]

Doch auch Disparitäten der Schulerfolge von Kindern mit und ohne *Migrationshintergrund*, welche erstmals die IGLU- und die PISA-Studie dokumentierten, weisen auf partiell vergleichbare, aber weniger ausgeprägte Disparitäten in der Bildungssituation dieser zuletzt genannten Gruppe hin.[414] So wirkt sich das Vorhandensein eines Migrationshintergrundes offenbar erheblich auf die schulischen Kompetenzen aus, wie die überaus hohen Anteile von „Risikoschüler(inne)n" mit Migrationshintergrund dokumentieren, wobei bislang nicht abschließend geklärt worden ist, welchen Einfluss die sozial und ökonomisch benachteiligten Familienverhältnisse vieler Migrantenkinder daran haben. Analysen haben zudem belegt, dass eingebürgerte Kinder und solche aus deutsch-ausländischen Elternhäusern zwar bessere

413 Vgl. StBA (Hrsg.): Fachserie 11, Reihe 1, Schuljahr 2005/06, a.a.O., S. 254

414 Ein Beispiel ist die Verteilung 15-Jähriger auf Schulformen der 9. Jahrgangsstufe. Schüler mit doppeltem Migrationshintergrund waren danach an Hauptschulen mit fast 32 % etwa doppelt so häufig vertreten wie einheimische (16 %), während ihr Anteil an Gymnasien bei einem Viertel, jener von Schülern ohne Migrationshintergrund aber bei einem Drittel lag. Nach eigenen Berechnungen des Bildungsberichtskonsortiums auf Basis von Daten aus PISA-E-2000; vgl. Konsortium Bildungsberichterstattung (Hrsg.): Bildung in Deutschland, a.a.O., S. 152

Bildungserfolge als jene mit doppeltem Migrationshintergrund erzielen, aber im Mittel auch schlechtere als einheimische deutsche.

Ein Vergleich der Bildungssituation und -erfolge verschiedener Migrantenkindergruppen zeigt jedoch, mit welcher Vorsicht die zuvor genannten, größtenteils auf Mittelwerten für Westdeutschland beruhenden Befunde für ausländische Kinder im Vergleich zu deutschen zu interpretieren sind. Denn bereits zwischen Schüler(inne)n verschiedener ausländischer Staatsangehörigkeiten zeigen sich beträchtliche Unterschiede. Übereinstimmung herrscht in der Fachliteratur in Bezug auf eine allmähliche Verbesserung der Bildungssituation von Kindern der zweiten bzw. dritten Generation. Dies trifft v. a. für Schüler/innen spanischer und griechischer Herkunft zu, welche durch eine hohe Gymnasialbeteiligung und hohe Schüleranteile an Realschulen einerseits sowie eine geringe Repräsentanz an Sonder- und Hauptschulen andererseits auffallen. Davon ausgenommen scheint eine Mehrheit von Schüler(inne)n mit türkischem Migrationshintergrund als größte Ausländergruppe zu sein, die nach wie vor besonders stark sowohl an Haupt- und Sonderschulen bzw. bei den „Risikoschüler(inne)n" als auch bei abschlusslosen Jugendlichen überrepräsentiert sind; nur ein verhältnismäßig geringer Teil von ihnen erreicht zudem die (Fach-)Hochschulreife. Schüler/innen mit italienischem und portugiesischem Pass haben als altansässige Migrantengruppen aus den Anwerbestaaten zwar auch von der schulischen Höherqualifizierung profitiert, was sich in ihren gestiegenen Abiturientenquoten widerspiegelt, sind dafür aber nach wie vor auch in Sonderschulen für Lernbehinderte und bei abschlusslosen Jugendlichen überrepräsentiert. Zu den Bildungserfolgen von Aussiedlerkindern, die erst in jüngsten Erhebungen berücksichtigt werden, gibt es widersprüchliche Befunde, die mehrheitlich auf ihre mittlere Position im Migrantengruppenvergleich hindeuten. So zeichnet sich in der Verteilung auf Schulformen eine günstigere Bildungsbeteiligung von Aussiedlerjugendlichen als von türkischen, aber eine schlechtere als von jenen aus den übrigen Anwerbestaaten ab.[415]

So gut wie gar nicht vorhanden ist indes ein empirisch gesichertes Wissen um die schulischen (Miss-)Erfolge von Flüchtlingskindern. Sie werden zwar, sofern sie allgemeinbildende Schulen besuchen, in der Bildungsstatistik ebenso wie in den PISA- oder IGLU-Erhebungen berücksichtigt, dort aber aufgrund kleiner Fallzahlen nicht gesondert ausgewiesen, sodass ein Vergleich mit der Bildungssituation anderer Migrantenkindergruppen nicht vorgenommen werden kann. In der flüchtlingsbezogenen Fachliteratur wird vor allem der fehlende oder auf das Schulbesuchs*recht* reduzierte Bildungszugang für Flüchtlingskinder mit prekärem Status problematisiert, der trotz des „(Kinder-)Rechts auf Bildung" in einigen Bundesländern etwa für (ketten)geduldete oder in Wohnheimen lebenden Asylbewerberkinder unzureichend verwirklicht ist. Seine Folgen für die Beschulungssituation von betroffenen Kindern sind indes ebenso wenig untersucht worden wie die Bildungserfolge von Kindern aus Familien mit gesichertem Flüchtlingsstatus. Eine auf den fehlenden Bildungszugang fokussierte sehr lückenhafte Forschungslage ist schließlich für illegalisierte Kinder zu resümieren. Eine wachsende Zahl von Veröffentlichungen macht auf ihre erheblichen Probleme bei der vorschulischen Betreuung und Beschulung aufmerksam, die offenbar in vielen Fällen wegen eines zu hohen Entdeckungsrisikos und des Fehlens notwendiger Unterlagen (Melde- und Verdienstbescheinigungen) unterbleibt. Allerdings gibt es keine Untersuchungen, welche sich

415 Vgl. ebd.

spezifisch der Bildungssituation von Kindern in der Illegalität oder gar ihren Schul(miss) erfolgen widmen.

5.3 Soziale Netzwerke und Exklusionsrisiken von Kindern mit Migrationshintergrund

Im Kontext einer Lebenslagenanalyse bedarf es über die Berücksichtigung einschränkender oder förderlicher struktureller Determinanten und Umgebungsfaktoren hinaus mindestens ebenso sehr eines Blicks auf vorhandene Handlungsspielräume von Individuen. Die dem Lebenslagenansatz immanenten, subjektiven Handlungsspielräume von Kindern mit Migrationshintergrund sind bisher weitgehend ausgeklammert worden, weil sie nur ein Randthema in der Kinderarmutsforschung bilden und insofern auch kaum Ergebnisse referiert werden können. Für ihre Analyse hat die lebenslagenorientierte Kinderarmutsforschung die von Ingeborg Nahnsen vorgeschlagenen fünf Einzeldimensionen eines Handlungsspielraumes, der eine Lebenslage determiniert, in Bezug auf Kinder modifiziert. Eine mit Blick auf kindliches Bewältigungshandeln unter Armutsbedingungen besonders wichtige Dimension dieses subjektiven Spielraumes ist der über Qualität und Dichte der sozialen Beziehungen von Kindern Auskunft gebende sog. Kontakt- und Kooperationsspielraum, der im Folgenden anhand von Befunden zu sozialen Netzwerken von Kindern mit Migrationshintergrund erhellt wird.

Exkurs: Netzwerkforschung und soziale Netzwerke von Kindern

Die Netzwerkforschung entwickelt Konzepte zur Bestimmung von Merkmalen und Strukturen zwischenmenschlicher Netzwerke sowie ihrer Qualität, Dichte und ihren Funktionen. Sie ermöglichen es, die Frage nach der Integration bzw. Ausgrenzung einer Person aus zwischenmenschlichen Bezügen zu beantworten. Die Netzwerkforschung wird von nicht wenigen sozial- und gesundheitswissenschaftlichen Fachgebieten befruchtet: primär von der (Sozial- und Entwicklungs-)Psychologie sowie von der Soziologie, aber auch von eher medizinwissenschaftlichen Forschungsrichtungen wie der klinischen Psychologie oder der Sozialepidemiologie. Im Gesundheitsbereich gelten als befriedigend empfundene soziale Netzwerke und besonders die soziale Unterstützung durch Verwandte oder Freunde als eine maßgebliche Ressource zur Erhaltung der körperlichen und seelischen Gesundheit sowie zur Bewältigung unterschiedlicher Belastungen und Beeinträchtigungen bei Krisen.[416] Laut einschlägigen Forschungsbefunden kommt sozialen Netzwerken somit eine salutogene, d. h. gesundheitsfördernde Wirkung zu, während sozial isolierte Personen eine erhöhte Anfälligkeit für gesundheitliche Störungen aufweisen.[417] Soziale Netzwerke spielen indes auch innerhalb der Migrationsforschung eine Rolle, wobei entsprechende Arbeiten meist interethnische

416 Vgl. K. Hurrelmann: Sozialisation und Gesundheit. Somatische, psychische und soziale Risikofaktoren im Lebenslauf, 2. Aufl. Weinheim/München 1991, S. 112 f.; B. Röhrle: Soziale Netzwerke und soziale Unterstützung, Weinheim 1994, S. 71 ff.

417 Zum Konzept der sozialen Unterstützung und seiner salutogenen Wirkung vgl. A. Richter: Wie erleben und bewältigen Kinder Armut?, a. a. O., S. 116 ff. Salutogenetische Wirkungen sozialer Netzwerke belegt auch B. Röhrle: Soziale Netzwerke, a. a. O., S. 46

Netzwerke (Freundschaften, binationale Partnerschaften uvm.) thematisieren, welche man als Indikatoren für soziale und identifikative Integrationsprozesse bzw. eine dauerhafte Eingliederung von Migrant(inn)en in „Aufnahmegesellschaften" interpretiert.[418]

Ein soziales Netzwerk beschreibt allgemein „das Muster sozialer Beziehungen, in das ein Individuum eingebunden ist", wobei es sich um ein Geflecht unterschiedlicher Kontakte und Verbindungen handelt, die z. B. der Information, Unterstützung oder emotionalen Einbindung des Einzelnen dienen und u. U. auch soziale Verpflichtungen zur Folge haben können.[419] Die soziologische Ungleichheitsforschung bedient sich anstatt des Netzwerks- meist des verwandten Kapitalienbegriffs, bei dem das soziale Kapital eines Individuums bzw. seiner Familie als ein maßgeblicher Einflussfaktor für die Bildungschancen und die Positionierung von jungen Menschen im Statusgefüge moderner Gesellschaften gewertet wird.[420]

Der Netzwerkforscher Bernd Röhrle betont, dass angesichts einer Vielzahl vorhandener Konzepte und Operationalisierungsformen mit dem Konzept des sozialen Netzwerks keine Theorie sozialer Systeme eingeführt wurde, sondern eher ein „offenes Instrumentarium zur Analyse sozialer Gefüge als jeweils Ganzes".[421] In handlungstheoretischer Tradition werden soziale Netzwerke überdies als das Ergebnis aktiver Leistungen eines Subjektes begriffen, die als „soziales Kapital" entscheidend die Handlungsspielräume eines Individuums prägen.[422] Weil Netzwerke jedoch klare Grenzen zwischen Familien, Gruppen, Organisationen und Institutionen überschreiten, wird der Netzwerkbegriff in den Sozialwissenschaften primär als analytische Kategorie benutzt, um Beziehungsstrukturen relativ klar abgrenzbarer sozialer Gebilde zu untersuchen.

Die Zusammensetzung (Geschlecht, Alter), die Struktur und der Inhalt eines sozialen Netzwerks z. B. hinsichtlich spezifischer Ressourcen wie (im)materieller Hilfen sowie dessen Qualität und Funktionen untersuchen sog. Netzwerkanalysen, die häufig primäre („informelle") von sekundären („formellen") Netzwerken unterscheiden:[423] Erstere sind durch gemeinsame Interessen und Aktivitäten im privaten Bereich bedingte Beziehungen, also etwa zwischen Familienmitgliedern, Freunden, Verwandten oder Nachbarn. Formelle (oder sekundäre bzw. institutionelle) Netzwerke sind in den Bereichen institutionell vermittelter Hilfen und in der sozialen Infrastruktur (z. B. Kindertagesstätten, Horten oder Ganztagsbetreuungseinrichtungen) angesiedelt, wie sie von Kirchen, Wohlfahrtsverbänden oder Kommunen angeboten werden.

---

418 Sie wurden vielfach untersucht; vgl. etwa H. Esser: Interethnische Freundschaften, in: ders./J. Friedrichs (Hrsg.): Generation und Identität. Theoretische und empirische Beiträge zur Migrationssoziologie, Opladen 1990; S. 185 ff.; W. Seifert: Die Mobilität der Migranten, a. a. O., S. 124; S. Haug: Die soziale Integration junger italienischer und türkischer Migranten, in: F. Swiaczny/S. Haug (Hrsg.): Migration – Integration – Minderheiten. Neue interdisziplinäre Forschungsergebnisse. Materialien zur Bevölkerungswissenschaft des Bundesinstituts für Bevölkerungsforschung, Heft 107, Wiesbaden 2003, S. 97 ff.

419 Siehe H. Keupp: Soziale Netzwerke, in: R. Ansanger/G. Wenninger (Hrsg.): Handwörterbuch der Psychologie, Weinheim 1988, S. 696, zit. nach: A. Richter: Wie erleben und bewältigen Kinder Armut?, a. a. O., S. 113 ff. u. 153

420 Vgl. P. Bourdieu: Ökonomisches Kapital, kulturelles Kapital, soziales Kapital, in: R. Kreckel (Hrsg.): Soziale Ungleichheiten (Soziale Welt, Sonderband 2), Göttingen 1983, S. 183 ff

421 Siehe B. Röhrle: Soziale Netzwerke, a. a. O., S. 29

422 Vgl. P. Bourdieu: Ökonomisches Kapital, kulturelles Kapital, soziales Kapital, a. a. O., S. 183 ff.; J. S. Coleman: Grundlagen der Sozialtheorie. Band 1 Handlungen und Handlungssysteme, München 1991, S. 389 ff.

423 Vgl. A. Chassé/M. Zander/K. Rasch: Meine Familie ist arm, a. a. O., S. 157

Antje Richter[424] benennt *relationale* Merkmale sozialer Netzwerke, welche über die Qualität Auskunft geben (z. B. schwache/starke Bindungen, Kontakthäufigkeit, latente/aktivierte Beziehungen, Dauer und Reziprozität); *funktionale* Merkmale, welche über mögliche Funktionen wie z. B. die Gewährleistung von sozialer Unterstützung, Integration, Rückhalt, Kontrolle, Kommunikation, Information, Austausch, Entwicklung oder Sozialisation Auskunft geben, sowie *morphologische* bzw. *strukturelle* Merkmale, z. B. Größe (Personenzahl), Dichte (Zahl der möglichen Beziehungen verglichen mit jener der tatsächlichen) sowie Erreichbarkeit und Cliquen (als in sich dichte Netzwerke).

Kinder verfügen über verschiedenste soziale Netzwerke, die sich durch ihre Nähe zum Kindesalltag unterscheiden. Diese vermitteln nicht nur Vorbilder, Rollen- und Bewältigungsstrategien, sondern differenzieren sich mit dem kindlichen Lebensalter auch immer weiter aus und erfüllen unterschiedlichste Funktionen. So ist für Kleinkinder die Kernfamilie mit Eltern und Geschwistern der einzige und wichtigste soziale Nahraum, der jedoch in außerfamiliale Netzwerke (Verwandte, Freunde und Nachbarn) eingebunden ist.[425] Studien der 1990er-Jahre berichten noch von rund 10 bis 15 Prozent der Kinder, die ohne Geschwister in Deutschland aufwachsen; umgekehrt lebte die große Mehrheit mit einem Bruder oder einer Schwester zusammen.[426] Der Elfte Kinder- und Jugendbericht informierte darüber, dass mittlerweile rund ein Fünftel aller jungen Menschen in Deutschland ohne Geschwister aufwächst.[427]

Im frühen Kindesalter sind die Kontakte mit der Kernfamilie zwar noch die wichtigsten; ab einem Alter von drei Jahren nehmen Freundschaften unter Kindern jedoch zu. Dabei erfüllen soziale Netzwerke im Kindesalter vielfältige Funktionen: Sie sind kognitiv, affektiv und sozial anregend und dienen darüber hinaus zur Bewältigung verschiedenster Entwicklungsaufgaben, wie etwa der Ausbildung von Sprache, Selbstwert und sozialer sowie emotionaler Kompetenz. Daneben haben auch die Verwandtschaft der Eltern (Onkel, Tanten, Cousins und Cousinen) und besonders die Großeltern in den letzten Jahren ein größeres Gewicht im Kinderalltag erlangt. Gerade Letztere übernehmen häufig Funktionen bei der Erziehung und Betreuung, wenn Mütter einer Erwerbstätigkeit nachgehen. Auch andere Erwachsene wie Freunde, Bekannte oder Nachbar(inne)n der Eltern können wichtige sozialisatorische Funktionen übernehmen.

Im Alter von sechs Jahren, spätestens aber mit Einritt in die Grundschule, nimmt die Intensität kindlicher Netzwerke und deren funktionale Differenzierung zu – allerdings in Abhängigkeit vom Faktor „Schichtzugehörigkeit“, wie zahlreiche Studien befinden.[428] Freundschaften zu anderen Kindern gewinnen allmählich an Bedeutung und die Kontakthäufigkeit nimmt zu. Gleichaltrigenbeziehungen werden im Regelfall zunächst geschlechts- und alters-

424 Vgl. hierzu und zum Folgenden: A. Richter: Wie erleben und bewältigen Kinder Armut?, a. a. O., S. 114 f.

425 Vgl. F. Nestmann: Familie als soziales Netzwerk und Familie im sozialen Netzwerk, in: L. Böhnisch/K. Lenz (Hrsg.): Familien. Eine interdisziplinäre Einführung, Weinheim 1997, S. 214 ff. Zu den Netzwerken alleinerziehender Frauen vgl. F. Nestmann/S. Stiehler: Wie allein sind Alleinerziehende? Soziale Beziehungen alleinerziehender Frauen in Ost und West, Opladen 1998

426 Vgl. Th. Klein: Geschwisterlosigkeit in Ost- und Westdeutschland, in: B. Nauck/H. Bertram (Hrsg.): Kinder in Deutschland, a. a. O., S. 135

427 Vgl. hierzu und zum Folgenden: BMFSFJ (Hrsg.): Zehnter Kinder- und Jugendbericht, a. a. O., S. 33 ff. Analysiert werden hier insbesondere die Funktionen und Entwicklungstendenzen der sozialen Netzwerke von Minderjährigen.

428 Vgl. hierzu und zum Folgenden: B. Röhrle: Soziale Netzwerke, a. a. O., S. 43 f.

homogen gewählt und vermitteln Kindern neben der Entwicklung eigener Sichtweisen das Aushandeln von Regeln in Beziehungen, die nicht von Anfang an durch Machtunterschiede gekennzeichnet sind, wie es Erwachsenen-Kind-Beziehungen meist immanent ist. Überdies geben sie vielfältige Impulse zur Ausbildung und Stärkung sozialer, kognitiver und moralischer Fähigkeiten; in der Kinderwelt wird daher, wie der Zehnte Kinder- und Jugendbericht betont, das Fundament für die Sozialwelt der nächsten Erwachsenengeneration gelegt. Gleichaltrigenbeziehungen können gleichwohl höchst ambivalente Wirkung entfalten: Sie verlangen aktive, reziproke Freundschaftserhaltungsmaßnahmen und können (wie in harmonischen geschwisterlichen Beziehungen) sowohl entwicklungsförderlich als auch (bei Streit, Rivalität und Ausgrenzung) als zusätzliche Belastung wirken.

Ab einem Alter von zehn, elf Jahren werden soziale Netzwerke von Kindern noch komplexer, wobei besonders Schulfreundschaften und Nachbarschaftskontakte zu Gleichaltrigen einen hohen Stellenwert erlangen.[429] Der Netzwerkforscher Bernd Röhrle konstatiert, dass gegengeschlechtliche Kontakte ab diesem Alter an Relevanz gewinnen und die Strukturen der Netzwerke Jugendlicher sich hinsichtlich Dichte, Größe, Verwandtschaftsanteil und Kontakthäufigkeiten jenen der Eltern anpassen. Dies bestätigten auch Chassé, Zander und Rasch insofern, als sich soziale Beziehungen der Eltern beträchtlich auf die Netzwerke und (sozialen) Integrationszustände von Grundschulkindern auswirkten, welche oft ähnliche Netzwerkstrukturen ausbildeten wie ihre Eltern.[430]

5.3.1 Soziale Netzwerke von Familien und Kindern unter Armutsbedingungen

Eines der zentralen Risiken materieller Armut für Menschen westlicher Wohlstandsgesellschaften ist die Gefahr, infolge Geldmangels langfristig von sozialen Kontexten ausgeschlossen zu werden. H. Gerhard Beisenherz sieht besonders bei lang andauernden Armutsphasen die Gefahr, dass Armut über die allmähliche Kumulation von Exklusionen aus Teilsystemen schließlich in soziale Exklusion mündet, weil betroffene Familien immer weniger soziokulturelle Aktivitäten finanzieren können. Somit sei Armut ein zentrales Exklusionsrisiko, das in Wechselwirkung mit dem sozialen Hilfesystem darüber entscheide, ob die gesellschaftliche Inklusion von Familien und Kindern gelinge oder sich materielle Unterversorgung in der frühzeitigen Verfestigung einer lebenslangen Exklusion niederschlage.[431] Der hier angedeutete Abbau sozialer Netzwerke unter Armutsbedingungen ist mehrfach belegt worden.[432] Er zeichnet sich als schrittweise voranschreitender Ausgrenzungsprozess ab, bei dem besonders selbst gewählte, informelle Netzwerke von der Erwerbs- bzw. Einkommenssituation abhängen: „Neben der quantitativen Abnahme hinsichtlich der Zahl der wahrgenommenen

429 Um außerfamiliale soziale Netzwerke von Kindern zu untersuchen, erfragt man Indikatoren wie die Dichte und Qualität der Beziehungen zu Gleichaltrigen inner- und außerhalb der Schule, die Existenz eines „besten Freundes" bzw. einer „besten Freundin" oder die Teilnahme an Kindergeburtstagen.

430 Vgl. hierzu und zum Folgenden: K.A. Chassé/M. Zander/K. Rasch: Meine Familie ist arm, a. a. O., S. 168 ff.

431 Vgl. H. G. Beisenherz: Kinderarmut in der Wohlfahrtsgesellschaft, a. a. O., S. 239

432 Vgl. J. Friedrichs/J. Blasius: Leben in benachteiligten Wohngebieten, Opladen 2000, S. 29 f. u. 65 ff.; M. Kronauer/B. Vogel/F. Gerlach: Im Schatten der Arbeitsgesellschaft. Arbeitslose und die Gefährdung sozialer Ausgrenzung, Frankfurt a. M./New York 1993, S. 180 ff.

Kontakte spielt auch die Veränderung der sozialen Zusammensetzung der Kontaktpersonen eine Rolle", konstatieren die Armutsforscher/innen um Margarita Zander, da die von ihnen befragten unterversorgten Familien deutliche Begrenzungen der Sozialkontakte auf Menschen in einer ähnlich benachteiligten Lebenslage zeigten.[433]

Für einkommensarme Familien haben verwandtschaftliche Netzwerke einen größeren Stellenwert als für wohlhabende. Verwandte können ihnen vielfältige Hilfs- und Unterstützungsfunktionen bieten, die von finanzieller Unterstützung, Zuwendung in Naturalien (z. B. Ernährung), Entlastung bei der Kinderbetreuung und Abwechslung durch Besuche und Familienfeiern über die Erfüllung von Wünschen der Kinder (z. B. in Bezug auf spezielle Kleidung oder Spielzeug) bis hin zu gemeinsamen Urlaubsreisen reichen. Chassé, Zander und Rasch bewerten das Spektrum großelterlicher Aktivitäten als besonders breit, da es von der Kompensation kindlicher Grundbedürfnisse bis zur Ermöglichung bestimmter Freizeit- und Urlaubsgestaltungen reiche, wobei insbesondere die (Einschränkungen ausgleichenden) sozialisatorischen Funktionen der Großeltern-Kind-Beziehung beachtenswert seien.

Der individuelle Umgang mit sozialen Netzwerken ist indes von Kompetenzen und Fertigkeiten abhängig, die nicht losgelöst vom Bildungsniveau des Einzelnen zu sehen sind. Bernd Röhrle sieht als Maxime „je höher das Bildungsniveau, desto größer und multiplexer auch die Netzwerke", wobei Angehörige unterer Sozialschichten vergleichsweise kleinere und dichtere soziale Netzwerke besäßen.[434] Außerdem hänge die Pflege sozialer Beziehungen meist von verschiedenen Voraussetzungen (Mobilität, Telefonkostenübernahme usw.) ab, die eher von Angehörigen höherer sozioökonomischer Schichten erfüllt werden könnten. Für benachteiligte Stadtteile, in denen ein Großteil der Kinder mit Migrationshintergrund aufwächst, gibt es zudem Hinweise darauf, dass soziale Kontakte und Nachbarschaftshilfe zwar innerhalb der Häuser recht gut entwickelt sind, zu räumlich entfernteren Quartieren jedoch kaum Kontakte bestehen.[435]

1. Veränderung kindlicher Netzwerke unter Armutsbedingungen

In der (Kinder-)Armutsforschung werden kindliche und familiäre Netzwerke ambivalent thematisiert. So gelten verlässliche soziale Beziehungen zwischen Menschen als wohl bedeutsamste Ressource für die konstruktive Bewältigung von Unterversorgungslagen. Bei der Frage nach protektiven Faktoren der Armutsbewältigung von Kindern stehen deren soziale Beziehungen, zunächst inner- und später auch außerfamiliärer Art, daher an vorderster Stelle. Stabile *inner*familiäre Beziehungsstrukturen gelten als maßgebliche Schutzfaktoren gegenüber den negativen Folgen familiärer Armut bei Kindern. Auch den außerfamiliären Netzwerken attestiert man eine Schlüsselstellung hinsichtlich der Vermeidung negativer Armutsfolgen. Manche Studien versuchen explizit, individuelle Kompetenzen und (Bewältigungs-)Ressourcen zu identifizieren, mit denen arme Kinder ihre Kontaktspielräume ausgestalten. Sie

433 Siehe K.A. Chassé/M. Zander/K. Rasch: Meine Familie ist arm, a. a. O., S. 229 ff.

434 Vgl. B. Röhrle: Soziale Netzwerke, a. a. O., S. 199

435 Vgl. A. Bieligk: Die armen Kinder. Armut und Unterversorgung bei Kindern. Belastungen und ihre Bewältigung, Essen 1996, S. 65

begreifen soziale Netzwerke als eine kindliche Ressource, die – je nach Ausprägung – sowohl eine Gefährdung verstärken als auch ein Potenzial darstellen können und an die Kinder in Belastungssituationen anknüpfen können. Besonders Gleichaltrigenbeziehungen können indes nicht nur förderliche, sondern auch nachteilige Wirkungen entfalten, indem sie zu einer zusätzlichen Belastung für arme Kinder werden, die mit den (Konsum-)Trends in ihrer Peergroup nicht mithalten können, was Ausgrenzungsprozesse induziert, die das kindliche Wohlbefinden erheblich mindern.[436]

Als das zentrale, mit „moderner" Armut verbundene Risiko gilt eine wachsende Stigmatisierung, die für Betroffene häufig mit einer sukzessiven Ausgrenzung aus sozialen Beziehungen verbunden ist. Von daher gelten die Entwertung und der Rückgang sozialer Beziehungen von Familien und Kindern in dauerhaften Armutslagen als zentrales Risiko. Bei Kindern können solche Exklusionsprozesse aufgrund familiärer Armut, die unter Umständen in einer mangelnden sozialen Integration als Erwachsene münden, schon im frühen Kindes- und Grundschulalter beginnen. Chassé, Zander und Rasch entwickelten hierfür eine Typologie, die veranschaulicht, wie familiäre Netzwerke sich unter Armutsbedingungen verändern:[437]

- Typ 1a: Verengung des Netzwerkes auf Menschen, die von den Betroffenen als positiv wahrgenommen werden, wobei die Erfahrung einer gemeinsam geteilten Lebenslage von Bedeutung sein dürfte;
- Typ 1b: als negativ wahrgenommene Verengung des Netzwerkes auf Menschen in gleicher oder ähnlicher Lage (insbesondere bei Alleinerziehenden);
- Typ 2: statt fester Freundschaften existierten nur noch lockere, situative Bekanntschaften der Eltern (insbesondere bei häufigen Umzügen, Schichtarbeit o. Ä.);
- Typ 3: „relativ integrierte" Netzwerksituation, in der Familien an größeren (dörflich-nachbarschaftlichen) Netzwerken partizipieren.

Studien belegen, dass Kinder Armut und Stigmatisierung bereits im frühen Kindes- und Grundschulalter als sich schrittweise entwickelnde Vereinsamung erfahren, was sich mit anhaltender Armutsdauer und unter ungünstigen familiären Konstellationen immer deutlicher herauskristallisiert.[438] Soziale Isolation kann jedoch bei kindlichen (anders als bei erwachsenen) Betroffenen in „lebenslange Folgen" münden, weil Kinder sich in einer sowohl für die Persönlichkeitsentwicklung als auch für die spätere berufliche Position wichtigen Lebensphase befinden, in welcher Grundlagen für die gesamte Biografie gelegt werden.

Der multifaktoriell bedingte Prozess einer sozialen Ausgrenzung von Kindern aus Gleichaltrigenbeziehungen nimmt seinen Anfang oft in Situationen, wo die Eltern soziale Aktivitäten der Kinder wegen ihres knappen Budgets einschränken bzw. unterbinden (müssen).

---

436 Zur Diskussion um die Wirkung von Peergroup-Beziehungen als Belastung oder Puffer vgl. S. Walper: Auswirkungen von Armut auf die Entwicklung von Kindern, a. a. O., S. 334; A. Klocke: Aufwachsen in Armut, in: Zeitschrift für Sozialisationsforschung und Erziehungssoziologie 4/1996, S. 390 ff.

437 Siehe hierzu und zum Folgenden: K.A. Chassé/M. Zander/K. Rasch: Meine Familie ist arm, a. a. O., S. 232 f.

438 Vgl. z. B. A. Bieligk: Die armen Kinder, a. a. O., S. 66; K.A. Chassé/M. Zander/K. Rasch: Meine Familie ist arm, a. a. O., S. 170 ff.; B. Hock/G. Holz/W. Wüstendörfer: Folgen familiärer Armut im frühen Kindesalter – Eine Annäherung anhand von Fallbeispielen. Dritter Zwischenbericht zu einer Studie im Auftrag des Bundesverbandes der Arbeiterwohlfahrt, Frankfurt a. M. 2000, S. 132; A. Richter: Wie erleben und bewältigen Kinder Armut?, a. a. O., S. 62

Gleichwohl suchen die meisten Eltern zunächst ihre eigenen Bedürfnisse zurückzustellen und Kinder so lange wie möglich vor Einschränkungen zu bewahren. Ein Anzeichen für soziale Isolationstendenzen im Gefolge der Armut kann z. B. sein, wenn Kinder nicht an Geburtstagsfeiern von Klassenkamerad(inn)en teilnehmen (können).[439] Ebenso sind das Fehlen bei Klassenfahrten und anderen kostenpflichtigen Freizeitaktivitäten, die von Kindergarten, Schule, Jugendhilfeeinrichtung oder Vereinen angeboten werden, häufig als Indizien für familiäre Armut zu sehen. Ein wichtiges Merkmal stabiler, sozialer Netzwerke ist deren Reziprozität, also Wechselseitigkeit. Oft können arme Kinder wegen räumlicher Enge der elterlichen Wohnung oder einer „Überbelegung" von Kinderzimmern eine Einladung von Freunden nicht erwidern, was langfristig zu erheblich reduzierten Sozialkontakten führen kann. „Einladungen und Geschenke, die nicht erwidert werden können, belasten in feinem Maß soziale Beziehungen und fördern Desintegrationstendenzen."[440] Insbesondere in außerfamiliären Netzwerken werde die bei Krisen geleistete soziale Unterstützung im Gegenzug auch zurück erwartet, so die Kinderarmutsforscherin Antje Richter, was natürlich auch für Einladungen zu (Kinder-)Geburtstagsfeiern gilt. Mit dieser kulturellen Norm der Reziprozität würden zwar Interaktion und gegenseitige Hilfe gefördert, sie führe zugleich aber v. a. bei Personen, die dauerhaft nicht (mehr) zu solchen Gegenleistungen imstande seien, zu großen Belastungen infolge nicht erfüllbarer Erwartungshaltungen.

In Bezug auf kindliche Gleichaltrigennetzwerke sind statusspezifische Unterschiede in der einschlägigen Literatur ausreichend dokumentiert. Arme Kinder weisen bereits im Vorschulalter häufiger Einschränkungen in ihren sozialen Kontakten und ein auffälliges Verhalten im sozialen Bereich als nichtarme auf.[441] Die (erste) AWO-ISS-Studie berichtete, dass es durch kaum ausgeprägte Kontakte von Eltern in einigen Fällen auch zu stark eingeschränkten sozialen Kontakten respektive Kontaktmöglichkeiten der Kinder kam.[442] Im Grundschulalter verstärken sich diese tendenziellen Unterschiede in sozialen Netzwerken und deren Bewertung durch das Kind, wie ein Vergleich zwischen armen und nichtarmen Kindern zeigt: Während Erstere bereits im Alter von 8 Jahren Einschränkungen bei dem Aufbau und der Gestaltung von Freundschaften mit anderen Kindern erlebten, benannten nichtarme Kinder deutlich mehr Beziehungen zu verschiedenen Personengruppen und bewerteten diese häufiger als positiv.[443] Gerda Holz und Susanne Skoluda gelangen daher zu dem Schluss, dass vor allem Kinder aus extrem belasteten (multipel deprivierten) Familien sehr starke Einschränkungen in ihren sozialen Netzwerken aufweisen, sodass ihnen wichtige Erfahrungen in der Auseinandersetzung mit Gleichaltrigen sowie Erwachsenen fehlen.

Neben statusspezifischen sind insbesondere geschlechtsspezifische Differenzen in der Gestaltung und Qualität von sozialen Netzwerken belegt, und zwar unabhängig vom Lebensalter. Frauen haben demnach umfangreichere und zugleich multiplexere soziale Netzwerke, die überdies stärker durch verwandtschaftliche und nachbarschaftliche Kontakte geprägt sind, was bereits für Kinder im Alter von 3 bis 6 Jahren berichtet wird.[444] Antje Richter

439 Vgl. auch zum Folgenden: G. Holz u. a.: Zukunftschancen für Kinder, a. a. O., S. 76
440 Siehe hierzu und zum Folgenden: A. Richter: Wie erleben und bewältigen Kinder Armut?, a. a. O., S. 63 f.
441 Vgl. G. Holz u. a.: Zukunftschancen für Kinder, a. a. O., S. 76 f.
442 Vgl. auch B. Hock/G. Holz/W. Wüstendörfer: Folgen familiärer Armut im frühen Kindesalter, a. a. O., S. 132
443 Vgl. hierzu und zum Folgenden: G. Holz/S. Skoluda: „Armut im frühen Grundschulalter", a. a. O., S. 142
444 Vgl. B. Röhrle: Soziale Netzwerke, a. a. O., S. 194 f.

fand in ihrer Untersuchung heraus, dass Jungen in Unterversorgungslagen nicht nur deutlich seltener Freundschaften pflegten als solche der Kontrollgruppe, sondern auch über weniger gleichaltrige Ansprechpartner/innen verfügten und bei Problemen seltener Unterstützung von außen holten.[445] Allerdings gibt es Hinweise, dass Jungen eher als Mädchen ihre Beziehungsgruppen in Vereinen finden, was allerdings weniger für Jungen aus armen und aus Familien mit Migrationshintergrund gelten dürfte.[446] Gegenüber nichtarmen Kindern stellte Richter bei unterversorgten Kindern außerdem eine deutlich weniger selbstbestimmte und aktive Aufnahme von Freundschaften fest. Weil sie häufiger umzögen, seien arme Kinder zudem durch häufigere Beziehungsabbrüche in ihrer emotionalen Entwicklung beeinträchtigt, wodurch sie Verunsicherung, Ängstlichkeit und Selbstwertbeeinträchtigungen erlebten.

Die größeren Netzwerke von Frauen fand Richter bereits für die von ihr untersuchten Mädchen im Grundschulalter. Bei Freizeitaktivitäten nutzten Kinder aus armen Familien zudem eher Angebote der örtlichen (dörflichen) Vereinsstruktur (z. B. der Freiwilligen Feuerwehr), während Kinder der Kontrollgruppe mehr Aktivitäten im musikalischen Bereich wahrnahmen, die i. d. R. mit Kosten und längeren Wegen verbunden seien. Geschlechtsspezifische Unterschiede zeigten sich außerdem in der Wahrnehmung von sozialer Unterstützung, weil Mädchen in Armutslagen sich bei Problemen signifikant häufiger an ihre Mütter wandten als Jungen oder Kinder der Kontrollgruppe. Während Mädchen mit zunehmendem Alter bei Problemen grundsätzlich häufiger Unterstützung bei Vertrauten suchten, war diese Bewältigungsstrategie bei Jungen weniger ausgeprägt. Kontakte zu Freund(inn)en waren bei Kindern der Unterversorgungsgruppe allgemein jedoch eher sozial-emotionaler denn materieller oder instrumenteller Natur.

5.3.2 Soziale Netzwerke von Kindern mit Migrationshintergrund

Innerhalb der Migrationssoziologie werden soziale Kontakte und Netzwerke von Einwanderern vorwiegend unter dem Aspekt ihrer integrativen vs. segregativen Sozialorientierung analysiert und als Indikator für die identifikative (Sozial-)Integration von Zugewanderten in Aufnahmegesellschaften interpretiert. So wertet man *inter*ethnische Freund- und Partnerschaften als einen Indikator für die dauerhafte Eingliederung bzw. die soziale Assimilation von Migrant(inn)en, während *inner*ethnische Netzwerke meist als Anzeichen für eine Rückbesinnung auf die eigenethnische Bezugsgruppe oder gar als (freiwillige) Segregationstendenz interpretiert werden.[447] Die migrationsbezogene Netzwerkforschung analysiert vorwiegend soziale Beziehungen einzelner Herkunftsgruppen, wobei die Ergebnisse in der Regel auf eine

445 Vgl. hierzu und zum Folgenden: A. Richter: Wie erleben und bewältigen Kinder Armut?, a. a. O., S. 124 ff. u. 134

446 Vgl. G. Holz u. a.: Zukunftschancen für Kinder, a. a. O., S. 76

447 Vgl. H. Esser: Interethnische Freundschaften, a. a. O., S. 185 ff. Zur Vereinsintegration erwachsener Türken und Italiener vgl. W. Glatzer: Integration und Partizipation junger Ausländer vor dem Hintergrund ethnischer und kultureller Identifikation. Ergebnisse des Integrationssurveys des BiB, Wiesbaden 2004, S. 49 ff. Ergänzend: F. Şen/M. Sauer/D. Halm: Intergeneratives Verhalten und (Selbst-)Ethnisierung von türkischen Zuwanderern. Gutachten des ZfT für die Unabhängige Kommission „Zuwanderung", Essen 2001, S. 50 ff.; J. Leibold/St. Kühnel/W. Heitmeyer: Abschottung von Muslimen durch generalisierte Islamkritik?, in: APuZ 1/2 2006, S. 6; R. Anhut/W. Heitmeyer: Desintegration, Konflikt und Ethnisierung. Eine Problemanalyse

ausgeprägte Familienorientierung hindeuten.[448] Im Folgenden werden einige Forschungsbefunde zunächst zu sozialen Netzwerken erwachsener Migrant(inn)en und im Anschluss zu jenen von Kindern mit Migrationshintergrund vorgestellt.

1. Forschungsergebnisse zu sozialen Netzwerken von Zuwanderern

Die sozialen Netzwerke von Migrant(inn)en behandeln verschiedene migrationssoziologische Studien. Sie konstatieren erhebliche, z. T. widersprüchliche Befunde zu dem Ausmaß inner- und interethnischer Kontakte verschiedener Herkunftsgruppen.[449] So zeigten Daten des SOEP, dass erwachsene Ausländer/innen ihre Primärkontakte in den Jahren 1985 bis 1989 noch weitgehend auf die eigene Ethnie ausrichteten – zugleich waren jedoch große Unterschiede hinsichtlich der Nationalitäten festzustellen:[450] Sowohl die Kontakt- und Besuchsfrequenzen als auch die drei wichtigsten Bezugspersonen betreffend, wiesen türkische Migrant(inn)en die mit Abstand geringsten interethnischen Kontakte auf; ihnen folgten Befragte der zweiten Generation und Griech(inn)en, während Jugoslaw(inn)en und Italiener/innen vergleichsweise mehr deutsche Bezugspersonen benannten. Daten des im Jahr 2000 durchgeführten Integrationssurveys des Bundesinstituts für Bevölkerungsforschung (BIB) belegten, dass Italiener/innen mittlere (und jenen der deutschen überdies ähnelnde), Türk(inn)en die größten und Deutsche im Gruppenvergleich die kleinsten sozialen Netzwerke hatten.[451] Kontakte zu Deutschen pflegten eingebürgerte Italiener/innen und Türk(inn)en häufiger als Nichteingebürgerte der Vergleichsgruppen, und Frauen verfügten über kleinere und zudem häufiger eigenethnische Kontakte als Männer.

Für Migrant(inn)en türkischer Herkunft wurden seltenere interethnische Kontakte mehrfach nachgewiesen,[452] die mit steigender Schulbildung und bei der zweiten Generation (18- bis 24-Jährige) anscheinend zunehmen.[453] So fanden Andrea Janssen und Ayça Polat in einer Hannoveraner Studie heraus, dass sich soziale Netzwerke türkischer Zuwanderer durch eine starke Familienorientiertheit, eine große soziale und ethnische Homogenität sowie durch eine ausgeprägte Lokalität auszeichnen. Die Familie habe als ein vor materieller Not und sozialer Isolation schützendes Netz zwar eine unerlässliche Unterstützungsfunktion, sei zugleich aber auch ein Käfig, weil sie Optionen einschränke und häufig nur begrenzte Ressourcen bereitstelle.

---

und theoretische Rahmenkonzeption, in: dies. (Hrsg.): Bedrohte Stadtgesellschaft. Soziale Desintegrationsprozesse und ethnisch-kulturelle Konfliktkonstellationen, Weinheim/München 1999, S. 19

448 Für Mädchen und junge Frauen aus griechischen, italienischen, türkischen und ex-jugoslawischen Arbeitsmigranten- sowie aus Aussiedlerfamilien vgl. U. Boos-Nünning/Y. Karakaşoğlu: Viele Welten leben, a. a. O., S. 154 ff.; für Nichtdeutsche aus den Anwerbestaaten vgl. BMAS (Hrsg.): Repräsentativuntersuchung 2001, Berichtsband, a. a. O., S. 47

449 Vgl. etwa H. Esser: Interethnische Freundschaften, a. a. O., S. 185

450 Vgl. hierzu und zum Folgenden: W. Seifert: Die Mobilität der Migranten, a. a. O., S. 126 f.

451 Vgl. S. Haug: Die soziale Integration junger italienischer und türkischer Migranten, a. a. O., S. 97 ff.

452 Zur Familienzentriertheit besonders türkischer Migranten vgl. I. Matthäi: Alleinstehende Migrantinnen: Integriert – isoliert – segregiert?, in: APuZ 40–41/2006, S. 34 ff. Zum Folgenden vgl. A. Janssen/A. Polat: Soziale Netzwerke türkischer Migrantinnen und Migranten, in APuZ 1–2/2006, S. 12 ff.

453 Vgl. F. Friedrichs/J. Blasius: Leben in benachteiligten Wohngebieten, a. a. O., S. 73

Im Vergleich verschiedener Herkunftsgruppen wies Hartmut Esser darauf hin, dass jugoslawische Migrant(inn)en der zweiten wesentlich häufiger als jene der ersten Generation und als Türk(inn)en Freundschaften zu Deutschen pflegten.[454] Die Repräsentativuntersuchung 2001 untermauerte weitere Unterschiede zwischen den Nationalitätengruppen aus den Anwerbestaaten.[455] Man fand heraus, dass unter den 15- bis 24-Jährigen besonders häufig Türk(inn)en (mit 13 %) keine Kontakte zu Deutschen pflegten, während dies für jeweils 11 Prozent der Italiener/innen und Zuwanderer aus Ex-Jugoslawien, aber nur für 6 Prozent der Griech(inn)en zutraf.[456] Tägliche Kontakte mit Angehörigen *derselben* Ethnie pflegten indes besonders Türk(inn)en (mit 48 %), während sich bei den Italiener(inne)n und Griech(inn)en eine im Zeitverlauf seit 1985 abnehmende Intensität der täglichen Kontakte zu Landsleuten offenbarte.

Eine bemerkenswerte Perspektive auf soziale Netzwerke von Migrant(inn)en eröffnen Forschungsarbeiten, welche familiäre und eigenethnische Netzwerke von Ausländer(inne)n und Deutschen – zum Teil explizit unter Armutsbedingungen in „sozialen Brennpunkten" – vergleichend in den Blick nehmen. So untersuchte die Studie „Leben in benachteiligten Wohngebieten" die sozialen Beziehungsstrukturen von (erwachsenen) Deutschen und Türken in verschiedenen Kölner Stadtteilen. Jürgen Friedrichs und Jörg Blasius fanden heraus, dass die Netzwerke der türkischen Bewohner/innen beträchtlich kleiner als die der deutschen Befragten waren; außerdem lag der Anteil von Verwandten an ihren Netzwerken niedriger, vermutlich, „weil ein größerer Teil der Verwandten nicht in Deutschland lebt."[457] Wie bei Deutschen rekrutierten Türk(inn)en die Netzwerkpersonen (sog. Alteri) überwiegend aus derselben Bildungsschicht. Auffällig war ferner, dass die 18- bis 24-Jährigen, also die zweite Generation, umfangreichere Netzwerke als die Älteren (und besonders als die Über-50-Jährigen) besaßen und die Größe des Netzwerkes zwar mit der Schulbildung, nicht aber mit dem Einkommen zunahm, denn die Netzwerke der Transferleistungen beziehenden Ausländer/innen waren kleiner als jene der von anderen Einkommen Lebenden.

Peter Bremer machte in seiner Untersuchung indes darauf aufmerksam, dass Expert(inn)en von „ausgeprägten und gut funktionierenden Netzwerken" der ausländischen Wohnbevölkerung von Oldenburg und Hannover wussten, „die sich räumlich nicht auf das eigene Wohngebiet beschränken".[458] Dies wurde auch für die ausländische Wohnbevölkerung in den von Bremer untersuchten benachteiligten Stadtteilen beobachtet, allerdings mit dem Unterschied, dass sich die Kontakte auf Personen aus dem direkten räumlichen Umfeld konzentrierten, während man für die deutsche Bevölkerung nur selten funktionierende Netzwerke antraf.[459] Bei der ausländischen Bevölkerung hätten familiäre Netzwerke überdies eher als bei deutschen als Auffangstation fungiert; zudem nahmen viele armutsbedrohte nichtdeutsche Familien Sozialhilfe seltener in Anspruch, was zum einen mit der Unsicherheit über rechtliche Konsequenzen und zum anderen mit normativen Orientierungen begründet wurde, weil „man es z. B. für ‚untürkisch' betrachtet, staatliche Leistungen zu beziehen, für die keine Gegenleistung erbracht

454 Vgl. H. Esser: Interethnische Freundschaften, a. a. O., S. 187 f.
455 BMAS (Hrsg.): Repräsentativuntersuchung 2001, Berichtsband, a. a. O., S. 47 ff.
456 BMAS (Hrsg.): Repräsentativuntersuchung 2001, Tabellenband, a. a. O., S. 101
457 Siehe auch zum Folgenden: J. Friedrichs/J. Blasius: Leben in benachteiligten Wohngebieten, a. a. O., S. 72
458 Siehe P. Bremer: Ausgrenzungsprozesse, a. a. O., S. 93.
459 Vgl. ebd., S. 93 u. 197

wird."[460] Bei problematischen Situationen griffen diese familiären Netzwerke auch bei der zweiten Generation, bei der auch eine größere „Normalität" des Bezugs staatlicher Transferleistungen beobachtet wurde. Besonders die Netzwerke und eigenethnische Infrastruktur der türkischen Bewohner/innen des innerstädtischen Altbaugebiets seien über einen langen Zeitraum gewachsen, wobei der überdurchschnittliche Ausländeranteil dort in stärkerem Maße als in einer Großwohnsiedlung am Stadtrand das Ergebnis „freiwilliger Segregation" sei. Trotz hoher Arbeitslosen- und Sozialhilfequoten nähmen die Bewohner/innen das Viertel nicht als „sozialen Brennpunkt" wahr und es werde mit seinem urbanen Flair auch wieder für Teile der Mittelschicht attraktiv.

2. Befunde zu Netzwerken von Kindern mit Migrationshintergrund

Fundierte Informationen über Netzwerkstrukturen von Kindern mit Migrationshintergrund sind rar in der Fachliteratur, zumal sich die meisten Untersuchungen auf Jugendliche und die Frage konzentrieren, ob deren Kontakte inter- oder innerethnischer Natur sind.[461] Besondere Unkenntnis herrscht über die hier interessierenden Sozialkontakte *armer* Migrantenkinder. Die eingeschränkten Netzwerke armer Kinder sind zwar in der auch Migrantenkinder einbeziehenden AWO-ISS-Studie belegt worden, eine migrationsspezifische Auswertung der diesbezüglichen Befunde fand aber nicht statt. Holz und Skoluda weisen bloß darauf hin, dass entgegen vielfach geäußerter Vermutungen zugewanderte häufiger als deutsche Eltern professionelle Hilfsangebote annahmen.[462] Migranteneltern waren zwar trotz des höheren Armutsrisikos schlechter über professionelle Hilfen informiert, was sich in signifikanten Unterschieden bei der Nutzung von Schuldnerberatungsstellen und der Sozialpädagogischen Familienhilfe zeigte. Zugleich wendeten sich nichtdeutsche Eltern aber bei Erziehungs- und Schulproblemen häufiger an professionelle Dienste (wie die Beratung durch das Sozialamt und eine Hausaufgabenhilfe), während deutsche Eltern stärker auf Freunde/Nachbarn und Verwandte zurückgriffen. Schließlich sei zu konstatieren, dass die schulische Integration ihrer Kinder den Migranteneltern sehr wichtig sei, was sich in ihrem intensiven Kontakt zur Schule äußerte: Die ausländischen Eltern nahmen mit 89 Prozent signifikant häufiger an Elternsprechstunden teil als deutsche (mit 55 %).

Der Umgang zwischen Kindern verschiedener ethnisch-kultureller Zugehörigkeit scheint zumindest im Vorschulalter und sofern Zuwandererkinder die Minderheit stellen unproblematisch zu sein, konstatierte der Zehnte Kinder- und Jugendbericht. So fielen in der sozialen Beteiligung der Kinder im Kindergarten keinerlei Unterschiede auf – mit Ausnahme

460 Siehe hierzu und zum Folgenden: ebd., S. 204 f. u. 202

461 Die Shell-Jugendstudie behandelt ebenso wie andere Untersuchungen aber inner- vs. interethnische Netzwerke ausländischer Jugendlicher. Vgl. Deutsche Shell (Hrsg.): Jugend 2000, Bd. 1, a. a. O., S. 225; A. Klocke/ K. Hurrelmann: Psychosoziales Wohlbefinden und Gesundheit, a. a. O., S. 200. Eine vergleichende Studie zu Integrationsprozessen in Deutschland und Kalifornien nahm die Netzwerke 9- bis 14-Jähriger vor dem Hintergrund ihrer inner- vs. interethnischen Orientierung in den Blick; vgl. K. E. Sauer: Integrationsprozesse von Kindern in multikulturellen Gesellschaften, Wiesbaden 2007, S. 80 ff.

462 Vgl. hierzu und zum Folgenden: G. Holz/S. Skoluda: „Armut im frühen Grundschulalter", a. a. O., S. 139 ff. u. 152

derjenigen, die nicht gut Deutsch sprachen.[463] Bei älteren Jugendlichen, die Hauptschulen mit hohem Ausländeranteil besuchten, werde jedoch von einer gegensätzlichen Tendenz berichtet, wonach sie Beziehungspartner/innen weitgehend aus der eigenethnischen Gruppe rekrutierten. Allerdings wiesen ältere Studien darauf hin, dass Kinder mit Migrationshintergrund seltener mit anderen Kindern spielten als deutsche und besonders türkische Mädchen isoliert seien, denn nur ein Sechstel von ihnen (gegenüber einem Drittel der deutschen) berichtete von speziellen Freund(inn)en. Die Mädchen wüssten oft nicht, wo sie spielen sollten, die Wohnung werde – zumal sie stärker bei häuslichen Pflichten eingebunden seien – als zu klein beurteilt und ihre „soziale Isolation" von den Betreffenden beklagt.

Eine 1994 von Andreas Klocke und Klaus Hurrelmann durchgeführte Befragung nordrhein-westfälischer Schüler/innen beleuchtete die soziale Einbindung von 11- bis 17-Jährigen. Die nichtdeutschen Befragten gaben wesentlich seltener als deutsche an, „Freundschaften zu haben"; größer war besonders die Zahl jener ohne Freunde (4 % der ausländischen vs. 1 % der deutschen Schüler).[464] Auch die Einbindung in Peergroups und vereinskulturelle Aktivitäten war bei ihnen merklich geringer. Die Verfasser bilanzierten daher „deutliche Unterschiede in der Alltags- und Lebenswelt" deutscher und ausländischer Jugendlicher, denn „die Einbindung in Freundschaftsbeziehungen, die Mitgliedschaft in Jugendorganisationen und das Freizeitverhalten zeichnen ein Bild, in dem die Kinder und Jugendlichen der Zuwanderer eine relativ desintegrierte Position einnehmen." Während die Unterschiede zwischen den einzelnen Zuwanderernationalitäten (türkische, griechische/italienische und andere) vergleichsweise gering ausfielen, zeigten sich gegenüber deutschen Gleichaltrigen bei allen Indikatoren der sozialen Einbindung gravierende Unterschiede. Klocke und Hurrelmann resümierten, dass „die nicht gelungene Integration der Zuwandererkinder der zweiten und dritten Generation in die Kultur und die Lebensmuster der deutschen Jugendlichen" auf eine soziale Randstellung hinweise, die für das psychosoziale Wohlbefinden und die Gesundheit von Bedeutung sein könne.[465]

3. Befunde zu sozialen Netzwerken ausländischer Kinder in multikulturellen Stadtteilen

Die sozialen Netzwerke und Freizeitkontakte von *ausländischen* Kindern sind besonders von dem Projekt „Multikulturelles Kinderleben" des Deutschen Jugendinstituts erhellt worden.[466] Dazu wurden über 1.200 Kinder mit nichtdeutschem Pass zwischen 5 und 11 Jahren in drei multikulturellen Stadtteilen von Köln, Frankfurt a. M. und München interviewt. Nach den Ergebnissen waren die mehrheitlich türkischen und italienischen Kinder in der aktiven Gestaltung von Freundschaften äußerst engagiert und benannten im Durchschnitt sogar

463 Vgl. hierzu und zum Folgenden: BMFSFJ (Hrsg.): Zehnter Kinder- und Jugendbericht, a. a. O., S. 36 und 68
464 Vgl. zum Folgenden: A. Klocke/K. Hurrelmann: Psychosoziales Wohlbefinden und Gesundheit, a. a. O., S. 201 ff.
465 Siehe ebd., S. 203
466 Vgl. U. Berg/K. Jampert/A. Zehnbauer: Wie Kinder multikulturellen Alltag erleben. Ergebnisse einer Kinderbefragung, Projektheft 4, Abschlussbericht des Projekts Multikulturelles Kinderleben, herausgegeben vom Deutsches Jugendinstitut (DJI), München 2000 (www.dji.de; 10.4.04)

geringfügig mehr Freunde als deutsche Gleichaltrige.[467] Kita und Schule haben demnach einen hohen Stellenwert für Freundschaften, weil die Gleichaltrigenbeziehungen der Kinder vornehmlich an sie geknüpft sind:[468] Über 60 Prozent der Gleichaltrigenkontakte waren Schulfreundschaften und 11 Prozent wurden im muttersprachlichen Ergänzungsunterricht geknüpft – hier allerdings mit großen regionalen Unterschieden, die aus dessen lokal stark differierenden Organisations- bzw. Angebotsformen resultierten.

Insgesamt zeichnet die Untersuchung das Bild überwiegend multiethnischer Freundeskreise. Nur jeweils 6 Prozent der Kinder bewegten sich in homogenen Freundeskreisen der eigenen oder deutschen Herkunft. Ins Auge falle die Nationalitätenvielfalt: „59 Prozent der Kinder haben Freunde aus anderen und verschiedenen Herkunftsländern. Zwei Drittel aller Kinder haben dabei auch deutsche Freunde, und bei gut der Hälfte der Kinder gehören Freunde aus dem gleichen Herkunftsland zu ihren informellen Netzen."[469] Bei Gleichaltrigenfreundschaften von Migrantenkindern müsse, heißt es, nach solchen innerhalb von Kindertagesstätten und Schulen sowie jenen außerhalb differenziert werden. Während die Schulfreundschaften der meisten (45 %) Kinder multiethnischer Natur seien und nur zu gleich kleinen Anteilen (jeweils 6 %) aus demselben Land rekrutiert würden, zeichneten Nachmittagsfreundschaften ein anderes Bild: Rund 37 Prozent der Freunde stammten aus dem gleichen ethnischen Herkunftskontext, immerhin 26 Prozent der Kinder spielten auch nachmittags mit Deutschen. Damit könne der für ältere Kinder beschriebene Befund der Bevorzugung eigenethnischer Freunde für diese Altersgruppe nicht bestätigt werden. Für sie sei die ethnische Zugehörigkeit zwar noch vergleichsweise unwichtig, werde aber dennoch differenziert wahrgenommen.

Die DJI-Studie gibt weitere wichtige Hinweise auf die Netzwerke von 5- bis 11-jährigen Migrantenkindern:

- Die selbst gewählten Freundeskreise am Nachmittag waren insgesamt kleiner als die im schulischen Kontext, und rund die Hälfte der Kinder verfügte über ein stabiles Umfeld von Kontakten, das nicht durch Umzüge gestört worden sei.
- Unabhängig von der (Befragungs-)Region und dem Kindesalter hatte das Spielen mit Geschwistern für 60 Prozent eine große Bedeutung; rund die Hälfte pflegte von Geschwistern getrennte Freundeskreise.
- Für drei Viertel aller Befragten waren Freundschaften im Herkunftsland bedeutsam, die allerdings meist nur einmal jährlich im Urlaub gepflegt wurden.
- Rund ein Viertel der Kinder beschäftigte sich manchmal gerne allein, beispielsweise mit dem Hund, am Computer oder um fernzusehen.

---

467 Vgl. hierzu und zum Folgenden: ebd., S. 46 ff. Die nachfolgend genannten Ergebnisse beziehen sich fast ausschließlich auf die befragten 1.200 ausländischen Kinder der zweiten bzw. dritten Generation aus den Anwerbestaaten, während Kinder aus Spätaussiedlerfamilien und mit Fluchthintergrund in einer gesonderten Auswertung berücksichtigt wurden. Da soziale Netzwerke deutscher Kinder indes nicht erhoben wurden, beziehen sich einzelne Vergleiche von ausländischen mit deutschen Kindern auf Ergebnisse verschiedener Kindersurveys aus Vorjahren, die aber andere Altersgruppen in den Blick nehmen. Direkte Vergleiche sind daher nicht möglich.

468 Vgl. Deutsche Shell (Hrsg.): Jugend 2000, Bd. 1, a. a. O., S. 225

469 Siehe U. Berg/K. Jampert/A. Zehnbauer: Wie Kinder multikulturellen Alltag erleben, a. a. O., S. 52

- Während die Familien zu 60 Prozent vergleichsweise intensiv verwandtschaftliche Kontakte pflegten, gaben die Kinder mit nur 9 Prozent relativ selten Spielkameraden aus dem Verwandtschaftsumfeld an.
- Einen „besten Freund“ hatten rund 85 Prozent der Kinder, wobei diese Freundschaft eine Vielzahl von Funktionen erfüllen sollte: füreinander da sein und miteinander spielen, sich verstehen und vertrauen, Zeit haben, sich verteidigen u. v. m.
- 15 Prozent der (überdurchschnittlich oft weiblichen und jüngeren) Kinder pflegte nachmittags keine Freundschaften, war dafür aber i. d. R. stärker in familiäre bzw. geschwisterliche Netze eingebunden. Bei der Gruppe offenbarten sich erhebliche regionale Unterschiede, wie die folgende Tabelle zeigt:

Tabelle 5.12 Kein Spielkontakt am Nachmittag: Gründe nach Region (Mehrfachangaben, in %)

	Köln	**Frankfurt a.M.**	**München**	**insgesamt**
Weil du nur mit Geschwistern zusammen bist	46	71	62	62
Weil dein/e Freund/e zu weit weg wohnen	29	49	42	42
Weil du keine Zeit/keine Lust dazu hast	46	34	25	35
Weil deine Eltern es nicht erlauben	38	29	10	26
Weil andere Kinder/deine Freunde keine Zeit haben	21	35	10	24
Weil andere Kinder dich nicht mitmachen lassen	8	29	12	18
Weil du keine anderen Kinder kennst	8	19	25	18
Sonstiges	27	14	21	20
N	48	79	52	179

Quelle: U. Berg/K. Jampert/A. Zehnbauer: Wie Kinder multikulturellen Alltag erleben, a. a. O., S. 59

Die Autor(inn)en resümieren, dass sich mit diesen Ergebnissen keineswegs ein einheitliches Bild von sozialer Isolierung der nachmittags allein spielenden Migrantenkinder belegen lasse, obwohl auffällig sei, dass diese 184 Kinder hauptsächlich den Spielort zu Hause bevorzugten. Die soziale Situation ihrer Familien wies folgende gemeinsame Merkmale auf:

- mehr Elternteile als in der Vergleichsgruppe lebten weniger als 5 Jahre hierzulande;
- überdurchschnittlich viele Kinder kamen aus Familien unterer Einkommensschichten;
- die Kinder waren häufiger umgezogen;
- ein Teil der Kinder ging ganztags in den Hort;
- drei Viertel besuchte weder Vereine noch sonstige kinderkulturelle Aktivitäten.

Diese Merkmale deuten an, dass es sich um Kinder aus Familien handelt, die eine – für die Armut eines Teils der Zuwanderer in westdeutschen Großstädten typische, unter Umständen in soziale Exklusion mündende – Kumulation familiärer und kindlicher Problemlagen aufwiesen. Eine vergleichbare Größenordnung von rund 10 bis 15 Prozent sozial weitgehend isolierten Kinder benennt auch der Zehnte Kinder- und Jugendbericht.[470]

Die AWO-ISS-Studie schließlich machte mehrfach darauf aufmerksam, dass sich Kinder aus armen bzw. nichtarmen Familien erheblich in ihrer sozialen Lage unterschieden: Erstere wiesen im Vergleich zu ökonomisch besser gestellten Kindern bei allen erfragten Indikatoren[471] und zu verschiedenen Befragungszeitpunkten geringere soziale Ressourcen bzw. Netzwerke und eine höhere soziale Devianz auf. Allerdings waren in der sozialen Lage von Kindern mit und ohne Migrationshintergrund nur wenig Disparitäten beobachtbar, konstatierten Gerda Holz und ihre Mitautoren. Die Zunahme der Auffälligkeiten im sozialen Bereich bei Migrantenkindern, die sich in der Wiederholungsbefragung am Ende der Grundschulzeit gezeigt hatte, sei „eher auf die Armutssituation als auf den Migrationsstatus zurückzuführen", was überdies auch für die Gruppe der immer auffälligen Kinder gelte.[472]

4. Freizeitaktivitäten von (armen) Kindern ohne deutschen Pass

Freizeitaktivitäten bilden einen gewichtigen Faktor im Erlebnis-, Erfahrungs- und Sozialisationsraum von Kindern. Das außerschulische Freizeitangebot für Kinder in Deutschland ist beachtlich und hat sich zudem in den letzten Jahren weiter ausdifferenziert. Neben den nach wie vor existenten nichtkommerziellen (offenen) Einrichtungen der Kinder- und Jugendhilfe und von (Sport-)Vereinen hat sich ein wachsendes Segment kinderkultureller Angebote wie Musik- und Computerschulen oder Freizeit- und Erlebnisparks etabliert, deren Inanspruchnahme meist kostenträchtig ist.[473] Diese außerschulischen Erlebnis- und Erfahrungsräume im kulturellen Bereich sind, wie die Armutsforschung zeigte, erheblich von den finanziellen Spielräumen der Familien abhängig.[474] Deren Einkommenssituation wirkt sich daher auch maßgeblich in der Teilhabe von Kindern an kulturellen Freizeitangeboten und anderen institutionellen Netzwerken aus. Kinder aus armen Familien sind darin erheblich eingeschränkt, fehlen ihnen doch meistens finanzielle Mittel für den Besuch von Vereinen, das Feiern von Kindergeburtstagen und die Nutzung kostenträchtiger kinderkultureller Angebote.

In Zeiten organisierter kommerzieller Freizeitgestaltung als „Normalfall" eines Kinderlebens sind die aufgrund finanzieller Engpässe dauerhaft eingeschränkten Kinder somit erheblich benachteiligt, da sie in ihren außerschulischen und -familiären Entwicklungsräumen weniger Anregungen erhalten. Insbesondere in benachteiligten Stadtteilen können Kinder aufgrund finanzieller Engpässe der Familien häufig keine (kommerziellen) freizeitkulturellen Angebote in Anspruch nehmen und sind auf wohnortnahe Einrichtungen der Kinder- und Jugendhilfe angewiesen. Wenn zudem noch die familiären Wohnverhältnisse derart beengt

---

470 Vgl. BMFSFJ (Hrsg.): Zehnter Kinder- und Jugendbericht, a. a. O., S. 36

471 Dazu zählten 36 Indikatoren zu sozialen Ressourcen (Netzwerken zu Verwandten, Gleichaltrigen in Vereinen und mehr) und dem Sozialverhalten des Kindes (Sozialkompetenz und Devianz inner- und außerhalb der Schule); vgl. im Einzelnen G. Holz u. a.: Zukunftschancen für Kinder, a. a. O., S. 45 f. Für Kinder im frühen Grundschulalter vgl. G. Holz/S. Skoluda: „Armut im frühen Grundschulalter", a. a. O., S. 142

472 Siehe G. Holz u. a.: Zukunftschancen für Kinder, a. a. O., S. 129

473 Vgl. auch BMFSFJ (Hrsg.): Zwölfter Kinder- und Jugendbericht, a. a. O., S. 152 ff.

474 Vgl. K. A. Chassé/M. Zander/K. Rasch: Meine Familie ist arm, a. a. O., S. 191; zum Folgenden: G. Holz/S. Skoluda: „Armut im frühen Grundschulalter", a. a. O., S. 143 ff.

sind, dass nicht ausreichend Kinderzimmer und Spielfläche vorhanden sind, wird auch der Besuch Gleichaltriger erschwert, was eine langfristige Einschränkung von Sozialkontakten und Isolationstendenzen für die Kinder nach sich ziehen kann. Arme Kinder im Grundschulalter besuchen gegenüber ihrer Vergleichsgruppe wesentlich seltener Schwimmbäder und Kinofilme, spielen eher mit ihren Geschwistern und Kindern aus dem unmittelbaren Wohnumfeld, sind stärker auf (wohnortnahe) institutionelle Angebote der Kinder- und Jugendhilfe angewiesen und unternehmen seltener Tagesausflüge und Urlaubsreisen mit ihren Familien.[475] Die Benachteiligung im Freizeitbereich verstärkt sich außerdem mit zunehmendem Lebensalter, da außerfamiliäre (und kommerzielle) Freizeitaktivitäten tendenziell eine steigende Bedeutung erlangen.

Über die Nutzung institutioneller sozialer Netzwerke durch Kinder mit Migrationshintergrund, etwa ihre Wahrnehmung der Angebote von Sport- und anderen Vereinen oder der Jugendhilfe, existieren nur partielle wissenschaftliche Erkenntnisse.[476] Die Bundesintegrationsbeauftragte machte auf erhebliche Unterschiede nach Nationalitäten hinsichtlich des Besuchs von Sportvereinen aufmerksam, der bei Mädchen türkischer Herkunft am seltensten sei. Zudem wies der Kinder- und Jugendgesundheitssurvey KiGGS auf repräsentativer Basis nach, dass sowohl Jungen als auch Mädchen mit Migrationshintergrund im Alter von 3 bis 10 Jahren signifikant seltener Sportvereine besuchten als Kinder ohne Migrationshintergrund, was sie mit Kindern eines niedrigen Sozialstatus teilten und was sich nach Kontrolle ihres Sozialstatus nicht änderte.[477] In der Altersgruppe der 11- bis 17-Jährigen zeigte sich dieser Effekt nur noch bei Mädchen. Hinsichtlich der Einbindung von Migrantenkindern in kinderkulturelle Angebote von (z. T. religiös motivierten) Migrantenselbstorganisationen, die, wie z. B. der Moscheegemeinden-Dachverband DITIB in Köln, Kindern und Jugendlichen ihrer Gemeinde ein umfangreiches Freizeitangebot machen, ist das Forschungsdefizit noch größer.[478] Manches deutet darauf hin, dass sich (insbesondere männliche) Kinder mit Migrationshintergrund häufiger in Sportvereinen mit ethnischer Orientierung engagieren, wobei umstritten bleibt, ob dies eine unter Integrationsaspekten förderliche oder segregierende Wirkung besitzt.[479] Insbesondere türkische, kurdische, griechische oder italienische Fußballvereine verzeichnen einen Mitgliederzuwachs, sodass gelegentlich ein verstärkter Rückzug in ethnisch-homogene Gruppen befürchtet wird. Allerdings sind in Stadtteilen mit hohem Ausländeranteil auch ethnisch-gemischte Sportvereine keine Seltenheit, deren integrative Funktion nach Ansicht des Sportsoziologen Volker Rittner weder „über- noch unterschätzt" werden sollte, da kulturelle Verständigungsprobleme bekanntlich nicht selten gerade im Sportunterricht zu Tage träten.[480]

475 Vgl. ebd., S. 174

476 Vgl. auch Bundesintegrationsbeauftragte (Hrsg.): 7. Bericht, a. a. O., S. 180

477 Vgl. Th. Lampert u. a.: Körperlich-sportliche Aktivität von Kindern und Jugendlichen, a. a. O., S. 638 ff.

478 Vgl. Ministerium für Arbeit, Soziales und Stadtentwicklung, Kultur und Sport des Landes NRW (Hrsg.): Selbstorganisationen von Migrantinnen und Migranten in NRW. Adressenverzeichnis, Erkrath 1999, S. 170

479 Vgl. M.-L. Klein: Annäherung oder Distanzierung? – Zur Qualität interethnischer Beziehungen, in: Landesarbeitsgemeinschaft der Ausländerbeiräte Nordrhein-Westfalen (Hrsg.): Gleiche Wege – Gleiche Ziele?, Sport als Mittel zur Integration, Düsseldorf 2000, S. 49 ff.

480 Vgl. V. Rittner: Ob Freund oder Sündenbock: Die Logik ist immer die gleiche, in: Landesbeauftragte für Ausländerfragen Rheinland-Pfalz (Hrsg.): Treffpunkt 2/1996, S. 1, zit. nach: R. Holzapfel: Kinder aus asylsuchenden und Flüchtlingsfamilien, a. a. O., S. 97

Die bereits erwähnte DJI-Studie informiert über die Freizeitaktivitäten von in westdeutschen Großstädten lebenden 5- bis 11-jährige Nichtdeutschen. Sie bestätigte die große Bedeutung des familiären Hintergrundes in Bezug auf die Teilhabe der Kinder an Freizeitaktivitäten, „und zwar keineswegs im Sinn von nationaler, sondern vielmehr im Sinne von sozialer Herkunft: Je höher der Schulabschluss der Eltern, desto häufiger und mehr gehen die Kinder organisierten Aktivitäten nach. Das Einkommen spielt dagegen keine erkennbare Rolle.“[481] Die 5- bis 11-Jährigen nutzten etwas seltener als deutsche Altersgenoss(inn)en organisierte kinderkulturelle Angebote, wobei man deutliche alters- und geschlechtsspezifische sowie regionale Unterschiede zwischen Köln, Frankfurt a. M. und München ausmachen konnte.[482] Je älter die Befragten waren, desto öfter nutzten sie kinder- bzw. jugendkulturelle Freizeitangebote des Stadtteils. An kinderkulturellen Angeboten von Migrantenorganisationen nahmen zwischen 6 und 14 Prozent der Befragten – also verhältnismäßig wenige – teil. Hierbei handelte es sich überwiegend um religiös orientierte Kindergruppen oder schulbezogene Unterstützungsangebote wie Hausaufgabenhilfe. Rund die Hälfte der Kinder in Frankfurt a. M. und Köln nahmen demgegenüber am muttersprachlichen Ergänzungsunterricht teil, wohingegen dies in München bloß für 7 Prozent zutraf. Die Jungen mit Migrationshintergrund waren geringfügig häufiger als Mädchen in solche Angebote integriert und besuchten meist Sport-, insbesondere Fußball- und Kampfsportvereine. Die Mädchen nahmen v. a. musisch-kreative Angebote wie Musik- und Theaterunterricht wahr, waren daneben aber auch sportlich aktiv, zum Beispiel im Tanzunterricht (Ballett, Breakdance und Volkstänze). Im Vergleich zu Deutschen gehörten sie besonders seltener Sportvereinen an (21 % vs. 58 %).

5.3.3 Soziale Netzwerke von Spätaussiedlerkindern

Die Forschungsbefunde zu sozialen Netzwerken von Spätaussiedlerkindern sind, je nachdem, welche Altersgruppe man in den Blick nimmt, äußerst lückenhaft. Insbesondere jugendliche Spätaussiedler/innen sind von der Migrationsforschung viel beachtete Untersuchungsobjekte, sodass sich zahlreiche Belege für ihre sozialen Netzwerkstrukturen finden.[483] Zu jüngeren Kindern gibt es indes keine Untersuchungen, sodass im Folgenden auf Erkenntnisse zu Netzwerken von Aussiedlerfamilien und -jugendlichen zurückgegriffen wird.

Ein für in Deutschland lebende Aussiedlerfamilien typisches Phänomen besteht darin, dass die Emigration bzw. Immigration als Familienprojekt angelegt ist, womit den inner- und außerfamiliären sozialen Beziehungen ein besonderer Stellenwert zukommt. In den während der 1990er-Jahre entstandenen Hauptzuzugsregionen leben die Familien „in einem dichten Beziehungsnetz von Verwandten und Bekannten aus dem Herkunftskontext“, so das Ergebnis einer qualitativen Studie mit Jugendlichen in der Nähe Osnabrücks.[484] Verwandte

481 U. Berg/K. Jampert/A. Zehnbauer: Wie Kinder multikulturellen Alltag erleben, a. a. O., S. 26

482 Vgl. hierzu und zum Folgenden: Deutsches Jugendinstitut (DJI), Projekt Multikulturelles Kinderleben (Hrsg.): Flüchtlingskinder, a. a. O., S. 25 ff.

483 Vgl. B. Dietz: Jugendliche Aussiedler, a. a. O., S. 170; M. Wehmann: Freizeitorientierungen jugendlicher Aussiedler und Aussiedlerinnen, in: K. J. Bade/J. Oltmer (Hrsg.): Aussiedler: Deutsche Einwanderer, a. a. O., S. 208 ff.

484 Vgl. hierzu und zum Folgenden: M. Wehmann: Freizeitorientierungen jugendlicher Aussiedler, a. a. O., S. 208 f.

und Bekannte wohnten meist in der unmittelbaren Nachbarschaft, sodass die Hälfte der befragten Familien täglich, die restlichen mindestens wöchentlich besucht wurden. Über familiäre Kontakte zu Einheimischen berichtete man indes nur wenig bis gar nicht, was von den Aussiedlerjugendlichen als nachteilig empfunden und z. T. sogar vehement abgelehnt wurde. Eine Studie mit 250 15- bis 25-jährigen Aussiedler(inne)n, die 1995/96 von Barbara Dietz durchgeführt wurde, ergab folgende Freundeskreis-Strukturen:[485]

Tabelle 5.13 Freundeskreise junger Aussiedler/innen in Deutschland (n = 253, in %)

überwiegend Aussiedler	54,9
Aussiedler und Bundesdeutsche	22,9
alle Gruppen (Aussiedler, Bundesdeutsche, Ausländer)	15
überwiegend Bundesdeutsche	4,3
überwiegend Ausländer	0,8
Habe keine Freunde	2,8

Quelle: B. Dietz: Jugendliche Aussiedler, a. a. O., S. 171

Bemerkenswert an den Freundeskreisstrukturen sind die auch in anderen Studien[486] bestätigten Rückzugstendenzen jugendlicher Aussiedler/innen in eigenethnische Freundschaften, die sich immerhin bei über der Hälfte der Befragten abzeichneten, obwohl diese sich in Schule, Ausbildung und Beruf durchaus in multikulturellen Zusammenhängen bewegten. Verschiedenste Gründe benannten die Jugendlichen dafür: Einerseits könnten sie sich kostenträchtige Freizeitaktivitäten meist nicht leisten; andererseits lebten sie oftmals in Übergangswohnheimen oder abgelegenen Sozialwohnungen, in denen kaum Freizeitangebote existierten und sich wenig Kontaktmöglichkeiten zu einheimischen Gleichaltrigen ergäben. Bei den in Übergangsheimen Lebenden bestanden denn auch Freundeskreise zu 75 Prozent (und damit deutlich häufiger als der Durchschnitt) allein aus Aussiedler(inne)n. Dietz führte außerdem eine geschlechtsspezifische Freizeitgestaltung an: Während männliche Jugendliche eher nach draußen gingen und sich an öffentlichen Plätzen aufhielten, blieben Aussiedlermädchen häufiger zu Hause, weshalb sie stärker sozial isoliert seien.

Die Erziehungswissenschaftlerin Mareike Wehmann weist darauf hin, dass die Freizeitgestaltung in eigenethnischen Gruppen bei Aussiedler(inne)n erst im Jugendalter entsteht, was die zuvor genannte Untersuchung des Deutschen Jugendinstituts für Kinder ebenso wie die 13. Shell-Jugendstudie insbesondere für türkische, nicht aber für italienische Jugendliche bestätigt hatte.[487] In der 5. und 6. Klasse hatten die befragten Jugendlichen noch relativ viele Kontakte zu Einheimischen; erst im Alter von etwa 13 Jahren habe der Übergang in innerethnische Gleichaltrigengruppen stattgefunden.[488] Berichtet wird außerdem von Tätlichkeiten,

485 Vgl. hierzu und zum Folgenden: B. Dietz: Jugendliche Aussiedler, a. a. O., S. 170
486 Für Mädchen und junge Frauen vgl. U. Boos-Nünning/Y. Karakaşoğlu: Viele Welten leben, a. a. O., S. 155 ff.
487 Vgl. Deutsche Shell (Hrsg.): Jugend 2000, Bd. 1, a. a. O., S. 234 f.
488 Vgl. M. Wehmann: Freizeitorientierungen jugendlicher Aussiedler und Aussiedlerinnen, a. a. O., S. 213

Vorurteilen und Ausgrenzungserfahrungen in Schule und Ausbildung als Gründen dafür, dass sich die Jugendlichen voneinander abgrenzten.

5.3.4 Soziale Netzwerke von Flüchtlingskindern

Soziale Netzwerke von Flüchtlingskindern erfuhren bisher nur vereinzelt wissenschaftliche Aufmerksamkeit, so etwa im Projekt „Multikulturelles Kinderleben" des DJI, welches 5- bis 11-Jährige in den Blick nahm. Anhand von qualitativen Kinderinterviews, Expertengesprächen sowie einem quantitativen Untersuchungsteil wurde nicht nur die Situation von Kindern in Gemeinschaftsunterkünften in Köln und Frankfurt a. M. untersucht, sondern außerdem die Struktur der Netzwerke von fast 80 Kindern aus Flüchtlingsfamilien, die in dem Sample mit 1.200 Kindern aus drei Stadtteilen enthalten waren.[489]

1. Kinder aus in multikulturellen Stadtteilen lebenden Flüchtlingsfamilien

Bei der Analyse der Bildungsdimension wurde bereits festgestellt, dass Flüchtlingskinder mit gesichertem Aufenthaltsstatus in aller Regel vorschulische Betreuungs- und Bildungseinrichtungen vor Ort besuchen. Daraus ergeben sich für sie ebenso wie für andere Migrantenkindergruppen sowohl inner- als auch außerhalb dieser Institutionen Gelegenheiten, Gleichaltrigennetzwerke zu knüpfen und mitzugestalten. Die 77 Flüchtlingskinder[490] des „Stadtteilsamples" der DJI-Studie, die mit ihren Familien den Übergang von einer Sammelunterkunft in eine eigene Wohnung bereits vollzogen hatten, unterschieden sich dennoch in einigen, nachfolgend skizzierten Aspekten von denjenigen anderer Migrantenkinder. Ihre Familien, die zu 53 Prozent aus Staaten der Balkanregion, zu 21 Prozent aus dem Nahen Osten und zu 20 Prozent aus Afrika stammten, wiesen im Vergleich zu anderen Migrantenfamilien nicht nur ein höheres elterliches Bildungsniveau, sondern zugleich eine wesentlich höhere Arbeitslosenquote sowie geringere Einkommen auf.[491] Während die Eltern überwiegend monokulturelle Kontakte pflegten, dominierten bei den Kindern multikulturelle Freundschaften zu deutschen oder anderen Kindern mit Migrationshintergrund, was die These von Flüchtlingskindern als familiären Vermittlern zur Mehrheitsgesellschaft nach Ansicht Ulrike Bergs stützt. Die beträchtliche Anzahl von (meist ehrenamtlich arbeitenden) Migrantenorganisationen aus außereuropäischen Herkunftsländern zumindest in westdeutschen Ballungsgebieten – allein in Nordrhein-Westfalen waren 1999 über 2.500 Organisationen ansässig[492] – stützt ferner die Annahme, dass herkunftshomogene Netzwerke eine wichtige Rolle im sozialen Familien-

489 Vgl. DJI, Projekt Multikulturelles Kinderleben (Hrsg.): Flüchtlingskinder, a. a. O.

490 Das Kriterium für die Einstufung als „Flüchtlingskind" bildete ein nicht zu dauerhaftem Aufenthalt berechtigender Aufenthaltstitel mindestens eines Elternteils, also eine Duldung, eine Aufenthaltsgestattung oder -befugnis, womit sich darunter auch Kinder mit prekärem Aufenthaltsstatus finden.

491 Vgl. auch zum Folgenden: U. Berg: Flüchtlingskinder in multikulturellen Stadtvierteln, a. a. O., S. 80 ff.

492 Vgl. Ministerium für Arbeit, Soziales und Stadtentwicklung, Kultur und Sport des Landes NRW (Hrsg.): Selbstorganisationen von Migrantinnen und Migranten in NRW. Wissenschaftliche Bestandsaufnahme, Düsseldorf 1999, S. 22 u. 79

alltag von Fluchtmigrant(inn)en spielen. Gerade bei Nationalitäten, die als Flüchtlinge seit langem in Westdeutschland leben, sind ethnische Netzwerke als „praktische Überlebenshilfe" beispielsweise in Bezug auf das Finden einer Wohnung oder einer Arbeitsstelle bedeutsam.[493]

Bezogen auf Gleichaltrigenkontakte berichteten fast alle Flüchtlingskinder davon, dass sie mit ihren Geschwistern häufig in der Wohnung spielten.[494] In Schule, Kindergarten oder Hort nannten fast alle Freundschaften, im Durchschnitt zu drei bis vier anderen Kindern. Diese an Institutionen geknüpften Gleichaltrigennetzwerke waren im Vergleich zu jenen anderer Migrantenkinder somit etwas kleiner und zudem multikultureller zusammengesetzt: Rund ein Drittel der als Freunde Genannten waren Deutsche, 9 Prozent kamen aus demselben und 48 Prozent aus einem anderen Land. Bezogen auf die außerinstitutionelle Freizeitgestaltung am Nachmittag zeichnet sich jedoch ein verändertes Bild ab. Fast 25 Prozent der Flüchtlingskinder (gegenüber 15 % der anderen Migrantenkinder) gaben an, ihre Freizeit *ohne* Spielkameraden zu verbringen, womit die durchschnittliche Größe ihrer Freundeskreise auf zwei bis drei Kinder sank. Nach den Gründen gefragt, warum sie nachmittags keine Freundschaften pflegten, gaben die Kinder überwiegend an, nur mit Geschwistern ihre Zeit zu verbringen; weitere Nennungen entfielen auf die Antwortvorgaben „Freund wohnt zu weit weg" und „Kind hat keine Lust/Zeit dazu".[495] Fünf der Befragten gaben an, keine anderen Kinder zu kennen oder nicht mitspielen zu dürfen. Dies weist auf Isolationsprozesse im Sinn einer fortschreitenden sozialen Exklusion eines nicht unerheblichen Teils der Flüchtlingskinder hin. Mit 45 Prozent pflegte fast die Hälfte der Flüchtlingskinder nachmittags Freundschaften, die sie beim Spielen draußen außerhalb der schulischen Kontakte kennengelernt hatten. 80 Prozent gaben an, einen besten Freund bzw. eine beste Freundin zu haben, den/die sie meist in der Schule kennen gelernt hatten. Der Anteil von Freunden aus dem gleichen Herkunftskontext verdoppelte sich bei diesen Freizeitnetzwerken auf 18 Prozent, rund ein Drittel waren deutsche Spielkamerad(inn)en und 41 Prozent kamen aus einem anderen Land, womit deutsche Freunde (anders als bei den Migrantenkindern) unterrepräsentiert waren.

Die Teilhabe der Flüchtlingskinder an institutionellen kinderkulturellen Angeboten lag mit insgesamt 30 Prozent deutlich niedriger als jene von Migrantenkindern (44 %); noch größere Unterschiede bestanden gegenüber deutschen Gleichaltrigen, die zu etwa 80 Prozent solche Angebote wahrnahmen. Flüchtlingskinder besuchten mit einem Fünftel auch wesentlich seltener muttersprachlichen Ergänzungsunterricht als die übrigen Migrantenkinder, womit diese potenzielle Netzwerkquelle bei ihnen öfter entfiel.[496] Entgegen den Vermutungen fanden sich bei der Inanspruchnahme formeller Netzwerke keine alters- oder geschlechtsspezifischen Unterschiede wie bei gleichaltrigen deutschen Kindern. Von beiden Geschlechtern ähnlich in Anspruch genommen wurden sportliche Aktivitäten (Fußball, Karate, Schwimmen, Handball und Tischtennis) sowie musisch-kreative Angebote (Musikunterricht, Tanzkurse oder eine schulische Werken-AG). Ulrike Berg resümiert, dass Flüchtlingskinder somit überwiegend von einem wichtigen Bereich kindlicher Alltagskultur ausgeschlossen seien, wodurch sie ein geringeres Spektrum an Spiel-, Entfaltungs- und Kontaktmöglichkeiten hätten. Als Gründe

493 Vgl. Ph. Anderson: Status Flüchtlingskind, a. a. O., S. 38 ff.

494 Vgl. U. Berg: Flüchtlingskinder in multikulturellen Stadtvierteln, a. a. O., S. 89; zum Folgenden vgl. ebd., S. 85 ff.

495 Vgl. ebd., S. 90

496 Vgl. auch zum Folgenden: ebd., S. 83 ff.

dafür wurden Unsicherheit und Unkenntnis seitens der Eltern im Hinblick auf bestehende Angebote, aber auch fehlende finanzielle Möglichkeiten genannt; seitens der Kinder standen zum Teil Ängste und unangenehme Erfahrungen einer Beteiligung entgegen.

2. In Gemeinschaftsunterkünften lebende Flüchtlingskinder

Die bereits in anderen Lebenslagendimensionen angesprochenen multidimensionalen Problemlagen von Flüchtlingskindern in Übergangswohnheimen und Hotels beziehen sich – nicht nur bestimmt durch die räumliche Enge der Unterkünfte – auch auf soziale Netzwerke, was sich bei Indikatoren wie sozialen Kontakten, Spielen, Freizeitgestaltung, Betreuungsangeboten und außerfamilialen Ansprechpartner(inne)n zeigt. „Das größte Problem bildet die Isolation der Kinder", zitiert Renate Holzapfel Betreuer/innen staatlicher Sammelunterkünfte; hauptsächlich für in Hotels untergebrachte Kinder stellten sich die Möglichkeiten zur Kontaktaufnahme desolat dar.[497] Besonders für jüngere Kinder, deren Aktivitätsradius sich unter „normalen Lebensbedingungen" vornehmlich auf die elterliche Wohnung erstrecken würde, seien die räumlichen Gegebenheiten, d. h. die Unterbringung der gesamten Familie in einem Zimmer ohne Gemeinschaftsräume und manchmal, wie in zahlreichen Hotels, sogar ohne Spielräume für die Kleinen, mehr als ungünstig. Die beengten Räumlichkeiten verhinderten Besuche von Gleichaltrigen und hemmten die motorischen Entfaltungsmöglichkeiten, was insbesondere im frühen Kindesalter mit nachhaltig-negativen Folgen für die weitere Entwicklung verknüpft sei, so Holzapfel. Aufgrund des Platz- und Geldmangels kämen das Fehlen von Spielsachen und Mobiliar (z. B. Tisch und Stuhl) für die Erledigung von Hausaufgaben sowie der Mangel an Rückzugsmöglichkeiten hinzu.

Die bundesländerspezifische Handhabung der Schulpflicht für Flüchtlingskinder mit prekärem Aufenthaltsstatus führt im Ergebnis dazu, dass sich für diese je nach Wohnort bzw. Bundesland differierende Netzwerkpotenziale über schulische Kontakte eröffnen. Die für andere Kinder normalen institutionellen Gegebenheiten von Schule und Hort stehen nur einem Teil der Flüchtlingskinder offen, wodurch ihnen Gelegenheiten fehlen, um Kontakte zu einheimischen Gleichaltrigen zu knüpfen. Hinsichtlich eines Kindergartenbesuchs kommt es immer wieder zu Auseinandersetzungen über die Frage, ob auch Kinder aus Asylbewerberfamilien einen Rechtsanspruch darauf besitzen. Wird dieser von den Ausländerbehörden vor Ort negiert, ist nicht einmal eine vormittägliche pädagogische Betreuung gesichert. Pädagogische Heimangebote stehen – sofern sie überhaupt existieren – meist nur den Kleinsten offen und sind oft (aus Kostengründen) mit einem Personalschlüssel organisiert, der eher eine Verwahrung als pädagogische Förderung ermöglicht.

Demgegenüber scheinen die sozialen (Gleichaltrigen-)Kontakte von in Gemeinschaftsunterkünften lebenden Flüchtlingskindern ein durchaus stabilisierender Faktor für ihr soziales Wohlbefinden zu sein. Ein von Philip Anderson verfasster Teil der DJI-Studie wies darauf hin, dass die Kinder durch ihre Unbefangenheit und Neugier untereinander am schnellsten Kontakte knüpften, die sich dann allerdings fast ausschließlich auf die Unterkunft konzent-

497 Stadtjugendamt München, zit. nach: R. Holzapfel: Kinder aus asylsuchenden und Flüchtlingsfamilien, a. a. O., S. 92

rierten.[498] Beziehungen außerhalb der Unterkunft (auch zu eigenen Landsleuten) ließen sich nur schwer aufbauen, weil die Kinder aus Unterkünften in der sozialen Hierarchie unter den Migrant(inn)en auf der untersten Stufe stünden. Tendenziell seien die Freundschaften dieser Kinder auch nicht so stark auf die eigene Ethnie/Nationalität bzw. Sprachgruppe beschränkt, wie es bei anderen ethnischen Gruppen der Fall sei, so Anderson. Da die Kinder in der Regel in ethnischer Vielfalt aufwüchsen, lernten sie zunächst Deutsch und manchmal auch die Mehrheitssprache der Heimbewohner/innen, wobei die erste Phase der Bewältigung einer fremden Umgebung und Sprache die größte Herausforderung darstelle. Der Verfasser berichtet zudem von vielfältigen Stigmatisierungen, denen die Heimbewohner/innen von außen ausgesetzt waren, was wiederum den internen sozialen Zusammenhalt und die Drinnen-draußen-Sicht (auch der Kinder) verstärkte. Er betont, dass Freundschaften zu deutschen Kindern bzw. multinationale soziale Netze in die Mehrheitsgesellschaft fast ausschließlich durch den Schulbesuch entstanden. Mehr noch als bei anderen Kindern durchbrachen diese Freundschaften die Ausgrenzung und soziale Isolation durch das Stigma der Unterkunft, wodurch die Kinder Unterstützung beim Erlernen der Sprache und der Bekämpfung von Diskriminierung erhielten.

3. Illegalisierte Kinder

Abschließend seien noch die in der Literatur rar gesäten Hinweise auf die sozialen Netzwerke von Kindern bzw. Familien ohne Aufenthaltsstatus vorgestellt. Wenigstens die Netzwerkstruktur illegalisierter Erwachsener ist ansatzweise dokumentiert. Für diese scheint die Bedeutung familiärer und ethnischer sozialer Netzwerke weitaus größer als für andere Zuwanderer zu sein, weil sie als praktische Überlebenshilfe für viele alltägliche Aktivitäten dienen, sei es zum Finden einer Wohnung, eines Arbeitsplatzes oder für die medizinische Behandlung einer Krankheit.

Für Kinder ohne Aufenthaltsstatus (wie auch für Flüchtlingskinder aus Unterkünften), deren legaler Bildungszugang wie bereits erwähnt keineswegs immer gewährleistet ist, könnte die Schule der einzige integrative Ort von Normalität sein, an dem sie Deutsch lernen oder andere für die kindliche Entwicklung grundlegenden Fähigkeiten und Kenntnisse erwerben, Kontakte zu Gleichaltrigen knüpfen und Problemlagen des Alltags überwinden könnten. Die Kommission für Migrationsfragen der Deutschen Bischofskonferenz berichtet denn auch von der paradoxen Situation Betroffener, deren Arbeitskraft einerseits zu Niedrigstlöhnen ausgebeutet, die andererseits jedoch gemieden würden, da ihre Situation als selbstverschuldet eingestuft werde. Engere Kontakte zu Einheimischen seien daher auch bei Kindern äußerst selten, so die Deutschen Bischöfe; oft verböten illegal hier lebende Eltern ihren Kindern aus Angst vor Entdeckung den Umgang mit Gleichaltrigen, was nicht selten zu Sozialisationsstörungen der Kinder führe und innerfamiliäre Konflikte mit sich bringe.[499] Diese Situation führe zu einer hohen sozialen Isolierung und gesellschaftlichen Ablehnung, deren Folge eine extreme psychische Belastung sei.

---

498 Vgl. hierzu und zum Folgenden: Ph. Anderson: Status Flüchtlingskind, a. a. O., S. 48 f.

499 Vgl. Sekretariat der Deutschen Bischofskonferenz (Hrsg.): Leben in der Illegalität, a. a. O., S. 21

5.3.5 Zwischenfazit: Soziale Netzwerkstrukturen von Kindern mit Migrationshintergrund

Resümieren lässt sich, dass außerfamiliäre soziale Beziehungen zu Gleichaltrigen, Verwandten und Freunden der Familie, wie die familienbezogene Netzwerkforschung herausarbeitete, für Kinder ab dem Vorschulalter von wachsender Bedeutung insbesondere im Hinblick auf ihre Sozialisation und kindliche (Identitäts-)Entwicklung sind. In armen Familien kommt ihnen ein noch größerer Stellenwert zu, weil verwandtschaftliche wie freundschaftliche Netzwerke Hilfe und Unterstützung in (im)materiellen Notlagen und damit Schutz vor negativen Armutsfolgen bieten können. Die Kinderarmutsforschung hat zur Genüge dokumentiert, wie sich Qualität und Dichte außerfamiliärer kindlicher Beziehungen unter Armutsbedingungen reduzieren, etwa weil das familiale Geldbudget keinen Spielraum mehr für kommerzielle kinderkulturelle Freizeitaktivitäten lässt oder beengte Wohnverhältnisse die häusliche Kontaktpflege zu Gleichaltrigen erschweren. Allmählich kumulierende soziale Exklusionsprozesse werden daher in postmodernen Gesellschaften für Kinder als das zentrale, mit familiärer Einkommensarmut verbundene Risiko gewertet. Insbesondere zu sozialen Netzwerken armer Kinder *mit Migrationshintergrund* sind indes kaum Erkenntnisse der Kinderarmutsforschung zu berichten. Die wenigen Befunde deuten darauf hin, dass die Netzwerke ausländischer Kinder eine mit jenen deutscher vergleichbare Quantität und Dichte aufweisen und die überwiegende Mehrheit von Migrantenkindern durch den Besuch von Vorschuleinrichtungen und Schulen über Gleichaltrigenkontakte ebenso wie einen besten Freund/eine beste Freundin verfügt. Die sich etwa in sozial deviantem Verhalten andeutenden Unterschiede zwischen beiden Gruppen scheinen zudem eher sozialschicht- als migrationsspezifischer Art zu sein.[500] In der Teilhabe von ausländischen und deutschen Kindern an Sport- und anderen kinderkulturellen Vereinsaktivitäten in der Freizeit lässt sich eine etwas geringere Einbindung Ersterer feststellen, wobei man dies besonders für Mädchen aus Migrantenfamilien berichtet. Einiges deutet darauf, dass ausländische Kinder vor allem im kommerziellen kinderkulturellen Freizeitbereich weniger partizipieren.

Da inner- bzw. interethnische Beziehungsstrukturen, auf die sich das Interesse der migrationsbezogenen Netzwerkforschung primär richtet, sich erst im Jugendalter herausbilden, greifen nur vereinzelte Beiträge wie die DJI-Studie die Strukturen sozialer Netzwerke speziell von *Kindern* aus Migrantenfamilien auf, welche ihrerseits jedoch Einflüsse von familiärer Einkommensarmut unberücksichtigt lässt und Befunde überdies nur für ausländische Kinder zeigt. Die Ergebnisse widerlegen die für Jugendliche häufig angeführte These ethnisch-segregierter Freundeskreise, weil die überwiegende Mehrheit der bis zu 11-jährigen Kinder ethnisch-heterogene Freundschaften auch zu Deutschen und anderen Herkunftsgruppen als der eigenen pflegte. Die hohe Bedeutung der Schule als Anknüpfungsort für interethnische Kontakte wird untermauert durch den Befund, dass die Gleichaltrigennetzwerke von Kindern im *Vor*schulalter ethnisch noch homogener sind und sich erst mit Schuleintritt erweitern.[501] Zumal da auch über die sozialen Netzwerke und Freizeitaktivitäten von Aussiedlerkindern

500 Vgl. G. Holz u. a.: Zukunftschancen für Kinder, a. a. O., S. 76
501 Vgl. DJI, Projekt Multikulturelles Kinderleben (Hrsg.): Wie Kinder multikulturellen Alltag erleben, a. a. O., S. 53

kaum Erkenntnisse vorliegen, können vergleichende Befunde für die größeren Herkunftsgruppen somit nicht resümiert werden.

Für in benachteiligten Stadtteilen lebende Flüchtlingskinder deutet manches darauf hin, dass ihre an Institutionen anknüpfende Gleichaltrigennetzwerke geringfügig kleiner als jene anderer Migrantenkinder sind. Bezogen auf außerschulische Kontakte ebenso wie auf die Nutzung (kommerzieller) kinderkultureller Angebote wies ein vergleichsweise großer Teil von ihnen Isolations- bzw. Ausschlusstendenzen auf. Für Flüchtlingskinder mit prekärem Status, die größtenteils in Sammelunterkünften und anderen Provisorien untergebracht sind, häufen sich indes Hinweise auf eine höchst problematische Isolationstendenz, weil Gleichaltrigenkontakte mit deutschen Kindern unterbleiben und für viele auch die sonst übliche Kontaktknüpfungsmöglichkeit des Schul- oder Kindertagesstättenbesuchs entfällt. Insbesondere wenn Familien in Hotels untergebracht sind, entfallen die von Kindern in Wohnheimen positiv erlebten Gleichaltrigenkontakte. Gänzliche Unkenntnis herrscht schließlich über soziale Netzwerke und Freizeitaktivitäten von illegalisierten Kindern, wobei man von aufgrund ihres häufig fehlenden Schulbesuchs und des mit Kontakten verbundenen Entdeckungsrisikos vermuten kann, dass die Exklusion aus außerfamiliären sozialen (Gleichaltrigen-)Beziehungen für sie ein erhebliches Sozialisations- und Entwicklungsrisiko darstellt.

5.4 Kumulierte Unterversorgungslagen und Lebenslagentypen bei Migranten(kindern)

Bisher wurden v. a. sozialstrukturelle, mittels objektiver Indikatoren messbare Unterversorgungslagen in verschiedenen Dimensionen der Lebenslagen von Kindern bzw. Familien mit Migrationshintergrund aufgezeigt, welche kindliche Handlungsspielräume determinieren. Wie bei der methodischen Vorgehensweise angedeutet, sagen diese sozialstrukturellen Ungleichheitsmomente für sich allein genommen wenig über die Nutzung der individuellen Handlungsspielräume durch ein Kind in einer familiären Armutslage aus, weil darin weder Wechselwirkungen noch mögliche Kumulationen der einzelnen Unterversorgungslagen berücksichtigt sind. Die Dimensionen einer Lebenslage sind jedoch durch vielfältige Interdependenzen untereinander verbunden, sodass die Unterversorgung in einer Dimension die Deprivation in einem anderen Bereich nach sich ziehen kann, was im ungünstigsten Fall zu einer sich gegenseitig verstärkenden Wirkung, einem Circulus vitiosus, führen kann.[502] Zudem impliziert das Lebenslagenkonzept, dass von Armut nur gesprochen werden kann, wenn in mindestens zwei von vier zentralen Lebensbereichen (Einkommen, Arbeit, Ausbildung und Wohnen) eine Unterversorgung vorliegt.[503] Die Akkumulation von Unterversorgungslagen bei einigen Bevölkerungsgruppen, auch kumulative Armut genannt, steht daher gleichfalls im Fokus der Sozialstrukturforschung. Stefan Hradil führte dazu an, dass typische Konfigurationen ein Nebeneinander von Privilegien und Deprivationen seien. Allerdings verdienten „Konzentrationen von bestimmten Benachteiligungen in Minderheiten der Bevölkerung"

---

502 Vgl. P. Bremer: Ausgrenzungsprozesse und die Spaltung der Städte, a. a. O., S. 32

503 Vgl. A. Klocke: Methoden der Armutsmessung. Einkommens-, Unterversorgungs-, Deprivations- und Sozialhilfekonzept im Vergleich, in: Zeitschrift für Soziologie 4/2000, S. 317; ergänzend: W. Hanesch u. a.: Armut in Deutschland, a. a. O., S. 177

als hervorstechendes Merkmal der neueren Sozialstrukturentwicklung besondere Aufmerksamkeit, wobei „an erster Stelle die Situation der Gastarbeiter zu nennen" sei.[504] Deren Lage sei durch Statuskonsistenz geprägt; in Bezug auf fast alle Bereiche sozialer Ungleichheit seien sie nämlich schlechter als die deutsche Bevölkerung und die deutschen Arbeiter/innen gestellt. Als weitere Gruppen mit Kumulationen von speziellen Problemen nennt Hradil ältere Menschen und Arbeiterwitwen sowie kinderreiche und unvollständige Familien.

5.4.1 Wechselwirkungen und Kumulationen von Unterversorgungslagen

Die Wechselwirkungen von Unterversorgungslagen in den verschiedenen Dimensionen einer Lebenslage sind bezogen auf die vielfältigen Auswirkungen ungünstiger Einkommensverhältnisse für (autochthone) Erwachsene auf übrige Lebensbereiche schon häufig nachgewiesen und auch in den vorhergehenden Ausführungen für Migranten(kinder) konkretisiert worden. Besonders die Tatsache, dass das Einkommen eine Schlüsselfunktion hinsichtlich der Versorgung mit anderen Gütern einnimmt und das Bedingungsgefüge Bildung, Beruf, Gesundheit und Wohnung – und im Fall von Einkommensarmut somit auch die Unterversorgung in allen anderen Lebensbereichen – maßgeblich mitbestimmt, ist schon seit langem belegt.[505] Für deprivierte Kinder sind darüber hinaus die Unterversorgungslagen ihrer Eltern maßgeblich, die sich (un)mittelbar in ihren Handlungsspielräumen niederschlagen, womit auch (kaum erforschte) intergenerationelle Wechselwirkungen zu berücksichtigen sind.

Bezogen auf die Auswirkungen familiärer Einkommensarmut ist besonders die Bildungsteilhabe von Kindern häufig zum Forschungsgegenstand geworden, wenngleich mit widersprüchlichen Befunden. So machten Wolfgang Lauterbach und Andreas Lange darauf aufmerksam, dass sich ein geringes Familieneinkommen vor allem in sensiblen Phasen von Bildungsübergängen (etwa von der Grund- auf eine weiterführende Schule) negativ auf die Schulwahl auswirkt.[506] Thomas Schneider weist aufgrund seiner Auswertung von Daten des SOEP der Jahre 1984 bis 2003 darauf hin, dass sich elterliche Einkommensarmut schon in frühkindlichen Phasen insofern auswirkte, als spätere Schulwahlentscheidungen zu*un*gunsten eines Gymnasialbesuchs getroffen wurden.[507]

Ob und wenn ja, wie sich Unterversorgungslagen in verschiedenen Lebensbereichen addieren, gegenseitig (kausal) verstärken oder gar zu einer extrem benachteiligten Lebenslage, also zu einer multipel deprivierten „Lebenslage Armut" kumulieren, wurde und wird in der Armutsforschung nur gelegentlich thematisiert; Studien, welche dies für Migrant(inn)en

---

504 Vgl. auch zum Folgenden: St. Hradil: Sozialstrukturanalyse in einer fortgeschrittenen Gesellschaft, a. a. O., S. 50

505 Vgl. W. Hanesch u. a.: Armut in Deutschland, a. a. O., S. 181 ff.; ergänzend: J. Schwarze/T. Mühling: Forschungsprojekt Auswertung des Niedrigeinkommens-Panels (NIEP) im Hinblick auf eine mehrdimensionale Analyse von Armut im Auftrag des BMGS, Bamberg 2003, S. 75 ff.

506 Vgl. W. Lauterbach/A. Lange: Aufwachsen in materieller Armut und sorgenvoller Familienumwelt. Konsequenzen für den Schulerfolg von Kindern am Beispiel des Überganges in die Sekundarstufe I, in: J. Mansel/G. Neubauer (Hrsg.): Armut und soziale Ungleichheit bei Kindern, Opladen 1998, S. 116

507 Vgl. Th. Schneider: Der Einfluss des Einkommens der Eltern auf die Schulwahl, in: Zeitschrift für Soziologie 6/2004, S. 484

oder gar für deren Kinder spezifizieren, sind überaus selten.[508] Für Westdeutschland kamen Walter Hanesch u. a. für das Jahr 1992 zu dem Befund, dass rund 7 Prozent der Bevölkerung von kumulativer Armut nach dem Lebenslagenansatz betroffen waren. Fast zwei Drittel der Einkommensarmen wiesen eine und weitere 16 Prozent zwei weitere Unterversorgungslagen in den Bereichen Arbeit, Wohnen und Bildung auf.[509] Von kumulativer *und* Einkommensarmut waren darüber hinaus besonders Mehrgenerationen- und Paarhaushalte mit drei bzw. mehr Kindern betroffen. Für Familienhaushalte zeigte Gunter Zimmermann multiple Deprivationen ebenfalls anhand von Daten des SOEP für 1995 auf, ohne dies allerdings für Migrant(inn)en zu spezifizieren. Er bezeichnete die Kumulation einer Einkommensunterversorgung mit der Deprivation in einer oder mehreren anderen Dimensionen einer Lebenslage als eine „verschärfte Armutssituation", womit er der Armutsdefinition des Lebenslagenansatzes folgte. Zimmermann konstatierte, dass rund 30 Prozent der einkommensarmen Familienhaushalte Westdeutschlands in keinem weiteren Lebensbereich (Arbeit, Bildung, Wohnen und Gesundheit) unterversorgt waren.[510] Mehr als ein Drittel verzeichneten neben der Einkommensarmut jedoch eine weitere Deprivation (Ost: 47 %), ein Viertel zwei weitere und etwa jeder Zwölfte drei weitere Unterversorgungslagen.

Der Datenreport 2002 wies die Kumulation von Benachteiligungslagen als „prekäre Lebenslage" und „mehrfache Unterversorgung" bestimmter sozialer Gruppen aus.[511] Anhand eines Indexes für Güter und Dienstleistungen des „normalen" Lebensstandards einer Person maß er die Lebensbedingungen der Bevölkerung sowie deren subjektive Bewertung und stellte das Ausmaß von Unterversorgung anhand des Indikators „sich mehr als sechs Lebensstandard-Merkmale nicht leisten können" fest. Danach waren 2001 ca. 9 Prozent der Bevölkerung Westdeutschlands unterversorgt, d. h. sie hatten einen deutlich schlechteren Lebensstandard als die Bevölkerungsmehrheit. Als Risikogruppen wurden Arbeitslose, Alleinerziehende, Unausgebildete, Kinderreiche und Niedrigeinkommensbezieher/innen genannt, mithin also die besonders von Einkommensarmut bedrohten Gruppen. Eine „prekäre Lebenslage", d. h. eine mehrfache Unterversorgung in mindestens zwei von drei Bereichen (Lebensstandard, Wohnung und Einkommen) wurde für 7 Prozent der Rentner/innen und 21 Prozent der Arbeitslosen konstatiert; bezogen auf die Gesamtbevölkerung war immerhin jede/r Zehnte betroffen. Als Auswirkungen solch multipler Benachteiligungen, die etwa ein Viertel der Menschen in prekären Lagen erfuhren, wurden Niedergeschlagenheit, Ängste, Einsamkeit, gesundheitliche Probleme sowie massiv beschnittene Teilnahmemöglichkeiten am gesellschaftlichen Leben genannt.

Inwieweit im Sinn des Lebenslagenkonzeptes eine kumulative Armut für Kinder mit Migrationshintergrund konstatiert werden kann, ist nicht erforscht worden. Wohl aber geben einige Armutsstudien Auskunft über die Kumulation von Unterversorgungslagen bei Ausländer(inne)n. Wolfgang Seifert zeigte aufgrund von SOEP-Daten von 1985 bis 1989, „daß Ausländer nicht nur stärker als Deutsche von Einkommensarmut betroffen sind, sondern daß bei ihnen darüber hinaus auch wesentlich öfter Kumulationen von Defiziten in anderen

508 Vgl. P. Bremer: Ausgrenzungsprozesse und die Spaltung der Städte, a. a. O., S. 211 ff.
509 Vgl. W. Hanesch u. a. (Hrsg.): Armut in Deutschland, a. a. O., S. 182 ff.
510 Vgl. G. E. Zimmermann: Ansätze zur Operationalisierung von Armut, a. a. O., S. 77
511 Vgl. StBA (Hrsg.): Datenreport 2002, a. a. O., S. 469 ff. Die Folgeberichte (2004, 2006) geben hierüber keine Auskunft mehr.

Lebensbereichen (der Wohnversorgung und der Gesundheit, Anm. C. B.) auftreten als bei Deutschen. 1989 wiesen 39 Prozent der Ausländer Defizite in zwei oder drei Lebensbereichen auf, aber nur 14 Prozent der Deutschen."[512] Während sich für Deutsche eine im Zeitverlauf leicht sinkende Tendenz abgezeichnet habe, sei der Anteil multipel unterversorgter Ausländer/innen leicht gestiegen. Ausländische Haushalte seien somit nicht nur bei der zentralen Ressource Einkommen deutlich benachteiligt, sondern nähmen auch in anderen Lebensbereichen verstärkt untere Positionen ein. Interpretiert werden könne dies als klare Marginalisierung von Nichtdeutschen in verschiedenen Ungleichheitsdimensionen; außerdem sprächen die Daten für eine „eindeutige Unterschichtung der Einkommenspyramide auf Haushaltsebene durch Ausländer".[513]

Für 1992 bestätigte der erste Armutsbericht des DGB u. a. den Befund hoher kumulativer Armut bei Nichtdeutschen. Sie hatten – neben Paarhaushalten mit (mehreren) Kindern – mit 37,2 Prozent eine fünf Mal so hohe kumulative Armutsquote wie Westdeutsche. Die Anteile der in den einzelnen Dimensionen „unterversorgten" Ausländer/innen lagen beim Einkommen bei 16 Prozent (Westdeutsche: 6 %), im Wohnraum bei 44 Prozent (10 %) und in Bezug auf die Wohnungsausstattung bei 8 Prozent (4 %).[514] Bei der schulischen Bildung waren 27 Prozent der Ausländer/innen (gegenüber 3 % der Deutschen) depriviert, im Bereich beruflicher Bildung sogar 55 Prozent (24 %). Im Arbeitsbereich war der Unterschied mit 10 Prozent unterversorgten Ausländer(inne)n bzw. 5 Prozent bei Deutschen vergleichsweise gering ausgeprägt. Innerhalb der Gruppe der Einkommensarmen, die von weiteren Deprivationen betroffen waren, bildeten Ausländer/innen mit 90 Prozent ebenfalls das Schlusslicht „Mehr als jedes andere Merkmal weist damit die Nationalität einen engen Zusammenhang mit Unterversorgungsrisiken in der Bundesrepublik Deutschland auf."[515] Somit ließe sich bei Ausländer(inne)n „von einer ausgesprochenen Armutsgruppe sprechen – ein Umstand von ganz wesentlicher Bedeutung für eine integrative Ausländerpolitik" übrigens, so Hanesch u. a.

Verschiedene Literaturbefunde zu kumulativen Unterversorgungslagen von Migrant(inn)en in den 1990er-Jahren resümierte Peter Bremer dahingehend, dass der Abstand bei der Kumulation von Problemlagen zwischen der deutschen und ausländischen Bevölkerung im Zeitverlauf sogar noch zugenommen habe; außerdem könne „begründet davon ausgegangen werden, dass Ausländer nicht nur häufiger, sondern auch länger von Marginalisierungen in mehreren Lebensbereichen betroffen sind."[516] Für 2003 dokumentiert schließlich eine Auswertung von SOEP-Daten, dass Zuwandererhaushalte mit rund 30 Prozent wesentlich häufiger als einheimische mit knapp 20 Prozent in mindestens drei Lebensbereichen unterversorgt waren.[517]

512 Siehe W. Seifert: Die Mobilität der Migranten, a. a. O., S. 250 f.

513 Siehe ebd., S. 251

514 Vgl. hierzu und zum Folgenden: W. Hanesch u. a. (Hrsg.): Armut in Deutschland, a. a. O., S. 175 ff. u. 185. Die Prozentangaben wurden gerundet.

515 Siehe auch zum Folgenden: ebd., S. 173

516 Vgl. P. Bremer: Ausgrenzungsprozesse und die Spaltung der Städte, a. a. O., S. 213

517 Vgl. I. Tucci/G. G. Wagner: Einkommensarmut bei Zuwanderern, a. a. O., S. 85. Als Unterversorgungslagen zählten Konsumentenkredite, gesundheitliche Probleme, Behinderung, Pflegedürftigkeit, Langzeitarbeitslosigkeit, ein fehlender Berufsabschluss, eine beengte Wohnsituation und hohe Wohnkosten; als „Zuwanderer" eingestuft wurden „alle Personen, die in Haushalten leben, in denen mindestens ein Zuwanderer oder eine in Deutschland geborene, mindestens 16 Jahre alte Person mit ausländischer Staatsbürgerschaft lebt"; siehe ebd., S. 80. Als Armutsgrenze galten Haushaltseinkommen mit weniger als 60 % des Medians vom Nettoäquivalenzeinkommen des Vorjahres.

Bemerkenswerte Unterschiede ergaben sich beim Vergleich beider Gruppen in Armut sowie jener, die oberhalb der Armutsgrenze lebten. Arme Zuwandererhaushalte waren hinsichtlich von „Konsumentenkrediten" und „hohen Wohnkosten" seltener als arme Haushalte der Mehrheitsbevölkerung unterversorgt, während sie in Bezug auf gesundheitliche Probleme bloß geringfügig höhere und bei den Indikatoren „fehlender Berufsabschluss" und „beengte Wohnsituation" deutlich über jenen von Einheimischen liegende Unterversorgungsquoten hatten. Hingegen zeigten sich für Nichtarme bei allen Indikatoren für Zuwanderer höhere Unterversorgungsquoten als für Einheimische; die Unterschiede waren am stärksten ausgeprägt bei einer „beengten Wohnsituation" sowie bezüglich von „Konsumentenkrediten". Sowohl in Armut als auch über der Armutsgrenze lebende Zuwandererhaushalte trugen gegenüber der Mehrheitsbevölkerung ein höheres Risiko, von drei bzw. mehr Unterversorgungslagen betroffen zu sein: Rund 21 Prozent der armen Migrantenhaushalte und 15 Prozent der armen einheimischen Haushalte waren davon betroffen, während es bei nichtarmen Zuwanderern 14 und bei der nichtarmen Mehrheitsbevölkerung 5 Prozent waren.[518] Ein umgekehrtes Bild zeichnete sich bei denjenigen ab, die in keinem, einem oder zwei der Indikatoren unterversorgt waren: Rund 14 Prozent der armen Haushalte der Mehrheitsbevölkerung, aber bloß 7 Prozent der armen Zuwandererhaushalte waren in keiner weiteren Dimension benachteiligt, bei nichtarmen waren es 40 bzw. 27 Prozent.

5.4.2 Kumulative Unterversorgung von armen (Migranten-)Kindern nach der AWO-ISS-Studie

1. Die Kumulation von Unterversorgungslagen bei armen Kindern

Die Kumulation von Unterversorgungslagen ist für Kinder in der Literatur noch seltener als für Nichtdeutsche untersucht worden. Allein die erste AWO-ISS-Studie hat mittels einer mehrstufigen Bildung von Lebenslagetypen armer Vorschulkinder dieses Thema erhellt, was im Folgenden in mehreren Schritten aufgeschlüsselt wird. Dazu werden erstens Befunde zu Auffälligkeiten in den vier kindlichen Dimensionen einer Lebenslage mit Blick auf die spezifische Betroffenheit von Migrantenkindern, zweitens die Typenbildung mit Blick auf die Kumulation und drittens die Ergebnisse der Verteilung dieser Typen in der Gruppe der (Migranten-)Kinder im Vorschulalter vorgestellt.

Im ersten Schritt analysierten Gerda Holz und ihre Mitautoren die Zusammenhänge von familiärer Armut mit kindlichen Auffälligkeiten in der materiellen Grundversorgung, dem Gesundheits-, sozialen und kulturellen Bereich. Die Ergebnisse lassen Rückschlüsse zu, ob sich migrationsspezifische Einflussfaktoren wie ein ausländischer Pass, ein unsicherer Aufenthaltsstatus oder fehlende Deutschkenntnisse auf das Entstehen von Auffälligkeiten bei armen bzw. nichtarmen Kindern auswirken.[519]

518 Vgl. auch zum Folgenden: ebd., S. 85

519 Vgl. hierzu und zum Folgenden: B. Hock/G. Holz/W. Wüstendörfer: Frühe Folgen, a. a. O., S. 55 ff.

- Im Bereich der *materiellen Grundversorgung* (Ernährung, Körperpflege, Kleidung und Wohnen) gehörten 40 Prozent der armen (vs. 14 % der nichtarmen) Kinder und Mädchen weit häufiger als Jungen zu den Unterversorgten.[520] Außer dem Faktor „Arbeitslosigkeit eines Elternteils" bewirkten die erhobenen soziostrukturellen Variablen (z. B. Staatsangehörigkeit oder Aufenthaltsstatus) keine Unterschiede in der Grundversorgung, d. h. Migrantenkinder waren nicht grundsätzlich schlechter versorgt als einheimische.
- Im *Gesundheits*bereich waren 31 Prozent der armen (vs. 20 % der nichtarmen) Kinder auffällig in Form körperlicher Entwicklungsrückstände, häufigem oder chronischem Kranksein und/oder Bettnässen; betroffen waren wesentlich mehr Jungen. Ein relevanter Einflussfaktor waren neben der familiären Einkommensarmut „häusliche Streitigkeiten"; keine Zusammenhänge zeigten sich indes bezüglich der Nationalität bzw. Herkunft, der Familiengröße und dem -typ sowie dem Erwerbsstatus der Eltern.
- Im sog. *kulturellen Bereich*, also beim Spiel-, Sprach- und Arbeitsverhalten, waren die Differenzen zwischen armen und nichtarmen Kindern beträchtlich: Doppelt so viele arme wie nichtarme Kinder waren in drei Teilbereichen auffällig, womit der reguläre Übertritt in eine Regelschule unwahrscheinlicher wurde. Migrantenkinder waren häufiger als einheimische und v. a. dann auffällig, wenn die Familie in einer anderen Sprache als Deutsch kommunizierte: Nur ein Viertel dieser Kinder blieb dann unauffällig, etwa ein Drittel war sowohl im Spiel- als auch im Sprach- und Arbeitsverhalten beeinträchtigt (gegenüber jedem zehnten übrigen Kind). Ähnliche, aber geringer ausgeprägte Unterschiede ergaben sich für die Staatsangehörigkeit: Arme ausländische Kinder blieben zu etwa einem Drittel ohne Auffälligkeiten (deutsche arme Kinder: 48 %), rund ein Fünftel war in allen drei Teilbereichen depriviert.
- Im *sozialen Bereich*, also bezogen auf die sozioemotionale Situation, zeigten 36 Prozent der armen (vs. 18 % der nichtarmen) Kinder Auffälligkeiten (die ebenso zu einer niedrigeren regulären Einschulungsquote führten). Für deren Entstehen wurden folgende Einflussfaktoren benannt: wenig gemeinsame familiäre Aktivitäten, fehlende Deutschkenntnisse der Eltern, ein später Eintrittszeitpunkt in die Kindertagesstätte, beengte Wohnverhältnisse, kinderreiche Familien sowie ein gespanntes Familienklima.

Im zweiten Schritt leiteten Hock u. a. aus den Befragungsergebnissen drei Typen kindlicher Lebenslagen ab, da aus der Auffälligkeit in einem der Bereiche noch keinerlei Information über die Kumulation derselben hervorgeht. Die drei Lebenslagetypen beziehen sich auf eine mögliche Häufung von Unterversorgungslagen bei (armen) Kindern: Der erste Typ „Wohlergehen" zeigt an, dass ein Kind gar nicht auffällig ist, die „Benachteiligung" weist auf Auffälligkeiten in ein bis zwei Bereichen und die „mutiple Deprivation" auf eine Situation kumulativer Unterversorgung hin, d. h. dass das Kind in drei bzw. mehr Bereichen auffällig ist.

520 Mängel in der kindlichen Grundversorgung zeigten sich relativ selten im Fehlen notwendiger Kleidung oder in der Nichtteilnahme am Mittagessen in der Einrichtung als vielmehr dergestalt, dass Kinder hungrig in die Einrichtung kamen, in beengten Wohnverhältnissen aufwuchsen, ihnen die körperliche Pflege fehlte und Essensgeld bzw. sonstige Beiträge verspätet oder unregelmäßig gezahlt wurden.

Tabelle 5.14 Armut und Lebenslagetyp

Lebenslage	**arme Kinder**		**nichtarme Kinder**		**zusammen**	
	Anzahl	**Prozent**	Anzahl	**Prozent**	Anzahl	**Prozent**
Wohlergehen	45	**23,6**	240	**46,6**	285	**40,2**
Benachteiligung	77	**40,3**	206	**39,8**	283	**40,0**
Multiple Deprivation	69	**36,1**	71	**13,7**	140	**19,8**
Gesamt	191	**100,0**	517	**100,0**	708	**100,0**

Quelle: „Armut im Vorschulalter" 1999, Berechnungen des ISS, in: B. Hock/G. Holz/W. Wüstendörfer: Frühe Folgen, a. a. O., S. 77

Die Abbildung veranschaulicht die Ergebnisse des dritten Analyseschritts, nämlich die Verteilung der befragten 708 Vorschulkinder der Untersuchungsgruppe auf die drei Lebenslagetypen. Sie zeigt, dass arme Vorschulkinder etwas weniger als ein Drittel der Untersuchungsgruppe ausmachten. Die Prozentwerte veranschaulichen, dass sie fast drei Mal so oft multipel depriviert waren wie nichtarme Kinder, während der Prozentsatz der Benachteiligten bei beiden Gruppen ungefähr gleich hoch lag. Umgekehrt lebten nichtarme Kinder doppelt so häufig im Wohlergehen wie arme Kinder. Damit ist eine multipel deprivierte ebenso wie eine Lebenslage im Wohlergehen bei ihnen nicht nur, aber doch in hohem Maße von familiärer Armut abhängig, tritt gleichwohl aber auch in nichtarmen Familien auf. Als wichtigster Einflussfaktor für die Lebenslage des Kindes erwies sich indes nicht die Einkommensarmut der Familie (die erst an zweiter Stelle lag), sondern das Ausmaß gemeinsamer familiärer Aktivitäten.

Ein besonderes Augenmerk gilt nun der Gruppe multipel deprivierter Kinder. Weitere Gemeinsamkeiten ihrer – sich v. a. hinsichtlich ihrer materiellen Armut unterscheidenden – Familien waren, dass die multipel deprivierten Kinder eher in größeren Familien mit zwei bzw. mehr Kindern, eher in *nicht*deutschen und eher in überschuldeten Familien sowie in beengten Wohnverhältnissen lebten; außerdem erlebten sie häufiger Streit und seltener gemeinsame Aktivitäten der Familie.[521] Arme und nichtarme multipel deprivierte Kinder unterschieden sich vor allem durch sozialstrukturelle Aspekte, konstatierten die Verfasser/innen: In der ersten Gruppe waren insbesondere ausländische Kinder ohne gesicherten Aufenthaltsstatus und mit nicht deutschsprachigen Eltern überrepräsentiert, während dies bei nichtarmen, massiv benachteiligten besonders für türkische Kinder zutraf, deren Eltern über einen gesicherten Aufenthaltsstatus und durchaus vorhandene Sprachkenntnisse verfügten. Die Frage, welche Untergruppen von (Vorschul-)Kindern besonders stark von multipler Deprivation gefährdet (also einem überdurchschnittlich hohen sog. *Deprivationsrisiko* ausgesetzt) waren, wurde anhand verschiedener soziostruktureller Indikatoren beantwortet, von denen einer die Staatsangehörigkeit und ein anderer die Zuwanderer(status)gruppe war. Besonders hohe Deprivationsrisiken wiesen danach mit jeweils rund einem Drittel türkische, (ex-)jugoslawische und Vorschulkinder sonstiger Nationalität auf, während die Anteile für Kinder mit EU-Staatsangehörigkeit, Aussiedlerkinder und andere Deutsche mit 21, 10 bzw. 17 Prozent

521 Vgl. hierzu und zum Folgenden: ebd., S. 84 ff.

vergleichsweise niedrig lagen. Über die Hälfte der Kinder mit einem bekanntermaßen ungesicherten Aufenthaltsstatus gehörte außerdem zur Gruppe mutipel Deprivierter.[522]

In einer vertiefenden Längsschnittstudie kam das AWO-ISS-Autorenteam um Gerda Holz zu dem Ergebnis, dass sich die bei Migrantenkindern im Vorschulalter festgestellte überproportionale Betroffenheit von multipler Deprivation auch im Grundschulalter fortsetzte.[523] In den qualitativen Fallanalysen waren die Schulkinder mit Migrationshintergrund (mit vier von sechs Familien, die über einen sicheren Aufenthaltsstatus verfügten und als „Gastarbeiter" nach Deutschland gekommen waren) besonders in der Gruppe der armen *und* multipel deprivierten Kinder vertreten. Die fünf interviewten nichtarmen Migrantenkinder, die man zu Befragungsbeginn 1999 alle als multipel depriviert eingestuft hatte und deren Familien inzwischen fast alle in einem eigenen Haus lebten, verbesserten zwar im Untersuchungszeitraum ihre Deutschkenntnisse signifikant, waren (trotz aktuell fehlender Probleme) aber dennoch im kulturellen Bereich zumeist benachteiligt, d. h. sie hatten die Vorschule besucht, die erste Klasse wiederholt oder litten trotz regulärer Einschulung unter Schulschwierigkeiten. Die Autor(inn)en resümierten, dass die Lebenslage von Kindern aus Migrantenfamilien, selbst wenn sie in Deutschland geboren und aufgewachsen waren, im Vergleich zu benachteiligten deutschen Kindern in fast allen Dimensionen belasteter und ihre Zukunftschancen eingeschränkter gewesen seien. Ihre generelle Benachteiligung setze sich im Grundschulalter außerdem ungebrochen und meist wirkungsreicher fort, obgleich sich beachtliche Differenzierungen unter den Migrantenfamilien fänden, die im Wesentlichen durch die materielle Absicherung und den Grad der Integration geprägt seien.

2. Sechs Lebenslagetypen armer (Migranten-)Kinder

Der Fokus soll nun auf das von der AWO-ISS-Studie abgebildete Spektrum von Lebenslagetypen *armer* Vorschulkinder gerichtet werden. Dies hat zum Ziel, über die Momentaufnahme hinaus die Zukunftschancen und -perspektiven der betroffenen Kinder zu veranschaulichen. Holz u. a. unterschieden dazu sechs Typen von Lebenslagen armer Vorschulkinder, die – abhängig von den jeweils vorhandenen individuellen und familiären Ressourcen – durchaus mit verschiedenen Manifestationen negativer Armutsfolgen oder positiver Bewältigungsstrategien der Kinder einhergehen konnten.[524] Die Extrempole dieser Lebenslagetypen bilden einerseits massiv materiell und kulturell benachteiligte Kinder mit Migrationshintergrund (Typ 4) und andererseits Kinder im Wohlbefinden trotz eingeschränkter materieller Ressourcen der Familie (Typ 1). Die Typen charakterisierten sich folgendermaßen:

Typ 1: Wohlergehen des Kindes trotz eingeschränkter materieller Ressourcen
In Familien dieses Typs gelang es den Eltern mittels eigener materieller Einschränkungen und sonstiger Strategien, für das Wohlergehen ihrer Kinder zu sorgen. Gerda Holz und

522 Wird die *Zusammensetzung* der Gruppe multipel deprivierter Kinder betrachtet, waren 54 % Deutsche, 5 % Aussiedlerkinder, nur 2 % EU-Nationalität, 23 % türkischer, 29 % (ex-)jugoslawischer und 30 % sonstiger Nationalität; vgl. ebd., S. 87.

523 Vgl. hierzu und zum Folgenden: G. Holz/S. Skoluda: „Armut im frühen Grundschulalter", a. a. O., S. 147 ff.

524 Vgl. auch zum Folgenden: B. Hock/G. Holz/W. Wüstendörfer: Frühe Folgen, a. a. O., S. 90 ff.

Susanne Skoluda sahen bei ihnen aber die Gefahr, dass die Bewältigungsstrategien nicht ausreichen oder stützende Faktoren wegfallen könnten, sodass die günstige Ausgangssituation des Kindes wenig nütze. Ausschlaggebend für das kindliche Wohlbefinden trotz Armut seien „persönliche Ressourcen" sowie die private und professionelle Unterstützung der Eltern; weiterhin seien neben dem Fehlen sozialer Probleme v. a. die Sicherheit des Aufenthaltsstatus sowie deutsche Sprachkenntnisse der Eltern kennzeichnend. Dieser Armutstyp traf auf jedes fünfte arme Kind zu.

Typ 2: Armut als „Nebenproblem" einer gravierenden sozioemotionalen Belastung
Bei Kindern dieses Typs wurde die familiäre Armutssituation durch ein als gravierend wahrgenommenes, einschneidendes Ereignis (meist: Verlust eines Elternteils) ausgelöst, das sich beim Kind als Belastung auf die emotional-psychische Ebene beschränkte. Lediglich ein Prozent wurde diesem Typ zugeordnet.

Typ 3: Armut als aktuell begrenzte Benachteiligung und latente Gefahr
Neben materiellen Problemen lagen bei diesem Armutstyp, dem rund 9 Prozent der armen Kinder zugeordnet wurden, in den Familien weitere, gravierende soziale Probleme (z. B. geringe kulturelle und soziale Ressourcen der Eltern, Suchtprobleme) vor. Die Situation war durch schlechte Wohnbedingungen, ständigen Geldmangel und eine fehlende Perspektive, der Armut zu entrinnen, gekennzeichnet. Die benachteiligte (materielle) Situation erschwerte es den Eltern, ihren Zöglingen „das mitzugeben, was sie für eine positive Entwicklung brauchen",[525] sodass die Kinder zum Befragungszeitraum – trotz elterlicher Bemühungen, ihnen Zuwendung und Anregung zu gewähren sowie gesellschaftliche „Normal-Standards" einzuhalten – bereits begrenzt auffällig waren. Da das familiale System trotz einer weitgehend positiven Entwicklung der Kinder als „hochgradig labil" eingeschätzt wurde, bewerten die Forscher/innen die weitere Entwicklung der Kinder dieses Armutstyps als latent gefährdet.

Typ 4: Armut als massive materielle und kulturelle Benachteiligung (soziale Ausgrenzung)
Dieser Typus, zu dem rund 17 Prozent der armen Kinder zählten, beschreibt explizit Kinder aus Migrantenfamilien mit unsicherem Aufenthaltsstatus, die gravierende materielle Benachteiligungen erfahren haben. Ihre familiäre Situation war durch strukturelle Faktoren wie eine fehlende Arbeitserlaubnis oder die Abhängigkeit von Asylbewerber(sach)leistungen determiniert, welche einerseits eine eigenständige Sicherung des Lebensunterhalts der Familien verhinderten und andererseits (aufgrund der fehlenden Bleibeperspektive) eine doppelte Zukunftsplanung erforderten. Die betroffenen Kinder erlernten Deutsch bestenfalls in der Kindertagesstätte, lebten unter den schlechtesten Wohnbedingungen und ihre Eltern konnten ihnen kaum (in Deutschland) wichtige kulturelle Standards vermitteln. Holz und ihre Mitautor(inn)en konstatierten, dass sich bei Kindern dieser Gruppe gravierende materielle und vor allem kulturelle Benachteiligungen in verschiedenen Entwicklungsbereichen (unter gegebenen gesellschaftlichen Rahmenbedingungen) nicht verhindern ließen, zumal die „staatlicherseits nicht gewollte Integration dieser Kinder" zu ihrer sozialen Ausgrenzung führe.[526]

525 Siehe ebd., S. 94
526 Siehe ebd., S. 96

Typ 5: Armut als multiple Deprivation
Kinder dieses Armutstyps, der mit 31 Prozent fast ein Drittel der armen Kinder ausmachte, wiesen bereits im Vorschulalter massive Defizite in mehreren Bereichen auf. Diese reichten von gesundheitlichen Problemen über Sprachstörungen bis hin zu massiven Verhaltensauffälligkeiten. Neben materieller Armut und Ausgrenzung aus dem Arbeitsmarkt lagen in den Familien soziale (Beziehungs-)Probleme vor, welche die Eltern aufgrund eingeschränkter kultureller und sozialer Ressourcen nicht mehr bewältigen bzw. auffangen konnten. Die Kumulation materieller und immaterieller Problemlagen hatte zur Folge, dass die familiäre Orientierung an Normalitätsstandards aufgegeben und keine Zukunftsperspektiven für die Kinder mehr formuliert wurden, sodass die Nichtbewältigung der Problemlagen schon im Vorschulalter zu einer mutiplen Deprivation der Kinder führte.

Typ 6: Armutsüberwindung/-vermeidung als Hintergrund für Belastungen des Kindes[527]
Dieser Lebenslagetyp, dem die übrigen 23 Prozent der armen Kinder zugeordnet wurden, kennzeichnete Familien, die in prekärem Wohlstand (also in Armutsnähe) lebten und in denen i. d. R. beide Elternteile erwerbstätig waren und sich die Benachteiligungen der Kinder in Grenzen hielten. Auch der Aufenthalt dieser Familien war gesichert, allzu offensichtliche soziale Problemlagen fehlten. Holz und Skoluda warnten davor, dass der aktive elterliche Umgang mit der drohenden Armutssituation (Vollzeiterwerbstätigkeit) schnell zu Überforderungen und Belastungen der Kinder mit zumindest zeitweilig negativen Folgen führen könne.

Die sechs Lebenslagetypen armer Kinder verdeutlichen, dass familiäre Armut nicht nur gänzlich verschiedene Lebenslagen bei Vorschulkindern zur Folge haben kann, sondern auch, dass die Gesamtsituation eines Kindes von ganz unterschiedlichen Einflussfaktoren und -ebenen abhängig ist und – je nach Armutstyp – „auch oder gerade gesellschaftliche beziehungsweise politische Probleme zu bearbeiten sind (Typ 1, 4, 6) und zum anderen Krisen (Typ 2) beziehungsweise stärker ‚individuelle' soziale Probleme (Typ 3, 5) adäquat behandelt werden müssen."[528] Beate Hock und ihre Mitautor(inn)en machten unter Verweis auf die geschätzte Verbreitung der Typen darauf aufmerksam, dass die stärker gesellschaftlichen und die vorrangig individuellen Problematiken eine in etwa gleich große Rolle spielten. Die Verfasser/innen schlussfolgerten daraus, dass Anstrengungen, die darauf abzielten, Lebenslagen und -chancen von armen Kindern zu verbessern, „in jedem Fall auf beiden Ebenen – der individuellen (Familie/Eltern/Kind) und der gesellschaftlichen Ebene (Sozial-/Familien-/Ausländerpolitik) – ansetzen" müssten.[529]

527 Vgl. ebd., S. 71 ff.
528 Siehe B. Hock/G. Holz/W. Wüstendörfer: Frühe Folgen, a. a. O., S. 100
529 Siehe ebd.

5.4.3 Resümee: Lebenslagetypen mit spezifischen Armutsrisiken von Kindern mit Migrationshintergrund

Das Konzept der Lebenslage sieht nicht nur eine Auswertung quantitativer Daten zur Erhellung der Rahmenbedingungen in der jeweils betrachteten Dimension einer Lebenslage vor, anhand derer Unterversorgungen und Handlungsspielräume von Personen in ihrer Vielfalt veranschaulicht werden können. Es fordert darüber hinaus die Berücksichtigung der subjektiven Wahrnehmung und Bewertung der einzelnen Spielräume durch Betroffene anhand qualitativer Methoden (was in der vorliegenden Arbeit aus den erörterten Gründen unberücksichtigt blieb).[530] Im Anschluss daran soll – so zumindest die Theorie des Konzeptes – eine Typenbildung mit dem Ziel vorgenommen werden, auch „verallgemeinerbare Aussagen zur Verteilung von Lebenslagen und sozialen Klassen in der Bevölkerung“[531] treffen zu können. Um eine solche für die Untersuchungsgruppe vornehmen zu können, werden nachfolgend die wichtigsten Forschungsergebnisse zu den einzelnen Lebens- und Unterversorgungslagen von Migranten(kindern) bereichsübergreifend resümiert. An die Zusammenschau dieser Befunde sowie an die Typenbildung der Lebenslagen armer Kinder der AWO-ISS-Studie anknüpfend, wird abschließend eine (Ideal-)Typenbildung zu Lebenslagen für Kinder mit Migrationshintergrund vorgestellt, deren Kern innerhalb der Typen vergleichbare Armuts- und Unterversorgungsrisiken bilden.

1. Dimensionsübergreifende Bilanz zu Lebens- und Unterversorgungslagen von Migrantenkindern

Die referierten Forschungsergebnisse zu Einkommens- bzw. Armutsrisiken ebenso wie zur Wohnsituation von Familien bzw. Haushalten offenbaren eine auf den ersten Blick nach wie vor bestehende strukturelle Benachteiligung insbesondere von *Ausländer(inne)n* gegenüber Deutschen, die sich in den verschiedensten der einbezogenen Unterversorgungs-Indikatoren empirisch abzeichnet. Ohne die Befunde erneut in Gänze resümieren zu wollen – dafür sei auf die entsprechenden Zwischenfazits verwiesen – deuten diese zusammengenommen auf eine stabile Hierarchie verschiedener Migrantenkindergruppen nach in- bzw. ausländischer Staatsangehörigkeit, Herkunftsland und aufenthaltsrechtlichem Status hin, die sich sowohl in der Einkommensverteilung bzw. den Armutsrisiken als auch in den Wohnbedingungen widerspiegelt.

Die sich in beiden Dimensionen der *familiären* Lebenslage bei näherem Hinsehen manifestierenden beträchtlichen Unterschiede zwischen verschiedenen Herkunftsgruppen deuten indes darauf, dass das Anfangsresümee der strukturellen Benachteiligung für einzelne Gruppen von Nichtdeutschen zu relativieren ist bzw. punktuell aufbricht: Ausländer/innen aus „westlichen Industrieländern einschließlich der EU-15 ohne Anwerbestaaten“ sind von Armut sogar seltener betroffen als gebürtige Deutsche; zugleich trifft man sie häufiger in den höchsten Einkommenssegmenten an, womit ein Großteil vermutlich zu „Elitemigrant(inn)en“

530 Vgl. W. Clemens: Lebenslage als Konzept sozialer Ungleichheit, a. a. O., S. 151 ff.
531 Ebd., S. 158

zu zählen ist.[532] Auch zwischen den Herkunftsgruppen aus den ehemaligen Anwerbestaaten zeigen sich Disparitäten in den Armutsrisiken, die besonders zwischen Zuwanderern aus den EU-Anwerbestaaten Spanien, Portugal und Italien einerseits und Drittstaatler(inne)n wie türkischen und ex-jugoslawischen Zuwanderern andererseits ausgeprägt sind. Die zuletzt genannten beiden Gruppen tragen ebenso wie (außereuropäische) Drittstaatler/innen nicht nur hohe Armutsrisiken, sondern sind auch in ihrer Wohnsituation am häufigsten unterversorgt, so etwa durch beengte Wohnverhältnisse, ein als schlecht empfundenes Wohnumfeld oder hohe Sozialwohnungs- bzw. geringe Wohneigentümerquoten.

Die zweite bzw. dritte Generation aus den ehemaligen Anwerbestaaten nimmt zwischen diesen Ausländergruppen eine mittlere Position ein, was sich in ihren recht hohen Armuts- und Sozialwohnungsquoten widerspiegelt. Gleiches trifft für Spätaussiedler/innen zu, bei denen außerdem eine Wohneigentumsbildung beobachtbar ist. Flüchtlinge und Asylsuchende aus Drittstaaten, insbesondere mit prekärem Status, tragen die mit Abstand höchsten Armutsrisiken und leben, v. a. sofern sie in Provisorien und Wohnheimen untergebracht sind, unter den vergleichsweise depriviertesten Wohn- bzw. Unterkunftsbedingungen, was meist statusrechtlich bedingt ist. Trotz der großen Unkenntnis über die tatsächlichen Lebenslagen illegalisierter Migrant(inn)en zeichnet sich für diese Gruppe schließlich eine noch prekärere Situation ab, die vor allem durch verwehrte Zugänge zu (legaler) Arbeit, sozialen Diensten oder dem Wohnungsmarkt gekennzeichnet zu sein scheint, die sich aus der faktischen Rechtlosigkeit infolge des fehlenden Status ergeben.

In Bezug auf die Dimensionen der Lebenslage von *Kindern* mit Migrationshintergrund lassen sich ähnliche Tendenzen im Forschungsstand resümieren, die überwiegend auf einer migrationsspezifisch ungenügenden Datenlage der Bildungsstatistik und der Gesundheitsberichterstattung basieren. In der dennoch recht umfassend erforschten Bildungsdimension lässt sich erstens eine im (vor)schulischen Bereich nach wie vor bestehende Benachteiligung *ausländischer* Kinder im Vergleich zu deutschen bilanzieren, was sich beispielsweise in ihren hohen Zurückstellungsquoten bei der Einschulung, in hohen Wiederholungsrisiken während der Grundschuljahre oder ihrer Überrepräsentanz in Förder- und Hauptschulen sowie bei Absolvent(inn)en ohne Schulabschluss zeigt. Vergleichbare Disparitäten offenbaren sowohl die IGLU- als auch die PISA-Studie außerdem in schulischen Kompetenzniveaus für Kinder und Heranwachsende *mit Migrationshintergrund* und solchen autochthoner Herkunft. Schüler/innen aus gemischten Elternhäusern oder solchen, in denen die deutsche Sprache gesprochen wird, sind anscheinend weniger gravierend benachteiligt. Zweitens sind im Zeitverlauf deutliche Verbesserungen für Nichtdeutsche zu beobachten, die sich an ihrer deutlich gestiegenen Beteiligung an Realschulen, Integrierten Gesamtschulen und (Abend-)Schulen des Zweiten Bildungsweges sowie an den sukzessive gestiegenen Abiturientenzahlen sowie den Bildungsinländerquoten unter Studierenden festmachen lassen. Da sich im Zuge der Bildungsexpansion die Bildungserfolge autochthoner Schüler/innen jedoch ebenso gesteigert haben, ist der Abstand zwischen beiden Gruppen nach wie vor hoch.

---

532 Vgl. I. Tucci/G. G. Wagner: Einkommensarmut bei Zuwanderern, a. a. O., S. 82 ff. Zu „Elite- und Elendsmigranten" vgl. Ch. Butterwegge: Globalisierung als Spaltpilz und „Zuwanderungsdramatik" im postmodernen Wohlfahrtsstaat, in: ders./G. Hentges (Hrsg.): Zuwanderung im Zeichen der Globalisierung. Migrations-, Integrations- und Minderheitenpolitik, Wiesbaden, 4. Auflage 2009, S. 71 ff.

Die sich hinter diesen (auf Mittelwerten beruhenden) Angaben verbergenden Unterschiede zwischen den Bildungschancen einzelner Herkunftsgruppen sind beträchtlich. Am besten dokumentiert sind Disparitäten der Bildungschancen für verschiedene Ausländergruppen aus den ehemaligen Anwerbestaaten, für die eine ambivalente Entwicklung zu resümieren ist: Wachsende Anteile besonders griechischer, spanischer und (in Ostdeutschland) vietnamesischer Schüler/innen besuchen weiterführende Schulformen wie Realschulen und Gymnasien und erwerben die mittlere oder die (Fach-)Hochschulreife auf regulärem Weg. Türkische, portugiesische, ex-jugoslawische und italienische Schüler/innen haben an dieser Aufwärtsentwicklung von Bildungschancen ebenfalls, aber in etwas geringerem Ausmaß als die zuvor genannten teil, wobei besonders Türk(inn)en qualifizierende Schulabschlüsse häufig über den Zweiten Bildungsweg nachholen. Schüler/innen dieser Herkunftsgruppen weisen zugleich hohe Förder- und Hauptschulquoten sowie besonders große Anteile von Absolvent(inn)en ohne Schulabschluss auf, was auf eine Dualisierung der Bildungschancen innerhalb dieser Gruppen hindeutet. Aussiedler/innen scheinen eine mittlere Position zwischen türkischen Schüler(inne)n und jenen aus den übrigen Anwerbestaaten einzunehmen, wofür ihre recht hohen Förderschulquoten und ihre geringe Repräsentanz in der gymnasialen Oberstufe sprechen, allerdings sind diesbezügliche Befunde insgesamt widersprüchlich. Ambivalent ist v. a. die Bildungssituation der sehr heterogenen Gruppe von Schüler(inne)n ex-jugoslawischer Staatsangehörigkeiten, von denen ein kleiner Teil aus „Gastarbeiterfamilien" stammend im Inland geboren wurde sowie eine weitaus größere Zahl als Flüchtlinge erst in den 1990er-Jahren zuwanderte und deshalb größtenteils mit prekärem Aufenthaltsstatus in Deutschland lebt. Diese Besonderheiten erklären sowohl die enorm hohen Sonderschulquoten einiger ethnischer Gruppen aus Ex-Jugoslawien als auch die bei wenigen durchaus hohen Bildungserfolge. Über die Bildungerfolge von Flüchtlingskindern herrscht – bis auf manchen Beleg für ihre ausgesprochen hohe schulische Motivation und die Problematik der Eingliederung von Seiteneinsteiger(inne)n in Regelschulen – weitgehende Unkenntnis; wohl aber mehrfach problematisiert worden ist die in Form einer fehlenden Schul*pflicht* und gelegentlich sogar des Schul*rechts* teils eingeschränkte Bildungsteilhabe von Kindern mit prekärem Aufenthaltsstatus. Politisch folgenlos verhallt sind bislang auch die sich v. a. aus der sozialen Praxis mehrenden Warnungen vor einer fehlenden Beschulung von illegalisierten Kindern.

Im Gesundheitsbereich ist die migrationsbezogene Forschungslage besonders lückenhaft, während die Zusammenhänge von familiärer Armut und der Gesundheit von Kindern umfassend erforscht wurden. Im Bereich Gesundheit und Migration sind psychosomatische Symptome am besten dokumentiert, die im Zusammenhang mit Migrationsprozessen u. a. bei Pioniermigrant(inn)en, Aussiedler(inne)n und jungen Flüchtlingen festgestellt werden. Für Kinder mit Migrationshintergrund und besonders für jene mit ausländischem Pass weisen die meisten Indikatoren sowohl auf höhere gesundheitliche Beeinträchtigungen besonders im frühen Kindes- und Jugendalter als auch auf eine geringere Inanspruchnahme von Vorsorgeleistungen im Vergleich zu deutschen hin. Damit ergeben sich weitgehende Parallelen zu autochthonen Kindern aus niedrigen Schichen, welche sich ebenfalls in der geringeren Allergiebelastung beider Gruppen andeuten. Einige Befunde lassen darüber hinaus vermuten, dass weniger die ausländische Staatsangehörigkeit von Kindern als vielmehr die Armut ihrer Familien und die Sicherheit des Aufenthalts als Einflussfaktoren für gesundheitliche Beeinträchtigungen eine Rolle spielen. Letzteres dürfte im für Migrant(inn)en im Asylbewerberleistungsbezug erheblich eingeschränkten Zugang zu gesundheitserhaltenden und -vorsorgenden Leistungen begründet sein, über dessen Auswirkungen auf die Gesundheit von Kindern es jedoch kaum Erkenntnisse gibt – ebenso wie über jene des (legal) gänzlich verwehrten Zugangs zu Gesundheitsleistungen von illegalisierten Kindern.

Schließlich deuten die partiellen Forschungsergebnisse zu sozialen Netzwerken 5- bis 11-jähriger Kinder mit Migrationshintergrund keineswegs auf generelle Unterschiede zu autochthonen Kindern hin. Im Gegenteil sind die in multikulturellen Stadtvierteln lebenden Kinder offenbar gut in deutsch-ethnisch-heterogene Gleichaltrigengruppen in Schule und Freizeit integriert, womit sich die für Jugendliche konstatierten ethnischen Segregationstendenzen im *Kindes*alter noch nicht bestätigen. Für einen Teil der Flüchtlingskinder zeichnen sich indes Exklusionstendenzen vor allem in Bezug auf geringere Freizeitkontakte ab, die sich besonders bei in Wohnheimen lebenden Kindern auf Nichtdeutsche beschränken. Erhebliche Defizite sind für Kinder mit Migrationshintergrund und besonders mit ausländischem Pass jedoch hinsichtlich der Partizipation an kinderkulturellen und sportlichen Freizeitaktivitäten dokumentiert, an denen sie – mutmaßlich u. a. aus Kostengründen – seltener als deutsche teilnehmen.

2. Fünf Lebenslagetypen mit spezifischen (Bildungs-)Armutsrisiken von Kindern mit Migrationshintergrund

Aus der Zusammenschau dieser Befunde zu Lebenslagen von Kindern bzw. Familien mit Migrationshintergrund lassen sich mit Blick auf deren spezifische Armutsrisiken idealtypisch fünf Lebenslagetypen unterscheiden. Konstituierend dafür sind – unabhängig von dem subjektiven individuellen Empfinden der eigenen (Deprivations-)Situation, worüber keine Aussagen getroffen werden – die objektiv vergleichbaren Armutsrisiken der Kinder sowie Unterversorgungsrisiken und Zugangsbarrieren in den übrigen Dimensionen einer Lebenslage. Von diesen ist die Bildungsdimension besonders wichtig, weil sie maßgeblich über die zukünftige Platzierung junger Menschen in der Gesellschaft und damit über die Zukunftsperspektiven betroffener Kinder und Jugendlicher entscheidet. Die im Folgenden – plakativ zugespitzten – Lebenslagentypen von Migrantenkindern veranschaulichen zum Abschluss dieses Analyseteils die enorme Diversität bzw. das breite Spektrum der Lebenslagetypen von Kindern mit Migrationshintergrund.

Typ 1: Kinder von Elitemigranten v. a. aus nordeuropäischen und anderen westlichen Herkunftsländern

Eine aufgrund ihrer marginalen Größe und der Themenstellung bzw. Fokussierung der Arbeit auf arme Migrantenkinder nur am Rande erwähnte, zugleich aber sehr heterogene Gruppe sind Kinder aus Nachbarländern wie Frankreich oder den Benelux-Staaten, aus Großbritannien, den skandinavischen, nordamerikanischen oder weiteren Staaten, sofern ihre Eltern zu hoch qualifizierten Zuwanderern zählen. Statistisch ausgewiesen werden sie gelegentlich als „Ausländer/innen aus westlichen Industrieländern und der EU-15 ohne Anwerbestaaten“. Ihnen ist gemeinsam, dass sie kaum Armutsrisiken oder den für ausländische Kinder sonst typischen Unterversorgungslagen in anderen Lebenslagendimensionen ausgesetzt sind, u. a.

weil ihre Angehörigen im Mittel sogar höhere Einkommen als die Mehrheitsbevölkerung erzielen und meist weitere Privilegien wie eine unbeschränkte Niederlassungserlaubnis oder einen Diplomatenstatus haben. Zur Gruppe dieser „westlichen Elitemigrant(inn)en" zählen Hochqualifizierte, etwa Wissenschaftler/innen, Führungskräfte der Wirtschaft bzw. Spitzenmanager/innen oder Spitzensportler/innen. Die Zuwanderungsgesetzgebung beseitigte bürokratische Hürden für sie und räumte ihnen samt ihren Familienangehörigen weitgehende Rechte ein, weshalb sie auch als „erwünschte Einwanderer" bezeichnet werden.[533] Die Kinder solcher Elitemigrant(inn)en besuchen nicht selten eigens für sie eingerichtete, private (Internats-)Schulen, wachsen in wohlhabenden bis reichen Familienverhältnissen auf und verfügen häufig über einen privilegierten Status (etwa als Unternehmer- oder Diplomatenkind oder als Inhaber eines Adelstitels).

Allerdings stellt die Situation der Kinder von „Elitemigrant(inn)en" einen völlig blinden Fleck in der deutschsprachigen Migrationsforschung dar, sodass hierzu kaum gesicherte Aussagen getätigt werden können. Bloß vereinzelte Studien aus dem englischsprachigen Raum behandeln die Situation und die Lebensbedingungen der in der Literatur auch als „Third Culture Kids" bezeichneten, in vielen Kulturen aufwachsenden und oft multilingualen Minderjährigen, etwa aus Diplomaten- und Adelsfamilien.[534] Bekannt ist lediglich durch vereinzelte Biografiestudien, dass diese Kinder ihre jungen Lebensjahre nicht nur in Deutschland, sondern auch in vielen weiteren Staaten in separierten Gesellschaftskreisen verbringen und so bereits im Kindesalter eine Art von „Weltbürgerstatus" mit entsprechenden Vorteilen in der globalisierten Wissensgesellschaft erlangt haben. Häufig ist mit dem Diplomatenstatus der Besuch von Elite(hoch)schulen verbunden, die neben dem Englischen z. T. auch muttersprachlichen Unterricht anbieten. Den Schüler(inne)n gibt man somit interkulturelle, schulische und gesellschaftliche Kompetenzen mit, die ihnen auf dem internationalen Parkett maßgebliche Türen zu abgeschotteten Elitepositionen öffnen.

Typ 2: Im Inland geborene Kinder als bildungserfolgreiche Migrationsgewinner/innen

Eine zwar quantitativ (noch) recht unbedeutende, aber wachsende Gruppe von Kindern mit Migrationshintergrund zählt trotz ihrer latent vorhandenen Armutsgefährdung zu den bildungserfolgreichen Schüler(inne)n, weshalb man sie auch als Migrationsgewinner/innen bezeichnen kann.[535] Da sie größtenteils hier geboren bzw. sozialisiert sind, bringen sie vergleichsweise günstige individuelle Voraussetzungen für eine erfolgreiche Bildungslaufbahn (formale Gleichstellung, hohe Bildungsmotivation, gute Deutschkenntnisse und kulturelle Kompetenzen) mit. Die meisten sind eingebürgert oder verfügen über eine EU-Staatsangehörigkeit, zumindest aber über einen verfestigten Aufenthaltsstatus; nur eine kleine Minderheit hat trotz langer Aufenthaltsdauer einen prekären Aufenthaltsstatus.

533 Vgl. W. Schröer/St. Sting: Gespaltene Migration, in: dies. (Hrsg.): Gespaltene Migration, Opladen 2003, S. 10

534 Vgl. z. B. R. H. Useem: TCKs Four Times More Likely to Earn Bachelor's Degrees. NewsLink, Vol. XII, No. 5 Princeton (New Jersey) 1993; M. Ender (Hrsg.): Military Brats and Other Global Nomads, Portland 2002

535 Eine (Fach-)Hochschulreife erlangten im Schuljahr 2006/07 rund 9.300 ausländische Schüler/innen von allgemeinbildenden Schulen, was 3,3 % der Abiturienten und 9 % der Absolventen mit Fachhochschulreife entsprach; vgl. StBA (Hrsg.): Fachserie 11, Reihe 1., Schuljahr 2006/07, a. a. O., S. 255

Die Kinder stammen aus einer Vielzahl von Herkunftsgruppen und sehr heterogenen Familienverhältnissen. Ein erster größerer Teil kommt aus früher angeworbenen Familien mit Pässen von EU-Mitgliedstaaten oder sind diesen durch Assoziationsabkommen gleichgestellte Drittstaatsangehörige wie türkische Migrant(inn)en. Die Eltern zählen meist zur Arbeiterschicht oder zu den Selbstständigen, wobei nicht wenige in so gesicherten Einkommensverhältnissen leben, dass sie bereits Immobilieneigentum aufbauen konnten und/oder abseits der klassischen Armutsquartiere der Großstädte leben. Manche Migranteneltern der zweiten Generation konnten sich in mittelständischen Berufspositionen in der gesellschaftlichen Statushierarchie erfolgreich etablieren und sind aufstiegsorientiert. Ihre Armutsrisiken sind zwar relativ gering, latent aber durchaus vorhanden, weil kein dauerhafter Schutz (etwa bei plötzlicher Arbeitslosigkeit) besteht. Die Kinder dieser Familien wachsen mehrsprachig und z. T. als Pendelmigrant(inn)en transkulturell auf; ihnen stehen (mit entsprechenden Pässen) durch transnationale Netzwerke nicht nur größere Möglichkeiten der (schulischen und beruflichen) Selbstentfaltung, sondern unter Umständen später auch zusätzliche Erwerbsalternativen in anderen Einwanderungs- oder den Herkunftsländern der Familien offen. Eine zweite häufig zu Migrationsgewinner(inne)n zählende Gruppe sind Nachkommen aus deutsch-binationalen Partnerschaften. Ein dritter kleinerer Teil kommt aus Familien von (meist beruflich qualifizierten) Asylberechtigten, anderen Flüchtlingen mit gesichertem Aufenthaltsstatus oder sozioökonomisch etablierten Spätaussiedlerfamilien. Neben einem gesicherten Aufenthaltsstatus und Familieneinkommen leistet die Nationalität bzw. die ethnische Herkunft offensichtlich einen entscheidenden Beitrag zur erfolgreichen Positionierung von Kindern und ihren Familien, wie die Gruppe der besonders bildungserfolgreichen spanischen Kinder deutlich macht.

Da sich für Migrantenkinder insbesondere die frühen Selektionsmechanismen im Schulsystem als Barrieren erwiesen haben, erreichen viele der Bildungserfolgreichen ihre hohen Schulabschlüsse in Gesamtschulen oder nachholend auf dem Zweiten Bildungsweg. Auch (Fach-)Hochschulausbildungen sind für nichtdeutsche Jugendliche aus Anwerbestaaten von wachsender Selbstverständlichkeit, wie die gestiegenen Zahlen studierender Bildungsinländer/innen belegen, von denen 2004 mit 91 Prozent die überwiegende Mehrheit Eltern ohne akademischen Abschluss hatten.[536]

Typ 3: Deprivierte Kinder der zweiten bzw. dritten Generation der „ethnischen Unterschicht“

Für den Großteil der hier geborenen Kinder bzw. Kindeskinder von Arbeitsmigrant(inn)en ist weiterhin in vielen Lebenslagendimensionen eine deutliche Benachteiligung erkennbar, die nicht zuletzt aus den begrenzten finanziellen Spielräumen der mehrköpfigen Familien resultieren dürfte. Eine klare Polarisierung der Lebenslagen machen verschiedene Untersuchungen insbesondere für den Bereich der Arbeitsmarktintegration von (erwachsenen) Aus-

536 Hinweise auf die Gruppe hoch qualifizierter Einwanderer geben nicht zuletzt die PISA- und die IGLU-Studie, in denen ungefähr 10 % der Migrantenfamilien der obersten Sozialschicht und weitere 12 % der nächst höheren Dienstklasse zugeordnet wurden. Zu Bildungsinländern und ihrer sozialen Herkunft vgl. Konsortium Bildungsberichterstattung (Hrsg.): Bildung in Deutschland, a. a. O., S. 157 f. Bemerkenswert ist, dass bloß 44 % der Bildungsinländer/innen aus „sonstigen Staaten“ und 55 % der deutschen Studierenden Eltern ohne akademischen Abschluss hatten, womit jene aus Anwerbestaaten offensichtlich die größte intergenerationelle Bildungsmobilität aufwiesen.

ländern der zweiten Generation aus.[537] Angehörige bestimmter EU-Drittstaats-Nationalitäten, wie etwa Menschen türkischer oder ex-jugoslawischer Herkunft, gehören im Vergleich zu EU-Ausländer(inne)n besonders häufig der „ethnischen Unterschicht" un- bzw. angelernter Arbeiter/innen mit geringem Bildungs- und Einkommensniveau und entsprechend hohen Arbeitslosigkeits- sowie Armutsrisiken an. Neben diesen Nachkommen der früher angeworbenen Drittstaatler/innen zählen viele Kinder aus asylberechtigten Flüchtlingsfamilien mit (zunächst einmal) gesichertem Aufenthaltsstatus, aber auch aus Aussiedlerfamilien zur Gruppe der Deprivierten infolge von Armut. Kinder dieser Gruppe tragen sehr hohe Risiken der Armutsvererbung.

Das gemeinsame Merkmal der erwachsenen Familienmitglieder bildet ihre ungünstige Situation am Arbeitsmarkt, was sich in einer nachrangigen oder nicht qualifikationsgemäßen Tätigkeit äußert und woraus sich i. d. R. hohe Armutsrisiken für die Angehörigen ergeben. Verbreitet sind „bildungsferne" Elternhäuser, Arbeitslosigkeit, ebenso unqualifizierte und/ oder gering entlohnte Beschäftigungen, hohe Arbeitslosenquoten, keine Partizipation an Weiterbildungsangeboten sowie ein infolgedessen häufig niedriges Einkommen, das nicht ausreicht, um den Lebensunterhalt vielköpfiger Familien angemessenen zu sichern.

Die Benachteiligung von Familien dieses Typs resultiert häufig aus einer Kombination vielfältiger migrations-, armuts- und arbeitsmarktspezifischer Einflussfaktoren, so etwa fehlenden Bildungs- und Berufsabschlüssen bzw. der Nichtanerkennung von im Ausland erworbenen Abschlüssen und Berufserfahrungen, Diskriminierungen, der Familiengröße sowie niedrigen Löhnen und Gehältern etc.[538] Vor dem Hintergrund der wachsenden Konkurrenz v. a. im Bereich niedrig qualifizierter Tätigkeiten, die nach den verschärften Zumutbarkeitsregeln der jüngsten Arbeitsmarktreformen auch Authochthone vermehrt dazu veranlassten, selbst untertarifliche „Mc Jobs" anzunehmen, ist nicht auszuschließen, dass sich die Lage dieser Migrantenfamilien weiter prekarisiert. Die materiellen Spielräume in den Familien sind z. B. durch niedrige Pro-Kopf-Einkommen oder einen verbreiteten Bezug von Transferleistungen u. a. aufgrund hoher Arbeitslosenquoten merklich eingeschränkter als bei anderen Familien. Bei vielen Haushalten reicht das teils von beiden Eltern erwirtschaftete Erwerbseinkommen schlicht und einfach nicht aus, um einen mehrköpfigen Haushalt zu unterhalten, womit sie den sog. *working poor* zuzurechnen sind. Weil die Inanspruchnahme von Transferleistungen wie Sozialhilfe bzw. Alg II mit aufenthaltsrechtlichen Konsequenzen bis hin zur Ausweisung nach Ermessen der Ausländerbehörde verbunden sein kann, dürfte die verdeckte Armut besonders bei den Familien dieses Typs ohne verfestigten Status hoch sein.

Die Benachteiligung von Kindern dieses Typs resultiert v. a. aus familiären Einflussfaktoren, setzt meist im frühen Kindesalter ein und kumuliert im Laufe der Kindheit und Jugend, womit sie im Bildungsbereich zu jenen „Risikoschüler(inne)n" heranwachsen, von denen die PISA-Studien berichteten, dass sie erheblichen Risiken ausgesetzt sind, später die Schule ohne oder mit einem *Hauptschul*abschluss zu verlassen und Probleme bei der Ausbildungsplatzsuche zu bekommen. Die systematische Benachteiligung dieser vor allem im Bildungsbereich „deprivierten" Kinder beschränkt sich indes häufig nicht allein auf diese Lebenslagendimension, sondern manifestiert sich unter Umständen auch in einem schlechte-

537 Vgl. P. Bremer: Ausgrenzungsprozesse und die Spaltung der Städte, a. a. O., S. 121
538 Zu möglichen Erklärungsansätzen vgl. Kap. 6 bis 9

ren Gesundheitszustand bzw. einer defizitären Inanspruchnahme von Gesundheitsvorsorgeleistungen, beengten Wohnverhältnissen, belasteten Wohnumfeldern und geringen finanziellen Spielräumen der Familien, die sich insgesamt negativ für die Kinder auswirken und durch eine eingeschränkte (außerschulische) Freizeitgestaltung verschärft werden.

Zur Zuordnung eines großen Teils von Aussiedlerkindern zu dieser Gruppe seien noch einige Anmerkungen erlaubt. Von der Scharniergruppe der Spätaussiedler/innen – insbesondere von den gegen Ende der 1990er-Jahre und später zugezogenen – wird zunehmend von einer ethnischen und sozialräumlichen Segregation bei gleichzeitig abnehmenden Deutschkenntnissen der Neueingewanderten berichtet; jede/r Vierte von ihnen zählt laut zweitem Armuts- und Reichtumsbericht und anderer Quellen zu den von Armut Betroffenen. Trotz der stark reduzierten Maßnahmen haben Spätaussiedler/innen allerdings immer noch den entscheidenden Vorteil, Eingliederungsmaßnahmen, Deutschkurse und – im Fall der Kinder – schulische Fördermaßnahmen zu erhalten, was sich zumindest auf Sprachkenntnisse und damit auf ihre Vermittlungsfähigkeit am Arbeitsmarkt positiv auswirkt, zu dem sie formal einen gleichrangigen Zugang besitzen. Die Dauer der Eingliederungshilfen wurde stark verkürzt, und inzwischen weisen immer mehr ausgesiedelte Familien mit jenen von Ausländer(inne)n vergleichbare Problemlagen auf dem Arbeits- sowie dem Wohnungsmarkt auf, womit sie trotz hoher Erwerbsmotivation nicht selten im Sozialhilfe- bzw. Alg-II-Bezug landen. Allerdings ist diesbezüglich ein Forschungsdesiderat zu konstatieren, weil die angedeuteten Unterversorgungslagen für die als Deutsche erfassten Familien mit Migrationshintergrund meist unzureichend belegt sind.

Hinsichtlich der Lebenslagen ausgesiedelter Kinder besteht ebenfalls aufgrund fehlender quantitativer Analysemöglichkeiten ein erheblicher Forschungsbedarf, der allerdings durch vereinzelte qualitative Studien relativiert wird. Aussiedlerkinder nehmen eine Zwitterstellung zwischen den Lebenslagetypen von Migrantenkindern ein, weil ihre Benachteiligung zwar nicht politisch induziert ist wie bei Flüchtlingskindern mit prekärem Aufenthaltsstatus, sie aber trotzdem vielfältige, nur zu einem Teil armutsbedingte Deprivationen aufweisen und als jugendliche „Problemgruppe" zunehmend auch die Aufmerksamkeit pädagogischer und sozialarbeiterischer Institutionen finden. Die Kinder der sog. Russlanddeutschen erfahren überdies nicht selten trotz ihres deutschen Passes Diskriminierungen seitens Einheimischer, während zugleich berichtet wird, dass sie die Auswanderungsentscheidung der Eltern oft nicht mitgetragen haben und sich infolgedessen häufiger als „Russen" denn als Deutsche fühlen: Die berichtete Bevorzugung eigenethnischer Kontakte innerhalb und außerhalb des Schulalltags durch Aussiedlerjugendliche, den sie nicht selten als Seiteneinsteiger/innen bewältigen müssen, trägt weiter zu ihrer Segregation bei. Die häufig u. a. aus Deutschdefiziten resultierenden schulischen Probleme und die vergleichsweise geringen Schulerfolge der Aussiedlerjugendlichen führen zu einer benachteiligten Startposition auf dem Ausbildungsstellenmarkt, welche sich unter Umständen in einer fehlenden Berufsausbildung perpetuiert und durch vielfältige „berufsqualifizierende oder -vorbereitende Maßnahmen" ausgeglichen werden soll, wie die dafür zuständigen Jugendgemeinschaftswerke berichten. Inwieweit Aussiedlerjugendlichen der Einstieg in den Arbeitsmarkt gelingt, ist jedoch in der migrationswissenschaftlichen ebenso wie in der Berufsausbildungsfachliteratur weitgehend undokumentiert.

Typ 4: Multipel deprivierte Flüchtlingskinder mit prekärem Aufenthaltsstatus
Für Flüchtlingskinder mit prekärem Aufenthaltsstatus, die dem Asylbewerberleistungsbezug unterliegen und eine quantitativ schrumpfende Gruppe stellen, ist aufgrund der unter dem soziokulturellem Existenzminimum liegenden Höhe der Unterhalts(sach)leistungen mehrfach eine staatlich induzierte Armut konstatiert worden,[539] über deren Auswirkungen in den verschiedenen Lebenslagendimensionen wie Bildung, Gesundheit oder soziale Teilhabe in der Fachliteratur indes weitgehende Unkenntnis herrscht.[540] Allerdings haben einzelne Untersuchungen im Auftrag nichtstaatlicher Organisationen wie Unicef oder Terre des Hommes die Folgen des Flüchtlingskindern in einigen Bundesländern verwehrten Zugangs zur Bildung und zur Gesundheitsvorsorge und -versorgung problematisiert. Offensichtlich ist, dass Flüchtlingsfamilien mit prekärem Status nicht nur fast ausschließlich zur Armutsbevölkerung zu zählen sind,[541] sondern auch ihre Kinder im Migrantengruppenvergleich (mit Ausnahme illegalisierter Kinder) die größten Deprivationsrisiken im Wohnungs-, Bildungs- und Gesundheitsbereich sowie in der sozialen Teilhabe tragen. Unbegleitete Kinderflüchtlinge haben anscheinend etwas bessere Lebensbedingungen, solange sie als unter 16-Jährige in Kinder- und Jugendhilfeeinrichtungen leben. Bei Kindern dieses Lebenslagetyps handelt es sich zwar sowohl die Herkunftsländer als auch den sozialen Status (berufliche Qualifikation) der Eltern betreffend um eine sehr heterogene Gruppe, deren zentrale Gemeinsamkeit aber in dem Status als Asylbewerberleistungsempfänger/in bzw. den damit verbundenen minderen Teilhaberechten (bei wohlfahrtsstaatlichen Leistungen wie Sozialhilfe, Krankenversicherung u. a.) besteht. Die Familien haben meistenteils befristete Aufenthaltstitel wie Duldungen, Grenzübertrittsbescheinigungen oder Aufenthaltsgestattungen sowie -befugnisse, die i. d. R. geringe Verfestigungschancen beinhalten. Für betroffene Kinder gehen damit insbesondere ungesicherte Verbleibperspektiven und die Angst vor Abschiebungen der Familie ins Herkunftsland, womöglich sogar noch vor Beendigung der Schulzeit, einher. Nichtsdestotrotz weisen sie häufig eine besonders hohe Bildungsmotivation auf.

Typ 5: Illegalisierte Minderjährige in der Rechtlosigkeit
Obwohl der Erkenntnisstand zu Lebens- und Unterversorgungslagen der vermutlich einigen tausend illegalisierten Kindern und ihren Familien äußerst dünn ist, deuten sämtliche Indizien auf besonders prekäre Lebensbedingungen dieser Gruppe hin, die durch verwehrte Zugänge zu Institutionen und öffentlichen Dienstleistungen im Bildungs-, Gesundheits- und Wohnbereich gekennzeichnet sind. Das gemeinsame, sie von anderen Lebenslagetypen von Migrantenkindern unterscheidende Kennzeichen ist ihre gänzliche Rechtlosigkeit durch den illegalen Aufenthalt, der sich in allen Lebensbereichen betroffener Familien auswirken dürfte. Für Kinder bedeutet die Illegalität, dass schon ihre Geburt medizinisch nicht (legal) betreut werden kann, daran an schließen sich Probleme wie die Beschaffung einer Geburtsurkunde, keine (legale) medizinische Versorgung im Krankheitsfall, hohe Gebühren für den Kindertagesstättenbesuch, fehlende Meldebescheinigungen für den Schulbesuch u. v. m. Diese

539 Vgl. U. Boos-Nünning: Armut von Kindern aus Zuwandererfamilien, a. a. O., S 156
540 Als Ausnahme vgl. die Studie des Deutschen Jugendinstituts, Projekt Multikulturelles Kinderleben
541 Der Asylbewerberleistungsbezug endet inzwischen nach dreijähriger Bezugsdauer, danach erhalten Flüchtlinge zumeist die höheren Sozialhilfe- bzw. SGB-II-Leistungen.

vielfältig verwehrten Zugänge bewirken in Verbund mit der Entdeckungsangst, dass nicht wenige illegalisierte Kinder keine Kitas und Schulen besuchen und auch sonst am „normalen Kinderleben" nicht teilhaben können, womit ihre aktuelle Lebenslage und die kindliche Entwicklung wie auch ihre Zukunftschancen besonders depriviert sein dürften. Die Lebensbedingungen und Armutsrisiken besonders von illegalisierten Familien sind zwar weitgehend unerforscht, allerdings kann aufgrund der Rechtlosigkeit von Arbeitsverhältnissen davon ausgegangen werden, dass insbesondere irreguläre Migrant(inn)en in (illegalen) Niedriglohnjobs ohne Arbeitsplatzsicherheit tätig sind. Da auch die Inanspruchnahme wohlfahrtsstaatlicher Leistungen zur Sicherung des Lebensunterhalts, des Wohnens und der Gesundheit angesichts befürchteter Entdeckung und Ausweisung unmöglich für sie ist, dürften Familien irregulärer Zuwanderer die Gruppe mit den größten Armuts- und Ausbeutungsrisiken sein. Umso unangemessener ist es, dass zu ihren Armuts- und Unterversorgungslagen das größte Forschungsdefizit zu konstatieren ist.

Die fünf skizzierten Typen der Lebenslagen von Migrantenkindern veranschaulichen zusammengenommen, wie problematisch es ist, pauschalisierend von einer Gruppe der „Kinder mit Migrationshintergrund" zu sprechen oder einseitig defizitäre Lebensumstände oder besondere Kompetenzen bzw. Ressourcen hervorzuheben, zumal die Lebensbedingungen verschiedener Teilgruppen äußerst different und kaum verallgemeinerbar sind. Mit Blick auf die (Bildungs-) Armuts- und Unterversorgungsrisiken zeichnet sich ein sehr breites Spektrum von Typen ab. Es reicht von gut bis „überversorgten" Kindern von Elitemigrant(inn)en aus westlichen Industrie- und den nordwestlichen EU-Staaten über deprivierte sowie bildungserfolgreiche Einwandererkinder, multipel deprivierte Flüchtlingskinder mit prekärem Aufenthaltsstatus, deren hohe Armutsrisiken politisch induziert sind, bis zur faktisch rechtlosen Gruppe illegalisierter Kinder, die unter den vergleichsweise prekärsten Lebensumständen aufwachsen dürften, was aber kaum erforscht ist.

Die fünf Lebenslagetypen weisen schließlich vor allem auf die strukturelle Bedingtheit der Lebenssituationen (bildungs)armutsgefährdeter Migrantenkindergruppen durch legislative, institutionelle und politische Vorgaben hin. Die rechtsförmige Differenzierung von Migrant(inn)en in Statusgruppen, die man auch als „staatlich-induzierte Diskriminierung" bezeichnen kann, ist auf eine bis ins Kaiserreich zurückreichende Tradition zurückzuführen, nach der Ausländer/innen mit einem besonderen Rechtsstatus ausgestattet werden, der sie sowohl von wesentlichen politischen Rechten (wie dem Wahlrecht) ausschließt als sie auch über detaillierte Rechtsverordnungen von Rechten und Ansprüchen gegenüber dem Sozialstaat fernhält.[542]

542 Vgl. M. Bommes/F.-O. Radtke: Institutionalisierte Diskriminierung von Migrantenkindern. Die Herstellung ethnischer Differenz in der Schule, in: Zeitschrift für Pädagogik 3/1993, S. 488

III

Ansätze zur Erklärung der hohen Armutsrisiken von Kindern mit Migrationshintergrund

6 Erscheinungsformen, Ursachen und Auslöser für ethnische Ungleichheiten des Arbeitsmarktes

In diesem Kapitel stehen Erklärungsansätze sowie Auslöser für die Benachteiligung von Migrant(inn)en im Erwerbsleben im Mittelpunkt, die zu deren größeren Arbeitslosigkeitsrisiken, niedrigeren Löhnen bzw. Gehältern und damit zu den real existierenden höheren (Kinder-) Armutsrisiken beitragen. In den 1980er-Jahren zeichnete sich ein Paradigmenwechsel in der soziologischen Ungleichheitsforschung der Bundesrepublik ab, die sich bis dahin im Zuge der Diskurse um die Bildungsexpansion vor allem mit Bildungsfragen auseinandergesetzt hatte.[1] Indem sich das Forschungsinteresse immer häufiger auf den Arbeitsmarkt als zentrale Instanz der (Re-)Produktion sozialer Ungleichheit konzentrierte, trug die Ungleichheitsforschung der offensichtlichen Entwicklung Rechnung, dass „Bildung und Ausbildung in ihren höchsten Stufen (...) immer mehr nur zur notwendigen, keineswegs aber hinreichenden Bedingung für das Erreichen bestimmter beruflich-gesellschaftlicher Stellungen geworden" waren, wie der Bamberger Soziologe Friedrich Heckmann 1983 anmerkte.[2] Der Arbeitsmarkt, konstatierte in diesem Sinn Reinhard Kreckel, sei der hauptsächliche soziale Mechanismus, über den Berufs- und damit auch Lebenschancen in der fortgeschrittenen kapitalistischen Gesellschaft zugeteilt würden.[3] Er plädierte daher für soziologische Analysen von Arbeitsmarktbedingungen als „Schlüssel für das Verständnis von Verteilungsungleichheiten", weil das Bildungssystem zwar (im Sinn Helmut Schelskys) die primäre soziale Dirigierstelle sei, welche Kinder aufgrund ihrer unterschiedlichen sozialen Ressourcen aussortiere, sich ihr Schicksal aber erst auf dem Arbeitsmarkt entscheide bzw. konkretisiere, womit Bildung nur eine von mehreren Bedingungsfaktoren sei.

Konsens herrscht in der Armutsforschung hinsichtlich der Einschätzung, dass nicht nur Arbeitslosigkeit, sondern auch (Niedrig-)Einkommen aus Erwerbstätigkeit eine bedeutsame Armutsursache hierzulande darstellt. Die Arbeitsmarktintegration bzw. -exklusion ist damit eine zentrale Determinante für die Einkommensarmut (oder den Reichtum) bestimmter Bevölkerungsgruppen, unter anderem von Migrant(inn)en und ihren Kindern, wenngleich nicht die einzige, wie die armutsmindernden Wirkungen sozialer Transferleistungen oder die Einflüsse des Haushaltskontextes belegen.[4] Infolge wirtschaftlicher Krisen und verschärfter Konkurrenz um Arbeitsplätze nehmen sowohl kurzzeitige Arbeitslosigkeit als auch dauerhafte Exklusion aus dem Arbeitsmarkt zu. Zugleich steigt auch die Zahl von Haushalten im Niedrigeinkommensbereich insgesamt, wie in Deutschland seit den 1990er-Jahren zu beobachten.

Im Folgenden werden vier Argumentationsansätze in Theorie und empirischer Anwendung vorgestellt und diskutiert, mit denen die Benachteiligung von Migrant(inn)en auf dem deutschen Arbeitsmarkt erklärt wird. Es handelt sich um den Wandel zur Dienstleistungsgesellschaft, Segmentationsansätze, die Humankapitaltheorie und schließlich Diskriminierungen wie ausländerrechtliche Beschränkungen im Arbeitsmarkt- und Ausbildungszugang.

1 Vgl. F. Heckmann: Einwanderung und die Struktur sozialer Ungleichheit in der Bundesrepublik, in: R. Kreckel (Hrsg.): Soziale Ungleichheiten. Soziale Welt, Sonderband 2, Göttingen 1983, S. 378

2 Vgl. ebd., S. 380

3 Vgl. hierzu und zum Folgenden: R. Kreckel: Soziale Ungleichheit und Arbeitsmarktsegmentierung, in: ders. (Hrsg.): Soziale Ungleichheiten, a. a. O., S. 141

4 Vgl. W. Strengmann-Kuhn: Armut trotz Erwerbstätigkeit, a. a. O., S. 138 ff.

6.1 Wandel des Arbeitsmarktes sowie der Erwerbs- und Arbeitslosenstrukturen von Migranten

Der Trend von der Industrie- zu einer modernen Dienstleistungsgesellschaft, den auch die Bundesrepublik seit Ende der 1970er-Jahre verstärkt durchläuft, fasst den sich abzeichnenden Strukturwandel von Ökonomie und Arbeitsmarkt zusammen. Dieser lässt sich (entsprechend der traditionellen Aufgliederung in drei Wirtschaftssektoren) als ein Rückgang der Beschäftigung im primären (Land-, Forstwirtschaft und Fischerei) sowie im sekundären (produzierendes Gewerbe) Sektor bei gleichzeitigem Wachstum des tertiären Sektors (Dienstleistungen) beschreiben. Von 1960 bis zum Jahr 2000 ging die Erwerbstätigenzahl im primären Sektor von 3,5 Mio. auf 750.000 und im Produzierenden Gewerbe um 2,7 auf 10 Mio. zurück (nachdem in den 1960er- und 70er-Jahren knapp die Hälfte aller Beschäftigten dort tätig waren, ist ihr Anteil mittlerweile auf knapp 33 % gesunken), während sie sich im Dienstleistungssektor auf 19 Mio. verdoppelte.[5]

Als ein wesentlicher Grund für die hohe Arbeitslosigkeit und auch Armut unter Migrant(inn)en wird regelmäßig auf ihre besondere Betroffenheit vom Strukturwandel, basierend auf ihrem hohen Anteil un- bzw. angelernter Arbeiter/innen, verwiesen. Migrant(inn)en sind wegen ihrer starken Repräsentanz im tendenziell schrumpfenden sekundären Sektor vom Strukturwandel der deutschen Wirtschaft wie auch von konjunkturellen Einbrüchen in besonderem Maße betroffen.[6] Die Arbeitsmarktsituation der früher als „Gastarbeiter/innen“ Bezeichneten vor allem in niedrig- und unqualifizierten Tätigkeiten im industriellen Sektor, im Bergbau und in der Landwirtschaft ist daher im Kontext des Strukturwandels und in Verbindung mit den arbeitsgenehmigungsrechtlichen Barrieren als eine maßgebliche Ursache der hohen Armutsrisiken von ausländischen Migrant(inn)en aus den ehemaligen Anwerbestaaten zu werten.[7]

6.1.1 Erwerbsstrukturen

Die Verteilung auf Wirtschaftssektoren und Branchenschwerpunkte sowie die Entwicklung der Beschäftigungsstruktur und des beruflichen Status bilden zentrale Indikatoren für die strukturelle Integration einer Bevölkerungsgruppe in den Arbeitsmarkt. Im Folgenden wird daher anhand statistischer Daten erörtert, in welchen Sektoren, Beschäftigungsverhältnissen und Stellungen sich (ausländische) Migrant(inn)en hierzulande am Arbeitsmarkt konzentrieren.

---

5 Zum allgemeinen Wandel der Brachenstrukturen vgl. ebd., S. 91 ff.; ergänzend zur Rolle der Migranten als „industrielle Reservearmee“ bzw. „Konjunkturpuffer“ vgl. W. Seifert: Die Mobilität der Migranten, a. a. O., S. 84 ff.

6 Vgl. Bundesintegrationsbeauftragte (Hrsg.): Sechster Bericht, a. a. O., S. 77

7 Vgl. Bundesausländerbeauftragte (Hrsg.): Lagebericht 2002, a. a. O., S. 306; ergänzend zum Wirtschaftsstrukturwandel: StBA (Hrsg.): Datenreport 2002, S. 91 ff.

1. Das Erwerbspersonenpotenzial und die Arbeitsmarktteilhabe von Ausländern

Das Erwerbspersonenpotenzial und die Arbeitsmarktbeteiligung bzw. „Erwerbsquote" sind mitentscheidend für das Ausmaß der Integration ausländischer Migrant(inne)n im Arbeitsmarkt. Da mit der Höhe der Erwerbsquote einer Gruppe naturgemäß auch ihre durchschnittliche Zahl von Erwerbseinkommen zunimmt, dürften hohe Erwerbsquoten geringe Armutsrisiken durch Arbeitslosigkeit begünstigen und umgekehrt.

Das ausländische Erwerbspersonenpotenzial,[8] welches u. a. von der arbeitsmarktbezogenen Zuwanderungspolitik, der konjunkturellen Entwicklung von Wirtschaft bzw. Arbeitsmarkt sowie der Erteilungspraxis von Arbeitsgenehmigungen abhängt, veränderte sich in der Vergangenheit ständig. In absoluten Werten ausgedrückt, nahm die Zahl ausländischer Erwerbstätiger in Deutschland seit 1991 von 2,61 Mio. auf einen Höchststand von 3,07 Mio. im Jahr 2001 kontinuierlich zu, um danach leicht auf 2,99 Mio. im Jahr 2003 zu sinken. Die Zahl erwerbstätiger Ausländer*innen* stieg zugleich von 857.000 kontinuierlich auf einen Höchststand von 1,17 Mio. im letzten Erfassungsjahr (2003).[9] Seit 1998, als von insgesamt 7,32 Mio. Ausländer(inne)n insgesamt nur etwa 2,8 Mio. zum Erwerbspersonenpotenzial zählten, stieg dieses von rund 3 Mio. (2000) auf 3,7 Mio. im Mai 2003, von denen fast 3 Mio. erwerbstätig und rund 700.000 arbeitslos waren.[10] Wie auch der Sachverständigenrat für Zuwanderung und Integration wies die Integrationsbeauftragte – Bezug nehmend auf diese Entwicklungen – die These einer „Zuwanderung in die Sozialsysteme" nachdrücklich zurück.[11] Die durch die Reformen im Bereich „Asylzuwanderung" gestiegene Zahl von (nach einem Jahr) potenziell Arbeitsberechtigten habe das Gesamterwerbspersonenpotenzial durch die demografiebedingte Verringerung deutscher Erwerbspersonen im Jahr 2001 insgesamt nur geringfügig um 2.000 Personen anwachsen lassen, schätzte auch das Bundesministerium für Arbeit Ende 2001.[12] Die 120.000 erwachsenen Flüchtlinge, für die der Arbeitsmarkt mit der Neuregelung vom Dezember 2000 geöffnet worden sei, könnten (von der regionalen Beschäftigungssituation abhängig) überwiegend in den unteren Lohngruppen Arbeit finden.

Mit dem seit den 1970er-Jahren zu verzeichnenden Anstieg absoluter Zahlen erwerbstätiger Ausländer/innen sank zugleich deren Erwerbsquote[13] beträchtlich. Sie lag wegen der gezielten Anwerbung von *Arbeits*migrant(inn)en seit langem um einige Prozentpunkte über derjenigen von Deutschen, die Quoten beider Gruppen nähern sich aber zunehmend an, so-

---

8 Es setzt sich aus Personen zusammen, die zumindest der Möglichkeit nach (rechtlichen) Zugang zum Arbeitsmarkt besitzen, womit Nichtdeutsche zumindest über eine Arbeitsgenehmigung verfügen müssen. Neben selbstständig und abhängig Erwerbstätigen werden registrierte Arbeitslose hinzugerechnet, und prinzipiell müssten auch Personen der sog. Stillen Reserve einbezogen werden, deren Anzahl jedoch höchstens geschätzt werden kann, weshalb sie im Folgenden unberücksichtigt bleibt. Vgl. Bundesintegrationsbeauftragte (Hrsg.): Sechster Bericht, a. a. O., S. 64

9 Vgl. ebd., S. 69 f. u. 598

10 Vgl. Bundesausländerbeauftragte (Hrsg.): Lagebericht 2002, a. a. O., S. 403; Bundesintegrationsbeauftragte (Hrsg.): Sechster Bericht, a. a. O., S. 65

11 Vgl. hierzu und zum Folgenden: Bundesausländerbeauftragte (Hrsg.): Lagebericht 2002, a. a. O., S. 303; dazu auch: Sachverständigenrat für Zuwanderung und Integration (Hrsg.): Migration und Integration, a. a. O., S. 211 ff.

12 Vgl. ebd., S. 302

13 Die Erwerbsquote bezeichnet den Anteil von Erwerbspersonen (Erwerbstätige und Arbeitslose) an der sich im erwerbstätigen Alter befindlichen Bevölkerungsgruppe, bildet also den Grad der Teilhabe am Arbeitsmarkt ab.

dass „unter dem Strich" weniger Erwerbspersonen mehr Nichterwerbspersonen unterhalten müssen. Diese Entwicklung wird vornehmlich auf den Zuwachs von nicht bzw. eingeschränkt arbeitsberechtigten Migrantengruppen (wie Asylsuchende, andere Flüchtlingsgruppen sowie nachziehende Familienangehörige) zurückgeführt. Während der 90er-Jahre wies die Erwerbsquote von Ausländer(inne)n zwar beträchtliche Schwankungen auf, lag im Mai 2003 aber mit 51,7 Prozent in etwa wieder bei dem Wert des Jahres 1991 (51,8 %) und damit kaum höher als jene der Deutschen (49,2 %).[14] Von 1993 bis 1998 verringerte sie sich insgesamt erheblich (um 9 %), wobei sich die Beschäftigung von Ausländer(inne)n seit 1995 „jeweils ungünstiger entwickelte, als die bei Deutschen und bei den Beschäftigen insgesamt".[15] Von 1991 bis 2003 entwickelte sich die Erwerbsquote von Frauen und Männern zudem unabhängig vom Migrationshintergrund unterschiedlich: Während sie sowohl bei deutschen (um 1,9 % auf 43,2 %) als auch bei ausländischen Frauen (um 3,2 % auf 41,7 %) stieg, verzeichneten Männer sinkende Erwerbsquoten (deutsche um 4,2 % auf 55,6 %, ausländische um 1,7 % auf 60,8 %).

Die variierende Erwerbsbeteiligung verschiedener Herkunftsgruppen der nichtdeutschen Bevölkerung könnte eine Erklärung für die herkunftsspezifischen Armutsrisiken liefern, sofern sich Parallelen in der Entwicklung von Erwerbsquoten und Armutsrisiken zeigen. Dies soll nun geprüft werden. Der Sechste Familienbericht aus dem Jahr 2000 enthält besonders differenzierte Aussagen zur Arbeitsmarktintegration von Migrant(inn)en, wenngleich er sich auf die größten Herkunftsgruppen aus den ehemaligen Anwerbestaaten beschränkt. Bezüglich der Erwerbsbeteiligung wird zwischen deutschen, binationalen und ausländischen Familien sowie in einem zweiten Schritt zwischen EU-Ausländer(inne)n (Griechen, Italienern) und Drittstaatsangehörigen (Türken, Ex-Jugoslawen) differenziert, wobei man außerdem geschlechtsspezifische Aspekte berücksichtigt. Die seit 1973 stetig gesunkene Erwerbsquote der berücksichtigten Gruppen erklärt der Bericht mit der Zunahme des Familiennachzugs (infolge des Anwerbestopps) sowie von Flüchtlingsbewegungen. Dieses bedeute für ausländische Familien, dass weniger Erwerbspersonen mehr Nichterwerbspersonen unterhalten müssten; überdies seien ausländische Mütter mehrheitlich jünger und hätten mehr Kinder im Haushalt zu versorgen als die jeweilige deutsche Vergleichsgruppe. Bezüglich der geschlechtsspezifischen Erwerbsbeteiligung stellt der Bericht heraus, dass die Erwerbsquote ausländischer Männer seit Beginn der 1990er-Jahre *über* jener der Deutschen, die der ausländischen Frauen jedoch geringfügig *unter* jener der Referenzgruppe gelegen haben.[16]

Die nach wie vor bestehenden beträchtlichen Unterschiede in der Erwerbsbeteiligung verschiedener Herkunftsgruppen sind in einer Vielzahl amtlicher Statistiken und den Sozialberichten der Bundesregierung belegt und bestehen seit langem mehr oder weniger ausgeprägt.[17] Während die Erwerbstätigenquote[18] von Ausländer(inne)n insgesamt seit 1982

---

14 Zu den für 2003 genannten Erwerbsquoten vgl. Bundesintegrationsbeauftragte (Hrsg.): Sechster Bericht, a. a. O., S. 65 f. u. 597

15 Siehe auch zum Folgenden: Bundesausländerbeauftragte (Hrsg.): Lagebericht 2000, a. a. O., S. 135

16 Vgl. hierzu und zum Folgenden: BMFSFJ (Hrsg.): Familien ausländischer Herkunft, a. a. O., S. 144 ff.

17 Vgl. die Migrationslageberichte der Bundesausländerbeauftragten; zum Folgenden: Sachverständigenrat für Zuwanderung und Integration (Hrsg.): Migration und Integration, a. a. O., S. 195 f. Zur Situation ausländischer Arbeitnehmer/innen aus Anwerbestaaten vgl. die Repräsentativuntersuchungen der Jahre 1980, 1995 und 1995; zuletzt BMAS (Hrsg.): Repräsentativuntersuchung 2001, Berichtsband, a. a. O., S. 27 ff.

18 Sie bezeichnet den Anteil der Erwerbstätigen im Alter von 15 bis 64 Jahren an der Bevölkerung der gleichen Altersgruppe; vgl. Sachverständigenrat für Zuwanderung und Integration (Hrsg.): Migration und Integration, a. a. O., S. 195

um fast 10 auf 56 Prozent im Jahr 2002 sank, variiert sie für verschiedene Nationalitätengruppen im Verlauf der letzten 30 Jahre beträchtlich. Deutliche Rückgänge verzeichnete sie insbesondere bei Türk(inn)en, bei denen sie von 60 auf weniger als 50 Prozent sank, sowie bei Italiener(inne)n mit einer Abnahme um rund 6 Prozent. Das Jahresgutachten 2004 des Sachverständigenrats gab die geschlechtsspezifischen Erwerbstätigenquoten ausgewählter Nationalitäten wie folgt an:

Abbildung 6.1 Erwerbstätigenquoten ausgewählter Nationalitäten in Deutschland nach Geschlecht, 2002[19]

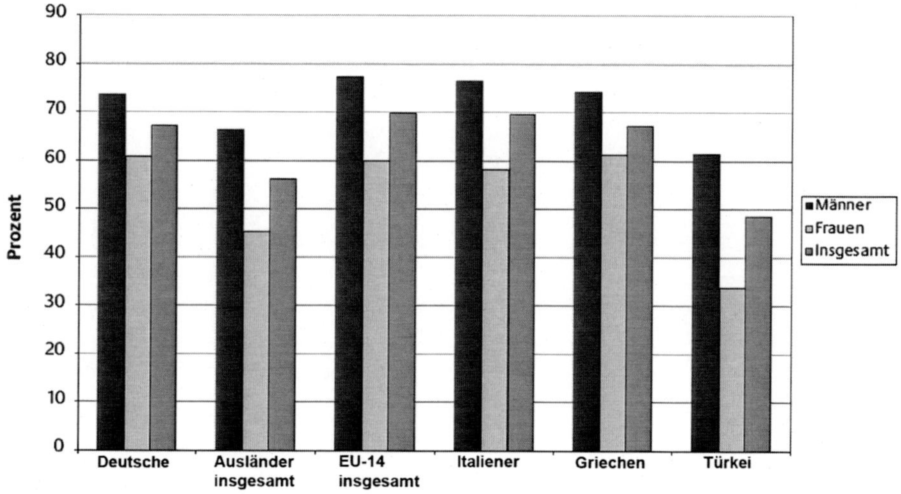

Quelle: StBA, Berechnungen des Sachverständigenrats für Zuwanderung und Integration, in: ders. (Hrsg.): Migration und Integration, a. a. O., S. 196

Während Griech(inn)en und Italiener(inn)en offenbar eine jener der Deutschen vergleichbare, nur geringfügig höhere Erwerbstätigenquote aufweisen, hatten Nichtdeutsche aus den übrigen (damals 14) EU-Staaten eine höhere Erwerbsbeteiligung, was in etwa mit ihren Armutsquoten korrespondiert. Signifikant unterscheidet sich vor allem die Erwerbstätigenquote türkischer Migrant(inn)en: Während Männer zu rund 60 Prozent erwerbstätig waren (Deutsche: 73 %), lag der Anteil erwerbstätiger Frauen mit bloß 34 um gut 26 Prozent unter der Quote deutscher Frauen, sodass ihre Erwerbstätigenquote insgesamt im Gruppenvergleich am niedrigsten liegt, ebenso wie sie die höchsten Armutsrisiken tragen. Außerdem differiert die Teilhabe am Erwerbsleben zwischen einzelnen Herkunftsgruppen und der deutschen Bevölkerung beträchtlich, wie folgende Abbildung zeigt:[20]

19 Die Quoten beziehen auch Erwerbstätige über 65 Jahren ein.
20 Vgl. StBA (Hrsg.): Datenreport 2006, a. a. O., S. 569

Abbildung 6.2 Erwerbsstatus von Deutschen, Ausländern und Aussiedlern 2004

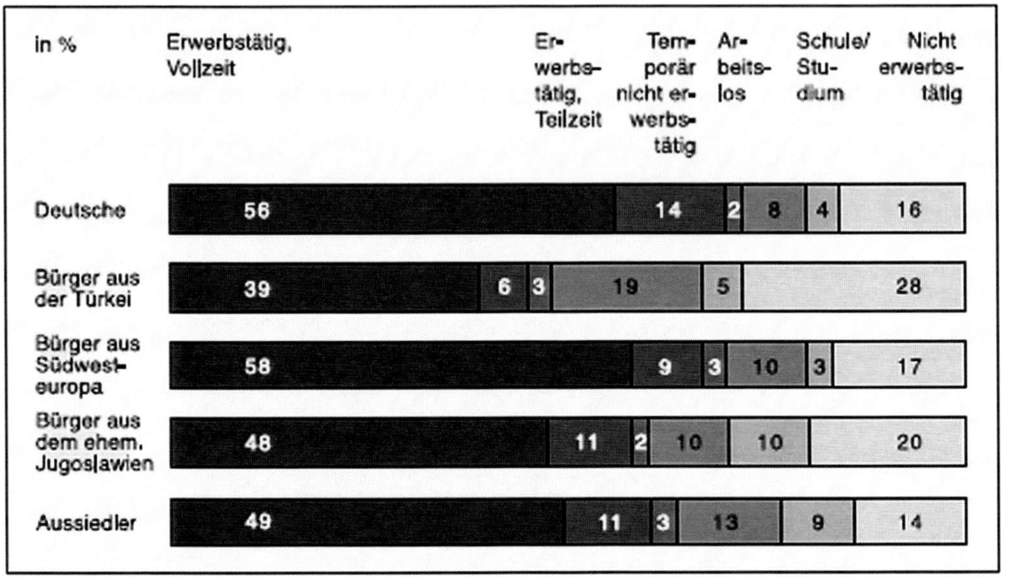

Quelle: StBA (Hrsg.): Datenreport 2006, a. a. O., S. 569. Datenbasis ist das SOEP 2004.

Die höchsten Vollzeiterwerbstätigenquoten haben Bürger/innen aus Südwesteuropa (58 %) und Deutsche (56 %), während jene von Migrant(inn)en aus Ex-Jugoslawien (48 %) und der Türkei (39 %) merklich darunter liegen. Die beiden zuerst genannten Gruppen weisen mit 17 bzw. 16 Prozent neben Aussiedler(inne)n (14 %) zudem die geringsten Anteile an Nichterwerbspersonen auf, während es bei den zuletzt genannten 20 bzw. fast 30 Prozent sind, was mit ihren hohen Armuts- bzw. (bei Türken auch hohen) Arbeitslosenquoten korrespondiert. Bemerkenswert sind schließlich die nationalitätenspezifischen Unterschiede in der Teilzeitquote: Der mit Abstand geringste Anteil Teilzeiterwerbstätiger findet sich bei Türk(inn)en (6 %), während es bei Bürger(inne)n aus südwesteuropäischen Staaten mit 9 Prozent und bei anderen Gruppen mit Anteilen zwischen 11 (Ex-Jugoslawen und Aussiedler) bzw. 15 Prozent (Deutsche) deutlich mehr sind.

Der Sechste Familienbericht dokumentiert ferner geschlechtsspezifische Unterschiede in der Erwerbsbeteiligung ausländischer Ehepaare verschiedener Herkunftsgruppen auf Basis von Datensätzen des Mikrozensus 1995. Demzufolge waren bei griechischen Paaren am häufigsten beide Partner erwerbstätig; sie waren zudem am seltensten (3,2 %) erwerbslos. Das Bild bei türkischen Paaren war genau umgekehrt: Fast die Hälfte lebte nur vom Einkommen des Ehepartners; ebenso lag die Erwerbslosenquote mit 9,1 Prozent deutlich höher. Resümierend stellt der Bericht dazu fest, dass „Hausfrauenehen" nur bei ausländischen Ehepaaren größere Bedeutung besäßen; hingegen seien ausländische Mütter und Alleinerziehende, wenn sie denn einer Erwerbsarbeit nachgingen, häufiger als deutsche Vergleichsgruppen in Vollzeitjobs beschäftigt, wobei der jeweilige Arbeitszeittyp in engem Zusammenhang mit der Einkommenshöhe der Männer stehe.

2. Entwicklung sozialversicherungspflichtiger Beschäftigungsverhältnisse

Dem Migrationslagebericht 2005 zufolge nahm die – in den vergangenen Jahrzehnten gestiegene – Zahl der sozialversicherungspflichtigen Beschäftigungsverhältnisse in Deutschland seit dem Jahr 2000 von im Jahresdurchschnitt 27,9 auf 26,7 Mio. 2003 ab.[21] Bezüglich der Entwicklung unter Ausländer(inne)n zeigt sich, dass ihr Anteil an sozialversicherungspflichtigen Beschäftigungsverhältnissen nach einem leichten Zuwachs im Jahr 2000 bis 2003 kontinuierlich abnahm, zuletzt von 6,9 Prozent 2002 (bzw. 1,9 Mio.) auf 6,7 Prozent (bzw. 1,79 Mio.) im Folgejahr. Die Veränderungen gegenüber den Vorjahreswerten belegen zugleich, dass der Rückgang bei ausländischen erheblich stärker als bei deutschen Beschäftigten ausgeprägt war.[22] Diese größere Betroffenheit ausländischer Beschäftigter sowohl von positiven als auch negativen konjunkturellen Schwankungen macht nach Ansicht der Integrationsbeauftragten deutlich, dass ihnen „offenbar auch als Arbeitsinländern eine konjunkturelle Pufferfunktion zukommt“.[23]

Im Frühjahr 2004 bildeten nach Herkunftsgruppen Türk(inn)en mit 26,9 Prozent (rund 480.000 Personen) die größte Gruppe unter sozialversicherungspflichtig beschäftigten Ausländer(inne)n, Italiener/innen folgten mit 9,8 (175.000), Bürger/innen aus Ex-Jugoslawien mit 8,6 (153.000) und Griech(inn)en mit 5,4 Prozent (96.000).[24] Jeweils rund 2 Prozent waren Staatsbürger/innen der Russischen Förderation, Spaniens, Bosniens einschließlich der Herzegowina und weitere 3,5 Prozent polnischer Nationalität. Die Anteile aller übrigen in Deutschland vertretenen Zuwanderernationalitäten lagen allesamt unter 1 Prozent.

Ausländer/innen sind inzwischen deutlich seltener als Deutsche sozialversicherungspflichtig beschäftigt. 2003 lag ihre Beschäftigungsquote,[25] die ebenfalls auf das Ausmaß der Teilhabe am Arbeitsmarkt hindeutet, mit 24 um 9 Prozent niedriger als jene von Deutschen (33 %). Dies ist das Resultat einer langjährigen Entwicklung, die eng mit der früheren Anwerbepolitik und später getroffenen migrationspolitischen Entscheidungen verknüpft ist: Aufgrund der fast ausschließlichen Anwerbung *männlicher* Arbeitnehmer lag die Beschäftigungsquote von Ausländer(inne)n bis zum Anwerbestopp 1973 mit 65 Prozent auf einem sehr hohen Niveau, sank danach aber u. a. aufgrund des Familiennachzugs kontinuierlich.[26] 1976 unterschritt sie erstmals die 50- und 1982 die 40-Prozent-Marke, 1996 erreichte sie mit 30 Prozent wieder einen Gleichstand mit jener der deutschen Beschäftigten. Nach Herkunftsgruppen zeigt sich, dass Franzosen im Jahr 2003 (mit 62 %) die höchste Beschäftigungsquote hatten, die annähernd doppelt so hoch wie jene Deutscher (33 %) lag. Danach folgten EU-Bürger/innen (30,2 %), Italiener/innen (29 %) sowie Griech(inn)en und Staatsangehörige aus dem ehemaligen Jugoslawien (jeweils rund 27 %), während Türk(inn)en (mit 26 %) die niedrigste Beschäftigungsquote hatten. Allerdings irritiert, dass alle Beschäftigungsquoten

21 Vgl. auch zum Folgenden: Bundesintegrationsbeauftragte (Hrsg.): Sechster Bericht, a. a. O., S. 53 f. u. 336

22 Dies bestätigt auch der Sozialbericht 2007 des Landes Nordrhein-Westfalen, nach dem der Rückgang sozialversicherungspflichtig Beschäftigter von 2002 bis 2005 bei Ausländern besonders ausgeprägt war; vgl. MAGS NRW (Hrsg.): Sozialbericht NRW 2007, a. a. O., S. 362

23 Siehe ebd., S. 54

24 Vgl. hierzu und zum Folgenden: Bundesintegrationsbeauftragte (Hrsg.): Sechster Bericht, a. a. O., S. 54 u. 338 ff.

25 Diese bezeichnet das Verhältnis der sozialversicherungspflichtig Beschäftigten zur Gesamtzahl aller in Deutschland lebenden Ausländer; vgl. ebd., S. 53

26 Vgl. dazu und zum Folgenden: ebd., S. 54 u. 339

der genannten Zuwanderergruppen deutlich über der für Ausländer/innen im Durchschnitt ausgewiesenen 24 Prozent liegen, zugleich zusammengenommen aber den weitaus größten Teil der zugewanderten Bevölkerung in Deutschland abbilden. Eine Erklärung könnten die vermutlich deutlich unter dem Durchschnitt liegenden Beschäftigungsquoten der übrigen, sehr kleinen Zuwandernationalitäten liefern (in denen die Gruppe von Flüchtlingen bzw. Asylsuchenden groß sein dürfte); sie werden allerdings in der amtlichen Statistik nicht ausgewiesen.

3. Verteilung auf Wirtschaftssektoren

Die Verteilung von Bevölkerungsgruppen auf verschiedene Wirtschaftssektoren bildet ein wichtiges Thema innerhalb der gegenwärtigen migrationswissenschaftlichen Arbeitsmarktforschung,[27] weil sie als qualitativer Indikator für die Arbeitsmarktintegration gilt und – besonders im Zeitverlauf betrachtet – Rückschlüsse auf die soziale und berufliche Auf- oder Abwärtsmobilität einer Bevölkerungsgruppe, hier von Migrant(inn)en, zulässt. Das zentrale Merkmal der Ausländerbeschäftigung zu Zeiten der „Gastarbeiter"-Anwerbung bis 1973 war die fast ausschließliche Eingliederung der meist (formal) unqualifizierten Angeworbenen in die untersten Ränge der beruflichen Hierarchie, zumeist im produzierenden und verarbeitenden Gewerbe. Noch im Jahr 1980 waren 41 Prozent der ausländischen Arbeitnehmer/innen in den Wirtschaftsbereichen der Eisen- und Metallerzeugung bzw. -verarbeitung beschäftigt,[28] weitere Schwerpunkte lagen mit über 19 Prozent im verarbeitenden Gewerbe, mit mehr als 20 Prozent im tertiären Sektor sowie mit fast 12 Prozent im Baugewerbe. Petrus Han sieht diese „sektorale Konzentration" der Migrant(inn)en am Arbeitsmarkt als Folge der Anwerbepolitik, der sich Betroffene – selbst wenn sie nicht durch offizielle Anwerbung rekrutiert wurden – schwerlich entziehen konnten.[29] Die Verteilung ausländischer Arbeitnehmer/innen auf verschiedene Wirtschaftssektoren von 1977 bis 1992 zeigt folgende Tabelle:

Tabelle 6.3 Ausländische und deutsche Arbeitnehmer/innen nach Sektoren (in %)

	1977		1987		1992	
	Ausländer	Deutsche	*Ausländer*	Deutsche	*Ausländer*	Deutsche
Fertigungssektor	*70,1*	48,4	*62,3*	44,3	*57,9*	44,0
Verarbeitendes Gewerbe	*60,2*	40,7	*53,5*	37,7	*k. A.*	k. A.
Baugewerbe	*9,9*	7,7	*8,8*	6,6	*k. A.*	k. A.
Dienstleistungssektor gesamt	*26,9*	47,9	*34,7*	52,3	*41,0*	55,1
davon moderne Dienstleistungen*	*3,1*	10,9	*3,9*	11,5	*k. A.*	k. A.
davon andere Dienstleistungen	*23,8*	37	*30,8*	40,8	*k. A.*	k. A.

* = Banken, Versicherungen, Sozialversicherungen und Gebietskörperschaften (Kommunen und Kreise)
Quelle: Verschiedenste Quellen nach P. Bremer: Ausgrenzungsprozesse und die Spaltung der Städte, a. a. O., S. 77

27 Vgl. U. Hunger: Die Beschäftigungssituation von Migranten auf dem deutschen Arbeitsmarkt, a. a. O., S. 11
28 Vgl. U. Mehrländer u. a.: Situation der ausländischen Arbeitnehmer und ihrer Familienangehörigen, a. a. O., S. 655
29 Vgl. P. Han: Soziologie der Migration, a. a. O., S. 237

Die Daten veranschaulichen bezüglich des Strukturwandels einprägsam, dass Ausländer/innen auch 1992 noch insbesondere im Fertigungssektor, für den sie primär angeworben wurden, beschäftigt waren, obgleich ihr Anteil dort um 13 Prozent beträchtlich sank, während der Anteil deutscher Arbeitnehmer/innen nur geringfügig abnahm und zuletzt erheblich unter jenem von Ausländer(inne)n lag. Im verarbeitenden ebenso wie im Baugewerbe deutet sich für beide Gruppen ein Rückgang der Beschäftigtenzahlen an, der allerdings bei Ausländer(inne)n höher ausfällt. Die Entwicklungen im Dienstleistungsbereich stützen die These einer sukzessiv steigenden Teilhabe von Migrant(inn)en am Wandel zur Dienstleistungsgesellschaft: Der Anteil von im gesamten Dienstleistungsbereich beschäftigten Ausländer(inne)n stieg um 14 auf 41 Prozent (1992) erheblich, während er bei Deutschen bloß um 7,2 Prozent zunahm. Allerdings belegt die verschwindend geringe Teilhabe ausländischer Arbeitnehmer/innen im Kreditgewerbe und bei Versicherungen, dass es ihnen kaum gelingt, Fuß in attraktiveren Tätigkeiten des Dienstleistungssektors zu fassen, zumal ihre Anteile besonders bei einfachen Dienstleistungstätigkeiten stärker als bei Deutschen stiegen.

Hinsichtlich der Frage, ob die „traditionelle" Konzentration von Nichtdeutschen im produzierenden und verarbeitenden Gewerbe mittlerweile zurückgegangen ist, gibt es recht einhellige Auffassungen. Wolfgang Seifert kam für Ende der 1980er-Jahre zu dem Schluss, dass sie sich mit der zunehmenden Ausdifferenzierung der Migrationsformen und dem wirtschaftlichen Strukturwandel in der Bundesrepublik zwar ein wenig abgeschwächt, sich jedoch nicht grundsätzlich gewandelt habe.[30] Die damalige Bundesausländerbeauftragte Marieluise Beck resümierte für 1998, dass ausländische Arbeitnehmer/innen trotz des Beschäftigungswandels bei gleichzeitig stärkerer Vertretung im Dienstleistungsbereich noch überproportional in besonders belastenden Berufen beschäftigt gewesen seien.[31] Zumal der Beamtenstatus Nichteingebürgerten weiterhin prinzipiell verschlossen sei, habe sich daran nichts Wesentliches geändert. Auch das Rheinisch-Westfälische Institut für Wirtschaftsforschung sieht die Gefahr, „dass ein Großteil der Ausländer vom sektoralen Strukturwandel und vom damit verbunden Wandel auf dem Arbeitsmarkt dauerhaft abgekoppelt werden könnte", worauf sich die zukünftige Integrationspolitik u. a. durch verstärkte Qualifizierungsanstrengungen einrichten müsse.[32] Für 2001 wies die Repräsentativuntersuchung schließlich aus, „dass der Großteil der ausländischen Arbeitnehmer trotz des in Deutschland generellen Trends zur Dienstleistungs- und Informationsgesellschaft immer noch in Arbeiterberufen (Türken 76 %, ehemalige Jugoslawen 70 %, Italiener 58 % und Griechen 61 %) zu finden war. Zwar hat der Arbeiteranteil unter den ausländischen Arbeitnehmern seit 1985 etwas abgenommen, während der Angestelltenanteil anstieg, aber im Vergleich zu den deutschen Arbeitnehmern

30 Vgl. W. Seifert: Berufliche und ökonomische Mobilität, a. a. O., S. 19 ff.

31 Berufe mit einem Ausländeranteil über 20 % sind z. B. Spinnberufe, Former, Formgießer, Süßwarenhersteller, Speisenbereiter, Metallberufe, Hilfsarbeiter und Reinigungsberufe; vgl. hierzu und zum Folgenden: Bundesausländerbeauftragte (Hrsg.): Lagebericht 2000, a. a. O., S. 141. Als besonders belastend erachtet Wolfgang Seifert die Beschäftigungsfelder und Arbeitsbedingungen ausländischer Arbeitnehmer; demnach üben diese häufiger monotone Tätigkeiten aus, unterliegen öfter strengen Kontrollen, leisten häufiger schwere körperliche Arbeit und sind wesentlich öfter belastenden Umwelteinflüssen ausgesetzt als Deutsche; vgl. ders.: Berufliche und ökonomische Mobilität, a. a. O., S. 28 u. 65.

32 Vgl. Rheinisch-Westfälisches Institut für Wirtschaftsforschung: Berufliche Integration von Zuwanderern. Gutachten im Auftrag der Unabhängigen Kommission „Zuwanderung" beim Bundesminister des Innern, Essen 2001, S. 71

(Arbeiter 40 %, Angestellte und Beamte 50 %) sind unter den Ausländern überproportional viele Arbeiter vertreten."[33]

Zusammenfassend lassen sich bezüglich der Integration von Zuwanderern in die drei klassischen Wirtschaftssektoren bis in die jüngere Vergangenheit mehrere Trends ausmachen. Im Zuge des Strukturwandels im Arbeitsmarkt verliert unter sozialversicherungspflichtig beschäftigten Deutschen und Ausländer(inne)n besonders das produzierende Gewerbe an Bedeutung. Zugleich sind Letztere dort immer noch überproportional beschäftigt, womit sie höheren Arbeitsplatzrisiken ausgesetzt sind. Ihr Anteil dort sank von 54 Prozent aller sozialversicherungspflichtig beschäftigten Ausländer(inne)n im Jahr 1989 auf rund 39 Prozent im März 2004 (im Vergleich zu 33 % der Deutschen), womit dieser Sektor immer noch den führenden Wirtschaftszweig für diese Gruppe darstellt.[34] Hohe Anteile dort Beschäftigter wiesen 1996 mit 60 Prozent insbesondere türkische Migrant(inn)en auf, aber auch von Portugies(inn)en, Ex-Jugoslaw(inn)en, Spanier(inne)n und Italiener(inne)n arbeitet jede/r Zweite/r dort.[35] Weil selbst EU-Drittstaatler(inne)n der Zugang zum Beamtenstatus weiterhin prinzipiell verschlossen ist,[36] liegt der Ausländeranteil unter Beschäftigten im Öffentlichen Dienst bloß bei rund 3,6 Prozent, führte der Sachverständigenrat für Zuwanderung und Integration 2004 auf Basis von Daten des SOEP an.

4. Berufs- und Branchenschwerpunkte

Die rund 1,8 Mio. sozialversicherungspflichtig beschäftigten Ausländer/innen konzentrieren sich nach wie vor weitgehend in Berufszweigen, die durch belastende Arbeitsbedingungen und niedrige Einkommen gekennzeichnet sind, während sie an höher bewerteten Branchen wie der öffentlichen Verwaltung oder dem Banken- und Versicherungsbereich nur unterproportional teilhaben.[37] Die höchsten Ausländeranteile von Beschäftigten verzeichneten im März 2004 das Gast(stätten)gewerbe mit 21,2 Prozent sowie der Gebäudereinigungsbereich mit 27,4 Prozent (zum Vergleich: Der Anteil ausländischer an allen sozialversicherungspflichtig Beschäftigten lag im März 2004 bei 6,8 %); es folgen das verarbeitende Gewerbe (8,6 %), das Grundstücks- und Wohnungswesen (8,3 %), Land-, Fortwirtschaft und Fischerei (7,3 %). Mit Anteilen von 5 bis 6 Prozent knapp unterproportional waren Ausländer/innen im Baugewerbe (6,4 %), im Bergbau (6,2 %), im privaten Dienstleistungsbereich (6 %) sowie im Handel (5,6 %) vertreten. Ihr Anteil im Bereich Erziehung und Unterricht lag zwar nur bei rund 4,8 Prozent, war allerdings der einzige Bereich, der von 2001 bis 2003 keinen Rückgang, sondern einen Zuwachs von 0,2 Prozent verzeichnete. Besonders selten waren Nichtdeutsche

---

33 Siehe BMAS (Hrsg.): Repräsentativuntersuchung 2001, Berichtsband, a. a. O., S. 27 f. Die Prozente sind gerundet.

34 Vgl. Bundesintegrationsbeauftragte (Hrsg.): Sechster Bericht, a. a. O., S. 77

35 Vgl. N. Granato: Ethnische Ungleichheit auf dem deutschen Arbeitsmarkt. Schriftenreihe des Bundesinstituts für Bevölkerungsforschung Bd. 33, Opladen 2003, a. a. O., S. 20

36 Wovon allerdings zunehmend Ausnahmen etwa im Polizeidienst, Strafvollzug oder Erziehungs- und Sozialbereich gemacht werden; vgl. Bundesintegrationsbeauftragte (Hrsg.): Sechster Bericht, a. a. O., S. 55; zum Folgenden: Sachverständigenrat für Zuwanderung und Integration (Hrsg.): Migration und Integration, a. a. O., S. 388

37 Vgl. hierzu und zum Folgenden: Bundesintegrationsbeauftragte (Hrsg.): Sechster Bericht, a. a. O., S. 340

weiterhin in den Wirtschaftszweigen „Energie- und Wasserversorgung" (1,7 %), im Kredit- und Versicherungsgewerbe sowie in der öffentlichen Verwaltung (2,4 %) anzutreffen; zudem war ihre Teilhabe auch im Gesundheits-, Veterinär- bzw. Sozialwesen mit rund 4,4 Prozent unterproportional. Geschlechtsspezifische Daten veranschaulichen ferner, dass die hauptsächlichen Beschäftigungsfelder ausländischer Frauen sich nur geringfügig veränderten und weiterhin erheblich von jenen deutscher Frauen unterscheiden: Es dominierten die Bereiche Gaststätten- und Beherbergungsgewerbe, Reinigung und Körperpflege sowie der Handel; ein wachsender Teil von Dienstleistungen wird in privaten Haushalten informell geleistet.[38]

Vor dem Hintergrund intergenerationeller Eingliederungsprozesse von Migrant(inn)en im Arbeitsmarkt ist bedeutsam, ob die zweite bzw. dritte Generation an zukunftsträchtigeren Ausbildungsberufen und Branchen häufiger als die erste Generation teilhat oder sich gegenläufige Tendenzen einer Konzentration in gering qualifizierten Beschäftigungsverhältnissen abzeichnen. Für die hier geborenen Folgegenerationen lässt sich in der Zusammenschau verschiedener Quellen eine deutliche Akzentverschiebung zugunsten höher qualifizierter Dienstleistungsberufe konstatieren, allerdings unter Beibehaltung größerer Unterschiede zwischen verschiedenen Migrantengruppen und zu Deutschen.[39] Der Sechste Familienbericht stellte diesbezüglich fest, dass im Vergleich der zweiten mit der ersten Generation vor allem die Bereiche der staatlichen und sozialen Dienste an Bedeutung gewonnen haben. Die Arbeitsplätze der zweiten Generation, also von Ausländer(inne)n, die eine deutsche Schule besucht hatten und zum Befragungszeitpunkt 1995 höchstens 25 Jahre alt waren, seien wesentlich günstiger ausgestattet als die der Ausländer/innen aus Anwerbestaaten insgesamt. Eine OECD-Studie belegte für den Zeitraum von 1992 bis 2003 eine steigende, aber im Vergleich zu Nichtmigrant(inn)en weiterhin *unter*durchschnittliche Präsenz der zweiten Generation in kaufmännischen Angestelltenberufen und bei Bürokräften ebenso wie bei gesetzgebenden Körperschaften, leitenden Verwaltungsbediensteten und Führungskräften in der Privatwirtschaft.[40] Eine höhere berufliche Platzierung in zukunftsträchtigen Branchen findet in der zweiten Generation demnach also durchaus statt, ist aber auf die genannten Sektoren begrenzt, während im wissenschaftlichen Bereich sogar ein Rückgang und bei Technikern eine Stagnation zu verzeichnen war. Nach wie vor erheblich *über*repräsentiert war die zweite Generation freilich in Dienstleistungsberufen, als Verkäufer/in in Geschäften bzw. auf Märkten, in Handwerks- und verwandten Berufen, bei Anlagen- und Maschinenbediener(inne)n, Montierer(inne)n sowie bei Hilfskräften. Ihre relative Überpräsenz hatte in diesen eher gering qualifizierten Dienstleistungs-, Industrie- oder manuellen Fertigungsberufen erheblich zugenommen.

Der Datenreport 2004 belegt solche Unterschiede zwischen verschiedenen Herkunftsgruppen der zweiten Generation, allerdings nicht anhand der „Stellung im Beruf", sondern

---

38 Vgl. W. Hinrichs: Ausländische Bevölkerungsgruppen in Deutschland, a. a. O., S. 27

39 Vgl. zum Folgenden: BMFSFJ (Hrsg.): Familien ausländischer Herkunft, a. a. O., S. 149; ergänzend: W. Seifert: „Alte" und „neue" Zuwanderergruppen auf dem Arbeitsmarkt, 1990–95, in: ZeS-Arbeitspapier 6/1996, S. 54 ff.; U. Hunger: Die Beschäftigungssituation von Migranten auf dem deutschen Arbeitsmarkt, Forschungsstand und Forschungsperspektiven, Münster 2000, S. 12

40 Vgl. auch zum Folgenden: OECD (Hrsg.): Die Arbeitsmarktintegration von Zuwanderern in Deutschland, Paris 2005, S. 40. Da die Angaben auf Daten des SOEP beruhen, wurde die zweite Generation als „in Deutschland geborene Personen, die zum Zeitpunkt ihrer Geburt nicht die deutsche Staatsangehörigkeit hatten" definiert; vgl. ebd., S. 13

mittels der Indikatoren „Bewertung von Arbeitsbedingungen“ und „Flexibilität bei der Arbeitsgestaltung“, die Kriterien für die erlebte Qualität der Arbeitswelt bildeten.[41] Danach bewerteten türkische Migrant(inn)en der zweiten Generation ihre Arbeitsbedingungen im Jahr 2001 mit 32 Prozent am häufigsten als „schlecht“, die zweite Generation aus EU-Mitgliedstaaten gab dies zu einem Fünftel und jene aus Ländern Ex-Jugoslawiens bloß zu 11 Prozent an. Eine „flexible Arbeitsgestaltung“ bejahte vor allem die zweite Generation aus EU-Staaten (mit 20 %) und Ex-Jugoslawien (mit 17 %), aber nur 14 Prozent der türkischen zweiten Generation. Zusammenfassen lässt sich somit, dass sich einerseits zumindest für einige Gruppen der zweiten bzw. dritten Generation, wie insbesondere EU-Ausländer/innen und bedingt auch Ex-Jugoslaw(inn)en, eine berufliche Aufwärtsmobilität abzeichnet, während andererseits ein großer Anteil ohne berufliche Ausbildung bzw. in unqualifizierten Berufen verbleibt.

Ein Paneldatensatz des Instituts für Arbeitsmarkt- und Berufsforschung (IAB) gibt über die Berufe von sozialversicherungspflichtig beschäftigten Spätaussiedler(inne)n im Vergleich zu Ausländer(inne)n und Deutschen in den Jahren 2000 bis 2004 Auskunft.[42] Bei Arbeiter(inne)n unterschieden sich die Berufe der drei Gruppen kaum voneinander, da vornehmlich gewerbliche Berufe wie Schlosser oder Maurer und einfache Dienstleistungsberufe wie Lager- oder Transportarbeiter bzw. Kraftfahrzeugführer vertreten waren; Aussiedler/innen waren lediglich häufiger als Hilfsarbeiter/innen beschäftigt. Bei Angestellten zeigten sich indes größere Differenzen: Aussiedler/innen arbeiteten sowohl häufig in Helferberufen des Gesundheitswesens als auch in anspruchsvollen und prestigeträchtigen Berufen wie Arzt, Techniker, Ingenieur oder Datenverarbeitungsfachkraft. Darin unterschieden sie sich von Ausländer(inne)n und Deutschen, die in Angestelltenberufen eher auf mittlerem und einfachem Qualifikationsniveau tätig waren. Da der Angestelltenanteil bei Spätaussiedler(inne)n aber insgesamt sehr niedrig lag, schlussfolgern die Autoren der IAB-Studie: „Offensichtlich sind es nur wenige Berufe, bei denen aus dem Ausland mitgebrachte Qualifikationen verwertet werden können.“[43] Dies sei immer der Fall, „wenn sie universell sind und eine Nachfrage nach entsprechenden Fachkräften vorliegt – wie eben bei medizinischen und technischen Berufen.“

5. Stellung im Beruf

Die „Stellung im Beruf“ ist nicht nur ein grober, sondern auch ein unscharfer Indikator für den Arbeitsmarkterfolg einer Bevölkerungsgruppe.[44] Keineswegs ideal ist er etwa, weil zwar Aussagen zur Art der zum Erfassungszeitpunkt ausgeübten Tätigkeit, nicht aber über die vergangene oder die zukünftige soziale Mobilität möglich sind. Dennoch bietet sich seine Verwendung hier an, weil die berufliche Stellung als einer der wenigen Indikatoren nicht nur in der amtlichen Statistik, sondern auch im Sozio-ökonomischen Panel und in anderen Datenquellen regelmäßig für verschiedene Migrantengruppen ausgewiesen wird. Darüber hinaus spricht für diesen Indikator, dass sich an ihm besonders qualitative Unterschiede in

41 Vgl. zum Folgenden: StBA (Hrsg.): Datenreport 2004, a. a. O., S. 581

42 Vgl. auch zum Folgenden: A. Brück-Klingberg: Verkehrte Welt. Spätaussiedler mit höherer Bildung sind öfter arbeitslos, in: IAB-Kurzbericht 8/2007, S. 4

43 Siehe auch zum Folgenden: ebd., S. 4

44 Vgl. N. Granato: Ethnische Ungleichheit auf dem deutschen Arbeitsmarkt, a. a. O., S. 61 f.

den Arbeitsmarktpositionen abbilden lassen, weil Arbeiter/innen im Vergleich zu Angestellten nach wie vor häufiger belastenden Arbeitsbedingungen ausgesetzt sind, niedrigere Einkommen erzielen und stärker vom Arbeitsplatzabbau bedroht sind.

Trotz des generellen Trends zur Dienstleistungs- und Informationsgesellschaft sind ausländische Arbeitnehmer/innen auch im beginnenden 21. Jahrhundert noch schwerpunktmäßig in Arbeiterberufen zu finden, wenngleich der Angestelltenbereich insbesondere für jüngere Migrant(inn)en eine größere Bedeutung bekommen hat.[45] Längsschnittanalysen des Mikrozensus zur Entwicklung der Stellung im Beruf seit den 1980er-Jahren belegen, dass Ausländer/innen durchaus an der insgesamt zu verzeichnenden sozialen Aufwärtsmobilität teilhatten, allerdings in geringerem Ausmaß als Deutsche. Dass sich die Struktur der ausländischen Beschäftigten hinsichtlich der Stellung im Beruf noch erheblich von derjenigen der deutschen unterscheidet, konstatierte auch der Sechste Familienbericht. Die Struktur der Anwerbung, aber auch die Zunahme von Asylberechtigten, die eine Eingliederung der Migrant(inn)en am unteren Ende der beruflichen Hierarchie nach sich gezogen habe, sei – obwohl sie sich erheblich gewandelt habe – auch 1995 noch gut zu erkennen gewesen, so der Bericht.[46] Belegt wurde darüber hinaus eine deutliche intergenerationelle Aufstiegsmobilität von jungen Erwachsenen der zweiten Generation. Bereits 1984 sei ihr Anteil im produzierenden Gewerbe deutlich niedriger gewesen als bei ausländischen Erwerbstätigen insgesamt. Auswertungen des SOEP zwischen 1984 und 1995 zufolge hatte sich die Stellung von Ausländer(inne)n der zweiten Generation (die eine deutsche Schule besucht hatten und zu den Erhebungszeitpunkten 16 bis 25 Jahre alt waren) folgendermaßen verändert:[47] Waren 1984 noch 79 Prozent als (un-, angelernte und Fach-)Arbeiter tätig, sank dieser Anteil bis 1995 auf 57 Prozent (und bei Deutschen von 41 auf 33 %), wobei sich darunter allein die Zahl von *Fach*arbeiter(inne)n erhöhte. Gleichzeitig nahm der Anteil ausländischer Angestellter von 19 auf 42 Prozent (und bei Deutschen von 47 auf 57 %) zu, wobei Angestellte im mittleren und höheren Dienst den weitaus größten Zuwachs verzeichneten.

In den 1990er-Jahren setzte sich diese vom Strukturwandel geprägte Veränderung der Erwerbsverhältnisse von Ausländer(inne)n fort. Von 1991 bis 2003 nahm die Zahl ausländischer Erwerbstätiger im früheren Bundesgebiet deutlich zu, wobei der Anteil Selbstständiger bei Nichtdeutschen von 6 auf 9 Prozent stieg und sich mithin dem Vergleichswert der deutschen Bevölkerung (10 %) annäherte.[48] In den anderen Beschäftigungsbereichen sind zwar sowohl bei Ausländer(inne)n als auch bei Deutschen klare Verbesserungen erkennbar, bei Ersteren waren diese jedoch geringer ausgeprägt: Der Anteil ausländischer Arbeiter/innen sank von 66 auf 52 Prozent (Deutsche: von 36 auf 28 %), derjenige von Angestellten stieg von 21 auf 36 Prozent (Deutsche: von 46 auf 52 %). Die Unterschiede in der beruflichen Stellung zwischen Ausländer(inne)n und Deutschen korrespondieren mit der wesentlich ungünstigeren Qualifikationsstruktur Ersterer. Die langfristige Entwicklung zeigt, „dass sich trotz nach wie vor großer Unterschiede die Situation von ausländischen und deutschen Erwerbstätigen

45 Vgl. BMAS (Hrsg.): Situation der ausländischen Arbeitnehmer 2001, a. a. O., S. 27 ff.
46 Siehe BMFSFJ (Hrsg.): Familien ausländischer Herkunft, a. a. O., S. 148 ff.
47 Die referierten Zahlen beruhen auf einem Gutachten W. Seiferts für den Sechsten Familienbericht; vgl. Tab. V.7 in: BMFSFJ (Hrsg.): Sechster Familienbericht, a. a. O., S. 149
48 Zu den Daten 1991 bis 2003 vgl. Bundesintegrationsbeauftragte (Hrsg.): Sechster Bericht, a. a. O., S. 51

seit Anfang der 1990er-Jahre deutlich angenähert hat."[49] Wird allein die Erwerbssituation nichtdeutscher Frauen in den Blick genommen, zeigt sich eine ähnlich ausgeprägte Umkehr der Relationen von Arbeiter- hin zu Angestelltenverhältnissen: Noch 1991 waren bloß 34 Prozent aller Ausländerinnen als Angestellte beschäftigt, bis 2003 stieg dieser Anteil auf über 46 Prozent. Zugleich sank ihre Arbeiterinnenquote von fast 60 auf rund 45 Prozent und der Anteil Selbstständiger nahm geringfügig zu.

Zwischen ausländischen Frauen verschiedener Nationalität bestehen beträchtliche Unterschiede in der beruflichen Stellung.[50] Während Griechinnen Mitte der 1990er-Jahre mit einer Selbstständigenquote von 6,9 Prozent den gleichen Selbstständigenanteil wie deutsche Frauen hatten, waren jene aus Ex-Jugoslawien mit nur 2,3, Türkinnen mit 3,5 und Italienerinnen mit 4,8 Prozent merklich seltener selbstständig erwerbstätig. Auch bei Angestelltenquoten ergaben sich große Differenzen: Sie reichten von 10,6 Prozent der Griechinnen und 12,4 Prozent der Türkinnen an einem Ende des Spektrums bis hin zu Italienerinnen, Frauen aus Ex-Jugoslawien und EU-Bürgerinnen, die jeweils zu deutlich über 20 Prozent als Angestellte tätig waren, während dies für rund 59 Prozent der deutschen Frauen zutraf. Die höchsten Arbeiterinnenanteile wiesen Türkinnen mit rund 77 Prozent auf, es folgten Frauen aus Ex-Jugoslawien mit rund 70 Prozent, während Frauen aus den EU-Staaten, Griechinnen und Italienerinnen mit Werten um die 65 Prozent deutlich darunter lagen (zum Vergleich: bei deutschen Frauen waren es 22,5 %).

Für die größten Herkunftsnationalitäten der in Westdeutschland lebenden Migrant(inn)en differenzierte Daten der beruflichen Stellung, wie sie etwa im Migrationslagebericht 2005 oder in den jüngeren Datenreporten angeführt werden, offenbaren zwischen den Migrantengruppen weiterhin bestehende beträchtliche Unterschiede.[51] Dem Datenreport 2006 zufolge veränderte sich die berufliche Stellung von Zuwanderern türkischer Staatsangehörigkeit, solchen aus dem ehemaligen Jugoslawien, EU-Bürger(inne)n und Aussiedler(inne)n im Vergleich zu derjenigen von Deutschen in den Jahren 1996 und 2004 wie folgt:

49 Siehe ebd.
50 Vgl. zum Folgenden: W. Hinrichs: Ausländische Bevölkerungsgruppen in Deutschland, a. a. O., S. 28
51 Vgl. StBA (Hrsg.): Datenreport 2004, a. a. O., S. 581; Bundesintegrationsbeauftragte (Hrsg.): Sechster Bericht, a. a. O., S. 51; ergänzend: N. Granato: Ethnische Ungleichheit auf dem deutschen Arbeitsmarkt, a. a. O., S. 21

Abbildung 6.4 Beschäftigungsstruktur von Deutschen und Zuwanderern in Westdeutschland 1996 und 2004 (in %)

	Deutsche		Zuwanderer aus ...						Aussiedler	
			der Türkei		Südwest-europa (bis 2003)		dem ehemal. Jugoslawien			
	1996	2004	1996	2004	1996	2004	1996	2004	1996	2004
	in %									
Berufliche Stellung										
Arbeiter	12	12	48	46	45	31	56	42	40	36
Facharbeiter/Meister	18	14	31	20	29	33	25	18	34	25
Einfache Angestellte	4	5	4	3	3	6	4	5	5	4
Mittlere Angestellte	20	23	24	24	19	20	29	25	31	29
Höhere Angestellte	7	8	0	0	1	4	0	1	1	1
Selbstständige	20	23	24	24	19	20	29	25	31	29
Niedrigeinkommen (50 % des Durchschnitts)	20	23	24	24	19	20	29	25	31	29
Hocheinkommen (200 % des Durchschnitts)	7	8	0	0	1	4	0	1	1	1
	Mittelwert									
Nettoarbeitseinkommen (Euro, nominal)	1 390	1 560	1 100	1 350	1 120	1 470	1 050	1 230	1 060	1 200

Quelle: StBA (Hrsg.): Datenreport 2006, a. a. O., S. 570

Die Daten illustrieren, dass Zuwanderer aus Südwesteuropa (Griechenland, Italien, Portugal und Spanien) im Herkunftsgruppenvergleich sowohl 1996 als auch 2004 die besten Positionen in der beruflichen Stellung einnahmen. Zuletzt wiesen sie den geringsten Anteil Arbeiter/innen (31 %) und den höchsten Anteil höherer Angestellter (4 %) auf, womit sich ihre Werte denjenigen der Deutschen weiter annäherten. Die auch von anderen Untersuchungen bestätigte[52] relativ ungünstige berufliche Stellung zeigt sich für Zuwanderer aus der Türkei und Ex-Jugoslawien mit besonders hohen Anteilen von Arbeiter(inne)n (46 bzw. 42 %) und einem von 1996 bis 2004 zurückgehenden Facharbeiter- bzw. Meisteranteil. Zugleich sind beide Gruppen im höheren Angestelltenbereich fast gar nicht repräsentiert. Die Integrationsbeauftragte weist außerdem darauf hin, dass sich neben Migrant(inn)en der zweiten und dritten Generation lediglich spanische Erwerbstätige positiv von der ansonsten besonders ungünstigen beruflichen Stellung von Ausländern aus Anwerbestaaten unterscheiden: Ihr Angestelltenanteil lag 2003 mit rund 46 Prozent zwar unter jenem von Deutschen (52,9 %), zugleich aber deutlich über dem Gesamtwert aller ausländischen Erwerbstätigen (mit 36,3 %).[53]

Aussiedler/innen nehmen in der beruflichen Stellung demnach eine Position zwischen den vergleichsweise privilegierten EU-Bürger(inne)n einerseits und Zuwanderern aus der Türkei bzw. Ex-Jugoslawien andererseits ein, die wesentlich höhere Anteile von Arbeiter(inne)n als Aussiedler/innen mit 36 Prozent haben. Allerdings ist auch bei ihnen der Anteil von

52 Vgl. Bundesintegrationsbeauftragte (Hrsg.): Sechster Bericht, a. a. O., S. 51
53 Vgl. ebd., S. 51 f.

Facharbeiter(inne)n bzw. Meister(inne)n gesunken. Gegenüber den anderen Herkunftsgruppen lag der Anteil mittlerer Angestellter (29 %) vergleichsweise hoch. Demgegenüber zeigt ein Paneldatensatz des Instituts für Arbeitsmarkt- und Berufsforschung im Beobachtungszeitraum von 2000 bis 2004 für Aussiedler/innen einen mit rund 70 Prozent weit höheren Anteil an „Nichtfacharbeitern" als für Ausländer/innen (mit 55 % und Deutschen mit fast 18 %) an. In beiden Gruppen betrug der Anteil von Facharbeiter(inne)n einschließlich Meister(inne)n ein Fünftel (bei Deutschen 25 %); allein der Anteil von Angestellten lag bei Ausländer(inne) n mit über 26 Prozent mehr als doppelt so hoch wie bei Aussiedler(inne)n mit 12 Prozent (bei Deutschen waren es mehr als die Hälfte).[54]

Nadia Granato fand auf Basis des Mikrozensus für 1996 weitaus feinere Differenzen hinsichtlich der Ausübung von qualifizierten Tätigkeiten und Führungsaufgaben im Arbeiter- und Angestelltensektor zwischen einzelnen ausländischen Nationalitäten heraus.[55] Im *Arbeiter*segment zeigte sich, dass alle Gruppen aus den ehemaligen Anwerbeländern überwiegend niedrig qualifizierte Tätigkeiten ohne Führungsaufgaben ausübten, wovon lediglich „sonstige" Europäer/innen sowie US-Amerikaner/innen Ausnahmen bildeten. Ungefähr drei Viertel aller Griech(inn)en (77 %), Türk(inn)en (75 %) und Spanier/innen (73 %) gehörten dieser niedrigsten Kategorie an. Auch wenn der Anteil aller Migrantengruppen in der mittleren Kategorie (qualifizierte Tätigkeiten ohne Führungsaufgaben) mit 26 Prozent bei fast der Hälfte jenes der Deutschen lag, waren dort zu jeweils rund 30 Prozent besonders Zugewanderte aus Portugal, Ex-Jugoslawien und Osteuropa vertreten. In der höchsten Kategorie (qualifizierte Tätigkeiten mit Führungsaufgaben) schwankte der Anteil fast aller Migrantengruppen zwischen 3 und 5 Prozent, während jener von Deutschen, sonstigen Europäer(inne)n und US-Amerikaner(inne)n bei etwa 15 Prozent lag. Im *Angestellten*bereich zeigte sich ein etwas anderes Bild: Zwar arbeiteten Migrant(inn)en aus den früheren Anwerbeländern des Mittelmeerraumes immer noch mehrheitlich in niedrig qualifizierten Tätigkeiten ohne Führungsaufgaben, die Unterschiede zwischen den Nationalitäten waren aber sehr viel ausgeprägter als in Arbeiterberufen: Sie reichten von rund 55 Prozent bei Türk(inn)en bis zu Osteuropäer(inne)n, die mit 35 Prozent einen jenem der Deutschen vergleichbaren Anteil in dieser Kategorie aufwiesen. Ein weiterer Unterschied zu Arbeiterberufen bestand in der nicht zu vernachlässigenden Repräsentanz von Zuwanderern in der mittleren Kategorie, die qualifizierte Tätigkeiten ohne Führungsaufgaben umfasste. Die höheren Anteile von Migrant(inn)en in Angestellten- als in Arbeiterberufen dieser mittleren Kategorie deuten auf eine soziale Aufwärtsmobilität bestimmter Zuwanderergruppen hin. Während Osteuropäer/innen und Portugies(inn)en (mit 41 bzw. 49 %) nahe am Mittelwert aller Gruppen lagen, waren Italiener/innen mit dem niedrigsten Anteil von immerhin noch rund einem Viertel in diesen qualifizierten Tätigkeiten beschäftigt. Im „höchsten" Bereich qualifizierter Tätigkeiten mit Führungsaufgaben unterrepräsentiert waren insbesondere Migrant(inn)en aus der Türkei, Polen und Ex-Jugoslawien (mit 10 bis 15 %), während sonstige Migrant(inn)en aus EU-Ländern

54 Vgl. A. Brück-Klingberg u. a.: Verkehrte Welt, a. a. O., S. 4. Es handelt sich um Daten der „Integrierten Erwerbsbiografie", die aus verschiedenen Statistiken der BA gebildet wird. Sie beruhen auf Analysen der Erwerbsverläufe von rund 645.000 Aussiedlern, 9,4 Mio. Ausländern und rund 440.000 Deutschen; vgl. ebd., S. 5

55 Vgl. auch zum Folgenden: N. Granato: Ethnische Ungleichheit auf dem deutschen Arbeitsmarkt, a. a. O., S. 22 ff.

und den USA mit über 40 Prozent dort noch stärker als Deutsche (mit 31 %) vertreten waren und der Anteil bei Spanier(inne)n, Griech(inn)en und Italiener(inne)n immerhin zwischen 20 und 25 Prozent lag.

Zusammenfassend können diese Entwicklungstendenzen in der beruflichen Stellung als eine seit Anfang der 1990er-Jahre festzustellende leichte Annäherung der sozialstrukturellen Verteilung von Migrant(inn)en und Deutschen im Arbeitsmarkt beschrieben werden. Eine Aufwärtsmobilität ist insbesondere für die zweite Generation sowie für EU-Ausländer/innen zu bilanzieren, die sogar zu noch höheren Anteilen als Deutsche im Angestelltensektor und als Selbstständige arbeiten. Nach wie vor bestehen allerdings erhebliche Unterschiede in Bezug auf die hohe Konzentration von Zugewanderten in Arbeiterberufen, also den tendenziell schrumpfenden Wirtschaftssektoren. Die ethnische Arbeitsmarktungleichheit insbesondere in Arbeiter- und (in abgeschwächter Form) auch in Angestelltenberufen ist somit weiterhin ausgeprägt. Disparitäten in der beruflichen Stellung lassen sich zudem zwischen verschiedenen Herkunftsgruppen resümieren. Sie haben sich entgegen mancher Annahmen im Laufe der Jahre keineswegs aufgelöst, sondern – etwa zwischen türkischen Migrant(inn)en und EU-Bürger(inne)n – zum Teil sogar noch vertieft.

Bei diesen Ergebnissen ist schließlich zu berücksichtigen, dass die Kategorisierungen nach Herkunftsgruppen recht unscharf sind. So verbirgt sich nicht nur hinter der Gruppe von „Migrant(inn)en aus Ex-Jugoslawien“ eine sehr heterogene Bevölkerung, die zu einem Teil aus in den 1960er-Jahren angeworbenen Arbeitsmigrant(inn)en und ihren Nachkommen, zum anderen aber auch aus vor dem Bürgerkrieg geflüchteten Flüchtling(sfamili)en besteht, von der Minderheit der Roma aus dem Kosovo oder Serbien-Montenegro einmal abgesehen. Die ebenfalls sehr heterogene Gruppe von Spätaussiedler(inne)n nimmt bei den meisten Arbeitsmarktindikatoren eher eine Zwischenstellung zwischen ausländischen Migrant(inn)en und Einheimischen ein: Sie haben die vergleichsweise höchsten Anteile an un- bzw. angelernten Arbeiter(inne)n, arbeiten darüber hinaus als Angestellte aber relativ häufig in prestigeträchtigen, qualifizierten Berufen. Außerdem bleiben jene Zuwanderer ohne Erwerbsmöglichkeit bzw. mit nachrangigem oder fehlendem Arbeitsmarktzugang (also insbesondere Flüchtlinge und Asylbewerber/innen) in fast allen Erhebungen unberücksichtigt, da diese sich meistenteils auf die Stellung von Erwerbstätigen im Beruf konzentrieren und damit Arbeitslose und in illegalen Beschäftigungsverhältnissen Tätige unberücksichtigt lassen (müssen). Ihr Einbezug würde, zumal nicht alle gleichermaßen von der mit dem Strukturwandel verbundenen Aufwärtsmobilität von Arbeiter- zu Angestellten- bzw. Beamtenverhältnissen im Arbeitsmarkt profitierten, die beschriebene Polarisierungstendenz zwischen den Migrantengruppen mutmaßlich noch klarer hervortreten lassen.

6.1.2 Die Arbeitslosigkeit von Migranten

Die Arbeitslosigkeit unter Migrant(inn)en, die als maßgebliche Ursache für ihre hohen Armutsrisiken gilt, hat sich in den vergangenen Jahrzehnten erheblich verändert. Strukturell gesehen haben sich die Betroffenengruppen ausdifferenziert, denn Angehörige einiger Herkunftsgruppen sind inzwischen wesentlich häufiger arbeitslos als andere. Erst seit wenigen

Jahren statistisch ausgewiesen wird die Arbeitslosigkeit von Aussiedler(inne)n.[56] Im Jahr 2004 waren Ausländer/innen fast doppelt und Aussiedler/innen mehr als drei Mal so häufig von Arbeitslosigkeit betroffen wie Deutsche.[57] Dies deutet auf sich im Laufe der Jahre herausbildende gruppenspezifische Arbeitslosigkeitsrisiken hin, die zumindest eine nach verschiedenen Herkunftsgruppen differenzierte Analyse notwendig machen. Die Quoten arbeitslos gemeldeter Ausländer/innen werden von der Bundesagentur für Arbeit und in den Migrationslageberichten regelmäßig veröffentlicht. Allerdings bleibt bei ihrer Interpretation zu berücksichtigen, dass längst nicht alle nach eigenen Angaben Arbeitslose als solche registriert sind: Laut Repräsentativuntersuchung zur Situation ausländischer Arbeitnehmer 2001 gaben 6 Prozent der Befragten an, als arbeitssuchend gemeldet zu sein; hinzu kamen jedoch weitere 1,6 Prozent, die zwar auf Stellensuche, aber nicht als Arbeitslose erfasst waren.[58] Außerdem drückt sich der arbeitsgenehmigungsrechtliche Ausschluss vieler Ausländer/innen vom Arbeitsmarkt nicht, wie vielleicht zu vermuten wäre, in entsprechendem Umfang in ihrer Arbeitslosenquote aus. Peter Bremer führt als Grund dafür die statistische Erfassung von Ausländer(inne)n als arbeitslos allein dann an, „wenn sie im Besitz einer gültigen Arbeitserlaubnis sind oder Anspruch auf Erteilung der besonderen Arbeitserlaubnis aufgrund erlangter Rechte oder zwischenstaatlicher Vereinbarungen haben oder nicht erkennbar ist, daß der deutsche Arbeitsmarkt für sie verschlossen ist."[59] Zudem würden Asylsuchende nur als arbeitslos registriert, sofern sie Arbeitslosengeld oder -hilfe (heute: Arbeitslosengeld II) bezögen, weshalb man insgesamt davon ausgehen könne, dass sich in ihren offiziellen Arbeitslosenquoten nicht das reale Ausmaß der Migranten-Arbeitslosigkeit widerspiegele.

Die Entwicklung der Ausländerarbeitslosigkeit lässt sich am besten veranschaulichen, wenn man sie im Zeitverlauf interpretiert.[60] Die Arbeitslosenquote von Ausländer(inne)n betrug 1980 noch 5 Prozent bei insgesamt 3,8 Prozent Arbeitslosigkeit, stieg danach aber unter starken Schwankungen beträchtlich.[61] Diese Entwicklung setzte sich in den 1990er-Jahren fort: 1991 wurde mit 10,7 Prozent der geringste Wert verzeichnet, der bis 1997 auf 20,4 Prozent stieg. Analog zum allgemeinen Rückgang der Arbeitslosenzahlen sank ab 1999 auch die Ausländerarbeitslosenquote vorübergehend: Von im Jahresdurchschnitt 18,4 Prozent aller ausländischen Erwerbspersonen sank der Anteil auf 16,5 Prozent 2001. Seitdem stieg die Quote erneut bis 2004 auf einen „historischen Höchststand" von 20,5 Prozent (bei insgesamt 10,5 Prozent). Sie liegt somit weiterhin rund doppelt so hoch wie jene der Deutschen.[62] Seit 1980 tendenziell ebenfalls kontinuierlich gestiegen ist die Differenz zwischen der allgemeinen

56 Vgl. etwa Bundesintegrationsbeauftragte (Hrsg.): Sechster Bericht, a. a. O., S. 346

57 Vgl. A. Brück-Klingberg u. a.: Verkehrte Welt, a. a. O., S. 2. Die Angaben fußen auf Daten der „Integrierten Erwerbsbiografie". Sie beziehen sich auf alle abhängigen zivilen Erwerbspersonen ohne Beamte, weshalb sie höher als die üblicherweise von der BA stammenden Daten liegen und mit ihnen nicht vergleichbar sind.

58 Vgl. BMAS (Hrsg.): Situation der ausländischen Arbeitnehmer 2001, Berichtsband, a. a. O., S. 85

59 Siehe ebd.

60 Unberücksichtigt bleiben im Folgenden die erheblichen regionalen bzw. bundesländerspezifischen Differenzen der Arbeitslosigkeit von Ausländern und Aussiedlern, die sowohl ein Ost-West- als auch ein Nord-Süd-Gefälle aufweisen; vgl. dazu etwa Tab. 1 in: A. Brück-Klingberg u. a.: Verkehrte Welt, a. a. O., S. 2 f.

61 Vgl. Bundesausländerbeauftragte (Hrsg.): Lagebericht 2002, a. a. O., S. 263

62 Die Quote von 20,5 % bezieht sich allerdings im Unterschied zu den zuvor referierten Zahlen auf das gesamte Bundesgebiet, weil die Daten ab 2003 nicht mehr für neue und alte Bundesländer getrennt ausgewiesen werden. Vgl. Bundesausländerbeauftragte (Hrsg.): Lagebericht 2000, a. a. O., S. 263; Bundesintegrationsbeauftragte (Hrsg.): Sechster Bericht, a. a. O., S. 57

Arbeitslosenquote und jener von Ausländer(inne)n: Während der Abstand beider Quoten damals noch 1,2 Prozent ausmachte, vergrößerte er sich bis 1998 auf 10,2 Prozent. Im Vergleich mit der allgemeinen Arbeitslosenquote lag jene von Ausländer(inne)n 1980 noch um 31 Prozent höher, wuchs aber bis 1991 auf rund 70 und bis zum Jahr 2000 auf 110 Prozent an.[63] Die Bundesausländerbeauftragte sieht in dieser wachsenden Differenz einen Beleg dafür, dass Nichtdeutsche in geringerem Maße von der konjunkturellen Entwicklung am Arbeitsmarkt profitiert haben. Die Gründe dafür sind der besonders im produzierenden Gewerbe rasche Strukturwandel sowie der im Vergleich zu Deutschen (2000: 39 %) wesentlich höhere Ausländeranteil bei Nichtfacharbeiter(inne)n und Personen ohne abgeschlossene Ausbildung (78 %).[64]

1. Strukturmerkmale der Migrantenarbeitslosigkeit

Die Arbeitslosigkeit von Ausländer(inne)n weist zum Teil eine ganz andere Struktur als die von Deutschen auf, wie zahlreiche Quellen belegen.[65] Eine erste geschlechtsspezifische Differenz sind die niedrigeren Frauenanteile an allen Arbeitslosen der jeweiligen Gruppe, die sowohl bei Deutschen als auch bei Ausländer(inne)n deutlich unter dem Anteil der arbeitslos registrierten Männer liegen, und das mit sich von 2001 bis 2003 verstärkender Tendenz. Allein bei Spätaussiedler(inne)n überwog zuletzt der Frauen- den Männeranteil aller Arbeitslosen mit 51,8 Prozent um 2,3 Prozent. Frauen stellten demgegenüber nur rund 37 Prozent aller arbeitslosen Ausländer/innen, während es bei deutschen Arbeitslosen fast 47 Prozent waren, was erneut auf die geschlechtsspezifisch differierenden Erwerbstätigenquoten verschiedener Migrantengruppen hinweist.

Ein zweiter Unterschied ist der bei Zuwanderern deutlich höhere Anteil von Arbeitslosen aus Arbeiterberufen, der auch 2003 noch gut erkennbar war: Während deutsche Arbeitslose zu rund 57 Prozent aus Arbeiterberufen stammten und mit 43 Prozent vergleichsweise hohe Anteile an ehemals Angestellten aufwiesen, kamen bei Spätaussiedler(inne)n und Ausländer(inne)n mehr als 70 Prozent aus Arbeiterberufen. Spätaussiedler/innen waren hier wiederum die einzige Gruppe mit einem von 2001 bis 2003 steigenden Anteil Arbeitsloser aus Arbeiterberufen. Drittens ist die zwischen Deutschen und Migrant(inn)en im Durchschnitt deutlich variierende Dauer der Arbeitslosigkeit zu nennen. Die höchsten Anteile Kurzzeitarbeitsloser (1–6 Monate arbeitslos) wiesen Spätaussiedler/innen auf, denen ausländische Migrant(inn)en folgten, während deutsche Arbeitslose die geringsten Anteile hatten. Umgekehrt verhält es sich bei Langzeitarbeitslosen (länger als 12 Monate arbeitslos): Hier waren Letztere mit einem Anteil von 18,4 Prozent 2003 am stärksten repräsentiert, es folgten Migrant(inn)en ausländischer Staatsangehörigkeit (mit 16,6 %) sowie Spätaussiedler/innen mit bloß 7,4 Prozent.

Der wohl wichtigste strukturelle Unterschied in der Arbeitslosigkeit von Deutschen und Migrant(inn)en ist jedoch deren im Mittel sehr unterschiedliches schulisches und berufliches

63 Vgl. Bundesausländerbeauftragte (Hrsg.): Lagebericht 2002, a. a. O., S. 408
64 Vgl. ebd., S. 312
65 Vgl. zum Folgenden: Tabelle 36 „Arbeitslose Ausländer, Spätaussiedler und Deutsche nach ausgewählten Strukturmerkmalen am 30. September 2001, 2002 und 2003“, in: Bundesintegrationsbeauftragte (Hrsg.): Sechster Bericht, a. a. O., S. 346

Qualifikationsniveau. Der zweite Armuts- und Reichtumsbericht der Bundesregierung nennt diese neben Defiziten „in der sprachlichen Kompetenz" (was nicht ganz zutreffend ist, weil wohl eher die *deutsche* Sprachkompetenz gemeint ist) als „primäre Ursache" für höhere Arbeitsmarktrisiken von Ausländer(inne)n.[66] Er zeigt ferner, dass sich die Anteile von Personen ohne Berufsausbildung an Arbeitslosen insgesamt bei allen drei Gruppen verringerten. Ausländer/innen verfügten 2003 mit 72,5 Prozent über den höchsten Anteil von Arbeitslosen ohne Berufsausbildung (minus 3,3 %), danach folgten Spätaussiedler/innen mit 59 Prozent (minus 1 %) sowie Deutsche mit rund 28 Prozent (minus 2,7 %). Bemerkenswert ist darüber hinaus der bei Migrant(inn)en wesentlich höhere Anteil hoch qualifizierter Arbeitsloser, der das Bestehen spezifischer Arbeitsmarktbarrieren insbesondere für diese Gruppe nahe legt: Während nur 3,8 Prozent der deutschen Arbeitslosen über einen wissenschaftlichen Hochschulabschluss verfügten, traf dies für 4,4 Prozent der ausländischen und für 6,1 Prozent der ausgesiedelten Arbeitslosen zu. Dies weist darauf hin, dass hohe berufliche Qualifikationen auf dem deutschen Arbeitsmarkt für Migrant(inn)en schwieriger verwertbar sind als für Einheimische bzw. – um es ökonomisch auszudrücken – „Humankapital" für sie schwieriger in ökonomisches Kapital transferierbar ist.[67]

2. Unterschiede in der Arbeitslosigkeit verschiedener Herkunftsgruppen

Daneben fallen systematische Unterschiede in der Arbeitslosigkeit von Einwanderern verschiedener Herkunftsgruppen ins Auge, die nach wie vor vergleichsweise ausgeprägt sind, aber von den meist ausschließlich referierten Durchschnittswerten für Nichtdeutsche häufig verdeckt werden. Die Süssmuth-Kommission wies darauf hin, dass sich nationalitätenspezifische Unterschiede in den Arbeitslosenquoten mit steigender Arbeitslosigkeit unter Ausländer(inne)n sogar noch verstärkten.[68] Durchgehend am stärksten betroffen gewesen seien Migrant(inn)en türkischer Herkunft. Dies bestätigt auch Heike Solga, der zufolge Türk(inn)en das höchste und Spanier/innen sowie Portugies(inn)en das geringste relative Arbeitsmarktrisiko haben.[69]

Die Bundesausländerbeauftragte wies in ihren Berichten wiederholt auf verschiedene Arbeitslosenquoten bestimmter Zuwanderernationalitäten hin, die „seit längerem erstaunlich konstant" seien und mit den Wirtschaftszweigen zusammenhingen, in denen die verschiedenen Migrantengruppen überwiegend beschäftigt seien.[70] Als Beleg wurde eine Statistik der (damaligen) Bundesanstalt für Arbeit angeführt, der zufolge die Arbeitslosenquoten im westdeutschen Bundesgebiet je nach Staatsangehörigkeit im Jahr 2000 von 24,2 Prozent bei türkischen Migrant(inn)en über 19,6 Prozent bei Italiener(inne)n bis zu 18,5 Prozent bei Griech(inn)en differierten. Signifikante Unterschiede sind ferner feststellbar, wenn man die Arbeitslosigkeit verschiedener, nach aufenthaltsrechtlichen Kategorien differenzierter Migrantengruppen in den Blick nimmt: Während 19,2 Prozent der EU-Bürger/innen von Arbeitslosigkeit betroffen waren, galt dies für 25,2 Prozent der hierzulande lebenden Drittstaatsangehörigen.

66 Vgl. BMGS (Hrsg.): Lebenslagen in Deutschland, a. a. O., S. 162
67 Die bestätigt auch nachdrücklich die Analyse von A. Brück-Klingberg u. a.: Verkehrte Welt, a. a. O., S. 3
68 Vgl. UKZU (Hrsg.): Zuwanderung gestalten – Integration fördern, a. a. O., S. 219
69 Vgl. H. Solga: Ohne Abschluss in die Bildungsgesellschaft, a. a. O., S. 274
70 Siehe Bundesausländerbeauftragte (Hrsg.): Lagebericht 2000, a. a. O., S. 143

Ein ähnliches Bild ergibt sich auch für 2003, für das der Sachverständigenrat für Zuwanderung und Integration anhand von Daten des Mikrozensus, des Sozio-ökonomischen Panels sowie der Bundesagentur für Arbeit Folgendes feststellte:[71] Die höchste Arbeitslosenquote hatten Ausländer/innen aus EU-Drittstaaten mit 16,2 Prozent, ihnen folgten Ausländer/innen insgesamt mit 15,5, Spätaussiedler/innen mit 12,9 und Deutsche mit 10,3 Prozent. Noch darunter lag die Arbeitslosenquote von EU-Ausländer(inne)n mit 9,4 Prozent im Durchschnitt. Aufgeschlüsselt nach einzelnen Nationalitäten lag die Arbeitslosenquote von Migrant(inn)en aus Griechenland bei 12, aus Italien bei 10, aus Spanien und Portugal bei rund 9 Prozent sowie von Staatsbürger(inne)n aus Großbritannien bei 6 und Frankreich 7 Prozent. Migrant(inn)en aus Drittstaaten hatten nicht nur mit rund 16 Prozent im Durchschnitt, sondern auch im Herkunftsgruppenvergleich die höchsten Arbeitslosenquoten. Zuwanderer aus Serbien und Montenegro verzeichneten mit 16,4 Prozent noch vergleichsweise niedrige Arbeitslosenquoten, während türkische bzw. marokkanische Staatsbürger/innen mit 18,8 bzw. 21,2 Prozent weiterhin einem rund doppelt so hohen Arbeitslosigkeitsrisiko ausgesetzt waren wie Deutsche.

Die Repräsentativuntersuchung des Jahres 2001 dokumentierte nationalitätenspezifische Differenzen in der Betroffenheit ausländischer Arbeitnehmer/innen von *Langzeit*arbeitslosigkeit, die man allerdings (im Unterschied zur amtlichen Statistik) erst nach 24-monatiger Dauer als solche bezeichnete. Danach wiesen Griech(inn)en mit 7,1 Prozent die geringsten Anteile von Langzeit- an allen Arbeitslosen auf, während Migrant(inn)en aus dem ehemaligen Jugoslawien (mit 14 %) und der Türkei (mit 17 %) mehr als doppelt so häufig und Italiener/innen mit fast 23 Prozent sogar mehr als drei Mal so häufig betroffen waren.[72]

Es lässt sich somit resümieren, dass die Arbeitslosigkeitsrisiken von Migrant(inn)en nach wie vor erheblich höher als jene von Einheimischen sind, wobei sie sich im Laufe der Jahre für einzelne Herkunftsgruppen wie Spätaussiedler/innen und Türk(inn)en besonders ungünstig entwickelt haben. Zugleich sind Drittstaatsangehörige stärker als EU-Bürger/innen betroffen und die meisten Arbeitslosen mit Migrationshintergrund stammen aus den vom Strukturwandel betroffenen Arbeiterberufen. Bei Ausländer(inne)n wirkt sich ein niedriges Qualifikationsniveau hinsichtlich ihrer Arbeitslosigkeitsrisiken noch stärker aus als bei Deutschen, wobei auch eine hohe berufliche Qualifizierung sie ebenso wie Aussiedler/innen weniger vor Arbeitslosigkeit schützt.

6.2 Die Segmentierung des Arbeitsmarktes

Im Folgenden stelle ich einige Theorien vor, welche z. B. geschlechtspezifische oder ethnische Ungleichheiten auf dem Arbeitsmarkt über die Entstehung von Teilarbeitsmärkten („Seg-

71 Vgl. dazu auch Abb. 6.2, die für 2004 zu ähnlichen, aber weniger differenzierten Ergebnissen kommt. Zum Folgenden: Sachverständigenrat für Zuwanderung und Integration (Hrsg.): Migration und Integration, a. a. O., S. 198. Dabei sind die nachfolgend genannten Arbeitslosenquoten von Spätaussiedlern nur eingeschränkt mit denjenigen anderer Gruppen vergleichbar. Die Integrationsbeauftragte beruft sich auf ganz andere nationalitätenspezifische Arbeitslosenquoten, weil die herangezogenen Daten des Europäischen Forums für Migrationsstudien eine andere, aber seltener gebräuchliche Berechungsgrundlage heranziehen; vgl. Bundesintegrationsbeauftragte (Hrsg.): Sechster Bericht, a. a. O., S. 82

72 Vgl. BMAS (Hrsg.): Situation der ausländischen Arbeitnehmer 2001, Berichtsband, a. a. O., S. 86

menten“) erklären, denen man bestimmte Arbeitnehmergruppen zuordnen kann. Zum Teil rekonstruieren sie auch zentrale Entstehungs- und Reproduktionsbedingungen der Segmente. Allerdings beschränke ich mich auf eine Darstellung gemeinsamer Argumentationslinien der verschiedenen Segmentationstheorien, weil diese zwar die sozioökonomische Randstellung bestimmter Bevölkerungsgruppen im Arbeitsmarkt erklären, Exklusionsprozesse von Einwanderern, die als ursächlich für deren überproportionale Einkommensarmut gelten können, explizit aber nur selten im Mittelpunkt stehen.[73]

Aus einer Reihe weiterer Gründe greifen Segmentationsmodelle zur Erklärung des hohen Armutsrisikos von Kindern mit Migrationshintergrund nur bedingt: Unberücksichtigt bleiben in ihnen etwa arbeitsmarktexterne Bedingungsfaktoren für ethnische Arbeitsmarktungleichheiten (etwa ausländerrechtliche Arbeitsmarktbarrieren) sowie Determinanten, welche die besonders hohe Armutsbetroffenheit von kinderreichen Familien oder Alleinerziehenden verursachen. Theorien der Arbeitsmarktsegmentation erklären somit keinesfalls direkt die Armut bestimmter Bevölkerungsgruppen, sondern beschreiben die Herausbildung und das Fortbestehen verschiedener Arbeitsmarktsegmente, denen Arbeitskräfte entlang bestimmter Kriterien (Geschlecht, Alter, Nationalität etc.) zugewiesen werden. Da gravierende Unterschiede in Einkommen und Arbeitsplatzsicherheit *zwischen* den Segmenten konstatiert werden, kann so allenfalls *in*direkt die Einkommensarmut derjenigen Gruppen erklärt werden, die überproportional häufig in prekären Beschäftigungssegmenten mit niedrigem Einkommensniveau und hohem Risiko des Arbeitsplatzverlustes tätig sind – und dies sind hauptsächlich Frauen und Migranten, also eben jene Gruppen, für deren Armutsrisiken im Kontext der Armutsbetroffenheit von Kindern mit Migrationshintergrund eine Erklärung zu suchen ist.

6.2.1 Theorien der Arbeitsmarktsegmentation

Um Ungleichheitsstrukturen auf Arbeitsmärkten zu erklären, sind mehrere Erklärungsmodelle entwickelt worden, welche die Benachteiligung verschiedener Bevölkerungsgruppen mehr oder weniger explizit unter der gemeinsamen Klammer der Existenz verschiedener Arbeitsmarktsegmente analysieren. Dazu zählen die Theorien der (horizontalen und vertikalen) Arbeitsmarktsegmentierung,[74] die schon in den 1970er-Jahren zur Benachteiligung ethnischer Minderheiten auf dem US-amerikanischen Arbeitsmarkt entstanden. Sie gehen davon aus,

73 Vgl. dazu etwa die Studie von H. P. Blossfeld/K. U. Mayer: Arbeitsmarktsegmentation in der Bundesrepublik. Eine empirische Überprüfung der Segmentationstheorien aus der Perspektive des Lebenslaufs, in: KZfSS 40/1988, S. 262 ff.; A. Diekmann: Einkommensunterschiede zwischen Männern und Frauen. Theoretische Perspektiven und empirische Ergebnisse zur Einkommensdiskriminierung von Arbeitnehmerinnen, Teil A, Forschungsbericht Wien 1985. Für eine ausführlichere Darstellung und Diskussion ethnischer Aspekte vgl. N. Granato: Ethnische Ungleichheit auf dem deutschen Arbeitsmarkt, a. a. O., S. 37 ff. Eine Ausnahme bilden auch die am Ende vorgestellten Studien sowie die Beiträge von M. Szydlik: Ethnische Ungleichheit auf dem deutschen Arbeitsmarkt, in: KZfSS 48/1996, S. 658 ff.; ders.: Die Segmentierung des Arbeitsmarktes in der Bundesrepublik Deutschland. Eine empirische Analyse mit Daten des Sozio-ökonomischen Panels 1984–1988, Berlin 1990.

74 Während ältere Konzepte den Begriff der „Arbeitsmarktsegmentierung“ nutzten, setzte sich später der Terminus „Arbeitsmarktsegmentation“ durch. Er wird nachfolgend zwar synonym verwandt, beschreibt aber eigentlich den Zustand segmentierter Arbeitsmärkte, während „Arbeitsmarktsegmentierung“ besonders auf deren Entstehung abhebt.

dass Arbeitsmärkte als zentrale Ungleichheitsinstanz in fortgeschrittenen kapitalistischen Gesellschaften dazu tendieren, in (vertikal angeordnete) Segmente zu zerfallen, die nicht nur scharf voneinander abgegrenzt sind, sondern zwischen denen Individuen in der Regel auch schwer hin- und herwechseln können. Vorgestellt werden im Folgenden u. a. die Theorie des gespaltenen Arbeitsmarktes, das Konzept der dreifachen Arbeitsmarktsegmentierung sowie das Alternativrollenmodell.

1. Die Theorie des gespaltenen Arbeitsmarktes

Die „Theorie des gespaltenen Arbeitsmarktes" wird gelegentlich auch als *dual labour market theory* oder als Modell eines zweigeteilten Arbeitsmarktes bezeichnet. Peter P. Doeringer und Michael J. Piore entwickelten sie 1971, wobei sie von zwei Segmenten, dem primären und dem sekundären Sektor, ausgingen.[75] Die These gespaltener Arbeitsmärkte ist am besten mittels eines Modells zu verdeutlichen, „in which the market is divided into a primary and a secondary sector. Migrants are found in the secondary. The jobs in the primary sector are largely reserved for natives. There is thus a fundamental dichotomy between the jobs of migrants and the jobs of natives (…)."[76] Mithin unterscheiden sich die Arbeitsmarktsegmente nicht nur durch die Qualität der Arbeitsbedingungen, sondern mehr noch durch die teils askriptiven Merkmale der dort Tätigen: Im primären Sektor finden vor allem einheimische Arbeitskräfte gute Arbeitsbedingungen, ausreichende bis hohe Einkommen, eine hohe Arbeitsplatzsicherheit sowie berufliche Weiterbildungs- und Aufstiegschancen vor, während sich im sekundären Sektor, der von unsicheren, instabilen Beschäftigungsverhältnissen, unqualifizierten Tätigkeiten und niedrigen Löhnen gekennzeichnet ist, mit Zuwanderern, Frauen, Älteren und Jugendlichen vor allem jene Beschäftigte konzentrieren, die entweder über geringe Qualifikationen verfügen oder die durch Diskriminierung benachteiligt sind.

Ein zweites Unterscheidungsmerkmal der Segmente liegt in den Konkurrenz- und Zugangsstrukturen sowie den Strategien zur Rekrutierung von Arbeitskräften. Während im sekundären Sektor eine große Konkurrenz um die konjunkturabhängige, tendenziell im Zuge des Strukturwandels schrumpfende Zahl niedrig- und unqualifizierter Arbeitsplätze herrscht, wird qualifiziertes Personal im primären Segment weitgehend intern akquiriert, sodass *entry jobs* bereits mit Blick auf betriebsspezifische Aufstiegslinien besetzt werden und den einzigen Verbindungspunkt zum externen Arbeitsmarkt bilden.[77] Solche nach dem Senioritätsprinzip institutionell verfestigte Aufstiegslinien führen dazu, dass Löhne nicht mehr der individuellen Arbeitskraft zugeordnet, sondern an den Arbeitsplatz gebunden sind, womit sich auch eine unterschiedliche Lohnhöhe bei gleicher Qualifikation bzw. Vorbildung erklärt. Einstellungsentscheidungen bei *entry jobs* treffen Arbeitgeber/innen bei der Bewer-

75 Vgl. P. B. Doeringer/M. J. Piore: International Labour Markets and Manpower Analysis, Lexington 1971; M. J. Piore: Birds of Passage. Migrant Labour and Industrial Societies, Cambridge 1979; ders.: Internationale Arbeitskräftemigration und dualer Arbeitsmarkt, in: R. Kreckel (Hrsg.): Soziale Ungleichheiten, a. a. O., S. 347 ff.

76 Vgl. M. J. Piore: Birds of Passage, a. a. O., S. 35

77 Vgl. auch zum Folgenden: W. Seifert: Berufliche und ökonomische Mobilität ausländischer Arbeitnehmer, a. a. O., S. 49

bung vergleichbar qualifizierter Arbeitskräfte häufig vor dem Hintergrund solchermaßen antizipierter Betriebskarrieren, wobei auch Hintergrundinformationen, konkrete Erfahrungen oder latente Einstellungen (beispielsweise gegenüber ethnischen Gruppen), die verallgemeinert und zum Einstellungskriterium gemacht werden, eine Rolle spielen. Unabhängig von der individuellen Qualifikation fungiert die Zugehörigkeit zu einer bestimmten Gruppe bei einer statistischen Diskriminierung somit als Ausschlusskriterium, was sich zwar tendenziell in allen Segmenten, besonders aber im Zugang zu qualifizierten Berufen zeigt. Als drittes Unterscheidungsmoment sind schließlich die Grade der Bindung von Arbeitskräften an ihr Unternehmen zu sehen: Im primären Sektor ist die Beziehung der Beschäftigten zu ihrer Arbeit ausgeprägter; sie identifizieren sich dort zum Teil sogar mit den Unternehmen.[78] Im sekundären Segment ist dies kaum der Fall: Arbeitskräfte wechseln häufiger und weisen höhere Fehlzeiten sowie eine geringere Bereitschaft zur Unterordnung auf.

2. Das Konzept der dreifachen Arbeitsmarktsegmentation

Eine Modifikation des für die USA entwickelten Modells gespaltener Arbeitsmärkte für bundesrepublikanische Verhältnisse nahmen Burkhard Lutz und Werner Sengenberger im Konzept der dreifachen Arbeitsmarktsegmentierung vor.[79] Sie erklärten die Entstehung segmentierter Arbeitsmärkte mit der wachsenden Konzentration und Zentralisation von Kapital bzw. Unternehmen um die Wende vom 19. zum 20. Jahrhundert, als sich größere Kapitalgesellschaften zunehmend zu Monopolisten wandelten und damit strategische Kontrolle über Absatz- und Beschäftigungsmärkte gewannen. Dies erlaubte es ihnen, unliebsame, weil ineffiziente und instabile Marktanteile an einen sekundären Markt abzutreten bzw. diesem aufzuzwingen und für sich selbst gewinnträchtige Bereiche zu reservieren.[80] Lutz und Sengenberger nehmen an, dass die so entstehende Spaltung des Arbeitsmarktes zu einem stabilen Kern- und einem instabilen Randsektor mit entsprechenden Beschäftigungsbedingungen für die Arbeitskräfte führe, die im sekundären Segment als Randgruppen fixiert würden, worin Friedrich Heckmann wiederum eine Maßnahme zur Loyalitätssicherung der übrigen Beschäftigten sieht.[81]

Lutz und Sengenberger differenzieren idealtypisch drei Teilarbeitsmärkte, deren zentrale Unterscheidungsmomente die jeweiligen Rentabilitätskalküle von Arbeitgeber(inne)n sowie die Verwertbarkeit der jeweiligen Qualifikationen von Arbeitnehmer(inne)n sind: Das *unstrukturierte* Segment, auch als „*Jedermann*-Arbeitsmarkt“ bezeichnet, deckt sich weitgehend mit dem sekundären Sektor, weil es unspezifische Qualifikationen erfordert und Arbeitgeber(inne)n geringe Kosten für die Qualifikation und Rekrutierung von Arbeitskräften entstehen; typischerweise liegen zwischen Arbeitgeber(inne)n und -nehmer(inne)n

78 Vgl. hierzu und zum Folgenden: N. Granato: Ethnische Ungleichheit auf dem deutschen Arbeitsmarkt, a. a. O., S. 39

79 Vgl. B. Lutz/W. Sengenberger: Arbeitsmarktstrukturen und öffentliche Arbeitsmarktpolitik. Eine kritische Analyse von Zielen und Instrumenten, Göttingen 1974

80 Vgl. W. Sengenberger (Hrsg.): Der gespaltene Arbeitsmarkt. Probleme der Arbeitsmarktsegmentation, Frankfurt a. M./New York 1978, S. 24

81 Vgl. dazu und zum Folgendem: F. Heckmann: Einwanderung und die Struktur sozialer Ungleichheit, a. a. O., S. 379 f.

dabei keinerlei Bindungen vor. Im *berufsfachlichen* Segment haben Letztere aufgrund ihrer nachgefragten berufsfachlichen Qualifikation eine stärkere Verhandlungsposition. Granato sieht als bedeutsam an, dass der Erwerb von Bildungs- und Berufsqualifikationen einer überbetrieblichen Regelung und Kontrolle unterliegt und zugleich die Nachfrage nach solchen Qualifikationen langfristig konstant bleibt.[82] Im *betriebsinternen* Segment schließlich arbeiten betriebsspezifisch qualifizierte Arbeitnehmer/innen, deren Spezialqualifikationen (durch „on the job trainings") keinen oder einen geringen externen Marktwert haben, weshalb Arbeitgeber/innen eine stärkere Verhandlungsposition haben und Beschäftigte bei Verlassen des betriebsinternen Arbeitsmarktes erworbene Ansprüche meist verlieren.

Sengenberger sah die fachspezifischen Teilarbeitsmärkte in Westdeutschland als auch in den USA im Niedergang. Auch Reinhard Kreckel konstatierte eine solche Tendenz zur Dualisierung des Arbeitsmarktes, der zunehmend von betriebsspezifischen und „Jedermann-Arbeitsmärkten" geprägt sei. Nach Sengenbergers Ansicht polarisiert sich der Arbeitsmarkt zwischen Stammbelegschaften (die durch Spezialqualifikationen, ein besseres Einkommen, Beförderungsregelungen und Rentenansprüche an ihren Arbeitsplatz gebunden würden) sowie „fluktuierenden, konjunkturabhängigen Randbelegschaften mit geringer Verhandlungsmacht".[83]

Für die Entstehung gespaltener Arbeitsmärkte findet man höchst unterschiedliche und kontrovers diskutierte Erklärungsansätze, die jeweils andere Ursachen betonen: Einige setzen auf Seiten der Unternehmen an, andere betonen die segmentierende Wirkung gewerkschaftlicher Interessenvertretungen und wieder andere sehen die entscheidende Ursache bei den Migrant(inn)en bzw. in migrationsendogenen Faktoren. Als bedeutsamste Argumentation wertete Kreckel jene von David M. Gordon und Richard Edwards, nach der vertikale Arbeitsmarktsegmentierungen „das Resultat einer bewussten Unternehmenspolitik des ‚divide et impera'" sind.[84] Auch in dem mehr analytisch als deskriptiv angelegten Konzept (unternehmens)interner Arbeitsmärkte von Piore spielt das Interesse von Unternehmer(inne)n an einer verlässlichen und qualifizierten Kernbelegschaft eine wichtige Rolle.[85] Über solch betriebsspezifische, interne Arbeitsmärkte vermittelte Kräfte werden durch besondere Fortbildungs- und Beförderungsregelungen, Betriebsrenten und Treueprämien an die Unternehmen gebunden und zur Loyalität verpflichtet. Um konjunkturellen Schwankungen mit der Möglichkeit rascher und kostengünstiger Anpassung ihres Arbeitskräftebedarfs begegnen zu können, hätten Unternehmen zudem ein Interesse an der Aufrechterhaltung einer Pufferzone von gering qualifizierten Arbeitskräften, die kurzfristig aus dem Reservoir des externen Arbeitsmarktes besetzt und auch wieder geräumt werden könne.

Festhalten lässt sich, dass Beschäftigungsverhältnisse im sekundären oder unstrukturierten Segment des Arbeitsmarktes sehr viel unsicherer und weniger ertragreich sind und besonders

82 Vgl. N. Granato: Ethnische Ungleichheit auf dem deutschen Arbeitsmarkt, a. a. O., S. 40

83 Siehe R. Kreckel: Soziale Ungleichheit und Arbeitsmarktsegmentierung, a. a. O., S. 148 f.

84 Vgl. hierzu und zum Folgenden: ebd.

85 Interne Arbeitsmärkte sind gleichwohl nicht mit dem primären Segment der dualen Arbeitsmarkttheorie gleichzusetzen, weil sie vornehmlich Entstehungsbedingungen von Teilarbeitsmärkten erklären, während die duale Arbeitsmarkttheorie diese vor allem deskriptiv erfasst. Auch externe Arbeitsmärkte können nicht mit dem sekundären Segment gleichgesetzt werden; vgl. N. Granato: Ethnische Ungleichheit auf dem deutschen Arbeitsmarkt, a. a. O., S. 39

in Zeiten ökonomischer Krisen die Funktion haben, den Arbeitsmarkt von überschüssigen Arbeitskräften zu „befreien". Die Theorien segmentierter Arbeitsmärkte können damit zur Erklärung beitragen, warum Einwanderer als für den sekundären bzw. unstrukturierten Markt typische Arbeitnehmer/innen häufiger aus dem Arbeitsmarkt exkludiert werden, mithin also von Arbeitslosigkeit stärker betroffen sind oder, sofern sie zu den Arbeitsplatzbesitzer(inne)n zählen, zugleich unterdurchschnittlich verdienen.

3. Die Alternativrollenthese und weitere Ansätze

Eine weitere Modifizierung, allerdings mit Schwerpunktsetzung auf Randbelegschaften und den von Arbeitslosigkeit Betroffenen, erfuhren die Modelle gespaltener Arbeitsmärkte durch die „Theorie der strukturierten Arbeitslosigkeit", die Claus Offe und Karl Hinrichs 1977 vorstellten.[86] Ihres Erachtens ist der Verweis auf die Interessenlage von Unternehmer(inne)n als Entstehungsfaktor von Teilarbeitsmärkten für die Erklärung der Stabilität dieser Strukturen nicht hinreichend, weshalb man die Frage aufwerfen müsse, warum es den typischerweise anzutreffenden arbeitsmarktpolitischen Problemgruppen (gegenüber den „normalen", männlichen ungelernten Arbeitskräften am „Jedermann-Arbeitsmarkt") an Widerstands- und Durchsetzungskraft ihrer Interessen fehle. Offe und Hinrichs sahen eine potenzielle, arbeitsmarktexterne Alternativrolle als entscheidendes gemeinsames Merkmal „arbeitsmarktpolitischer Problemgruppen" an, zu denen sie v. a. Frauen, Jugendliche, ältere Arbeitnehmer/innen, Behinderte und Ausländer/innen zählten. Die Angehörigen dieser Gruppen hätten ferner gemeinsam, dass sie einen typischen Zusammenhang zwischen „a.) askriptiven Status- und Funktionszuschreibungen, b.) geringem marktstrategischen Verteidigungspotenzial und c.) daraus resultierender benachteiligter Arbeitsmarktlage" aufwiesen. Der „empirisch festgestellte Zusammenhang zwischen den askriptiven Statuszuschreibungen einerseits und einer durchschnittlich weit unterprivilegierten Arbeitsmarktlage andererseits" werde, so die Kernthese, mithin durch das Vorsehen arbeitsmarktexterner Alternativrollen hergestellt und immer wieder reproduziert.[87]

Alternativrollen, die zum Teil von Betroffenen sogar akzeptiert würden, dienten in wirtschaftlichen Krisenzeiten dazu, kurzfristig überschüssige Arbeitskräfte freizusetzen, argumentieren Offe und Hinrichs. Solchermaßen marktexterne Rollen, also gewissermaßen „zweitbeste" Modelle der Existenzsicherung, könnten für Frauen demnach Haushalt und Familie,[88] für Ältere beispielsweise Modelle von Frühverrentung und für ausländische

86 Vgl. C. Offe/K. Hinrichs: Sozialökonomie des Arbeitsmarktes und die Lage benachteiligter Gruppen von Arbeitnehmern und öffentliche Arbeitsmarktpolitik, in: C. Offe/Projektgruppe Arbeitsmarktpolitik (Hrsg.): Opfer des Arbeitsmarktes. Zur Theorie der strukturierten Arbeitslosigkeit, Neuwied/Darmstadt 1977, S. 3 ff.; dies.: Sozialökonomie des Arbeitsmarktes: primäres und sekundäres Machtgefälle, in: C. Offe (Hrsg.): „Arbeitsgesellschaft". Strukturprobleme und Zukunftsperspektiven, Frankfurt a. M./New York 1984, S. 73 f. Zum Folgenden auch R. Kreckel: Soziale Ungleichheit und Arbeitsmarktsegmentierung, a. a. O., S. 152

87 Siehe C. Offe/K. Hinrichs: Sozialökonomie des Arbeitsmarktes und öffentliche Arbeitsmarktpolitik, a. a. O., S. 34

88 Vgl. dazu auch I. Peikert: Frauenarbeit – Proletarisierung auf Widerruf?, in: C. Offe/Projektgruppe Arbeitsmarktpolitik (Hrsg.): Opfer des Arbeitsmarktes. Zur Theorie der strukturierten Arbeitslosigkeit, Neuwied/Darmstadt 1977, S. 80

Arbeitnehmer/innen die Abwanderung vom inländischen Arbeitsmarkt sein. Diese Doppelung von gesellschaftlichen Existenzmöglichkeiten in eine Funktion auf dem Arbeitsmarkt und eine Alternativrolle bringe einen Doppelcharakter hervor, wie am Beispiel eines Arbeitsmigranten verdeutlicht wird: „Er ist zur gleichen Zeit Arbeitnehmer hier und zugewanderter ausländischer Arbeitnehmer bzw. zukünftiger Rückwanderer in sein Heimatland", wo er etwa beabsichtige, ein Einzelhandelsgeschäft aufzumachen.[89] Schließlich sehen Offe und Hinrichs auch die Politik von Betriebsräten und Gewerkschaften als bedeutsam für die Randstellungszuweisung, der meist das Leitbild des „normalen" Nur-Arbeitnehmers zugrunde liege, dem keine Alternativrolle zugewiesen werden könne. Den betroffenen arbeitsmarktpolitischen Problemgruppen fehle es nicht nur an nachgefragten Qualifikationen, sondern zugleich an einer wirksamen Interessenvertretung, womit, wie Friedrich Heckmann anführt, eine weitere soziale Ausschließungsbarriere markiert sei, die innerhalb des sekundären Arbeitsmarktes also zwischen (männlichen ungelernten) Normalarbeitnehmern und den genannten Problemgruppen verlaufe.

Einen Ansatz explizit zur Erklärung *ethnischer* Ungleichheit im Arbeitsmarkt entwickelte Edna Bonacich 1972, indem sie die unterschiedliche Ressourcenausstattung, Motivationslagen und Interessenvertretungen von zugewanderten und einheimischen Arbeitnehmer(inne)n sowie von Unternehmer(inne)n als Erklärungsfaktoren heranzog.[90] Demnach verläuft die Spaltung des Arbeitsmarktes entlang ethnischer Grenzen und spiegelt sich in unterschiedlichen Löhnen wider, die (mindestens zwei) Arbeitnehmergruppen für gleiche Tätigkeiten gezahlt werden. Nach Bonacich resultieren diese Lohndifferenzen aus mehreren „spaltungsrelevanten" Ressourcen: Bei den Migrant(inn)en sind es der wirtschaftliche Entwicklungsstand des Herkunftslandes (der ihre ökonomischen Ressourcen und den Lebensstandard bestimme), ihr Informationsniveau (z. B. über die im Zielland übliche Lohnhöhe) sowie ihre politische Interessenvertretung. Granato führt dazu an, dass eine ethnische Gruppe der Machtausübung anderer Gruppen umso wehrloser ausgesetzt sei, je schwächer ihre politische Organisation sei, was bei Lohnverhandlungen zu Nachteilen führe.[91] Das Lohnniveau einer Gruppe sei folglich umso niedriger, je mehr Druck – der maßgeblich von ihren politischen Ressourcen abhänge – auf sie ausgeübt werden könne. Nachteilig für Einwanderer wirkten sich bestimmte Motive aus, die im Zusammenhang mit ihrem (implizit unterstellten) temporären Aufenthalt zu sehen sind: Da der anvisierte Beschäftigungszeitraum bei Migrant(inn)en häufiger begrenzt ist, seien diese eher als Einheimische bereit, schlechte Arbeitsbedingungen zu akzeptieren; folglich hätten sie weniger Interesse, sich durch eine Mitgliedschaft in organisierten Interessenvertretungen des Ziellandes für Verbesserungen ihrer Arbeitsbedingungen einzusetzen. Bei Arbeitgeber(inne)n sieht Bonacich vor allem das *generelle* Interesse an möglichst niedrigen Löhnen, die mithin nicht durch Vorurteile begründet seien, als ursächlich für ethnisch gespaltene Arbeitsmärkte. Solche entstehen nach Ansicht Granatos indes nur, sofern beim Zusammentreffen von Einheimischen und Zuwanderern der Umfang der Ressourcenausstattung mit der Nationalität korreliert, womit die Spaltung von Arbeitsmärkten primär auf Motive

89 Siehe ebd., S. 42
90 Vgl. E. Bonacich: A Theory of Ethnic Antagonism. The Split Labour Market, in: American Sociological Review 37/1972, S. 547 ff.; ergänzend: N. Granato: Ethnische Ungleichheiten auf dem deutschen Arbeitsmarkt, a. a. O., S. 45 f.
91 Vgl. hierzu und zum Folgenden: ebd., S. 45 ff.

und Ressourcen von Zuwanderern, nicht aber auf Diskriminierungsmotive zurückzuführen wäre. Das Modell von Bonacich könne daher mit seiner Betonung der verschiedenen Ressourcenausstattungen bestimmter Gruppen nicht die Entstehung segmentierter Teilarbeitsmärkte, sondern eher „grob" die Zuweisung von Gruppen mit Alternativrollen auf den externen Sektor und damit dessen Fortbestand erklären.

Das (ökonomische) Argument des generellen Interesses von Arbeitgeber(inne)n an einer Kostenreduktion hob Nadia Granato anhand verschiedener ökonomischer Erklärungsmodelle als Verursachungsfaktor für segmentierte Arbeitsmärkte hervor.[92] Insgesamt könne die „Entstehung interner Arbeitsmärkte durch das Bestreben, bestimmte Beschäftigungskosten zu reduzieren, erklärt werden", so die Mitarbeiterin des Bundesinstituts für Bevölkerungsforschung. Zu den Kosten zählten besonders Ausbildungsinvestitionen, Beschäftigungsfixkosten, Transaktionskosten sowie die Lohnkosten selbst. Um die Ausbildungs- und die Beschäftigungsfixkosten zu reduzieren, hätten Unternehmen ein Interesse daran, die Fluktuation ihrer Arbeitskräfte, die durch Ausbildung und *on-the-job-training* betriebsspezifisch qualifiziert worden seien, möglichst gering zu halten. Mit vorgegebenen Mobilitätsleitern, der Ausschaltung des Lohnwettbewerbs und einem von Seniorität und Bewährung abhängigen Beförderungssystem werde eine für beide Parteien vorteilhafte Bindung geschaffen, womit die „Entstehung interner Arbeitsmärkte aus humankapitaltheoretischer Sicht auf die wachsende Bedeutung der spezifischen Humankapitalinvestitionen zurückgeführt werden" könne, so Granato.[93] Sie rekurriert zur Erklärung der Genese ethnischer (Arbeitsmarkt-) Ungleichheit auf das Modell des Arbeitsplatzwettbewerbs des US-amerikanischen Ökonomen Lester Thurow. Dieser sieht den Arbeitsmarkt primär als Ausbildungsmarkt, auf dem man einer Arbeitskraft Ausbildungsstellen und betriebsspezifische Qualifikationen (durch *on-the-job-trainings*) zuweist.[94] Deren Zuteilung durch Arbeitgeber/innen folgt dem Prinzip, die Aus- und Weiterbildungskosten für die Qualifizierung der Beschäftigten möglichst gering zu halten. Aufgrund dessen würden potenzielle Bewerber/innen für eine Position einer Arbeitskräfteschlange („labor queue") zugeordnet, die sich aus Kriterien wie Vorbildung, Alter und Geschlecht sowie aus der erwarteten Beschäftigungsdauer und dem Nutzen ableite. Arbeitgeber/innen antizipierten bei Jüngeren eine lange Beschäftigungsdauer mit hoher Rentabilität, während bei Frauen (insbesondere im gebärfähigen Alter) die Wahrscheinlichkeit beruflicher Unterbrechungsphasen hoch sei.[95] Bei Zuwanderern erwarteten Unternehmen eine kürzere Beschäftigungsdauer – und damit auch einen kürzeren Verwertungszeitraum ihrer spezifischen Fertigkeiten im Betrieb, argumentiert nun Granato. Weil man ihnen ein temporäres Aufenthaltsmotiv unterstellt, bekommen Zuwanderer bei ansonsten gleichen Merkmalen schlechtere Positionen in der Arbeitskräfteschlange zugewiesen. Je höher die Trainingskosten für Arbeitsplätze sind, desto mehr seien Zuwanderer von dieser Selektion

---

92 Die aber an dieser Stelle nur zusammenfassend skizziert werden; vgl. zum Folgenden: N. Granato: Ethnische Ungleichheit auf dem deutschen Arbeitsmarkt, a. a. O., S. 41 ff.

93 Siehe ebd., S. 42

94 Vgl. L.C. Thurow: Generating Inequality. Mechanism of Distribution in the U.S. Economy, New York 1975, S. 76 ff.; ergänzend: N. Granato: Ethnische Ungleichheit auf dem deutschen Arbeitsmarkt, a. a. O., S. 47 f.; A. Diekmann: Einkommensunterschiede zwischen Frauen und Männern, a. a. O., S. 23 f.

95 Vgl. L.C. Thurow: Generating Inequality, a. a. O., S. 178; A. Diekmann: Einkommensunterschiede zwischen Frauen und Männern, a. a. O., S. 24

betroffen. Weil typischerweise Stellen mit hohen betriebsspezifischen Anforderungen im internen Segment zu finden sind, ist zu erwarten, dass Migrant(inn)en überdurchschnittlich häufig auf eine Beschäftigung im externen Segment ausweichen.

Schließlich benennt Granato den sog. Effekt positiver Rückkoppelung als weiteren Mechanismus zur Erklärung ethnischer Ungleichheit am Arbeitsmarkt. Dieser Effekt besagt, dass sich bei einer ursprünglich gleichen Produktivität von Arbeitskräften im Laufe der Zeit eine unterschiedliche Leistungsfähigkeit entwickelt, weil sich die Zuordnung von Arbeitsplätzen langfristig auf die Merkmale ihrer Inhaber/innen auswirkt. Der auf Annahmen der Humankapitaltheorie beruhende Effekt kommt zustande, weil Arbeitskräfte auf Stellen mit geringen Ausbildungserfordernissen nur in geringem Umfang betriebsspezifische Fertigkeiten akkumulieren können. Umgekehrt sind Beschäftigte in hoch qualifizierten Berufen weitaus mehr gefordert und werden häufiger betriebsspezifisch weitergebildet, was die Auseinanderentwicklung von Kompetenzen der Beschäftigten verschiedener Segmente begünstigt. Festhalten kann man, dass das Anforderungsniveau von Arbeitsplätzen sich somit auf die Qualifikationen und Kenntnisse von Beschäftigten auswirkt, sodass mit der Zuweisung zu einer Stelle auf dem externen Segment, die Migrant(inn)en häufiger trifft, zugleich die Chancen einer Beschäftigung im betriebsinternen Sektor langfristig sinken.

Zu den Segmentationsansätzen ist eine ganze Reihe kritischer Argumente anzuführen. Zunächst lässt sich den gewerkschaftsbezogenen Argumentationssträngen entgegenhalten, dass sich die Kräfteverhältnisse zwischen Kapital und Arbeit langfristig verändert haben, indem einerseits die gewerkschaftliche Machtposition tendenziell aufgrund sinkender Mitgliederzahlen und der wachsenden Verbreitung von Ausnahmeregelungen zu Flächentarifverträgen geschwächt worden ist, während sich andererseits ein wachsendes Segment prekärer Beschäftigungsformen etabliert hat, in dem die Unternehmen eine ungleich stärkere Verhandlungsposition einnehmen als früher. Die politischen Bedingungsfaktoren für diese Entwicklung bleiben bei den verschiedenen Modellen ausnahmslos unterbelichtet. Zugleich hat sich auch die Mitgliederstruktur der Gewerkschaften mit den Jahren stark verändert, sodass man von einer fehlenden Integration ausländischer Arbeitnehmer/innen längst nicht mehr ausgehen kann. Die verschiedenen Einzelgewerkschaften berücksichtigen schon seit langem die Belange von Migrant(inn)en sowohl in ihren Strukturen als auch ihren Tätigkeitsfeldern, was sich nicht zuletzt in dem gewachsenen Mitgliederanteil Nichtdeutscher ausdrückt.[96]

Vor dem Hintergrund, dass die Beiträge zur Arbeitsmarktsegmentation überwiegend in den 1970er-Jahren verfasst wurden, als sich infolge des Anwerbestopps 1973 gerade erst eine Zunahme des Familiennachzugs und damit der Beginn einer langen Einwanderungsbewegung abzeichnete, erscheint die Annahme einer Rückkehroption als Alternativrolle für Migrant(inn)en noch gerechtfertigt. Vor dem Hintergrund der heute anzutreffenden Vielfalt von Migrationsformen in der Bundesrepublik, die größtenteils zur dauerhaften *Ein*wanderung wurden, kann eine solche Alternativrollenhypothese zumindest für Ausländer/innen generell keineswegs mehr unterstellt werden. Durchaus analysierenswert wäre vor diesem Hintergrund aber die Zunahme transnationaler Netzwerke im Arbeitsmarkt. Auch sehen Aussiedler/innen

96 Vgl. dazu etwa gewerkschaftsnahe Bildungseinrichtungen wie das DGB-Bildungswerk oder die Einzelgewerkschaften, die alle über entsprechende Organisationseinheiten (z. B. ein Referat Migration) verfügen, oder die Vertretung ausländischer Arbeitnehmer/innen bei der IG Metall.

sowie Migrant(inn)en der zweiten bzw. dritten Generation für sich diese Alternativrollen eher selten, was erst recht auf Fluchtmigrant(inn)en zutrifft, die nicht in ihr Herkunftsland zurückkehren können.

4. Die Zunahme prekärer Beschäftigung als Auswuchs von Segmentationsprozessen?

Wie eingangs erörtert, beschreiben Segmentationstheorien die Ausgliederung unliebsamer, weil ineffizienter Randbeschäftigungsbereiche aus Kernarbeitsmärkten in wirtschaftlichen Krisenzeiten, indem dort Arbeitskräfte „freigesetzt" werden, die häufig in unstrukturierten Segmenten Aufnahme finden. Im Kontext der Herausbildung solch häufig prekärer Teilarbeitsmärkte im Zuge von Deregulierungsprozessen im deutschen Arbeitsmarkt geht die Zahl sozialversicherungspflichtiger Normalarbeitsverhältnisse seit Mitte der 1990er-Jahre tendenziell zurück, während befristete und/oder niedrig entlohnte, Teilzeit-, Mini- und Midi-Jobs sowie Leiharbeitsverhältnisse enorm an Zahl zugenommen haben, die – unter segmentationstheoretischen Gesichtspunkten – weitgehend dem unstrukturierten, sekundären oder Rand-Sektor zuzuordnen sind. Diesbezüglich stellt sich einerseits die Frage, ob Migrant(inn)en noch wie in den 80er-Jahren häufiger in niedrig entlohnten und/oder prekären Beschäftigungsverhältnissen repräsentiert sind, was ihre überproportional hohe Arbeitslosigkeit und höheren Armutsrisiken erklären würde. Betriebsstudien, die zwischen Rand- und Stammbelegschaften unterscheiden, gelangten für die 80er- und 90er-Jahre jedoch größtenteils zu der Einschätzung, dass Ausländer/innen keineswegs nur zur Randbelegschaft zählten, sondern auch in qualifizierten Fertigungsbereichen und (wenngleich unterrepräsentiert) in höheren Berufspositionen anzutreffen waren; ebenso wie die Integration von Migrant(inn)en in sozialversicherungspflichtige Beschäftigungsverhältnisse auf Tendenzen ihrer Beteiligung in Kernarbeitsmärkten hinweist.[97] Allerdings trugen ausländische Beschäftigte in Phasen betrieblicher Rationalisierung oder bei generellem Arbeitsplatzabbau höhere Risiken, ihren Arbeitsplatz zu verlieren; dementsprechend habe ihre Fluktuation in den 80er-Jahren doppelt so hoch gelegen.

Im Zusammenhang mit der Herausbildung von Arbeitsmarktsegmentationen ebenfalls bedeutsam ist das Phänomen der Armut trotz Erwerbstätigkeit, welche sich mit der langjährigen Förderung eines Niedriglohnsektors hierzulande ausgebreitet hat. Die These der Herausbildung einer neuen Schicht arbeitender Armer („working poor") in der Bundesrepublik geht unter anderem auf Wolfgang Strengmann-Kuhn zurück, der das Ausmaß der Armut Erwerbstätiger in Deutschland für die zweite Hälfte der 1990er-Jahre untersucht hat, zu einer Zeit also, in der die Ausweitung des Niedriglohnsektors noch nicht (wie unter der rot-grünen, der schwarz-roten sowie der schwarz-gelben Bundesregierung) zu einer explizit formulierten Zielsetzung der Arbeitsmarktpolitik gehörte[98] und daher im Vergleich zur Gegenwart quantitativ noch weniger relevant war. Unter „erwerbstätigen Armen" fasst Strengmann-Kuhn alle Personen

97 Vgl. auch zum Folgenden: R. Münz/W. Seifert/R. Ulrich: Zuwanderung nach Deutschland. Strukturen, Wirkungen, Perspektiven, 2., akt. u. überarb. Aufl. Frankfurt a. M./New York 1999, S. 103

98 Vgl. CDU, CSU und SPD: Gemeinsam für Deutschland – mit Mut und Menschlichkeit. Koalitionsvertrag zwischen CDU, CSU und SPD, Berlin, 11.11.2005, S. 24

und Haushalte, die trotz Erwerbstätigkeit mit weniger als 50 Prozent des durchschnittlichen Äquivalenzeinkommens leben.[99] Nach seinen Berechungen auf Basis von Daten des Sozio-ökonomischen Panels lebten 1996 und 1998 rund 2 Millionen arme Erwerbstätige insgesamt in Deutschland, was einer Quote von rund 2,4 Prozent der Bevölkerung entsprach.[100] Etwa die Hälfte davon, nämlich 1,1 Millionen (bzw. 1 Mio. 1998) waren 1996 trotz Vollzeit-erwerbstätigkeit arm, womit 1,2 Prozent der Bevölkerung betroffen waren. In Haushalten armer Vollzeiterwerbstätiger lebten in beiden Erhebungsjahren jeweils rund 3 Millionen Personen (darunter überwiegend Kinder), also etwa 3,7 Prozent der Bevölkerung. Strengmahn-Kuhn konstatiert deshalb, dass Armut trotz Erwerbstätigkeit in Deutschland ein beträchtliches Ausmaß habe und ihr erhebliches Gewicht zukomme. „Zwar haben erwerbstätige Arme ein unterdurchschnittliches Armutsrisiko, trotzdem sind mehr Arme erwerbstätig als arbeitslos und die Mehrheit der Armen lebt in einem Erwerbstätigenhaushalt.“[101]

Als drei wesentliche Einflussfaktoren für die Entstehung wie die Verhinderung von Armut trotz Erwerbstätigkeit während des Einkommensverteilungsprozesses sieht Strengmann-Kuhn die geringe Entlohnung, den Haushaltskontext sowie die staatliche Umverteilung.[102] Diese Einflussfaktoren zeigten allerdings nicht alle die gleiche Stärke, wie die Wege von Erwerbstätigen in Armut illustrieren: Bei rund 39 Prozent der erwerbstätigen Armen wurde die Einkommensdeprivation durch geringe Bruttolöhne verursacht, bei 46 Prozent war der Haushaltskontext (also die Frage der Erwerbsbeteiligung im Haushaltskontext sowie der Haushaltstyp und dessen Größe) entscheidend, und bei fast 15 Prozent waren die Steuer- und Sozialabgaben ausschlaggebend. Das Vorhandensein von Kindern im Haushalt ist nach Ansicht des Autors „von wesentlicher Bedeutung für ein Sinken des Haushaltskontextes unter die Armutsgrenze,“[103] einmal wegen des höheren Einkommensbedarfs und zum anderen, weil Kinder eine mögliche Barriere bei der Arbeitsnachfrage sein könnten: „Sind Kinder vorhanden, reicht für fast ein Viertel (24,3 %) der Erwerbstätigen mit einem eigenen Arbeitseinkommen über der Armutsgrenze das Arbeitseinkommen des gesamten Haushaltes nicht für die Armutsvermeidung aus“, ein Risiko übrigens, das durch den Familienlastenausgleich nur zum Teil wettgemacht würde und Familien mit Migrationshintergrund aufgrund ihrer höheren Kinderzahl stärker betreffe. Hinzu kommt, dass sowohl der Anteil der Erwerbstätigen, die unter die Armutsgrenze sinken, als auch die Armutsquote mit der Kinderzahl drastisch ansteigen: von 17 Prozent, die aufgrund *eines* Kindes unter die Armutsgrenze sinken, auf fast 47 Prozent bei *drei* bzw. *mehr* Kindern. Letztlich hätten 80 Prozent der Erwerbstätigen, die durch den Haushaltskontext unter die Armutsgrenze gesunken seien, Kinder.

---

99 Vgl. W. Strengmann-Kuhn: Armut trotz Erwerbstätigkeit, a. a. O., S. 36 ff. Er unterscheidet vier Gruppen: „erwerbstätige Arme insgesamt“, „Vollzeit erwerbstätige Arme“ sowie dieselben einschließlich ihrer Haushaltsangehörigen, nämlich „Arme in Erwerbstätigenhaushalten“ und „Arme in Vollerwerbshaushalten“.

100 Vgl. hierzu und zum Folgenden: ebd., S. 42

101 Vgl. ebd., S. 55

102 Vgl. hierzu und zum Folgenden: ebd. S. 97 f. u. 101

103 Vgl. hierzu und zum Folgenden: ebd., S. 144

6.2.2 Befunde zur Arbeitsmarktsegmentation und zu prekären Beschäftigungsverhältnissen

Schon in den 1970er-Jahren wiesen erste empirische Untersuchungen auf die Konzentration von Frauen und ausländischen Arbeitnehmer(inne)n in betrieblichen Randbelegschaften und in prekären Arbeitsmarktsegmenten mit geringen Qualifikationsanforderungen, hohen Belastungen und niedrigen Löhnen hin.[104] Diese ungünstige Arbeitsmarktsituation ausländischer Migrant(inn)en, die – wenngleich abgeschwächt – bis in die Gegenwart zu beobachten ist, trägt beträchtlich zu ihren höheren Arbeitslosigkeits- und Armutsrisiken bei. Allerdings rückten Segmentationsprozesse des (bundes)deutschen Arbeitsmarktes erst Ende der 80er-Jahre verstärkt ins Zentrum der Forschung, wobei ausländische Arbeitnehmer/innen meist ausgeklammert blieben; aktuelle Analysen fehlen.[105]

1. Die ethnische Segmentation des Arbeitsmarktes

Marc Szydlik zeigte auf Grundlage von Daten des Sozio-ökonomischen Panels von 1984 bis 1988, dass sich auch in der Bundesrepublik Segmente des Arbeitsmarktes herausbildeten, die sich gravierend voneinander unterschieden und – zumindest in der Höhe der segmentspezifischen Einkommen – eine vertikale Hierarchie aufwiesen.[106] Es könne aber keinesfalls von homogenen Bedingungen innerhalb der Segmente ausgegangen werden, wenngleich deutliche Differenzen auch hinsichtlich der Arbeitsbedingungen bestünden, so Szydlik. Seine Befunde ergaben, dass neben dem Geschlecht und der Nationalität die Variablen Alter, Dauer der Betriebszugehörigkeit und Erwerbsumfang bei der Zugehörigkeit zu Segmenten Einfluss ausübten, wenngleich längst nicht in dem Maße wie die beiden zuerst genannten Aspekte.[107] Zugangsdiskriminierungen träfen insbesondere Nichtdeutsche und Frauen, die in unstrukturierten Märkten überrepräsentiert seien und im betriebsinternen Segment kaum Fuß fassten. Der Indikator „weiblich" verstärke die benachteiligende Wirkung des Merkmals „Ausländer" noch erheblich, konstatierte Szydlik: „Wer Frau ist und Ausländerin, hat auf dem deutschen Arbeitsmarkt die schlechtesten Chancen und ist so – gemessen am Beschäftigungsanteil im unstrukturierten Markt – doppelt benachteiligt."[108]

Für die Jahre 1984 bis 1989 untersuchte Wolfgang Seifert mittels Längsschnittdaten des Sozio-ökonomischen Panels ethnische Segmentationen des bundesdeutschen Arbeitsmarktes, den er in einen unstrukturierten, fachspezifischen und betriebsspezifischen Arbeitsmarkt differenzierte, wobei Qualifikationsanforderungen des Arbeitsplatzes sowie die Betriebsgröße die

104 Vgl. dazu die Arbeiten von L. Sengenberger. Ergänzend: K. Ewers/P. Lenz: Die Ausländerbeschäftigung unter dem Druck von Wirtschaftskrise und Konsolidierungspolitik, in: C. Offe/Projektgruppe Arbeitsmarktpolitik (Hrsg.): Opfer des Arbeitsmarktes, a. a. O., S. 185 ff.

105 Vgl. H. P. Blossfeld und K. U. Mayer: Arbeitsmarktsegmentation in der Bundesrepublik Deutschland, a. a. O., S. 262 ff.; M. Szydlik: Die Segmentierung des Arbeitsmarktes in der Bundesrepublik Deutschland, a. a. O.; ders.: Ethnische Ungleichheit auf dem deutschen Arbeitsmarkt, a. a. O., S. 658 ff.; R. Münz/W. Seifert/R. Ulrich: Zuwanderung nach Deutschland, a. a. O., S. 100 ff.

106 Vgl. M. Szydlik: Die Segmentierung des Arbeitsmarktes in der Bundesrepublik Deutschland, a. a. O., S. 148

107 Vgl. ebd., S. 149

108 Siehe ebd., S. 117

Unterscheidungskriterien für die Segmente bildeten.[109] Bezüglich der Randbelegschaftsthese, nach der Nichtdeutsche primär dem externen Segment bzw. unstrukturierten Teilarbeitsmärkten zuzurechnen sind, monierte Seifert, dass die auf den Gesamtarbeitsmarkt bezogenen Segmentationsstudien Ausländer/innen unberücksichtigt ließen, obwohl betriebsbezogene Studien in der Vergangenheit gezeigt hätten, dass sie keineswegs nur zur Randbelegschaft zählten, sondern auch in qualifizierten Fertigungsbereichen zu finden seien.[110] Wenngleich sie in höheren Positionen nach wie vor deutlich unterrepräsentiert seien, finde man Nichtdeutsche mittlerweile in allen Positionen der Arbeitsplatzhierarchie. Die Befunde verschiedener Studien zusammenfassend, konstatiert Seifert, dass Ausländer/innen nicht nur in betrieblichen Kontraktionsphasen ein erhöhtes Kündigungsrisiko tragen, sondern man ihnen in Krisenzeiten auch in stärkerem Maße den Zugang zum Betrieb verwehrt.

Seifert zeigt eine im Zeitverlauf relativ stabil bleibende Verteilung deutscher Arbeitskräfte auf die Segmente, die nur durch den wenig ausgeprägten Trend einer Verlagerung von Fach- zu betriebsspezifischen Arbeitsmärkten aufgebrochen wurde. Für Ausländer/innen konstatierte er eine starke Konzentration auf den unstrukturierten Arbeitsmarkt und einen deutlichen Trend von diesem weg, wovon besonders die zweite Generation profitierte. Ursächlich für diese Aufwärtsmobilität seien drei Faktoren: erstens der Eintritt von besser Qualifizierten in den Arbeitsmarkt, zweitens das Ausscheiden niedrig Qualifizierter aus dem Erwerbsleben und drittens die berufliche Aufwärtsmobilität von zu beiden Zeitpunkten Erwerbstätigen. Besonders ungünstig stellt sich Seifert zufolge die Situation türkischer Arbeitnehmer/innen dar, die vor allem auf dem fachspezifischen Markt unter- und auf dem betriebsspezifischen Markt überrepräsentiert seien. Hinsichtlich der Mobilität zwischen den Arbeitsmarktsegmenten konstatiert der Verfasser, dass diese verhältnismäßig durchlässig und nicht, wie Segmentationstheorien unterstellten, streng voneinander abgeschottet waren. Allerdings unterschied sich die Mobilität von Deutschen und Ausländer(inne)n zugleich deutlich voneinander: Für Erstere war das betriebsspezifische Segment das stabilste, wo fast 80 Prozent nach 5 Jahren immer noch tätig waren; zudem hatte ihre kleine Gruppe im unstrukturierten Arbeitsmarkt gute Aufstiegschancen, da fast der Hälfte der Aufstieg in ein anderes Segment gelang. Für Ausländer/innen zeigte sich im betriebsspezifischen Segment hingegen eine mit 45 Prozent sehr viel größere Abstiegsmobilität, während ihnen im unstrukturierten Segment mit 36 Prozent seltener ein Aufstieg gelang.

Mit dem Befund im Mittel höherer Einkommen von Ausländer(inne)n besonders im *unstrukturierten* Arbeitsmarkt stützt Seifert die Ergebnisse anderer Studien. Alle von ihm untersuchten Teilgruppen Nichtdeutscher erzielten 1989 dort höhere Einkünfte als vergleichbare Deutsche, was aber auf die durchschnittlich längeren Wochenarbeitszeiten und eine höhere Arbeitsintensität (Akkord-, Schicht- und Zeitarbeit) zurückzuführen war. Anders stellte sich indes die Situation in *betriebsspezifischen* Arbeitsmärkten dar: Hier erzielten Deutsche ins-

109 Der *unstrukturierte* Markt umfasst niedrig qualifizierte Tätigkeiten unabhängig von der Größe des Betriebes, während der *fachspezifische* Arbeitsmarkt aus qualifizierten Tätigkeiten besteht, die in Betrieben mit bis zu 200 Beschäftigten ausgeübt werden. *Betriebsspezifische* Arbeitsmärkte umfassen hoch qualifizierte Arbeitsplätze mit für Großbetriebe charakteristischen innerbetrieblichen Karrierelinien.

110 Vgl. zum Folgenden: W. Seifert: Die Mobilität der Migranten, a. a. O., S. 193 ff. Die Analysen differenzieren zwischen Deutschen und Ausländern, der zweiten Generation, 40- bis 64-Jährigen, Frauen sowie Türken. Dazu auch: R. Münz/W. Seifert/R. Ulrich: Zuwanderung nach Deutschland, a. a. O., S. 103

gesamt (mit 3.860 DM) wesentlich höhere Einkommen als Ausländer/innen (3.350 DM), am wenigsten verdienten ausländische Frauen (2.383 DM), die zweite Generation (2.929 DM) und Türk(inn)en (3.132 DM). Auch die dortigen Arbeitsbedingungen (gemessen an Abwechslung, Selbstständigkeit, Schwere der Arbeit und Belastungen) zeigten, dass Ausländer/innen häufiger als Deutsche in Tätigkeiten von geringerer Attraktivität und mit höheren Belastungen tätig waren. Seifert schlussfolgert daraus, dass sich im betriebsspezifischen Segment besonders häufig abweichende Bedingungen für ausländische Beschäftigte ergeben. Dort gebe es zugleich deutliche Hinweise auf eine abnehmende Partizipation an beruflichen Karriereverläufen, was besonders die Gruppe der ausländischen Frauen betreffe. Festhalten könne man, dass ausländische Arbeitnehmer/innen zwar den Übergang in qualifizierte Bereiche schafften, jedoch kaum an Karrierelinien betriebsspezifischer Arbeitsmarktsegmente partizipierten. Die auch in anderen Lebenslagen bestätigte Ungleichheit zwischen den Gruppen spiegele sich somit auch im Arbeitsmarkt wider: Am schlechtesten gestellt waren sowohl ausländische Frauen als auch türkische Arbeitnehmer/innen; Abweichungen im positiven Sinn seien v. a. für die zweite Generation festgestellt worden. Von einer ethnischen Arbeitsmarktsegmentation könne aber nicht generell gesprochen werden, weil die Segmentationslinien durchlässig seien. Allerdings könnten sich Ausländer/innen im betriebsspezifischen Segment nicht etablieren und eine den Deutschen vergleichbare Aufwärtsmobilität entwickeln: „Die hohe Fluktuation legt die Vermutung nahe, dass Ausländer hier als Konjunkturpuffer eingesetzt und in Kontraktionsphasen zuerst entlassen werden.“[111]

Für den Zeitraum von 1993 bis 1997 belegten Rainer Münz, Wolfgang Seifert und Ralf Ulrich eine starke Konzentration von ausländischen Beschäftigten aus dem Mittelmeerraum im unspezifischen Segment, die sich allerdings seit Mitte der 1980er-Jahre beträchtlich reduziert hatte.[112] Soweit Ausländer(inne)n ein Aufstieg gelang, fanden sie etwas häufiger Zugang zum fachspezifischen Segment. Von 1984 bis 1997 verdoppelte sich ihr Anteil im betriebsspezifischen Segment auf 15 Prozent, wobei besonders türkische und Arbeitnehmer/innen der zweiten Generation von dieser Aufwärtsmobilität profitierten. Die Verfasser bestätigten ferner – mit Blick auf die dort steigenden Anteile der zweiten Generation –, dass die qualifizierten Segmente für Ausländer/innen nicht generell verschlossen seien.[113] Ausländische Beschäftigte wechselten aber vergleichsweise selten in andere Segmente: Am größten war die Stabilität im unspezifischen Segment, wo zuletzt noch 88 Prozent der 1993 dort beschäftigten Ausländer/innen tätig waren (bei Deutschen waren es 74 %). Im fachspezifischen Segment traf dies für 76 (Deutsche: 85 %) und im betriebsspezifischen Segment für 65 Prozent (Deutsche: 79 %) der Ausländer/innen zu. Im Vergleich mit dem Zeitraum von 1984 bis 1989 blieben Nichtdeutsche häufiger im fach- und betriebsspezifischen Segment, ihre Beschäftigungsstabilität nahm also in qualifizierten Bereichen zu. Die Autoren resümieren, dass der deutsche Arbeitsmarkt zwar nicht segmentiert sei, das Überschreiten von Segmentgrenzen deutschen Beschäftigten aber offenbar leichter falle.

---

111 Ebd., S. 215

112 Vgl. hierzu und zum Folgenden: R. Münz/W. Seifert/R. Ulrich: Zuwanderung nach Deutschland, a. a. O., S. 105 f. Unterschieden wurde der unspezifische, fachspezifische und betriebsspezifische Arbeitsmarkt. Berechnungsbasis waren Längsschnittdatensätze des SOEP.

113 Vgl. hierzu und zum Folgenden: ebd., S. 107 ff. Die zweite Generation entsprach den in Deutschland Geborenen mit ausländischem Pass.

Der Sozialbericht 2007 des Landes NRW stützt die These einer wachsenden Segmentation des Arbeitsmarktes in Sektoren mit stabiler und solche mit instabiler Beschäftigung, wobei in den zuerst genannten Segmenten besonders Deutsche und in den zuletzt genannten Nichtdeutsche vorzufinden waren.[114] Demnach stieg der Anteil stabil Beschäftigter unter allen sozialversicherungspflichtig Erwerbstätigen von 2002 bis 2005, was vor dem Hintergrund des Rückgangs sozialversicherungspflichtiger Beschäftigungsverhältnisse – wovon Ausländer/innen besonders stark betroffen sind – eine Folge der Verdrängung unstetig Beschäftigter in Arbeitslosigkeit sei. Ein Vergleich von 2001 und 2004 zeigt, dass die Bilanz der Wechselquoten von Beschäftigung in Arbeitslosigkeit und umgekehrt anfangs noch ausgeglichen war. Dies traf auch für Nichtdeutsche zu.[115] Zuletzt habe sich diese Bilanz negativ verschoben, da die Wechsel von Beschäftigung in Arbeitslosigkeit die umgekehrten überwogen. Mit Abstand am ungünstigsten war die Bilanz bei Ausländer(inne)n: „Es wechselten 12 (Männer) bzw. 16 (Frauen) Prozent mehr Personen aus Beschäftigung in Arbeitslosigkeit als umgekehrt."[116] Die Kennzifferanalysen zeigten, dass sich der Arbeitsmarkt mit Ausnahme der jüngeren Personen zunehmend polarisiere in „ständig und stabil Beschäftigte" einerseits sowie einen größer werdenden Pool von Personen mit steigenden Wechselfrequenzen zwischen Beschäftigung und Arbeitslosigkeit andererseits. Die für Nordrhein-Westfalen beschriebenen Konsequenzen seien dabei denen in Westdeutschland ähnlich.

Kritisch zu resümieren bleibt, dass keine Untersuchungen jüngeren Datums vorliegen, welche die ethnische Segmentation im Arbeitsmarkt für verschiedene Zuwanderergruppen differenziert analysieren, um so der im Zuge der Globalisierung gewachsenen Pluralität von Migrationsformen, die z. B. durch die Etablierung eines größeren Sektors illegaler Beschäftigung auch in Deutschland gekennzeichnet ist, gerecht zu werden. Zu vermuten wäre etwa, dass sich mit diesen illegalen Beschäftigungsformen von Ausländer(inne)n ohne Aufenthaltsrecht, von Asylbewerber(inn)en mit nachrangigem, befristetem oder gar keinem Arbeitsmarktzugang ein neues Arbeitsmarktsegment etabliert hat, in dem sich die Arbeits- und Einkommensbedingungen noch deutlich schlechter als in sekundären oder externen Segmenten gestalten. Karen Schönwälder u. a. führen dazu an, dass illegale Migrant(inn)en in Deutschland vermutlich fast ausschließlich in der Schattenwirtschaft beschäftigt sind und keinen Zugang zu regulären Arbeitsplätzen haben.[117] Allerdings weisen sie die Vermutung, statuslose Migrant(inn)en erhielten generell niedrigere Löhne und akzeptierten besonders harte und unbeliebte Arbeiten, als nicht ausreichend belegt zurück. Neue Berichte der Bundesregierung hätten gezeigt, dass illegale Ausländerbeschäftigung in fast allen Wirtschaftsbereichen, insbesondere jedoch im Baugewerbe und im Dienstleistungssektor in Privathaushalten, anzutreffen sei.

---

114 Vgl. MAGS NRW (Hrsg.): Sozialbericht NRW 2007, a. a. O., S. 365 ff. In instabilen Segmenten konzentrierten sich auch Personen ohne Berufsausbildung, Frauen sowie Beschäftigte des Dienstleistungssektors, während es in stabilen Segmenten Personen mit Berufsausbildung, Männer und Beschäftigte des verarbeitenden Gewerbes waren. Datenbasis ist die Integrierte Erwerbsbiografie-Stichprobe (IEBS) des IAB.

115 Vgl. ebd., S. 366 f.

116 Siehe ebd., S. 367. Häufig von Wechseln zwischen Arbeitslosigkeit und Beschäftigung betroffen waren besonders Personen ohne abgeschlossene Berufsausbildung.

117 Vgl. K. Schönwälder/D. Vogel/G. Sciortino: Migration und Illegalität in Deutschland. AKI-Forschungsbilanz 1, Wissenschaftszentrum Berlin für Sozialforschung, Berlin 2004, S. 47

2. Prekäre, geringfügige und niedrig entlohnte Beschäftigungsverhältnisse

Der Arbeitsmarkt hat sich seit den 1990er-Jahren, begünstigt durch Deregulierungs- und Flexibilisierungsmaßnahmen, beträchtlich gewandelt und tendenziell in Segmente stabiler und instabiler Beschäftigung geteilt. Im Zuge dessen sind neben traditionellen Normalarbeitsverhältnissen, die Robert Castel in einer „Zone der Integration“[118] ansiedelt, allmählich prekäre Erwerbsverhältnisse expandiert, die von Arbeitsplatzunsicherheit, niedrigen Löhnen und fehlendem Kündigungsschutz gekennzeichnet sind. Dieses heterogene Sammelsurium jederzeit verwundbarer Arbeitsplätze bezeichnet Castel als „Zone der Prekarität“, die sich zusätzlich zu einer „Zone der Entkoppelung“, wo dauerhaft von regulärer Erwerbsarbeit Ausgeschlossene zu finden sind, etabliert habe. Als prekär ist ein Erwerbsverhältnis bezeichnen, wenn „die Beschäftigten aufgrund ihrer Tätigkeit deutlich unter ein Einkommensniveau sinken, das in der Gegenwartsgesellschaft als Standard definiert und mehrheitlich anerkannt wird.“[119] Zu den wichtigsten Formen prekärer Beschäftigung, die tendenziell in Deutschland zunehmen, zählen geringfügige, befristete, niedrig entlohnte und Teilzeit-Beschäftigungsverhältnisse sowie Leih- bzw. Zeitarbeit.[120] In ihnen zeigt sich die Herausbildung eines Segments arbeitender Armer und prekär Beschäftigter.

Hinsichtlich der Repräsentanz von Migrant(inn)en in prekären Beschäftigungsverhältnissen gibt es nur partielle Befunde. So lässt sich für Teilzeit-Beschäftigungsverhältnisse beobachten, dass sie – sofern der Erwerbsstatus der Gesamtgruppe betrachtet wird – im Vergleich zu Deutschen seltener dort anzutreffen sind.[121] Während im Jahr 2004 ca. 14 Prozent der Deutschen teilzeitbeschäftigt waren, traf dies bloß für 6 Prozent der Migrant(inn)en aus der Türkei, 9 Prozent aus Südwesteuropa und je 11 Prozent aus Ex-Jugoslawien bzw. der Spätaussiedler/innen zu; geringer waren ihre Vollzeiterwerbsquoten, während ihre Nichterwerbstätigen- und Arbeitslosenquoten entsprechend höher lagen. Nimmt man indes, wie eine Expertise der Friedrich-Ebert-Stiftung, allein die Gruppe abhängig Beschäftigter in den Blick, zeigt sich, dass Ausländer/innen häufiger als Deutsche teilzeitbeschäftigt sind:[122] Rund 45 Prozent der ausländischen und 41 Prozent der deutschen abhängig erwerbstätigen Frauen waren Teilzeitkräfte, bei Männern waren es 8 bzw. 6 Prozent. Auch die Teilzeitquote lag bei Ausländer(inne)n geringfügig höher als bei Deutschen.

Die Forschungsergebnisse zu der Frage, ob Migrant(inn)en häufiger als Einheimische den arbeitenden Armen zuzurechnen sind, sind überwiegend älteren Datums. Nach Berechnungen Wolfgang Strengmann-Kuhns für 1996 hatten Ausländer/innen mit rund 27 Prozent nicht nur eine drei Mal so hohe Armutsquote wie Deutsche (9 %), sondern mit 12 Prozent auch eine (fast) drei Mal so hohe Quote erwerbstätiger Armer (Deutsche: 4 %). Zugleich stellten sie 26 Prozent der Einkommensarmen, 20 Prozent der armen Erwerbstätigen und

118 Vgl. auch zum Folgenden R. Castel: Die Metamorphosen der sozialen Frage. Eine Chronik der Lohnarbeit, Konstanz 2000, S. 336 ff.

119 Zu dieser und anderen Begriffsbestimmungen von Prekarität und ihren Dimensionen vgl. U. Brinkmann u. a.: Prekäre Arbeit. Ursachen, Ausmaß, soziale Folgen und subjektive Verarbeitungsformen unsicherer Beschäftigungsverhältnisse, Bonn 2006, S. 17 f.

120 Zu Definitionen von prekärer Beschäftigung, ihrem Zuwachs und ihrer Verbreitung vgl. ebd., S. 21 ff.

121 Vgl. auch zum Folgenden: StBA (Hrsg.): Datenreport 2006, a. a. O., S. 569. Zu Südwesteuropa zählen hier Griechenland, Portugal, Spanien und Italien; Datenbasis ist das SOEP.

122 Vgl. U. Brinkmann u. a.: Prekäre Arbeit, a. a. O., S. 46

nur 8 Prozent der Erwerbstätigen insgesamt. Strengmann-Kuhn weist jedoch mittels weiterführender Berechnungen die These zurück, dass Ausländer/innen zu einer besonderen Risikogruppe erwerbstätiger Armer gehörten, weil sie keine höhere Armutslohnquote als Deutsche hatten – ein monatliches Arbeitseinkommen unterhalb der Armutsgrenze war bei ihnen also keineswegs häufiger anzutreffen.[123] Zugleich hätten sie aber, zumindest sofern sie im Niedriglohnbereich tätig waren, auch überdurchschnittliche Armutsquoten gehabt.

Im Bereich geringfügiger Beschäftigungsverhältnisse ist das Bild teilweise ein anderes. Bei „Minijobs" waren Ende März 2004 rund 9 Prozent der Beschäftigten Ausländer/innen, womit ihr Anteil deutlich über dem (seit längerem sinkenden) Ausländeranteil bei sozialversicherungspflichtig Beschäftigten (6,8 %) lag.[124] Nach wie vor sind es hauptsächlich Frauen, die Minijobs ausüben: ihr Anteil betrug bei Deutschen 65 und bei Ausländer(inne)n 60 Prozent. Auffällig ist schließlich, dass der Anteil Nichtdeutscher mit 11,1 Prozent besonders hoch ist bei Beschäftigten, die Minijobs zusätzlich zu einer sozialversicherungspflichtigen Beschäftigung ausüben, was besonders Männer betrifft. Der Sechste Migrationslagebericht führt dazu an, dass Nichtdeutsche offenbar „ergänzend zu den Einkommen aus ihrer sozialversicherungspflichtigen Beschäftigung zur Bestreitung ihrer Lebensunterhaltskosten häufiger auf zusätzliche Einkommen angewiesen (sind; *C. B.*) als Deutsche."[125] Im Zeitreihenvergleich seit 1999 ist insgesamt eine deutliche Zunahme geringfügiger Beschäftigung zu verzeichnen, „wobei sich die Zuwächse überproportional auf die ausländische Bevölkerung verteilen", wie der Bericht ausführt, da sich der Anteil von Deutschen an diesen Beschäftigungsverhältnissen seit 1999 verringert und jener von Ausländer(inne)n erhöht hat – allein von 2002 auf 2003 stieg die Zahl ausschließlich geringfügig beschäftigter Ausländer/innen um 50.000. Diese Entwicklung zeigt ebenfalls ein weiterer Zeitreihenvergleich: Von 1999 bis März 2004 sank der Anteil Deutscher in geringfügig entlohnten Beschäftigungsverhältnissen um 1,5 auf 91 Prozent, während der Ausländeranteil analog zunahm.[126] Vor dem Hintergrund des Rückgangs der sozialversicherungspflichtigen Ausländerbeschäftigung lasse dies den Schluss zu, dass Ausländer(inne)n „sozial abgesicherte Arbeitsplätze in immer geringerem Maße offen stehen. Die Schere zwischen sozialversicherungspflichtiger und geringfügiger Beschäftigung bei Deutschen und bei Nichtdeutschen hat sich in den letzten Jahren weiter geöffnet",[127] resümiert der Lagebericht.

---

123 Vgl. ebd., S. 136. Demgegenüber kommt Claus Schäfer bei einem Vergleich der Jahre 1980 und 1997 zu dem Ergebnis, dass der Anteil sowohl von ausländischen Männern als auch Frauen, die trotz Vollzeitbeschäftigung ganzjährig Armutslöhne (weniger als 50 % des arithmetischen Mittels aller Effektivlöhne ganzjährig vollzeitbeschäftigter Deutscher, für 1997: 5.220 DM) erzielten, erheblich gestiegen ist, während dieser Anteil bei deutschen Männern konstant blieb und bei deutschen Frauen sogar rückläufig war. Vgl. C. Schäfer: Effektiv gezählte Niedriglöhne in Deutschland, in: WSI-Mitteilungen 7/2003, S. 425

124 Vgl. Bundesintegrationsbeauftragte (Hrsg.): Sechster Bericht, a. a. O., 55

125 Siehe auch zum Folgenden: ebd., S. 56

126 Vgl. U. Brinkmann u. a.: Prekäre Arbeit, a. a. O., S. 50

127 Siehe Bundesintegrationsbeauftragte (Hrsg.): Sechster Bericht, a. a. O., S. 56

3. Die ethnische Ökonomie: Aufstiegschance oder Armutsfalle?

Bereits seit den 70er-Jahren machen sich in der Bundesrepublik lebende Migrant(inn)en immer häufiger als Unternehmer/innen selbstständig. Ob dies die Folge eines Verdrängungseffektes aus sozialversicherungspflichtigen Beschäftigungsverhältnissen und einer gestiegenen Ausländerarbeitslosigkeit ist, kann man angesichts des dürftigen Forschungsstandes kaum beantworten. Erst seit Mitte der 90er-Jahre setzt sich ein wachsender Zweig migrationswissenschaftlicher Arbeitsmarktforschung mit der sog. ethnischen Ökonomie („ethnic economy") von Migrant(inn)en in Deutschland auseinander, die man unter Berücksichtigung nationalitätenspezifischer Strukturen von Selbstständigkeit erforscht.[128] Friedrich Heckmann unterteilte das Unternehmertum von Einwanderern in eine „Ergänzungsökonomie", die sich auf die spezielle Nachfrage von Zuwanderern (primär der eigenethnischen Gruppe) einstellt, welche von einheimischen Anbietern nicht gedeckt wird, sowie in eine „Nischenökonomie", deren Angebote auf die Nachfrage der Mehrheitsgesellschaft abzielen und z. B. Restaurants, Schnellimbisse, Änderungsschneidereien oder Marktstände umfassen.[129] Der Sechste Familienbericht wies darauf hin, dass das Unternehmertum von Ausländer(inne)n meist in einen familienwirtschaftlichen Kontext eingebettet sei und durch Faktoren wie eine längere Aufenthaltsdauer, einen gesicherten Aufenthalt, hohe Arbeitslosigkeit, ein städtisches Umfeld und große ethnische Kolonien gefördert werde. Zudem gebe es eine unterschiedliche regionale Verteilung des Unternehmertums von Ausländer(inne)n, die nicht zuletzt durch geringe lokale Chancen auf einen sozialversicherungspflichtigen Erwerbsarbeitsplatz bedingt sei. Erschwert werde die Selbstständigkeit, deren sektorale Struktur sowohl durch Gast- und verarbeitendes Gewerbe, Einzel- und Großhandel als auch den Dienstleistungssektor gekennzeichnet sei, außerdem durch Gewerbeordnungen und Bedingungen der Meisterprüfung im Handwerk.

Ein Blick auf die Selbstständigenquote von Ausländer(inne)n zeigt einen enormen Zuwachs: 1970 waren nur 2 Prozent aller nichtdeutschen Erwerbstätigen selbstständig, 1980 waren es 4, 1990 bereits 6,2 und 1998 fast 10 Prozent.[130] In den Folgejahren bis 2001 sank die Quote auf 8,4 und stieg bis 2004 auf 9,7 Prozent, womit sie sich fast dem Wert der Deutschen annäherte. Trotz der relativ langsam gestiegenen Quote ist die Gesamtzahl ausländischer Selbstständiger zugleich enorm gewachsen, da sich die Anzahl ausländischer Erwerbstätiger von 1,8 Mio. (1987) auf insgesamt rund 3 Millionen (2003) erhöhte. Entsprechend ist auch die Zahl von Betrieben mit ausländischen Inhaber(inne)n zwischen 1991 und 2003 von 175.000 auf 268.000 gewachsen.[131] Die größten Zuwächse verzeichneten dabei Ein-Mann/Frau-Betriebe (von 1991: 3,4 % bis 2003: 5,1 %), während der Anteil von Unternehmen mit Beschäftigten nur um 1 auf 4,4 Prozent zunahm. Die sog. Gastarbeiter/innen und ihre Nachkommen stellen mit fast der Hälfte die weitaus größte Gruppe aller nichtdeutschen Selbstständigen. Italiener/innen hatten im Jahr 2003 mit rund 46.000 die meisten Betriebe; türkische Staatsangehörige folgten mit

128 Vgl. U. Hunger: Die Beschäftigungssituation von Migranten auf dem deutschen Arbeitsmarkt, a. a. O., S. 17; Bundesintegrationsbeauftragte (Hrsg.): Sechster Bericht, a. a. O., S. 53 ff. u. 334 ff.

129 Vgl. F. Heckmann: Ethnische Minderheiten, a. a. O., S. 108

130 Vgl. Bundesausländerbeauftragte (Hrsg.): Lagebericht 2000, a. a. O., S. 135 f.; dies. (Hrsg.): Lagebericht 2002, a. a. O., S. 308

131 Vgl. ebd., S. 52

rund 43.000 Unternehmen. Unter Einbezug eingebürgerter Personen stellen Selbstständige mit türkischem Migrationshintergrund jedoch bei weitem die größte Gruppe.

Bei der Selbstständigkeit sind die Unterschiede zwischen den Herkunftsgruppen ebenfalls beträchtlich. Insbesondere Zuwanderer aus den alten EU-Mitgliedstaaten bauten zwischen 1996 und 2001 ihr Unternehmertum erheblich aus, und zwar von 7 auf 15 Prozent, während die Selbstständigenquote der Bürger/innen aus Ex-Jugoslawien von 4 auf 6 und jene der Aussiedler/innen bloß von 2 auf 3 Prozent zunahm.[132] Den größten Zuwachs verzeichneten türkische Betriebe, deren Zahl bis 1999 auf rund 56.000 Unternehmen mit rund 294.000 (überwiegend türkischen) Angestellten stieg. Sie sind laut Sechstem Familienbericht überwiegend im Gemüse-, Einzel- und Großhandel tätig und registrierten innerhalb von 10 Jahren eine Steigerungsrate von 90 Prozent, obwohl die türkische Bevölkerung gleichzeitig nur um knapp die Hälfte wuchs.[133] Aber auch Griech(inn)en mit 12 und Italiener/innen mit 11 Prozent wiesen (konzentriert im Gaststättengewerbe) 1998 überdurchschnittliche Selbstständigenquoten auf. Die Branchenverteilung ausländischer Unternehmen weicht zudem erheblich von jener deutscher Selbstständiger ab, weil sich Zuwanderer aus Anwerbestaaten vornehmlich auf das Gastgewerbe und den Handel, Migrant(inn)en aus den EU-Staaten sowie Deutsche jedoch auf unternehmensorientierte Dienstleistungen konzentrieren. Ausländische Unternehmer/innen sind vorwiegend (zu 36 %) im Einzelhandel tätig, danach folgen die Gastronomie (24 %) und der Dienstleistungsbereich (19 %). Unionsbürger/innen verzeichneten mit 13 Prozent eine leicht überdurchschnittliche und Drittstaatsangehörige mit 7 Prozent eine unterdurchschnittliche Unternehmerquote. Selbstständige aus den Anwerbeländern konzentrierten sich zudem auf andere Branchen: 1999 arbeiteten rund 44 Prozent im Gastgewerbe (Deutsche: 5 %) und rund 19 Prozent waren im Handel tätig.

Der Sechste Migrationslagebericht macht auf erhebliche Differenzen in der beruflichen Qualifikation von deutschen und ausländischen Selbstständigen sowie jene verschiedener Herkunftsgruppen aufmerksam. Im Vergleich zu abhängig Beschäftigten verfügten ausländische Selbstständige aber über wesentlich höhere Berufsabschlüsse. Besonders prägnant ist der Unterschied, wenn man den Anteil Selbstständiger ohne Berufsabschluss betrachtet. Er beträgt bei Deutschen und Zuwanderern aus westlichen Industriestaaten[134] rund 7 Prozent, während diese Kombination auf rund 28 Prozent der Migrant(inn)en aus sonstigen Industrieländern und rund 38 Prozent jener aus den ehemaligen Anwerbestaaten zutrifft. Italienische Selbstständige liegen mit 34 Prozent unter diesem Wert der übrigen Migrant(inn)en aus Anwerbestaaten, türkische Selbstständige weisen sogar fast zur Hälfte keinen Abschluss auf. Umgekehrt verhält es sich erwartungsgemäß, wenn man den Anteil Hochqualifizierter (Meister, Techniker und Fachhochschul- sowie Hochschulabsolventen) unter den Selbstständigen betrachtet: An der Spitze liegen hier mit 37 Prozent Ausländer/innen aus ausgewählten Industriestaaten, Deutsche folgen mit fast 27 Prozent und erst danach Migrant(inn)en aus sonstigen Industrieländern mit rund 22 Prozent. Von den Selbstständigen aus den Anwer-

132 Vgl. StBA (Hrsg.): Datenreport 2004, a. a. O., S. 581

133 Vgl. Bundesausländerbeauftragte (Hrsg.): Lagebericht 2000, a. a. O., S. 308

134 Dazu zählten Belgien, Frankreich, Dänemark, Großbritannien, Irland, Niederlande, Österreich, Luxemburg, Schweden und die USA. Migranten dieser Gruppe wanderten im Gegensatz zu jenen aus den Anwerbestaaten mehrheitlich erst nach 1980 zu; vgl. Bundesintegrationsbeauftragte (Hrsg.): Sechster Bericht, a. a. O., S. 73 u. 599

bestaaten weisen rund 8 Prozent und von türkischen Selbstständigen bloß 5,6 Prozent eine derart hohe berufliche Qualifikation auf.

Bezüglich der von Selbstständigen erwirtschafteten Einkommen sind die Befunde widersprüchlich. Einer OECD-Studie zufolge legen verschiedene Daten nahe, dass selbstständige Zuwanderer und insbesondere Türken sogar mehr verdienen als selbstständige oder angestellte Deutsche, womit Unternehmer/innen in der Einkommensskala von Ausländer(inne)n ganz oben stünden, während man abhängig Beschäftigte eher am unteren Ende finde.[135] Die Süssmuth-Kommission wies ebenfalls auf die insgesamt wesentlich günstigeren Einkommenslagen Selbstständiger gegenüber abhängig Beschäftigten bei Nichtdeutschen hin. Allerdings seien Selbstständige aus den ehemaligen Anwerbeländern v.a. in den oberen Einkommenskategorien (mehr als 4.000 DM) deutlich seltener als Deutsche vertreten, was unter anderem aus ihrer niedrigeren beruflichen Bildung resultieren könnte.[136] In den darunter liegenden Verdienstgruppen waren ausländische demnach wesentlich häufiger als deutsche Selbstständige vertreten. Die Regierungskommission interpretierte diese Entwicklung dahingehend, dass „die Selbstständigkeit allenfalls für einen kleinen Teil der ausländischen Selbstständigen erzwungen" gewesen sei und insgesamt als Integrationsindikator gewertet werden könne, da ausländische Selbstständige nicht in Niedrigeinkommensbereiche abgedrängt worden seien.

Andere Untersuchungen konstatieren indes, dass Migrantenunternehmer/innen eine marginalisierte Position auf dem Arbeitsmarkt mit einer ebensolchen als Unternehmer/innen tauschten, weil ein Großteil nur existenzbedrohend niedrige Einkommen erwirtschaftet.[137] Eine Umfrage unter nichtdeutschen Berliner Selbstständigen im Jahr 2002 ergab, dass jeder Dritte unter großen wirtschaftlichen Existenzängsten litt und die Hälfte angab, dass es „vorne und hinten nicht reiche".[138] Als Gründe für die hohe Zahl von Existenzgründungen durch Ausländer/innen wurden rechtliche Rahmenbedingungen, die Krise auf dem Arbeitsmarkt und die hohe Arbeitslosigkeit genannt. Zwar verweist auch Maria Kontos auf die gestiegene Arbeitslosigkeit, die mehr und mehr Migrant(inn)en als Folge der Verdrängung aus dem Ersten Arbeitsmarkt dazu anrege, ihr Glück auf dem freien Markt zu versuchen. Die Selbstständigkeit interpretiert sie aber auch als Hinweis auf die gelungene Integration. Die häufig im Familienbetrieb eingebundenen Kinder gälten als bildungserfolgreich, weil ihnen im Rahmen der Mithilfe im Familienbetrieb zahlreiche Kompetenzen vermittelt würden und die Eltern zugleich eine starke Bildungsorientierung für ihre Kinder zeigten.[139] Entsprechend sei die ethnische Ökonomie für sie eher ein Feld, in dem soziale Aufstiegsprozesse vorbereitet würden.[140] Festhalten lässt sich somit, dass die Frage, wie häufig ausländische Selbstständige zu den von Armut Betroffenen zählen, in der Literatur umstritten ist und mangels differenzierter Daten und aktueller Studien hier ebensowenig abschließend beantwortet werden kann wie jene, welche Auswirkungen die Selbstständigkeit von Eltern auf hier aufwachsende Kinder hat.

135 Vgl. OECD (Hrsg.): Die Arbeitsmarktintegration von Zuwanderern in Deutschland, a.a.O., S. 50
136 Vgl. hierzu und zum Folgenden: UKZU (Hrsg.): Zuwanderung gestalten, a.a.O., S. 226
137 Vgl. exemplarisch hierfür R. Pütz: Marginalisierte Unternehmer: Armut als Bestandteil der Migrantenökonomie, in: Migration und Soziale Arbeit 3–4/2005, S. 202
138 Siehe ebd., S. 204
139 Vgl. M. Kontos: Migrantenökonomie – Auswege aus der Armut, in: Migration und Soziale Arbeit 3–4/2005, a.a.O., S. 215ff.
140 Vgl. ebd., S. 218

6.3 Das „Humankapital" von Migranten als Erklärungsansatz für ethnische Arbeitsmarktungleichheit

Die vergleichsweise niedrigen Bildungs- und beruflichen Qualifikationsniveaus[141] von Zuwanderern werden meist als maßgebliche Ursache für die unterschiedlichen Arbeitsmarkterfolge von Deutschen, Ausländer(inne)n und den verschiedenen Herkunftsgruppen gewertet.[142] Auch Erklärungen zu den Ursachen der hohen Arbeitslosigkeit und der insgesamt geringeren Arbeitsmarkterfolge von Migrant(inn)en rücken Defizite im beruflichen Qualifikationsniveau in den Vordergrund. Diesen Ansätzen liegen humankapitaltheoretische Erklärungsmuster zugrunde, die nachfolgend vorgestellt werden. Unter dem „Humankapital" versteht man (Bildungs-)Ressourcen *im* Menschen, die Einfluss auf dessen finanzielle Zugewinne haben. Insgesamt orientiert sich die Forschung zur Erklärung von Ungleichheiten auf dem Arbeitsmarkt zumeist am Erwerb von Humankapital auf der Arbeitnehmerseite, wobei ethnische Ungleichheit anhand der unterschiedlichen Ressourcenausstattung von Individuen erklärt wird, während man Effekte der zuvor beschriebenen (strukturellen) Segmentierung oder Diskriminierung weitgehend ignoriert.[143]

6.3.1 Allgemeine und migrationsspezifische Annahmen der Humankapitaltheorie

Die von dem US-amerikanischen Wirtschaftswissenschaftler Gary S. Becker stammende Humankapitaltheorie[144] geht davon aus, dass der u. a. an der Einkommenshöhe gemessene Arbeitsmarkterfolg einer Person von ihrer Produktivität abhängt, die wiederum durch den Umfang der Humankapitalausstattung bestimmt wird. Die Höhe des Einkommens spiegelt also aus humankapitaltheoretischer Sicht das Ausmaß der produktiven Eigenschaften einer Arbeitskraft wider,[145] was im Umkehrschluss bezogen auf den Untersuchungsgegenstand dieser Arbeit bedeuten würde, dass Armutslöhne nur bei unproduktiven Arbeitskräften gerechtfertigt wären. Als „Humankapital" werden alle Investitionen bezeichnet, die in einen Menschen im Laufe seiner (Aus-)Bildung und seines Berufslebens getätigt werden und die ihm monetäre sowie nichtmonetäre Erträge bringen.[146] Neben den verschiedenen Formen von Bildung(szertifikaten) können ebenfalls Handlungen zur Gesundheitsvorsorge, Wanderungen zwischen (inter)nationalen Arbeitsmärkten und andere Aktivitäten, die Kosten verursachen, ebenso wie sie Einkommenschancen verbessern, als Investitionen in das Humankapital eines

141 Die formale schulische und berufliche Qualifikationsstruktur der Bevölkerung wird jährlich anhand von Daten des Mikrozensus gemessen, zudem geben auch Datenquellen wie das SOEP darüber Auskunft. Vgl. StBA (Hrsg.): Datenreport 2004, a. a. O., S. 87; außerdem: BMGS (Hrsg.): Lebenslagen in Deutschland, a. a. O., S. 99

142 Vgl. OECD (Hrsg.): Die Arbeitsmarktintegration von Zuwanderern in Deutschland, a. a. O., S. 38

143 Vgl. A. Philipps: Die Perspektive der Mainstream-Soziologie zu Migranten und Arbeitsmarkt, in: H. Flam (Hrsg.) Migranten in Deutschland – Statistiken – Fakten – Diskurse, Konstanz 2007, S. 110

144 Vgl. G. S. Becker: Human Capital. A Theoretical and Empirical Analysis with Special Reference to Education, 3. Aufl. Chicago/London 1993 (1. Aufl. 1964)

145 Vgl. N. Granato: Ethnische Ungleichheit auf dem deutschen Arbeitsmarkt, a. a. O., S. 62

146 Vgl. hierzu und zum Folgenden: H. Diefenbach: Ethnische Segmentation im deutschen Schulsystem, a. a. O., S. 242; G. S. Becker: Der ökonomische Ansatz zur Erklärung menschlichen Handelns, Tübingen 1982

Individuums angesehen werden, welches bei Arbeitnehmer(inne)n somit vornehmlich durch die Akkumulation von (Bildungs-)Investitionen entsteht. Eine weitere Grundannahme der Theorie besagt, dass mit der Menge der investierten Qualifikationskosten die Produktivität einer Arbeitskraft und damit ihr Marktwert zu- bzw. abnimmt, aus dem heraus auch Ungleichheiten im Lebenseinkommen – und es sei ergänzt, mithin auch gruppenspezifische Armutsrisiken indirekt – zu erklären sind. Damit steht der Zusammenhang von Bildung, Arbeitsmarkterfolg und Einkommen von Arbeitnehmer(inne)n im Mittelpunkt der Humankapitaltheorie, wonach eine höhere (Aus-)Bildung zu einem höheren Einkommen und umgekehrt führt. Nicht nur der Faktor „Arbeit" erfährt infolge individuell variabler „Investitionen zur Produktivitätserhöhung" bzw. Einkommensmehrung eine Ausdifferenzierung, vielmehr kann auch die Entstehung von Einkommensdifferenzen verschiedener Gruppen mit deren unterschiedlichem Bildungsniveau erklärt werden, wenngleich sich im Lebenslauf die Humankapitalausstattung von Personengruppen und damit auch der „Marktwert" ihrer Arbeitskraft ändern kann. Die Humankapitaltheorie geht ferner davon aus, dass sich sowohl der Umfang als auch die Form der Ausstattung mit Humankapitalien auf den Arbeitsmarkterfolg und damit die Einkommenshöhe einer Person auswirken. Je geringer deren Investitionen in das eigene Humankapital (also die Ausstattung mit Bildungs- und Berufsabschlüssen) ausfallen, desto niedriger sind die Arbeitsmarktchancen und umgekehrt.[147]

Untersuchungen zum Einfluss des Humankapitals bei der Entstehung sozialer Ungleichheit konzentrieren sich hauptsächlich auf zwei einkommensrelevante Kapitalformen: Die schulische (also vor dem Erwerbsleben einsetzende) Bildung, auf die sich nach wie vor die Mehrzahl der Studien bezieht, sowie die berufliche (Aus-)Bildung, die man mit dem Eintritt ins Erwerbsleben durchläuft. Im Kontext von Arbeitsmarktungleichheit werden Humankapitalinvestitionen danach unterschieden, ob sie – wie die schulische Bildung – allgemein (d.h. unternehmensunabhängig) oder – wie die berufliche (Aus-)Bildung – primär firmenspezifisch verwertbar sind, man also sog. allgemeines oder spezifisches Humankapital akkumuliert. Zu Letzterem zählen alle Formen des „on-the-job-training", bei dem sowohl generelles Wissen (also allgemein verwertbare Bildungsmaßnahmen) als auch firmenspezifisches Know-how vermittelt wird. Damit rücken sämtliche Maßnahmen der beruflichen Fort- und Weiterbildung in das Blickfeld, die etwa im betrieblichen Rahmen erworben und im konkreten Unternehmen eingesetzt wird. Neben der Humankapitalausstattung von Arbeitnehmer(inne)n sind Unternehmen bzw. Arbeitgeber/innen somit der zweite Faktor, dem eine maßgebliche Bedeutung zugeschrieben wird. Man geht davon aus, dass die Reduktion von Kosten für Arbeitskräfte das wesentliche Moment der Kalküle von Unternehmen darstellt. Während die Gesellschaft die Kosten für die schulische Bildung trägt, liegt die – auch finanzielle – Verantwortung für Maßnahmen der beruflichen Aus- und der betriebsspezifischen Weiterbildung in erster Linie bei den Unternehmen. Die Humankapitaltheorie besagt nun, dass sich Arbeitgeber/innen für oder gegen Investitionen in das Humankapital ihrer Arbeitskräfte vor dem Hintergrund einer Reihe von Annahmen entscheiden, die primär auf die erwartete Höhe des Ertrags abheben:[148] So ist der antizipierte Nutzen erstens von der Dauer abhängig, während der sich eine Investition auswirken kann, weshalb sie sich v.a. bei jüngeren Arbeitnehmer(inne)n

147 Vgl. N. Granato: Ethnische Ungleichheit auf dem deutschen Arbeitsmarkt, a.a.O., S. 149
148 Vgl. zum Folgenden: ebd., S. 28

lohnt, weil Ertragsperioden bei Älteren kürzer sind. Zweitens dürfte auch die Kontinuität der Erwerbstätigkeit eine wichtige Rolle spielen: Bestimmte Gruppen wie Frauen im gebärfähigen Alter weisen eine höhere Wahrscheinlichkeit auf, phasenweise oder längerfristig aufgrund von Alternativrollen (Mutter) aus dem Arbeitsleben auszuscheiden, weshalb die Anreize für eine Investition in ihr Humankapital durch Unternehmen als geringer eingeschätzt werden.[149]

Die Humankapitaltheorie beinhaltet zudem einige migrationsspezifische Annahmen. Sie geht davon aus, dass die Entscheidung einer Person, aus ihrem Lebensumfeld über Nationalstaatsgrenzen hinweg zu emigrieren („Migrationsentscheidung"), erhebliche Auswirkungen auf die Verwertbarkeit ihres „Humankapitals" hat. Grenzüberschreitende Wanderungen werden in dieser Lesart als Investition eines Migranten in sein Humankapital interpretiert, die darauf zielt, den eigenen Arbeitsmarkterfolg bzw. dessen Ertrag unter veränderten Erwerbsbedingungen zu mehren. Das Humankapital eines Zuwanderers erfährt jedoch durch die Aus- bzw. Einwanderung sowie das Leben in einer anfänglich fremden Gesellschaft Veränderungen, die in der Literatur mittels fünf Aspekten beschrieben werden. Erstens ist es die *Generalisierbarkeit* des Humankapitals, welches meist an spezifische (nationale) Kontexte gebunden ist: Sprachkenntnisse, Bildungsabschlüsse und Berufausbildungen haben dort, wo sie erworben werden, i. d. R. die höchsten Ertragsraten.[150] Auswanderungsprozesse entwerten das im Herkunftsland erworbene Humankapital von Migrant(inn)en somit häufig, weil Kommunikationskompetenzen aufgrund neuer Sprachbarrieren entfallen oder Neuzuwanderern Informationen über nationale bzw. lokale Arbeitsmärkte fehlen, was sie im Wettbewerb mit einheimischen Arbeitskräften benachteiligt. Diese Entwertung und das gleichzeitige Fehlen von sog. ziellandspezifischem Kapital werden auch mit dem Begriff des „unvollständigen" Humankapitals beschrieben, welcher auf die *Transferierbarkeit* erworbener Qualifikationen als einen zweiten Einflussfaktor hinweist. Diese beschreibt, dass im Ausland erworbene Bildungs- und Berufsabschlüsse im Zielland nur selten eine gleichwertige Anerkennung erfahren. Die Transferierbarkeit von Kapitalien wird, so die Annahme, von der Ähnlichkeit der (wirtschaftlichen, sozialen und kulturellen) Verhältnisse im Herkunfts- und Zielland befördert. Je ähnlicher beide in ihrer wirtschaftlichen, beruflichen und sozialen Struktur sind, desto wahrscheinlicher ist eine hohe Bewertung bzw. Übertragbarkeit des Humankapitals von Zuwanderern.[151]

Eine dritte Annahme weist dem Generationenstatus von Migrant(inn)en bzw. deren Einreisealter einen hohen Stellenwert zu, weil eine Zuwanderung im frühen Kindesalter und die damit verbundene Bildungslaufbahn im Schulsystem der Aufnahmegesellschaft die Ausstattung mit ertragreichem, weil ziellandspezifischem Humankapital entscheidend befördere. Demnach sollte also bei der zweiten Generation, die ihr „Humankapital" ausschließlich im Zielland erworben hat, eine Angleichung der Arbeitsmarkterfolge gegenüber gleichaltrigen Deutschen mit gleicher schulischer Qualifikation erfolgen, wodurch die aus der Migrationssoziologie stammende Annahme einer im Generationenverlauf stattfindenden, strukturellen Assimilation von Migrant(inn)en gewissermaßen ökonomietheoretisch

149 Vgl. C. Offe/K. Hinrichs: Sozialökonomie des Arbeitsmarktes und die Lage, a. a. O., S. 35 ff.

150 Vgl. auch zum Folgenden: N. Granato: Ethnische Ungleichheit auf dem deutschen Arbeitsmarkt, a. a. O., S. 29

151 So ist innerhalb der EU das System einer gegenseitigen Anerkennung von Abschlüssen etabliert worden, wozu die damalige Integrationsbeauftragte Marie-Luise Beck empfahl, es auch auf Drittstaatsangehörige auszuweiten; vgl. Integrationsbeauftragte (Hrsg.): Sechster Bericht, a. a. O., S. 47

unterfüttert wird.[152] Eine vierte Annahme bezieht sich auf den Anreiz, in die Humankapitalausstattung zu investieren. Unternehmen kalkulieren, wie eingangs erwähnt, mit dem Ertrag von finanziellen Ressourcen, die sie in die Weiterbildung ihrer Arbeitskräfte investieren, wobei man Zuwanderern oftmals eine geringere Kontinuität in ihrer Erwerbstätigkeit unterstellt, weil sie die Option einer Rückkehr ins Herkunftsland haben.[153] Diese Option kann indes auch die Entscheidung von Migrant(inn)en beeinflussen, in ein bestimmtes (Bildungs-) Kapital zu investieren. Das Beispiel einer sprachwissenschaftlichen Ausbildung zum Journalisten macht dies deutlich, die ungleich schwerer in anderen Ländern verwertbar ist als ein Handwerksberuf wie jener des Zimmermanns, den man weltweit ausüben kann. Schließlich ist fünftens das sog. ethnische Kapital bedeutsam, über das Zuwanderer einer bestimmten Herkunft durchschnittlich verfügen.[154] Das hohe ethnische Kapital einer Gruppe besagt, dass deren Mitglieder im Durchschnitt über eine hohe Ausstattung mit „Humankapital" (also etwa bezüglich des Qualifikationsniveaus) verfügen. Man nimmt an, dass Individuen mit einem hohen ethnischen Kapital zugleich von einer höheren Akkumulation ziellandspezifischen Humankapitals profitieren können.

6.3.2 Befunde zum „Humankapital" von Migranten

1. Schulische und berufliche Qualifikationen

Die Qualifikationsstruktur ist eines der wichtigsten Merkmale für die Einschätzung der Beschäftigungssituation von Migrant(inn)en. Weithin bekannt ist, dass es sich bei der Zuwanderung von Arbeitsmigrant(inn)en der 1950er- und 60er-Jahre fast ausschließlich um gering qualifizierte Arbeitskräfte handelte, die meist keine Berufsausbildung hatten und für un- und angelernte Tätigkeiten angeworben worden waren.[155] Hingegen ist über die Qualifikation der seit dem Anwerbestopp Eingewanderten und speziell über die Zuwanderer der 80er- und 90er-Jahre wenig bekannt. Johannes Velling fand für unterschiedliche Immigrantenkohorten heraus, dass die bis Anfang der 1990er-Jahre Immigrierten eine wesentlich höhere allgemeine und berufliche Qualifizierung hatten als die erste Generation der „Gastarbeiter/innen", was insbesondere die höheren Anteile mit einer hohen Schul-, einer Fachhochschul- sowie Universitätsausbildung betraf.

Die in Abb. 6.5 aufgeführten empirischen Befunde, die auf Daten des SOEP von 1996 und 2004 beruhen, beschreiben Selbsteinschätzungen der deutschen Sprachkenntnisse sowie des schulischen bzw. beruflichen Qualifikationsniveaus der größten Migrantengruppen sowie der zweiten Generation.

152 Dem widersprechen indes zahlreiche empirische Befunde, die auf eine Tendenz der intergenerativen Übertragung von Humankapital insbesondere bei Zuwandererkindern im deutschen Schulsystem hindeuten; vgl. etwa OECD (Hrsg.): Die Arbeitsmarktintegration von Zuwanderern in Deutschland, a. a. O., S. 41

153 Vgl. C. Offe/K. Hinrichs: Sozialökonomie des Arbeitsmarktes und die Lage, a. a. O., S. 3 ff.

154 Vgl. G. J. Borjas: Ethnic Capital and Intergenerational Mobility, in: Quarterly Journal of Economics 107/1992, S. 137

155 Vgl. U. Herbert: Geschichte der Ausländerpolitik in Deutschland, a. a. O., S. 212 f.; J. Velling: Immigration und Arbeitsmarkt. Eine empirische Analyse, Baden-Baden 1995, S. 38; zum Folgenden: ebd., S. 125 f.

Abbildung 6.5 Sprachkenntnisse und schulische sowie berufliche Bildung von Deutschen und Zuwanderern in Westdeutschland, 1996 u. 2004 (in %)

	Deutsche		Zuwanderer aus ...						Aussiedler	
			der Türkei		Südwesteuropa		dem ehemal. Jugoslawien.			
	1996	2004	1996	2004	1996	2004	1996	2004	1996	2004
	in %									
Gute deutsche Sprachkenntnisse	–	–	55	54	57	64	61	67	69	80
Gute Schreibfähigkeiten in Deutsch	–	–	41	43	36	44	35	50	55	69
Schulbildung										
Kein Schulabschluss	3	2	28	21	28	16	23	17	7	7
Frauen	3	1	34	27	31	17	29	24	7	8
2. Generation	–	–	21	3	9	8	13	2	19	1
Haupt-/Pflichtschule	52	44	44	49	50	59	54	48	47	47
Frauen	53	44	43	44	45	52	46	43	45	44
2. Generation	–	–	43	54	60	51	44	38	35	32
Realschule	25	27	24	20	14	14	18	29	31	35
Frauen	28	31	20	18	16	19	19	27	35	37
2. Generation	–	–	27	24	16	23	27	45	34	41
Abitur	21	27	4	10	8	10	5	6	14	12
Frauen	16	24	3	11	7	12	7	6	13	11
2. Generation	–	–	8	19	15	18	16	16	12	27
Ausbildung										
Keine Ausbildung	24	20	67	58	64	56	52	40	34	28
Frauen	32	25	74	75	66	68	63	45	39	31
2. Generation	–	–	57	47	48	34	43	28	52	36
Berufsausbildung	64	63	29	33	30	34	41	44	49	46
Frauen	59	62	23	19	28	22	32	42	46	40
2. Generation	–	–	41	50	47	57	51	62	45	53
Akademischer Abschluss	13	17	4	9	6	10	7	17	18	26
Frauen	9	13	2	6	6	10	6	13	15	29
2. Generation	–	–	3	3	5	9	6	11	3	10

Quelle: StBA (Hrsg.): Datenreport 2006, a. a. O., S. 568. Datenbasis ist das SOEP 1996 u. 2004

Zunächst ist bei der schulischen Bildung eine Annäherung der Qualifikationen von Migrant(inn)en und Deutschen sichtbar. Der Anteil abschlussloser Jugendlicher ist bei allen Herkunftsgruppen der Migrant(inn)en (mit Ausnahme von Aussiedlern) im Jahr 2004 erheblich gesunken, wobei der Rückgang bei der zweiten Generation weitaus stärker als bei der jeweiligen Gesamtgruppe ausfällt (mit Ausnahme von Zuwanderern aus Südwesteuropa). Zudem blieben in der zweiten Generation bloß 3 Prozent aus der Türkei, 2 Prozent aus Ex-Jugoslawen und 1 Prozent der Aussiedler/innen ohne Schulabschluss, während es bei der zweiten Generation aus Südwesteuropa noch 8 Prozent waren; bei dieser Gruppe war im Zeitverlauf zudem eine Stagnation statt einer Höherqualifizierung festzustellen. Südwesteuropäische und türkische Migrant(inn)en waren die Einzigen, deren Anteil an *Haupt*schulabsolventen bis 2004 zunahm; allein bei

Türk(inn)en traf dies auch für die zweite Generation zu. Migrant(inn)en aus Ex-Jugoslawien und Aussiedler/innen waren indes die Einzigen, deren Anteil an *Real*schüler(inne)n im Zeitverlauf zunahm, während allein bei Türk(inn)en sogar für die zweite Generation ein Rückgang beobachtbar ist. Bei Abiturient(inn)en konnten alle Gruppen mit Ausnahme der Aussiedler/innen ihre Anteile vergrößern, wobei dies bei der zweiten Generation jeweils stärker als in der Gesamtgruppe ausgeprägt war. 2004 hatten von der zweiten Generation sogar 27 Prozent der Aussiedler/innen, 19 Prozent der Türk(inn)en, 18 Prozent aus Südwesteuropa und immerhin 16 Prozent aus Ex-Jugoslawien das Abitur. Aussiedler/innen der zweiten Generation waren damit noch bildungserfolgreicher als der Durchschnitt der Westdeutschen; zugleich lag der Anteil von Personen ohne Abschluss bei ihnen weit niedriger als bei den Übrigen, sodass man bei dieser Herkunftsgruppe eine Zwischenposition resümieren kann.

Die SOEP-Daten aus Abb. 6.5 belegen außerdem fortbestehende, sich aber sukzessive verringernde Unterschiede in den beruflichen Qualifikationsniveaus von Deutschen und Migrant(inn)en. Letztere hatten, insbesondere wenn sie türkischer oder südwesteuropäischer Herkunft waren, nach wie vor deutlich seltener akademische Abschlüsse als Deutsche, wobei Ex-Jugoslaw(inn)en diese 2004 ebenso häufig und Aussiedler/innen sogar noch häufiger als Deutsche erzielten. In Bezug darauf ist bei allen Herkunftsgruppen im Zeitverlauf zugleich eine tendenzielle Höherqualifizierung auszumachen, an der auch die zweite Generation teilhat, allerdings in etwas geringerem Ausmaß. Auf den ersten Blick scheint sich mit steigender Aufenthaltsdauer somit eine strukturelle Assimilation im Arbeitsmarkterfolg zu bestätigen, wobei der Generationeneffekt nur schwach ausgeprägt ist. Bei beruflichen *Aus*bildungen, über die mehr als 60 Prozent der Deutschen verfügten, zeigt sich ein erheblicher, bei allen Zuwanderergruppen mit Ausnahme von Aussiedler(inne)n aber schrumpfender Abstand zu Deutschen: Am seltensten eine Ausbildung hatten 2004 Migrant(inn)en aus der Türkei und aus Südwesteuropa mit jeweils rund einem Drittel, während dies für über 40 Prozent der Ex-Jugoslaw(inn)en und Aussiedler/innen zutraf. Bei Personen *ohne* Berufsabschluss waren schließlich Migrant(inn)en aus der Türkei und Südwesteuropa jeweils fast drei Mal so häufig wie Deutsche anzutreffen, während Zuwanderer aus Ex-Jugoslawien doppelt und Aussiedler/innen bloß etwa 0,4-fach so häufig ausbildungslos waren. Im Erhebungszeitraum verringerte sich zudem der Anteil von Zuwanderern ohne Ausbildung bei allen Herkunftsgruppen erheblich, wobei der Rückgang jeweils bei der zweiten Generation am ausgeprägtesten war. Dennoch blieb zuletzt fast die Hälfte aller Türk(inn)en der zweiten Generation ohne Ausbildung, während es bei Aussiedler(inne)n und Migrant(inn)en aus Südwesteuropa mehr und bei Migrant(inn)en aus Ex-Jugoslawien deutlich weniger als ein Drittel waren.

Die Gruppe der Spätaussiedler/innen nimmt im Hinblick auf ihre berufliche Qualifikationsstruktur ebenfalls eine Sonderstellung ein. Im Vergleich mit anderen Zuwanderergruppen haben sie den mit Abstand höchsten Anteil akademisch gebildeter Mitglieder (der fast so hoch wie bei Deutschen liegt), wobei dies für die zweite Generation nicht zutrifft. Mit 28 Prozent ohne Ausbildung haben Spätaussiedler/innen zudem den im Gruppenvergleich geringsten Anteil Unqualifizierter, während der Anteil von Personen mit Berufsausbildung bei ihnen am höchsten ist. Ihren hohen Anteil akademisch Gebildeter untermauert ebenfalls eine Studie des IAB. Nach Daten von dessen „Integrierter Erwerbsbiografie“ besaßen 2004 rund 9,3 Prozent der Spätaussiedler/innen (und 6,8 % der Ausländer bzw. 10,2 % der Deutschen) einen (Fach-) Hochschulabschluss; 52,1 Prozent hatten eine Berufsausbildung (37 % der Ausländer bzw.

69% der Deutschen) und ohne Ausbildung blieben 36 Prozent (42% der Ausländer/innen bzw. fast 14% der Deutschen).[156]

Trotz dieser – verglichen mit Ausländer(inne)n – günstigen formalen Berufsqualifikationen sind die Arbeitsmarktprobleme von Spätaussiedler(inne)n enorm, wie Untersuchungen jüngeren Datums mehrfach bestätigten.[157] Die IAB-Studie wies für die Jahre 2000 bis 2004 nach, dass Aussiedler/innen gut zur Hälfte sozialversicherungspflichtig beschäftigt waren (bei Ausländern waren es etwa 70 und bei Deutschen ca. 75%), während etwa ein Zehntel geringfügig beschäftigt war (bei Ausländern traf dies ebenfalls auf rund 10 und bei Deutschen auf ca. 8% zu). Dafür lag die Arbeitslosigkeit mit einem Drittel wesentlich höher als bei Ausländer(inne)n (20%) und bei Deutschen (11%).

Besonders bemerkenswerte Ergebnisse zeigt die Differenzierung des Erwerbsstatus von Aussiedler(inne)n nach ihrem Bildungsabschluss: Anders als bei Deutschen und Ausländer(inne)n sinkt zum einen die Arbeitslosigkeit bei ihnen nicht mit einer höheren beruflichen Qualifizierung. Im Gegenteil, die Arbeitslosenquote akademisch Gebildeter lag mit fast 44 Prozent bei ihnen am höchsten. Ein analoges Bild ergibt sich bei geringfügig Beschäftigten: Anders als bei Ausländer(inne)n und Deutschen sinkt ihre Arbeitslosenquote mit einer beruflichen Qualifizierung kaum, da die Arbeitslosenquoten bei Aussiedler(inne)n mit und ohne Berufausbildung bzw. (Fach-)Hochschulabschluss nah beieinander liegen. Dieser Befund widerspricht der humankapitaltheoretischen Grundannahme, ein höherer Bildungsstand verbessere die Erwerbschancen; dies trifft zwar offenbar auf Deutsche, nicht aber auf Spätaussiedler/innen und in geringerem Umfang auf Ausländer/innen zu.

In der Literatur führt man dazu an, die beruflichen Qualifikationen von Aussiedler(inne)n seien auf dem hiesigen Arbeitsmarkt offenbar schlechter verwertbar, und das, obwohl sie als privilegierte Einwanderergruppe einen Anspruch auf die Anerkennung ihrer Qualifikation haben.[158] „Möglicherweise spielen dabei auch tatsächliche oder vermutete Unterschiede zwischen den Arbeitsplatzanforderungen in Deutschland und den mitgebrachten Qualifikationen eine wichtige Rolle. Bei dieser Qualifikationsgruppe dürften sich aber auch mangelnde Deutschkenntnisse besonders stark auswirken."[159] Somit ist festzuhalten, dass ein (Fach-)Hochschulabschluss nicht sämtliche Migrantengruppen gleichermaßen vor einem geringen Arbeitsmarkterfolg oder Arbeitslosigkeit schützt. Die Arbeitslosenquote von Ausländer(inne)n (4,4%) wie Aussiedler(inne)n *mit Hochschulabschluss* (6,1%) lag im Jahr 2003 beträchtlich höher als jene von Deutschen (3,8).[160] Umgekehrt waren mehr als 72 Prozent der Ersteren und 59 Prozent der Letzteren ohne Ausbildung arbeitslos, aber nur 28 Prozent der Deutschen dieses Qualifikationsniveaus.

Nach wie vor wird häufig angenommen, dass sich die beruflichen Qualifikationsstrukturen von jungen Migrant(inn)en der zweiten bzw. dritten Generation – wie in den 1980er-Jahren schon absehbar – jenen der deutschen Vergleichsgruppe weiter annähern, da sie meist hierzulande

156 Vgl. A. Brück-Klingberg u. a.: Verkehrte Welt, a. a. O., S. 3; zum Folgenden: ebd., S. 2

157 Vgl. OECD (Hrsg.): Die Arbeitsmarktintegration von Zuwanderern in Deutschland, a. a. O., S. 41; A. Brück-Klingberg u. a.: Verkehrte Welt, a. a. O., S. 1 ff.

158 Vgl. H. Flam: Gesetze, Ämter, „gate-keepers", in: dies. (Hrsg.): Migranten in Deutschland. Statistiken – Fakten – Diskurse, Konstanz 2007, S. 146 f.

159 A. Brück-Klingberg u. a.: Verkehrte Welt, a. a. O., S. 4

160 Vgl. Bundesintegrationsbeauftragte (Hrsg.): Sechster Bericht, a. a. O., S. 346

geboren bzw. aufgewachsen sind und somit über „ziellandspezifisches Humankapital" verfügen. Wolfgang Seifert belegte mit Daten des Sozio-ökonomischen Panels von 1984 bis 1989 eine geringfügige Verbesserung der Ausbildungssituation der zweiten Generation. Während zu Beginn der 80er-Jahre fast 60 Prozent ohne Abschluss blieben, lag dieser Anteil 1989 „nur" noch bei 44 Prozent. Zugleich hatte sich der Anteil Auszubildender um 12 auf 43 Prozent erhöht, und 2 Prozent besuchten erstmals (Fach-)Hochschulen.[161] Eine solche Annäherung belegen auch die in Abb. 6.5 angeführten Daten, wonach sich der Anteil ausbildungsloser Migrant(inn)en von 1996 bis 2004 bei der zweiten Generation in allen Herkunftsgruppen erheblich verringerte, während die entsprechenden Anteile von Höherqualifizierten bei allen Herkunftsgruppen außer der türkischen stiegen. Zumindest für die zweite Generation kann somit über einen längeren Zeitraum eine Annäherung der beruflichen Qualifikationsstruktur an jene deutscher Gleichaltriger resümiert werden.[162]

Seit Ende der 1990er-Jahre bleibt aufgrund der deutlich prekärer gewordenen Lage am Ausbildungsstellenmarkt jedoch erneut ein Großteil junger Zuwanderer, denen als Jugendliche der Übergang in ein Ausbildungsverhältnis nicht gelang, ohne berufliche Qualifikation, was unter anderem ihre hohen Anteile in un- bzw. angelernten Tätigkeiten dokumentieren.[163] Der Migrationslagebericht 2005 verwies auf Quoten zwischen 35 und 40 Prozent ausländischer junger Erwachsener (zwischen 20 und 30 Jahren, gegenüber 10 bis 16 % bei Deutschen), die im Jahr 2000 ohne Berufsabschluss blieben. Die Qualifikationsstrukturen variieren zwischen verschiedenen, z. T. sozialstrukturell sehr heterogenen Migrantengruppen zudem so beträchtlich, dass Durchschnittswerte nur eingeschränkt aussagekräftig sind. Zwischen der Gruppe hoch qualifizierter iranischer Asylberechtigter und jener türkischer Arbeitsmigrant(inn)en (vor allem der ersten Generation) könnten die Unterschiede kaum größer sein. Gleichwohl sind neben der wachsenden Auseinanderentwicklung der Qualifikation – wenige mittel bis hoch qualifizierte Migrant(inn)en auf der einen Seite und eine geringfügig schrumpfende Zahl von Ausländer(inne)n ohne Schul- bzw. Berufsabschluss auf der anderen – Angleichungstendenzen zwischen bestimmten Gruppen (etwa der zweiten bzw. dritten Generation und deutschen Gleichaltrigen) unübersehbar.

2. Fort- und Weiterbildungsbeteiligung

Das Wissen um die Beteiligung von Migrant(inne)n an der Fort- und Weiterbildung, die z. B. als On-the-job-Training einen wichtigen Indikator für das akkumulierte „Humankapital" darstellt, war lange Zeit gering, weil die migrationsspezifische Datenlage noch ungenügender als bei anderen Arbeitsmarktindikatoren war; erst recht traf dies auf die Weiterbildungs-

161 Vgl. W. Seifert: Die Mobilität der Migranten, a. a. O., S. 144 f.

162 Zu dem Befund eines markanten intergenerationalen Bildungsaufstiegs gelangen auch andere Studien, z. B. H. Solga: Ohne Abschluss in die Bildungsgesellschaft, a. a. O., S. 273; N. Granato/F. Kalter: Die Persistenz ethnischer Ungleichheit auf dem deutschen Arbeitsmarkt. Diskriminierung oder Unterinvestition in Humankapital?, in: KZfSS 53/2001, S. 513

163 Vgl. Bundesintegrationsbeauftragte (Hrsg.): Sechster Bericht, a. a. O., S. 50 ff. Dazu auch H. Solga: Ohne Abschluss in die Bildungsgesellschaft, a. a. O., S. 267 ff.

beteiligung einzelner Herkunftsgruppen zu.[164] Dabei sind Migrant(inn)en angesichts „ihrer vielfach unzureichenden beruflichen Qualifizierung und ihres hohen Anteils an Arbeitslosen" in besonderer Weise auf „die Förderung ihrer individuellen Beschäftigungsfähigkeit angewiesen", betonte die damalige Ausländerbeauftragte Marieluise Beck.[165] Ihr letzter Migrationslagebericht bemängelte die trotz gesetzlicher Vorgaben fehlende migrationsspezifische Differenzierung der Eingliederungsbilanz der Bundesagentur für Arbeit bis zum Jahr 2004, zumal Statistiken über die Beteiligung von Migrant(inn)en an Arbeitsmarktprogrammen und Arbeitsförderungsmaßnahmen von großem Nutzwert seien.

Für die 1990er-Jahre belegten Daten der Bundesanstalt für Arbeit einen steigenden Ausländeranteil bei Eintritten in die berufliche Weiterbildung: Er lag 1991 bei nur 2,1 Prozent, stieg danach aber bis zum Jahr 2000 sukzessive auf 9,1 Prozent, um bis 2002 auf diesem Niveau zu stagnieren.[166] Laut dem Bericht der Süßmuth-Kommission begannen im Jahr 2000 rund 46.000 Ausländer/innen eine berufliche Weiterbildung, weitere 45.000 nahmen an kurzzeitigen Maßnahmen wie Praktika teil und fast 10.000 waren in Arbeitsbeschaffungsmaßnahmen beschäftigt.[167] Der Ausländeranteil von rund 8 Prozent in allen arbeitsmarktpolitischen Maßnahmen habe damit zwar dem Ausländeranteil an sozialversicherungspflichtigen Beschäftigten entsprochen, nicht aber dem Anteil an allen Arbeitslosen, der bei 12 Prozent gelegen habe, stellte die Kommission fest. Allerdings gibt es Hinweise, dass der Anteil von Menschen mit Migrationshintergrund an Weiterbildungsmaßnahmen im Zuge der Reform des Dritten Sozialgesetzbuches durch das Anfang 2003 in Kraft getretene Erste Gesetz für moderne Dienstleistungen am Arbeitsmarkt gesunken ist und dieser Trend weiterhin anhält.[168] Als Gründe hierfür nennt Elke Tießler-Marenda, Migrationsexpertin der Caritas, die von den Arbeitsgemeinschaften (ARGEn) zu erfüllende Eingliederungsquote von 70 Prozent, die Schwierigkeit, neu eingeführte Bildungsgutscheine selbstständig einzulösen, sowie die Voraussetzungen vieler Umschulungsmaßnahmen, die auf durchschnittliche Mitteleuropäer/innen abstellten.

Eine vom Bundesforschungsministerium im Jahr 2005 herausgegebene repräsentative Studie zur Weiterbildung in Deutschland informiert über die Beteiligung von Deutschen und Ausländer(inne)n in den Jahren 1997, 2000 und 2003. Die Inanspruchnahme von Weiterbildungsmaßnahmen war demnach zu allen Zeitpunkten bei Letzteren deutlich niedriger. Zuletzt, im Jahr 2003, nahmen 29 Prozent der Ausländer/innen und 42 Prozent der Deutschen daran teil.[169] Ausgeprägter als bei der *allgemeinen* war der Beteiligungsunterschied bei der

164 Als Ausnahme vgl. BMAS (Hrsg.): Repräsentativuntersuchung 2001, Berichtsband, a. a. O., S. 31; dass. (Hrsg.): Repräsentativuntersuchung 2001, Tabellenband, a. a. O., S. 38

165 Vgl. auch zum Folgenden: ebd., S. 59

166 Vgl. Bundesintegrationsbeauftragte (Hrsg.): Berufliche Weiterbildung. Eintritte von Ausländern, Tabelle 34 (www.integrationsbeauftragte.de; 10.10.04)

167 Vgl. UKZU (Hrsg.): Zukunft gestalten, a. a. O., S. 223

168 Vgl. Ch. Butterwegge/C. Reißlandt: Hartz und Migration, in: Blätter für deutsche und internationale Politik 1/2005, S. 90 ff.; E. Tießler-Marenda: Zugewanderte: spezifische Aspekte der Hartzreformen. Vortrag auf der Fachtagung Hartz IV: Folgen für Ausbildungs- und Arbeitssuchende mit Migrationshintergrund, Gelsenkirchen 20.01.2005, S. 4

169 Vgl. BMBF (Hrsg.): Berichtssystem Weiterbildung IX. Ergebnisse der Repräsentativbefragung zur Weiterbildungssituation in Deutschland, Bonn/Berlin 2005, zit. nach: Bundesintegrationsbeauftragte (Hrsg.): Daten – Fakten – Trends. Bildung und Ausbildung. Stand 2004, Berlin 2005, S. 26. Weiterbildungsmaßnahmen unterschied man in allgemeine (d. h. nicht unmittelbar berufsbezogene) und berufliche Weiterbildung. Zu

beruflichen Weiterbildung: Während Letztere von 27 Prozent der Deutschen besucht wurde, traf dies nur für 13 Prozent der Nichtdeutschen zu; sie war zudem der einzige Bereich, in dem bei Ausländer(inne)n von 1997 bis 2003 ein leichter, aber kontinuierlicher Teilnahmerückgang zu beobachten war. Anzumerken ist, dass die verwendete Datenbasis nur Ausländer/innen mit ausreichenden Deutschkenntnissen einbezog, sodass man davon ausgehen kann, dass ihre tatsächliche Weiterbildungsbeteiligung noch geringer war.

Außerdem informiert die Repräsentativuntersuchung 2001 über nationalitätenspezifische Unterschiede in der Weiterbildungsbeteiligung von Ausländer(inne)n in den Jahren 1980, 1985, 1995 und 2001. Von den schon einmal erwerbstätigen Migrant(inne)n aus der Türkei, Griechenland, Italien und Ex-Jugoslawien hatten zwischen 15 und 24 Prozent Maßnahmen der beruflichen Fortbildung oder Umschulung in Deutschland besucht oder taten dies zum Befragungszeitpunkt (Türken 15 %, Griechen und Ex-Jugoslawen je 20 % und Italiener 24 %).[170] Entsprechende Angebote stoßen seit 1980 „offenbar auf immer stärkeres Interesse der ausländischen Arbeitnehmer beiderlei Geschlechts, denn ihre Beteiligung hat sich seitdem stetig erhöht und je nach Nationalität inzwischen fast bzw. mehr als verdoppelt",[171] stellte man fest – in gewissem Widerspruch zu dem von der Repräsentativuntersuchung konstatierten Rückgang in der Weiterbildungsbeteiligung von Ausländer(inne)n insgesamt. Eine Ausnahme stellten türkische Männer dar: Sie waren die einzige Gruppe, deren Teilnahme an Weiterbildungs- oder Umschulungsmaßnahmen seit 1995 stagnierte.

3. Studien zum Beitrag des „Humankapitals" bei der Entstehung ethnischer Arbeitsmarktungleichheit

Die Annahmen der Humankapitaltheorie zu Migration und ethnischer Arbeitsmarktungleichheit in Deutschland werden von empirischen Analysen vielfach gestützt.[172] Ein maßgeblicher Teil der geringen Arbeitsmarkterfolge besonders von Arbeitsmigrant(inn)en der ersten Generation kann demnach als eine Folge des niedrigeren (Aus-)Bildungsniveaus interpretiert werden, da multivariate Analysen verschiedentlich eine Nivellierung der Einkommensunterschiede zwischen Zuwanderer(gruppe)n und Deutschen ergaben, sofern die schulische und berufliche Vorbildung sowie die Aufenthaltsdauer kontrolliert wurden.[173] Andreas Diekmann u. a. führten Einkommensdisparitäten zwischen verschiedenen Migrantengruppen und Deutschen weitgehend auf Effekte der unterschiedlichen Ausstattung mit „Humankapital", nicht aber

Letzterer zählten Umschulung, Aufstiegsfortbildung, Einarbeitung, Anpassungsfortbildung sowie sonstige Berufslehrgänge.

170 Die Prozentwerte sind gerundet; vgl. BMAS (Hrsg.): Repräsentativuntersuchung 2001, Berichtsband, a. a. O., S. 31; dass.: Repräsentativuntersuchung 2001, Tabellenband, a. a. O., S. 38

171 Siehe BMAS (Hrsg.): Repräsentativuntersuchung 2001, Berichtsband, a. a. O., S. 31

172 Vgl. N. Granato/F. Kalter: Die Persistenz ethnischer Ungleichheit auf dem deutschen Arbeitsmarkt, a. a. O., S. 511 ff.; J. Velling: Immigration und Arbeitsmarkt; N. Granato: Ethnische Ungleichheit auf dem deutschen Arbeitsmarkt, a. a. O., S. 115 ff.

173 Vgl. J. Velling: Immigration und Arbeitsmarkt, a. a. O., S. 25; N. Granato/F. Kalter: Die Persistenz ethnischer Ungleichheit auf dem deutschen Arbeitsmarkt, a. a. O., S. 115 ff. Mit Humankapitaleinflüssen „nicht erklärbare" Ausnahmen bildeten in der zweiten Generation aber Türken, bei Arbeitern auch Ex-Jugoslawen und bei Angestellten Italiener.

auf Diskriminierung zurück.[174] Zu vergleichbaren, humankapitaltheoretische Annahmen weitgehend stützenden Befunden kommt Nadia Granato in ihrer Analyse der ethnischen Ungleichheit auf dem westdeutschen Arbeitsmarkt auf Basis von Mikrozensusdaten von 1996.[175]

Um ethnische Ungleichheiten des deutschen Arbeitsmarktes zu untersuchen, entwickelte Granato aus Elementen der Humankapitaltheorie und von Segmentationsansätzen einen nichtmonetären Indikator zur Erfassung des Arbeitsmarkterfolgs von Zuwanderern. Diesen misst sie anhand der Zuordnung zu sechs Segmenten, die mittels der Komponenten „körperliche Belastung und Autonomie" sowie „Identifikation, kognitive Anforderung und psychische Belastungen" voneinander abgrenzbar sind.[176] Granato berücksichtigt erwerbstätige Ausländer/innen, wobei sie diese nach der ersten bzw. zweiten Generation sowie nach sechs Nationalitäten (Griechen, Italiener, Ex-Jugoslawen, Portugiesen, Spanier und Türken) unterscheidet. Befunde zu deren Arbeitsmarktplatzierung kontrastiert die Verfasserin mit jenen von Deutschen, Zuwanderern aus Osteuropa und aus Nord- bzw. Mitteleuropa einschließlich der USA.[177] Die empirische Überprüfung des Modells belegt eine ausgeprägte ethnische Ungleichheit im deutschen Arbeitsmarkt. Ihren Ergebnissen zufolge sind Migrant(inn)en aus mittel- bzw. nordeuropäischen Ländern in Bereichen mit niedrigem Arbeitsmarkterfolg unterdurchschnittlich vertreten, konzentrieren sich dafür aber im Segment mit dem höchsten Erfolg, wobei dies noch ausgeprägter als bei Deutschen der Fall ist.[178] Genau umgekehrt verhält es sich bei Migrant(inn)en aus den ehemaligen Anwerbeländern und Osteuropa, wobei besonders türkische Zuwanderer eine deutliche Konzentration in Segmenten mit niedrigem Arbeitsmarkterfolg zeigen. Als bedeutsamsten Einflussfaktor neben dem Aspekt der Bildungsabschlüsse identifiziert Granato das Zuzugsalter, das – gemäß humankapitaltheoretischen Annahmen – bei in höherem Alter Zugezogenen eine überdurchschnittliche Beschäftigung in Segmenten mit niedrigem Arbeitsmarkterfolg begünstigt, während die zweite Generation vermehrt in höhere Bereiche vordringt.

Außerdem weist Granato empirisch nach, dass die Chancen ausländischer Zuwanderer auf einen erfolgreichen Arbeitsplatz mit der Höhe des Bildungsabschlusses, des Zuzugsalters sowie des Ausmaßes von Berufserfahrung steigen.[179] Mit dem starken Zusammenhang von Arbeitsmarkterfolg und Humankapitalausstattung könnten die Differenzen zwischen den einzelnen Zuwanderergruppen erklärt werden, weil die beobachtbare Segmentverteilung der Nationalitätengruppen weitgehend dem durchschnittlichen Qualifikationsniveau

---

174 Vgl. A. Diekmann/H. Engelhardt/P. Hartmann: Einkommensungleichheit in der Bundesrepublik Deutschland: Diskriminierung von Frauen und Ausländern?, in: Mitteilungen aus der Arbeitsmarkt- und Berufsforschung 26/1993, S. 396

175 Damit zieht die Untersuchung einen Individualdatensatz heran, welcher der Pluralität von Migrationsformen unzureichend gerecht wird, woraus sich ein verzerrtes Bild ethnischer Arbeitsmarktungleichheit ergibt, weil die schon allein von ihrer Größe her schwer zu vernachlässigende Gruppe Eingebürgerter nicht abgrenzbar war. Besonders von prekären Arbeitsmarktlagen betroffene Migrantengruppen – nämlich Flüchtlinge und Drittstaatler mit nachrangigem oder fehlendem Arbeitsmarktzugang – werden in der heterogenen Kategorie „Sonstige" zusammengefasst, während „illegale" Migranten außen vor bleiben.

176 Vgl. N. Granato: Ethnische Ungleichheit auf dem deutschen Arbeitsmarkt, a. a. O., S. 121 ff. Der Indikator soll vom Arbeitsmarkterfolg vergleichbare Positionen voneinander abgrenzen, wofür Granato sechs Segmente bildet, die sie einem niedrigen, mittleren oder hohen Arbeitsmarkterfolg zuordnet; vgl. ebd., S. 94 ff.

177 Vgl. hierzu und zum Folgenden: ebd., S. 117 u.149 f.

178 Vgl. hierzu und zum Folgenden: ebd., S. 122 ff.

179 Vgl. N. Granato: Ethnische Ungleichheit auf dem deutschen Arbeitsmarkt, a. a. O., S. 121 ff.

entspreche. Danach haben Migrant(inn)en aus den ehemaligen Anwerbeländern (und allen voran Türken mit 16,9 %) die mit Abstand höchsten Anteile von Personen ohne Abschluss, während Nord- und Osteuropäer/innen sowie Deutsche jeweils vergleichbare Werte plus/minus 1 Prozent aufwiesen. Fast ein Viertel der Deutschen verfügt demnach über einen Realschulabschluss mit beruflicher Bildung, während dies bei Italiener(inne)n und Portugies(inn)en (mit rd. 9,5 %), Griech(inn)en (7,7 %) und Türk(inn)en (6,7 %) jeweils unter 10 Prozent sind. Im Bereich der Hochqualifizierten springt der mit fast 30 Prozent sehr hohe Wert von (Fach-)Hochschulabsolventen unter Zuwanderern aus Nordeuropa ins Auge; mit 16 Prozent verfügten selbst Deutsche wesentlich seltener über eine derart hohe Qualifikation. Ebenfalls im Durchschnitt hoch qualifiziert sind Osteuropäer/innen (17 %) sowie „Sonstige" (21 %), während die entsprechenden Anteile von Migrant(inn)en aus den Anwerbestaaten zwischen 2 (Türken) und 7,7 Prozent (Spanier) streuen. Damit liege die Vermutung nahe, folgert Granato, „dass zumindest ein Teil der ethnischen Ungleichheit auf dem deutschen Arbeitsmarkt auf die ungleiche Ausstattung mit relevanten Kapitalien zurückzuführen ist."[180] Die sich anschließenden multivariaten Analysen unterstreichen die hohe Bedeutung der Bildungsqualifikationen bei der Arbeitsmarktpositionierung von Zuwanderern. Bei der zweiten Generation zeigten sich nach Kontrolle der Bildungsabschlüsse nur noch für Türk(inn)en sowie für Zuwanderer aus Ost- und Nordeuropa bzw. den USA leicht negative Effekte, aber nicht mehr bei jungen Migrant(inn)en aus den übrigen Anwerbestaaten.[181] Bei zusätzlicher Kontrolle der Berufserfahrung ergaben sich kaum noch signifikante Unterschiede zwischen den Arbeitsmarktchancen der zweiten Generation und von Deutschen, während das Gegenteil für alle Migrant(inn)en der ältesten Zuzugsgruppe der Fall war. Granato wertet dies als Hinweis, „dass nicht nur der Umfang des Humankapitals, sondern auch der Anteil von ziellandspezifischem Kapital die Arbeitsmarktchancen beeinflusst".[182]

Die Konzentration von Migrant(inn)en aus den ehemaligen Anwerbeländern und speziell von Türk(inn)en in Segmenten mit einem niedrigen Arbeitsmarkterfolg erklärt Granato ebenso mit deren Humankapitalausstattung wie die mehrheitliche Positionierung von EU-Ausländer(inne)n (einschließlich von US-Amerikanern) in erfolgreichen Segmenten. Diese Zusammenhänge zwischen der Art der Humankapitalausstattung und dem Arbeitsmarkterfolg seien als Beleg für die Kontextabhängigkeit von Humankapitalinvestitionen bei Zuwanderern in Deutschland zu werten. Als ausschlaggebend dafür erwies sich den multivariaten Analysen zufolge vor allem die Transferierbarkeit des „Humankapitals", das bei Zugewanderten jüngeren Alters (z. B. der zweiten Generation) höher ausfällt, weil es vorwiegend im Zielland erworben wurde. So übten Einwanderer der ersten Generation häufiger Tätigkeiten unterhalb ihres Qualifikationsniveaus aus, während dieser Effekt bei einem Vergleich beruflicher Tätigkeiten der zweiten Generation mit jenen gleichaltriger Deutscher nicht mehr feststellbar war,[183] womit sich die in der Generationenfolge allmählich vollziehende strukturelle Angleichung der Arbeitsmarktchancen von Zuwanderern und Einheimischen bestätige. Eine Ausnahme bildeten in dieser Hinsicht allerdings türkische Migrant(inn)en

180 Siehe ebd., S. 128
181 Vgl. hierzu und zum Folgenden: ebd., S. 132 ff.
182 Siehe ebd. S. 135
183 Vgl. M. Szydlick: Ethnische Ungleichheit auf dem deutschen Arbeitsmarkt, a. a. O., S. 669

der zweiten Generation, weil trotz Kontrolle ihres Qualifikationsniveaus negative Effekte bestehen blieben.[184] Bei osteuropäischen Migrant(inn)en der zweiten Generation schlugen die positiven Nationalitäteneffekte bei Berücksichtigung des Qualifikationsniveaus sogar ins Gegenteil um, sodass sich auch bei dieser Gruppe „schlechtere Zugangschancen zu mittleren und höheren Arbeitsmarktpositionen finden (lassen), die nicht durch die Ausstattung mit formalem Bildungskapital erklärt werden können."[185] Granato fand überdies heraus, dass Migrant(inn)en und Deutsche ungleiche Erträge für gleiche Bildung erzielten: Vor allem die erste Generation, die über keine Ausbildung oder lediglich einen Hauptschulabschluss verfügte, hatte „bessere Chancen auf eine mittlere oder höhere Arbeitsmarktpositionierung als vergleichbare Deutsche", während sie bei höheren Bildungsabschlüssen niedrigere Erträge erzielte.

In ihrem Resümee zu möglichen Ursachen der ethnischen Arbeitsmarktungleichheit betont Granato nochmals die Bedeutung eines niedrigeren bzw. schlechter verwertbaren Humankapitals von Migrant(inn)en: „Zum einen hat sich gezeigt, dass auf dem deutschen Arbeitsmarkt eine ethnische Ungleichheit insofern festzustellen ist, als Migranten aus den ehemaligen Anwerbeländern eine hohe Konzentration in den Segmenten mit niedrigem Arbeitsmarkterfolg und eine niedrige Konzentration in den Segmenten mit hohem Arbeitsmarkterfolg aufweisen. Ähnliches gilt für Arbeitskräfte aus Osteuropa. Im Gegensatz dazu sind Migranten aus den mittel- und nordeuropäischen Ländern und den USA sogar etwas erfolgreicher als die deutsche Vergleichsgruppe. Zum zweiten lässt sich ein Zusammenhang zwischen der Höhe des Arbeitsmarkterfolges und der Humankapitalausstattung erkennen. Je höher das Bildungsniveau, desto größer der Arbeitsmarkterfolg der Erwerbstätigen. Drittens wurde deutlich, dass die Ausstattung mit formalem Bildungskapital bei Migranten aus den ehemaligen Anwerbeländern teilweise merklich unter der von Deutschen liegt, während besonders die Arbeitskräfte aus den sonstigen Ländern und den USA mehr Bildungskapital haben. Verknüpft man diese drei Ergebnisse miteinander, so liegt die Vermutung nahe, dass zumindest ein Teil der ethnischen Ungleichheit auf dem deutschen Arbeitsmarkt auf eine ungleiche Ausstattung mit relevanten Kapitalien zurückzuführen ist."[186]

Die zuletzt von Granato selbst vorgenommene Einschränkung ihrer Ergebnisse macht das Dilemma deutlich, mit dem solche empirischen Untersuchungen komplexer Fragestellungen regelmäßig behaftet sind: Es ist aufgrund eingeschränkter Datensätze unrealisierbar, *sämtliche* relevante und möglicherweise auf den Sachverhalt wirkende Faktoren hinsichtlich ihrer Erklärungskraft zu prüfen, sodass Resümees und Schlussfolgerungen immer nur bedingt aussagekräftig sein können. Im vorliegenden Fall ließen die Datenquellen keinerlei Einschätzung der deutschen Sprachkenntnisse oder Angaben darüber zu, in welchem Land die einbezogenen (Aus-)Bildungsabschlüsse der Migrant(inn)en erzielt wurden,[187] was zur Überprüfung der migrationsspezifischen Annahmen der Humankapitaltheorie, welche die Verfasserin trotz dieses Mankos in allen Annahmen grundsätzlich bestätigt fand, gleichwohl

184 Vgl. hierzu und zum Folgenden: N. Granato: Ethnische Ungleichheit auf dem deutschen Arbeitsmarkt, a. a. O., S. 132 u. 154. Zu diesem Befund gelangen auch N. Granato/F. Kalter: Die Persistenz ethnischer Ungleichheit auf dem deutschen Arbeitsmarkt, a. a. O., S. 517 f.

185 Siehe N. Granato: Ethnische Ungleichheit auf dem deutschen Arbeitsmarkt, a. a. O., S. 133

186 Ebd., S. 127 f.

187 Vgl. ebd., S. 155

von maßgeblicher Bedeutung gewesen wäre. Ebenso wenig überzeugt die wiederholte Behauptung Granatos, das Vorliegen „nicht erklärbarer" Chancenunterschiede im Arbeitsmarkterfolg verschiedener Migrantengruppen sei keinesfalls Ergebnis diskriminierender Praktiken,[188] sondern spreche höchstens „für das Vorliegen statistischer Diskriminierung aufgrund der unterschiedlichen Aussagekraft von Einstellungstest für verschiedene Gruppen." Bezüglich ihres Ergebnisses, dass Migranten der ersten Generation von statistischer Diskriminierung betroffen waren, die zu Unterschieden in Bildungserträgen mit vergleichbaren Deutschen führte, fand Granato zwar bei fast allen Migrant(inn)en der mittleren und älteren Zuzugsgruppen einen negativen Einfluss der Nationalität, der sich durch Kontrolle der Bildung leicht reduzierte, schlussfolgerte daraus indes: „Ob diese negativen Nationalitäteneffekte für die älteren Zuzugsgruppen aber auf Diskriminierung oder auf Unterschiede in der Ausstattung mit weiteren arbeitsmarktrelevanten, spezifischen Ressourcen zurückzuführen sind, kann mit vorliegenden Daten nicht geklärt werden."

Das beschriebene Dilemma „unerklärbarer Resteffekte" und des allenfalls indirekt möglichen Nachweises von Ursachen der Arbeitsmarktungleichheit zeigt sich ebenfalls bei anderen Untersuchungen zur Erklärungskraft des „Humankapitals".[189] Der Verweis auf die relativ niedrigen schulischen bzw. beruflichen Qualifikationsniveaus von Einwanderern wird deshalb häufig um die Bemerkung ergänzt, dass diese allein die Unterschiede im Arbeitsmarkterfolg beider Gruppen nicht erklären könnten.[190] „Qualifikationsdefizite sind eine wichtige, aber keineswegs erschöpfende Erklärung für die überproportional hohe Arbeitslosigkeit von Migranten", konstatierte deshalb der Sachverständigenrat für Zuwanderung und Integration und verwies auf fehlende Deutschkenntnisse sowie eingeschränkte, vom Einzelfall abhängige Möglichkeiten der Anerkennung im Herkunftsland erworbener Qualifikationen als weitere Einflussfaktoren.[191] Granato und Kalter schränken ihre Schlussfolgerungen dahingehend ein, dass sie mit den Unterinvestitionen von Migrant(inn)en in Humankapital „theoretisch plausible, letztlich aber doch nur mögliche Wege" aufzeigten, alternative Ursachen wie „eben beispielsweise Diskriminierungen im Bildungssystem" mit den Befunden jedoch ebenso verträglich seien.[192]

Der Ansatz der Humankapitaltheorie weist im Kontext der Erklärung von Arbeitsmarktungleichheiten weitere Schwächen auf. Reinhard Kreckel kritisiert etwa die zentrale Grundannahme eines im Regelfall mit der Höhe des investierten Humankapitals verbundenen Wachstums der Arbeitsproduktivität.[193] Ungenügend erklärt würde ferner der Fortbestand von Status- und Einkommensunterschieden zwischen Gruppen mit vergleichbarer Humankapitalausstattung, wie sie etwa Marc Szydlik zwischen Beschäftigten verschiedener Arbeitsmarktsegmente mit gleicher Vorbildung und Nadia Granato bei der zweiten Generation nachwiesen.[194] Auch

188 Vgl. ebd., S. 138 f. u. 142; zum Folgenden siehe ebd., S. 133

189 Vgl. N. Granato/F. Kalter: Die Persistenz ethnischer Ungleichheit auf dem deutschen Arbeitsmarkt, a. a. O., S. 518

190 Vgl. OECD (Hrsg.): Trends in International Migration. Annual Report, 2003 Edition, Paris 2004, S. 55

191 Siehe Sachverständigenrat für Zuwanderung und Integration (Hrsg.): Migration und Integration, a. a. O., S. 199

192 Siehe N. Granato/F. Kalter: Die Persistenz ethnischer Ungleichheit auf dem deutschen Arbeitsmarkt, a. a. O., S. 518

193 Vgl. R. Kreckel: Soziale Ungleichheit, a. a. O., S. 146

194 Vgl. M. Szydlick: Die Segmentierung des deutschen Arbeitsmarktes, a. a. O., S. 78; N. Granato: Ethnische Ungleichheit auf dem deutschen Arbeitsmarkt, a. a. O., S. 156

die weiterhin stabilen Lohndifferenzen zwischen den Geschlechtern ließen sich damit nicht ausreichend erklären, zumal das höhere schulische Qualifikationsniveau junger Frauen die höheren Einkommen altersgleicher Männer schon längst nicht mehr rechtfertigten.

Ein weiteres Manko der Theorie liegt schließlich in der verengten ökonomischen Sicht auf Arbeit und Investitionsanreize, die allein nach wirtschaftlichem Kalkül rational handelnde Subjekte unterstellt und sämtliche Umgebungsfaktoren ausblendet. Gern bleibt etwa unberücksichtigt, dass Bildung und Erwerbstätigkeit nicht nur der (späteren) Einkommenssicherung dienen: So hat die Art der Erwerbstätigkeit einen wesentlichen Einfluss auf den sozialen Status und soziale Kontakte, was bei der subjektiven Bewertung von Erwerbstätigkeit vs. Freizeit als positiv oder negativ zu berücksichtigen ist. Granato beispielsweise fragt mit Blick auf die „Nichterklärbarkeit" niedriger Qualifikationsniveaus bei der zweiten Generation abschließend nach der (ihres Erachtens offenen) Erklärung der „geringeren Bildungsinvestitionen" und empfiehlt, zukünftig zu erforschen, „warum Migranten der zweiten Generation weniger in Bildungskapital investieren".[195] Dies offenbart eine Ausblendung unerwünschter Erklärungsmuster, weil viele durchaus seriöse Untersuchungen zu dem Schluss kommen, dass der schulische (Miss-)Erfolg von Kindern mit Migrationshintergrund weniger von deren (meist als sehr hoch beschriebener) Bildungsmotivation als von der frühen Selektionspraxis des deutschen Schulsystems sowie der intergenerativen Vererbung von (Aus-)Bildungschancen nach sozialem Status abhängt.[196] Gleiches trifft im Übrigen für Arbeitsmarktdiskriminierungen zu, welche zumindest die OECD nicht ausschließt: „Alles in allem gibt es, obwohl Diskriminierung – wie in anderen Ländern – am Arbeitsmarkt existieren dürfte, nur wenige empirische Belege dafür. Die verschiedenen Interessengruppen, darunter die Zuwanderergruppen, richten ihre Aufmerksamkeit eher auf das Problem der mangelnden Qualifikationen von Zuwanderern und deren Nachkommen. Obwohl das Diskriminierungsproblem wohl nur schwer in den Griff zu bekommen ist, so lange solche gravierenden Defizite fortbestehen, können diese Qualifikationsmängel auch als bequemer Vorwand für diskriminierende Praktiken unter Arbeitgebern dienen."[197]

Die empirischen Anwendungen der Humankapitaltheorie im Kontext ethnischer Arbeitsmarktungleichheit lassen darüber hinaus – indem sie ihr Interesse vornehmlich auf Humankapitalinvestitionen von Individuen und Entscheidungen von Unternehmen fokussieren – einige weitere Determinanten außer Acht, die von maßgeblicher Bedeutung für das Entstehen ethnischer Ungleichheit im Arbeitsmarkt sind. Zu nennen sind hier vor allem ausländerrechtliche Zugangsbarrieren wie die sog. Vorrangprüfung am Arbeitsmarkt für Drittstaatler/innen.[198] Zugleich wird das Machtgefälle zwischen Arbeitgeber(inne)n und -nehmer(inne)n, das sich aus der wachsenden globalisierten Standortkonkurrenz und der sich mindernden Verhandlungsmacht von Gewerkschaften ergibt, nur unzureichend berücksichtigt.[199] Daher kann

195 Siehe ebd.

196 Vgl. etwa die Ergebnisse der PISA-Studien; OECD (Hrsg.): Die Arbeitsmarktintegration von Zuwanderern in Deutschland, a. a. O., S. 42 f.

197 Ebd., S. 54

198 Rund 53 % der ausländischen Wohnbevölkerung hatten Ende 2000 den gleichen Arbeitsmarktzugang wie Deutsche, so die Süssmuth-Kommission; vgl. UKZU (Hrsg.): Zuwanderung gestalten, a. a. O., S. 59

199 Zu Theorien, die Marktmacht als Ursache für Einkommensdiskriminierung ansehen, vgl. N. Granato: Ethnische Ungleichheit auf dem deutschen Arbeitsmarkt, a. a. O., S. 30 f.

resümiert werden, dass humankapitaltheoretische Studien in ihrer Konzentration auf die Erklärungskraft individueller Bildungsprozesse zwar wichtige Determinanten bei der Entstehung und Reproduktion von Arbeitsmarktungleichheit erhellen, allein aber nur beschränkt aussagekräftig sind, weil zentrale gesellschaftlich-strukturelle Bedingungsfaktoren, etwa die Wirkung von Arbeitsmarktreformen auf das Angebot von Arbeitskräften in bestimmten (Niedriglohn-)Sektoren oder die wachsende Prekarität von Beschäftigungsverhältnissen, nicht ausreichend einbezogen werden. Ausgeklammert bleiben schließlich die theoretischen Implikationen einer gewachsenen Transmigration in Zeiten der Globalisierung, die zumindest eine Überprüfung humankapitaltheoretischer Annahmen zu Wertigkeiten von Herkunfts- und ziellandspezifischem Humankapital erforderlich machen würde. Überlegenswert wäre schließlich eine Neubewertung von herkunftslandspezifischem Humankapital, wenn interkulturelle sowie fremdsprachliche Kompetenzen von Migrant(inn)en in internationalisierten Arbeitsmärkten eine zunehmende Wertschätzung (als Zusatzqualifikation) erfahren.

6.4 Diskriminierungen am Arbeitsmarkt und benachteiligendes Ausländerrecht

Die meisten Erklärungsansätze zur ethnischen Ungleichheit des Arbeitsmarktes in Deutschland verbindet die Gemeinsamkeit, dass sie für Zuwanderer bestehende rechtliche und andere Zugangsbarrieren als Entstehungskomponenten ungleicher Arbeitsmarkterfolge gänzlich unberücksichtigt lassen.[200] Diese Aspekte greifen hingegen Ansätze auf, welche intendierte bzw. nichtintendierte Diskriminierungen zum Ausgangspunkt der Erklärung nehmen.

6.4.1 Rassismus- und Diskriminierungstheorien

Im Folgenden veranschaulicht ein Aufriss früher US-amerikanischer und britischer Rassismus- und Diskriminierungstheorien, warum der Rückgriff auf sie im Kontext der arbeitsmarktbezogenen Ungleichheitsforschung angebracht ist: Alle Konzepte zielen unter Rekurs auf unterschiedliche Argumentationsstränge darauf ab, die ungleiche Ressourcenverteilung entlang ethnischer Grenzlinien aufgrund askriptiver Merkmale, also im weiteren Sinn auch die (Arbeitsmarkt-)Exklusion von Minderheitsangehörigen als Grund für einen gruppenspezifischen (Miss-)Erfolg heranzuziehen. Weil insbesondere die anglofonen Einwanderungsländer USA und Großbritannien auf eine Jahrzehnte alte Tradition in diesem Forschungsfeld zurückblicken, während die deutschsprachige Rassismusforschung als vergleichsweise rückständig bezeichnet werden kann, bietet es sich an, die grundlegenden Arbeiten – wenngleich sie älteren Datums sind und in anderen gesellschaftlichen Bezügen entwickelt wurden – in den Blick zu nehmen.[201]

---

200 Als Ausnahmen vgl. P. Bremer: Ausgrenzungsprozesse und die Spaltung der Städte, a. a. O., S. 74 ff.; W. Hanesch/P. Krause/G. Bäcker: Armut und Ungleichheit in Deutschland, a. a. O., S. 411 ff.

201 Vgl. dazu und zur deutschsprachigen Forschung: Ch. Butterwegge: Rechtsextremismus, Rassismus und Gewalt. Erklärungsmodelle in der Diskussion, Darmstadt 1996, S.119

Die ersten Konzepte zu Rassismus in Großbritannien und den USA analysierten primär rassistische Vorurteile und Verhaltensweisen von Individuen mit Blick auf diskriminierende Ergebnisse. Der Begriff der Diskriminierung („discrimination"), so schreiben Joe und Clairece Feagin, ist dabei ein sehr alter, aus dem 17. Jahrhundert stammender englischer Ausdruck, dessen ursprüngliche Bedeutung die einfache Unterscheidung von zwei Dingen aufgrund unterschiedlicher Qualitäten war. Eine der grundlegenden Arbeiten ist eine Studie Gunnar M. Myrdals mit dem Titel „An American Dilemma", in welcher der Autor rassistische Vorurteile als „the whole complex of valuations and beliefs which are behind discriminatory behavior on the part of the majority group" bezeichnet.[202] Damit standen zunächst individuelle rassistische Vorurteile im Fokus der Betrachtung, nicht aber die Bedeutsamkeit von sozialen oder organisatorischen Kontexten bzw. gesellschaftstheoretisch orientierte Erklärungsansätze. Das änderte sich erst mit der Einführung dreier neuer Erklärungslinien in den 1960er-Jahren, die maßgeblich zu einer Neuausrichtung von Antirassismuskonzepten beitrugen: die Interessentheorie der Diskriminierung, die Theorie des internen Kolonialismus sowie die Theorie des „institutional racism", also des institutionalisierten Rassismus (den man im Deutschen auch als institutionellen oder strukturellen Rassismus bezeichnet).

Laut der sog. Interessentheorie, als dessen prominenteste Vertreter Herbert Blumer, Robin Williams und David Wellman gelten, wird Letzterem zufolge der Rassismus als rationales Element eingesetzt, das im Kampf um knappe Ressourcen primär der Sicherung eigener Interessen und historisch tradierter Privilegienstrukturen bestimmter Bevölkerungsgruppen dient.[203] Dem liegt die Annahme zugrunde, dass eine Gruppe, sobald sie innerhalb einer Gesellschaft über einen längeren Zeitpunkt eine privilegierte Position erreicht hat (etwa hinsichtlich von Gesundheit, sozialer Sicherung, Macht oder Autorität), quasi automatisch eine starke Tendenz zeigt, Vorrechte als legitim zu betrachten, obwohl sie auf der Unterprivilegierung anderer Gruppen beruhen. Nach Blumer reicht Diskriminierung (verstanden als ein Instrument oder Maßnahmebündel zur Sicherung eigener Interessen) damit über eine zu einem bestimmten Zeitpunkt auftretende Zugangsbarriere hinaus, weil sie zu einem Prozess permanenter Verteidigung der Interessen bestimmter Gruppen auf Kosten anderer avanciert.

Die Theorien des internen Kolonialismus betonen demgegenüber die historisch weit zurück liegende Institutionalisierung der differenziellen Verteilung von Macht und Ressourcen auf Grundlage von „Rasse" (und „Geschlecht"). Zumindest in kolonialisierten Gesellschaften sei diese Ordnung der Differenz zwar ursprünglich mit Gewalt etabliert worden, werde im Anschluss aber mittels Gesetzen und informellen Mechanismen aufrechterhalten, führen die Diskriminierungsforscher Mechthild Gomolla und Frank-Olaf Radtke an. Ungleiche Lebenschancen ethnischer Minderheiten würden damit als Ergebnis eines historisch tradierten, seit dem 15. Jahrhundert andauernden Prozesses eingeordnet: Im Zuge der Kolonialisierung hätten sich (weiße) Europäer/innen das Land (der indianischen Ureinwohner/innen) und die Arbeitskraft (der afrikanischen Sklaven) mit Gewalt angeeignet, um sie zu ihrem eigenen Vorteil auszubeuten. Die dominante Gruppe versuche dann, ihre Vorteile zu stabilisieren und

202 Siehe G.M. Myrdal, zit. nach: J.R. Feagin/C. B. Feagin: Discrimination American Style. Institutional racism and sexism, 2. Aufl. Malabar (USA) 1986, S. 2. Zu den Ansätzen Myrdals, Mertons und den nachfolgend diskutierten vgl. den Überblick in: ebd., S. 2ff., sowie M. Gomolla/F.O. Radtke: Institutionelle Diskriminierung, a.a.O., S. 34ff.

203 Vgl. hierzu und zum Folgenden: ebd., S. 37ff.

zu monopolisieren, indem das bestehende Ungleichheitssystem in den wichtigsten sozialen und gesellschaftlichen Institutionen verankert werde.[204] Rassismus, so eine Kernaussage des US-Soziologen Robert Blauners, werde damit zu einer strukturellen Systemeigenschaft, zu einem objektiven Phänomen, das sich in Herrschaftsstrukturen und sozialen Hierarchien manifestiert.

1. Konzepte des institutionellen Rassismus

An die Theorien zum individuellen Rassismus anknüpfend, wurde der Begriff des institutionellen Rassismus entwickelt. Mit ihm suchten Stokely Carmichael und Charles Hamilton als Aktivisten der Black-Power-Bewegung 1967 die verbreitete Vorstellung von Rassismus als einem lediglich individuellen Vorurteil zu überwinden, um stattdessen strukturelle Fragen der Gleichberechtigung von Angehörigen ethnischer Minderheiten zu thematisieren.[205] Carmichael und Hamilton, die den institutionellen Rassismus als Kampfbegriff nutzten, um Strategien gegen rassistische Unterdrückung und Ausgrenzung der schwarzen Minderheit in den USA publik zu machen, unterschieden zwischen individuellem und offenem sowie verdecktem und institutionalisiertem Rassismus.

Zum institutionalisierten Rassismus merkten Gomolla und Radtke kritisch an, dass es als politisch motiviertes Konzept vor allem an den Konsequenzen interessiert sei, während das „Wie" der Diskriminierung, also die das Ergebnis herbeiführenden Prozesse und Mechanismen, unberücksichtigt bleibe.[206] Zudem könne Diskriminierung auch ohne den bewussten Willen zu rassistischer Ungleichbehandlung, also absichtslos, stattfinden. Neben „rassisch" differenzierten gesellschaftlichen Disparitäten nahmen Forschungsarbeiten auch weitere Formen von Differenz, etwa der Geschlechter, in den Blick. In späteren Untersuchungen wurde der Ansatz systematisch auf organisatorische und institutionelle Kontexte von diskriminierenden Handlungen in den Bereichen Arbeits- und Wohnungsmarkt, Gesundheitsversorgung und (Aus-)Bildung angewendet. Nach Ansicht von Gomolla und Radtke benannten diese frühen Ansätze, als Element allgemeiner marxistischer Gesellschaftsanalyse angewandt, vor allem Effekte des institutionalisierten Rassismus.[207] Sie behaupteten vielfach ein „System von Diskriminierung", in dem sich ethnische Ausgrenzung und sozialer Unterklassenstatus in einem „Teufelskreis" zirkulär verstärkten. Folgende Gemeinsamkeiten dieser Ansätze seien charakteristisch: „die Produktion rassischer Ungleichheit in einem breiten Spektrum von Institutionen durch deren normale Operationen; die Irrelevanz der Absichten der beteiligten Akteure; die historische Begründung rassistischer Ausgrenzung und Unterdrückung; eine Beziehung zwischen den Institutionen, von denen Diskriminierung ausgeht, die zu Kumulation von diskriminierenden Wirkungen in einzelnen institutionellen Sektoren führt."[208]

---

204 Vgl. auch zum Folgenden: J.R. Feagin/C.B. Feagin: Discrimination American Style, a.a.O., S. 10

205 Vgl. Th. Quehl: Institutioneller Rassismus – ein Lackmustest auch für die Schule?, in: M. Jäger/H. Kaufmann (Hrsg.): Leben unter Vorbehalt. Institutioneller Rassismus in Deutschland, Duisburg 2002, S. 165 ff.

206 Vgl. auch zum Folgenden: M. Gomolla/F.-O. Radtke: Institutionelle Diskriminierung, a.a.O., S. 39

207 Vgl. ebd., S. 40

208 Vgl. J. Williams: Redefining Institutional Racism, in: Ethnic and Racial Studies 3/1985, S: 323 ff., zit. nach: ebd.

In den USA wandte man den Ansatz des institutionellen Rassismus auf ein immer breiteres Spektrum sozialer Prozesse und Problemlagen an, was durch US-Regierungsorgane wie die „Equal Employment Opportunity Commission", die Einführung einer Politik der „affirmative action" oder die zum Teil spektakuläre Rechtsprechung in Diskriminierungsprozessen begünstigt wurde. Im Kontext verstärkter Gleichstellungsbemühungen von Frauen und vor dem Hintergrund der Diskussionen um das Modell des kulturellen Pluralismus in den 1980er-Jahren wurde der Ansatz dann „endgültig begrifflich und politisch weiter geöffnet und zu einem allgemeinen Konzept institutioneller Diskriminierung weiterentwickelt", das alle relevanten Diskriminierungsmuster nach Geschlecht, sozialer Schicht, Alter oder sexueller Orientierung einzuschließen suchte.[209] Im Erwerbsleben wird die Bewertung einer Arbeitskraft demnach als diskriminierend gewertet, sofern sie nicht im Zusammenhang mit der Produktivität steht. Dies heißt, dass die Behandlung eines (potenziellen) Arbeitnehmers als nicht diskriminierend eingestuft wird, sofern sie durch Leistungs- bzw. Produktivitätsunterschiede gegenüber anderen gerechtfertigt ist.

Die Rezeption des Konzepts eines „institutionellen Rassismus" in Großbritannien weist in Theorie und Praxis deutliche Parallelen zur US-amerikanischen Entwicklung auf. Eine 1999 eingesetzte Regierungskommission zur Untersuchung eines Mordes, deren viel beachtete Ergebnisse später als Macpherson-Bericht veröffentlicht wurden, definierte „institutionellen Rassismus" als „das kollektive Versagen einer Organisation aufgrund der Hautfarbe, Kultur oder ethnischen Herkunft von Menschen, diesen eine angemessene und professionelle Dienstleistung anzubieten. Er kann in Prozessen, Einstellungen und Verhalten gesehen oder festgestellt werden, die durch unbewusste Vorurteile, Ignoranz, Gedankenlosigkeit und rassistische Stereotypisierung zu Diskriminierung führen, die Menschen ethnischer Minderheiten benachteiligt. Er besteht fort aufgrund des Versagens der Organisation, seine Existenz und seine Ursachen offen und in angemessener Weise durch Programme, vorbildliches Handeln und Führungsverhalten anzuerkennen und anzugehen. Ohne ein solches Eingeständnis und ein Handeln, das solchen Rassismus ausschließt, kann er als Teil des Ethos oder der Kultur der Organisation weit verbreitet sein."[210] Institutionellen Rassismus kann man damit als Prozess verstehen, durch den Angehörige von Minderheiten durch öffentliche und private Einrichtungen systematisch diskriminiert werden. Erst wenn die Folge oder das Ergebnis bestehender Gesetze, Gebräuche oder Praktiken entlang der Kategorie „ethnische Zugehörigkeit" diskriminierend ist, könne von institutionellem Rassismus gesprochen werden, merkt Thomas Quehl an. Allerdings bedürfe der Begriff weiterer Klärung, nicht nur im Bereich der Bildung.

Das Konzept der institutionalisierten Diskriminierung richtet den Blick nicht nur auf deren (empirisch messbare) Effekte, sondern erhebt zugleich den Anspruch, die dahinter verborgenen Mechanismen, also das „Wie" in Form von Strukturen, Regeln und (Alltags-) Praktiken, durch welche die Ungleichheit reproduziert wird, zu identifizieren. Rodolfo Alvarez etwa plädiert dafür, die Distributionsaktivitäten sozialer Institutionen vor dem Hintergrund ihrer Sinnhaftigkeit zu betrachten, nach der Verteilungsprozesse so legitimiert würden, dass

209 Siehe M. Gomolla/F.-O. Radtke: Institutionelle Diskriminierung, a. a. O., S. 41

210 Home Office: The Stephen Lawrence Inquiry: Report Of An Inquiry By Sir William Macpherson Of Cluny 1999 zit. nach: Th. Quehl: Institutioneller Rassismus, a. a. O., S. 173 f.

Beteiligte sie als stimmig und gerecht empfinden, obwohl bestimmte Gruppen systematisch weniger bekommen.[211] Er lenkt damit die Aufmerksamkeit auf informelle Übereinkünfte und Praktiken, mit denen Akteure in Organisationen handeln, um deren Aufgaben und legitime Bestandsinteressen zu erfüllen. Für den schulischen Bereich sehen Gomolla und Radtke organisationsspezifische Wissensbestände und Deutungsmuster von Akteur(inn)en an bestimmten Selektionsstufen als relevant an, die in der Kumulation ihrer Effekte zu einer ungleichen Bildungsbeteiligung führen. Das Adjektiv der *institutionellen* Diskriminierung betont dabei die institutionelle und organisatorische Einbettung von Strukturen diskriminierender Handlungen, die wechselnde Akteure überdauern. Sie funktioniert insofern anonym, als beteiligte Individuen das Vorhandensein von Rassismus/Sexismus in ihren Handlungen abstreiten und sich so auch der Verantwortung der Folgen entledigen könnten.[212]

Um die Mechanismen institutioneller Diskriminierungsprozesse zu analysieren, wird ebenfalls die Unterscheidung zwischen *direkter* und *indirekter* Diskriminierung herangezogen, die auf Joe R. Feagin und Clairece Booher Feagin zurückgeht.[213] Die Autoren stellten eine Typologie diskriminierenden Verhaltens vor, in der die Intentionalität diskriminierenden Verhaltens mit dem Grad der Einbettung desselben in institutionelle Kontexte in Beziehung gesetzt wird. Während die ersten beiden Diskriminierungstypen, „isolate discrimination" und „small group discrimination", zwar mitsamt ihren negativen Folgen für Angehörige ethnischer Minderheiten intendiert sind, aber gleichwohl weitgehend losgelöst von Organisationskontexten auftreten, sind die Formen der direkten bzw. indirekten institutionellen Diskriminierung durch ihren Einbettungsgrad in bürokratische Organisationen gekennzeichnet. Direkte und indirekte Formen der Diskriminierung unterscheiden sich der Typisierung Feagins und Booher Feagins zufolge ferner vor allem durch den Grad ihrer Intentionalität: Erstere zielen bewusst auf eine unterscheidende Behandlung mit negativen Konsequenzen für eine Betroffenengruppe, Letztere hingegen sind unintendiert und werden ohne dahinter stehende Vorurteile oder benachteiligende Absicht etabliert. Beide Formen wirkten zudem über organisationsimmanente Vorschriften und Regularien, sie seien daher typischerweise in bürokratisierten Organisationen anzutreffen.

211 Vgl. R. Alvarez: Institutional Discrimination in Organizations and their Environments, in: ders./K.G Luttermann: Discrimination in Organizations, San Francisco 1979, S. 2 ff., zit. nach: M. Gomolla/F.-O. Radtke: Mechanismen institutioneller Diskriminierung, a. a. O., S. 42

212 Vgl. ebd., S. 38

213 Eine daran angelehnte Unterscheidung von Diskriminierungsformen treffen auch die Antidiskriminierungsrichtlinien der EU wie die Richtlinie 2000/43/EG des Rates vom 29. Juni 2000 zur Anwendung des Gleichbehandlungsgrundsatzes ohne Unterschied der „Rasse" oder der ethnischen Herkunft. Danach kann eine Verletzung des Gleichbehandlungsgrundsatzes durch zwei Diskriminierungsformen geahndet werden: Eine *unmittelbare* Diskriminierung liegt vor, wenn eine Person aufgrund ihrer „Rasse" oder ethnischen Herkunft in einer vergleichbaren Situation eine weniger günstige Behandlung als eine andere Person erfährt, erfahren hat oder erfahren würde. Eine *mittelbare* Diskriminierung besteht, wenn dem Anschein nach neutrale Vorschriften, Kriterien oder Verfahren Personen, die einer „Rasse" oder ethnischen Gruppe angehören, in besonderer Weise benachteiligen können, es sei denn, die betreffenden Kriterien oder Verfahren sind durch ein rechtmäßiges Ziel sachlich gerechtfertigt und die Mittel sind zur Erreichung dieses Ziels angemessen und erforderlich; vgl. hierzu und zum Folgenden: J.R. Feagin/C. Booher Feagin: Discrimination American Style, a. a. O., S. 28 ff., zusammenfassend: M. Gomolla/F.-O. Radtke: Mechanismen institutioneller Diskriminierung, a. a. O., S. 45; H. Flam: Einleitung, in: dies. (Hrsg.): Migranten in Deutschland, a. a. O., S. 12 ff.

Festhalten lässt sich also zur Unterscheidung von direkter (unmittelbarer) und indirekter (mittelbarer) institutioneller Diskriminierung,[214] dass Erstere auf der Differenz von Normen und Regeln beruht, die mit dem Ziel der Ungleichbehandlung auf gesellschaftliche Gruppen angewendet werden, wie beispielsweise Ausländergesetze auf die Unterscheidung von In- und Ausländer(inne)n abzielen. Die rechtsförmige Differenzierung nach Staatsbürgerschaft führt somit zu einer Ungleichbehandlung beider Gruppen, indem man „Ausländer/innen“ mit einem besonderen Rechtsstatus ausstattet, der ihnen nur einen nachrangigen Zugang zu politischen Rechten oder dem Arbeitsmarkt gewährt, während Deutsche z. B. durch das Inländerprimat oder als Arbeitnehmer/in im öffentlichen Dienst privilegiert werden.[215] Der Terminus „indirekte Diskriminierung“ beschreibt indes einen sehr viel hintergründigeren Sachverhalt von Ungleichbehandlung, die auf der Anwendung *gleicher* Regeln und Normen beruht und bei verschiedenen Gruppen zu dem Resultat ungleicher Chancen führt, obwohl diese i. d. R. nicht intendiert sind.

6.4.2 Diskriminierungsformen im Erwerbsleben

Zur Entstehung von Diskriminierungen auf dem Arbeitsmarkt können zahlreiche Faktoren beitragen, von denen einige nachfolgend erläutert werden. Zu ihnen zählen neben institutionell festgeschriebenen Ungleichbehandlungen insbesondere Machtunterschiede zwischen Arbeitgeber(inne)n und -nehmer(inne)n, Vorurteile, die sog. statistische Diskriminierung sowie die Wirkung sozialer Netzwerke und die Anerkennungspraxis im Ausland erworbener Berufsabschlüsse.

1. Vorurteile und Arbeitgeberpräferenzen

Der komplexe Prozess der Entstehung und Absicherung von Ungleichheitsstrukturen auf dem Arbeitsmarkt wird einmal von Machtunterschieden zwischen Arbeitgeber(inne)n und -nehmer(inne)n, die entscheidend durch den gewerkschaftlichen Organsiationsgrad und den Verhandlungsspielraum von Arbeitnehmervertreter(inne)n geprägt sind,[216] sowie durch etwaige Vorurteile und Stereotype begünstigt. Das Phänomen des Vorurteils ist, wie Petrus Han anführt, immer in Zusammenhang mit der Privilegienstruktur der Gesellschaft zu sehen, da Vorurteile zum Schutz der (politischen, sozialen und ökonomischen) Privilegien

214 Die Unterscheidung zwischen *direkter* und *indirekter* Diskriminierung greifen auch die Antidiskriminierungsrichtlinien der EU in modifizierter Form auf, wie die Richtlinie 2000/43/EG des Rates vom 29. Juni 2000 zur Anwendung des Gleichbehandlungsgrundsatzes ohne Unterschied der „Rasse“ oder der ethnischen Herkunft. Danach kann der Gleichbehandlungsgrundsatz durch eine mittelbare oder eine unmittelbare Diskriminierung verletzt werden.

215 Vgl. dazu den Überblick über jüngere Forschungsarbeiten zur Indienstnahme (konstruierter) ethnischer Unterschiede in Verteilungskonflikten in Deutschland in: H. Flam: Einleitung, a. a. O., S. 25 ff.

216 Zu diesen und weiteren nachfolgend ausgeklammerten Diskriminierungsformen etwa durch Ämter vgl. H. Flam: Betriebe, Betriebsräte und DGB, in: dies. (Hrsg.): Migranten in Deutschland, a. a. O., S. 194 ff. u. dies.: Gesetze, Ämter, „gate keepers“, a. a. O., S. 151

erzeugt und instrumentalisiert werden.[217] Mit der Existenz rassistischer Vorurteile wird quasi auf Umwegen erklärt, warum Migrant(inn)en im Arbeitsmarkt auf Zugangsbarrieren treffen und dort oft weniger erfolgreich als Einheimische sind, z. B. indem sie häufiger zu Niedrigeinkommensbezieher(inne)n und Arbeitslosen zählen.[218] Institutionalisierte ethnische Ungleichheitsstrukturen basieren gleichwohl nur selten auf einer absichtlich rassistischen Diskriminierung, sind vielmehr größtenteils Ergebnis eines historisch gewachsenen Prozesses, der mit Vorurteilen und der Wahrnehmung von Migrant(inn)en als Bedrohung beginnt und dessen Institutionalisierung erst dann eintritt, wenn ethnische Diskriminierungen zu sozialen Normen werden.[219]

Ohne auf die Fülle der Literatur zur psychologischen Vorurteilsforschung eingehen zu wollen,[220] seien einige wirtschaftswissenschaftliche Modelle vorgestellt, welche die Bildung von Vorurteilen auf der Ebene von Gruppenkonstellationen beschreiben und diese auf den Arbeitsmarkt beziehen. Ihre zentrale Annahme ist die eines Zusammenhangs von Diskriminierungsbereitschaft und -verhalten mit Wettbewerbskonstellationen zwischen Gruppen. Je stärker die (subjektiv empfundene) Konkurrenz verschiedener Gruppen (etwa um Arbeitsplätze), desto größer ist auch die Diskriminierungsbereitschaft und desto ausgeprägter das diskriminierende Verhalten, formuliert Georg Auernheimer und untermauert dies mit dem Hinweis auf die „auffallende Synchronität zwischen erhöhter Ausländerfeindlichkeit und wirtschaftlichen Krisenzeiten.“[221]

Unter Rückgriff auf Gary S. Beckers Konzept der „tastes of discrimination“ von 1971 beschreibt Nadia Granato Vorurteile als „ethnische Präferenzen“ bzw. „nicht-monetäre Nutzenterme“, welche an askriptiven Merkmalen anknüpfend in die Entscheidungen von Akteur(inn)en des Arbeitsmarktes einfließen.[222] Sie unterscheidet zwischen drei Formen ethnischer Präferenzen, die jeweils von unterschiedlichen Akteuren ausgehen: der Arbeitgeber-, der Arbeitnehmer- bzw. Kollegendiskriminierung sowie der Kundendiskriminierung. Erstere kommt primär bei Personalentscheidungen, also bei Einstellungs- und Entlohnungsentscheidungen von Unternehmen zum Tragen, beispielsweise, wenn Personalentscheider/innen ethnische Präferenzen haben und versuchen, die Einstellung von Migrant(inn)en möglichst zu vermeiden. Diskriminierende Arbeitgeber/innen stellten Zuwanderer also nur dann ein, wenn sich die „psychischen Kosten“ der Einstellung durch niedrigere Löhne rechneten. Die Stärke der Diskriminierungsneigung variiere dabei mit der Höhe dieser Kosten, führt Granato aus, was wiederum zu niedrigeren Löhnen von Migrant(inn)en führe, je stärker die Diskriminierungspräferenz auf der Arbeitgeberseite ausgeprägt sei.

Auf Seiten von Arbeitnehmer(inne)n bewirken ethnische Präferenzen und Vorurteile laut Gary S. Becker statt niedrigerer Einkommen eine Segregation der Beschäftigten. Nach

217 Vgl. P. Han: Soziologie der Migration, a. a. O., S. 267

218 Vgl. auch Ch. Butterwegge: Macht Armut rechtsextrem? Über die Zusammenhänge zwischen der Gesellschaftsentwicklung, prekären Lebenslagen und rassistischen Ideologien/Gewalttaten, in: Kritisches Forum e. V. (Hrsg.): Armut und Rechtsextremismus. Beiträge zur Diskussion um die „Krise des Sozialen“, Duisburg 1995, S. 34 ff.

219 Vgl. P. Han: Soziologie der Migration, a. a. O., S. 271

220 Vgl. dazu G. Auernheimer: Einführung in die interkulturelle Erziehung, a. a. O., S. 140 ff.

221 Siehe ebd., S. 143. Einen Überblick über frühe psychologische und spätere soziologische Konzepte gibt P. Han: Soziologie der Migration, a. a. O., S. 259 ff.

222 Vgl. zum Folgenden: N. Granato: Ethnische Ungleichheit auf dem deutschen Arbeitsmarkt, a. a. O., S. 31 ff.

Ansicht Granatos spielen hierbei die bereits erwähnten „psychischen Kosten" eine Rolle, die diskriminierenden Arbeitnehmer(inne)n entstehen, wenn diese trotz „ethnischer Präferenzen" mit zugewanderten Kolleg(inn)en zusammenarbeiten. Um diese Kosten auszugleichen, müssten die Löhne einheimischer Arbeitskräfte idealerweise höher liegen, obwohl dies nicht durch eine höhere Produktivität gerechtfertigt sei. Weil das angesichts der Bestrebungen zur Kostenreduktion von Arbeitgebern unwahrscheinlich sei, suchten einheimische Arbeitskräfte mit ethnischen Präferenzen durch den Wechsel in Unternehmen mit nur einheimischen Beschäftigten ihren Nutzen zu maximieren, was langfristig zu einer ethnischen Segregation führe. Die dritte Diskriminierungsform sieht Granato beim Kauf von Produkten und Dienstleistungen durch Kunden, die Vorurteile gegenüber dem Kauf ausländischer Produkte oder gegenüber ausländischen Verkäufer(inne)n hegen. Durch ihre ethnischen Präferenzen entstünden diesen Kund(inn)en höhere psychische Kosten, die den Preis angebotener Produkte erhöhten. Unternehmen, die Zuwanderer beschäftigten, müssten daher deren Löhne senken, um trotz ethnischer Präferenzen ihre Produkte solchen Kund(inn)en gegenüber mit einem Preisvorteil anbieten zu können.

Ein weiteres Konzept der Wirkungsmacht ethnischer Vorurteile auf dem Arbeitsmarkt entwickelte Barbara Bergmann 1971 mit ihrem sog. Crowding-Modell.[223] Bergmann geht ebenfalls davon aus, dass ethnische Präferenzen zur Entstehung zweier Arbeitsmarktsektoren beitragen, die anhand bestimmter askriptiver Merkmale (wie Geschlecht oder Ethnie) voneinander abgegrenzt sind. Unter der Bedingung des Lohnwettbewerbs suchten Arbeitgeber/innen Angehörige bestimmter (ethnischer) Gruppen für gewisse Berufe nicht einzustellen und diese Einheimischen vorzubehalten. Das diskriminierende Arbeitgeberverhalten führe einerseits zur Entstehung eines Segmentes im ersten Arbeitsmarkt, das vorwiegend Einheimischen zugänglich sei und auf dem eine geringe Konkurrenz um Arbeitsplätze und bessere Entlohnungs- und Arbeitbedingungen vorherrschten. Auf der anderen Seite entstehe (unabhängig von diskriminierenden oder nichtdiskriminierenden Verhaltensweisen) ein zweiter Sektor, der primär Migrant(inn)en offen stehe. Typischerweise habe dieser nur ein sehr eingeschränktes Stellenangebot, aus dem ein Überangebot an Arbeitskräften („Crowding") resultiere, welches den Unternehmen die Zahlung niedrigerer Löhne ermögliche.

Die in beiden Modellen angedeutete Interpretation der Wirkungsmacht von ethnischen Vorurteilen auf dem Arbeitsmarkt kritisiert Granato, weil sie sich unter Bedingungen vollkommener Konkurrenz langfristig für Unternehmen nicht rechneten, also durch höhere Kosten die Wettbewerbsfähigkeit auf Dauer schädigten. Nichtdiskriminierende Unternehmen, die nichtdiskriminierende Arbeitnehmer/innen beschäftigten, produzierten nämlich effizienter als ihre diskriminierende Konkurrenz, argumentiert die Verfasserin, womit solche ethnischen Präferenzen im Arbeitsmarkt demnach „evolutionär ‚aussterben'" müssten.[224] Es lässt sich einwenden, dass sich derart komplexe sozialpsychologische Prozesse der Entstehung und Wirkungsmacht von Vorurteilen mit einer allein wirtschaftswissenschaftlichen Betrachtungsweise höchst unzureichend (weil allenfalls in Teilbereichen) abbilden lassen; noch weniger können sie die Entstehungsbedingungen von ethnischer Arbeitsmarktungleichheit umfassend

223 Vgl. B. Bergmann: Occupational Segregation, Wages and Profits. When Employers Discriminate by Race or Sex, in: Eastern Economical Journal 1/1974, S. 103 ff., zit. nach: ebd., S. 33

224 Vgl. N. Granato: Ethnische Ungleichheit auf dem deutschen Arbeitsmarkt, a. a. O., S. 32

erklären. Nicht von ungefähr liegen die Wurzeln der Vorurteilsforschung in der Psychologie, wenngleich auch bei sozialpsychologischen Vorurteilskonzepten die „Subjektivierung der Problematik" und die Reduktion komplexer Sozialisationsprozesse primär auf persönlichkeitsbezogene Erklärungsansätze in der Kritik stehen.[225] Das weist auf die Bedeutsamkeit einer ganzen Reihe weiterer, primär gesellschaftlich-struktureller Faktoren bei der Vorurteilsbildung hin, welche die vorgestellten Modelle ausklammern. Sie erklären etwa nicht, warum Angehörige bestimmter Ethnien besonders von Diskriminierung aufgrund von Vorurteilen betroffen sind und welche Einflussfaktoren hierbei eine Rolle spielen.[226] Zugleich blenden sie bestehende direkte Diskriminierungsformen etwa im Arbeitsgenehmigungsrecht aus.

2. Statistische Diskriminierung durch unvollständige Information

Die aus den Wirtschaftswissenschaften stammenden Modelle der statistischen Diskriminierung erklären ethnische Ungleichheiten auf dem Arbeitsmarkt durch eine unvollständige Information von Arbeitgeber(inne)n über Stellenbewerber/innen, wenn zu deren individueller Beurteilung durchschnittliche Leistungswerte einer Gruppe herangezogen werden.[227] Arbeitgeber/innen treffen Personalentscheidungen unter Bezugnahme auf vielfältige Informationen, die ihnen über Bewerber/innen zur Verfügung stehen. Sie suchen ihre Informationskosten zu minimieren, indem sie ihre Einstellungsentscheidungen vor dem Hintergrund statistisch bekannter Durchschnittswerte von Gruppen, etwa Geschlechtern, treffen.[228] Die für diese Bewertung wichtigsten Indikatoren sind – die bei Migrant(inn)en in der Regel niedrigeren – Bildungsabschlüsse sowie Ergebnisse von Einstellungstests. Solche Merkmale von Bewerber(gruppe)n fließen zusätzlich als Indikatoren für die zu erwartende Produktivität ein. Statistisch diskriminierende Arbeitgeber/innen unterstellen Migrant(inn)en aufgrund der geringeren (Aus-)Bildung eine geringere Produktivität, weshalb deutsche Bewerber bevorzugt oder Zugewanderte allenfalls zu geringeren Löhnen eingestellt werden. Das Heranziehen größtenteils askriptiver Merkmale (Ethnie, Geschlecht etc.) bildet den Ansatzpunkt von Modellen statistischer Diskriminierung. Sie unterstellen dabei eine unvollständige Information bzw. Fehlannahmen, welche zu der tatsächlich vorzufindenden Produktivität von Arbeitnehmer(inne)n in keinem Zusammenhang stehen.

Die zentrale Hypothese statistischer Diskriminierungsmodelle besagt nun, dass nicht nur Einstellungstests und (Aus-)Bildungsabschlüsse, sondern besonders die Heranziehung weiterer Merkmale im Kontext von Personalentscheidungen durchaus zu unterschiedlich ausgeprägten Fehleinschätzungen bei verschiedenen Gruppen führen können. Die Verlässlichkeit der mithin

---

225 Vgl. Ch. Butterwegge: Rechtsextremismus, Rassismus und Gewalt, a. a. O., S. 23

226 Vgl. D. Gebhardt/Fl. Chicote: „Wie steht es mit Diskriminierung in Berlin?", a. a. O., S. 32 ff.; BMAS (Hg.): Repräsentativuntersuchung 2001, Berichtsband, a. a. O., S. 71. Zu nennen wären neben der „kulturellen Nähe bzw. Ferne" bestimmter Zuwanderergruppen z. B. die Rolle der Mediendiskurse und politischen Kultur einer Gesellschaft bei der Entstehung von Stereotypen, die sich auf einige Zuwanderergruppen (etwa Türken oder Muslime) konzentrieren. Vgl. einzelne Beiträge des Sammelbandes von Ch. Butterwegge/G. Hentges (Hrsg.): Massenmedien, Migration und Integration, 2. Aufl. Wiesbaden 2006

227 Vgl. J. Velling: Immigration und Arbeitsmarkt, a. a. O., S. 168; zum Folgenden: N. Granato: Ethnische Ungleichheit auf dem deutschen Arbeitsmarkt, a. a. O., S. 34 ff.

228 Vgl. auch P. Han: Frauen und Migration, Stuttgart 2003, S. 218

durchaus problematischen (Produktivitäts-)Indikatoren differiert zwischen verschiedenen Gruppen und beruht so mal mehr, mal weniger ausgeprägt auf unvollständigen Informationen. Man unterscheidet ferner zwischen statistischer Diskriminierung auf Personen- sowie auf Gruppenebene. Ein Sonderfall statistischer Diskriminierung ist dann gegeben, wenn einem Arbeitsplatzbewerber aufgrund seiner Zugehörigkeit zu einer bestimmten Gruppe eine (hypothetische) durchschnittliche Produktivität dieser Gruppe zugeschrieben wird, die Bewertung also nicht auf individuellen, sondern gruppenspezifischen Kriterien beruht, was zu abweichenden Ergebnissen führt. Sie tritt also nur dann auf, wenn zur Beurteilung individueller Produktivität durchschnittliche Leistungsmerkmale einer Gruppe herangezogen werden.[229] Antizipiert also ein Arbeitgeber aufgrund seiner Erfahrungen oder Vorurteile die Produktivität türkischer, schwarzer oder weiblicher Arbeitnehmer/innen als geringer, wird er Angehörige dieser Gruppen – sofern genügend Bewerber/innen zur Auswahl stehen – vermutlich entweder gar nicht oder nur für einen niedrigeren Lohn einstellen, womit von einer statistischen Diskriminierung gesprochen werden kann.

Statistische Diskriminierung kann also sowohl auf Fehleinschätzungen der Produktivität einer Gruppe beruhen als auch von korrekten Annahmen ausgehen, sofern tatsächliche Unterschiede in der Produktivität verschiedener Gruppen, beispielsweise aufgrund unterschiedlicher Qualifikationsniveaus, gegeben sind. Im zuletzt genannten Fall wird eine ungleiche Bewertung und Entlohnung auf Gruppenebene als legitim betrachtet, kann im Einzelfall aber durchaus diskriminierend sein, wenn eine (gruppenuntypische) Person von der ihr zugeschriebenen Produktivität abweicht und etwa ein Einkommen erhält, das sich an der durchschnittlichen Produktivität der Gruppe orientiert, was als individuelle Einkommensdiskriminierung bezeichnet werden könnte. Zugleich kann auch eine gruppenbezogene statistische Diskriminierung auftreten, wenn verschiedene Gruppen trotz gleicher Leistungsfähigkeit unterschiedlich behandelt werden, sie also z. B. bei der Einstellung bevorzugt werden oder im Durchschnitt weniger als die Vergleichsgruppe verdienen. Auch kann – bei gleicher Produktivität – die unterschiedliche Verlässlichkeit von Einstellungstestergebnissen (oder Bildungsabschlüssen) systematisch zwischen Gruppen variieren, womit ein weiterer Fall von (gruppenbezogener) statistischer Diskriminierung beschrieben ist.

Hinsichtlich des Auftretens von arbeitgeberseitigen Lohndiskriminierungen bei Migrant(inn)en auf dem deutschen Arbeitsmarkt liegen kaum Erkenntnisse vor. Johannes Velling, der sie empirisch nachzuweisen suchte, resümierte für männliche, sozialversicherungspflichtig beschäftigte Ausländer/innen „insgesamt nahezu keine Lohndiskriminierung",[230] wenngleich er eine Diskriminierung größeren Ausmaßes für einige Nationalitätengruppen auch nicht ausschließen konnte. Ebenfalls nicht auszuschließen war demnach eine Lohndiskriminierung für Ausländergruppen wie illegal Beschäftigte, die deutlich geringere Löhne erhielten, offiziell als Selbstständige eingestufte Arbeitnehmer/innen sowie für Beschäftigte, die im Heimatland sozialversicherungspflichtig waren.

229 Vgl. K. J. Arrow: The Theory of Discrimination, in: O. Ashenfelter/A. Rees (Hrsg.): Discrimination in Labour Markets, Princeton 1973, S. 3 ff., zit. nach: N. Granato: Ethnische Ungleichheit auf dem deutschen Arbeitsmarkt, a. a. O., S. 34

230 Vgl. J. Velling: Immigration und Arbeitsmarkt, a. a. O., S. 198. Zum Folgenden: ebd., S. 196

3. Titelanerkennung und Netzwerke

Eine weitere diskriminierend wirkende Arbeitsmarktbarriere für Migrant(inn)en ist die Nichtanerkennung von im Ausland erworbenen Berufsabschlüssen. In der Regel werden im Herkunftsland erworbene Berufsqualifikationen nicht oder nur nach Vereinbarungen mit einzelnen Institutionen aus dem EG-Bereich bzw. nach politischen Direktiven anerkannt, weshalb Migrant(inn)en der ersten Generation größtenteils unter ihrem Qualifikationsniveau beschäftigt sind.[231] Nach einer Untersuchung von Helena Flam ergeben sich Probleme bei der Anerkennung von Abschlüssen v. a. durch verstreute, je nach Bundesland und Beruf unterschiedliche Zuständigkeiten für die Titelanerkennung. Unklarheit herrsche in Bezug auf die für die Anerkennung zuständigen Instanzen vor Ort, so etwa Kammern, Räte, Ministerien oder Regierungspräsidien. Eine positive Diskriminierung führt Flam für Spätaussiedler/innen an, weil diese die Möglichkeit bzw. den Rechtsanspruch haben, ihre Abschlüsse per Antrag durch zuständige Industrie- und Handelskammern anerkennen zu lassen. Flam moniert, dass bei der Entscheidungsfindung zur Anerkennung von Titeln vielfältige Informationsquellen wie Richtlinien der Kultusministerkonferenz, Berufslisten mit Abschlüssen oder Überlegungen über Ausbildungszeit, -inhalte und -prüfungen herangezogen würden.[232] Sogar bei Spätaussiedler(inne)n sei die Umsetzung ihres Anspruchs auf Titelanerkennung schwer, da sich die Beteiligten und Verantwortlichen ständig und aufwändig neu informieren müssten; noch schwerer falle die Realisierung bei Flüchtlingen und Drittstaatler(inne)n. Hinzu komme zum Teil das fehlende Interesse von Zuständigen in Anerkennungsverfahren, ebenso wie „die Anwendung von Pauschalmethoden und Daumenregeln“.[233] Flam resümiert für das Gebiet der Titelanerkennung im Ergebnis Beliebigkeit und viele Blockaden; es sei Glückssache, ob eine zugewanderte Person das Ziel der Titelanerkennung überhaupt erreiche. Problematisch sei das, weil dieser Zufall namens „Titel“ unter dem Mantel der Amtlichkeit in rechtlich relevante Entscheidungskategorien in Zusammenhang mit der Agentur für Arbeit, beruflichen Einstufungsverfahren und tariflichen Renten- und Sozialhilfebestimmungen hinein transportiert werde. Als eine wichtige Konstante und eine Schlüsselvoraussetzung für Berufschancen würden Titel in wissenschaftlichen Untersuchungen wie dem Mikrozensus verfestigt, ungefragt für bare Münze genommen und gewännen dadurch zusätzlich an Legitimierung, so Flam mit Blick auf die unkritische Haltung der Humankapitaltheorie gegenüber Titeln als „heiligen Kühen“.

Ein zur ethnischen wie auch geschlechtsspezifischen Arbeitsmarktungleichheit beitragender Aspekt, dessen Einfluss noch unerwähnt blieb, ist schließlich die unterschiedliche Nutzung von sozialen Netzwerken, deren Bedeutung bei der Stellenbesetzung in wirtschaftlichen Krisenzeiten wächst. Soziale Netzwerke greifen insbesondere bei der Einstellung von Personal durch informelle persönliche Kontakte in den Entscheidungsprozess ein, wobei persönliche Bekanntschaften des Bewerbers oder Empfehlungen durch Kolleg(inn)en von signifikantem Vorteil sind.[234] So führen wirksame Netzwerke von Migrant(inn)en häufig zu

231 Vgl. auch zum Folgenden: H. Flam: Gesetze, Ämter, „gate keepers“, a. a. O., S. 145
232 Vgl. ebd., S. 147
233 Siehe auch zum Folgenden: ebd., S. 150
234 Vgl. auch zum Folgenden: A. Philipps: Die Perspektive der Mainstream-Soziologie zu Migranten und Arbeitsmarkt, a. a. O., S. 127

deren Beschäftigung in der Migrantenökonomie. Axel Philips sieht Minderheiten und Frauen als besonders prädestiniert für eine seltenere Akzeptanz in oberen Managementpositionen. Er weist zudem auf eine von Thomas Faist Anfang der 1990er-Jahre durchgeführte Untersuchung hin, nach der türkische Jugendliche wegen fehlender bzw. falscher Netzwerke Nachteile beim Zugang zur Berufsausbildung hatten. Als für die Chancen positiv hatte sich der Einfluss von Betriebsräten und ein größerer Belegschaftsanteil von Arbeitnehmer(inne)n mit Migrationshintergrund erwiesen, was wiederum zu einer verstärkten Konzentration insbesondere junger türkischer Männer in Massenanfertigungsbetrieben im Sekundärsektor führte.

6.4.3 Formen direkter (rechtlicher) Diskriminierung auf dem Arbeitsmarkt

Neben beruflichen Qualifikationsdefiziten, dem Strukturwandel und den bisher behandelten Diskriminierungsformen bilden ausländerrechtliche Bestimmungen und insbesondere das sog. Inländerprimat wesentliche Entstehungsbedingungen für ethnische Ungleichheiten des Arbeitsmarktes. Indem sie in Verbindung mit dem grundsätzlich geltenden Anwerbestopp und seinen Ausnahmebestimmungen den Arbeitsmarktzugang von Drittstaatler(inne)n maßgeblich einschränken und zugleich einheimische und EU-Arbeitskräfte vor gleichberechtigter Konkurrenz auf dem Arbeitsmarkt schützen, begünstigen ausländerrechtliche Bestimmungen die Genese und Reproduktion ethnisch segmentierter und teils prekärer Beschäftigungsbereiche, in denen sie einige Statusgruppen von Migrant(inn)en größeren Arbeitsplatzrisiken und schlechteren Bedingungen als Deutsche und EU-Bürger/innen zuweisen. Diese Zusammenhänge führt die folgende Aufschlüsselung zentraler Bestimmungen des alten und neuen Ausländerrechts vor Augen, welche sich als Barrieren für den Arbeitsmarktzugang und die Erwerbsbeteiligung von Drittstaatler(inne)n erwiesen haben.

Die wichtigsten rechtlichen Determinanten des Arbeitsmarktzugangs eines Nichtdeutschen bilden dessen Aufenthaltsstatus und Staatsangehörigkeit. Beide Aspekte entscheiden maßgeblich mit über die Teilhaberechte im Arbeitsmarkt, weil sie ausländische Migrant(inn)en in eine Gruppe mit weit reichenden, sonst Deutschen vorbehaltenen Rechten und eine mit minderen Rechten teilen. Zu Ersterer zählen Staatsangehörige der bis 2003 bestehenden EU-Mitgliedstaaten ebenso wie Drittstaatler/innen aus Ländern wie der Türkei, mit denen Assoziationsabkommen getroffen wurden, sowie sonstige Migrant(inn)en mit verfestigtem Aufenthaltsstatus[235] (z. B. Asylberechtigte, anerkannte Konventions- und Kontingentflüchtlinge). Zu Migrantengruppen mit minderen Arbeitsmarktrechten sind alle übrigen Drittstaatler/innen, Flüchtlinge und Asylsuchende sowie Migrant(inn)en ohne verfestigten Aufenthaltsstatus zu rechnen (Saisonarbeiter/innen, Werkvertragsarbeitnehmer/innen u. a.).

Die Teilhabehierarchie ausländischer Migrant(inn)en wird insbesondere durch Bestimmungen zur Arbeits- und Aufenthaltserlaubnis, Zugangsbeschränkungen beim Beamtenstatus sowie das Vorrangprinzip etabliert. Vor allem Letzteres stellt eine massive Barriere dar, weil es den Vorrang deutscher und ihnen gleichgestellter Arbeitnehmer/innen gegenüber

235 Dieser wird juristisch auch als „gewöhnlicher Aufenthalt" bezeichnet und drückte sich im AuslG a. F. durch den Besitz einer Aufenthaltsberechtigung bzw. einer unbefristeten Aufenthaltserlaubnis aus, was im AufenthG einer Niederlassungserlaubnis entspricht.

Ausländer(inne)n aus Drittstaaten bei der Stellenbesetzung vorschreibt, womit ihre Vermittlungschancen gerade in Zeiten hoher Stellenkonkurrenz bzw. Arbeitslosigkeit gering sind. Rechtsbestimmungen wie das Inländerprimat oder die je nach Herkunft bzw. Aufenthaltstitel abgestuften Zugangsrechte zur Erwerbstätigkeit, die Ausländer/innen auf dem Arbeitsmarkt gegenüber Deutschen und ihnen gleichgestellten Migrant(inn)en benachteiligen, können als Formen einer in geltenden Ausländergesetzen institutionalisierten Ungleichbehandlung oder als indirekte Diskriminierung bezeichnet werden.

Die Arbeitsmarktteilhabe ausländischer Migrant(inn)en hängt somit grundsätzlich vom Ausländerrecht, ergänzenden, den Zugang zum Arbeitsmarkt regelnden Verordnungen sowie ihren konkreten Aufenthaltstiteln ab. Seit den 1990er-Jahren hat sich das geltende Recht zwar insofern erheblich verändert, als neue oder modifizierte Gesetze wie das Aufenthaltsgesetz an die Stelle alter Bestimmungen getreten sind, die Grundstruktur der Gewährung von *weit*gehenden Teilhaberechten für EU-Bürger/innen und der Beschränkung des Arbeitsmarktzugangs für sonstige Ausländer/innen aber blieb.[236] In Bezug auf den Arbeitsmarktzugang sind nach wie vor grundsätzlich Migrant(inn)en mit uneingeschränktem bzw. jenem deutscher Arbeitnehmer/innen gleichrangigem Zugang, die *keine* Arbeitsgenehmigung benötigen, zu unterscheiden von Ausländer(inne)n mit eingeschränktem bzw. nachrangigem oder mitunter gänzlich verwehrtem Zugang, die nur erwerbstätig sein dürfen, sofern sie eine Arbeitsgenehmigung haben.

Zu der von der Arbeitsgenehmigungspflicht befreiten und Deutschen weitgehend gleichgestellten Gruppe zählen Staatsbürger/innen der bis 2003 bestehenden EU-Staaten, für welche man schon 1969 mit dem ersten Aufenthaltsgesetz/EWG bzw. 1992 mit dem Maastrichter Vertrag die Arbeitnehmerfreizügigkeit innerhalb der EG- bzw. EU-Mitgliedstaaten einführte. Dies betraf Ende 2003 rund ein Viertel bzw. 1,8 Mio. der in Deutschland lebenden Ausländer/innen.[237] Ferner gehören Nichtdeutsche dazu, die nach dem bis 2004 geltenden Recht über eine (unbefristete) Aufenthaltserlaubnis (§§ 24–26 AuslG a. F.) oder eine Aufenthaltsberechtigung (§ 27 AuslG a. F.) verfügten. Nach Übergangsfristen zum „Schutz" heimischer Arbeitsmärkte gelten diese Freizügigkeitsrechte voraussichtlich ab 2011 auch für Bürger/innen aus den mittel- und osteuropäischen EU-Mitgliedstaaten.[238] Bürger/innen von EU-Drittstaaten wie der Türkei, mit denen Deutschland bilaterale Assoziationsabkommen getroffen hat, nehmen eine Sonderstellung ein. Sie sind EU-Bürger(inne)n rechtlich zwar nicht vollkommen gleichgestellt, weil die 1963 von der damaligen EWG getroffenen Freizügigkeitsregelungen bzw. Assoziierungsabkommen mit der Türkei von Deutschland bis 1990 nicht vollständig umgesetzt wurden, unterliegen aber sowohl bezüglich der Aufenthaltstitel als auch des Arbeitsmarktes günstigeren Bedingungen als andere Drittstaatler/innen, da sie seitdem nicht mehr arbeitsgenehmigungspflichtig sind.[239] Die genannten Zuwanderergrup-

236 Vgl. C. Reißlandt: Fit für die Globalisierung? Die deutsche Migrations- und Integrationspolitik nach den rot-grünen Reformen, in: Ch. Butterwegge/G. Hentges (Hrsg.): Zuwanderung im Zeichen der Globalisierung. Migrations-, Integrations- und Minderheitenpolitik, 3. Aufl. Wiesbaden 2006, S. 154

237 Vgl. Bundesintegrationsbeauftragte (Hrsg.): Sechster Bericht, a. a. O., S. 321

238 Vgl. Bundesausländerbeauftragte (Hrsg.): Lagebericht 2002, a. a. O., S. 82 f. u. 390

239 Vgl. P. Bremer: Ausgrenzungsprozesse und die Spaltung der Städte, a. a. O., S. 75; W. Hanesch/P. Krause/G. Bäcker: Armut und Ungleichheit in Deutschland, a. a. O., S. 404 u. 411. Zu strittigen Fragen des Arbeitsmarktzugangs türkischer Arbeitnehmer/innen vgl. Bundesausländerbeauftragte (Hrsg.): Lagebericht 2000, a. a. O., S. 52 ff.

pen erfahren im Arbeitsmarktzugang somit eine formelle Gleichbehandlung mit Deutschen und Spätaussiedler(inne)n, welche die deutsche Staatsangehörigkeit angenommen haben. Mit Inkrafttreten des Zuwanderungsgesetzes 2005 sind zu dieser Gruppe gewissermaßen privilegierter Migrant(inn)en auch Ausländer/innen mit einer Niederlassungserlaubnis zu rechnen, die über einen uneingeschränkten Arbeitsmarktzugang verfügen. Zur zweiten, arbeitsgenehmigungspflichtigen und vom Inländerprimat betroffenen Gruppe zählen folglich alle Ausländer/innen, die nicht den Pass eines der bis 2003 bestehenden EU-Mitgliedstaaten (oder eines diesen durch Assoziationsabkommen gleichgestellten Staates wie der Türkei) und nur einen befristeten Aufenthaltstitel haben. Ihre Partizipationsrechte auf dem Arbeitsmarkt sind je nach Titel unterschiedlich, wobei die Rechtslage äußerst komplex und Ergebnis einer jahrzehntelang gewachsenen Migrationspolitik ist. Die Rechtsbestimmungen zum Arbeitsmarktzugang kann man zusammenfassend als restriktiv beschreiben, was nicht zuletzt aus der lange hegemonialen politischen Bewertung von Deutschland als Nichteinwanderungsland resultieren dürfte, in deren Gefolge man auch die Arbeitsmarktteilhabe ehemaliger „Gastarbeiter/innen" lange nur pragmatisch regelte.[240]

1. Ausländerrechtliche Koordinaten: Vom AuslG und AFG zum SGB III und AufenthG

Von 1969 bis 1997, als größtenteils der Anwerbestopp samt seiner Ausnahmen galt, war der Paragraf 19 Abs. 1 S. 2 des Arbeitsförderungsgesetzes (AFG) die zentrale Grundlage des Arbeitsgenehmigungsrechts für Ausländer/innen.[241] Er wurde durch eine Rechtsverordnung (Arbeitserlaubnisverordnung, kurz: AEV) konkretisiert, nach der es eine *allgemeine* (nachrangige) Arbeitserlaubnis (§ 1 AEV) sowie eine (gleichwertige) *besondere* Arbeitserlaubnis (§ 2 AEV) gab.[242] Ebenfalls dort verankert war die allgemeine Arbeitsgenehmigungspflicht für Nichtdeutsche, die im Einzelfall nach Lage und Entwicklung des Arbeitsmarktes unter Wahrung des Inländerprimats erteilt wurde; erst nach ununterbrochener fünfjähriger sozialversicherungspflichtiger Beschäftigung (oder sechsjährigem Aufenthalt) gewährte man Ausländer(inne)n i. d. R. die „besondere Arbeitserlaubnis" unabhängig von Arbeitsmarktbedingungen.[243] Zugleich machte das von 1965 bis 1990 geltende Ausländergesetz in § 10, Nr. 1–10 die Verlängerung einer Aufenthaltserlaubnis von „den Belangen der Bundesrepublik" abhängig.[244] Die dort verankerten Kann-Bestimmungen ließen den Ausländerbehörden große Ermessensspielräume, die sich nicht selten in Diskriminierungsanker verwandelten. Bis Ende 2004 waren erwachsene Ausländer/innen zudem verpflichtet, alle 12 bis 18 Monate ihre Aufenthalts- und Arbeitserlaubnis erneut zu beantragen.

---

240 Vgl. hierzu und zum Folgenden: ebd., S. 59 ff.; dies. (Hrsg.): Lagebericht 2002, a. a. O., S. 82 f., 304 f. u. 390

241 Vgl. J. Velling: Immigration und Arbeitsmarkt, a. a. O., S. 76 ff. Die Bestimmung lautete „Die Erlaubnis wird nach Lage und Entwicklung des Arbeitsmarktes unter Berücksichtigung der Verhältnisse des einzelnen Falles erteilt."

242 Vgl. Arbeitsförderungsgesetz (AFG) v. 25.6.1969, in: BGBl. I S. 58; Verordnung über die Arbeitserlaubnis für nichtdeutsche Arbeitnehmer (Arbeitserlaubnisverordnung, AEV) i. d. F. v. 12.9.1980, in: BGBl. I, S. 1754, ber. 1981, S. 1245

243 Vgl. P. Bremer: Ausgrenzungsprozesse und die Spaltung der Städte, a. a. O., S. 74 f.

244 Vgl. auch zum Folgenden: H. Flam: Gesetze, Ämter, „gate-keepers", a. a. O., S. 139 f.

Eine grundlegende Novellierung des Ausländerrechts wurde mit dem 1991 in Kraft getretenen Ausländergesetz (AuslG) vorgenommen, das allerdings, wie Kritiker/innen monierten, die von der multiethnischen Realität längst überholte Fiktion aufrechterhielt, dass die Bundesrepublik kein Einwanderungsland sei.[245] Der Verabschiedung des Gesetzes vorausgegangen waren lange Debatten darüber, ob und wie die Integration der ursprünglich als „Gastarbeiter" gekommenen und als Einwanderer gebliebenen Migrant(inn)en und ihrer Familienangehörigen zu bewerkstelligen sei.[246] Das vom damaligen Bundesinnenminister Wolfgang Schäuble eingebrachte Gesetz bezweckte deshalb angeblich, die Rechtssicherheit, die Verfestigung des Aufenthaltsstatus und die Integration der zuvor angeworbenen Arbeitsmigrant(inn)en zu regeln. Einerseits wollte man mit dem Gesetz weitere Zuwanderung in Form des Familiennachzugs eindämmen, andererseits weichte man den Anwerbestopp durch die Einführung der Anwerbestoppausnahme-Verordnung (ASAV)[247] auf und schuf damit ein im Laufe der Jahre erheblich an Bedeutung gewinnendes Steuerungsinstrument für befristete Arbeitsmigration, das – wie der Name schon sagt – Ausnahmen vom Anwerbestopp zuließ. Im Ausländergesetz wurde erstmals die zuvor in Tradition des Rotationsprinzips der „Gastarbeiteranwerbung" eingeführte Koppelung des (befristeten) Aufenthaltsrechts der in Deutschland lebenden Arbeitsmigrant(inn)en an aktuelle Erfordernisse von Wirtschaft und Arbeitsmarkt aufgebrochen, indem man Zuwanderern nach langjährigem Aufenthalt die Möglichkeit einer Aufenthaltsverfestigung bzw. den Erhalt eines unbefristeten Aufenthaltstitels einräumte. Allerdings galt meistenteils weiterhin die Pflicht zur Einholung einer Arbeitserlaubnis, die hauptsächlich bei bestehendem „Wirtschaftsbedarf" erteilt wurde, sowie die Vorrangprüfung sowohl bei der Erst- als auch Folgeerteilungen. Parallel dazu stärkte die Arbeitserlaubnisverordnung (AEV) die Rechte hinsichtlich eines unbeschränkten Arbeitsmarktzugangs für dauerhaft hier lebende Migrant(inn)en.[248]

Anspruch auf Arbeitslosengeld und Arbeitslosenhilfe hatten grundsätzlich auch sozialversicherungspflichtig beschäftigte Ausländer/innen, welche die notwendigen (im AFG und im AuslG geregelten) Voraussetzungen erfüllten. Um das Arbeitslosen*geld* zu erhalten, mussten die persönliche Arbeitslosmeldung beim Arbeitsamt, ein Alter unter 65 Jahren, die Verfügbarkeit für die Arbeitsvermittlung und die Erfüllung der Anwartschaftszeiten vorliegen.[249] Die Verfügbarkeit impliziert etwa, dass ein Ausländer sich legal im Inland (und nicht im Herkunftsland) aufhält bzw. vom Arbeitsamt faktisch erreichbar ist, und für die Erfüllung der Anwartschaftszeit mussten mindestens 360 Tage lang Beiträge zur Arbeitslosenversicherung gezahlt worden sein. Allerdings setzte die Verlängerung der Aufenthaltsgenehmigung bei Nicht-EU-Bürger(inne)n und Ausländer(inne)n ohne verfestigten Aufenthaltsstatus in der Regel eine eigenständige Sicherung des Lebensunterhalts voraus, die beim Bezug von Arbeitslosenhilfe nicht gegeben war. Um arbeitslosen*hilfe*berechtigt zu sein, mussten ein vorheriger Arbeitslosengeldbezug sowie zusätzlich Bedürftigkeit vorliegen. Indirekt auf die Dauer der Arbeitslosigkeit wirkte zudem das Inländerprimat durch die Arbeitsvermitt-

245 Vgl. K.-H. Meier-Braun: Deutschland, Einwanderungsland, a. a. O., S. 67

246 Vgl. U. Herbert: Geschichte der Ausländerpolitik, a. a. O., S. 278 ff.

247 Vgl. Verordnung über Ausnahmeregelungen für die Erteilung einer Arbeitserlaubnis an neueinreisende ausländische Arbeitnehmer (Anwerbestoppausnahme-Verordnung) v. 21.12.1990, in: BGBLI, S. 3012

248 Vgl. dazu Bundesintegrationsbeauftragte (Hrsg.): Sechster Bericht, a. a. O., S. 45

249 Dazu und zum Folgenden im Einzelnen vgl. J. Velling. Immigration und Arbeitsmarkt, a. a. O., S. 89 ff.

lung des Arbeitsamtes, das bei der Stellenbesetzung zunächst das Potenzial deutscher und bevorrechtigter Ausländer/innen ausschöpfen musste, bevor es einen nicht bevorrechtigten Ausländer in die Vermittlungsbemühungen einbezog.

Am 1. Januar 1998 wurde das Arbeitsförderungsrecht als zentrales Steuerungsinstrument des Arbeitsmarktzugangs von Migrant(inn)en unter der Regierung Kohl/Kinkel durch das Arbeitsförderungs-Reformgesetz (AFRG) systematisch neu geordnet und als Drittes Buch (SGB III) in das Sozialgesetzbuch integriert,[250] womit das alte AFG außer Kraft trat. Das „neue" Arbeitsgenehmigungsrecht wurde in den Paragrafen 284, 285 und 286 SGB III a. F. samt einer kurze Zeit später erlassenen Arbeitsgenehmigungsverordnung (ArGV) geregelt; zugleich übernahm man wesentliche Inhalte des zuvor gültigen Rechts. Paragraf 284 SGB III a. F. führte eine Arbeitsgenehmigungspflicht für alle Drittstaatler/innen ein; unterschieden wurde dabei die Arbeits*erlaubnis* (§ 285 SGB III a. F.) von der Arbeits*berechtigung* (§ 286 SGB III a. F.). Letztere erlaubte Ausländer(inne)n eine unbefristete und ohne Beschränkungen ausgeübte Erwerbstätigkeit. Sie galt für EU-Bürger/innen sowie Drittstaatler/innen mit einer Aufenthaltsberechtigung und einer unbefristeten Aufenthaltserlaubnis. Die (der allgemeinen Arbeitserlaubnis nach § 19 AFG weitestgehend entsprechende) Arbeits*erlaubnis* wurde indes nur befristet erteilt und konnte auf bestimmte Betriebe, Berufsgruppen, Wirtschaftszweige oder Bezirke beschränkt werden, womit sie keinen Rechtsanspruch begründete. Die Ausländerbehörden vergaben sie nur, sofern für eine bestimmte Beschäftigung keine deutschen oder diesen rechtlich gleichgestellten Arbeitsuchenden zur Verfügung standen.[251] Die Arbeitsämter mussten deshalb in jedem Einzelfall sicherstellen, dass entsprechend dem Vorrangprinzip kein als „bevorrechtigt" geltender Arbeitsuchender (z. B. Inländer, EU-Angehöriger, Inhaber einer Aufenthaltsberechtigung) für eine Stelle in Frage kam. Dabei lagen die Hürden für Arbeitgeber/innen, die eine/n Ausländer/in mit Arbeitserlaubnis einstellen wollten, enorm hoch. Peter Bremer zufolge musste ein Arbeitgeber dem Arbeitsamt nachweisen, dass seine Bemühungen zur Einstellung bevorrechtigter Arbeitnehmer/innen über einen angemessenen Zeitraum ohne Erfolg geblieben und die Arbeitsbedingungen einschließlich tariflicher Bezahlung nicht schlechter als für vergleichbare deutsche Arbeitnehmer/innen waren. Die erteilte Genehmigung musste nach Ablauf ihrer Geltungsdauer erneut beim Arbeitsamt beantragt und die Vorrangprüfung wieder vorgenommen werden; Letzteres schaffte aber ein Erlass im Dezember 2000 wieder ab.[252] Hinzu kam ebenfalls bis zum Jahr 2000 die Praxis der „globalen Arbeitsmarktprüfung", in der man feststellte, ob sich durch die Beschäftigung von Ausländer(inne)n keine nachteiligen Effekte für den Arbeitsmarkt einer Region oder eines Wirtschaftszweiges ergaben. War dies der Fall, konnte eine Arbeitserlaubnis trotz bestehenden Arbeitsplatzangebots versagt werden. Mancherorts wurden sogar, wie im Fall Nordrhein-Westfalens geschehen, Listen mit für Ausländer/innen gesperrten Branchen erstellt, für die man generell keine Arbeitserlaubnis mehr erteilte.

Weitere Ausführungserlasse der 1990er-Jahre sorgten insgesamt für eine Verschärfung der Arbeitsmarktsituation von Migrant(inn)en mit ungesichertem Status und für eine größere

250 Vgl. Sozialgesetzbuch (SGB). Drittes Buch (III) – Arbeitsförderung v. 24.3.1997, in: BGBl. 1 S. 594 f.
251 Vgl. hierzu und zum Folgenden: P. Kühne/H. Rüßler: Die Lebensverhältnisse der Flüchtlinge, a. a. O., S. 96 ff.
252 Vgl. auch zum Folgenden: Bundesausländerbeauftragte (Hrsg.): Lagebericht 2002, a. a. O., S. 83 ff.

Unsicherheit bezüglich der arbeitsmarktbezogenen Teilhaberechte unter den übrigen.[253] Seit einem Erlass der Bundesanstalt für Arbeit aus dem Jahr 1993 wurde die Arbeitserlaubnis grundsätzlich auf höchstens ein Jahr befristet erteilt und eng an die vom Ausländeramt zugestandene Aufenthaltsdauer gekoppelt. Infolgedessen fiel die Befristung bei abgelehnten Asylbewerber(inne)n und geduldeten Flüchtlingen häufig extrem kurz aus, wie der Dortmunder Sozialwissenschaftler Peter Kühne kritisierte, weil es nicht selten vorkam, dass die Arbeitserlaubnis mehrmals pro Jahr erneuert werden musste. Asylbewerber(inne)n mit einer Aufenthaltsgestattung nach § 55 AsylVfG und geduldeten Flüchtlingen eröffnete man auf dem Verordnungswege einen nachrangigen Arbeitsmarktzugang. Vom Frühjahr 1997 bis Dezember 2000 sorgte zudem eine Weisung des Bundesarbeitsministeriums für den generellen Ausschluss von Flüchtlingen mit prekärem Aufenthaltsstatus aus dem (legalen) Arbeitsmarkt.[254] Mit der Aufhebung dieser umstrittenen Restriktion führte man eine einjährige Wartezeit für Asylbewerber/innen für eine Arbeitserlaubnis ein. Die (tendenziell in den vorausgehenden Jahren leicht gestiegene) Anzahl von Arbeitserlaubnissen lag im Jahr 2000 bei knapp über einer Million.

Die an die besondere Arbeitserlaubnis nach § 19 AFG angelehnte, unbefristete Arbeitsberechtigung nach § 286 SGB III a.F. erhielten Ausländer/innen mit einer Aufenthaltserlaubnis oder -befugnis nach fünfjähriger sozialversicherungspflichtiger Beschäftigung bzw. nach 6 Jahren ununterbrochenen Aufenthalts; allerdings erteilte man sie deutlich seltener als die Arbeitserlaubnis. Sie galt grundsätzlich ohne betriebliche, berufliche oder regionale Beschränkung, womit sie lange Zeit den sichersten Arbeitsmarktzugang bildete. Einen solchermaßen jenem der Deutschen weitgehend gleichrangigen Arbeitsmarktzugang genossen (und genießen auch seit den Reformen im Jahr 2005 weiterhin) Unionsbürger/innen, nichtdeutsche Ehegatt(inn)en von Deutschen und hierzulande lebenden Migrant(inn)en mit unbeschränktem Arbeitsmarktzugang, Absolvent(inn)en deutscher (Berufsbildungs-)Schulen sowie Asylberechtigte, nach der Genfer Konvention anerkannte Flüchtlinge und Migrant(inn)en, bei denen die Verweigerung des Arbeitsmarktzugangs eine Härte bedeuten würde.[255] Für alle anderen nicht über einen unbeschränkten Arbeitsmarktzugang verfügenden Zuwanderer gilt nach wie vor das Vorrangprinzip bei der Stellenbesetzung. Im Zuwanderungsgesetz Anfang 2005 wurde zwar das Arbeitserlaubniserteilungsverfahren neu geordnet bzw. vereinfacht, die Vorrangprüfung aber prinzipiell beibehalten.[256] Dies regeln die Paragrafen 4 Abs. 2, 18, 39 Abs. 2 und 42 des Aufenthaltsgesetzes in Verbindung mit der Beschäftigungsverfahrens-

---

253 Vgl. P. Bremer: Ausgrenzungsprozesse und die Spaltung der Städte, a.a.O., S. 75

254 Vgl. Bundesausländerbeauftragte (Hrsg.): Lagebericht 2002, a.a.O., S. 82 f.; zum Folgenden: ebd., S. 304

255 Vgl. Bundesintegrationsbeauftragte (Hrsg.): Sechster Bericht a.a.O., S. 45

256 Seit 2005 wird zugleich mit der Aufenthaltserlaubnis auch die Arbeitserlaubnis erteilt („one-stop-government"). Früher entschied das Arbeitsamt über die Arbeitsgenehmigung und das Ausländeramt über den Aufenthaltstitel. Nach dem im Aufenthaltsgesetz verankerten Verfahren überprüft zunächst die Ausländerbehörde die Erteilungsvoraussetzungen – so z. B. die „Erfordernisse des Wirtschaftsstandorts Deutschland". Danach gibt die Agentur für Arbeit ihre Zustimmung – jeweils unter Wahrung des „Inländerprimats", d.h. wenn die konkrete Arbeitsstelle nicht mit einem bevorrechtigten Arbeitnehmer besetzt werden kann. Für Neuzuwanderer wird die Ausländerbehörde damit zur einzigen Anlaufstelle, die zugleich den Aufenthaltstitel und die Arbeitsgenehmigung erteilt. Die Bundesregierung ist zudem ermächtigt, mit Zustimmung des Bundesrates Ausnahmeregelungen für einzelne Wirtschaftsbranchen zu erlassen, in denen keine Zustimmung der Bundesagentur für Arbeit notwendig ist. Für bereits im Land lebende Drittstaatsangehörige wurde der Arbeitsmarktzugang in Rechtsverordnungen neu geregelt. Das ZuwG beinhaltet, dass eine bereits erteilte

verordnung, welche die Zulassung von im Inland lebenden Ausländer(inne)n zur Ausübung einer Beschäftigung regelt.

Resümieren lässt sich, dass dem nachrangigen Arbeitsmarktzugang von Migrant(inn)en bei der Genese von ethnischer Arbeitsmarktungleichheit v.a. bei einer kritischen Arbeitsmarktlage eine Schlüsselstellung zukommt. Er bildet das arbeitsgenehmigungsrechtliche Instrument, mit dem man betroffene Ausländer/innen auf (z.T. prekäre) Beschäftigungsverhältnisse in Randsegmenten des Arbeitsmarktes verweist, die von Einheimischen mangels Attraktivität gemieden werden. Auch die häufig angeführte „Pufferfunktion" ausländischer Arbeitskräfte, die man in wirtschaftlichen Krisenzeiten zuerst entlässt und die vom Aufschwung verzögert sowie in geringerem Umfang als Deutsche profitieren, kann wenigstens teilweise auf diesen eingeschränkten Arbeitsmarktzugang zurückgeführt werden. Dafür spricht, dass Migrant(inn)en mit einer befristeten bzw. nachrangigen Arbeitsgenehmigung keine Erwerbsarbeit mit langfristiger Perspektive ausüben können, schon allein deshalb, weil ihre Arbeitsgenehmigung und somit auch ihr Beschäftigungsverhältnis zeitlich auf höchstens ein Jahr befristet sein darf. Plausibel ist daher anzunehmen, dass dies insgesamt ihre Repräsentanz in ungesicherten Beschäftigungsverhältnissen fördert, die in wirtschaftlichen Krisenzeiten zuerst dem Arbeitsplatzabbau zum Opfer fallen.

Auch die zuvor skizzierten hohen Hürden für Arbeitgeber/innen zur Einstellung eines dem Vorrangprinzip unterliegenden Ausländers wirken im Einzelfall als zusätzliche Barriere für eine erfolgreiche Erwerbsbeteiligung. So führt Peter Bremer als Folge von Bestimmungen der Arbeitserlaubnisverordnung der 1990er-Jahre an, dass Ausländer/innen ohne besondere Arbeitserlaubnis für Arbeitgeber/innen a priori eine Problemgruppe darstellten.[257] Auch wurde der Rückgang der Vermittlung von Nichtdeutschen durch das Arbeitsamt nicht zuletzt einem Erlass der Bundesanstalt für Arbeit aus dem Jahr 1993 zugeschrieben, der untermauerte, dass eine allgemeine Arbeitserlaubnis nur zu erteilen sei, sofern alle Möglichkeiten des inländischen bzw. bevorrechtigten Arbeitnehmerpotenzials ausgeschöpft seien. Die Berichterstattung darüber in den Medien habe erhebliche Unsicherheit bei Ausländer(inne)n ausgelöst und es sei zu vermuten, dass „nicht selten eher die sich aus den komplizierten rechtlichen Sachverhalten ergebenden Unsicherheiten als die rechtlichen Sachverhalte selbst dazu führen, dass z.B. eine Arbeitserlaubnis nicht beantragt und einer Beschäftigung illegal nachgegangen wird."[258]

Die jeweilige Anzahl der Migrant(inn)en mit nachrangigem Arbeitsmarktzugang ist partiell in den Migrationslageberichten dokumentiert.[259] Letztere weisen darauf hin, in welchem Umfang vom Vorrangprinzip als zentralem Steuerungsinstrument der Ausländerbeschäftigung Gebrauch gemacht wurde. Demnach stieg die Zahl von erteilten Arbeitserlaubnissen in den westdeutschen Bundesländern 1997 geringfügig auf 1,2 Mio. gegenüber dem Vorjahr.[260] 1998 wurden mit 998.000 17 Prozent weniger Arbeitsgenehmigungen erteilt als im Vorjahr,

Arbeitserlaubnis bis zum eingetragenen Ablaufdatum gültig bleibt. Danach wird ihr Inhalt Bestandteil einer neu zu erteilenden (befristeten) Aufenthaltserlaubnis.

257 Vgl. auch zum Folgenden: P. Bremer: Ausgrenzungsprozesse und die Spaltung der Städte, a.a.O., S. 75 ff.

258 Siehe ebd., S. 76

259 Vgl. Bundesausländerbeauftragte (Hrsg.): Lagebericht 2000, a.a.O., S. 134; dies. (Hrsg.): Lagebericht 2002, a.a.O., S. 304 f.

260 Vgl. Bundesausländerbeauftragte (Hrsg.): Lagebericht 2000, a.a.O., S. 134; zum Folgenden: dies. (Hrsg.): Lagebericht 2002, a.a.O., S. 304 f.

was der Lagebericht auf die geringe Zahl erteilter Arbeitsberechtigungen bzw. die „stärkere Beachtung bevorrechtigter Deutscher und EU-Staatsbürger" zurückführt. Der Rückgang in der Erteilung von Arbeitsgenehmigungen setzte sich bis 1999 fort; ab dem Jahr 2000 wurde indes wieder ein Plus von 4,7 Prozent auf insgesamt 1,08 Mio. verzeichnet, wovon 928.000 Arbeitserlaubnisse und 155.000 Arbeitsberechtigungen waren. Parallel dazu verhielt sich der Prozentsatz abgelehnter Arbeitsgenehmigungen:[261] Er stieg von 6 (1997) auf 7 Prozent (1998 bzw. 71.800); im Jahr 2000 wurden 16 Prozent weniger Anträge abgelehnt als im Vorjahr. Der Bericht der Süssmuth-Kommission bezifferte unter Berufung auf die Bundesanstalt für Arbeit den Anteil von hierzulande lebenden Ausländer(inne)n mit nachrangigem oder (noch) fehlendem Zugang zum Arbeitsmarkt für das Jahr 2000 mit 47 Prozent aller Nichtdeutschen,[262] was bei den damals 7,3 Mio. Ausländer(inne)n ungefähr 3,4 Mio. Menschen entsprechen würde. Ferner wies die Expertenkommission darauf hin, dass der Arbeitsmarktzugang eine „wichtige Voraussetzung für Integration" darstelle und es deshalb aus integrationspolitischer Sicht sinnvoll sei, „Migranten mit dauerhafter Aufenthaltsperspektive einen möglichst raschen Zugang zum Arbeitsmarkt zu gewähren."[263]

Die aktuellsten Daten zur Zahl der Ausländer/innen mit nachrangigem oder fehlendem Arbeitsmarktzugang sind dem Sechsten Migrationslagebericht zu entnehmen, welcher die Ende 2003 vergebenen Aufenthaltstitel ausweist, aus denen auch der Arbeitsmarktzugang seiner Inhaber/innen ableitbar ist. Summiert man die Gruppen mit verfestigtem Aufenthaltstatus,[264] ergibt sich die Zahl von rund 5,53 Mio. Ausländer(inne)n mit einer dauerhaften Aufenthaltsperspektive und annähernd gleichen Rechten auf dem Arbeitsmarkt wie Deutsche.[265] Im Gegenzug verfügten bis zu 1,79 Mio. Nichtdeutsche über ungesicherte, befristete Aufenthaltstitel (dazu zählten Aufenthaltsbewilligungen, -befugnisse und -gestattungen sowie Duldungen) mit zum Teil eingeschränktem bzw. fehlendem Arbeitsmarktzugang. Als dritte, hier unberücksichtigt gebliebene Migrantengruppe sind illegalisierte Migrant(inn)en zu nennen, die ihrem Status gemäß keine Arbeitserlaubnis beantragen können.

2. Das Aufenthalts- und Arbeitsgenehmigungsrecht für Drittstaatler/innen seit 2005

Mit dem am 1. Januar 2005 in Kraft getretenen Zuwanderungsgesetz erfuhr das Ausländerrecht eine grundlegende Neuordnung, die zwar wesentliche Elemente und Hierarchisierungen des Ausländergesetzes von 1991 und den Anwerbestopp übernahm, zugleich aber wesentliche Vereinfachungen, insbesondere im Erteilungsverfahren für eine Arbeitserlaubnis mit sich brachte. Nicht verändert hat sich im Wesentlichen der jenem Deutscher gleichwertige Arbeitsmarktzugang von EU-Bürger(inne)n und Migrant(inn)en mit verfestigtem Aufenthaltsstatus, also von Inhaber(inne)n der neu eingeführten Niederlassungserlaubnis, welche Besitzer/innen

261 Wobei es sich um Fälle, nicht aber um Personen handelte. Eine Person erhielt z. T. mehrere, zeitlich kurz befristete Genehmigungen pro Jahr.

262 Vgl. UKZU (Hrsg.): Zuwanderung gestalten – Integration fördern, a. a. O., S. 221

263 Siehe ebd.

264 Also großzügig gerechnet von Ausländern mit einer un- oder einer befristeten Aufenthaltserlaubnis, einer Aufenthaltsberechtigung sowie einer un- oder befristeten „Aufenthaltserlaubnis EU"

265 Vgl. Bundesintegrationsbeauftragte (Hrsg.): Sechster Bericht, a. a. O., S. 322

der (alten) Aufenthaltsberechtigung bzw. der unbefristeten Aufenthaltserlaubnis mit Ablauf ihrer Aufenthaltspapiere sukzessive erhalten. Das Aufenthaltsgesetz führte außerdem für Neuzuwanderer einen abgestuften Arbeitsmarktzugang ein: Während es Erleichterungen für neu einreisende Hochqualifizierte (die eine Niederlassungserlaubnis erhalten und sofort erwerbstätig sein dürfen), für Selbstständige sowie für ausländische Absolvent(inn)en deutscher Hochschulen schuf, behielt es den Anwerbestopp für Geringqualifizierte bei.[266]

Zu Beginn des Jahres 2005 traten außerdem das „Hartz IV" genannte Gesetzespaket und im März das Gesetz zur Änderung des Aufenthaltsgesetzes und weiterer Gesetze[267] in Kraft, im Zuge dessen die Regelungen der Paragrafen 285 und 286 SGB III zur Arbeitsgenehmigungspflicht entfielen, weil man den Arbeitsmarktzugang von EU-Drittstaatler(inne)n mittlerweile im neuen Aufenthaltsgesetz (§ 4 Abs. 2) gänzlich neu geregelt hatte. Ein neuer § 284 SGB III enthält seither Übergangsvorschriften beim Arbeitsmarktzugang von Bürger(inne)n aus den zehn neuen mittel- und osteuropäischen EU-Mitgliedstaaten.[268] Über die Frage, inwieweit andere Drittstaatsangehörige einer Erwerbstätigkeit nachgehen dürfen, gibt nach § 4 Abs. 2 Satz 2 AufenthG seither der Aufenthaltstitel eines Migranten Auskunft.[269] Weitere Details der Erwerbszulassung von im Inland wohnhaften Ausländer(inne)n regelt die Beschäftigungs*verfahrens*ordnung (BeschVerfV).[270]

Das frühere doppelte Genehmigungsverfahren von Aufenthaltsrecht und Arbeitsgenehmigung wurde im Aufenthaltsgesetz somit abgeschafft und durch ein behördeninternes Zustimmungsverfahren ersetzt, nach dem die Ausländerbehörde nach interner Abstimmung mit der Arbeitsverwaltung die neuen Aufenthaltstitel – die Niederlassungs- sowie die Aufenthaltserlaubnis – um den Vermerk ergänzt, ob und in welchem Umfang dem Besitzer eine Erwerbstätigkeit gestattet ist. Die Zustimmung der Bundesagentur für Arbeit zur Beschäftigung eines Ausländers, die sowohl „Lage und Entwicklung des Arbeitsmarktes" als auch das etwaige Vorhandensein vorrangiger Arbeitnehmer/innen sowie die nicht ungünstigeren Arbeitsbedingungen (als wenn ein Deutscher beschäftigt worden sei) prüft, regelt nunmehr § 39 Abs. 2 AufenthG. Damit berechtigen eine ganze Reihe von Aufenthaltstiteln Migrant(inn)en

266 Vgl. H. Flam: Gesetze, Ämter, „gate-keepers", a. a. O., S. 142. Vgl. ergänzend die Übersicht über den Arbeitsmarktzugang verschiedener Statusgruppen hinsichtlich der Befristung des Titels, der Vorrangprüfung und der Wartefristen für 1995 und 2005; in: ebd., S. 144

267 Vgl. Gesetz zur Änderung des Aufenthaltsgesetzes und weiterer Gesetze v. 14.3.2005, in: BGBl. 2005 I S. 721

268 Vgl. H. Flam: Gesetze, Ämter, „gate-keepers", a. a. O., S. 142

269 In § 4 Abs. 2 Satz 2 AufenthG heißt es: „Ein Aufenthaltstitel berechtigt zur Ausübung einer Erwerbstätigkeit, sofern es nach diesem Gesetz bestimmt ist oder der Aufenthaltstitel die Ausübung der Erwerbstätigkeit ausdrücklich erlaubt. Jeder Aufenthaltstitel muss erkennen lassen, ob die Ausübung einer Erwerbstätigkeit erlaubt ist. Einem Ausländer, der keine Aufenthaltserlaubnis zum Zweck der Beschäftigung besitzt, kann die Ausübung einer Beschäftigung nur erlaubt werden, wenn die Bundesagentur für Arbeit zugestimmt hat oder durch Rechtsverordnung bestimmt ist, dass die Ausübung der Beschäftigung ohne Zustimmung der Bundesagentur für Arbeit zulässig ist. Beschränkungen bei der Erteilung der Zustimmung durch die Bundesagentur für Arbeit sind in den Aufenthaltstitel zu übernehmen."

270 Vgl. Verordnung über das Verfahren und die Zulassung von im Inland lebenden Ausländern zur Ausübung einer Beschäftigung (Beschäftigungsverfahrensverordnung – BeschVerfV) v. 22.11.2004, in: BGBl. I S. 2934 ff. Die Beschäftigungsverordnung beinhaltet demgegenüber die früher in der Anwerbestoppausnahmeverordnung verankerten Ausnahmebestimmungen für Berufsgruppen, deren Einreise und (i. d. R. befristete) Beschäftigung im Inland erlaubt ist; vgl. Verordnung über die Zulassung von neueinreisenden Ausländern zur Ausübung einer Beschäftigung (Beschäftigungsverordnung – BeschV) v. 22.11.2004, in: BGBl. I S. 2937 ff.

zur Aufnahme jeder (un)selbstständigen Erwerbstätigkeit: die Niederlassungserlaubnis (§ 9 Abs. 1 AufenthG) und die Aufenthaltserlaubnis für Asylberechtigte bzw. Flüchtlinge nach der Genfer Konvention (§ 25 Abs. 1 bzw. 2), für Familienangehörige von Deutschen (§ 28 Abs. 5), bei eigenständigem Aufenthaltsrecht von Ehegatt(inn)en (§ 31 Abs. 1, S. 2) sowie von Personen, die von ihrem Rückkehrrecht Gebrauch machen (§ 37 Abs. 1, S. 2).[271] Nachziehende Familienangehörige der Genannten erhalten ebenfalls einen (zunächst allerdings befristeten) Arbeitsmarktzugang.

Für Zuwanderer, die Ende 2004 bereits einen verfestigten Aufenthaltsstatus in Deutschland (in Form einer unbefristeten Aufenthaltserlaubnis oder einer Aufenthaltsberechtigung) hatten, gelten Übergangsregelungen. Sie müssen das Zustimmungsverfahren nicht erneut durchlaufen, da man ihnen eine Niederlassungserlaubnis und damit einen gleichwertigen Arbeitsmarktzugang gewährt. Entsprechendes gilt für Inhaber/innen der (alten) Arbeits*berechtigung*, die weiterhin als „uneingeschränkte Zustimmung der Bundesagentur für Arbeit zur Aufnahme einer Beschäftigung“ (§ 105 Abs. 2 AufenthG) Bestand hat, nicht aber für Besitzer/innen einer Arbeits*erlaubnis*. Zugleich schuf man in der Beschäftigungsverfahrensordnung weitere Erleichterungen, die einigen Gruppen bereits ansässiger Ausländer/innen sog. arbeitsmarktrechtliche Verfestigungen, also Erleichterungen beim Arbeitsmarktzugang (etwa in Form des Wegfalls der Vorrangprüfung, sofern eine Weiterbeschäftigung beim früheren Arbeitgeber erfolgt), einräumen. Weitere Hürden senkte man für subsidiär geschützte Flüchtlinge (nach § 25. Abs. 3 AufenthG), die nunmehr bereits nach 3 bzw. 4 Jahren sozialversicherungspflichtiger Beschäftigung bzw. des Aufenthalts (anstelle von zuvor 5 bis 6 Jahren) einen uneingeschränkten Arbeitsmarktzugang erhalten.

Mit der im neuen Aufenthaltsgesetz vorgenommenen Reduktion der Aufenthaltstitel ging jedoch nicht, wie zu vermuten wäre, eine Angleichung der Rechte der verschiedenen ausländerrechtlichen Statusgruppen einher. Im Gegenteil, die neue Aufenthaltserlaubnis als die unsicherere Form einer Aufenthaltsgenehmigung verleiht einer Vielzahl von Flüchtlingsgruppen, die zuvor im Besitz einer Aufenthaltsbefugnis oder einer Duldung waren, weiterhin jeweils sehr verschiedene Teilhabe- und Zugangsrechte, etwa auf dem Arbeitsmarkt. So gibt es allein acht Flüchtlingsgruppen, die eine (jeweils mit sehr unterschiedlichen Teilhaberechten und Verfestigungsmöglichkeiten ausgestattete) Aufenthaltserlaubnis erhalten;[272] hinzu kommen Aufenthaltserlaubnisse im Rahmen des Familiennachzugs (§§ 27, 29 Abs. 2, 33, 34 AufenthG) oder für den Zweck einer Erwerbstätigkeit (§ 18 AufenthG). Für bereits hier lebende und arbeitende Flüchtlinge bzw. Asylsuchende gelten allerdings Übergangsregelungen, die i. d. R. eine Übernahme der nach altem Recht geltenden Form der Arbeitsgenehmigung vorsehen.[273] Hinsichtlich des Arbeitsmarktzugangs kann man somit weiterhin unterscheiden zwischen

271 Bundesintegrationsbeauftragte (Hrsg.): Sechster Bericht, a. a. O., S. 229

272 Dies sind im Einzelnen die Aufenthaltsgewährung (in Form der Erteilung einer Aufenthaltserlaubnis) durch: 1) nach § 23 die obersten Landesbehörden („Kontingentflüchtlinge“), 2) § 24 Härtefallregelung, 3) § 24 vorübergehender Schutz, 4) § 25 Aufenthalt aus humanitären Gründen. Davon Abs. 1: Asylberechtigte, 5) Abs. 2: nach der GFK anerkannte Flüchtlinge, 6) Abs. 3: subsidiär geschützte Flüchtlinge, 7) Abs. 4: Aufenthalt aus humanitären oder persönlichen Gründen, 8) Abs. 5: Aufenthalt für Ausreisepflichtige mit Abschiebehindernissen.

273 Vgl. dazu im Einzelnen, gegliedert nach Aufenthaltstiteln des alten und neuen Rechts sowie dem jeweiligen Arbeitsmarktzugang inklusive Übergangsvorschriften: D. Frings/P. Knösel (Hrsg.): Das neue Ausländerrecht, a. a. O., S. 114 ff.

Flüchtlingen mit einem relativ gesicherten Status bzw. dessen „Verfestigungsmöglichkeiten" sowie einem i. d. R. uneingeschränkten Arbeitsmarktzugang – besonders Konventionsflüchtlinge samt Familienangehörige, die gemäß der Genfer Flüchtlingskonvention nach § 60 Abs. 1 AufenthG anerkannt sind – und jenen, die aufgrund bestehender Abschiebehindernisse vorübergehend geduldet sind und i. d. R. nur über einen nachrangigen Arbeitsmarktzugang verfügen. Konkret bedeutet dies, dass die Bundesagentur für Arbeit die Erteilung einer Arbeitserlaubnis für einen Migrant(inn)en von der Prüfung „der Lage und Entwicklung des Arbeitsmarktes" sowie davon abhängig macht, ob ein bevorrechtigter Arbeitssuchender zur Verfügung steht oder nicht.

Für Migrant(inn)en mit prekärem (also nicht einem gewöhnlichen[274] bzw. dauerhaften) Aufenthaltsstatus gilt weiterhin generell, dass sie für die Dauer des ersten Aufenthaltsjahres keine Arbeitsgenehmigung erhalten. Auch andere Integrationsangebote – z. B. Sprachkurse, berufliche Qualifizierungsmaßnahmen oder Berufsausbildungen – sind ihnen solange verschlossen, wie sie kein dauerhaftes Bleiberecht haben. Sie werden – sofern sie nicht zu den wenigen Prozent der anerkannten Asylberechtigten oder zu den Konventionsflüchtlingen gehören – nach der Ablehnung ihres Asylgesuches überwiegend ausländerrechtlichen Statusgruppen mit einem befristeten, d. h. vorübergehenden Aufenthalt zugeordnet. Ein Teil der Migrant(inn)en mit prekärem Status hat deshalb eine über Jahre hinweg immer wieder verlängerte (sog. Ketten-)Duldung, womit ihnen sowohl eine längerfristige Perspektive als auch der Ausbildungs- bzw. Arbeitsmarktzugang fehlen.[275]

Zuwanderer mit einem ungesicherten Aufenthaltstitel (insbesondere einer Aufenthaltsgestattung oder Duldung) erhalten nach altem wie neuem Recht bis zur Klärung ihres endgültigen Status (mindestens aber für ein Jahr) staatliche Transferleistungen bzw. laufende Unterhalts(sach)leistungen nach dem Asylbewerberleistungsgesetz. Im Anschluss an diese Wartezeit, die auch in einer EU-Richtlinie auf Drängen des damaligen Innenministers Otto Schily festgeschrieben wurde, gewährt man ihnen einen nachrangigen, jeweils auf kurze Zeit (meist 3 oder 6 Monate) befristeten Arbeitsmarktzugang. Dies gilt auch für ihre Ehegatt(inn)en sowie für geduldete Jugendliche.

Resümieren lässt sich, dass die Bedingungen des „Inländerprimats" bzw. der „Nachrangigkeit" in wirtschaftlichen Krisenzeiten mit steigenden Arbeitslosenzahlen als ein faktisches Beschäftigungsverbot für Migrant(inn)en ohne gesicherten Aufenthaltstatus wirken, sodass von einer erfolgreichen Arbeitsmarktintegration als Indikator für materielle Lebenslagen insbesondere bei Nicht-EU-Bürger(inne)n wohl kaum gesprochen werden kann, solange rechtlich-strukturelle Barrieren den Zugang zur Erwerbstätigkeit systematisch versperren.

---

274 Der unbestimmte Rechtsbegriff des gewöhnlichen Aufenthalts, der nicht nur vorübergehender Natur ist, ist in § 30 Abs. 1 u. 3 SGB I verankert. Nach ihm sind alle Leistungen des Sozialgesetzbuches nur für Personen mit gewöhnlichem Aufenthalt vorgesehen vgl. Sozialgesetzbuch (SGB) – Allgemeiner Teil – v. 11.12.1975, in: BGBl. I, S. 3015 ff.

275 Das im Juli 2007 in Kraft getretene Änderungsgesetz zum Zuwanderungsgesetz (Gesetz zur Umsetzung aufenthalts- und asylrechtlicher Richtlinien der Europäischen Union, in: BGBl. 2007 I S. 1970) führte für „Geduldete" in § 104a eine Altfallregelung ein, laut der sie nach Antragstellung einen gleichberechtigten Arbeitsmarktzugang (ohne Vorrangprüfung) erhielten, um bis Juli 2009 ihren Lebensunterhalt eigenständig sichern zu können, was Voraussetzung für die Erteilung einer Aufenthaltserlaubnis war; vgl. J. Schneider: Kabinettsbeschluss zum Ausländerrecht, in: Newsletter Migration und Bevölkerung 3/2007 (http://www.migration-info.de/migration_und_bevoelkerung/artikel/070301.htm; 10.10.2007). Mittlerweile wurde die Frist um zwei Jahre verlängert.

Im Resultat ist das Arbeitsgenehmigungsrecht für Ausländer/innen im Zuge der beschriebenen Reformen – begünstigt durch zahlreiche Übergangsvorschriften, etwa bezogen auf Arbeitserlaubnisse, die vor Inkrafttreten des Zuwanderungsgesetzes erteilt wurden (z. B. § 105 AufenthG) – nicht einfacher geworden,[276] zumal sich, wie die Bundesintegrationsbeauftragte kritisch kommentierte, in der Anfangsphase seiner Einführung zahlreiche z. T. gravierende Interpretationsprobleme ergaben.[277] Verstärkt wurde die Konfusion noch vom gleichzeitigen Inkrafttreten von „Hartz IV“ und weiteren Sozialgesetzen, wobei zahlreiche Fehler unterlaufen seien: Die Aufenthaltserlaubnis sei von den Ausländerbehörden bei Personen mit nachrangigem Arbeitsmarktzugang häufig mit dem Vermerk „Erwerbstätigkeit nicht gestattet“ versehen worden, sodass etwa bei Alg-II-Leistungsbehörden („ARGEn“) der Eindruck eines generellen Arbeitsverbots erweckt worden sei, so der erwähnte Bericht.[278] Die Integrationsbeauftragte übte ferner harsche Kritik an nachteiligen Auswirkungen des Zuwanderungsgesetzes insbesondere für den Arbeitsmarktzugang der Gruppe geduldeter Migrant(inn)en: Offenbar führe das neue, interne und lange dauernde Abstimmungsverfahren für die Verlängerung einer Aufenthalts- bzw. Arbeitserlaubnis dazu, dass Betroffene ihren Arbeitsplatz aufgeben müssten, weil die entsprechende Erlaubnis trotz frühzeitiger Antragstellung nicht rechtzeitig erteilt wurde. Integrationspolitisch verfehlt sei zudem die (der Intention des Gesetzes in diesem Punkt gänzlich widersprechende) Praxis von Ausländerbehörden, Geduldeten nicht (wie nach alter Rechtslage) eine Aufenthaltserlaubnis zu erteilen, sondern ihnen nach Inkrafttreten des Gesetzes die Möglichkeit einer Erwerbstätigkeit zu nehmen, obwohl der Sachverhalt sich nicht geändert habe.

3. Ausbildungsbarrieren für Jugendliche mit prekärem Aufenthaltsstatus

Das alte wie neue Arbeitsgenehmigungsrecht hat nicht nur für die Arbeitsmarktintegration von erwachsenen Drittstaatsangehörigen weitreichende Konsequenzen. Vielmehr beschränkt es die Handlungsspielräume junger Migrant(inn)en mit unverfestigtem Aufenthaltsstatus hinsichtlich von Ausbildungs- und Beschäftigungsmöglichkeiten massiv. Ein Grund dafür liegt in der (auch nach der Zuwanderungsreform 2005) Gültigkeit besitzenden ausländerrechtlichen Bestimmung, dass der Aufenthaltsstatus und der damit verbundene Arbeitsmarktzugang des erwachsenen ausländischen Haushaltsmitgliedes im Wesentlichen auch für dessen Familienangehörige, also Ehegatt(inn)en und Kinder, gilt (§ 29 Abs. 5 AufenthG). Jugendliche aus Flüchtlingsfamilien mit prekärem Status unterliegen damit denselben Einschränkungen im Arbeitsmarkt- bzw. Ausbildungszugang wie ihre Eltern, was für sie allerdings noch weiter reichende Folgen haben dürfte.

Die Problematik des fehlenden Ausbildungszugangs von jungen Flüchtlingen spielte in der öffentlichen Debatte und der Fachliteratur (sofern man sie überhaupt thematisierte) lange eine untergeordnete Rolle. Nele Kleyer-Zey konstatierte im Jahr 2003 eine allmählich

276 Zu Übergangsregelungen des AuslG und des AufenthG im Einzelnen, gegliedert nach Aufenthaltstiteln und ihren Bestimmungen zum Arbeitsmarktzugang vgl. D. Frings/P. Knösel (Hrsg.): Das neue Ausländerrecht, a. a. O., S. 99 ff.

277 Vgl. dazu im Einzelnen: Integrationsbeauftragte (Hrsg.): Sechster Bericht, a. a. O., S. 231 ff.

278 Vgl. hierzu und zum Folgenden: ebd., S. 292 f. u. 233

wachsende wissenschaftliche Aufmerksamkeit diesbezüglich.[279] Die von Renate Holzapfel für den Zehnten Kinder- und Jugendbericht der Bundesregierung erstellte umfassende Expertise zur Lage von Flüchtlingskindern streifte auf nur wenigen Zeilen die (meist fehlende) Berufs- und Ausbildungsförderung jugendlicher Flüchtlinge mit der Feststellung, dass, sobald diese nicht mehr in das allgemeine Schulsystem eingegliedert werden könnten, viele über entscheidende Jahre zur Untätigkeit verurteilt seien, weil ihnen zum Abschluss eines Ausbildungsvertrages meistens die Voraussetzungen fehlten.[280] Ausführlicher behandelte die 2000 veröffentlichte Unicef-Studie die prekären rechtlichen Rahmenbedingungen einer Berufsausbildung junger Flüchtlinge in Deutschland.[281]

Die Beschränkungen im Erwerbszugang von Drittstaatsangehörigen mit prekärem Aufenthaltsstatus zeugen u. a. von der integrationspolitischen Intention, nur solchen Migrant(inn)en eine berufliche Ausbildungs- und Integrationsperspektive zu gewähren, die eine nicht bloß vorübergehende Aufenthaltsperspektive im Inland haben. Asylsuchende und andere Flüchtlinge mit noch ungeklärtem Status unterliegen deshalb zunächst der einjährigen Wartezeit und erhalten anschließend eine nachrangige Arbeitserlaubnis, deren Dauer an die jeweils zugestandene Aufenthaltsdauer gekoppelt ist, was zu einer zeitlichen Befristung von meist 3 oder 6 Monaten führt. Diese Bestimmung gilt auch für geduldete Jugendliche, was die Bundesausländerbeauftragte Beck im Jahr 2002 aufgrund humanitärer Verpflichtungen der BRD „nicht hinnehmbar" nannte, da besonders jungen, hier aufgewachsenen Menschen durch die Verweigerung des Zugangs zur Berufsausbildung die Entwicklungschancen genommen würden.[282] Der Folgebericht vermerkte, dass die Beauftragte die Forderung nach einer unbeschränkten Arbeitsmarktöffnung für geduldete Jugendliche mittlerweile zurückgestellt habe, zumal das aufenthaltsrechtliche Ziel des Zuwanderungsgesetzes die Überwindung von Kettenduldungen gewesen sei – die allerdings in der Umsetzungspraxis der Bundesländer bisher nicht verwirklicht wurde, weil man bestehende Ermessensspielräume äußerst restriktiv auslegte.

Steffen Angenendt sieht zwei Erschwernisse für eine Berufsausbildung junger Flüchtlinge: Einerseits (die zuvor beschriebenen) Vorschriften, die zum Schutz des deutschen Arbeitsmarktes vor ausländischen Arbeitskräften entwickelt worden sind, und andererseits den prekären Rechtsstatus vieler Jugendlicher.[283] Weil die Regelung der Berufsausbildung sowohl den Bestimmungen des Berufsbildungs- als auch jenen des Arbeitsförderungsgesetzes unterliegt, sieht Angenendt die wesentliche (ausländer- bzw. asylrechtliche) Barriere in dem Zusammenspiel beider Paragrafenwerke verankert, die zu zwei Voraussetzungen für die Ausbildung ausländischer Jugendlicher führten: Minderjährige dürften (unabhängig von ihrer Herkunft) erstens nur in anerkannten Ausbildungsberufen tätig werden und sie benötigten, sofern sie einen ausländischen Pass besitzen und nicht freizügigkeitsberechtigt

279 Vgl. N. Kleyer-Zey: Berufsorientierung junger Flüchtlinge, in: H. von Balluseck (Hrsg.): Minderjährige Flüchtlinge, a. a. O., S. 183 ff.

280 Vgl. J. Lang: Zur rechtlichen Situation ausländischer junger Menschen insbesondere in Bezug auf das neue Ausländergesetz sowie das neue Kinder- und Jugendhilfegesetz, in: Materialien zur Heimerziehung 1–2/1991, S. 6, zit. nach: R. Holzapfel: Kinder aus asylsuchenden und Flüchtlingsfamilien, a. a. O., S. 171

281 Vgl. St. Angenendt: Kinder auf der Flucht, a. a. O., S. 72 ff.

282 Vgl. Bundesausländerbeauftragte (Hrsg.): Lagebericht 2002, a. a. O., S. 82

283 Vgl. hierzu und zum Folgenden: St. Angenendt: Kinder auf der Flucht, a. a. O., S. 72 ff.

sind, für den Beginn eines Ausbildungsverhältnisses eine Arbeitserlaubnis. Für jugendliche „Seiteneinsteiger/innen“, die im Herkunftsland bereits eine Ausbildung begonnen oder erlernt haben, bedeutet dies unter Umständen, dass sie ihren bisherigen Ausbildungsberuf nicht weiter ausüben können. Die zweite Bedingung, das Vorliegen einer Arbeitserlaubnis nach § 286 SGB III a. F., konnte man (und kann man auch nach den Zuwanderungsreformen) insbesondere für jugendliche Flüchtlinge ohne gesicherten Aufenthaltsstatus i. d. R. nicht voraussetzen, weil die Familienangehörigen zumeist nicht im Besitz einer zu Beschäftigung berechtigenden Aufenthaltserlaubnis oder -befugnis waren. Verfügten sie entgegen der Norm über einen solchen Aufenthaltstitel, war er meist auf 3 oder 6 Monate befristet, was für die Arbeitserlaubnis entsprechend gilt. Zugleich besteht für Ausbildungsverhältnisse im dualen System (nicht aber für schulische Ausbildungsmaßnahmen) dasselbe Vorrangprinzip wie bei anderen Beschäftigungsverhältnissen – eine Bedingung übrigens, die unter der enorm hohen Anzahl „unversorgter“, d. h. ausbildungsplatzloser Jugendlicher (mit und ohne Migrationshintergrund) faktisch einem Ausbildungsverbot gleichkommt.

Bis Mitte der 1990er-Jahre bestand für minderjährige Flüchtlinge ferner die im Arbeitsförderungsgesetz verankerte Möglichkeit, an (unbesetzt gebliebenen) überbetrieblichen Ausbildungsmaßnahmen teilzunehmen. Allerdings wurde diese Option durch eine Weisung der Bundesanstalt für Arbeit 1995 weitgehend auf Flüchtlinge mit sicherem Status (also Asylberechtigte sowie Konventions- und Kontingentflüchtlinge) beschränkt, denen ohnehin Fördermaßnahmen des Bundes zum Abbau sprachlicher und schulischer Qualifikationsdefizite offen standen. Somit blieb Flüchtlingsjugendlichen mit prekärem Status lediglich die Teilnahme an Berufsvorbereitungsjahren oder an von Kommunen getragen Förderungsmaßnahmen,[284] wobei das (meist von der Haushaltslage abhängige) Angebot zwischen einzelnen Bundesländern und Kommunen erheblich variierte. Des Weiteren entwickelten die Länder höchst unterschiedliche Ausführungsvorschriften für die Handhabung der gesetzlichen Vorschriften; das Land Berlin beispielsweise bestimmte, dass Asylbewerber/innen generell keine Ausbildung und kein Studium aufnehmen durften.[285]

Nach § 6 Abs. 2 SGB VIII hatten Kinder von Ausländer(inne)n mit rechtmäßigem und gewöhnlichem Aufenthalt *oder* einer Duldung zudem Anspruch auf Leistungen der Kinder- und Jugendhilfe, etwa in Form „geeigneter sozialpädagogisch begleiteter Ausbildungs- und Beschäftigungsmaßnahmen“ nach § 13 Abs. 2 SGB VIII. Dies führte in Verbindung mit der oben beschriebenen Rechtspraxis von Bundesländern wie Berlin zu der paradoxen Situation, dass jungen Flüchtlingen mit Aufenthaltsgestattung oder Duldung zwar ein Rechtsanspruch auf Ausbildungsförderung zustand, ihnen die Ausländerbehörde jedoch die Aufnahme einer Berufsausbildung nicht gestattete oder die Sparmaßnahmen der Bezirke verschärft wurden, sodass dieser Anspruch faktisch ins Leere verlief.[286] Zugleich bieten nicht alle Länder jungen Flüchtlingen schulische Berufsqualifizierungsmöglichkeiten an.

Besonderen ausländerrechtlichen Beschränkungen unterliegen alleinreisende minderjährige Flüchtlinge. Sofern sie bei ihrer Einreise unter 16 Jahre alt sind, gilt für sie der Leistungsbereich

284 Für Beispiele von Modellprojekten zur Ausbildungsförderung junger Flüchtlinge in kommunaler Trägerschaft in Berlin und Neuss vgl. N. Kleyer-Zey: Berufsorientierung junger Flüchtlinge, a. a. O., S. 187
285 Vgl. ebd., S. 184 f.
286 Vgl. hierzu und zum Folgenden: ebd., S. 185 ff.

des Kinder- und Jugendhilfegesetzes, womit sie in Fragen der Ausbildung meist auf die Unterstützung von Vormündern oder Erziehern in Jugendwohnheimen zurückgreifen können.[287] Alleinreisende über-16-jährige Flüchtlingskinder werden hingegen wie volljährige Asylsuchende behandelt – eine Tatsache übrigens, die Flüchtlings- und Menschenrechtsorganisationen seit langem wegen ihrer Unvereinbarkeit mit der UN-Kinderrechtskonvention kritisierten und die auch im Rahmen des Zuwanderungskompromisses nicht gelöst wurde. Für Ausbildungschancen bedeutet dies, dass einem nicht geringen Teil der über-15-jährigen Geduldeten der Zugang zur Berufsausbildung de jure verschlossen ist.

Die genannten ausländerrechtlichen Ausbildungsbarrieren für jugendliche Flüchtlinge bewirken nach Steffen Angenendt allzu oft, dass ausbildungswillige Betriebe den zusätzlichen Verwaltungsaufwand scheuen, den die Einstellung dieser Jugendlichen mit sich bringt. Die wenigen Betriebe, die sie dennoch einstellten, liefen Gefahr, dass ihre „Schützlinge" währenddessen abgeschoben würden, was regelmäßig berichtet worden sei.[288] „Zudem lässt die Unsicherheit, ob der Flüchtling von den Ausländerbehörden die Chance erhalten wird, die Ausbildung bis zum Abschluss zu absolvieren, oder ob er während der Ausbildung ausgewiesen wird, potenzielle Ausbildungsbetriebe zögern, minderjährige Flüchtlinge einzustellen", bemerkt Angenendt.[289] Selbst wenn jungen Flüchtlingen das Absolvieren einer Ausbildung gelinge, sei für einige wegen aufenthalts- und arbeitsrechtlicher Beschränkungen eine Ausübung des erlernten Berufs im Anschluss nicht möglich, ergänzt Kleyer-Zey, was sich u. U. negativ auf ihre Ausbildungsmotivation niederschlage.[290]

Festzuhalten ist somit, dass sowohl vor als auch nach den Zuwanderungs- und Arbeitsmarktreformen im Jahr 2005 eine ausgeprägte strukturelle Hierarchie im Arbeitsmarkt- bzw. Ausbildungszugang von ausländischen Migrant(inn)en zu beobachten war und ist. Insbesondere die nach ausländerrechtlichen Kategorien klassifizierten Flüchtlingsgruppen sind mit höchst unterschiedlichen Teilhaberechten auf dem Arbeitsmarkt ausgestattet. Je nachdem, ob man ihnen aufgrund völkerrechtlicher Verpflichtungen ein dauerhaftes Bleiberecht, einen vorübergehenden Schutz oder ein (kurzfristiges) Aufenthaltsrecht aufgrund von Abschiebehindernissen gewährt, variierten die integrationspolitische Zielsetzung und mit ihr auch die jeweils gewährten Teilhaberechte am Arbeitsmarkt und im Ausbildungssystem. Der Ausschluss aus der Beschäftigungs- und Ausbildungsförderung für (jugendliche) Flüchtlinge mit ungeklärtem Status ist dabei „integrationspolitisch" durchaus intendiert. Häufig unberücksichtigt bleibt zudem, dass ein nicht unerheblicher Teil der hier lebenden Migrant(inn)en gänzlich vom (legalen) Arbeitsmarkt exkludiert ist, weil sie – vermutlich eine Minderheit – als Neueingereiste oder aus anderen Gründen faktischen Arbeitsverboten unterliegen oder – vermutlich eine Mehrheit – in der Illegalität leben.

Marie-Luise Beck, die damalige Beauftragte der Bundesregierung für Migration, Integration und Flüchtlinge, wies im Sechsten Migrationslagebericht darauf hin, dass das Gros der in Deutschland lebenden Ausländer/innen schon nach altem Recht über einen unbeschränkten gleichrangigen Zugang zum Arbeitsmarkt verfügt habe und die Zahl derjenigen mit

287 Vgl. N. Kleyer-Zey: Berufsorientierung junger Flüchtlinge, a. a. O., S. 190
288 Vgl. St. Angenendt: Kinder auf der Flucht, a. a. O., S. 74
289 Siehe ebd., S. 73
290 Vgl. N. Kleyer-Zey: Berufsorientierung junger Flüchtlinge, a. a. O., S. 188

nachrangigem Arbeitsmarktzugang mit Inkrafttreten des Zuwanderungsgesetzes nochmals sinken werde.[291] Zugleich beklagt der Bericht aber den unbefriedigenden Aufenthaltsstatus vieler Drittstaatsangehöriger vor dem Hintergrund der langen Aufenthaltszeiten am Beispiel türkischer Migrant(inn)en, von denen 1,1 Mio. einen verfestigten Status und 1,8 Mio. bloß eine befristete Aufenthaltserlaubnis hatten. Tatsächlich aber hat nach wie vor ein relevanter Teil von Drittstaatsangehörigen mit nachrangigem bzw. befristetem Arbeitsmarktzugang in Zeiten hoher Arbeitslosigkeit faktisch kaum Chancen auf eine Erwerbsteilhabe. Für eine ganze Reihe von Migrant(inn)en, insbesondere mit prekärem Aufenthaltsstatus, brachten die Reformen „unterm Strich" kaum Verbesserungen, sondern in Teilbereichen eher Verschlechterungen mit sich, besonders wenn man die kinderarmuts- und migrationsspezifischen Auswirkungen des zeitgleich in Kraft getretenen „Hartz-IV"-Gesetzespaketes berücksichtigt.[292]

Resümiert man die Bestimmungen zum Arbeitsmarktzugang von Zuwanderern in Deutschland, kann man bei ihnen sowohl vor als auch nach den mannigfachen Reformen zum Jahreswechsel 2005 mindestens drei Hierarchiegruppen unterscheiden: *Erstens* gibt es privilegierte Migrant(inn)en, die Deutschen im Arbeitsmarkt gleichgestellt sind und einen uneingeschränkten Zugang zu diesem haben; dazu zählen insbesondere EU-Bürger/innen, deutsche Spätaussiedler/innen und Zuwanderer mit Niederlassungserlaubnis samt ihrer Angehörigen, aber auch Kontingent- und Konventionsflüchtlinge sowie Asylberechtigte und ihre Familienmitglieder, sofern sie über längere Aufenthaltszeiten verfügen. Die *zweite* Gruppe sind Zuwanderer mit nachrangigem Arbeitsmarktzugang, die zumeist auf von vorrangigen Arbeitnehmer(inne)n unbesetzt bleibende Beschäftigungsbereiche verwiesen sind und besonders unter Bedingungen wachsender Konkurrenz mit Einheimischen und privilegierten Migrant(inn)en auf niedrig entlohnte und/oder gering bewertete Beschäftigungsfelder ausweichen müssen. Hierzu zählen auch geduldete Jugendliche, weil sie (wenn überhaupt) einen kurz befristeten Ausbildungszugang haben, was sich faktisch oftmals als Ausbildungsverbot erweist. Nachteilige Auswirkungen der Zuwanderungsgesetzreform müssen insbesondere Migrant(inn)en mit humanitärem Aufenthaltsstatus befürchten, die zum Zeitpunkt des Inkrafttretens keinen Arbeitsplatz nachweisen konnten. Dies liegt darin begründet, dass die Übergangsregelungen für Zuwanderer mit nachrangigem oder (noch) fehlendem Arbeitsmarktzugang nur für weiter bestehende Beschäftigungsverhältnisse gelten, weshalb ein Großteil der (arbeitslosen) Ausländer/innen mit Aufenthaltsbefugnis oder Duldung sowie deren Familienangehörige eine erneute Arbeitsmarktprüfung durchlaufen müssen, bevor man ihnen die Aufnahme einer Beschäftigung erlaubt. Der *dritten,* aus dem legalen Arbeitmarkt exkludierten Gruppe stehen schließlich bloß illegale Beschäftigungsformen offen, weil sie keine Arbeitsgenehmigung erhalten. Zu ihnen zählen Asylbewerber/innen und Flüchtlinge ohne Arbeitserlaubnis aufgrund der Wartezeit, solche, die einem andererweitig begründeten[293] Arbeitsverbot unterliegen, und sog. illegale Migrant(inn)en. Es ist umstritten, ob Zuwanderer ohne Arbeitsmarktzugang in der Gruppe illegal Beschäftigter einen überproportionalen An-

291 Vgl. Bundesintegrationsbeauftragte (Hrsg.): Sechster Bericht, a. a. O., S. 45. Zum Folgenden: ebd., S. 309. Ein verfestigter Status bezieht sich hier auf Besitzer/innen einer unbefristeten Aufenthaltserlaubnis oder einer Aufenthaltsberechtigung.

292 Vgl. hierzu Ch. Butterwegge/C. Reißlandt: Folgen der Hartz-Gesetze für Migrant(inn)en, in: Gesundheits- und Sozialpolitik 3–4/2005, S. 20 ff.

293 Vgl. dazu die Möglichkeit der Versagung der Beschäftigungserlaubnis von Geduldeten nach § 11 BeschVerfV

teil stellen, wozu allerdings verlässliche Daten fehlen, wie der Sechste Migrationslagebericht anmerkt.[294] Insgesamt kann man bilanzieren, dass die tatsächliche Arbeitsmarktsituation von Migrant(inn)en insbesondere mit prekärem, ungesichertem Aufenthaltsstatus in Deutschland weitgehend im Dunkeln liegt, weil verlässliche Daten und Informationen fehlen – u. a. zur Gruppe der Jugendlichen sowie zur Situation einzelner Herkunftsgruppen.

294 Vgl. Bundesintegrationsbeauftragte (Hrsg.): Sechster Bericht, a. a. O., S. 45

7 Migrationssoziologische Konzepte zur Erklärung und Migrationspolitik als Einflussfaktor der Armutsrisiken von Migranten

Die Armut von Migrant(inn)en ist kein neues Phänomen, sondern – in Deutschland ebenso wie in anderen Einwanderungsländern – bereits seit langem existent. Im Zuge der diversifizierten globalen Wanderungsbewegungen nehmen Zuwanderer besonders in den Städten weltweit prekäre Randpositionen auf dem Arbeitsmarkt ein, die von Einheimischen unbesetzt bleiben.[1] Allerdings vermögen die zuvor diskutierten Erklärungsansätze wie berufliche Qualifikationsdefizite von Migrant(inn)en, strukturelle Rahmenbedingungen oder Diskriminierungsfaktoren auf dem Arbeitsmarkt die hierzulande eklatant gestiegenen Armutsquoten von Migrant(inn)en allein sicher nicht gänzlich zu erklären. In diesem Kapitel werden daher zwei weitere Gruppen möglicher Ursachen diskutiert: Erstens – aus der Migrationssoziologie kommende – Ansätze, welche die Armutsrisiken im weitesten Sinn auf z. T. fehlgeschlagene Prozesse der strukturellen Integration von Einwanderern in Aufnahmegesellschaften zurückführen. Zweitens werden (meist historische) Einflussfaktoren der politischen Ebene analysiert, durch welche die Zuwanderungs- und Integrationsprozesse von Migrant(inn)en gesteuert und ihre verschiedenen Gruppen mit unterschiedlichen sozialen Rechten und Pflichten ausgestattet werden, die bis heute armutsrelevante Wirkungen entfalten.

7.1 Erklärungsansätze der Migrationssoziologie

Der erste Kapitelteil behandelt drei Gruppen migrationssoziologischer Eingliederungskonzepte: erstens frühe und grundlegende Konzepte zur Erklärung der Eingliederungsprozesse von Migrant(inn)en aus klassischen Einwanderungsländern, zweitens Theorien zur ethnischen Unterschichtung aus dem deutschsprachigen Raum sowie drittens Konzepte zu Ethnisierungsprozessen mit ihren armutsrelevanten Folgewirkungen.

Die herkömmliche soziologische Ungleichheitsforschung ist hinsichtlich der Erklärung der Armutsrisiken von Migrant(inn)en und ihren Kindern kaum weiterführend. Ihr Manko liegt darin, dass sie sich lange Jahr(zehnt)e vorzugsweise mit der Normal- und Kernbevölkerung von ökonomisch aktiven Staatsbürger(inne)n, also mit einer „Art bereinigtem gesellschaftlichen Normalfall" beschäftigte.[2] Untersuchungsgruppen bildeten vornehmlich männliche Haushaltsvorstände im erwerbsfähigen Alter, während man eher periphere Bevölkerungsgruppen (Junge und Familienangehörige, Alte und Ausländer/innen) stillschweigend ausblendete. Migration wurde in der Soziologie allgemein lediglich als eine besondere Form der horizontalen sozialen Mobilität begriffen, aber nicht weiter zum Forschungsgegenstand gemacht.

Vielleicht auch deshalb griffen, befruchtet von der internationalen Assimilationsforschung, die in klassischen Einwanderungsländern bereits früh weit gediehen war, zu Beginn der 1980er-Jahre innerhalb der deutschsprachigen Migrationssoziologie eine Reihe von Wissenschaftler(inne)n Fragen der ethnischen Ungleichheit und Unterschichtung auf, die meist

---

1 Vgl. S. Sassen: Dienstleistungsökonomien und die Beschäftigung von MigrantInnen in Städten, in: K. M. Schmals (Hrsg.): Migration und Stadt. Entwicklungen, Defizite, Potentiale, Opladen 2000, S. 87 ff.

2 Vgl. R. Kreckel: Politische Soziologie der sozialen Ungleichheit, Frankfurt a. M., 3., erw. Aufl. 2004, S. 43

im Zusammenhang mit Defiziten der strukturellen Assimilation bei Eingliederungsprozessen von Migrant(inn)en thematisiert wurden. Ein Grund für die frühe, aber leider nur einige Jahre andauernde Hinwendung der deutschsprachigen Migrationssoziologie zu armutsrelevanten Fragestellungen mag darin liegen, dass sich die sozialen Problemlagen der damals erstmals als Einwanderer wahrgenommenen „Gastarbeiter/innen" infolge der Weltwirtschaftskrise 1974/75 offenkundig verschärft hatten, was der damalige erste Ausländerbeauftragte der Bundesregierung Heinz Kühn zum Anlass nahm, ein umfassendes Integrationskonzept für die Nachkommen der Arbeitsmigrant(inn)en zu fordern.

7.1.1 Frühe Ansätze zu Prozessen einer (misslungenen) strukturellen Integration

Im frühen 20. Jahrhundert etablierte sich in Einwanderungsländern wie den USA eine eigenständige Migrations- und Eingliederungsforschung. Entwickelt wurden bereichsspezifische Theorien, welche die Prozesse von Emi- und Immigration in Sequenzen- bzw. Zyklenmodelle auffächerten und zu erklären suchten. Drei zentrale Assimilationskonzepte möchte ich hier vorstellen, da sie auch die strukturelle Dimension der Eingliederungsprozesse von Migranten behandeln: Das sind erstens sog. Generationensequenz-Modelle wie die „Race-Relation-Cycles", auf deren bekanntesten Vertreter Robert E. Park das lange dominante Assimilationskonzept zurückgeht,[3] zweitens der Ansatz von Shmuel N. Eisenstadt (1951) und drittens jener von Milton M. Gordon (1964). Die beiden Letzteren unterscheiden sich von der Mehrzahl der im anglofonen Sprachraum verbreiteten Ansätze dadurch, dass sie den (individuellen und personalen) Vorgang der Eingliederung von Migrant(inn)en in die Gesellschaft eines Einwanderungslandes zugleich mit makrosozialen Prozessen (Strukturen und Rahmenbedingungen) in Verbindung bringen und diesen Prozess so in einer gesamtanalytischen Betrachtung zu erfassen suchen.[4] Sie markierten in den 1960er-Jahren einen Wendepunkt in der migrationswissenschaftlichen Forschung, die sich fortan zunehmend Fragen von Gruppenzugehörigkeit, Sozialisation, Rollenerwartung, psychischer Anpassung und *community relations* der Migranten unter inner- bzw. interethnischen Beziehungen zuwandte.[5]

Diese frühen, in traditionellen Einwanderungsländern entstandenen Assimilations- und Eingliederungstheorien, an deren Prämissen häufig auch jüngere Forschungsarbeiten anknüpfen, bilden bis zum gegenwärtigen Zeitpunkt mit Blick auf die Genese ethnisierter Armutsrisiken anregungsreiche Konzepte. Wenngleich sie in Teilen widerlegt und für eine weniger komplexe Migrationsrealität entwickelt wurden, können einige ihrer Grundannahmen und Erkenntnisse auch für die Genese der hohen Armutsrisiken von Zuwanderern im Deutschland des 21. Jahrhunderts noch erkenntnisleitend sein. Zu berücksichtigen ist dabei sicherlich, dass die Ansätze aufgrund gänzlich verschiedener integrationspolitischer und struktureller Rahmenbedingungen nicht 1:1 auf bundesdeutsche Verhältnisse übertragbar sind.

3 Zur Diskussion und Kritik der Sequenzen- oder Zyklenmodelle vgl. H. Esser: Aspekte der Wanderungssoziologie, a. a. O., S. 35 ff.
4 Vgl. ebd., S. 59
5 Vgl. P. Han: Soziologie der Migration, a. a. O., S. 45

1. Das Assimilationskonzept von Park

Das klassische Assimilationskonzept wurde gleichermaßen von der US-amerikanischen, australischen und israelischen Migrationsforschung befruchtet.[6] Ausgangspunkt ist das von Robert E. Park entwickelte Modell der sog. race relations-cycles. Es begreift interethnische Beziehungen als eine fortschreitende und nicht umkehrbare Abfolge von vier Interaktionsformen, welche in der „Assimilation" als Vermischung und Auflösung ethnischer Dimensionen enden.[7] Park konstatiert, dass „race relations cycle, which take the form, to state it abstractly, of contacts, competition, accomodation and eventual assimilation, is apparently progressive and irreversible"[8]: In der sozialen Kontaktphase finde eine friedliche Kontaktaufnahme statt, die, sofern Zuwanderer nicht freiwillig den ihnen zugewiesenen partiellen Zugang zu Ressourcen akzeptierten, infolge zunehmenden Wettbewerbs um zentrale Güter (Beruf, Wohnung etc.) übergehe in eine (langwierige) Phase des Konflikts. Dabei würden Ansprüche und Ressourcenzugänge ausgehandelt, Nischen gefunden und Ausgrenzungserfahrungen gemacht. In der Phase der sog. Akkomodation stabilisierten sich die infolge des Konflikts entwickelten ethnischen Arbeitsteiligkeiten, Benachteilungen und räumlichen Segregationen quasi aus sich selbst heraus:[9] Die daraus entstandenen Strukturen würden mehr und mehr als Selbstverständlichkeiten bzw. legitime Ordnung angesehen, sodass sich differenzielle Benachteiligungen fortsetzen ließen, ohne dass es zu direkten Diskriminierungen komme und Betroffene dies als illegitim wahrnähmen. Die mit der Zeit als unvermeidlich angesehene Phase der Assimilation ergebe sich in Form einer „zunehmenden Vermischung der ethnischen Gruppen (…) bis hin zum Verschwinden der ethnischen Dimension als sozial und strukturell noch bedeutungsvolles Strukturierungsmerkmal."[10] Dies gilt Park zufolge sogar für die zweite bzw. dritte Einwanderergeneration, die sich selbst dann assimilierten, wenn sie nicht wollten, weil es sich um einen unbewusst ablaufenden Vorgang handele, wobei eine Voraussetzung sei, dass sich ethnische Solidaritäten, Identifikationen und Organisationsformen auflösen.[11]

Zusammengefasst lässt sich das Assimilationskonzept als „unvermeidliche Endstufe einer Abfolge von Interaktionen zwischen Aufnahmegesellschaft und ‚rassischen' bzw. ethnischen Gruppen, in deren Verlauf sich ausschließlich diese Gruppen verändern" charakterisieren.[12] Nach Ansicht Annette Treibels kann die Anpassung zwar schwierig sein, führt dann aber zum Verschwinden der Minderheiten als solcher: Die Einwanderer assimilierten sich und würden z. B. zu Amerikaner(inne)n, die sich mit der Kultur des Aufnahmelandes

6 Vgl. A. Treibel: Migration in modernen Gesellschaften. Soziale Folgen von Einwanderung und Gastarbeit, 3. Aufl. Weinheim/München 2003, S. 84 ff.

7 Vgl. R. E. Park: Our Racial Frontier on the Pacific, in: ders. (Hrsg.): Race and Culture, Glencoe (Illinois) 1950, S. 150; ergänzend vgl. A. Treibel: Migration in modernen Gesellschaften, a. a. O., S. 91; H. Esser: Soziale Differenzierung als ungeplante Folge absichtsvollen Handelns, in: E. Currle/T. Wunderlich (Hrsg.): Deutschland – Einwanderungsland?, Rückblick, Bilanz und neue Fragen, Stuttgart 2001, S. 392 ff. Für eine aktuelle Zusammenstellung der Arbeiten Parks zum race relation cycle und zum Folgenden vgl. K. Thompson (Hrsg.): The Early Sociology od Race and Ethnicity. Volume VI. Race and Cultur. Robert Ezra Park, New York 2005, S. 81 ff. u. 150.

8 Siehe R. E. Park: Our Racial Frontier on the Pacific, a. a. O., S. 150

9 Vgl. ebd.; ergänzend: H. Esser: Aspekte der Wanderungssoziologie, a. a. O., S. 44

10 Siehe ebd., S. 45

11 Vgl. A. Treibel: Migration in modernen Gesellschaften, a. a. O., S. 60

12 Siehe ebd., S. 109

identifizierten und bei denen die kulturelle und ethnische Herkunft der (Groß-)Eltern belanglos werde: „Die Einwanderer passen sich nicht nur, sondern gleichen sich an."[13] Die sozioökonomische Ungleichheit von Migrant(inn)en und Einheimischen erklärt Park indirekt zu einer (unvermeidlichen) dritten Phase im Assimilationsprozess, welche durch differenzielle Benachteiligungslagen, räumliche Segregation und anderes gekennzeichnet ist. Folgt man dieser Argumentation, verschwinden diese Benachteiligungslagen mit der letzten Phase, in welcher die zuvor entstandenen Strukturen einer gewissermaßen ethnisierten sozialen Ungleichheit sich bis „zu ihrem Verschwinden" auflösen.

Die Park'sche Konzeption von Assimilation als einem unvermeidlich fortschreitenden Prozess, der einem Schmelztiegel („Melting Pot") – also einer Auflösung ethnischer Unterschiede – gleicht, blieb in der US-amerikanischen Forschung lange unwidersprochen, ja sie wurde sogar, wie Treibel konstatiert, zum „sozialwissenschaftlichen Amerikanisierungskonzept schlechthin."[14] Mittlerweile gilt die Kernthese einer Zwangsläufigkeit der Stufenabfolge jedoch längst als widerlegt. Statt der Assimilation als Endzustand des Eingliederungsprozesses können, so belegen empirische Daten zur Genüge, die beschriebenen Konflikte auch in einer dauerhaften Unterordnung anstelle von „totaler Angleichung" münden, kritisiert etwa Hartmut Esser; kurz: „Assimilation ist alles andere als ‚unvermeidlich'."[15] Auch Ethnizität als solche verschwindet nicht zwangsläufig, wie von Park eher programmatisch denn wissenschaftlich postuliert. Dies wurde besonders durch die Wiederbelebung des Ethnischen belegt, was man in der anglofonen Forschung unter dem Stichwort des „Ethnic Revival" diskutiert und woran auch hiesige Konzepte von Ethnizität und Ethnisierung anknüpfen.

2. Das Assimilationsmodell Eisenstadts

Shmuel N. Eisenstadt, der in den 1950er-Jahren den Integrationsprozess jüdischer Einwanderer in Israel untersuchte, stellte in seinem Modell[16] zu Recht fest, dass eine vollständige Assimilation nicht als unvermeidlicher Prozess oder gar Endzustand, sondern allenfalls als eine von mehreren möglichen Folgen des Eingliederungsprozesses zu interpretieren ist. Assimilation kann demnach auch partiell stattfinden, wobei für den Grad der Anpassung besonders das pluralistische Potenzial der absorbierenden Gesellschaft sowie das Transformationspotenzial der Einwanderergruppe entscheidend sind. Beide zusammen ergäben einen langfristigen Institutionalisierungsprozess, der idealtypisch erfolgreich verlaufe, sofern sich Einwanderergruppen institutionell in der Aufnahmegesellschaft verankerten.

Mit Blick auf die Genese von Armutsrisiken relevant ist vor allem die dritte von Eisenstadt unterschiedene Phase des Eingliederungsprozesses, die „Absorption" von Immigranten in Aufnahmegesellschaften, nach einer Phase der Desozialisiation und einer weiteren der

---

13 Siehe ebd., S. 92

14 Vgl. ebd.

15 Siehe H. Esser: Aspekte der Wanderungssoziologie, a. a. O., S. 48

16 Vgl. Sh. N. Eisenstadt: The Absorption of Immigrants. A comparative Study based mainly on the Jewish Community in Palestine and the State of Israel. London 1954. Zusammenfassend dazu vgl. P. Han: Theorien zur internationalen Migration. Ausgewählte interdisziplinäre Migrationstheorien und deren zentrale Aussagen, Stuttgart 2006, S. 44 ff.

Resozialisation gelegen.[17] Als „Absorption“ bezeichnet Eisenstadt den Endzustand von (gelungener) Institutionalisierung und Transformation der primären Bezugsgruppen, die in der Regel von pluralistischen Strukturen dominiert werde und deren vollständige Form eher die Ausnahme bilde. Der Absorptionszustand habe mit der kulturellen, der personalen sowie der institutionellen Dimension drei Ebenen, die man bezogen auf die Aneignung kultureller Fertigkeiten als „Akkulturation“, bezogen auf individuelle Erwartungen bzw. Frustrationen als „Anpassung“ und bezogen auf die Aufgabe spezieller Gruppenidentitäten, den Abbau ökonomischer Ausschlüsse sowie ökologischer Segregationen als „Dispersion“ bezeichnet. Die Dispersion als Abbau ökonomischer Ausschlüsse stellt Eisenstadts Ansicht nach den entscheidenden Aspekt beim Absorptionsprozess dar, wenngleich i. d. R. zunächst nur spezielle Bereiche der Gesellschaft für Zugewanderte geöffnet würden. Infolge der Einwanderung und Eingliederung veränderten sich schließlich auch Aufnahmegesellschaften, bei denen nicht nur kulturell und statusmäßig, sondern auch institutionell eine Pluralisierung der Struktur zu verzeichnen sei.

Eisenstadts Modell stellt insofern eine Weiterentwicklung der „race relation cycles“ dar, als eine vollständige Assimilation zwar wünschenswert, aber nur möglich ist, wenn sowohl die Wandernden als auch die Aufnahmegesellschaft bestimmte Bedingungen erfüllen.[18] Ebenso gut kann der Assimilationszustand, welcher sich u. a. in der erfolgreichen institutionellen Dimension der Eingliederung – die wiederum auf der prinzipiellen Offenheit des Systems basiert – manifestiert, im Fall anhaltender Desintegration nicht erreicht werden, wobei Eisenstadt viele Möglichkeiten einer erfolglosen Institutionalisierung sieht, darunter z. B. Formen abweichenden Verhaltens.[19] Die anhaltende soziale Ungleichheit oder auch Einkommensarmut von Zuwanderern könnte man so als das Resultat eines gänzlich oder zumindest in partiellen Dimensionen gescheiterten (strukturellen) Assimilationsprozesses interpretieren. Das Konzept setzt schließlich insofern neue Akzente, als es eine absorbierende Sozialstruktur der Aufnahmegesellschaft und deren pluralistisches Potential voraussetzt, damit Institutionalisierungsprozesse gelingen.

3. Assimilationsprozess und ethclass nach Gordon

Milton M. Gordon ging in den 1960er-Jahren sowohl von einer Fortexistenz der Ethnizität als auch davon aus, dass ethnische Gruppen weiterhin relevante Subkulturen innerhalb der amerikanischen Gesellschaft bilden.[20] Ihm zufolge besteht Assimilation aber aus nur zwei Dimensionen: der kulturellen sowie der sozialstrukturellen Partizipation,[21] wie auch der Assimilationsprozess die zwei Grundvariablen „Person und Umgebung“ kennt. Die Eingliederung sei deshalb einerseits von der „willingness“ der Aufnahmegruppe und ande-

17 Vgl. auch zum Folgenden: H. Esser: Aspekte der Wanderungssoziologie, a. a. O., S. 60
18 Vgl. ergänzend A. Treibel: Migration in modernen Gesellschaften, a. a. O., S. 96 ff.; F. Heckmann: Ethnische Minderheiten, Volk und Nation, a. a. O., S. 174 ff.
19 Vgl. A. Treibel: Migration in modernen Gesellschaften, a. a. O., S. 98
20 Vgl. M. M. Gordon: Assimilation in American Life. The Role of Race, Religion and National Origins, New York 1964. Zusammenfassend vgl. P. Han: Theorien zur internationalen Migration, a. a. O., S. 28 ff.
21 Vgl. hierzu und zum Folgenden: ebd., S. 66 ff.

rerseits von dem Wunsch der Neuzuwanderer abhängig, sich zu beteiligen und einzubringen. Unterscheidbar sind demnach idealtypisch sieben Phasen des Assimilationsprozesses: 1. kulturelle oder verhaltensmäßige Assimilation (= Akkulturation); 2. strukturelle Assimilation; 3. verwandtschaftliche Assimilation (= Amalgamation); 4. identifikatorische Assimilation; 5. Akzeptanz-Assimilation; 6. „Gleichbehandlungs-Assimilation"; 7. zivile Assimilation.[22]

Hinsichtlich der Phasenreihenfolge ist Gordon der Auffassung, dass „once structural assimilation has occured, either simtaneously with or subsequent to acculturation, all other types of assimilation will naturally flow".[23] Der Preis dieser Assimilation bestehe dann in „the disappearance of the ethnic group as a seperate entity and the evaporation of its distinctive values".[24] Gordon weist somit der strukturellen Assimilation als dem Eindringen in institutionelle Bereiche der Aufnahmegesellschaft eine maßgebliche Bedeutung zu, weil sie jeder weiteren Stufe vorausgehe. Den Migrationssoziologen Heckmann veranlasst dies zu folgender Anmerkung: „Während Akkulturation (...) nicht notwendiger Weise zu struktureller Assimilierung führt, produziert strukturelle Assimilierung ihrerseits notwendigerweise Akkulturation. Von daher gesehen ist nicht Akkulturation, sondern strukturelle Assimilierung der Schlüsselstein für Assimilierung."[25] Esser zufolge behauptet Gordon, dass das erste Eindringen in das Status- und Institutionensystem der Aufnahmegesellschaft auch die Veränderung von Interaktionsmustern sowie der personalen Identität, den Abbau von Vorurteilen und Diskriminierungen sowie die Entschärfung ideologischer und machtmäßiger Auseinandersetzungen zur Folge habe und dies zudem unvermeidlich sei; „kurz: daß das strukturelle Sein das kulturelle und ethnische Bewußtsein bestimmt."[26] Damit weist Gordon stärker noch als Eisenstadt auf die hohe Bedeutung der strukturellen Dimension des Eingliederungsprozesses von Zuwanderern hin, die erst nach ihrem Gelingen weitere Assimilationsschritte nach sich ziehe.

Den Fall des Scheiterns in der strukturellen Dimension von Assimilation, den Gordon am Beispiel von Einwanderergruppen der USA untersuchte, belegte er mit dem prägnanten Terminus „ethclass",[27] für den es zwar keine adäquate deutsche Übersetzung gibt, der aber einen bestimmten Typus ethnisch geprägter Teilgesellschaften bezcichnet. Zugrunde liegt die Vorstellung, dass sich eine Gesellschaft in viele Teilgesellschaften mit dazugehörigen „Subkulturen" aufspaltet, die sich aufgrund der Gemeinsamkeiten von Personen etwa in Bezug auf ihre soziale Schichtzugehörigkeit, ihre städtische, ländliche oder regionale Lebensweise bzw. Herkunftsregion konstituieren. Komplexe, aus vielen „subcultures" bestehende moderne Gesellschaften strukturierten Status- und Positionszuweisungen zwar immer noch häufig über das Kriterium der sozialen Klassenzugehörigkeit, betont Gordon, allerdings sei die „ethnische Zugehörigkeit" als neue relevante Dimension sozialer Differenzierung hinzugekommen. Die Gemeinsamkeit von ethnischer und Klassenzugehörigkeit als den wichtigsten Faktoren führe dann zur Herausbildung einer „ethclass" als besonderem Typus einer Subgesellschaft. Über die

22 Übersetzung nach F. Heckmann: Ethnische Minderheiten, a. a. O., S. 174
23 Siehe M. M. Gordon: Assimilation in American Life, a. a. O., S. 81
24 Frei übersetzt: Der Preis bestehe in einer Auflösung ethnischer Gruppen als eigenständiger Einheiten sowie in der Verflüchtigung unterscheidender Werte.
25 Siehe F. Heckmann: Ethnische Minderheiten, a. a. O., S. 177
26 Siehe H. Esser: Aspekte der Wanderungssoziologie, a. a. O., S. 70
27 Vgl. M. M. Gordon: Assimilation in American Life, a. a. O., S. 52

Ethclass strukturierten sich mehr oder weniger das kulturelle Verhalten, die Primärgruppenbeziehungen und Gruppenidentifikationen der dieser Gruppe Zugehörigen.[28]

Davon ausgehend, dass nur Menschen derselben Ethclass ein wirkliches Zusammengehörigkeitsgefühl entwickeln können, will Gordon nur jene Subgesellschaften als *ethclass* bezeichnen, die hervorgehen aus der „intersection of the vertikal stratifications of ethnicity with the horizontal stratifications of social class". Angehöriger der *ethclass* kann übersetzt also etwa ein „weißer Protestant der oberen Mittelklasse" oder ein „irischer Katholik der unteren Mittelklasse" sein. Für die Bundesrepublik schlägt Heckmann vor, die „Subgesellschaft türkischer Facharbeiter" als *ethclass* zu bezeichnen, wobei er betont, dass man durch die Kombination beider Merkmale (der Klassen- und ethnischen Zugehörigkeit) zu einer Differenzierung der Sozialstruktur ethnischer Minderheiten komme, die von großer Bedeutung für „die Bildung und Artikulierung von Meinungen und Einstellungen, für Interessenbildung und für die Konstituierung sozialer Verkehrskreise, kurz für die Bildung ‚sozialer Milieus' oder ‚Subgesellschaften'" sei.[29]

Gordons Konzept stellt weniger eine kritische Bilanz der Integrationsleistungen von Einwanderern als von der amerikanischen Gesellschaft dar und unterscheidet sich in diesem Punkt von der Mehrzahl der damaligen Assimilationskonzepte.[30] Mit seiner These von Subgesellschaften (darunter auch der ethclass), die neben der Klassenzugehörigkeit hauptsächlich auf ethnischen Identifikationen beruhten, widerspricht Gordon explizit der Auffassung, Ethnizität werde sich im Eingliederungsprozess auflösen.[31] Zugleich lenkt er die Aufmerksamkeit auf strukturelle Bedingungen der Aufnahmegesellschaft, die eine Partizipation von Zuwanderern an Institutionen und Gruppenbeziehungen in der – seines Erachtens eine Schlüsselstellung einnehmenden – Dimension struktureller Assimilation fördern. Schließlich ist sein Ansatz keineswegs auf das Problem der Assimilation von Wanderern beschränkt, sondern erfasst die Eingliederung beliebiger Gruppen mit zunächst marginalem Status in einem makrosozialen Zusammenhang.[32]

In den bisher behandelten Konzepten aus den klassischen Einwanderungsländern bildet die sozialstrukturelle Dimension des Eingliederungsprozesses den Dreh- und Angelpunkt. Maßgeblich bestimmt wird dieser Prozess durch individuelle Einflussfaktoren seitens der Migrant(inn)en (Sprache, Qualifikation, Motivation etc.) sowie durch Rahmenbedingungen seitens der jeweiligen Aufnahmegesellschaft, etwa hinsichtlich der Offenheit des gesellschaftlichen Systems, Einwanderern politische und/oder soziale Teilhabemöglichkeiten zu eröffnen. Da die kontextuellen Rahmenbedingungen solcher Länder nicht einfach auf die hiesige Situation übertragbar sind, werden im Folgenden zentrale Konzepte bundesdeutscher Forschung vorgestellt, die an die zuvor beschriebenen inhaltlich anknüpfen. Der Schwerpunkt liegt auf Ansätzen, welche ebenfalls die sozialstrukturelle Dimension des Eingliederungsprozesses beachten, also im weiteren Sinn auch Erklärungszusammenhänge von (Des-)Integration und Migranten(kinder)armut andeuten.

28 Vgl. dazu auch: H. Esser: Aspekte der Wanderungssoziologie, a. a. O., S. 68
29 Siehe F. Heckmann: Ethnische Minderheiten, a. a. O., S. 93
30 Vgl. A. Treibel: Migration in modernen Gesellschaften, a. a. O., S. 99
31 Vgl. M. M. Gordon: Assimilation in American Life, a. a. O., S. 51
32 M. M. Gordon, zit. nach: H. Esser: Aspekte der Wanderungssoziologie a. a. O., S. 65

7.1.2 Theorien zu ethnischer Unterschichtung

Die von der hiesigen Migrationssoziologie entwickelten Integrationsmodelle unterscheiden sich von den bisher skizzierten einmal dadurch, dass „Assimilation“ als Konzept der internationalen Einwanderungsforschung, „Eingliederung“ hingegen als Ansatz der deutschsprachigen sog. Gastarbeiterforschung zu begreifen ist.[33] Die in der Bundesrepublik dominanten soziologischen Theorien zu „Assimilation“ bzw. „Integration“ entwickelten die Soziologen Esser (1980) und Heckmann (1981 u. 1992), wobei sie ebenfalls der strukturellen bzw. institutionellen Ebene des Eingliederungsprozesses – wenngleich in unterschiedlichem Ausmaß – große Bedeutung bei der Entstehung ethnischer Ungleichheiten beimaßen.

Mit Blick auf die Genese der hohen Armutsrisiken von Migrant(inn)en ist ein ganzes Bündel an Fragestellungen von Interesse. Im Mittelpunkt steht die Frage, ob die These einer ethnischen (Unter-)Schichtung der deutschen Gesellschaft durch Zuwanderer im Allgemeinen sowie für die Folgegenerationen (hier: der angeworbenen sog. Gastarbeiter/innen) im Besonderen haltbar ist, weil damit auch Ursachen für das gegenwärtige Phänomen der überproportionalen Armutsbetroffenheit von Kindern mit Migrationshintergrund benannt wären. Gleichwohl liefern auch andere Konzepte plausible Erklärungen dafür, wie bei den Funktionen und Folgen von Ethnisierungsprozessen deutlich wird. Zudem ist zu fragen, ob migrationssoziologische Konzepte den Eingliederungsprozess von Zuwanderern explizit in Bezug zu deren prekären sozioökonomischen Lagen setzen, und wenn ja, wie sie diese beschreiben und welche (strukturellen) Einflussfaktoren und Mechanismen als bedeutsam für das Zustandekommen der „ethnischen Unterschichtung“ benannt werden. Dabei gilt es zu berücksichtigen, dass die frühen Erklärungsansätze primär für den Eingliederungsprozess der sog. Gastarbeiter/innen und ihrer Abkömmlinge entwickelt wurden, die zum Entstehungszeitpunkt der Konzepte die einzige quantitativ bedeutsame Gruppe von Migrant(inn)en in Deutschland waren. Die ethnische Unterschichtung ist kontextuell vor dem historischen Hintergrund der Politik der „Gastarbeiteranwerbung“ und des integrationspolitisch lange „verleugneten Einwanderungslandes“ zu betrachten. Des Weiteren stellt sich die Frage, ob ein „gescheiterter Integrationsprozess“, wie ihn die Migrationssoziologie schon häufig für die zweite bzw. dritte Generation der Arbeitsmigrant(inn)en konstatiert hat, eine Ursache für die anhaltende ethnische Unterschichtung und Armut von Zugewanderten sein könnte oder ob nicht vielmehr in umgekehrter Kausalität ein gescheiter Integrationsprozess aus der prinzipiellen „Geschlossenheit“ bzw. „Nichtzugänglichkeit“ von Bildungssystem und Arbeitsmarkt resultiert. Schließlich soll erörtert werden, ob Entstehungs- und Stabilisierungsmechanismen der ethnischen Ungleichheit im 21. Jahrhundert mit jenen der ethnischen Unterschichtung der 1960er- und 70er-Jahre identisch oder vergleichbar sind.

1. Ethnische (Unter-)Schichtung nach Hoffmann-Nowotny

Die nordamerikanische Ungleichheitsforschung sieht die ethnische Zugehörigkeit seit langem als relevantes Strukturierungsmerkmal sozialer Ungleichheit an. Tamotsu Shibutani und

33 Vgl. A. Treibel: Migration in modernen Gesellschaften, a. a. O., S. 83

Kian M. Kwan bezeichneten ethnische Schichtungen bereits 1965 als einen „der Aspekte der Ordnung von Community; Individuen werden in einer hierarchischen Ordnung platziert, und zwar nicht aufgrund ihrer persönlichen Begabungen, sondern aufgrund der Herkunft, die ihnen zugeschrieben wird".[34] Innerhalb der deutschsprachigen Migrationsforschung wurde das ethnische Schichtungskonzept 1973 von dem im Jahr 2005 verstorbenen Züricher Soziologen Hans-Joachim Hoffmann-Nowotny aufgegriffen. Er thematisierte und untersuchte die ethnische Unterschichtung am Beispiel der Einwanderung in die Schweiz.[35]

Zentrale, interdependente Begrifflichkeiten des Verständnisses der sozialstrukturellen Gesellschaft von Hoffmann-Nowotny bilden „Macht" und „Prestige". Macht besitzt eine Person, die ihren Anspruch auf Teilhabe an zentralen sozialen Werten durchsetzen kann, Prestige hingegen wird als Macht legitimierender Faktor verstanden. Hoffmann-Nowotny bezeichnet erstrebenswerte Güter als „soziale Werte", zu denen der Zugang je nach Status unterschiedlich geregelt ist. In einem „sozietalen System"[36] besteht demnach ein mehr oder weniger ausgeprägter Konsens über den Wert von materiellen (z. B. Einkommen) und immateriellen Gütern (z. B. Bildung), wobei jene besonders interessant sind, um die sich ein institutioneller Rahmen gebildet hat, der den Zugang und die Partizipationsmöglichkeiten gesellschaftlich regelt bzw. kontrolliert.[37] Beim Einkommen bildet folglich die Wirtschaft den institutionellen Rahmen, bei der „Bildung" das Bildungssystem. Man könne nun sagen, dass „jede Einheit eines sozietalen Systems (das ein Individuum oder auch selbst ein System sein kann, *C. B.*) entsprechend dem Grad ihrer Partizipation an solchen Gütern einen bestimmten *Rang* einnimmt und eine *Statuslinie* mögliche Partizipationsgrade in vertikaler Hinsicht zum Ausdruck bringt."[38] Statuslinien als institutionalisierte Rangdimensionen könne man dann ihrem Macht- und Prestigegehalt entsprechend auf einem Kontinuum einordnen; Macht und Prestige liegen sozusagen als elementare Faktoren hinter den sog. Statuslinien.

Eine zentrale Annahme des Konzepts ist, dass (Un-)Gleichgewichte von Macht und Prestige einerseits durch die Positionen bestimmt sind, welche die Einheiten auf den Statuslinien einnehmen, und andererseits v. a. durch die Regelung des *Zugangs* zu den Positionen bzw. gesellschaftlichen Werten. Hinsichtlich der Regeln oder Normen, die diesen Zugang regeln, unterscheidet Hoffmann-Nowotny idealtypisch zwei Arten von Systemen: „offene Systeme", in denen der Zugang über universalistische Normen (also z. B. über Leistungskriterien rational), und „geschlossene Systeme", in denen er über Normen partikularistischen Charakters (also über Zuschreibungskriterien wie z. B. die Nationalität einer Person) geregelt ist.

„Migration" interpretiert Hoffmann-Nowotny theoretisch als eine Interaktion zwischen sozialen Systemen, die dem Transfer von Spannungen dient und damit einen Ausgleich von Prestige und Spannung bewirkt.[39] Eine Bedingung für Migration sei die „Offenheit" des

34 Siehe T. Shibutani/K. M. Kwan: Ethnic Stratification. A Comparative Approach. New York/London 1965, zit. nach: A. Treibel: Migration in modernen Gesellschaften, a. a. O., S. 205 f.

35 Vgl. H.-J. Hoffmann-Nowotny: Soziologie des Fremdarbeiterproblems. Eine theoretische und empirische Analyse am Beispiel der Schweiz, Stuttgart 1973

36 Statt des Begriffs „soziale Struktur" verwendet Hoffmann-Nowotny den Terminus „sozietales System", um den der Theorie zugrunde liegenden Systemgedanken stärker zum Ausdruck zu bringen; vgl. ders.: Migration. Ein Beitrag zu einer soziologischen Erklärung, Stuttgart 1970, S. 30

37 Vgl. hierzu und zum Folgenden: ders.: Soziologie des Fremdarbeiterproblems, a. a. O., S. 5 ff.

38 Siehe ebd., S. 5 (Hervorhebung im Original)

39 Vgl. ebd., S. 19

höherrangigen Kontextes sowohl hinsichtlich des Systemzugangs an sich als auch des Zugangs zu seinen zentralen Statuslinien. Ausgehend von der These, dass die Auswanderung von Individuen (niedrigen Ranges) dem Abbau struktureller Spannungen[40] im Herkunftsland dient, stellt Hoffmann-Nowotny fest, dass im Einwanderungssystem der Schweiz tendenziell eine Unterschichtung der Sozialstruktur festzustellen sei, da Einwanderer zunächst die unteren Positionen zugewiesen bekämen. Diese Unterschichtung könne „zunächst dazu beitragen, eine Expansion des Systems zu alimentieren, ohne dass ein Wandel der Struktur in Richtung ihrer Modernisierung erforderlich wäre."[41] Zugleich sei die durch Migration ermöglichte Aufwärtsmobilität der Einheimischen in engem Zusammenhang mit der Unterschichtung des Sozialsystems zu betrachten.

„Unterschichtung" begreift Hoffmann-Nowotny als einen komplexen strukturellen Vorgang, der durch bestimmte Prozesse sowohl innerhalb der Aufnahmegesellschaft als auch innerhalb der eingewanderten Minorität getragen wird. Einwanderer treten dabei in die untersten Ränge der Beschäftigungsstruktur ein und ermöglichen so eine Expansion insbesondere der mittleren Ränge der Struktur, schaffen also zusätzliche Positionen. Hoffmann-Nowotny geht davon aus, dass sich strukturelle Spannungen der Gesellschaft in ihrem Transformationsprozess überwiegend in individuelle Anomie umsetzen und nur zu einem kleinen Teil durch den Unterschichtungsvorgang abgebaut werden können. Die Prozesse, mit denen die Bevölkerungsmehrheit auf die daraus resultierenden Spannungen reagiert, differenziert er in drei Adaptionsformen, die aber nur für analytische Zwecke trennbar seien:

1. Die *Substitution* von Statuslinien stelle eine Ausweichreaktion dar, bei der besonders Einheimische mit geringer Beruflichsqualifikation, die sich durch Zuwanderung bedroht sehen, versuchten, mittels Betonung der nationalen Einheit/Besonderheit den für Arbeitsmigrant(inn)en nachrangigen Zugang zu (von ihnen beanspruchten) Statuslinien (z. B. Arbeitsplätze) zu legitimieren. Damit ziele diese Reaktion auf eine „Änderung der Bewertungsgrundlagen", die Migrant(inn)en den Zugang zu (eigentlich erwerbbaren) Statuslinien per Definition versagen.[42] Hoffmann-Nowotny erkennt in der „Fremdarbeiterpolitik" weniger die (ethnozentrischen) Einstellungen zu Fremden als vielmehr strukturelle Probleme des Einwanderungslandes.[43]
2. Als *Sperrung* von Statuslinien wird die Bereitschaft Einheimischer bezeichnet, Einwanderern den Zugang zu zentralen Statuslinien zu verwehren oder ihren Aufstieg zu verhindern. Sie habe eine Diskriminierung[44] der „Fremdarbeiter/innen" zum Ziel und sei als Versuch zu interpretieren, ein weiteres Ansteigen der Spannungen zu verhindern.

---

40 Eine „strukturelle Spannung" tritt auf, wenn auf dem Niveau der Einheiten des sozialen Systems Macht und Prestige auseinander fallen.

41 Siehe hierzu und zum Folgenden: ebd., S. 18 ff.

42 Vgl. ebd., S. 97

43 Vgl. ebd., S. 151. In Deutschland ist mit dem sog. Inländerprimat der nachrangige Zugang zu Arbeitsplätzen für Migranten gesetzlich verankert, d. h. Statuslinien, die eigentlich – zumindest den Regeln des Marktes zufolge – nach der besten Qualifikation besetzt werden sollten, werden zunächst für Deutsche bzw. EU-Bürger und anschließend für Drittstaatler geöffnet, was man mit dem „nationalen Interesse" legitimiert.

44 Die Diskrimination bezieht Hoffmann-Nowotny allgemein „auf eine differenzielle Behandlung von Einheimischen und Einwanderern, die nicht universalistisch legitimiert ist"; somit bedinge die Diskrimination von Einwanderern die Einführung partikularistischer Kriterien; vgl. ebd., S. 111

Bei der Untersuchung der Bereitschaft zur politischen, beruflichen,[45] Bildungs- und sozialen Diskriminierung kommt Hoffman-Nowotny zu dem Ergebnis, dass in der genannten Reihenfolge der Bereiche die Bereitschaft zur Ausgrenzung abnehme. Im Fall der „Fremdarbeiter" lasse sich zudem feststellen, dass individuelle Bereitschaften kaum ins Gewicht fielen, weil die kontrollierenden Institutionen selbst diskriminierende Normen praktizierten. Zu kritisieren seien Ansätze, welche die Ursachen für Spannungen zwischen Majorität und Minorität in „kulturellen Unterschieden" suchten, womit die kulturelle Anpassung der eingewanderten Minorität als eine Lösung für Spannungen gepriesen würde, obwohl Diskriminierungen als Reaktion auf Spannungen entstünden.

3. Die *neofeudale Absetzung nach oben* bezeichnet eine Situation, in der sowohl die Substitution als auch die Sperrung von Statuslinien bereits durchgesetzt wurden und eine „Status-Quo-Politik der Ausländerzahlen" hinzukommt. Die Statuslinie „Beschäftigung" erfahre z. B. größere Offenheit bzw. Zugänglichkeit, womit sich auf individueller Ebene (zumindest partiell für Einheimische) erhöhte Mobilitätschancen ergäben. Da diese jedoch nicht von allen Einheimischen gleichermaßen genutzt würden, gebe es individuelle, sektorale, regionale und in Bezug auf die verschiedenen Statuslinien differenzierte Mobilitätschancen: Auch bei Einheimischen fänden sich Gewinner/innen und Verlierer/innen dieses komplexen Mobilitätsprozesses. Während die Forderung nach einer Reduktion der Ausländerzahlen v. a. bei unterprivilegierten Schichten latent vorhanden sei, herrsche besonders bei privilegierten Einheimischen die Tendenz, sich gegen eine Verringerung des „Ausländerbestandes" auszusprechen, da sie die Ausländer/innen als diskriminiertes Arbeitspotenzial durchaus im Land zu behalten suchten. Hoffmann-Nowotny wertet dies als Versuch, Elemente feudaler Gesellschaften in eine moderne Industriegesellschaft zurückzuverpflanzen, was er „neo-feudal" nennt, weil die Verteilung von Positionen auf den Statuslinien „Beruf" und „Einkommen" nicht nach erwerbbaren, sondern nach zugeschriebenen Kriterien erfolge, und Angehörige fremdethnischer Minderheiten bei diesem Wettbewerb deshalb von vornherein ausgeschlossen werden könnten.

Nach Hoffmann-Nowotny reagiert nicht nur die schweizerische Bevölkerungsmajorität auf die strukturellen und anomischen Spannungen, die aus dem gesellschaftlichen Wandel (Migration, Unterschichtung) resultieren, sondern auch die Einwanderer. Sie entwickeln spezifische Adaptionsformen, die von Assimilation über individuelle und kollektive Anomie, die Substitution von Statuslinien, den Rückzug aus dem Immigrationskontext bis zur „neofeudalen Absetzung nach unten" reichten. In der Bundesrepublik seien die gleichen neofeudalen Tendenzen zu beobachten wie in der Schweiz. Die „sich nicht nur im Abstimmungsverhalten (bei Volksbegehren in der Schweiz, *C. B.*), sondern auch in der Intention zur Diskriminierung der Einwanderer ausdrückenden Einstellungen sowie der Versuch, feudale Tendenzen in einer modernen Gesellschaft einzuführen", seien als Konsequenz nur mangelhaft oder gar

45 Die Fragestellungen lauteten, inwieweit „Fremdarbeitern" das politische Stimmrecht zugestanden werden solle und ob Ausländer unabhängig von ihrer beruflichen Qualifikation in Krisenzeiten zuerst entlassen werden sollten; vgl. auch zum Folgenden: ebd., S. 114 f.

nicht gelöster Strukturprobleme hoch entwickelter Industriegesellschaften zu begreifen.[46] Diskriminierung und das Eintreten für Überfremdungsinitiativen wären demnach „letztlich Symptome einer Ohnmacht gegenüber globalgesellschaftlichen Tendenzen“, welche der Einzelne bloß als Objekt erfahre. Wenn sich darüber hinaus im sog. Fremdarbeiterproblem aber primär Probleme der Einwanderungsgesellschaft (und nicht der Einwanderer) manifestierten, müsse eine Soziologie des sog. Fremdarbeiterproblems eher eine Soziologie der Einwanderungsgesellschaft als eine der „Fremdarbeiter“ sein.

Der Züricher Soziologe expliziert „Integration“ und „Assimilation“, indem er Kultur und Gesellschaft als zwei grundlegende Dimensionen der sozialen Realität unterscheidet.[47] Die Partizipation an der Kultur (als Symbolstruktur sozialer Realität verstanden) bezeichnet Hoffmann-Nowotny als Assimilation. Gesellschaft (als die Positionsstruktur sozialer Realität) verbindet er hingegen mit Integration: Letztere meine die Partizipation an der Gesellschaft. Dabei kritisiert Hoffmann-Nowotny die kulturelle Aspekte überbetonende Interpretation von sozialer Realität insofern, als es nicht so sehr darum gehe, „ob die aufnehmende Gesellschaft die kulturellen Unterschiede akzeptiert, sondern ob sie die zentralen Statuslinien für die Einwanderer öffnet oder sie weitgehend geschlossen hält.“[48] Die These des Soziologen zum Verhältnis von Integration und Assimilation, nämlich, dass die Letztere von der Ersteren stärker determiniert werde als umgekehrt, spitzt er auf die Formulierung zu „je größer die Chancen der Einwanderer bzw. ihrer Kinder sind, an den Werten der Gesellschaft zu partizipieren, desto größer ist die Wahrscheinlichkeit für eine Assimilation“. Die Adaptionsform der „neofeudalen Absetzung nach unten“, mit der Minoritätsangehörige auf Spannungen reagierten, sei deshalb in ihrer Funktion des Verzichtes auf finanzielle berufliche Ambitionen und einer Akzeptierung der nach ethnischen Kriterien geschichteten Gesellschaft zu sehen.[49]

In späteren Arbeiten thematisierte Hoffmann-Nowotny die Zusammenhänge von Migration, sozialer Ungleichheit und – als Reaktion darauf – ethnischen Konflikten mit dem „Modell der Integration“.[50] Dessen Ausgangspunkt bildet ein mit bestimmten Zielen, Handlungsfertigkeiten und Orientierungen ausgestatteter Wanderer, der ein bestimmtes kulturelles und strukturelles Erbe transportiert. Mithilfe dieses Modells erklärt der Verfasser die Bedingungen, die zur Entstehung einer ethnisch geschichteten Einwanderungsgesellschaft führen, deren „neofeudale Struktur unter Rekurs auf askriptive Kriterien legitimiert wird“. Als Gegenbegriffe von „Integration“ und „Assimilation“ führt Hoffmann-Nowotny die „strukturelle Segregation“ sowie die „kulturelle Segmentation“ ein, welche insgesamt die sog. multikulturelle Gesellschaft prägten. Die Ursachen für die Entstehung einer multikulturellen (als einer strukturell segregierten und kulturell segmentierten) Einwanderungsgesellschaft beschreibt er als „interdependente Konfiguration von (1.) – und primär – Situationen sowie strukturellen und kulturellen Prozessen in der Einwanderungsgesellschaft auf der einen

46 Siehe hierzu und zum Folgenden: ebd., S. 152
47 Vgl. zum Folgenden: ebd., S. 172 f.
48 Siehe ebd.
49 Vgl. ebd., S. 226
50 Vgl. hierzu und zum Folgenden: H.-J. Hoffmann-Nowotny: Migration, soziale Ungleichheit und ethnische Konflikte, in: I. Gogolin/B. Nauck (Hrsg.): Migration, gesellschaftliche Differenzierung und Bildung, Opladen 2000, S. 161

und (2.) – und erst sekundär – den Auswanderungsgesellschaften auf der anderen Seite".[51] Die strukturelle Segregation von Einwanderern bedeute die Bildung einer fremd-ethnischen Unterschicht, die kulturelle Segmentation hingegen die einer ethnischen Minderheit; wo dies geschehe, kumulierten infolgedessen Minderheiten- und Klassenprobleme. Sofern eine Unterschichtung und/oder strukturelle Benachteiligung sowie eine kulturelle Zurückweisung von Zugewanderten stattfinde, seien überdies anomische Reaktionen wie der Rückgriff auf kulturell verfügbares Strukturierungs- und Orientierungswissen unvermeidlich; sie dienten dem Zweck, die aus den strukturellen Spannungen resultierenden anomischen Spannungen auszugleichen. In Anlehnung an empirische Befunde von Esser und Nauck vertritt Hoffman-Nowotny die These, dass mangelnde Integration in erster Linie eine Frage struktureller Defizite sei und Konflikte nicht infolge unterschiedlicher Kulturen, sondern aus der Konkurrenz um gleichzeitig beanspruchte knappe Ressourcen entstünden.

Strukturelle Desintegration von Einwanderern der zweiten Generation in der Schweiz?

Die Zusammenhänge von struktureller Desintegration und anomischen Reaktionen bei türkischen und italienischen Einwanderern der zweiten Generation untersuchten Oliver Hämmig und Jörg Scholz am Beispiel der Schweiz.[52] „Strukturelle Integration" definieren sie als „Statusintegration", als Partizipation an der Gesellschaft, womit sie die Nichtbenachteiligung einer sozialen Gruppe in Bezug auf strukturelle Positionen in der Gesellschaft meinen. Die Studie fußt auf der These, dass sich die empirisch belegte Unterschichtung der ersten und der zweiten Generation als strukturelle Desintegration manifestiert, wobei für die Letztere eine „gewisse Statusfrustration", relative Deprivation und infolgedessen auch eine gewisse Orientierungsunsicherheit erwartet werden, die (auch gegenüber der ersten Generation) verstärkt als solche wahrgenommen wird.

Hämmig und Scholz untersuchten verschiedene Formen anomischer Anpassung, welche die Jugendlichen der zweiten Generation im Vergleich zur Schweizer Referenzgruppe unter Bedingungen struktureller Desintegration entwickelten. Als Indikatoren für Desintegration zogen sie die Kriterien „Bildung", „berufliche Stellung" und „Einkommen" heran, wobei mögliche Dimensionen von Anomie entweder mit „Deprivationsanomie" oder mit „Orientierungsanomie"[53] beschrieben werden. Bei anomischen Anpassungsformen unter-

51 Siehe ebd., S. 161 f.

52 Vgl. zum Folgenden: O. Hämmig/J. Scholz: Strukturelle Desintegration, Anomie und Adaptionsformen, in: H.-J. Hoffmann-Nowotny (Hrsg.): Das Fremde in der Schweiz, Zürich 2001, S. 167 ff.

53 Eine Deprivationsanomie liegt vor, „wenn ein Individuum mit seiner Verortung im Statusgefüge der Gesellschaft nicht zufrieden ist und einzelne oder mehrere seiner Statuspositionen als zu niedrig wahrnimmt", wobei die individuellen Ansprüche, Vergleichsmaßstäbe und Bezugsgruppen entscheidend seien. Wichtigster Faktor für Deprivationsanomie ist das Einkommen, es folgen Bildung, Alter und Nationalität. Unter „Orientierungsanomie" in Folge des Nichterreichens von Statuszielen sei „ein diffuses Gefühl normativer Desorientierung und sozialer Verunsicherung" zu verstehen, die vor allem durch den Bildungstand beeinflusst werde, während sich die Faktoren Einkommen und Deprivationsanomie vergleichsweise wenig bemerkbar machten; vgl. ebd., S. 168 ff. u. 189.

schieden Hämmig und Scholz zwischen drei universellen[54] und drei migrationsspezifischen Reaktionen: der „Diskriminierungsperzeption", welche bei der zweiten Generation ausgeprägter als bei der ersten sei, der „Segregationsmotivation" (eigenethnische Rückzugstendenzen) sowie der „Remigrationsperspektive", welche sich als „Rückkehrillusion" im Sinn eines Familienprojekts darstellte.

Hämmig und Scholz fanden zwar bei den türkischen und italienischen Befragten der zweiten Generation mehrheitlich eine strukturelle Desintegration im Bereich der Bildung und der beruflichen Stellung, konnten im Einkommensbereich jedoch keine signifikanten Unterschiede zur Vergleichsgruppe ausmachen,[55] was gegen einen engen Zusammenhang von „Defiziten struktureller Integrationsprozesse" mit der Einkommensarmut von Migrant(inn)en sowie einer ethnischen Unterschichtung spricht. Kritisch zu hinterfragen wäre überdies der „lineare Zusammenhang" zwischen geringem sozialem Status und Anomie, denn besonders Deprivationsanomie werde durch (Einkommens-)Armut begünstigt.[56] Bernhard Nauck bemängelte hieran die Gleichsetzung von struktureller Desintegration mit sozialer Ungleichheit, die an sich zunächst nichts miteinander zu tun hätten. Entscheidend für die Analyse der Situation der Einwanderer sei nicht ihre (im Vergleich) niedrigere Platzierung, sondern die Frage, inwiefern sie von gesellschaftlichen Teilbereichen ausgeschlossen seien: Strukturelle Integration müsse somit stärker auf die In- bzw. Exklusion von Akteuren bezogen werden.

Dem ist entgegen zu halten, dass eine strukturelle Desintegration sehr wohl in Zusammenhang mit anhaltend hohen Armutsrisiken von Zuwanderern und einer ethnisierten sozialen Ungleichheit zu sehen ist, weil im modernen Deutschland insbesondere Migrantengruppen, für die man „Desintegrationstendenzen" in zentralen Lebensbereichen wie der Arbeitsmarktintegration konstatiert, zu den hauptsächlich von Armut betroffenen Migrant(inn)en zählen. Allerdings sind nicht „individuelle Desintegrationstendenzen" allein ausschlaggebend für hohe Armutsrisiken, sondern – und hierin ist Nauck zuzustimmen – Fragen des Zugangs bzw. der Ausgrenzung z. B. auf dem Arbeitsmarkt, in der Bildung oder der sozialen Sicherung rücken gleichfalls in den Fokus, die besonders bei Migrant(inn)en mit prekärem Aufenthaltsstatus zum Tragen kommen. Zugleich sind Zuwanderer, auch weil sie anfänglich meist nicht über die sprachlichen und anderen im Aufnahmeland notwendigen Fertigkeiten und Kenntnisse verfügen, besonders in der Zeit nach ihrer Einreise den größten Armutsrisiken ausgesetzt. Die Aufenthaltsdauer als Indikator für mögliche strukturelle Integrationsprozesse ist somit zwar ein wichtiger Indikator für Armutsrisiken, gleichwohl aber kein hinreichender, wie die mit ca. einem Drittel sehr hohen Armutsrisikoquoten der zweiten bzw. dritten Generation in Deutschland belegen.[57]

---

54 Während eine Vielzahl von universellen Faktoren genannt wird, beschränkt sich die Analyse weitgehend auf die Indikatoren „erhöhte Aggressivität", „verstärkte Depressivität" sowie ein „geringeres Selbstwertgefühl"; vgl. hierzu und zum Folgenden: ebd., S. 172 ff.

55 Vgl. ebd., S. 183 ff.

56 Vgl. auch zum Folgenden: B. Nauck: Kommentar, in: H.-J. Hoffmann-Nowotny (Hrsg.): Das Fremde in der Schweiz, a. a. O., S. 199

57 Vgl. BMGS (Hrsg.): Lebenslagen in Deutschland, a. a. O., S. 167

2. Assimilation und ethnische Unterschichtung nach Esser und Heckmann

Der Mannheimer Soziologe Hartmut Esser zielte mit den zu Beginn der 1980er-Jahre veröffentlichten „Aspekten der Wanderungssoziologie“ darauf ab, die Eingliederung von Migrant(inn)en aus der „üblichen bereichsspezifischen Bearbeitung herauszulösen und wenigstens ansatzweise eine allgemeine Konzeption zu finden.“[58] Seine handlungstheoretisch angelegte Theorie zählt bis heute zu den umfassendsten der Migrationssoziologie in der deutschen Forschungslandschaft. Im Kontext der Bedingungsfaktoren für hohe Armutsrisiken von Migranten(kindern) ist sie aus mehreren Gründen von besonderem Interesse. Zum einen weist Esser der sozialstrukturellen Dimension des Eingliederungsprozesses eine maßgebliche Bedeutung zu. Zum anderen greift er das Konzept ethnischer Schichtungen auf, welche er als eine von mehreren möglichen Resultaten des Prozesses der Sozialintegration von Zuwanderern sieht. Schließlich benennt er konstituierende Bedingungen für einen erfolgreichen Assimilationsprozess von Zuwanderern – und das ist eher selten – auf Seiten der Aufnahmegesellschaft.

Die von Esser entwickelte begriffliche Interpretation von Assimilation fand – wenngleich keineswegs unwidersprochen und zudem in modifizierter Form – Eingang in die nachfolgende deutschsprachige Migrationsforschung. Neben der Anwendung des Assimilationsbegriffs als Bezeichnung für den Eingliederungsprozess von Wanderern in eine Aufnahmegesellschaft im Allgemeinen versteht Esser darunter einen „Zustand der Ähnlichkeit des Wanderers in Handlungsweisen, Orientierungen und interaktiven Verflechtung zum Aufnahmesystem“.[59] Er unterscheidet vier Dimensionen des Assimilationsprozesses, denen man „herkömmliche“ Variablen der Eingliederungsforschung zuordnen könne: 1. die kognitive Assimilation als Angleichung der Wissens-Dimension (herkömmliche Variablen: Sprache, Fertigkeiten, Verhaltenssicherheit, Regelkompetenz für Gestik und Gebräuche, Normenkenntnis, Situationserkennung); 2. die strukturelle Assimilation als Angleichung der Status-Dimension (herkömmliche Variablen: Einkommen, Berufsprestige, Positionsbezug, vertikale Mobilität, De-Segregation); 3. die soziale Assimilation als Angleichung der Interaktions-Dimension (herkömmliche Variablen: [in]formelle interethnische Kontakte, De-Segregation, Partizipation an Einrichtungen des Aufnahmesystems); 4. die identifikative Assimilation als Angleichung der Wert-Dimension (herkömmliche Variablen: Rückkehrabsicht, Naturalisierungsabsicht, ethnische Zugehörigkeitsdefinition, Beibehaltung ethnischer Gebräuche, politisches Verhalten).[60]

Zur Abfolge dieser Assimilationsformen im Eingliederungsprozess vermutet Esser in hypothetischen Modellberechnungen, dass (wenn Wechselwirkungen unberücksichtigt blieben) zunächst die kognitive und sodann die strukturelle Assimilation eintrete. Die strukturelle gehe ferner der sozialen Assimilation voraus, der die identifikative Assimilation folge, die erst zuletzt „nach Vorliegen der anderen Assimilationstypen“ eintrete.[61] Im Kontext der Frage nach Einflussfaktoren für Armutsrisiken von Zuwanderern zeigt sich, dass die strukturelle Assimilation von besonderem Interesse ist, weil sie den Grad der Eingliederung von

---

58 Vgl. H. Esser: Aspekte der Wanderungssoziologie, a. a. O., S. 13
59 Siehe ebd., S. 22
60 Vgl. ebd., S. 220 f.
61 Vgl. ebd., S. 231

Migrant(inn)en in das Statussystem der Aufnahmegesellschaft etwa in den Dimensionen Einkommen, Beruf, rechtliche Situation oder Wohnsituation beschreibt. Ist eine strukturelle Assimilation vollzogen, unterscheiden sich strukturell assimilierte, aber dennoch ethnisch unterschiedliche Einwanderergruppen in ihrer Verteilung auf verschiedene Positionen wie dem Einkommen nicht mehr systematisch von der einheimischen Bevölkerung. Überproportionale Armutsrisiken bestimmter Migrantengruppen sind ebenso wie ethnische Schichtungen, welche Migrant(inn)en dauerhaft untere Einkommenspositionen zuweisen, in dieser Lesart als ein Scheitern der strukturellen Assimilation zu interpretieren.

In einem für die sog. Süssmuth-Kommission verfassten Gutachten fasst Esser 2001 seine Forschungen zu „Integration und ethnische Schichtung" zusammen.[62] Er unterscheidet die System- von der Sozialintegration und bezieht Letztere auf die Integration bzw. Einbindung von Akteuren in das (Gesellschafts-)System und in soziale Systeme allgemein, auf das Ausmaß ihrer Beziehungen und auf den Grad ihrer sozialen Einbettung darin. In Bezug auf den Eingliederungsprozess von Migrant(inn)en in eine Aufnahmegesellschaft sei meist die Sozialintegration gemeint, also der Einbezug von Akteuren in das gesellschaftliche Geschehen, beispielsweise bezogen auf Rechte, Sprachkenntnisse, Bildung, Arbeitsmarkt usw. Esser sieht die Sprache und die daran anschließende strukturelle Assimilation in das Bildungswesen und den Arbeitsmarkt als Schlüssel zur Sozialintegration. Der Spracherwerb sei vor allem von (sich nebenbei als Folge von Alltagskontakten ergebenden) Lernopportunitäten abhängig, während alle anderen Formen der Sozialintegration diesen zwei Vorgaben folgten: „Ohne strukturelle Assimilation kann es weder eine soziale noch eine emotionale Hinwendung zur Aufnahmegesellschaft geben."[63]

Nach Esser kann man vier idealtypische Formen der Sozialintegration von Migrant(inn)en unterscheiden, die sich auf verschiedene Sozialsysteme – also entweder auf das einheimische, das eigenethnische oder das Sozialsystem im Herkunftsland – beziehen:

Abbildung 7.1 Typen der Sozialintegration von Migrant(inn)en

		Sozialintegration in Aufnahmegesellschaft	
		Ja	Nein
Sozialintegration in Herkunftsgesellschaft/ ethnische Gemeinde	Ja	Mehrfachintegration	Ethnische Segmentation
	Nein	Assimilation	Marginalität

Quelle: H. Esser: Integration und ethnische Schichtung, a. a. O., S. 18

Die „Mehrfachintegration" – oft gewünscht, theoretisch aber kaum vorstellbar[64] und empirisch noch seltener nachweisbar – bestehe in der Sozialintegration eines Migranten in beide Bezugssysteme, also in mehrere kulturell und sozial unterschiedliche Bereiche zugleich. Manifestationen dessen seien z. B. Mehrsprachigkeit, inter- bzw. innerethnische Kontakte sowie

62 Vgl. H. Esser: Integration und ethnische Schichtung, a. a. O.
63 Vgl. ebd., S. 64
64 Mit Blick auf eine wachsende Transnationalität zumindest unter einigen Migrantengruppen wie z. B. polnischen Arbeitsmigranten in Ostdeutschland ist diese These durchaus in Frage zu stellen.

doppelte Identifikationen.[65] „Ethnische Segmentation" beschreibt die Sozialintegration allein in ein eigenethnisches Milieu bei gleichzeitiger Exklusion aus jenem der Aufnahmegesellschaft. Als ein Prozess der „freiwilligen" Abschließung von der Umgebung durch den Zusammenschluss nach innen könne sie in drei jeweils gesteigerten Formen auftreten: als räumliche Segregation, kulturelle Segmentation sowie Institutionalisierung einer ethnischen Gemeinde. Als „Marginalität" bezeichnet Esser eine Totalexklusion aus allen sozialintegrativen Bezügen; gerade Migrant(inn)en der ersten Generation seien hierfür oft ein typisches Beispiel. Essers Begriffsverständnis von „Assimilation" als speziellem Fall von Sozialintegration bedarf, um keine Missverständnisse aufkommen zu lassen, noch gesonderter Erläuterungen, da manch anderer den gleichen Sachverhalt explizit unter dem Begriff der „strukturellen Integration" subsumiert. Sein Assimilationsbegriff strebt nämlich nicht die „Gleichheit der Individuen", sondern die „Auflösung systematischer Unterschiede zwischen den verschiedenen Gruppen" an, also die Angleichung gewisser Verteilungen (z. B. von Eigenschaften, Ressourcen) der verschiedenen Gruppen, ohne dass systematische Unterschiede weiter bestehen. Eine so verstandene Assimilation meint „das Verschwinden systematischer Unterschiede zwischen den Gruppen (etwa nach Bildung, Einkommen, Branchenverteilung oder Heiratsverhalten) unter Beibehaltung aller *individuellen* Ungleichheiten".[66]

Für den Verlauf des Eingliederungsprozesses von Zuwanderern sind sowohl individuelle als auch kontextuelle Faktoren (Determinanten) von Bedeutung. Esser schlägt vor, diese als innerhalb der Person liegende Faktorenbündel (z. B. Motivation, Fertigkeiten und Kognitionen) sowie als externe, quasi in der Aufnahmegesellschaft verankerte Rahmenbedingungen (besonders die Opportunitäten, Barrieren und Handlungsalternativen in der neuen Umgebung des Wanderers) zu begreifen.[67] In frühen Arbeiten vertrat der Mannheimer Soziologe die These, dass das Verhältnis der beiden Faktorenbündel dadurch gekennzeichnet sei, dass Umgebungsfaktoren, „soweit sie als Barrieren oder Ausschluss von Handlungsmöglichkeiten auftreten, die Bedeutung von Persönlichkeitsfaktoren" bei Eingliederungsprozessen überträfen.[68] Den Umgebungsfaktoren wies er somit zwar eine maßgebliche Bedeutung zu, behandelte diese aber nicht vertiefend, zumal sich der Fokus seiner handlungstheoretischen Argumentationen zunehmend auf Persönlichkeitsfaktoren wie das Humankapital oder das Einreisealter von Zuwanderern verschob. Als konstituierende Bedingungen der Sozialintegration seitens der Gesellschaft identifizierte Esser einerseits die Offenheit des Aufnahmesystems hinsichtlich der Opportunitäten,[69] Ressourcen und Barrieren (auf dem Arbeits- und Wohnungsmarkt) sowie die Gegebenheiten im Bildungsbereich für die Folgegenerationen und andererseits die Möglichkeiten zur Erreichung der Ziele innerhalb eigenethnischer Gruppen. Die Systemoffenheit lasse sich zugleich als das Ausmaß an Toleranz und der Abwesenheit von sozialen Distanzen wenigstens in den strukturellen Bereichen der Sozialintegration beschreiben. Soziale Distanzen gegen „Fremde", so Esser, seien insbesondere Folge der eigenen Marginali-

65 Vgl. auch zum Folgenden: H. Esser: Integration und ethnische Schichtung, a. a. O., S. 18 f.
66 Siehe ebd., S. 64 (Hervorhebungen im Original)
67 Vgl. auch zum Folgenden: H. Esser: Aspekte der Wanderungssoziologie, a. a. O., S. 82 ff.
68 Siehe ebd., S. 182
69 Opportunitäten umfassen institutionelle Eingliederungshilfen wie Sprachkurse, denen besonders in der ersten Zeit hohe Bedeutung zukommt; sie spiegelten sich auch in der Nachfrage nach Leistungen des Migranten sowie in Lernhilfen allgemeiner Art, die in späteren Eingliederungsphasen zunehmend Bedeutung gewännen.

tät, womit man davon ausgehen könne, dass die erfolgreiche Sozialintegration der Einheimischen eine Voraussetzung für die der Einwanderer darstelle.[70] Besonders einflussreiche Umgebungsfaktoren seien ferner materielle und soziale Barrieren, die „alle Eigenschaften des Aufnahmesystems umfassten, die den (…) Wanderer an der assimilativen Teilhabe und am assimilativen Lernen" hinderten.[71] Je nach deren Ausprägung werde eine Assimilation oder eine ethnische Differenzierung wahrscheinlich; Letztere sei so gesehen das „kollektive" Komplement zur individuellen Eingliederung.[72] Für ethnische Gruppen im Aufnahmeland seien schließlich die Attraktivität und Größe der ethnischen Gemeinde bedeutsam: Besonders bei deren „institutioneller Vollständigkeit", bei der alle Alltagsgeschäfte abgewickelt werden können, biete sie auch Folgegenerationen Möglichkeiten der sozialen Platzierung sowie des Aufstiegs.

Hinsichtlich der Auswirkungen von Migration auf die Sozialstruktur aufnehmender Gesellschaften unterschied Esser in früheren Arbeiten ethnische Stratifikationen und ethnische Differenzierungen voneinander.[73] Ethnische Differenzierungen beruhen danach auf gemeinsamen, subjektiven Überzeugungen von Personen(gruppen), der gleichen Ethnie anzugehören und sich diesbezüglich und bezüglich anderer Merkmale qualitativ von anderen zu unterscheiden. Mit der Existenz ethnischer Gemeinden sinke die Wahrscheinlichkeit von (individuellen) Eingliederungsprozessen in die Aufnahmegesellschaft, sodass sich zusätzliche (ethnische) Differenzierungen des Aufnahmesystems herausbildeten, die eine Eingliederung der Zugewanderten in eigenethnische Teilbereiche der Gesellschaft erst ermöglichten. Abb. 7.2 zeigt vier Dimensionen ethnischer Differenzierung. Die Abbildung macht deutlich, dass ethnische Schichtungen nur eine Ausprägung ethnischer Differenzierungen, quasi einen Sonderfall bilden, bei dem eine unvollständige Segregation der Bevölkerungsgruppen („teilweise Mischung") bei gleichzeitiger Statuszuweisung aufgrund ethnischer Zugehörigkeit üblich ist. Erst wenn ethnischen Merkmalen bei der Statuszuweisung in vertikaler Hinsicht entscheidende Bedeutung zukommt, verwendet Esser den Terminus der „ethnischen Schichtung".

Abbildung 7.2 Dimensionen ethnischer Differenzierung

		Ethnische Vermischung		
Statuszuweisung aufgrund ethnischer Zugehörigkeit		vollständige Mischung	teilweise Mischung	vollständige Segregation
	nicht vorhanden	Assimilation/ Amalgamation	partielle Assimilation	ethnischer Pluralismus
	vorhanden	(logisch unmöglich)	ethnische Schichtung	ethnisches Kastensystem

Quelle: H. Esser: Aspekte der Wanderungssoziologie, a. a. O., S. 123

70 Vgl. hierzu und zum Folgenden: ders.: Integration und ethnische Schichtung, a. a. O., S. 23 f.
71 Materielle Barrieren betreffen die ökonomische, rechtliche und ökologische Situation des Wanderers und soziale Barrieren die bestehenden sozialen Distanzen, Vorurteile und Diskriminierungsabsichten; vgl. ebd., S. 93
72 Vgl. hierzu und zum Folgenden: ebd., S. 20 ff.
73 Zum Folgenden: H. Esser: Aspekte der Wanderungssoziologie, a. a. O., S. 118 f.

In heterogenen Gesellschaften gibt es demnach zwei theoretisch mögliche Konstellationen ethnischer Differenzierung, die sich durch das (Nicht-)Vorhandensein vertikaler sozialer Ungleichheiten (etwa beim Beruf, bei Einkommen oder Bildung) unterscheiden: Zum einen ist das die ethnisch plurale, sog. multikulturelle Gesellschaft als ein gleichberechtigtes Nebeneinander ethnischer Gruppen in einer (system)integrierten Gesellschaft; zum anderen eben eine ethnische Schichtung mit dem „Vorliegen systematischer vertikaler sozialer Ungleichheiten zwischen den verschiedenen ethnischen Gruppen gegenüber deren ‚Gleichheit' in sozialstruktureller Hinsicht (…), insbesondere in der Verfügung über besonders interessante Ressourcen und Markt- und Organisationsmacht, etwa nach der durchschnittlichen Bildung, den ausgeübten Berufen, dem Einkommen, der Beteiligung an öffentlichen Angelegenheiten, insbesondere auch in Hinsicht auf die politische Partizipation und Repräsentation".[74] Als Spezialfall der Assimilation bedeuten ethnische Schichtungen Esser zufolge „gesellschaftliche Systeme der *systematischen* Über- und Unterordnung ethnischer Gruppen in einer ethnisch differenzierten Gesellschaft", wofür Gordon vor langer Zeit den treffenden Ausdruck „ethclass" geprägt habe.[75]

Ethnische Schichtungen bedeuten Friedrich Heckmann zufolge, dass zwischen verschiedenen ethnischen Gruppen in einer Gesellschaft ein Schichtungsverhältnis besteht, wobei Positions- und Statuszuweisungen nicht bloß auf Basis von Schulbildung, beruflicher Qualifikation oder Besitz, sondern auch von ethnischer Zugehörigkeit erfolgen.[76] Es handele sich entgegen den Prinzipien moderner Gesellschaften um einen askriptiv erfolgenden Zuschreibungsprozess, weil das Merkmal „ethnische Zugehörigkeit" nicht in einer Wettbewerbssituation erworben, sondern vorhanden sei. Resultat der ethnischen Schichtung, welche Heckmann als ein „neu hinzugekommenes Strukturierungsprinzip" beschreibt, sei die Entstehung einer weiteren sozialen Schicht, weshalb man bezüglich der Veränderung der Sozialstruktur von einem Unterschichtungsvorgang sprechen könne, in der die vorhandene Sozialstruktur, bildhaft gesprochen, gewissermaßen nach unten verlängert werde, was sich sowohl in der Arbeiterschaft als auch im Mittelstand beobachten lasse. Die Vorgänge ethnischer Unterschichtung eröffneten besonders für Angehörige der Mehrheitsgesellschaft Möglichkeiten des sozialen Aufstiegs, ohne dass sie ihre eigenen Qualifikationen verbessern müssten, da sich unter die vorhandene Schichtstruktur quasi eine zusätzliche Schicht „schiebe".

Entstehung und Stabilisierung ethnischer Schichtungen

Die Kennzeichen ethnisch geschichteter Gesellschaften sowie deren kontextuelle und individuelle Bedingungsfaktoren dürften in groben Zügen deutlich geworden sein. Als primäre Funktion ethnischer Schichtungen in Zeiten makro-gesellschaftlicher Wandlungsprozesse sieht Esser die allmähliche Einführung universalistisch-rationaler Regeln ohne Überlastungsgefahr, da sie quasi als Zwischenstadien entstehende Konflikte um den Zugang zu Ressourcen abfederten

74 Siehe auch zum Folgenden: ders.: Integration und ethnische Schichtung, a. a. O., S. 30 f.
75 Siehe ebd., S. 31; vgl. auch das Konzept der Ethclass von Gordon und Hoffmann-Nowotnys Schichtungstheorie.
76 Vgl. hierzu und zum Folgenden: F. Heckmann: Ethnische Minderheiten, a. a. O., S. 91 ff.

und kanalisierten.[77] Zur Erklärung der Entstehung ethnischer Differenzierungen greift Esser mehrere Ansätze der englischsprachigen Forschung auf, denen zufolge sich die konstituierenden Bedingungen aus einer Vielzahl von Einzelprozessen zusammensetzen, die man wie folgt zusammenfassen könne: „Der Kontakt von Personengruppen verschiedener ethnisch-kultureller Herkunft als Folge von Masseneinwanderungen gibt auf Seiten der dominanten Mehrheit Anlass zu Wettbewerbsbefürchtungen und provoziert als Abwehrreaktion kategorisierende und distanzierende Typisierungen sowie den askriptiv geregelten Ausschluss von Beteiligungen. Die bei den eingewanderten Minderheiten gegebenen spezifischen Entbehrungen, ihre relative Verbesserung zur Herkunftssituation, ihre anfängliche Desorientierung, Planungsunfähigkeit und relative Machtlosigkeit sorgen einerseits für die widerstandslose (da fast unbemerkte) Unterordnung unter die Typisierungen und Beteiligungsausschlüsse und andererseits zum Aufsuchen ethnischer Kongregationen."[78]

Das unbemerkte und gewaltlose Entstehen ethnischer Schichtungen stellt somit eine wichtige Vorbedingung für ihre spätere Stabilisierung dar. Weitere Voraussetzungen seien verschiedene, voneinander unabhängige Schichtungskriterien (z. B. ökonomischer Status, Prestige-Status und soziale Distanz) sowie die Verlagerung der Benachteiligung von bestimmten Gruppen auf vermittelte Prozesse der Differenzierung (Segregation, indirekte Statusvererbung durch Sozialisationsunterschiede). Dies bedeutet, dass – obwohl die Folgen dieselben bleiben – offene Askriptionen seltener vorkommen, während z. B. Segregationen oder eine indirekte Statusvererbung (z. B. durch Sozialisationsunterschiede) zunehmen.

Resümieren lässt sich, dass Esser einerseits einen handlungstheoretischen Ansatz ethnischer Schichtungen verfolgt, die sich als Folge von Präferenzen, Durchsetzungsmacht und ethnischen Orientierungen beim Handeln ergeben.[79] Andererseits weist er bei der Stabilisierung ethnischer Schichtungsstrukturen auch strukturellen Hintergrundbedingungen eine hohe Bedeutung zu, von denen die zwei wichtigsten „regionale Disparitäten" sowie „Differenzierungen des Arbeitsmarktes" sind, die beispielsweise eine systematische Verteilung mancher Gruppen auf bestimmte Branchen und ihre Einteilung in unterschiedliche Lohngruppen (bei gleicher Tätigkeit) bewirken.[80] Differenzierungen dieser Art könnten in Form von „Spaltungen" oder „Segmentationen" des Arbeitsmarktes auftreten, wobei Erstere die nach ethnischen Kriterien differierende Bezahlung für die gleiche Tätigkeit und Letztere eine systematische Verteilung der ethnischen Gruppen auf bestimmte Branchen und Tätigkeitsfelder (z. B. in der sog. Nischenökonomie) bedeutet.

Bei der Entstehung ethnischer Schichtungen ist der zeitliche Aspekt der Sozialintegration, so etwa im Generationenverlauf, zwar bedeutsam, aber nicht so maßgeblich, wie es frühe Assimilationsmodelle annahmen. Esser vertritt die Auffassung, dass Assimilation und (dauerhafte) Segmentation keinen unauflösbaren Widerspruch bildeten, weil sich – je nachdem, ob die Bedingungen der Offenheit der Aufnahmegesellschaft und die strukturelle Sozialintegration gewährleistet seien – entweder assimilative Tendenzen durchsetzten oder

77 Vgl. H. Esser: Aspekte der Wanderungssoziologie, a. a. O., S. 134
78 Siehe auch zum Folgenden: ebd., S. 170 ff.
79 Vgl. ebd., S. 172
80 Vgl. auch zum Folgenden: ders.: Integration und ethnische Schichtung, a. a. O., S. 33 f.

es zu Marginalität und zu dauerhaften ethnischen Segmentationen meist in Form ethnischer Schichtungen über Generationen hinweg komme.[81]

Begreift man „ethnische Schichtungen" als „Zwischenstadien" bei der Einführung universalistisch- rationaler Regeln, widerspricht ihr Fortbestand dem universalistischen Anspruch moderner Gesellschaften zumindest dann, wenn diese Ungleichheit aufgrund askriptiver Merkmale (und nicht aufgrund individueller Leistungen „objektiv") gerechtfertigt ist.[82] Die Mechanismen der Stabilisierung und Reproduktion ethnisch geschichteter Gesellschaftssysteme sind, wie bereits Hoffmann-Nowotny betonte, äußerst komplex und nur in Teilbereichen wie der sozialräumlichen Segregation verhältnismäßig gut erforscht.[83] So kann ein Fortdauern ethnischer Schichtungen über Zwischenstadien hinaus auf individueller Ebene beispielsweise dadurch eintreten, dass Einwanderer ihre Ansprüche auf realisierbare Erwartungen reduzieren, etwa, indem sie sich von Beteiligungen an der Aufnahmegesellschaft distanzieren. Eine stabilisierende Funktion hat Essers frühen Arbeiten zufolge insbesondere der sog. Sukzessionsprozess, der den „sich selbst verstärkenden" Prozess einer ethnisch-räumlichen Segregation von Stadtteilquartieren bezeichnet, welcher – stark verkürzt – dazu führt, dass einerseits Einheimische tendenziell aus betroffenen Wohngebieten wegziehen und sich andererseits neu Zugewanderte, um räumliche Nähe zu Mitgliedern der eigenethnischen Gruppe (meist der Familie und Verwandtschaft) bemüht, in diesen Quartieren ansiedeln.[84] Dies führt zu einer stärkeren Sichtbarkeit von Migranten(konzentrationen) und einer dadurch weiter vertieften sozialen Distanzierung, die den Ausschluss weiter verfestigt. Esser bemerkt, dass die Entstehung „selbstgenügsamer ethnischer Kolonien und Subkulturen, die identifikative Aufwertung innerethnischer und die Abwertung interethnischer Beteiligungen" den Ausschluss von innen her verfestigten, was insofern „objektive" Folgen habe, als dieser für „Benachteiligungen hinsichtlich der Ausstattung mit Fertigkeiten, Ressourcen und Aspirationen" sorge, die zum universalistischen Wettbewerb befähigt hätten. Ungleichbehandlungen könnten dann im weiteren Verlauf sozusagen objektiv und wertneutral durch Leistungs- bzw. Qualifikationsdifferenzen legitimiert werden, da ihr Erwerb nur noch indirekt von ethnischer Zugehörigkeit abhängig sei, womit sich die Benachteiligung nachfolgender Generationen manifestiere.[85] Ethnische Typisierungen und Segregation hätten damit auch Statusdifferenzierungen zur Folge, die auch dann „vererbend" nachwirkten, wenn askriptive Ausschlüsse bzw. segregativ verursachte Benachteiligungen bereits wieder aufgehoben seien.

Ethnische Schichtungssysteme können sich über zwei – sich u. U. wechselseitig verstärkende oder zusammenspielende – Mechanismen stabilisieren, die Esser als „soziale Distanzierung" (Prozesse externer Grenzziehung) und als „Segmentation" (interne, „freiwillig" vorgenommene Abgrenzungsprozesse) bezeichnet.[86] Soziale Distanzierungen können demnach in Form von

81 Vgl. ebd., S. 25

82 Vgl. H. Esser: Aspekte der Wanderungssoziologie, a. a. O., S. 135

83 Analogien finden sich in der (Kinder-)Armutsforschung bei Studien, welche Benachteiligungen unter Bedingungen sozialräumlicher Segregation – besonders in „sozialen Brennpunkten"– unabhängig vom Migrationshintergrund der Betroffenen thematisieren; vgl. dazu: A. Breitfuss/J. S. Dangschat: Sozialräumliche Aspekte der Armut im Jugendalter, in: A. Klocke/K. Hurrelmann (Hrsg.): Kinder und Jugendliche in Armut, a. a. O., S. 112 ff.

84 Vgl. hierzu und zum Folgenden: H. Esser: Aspekte der Wanderungssoziologie, a. a. O., S. 171 ff.

85 Vgl. ebd., S. 135

86 Vgl. auch zum Folgenden: H. Esser: Integration und ethnische Schichtung a. a. O., S. 34 ff.

distanzierenden Einstellungen, Vorurteilen oder diskriminierenden Handlungen ethnische Differenzierungen durchsetzen, während Segmentation als „freiwilliger" Zusammenschluss einer Gruppe von innen her in drei jeweils gesteigerten Formen dazu beitragen könne: 1. als räumliche Segregation, 2. als kulturelle Segmentation oder 3. als Institutionalisierung einer ethnischen Gemeinde. Die räumliche Segregation als eine Konzentration ethnischer Gruppen auf bestimmte Stadtteile, die Esser auch als „residenzielle Segregation" bezeichnet, kann sowohl die Folge von Sukzessionen und direkten Diskriminierungen auf dem Wohnungsmarkt als auch die Wirkung von indirekten Prozessen (z. B. mindere Mietausgaben infolge geringer Einkommen) sein. Unter „kultureller Segmentation" sei das „Gegenteil der kulturellen, der sozialen und emotionalen ‚Assimilation'" zu verstehen, „wenn Migrant(inn)en bewusst oder unbewusst der Kultur ihres Herkunftslandes, v. a. in Bezug auf Sprache, alltägliche Gewohnheiten, Interaktionen und Identifikationen" verhaftet blieben.[87] Folgen davon seien weitere Behinderungen der strukturellen Assimilation sowie das Entstehen einer wechselseitigen Verstärkung von kultureller und struktureller Segmentation. Die „Institutionalisierung einer ethnischen Gemeinde" bilde die ausgeprägteste Form, womit sie am ehesten zur Stabilisierung ethnischer Schichtungen beitrage.

Vor dem Hintergrund moderner, funktional stark differenzierter Gesellschaften sei eine gegenseitige Verstärkung von kulturellen und strukturellen Segmentationen und Schichtungen nur scheinbar paradox, da unvereinbar mit dem Wertsystem formaler Gleichheit, konstatiert Esser. Denn im Zuge der sog. Globalisierung erforderten verschärfte Konkurrenz und voranschreitende funktionale Ausdifferenzierung der Gesellschaft immer spezialisiertere Kenntnisse, Wissen und Fertigkeiten von den Akteuren; sie zu erwerben werde damit tendenziell bedeutsamer. Zentrale institutionelle Positionen seien aber, so Esser, insbesondere im Bildungsbereich eng mit kulturellen Vorgaben der Aufnahmegesellschaft verbunden, was einen der Gründe für die wachsende Bedeutung des sog. kulturellen Kapitals (hier: der jeweiligen „Nationalkultur" und nicht der ethnischen Minorität) darstelle.[88] Besonders die Bildung werde daher mehr und mehr zu einer notwendigen, aber schon lange nicht mehr hinreichenden Bedingung für die Erlangung von Positionen.

3. Einschätzungen zum Vorhandensein ethnischer Schichtungen in Deutschland

Der Bamberger Soziologe Friedrich Heckmann charakterisierte die aus den Anwerbestaaten stammenden Arbeitsmigrant(inn)en 1981 erstmals als Einwandererminorität.[89] Seine damalige Analyse ihrer ökonomisch-sozialen Stellung in der Sozialstruktur der Bundesrepublik zeichnete noch ein sehr homogenes Bild: „Die Gastarbeiter verrichten einen Großteil der unqualifizierten, ungelernten und angelernten Arbeit in der Volkswirtschaft der Bundesrepublik (Qualifikationsdimension); diese Arbeit ist körperlich und/oder nervlich besonders belastend, schmutzig und unfallgefährlich (Tätigkeitsdimension); die Gastarbeiter sind zu fast 80 Prozent Produktionsarbeiter (betriebliche Bereichsdimension), die vor allem in Groß-

87 Siehe ebd., S. 35
88 Vgl. ders.: Integration und ethnische Schichtung a. a. O., S. 37
89 Vgl. F. Heckmann: Die Bundesrepublik – ein Einwanderungsland?, a. a. O.

betrieben arbeiten (...); die Arbeit, die sie verrichten, ist äußerst unbeliebt und besitzt einen geringen Prestigewert (Prestigedimension).“[90] „Sozialstrukturell“, stellte Heckmann damals fest, seien „deutsche Arbeiter und Gastarbeiter also der Arbeiterschaft zugehörig“; zugleich sei diese Gemeinsamkeit aber gekennzeichnet durch Unterschiede in der konkreten Arbeit, der Qualifikation und des Prestiges, die infolgedessen „ein Schichtungsverhältnis zwischen beiden Gruppen“ begründeten. Zugleich ging Heckmann noch davon aus, dass sich in der Bundesrepublik zu Beginn der 80er-Jahre allenfalls „ethclasses“ gebildet hätten, man aber insgesamt nicht von einer ethnischen Schichtung sprechen könne. Für die Anwerbephase bis 1973 konstatierte er, dass – abstrahierend von ethnischen Faktoren – zwischen einem Großteil der einheimischen und der ganz überwiegenden Zahl ausländischer Arbeiter/innen ein Schichtungsverhältnis bestehe, welches u. a. durch Strukturen des Arbeitsmarktes begründet sei.[91] In der zweiten Phase, als „Krise der unqualifizierten Arbeit“ bezeichnet, habe sich die aufenthaltsrechtliche Stellung der Migrant(inn)en zwar verfestigt, ihre Arbeitsmarktsituation aber verschlechtert, da besonders konjunkturempfindliche Bereiche und damit auch die dort beschäftigten Zuwanderer überproportional von den andauernden Krisen betroffen seien. Sozialstrukturell lasse sich bei der Population der Arbeitsmigrant(inn)en daher von einer „unterprivilegierten Schicht innerhalb der Arbeiterschaft“ sprechen, die Merkmale einer frühproletarischen Lage aufweise. Mit der Entstehung eines ethnischen Kleinbürgertums habe sodann eine sozialstrukturelle Differenzierung der zuvor sehr homogenen Migrantenbevölkerung eingesetzt, sodass eine „neue Schicht“ ethnisch differenter Personen über die Arbeiterschaft hinaus entstanden sei.

11 Jahre später äußerte Heckmann indes zaghaft Zustimmung zur Herausbildung einer ethnischen Schichtungsstruktur.[92] Ethnische Schichtung entwickle sich in der Bundesrepublik „nicht aus einer relativen Gleichheitssituation durch das spätere Auftreten und Wirken der drei zentralen Bedingungen Ethnozentrismus, Wettbewerb und Machtungleichheiten, sondern die Ungleichheit schaffenden Bedingungen sind bereits im Zuwanderungs- und Ansiedelungsprozess und in der für die ‚importierten‘ Arbeitskräfte ‚vorgesehenen‘ Arbeitsmarktposition enthalten. Ethnozentrismus ist vorhanden als ideologischer ‚Traditionsbestand‘ (...); Wettbewerb, nicht mit der ‚ganzen Gesellschaft‘, sondern mit den gering qualifizierten Schichten der Arbeiterschaft existiert vor allem auf dem Wohnungsmarkt, Machtungleichgewichte ergeben sich aus Herkunftsbedingungen der Migranten, ihrer relativ schwachen Stellung auf dem Arbeitsmarkt wie dem Ausschluss von politischen Rechten in der Einwanderungsgesellschaft.“[93]

Die Befunde Essers deuten hingegen darauf hin, dass es im Zuge der Gastarbeitermigration sowohl zu Assimilations- wie auch zu Segmentationsprozessen gekommen ist. Unterschiede im Integrationsprozess verschiedener ethnischer Gruppen macht Esser daran fest, inwiefern sie sich nur für kognitive, für strukturelle oder sogar für identifikative Dimensionen feststellen lassen. Er untersuchte dazu, ob man bei den Folgegenerationen der Einwanderer eher von einer assimilativen Sozialintegration oder von der Etablierung einer ethnisch-geschichteten

90 Siehe hierzu und zum Folgenden: ebd., S. 161 ff.
91 Vgl. auch zum Folgenden: ebd., S. 82 ff.
92 Vgl. hierzu und zum Folgenden: F. Heckmann: Ethnische Minderheiten, Volk und Nation, a. a. O., S. 92
93 Siehe ebd.

Gesellschaft sprechen könne (oder beides). Sein diesbezügliches Fazit zeigt im Gegensatz zu seinen früheren, optimistischeren Einschätzungen einen deutlichen Wandel: Insgesamt bilanziert er „deutliche Vorgänge der sozialen Integration in die Aufnahmegesellschaft", die aus der stetig anwachsenden Akzeptanz durch die einheimische Bevölkerung und der Positionierung der Folgegenerationen der Arbeitsmigrant(inn)en ersichtlich werde, wenngleich in „teilweise deutlich unterschiedlichem Ausmaß. Nach wie vor ist jedoch insgesamt von einer deutlichen Benachteiligung der ausländischen Wohnbevölkerung vor allem in Hinsicht der strukturellen Assimilation zu reden. Sowohl auf dem Arbeitsmarkt wie insbesondere im Bildungsbereich zeigen sich weiterhin deutliche und teilweise sogar zunehmende systematische Unterschiede zur einheimischen Bevölkerung. Dabei sind insbesondere die Türken (und die Italiener) in einer besonders schlechten Situation, wobei es bei den Türken zusätzlich noch deutlichere Anzeichen auch einer sozialen und emotionalen Segmentation und der Ausbildung einer Art von ethno-religiöser Sub-Nation gibt."[94] Besonders alarmierend schließlich sei das „neuerdings offenbar sogar verstärkte Nachhinken der zweiten und dritten Generation im Bildungsbereich"; Kinder der Arbeitsmigranten hielten offenkundig bei dem beschleunigten Tempo von schulischen und arbeitsmarktbezogenen Anforderungen und Effizienzsteigerungen nicht mit; wenn nichts geschehe, seien sie die Verlierer der Expansion der Bildungssystems.

Es kann davon ausgegangen werden, dass Tendenzen einer ethnischen Schichtung (als einer Verfestigung sozialer Ungleichheit entlang ethnischer Gruppen) in Deutschland bestehen.[95] Annette Treibel macht dies an den Strukturen der expandierenden Selbstständigkeit von Ausländer(inne)n fest, die komplementär statt konkurrierend zu Deutschen in anderen Bereichen tätig seien; ein sozialer Aufstieg finde in diesen Nischen des Beschäftigungssystems bei Ersteren jedoch kaum statt. Sie resümiert: „Die relativ dauerhafte Positionierung von Zuwanderern und Zuwanderinnen auf unteren Beschäftigungspositionen wird durch den Rückgriff auf ethnische Kriterien verstärkt: Im Umgang der Aufnahmegesellschaft mit den Zugewanderten gehören Unterschichtung und Ethisierung zusammen. Für die sozioökonomische Situation der Zugewanderten sind ihre ethnischen Selbst-Identifikationen weniger bedeutsam als die Zuschreibungsprozesse der Aufnahmegesellschaft (außer im Fall des ethnic business)."[96]

Rainer Geißler betont mit Blick auf Arbeitsmigrant(inn)en die Vielgestaltigkeit der bestehenden ethnischen Unterschichtung in Deutschland.[97] Wenn man den von Hoffmann-Nowotny geprägten Unterschichtungsbegriff etwas relativiere und mit Vorsicht nutze, treffe er auch auf wesentliche Elemente dieses Vorgangs in der Bundesrepublik zu, da die Mehrheit der angeworbenen Südeuropäer/innen auf den unteren Ebenen der sozialstrukturellen Hierarchie gleich über den deutschen Randschichten anzusiedeln sei. Unterschichtung bedeute eben nicht mehr, dass sich durch Zuwanderung eine sozial homogene neue Schicht am Rande der Gesellschaft herausgebildet habe. „Im Gegenteil: Die ethnischen Minderheiten sind – trotz aller Gemeinsamkeiten, die ihre Randständigkeit ausmachen – eine sehr vielgestaltige und facettenreiche Gruppe. Sie sind nicht nur nach ethnischer Zugehörigkeit, sondern auch nach

94 Siehe auf zum Folgenden: H. Esser: Integration und ethnische Schichtung, a. a. O., S. 65 f.

95 Vgl. P. Han: Soziologie der Migration, a. a. O., S. 339; A. Treibel: Migration in modernen Gesellschaften, a. a. O., S. 207 f.

96 Ebd., S. 209

97 Vgl. auch zum Folgenden: R. Geißler: Die Sozialstruktur Deutschlands, a. a. O., S. 248 f.

Aufenthaltsstatus, Aufenthaltsdauer, Grad der Integration u. a. sowie den damit verknüpften Mentalitäten und Lebenschancen vielfach fraktioniert."[98]

Die bisher vorgestellten Erklärungsansätze zu Determinanten des Eingliederungsprozesses von Migrant(inn)en bewegen sich zwischen zwei Positionen, die einerseits das migrierte Individuum mit seinen Fertigkeiten und Aspirationen in den Mittelpunkt rücken und auf der anderen Seite strukturelle Rahmenbedingungen und Zugänglichkeiten des aufnehmenden Gesellschaftssystems als Einflussfaktoren heranziehen. Während ältere Arbeiten vornehmlich strukturelle Bedingungen der Aufnahmegesellschaften fokussierten, hat sich das Forschungsinteresse mittlerweile auf die Transmission von „Humankapital" und anderen in der Person von Migranten liegende Faktoren (wie Sprachkenntnisse) verlagert, sodass häufig sozialisatorisch interpretierte Eingliederungsprozesse in verschiedene Dimensionen der deutschen Gesellschaft im Zentrum migrationssoziologischer Analysen stehen. Nur die wenigsten migrationssoziologischen Arbeiten thematisieren den sozialstrukturellen Wandel der Bundesrepublik in einer umfassenden theoretischen Perspektive, wie Hoffmann-Nowotny dies in seiner „Soziologie des Fremdarbeiterproblems" am Beispiel der Schweiz 1973 leistete, oder greifen Prozesse auf, deren Folgen und Funktionen auf der Makroebene der Gesellschaft mit Globalisierung und Migration verbunden sind. Aber auch die gesamtgesellschaftliche und migranten(gruppen)spezifische Verteilung gesellschaftlicher Ressourcen, von Reichtum und (Kinder-)Armut, sowie der organisierte Zugang dazu u. a. in Form von ausländer- und sozialrechtlichen Bestimmungen finden in den Konzepten keine angemessene Erwähnung.

Resümiert man diese Einschätzungen und die in den Kapiteln 4 und 6 vorgestellten Ergebnisse zur Einkommenssituation, zu den Armutsrisiken und den Arbeitsmarktpositionen von Migrant(inn)en verschiedener Herkunfts- und Statusgruppen in Deutschland, gelangt man zu einem anderen Schluss als jenem einer simplen „ethnischen Unterschichtung der Sozialstruktur durch Zugewanderte", die allenfalls zu Beginn der Anwerbung von Arbeitsmigrant(inn)en bis in die 1980er-Jahre hinein zutraf. Seither hat sich die Sozialstruktur sowohl der autochthonen wie der allochthonen Bevölkerung so gravierend ausdifferenziert, dass der Terminus ethnische Unterschichtung die vielgestaltigen und facettenreichen Einkommenslagen von Migrant(inne)n und ihre sozialstrukturellen Eingliederungsprozesse kaum mehr adäquat erfasst. Vielmehr sind, wie in den Kapiteln 4 und 5 erörtert, Polarisierungsprozesse zu beobachten, die sich dadurch auszeichnen, dass eine Minderheit auch unter Migrant(inn)en in Wohlstand und Reichtum sowie eine weiterhin große Mehrheit in Armut, sozialer Benachteiligung und Ausgrenzung lebt. Entsprechendes lässt sich auch für die Bildungsdimension ausmachen. Außerdem behandeln die meist älteren Arbeiten fast ausschließlich den Integrationsprozess von Migrant(inn)en mit „Gastarbeiterhintergrund", während Eingliederungsprozesse neuer Migrantengruppen, beispielsweise von Asylsuchenden oder Spätaussiedler(inne)n, weitgehend ausgeklammert bleiben. Überhaupt nicht wird die prekäre Situation von Migrant(inn)en mit ungesichertem Aufenthaltsstatus oder jene von Illegalisierten in Beziehung zur sozialstrukturellen Entwicklung der Gesellschaft oder gar möglichen Unterschichtungsprozessen gesetzt, sodass hier noch ein größeres Forschungsdesiderat zu konstatieren ist.

98 Ebd., S. 249

7.1.3 Ethnizität und Ethnisierungsprozesse

Mit dem Begriff der Ethnizität wird die für individuelles und kollektives Handeln bedeutsame Tatsache bezeichnet, „daß eine relativ große Gruppe von Menschen durch den Glauben an eine gemeinsame Herkunft, durch Gemeinsamkeiten von Kultur, Geschichte und aktuelle Erfahrungen verbunden sind und ein bestimmtes Identitäts- und Solidarbewusstsein besitzen."[99] Friedrich Heckmann, auf den diese Begriffsbestimmung zurückgeht, betont damit primär Aspekte des kulturellen Wandels von migrierten Gruppen bzw. Personen als Aspekte sozialstruktureller Positionen von ethnischen Gruppen, die er davon in Anlehnung an Esser als „Phänomene ethnischer Schichtung" abgrenzt.[100] Deshalb bilden die Themen „soziale Integration", „Wandel der sozialökonomischen Stellung" und „soziale Mobilität von Minderheitsangehörigen" explizit keinen Gegenstand von Heckmanns Ansatz; sie gehörten seines Erachtens ausgeklammert, weil man trotz ihrer vielfältigen Zusammenhänge nicht unterstellen könne, dass sowohl die kulturelle als auch die sozial-strukturelle Dimension mit demselben theoretischen Instrumentarium zu erklären seien. Demgegenüber vertritt Armin Nassehi die Auffassung, dass Ethnizität vor allem mit Blick auf die Regulierung des Zugangs zu sozialen Prozessen im Sinn eines verwehrenden bzw. erschließenden Regulativs gesehen werden muss, womit sie zu einer Eigenschaft avanciere, welche „die Teilnahme an der Gesellschaft insgesamt oder doch zumindest an zentralen Bereichen der Gesellschaft behindert, ja ausschließt oder doch umgekehrt privilegiert, ja fundiert".[101] Diese letztere Auffassung teilend, werden hier einige Grundzüge von Ethnizität und der damit „verwandten" Ethnisierungsprozesse samt ihren möglichen sozioökonomischen und ggf. armutsrelevanten Auswirkungen in den Blick genommen.

Als Grundkategorien von Ethnizität benennt Heckmann „Volk", „Nation bzw. Nationalstaat", „ethnische Gruppen" sowie „ethnische Minderheiten". Letztere seien die innerhalb eines Systems ethnischer Schichtung benachteiligten, unterdrückten, diskriminierten und stigmatisierten Gruppen, die man aufgrund dreier Kriterien nochmals unterscheiden könne: der Entstehungsbedingungen ihrer Lage, unterschiedlicher sozialstruktureller Stellungen sowie politischer Orientierungen. Infolge dieser Typologisierung könne man bei ethnischen Minderheiten „nationale", „regionale" und „kolonisierte Minderheiten" unterscheiden sowie „Einwandererminderheiten" und „neue nationale Minderheiten". Arbeitsmigrant(inn)en zählt Heckmann zum Typus der „Einwandererminderheiten", die als Bevölkerungsgruppen zumeist ländlicher Herkunft „im Einwanderungsland überwiegend als unterste Schicht der industriellen Lohnarbeit beschäftigt sind und sich in diskriminierenden Lebensverhältnissen reproduzieren müssen."[102] Von ethnischer Minderheit lasse sich darüber hinaus nur dann sprechen, wenn eine Bevölkerungsgruppe ein eigenständiges sozialkulturelles System („Ein-

99 Siehe hierzu und zum Folgenden: F. Heckmann: Ethnische Minderheiten, Volk und Nation, a. a. O., S. 56. Hauptelemente des Ethnizitätkonzepts sind demnach „soziokulturelle Gemeinsamkeiten, Gemeinsamkeiten geschichtlicher und aktueller Erfahrungen, Vorstellungen einer gemeinsamen Herkunft, eine auf Selbst-Bewußtsein und Fremdzuweisung beruhende kollektive Identität, die eine Vorstellung ethnischer Grenzen einschließt, und ein Solidarbewußtsein"; ebd. S. 37 f.

100 Vgl. ebd., S. 91 ff.

101 Vgl. A. Nassehi: Zum Funktionswandel von Ethnizität im Prozess gesellschaftlicher Modernisierung, in: Soziale Welt 1/1991, S. 261 ff.

102 Siehe F. Heckmann: Ethnische Minderheiten, Volk und Nation, a. a. O., S. 68

wandererkolonie") entwickle, welches aus der Wechselwirkung von Herkunftsfaktoren und den Lebens- und Arbeitsbedingungen in der Einwanderungsgesellschaft resultiere.

Den in der Migrationssoziologie verbreiteten assimilationstheoretischen Ansätzen u. a. von Hartmut Esser begegneten die Migrationssoziologen Wolf-Dietrich Bukow und Roberto Llaryora mit dem Konzept der Ethnisierung, das den Zuschreibungsprozess kultureller Eigenschaften auf Migrant(inn)en durch die Mehrheitsgesellschaft und dessen Folgen beschreibt. Den geäußerten Kulturdifferenzhypothesen hielten sie entgegen, dass kulturelle Unterschiede (etwa in Geschlechtsrollenauffassungen oder Ernährungsgewohnheiten) von Migrant(inn)en, die es per se so erst einmal nicht gebe, konstruiert würden, um Einwanderer anschließend mit dem Argument der kulturellen Andersartigkeit ausgrenzen zu können.[103] Nach Ansicht Bukows und Llaryoras sind kulturelle Unterschiede sowohl *endogen* als auch *exogen* belanglos. Die endogene Belanglosigkeit liege darin begründet, dass moderne Industriegesellschaften aufgrund formal-rationalistischer Qualifikationen und Leistungen ihrer Mitglieder funktionierten und sich strukturierten, nicht aber aufgrund ethnischer, kultureller, religiöser u. a. Unterschiede, die insofern – endogen betrachtet – keine konstitutive, sondern höchstens „private" Bedeutung erlangten. Dies gelte primär für den ökonomischen und arbeitsweltlichen sowie im administrativen Bereich, sei aber auch bedeutsam im institutionalisierten kulturellen sowie im Bildungssystem, in der Wissenschaft und im alltäglichen/ sozialen Bereich. Zugleich seien gerade moderne Industriegesellschaften in der Lage, eine Fülle soziokultureller Differenzen im Rahmen unterschiedlicher Lebensformen zu verkraften. Wer kulturelle oder ethnische Eigenschaften dennoch zu gesellschaftlichen Leitdifferenzen mache, untergrabe die Lebensbedingungen der Gesellschaft. Die exogene, d. h. im gesellschaftlichen Vergleich gesehene Belanglosigkeit kultureller Differenzen hebt konsequenterweise auf die nicht-konstitutive Bedeutung von Differenzen zwischen den Herkunftsländern von Migrant(inn)en und Deutschland („Modernitätsdifferenzhypothese") ab: Auch exogen, also im „Vergleich der Kulturen" betrachtet, seien etwa soziokulturelle Strukturen durchaus vergleichbar, da sich bei genauerer Analyse die sog. kulturellen Differenzen zu Varianten eines identisch gehaltenen Musters auflösten. Die Unterschiede zwischen einem Neapolitaner und einem Duisburger seien deshalb nicht kulturspezifisch, sondern nur aufgrund der jeweiligen Lebensbedingungen zu erklären; es handele sich allenfalls um feine Unterschiede, die nicht gravierender seien als innergesellschaftliche Unterschiede wie die zwischen verschiedenen Klassen.[104] Bukow und Llayrora konstatieren sogar weitreichende strukturelle Analogien zwischen Einwanderer- und Aufnahmelandkulturen, und zwar tendenziell für die Bereiche der Familienmuster (Familientyp Kleinfamilie), Ablösungsprozesse vom Elternhaus, die Machtordnung sowie für die Beziehungen zwischen Mann und Frau in der Familie.[105]

Das eine radikale Perspektivumkehr verfolgende Konzept der Ethnisierung ist nicht auf die Ethnizität als Persönlichkeitsmerkmal von Migrant(inn)en, sondern auf den Zuschreibungsprozess kultureller Eigenschaften als solchen gerichtet, der als „Ethnisierung" bezeichnet wird. Er ist auch im Kontext der Entstehung ethnisch gelagerter Armutsrisiken zumindest von

103 Vgl. auch zum Folgenden: W.-D. Bukow/R. Llayora: Mitbürger aus der Fremde. Soziogenese ethnischer Minoritäten, 3. Aufl. Wiesbaden 1998, S. 52 ff.

104 Vgl. ebd., S. 81

105 Vgl. ebd., S. 72 ff.

indirekter Bedeutung. Als „Ethnisierung" bezeichneten Bukow und Llaryora „die ethnisch ausgewiesene Soziogenese ethnischer Minderheiten", während der „ein Wanderer seiner für selbstverständlich gehaltenen Gesellschaftlichkeit enthoben und in eine Minorität eingeordnet wird, und dabei in eine Dynamik des Ein- und Ausgrenzens sowie der ethnischen Selbstidentifikation gerät."[106] Bukow und Llaryora vertraten die Auffassung, dass Migrant(inn)en nach einer anfänglichen Integration in systemische Gesellschaftszusammenhänge (wie Arbeits- oder Wohnungsmarkt) trotz hoher Leistungsaspirationen alsbald an Grenzen stoßen, weil ihnen die Identität als volles Gesellschaftsmitglied („Ausländerstatus") versagt bleibt, woraufhin sie sich individuellen Vergangenheits-, Familien- und Verwandtschaftsbezügen sowie jenen der eigenethnischen Gruppe zuwenden („Re-Ethnisierung"). Dieser Ethnisierungsprozess könne verschieden stark ausgeprägt sein, konstatierten die Autoren: Möglich seien eine geringe Gruppenbildung (wie man sie etwa bei Studierenden aus Anwerbestaaten antreffe), eine ausgeprägte Minoritätenbildung (die insofern Alltagsrelevanz entfaltet, als schrittweise Ausgrenzung erfahren wird) oder eine „Gettobildung", die sukzessive das gesamte Alltagsleben zu erfassen drohe und unter Umständen in eigene städtische Viertel mit abgesonderter Infrastruktur und Arbeitsplätzen münde.

Ethnizität und Ethnisierungsprozesse beeinflussen auch migrations- und integrationspolitische Konzepte und umgekehrt. Auf der Suche „nach dem Ort, an dem der Prozess der Ethnisierung eingeleitet wird", also nach einem „Ort der Politik der Ethnisierung", suchten Bukow und Llaryora den politischen Kern sowie das soziale Feld zu bestimmen, in dem sich eine „Politik der Ethnisierung" vollzieht.[107] Damit wiesen sie der Politik als Ausgangspunkt für Ethnisierung eine maßgebliche Rolle zu. In Anlehnung an die Habermas'sche Differenzierung in System- und Lebenswelt könne man eine Politik der Ethnisierung im strukturellen sowie im alltäglichen Bereich unterscheiden, wenngleich sie sich dort in unterschiedlichen Formen vollziehe. Eine weitere Gemeinsamkeit bestehe darin, dass in beiden Bereichen neben ethnischen Minderheiten auch andere Adressaten zum Ziel entsprechender Strategien würden.

Bezüglich der Ethnisierungspolitik im strukturellen Bereich, welcher der entscheidende sei, richteten Bukow und Llaryora ihre Aufmerksamkeit zunächst auf den Sozialisationsprozess.[108] Der traditionellen Ausländerforschung warfen sie vor, „dem Migranten die mit jenem Prozess verbundenen Kompetenzen abzusprechen", was ungerechtfertigt sei, da der in der Bundesrepublik eintreffende Wanderer längst sozialisiert, sogar sozial integriert und allenfalls auf eine anderer Gesellschaft hin orientiert sei, womit man höchstens hinterfragen könne, ob diese Menschen die „richtige soziale Finalisierung" mitbrächten sowie die „richtige kulturell-politische Einstellung", etwa die Bereitschaft zur Unterordnung (oder zur Drecksarbeit). Zusammenfassend werde bei dem Sozialisationsprozess wie auch mit Blick auf die Sozial- und Systemintegration deutlich, dass Wanderer, die man in der Bundesrepublik zu ethnischen Minderheiten abstempele, keine „wirklich abweichende" Disposition erfahren hätten. Wo das behauptet werde, wo man z. B. die familiale Einstellung als ethnisch abweichend geprägt herausstelle, gehe es um die Begründung politischer Sachverhalte wie darum, Migrant(inn)en das Wahlrecht vorzuenthalten oder sie als Klientel zu fixieren usw. Hinzu

106 Vgl. hierzu und zum Folgenden: ebd., S. 95 ff.
107 Siehe ebd., S. 141 ff.
108 Vgl. auch zum Folgenden: ebd., S. 144 ff.

kommt nach Ansicht Bukows und Llaryoras, dass individuell eingebrachte Kenntnisse (etwa Berufsqualifikationen, auch wenn sie fremdethnisch geprägt seien) eine untergeordnete Rolle spielen, da vorausgesetzte Basisfertigkeiten wie das „Lernen-Können" eher auf einer allgemeinen Grundkompetenz des Menschen überhaupt beruhten.

Zugleich zeichneten die Kölner Soziologen im strukturellen Bereich eine historisch-gesellschaftliche Umschichtung nach. Diese beginne mit der Phase einer lohnarbeitsfundierten Gesellschaft, in der sich die soziale Platzierung auch fremdethnischer Mitglieder von ihrer Stellung im Produktionsprozess ableitet. Als nächste Phase folgt eine Gesellschaft, die ihre Zugehörigkeiten eher über den Bürgerstatus und die damit verbundenen politischen Rechte definiert, zumal die Lohnarbeit im Zuge ihrer Verknappung einen Wertverlust erfahre: „Die Brisanz dieser Umschichtung, der Heraushebung des politischen Bürgers, also die neue Akzentuierung der Gesellschaftlichkeit vermittels einer Abwertung von Arbeit (...), die Ausdifferenzierung eines neuen, auf das rein politisch gefaßte Gemeinwesen zielenden Begriffes ‚Bürger', (...) ist im vorliegenden Sachverhalt besonders pointiert an der Diskussion um den politischen Status des Wanderers abzulesen".[109] Rechtlich hätten Wanderer keine Chance, einen angemessenen politischen Status als Gesellschaftsmitglieder einzunehmen, praktisch betrachtet sei es so, dass selbst dort, wo ihnen geringe Partizipationsmöglichkeiten eingeräumt würden, Migrant(inn)en diese genauso wenig wahrnähmen wie andere unterprivilegierte Bevölkerungsgruppen. Vor diesem Hintergrund stellten Bukow und Llaryora heraus, dass z. Zt. ein Übergang von der ersten zur zweiten Phase festzustellen sei, bei dem alte Strategien eine modernisierende Transformation erführen. Eine zentrale Strategie zur Fixierung von „oben" und „unten" entwickele sich beispielsweise in der Form, dass jemand seiner immer bedeutsamer werdenden bürgerlichen Existenz beraubt werde, bis er zur Klientel des politischen Kontextes, schließlich des Sozialstaates gehöre. Insbesondere Migrant(inn)en treffe diese Umschichtung, mit der Folge, dass sie zunehmend strukturell ausgeklammert und gleichzeitig auf die Rolle von Klient(inn)en beschränkt würden.

Kehrseite dieses Ethnisierungsvorgangs im strukturellen Bereich ist ein Klientelisierungsprozess, der sowohl Migrant(inn)en als auch ihre Interessenvertretungen betrifft. Die Inszenierung einer solchen Ethnisierungspolitik durch legislative und exekutive Maßnahmen geschieht Bukow und Llaryora zufolge in zwei Schritten: Am Anfang stehe eine spezielle Gesetzgebung und entsprechende exekutive Verfahrensweisen, die einerseits die Existenzmöglichkeiten des Wanderers restriktiv bestimmten, andererseits in politischer Hinsicht Rechte negativ, in lebensweltlicher Hinsicht dagegen Sonderrechte positiv formulierten und dadurch spezielle Modalitäten (z. B. Aufenthalts-, Arbeitserlaubnis- und Familienzusammenführungsrecht) schafften. Der zweite Schritt bestehe dann in einer flankierenden Politik, bei der einerseits dem Wanderer die politische Beteiligung über die Staatsangehörigkeit beschnitten werde und andererseits (z. B. mit der Errichtung von Ausländerbeiräten) die politischen Konsequenzen der Klientelisierung zementiert würden. Da der Staat sich gezwungen sehe, ein hinreichendes Arbeitskräftepotenzial disponibel zu erhalten, könne man zugespitzt „von dem Versuch einer peripheren Zuordnung des Migranten sprechen. Der Wanderer würde „im Sinn einer ‚Dritten Welt in Europa' in der Industriegesellschaft eingebaut".[110]

109 Ebd. S. 154
110 Siehe ebd., S. 165

Im alltäglichen, lebensweltlichen Bereich zeichnen die Kölner Soziologen in Anlehnung an den Etikettierungsansatz (Labeling-Approach) nach, wie sich die Ethnisierungspolitik durchsetzt. Ethnisierung sei als eine besondere Form der Etikettierung zu sehen, die allgemein eine Strategie der Abgrenzung und Zuweisung im Hinblick auf die (Nicht-)Teilnahme an sozialen Situationen bezeichne,[111] obwohl zunächst keine linear-kausale Auswirkung der Ethnisierungspolitik im strukturellen Bereich auf die Lebenswelt festzustellen sei.[112]

Bukow und Llaryora werfen die Frage auf, welchen Nutzen die Ethnisierungspolitik im alltäglichen Bereich stiftet, womit sie auf das Unterschichtungsphänomen zu sprechen kommen. Es müsse berücksichtigt werden, an welchem Ort Zugewanderte in die Gesellschaft eingewiesen würden, so ihre Maxime. Hoffmann-Nowotny spreche deshalb zu Recht von einer Unterschichtung u. a. durch die Sperrung von Statuslinien und einer neofeudalen Absetzung nach oben. Sie zeichnen dazu das Bild eines „Kontinuum(s) mit einem unteren bzw. oberen Ende", das im Zuge der „Verwischung sozialer Grenzen" in fortgeschrittenen Industriegesellschaften entstehe. Das Kontinuum, dessen wirkliche Unterschiede erst hervorträten, wenn man Punkte (z. B. Deutsche – Ausländer), die entfernt voneinander auf einer (Status-)Linie liegen, miteinander vergleiche, könne jederzeit wieder zerfallen. Bukow und Llaryora stellen dann fest, dass sich gleichzeitig neue Zentren herauskristallisierten, womit neue Abgrenzungen notwendig würden. In Zeiten, in denen sich Lohnarbeit verknappe oder sozialstaatliche Leistungen zurückgenommen würden, zerfalle das Kontinuum sehr schnell, womit die Ab- und Ausgrenzung von Nichtdeutschen zu einer logischen Strategie werde: „Hier rastet wie von selbst eine lebensweltliche Politik der Ethnisierung ein." Nach Ansicht der Verfasser unterstützen besonders aufwärtsmobile Schichten, die auf der angedeuteten sozialen Linie direkt in Kontakt mit Zuwanderern stehen und bei der Unterschichtung quasi automatisch aufrücken, diese Politik und können sich dabei der allgemeinen Stimmung auf höherem Niveau bedienen. Zuspitzend formuliert, könne man von einer „Aktualisierung von Klassenkonflikten bei bzw. infolge der Rücknahme sozialstaatlicher Maßnahmen sprechen", womit man die Ethnisierung von Minoritäten als eine Strategie betrachten könne, „die direkte Klassenkonflikte weiter still" stelle. Eine solche Politik der Ethnisierung, die sich mehr oder weniger unkritisiert ausbreite, entwickle überdies eine kaum zu kontrollierende Eigendynamik, indem z. B. Ermessenspielräume von Behörden im Sinn restriktiver Fremdenpolitik gehandhabt würden. Auf diese Weise etabliere sich eine politische Kultur, die weit über das politische System hinaus auch im Alltag ihre Spuren hinterlasse, sich weiter verselbstständige und sogar zu einem Alltagsbestandteil werde.

In einem späteren Beitrag beschreibt Bukow die Funktionen von Ethnisierungsprozessen in den Themenfeldern „Rassismus und Gewalt", „Biographizität und Erfahrung" sowie „Minderheiten als Konstruktion und Gegenstand von Erziehung".[113] Seine anhand der genannten Themenfelder untermauerte Ausgangsthese ist, dass der Ethnizitätsbegriff in den Dienst genommen werde, um vermeintliche oder tatsächliche Unterschiede zum eigenen Vorteil zu gewichten. „Ethnisierung" sei als ein sozialer Konstruktions- oder Labelingprozess zu verstehen, in dessen Verlauf das konstitutiv an sich belanglose Merkmal der ethnischen

111 Vgl. dazu auch: A. Treibel: Migration in modernen Gesellschaften, a. a. O., S. 202
112 Vgl. auch zum Folgenden: W.-D. Bukow/R. Llaryora: Mitbürger aus der Fremde, a. a. O., S. 169 ff.
113 Vgl. W.-D. Bukow: Feindbild Minderheit. Zur Funktion von Ethnisierung, Opladen 1996

Zugehörigkeit einer Person schrittweise in eine konstitutiv relevante Eigenschaft transformiert werde, um eine gesonderte soziale Gruppe zu erzeugen.[114] Ausgehend von der Frage, wie es unter den bundesrepublikanischen Bedingungen gelingt, bestimmte Gesellschaftsmitglieder als „Ausländer/innen" abzuwerten, beschreibt Bukow den Ethnisierungsprozess als „kunstvoll inszenierten gesellschaftlichen Vorgang", als eine „historisch wohlfundierte soziogenerative Strategie zur Bereitstellung von gesellschaftspraktischen wie politisch-symbolischen Verfügungspotentialen".[115] Dessen Ablauf gliedere sich in drei Schritte:

1. Zunächst werde aus der Absicht heraus, eine gesonderte soziale Gruppe zu erhalten, ein geeigneter Indikator, z. B. die Staatsangehörigkeit, definiert. Am Ende stehen dann zwei soziale Größen – in diesem Fall Deutsche und Nichtdeutsche –, die Bukow als „noch inhaltlich leer" bzw. ohne innere Konsistenz beschreibt.[116] Der nächste Schritt bringt mittels des Indikators beide Einheiten in eine Machtrelation zueinander, in dessen Ergebnis sich die Deutschen als dominante und die Einwanderer als mindere Gruppe ansähen; anschließend werde die gewünschte Relation „sinnfällig" ausgearbeitet.
2. Von reiner Gruppenbildung komme es schnell zu einem umfassenderen Verständnis der Gruppierungen, indem den so konstruierten Gruppen (z. B. „der Türke", „die Italienerin", „der Ausländer") alsbald weiterreichende Eigenschaften zugeschrieben würden, „der ‚Ausländer' wird mit Attributen ausgestattet, die einer solchen Gruppe ‚zukommen'. Bald heißt es, ‚die Ausländer sind/haben …'"[117] Das Resultat sei die Selbst-Aufwertung der dominanten Gruppe (über Attribuierungen) bei gleichzeitiger Abwertung der diskriminierten Gruppe über korrespondierende Zuschreibungen.
3. Eine besonders brisante Ethnisierungsstrategie besteht darin, auf die Normalität beider Gruppen abzuheben und sie entsprechend einzuschätzen. Die diskriminierte Gruppe werde als (ethnisch, kulturell oder religiös unwiderruflich) „fremd" stigmatisiert, während sich die dominante Gruppe im Gegenzug einen „homogenen und qualitativ hochwertigen Status" attestiere.

Ethnisierung setzt also im engen Sinn dann ein, wenn die Resultate der beschriebenen Prozesse wesenhaft und unentrinnbar auf den Begriff gebracht und mit entsprechenden Deutungsmustern untermauert werden: Aus der Ausländergruppe werde eine „kulturelle und schließlich politisch gefügte Entität; Ethnizitäten werden so postuliert", wenngleich ethnische Spezifika in fortgeschrittenen Industriegesellschaften eigentlich Privatsache seien.[118] Als handlungsleitend beim Ethnisierungsprozess sieht Bukow vor allem Angehörige der dominanten Mehrheitsgesellschaft: „Ethnische Spezifika (…) werden i. d. R. von den Einheimischen aus dem eigenen Traditionsfundus entnommen oder notfalls auch neu geschaffen und dann kunstvoll arrangiert, genau adressiert und dabei kulturell aufgeladen."[119] Diese Aufladung des

114 Vgl. ders.: Soziogenese ethnischer Minoritäten, a. a. O., S. 423; ergänzend ders./R. Llaryora: Mitbürger aus der Fremde, a. a. O., S. 95 ff.
115 Siehe W.-D. Bukow: Soziogenese ethnischer Minoritäten, a. a. O., S. 425
116 Vgl. hierzu und zum Folgenden: ders.: Feindbild Minderheit, a. a. O., S. 63 ff.
117 Siehe ebd., S. 64
118 Vgl. auch zum Folgenden: ebd., S. 65
119 Siehe ebd.

anderen mit ethnischen Eigenschaften und die Aufarbeitung dieser Eigenschaften zu gesellschaftlich konstitutiven Entitäten seien erreicht, wenn die Angehörigen der entsprechenden Bevölkerungsgruppe (in der Praxis der Einheimischen) zu typischen „Türken", „Asylanten" usw. geworden seien, wobei die Ethnisierung auch auf die dominante Gruppe zurückwirke. Aus „dem Einheimischen" werde ein mit territorialen Rechten und nationalstaatlichem Habitus ausgestatteter „Deutscher". Mit dieser Zuschreibung sei der Ethnisierungsprozess aber nicht beendet, sondern gewinne erst mit sozialer Realität an Wirkungsmacht. Ethnisierung schlage sich in der weiteren Gestaltung des Alltagslebens nieder, indem die Konstruktionen (im Sinn kollektiver Zuschreibungen) sowohl von Einheimischen wie Minderheiten festgeschrieben würden, womit auch das interne Selbstverständnis der Gruppen sowie deren Umgang miteinander tangiert würden. Am Ende des Prozesses, so Bukow, „mögen *diese* ethnischen Definitionen zumindest für die diskriminierte Gruppe sogar überlebensnotwendig geworden sein".[120]

1. Armutsrelevante Wirkungen von Ethnisierungsprozessen

Ethnisierungsprozesse sind im Zusammenhang mit der Entstehung von Zuwanderer betreffenden Ausgrenzungsprozessen indirekt auch zur Erklärung der Armutsrisiken bestimmter, von einer Ethnisierungspolitik betroffener Migrantengruppen von Interesse. Bukow und Llaryora sahen die ethnische Unterschichtung anfänglich als Resultat einer Politik der Ethnisierung im alltäglichen Bereich, die im strukturellen Bereich durch eine Ausgrenzung über den Bürgerstatus ergänzt wurde. In späteren Arbeiten rückte Bukow von dieser Auffassung ab, indem er lediglich konstatierte, dass der Ethnisierungsprozess als „Legitimationsgrundlage für ein bevölkerungspolitisch gerichtetes Ausgrenzungsverfahren" wirke, das zunächst einmal nur alltägliche Phänomene, Wahrnehmungen und Erfahrungen neu verknüpfe und Argumente bereitstelle, um die „Ausgliederung ganzer Bevölkerungsgruppen plausibel erscheinen zu lassen". Als Folge dieser neu gewichteten Wahrnehmungs-, Deutungs- und Handlungslogik spalte „sich das Alltagsleben in zwei mit entsprechenden Positionen, Rechten, Ansprüchen usw. ausgestattete – eine berechtigte und eine entrechtete – Bevölkerungsgruppen auf", womit die Einheimischen die Berechtigung erlangten, ein entsprechendes Verhalten der Anderen auch einzufordern.[121]

Nach Auffassung Bukows schafft der Ethnisierungsprozess die Grundlagen für ein politisches Konzept, mit dem die dem politischen System zugewiesenen Verteilungsprozesse organisiert werden. Ethnisierung sei damit eine spezifische gesellschaftspolitische Strategie, die man benutze, um den Umbau einer fortgeschrittenen Industriegesellschaft voranzutreiben. Innerhalb dieser „Strategie" gewinnt das Merkmal „ethnische Zugehörigkeit" an sozialer und politischer Tiefe, wodurch Ausgrenzung zumindest aus Teilbereichen gesellschaftlicher Partizipation (wie der politischen Teilhabe oder dem Arbeitsmarkt) begünstigt werde. In einer erklärenden Fußnote konkretisiert Bukow schließlich die sozioökonomische Relevanz der „Ethnisierung" insofern, als sie offenbar der Sicherung der gesellschaftlichen Ressourcen

120 Siehe ebd., S. 66 (Hervorhebung im Original)
121 Siehe hierzu und zum Folgenden: ebd., S. 67 f.

dient. Es verbinde sich damit die Erwartung, dass „die gesellschaftliche Produktivität einem begrenzten Kreis von Nutznießern“ reserviert werden könne.[122] Mit dieser Argumentation verweist Bukow auf die sozialstrukturellen gesellschaftlichen Folgen, weil sich mit Ethnisierung ein neues soziokulturelles Verständnis ausbreite, das vor allem völkisch-nationale Muster verwende und die Gesellschaft wie selbstverständlich nach entsprechenden Verteilungsgesichtspunkten neu strukturiere: „Arbeit und Wohnen, Dienstleistung und Versorgung, Bildung, Karriere und Wohlstand, Selbstdarstellung wie kollektive Symbolik, alles wird zunehmend einer nationalen Logik unterworfen und entsprechend reformuliert.“[123] Diskurse über kulturelle Identität, Ethnizität usw. träten so in die Fußstapfen des klassischen Rassismus; allenthalben könne man einen „neuen Rückgriff“ auf Ethnizität beobachten.[124]

Das Ethnisierungskonzept bietet zwar keineswegs eine empirisch belegbare Analyse der Auswirkungen von Ethnisierung, leistet aber, indem es das Zustandekommen einer Ausgrenzungsstrategie gegenüber Minoritäten beschreibt, einen wichtigen Beitrag zur Erklärung der Genese sozioökonomischer Benachteiligung der von Ethnisierung betroffenen ethnisch-kulturellen Gruppen. Indem es beschreibt, warum Ethnisierung durch einen komplexen, wechselseitigen Zuschreibungs- und Rückzugsprozess zwischen Einwanderern und der sog. Mehrheitsgesellschaft in Ausgrenzung münden kann, erklärt es gleichermaßen indirekt, warum ein System stratifizierter Teilhaberechte von Migrant(inn)en verschiedener ethnischer Gruppen aufrechterhalten und fortwährend neu justiert wird, das sich durch vielfach abgestufte Zugänge und Partizipationschancen, etwa in sozialen Interaktionen oder dem Arbeitsmarkt, abbildet. Auf diesen Zusammenhang macht Jürgen Boeckh in einem Beitrag zu Migration und sozialer Ausgrenzung aufmerksam, wonach ethnische Zuschreibungen als Begründungen dafür dienen, dass Migrant(inn)en bei sich zuspitzenden Verteilungskonflikten im Sozialstaat aufgrund ihrer Herkunft als fremd oder nicht teilnahmeberechtigt erscheinen.[125]

Dennoch sind einige Grundannahmen des Ethnisierungskonzepts durchaus zu hinterfragen. Annette Treibel hält die Kernthese von Bukow und Llaryora, dass es kulturelle Unterschiede per se nicht gebe, sondern alles eine Frage der Konstruktion sei, für überspitzt, da die Autoren „zu sehr von theoretischen Postulaten und Selbstdefinitionen dieser Gesellschaft“ ausgingen und die praktische Relevanz sog. traditionaler Kriterien vernachlässigten.[126] Zuzustimmen sei ihnen jedoch zumindest insofern, als die ethnische Herkunft allein relativ wenig erkläre, da ethnische Unterschiede erst in der Aufnahmegesellschaft funktional würden und v. a. Unterschiede des gesellschaftlichen und politischen Kontextes bezogen auf den Umgang mit Minderheiten entscheidend seien: „Der Rückgriff auf ethnische Kriterien dient der Ausgrenzung von Zugewanderten, er unterstützt die Zuweisung in die unteren Statuspositionen in den Beschäftigungssystemen, was mit Hoffmann-Nowotny (1973) als Unterschichtung bezeichnet wurde.“[127]

---

122 Siehe ebd., S. 68

123 Vgl. W.-D. Bukow: Soziogenese ethnischer Minoritäten, a. a. O., S. 425

124 Vgl. ders.: Feindbild Minderheit, a. a. O., S. 49 u. 61

125 Vgl. J. Boeckh: Migration und soziale Ausgrenzung, a. a. O., S. 377; ergänzend: C. Kleinert: Migration, in: J. Allmendinger/W. Ludwig-Mayerhofer: Soziologie des Sozialstaates, Weinheim/München 2000, S. 356

126 Vgl. auch zum Folgenden: A. Treibel: Migration in modernen Gesellschaften, a. a. O., S. 204

127 Siehe ebd.

Fasst man die oben referierten migrationssoziologischen Erklärungsansätze zusammen, bleibt festzuhalten, dass der lange als unvermeidlich geltende Eingliederungsprozess von Migrant(inn)en in Aufnahmegesellschaften v. a. in klassischen Einwanderungsländern zwar schon früh das Interesse der Forschenden weckte, sein Ablauf, seine Stufen und insbesondere seine sozioökonomischen (Armuts-)Folgen für Einwanderer aber keineswegs abschließend erklärt wurden. Die sozioökonomische Schlechterstellung von Migrant(inn)en wurde anfangs primär als Ausdruck einer noch unvollständig vollzogenen strukturellen Eingliederung von Einwanderern interpretiert, die durch ungünstige, „geschlossene" Bedingungen von Aufnahmegesellschaften sowie auf Seiten der Zuwanderer durch individuelle Eigenschaften begünstigt werde. Die Konzepte von Park, Eisenstadt und Gordon signalisieren jeweils eine deutliche Weiterentwicklung und Ausdifferenzierung der noch heute zentralen Begrifflichkeiten im fachwissenschaftlichen Diskurs, wobei die Konzepte der „ethclass" oder der ethnischen Unterschichtung bereits auf strukturelle Ursachen für die Benachteiligung von Migrant(inn)en hinweisen und infolgedessen auch einen Erklärungsbeitrag für die hohen Armutsrisiken von Kindern mit Migrationshintergrund liefern.

Gleichwohl erfuhren bereits die frühen Eingliederungskonzepte viel Widerspruch.[128] Die aus dem anglofonen Raum stammenden Theorien wurden auch wegen ihrer fehlenden Übertragbarkeit auf hiesige Verhältnisse kritisiert, die schon aufgrund der nicht vergleichbaren gesellschaftlichen Rahmenbedingungen einschließlich der – lange fehlenden – Integrationspolitik in der Bundesrepublik nicht gegeben ist. So ließ Esser in den Aspekten der Wanderungssoziologie außer Acht, dass es in Deutschland keine mit jenen der USA vergleichbare ethnischen Enklaven (z. B. China Town, Little Italy etc.) gab und insofern auch keine ethnischen, sondern allenfalls kulturelle Identitätskarrieren existierten. Annette Treibel kommt zu dem Schluss, dass Ethnisierung und Unterschichtung als unterschiedliche Formen der Ausgrenzung, die den Einheimischen nützten, ineinander griffen: „Die primär *symbolische* Funktion der Ethnisierung (Ausländer als Nicht-Gesellschaftsmitglieder) wird durch die *psychische* Funktion (Verringerung von Frustration und Unsicherheit) und durch die *ökonomische* Funktion (Absicherung des eigenen Aufstiegs) der Unterschichtung ergänzt."[129] Im Gegensatz zu Heckmann vertritt Treibel die Auffassung, dass Tendenzen einer ethnischen Schichtung – also einer Verfestigung sozialer Ungleichheit bei bestimmten ethnischen Gruppen – sehr wohl in der Bundesrepublik auszumachen seien, was sie in Anlehnung an neuere Theorien besonders zum „ethic business" als zusätzlichem Segment (Nischenökonomie) im ohnehin schon segmentierten Arbeitsmarkt untermauert. Bezüglich der Frage, ob moderne zugleich auch ethnisch unterschichtete Gesellschaft seien, resümiert Treibel, moderne Gesellschaften hätten „keine *Assimilations*-‚Garantie': Weder gliedern sich die Zugewanderten mit wachsender Aufenthaltsdauer automatisch ein, noch werden die ethnischen Identifikationen irrelevant. Die Abwehrstrategien der Einheimischen, die von der Unterschichtung bis zur Ethnisierung reichen, tun ein Übriges, um die *ethnische* Unterschichtung zu begünstigen."[130] Überdies werde die relativ dauerhafte Beschränkung von Migrant(inn)en auf untere Beschäftigungspositionen durch den Rückgriff auf ethnische Kriterien verstärkt. Im Umgang der

128 Vgl. ebd., S. 85 ff.; F. Heckmann: Ethnische Minderheiten, Volk und Nation, a. a. O., S. 174 ff.
129 Vgl. ebd., S. 204 (Hervorhebungen im Original)
130 Vgl. auch zum Folgenden: ebd., S. 208 f. (Hervorhebungen im Original)

Aufnahmegesellschaft mit den Zugewanderten gehörten Unterschichtung und *Ethnisierung* schon deshalb zusammen, weil ethnische Selbst-Identifikationen weniger bedeutsam für die sozioökonomische Situation der Zuwanderer seien als die Zuschreibungsprozesse der Aufnahmegesellschaft (außer im Fall des „ethic business"). Nur manche der Aufsteiger könnten sich – quasi im Nachhinein – ein *ethic revival* „leisten".

Auffallend ist schließlich, dass die deutschsprachige Migrationssoziologie der ethnisierten sozialen Ungleichheit nur phasenweise Aufmerksamkeit schenkt, wobei Höhepunkte in den 1970er- und frühen 80er-Jahren lagen.[131] Nur vereinzelt existieren ganzheitliche Konzeptionen wie die Theorie ethnischer Schichtung Hoffmann-Nowotnys, die Wanderungssoziologie Essers oder das Ethnisierungskonzept von Bukow und Llaryora; auch diese berücksichtigen, je jüngeren Datums sie sind, allerdings umso weniger armutsrelevante Aspekte der Eingliederungsprozesse und Lebenslagen von Migrant(inn)en. Meist sind es individualzentrierte, handlungstheoretische und sozialpsychologische Analysen, die wenig interdisziplinär angelegt sind und deshalb nur bereichsspezifische Ausschnitte der migrantischen Lebenssituation einbeziehen. Deshalb ist weiterhin ein erhebliches Desiderat an zeitgemäßen, umfassenden Theorien zu konstatieren, welche eine Verbindung zwischen der armuts- und migrationssoziologischen Forschung herstellen.

7.2 *Armutsrelevante Auswirkungen der Migrations- und Integrationspolitik*

Im Folgenden werden im ersten Abschnitt sechs Phasen der bundesdeutschen Migrations- und Integrationspolitik mit Blick auf mögliche ethnisierungs-, unterschichtungs- und armutsrelevante Implikationen für Migrant(inn)en vorgestellt. Sie verdeutlichen, wie sich die gegenwärtige Migrationsbevölkerung in Deutschland – begünstigt durch ausländer- und integrationspolitische Entscheidungen – über einen langen Zeitraum diversifiziert und ihre Sozialstruktur im Zuge dessen ausdifferenziert hat. Dadurch haben sich die sozialen Lagen der Zuwandererbevölkerung auseinander entwickelt bzw. dualisiert, wobei manche Migrantengruppen – wie EU-Bürger/innen und Hochqualifizierte aus westlichen Industriestaaten – auch materiell durchaus profitierten und sich andere – insbesondere „unerwünschte" Zuwanderer mit humanitärem Aufenthaltsstatus wie Asylsuchende oder Geduldete – in einer nach wie vor häufig sowohl materiell als auch bezüglich ihrer Gegenwarts- und Zukunftsperspektiven prekären Situation befinden. Der zweite Abschnitt zeichnet mit Blick auf die Armutsrisiken eine Hierarchie ausländerrechtlicher Statusgruppen nach, die sich bis heute etabliert hat. Das Feld der Ausländerpolitik diente dabei als Experimentierfeld, um anfänglich eine ethnische Unterschichtung, später eine Ethnisierung und zuletzt auch die für Deutsche vorgenommenen Kürzungen in sozialen Unterhaltsleistungen am Beispiel von ausländischen Zuwanderern mit unsicherem Aufenthaltsstatus zu erproben.

131 Unberücksichtigt geblieben sind hier die armutsrelevanten stadtsoziologischen Konzepte, die z. T. auch jüngeren Datums sind; vgl. J. S. Dangschat (Hrsg.): Modernisierte Stadt – Gespaltene Stadt, a. a. O.; H. Häußermann/M. Kronauer/W. Siebel (Hrsg.): An den Rändern der Städte, a. a. O.

7.2.1 Phasen der Migrations- und Integrationspolitik

Der Migrationshistoriker Klaus J. Bade fasst die Geschichte der Bundesrepublik bis zum Vereinigungsprozess 1990 als einen endgültigen Umbruch im säkularen Wandel von einem Aus- zu einem Einwanderungsland – im statistischen, zunehmend auch im gesellschaftlichen, noch nicht aber im rechtlichen Sinne zusammen.[132] Der stetige Wandel von einem Aus- zu einem Einwanderungsland, den Deutschland schon seit dem späten 19. Jahrhundert durchläuft, manifestierte sich in der jungen Bundesrepublik in verschiedenen Phasen der Ausländerpolitik, die in der Fachliteratur unterschiedlich datiert und begründet werden.[133] Die *erste* Phase (1955–1973) begann – nach der Integration von ca. 13 Mio. Vertriebenen – mit den Verträgen zur Anwerbung von sog. Gastarbeiter(inne)n aus südeuropäischen Staaten. Diese Phase, in der Anwerbungen zunächst mit den Regierungen von Italien (1955), Spanien und Griechenland (1960) und später mit der Türkei (1961), Portugal (1964), Jugoslawien (1968) sowie mit Marokko und Tunesien geschlossen wurden, endete 1973 mit dem Anwerbestopp. Im Zuge des „Ölpreisschocks" und der darauf folgenden Weltwirtschaftskrise wurde er von der damaligen Bundesregierung erlassen, um diese Form staatlich organisierter Arbeitsmigration zu beenden und den Ausländerzuzug zu stoppen. Die Anwerbepolitik war damals auf eine *befristete* Zuwanderung von Arbeitsmigrant(inn)en ausgerichtet, die den Arbeitskräftemangel bestimmter Wirtschaftszweige der westdeutschen Nachkriegsökonomie ausgleichen sollten: Die überwiegend männlichen jungen Angeworbenen lebten damals ohne Familienangehörige separiert von der deutschen Bevölkerung in Baracken oder Sammelunterkünften und arbeiteten meist im industriellen Sektor auf Stellen, die wegen des relativen Stellenüberhanges und des steigenden Anspruchsniveaus einheimischer Arbeitnehmer immer seltener mit diesen besetzt werden konnten.[134] Sie übernahmen damit wichtige Ersatz-, Erweiterungs- und Pufferfunktionen in Zeiten des sog. Wirtschaftswunders und der Rezession, galt doch zumindest theoretisch noch das „Rotationsprinzip", nach dem einem befristeten Arbeitsaufenthalt die Rückkehr in das jeweilige Herkunftsland folgen sollte. Das sog. Wirtschaftswunder im Nachkriegsdeutschland und der Aufbau der Sozialsysteme wären ohne die Gastarbeiter/innen nicht erreicht worden, wie man daher rückblickend oft resümiert.[135] 1965 war auch das erste bundesdeutsche Ausländergesetz beschlossen worden, welches die Erteilung, Verlängerung und Beendigung von Aufenthaltserlaubnissen für Ausländer/innen weitgehend dem Ermessen von Verwaltungen überließ und daher als „Blankoermächtigung an die Verwaltung" kritisiert wurde.[136]

Die *zweite* Phase der Ausländerpolitik von 1973 bis 1979 war einerseits durch den Anwerbestopp und andererseits v. a. durch den Zuzug von Familienangehörigen der zuvor Angeworbenen geprägt, die auf der Grundlage des Ausländergesetzes von 1965 je nach Ermessen

132 Vgl. BMFSFJ (Hrsg.): Sechster Familienbericht, a. a. O., S. 31

133 Neben der im Anschluss zitierten Literatur siehe H. Behr: Zuwanderung im Nationalstaat. Formen der Eigen- und Fremdbestimmung in den USA, der Bundesrepublik und Frankreich, Opladen 1998, S. 55 ff.; ergänzend: A. Treibel: Migration in modernen Gesellschaften, 2., überarb. Aufl. a. a. O., S. 56 ff.; R. Geißler: Die Sozialstruktur Deutschlands, a. a. O., S. 235

134 Vgl. K. J. Bade: Migration und Asyl im geteilten Deutschland, a. a. O., S. 231 ff.

135 Vgl. K.-H. Meier-Braun: Deutschland, Einwanderungsland, a. a. O., S. 35

136 Siehe H. Rittstieg: Einführung, a. a. O., S. 3

der zuständigen Ausländerbehörde eine Nachzugs- bzw. Aufenthaltsgenehmigung erhielten.[137] Die Verhängung des Anwerbestopps hatte den Familiennachzug geradezu herausgefordert, da dieser nach Beendigung der aktiven Anwerbepolitik neben dem Asyl für politisch Verfolgte die einzig noch zugelassene Migrationsform war und die damalige Bundesregierung für sich dauerhaft niederlassende Migrantenfamilien eine Eingliederungspolitik in Aussicht stellte. Diese Phase wird aufgrund eines Diskussionspapiers des Bundesarbeitsministeriums von 1973 als „Phase der Konsolidierung der Ausländerbeschäftigung" bezeichnet, weil die Ausländerpolitik eine Eingliederung auf Zeit für Familien, die sich ansiedeln wollten, bezweckte.[138] Aus der damaligen Zeit stammen auch erste Forschungsarbeiten, etwa eine Untersuchung des Caritasverbandes zu schulischen und gesellschaftlichen Problemlagen der zweiten Generation, woran sich Diskussionen um eine verstärkte Integrationsförderung für Kinder aus Zuwandererfamilien entzündeten und zu ersten Förderbemühungen führten. Gleichwohl war die Ausländerpolitik durch einen immanent restriktiven Charakter bestimmt, der sich für Migrant(inn)en vor allem durch eine erhebliche Rechtsunsicherheit bezüglich des Erhalts eines sicheren Aufenthaltsstatus sowie durch eine Zuzugssperre für „überlastete Siedlungsgebiete" in den Jahren 1975 bis 1977 ausdrückte, mit der man einem konzentrierten Nachzug ausländischer Familienangehöriger in nur vier von elf Bundesländern entgegenwirken wollte.[139]

Eine kurze *dritte* Phase „der konkurrierenden Integrationskonzepte" (1979–1980) war durch – folgenlos versandende – Diskussionen um verstärkte Integrationsbemühungen und um politische Konzepte dafür geprägt. Heinz Kühn (SPD), erster Ausländerbeauftragter der Bundesregierung und ehemals nordrhein-westfälischer Ministerpräsident, legte 1979 ein ambitioniertes Memorandum[140] vor, dessen zentrale Forderung die Anerkennung der faktischen Einwanderungssituation durch die Regierung in Form einer konsequenten Integrationspolitik war. Darüber hinaus sollte der Staat Förderprogramme entwerfen und durchführen, um die reale Gleichberechtigung v. a. der zweiten Generation in den Bereichen (Aus-)Bildung, Arbeit und Wohnen zu erreichen. Weiterhin wurde schon damals die Einführung des kommunalen Wahlrechts für hier lebende Migrant(inn)en sowie eine Option auf die Erteilung der Staatsbürgerschaft für hier geborene ausländische Kinder verlangt, sozusagen als flankierende Maßnahme zur Erhöhung der politischen Partizipation.[141] Obwohl sich die folgende politische und mediale Debatte kurzfristig semantisch neu orientierte, wurde „aus der Diskussion um eine staatliche Integrationspolitik unversehens eine Diskussion um die Integrationsfähigkeit und Integrationswilligkeit der Zugewanderten", wie Klaus F. Geiger, emeritierter Professor der Universität Kassel, die damaligen Debatten rückblickend kommentiert. So blieben im Jahr 1980 auch die ausländerpolitischen Beschlüsse der damaligen

137 Vgl. BMFSFJ (Hrsg.): Sechster Familienbericht, a. a. O., S. 38

138 Vgl. K.-H. Meier-Braun: Deutschland, Einwanderungsland, a. a. O., S. 43 f.

139 Vgl. BMFSFJ (Hrsg.): Sechster Familienbericht, a. a. O., S. 39

140 Vgl. H. Kühn: Stand und Weiterentwicklung der Integration ausländischer Arbeitnehmer und ihrer Familien in der Bundesrepublik Deutschland. Memorandum des Beauftragten der Bundesregierung (Kühn-Memorandum), Bonn 1979; dazu ergänzend: BMFSFJ (Hrsg.): Sechster Familienbericht, a. a. O., S. 39

141 Vgl. K. F. Geiger: Das ist wohl kaum ein Neuanfang in der Einwanderungspolitik. Wie Parteien und Regierungen in Deutschland seit Jahrzehnten mit dem Begriff „Integration" Politik machen, in: Frankfurter Rundschau v. 25.10.2002

SPD/FDP-Bundesregierung – so etwa das Aufenthaltsgesetz/EWG[142] für Bürger/innen der damaligen EWG-Staaten, das die Einreise und den Aufenthalt von Arbeitnehmer(inne)n und ihren Familienangehörigen samt der „Aufenthaltserlaubnis-EG" einführte – „weit hinter den Forderungen ihres Ausländerbeauftragten zurück".[143] Noch mehr: Sie thematisierten die steigende Ausländerfeindlichkeit in Verbindung mit Problembereichen der Asyl- und Flüchtlingspolitik in einer Weise, dass sich die anschließende Debatte nun „eindeutig vom Thema ‚Gastarbeiterfamilien' auf die Asyl- und Flüchtlingspolitik" verlagerte und beide Themen sich diffus miteinander vermengten. Die erwartete Wende der Ausländerpolitik blieb aus, auch weil die Bundesregierung ungeachtet weiterer Vorschläge an ihrer „Integrationspolitik auf Zeit" festhielt, während man die entsprechende Konzeption nachhaltiger Integrationsförderung weiterhin verweigerte.

In der *vierten* und längsten Phase bundesdeutscher Ausländerpolitik (1981–90) war das Migrationsgeschehen zunächst durch die Zuwanderung von nachziehenden Familienangehörigen aus den ehemaligen Anwerbeländern sowie von Asylsuchenden gekennzeichnet. Nach dem Fall der Berliner Mauer kamen zahlreiche (Spät-)Aussiedler/innen und jüdische Kontingentflüchtlinge aus dem Osten Europas und der ehemaligen Sowjetunion hinzu. Diese Phase, auch als Wende in der Ausländerpolitik bezeichnet, beschrieb der Journalist Karl-Heinz Meyer-Braun als „Rennen um Begrenzungspolitik", die aus dem vorausgegangenen „kurzen Wettlauf um Integrationskonzepte" hervorgegangen war.[144] Damals wandelte sich die Ausländerpolitik zu einer „Konkurrenz von Begrenzungs- und Abwehrmaßnahmen". So wurde schon 1981/82 darüber diskutiert, ob mit der Senkung des Kindernachzugsalters der Familienzuzug verringert und wie die freiwillige Rückkehr von Arbeitsmigrant(inn)en in ihre Herkunftsländer gefördert werden könne.[145] Eine zunehmende Vermengung der Themen „Arbeitsmigration" und „Asyl" führte dabei zu einer verschärften Politisierung des Ausländerthemas, welches nunmehr in Politik und Öffentlichkeit stärker unter ordnungsrechtlichen als unter arbeitsmarktbezogenen Aspekten diskutiert wurde.

Neben der Aufrechterhaltung des Anwerbestopps, der Einschränkung des Familiennachzugs und der Förderung der Rückkehrbereitschaft als zentralen migrationspolitischen Maßnahmen stellte die Ankündigung vermehrter Integrationsangebote für hier lebende Ausländer/innen eine weitere Konstante der damaligen Ausländerpolitik dar. Sie wurde gleichwohl ebenso wenig eingelöst wie die mehrfach versprochene Reform des damals geltenden antiquierten Ausländerrechts.[146] Dabei etablierte sich ein weiterer „Geburtsfehler" bundesdeutscher Integrationspolitik, wie Klaus F. Geiger es bezeichnet, nämlich die – im internationalen Vergleich frühere und stärkere – Adressierung der Ausländerpolitik an einheimische Wähler/innen (anstelle an ausländische Einwanderer), wodurch sich ihr primäres Ziel weg von der Integration Zugewanderter hin zur Bindung einheimischer Wähler/innen verschob.[147] Seit 1980 war ein zeitgemäßes Ausländergesetz immer wieder angekündigt worden, die entsprechenden

142 Der volle Namen lautet „Gesetz über Einreise und Aufenthalt von Staatsangehörigen der Mitgliedstaaten der Europäischen Wirtschaftsgemeinschaft (Aufenthaltsgesetz/EWG)" v. 31.1.1980, in: BGBL I S. 116ff.

143 Siehe auch zum Folgenden: K.-H. Meyer-Braun: Deutschland, Einwanderungsland, a.a.O., S. 48f.

144 Ebd., S. 49

145 Vgl. K. J. Bade, in: BMFSFJ (Hrsg.): Sechster Familienbericht, a.a.O., S. 40

146 Vgl. ebd., S. 41

147 K. F. Geiger: Das ist wohl kaum ein Neuanfang in der Einwanderungspolitik, a.a.O.

Vorlagen scheiterten jedoch.[148] Erst Bundesinnenminister Wolfgang Schäuble gelang es in seiner ersten Amtsperiode, einen Entwurf einzubringen, der eine Mehrheit im Parlament fand. Gegen die Stimmen der sozialdemokratisch regierten Länder verabschiedete der Bundesrat das „neue" Ausländergesetz am 11. Mai 1990.

Mit dem neuen Ausländerrecht begann 1991 die bis 1998 währende *fünfte* Phase der Ausländerpolitik. Ihr Wanderungsgeschehen war durch den starken Zuzug von Flüchtlingen, Spätaussiedler(inne)n aus Osteuropa und Fluchtmigrant(inn)en aus Ländern der „Dritten Welt" geprägt. Infolge des deutschen Vereinigungsprozesses wurde die Lage ehemaliger Vertragsarbeitnehmer/innen (deren größte Gruppe Vietnamesen waren) in den ostdeutschen Bundesländern zunehmend unsicherer, sodass viele in ihre Heimatländer zurückkehrten. In den alten Bundesländern kristallisierte sich währenddessen eine zunehmende Diskrepanz zwischen der langen Aufenthaltsdauer der „Gastarbeiterbevölkerung" bei zugleich ungesichertem Aufenthaltsstatus heraus. Verschärfend kam vor allem für hier geborene ausländische Kinder hinzu, dass die Staatsbürgerschaft immer noch weitgehend auf dem Ius-sanguinis-Prinzip[149] basierte und Einbürgerungen nur nach sehr langen Aufenthaltszeiten und unter Erfüllung zahlreicher Voraussetzungen möglich waren.

Mit dem Ausländergesetz trat am 1. Januar 1991 ein „hastig verabschiedetes und höchst kompliziertes Paragraphenwerk" in Kraft.[150] Es erleichterte Einbürgerungen, die nun nach 15 Jahren Aufenthalt möglich waren, sowie den Familiennachzug von bereits lange hier lebenden „Gastarbeiter(inne)n", dehnte den Schutz von Ehepartner(inne)n und Kindern politisch Verfolgter aus und führte eine sog. Altfallregelung für geduldete Asylbewerber/innen ein, denen man ein dauerhaftes Aufenthaltsrecht zugestand. Zugleich wurden jedoch Ausweisungsbefugnisse (z. B. bei Straftaten) verschärft und Ermessensspielräume der Ausländerbehörden im Aufenthaltsrecht nochmals ausgeweitet. Das Ausländergesetz, kommentiert Karl-Heinz Meyer-Braun, erwies sich zwar als Verbesserung, blieb aber bei der Fiktion, Deutschland sei kein Einwanderungsland, zumal es keine Integrationsförderung vorsah. So schrieb man einerseits den Anwerbestopp gesetzlich fest, andererseits schuf man die Möglichkeit, Ausländer/innen für bestimmte Wirtschaftsbereiche vorübergehend zu beschäftigen. Dazu wurde die „Verordnung der Ausnahmeregelungen für die Erteilung einer Arbeitserlaubnis an neu einreisende ausländische Arbeitnehmer (Anwerbestopp-Ausnahmeverordnung, AVA)" erlassen, von der in der Folge umfangreich Gebrauch gemacht wurde, auch wenn die Bestimmung in der Öffentlichkeit kaum bekannt war.[151] Die AVA signalisierte „einen Rückfall in das tot geglaubte Rotationsprinzip" und höhlte den Anwerbestopp so aus, dass er in der Praxis kaum bedeutsam war.[152]

---

148 Vgl. K.-H. Meyer-Braun: Deutschland, Einwanderungsland, a. a. O., S. 62

149 Lat. „Recht des Blutes": Die Staatsangehörigkeit leitet sich aus der Abstammung ab; vgl. dazu A. Dietl: Das Blutrecht gewinnt an Boden. Die Diskussion um die doppelte Staatsbürgerschaft, in: J. Baumann/A. Dietl/W. Wippermann: Blut oder Boden. Doppelpass, Staatsbürgerrecht und Nationsverständnis, Berlin 1999, S. 109 ff.; G. Hentges/C. Reißlandt: Blut oder Boden – Ethnos oder Demos? Staatsangehörigkeit und Zuwanderung in Frankreich und in Deutschland, in: D. Heither/G. Wiegel (Hrsg.) Die Stolzdeutschen. Von Mordspatrioten, Herrenreitern und ihrer Leitkultur, Marburg 2001, S. 172

150 Siehe auch zum Folgenden F. Nuscheler: Internationale Flucht, Migration und Asyl, Opladen 1995, S. 187 f.

151 Vgl. K.-H. Meyer-Braun: Deutschland, Einwanderungsland, a. a. O., S. 68

152 Vgl. ebd., S. 90

1992/93 flammten bundesweit – wie auch bereits 1989 im Vorfeld der Ausländerrechtsreform – rechtsextreme Gewalttaten (u. a. in Rostock-Lichtenhagen und Solingen) gegenüber Zuwanderern auf und verstärkten in der Öffentlichkeit die Wahrnehmung von Migration als ein von der Politik ungelöstes Problemfeld. Nach einer teilweise kampagnenartig zugespitzten mehrmonatigen Diskussion über den angeblich massenhaften Missbrauch des in Art. 16 der Verfassung verankerten Grundrechts auf Asyl durch „Wirtschaftsflüchtlinge“ schlossen CDU/CSU, FDP und SPD am 6. Dezember 1992 den sog. Asylkompromiss. Dieser schränkte das Grundrecht auf politisches Asyl durch die „Drittstaatenregelung“ und das „Flughafenverfahren“ erheblich ein und wurde am 1. Juli 1993 rechtskräftig. 1993 traten auch das neue Asylverfahrensgesetz und das nicht minder umstrittene Asylbewerberleistungsgesetz in Kraft.

Insgesamt kennzeichnend für die damalige Migrationspolitik war das „appellative Dementi“ der Einwanderungssituation durch die Bundesregierung, welches hieß: „Deutschland ist kein Einwanderungsland“.[153] Nach Ansicht von Klaus J. Bade resultierte daraus die mangelnde Bereitschaft zur Entwicklung langfristiger, transparenter und alle Einwanderergruppen umfassender Eingliederungskonzepte. Im Gegensatz zum offiziellen politischen Konsens bildete sich in der Praxis jedoch eine pragmatische, zunehmend kontinuierliche Integrationspolitik für bereits hier lebende Migrant(inn)en mit gesichertem Aufenthaltsstatus heraus.[154] Angesichts dieser paradoxen Ausgangssituation griffen 1994 Wissenschaftler/innen verschiedener Disziplinen aus Sorge um die mangelhafte politische Gestaltung der Migration und ihrer (Integrations-)Folgen im „Manifest der 60“ die alte Forderung nach einer umfassenden Gesetzgebung von Zuwanderung und Eingliederung erneut auf.[155] Ihrem Plädoyer für einen Paradigmenwechsel in der Einwanderungspolitik schlossen sich viele Bürger/innen an, wiewohl es zumindest bis 2000/01 auf der politischen Agenda kaum Beachtung fand. Bis auf einige kleinere migrationspolitische Projekte, etwa das Rückführungsabkommen für Vietnames(inn)en 1995 oder die Novellierung des Ausländergesetzes 1996, welche die Einbürgerung und den Familiennachzug weiter erleichterte, blieben die zentralen Probleme der Integration unter der von CDU und CSU geführten Bundesregierung ungelöst.

Erst gegen Ende der 1990er-Jahre unternahm die Bundesregierung erste Schritte, um das Ausländerrecht an die zwischenzeitlich veränderten Anforderungen des Freizügigkeitsrechts von Unionsbürger(inne)n anzupassen, etwa bezüglich eines verbesserten Ausweisungsschutzes.[156] Im September 1997 trat eine Freizügigkeitsverordnung in Kraft, die eine Meistbegünstigungsklausel und weitere Verbesserungen enthielt; allerdings standen eine umfassende Reform des Aufenthaltsgesetzes/EWG sowie bundesweite Verwaltungsvorschriften zum Ausländergesetz von 1991 weiterhin aus (die erst die rot-grüne Folgeregierung auf den Weg brachte).[157]

Ein bisher fast ausgeklammertes Thema stellt die Aussiedlerpolitik dar. In den Nachkriegsjahren gesetzlich etabliert, spielte der Aussiedlerzuzug lange kaum eine gewichtige Rolle. Das änderte sich erst gegen Ende der 1980er-Jahre allmählich, als die Zuzugszahlen auf 200.000 (1988) stiegen. Die damalige CDU/CSU/FDP-Bundesregierung nahm Aussiedler/innen mit offenen Armen auf und förderte ihre Integration mit kostenlosen Sprachkursen und

153 Vgl. BMFSFJ (Hrsg.): Sechster Familienbericht, a. a. O., S. 43
154 Vgl. ebd., S. 44 f.
155 K. J. Bade (Hrsg.): Das Manifest der 60. Deutschland und die Einwanderung, München 1994
156 Vgl. Bundesausländerbeauftragte (Hrsg.): Lagebericht 1997, a. a. O., S. 98
157 Vgl. dies. (Hrsg.): Lagebericht 2000, a. a. O., S. 39

einem Einbürgerungsanspruch. Aussiedlerkinder wurden vom damaligen Aussiedlerbeauftragten Horst Waffenschmidt sogar als „Goldschatz“ bezeichnet. Aussiedler seien auf Dauer ein großer Gewinn, zumal sie Wirtschaftsbürger seien und einen großen kulturellen Beitrag leisteten.[158] Mit dem Fall der Mauer 1989 stiegen die jährlichen Aussiedlerzuzugszahlen auf einen Höchststand von 400.000 (1990) an. Von den insgesamt 3,82 Mio. Aussiedler(inne)n, die von 1950 bis 1997 einwanderten, kamen mehr als die Hälfte in den Jahren nach dem politischen Umbruch in Osteuropa.[159] Seither haben die vormals wichtigsten Ausreiseländer Polen und Rumänien an Bedeutung verloren, während die ehemalige UdSSR ein immer stärkeres Gewicht gewann, weshalb heutzutage umgangssprachlich häufig von „Russlanddeutschen“ die Rede ist.[160]

Auf die Zunahme der Zuwanderung und die sich alsbald abzeichnenden Probleme bei der Integration von Aussiedler(inne)n und ihrem Zusammenleben mit Einheimischen bzw. Ausländer(inne)n reagierte die Bundesregierung mit mehreren Gesetzesinitiativen: In das Aussiedleraufnahmegesetz[161] nahm man 1990 die Einschränkung auf, dass die Aufnahmeanträge bereits in den Herkunftsländern zu stellen und positiv zu bescheiden sind. 1993 folgte das Kriegsfolgenbereinigungsgesetz[162] (KfBG), das den Rechtsstatus der *Spät*aussiedler/innen, die Beweislast einer individuellen Diskriminierung für Antragsteller/innen und eine Quote von 200.000 Zuzügen pro Jahr einführte, was die Zuzugszahlen insbesondere aus Polen und Rumänien weiter reduzierte.[163] Schließlich wurde 1996 als Nachweis der deutschen Volkszugehörigkeit die Prüfung deutscher Sprachkenntnisse im Herkunftsland eingeführt, was sich ebenfalls als wirksames Zuzugsbegrenzungsinstrument erwies. Im selben Jahr sprach sich die SPD unter ihrem damaligen Vorsitzenden Oskar Lafontaine gegen eine Bevorzugung von Aussiedler(inne)n gegenüber den seit Generationen im Lande lebenden Ausländer(inne)n aus; allerdings führte die Argumentation, dass es angesichts hoher Arbeitslosigkeit unverantwortlich sei, bis zu 200.000 Aussiedler/innen pro Jahr zuzulassen, bei der baden-württembergischen Landtagswahl zu keinem Erfolg.[164] Die neue rot-grüne Bundesregierung begrenzte 1998 die jährliche Zuzugsquote auf 100.000 und versuchte mit einen neuen Konzept, welches die Aussiedlerpolitik als Teilgegenstand der „übrigen“ Migrations- und Integrationspolitik begriff, die verschärften Integrationsprobleme insbesondere junger Spätaussiedler/innen besser in den Griff zu bekommen.

Die sechste Phase eines vorübergehenden Frühlings bundesdeutscher Migrationspolitik begann mit dem Regierungswechsel zu Rot-Grün im Herbst des Jahres 1998 und dauerte bis zur Ablösung des alten Ausländerrechts durch das Zuwanderungsgesetz Ende 2004. Als die CDU/CSU/FDP-Koalition abgelöst wurde, hofften viele Menschen auf einen Paradigmenwechsel u. a. in der Ausländer- und Asylpolitik. Tatsächlich bekannten sich in der zwischen SPD und Bündnis 90/Die Grünen geschlossenen Koalitionsvereinbarung erstmalig zwei Regierungs-

158 Vgl. K.-H. Meyer-Braun: Einwanderungsland Deutschland, a. a. O., S. 78
159 Vgl. B. Dietz: Kinder aus Aussiedlerfamilien, a. a. O., S. 12
160 Vgl. ebd.
161 Das Aussiedleraufnahmegesetz (AAG) v. 28.6.1990 trat am 1. Juli desselben Jahres in Kraft.
162 Das Kriegsfolgenbereinigungsgesetz (KfbG) v. 21.12.1992 trat am 1. Januar 1993 in Kraft.
163 Vgl. A. Treibel: Migration in modernen Gesellschaften, a. a. O., 2002, S. 36 f.; auch zum Folgenden: K.-H. Meyer-Braun: Einwanderungsland Deutschland, a. a. O., S. 78 ff.
164 Vgl. ebd., S. 77 f.

parteien zur Anerkennung der faktischen Einwanderungsrealität in der Bundesrepublik bzw. dazu, dass ein „unumkehrbarer Zuwanderungsprozess in der Vergangenheit stattgefunden" habe, und setzten zugleich auf die Integration der „auf Dauer bei uns lebenden Zuwanderer, die sich zu unseren Verfassungswerten bekennen."[165] Der Politikwechsel sollte mit der Schaffung eines modernen Staatsangehörigkeitsrechts als zentralem migrationspolitischem Reformvorhaben der folgenden Legislaturperiode untermauert werden. Außerdem wollte man laut Koalitionsvereinbarung das Kommunalwahlrecht für Nicht-EU-Ausländer/innen einführen, das eigenständige Aufenthaltsrecht von Ehegatt(inn)en verbessern sowie die Gleichberechtigung von Minderheiten mit einem „Gesetz gegen Diskriminierung und zur Förderung der Gleichbehandlung" erreichen.[166] Im Bereich von Flucht und Asyl sollten u. a. das Flughafenverfahren, die Dauer der Abschiebehaft und die Nichtanerkennung der geschlechtsspezifischen Verfolgung als Asylgrund überprüft werden.

Die Reform des Staatsangehörigkeitsrechts wurde im Juni 1999 nach monatelangen Debatten verabschiedet. Zur Abkehr von der ursprünglichen Gesetzesfassung – die, wie bereits die Koalitionsvereinbarung, u. a. Mehrstaatigkeit vorsah – hatten sowohl die von der CDU initiierte „Doppelpass-Kampagne" vor der hessischen Landtagswahl im Februar des Jahres als auch die Oppositionsmehrheit im Bundesrat geführt, weshalb das von der FDP vorgeschlagene „Optionsmodell" realisiert wurde. Zentrales Element der Reform blieb zwar die Ergänzung des bis dahin fast ausschließlich geltenden Abstammungsrechts um das Geburtsrecht (Ius soli/Geburtsortsprinzip: die Staatsbürgerschaft erhält, wer im Land geboren ist oder sich zur Verfassung bekennt), das hier geborenen Kindern ausländischer Eltern unter bestimmten Voraussetzungen zusätzlich zu der ihrer Eltern automatisch die deutsche Staatsbürgerschaft zuerkennt. Das Zugeständnis in Form der Optionspflicht bestand aber darin, dass sich Jugendliche seither im Alter von 18 bis 23 Jahren für *einen* Pass entscheiden müssen; geschieht dies nicht, verlieren sie die deutsche Staatsangehörigkeit. Das Prinzip der Vermeidung von Mehrstaatigkeit wurde dabei auch für alle anderen Einbürgerungsmöglichkeiten verankert, wenngleich zahlreiche Ausnahmen (z. B. bei EU-Bürgern und Asylberechtigten) zugelassen wurden.[167]

Am Ende der 14. Legislaturperiode waren weder die Erwartungen der Befürworter/innen noch die Befürchtungen der Gegner/innen der Staatsangehörigkeitsrechtsreform eingetroffen. Kadriye Aydin, als Juristin beim Interkulturellen Rat in Deutschland tätig, bezeichnete lediglich die Einführung des „Ius-soli-Prinzips" als Erfolg.[168] „Obwohl sich Trends und Tendenzen erst durch längerfristige Beobachtungen abzeichnen, ist bereits jetzt ersichtlich, dass der große ‚Run' bei den Einbürgerungen – zumindest im Jahr 2000 – ausgeblieben ist".[169] Die Gründe dafür seien vielfältig, bilanzieren Expert(inn)en, aber v. a. die Aufgabe der bisherigen Staatsangehörigkeit, die Optionspflicht für Kinder und Jugendliche, der Nachweis

165 Sozialdemokratische Partei Deutschland, Bundesvorstand (Hrsg.): Aufbruch und Erneuerung – Deutschlands Weg ins 21. Jahrhundert. Koalitionsvereinbarung zwischen der Sozialdemokratischen Partei Deutschlands und Bündnis 90/Die Grünen v. 20.10., Bonn 1998, S. 47

166 Ebd., S. 49

167 Vgl. K. Aydin: Eine erste Bilanz. Erfahrungen des Interkulturellen Rates in Deutschland, in: H. Storz/C. Reißlandt (Hrsg.): Staatsbürgerschaft im Einwanderungsland Deutschland, a. a. O., S. 116

168 Vgl. auch zum Folgenden: ebd., S. 108

169 Ebd.

ausreichender Deutschkenntnisse sowie das politische Klima in Deutschland hinderten viele Migrant(inn)en daran, ihren Rechtsanspruch auf Einbürgerung wahrzunehmen.[170]

Die erste Zuwanderungsdebatte begann, als der damalige Bundeskanzler Gerhard Schröder in seiner Rede zur Eröffnung der Computermesse CeBit im Jahr 2000 in Hannover, von den Arbeitgeber(inne)n und ihren Verbänden gedrängt, eine stärkere branchenbezogene Öffnung des Arbeitsmarktes für ausländische Spezialisten ankündigte. Medienwirksam wurde die Green-Card-Initiative vorgestellt, die ab dem 1. August einem Kontingent von 20.000 IT-Expert(inn)en einen auf 5 Jahre befristeten Aufenthalt in der Bundesrepublik ermöglichen sollte, der jedoch einen Familiennachzug ausschloss.[171] Der damalige Bundespräsident Johannes Rau forderte in seiner ersten Berliner Rede am 12. Mai 2000 über eine Regelung der arbeitsmarktbegründeten Zuwanderung hinaus eine breite Diskussion darüber, wie eine neue, ganzheitliche Integrationspolitik auszurichten sei. Besonders die Förderung der Integration ist, wie er betonte, „eine gesamtgesellschaftliche Aufgabe allererster Ordnung", die insbesondere in Kindergärten, Schulen, der Jugendarbeit, der Ausbildung und im Arbeitsleben wahrzunehmen sei.[172]

Eine neue Dynamik entwickelte die Zuwanderungsdebatte ab Juli 2000, als Bundesinnenminister Otto Schily die „Unabhängige Kommission ‚Zuwanderung' der Bundesregierung" unter Vorsitz von Prof. Dr. Rita Süssmuth (CDU) einsetzte, die alle mit Migration einschließlich der Integration verbundenen Fragen prüfen und Empfehlungen zur politischen Gestaltung eines Gesamtkonzepts geben sollte. Nicht zuletzt mit der Veröffentlichung des Sechsten Familienberichts der Bundesregierung erfuhr „Integrationsförderung" als Thema in der politischen Diskussion die schon lange geforderte Aufwertung. Als Reaktion auf die intensiver werdende Debatte um Zuwanderung positionierten sich in den folgenden Monaten die politischen Parteien, die Arbeitgeber- und Arbeitnehmerorganisationen, die Wohlfahrtsverbände, Kirchen und Migrantenselbstorganisationen.[173] Auf diesem ersten Höhepunkt der Zuwanderungsdebatte präsentierte Schily 2001 den Entwurf eines Zuwanderungsgesetzes, welcher weitgehend liberal wirkende, manchem Kritiker zu offene Bestimmungen, z. B. im Bereich der Arbeitsmigration, enthielt. Er profitierte von der Auslagerung einer ganzen Reihe sicherheitspolitischer Restriktionen in den Anti-Terror-Bereich (sog. Sicherheitspakete I und II) und sah überwiegend Verschärfungen bei der Aufnahme und Abschiebung von Flüchtlingen vor.[174] Integration wurde erstmals zur bundesgesetzlichen Aufgabe erklärt, die Migrationsverwaltung insgesamt verschlankt und beim neuen Bundesamt für Migration und Flüchtlinge (BAMF) konzentriert. Der im Vorfeld des Bundestagswahlkampfs 2002 zunehmend umkämpfte Gesetzentwurf passierte mit der Regierungsmehrheit den Bundestag und in einer heftig umstrittenen Abstimmung den Bundesrat. Im Mittelpunkt der Kontroversen stand die Kritik der Unionsparteien, das Gesetz werde im Gegensatz zu seiner Intention weniger

170 Vgl. ebd., S. 118 f.

171 Vgl. J. Welsch: Green Cards für die New Economy. Eine erste Bilanz, in: Blätter für deutsche und internationale Politik 12/2002, S. 1473 ff.

172 Vgl. J. Rau: Ohne Angst und Träumereien: Gemeinsam in Deutschland leben, Berlin 2000, S. 34

173 Vgl. Konrad-Adenauer-Stiftung (Hrsg.): Projekt Zuwanderung und Integration: Zuwanderung – Stellungnahmen der Parteien und einiger gesellschaftlicher Gruppen, Sankt Augustin 2001

174 Vgl. C. Reißlandt: Fit für die Globalisierung? Die deutsche Migrations- und Integrationspolitik nach den rot-grünen Reformen, in: Ch. Butterwegge/G. Hentges: Zuwanderung im Zeichen der Globalisierung. Migrations- Integrations- und Minderheitenpolitik, 3. Aufl. Wiesbaden 2006, S. 143 ff.

zu Steuerung und Begrenzung als zu einer weiteren Öffnung beitragen. Dazu kam es aber nicht. Das Gesetz, das am 1. Januar 2003 hätte rechtskräftig werden sollen, wurde wegen des Abstimmungsverfahrens im Bundesrat vom Bundesverfassungsgericht im Dezember 2002 zurückgewiesen. Es wurde daraufhin – textgleich – direkt in den Bundesrat eingebracht und anschließend ab Oktober 2003 im Vermittlungsausschuss beraten. Die dort ins Leben gerufene Arbeitsgruppe kam bis Mai 2004 zu keinem Ergebnis, woraufhin die Bündnisgrünen die Verhandlungen für beendet erklärten, wohl auch, um weitere Verschärfungen im sicherheitspolitischen Bereich zu verhindern. Da die SPD zur Fortsetzung der Gespräche bereit war, lud Bundeskanzler Schröder die Vorsitzenden der Parteien zu „Konsensgesprächen" ein,[175] die schließlich eine politische Einigung brachten. Eine Arbeitsgruppe formulierte diese in einem zweiten Gesetzentwurf aus, der im Juli 2004 problemlos Bundestag und Bundesrat passierte.[176]

Das kurz als „Zuwanderungsgesetz" bezeichnete Artikelgesetz nahm zum 1. Januar 2005 eine grundlegende Neuregelung des gesamten Ausländer- und Asylrechts vor.[177] Sein Herzstück bildet mit Artikel 1 das neue Aufenthaltsgesetz (AufenthG), welches das alte Ausländergesetz ablöste.[178] Weitere Artikel änderten u. a. das Asylverfahrens- und das Asylbewerberleistungsgesetz, das „neue" Staatsangehörigkeits- sowie das Bundesvertriebenengesetz und führten ein neues Freizügigkeitsgesetz/EU als Aufenthaltsrecht für EU-Bürger/innen ein. Im Aufenthaltsgesetz regelte man das gesamte Einreise- und Aufenthaltserlaubnisrecht von Drittstaatler(inne)n neu. Es knüpfte zwar an wesentliche Strukturen des alten Ausländerrechts an, führte aber mit der (befristeten) Aufenthaltserlaubnis sowie der (unbefristeten) Niederlassungserlaubnis eine grob nur noch zweigeteilte Systematik von Aufenthaltstiteln ein, welche die vielen zuvor bestehenden Formen der Aufenthaltsgenehmigung mit Ausnahme der Duldung ersetzten.[179] Allerdings erfolgte nur auf den ersten Blick eine Vereinfachung: Die befristete Aufenthaltserlaubnis gewährt man zwar (fast) allen Migrantengruppen mit noch nicht dauerhafter Bleibeperspektive gleichermaßen, sie wird aber mit einem je nach Aufenthaltszweck differierenden Vermerk zum individuellen Arbeitsmarktzugang versehen. Die nach altem Recht unterschiedenen Statusgruppen (z. B. Saisonarbeitnehmer, Studierende, Asylbewerber, GFK-Flüchtlinge und geduldete Flüchtlinge) behielt man aber bei, indem sie eine mit jeweils unterschiedlichen gesellschaftlichen und sozialstaatlichen Teilhaberechten verbundene Aufenthaltserlaubnis erhalten.[180] Die wohl wichtigsten Vermerke auf der Aufenthaltserlaubnis betreffen den Arbeitsmarktzugang, die Zuordnung zum Empfängerkreis von Asylbewerberleistungen sowie die jeweiligen Möglichkeiten der Aufenthaltsverfestigung, aus denen sich weitere, etwa soziale (Inanspruchnahme der Grundsicherung für Arbeitsuchende) oder partizipative Rechte (Aufenthaltsverfestigung und Einbürgerung) indirekt ableiten.

---

175 Vgl. Süddeutsche Zeitung: Dossier Zuwanderung. Chronologie. Der Streit um das Zuwanderungsgesetz (http://www.sueddeutsche.de/deutschland/schwerpunkt/40/11029/; 7.1.04)

176 Vgl. G. Renner: Vom Ausländerrecht zum Zuwanderungsrecht, in: ZAR 8/2004, S. 267. Zu den verschiedenen Regelungsbereichen vgl. C. Reißlandt: Fit für die Globalisierung?, a. a. O., S. 135 ff.

177 Vgl. Bundesintegrationsbeauftragte (Hrsg.): Sechster Bericht, a. a. O., S. 220 ff. Es heißt vollständig „Gesetz zur Steuerung und Begrenzung der Zuwanderung und zur Regelung des Aufenthalts und der Integration von Unionsbürgern und Ausländern" v. 5.8.2004, in: BGBl. 2004 Teil 1 Nr. 41 S. 1950 ff.

178 Vgl. im Einzelnen: D. Frings/P. Knösel (Hg.) (2005): Das neue Ausländerrecht, a. a. O.; G. Renner: Vom Ausländerrecht zum Zuwanderungsrecht, a. a. O., S. 266 ff.

179 Vgl. Bundesintegrationsbeauftragte (Hrsg.): Sechster Bericht, a. a. O., S. 218 ff.

180 Vgl. im Einzelnen: D. Frings/P. Knösel (Hrsg.): Das neue Ausländerrecht, a. a. O., S. 40 ff.

7.2.2 Integrationspolitik, ausländerrechtliche Statusgruppen und Armutsrisiken

Dass einige Statusgruppen wie beispielsweise Nicht-EU-Migrant(inn)en oder Zuwanderer mit prekärem Aufenthaltsstatus eine besonders ungünstige Einkommenssituation sowie hohe Armutsrisiken aufweisen, wurde in Kapitel 4.1 gezeigt. Der kursorische Überblick über die vergangenen Phasen der Ausländer- und Integrationspolitik ist zwar hilfreich, nicht aber hinreichend, um etwaige Beiträge der Migrations- und Integrationspolitik sowie des Ausländerrechts zur Genese der Armutsrisiken von Migrant(inn)en nach ausländerrechtlichen Statusgruppen zu erhellen. Deshalb wird nachfolgend eine Hierarchie von Statusgruppen gezeichnet, die durch verschiedenste Entscheidungen der Migranten- bzw. Ausländergesetzgebung über Jahre etabliert wurde und die Prozesse der Ausgrenzung z. B. aus dem Arbeitsmarkt oder dem sozialen Sicherungssystem begünstigt hat.

Die Tatsache, dass die Bundesregierung jahrzehntelang leugnete, dass Deutschland sich de facto zu einem Einwanderungsland entwickelt hatte, hat sich maßgeblich auf die Ausländer- und Integrationspolitik sowie die Lebenslagen der Migrant(inn)en ausgewirkt. Aufgrund des bis zum Jahrtausendwechsel ausschließlich geltenden Abstammungsprinzips und des diesem zugrunde liegenden Selbstverständnisses der Deutschen als Abstammungs- bzw. Volksgemeinschaft mit einer gemeinsamen Sprache, Kultur und Staatsbürgerschaft ergab sich lange Zeit eine bevorzugte Behandlung von Spätaussiedler(inne)n, denen als „Abstammungsdeutschen“ im Gegensatz zu Ausländer(inne)n eine besonders privilegierte Behandlung zuteil wurde. Diese Bevorzugung von Migrant(inn)en der eigenethnischen Gruppe bei gleichzeitig starker Kontrolle der Zuwanderung „fremdethnischer“ Minderheiten durch Zuzugschancen nur für ökonomisch notwendige Arbeitsmigrant(inn)en und hohe Einbürgerungshürden bezeichnet Kathrin Mohr als Typus eines „ethnischen Immigrationsregimes“.[181] Ein Immigrationsregime ist nach Thomas Faist das „spezifische institutionelle Arrangement von nationalen Wohlfahrtsstaaten zur Regulierung der Aufnahme und Integration von Zuwanderern“,[182] welches Bestimmungen zur Erteilung einer Aufenthalts- und Arbeitserlaubnis, Einbürgerungsregelungen sowie Modalitäten des Zugangs zu sozialstaatlichen Leistungen und zu politischen Rechten umfasst.

Betrachtet man nun allein die aufenthaltsrechtliche Dimension dieses ethnischen Immigrationsregimes, lässt sich feststellen, dass das in Deutschland etablierte hierarchische System durch eine Vielzahl aufenthaltsrechtlicher Statuspositionen hervorsticht, welche – hochkomplex – mit für Laien und Betroffene schwer durchschaubaren staatsbürgerlichen und vor allem sozialen Teilhaberechten verbunden sind. Dieses Hierarchiesystem ist historisch über einen langen Zeitraum gewachsen und im Ergebnis durch eine Vielzahl migrations- und integrationspolitischer Entscheidungen ausdifferenziert und zementiert worden. Neben dem früher fast ausschließlich bedeutsamen Staatsbürgerstatus fungiert im Bereich sozialstaatlicher Rechte und Pflichten seit einigen Jahrzehnten auch der (dauerhafte) Wohnsitz im Inland als Ex- bzw. Inklusionskriterium, da sozialstaatliche Leistungen in der Regel an die ansässige

181 Vgl. K. Mohr: Stratifizierte Rechte und soziale Exklusion von Migranten im Wohlfahrtsstaat, a. a. O., S. 384

182 Siehe Th. Faist: Immigration, Integration und Wohlfahrtsstaaten. Die Bundesrepublik Deutschland in vergleichender Perspektive, in: M. Bommes/J. Halfmann (Hrsg.): Migration in nationalen Wohlfahrtsstaaten. Theoretische und vergleichende Untersuchungen, Osnabrück 1998, S. 151

Bevölkerung adressiert sind.[183] Insofern können Migrant(inn)en auch in eine Gruppe mit der deutschen Staatsbürgerschaft oder einer dauerhaften Anwesenheit (samt Erwerbstätigkeit) hierzulande und in eine andere Gruppe unterteilt werden, die noch keine sozialen Rechte durch eine dauerhafte Anwesenheit erworben hat. Des Weiteren hat die EU-Staatsangehörigkeit im Zuge der Verwirklichung der EU-weiten Freizügigkeitsregelungen als Inklusionskriterium bei sozialen Rechten an Bedeutung gewonnen. Insgesamt lassen sich hinsichtlich der sozialen Rechte bei der legalen Migrantenbevölkerung somit vier Gruppen unterscheiden: 1. Einwanderer mit sofortigem Zugang zur Staatsbürgerschaft, 2. Migrant(inn)en mit gesichertem Aufenthaltsstatus wie EU-Bürger/innen, 3. nachziehende Familienangehörige und Arbeitsmigrant(inn)en sowie 4. Zuwanderer mit prekärem Aufenthaltsstatus und schlechten Aussichten auf dessen Verfestigung.[184]

1. Staatsbürgerlich inkludierte Migrant(inn)en

(Spät-)Aussiedler/innen sind der ersten Gruppe zuzuordnen, da sie als (meist vor Generationen) aus- und jüngst wieder eingewanderte Deutsche einen sofortigen Zugang zur deutschen Staatsbürgerschaft erhalten.[185] Bis 1999 hatten sie nach ihrer Einreise einen Anspruch auf den deutschen Pass per Antrag, den sie seit der Reform des Staatsangehörigkeitsrechts automatisch erhalten. Zugleich gewährte man ihnen lange Zeit großzügige, erst im Laufe der 1990er-Jahre stark reduzierte Eingliederungshilfen. Diese gingen auf das 1953 verabschiedete Bundesvertriebenengesetz, auf Eingliederungs(sonder)programme von 1976 bzw. 1988) sowie auf das 1993 in Kraft getretene Kriegsfolgenbereinigungsgesetz zurück.

Vorbildliche Eingliederungshilfen für Aussiedler/innen gab es bis Anfang der 1990er-Jahre. Dazu zählten z. B. eine begünstigte Stellung im beitragsbasierten deutschen Sozialversicherungssystem, kostenlose Beratungs- und Berufseingliederungsangebote sowie Sprachkurse, die bis 1989 höchstens 10 Monate dauerten, im Laufe der Jahre aber zunächst auf 8 (1991) und später auf 6 Monate (1993) verkürzt wurden. Außerdem gehörte dazu das anfangs allen Aussiedler(inne)n für 12 Monate gezahlte, über dem Sozialhilfesatz liegende Eingliederungs*geld*, welches 1993 durch eine zunächst 9- und später 6-monatige, bedürftigkeitsabhängige Eingliederungs*hilfe* ersetzt wurde. Zugleich gewährte man ihnen Beihilfen zur beruflichen Aus- und Fortbildung; junge Aussiedler/innen wurden durch ein Extrabudget, den sog. Garantiefonds, primär im Rahmen von Jugendgemeinschaftswerken gefördert.[186] Inzwischen ist auch die Eingliederungshilfe abgeschafft worden, sodass bedürftigen Spätaussiedler(inne)n bloß noch die üblichen sozialen Sicherungssysteme offen stehen, d. h. bis Ende 2004 die Arbeitslosen- bzw. die Sozialhilfe und seither das Arbeitslosengeld II bzw.

183 Vgl. C. Kleinert: Migration, a. a. O., S. 354

184 Vgl. K. Mohr: Stratifizierte Rechte und soziale Exklusion von Migranten im Wohlfahrtsstaat, a. a. O., S. 387

185 Zur Geschichte der Aussiedlerzuwanderung vgl. J. Oltmer: Die Vorgeschichte der Aussiedlerzuwanderung, in: ZAR 1/2005, S. 18 ff.

186 Zu den Eingliederungshilfen im Einzelnen (Stand: 2000) vgl. U. Heinen: Zuwanderung und Integration in der Bundesrepublik Deutschland, in: Aussiedler. Informationen zur politischen Bildung 2. Quart./2000, S. 39 ff. Zu den Eingliederungshilfen speziell für jugendliche Spätaussiedler vgl. B. Dietz: Jugendliche Aussiedler, a. a. O., S. 44 ff.

die Grundsicherung im Alter und bei Erwerbsminderung. Aufgrund des Zuwanderungsgesetzes erhielten sie im Jahr 2005 den gleichen Anspruch auf Sprachförderung wie alle übrigen Neuzuwanderer bzw. die sog. Bestandsausländer/innen, denen ein 630-stündiger Integrationskurs zusteht. Allerdings können Nichtdeutsche im Alg-II-Bezug zur Teilnahme an einem Kurs verpflichtet werden, was für Spätaussiedler/innen nicht zutrifft. Die sozialen Rechte von Spätaussiedler(inne)n sind somit von einer ursprünglich privilegierten Situation schrittweise bis Mitte der 1990er-Jahre massiv beschnitten und auf fast dasselbe Niveau wie bei den übrigen Ausländer(inne)n zurückgefahren worden.

Aussiedler/innen wurden infolge gestiegener Integrationsprobleme und des gewachsenen Anteils nachziehender Familienangehöriger während der 1990er-Jahre „in der öffentlichen Wahrnehmung wie in der administrativen Praxis tendenziell zu einer Migrantengruppe unter anderen", was sich auch in ihrer Bezeichnung als „Russen" durch die Bevölkerung und in manchem Zeitungsbericht niederschlug.[187] Die besonders von der SPD angestoßene politische Diskussion um den Abbau ihrer „Privilegierung", die mediale Fokussierung auf bestehende Integrationsprobleme und wachsende Konkurrenzängste sowohl von Einheimischen als auch länger ansässigen Arbeitsmigrant(inn)en führten Mitte der 1990er-Jahre zu einer wachsenden Abneigung gegenüber Aussiedler(inne)n, die mehrere Untersuchungen offenbarten und sich auch in „gefühlter Diskriminierung" zeigte.[188] Resümiert man diese Aspekte, kann man bei Aussiedler(inne)n trotz ihrer privilegierten Rechtsstellung als Deutsche von einem allmählichen Ethnisierungsprozess sprechen, der sich möglicherweise in einer weiterhin benachteiligten Stellung auf dem Arbeitsmarkt niederschlägt.

2. EU-Bürger und ihnen gleichgestellte Drittstaatler mit verfestigtem Aufenthaltsstatus

Zur zweiten Gruppe der Einwanderer mit gesichertem Aufenthaltsstatus zählen insbesondere EU-Bürger/innen, darunter viele der ehemals angeworbenen Arbeitsmigrant(inn)en samt ihren Nachkommen mit Daueraufenthaltsrecht. Über ein solches verfügen aber auch die in jüngeren Jahren z. B. durch die Green-Card-Regelung vermehrt angeworbenen hoch Qualifizierten oder viele Selbstständige, denen kraft des Zuwanderungsgesetzes direkt nach ihrer Einreise ein verfestigter Aufenthaltsstatus (seit 2005: Niederlassungserlaubnis) erteilt wird. Sie sind Deutschen im Arbeitsmarktzugang und bei sozialen Rechten weitgehend gleichgestellt, genießen einen weit reichenden Ausweisungsschutz und sind, zumindest sofern sie über eine EU-Staatsangehörigkeit verfügen, auf kommunaler Ebene und bei Europawahlen sogar wahlberechtigt.

Außerdem zählen Flüchtlingsgruppen mit gesichertem Bleiberecht wie Asylberechtigte und Konventionsflüchtlinge, die nach längerem Aufenthalt eine unbefristete Aufenthaltserlaubnis oder -berechtigung bzw. nach dem Aufenthaltsgesetz eine Niederlassungserlaubnis erhalten (können), zu dieser zweiten Gruppe.[189] Ihre Rechtsstellung ist im Laufe der Jahre

187 Siehe Bundesausländerbeauftragte (Hrsg.): Lagebericht 2002, a. a. O., S. 41

188 Vgl. K.-H. Meier-Braun: Einwanderungsland Deutschland, a. a. O., S. 79 f.

189 Sofern sie bloß kurze Aufenthaltszeiten haben, erhalten sie nach der grundsätzlichen Anerkennung ihres Bleiberechts zunächst eine befristete Aufenthaltserlaubnis, die sich nach mehrjährigem Aufenthalt verfestigen

und zuletzt durch das Zuwanderungsgesetz Anfang 2005 gestärkt worden. Mit der Anerkennungsentscheidung durch das Bundesamt für Migration und Flüchtlinge erhalten sie einen Anspruch auf eine Aufenthaltserlaubnis, ohne dass die üblicherweise geforderten Voraussetzungen (wie die eigenständige Sicherung des Lebensunterhalts) zu erfüllen sind, sowie eine uneingeschränkte Erwerbserlaubnis; dieser Aufenthaltstitel kann nach 3 Jahren in eine Niederlassungserlaubnis umgewandelt werden.[190] Flüchtlingen mit gesichertem Bleiberecht stehen Sozialhilfe- bzw. Alg-II-Leistungen sowie Integrationsangebote wie Sprachkurse offen.

Die genannten Einwanderergruppen eint, dass sie Inländer(inne)n nach einer längeren Aufenthaltsdauer weitgehend (mit Ausnahme der politischen Rechte) gleichgestellt sind. Bis zu der annähernd verwirklichten Gleichstellung dieser lang ansässigen und/oder EU-Migrantengruppen war es aber ein langer Weg ausländerpolitischer Entscheidungen. Er begann mit der im Ausländergesetz von 1965 verankerten faktischen Rechtlosigkeit, in der die Aufenthaltsverfestigung eines Nichtdeutschen gänzlich vom Ermessen der Behörde abhing, und führte über das 1991 in Kraft getretene Ausländergesetz, welches für die ehemals Angeworbenen erstmals nach 15-jährigem Aufenthalt einen Rechtsanspruch auf ein Aufenthaltsrecht und Möglichkeiten der Statusverfestigung festschrieb. Mit der Reform des Staatsangehörigkeitsrechts 1999/2000 senkte man die Hürden für Einbürgerungen, indem dafür ein nur noch achtjähriger Daueraufenthalt vorausgesetzt wurde und Ius-soli-Elemente für in Deutschland geborene Kinder der Arbeitsmigrant(inn)en hinzukamen, womit sich die Ausweitung der politischen und sozialen Rechte für diese Gruppe fortsetzte. Die Möglichkeiten zur erleichterten Statusverfestigung und Einbürgerung schrieb das Aufenthaltsgesetz Anfang 2005 mit der Herabsetzung auf einen mindestens fünfjährigen rechtmäßigen Aufenthalt zur Erlangung einer Niederlassungserlaubnis fort.

Eine weitere offenbar armutsrisikorelevante Unterscheidung innerhalb der zweiten Gruppe, die sich im Zuge des Ausbaus der sozialen Rechte von EU-Bürger(inne)n hierzulande während der Harmonisierung der europäischen Migrationspolitik in den 1990er-Jahren herausschälte, war jene zwischen EU-Angehörigen und Drittstaatler(inne)n, zwischen denen sich schrittweise eine Hierarchie etablierte. Schon mit der Einführung der Freizügigkeit im Jahr 1969 erlangten damalige Bürger/innen von Staaten der Europäischen Wirtschaftsgemeinschaft weitreichende Rechte in Bezug auf die Einreise und Aufnahme einer Beschäftigung, die Ausübung von Dienstleistungen oder eine Selbstständigkeit; als Aufenthaltsstatus gewährte man ihnen in Deutschland bis zum Inkrafttreten des Zuwanderungsgesetzes 2005 eine Aufenthaltserlaubnis-EG.[191] Davon profitierten besonders Arbeitsmigrant(inn)en aus den ehemaligen Anwerbestaaten Italien, Spanien, Portugal und Griechenland. Mit der Gründung der Europäischen Union durch das Inkrafttreten des Maastrichter Vertrags zum 1. November 1993 wurde für EU-Bürger/innen die Freizügigkeit als eine der Grundfreiheiten und eine Grundsäule des europäischen Binnenmarktes verankert. Sie beinhaltet die Arbeitnehmer- und Niederlassungsfreiheit sowie das Recht, sich auch nach Abschluss einer

---

kann. Andernfalls droht ihnen nach Änderung der Situation im Herkunftsland eine Nichtverlängerung ihrer Aufenthaltserlaubnis bzw. deren Aberkennung.

190 Vgl. D. Frings/P. Knösel (Hrsg.): Das neue Ausländerrecht, a. a. O., S. 40 f.

191 Vgl. Gesetz über Einreise und Aufenthalt von Staatsangehörigen der Mitgliedstaaten der Europäischen Wirtschaftsgemeinschaft v. 20.7.1969, in: BGBl. I S. 927. Dieses Gesetz löste das Freizügigkeitsgesetz/EU (Artikel 2 des Zuwanderungsgesetzes) am 1.1.2005 ab.

solchen Erwerbstätigkeit in Deutschland weiterhin aufzuhalten. Staatsangehörige eines EU-Mitgliedstaates (bis 2003) haben daneben weitere Rechte, die seit den 1990er-Jahren sukzessive ausgeweitet wurden. Die „Alt-EU-Bürger/innen“ sind Deutschen auf dem Arbeitsmarkt ebenso wie in der Inanspruchnahme von Sozialleistungen gleichgestellt; außerdem gilt für sie ein besonderer Ausweisungsschutz. Weitgehend gleichgestellt sind ihnen auch Drittstaatler/innen mit verfestigtem Aufenthaltsstatus aus Ländern, mit denen Deutschland Assoziierungsabkommen geschlossen hat, so etwa der Türkei. Gleichwohl bestehen zwischen beiden Gruppen – EU-Bürger(inne)n und Menschen aus assoziierten Staaten – Unterschiede etwa im mit Deutschen gleichberechtigten Arbeitsmarktzugang, der für Erstere in Gänze, für Letztere aber nur mit Einschränkungen verwirklicht wurde, wobei zahlreiche Rechtsauslegungsfragen vom Europäischen Gerichtshof zu klären sind.[192]

Armutsrelevante Bestimmungen des Ausländerrechts, die sich auf diese Gruppe beziehen, sind v. a. die im Laufe der Jahre verschärften Ausweisungstatbestände nach Ermessen der Ausländerbehörden beim Bezug von Sozialleistungen. Demnach steht der Bezug von laufenden Sozialleistungen wie Arbeitslosen- oder Sozialhilfe (und seit 2005 von SGB-II-Leistungen) sowohl dem Nachzug von Familienangehörigen als auch der Verfestigung eines Aufenthaltstitels entgegen und kann unter gewissen Umständen sogar zur Beendigung des Aufenthalts bzw. letztendlich einer Ausweisung führen.[193] In der Armutsforschung wird die Angst vor aufenthaltsrechtlichen Konsequenzen daher als maßgeblicher Grund der Nichtinanspruchnahme von Transferleistungen durch Ausländer/innen und somit für den hohen Anteil verdeckt Armer unter ihnen angeführt.[194] Obwohl dies nur für Nichtdeutsche ohne verfestigten Status gilt, könnten Informationsdefizite über diesen Sachverhalt auch ursächlich dafür sein, dass die verdeckte Armut unter ausländischen Migrant(inn)en generell höher liegt.

3. Nachziehende Familienangehörige und temporäre Arbeitsmigranten

Die dritte Gruppe sind Migrant(inn)en, die entweder im Rahmen von Familiennachzugsregelungen oder – zunächst befristet – zur Aufnahme einer Erwerbstätigkeit, einer Ausbildung oder eines Studiums aus Drittstaaten eingewandert sind. Ihr Status ist, sowohl die Arbeitsmarkt- als auch die sozialen Teilhaberechte betreffend, als eine Form Übergangsstatus wesentlich unsicherer als jener der zweiten Gruppe. Nur bei einem Teil dieser Gruppe, nämlich den nachziehenden Angehörigen, ist mit großer Wahrscheinlichkeit von einer Verfestigung ihres Status auszugehen. Für temporäre Arbeits- bzw. Ausbildungsmigrant(inn)en ist ein langfristiges Aufenthaltsrecht dauerhaft blockiert. Dafür sorgen ausländerrechtliche Bestimmungen, weil ihr Aufenthalt von Anfang an „nicht auf Dauer“, sondern lediglich für die befristete Zeit ihrer Erwerbstätigkeit bzw. Ausbildung angelegt ist. Zu temporären Arbeitsmigrant(inn)en zählen Werkvertrags- und Saisonarbeitnehmer/innen, studierende

192 Vgl. Bundesausländerbeauftragte (Hrsg.): Lagebericht 2000, a. a. O., S. 52 ff.; dies. (Hrsg.): Lagebericht 2002, a. a. O., S. 118

193 Zu den Bestimmungen des Sozialhilfebezugs von Ausländern für die 1990er-Jahre im Detail vgl. J. Velling: Immigration und Arbeitsmarkt, a. a. O., S. 94; zur Arbeitslosenhilfe vgl. ebd., S. 89 ff.

194 Vgl. I. Becker/R. Hauser: Nicht-Inanspruchnahme zustehender Sozialhilfeleistungen, a. a. O., S. 150

Bildungsausländer/innen[195] und Nichtdeutsche, die zum Zeck der betrieblichen Aus- oder Weiterbildung eingereist sind. Das Aufenthaltsrecht dieser temporären Zuwanderer ist meist an einen bestimmten Arbeitsplatz gebunden und eröffnet in aller Regel keinen Anspruch auf Sozialleistungen oder die Verfestigung des Status.

Nach dem alten wie neuen Ausländerrecht ist der Familiennachzug an strikte Bedingungen wie die eigenständige Sicherung des Lebensunterhaltes geknüpft. Ausländer(inne)n wird der Nachzug von Familienangehörigen nach § 27 AufenthG in der Regel versagt, sofern sie ihren oder den Lebensunterhalt von Familienmitgliedern nicht selbst bestreiten können und/ oder keinen „ausreichenden Wohnraum" (§ 29 AufenthG) haben. Diese Bedingungen waren bereits für Drittstaatsangehörige ohne verfestigten Aufenthaltsstatus im alten Ausländergesetz verankert, wo schon der Bezug von HLU-Leistungen zur Nichtverlängerung der Aufenthaltserlaubnis bzw. Ausweisung führte, und sind in das Zuwanderungsgesetz übernommen worden, sodass ein Bezug von SGB II- oder XII-Leistungen für diese Migrantengruppe nicht ohne aufenthaltsrechtliche Konsequenzen möglich ist. Nachziehende Ehegatt(inn)en erhalten in der Regel nach 2 Jahren ein eigenständiges Aufenthaltsrecht; zugleich sind sie zu einer Erwerbstätigkeit berechtigt, sofern ein Angehöriger zu dieser berechtigt ist oder sie bereits über einen zweijährigen Aufenthalt verfügen.

4. Migranten mit prekärem Aufenthaltsstatus

Die vierte Gruppe schließlich, Migrant(inn)en mit prekärem Aufenthaltsstatus, ist in ihren sozialen Rechten weitgehend beschnitten und hat keinen oder einen nur nachrangigen Erwerbs- und Ausbildungszugang. Ihre Situation ist dadurch gekennzeichnet, dass es für sie trotz oftmals längeren Aufenthalts – bis auf wenige Ausnahmen[196] – kaum Möglichkeiten der Statusverfestigung gibt, zumal ausländerrechtliche Reformen überwiegend zu einer Verschlechterung beigetragen haben. Zu dieser Gruppe zählen insbesondere Asylbewerber/innen und (geduldete) De-facto-Flüchtlinge. Ihnen ermöglicht der Gesetzgeber generell keinen dauerhaften Aufenthalt, weil man davon ausgeht, dass sie nach der Ablehnung ihres Asylgesuchs oder der Klärung bzw. Beilegung der Fluchtursachen in ihr Herkunftsland zurückkehren. Daher sind ihnen Integrationsangebote verschlossen; sie unterliegen der Residenzpflicht und erhalten erst nach mehr- (bzw. inzwischen ein)jährigem Aufenthalt eine nachrangige Arbeitserlaubnis.

Die für diese Gruppe armutsrelevantesten ausländerrechtlichen Bestimmungen enthält das Asylbewerberleistungsgesetz,[197] welches 1993 trotz erheblicher Proteste gegen den sog. Asylkompromiss verabschiedet wurde. Damals waren ausschließlich Asylbewerber/innen

---

195 Schon das Zuwanderungsgesetz eröffnete Hochqualifizierten die Möglichkeit, im Anschluss an ihr Studium eine einjährige Aufenthaltserlaubnis zur Sammlung von Berufserfahrung zu erhalten. Das am 28.8.2007 in Kraft getretene Änderungsgesetz zum Zuwanderungsgesetz (Gesetz zur Umsetzung aufenthalts- und asylrechtlicher Richtlinien der Europäischen Union v. 19.8.2007, in: BGBl. I, S. 1970) führte für diese Gruppe die Möglichkeit eines zunächst befristeten, aber mit Verfestigungsmöglichkeiten versehenen Aufenthaltsrechts ein, sofern sie ihren Lebensunterhalt durch Erwerbstätigkeit sichern können.

196 So etwa die Anerkennung als Asylberechtigter bzw. als Konventionsflüchtling oder im Rahmen einer Altfallregelung für Geduldete, wie sie im Sommer 2007 in das Zuwanderungsänderungsgesetz aufgenommen wurde.

197 Vgl. Asylbewerberleistungsgesetz (AsylBLG) v. 30.6.1993, in: BGBL. I, S. 1074 ff.

im laufenden Verfahren, vollziehbar zur Ausreise Verpflichtete sowie deren Ehegatt(inn)en und Kinder – sofern sie eine bis zu 6 Monate geltende Aufenthaltserlaubnis hatten – berechtigt, die regelmäßigen Unterhaltsleistungen dieses neu eingeführten, migrantenspezifischen Stützpfeilers der sozialen Sicherung zu beziehen.[198] Geduldete waren damals generell ausgenommen, und die Bezugsdauer war auf 1 Jahr begrenzt; im Anschluss erhielten Flüchtlinge und Asylsuchende die höheren Regelleistungen nach dem Bundessozialhilfegesetz. Im Laufe der Jahre wurde das Asylbewerberleistungsgesetz allerdings mehrfach geändert (aus Betroffenensicht: verschärft). Eine der wohl einschneidendsten Reformen war die Neufassung vom 5. August 1997,[199] durch welche man die Bezugsdauer auf bis zu 3 Jahre verlängerte und den Adressatenkreis auf Geduldete und Bürgerkriegsflüchtlinge ausweitete. Weitere Verschärfungen erfolgten zum 1. September 1998 sowie schließlich am 1. Januar 2005 mit Inkrafttreten des Zuwanderungsgesetzes, welches den Adressatenkreis nochmals auf weitere aus humanitären Gründen bleibeberechtigte Migrant(inn)en mit Aufenthaltserlaubnis ausdehnte.[200] Anspruch auf (höhere) Leistungen des SGB XII bzw. II haben Asylberechtigte oder als Konventionsflüchtlinge anerkannte Migrant(inn)en, während die Migranten im Asylbewerberleistungsbezug diese höheren Unterhaltsleistungen erst nach einem Zeitraum von bis zu 3 (seit Oktober 2007: 4) Jahren erhalten. Das Zuwanderungsgesetz dehnte den Adressatenkreis nochmals auf Ausländer/innen mit einer Aufenthaltserlaubnis nach den Paragrafen 23 Abs. 1, 24 Abs. 4 u. 5, 25 Abs. 5 AufenthG sowie einer Aufenthaltsbefugnis aus einem der dort genannten Gründe aus.[201]

Ein abschließender Blick auf die Höhe der Leistungen nach dem Asylbewerberleistungsgesetz macht deutlich, warum dem Gesetz als armutsverursachendem Faktor eine so hohe Bedeutung zukommt: Werden die Grundleistungen als Barbetrag einschließlich des Taschengeldes ausgezahlt, erhalten erwachsene Haushaltsvorstände mit rund 225 Euro monatlich ca. 65 Prozent des Alg-II-Eckregelsatzes.[202] Bis-zu-6-jährige Angehörige bekommen mit 132 Euro 64 Prozent, 7- bis 13-Jährige mit 178 Euro etwa 86 und über-14-jährige Haushaltsangehörige mit 199 Euro rund 72 Prozent desselben. Verschärfend wirkt sich außerdem die seit Einfüh-

198 Vgl. auch zum Folgenden: §§ 1 u. 2 AsylbLG i.d.F. v. 30.6.1993

199 Im BGBl. I, S. 2022 ff., danach geändert durch Art. 56 der Achten Zuständigkeitsanpassungsverordnung vom 25.11.2003 (BGBl. I S. 2304 ff.). Zu den einzelnen Modifikation des AsylbLG vgl. auch G. Classen: Sozialleistungen für MigrantInnen und Flüchtlinge, a. a. O., S. 54 f.

200 Zu der Reform des AsylblLG 1998 vgl. Netzwerk Migration in Europa e. V.: Deutschland: Änderung des Asylbewerberleistungsgesetzes, Newsletter MuB 6/1998. Folgende Gruppen erhalten seitdem höhere Unterhaltsleistungen nach dem SGB XII bzw. SGB II: Asylberechtigte, Konventionsflüchtlinge, Ausländer mit Aufenthaltserlaubnis nach § 23 AufenthG (Altfallregelung), 23a (Härtefallkommission), § 25 Abs. 3 (menschenrechtl. Abschiebehindernis), § 25 Abs. 4 S. 2 AufenthG (humanitäre Härte) sowie mit einer Aufenthaltserlaubnis aus anderen als humanitären Gründen (z. B. Familiennachzug). Vgl. G. Classen: Das Asylbewerberleistungsgesetz und seine Novellen von 1997, 1998 und 2005, Berlin 2005 (http://www.fluechtlingsinfo-berlin.de/fr/gesetzgebung/KurzinfoAsylbLG-93-97-98-05.pdf; 9.06.2006). Im Zuwanderungsänderungsgesetz 2007 wurde die Bezugsdauer außerdem auf 4 Jahre ausgeweitet.

201 Vgl. G. Classen/R. Rothkegel: Die Existenzsicherung für Ausländer nach der Sozialhilfereform, a. a. O., S. 13. Schließlich wurde die Höchstbezugsdauer im Gesetz zur Umsetzung von EU-Richtlinien vom 27.8.2007 nochmals auf 4 Jahre ausgedehnt.

202 Vgl. auch zum Folgenden: G. Classen: Sozialleistungen für Flüchtlinge und Migranten, a. a. O., S. 85. Die Euroangaben wurden von dem Autor umgerechnet, da im Gesetzesblatt weiterhin DM angegeben sind, und entsprechen dem Stand von April 2005.

rung des Gesetzes 1993 unveränderte Höhe der Grundleistungen aus, obwohl § 3 Abs. 3 AsylbLG die jährliche Anpassung an die Entwicklung der Lebenshaltungskosten vorschreibt.

Zu diesem „Migrantensondergesetz" und seinen Ausführungsbestimmungen kann resümiert werden, dass der Gesetzgeber bereits in den frühen 1990er-Jahren offensichtlich danach strebte, Leistungen des Sozialstaates sukzessive zu reduzieren und hierfür Asylbewerber/innen und Flüchtlinge als „lobbyloseste Bevölkerungsgruppe" zur Statuierung eines ersten Exempels nutzte. Das in Art. 20 Abs. 1 und Art. 28 Abs. 1 Satz 1 des Grundgesetzes verankerte Sozialstaatsgebot, nach dem allen Menschen in Deutschland ein soziokulturelles Existenzminimum zu sichern ist, wurde mit der Einführung des Asylbewerberleistungsgesetzes 1993 und seinen um rund ein Drittel unter den Sozialhilferegelleistungen liegenden (Sach-) Leistungen ausgehöhlt, wodurch man die Bevölkerung erstmals in Bürger/innen bzw. ihnen Gleichgestellte spaltete, denen ein menschenwürdiges, *soziokulturelles* Existenzminimum gewährt wird, und in einige Ausländergruppen, denen man lediglich ein zum *physischen* Überleben ausreichendes Existenzminimum zugesteht. Die fehlende Anpassung an gestiegene Lebenshaltungskosten wurde ebenso wie die Vergabe von Sach- statt Geldleistungen am Beispiel dieser Flüchtlingsgruppen getestet; beides führte man wenige Jahre später auch bei etwaigem „Fehlverhalten" in der Sozialhilfe ein. Die allmähliche Ausweitung des Adressatenkreises und der Bezugsdauer von Asylbewerberleistungen taten ein Übriges, um neben Einheimischen und Migrantengruppen mit sicherem Aufenthaltsstatus eine Zuwanderergruppe zu konstituieren, welche (unter Migranten mit legalem Aufenthaltsstatus) die unterste Hierarchiestufe hinsichtlich Armutsrisiken und sozialen Rechten einnimmt.

8 Ansätze zur Erklärung der (Migranten-)Kinderarmut im Zuge des gesellschaftlichen Wandels und Sozialstaatsumbaus

Im Folgenden stelle ich einzelne Ansätze vor, welche die gestiegene Armut von Kindern bzw. Familien in Deutschland (ungeachtet eines etwaigen Migrationshintergrundes) mit Prozessen erklären, die auf der gesamtgesellschaftlichen Ebene beobachtet und analysiert werden: Im ersten Teil des Kapitels geht es um Konzepte, welche die gestiegene Kinderarmut mit spezifischen Aspekten des gesellschaftlichen Wandels im Zuge von Individualisierungs- und Globalisierungsprozessen erklären. Der zweite Teil greift die Veränderungen des Sozialstaates im Kontext von neoliberalen Modernisierungsprozessen auf und beleuchtet deren Folgen für Familien bzw. Mütter sowie für Migrant(inn)en in Form abgestufter Zugänge zu sozialen Sicherungsleistungen.

8.1 Ansätze zur Erklärung der Kinderarmut im Kontext des gesellschaftlichen Wandels

Nachfolgend vorgestellt werden erstens Veränderungen der Strukturen von Familien und sozialer Ungleichheit durch Individualisierungsprozesse, zweitens eine die Maternalisierung der Armut bewirkende Neustrukturierung sozialer Ungleichheit im Zuge der „Globalisierung" sowie als drittes ein Ansatz, der Migrantenfamilien als „Boten der Globalisierung" sieht, die leicht zu Globalisierungsverlierer(inne)n werden.

8.1.1 „Risikogesellschaft" und „Zweite Moderne"

Neben anderen ist es den Soziologen Ulrich Beck und Peter A. Berger es zu verdanken, dass die jüngeren Prozesse gesellschaftlichen Wandels sowohl einzelner Nationalgesellschaften als auch in globaler Dimension in der deutschsprachigen Literatur häufig mit den Begriffen „Individualisierung" bzw. „Globalisierung" assoziiert werden.[1] Fragt man nach den Ursachen gestiegener Kinderarmut hierzulande, gelangt man zu Aussagen über Prozesse der Individualisierung sowie der Pluralisierung von Lebens- und Familienformen, die besonders Mütter bzw. Familien mit Kindern sozioökonomisch benachteiligen. Sie wirken als Mechanismen der Freisetzung aus traditionellen Bindungs- und Versorgungsstrukturen, durch die z. B. Frauen sich häufiger auf dem Arbeitsmarkt behaupten müssen, um den Lebensunterhalt ihrer Kinder zu sichern.

Mitte der 1980er-Jahre dominierte Becks Konzept einer individualisierten Risikogesellschaft die Diskurse. Dessen Prämissen werden inzwischen zur Erklärung einer Vielzahl von soziologischen Prozessen herangezogen. In der „Zweiten Moderne" werde das Ende der Arbeitsgesellschaft mit der Ablösung durch ein „Risikoregime" besiegelt, das ganz neue Unwägbarkeiten mit sich bringe, etwa in Form der Neuen Armut und gesellschaftli-

1 Vgl. U. Beck: Risikogesellschaft, a. a. O.; ergänzend: J. Friedrichs (Hrsg.): Die Individualisierungsthese, Opladen 1998

cher Spaltungsprozesse.[2] Das von Beck gezeichnete Bild sozialer Ungleichheit, wachsenden Wohlstands sowie einer zunehmenden Frauen- (und indirekt auch Kinder-)Armut in einer individualisierten und zugleich globalisierten Welt entwickelt sich mit seinen Theorien weiter. In welcher Form sich die Sozialstruktur verändert, wer die Hauptrisikogruppen von Armuts- und Exklusionsprozessen sind und welche Erkenntnisse zur Erklärung von Kinderarmut beitragen, wird anhand wesentlicher Determinanten sozialer Ungleichheit, zunächst mittels des Konzepts der „Risikogesellschaft" und anschließend anhand jenes der „Zweiten Moderne", nachvollzogen.

1. „Risikogesellschaft": Pluralisierung der Familienformen und der Wandel von Kindheit

Ulrich Beck versah den Wandel von der traditionellen Industriegesellschaft hin zu einer postmodernen mit der Bezeichnung „Risikogesellschaft", weil diese nicht nur mit neuen, vielfältigen Chancen einer individuellen Lebensgestaltung, sondern auch mit (Freisetzungs-) Risiken einherging, die (wie Arbeitslosigkeit) zwar als individualisierte Probleme erschienen, sich bei näherem Hinsehen aber als Massenphänomene erwiesen.[3] Die Auswirkungen dieser Modernisierungsprozesse seien in allen Lebensdimensionen feststellbar, konstatierte Beck: in der Pluralisierung von Lebens-, Familien- und urbanen Wohnformen, in Wirtschaftswelt und Arbeitsmarkt, in der Ökologie, in der Sozialstruktur einer Gesellschaft u. v. m.[4] Als Motor dieses gesellschaftlichen Veränderungsprozesses sieht Beck die Individualisierung, die Menschen aus traditionalen Lebensformen und Selbstverständlichkeiten der industriegesellschaftlichen Epoche in der Moderne freisetze. Das bewirke eine „Pluralisierung von Lebensformen" und damit auch von individuellen biografischen Gestaltungsmöglichkeiten, wie sie sich etwa in der großen Bandbreite (außer)familialer Formen des Zusammenlebens oder der zunehmenden Frauenerwerbstätigkeit abzeichne.[5]

Im Reproduktionsbereich bewirken Individualisierungsprozesse demnach Veränderungen in der Lage von Frauen bzw. (Klein-)Familien. Vermehrt gehörten Abweichungen von der „bürgerlichen Normalfamilie" – also der legalen, lebenslangen monogamen Ehe zwischen einem Mann und einer Frau, mit ihren gemeinsamen Kindern in einem Haushalt lebend – zum Lebensalltag von Menschen, womit die Bedeutung der Kleinfamilie in einer zunehmend „privatisierten, feinkörnigen Lebenswelt" zugleich abnehme.[6] Vor allem im Leben

2 Vgl. U. Beck: Risikogesellschaft, a.a.O.; ders.: Was ist Globalisierung?, a.a.O.; U. Beck: Wohin führt der Weg, der mit dem Ende der Vollbeschäftigungsgesellschaft beginnt?, in: ders. (Hrsg.): Die Zukunft von Arbeit und Demokratie, Frankfurt a.M. 2000, S. 42 ff. Vgl. dazu auch ders.: Weltrisikogesellschaft. Auf der Suche nach der verlorenen Sicherheit, Frankfurt a.M. 2007

3 Vgl. ders.: Jenseits von Klasse und Schicht, a.a.O., S. 57. Dazu auch N. Burzan: Soziale Ungleichheit. Eine Einführung in die zentralen Theorien, Wiesbaden 2004, S. 164 ff.

4 Vgl. U. Beck: Jenseits von Klasse und Schicht?, a.a.O., S. 50 ff.

5 Vgl. ders.: Risikogesellschaft, a.a.O., S. 195. Dazu ergänzend: R. Peukert: Familienformen im sozialen Wandel, a.a.O., S. 23 ff. Kritisch dazu vgl. J. Huinink/M. Wagner: Individualisierung und die Pluralisierung von Lebensformen, in: J. Friedrichs (Hrsg.): Die Individualisierungsthese, a.a.O., S. 85 ff.

6 Vgl. zur Pluralisierung von Haushalts- und Familienformen U. Peukert: Familienformen, a.a.O., S. 24 ff.; zur Lage von Frauen im Zuge von Individualisierung vgl. U. Beck: Risikogesellschaft, a.a.O., S. 169 ff. und 182 f. Kritisch zur Individualisierungsthese und Elternschaft vgl. G. Burkart: Individualisierung und Elternschaft, in: J. Friedrichs (Hrsg.): Die Individualisierungsthese, a.a.O., S. 124 ff.

junger Frauen eröffne die Individualisierung neue Freiräume und Wahlmöglichkeiten, die jedoch gesellschaftlich ungesichert, d. h. mit Risiken (etwa in der Vereinbarkeit von Kind und Karriere) behaftet seien. Besonders Familien seien immer größeren Risiken ausgesetzt, die sich z. B. in höheren Scheidungsraten, der Pluralität familialer Lebensformen (Beck spricht von „Ehen ohne Trauschein" und dem „Dschungel elterlicher Beziehungen") sowie einer steigenden Zahl von Singlehaushalten ausdrücken. Mechthild Veil sieht deshalb die Individualisierung der Risiken, die durch die wachsende familiale Vielfalt und Ausdifferenzierung der Lebensformen geschaffen worden sei, als v. a. von Frauen zu tragende Konsequenz, weshalb sie für deren eigenständige soziale Sicherung plädiert: „Alleinerziehende mit kleinen Kindern sind überwiegend Frauen, Beschäftigte in ungeschützten Arbeitsverhältnissen, in nicht existenzsichernder Teilzeitarbeit ebenfalls."[7]

Durch die Ausdifferenzierung familiärer Lebensformen sieht Beck Frauen (mit ihren Kindern) zunehmend aus der Eheversorgung als Eckpfeiler der traditionalen Hausfrauenexistenz freigesetzt, womit das gesamte Bindungs- und Versorgungsgefüge von Familien unter Individualisierungsdruck gerate. Mit der Brüchigkeit der Ehe- und Familienversorgung entstehe so die Situation, dass Frauen „nur einen Mann" bzw. nur „eine Heirat weit" von Armut entfernt seien, was sich in den hohen Armutsquoten alleinerziehender Mütter ausdrücke.[8] Mit der Freisetzung der Frauen greife „eine Individualisierungsspirale: Arbeitsmarkt, Bildung, Karriereplanung, alles jetzt in der Familie doppelt und dreifach". Familie werde so zu einem „dauernden Jonglieren mit auseinanderstrebenden Mehrfachambitionen zwischen Berufen und ihren Mobilitätserfordernissen, Bildungszwängen, quer liegenden Kindverpflichtungen und dem hausarbeitlichen Einerlei".[9] Diesen Freisetzungsprozess aus Familienbindungen und die daraus entstehende Zwickmühle für Frauen aufgrund unzureichender institutioneller Angebote zur Vereinbarkeit von Familie und Beruf betont auch Elisabeth Beck-Gernsheim, für die Kinderhaben „ein berufliches, ein soziales, ein finanzielles Existenzrisiko ist."[10]

Zudem verändert sich die Rolle von Kindern im sozialen Bindungsgefüge von Familien durch innerfamiliäre Individualisierungsprozesse einschneidend.[11] Insbesondere für ihre Mütter sind Kinder einerseits Hindernisse, weil sie Arbeit bzw. Geld kosten und Bindungen schaffen, die eine Arbeitsaufnahme vor allem in den ersten Lebensjahren häufig unmöglich machen. Andererseits ist eine Aufwertung der Bedeutung von Kindern zu verzeichnen, weil Partner/innen im Zuge der Individualisierung kommen und gehen, Kinder aber bleiben, stellt Beck fest. Damit einher gehe eine „Verzärtelung der Kinder", ja eine „Inszenierung der Kindheit", weil Kinder zur „letzten Gemeinsamkeit" etwa in geschiedenen Ehen würden.[12] Auch Rüdiger Peukert betont den Wandel von Kindschaftsverhältnissen im Zuge der Pluralisierung von Familienformen, der sich einerseits durch sinkende Anteile von Kindern, die in „Normalfamilien" aufwachsen, und andererseits durch wachsende Anteile von Kindern, die in

7 M. Veil: Wider den Generationenvertrag und für eine eigenständige Sicherung von Frauen, in: G. Bäcker/B. Stolz-Willig (Hrsg.): Kind, Beruf, Soziale Sicherung, a. a. O., S. 340

8 Siehe hierzu und zum Folgenden: U. Beck: Risikogesellschaft, a. a. O., S. 183 f.

9 Siehe ebd., S. 184

10 Siehe E. Beck-Gernsheim: Was kommt nach der Familie? Einblicke in neue Lebensformen, 2. Aufl. München 2000, S. 96

11 Vgl. ebd., S. 91 ff.

12 Siehe ebd., S. 193 f.

Ein-Elternteil- oder Stieffamilien aufwachsen, ausdrückt.[13] Im Zuge der Individualisierung der Kindheit sei nicht nur eine Zunahme organisierter Freizeitaktivitäten in halböffentlichen Einrichtungen, sondern ebenfalls eine Verhäuslichung von Aktivitäten, also ein Rückzug aus dem nahen Wohnumfeld in die Wohnung, zu beobachten. Peukert vertritt in Anlehnung an Franz-Xaver Kaufmann die auch im Fünften Familienbericht angeführte These einer „strukturellen Rücksichtslosigkeit“ gesellschaftlicher Verhältnisse gegenüber Familien, die sich nicht nur in der mangelnden Rücksichtnahme von Unternehmen auf familiäre Belange, sondern auch in derjenigen des Staates gegenüber der Familie (durch Familienpolitik) ausdrücke. In diesem Zusammenhang verweist der Soziologe unter anderem auf das hohe Armutsrisiko Alleinerziehender.[14]

Neue Armut und soziale Ungleichheit jenseits von Klasse und Schicht?

Bereits der Titel des Aufsatzes „Jenseits von Klasse und Schicht?“ weist auf die zentrale Implikation von Becks Individualisierungsthese hin, nach der sich gesellschaftliche Großgruppen, entlang deren sich soziale Ungleichheit ehedem strukturierte, zunehmend auflösen. Beck nimmt an, dass subkulturelle Klassenidentitäten zerstört, „ständisch“ gefärbte Klassenlagen enttraditionalisiert und „Prozesse einer Diversifizierung von Lebenslagen und Lebenswegen ausgelöst“ würden.[15] Die Ausdifferenzierung von Individuallagen zeige das Doppelgesicht einer „hochgradigen Standardisierung“ und einer wachsenden Institutionenabhängigkeit (etwa von Lebensphasen nach Schulzeit, Ausbildung etc.), die sich auch auf die sozialen Ungleichheitsstrukturen auswirkten. Eine Schattenseite dieses Prozesses sei die neu entstehende Abhängigkeit freigesetzter Individuen vom Arbeitsmarkt, damit einhergehend aber auch von Bildung, Konsum, sozialrechtlichen Regelungen und Versorgungen oder von der Verkehrsplanung. Im Zuge der Individualisierung habe sich die traditionelle Klassengesellschaft somit längst aufgelöst, womit sich eine Individualisierung sozialer Ungleichheit abzeichne, so Becks These, die daher auch als „Auflösungsthese“ bzw. als „Entstrukturierungsansatz sozialer Ungleichheit“ bezeichnet wird.[16]

Der Münchener Soziologe vertritt im Hinblick auf Entwicklungen sozialer Ungleichheit ferner die These eines „Fahrstuhleffekts“, durch den der Individualisierungsprozess forciert worden und die Gesellschaft insgesamt eine Etage höher gefahren sei: Bei allen sich neu einpendelnden oder durchgehaltenen Ungleichheiten gebe es seit den 1950er- und 60er-Jahren „ein kollektives Mehr an Einkommen, Bildung, Mobilität, Recht, Wissenschaft, Massenkonsum“, woran besonders die unteren Schichten teilhätten. Der in Gang gesetzte Prozess von Individualisierung und Diversifizierung der Lebenslagen und -stile unterlaufe somit das Hierarchiemodell sozialer Klassen bzw. Schichten und stelle dessen Wirklichkeitsgehalt in Frage.[17] Allerdings, fügte Beck sogleich relativierend hinzu, könne die festzustellende Auflösung sozialer Klassen (bzw. Schichten) unter veränderten Rahmenbedingungen – wie

13 Vgl. R. Peukert: Familienformen, a. a. O., S. 183 ff.
14 Vgl. ebd., S. 191
15 Siehe U. Beck: Jenseits von Klasse und Schicht?, a. a. O., S. 36
16 Vgl. N. Burzan: Soziale Ungleichheit, a. a. O., S. 164
17 Siehe hierzu und zum Folgenden: ebd., S. 122 ff.

etwa der Massenarbeitslosigkeit – durchaus auch mit einem Fahrstuhleffekt nach unten, also einer Verschärfung sozialer Ungleichheit, einhergehen, was seit den 1980er-Jahren an Bedeutung gewinne.

Das Gefüge sozialer Ungleichheit in der „Risikogesellschaft“ kann man auch anhand des Auseinanderdriftens der Einkommen von Unternehmer(inne)n und Selbstständigen auf der einen und Arbeitnehmer(inne)n auf der anderen Seite beschreiben. Einher gehe dies, so Becks Verweis auf Segmentationsprozesse im Arbeitsmarkt, mit der Abschirmung eines Teils der Bevölkerung, welcher fest in einen schrumpfenden Arbeitsmarkt integriert sei. Eine wachsende „Nicht-Mehr-Minderheit“ lebe zugleich in der größer werdenden Grauzone von Unter- und Zwischenbeschäftigung sowie in Dauerarbeitslosigkeit von öffentlichen Mitteln und/oder „informeller“ Arbeit.[18] Die beschriebenen Entwicklungen führten zusammengenommen zur Entstehung neuer Strukturen sozialer Ungleichheit, die der Münchener Soziologe als „Neue Armut“ bezeichnet. Diese zeichne sich durch eine Individualisierung sozialer Problemlagen (wie Arbeitslosigkeit) aus, die den Menschen als persönliches Schicksal aufgebürdet würden, womit sich Kollektivlagen zu entsolidarisierten Einzelschicksalen wandelten. Die neue Armut erscheine so als Privatsache, bleibe im Verborgenen und sei besonders für Frauen als Hauptbetroffene zunächst ein Zwischenereignis, das nicht (wie ehedem) aus der Herkunft oder Ausbildungsmängeln, sondern aus Scheidungen und anderen einschneidenden Lebensereignissen resultiere.[19] Als Risikogruppen der neuen Armut identifiziert Beck die ohnehin in ihrer beruflichen Stellung benachteiligten Gruppen: gering- oder unqualifizierte Personen, Frauen, Ältere sowie ausländische Arbeitnehmer/innen. Die Gruppe „neuer Armer“ besteht also überwiegend aus Gruppen, bei denen auch im Haushalt lebende Kinder in Mitleidenschaft von familiärer Einkommensarmut gezogen werden, was der Autor allerdings nicht explizit erwähnt.

2. Soziale Ungleichheit im Zeichen von Globalisierung und Zweiter Moderne

Im Konzept der Zweiten Moderne[20] analysiert Beck die Grundzüge der Globalisierung (als Prozess) und einer globalisierten Welt. Die im Zusammenhang mit sozialer Ungleichheit relevanten Ausführungen sind jedoch vergleichsweise dünn gesät. Generell problematisiert der Soziologe die steigende Konsumorientierung und den wachsenden Außendarstellungszwang, der jene exkludiere, die nicht mithalten können.[21] Dieser Aspekt prägt auch das Bild von Kinderarmut in Wohlstandsgesellschaften, was sich etwa darin äußert, dass Markenkleidung und -spielzeug mittlerweile bereits im frühen Kindesalter zu wichtigen Distinktionsmomenten avanciert sind. Beck stellt diesbezüglich fest, dass im Zuge der Ökonomisierung bzw. Integration auch der letzten Nischen in den Weltmarkt nicht, wie oftmals behauptet, eine „kulturelle

18 Vgl. U. Beck: Risikogesellschaft, a. a. O., S. 143
19 Ebd., S. 148
20 Beck beschreibt damit die sich derzeit auflösende Ära der Ersten Moderne als „sozialstaatlich-demokratisch geprägten Arbeitskapitalismus“ oder auch als „Institutionengefüge aus Vollbeschäftigungspolitik, Sozialstaat und parlamentarischer Demokratie in den Grenzen der Nation“; vgl. U. Beck: Wohin führt der Weg?, a. a. O., S. 63.
21 Vgl. U. Beck: Was ist Globalisierung?, a. a. O., S. 81 f.

Globalisierung", sondern eher eine globale „Waren-Welt" entstehe, in der lokale Kulturen und Identitäten entwurzelt und durch Waren-Welt-Symbole ersetzt würden. „Sein wird Design – und dies weltweit", bringt Beck diese Entwicklung auf den Punkt, bemängelt jedoch, dass mit einer derart aufgewerteten Kaufkraft auch das soziale Menschsein ende und der Ausschluss, die Exklusion als Schicksal für diejenigen drohe, die aus der zitierten Gleichung herausfallen.

In jüngeren Globalisierungskonzepten gewinnt vor allem die Dimension des Lokalen ein größeres Gewicht. Roland Robertson argumentiert, das Lokale sei als ein Aspekt des Globalen zu verstehen, weil die Globalisierung das Aufeinandertreffen lokaler und globaler Kulturen bedeute. Er wählt daher „Glokalisierung" als Begriff für die kulturelle Globalisierung, der die Prozesse von Lokalisierung und Globalisierung miteinander verbindet und letztlich eine Konzentration von Kapital, Finanzen und allen möglichen Ressourcen (und damit auch Handlungsfreiheiten) bei Wenigen beschreibt.[22] Beck sieht in Anlehnung an Zygmunt Bauman Globalisierung und Lokalisierung zugleich als Antriebskräfte und Ausdrucksformen einer neuartigen Polarisierung und Stratifizierung der Weltgesellschaft, in der sich ein globalisierter Reichtum und eine lokalisierte Armut herausbilden. Die Glokalisierung verlaufe als ein Prozess supranationaler Neustratifizierung, in dessen Verlauf weltweit eine neue, soziokulturelle, sich selbst reproduzierende Hierarchie aufgebaut werde.[23] An deren Polen entstünden so zwei Welten von Globalisierungsgewinnern und -verlierern, zwischen denen – und dies sei das Neuartige – weder eine Einheit noch eine Abhängigkeit existiere, womit Solidarität weder nötig noch möglich werde. Die Polarisierung sozialer Ungleichheit münde so einerseits in die Entstehung einer „ersten" Welt, also die der vermögenden, den Raum leicht überwindenden und immer in Zeitknappheit lebenden Reichen, und einer „zweiten Welt", in der lokalisierte, an den Raum gefesselte Arme ihre Zeit, mit der sie nichts anzufangen wüssten, totschlagen müssten.

Ein (unbeantwortetes) Kardinalproblem der „Zweiten Moderne" sieht Beck in der Frage, wie man soziale Gerechtigkeit in einer globalen und demokratischen Ära verwirklichen kann. Da die Sozialpolitik sich in einer Zwickmühle befinde, weil die wirtschaftliche Entwicklung sich der nationalstaatlichen Politik entziehe, während soziale Folgeprobleme sich in den Auffangnetzen der Staaten ansammelten, sei diese Frage jedoch überaus schwierig zu beantworten. Allerdings könne man in Zeiten der Globalisierung vier Entwicklungen sozialer Ungleichheit ausmachen, die ein zentrales Problem für den Zusammenhalt der globalisierten Gesellschaft bildeten:[24] Erstens führten (wachsende) Kapitalrenditen und sinkende Arbeitserträge zu einer Öffnung der Einkommensschere. Zweitens seien – zumindest vorübergehend – immer mehr Gruppen in den Industriestaaten von Armut betroffen, wo ein „neues Lumpenproletariat" entstehe, was auch mit dem Exklusionsbegriff beschrieben wird. Hierunter benennt Beck explizit auch die Existenz von Kinderarmut – allerdings nur die in Ländern der sog. Dritten Welt –, die binnen zweier Tage zu einem höheren Kindersterben (aufgrund relativ leicht vermeidbarer Ursachen) weltweit führe, als US-Amerikaner/innen während des Vietnamkrieges gefallen seien. Ein dritter Aspekt sind die immer weniger identifizierbaren, nicht mehr ent-

22 Vgl. R. Robertson: Globalization, in: M. Featherstone u. a. (Hrsg.): Global Modernities, London 1995; zit. nach: ebd., S. 90
23 Vgl. hierzu und zum Folgenden: ebd., S. 104 f.
24 Vgl. zum Folgenden: ebd., S. 253 ff.

lang der Grenzen sozialer Klassen bzw. Schichten verlaufenden, sondern sich an kritischen Lebensereignissen entzündenden Armuts- und Arbeitslosigkeitsrisiken. Sie würden durch den vierten Aspekt, die Individualisierung gesellschaftlicher Risiken, noch verstärkt, die – obwohl ein Massenphänomen – als individuelles Versagen erschienen.

Die im Jahr 2000 entworfene „Gesellschaft der Zweiten Moderne" trägt die Konturen eines die traditionelle „Vollbeschäftigungsgesellschaft" allmählich ablösenden Risikoregimes.[25] Die zuvor geäußerten Thesen eines (sozialstrukturellen) Fahrstuhleffektes revidiert Beck darin gewissermaßen. Mit der Zweiten Moderne hätten sich auch die Risiken verlagert, u. a. indem mehr Menschen (v. a. Frauen) durch Freisetzungsprozesse auf den Arbeitsmarkt drängten: Während früher vornehmlich ökologische Risiken zentrale Gefahren für die Arbeitsgesellschaft bildeten, seien heute – quasi im Übergangsstadium – die im Zuge der Individualisierung wachsende Exklusion von Menschen aus dem Arbeitsmarkt sowie die Zunahme von „working poor" und Dienstboten wichtiger geworden.[26] Beck spricht von einer „Gesellschaft der prekär Beschäftigten", die sich unter dem statistischen Schutz der Vollbeschäftigungsgesellschaft rapide ausbreite, aber mit den bisher geltenden Regeln der Arbeitsgesellschaft breche. Sie kennzeichnet eine rapide Ersetzung von Vollzeitarbeitsplätzen durch räumlich, vertraglich und zeitlich flexible Unterbeschäftigung, an deren Ende – wie in den USA – durchaus 50 Prozent (gesicherte) Normarbeitsverhältnisse und 50 Prozent teilzeit-, versicherungsfrei, temporär und/oder scheinselbstständig Beschäftigte stehen. Zukünftig blieben Paare stärker auf zwei Einkommen angewiesen und nicht Arbeitslosigkeit, sondern Geldmangel stelle das zentrale Problem für die Menschen dar, so jüngere Thesen Becks.[27] Die durch Massenarbeitslosigkeit und Deregulierung des Arbeitsmarktes entstehende „Unterbeschäftigungsgesellschaft" gerate in eine Abstiegsfalle, weil es individuell notwendig werde, Einkommenseinbußen durch Mehrarbeit auszugleichen, dies kollektiv aber selbstschädigend sei (weil Normarbeitsplätze eher durch radikale Arbeitszeitverkürzungen entstehen).

Eine hinsichtlich der Entwicklung sozialer Ungleichheit bedeutsame Konsequenz der Zweiten Moderne besteht darin, dass mit der Ablösung der Ersten Moderne durch neue Risikoregimes individuelle Lebensentwürfe, Mobilitäts- und Selbstversorgungszwänge entstünden, die den Menschen im Sinn von mehr Wahlfreiheit (aber auch Risiken) zugemutet würden. Damit werde, so stellt Beck fest, die neue Mitte zur „prekären Mitte", in welcher Armut „dynamisiert", d. h. in Lebensabschnitte zerhackt und quer verteilt wird. Armut werde so zu einer „normalen", immer öfter nicht nur vorübergehenden Erfahrung auch der gesellschaftlichen Mitte.[28]

Die Kritik an Becks frühen Thesen zur Auflösung sozialer Ungleichheit im Zuge von Individualisierung ist vielfältig.[29] Einmal entzündet sie sich, wie bei Christoph Butterwegge,

---

25 Vgl. hierzu und zum Folgenden: U. Beck: Wohin führt der Weg?, a. a. O., S. 7 ff. Mit dem Begriff „Risikoregime" beschreibt Beck das Arbeitsleben in der Zweiten Moderne, das durch neue Ungewissheiten, Unsicherheiten, Entgrenzungen und Entscheidungszwänge infolge von Individualisierung und Pluralisierung geprägt ist. Er unterscheidet fünf Dimensionen des Risikoregimes: Globalisierung, Ökologisierung, Digitalisierung, Individualisierung und Politisierung der Arbeit; vgl. ebd., S. 39 ff. u. 43 ff.

26 Vgl. ebd., S. 24 u. 42

27 Vgl. ebd., S. 28 u.33

28 Vgl. ebd., S. 42

29 Vgl. dazu ausführlicher N. Burzan: Soziale Ungleichheit, a. a. O., S. 171 f.; R. Geißler: Kein Abschied von Klasse und Schicht, a. a. O., S. 333

an der Metapher des „Fahrstuhl-Effektes", der viel eher ein „Paternoster-Effekt" sei, weil die einen in demselben Maße auf- wie die anderen abwärts führen.[30] Auch Hans-Peter Müller hält es nicht für angebracht, das „Paradigma strukturierter sozialer Ungleichheit" durch (radikale) Strategien in eine Phänomenologie sozialer Ungleichheit überführen zu wollen.[31] Nach Reiner Geißler kann von einer Auflösung von Klassen bzw. Schichten sowie einer Entstrukturierung sozialer Ungleichheit nicht die Rede sein. Insofern würden die Auswirkungen dieses Wandels auf das Schichtsystem deutlich überzeichnet. Seiner Ansicht nach hat sich infolge des Modernisierungsprozesses eine dynamischere und pluralere Schichtstruktur entwickelt.[32] Gegen die Entstrukturierungsthese führt Geißler fünf Entwicklungen ins Feld: Erstens verteilten sich Lebenschancen und -risiken immer noch entlang sozialer Schichten, zweitens seien viele Orientierungen, Verhaltensweisen und Interaktionen weiterhin schichtspezifisch geprägt und drittens erführen nicht alle gesellschaftlichen Gruppen gleichmäßig Individualisierungsprozesse, weil mit Wohlstand auch mehr Freisetzungsprozesse einhergingen. Viertens sei im Alltag der Bevölkerung immer noch ein ausgeprägtes Schichtbewusstsein präsent, was sich fünftens auch in der Wahrnehmung sozialer Konfliktlinien (arm vs. reich, Arbeitnehmer vs. -geber usw.) abbilde.

8.1.2 Globalisierung und Maternalisierung der Armut

Im Folgenden werden zwei Erklärungsansätze vorgestellt, welche die sozioökonomische Benachteiligung und Armut von (Zuwanderer-)Familien als Folge von Prozessen der ökonomischen Globalisierung bzw. der mit ihr verbundenen Mobilitätszunahme von Erwerbstätigen begreifen.

1. Mütter und Kinder als Hauptbetroffene von „Globalisierungsarmut"

Der Erklärungsansatz zu „Armut im Zeichen der Globalisierung" von Gerhard H. Beisenherz fokussiert Mütter und Kinder als Hauptleidtragende sozialer Exklusionsprozesse.[33] Die Monografie des beim Deutschen Jugendinstitut tätigen Autors stellt meines Wissens die bislang einzige Studie dar, welche die weltweit anzutreffende Kinderarmut nicht nur als Folge der Weltmarktentwicklung begreift, sondern darüber hinaus einen umfassenden theoretischen Bezugsrahmen hierfür entwickelt. Beisenherz setzt sich in der sozialpolitisch orientierten Literaturanalyse mit Positionen der neueren Kindheitsforschung, der (Kinder-)Armutsforschung und soziologischen Diskursen um den Exklusionsbegriff auseinander und entwickelt daraus ein systemtheoretisches Konzept von „Exklusionsarmut" (u. a. von Kindern) in modernen Gesellschaften. Die Studie zu „Kinderarmut in der Wohlfahrtsgesellschaft", so der Titel, in

30 Vgl. Ch. Butterwegge: Armut in einem reichen Land, a. a. O., S. 104
31 Vgl. H.-P. Müller: Sozialstruktur und Lebensstile, Frankfurt a. M. 1992, S. 45 ff.
32 Vgl. R. Geißler: Die Sozialstruktur Deutschlands, a. a. O., S. 139 f.; außerdem: ders.: Facetten der modernen Sozialstruktur, in: V. Jäggi/U. Mäder/K. Windisch (Hrsg.): Entwicklung, Recht, Sozialer Wandel. Festschrift für Paul Trappe zum 70. Geburtstag, Bern u. a. 2002, S. 546 f.
33 Vgl. zum Folgenden: H. G. Beisenherz: Kinderarmut in der Wohlfahrtsgesellschaft, a. a. O., S. 53

dessen Unterzeile Erstere bereits als „Kainsmal der Globalisierung“ spezifiziert wird, leistet damit einen wichtigen Beitrag zur Interpretation des gesellschaftlichen Wandels durch die Kindheits- bzw. Kinderarmutsforschung.

Kinderarmut als „Kainsmal der Globalisierung“

In vielen Passagen seines Buches bezieht sich Beisenherz auf die Globalisierung als die seiner Ansicht nach zentrale Ursache der weltweit anwachsenden Kinderarmut. „Globalisierung“ begreift er als einen umfassenden Prozess, der Gesellschaften in politischer, sozialer, kultureller und ökonomischer Hinsicht transformiert und der von einer „sprunghaft steigenden Monetarisierung aller Lebensbereiche auf dem gesamtem Globus“ getragen wird.[34] Beisenherz unterscheidet dabei mit „Ökonomisierung“ und „Monetarisierung“ zwei Prozesse, die das Wesen von Globalisierung ausmachen: Während Erstere den Bedeutungszuwachs des Ökonomischen in allen Bereichen der Gesellschaft (wie Bildung, soziale Dienste etc.) beschreibt, zielt Letztere auf die Expansion dieser Hegemonie der Ökonomie auf ehedem nichtkapitalistische Wirtschaftssysteme.[35]

Beisenherz thematisiert zwar einleitend die Kinderarmut in der „Dritten Welt“ bzw. weltweit, konzentriert sich aber auf Erscheinungsformen, Hintergründe und Erklärungsansätze zu ihren Formen in entwickelten Ländern wie der Bundesrepublik. Die weltweite und die in Wohlfahrtsstaaten anzutreffende Kinderarmut seien zwar kein einheitliches Phänomen, beruhten aber auf derselben Grundlage, nämlich der ökonomischen Gefährdung sozialer Reproduktionsformen durch die sich wechselseitig stützenden Prozesse der Ökonomisierung und Monetarisierung. Bei der Kinderarmut gehe es dabei sowohl um Folgeerscheinungen als auch um die Bewertung des durchgreifenden Systemwandels, der „Globalisierung“ genannt werde. Die wachsende Kinderarmut verweise somit auf das sich in ihr wie in einem Brennglas spiegelnde Problem der sozialen Ungleichheit, führt Beisenherz an. Zudem sei die zunehmende ökonomische und soziale Polarisierung ohnehin ein auffälliges Phänomen moderner Wohlfahrtsstaaten, die Polarisierungen der Lebenswelten von Kindern seien es freilich noch mehr.[36]

In einem anderen Beitrag präzisiert Beisenherz seine Theorie mittels des Begriffs der „Globalisierungsarmut“ als bedeutsamster Form moderner Armut, die immer auch vom Exklusionsrisiko gekennzeichnet sei.[37] Die Diskurse über Kinderarmut hierzulande und in der sog. Dritten Welt ließen sich kaum mehr sinnvoll trennen, so die These, weil weniger die konkreten Ausprägungen von Armut und ihre Folgewirkungen als die Legitimation des politischen Systems, der Konzeptentwicklung, des Wohlfahrtsstaatsumbaus und des Funktionswandels der Hilfe zahlreiche Gemeinsamkeiten aufwiesen. Die Globalisierungsarmut, deren Exponent(inn)en hauptsächlich Kinder seien, resultiere global wie lokal aus der radikalen Hegemonie des Ökonomischen gegenüber kulturellen und sozialen Standards und

34 Siehe ebd., S. 15
35 Vgl. ebd. S. 16
36 Vgl. ebd., S. 95
37 Vgl. G. Beisenherz: Kinderarmut global und lokal: Armut als Exklusionsrisiko, in: Ch. Butterwegge (Hrsg.): Kinderarmut in Deutschland, a. a. O., S. 95

Traditionen, wodurch soziale Differenzierung in Polarisierung umschlage und sich zugleich Integrationsmodi von Gesellschaften (etwa das soziale Hilfesystem) wandelten: „An die Stelle einer Philosophie der Reintegration tritt das Management von Inklusions- und Exklusionsprozessen", womit Exklusion durch die Figur umfassender Selbstverantwortlichkeit wieder denkbar werde, „denn nur wer im Sinne dieses neuen Leitbildes zumindest seine eigene Armut selbst bekämpfen kann, gilt als Zugehöriger, und primär an diesen richtet sich die Hilfe".[38]

Hinsichtlich der Ursachen wachsender Kinderarmut verweist Beisenherz zunächst auf ökonomische Globalisierungsprozesse als übergreifende Erklärung. Anknüpfend an das Individualisierungskonzept führt er aus, dass sich der weltweite Polarisierungsprozess als „verteilungstheoretische und -praktische Kehrseite von Globalisierung" gerade in einem steigenden Umfang von Kinderarmut äußere, wenngleich deren Erscheinungsformen differierten. Den Grund hierfür sieht der Autor darin, dass Polarisierungsprozesse insbesondere die Gruppe junger Mütter samt ihrer Kinder träfen, die aufgrund der Reproduktionsaufgaben in besonderer Weise vom sozialen Kontext, von Solidarstrukturen, Vernetzung und der Verfügbarkeit von Ressourcen abhängig seien. Unter den Bedingungen kapitalistischer Weltökonomie schlügen sich Individualisierungs- und Polarisierungsprozesse unintendiert in sozioökonomischen und -kulturellen Folgelasten bei Müttern bzw. Kindern nieder, was sich nicht zuletzt in der Ansiedelung kinderreicher Haushalte am oberen sowie am unteren Ende der Einkommenshierarchie abbilde.

Hinter dieses Erklärungsmodell fällt Beisenherz aber zurück, indem er an späterer Stelle die (Massen-)Arbeitslosigkeit als „eigentliche Ursache" der hohen Armut in modernen Wohlfahrtsstaaten bezeichnet, von der insbesondere Mütter betroffen seien.[39] Daneben wirke mit der Ausweitung der Frauenerwerbstätigkeit und ihrer ökonomischen Verselbstständigung im Zuge der Individualisierung die generelle Benachteiligung von Frauen auf dem Arbeitsmarkt (in Form verbreiteter Niedriglöhne und höherer Arbeitslosigkeit) als weiterer Faktor bei der Armutsentstehung, weshalb Beisenherz im Zusammenhang mit Ursachen von Kinderarmut in einer Fußnote dafür plädiert, von einer Feminisierung bzw. „Maternalisierung" (anstelle einer „Infantilisierung") der Armut zu sprechen. Der Prozess der Individualisierung wirke sich nämlich recht unterschiedlich auf Männer, Frauen und Kinder aus, denn „wo die einen möglicherweise gewinnen, müssen die anderen verlieren. Die Freiheit der einen wird zur Armut der anderen".[40] Kinderarmut in Wohlfahrtsstaaten verbinde sich so zwar auch mit der Armut unvollständiger Familien, der eigentliche Grund dafür liege aber in der „Besonderheit des Arbeitsmarktes, Arbeitslosigkeit bevorzugt nach dem Merkmal ‚Mutterschaft' zu verteilen" oder zumindest Niedriglöhne für diese vorzusehen, präzisiert Beisenherz an anderer Stelle.[41] Die Armut von Haushalten mit Kindern beruhe dann im Wesentlichen auf der Tatsache, dass, sobald mehr als eine Person zu unterhalten sei, die Reproduktionskosten von Haushalten mit nur einem durchschnittlichen Erwerbseinkommen nicht mehr aufzubringen seien: Haushalten mit Kindern fehle häufig das zweite (oder zumindest ein zusätzliches halbes) Einkommen,

38 Siehe ebd.

39 Vgl. hierzu und zum Folgenden: H. G. Beisenherz: Kinderarmut in der Wohlfahrtsgesellschaft, a. a. O., S. 61 u. 35

40 Siehe ebd., S. 67

41 Vgl. hierzu und zum Folgenden: ebd., S. 54

das in kinderlosen Haushalten oftmals vorhanden sei; aus den bestehenden Defiziten der Kinderbetreuung erkläre sich außerdem die hohe Armutsquote alleinerziehender Mütter.

Beisenherz plädiert darüber hinaus für eine Neudefinition von Armut, indem er einerseits auf die weiterhin bestehende absolute Armut (der „Dritten" und der „Vierten Welt", vereinzelt aber auch in den westlichen Konsumgesellschaften) verweist; daneben habe sich aber, teilweise diese überlagernd, die „Armut der ‚Abgekühlten'" in modernen Wohlfahrtsstaaten entwickelt: „Trotz physischen Überlebens kumulieren Deprivationen in den diversen Lebenslagen, die sozial und kulturell und nicht ausschließlich physisch definiert sind".[42] Innerhalb der Gruppe der ökonomisch Armen entwickle sich heutzutage die Abspaltung einer Teilgruppe, die nicht bloß randständig, sondern quasi sozial exkommuniziert sei; infolge länger andauernder (ökonomischer) Armut träten quasi automatische und kumulierte Teilsystem-Exklusionen ein, die schließlich in soziale Exklusion mündeten.[43] Diese sei nicht Ersatz für den Armutsbegriff, sondern – wie Beisenherz betont – das zentrale Risiko überhaupt, welches sich in der späten Moderne mit anhaltender Armut verbinde. Exklusion sei also weder eine neue Form von Armut noch eine weitere Dimension derselben. Mit der Verknüpfung von Armut und Exklusionsrisiko sucht Beisenherz ein Armutsverständnis zu begründen, das den Wohlfahrtsstaaten der späten Moderne angemessen ist.[44]

Im Zuge von Globalisierung und Individualisierung ändere sich außerdem das Beziehungsgefüge zwischen Arbeit, Staat und Individuum und damit auch das System wohlfahrtsstaatlicher Hilfesysteme. Mit der Transformation der wohlfahrtsstaatlich verfassten Nachkriegsdemokratien im Zeichen der Globalisierung sei eine Veränderung der sozialen Bedeutung von Armut eingeleitet worden, welche die Zugehörigkeit von Armen zur Gesellschaft überhaupt „– also die Inklusion – und weniger die Einfügung in Normen, die Arbeit und die kulturellen Regeln der Gesellschaft – also die Integration – betrifft".[45]

Mit seinem Erklärungsansatz gebührt Beisenherz das Verdienst, die verschiedenen (Kinder-)Armutsformen in einer gemeinsamen wirtschaftstheoretischen Perspektive erfasst und analytisch als „Globalisierungsarmut" richtig eingeordnet zu haben.[46] Das Anwachsen der Armutsbetroffenheit von Migrantenkindern im Besonderen bleibt zwar unberücksichtigt, weil aber die auf Kinderarmut im Allgemeinen abhebenden Argumentationslinien auch für Migrantenkinder weitgehend zutreffen, birgt das Konzept auch für die Erklärung der Armutsrisiken der zuerst genannten Sondergruppe eine hohe Erklärungskraft, zumal sich Mütter mit Migrationshintergrund hierzulande offenbar noch prekäreren Einkommens- und Erwerbssituationen als einheimische Mütter ausgesetzt sehen. Die Armutsforscher/innen Karl August Chassé, Margherita Zander und Konstanze Rasch möchten die Exklusionsarmut indes nicht als Zustand, sondern als Prozess verstanden wissen, der sich in verschiedenen Lebenslagen ebenso unterschiedlich vollziehen könne. Die Exklusionsdebatte, wie man sie in den USA mit dem Konzept der „working poor" führe, könne überdies nicht einfach auf bundesrepublikanische Verhältnisse übertragen werden. Gleichwohl sei die von Beisenherz vorgenommene makrotheoretische Betrachtung fruchtbar, nicht aber ausreichend, da die

42 Ebd., S. 137
43 Vgl. ebd., S. 127 f.
44 Vgl. ebd., S. 23
45 Vgl. ebd., S. 11. Zur Unterscheidung zwischen Inklusion und Integration vgl. ergänzend ebd., S. 145 ff.
46 Vgl. Ch. Butterwegge u. a.: Armut und Kindheit, a. a. O., S. 88

Mikroperspektive, der eine mindestens ebenso große Bedeutung zugewiesen werden müsse, ausgeklammert bleibe.[47]

Immerhin kann mit dem Konzept der Globalisierungsarmut erklärt werden, warum in fast allen modernen Industriegesellschaften im Zuge des globalen Wandels der (Arbeits-) Gesellschaft die Armutsrisiken von Müttern und Kindern so beträchtlich gestiegen sind. Die im Rahmen von Individualisierungsprozessen auf den Arbeitsmarkt drängenden Mütter und Frauen im gebärfähigen Alter können angesichts fehlender verlässlicher Kinderbetreuungsmöglichkeiten eben nicht den Erwartungen entsprechen, die an mobile und hochflexible Arbeitnehmer/innen in globalisierten Konkurrenzgesellschaften gestellt werden, sodass sie häufig entweder in prekäre Teilzeitbeschäftigungsformen wie die sog. 400-Euro-Jobs oder in die Arbeitslosigkeit ausweichen. Indem man die durch die Globalisierung verstärkten Prekarisierungsprozesse auf dem Arbeitsmarkt als Auslöser für eine Maternalisierung (und damit indirekt die Infantilisierung) der modernen Armut benennt, gelingt eine Verknüpfung von Erklärungsansätzen, welche nach Armutsursachen in Arbeitsmarktprozessen suchen, und solchen, welche auf die Bedeutung des Wandels wohlfahrtsstaatlicher Sicherungssysteme abheben.

2. (Migranten-)Familien im Spannungsfeld globaler Mobilität

Die komplexen Auswirkungen der Globalisierung auf (v.a. berufliche) Mobilitätsprozesse von Menschen und auf Formen familiären Zusammenlebens bilden bedeutsame Bedingungsfaktoren für die Lebenslagen vieler Familien Erwerbstätiger und damit auch von Müttern und ihren Kindern, wie Individualisierungstheoretiker zu Recht betonen. Die zunehmende wirtschaftliche und politische Verflechtung von Staaten, Regionen und Kontinenten führt darüber hinaus zur Mobilisierung einer größer werdenden Zahl von Menschen, die häufig auf der Suche nach besseren Bedingungen in Ökonomie und Arbeitsmarkt nicht nur innerhalb von Ländern, sondern zunehmend auch über nationalstaatliche Grenzen hinweg wandern.[48] Anthony Giddens prägte für diesen Sachverhalt der Loslösung von sozialen und wirtschaftliche Beziehungen aus ortsgebundenen Zusammenhängen, die somit enträumlicht und quasi ohne lokalen Bezug aufrechterhalten würden, den Begriff der „Entbettung" („embedding").[49]

Eine Untersuchung Norbert Schneiders, die familiäre Konsequenzen von (räumlicher) Mobilität hinterfragt, beleuchtet einige Zusammenhänge zwischen Mobilitätsformen, die durch die Globalisierung geprägt sind, dem Einkommen und der Qualität familiärer Beziehungen. Wenngleich internationale Mobilitätsformen (also grenzüberschreitende Migration) dort explizit ausklammert bleiben, sind die Befunde auch für die Gruppe international mobiler Migrantenfamilien von Interesse. Nach einer grundlegenden Unterscheidung zwischen den Prozessen der räumlichen („residenziellen"), der sozialen sowie der persönlichen Mobilität konzentriert sich die Studie auf familiäre Auswirkungen der gestiegenen räumlichen

47 Vgl. K.A. Chassé/M. Zander/K. Rasch: Meine Familie ist arm, a.a.O., S. 45

48 Vgl. N. F. Schneider: Berufliche Mobilität in Zeiten der Globalisierung und die Folgen für die Familie, in: Psychosozial 1/2004, S. 21

49 Vgl. A. Giddens: Konsequenzen der Moderne, Frankfurt a.M. 1995, S. 33

Mobilität infolge beruflicher Erfordernisse. Schneider betont die wachsende Schwierigkeit einer Anpassung von beruflichen Mobilitäts- und Flexibilitätsanforderungen an Belange des Familienlebens, welche mit einer gestiegenen Mobilitätserwartung verbunden ist. Er resümiert aufgrund der Untersuchungsergebnisse, dass berufliche Mobilität (in den Grenzen des Nationalstaates) zwar zu einer Verbesserung der beruflichen – und in abgeschwächter Form auch der finanziellen – Situation einer Familie führe. Allerdings sei der Preis dafür in Form eingeschränkter Beziehungen zum Partner und zu den Kindern sowie in Form reduzierter sozialer Netzwerke sehr hoch.

Mobilität sei für die Mehrheit der Beschäftigten folglich unerwünscht und erscheine bedrohlich. Mobile Menschen und ihre Familien seien „mit vielfältigen Belastungen konfrontiert, die sich nachteilig auf das körperliche und seelische Wohlbefinden auswirken und die Familienentwicklung verzögern oder verhindern können", wobei Frauen diesen Folgen noch stärker als Männer ausgesetzt seien.[50] Als kennzeichnend für moderne Familienformen sieht Schneider das „Auseinanderbrechen der Lebenssphären ihrer Mitglieder"; die einstige Normalität, miteinander Zeit zu verbringen, sei heute eine oftmals kaum mehr zu bewältigende und aufwändige Arrangements erfordernde Aufgabe. Geht es um familiäre Mobilitätsentscheidungen, kommt Kindern eine sehr unterschiedliche Bedeutung zu, stellt der Mainzer Soziologe aufgrund der Befragungsergebnisse fest. Die Bandbreite reiche dabei von Befragten, welche die Situation der Kinder als maßgebliches Kriterium erachteten, über Eltern, die kindbezogenen Aspekten eine untergeordnete Bedeutung zuwiesen, bis hin zu besonders berufsorientierten Eltern, die bei Mobilitätsentscheidungen keine Rücksicht nähmen.

Anknüpfend an den Wandel von Familienformen im Zuge der Individualisierung stellt Wolf-Dietrich Bukow die These auf, dass die Kleinfamilie als (noch) dominante Form des Zusammenlebens im Zuge der Globalisierung zunehmend durch neue Modelle, die er als „mobile Wir-Gruppen" bezeichnet, abgelöst werde.[51] In dem von ihm mit herausgegebenen Sammelband zu „Familien im Spannungsfeld globaler Mobilität" behauptet Bukow konstruktivistisch zugespitzt, dass insbesondere die bürgerliche Kleinfamilie massiv an Bodenhaftung verliere, zu einem „rein kognitiven Drehbuch" mutiere, bei dem der „Wir-Gruppen-Charakter nicht mehr an einem Ort, sondern in einem abstrakten, ja ideologieverdächtigen kulturellen Muster verankert" erscheine. Die Globalisierung als Motor gesellschaftlichen Wandels stelle ein ähnlich bedeutsames Phänomen wie die frühere Industrialisierung dar, so der Kölner Migrationssoziologe, womit sich die Frage ergebe, in welcher Form (und vermittelt durch welche Prozesse) sie sich auf bisherige Formen des Zusammenlebens (v. a. der Kleinfamilie) auswirke.

Bukow wertet drei Wirkungszusammenhänge der Globalisierung als bedeutsam: Zunächst drücke sie das weltweite Zusammenrücken lokaler und regionaler Prozesse (sozialer, politischer, rechtlicher und kultureller Art) aus, womit sie für alle Gesellschaften neue Rahmenbedingungen und damit letztlich auch Formen des Zusammenlebens bei Einzelnen schaffe. Auch Familien bzw. andere Lebensformen müssten sich an diesem veränderten

50 Siehe N. F. Schneider: Berufliche Mobilität in Zeiten der Globalisierung, a. a. O., S. 32

51 Vgl. hierzu und zum Folgenden W.-D. Bukow: Die Familie im Spannungsfeld globaler Mobilität, in: H. Buchkremer/W.-D. Bukow/M. Emmerich (Hrsg.): Die Familie im Spannungsfeld globaler Mobilität. Zur Konstruktion ethnischer Minderheiten im Kontext der Familie, Opladen 2000, S. 10 und 13 f.

weltweiten Kontext neu ausrichten, was zugleich eine stärkere Individualisierung des Privaten bedeute. Zweitens eröffne Globalisierung für Einzelne die Chance, neue Formen des privaten Zusammenlebens – etwa mit Gleichgesinnten oder in gleichgeschlechtlichen Paaren – auszuprobieren. Laut Bukow konstituieren sich im Zuge der globalisierten Migration eigenethnische Netzwerke im Aufnahmeland und neuartige, „virtuelle" (räumlich wie zeitlich abgelöste) Einwanderergemeinden, in denen traditionelle familiale Muster (wie eine patriarchalische Machtstruktur) zwar einerseits an Bedeutung einbüßten, andererseits aber auch etwa durch die „weltweite Renaissance des Fundamentalismus" verstärkt würden. Als dritten Wirkungszusammenhang nennt Bukow den erheblichen, durch weltweite Push- und Pullfaktoren im Zuge der Globalisierung bedingten Mobilisierungsdruck, der zu einer nie gekannten Mobilität von Menschen weltweit führe. An diesem Punkt bringt er Migrantenfamilien (und deren sozioökonomische Benachteiligung) ins Spiel, die sich, so seine These, von alteingesessenen Familien vor allem darin unterscheiden, dass sie, weil sie mit ihrer Wanderung sozusagen bereits auf den Mobilitätsdruck reagiert haben, dem globalgesellschaftlichen Wandlungsdruck bereits erheblich länger ausgesetzt sind. Da sie den Lernprozess, der noch vor alteingesessenen Familien liege, schon hinter sich hätten, seien Einwanderer zu so etwas wie „Versuchsgruppen" für den durch die Globalisierung hervorgerufenen Wandel geworden, argumentiert Bukow. Migrant(inn)en und ihre Familien stellten für Alteingesessene daher so etwas wie „Boten der Globalisierung" dar.

Der Wandel von Formen des Zusammenlebens (z. B. der Bedeutungsverlust der Kleinfamilie) ist Bukow zufolge vornehmlich bei der ansässigen urbanen Bevölkerung zu beobachten. Migrantenfamilien zeigten tendenziell eher eine Stärkung der traditionellen Wir-Gruppen mit zunehmend virtuellen Bindungen an Verwandtschaft, Bekanntschaft und neue religiöse Akzentuierungen, womit sich bei ihnen neue Bindungs- und Ablösungsprozesse einspielten. Diese Entwicklungen ließen sich allerdings nicht gradlinig aus Globalisierungsprozessen ableiten, sondern erforderten den „Brechungsfaktor" von Diskriminierungs- und Deprivierungsvorgängen, die Zuwanderer in Aufnahmegesellschaften erlebten. Allochthone Bevölkerungsgruppen gerieten mit ihren Familien offenbar trotz oder gerade wegen ihrer globalen Einstellungen im Aufnahmeland in Schwierigkeiten, sähen sich infolge ihrer Migration in die Isolierung getrieben „und verarmen nach anfänglichen Erfolgen", so der (einzige) Hinweis auf sozioökonomische Auswirkungen des Prozesses, der nach dieser Lesart auch als ein Einflussfaktor für Verarmungsprozesse von Kindern mit Migrationshintergrund gewertet werden kann. Zuwanderer würden somit zu „Globalisierungsverlierer(inne)n", was mitunter dramatische Folgen zeitige, wie an der (u.a von Armut geprägten sozioökonomischen) Situation von Gruppen wie Roma oder Russlanddeutschen in der Bundesrepublik deutlich werde. An sein Bild von Globalisierungsbot(inn)en anknüpfend, betont Bukow, dass Migrant(inn)en von Einheimischen, die über althergebrachte Macht- und Anspruchsstrukturen verfügten, nicht nur aus „Futterneid" abgelehnt, sondern ihnen einseitig zudem die Globalisierungsrisiken aufgebürdet würden: Mit „Arbeitslosigkeit, Entprofessionalisierung, sozialer Randständigkeit usw." belange man den Boten (wie im alten Athen) für seine folgenreiche Nachricht.

In Teilbereichen erscheint die Argumentation Bukows recht überzeugend, insbesondere was die Wahrnehmung von Migrant(inn)en als „Boten der Globalisierung" und seine (wenngleich eher spärlichen) Ausführungen zu sozioökonomischen Folgen der Globalisierung für migrierte Familien betrifft. Allerdings sind die im Kontext der Erklärung von Armutsbetroffenheit relevanten Ausführungen mit wenigen Einleitungsseiten verhältnismäßig dünn gesät, was sich zwar mit der Schwerpunktsetzung des Sammelbandes auf das Thema der Ethnizität erklärt, darüber hinaus aber symptomatisch für das distanzierte Verhältnis weiter Teile der Migrationssoziologie zur sozialstrukturellen Exklusionsproblematik von Zuwanderern erscheint. Auch die These, dass Einheimische Migrant(inn)en einseitig die Globalisierungsrisiken aufbürdeten, was nach anfänglichen sozioökonomischen Erfolgen bei vielen zur Verarmung führe, ist prinzipiell nachvollziehbar, müsste aber präzisiert werden. In dieser Pauschalität ist sie irreführend, weil unberücksichtigt bleibt, dass immer mehr Gruppen von Migrant(inn)en (wie Hochqualifizierte, insbesondere aus Nordeuropa und den Vereinigten Staaten) durchaus auch als Globalisierungsgewinner/innen zu bezeichnen sind. Daher erscheint die pauschale Zuordnung von Migrant(inn)en zur Gruppe von Globalisierungsverlierer(inne)n undifferenziert, insbesondere vor dem Hintergrund, dass die Lebenslagen von Zuwanderern sich nicht nur individualisiert, sondern auch pluralisiert haben, sodass bei ihnen zahlreiche Hochqualifizierte und Wohlhabende (etwa unter EU-Angehörigen und Zuwanderern aus Nordeuropa) anzutreffen sind.

Auch trifft die Behauptung, die Kleinfamilie sei zu einem „rein kognitiven Drehbuch" mutiert, keineswegs zu, weil sie nicht zur Kenntnis nimmt, dass auch heute noch die Mehrzahl von Kindern in Deutschland, und erst recht solcher mit Migrationshintergrund, in „vollständigen" Familien aufwächst. So stellte der Elfte Kinder- und Jugendbericht der Bundesregierung fest, dass sich das Bild von Familie zwar deutlich gewandelt habe, gleichzeitig aber eine erstaunliche Stabilität demografischer Kennziffern zu beobachten sei: Im Jahr 1998 hätten knapp 83 Prozent der rund 15 Millionen Kinder und Jugendlichen in Deutschland mit einem (wenngleich nicht unbedingt verheirateten) Elternpaar zusammengelebt,[52] sodass von einem Verschwinden der bürgerlichen Normalfamilie wohl kaum die Rede sein kann. Ein weiteres Manko besteht schließlich darin, dass auch Bestrebungen zur Abgrenzung von der Aufnahmegesellschaft und zur Rückbesinnung auf traditionelle und religiöse Werte längst nicht, wie Bukow behauptet, bei allen, sondern nur bei einzelnen Zuwanderergruppen wie der türkischer Migrant(inn)en anzutreffen sind.

8.2 Der Um- und Abbau des Wohlfahrtsstaates im Zuge „neoliberaler" Modernisierung

Die auf den Armutsforscher Christoph Butterwegge zurückgehende Konzeptualisierung der Ursachen von wachsender Kinderarmut hierzulande lenkt die Aufmerksamkeit auf Veränderungen des deutschen Sozialstaates, in deren Gefolge Familien und Kinder zu den Hauptrisikogruppen der Armut werden. Soziale Polarisierungsprozesse bilden sich, so die Grundannahme Butterwegges, im Zuge „neoliberaler" Modernisierungsprozesse – welche seiner Meinung nach oftmals vereinfachend und fälschlicherweise[53] mit dem Begriff „Globali-

---

52 Vgl. BMFSFJ (Hrsg.): Elfter Kinder- und Jugendbericht, a. a. O., S. 123

53 Die Notwendigkeit einer Unterscheidung zwischen Globalisierung als Überwindung nationaler und kontinentaler Grenzen sowie der neoliberalen Modernisierung als Projekt der Standortsicherung ergibt sich insbesondere aus den sozialen Auswirkungen Letzterer. Neoliberale Modernisierungsprozesse mehren den Wohlstand weniger und führen zur Verarmung vieler Menschen, indem sie tendenziell Spaltungsprozesse

sierung" erfasst werden – in Wirtschaft, Arbeitsmarkt und Sozialstaat sowohl innerhalb als auch zwischen einzelnen Gesellschaften.

Unter vielen Sozialwissenschaftler(inne)n ist die zunehmende soziale Polarisierung der Gesellschaft ebenso wenig umstritten wie die Annahme, dass die ökonomische Globalisierung zu deren zentralen Ursachen zählt.[54] So bezeichnet Ralf Dahrendorf diese Polarisierung, speziell das Auseinanderfallen der Gesellschaften in Arm und Reich, auch als „perverse Konsequenz" der Globalisierung.[55] Indes gehen *ökonomische* Theorien (neo)liberaler Ausrichtung überwiegend davon aus, dass mit der wachsenden Freiheit der Märkte bzw. des Kapitals sowie der Senkung der Lohn(neben)kosten im Zuge der Globalisierung letztendlich mehr Beschäftigung und ein größerer Wohlstand für alle zu erreichen sei. Sie unterstellen, dass der Wirtschaftsstandort, je tiefer sozial-, wirtschafts- und arbeitsmarktpolitische Reformen greifen, umso wettbewerbsfähiger werde, Beschäftigung umso nachhaltiger gesichert und Armut langfristig abgebaut werden könne. Weil diese Annahmen in Wirtschaft und Politik, begünstigt von Lobbyverbänden wie der Initiative Neue Soziale Marktwirtschaft[56] und die hegemoniale Medienberichterstattung in den letzten Jahren eine erhebliche Verbreitung gefunden haben, sind sie mittlerweile zur Basis der meisten (sozial- und arbeitsmarkt)politischen Reformprojekte in Deutschland avanciert.

Nichtsdestotrotz löst der meist unter das Stichwort „Globalisierung" subsumierte Modernisierungsprozess bei vielen Menschen äußerst ambivalente Empfindungen aus: Während er für gesellschaftliche Eliten die Hoffnung auf das globale Zusammenwachsen und die Steigerung der (allgemeinen) Lebensqualität aufgrund verbilligter Waren und Dienstleistungen impliziert, verbinden weniger privilegierte Menschen damit überwiegend Ängste vor einer Verschlechterung ihrer Arbeits- und Lebensbedingungen sowie wachsender Armut. Sie befürchten eine weitere Polarisierung sozialer Lebensverhältnisse, die sich in wachsender (Kinder-)Armut einerseits und steigenden Zahlen von in wohlhabenden bis reichen Familien lebenden Kindern bzw. Jugendlichen andererseits manifestiert. Aufgrund dieser Diskrepanz zwischen Wahrnehmung und Interessen bilden besonders die sozioökonomischen Konsequenzen des voranschreitenden Globalisierungsprozesses ein politisch heiß umkämpftes Diskussionsfeld, aus dem sich nicht zuletzt globalisierungskritische soziale Bewegungen wie Attac, aber auch etwa das (umstrittene) Engagement der Weltbank zwecks weltweiter Armutsreduktion speisen.

---

von Wirtschaft und Arbeitsmarkt, Gesellschaft und (Sozial-)Staat forcieren. Vgl. Ch. Butterwegge u. a.: Armut und Kindheit, a. a. O., S. 94

54 So trägt die Globalisierung nach Ansicht von Rüdiger Robert aktiv zu einer weiteren Verelendung bei, womit sich der beobachtbare Kontrast zwischen Arm und Reich verschärft; vgl. ders.: Kinderarmut als Problem globaler Verteilungsgerechtigkeit, in: ders. (Hrsg.): Bundesrepublik Deutschland – Globalisierung und Gerechtigkeit, Münster 2002, S. 185

55 Vgl. R. Dahrendorf: Anmerkungen zur Globalisierung, in: U. Beck (Hrsg.): Perspektiven der Weltgesellschaft, Frankfurt a. M. 1998, S. 47

56 Vgl. dazu R. Speth: Die politischen Strategien der Initiative Neue Soziale Marktwirtschaft. Arbeitspapier Nr. 96 der Hans Böckler Stiftung, Düsseldorf 2004

1. Der Sozialstaat und dessen Umbau im Kreuzfeuer neoliberaler Kritik

Christoph Butterwegge plädiert deshalb dafür, deutlicher zwischen Globalisierung als offenem Prozess und dem neoliberalen Konzept der Standortsicherung zu trennen.[57] Globalisierung könne man in einem umfassenden Sinn beschreiben als „Intensivierung wissenschaftlich technischer, ökonomischer, sozialer, politischer und kultureller Beziehungen“,[58] welche die Besonderheit aufwiesen, nationalstaatliche Grenzen zu überschreiten und – zumindest der Tendenz nach – auch zu überwinden. Zugleich wendet er sich gegen die Annahme einer „Naturwüchsigkeit“ der Globalisierung, die weniger als unausweichlicher Sachzwang denn als Bestandteil und Resultat einer Vielzahl von Politikprojekten zu begreifen sei, die je nach sozialen Kräftekonstellationen mit unterschiedlichem Gewicht durchschlügen. Das „neoliberale“ Konzept der Standortsicherung indes wolle durch die Senkung von Reallöhnen und sog. Lohnnebenkosten als dem wichtigsten Finanzierungsbeitrag der Arbeitgeber/innen zu Sozialleistungen die Wettbewerbsfähigkeit von Wirtschaftsstandorten zulasten der Beschäftigten erhöhen.[59] Dieses Bestreben geht auf ein Kernelement des Neoliberalismus zurück, nämlich die u. a. auf Arbeiten Friedrich August von Hayeks rekurrierende These, nach welcher der (bundesdeutsche) Wohlfahrtsstaat die Freiheit des (Wirtschafts-)Bürgers und das demokratische Regieren gefährdet.[60] Entsprechend wird mit dieser Gefährdungsthese argumentiert, dass der keynesianische Wohlfahrtsstaat bei der Bewältigung der ökonomischen und sozialen (Welt-)Wirtschaftskrise gegen Mitte der 1970er-Jahre nicht nur versagt habe, sondern selbst Ursache zahlreicher Probleme (wie Stagnation, Arbeitslosigkeit und Inflation) sei, weil er ökonomische Leistungsbereitschaft und Innovation blockiere.[61] Die Bedeutung des Sozialen sieht Butterwegge angesichts miteinander verwachsender Volkswirtschaften abnehmen, weil der Weltmarkt die Politik der Nationalstaaten diktiere und Gesellschaften nur noch als Wirtschaftsstandorte fungierten, deren Konkurrenzfähigkeit vermeintlich über das Wohlstandsniveau aller entschieden.

Gerhard Willke, ein ausgewiesener Befürworter „neoliberaler“ Wirtschaftstheorien, charakterisiert die auf den frühen Wirtschaftsliberalismus zurückreichenden Kernelemente des „neoliberalen Projekts“, die auf den Abbau überzogener staatlicher Regulierungen und lähmender Belastungen des Wirtschaftslebens zielten, folgendermaßen: „Im Zuge der schleichenden Hypertrophie des Sozialstaats hat sich ein unentwirrbares Netz von Regelungen, Aufgaben und Abgaben wie Mehltau über die Wirtschaft gelegt. Die eingeengten individuellen Handlungsspielräume müssten deswegen durch Reformen wieder ausgeweitet, die Blockierun-

57 Kritisch zu Grundlagen und der Theorie des Neoliberalismus vgl. R. Ptak: Grundlagen des Neoliberalismus, in: Ch. Butterwegge/B. Lösch/R. Ptak: Kritik des Neoliberalismus, 2. Aufl. Wiesbaden 2008, S. 15 ff.

58 Vgl. Ch. Butterwegge: Globalisierung, Standortsicherung und Sozialstaat, in: ders./Gudrun Hentges (Hrsg.): Politische Bildung und Globalisierung, Opladen 2002, S. 75

59 Vgl. Ch. Butterwegge u. a.: Armut und Kindheit, a. a. O., S. 91; siehe zum Folgenden: S. 89

60 Vgl. F. A. v. Hayek: Der Weg zur Knechtschaft, Neuausgabe 1994; A. O. Hirschmann: Denken gegen die Zukunft. Die Rhetorik der Reaktion, Frankfurt a. M. 1995, S. 117 ff. Zum Folgenden: Ch. Butterwegge: Rechtfertigung, Maßnahmen und Folgen einer neoliberalen (Sozial-)Politik, in: ders./B. Lösch/R. Ptak: Kritik des Neoliberalismus, a. a. O., S. 136

61 Vgl. hierzu und zum Folgenden: F. Deppe: Vom keynesianischen Wohlfahrtsstaat zum neoliberalen Wettbewerbsregime, in: E. Appelt/A. Weiss (Hrsg.): Globalisierung und der Angriff auf die europäischen Wohlfahrtsstaaten, 2. Aufl. Hamburg 2006, S. 23

gen des Marktsystems wieder gelöst werden.[62] Neoliberale Politik sei deshalb als „Reaktion auf regulatorische und wohlfahrtsstaatliche Exzesse“ zu verstehen, die „eine fortschreitende Blockierung der Marktkräfte bewirkt“ hätten. Willke argumentiert, dass der Liberalismus trotz seiner grundsätzlichen Präferenz für Marktlösungen und seiner Abneigung gegenüber Staatswirtschaft und Korporatismus nicht bestreite, dass es einer staatlichen Rahmenordnung und „begrenzter sozialstaatlicher Absicherungen“ bedürfe, um sowohl das Funktionieren des Marktes zu gewährleisten als auch bestimmte negative Folgeerscheinungen des Marktsystems auszugleichen. Allerdings seien in der Vergangenheit regulierende Interventionen und sozialstaatliche Programme so forciert wurden, dass dies die Leistungsfähigkeit der Wirtschaft beschädigt habe, weshalb angesichts von Massenarbeitslosigkeit nunmehr ein „korrigierendes Gegensteuern nötig“ sei, und zwar, so präzisiert Willke, „nicht in Richtung zusätzlicher staatlicher Steuerung, sondern von *mehr Markt*: Reform des Sozialstaats, Deregulierung (Abbau von Deregulierungen und Wettbewerbshindernissen), Flexibilisierung insbesondere des Arbeitsmarktes, Privatisierung (Überführung von Staatsunternehmen und kommunalen Dienstleistungen in private Regie), Steuern- und Abgabenreform und anderes mehr.“[63]

Die Meinungen darüber, was genau die Begriffe des Sozial- bzw. des Wohlfahrtsstaates beinhalten, ob beide Termini synonym zu verwenden sind oder worin sie sich unterscheiden, gehen in der einschlägigen Literatur auseinander.[64] Franz-Xaver Kaufmann plädiert dafür, den Begriff des Sozialstaates bzw. der Sozialen Marktwirtschaft für die Bundesrepublik Deutschland zu reservieren, während bei länderübergreifenden Fragestellungen der international gebräuchliche Leitbegriff des Wohlfahrtsstaates angemessener sei, der für einen hohen Grad von Generalisierbarkeit sozialer Sicherheit steht.[65] Butterwegge zufolge ist der im Grundgesetz verankerte Sozialstaat „viel mehr als die Summe seiner Versicherungs-, Versorgungs- und Fürsorgeeinrichtungen“, weshalb er eine Anregung Klaus Schroeders aufgreift, nach der „Sozialstaat heute die staatliche Verantwortung und Garantie für die Ausgestaltung und Einhaltung der Sozialordnung der Gesellschaft“ bezeichnet, die alle Gesellschaftsmitglieder betrifft.[66] Das Kennzeichen moderner Wohlfahrtsstaaten sei ein hoch entwickeltes, in sich nach Lebensphasen bzw. Zuständigkeiten differenziertes System der sozialen Sicherung, das institutionelle Regelungen für Standardrisiken treffe, sich aber nicht darauf beschränke, sondern gezielt auch in Wirtschaftsprozesse eingreife und deren Rahmenbedingungen, z. B. durch finanz-, steuer-, regional- oder strukturpolitische Entscheidungen, beeinflusse.

Als dominante Strukturmerkmale eines neoliberalen Umbaus des Wohlfahrtsstaates benennt Butterwegge u. a. die schrittweise Entwicklung vom aktiven zum „aktivierenden“ Sozialstaat, den Umbau vom Sozial- zum „Minimalstaat“ sowie seine Umwandlung von einem Wohlfahrts- zu einem „nationalen Wettbewerbsstaat“.[67] Im Rahmen der zuerst

---

62 Hierzu und zum Folgenden: G. Willke: Neoliberalismus, Frankfurt a. M./New York 2003, S. 21

63 Ebd., S. 22 (Hervorhebung im Original)

64 Für einen Überblick vgl. Ch. Butterwegge: Krise und Zukunft des Sozialstaates, a. a. O., S. 16ff.

65 Vgl. F.-X. Kaufmann: Herausforderungen des Sozialstaates, Frankfurt a. M. 1997, S. 31

66 Siehe auch zum Folgenden: Klaus Schroeder, zit. nach Ch. Butterwegge: Krise und Zukunft des Sozialstaates, a. a. O., S. 18f.

67 Vgl. Ch. Butterwegge: Krise und Zukunft des Sozialstaates, a. a. O., S. 176ff. Der letzte Begriff wurde geprägt von Joachim Hirsch: Der nationale Wettbewerbsstaat. Staat, Demokratie und Politik im globalen Kapitalismus, Berlin/Amsterdam 1995. Ergänzend: Ch. Butterwegge: Rechtfertigung, Maßnahmen und Folgen einer neoliberalen (Sozial-)Politik, a. a. O., S. 175ff.

genannten Entwicklung würden soziale (Grund-)Sicherungssysteme abgebaut sowie mehr Privatinitiative und Eigenvorsorge verlangt, was der wohlhabenden Bevölkerung zwar keine Schwierigkeiten bereite, wohl aber für sozial Benachteiligte, welche sie nicht leisten könnten, mit wachsenden Problemen einhergehe. Die mit Anthony Giddens gelegentlich auch als „Reprivatisierung sozialer Risiken" bezeichnete Umstrukturierung des Wohlfahrtsstaates erfolge dabei auf zweierlei Weise: „Einerseits wurden viele Arbeitnehmer/innen, bedingt etwa durch die Zunahme prekärer Beschäftigungsverhältnisse, von sog. 530-DM-Jobs, Scheinselbstständigkeit und (Zwangs-)Teilzeit, aus dem sozialen Sicherungssystem hinausgedrängt oder fanden erst gar keine bzw. nur begrenzte Aufnahme. Andererseits zwang man sie, elementare Lebensrisiken, die bisher entweder zuvor von der Versichertengemeinschaft oder vom Staat abgedeckt worden waren, selbst zu tragen, indem Sozialleistungen gekürzt oder gestrichen, durch Verschärfung der Zugangsvoraussetzungen entzogen oder durch Einführung von Zuzahlungsverpflichtungen (bei Medikamenten, Heil- und Hilfsmitteln, Kuren und Krankenhausaufenthalten) im Kern eingeschränkt wurden."[68] Die Entwicklung zum „Minimalstaat" zeige sich in den verbreiteten Sozialleistungskürzungen, die mit der Notwendigkeit des Sparens begründet werden und mit einem Ausbau des Sicherheits- bzw. Gewaltapparats (Justiz, Polizei, private Sicherheitsdienste) verbunden ist. Dabei würden die Kosten häufig genug nicht gesenkt, sondern von der Solidargemeinschaft lediglich auf einzelne Leistungsempfänger/innen abgewälzt bzw. privatisiert.[69] Der Minimalstaat beschränke sich damit anders als der Sozialversicherungsstaat Bismarck'scher Prägung mehr und mehr auf die (karitative) Gewährung bloßer Fürsorgeleistungen (etwa des Existenzminimums), um Bürger/innen z. B. vor dem Verhungern zu schützen, was weder einer so wohlhabenden Gesellschaft würdig noch im Sinn des Sozialstaatsgebots des Grundgesetzes (Art. 20 Abs. 1 und Art. 28 Abs. 1, S. 1 GG) verantwortbar sei. Obwohl sich der neoliberale Minimalstaat von seinem Anspruch her auf Sozialleistungen für „wirklich Bedürftige" konzentriere, seien die am ehesten Not leidenden und am wenigsten widerstandsfähigen Bevölkerungsgruppen wie (Langzeit-)Arbeitslose, Alte, Kranke, Behinderte und Migrant(inn)en die Leidtragenden. Die dritte Entwicklungstendenz des Umbaus vom Sozial- zum nationalen Wettbewerbsstaat beschreibt Butterwegge als doppelte Transformation in zweierlei Hinsicht: „Nach außen fördert er die Konkurrenzfähigkeit des ‚eigenen' Wirtschaftsstandortes auf dem Weltmarkt und nach innen überträgt er Marktmechanismen und Gestaltungsprinzipien der Leistungskonkurrenz bzw. betriebswirtschaftlichen Effizienz auf seine eigenen Organisationsstrukturen."[70]

Nach neoliberaler Lesart ist der Sozialstaat kurz gesagt zu wenig flexibel und zu teuer; zudem soll er eine Neudefinition bzw. Reduktion seiner (Verteilungs-)Aufgaben erfahren, weil das Hauptangriffsziel ein handlungsfähiger, sozialer Interventionsstaat ist, der die Macht hat, ein allgemeines gesellschaftliches Wohlfahrtsinteresse durchzusetzen.[71] Vorstellungen einer ausgleichenden sozialen Verteilungs- und Chancengerechtigkeit, die dem Wohlfahrtsstaat keynesianischer Prägung zugrunde liegt, werden mit dem Argument abgelehnt, dass mit einer wohlfahrtsstaatlichen Intervention unzulässig in individuelle Freiheitsrechte eingegriffen

68 Ch. Butterwegge: Krise und Zukunft des Sozialstaates, a. a. O., S. 140
69 Vgl. hierzu und zum Folgenden: ebd., S. 179 ff.
70 Ebd., S. 176
71 Vgl. R. Ptak: Grundlagen des Neoliberalismus, a. a. O., S. 67

werde und Ethik somit gewissermaßen „Privatsache" sei.[72] Die Aufgabe des Wohlfahrtsstaates besteht somit nicht mehr im sozialen Ausgleich durch Umverteilung des materiellen Reichtums, sondern primär darin, die Wirtschaft eines Landes funktions- und konkurrenzfähig zu halten, womit, wie Butterwegge kritisiert, „das Soziale" an sich keinen Eigenwert mehr habe, sondern dem Markt untergeordnet werde. Man strebe einen bloßen Fürsorge-, Almosen- und Suppenküchenstaat mit drastisch reduziertem Staatsinterventionismus und „verschlankter" -bürokratie an, der traditionelle Normen wie das Sozialstaatsgebot des Grundgesetzes bzw. die soziale Gerechtigkeit untergrabe, so der Kölner Politikwissenschaftler. Die neoliberale Transformation des Wohlfahrtsstaates habe mit einer Veränderung der Gerechtigkeitsvorstellungen vieler Menschen nach marktwirtschaftlichen Interpretationsmustern in den Köpfen ihren Anfang genommen: Statt der ein Mindestmaß an sozialer Gleichheit erfordenden Bedarfs- und Verteilungsgerechtigkeit rücke die Leistungsgerechtigkeit in den Mittelpunkt, die den neoliberalen Gerechtigkeitsbegriff insofern präge, als dieser davon ausgehe, dass der Markt in einer freien Wirtschaft von selbst für Leistungsgerechtigkeit sorge.

Das gegenwärtig häufig angestrebte Ziel eines Umbaus des Sozialstaates mit der Begründung, die Wettbewerbsfähigkeit des Wirtschaftsstandortes Deutschland müsse erhöht werden, um die Massenarbeitslosigkeit zu senken und so den Wohlstand aller zu sichern, zeichnete sich zwar bereits in frühen wirtschaftswissenschaftlichen Konzepten der 1970er-Jahre ab,[73] blieb zunächst aber über lange Zeit ohne Konsequenzen für das sozialpolitische Geschehen in Deutschland. Das änderte sich erst in den 1990er-Jahren, nachdem die Ost-West-Konfrontation beendet war und Globalisierungsprozesse besonders im wiedervereinigten Deutschland schnell an Dynamik gewannen. Inzwischen sind von den Modernisierungsbestrebungen zwar verschiedenste Felder der weiteren Sozialpolitik – von der Arbeitsmarktpolitik und -förderung sowie dem Gesundheitswesen über die Familienpolitik bis hin zur Renten- und Steuerpolitik – tangiert; dies kann aber nicht darüber hinwegtäuschen, dass der Wohlfahrtsstaat insgesamt mit seinen Grundprinzipien von Solidarität und Subsidiarität zur Disposition steht. Er wird selbst, so möchte ich ergänzen, zum Zielobjekt neoliberal geprägter Abbaubestrebungen – mit allen Konsequenzen für jene Bevölkerungsteile, die aufgrund von Niedrigeinkünften auf seine Fürsorge-, Versorgungs- und Versicherungsleistungen in besonderem Maße angewiesen sind.[74]

8.2.1 Die Folgen der (Re-)Privatisierung sozialer Risiken im Zuge des Sozialstaatsumbaus

Die praktischen Konsequenzen der hegemonialen Standortlogik und des daraus resultierenden Sozialstaatsumbaus werden erstens für die Sozialstruktur der Gesellschaft und zweitens für (Migranten-)Familien und Kinder im Besonderen erörtert.

---

72 Vgl. H. Schui/S. Blankenburg: Neoliberalismus. Theorie, Gegner, Praxis, Hamburg 2002, S. 115

73 Vgl. Ch. Butterwegge: Krise und Zukunft des Sozialstaates, a. a. O., S. 9; für einen chronologischen Überblick der Maßnahmen im Einzelnen vgl. ebd., S. 113 ff.

74 Vgl. A. Zänker: Der bankrotte Sozialstaat. Wirtschaftsstandort Deutschland im Wettbewerb, München 1994, S. 205

1. Soziale Polarisierung und Dualisierung der Armut als gesellschaftliche Folgen

Eingangs wurde Butterwegges Ausgangsthese der sozialen Polarisierung infolge neoliberaler Modernisierungsprozesse erörtert. Seiner Ansicht nach erzeugt die Globalisierung keineswegs naturwüchsig Armut, ebenso wenig wie die materielle Deprivation von Menschen automatisch deren soziale Exklusion nach sich zieht. Dafür verantwortlich sei die Tatsache, dass mit dem Standortnationalismus eine moderne Spielart des Sozialdarwinismus um sich greife, welcher die Gesellschaft in mehr oder weniger Leistungsstarke unterteile und jene ausgrenze, die – wie Arbeitslose, Greise oder Menschen mit Behinderung – ökonomisch schwer verwertbar seien bzw. dem „eigenen" Wirtschaftsstandort wenig nützten.[75] Jörg Huffschmid führt dazu an, dass die Umverteilung von Einkommen, Vermögen und Macht bzw. die steigende soziale Polarisierung und Ungleichheit nicht nur Folge, sondern sogar Kern des gegenwärtigen Globalisierungsprozesses sei.[76] Er sieht das ökonomisch-politische Gesamtprojekt der Globalisierung als „Gegenreform" – darauf ausgerichtet, die wirtschaftlichen und politischen Reformen nach dem Zweiten Weltkrieg zurückzunehmen, die insgesamt auf eine gerechtere Verteilung von Einkommen, Vermögen und gesellschaftlicher Macht (also auf die reformpolitische „Zähmung" des Kapitalismus) abzielten.

Die These von sich im Zuge der Globalisierung polarisierenden Gesellschaften vertreten auch Elmar Altvater und Birgit Mahnkopf. Sie sprechen von der sich ausbreitenden „Dollarisierung" (bzw. „EURO-isierung"), bei der, um langfristig die Geldwertstabilität zu sichern, Nationalstaaten durch den Internatonalen Währungsfonds strikte Budgetrestriktionen auferlegt werden, wenn sie eine stabile, fremde Währung zuungunsten ihrer formellen nationalstaatlichen Währung übernehmen. Gewinner/innen dieser neoliberalen Stabilitätspolitik seien vor allem Geldvermögensbesitzer/innen; für alle anderen Menschen wirke sich eine solche eher nachteilig aus, weil Budgetdefizite Einschnitte bei den Staatsausgaben, allen voran im sozialen Bereich, und zugleich Erhöhungen von bestimmten Steuern, Abgaben und Zinsen verlangten. „Die Dollarisierung verschärft diesen Prozess der sozialen Polarisierung. Wenn die Nationalstaaten und deren Regierungen den Regeln der Dollarisierung folgen, haben sie kaum Möglichkeiten, den Polarisierungstendenzen entgegenzuwirken. Diejenigen, die über keine oder nur wenige Dollar verfügen, werden aus den formellen Wirtschaftskreisläufen ausgesondert und der informellen Ökonomie überantwortet, die daher an Bedeutung gewinnt."[77] „Wettbewerb *erzeugt* Ungleichheit"[78], beschrieb auch Karl Otto Hondrich die sozialen Auswirkungen liberaler Modernisierungsprozesse und ergänzte, dass der Erfolg der einen der Misserfolg der anderen sei. Eine der Konsequenzen des Globalisierungsprozesses ist somit das Hervorbringen von Gewinner(inne)n und Verlierer(inne)n,[79] wobei im Folgenden mit Blick auf die Genese von Armutsrisiken v. a. die „Verlierer/innen" im Fokus stehen.

---

75 Ch. Butterwegge: Rechtfertigung, Maßnahmen und Folgen einer neoliberalen (Sozial-)Politik, in: ders./B. Lösch/R. Ptak: Kritik des Neoliberalismus, a. a. O., S. 212

76 Vgl. J. Huffschmidt: Globalisierung als Gegenreform. Das Thema: Neuverteilung von Reichtum, Macht und Lebenschancen, in: R. Stötzel (Hrsg.): Ungleichheit als Projekt, a. a. O., S. 48

77 Siehe E. Altvater/B. Mahnkopf: Globalisierung der Unsicherheit, Münster 2002, S. 256

78 Siehe K. O. Hondrich: Der Neue Mensch, Frankfurt a. M. 2001, S. 68 (Hervorhebung im Original)

79 Vgl. H. Ganßmann: Soziale Sicherheit und Kapitalmobilität. Hat der Sozialstaat ein Standortproblem?, in: E. Appelt/A. Weiss (Hrsg.): Globalisierung und der Angriff auf die europäischen Wohlfahrtsstaaten, a. a. O., S. 48

Der neoliberale Modernisierungsprozess wirkt demnach als eine Art soziales Scheidewasser, welches die Bevölkerung unterschiedlicher Länder in Gewinner/innen und Verlierer/innen spaltet und die Letztgenannten wiederum in völlig Marginalisierte (Dauerarbeitslose, Deprivierte und Langzeitarme) sowie in Geringverdiener/innen (prekär Beschäftigte, Überschuldete und Kurzzeitarme) auseinanderdividiert.[80] Butterwegge spricht von einer „US-Amerikanisierung der Sozialstruktur", in deren Gefolge sich eine Prekarisierung eines größeren Teils der Bevölkerung, eine sich auch sozialräumlich verfestigende Polarisierung zwischen Arm und Reich sowie eine Peripherisierung ökonomisch weniger leistungsfähiger bzw. demografisch benachteiligter Regionen herausbildeten.[81]

Tendenziell seien Spaltungsprozesse in vier Dimensionen beobachtbar: Erstens „die Dualisierung des Prozesses transnationaler Wanderungen in Experten- bzw. Elitenmigration einerseits und Elendsmigration andererseits"; zweitens eine „soziale Polarisierung *zwischen* den wie auch *innerhalb* der einzelnen Gesellschaften"; drittens die „Herausbildung einer Doppelstruktur der Armut (‚underclass' und ‚working poor')" und viertens eine „Krise bzw. ein Zerfall der Städte, bedingt durch die Marginalisierung und sozialräumliche Segregation von (ethnischen) Minderheiten."[82]

Schaut man näher auf die Auswirkungen der in mannigfachen Gesetzesinitiativen[83] zum Ausdruck kommenden „Krise des Sozialen und des Sozialstaates" inklusive der Reprivatisierung sozialer Risiken, so sind meines Erachtens sogar mindestens drei verschiedene Betroffenengruppen unterscheidbar: die „Untangierten", die Profiteure sowie die „Modernisierungsverlierer/innen". Zur erstgenannten, tendenziell schrumpfenden Gruppe sind privilegierte bzw. vermögende Bevölkerungsteile der Mittel- und Oberschicht zu zählen, die soziale Risiken meist unabhängig von wohlfahrtsstaatlichen Systemen in privaten Renten-, Kranken- und Unfallversicherungen absichern, womit sie vom Um- bzw. Abbau wohlfahrtsstaatlicher Leistungen nicht direkt (positiv oder negativ) berührt sind. Soziale Risiken wie Arbeitslosigkeit bzw. „Hartz IV" haben sie aufgrund ausreichender Vermögensbildung, privater Vorsorge und stabiler Erwerbsverhältnisse kaum zu fürchten. Demgegenüber zählen Kapital- und Unternehmenseigentümer/innen besonders durch die Senkung von Arbeitgeberbeiträgen für die sozialstaatlichen Versicherungssysteme zu den Profiteuren, weil sie mittels einer Reduktion der sog. Lohnnebenkosten ihre Gewinne maximieren und ihre Wettbewerbsfähigkeit gegenüber der ausländischen Konkurrenz steigern können. Hauptleidtragende sind naturgemäß all jene, deren Einkünfte nicht ausreichen, um die geforderte private Eigenvorsorge zur Absicherung sozialer Risiken selbst zu tragen. Dies betrifft etwa die wachsende Zahl der kaum gegen Beschäftigungsrisiken abgesicherten Arbeitnehmer/innen im Niedriglohnsektor sowie in prekären Beschäftigungsverhältnissen (wo man Zuwanderer überproportional häufig trifft), die in schwierigen Situationen auf das schrumpfende Angebot sozialstaatlicher Sicherungsleistungen angewiesen sind.

---

80 Vgl. hierzu und zum Folgenden: Ch. Butterwegge u. a.: Armut und Kindheit, a. a. O., S. 88

81 Vgl. ders.: Rechtfertigung, Maßnahmen und Folgen einer neoliberalen (Sozial-)Politik, a. a. O., S. 209

82 ders.: Globalisierung, Zuwanderung und Sozialstaat, in: Migration und Soziale Arbeit 3/4 2005, S. 175 (Hervorhebungen im Original)

83 Zur Transformation des Sozialstaates unter der liberalkonservativen bzw. der rot-grünen Bundesregierung vgl. ders.: Krise und Zukunft des Sozialstaates, a. a. O., S. 137 ff.

Eine weitere bedeutsame Folge der sich ausbreitenden Standortlogik nach Wettbewerbskriterien ist nach Ansicht Butterwegge die Entstehung einer dualisierten Armutsstruktur, in der armen Erwerbslosen wie Alleinerziehenden erwerbstätige Arme zur Seite treten. Demnach hat sich mit dem Wachstum des Niedriglohnsektors auch hierzulande einerseits eine Schicht arbeitender Armer (sog. working poor) und andererseits insbesondere in städtischen Metropolen eine Gruppe vom Arbeitsmarkt gänzlich exkludierter Armer gebildet, die im US-amerikanischen Fachdiskurs als „underclass“ bezeichnet wird, weil ihre Mitglieder von „normalen“ gesellschaftlichen Interaktionsformen weitgehend ausgeschlossen sind.[84] Diese langsam verelendenden Dauerarbeitslosen bildeten quasi den „sozialen Bodensatz“, während Niedriglohnempfänger/innen, darunter oftmals ethnische Minderheiten, das „Treibgut“ des Globalisierungsprozesses darstellten.[85] Man könne, so Butterwegge, von einer Doppelstruktur der Armut sprechen, weil einerseits erheblich mehr Personen betroffen seien, und zwar auch solche, die früher – meist vollzeiterwerbstätig – im relativen Wohlstand des Wirtschaftswunderlandes lebten. Zugleich verfestigten sich Mehrfach- und Langzeit- zur Dauerarbeitslosigkeit, sodass eine Unterschichtung – im Hinblick auf Betroffene, nämlich besonders Arbeitsmigrant(inn)en der ersten, zweiten bzw. dritten Generation, Aussiedler/innen und Flüchtlinge – mit ethnischen Zügen stattfinde.[86]

2. Folgen des Sozialstaatsabbaus für Familien im Allgemeinen und für Mütter im Besonderen

Die Ausrichtung des Systems sozialer Sicherung in Deutschland, welches trotz der zuvor beschriebenen gesellschaftlichen Individualisierungstendenzen nach wie vor ausgeprägter als in anderen europäischen Wohlfahrtsstaaten auf dem klassischen Ernährer- bzw. Zuverdienermodell[87] basiert, ist als ein weiterer Einflussfaktor für die Mütter- und Kinderarmut zu werten. Das System sozialer Sicherung stellt ein Arrangement zwischen Staat, Markt und Familie dar, das nach wie vor primär auf einem Erwerbsmodell von (Ehe-)Männern beruht, die mit ihrer Berufstätigkeit den Lebensunterhalt ihrer (manchmal hinzu verdienenden) Frauen und Kinder sichern. Gøsta Esping-Anderson, der drei Typen von Wohlfahrtsregimes unterscheidet, klassifiziert den hiesigen Sozialstaat deshalb als korporatistisches Wohlfahrtsstaatsmodell mit starken konservativen bzw. paternalistisch-traditionalen Strukturen, bei dem in der Regel wohlfahrtsstaatliche Institutionen für die berufliche und soziale Statussicherung sorgen.[88] Wesentliche Stützpfeiler dieses Sozialstaatsmodells bilden Versicherungsleistungen,

---

84 Vgl. G. Bosch/C. Weinkopf (Hrsg.): Arbeiten für wenig Geld. Niedriglohnbeschäftigung in Deutschland, Frankfurt a. M./New York 2007; K. Pape (Hrsg.): Arbeit ohne Netz. Prekäre Arbeit und ihre Auswirkungen, Hannover 2007; B. Keller/H. Seiffert (Hrsg.): Atypische Beschäftigung – Flexibilisierung und soziale Risiken, Berlin 2007

85 Vgl. Ch. Butterwegge u. a.: Armut und Kindheit, a. a. O., S. 93

86 Vgl. ders.: Globalisierung als Spaltpilz und „Zuwanderungsdramatik“, a. a. O., S. 69 ff.

87 Vgl. S. Berghahn: Der Ehegattenunterhalt und seine Überwindung auf dem Weg zur individualisierten Existenzsicherung, in: S. Leitner/I. Ostner/M. Schratzenstaller (Hrsg.): Wohlfahrtsstaat und Geschlechterverhältnis im Umbruch. Was kommt nach dem Ernährermodell?, Wiesbaden 2004, S. 108

88 Vgl. G. Esping-Anderson: The Three Worlds of Welfare Capitalism, Princeton 1990; ergänzend: G. Esping-Anderson: Die drei Welten des Wohlfahrtskapitalismus. Zur Politischen Ökonomie des Wohlfahrtsstaates,

die sich meist am Arbeitnehmerstatus orientieren (z. B. Altersrenten oder Arbeitslosengeld), familienpolitische Leistungen (wie das Kindergeld als Kern des Familienlastenausgleichs oder das Erziehungs- bzw. Elterngeld) sowie die Sozialhilfe und seit 2005 das Arbeitslosengeld II als Fürsorgeleistung für erwerbsfähige Bedürftige, welche ein menschenwürdiges Existenzminimum gewährleisten soll.

Für Frauen als Betroffene des Sozialstaatsrückbaus kommt hinzu, dass das traditionelle Sozialversicherungssystem Bismarck'scher Prägung ebenso wie die Familien(steuer)politik mitsamt ihren Instrumenten wie der kostenlosen Familienmitversicherung beim erwerbstätigen Ehemann sowie dem seit 1958 bestehenden Ehegattensplitting zugleich erwerbs- und ehezentriert sind. Dieses zweigeteilte („dualistische") Existenzsicherungsmodell – einerseits erwerbszentrierte Sozialversicherungsleistungen (v. a. für Männer) und andererseits die Absicherung von Frauen bzw. Müttern durch privatrechtliche Unterhaltsleistungen sowie sozialversicherungsrechtliche Unterhaltsersatzleistungen[89] – wird als patriarchalisch kritisiert, weil es eine eigenständige Vollzeiterwerbstätigkeit bzw. soziale Absicherung von Frauen eher behindert als fördert.[90] Inzwischen ist neben das früher dominante „Hausfrauenmodell" der Versorgerehe zwar dessen modernisierte Variante mit mütterlicher Teilzeitarbeit getreten,[91] die *mittelbare* Benachteiligung von Frauen wurde dadurch aber keineswegs aufgebrochen. Die Orientierung vieler Sozial(versicherungs)leistungen an der Höhe des vorherigen Erwerbseinkommens – wie beim Arbeitslosengeld oder der früheren Arbeitslosenhilfe – führt zudem auch bei erwerbstätigen Frauen angesichts fortbestehender Einkommensdifferenzen zu beträchtlichen Abstrichen im Hinblick auf die Leistungen der sozialen Sicherung.

Eines der Prinzipien, mit denen der neoliberale Abbau sozialstaatlicher Leistungen vorangetrieben wird, ist jenes der Rückverlagerung sozialer Risiken, die ehedem solidarisch vom Sozialversicherungsstaat getragen wurden, in den (Eigen-)Verantwortungsbereich familiärer Subsidiarität. „Was der neoliberalen Prinzipien gemäß reformierte Wohlfahrtsstaat nicht mehr zu leisten vermag, weil man ihm die dafür benötigten Geldmittel bzw. Ressourcen vorenthält, (…) wird der sozial benachteiligten Person (unter dem Stichwort ‚Eigenverantwortung') entweder selbst aufgebürdet oder ihrer Familie (unter dem Rückgriff auf das Subsidiaritätsprinzip) als Verpflichtung zugewiesen."[92] An die Stelle des Sozialstaates tritt somit vielerorts wieder die Großfamilie als eine Art „Selbsthilfegruppe" (Kurt Biedenkopf), während sich die staatlich organisierte Solidarität zunehmend auf die Sicherung der Grundbedürfnisse beschränkt. Ein Beispiel hierfür ist die Reformierung des Hartz-IV-Gesetzes

---

in: St. Lessenich/I. Ostner (Hrsg.): Welten des Wohlfahrtskapitalismus. Der Sozialstaat in vergleichender Perspektive, Frankfurt a. M./New York 1998, S. 19 ff.

89 Vgl. G. Bäcker/B. Stolz-Willig: Vereinbarkeit von Beruf und Familie als eine Zukunftsaufgabe des Sozialstaats, in: dies. (Hrsg.): Kind, Beruf, Soziale Sicherung, a. a. O., S. 24; ergänzend S. Berghahn: Der Ehegattenunterhalt und seine Überwindung, a. a. O., S. 112 ff.

90 Vgl. dazu U. Klammer: Soziale Sicherung, in: S. Bothfeld u. a. (Hrsg.): WSI-FrauenDatenReport 2005. Handbuch zur wirtschaftlichen und sozialen Situation von Frauen, Berlin 2005, S. 320 ff. Zur feministischen Kritik am Sozialstaat Bismark'scher Prägung, der Frauen in vielfältiger Weise mittelbar benachteiligt, vgl. Ch. Butterwegge: Krise und Zukunft des Sozialstaates, a. a. O., S. 91 ff.

91 Vgl. dazu I. Dingeldey: Einkommenssteuersysteme und familiale Erwerbsmuster im europäischen Vergleich, in: dies. (Hrsg.): Erwerbstätigkeit und Familie in Steuer- und Sozialversicherungssystemen. Begünstigungen und Belastungen verschiedener familialer Erwerbsmuster im Ländervergleich, Opladen 2000, S. 36 ff.

92 Ch. Butterwegge: Rechtfertigung, Maßnahmen und Folgen einer neoliberalen (Sozial-)Politik, a. a. O., S. 200

durch das SGB-II-Änderungsgesetz,[93] bei der die Verantwortung für den Lebensunterhalt von unter-25-jährigen Arbeitslosen erneut ihren Eltern aufgebürdet wurde, indem man sie seither wieder zur Bedarfsgemeinschaft der Eltern zählt und ihnen bloß 80 Prozent des Eckregelsatzes zugesteht, um zu vermeiden, dass sie einen eigenen Hausstand gründen.[94]

Von den Folgen des anhaltenden Sozialstaatsumbaus bzw. der Reduktion seiner Leistungen sind naturgemäß all jene besonders betroffen, welche die zunehmend geforderte Eigenvorsorge wegen zu geringer Einkommen nicht leisten können und auf unterstützende Leistungen angewiesen sind, also besonders Nichterwerbsfähige wie Mütter und entsprechend auch ihre Familienangehörigen bzw. Kinder. Ebenso hart treffen die Leistungskürzungen die „working poor", also Vollzeiterwerbstätige, bei denen das Haushaltseinkommen zur Sicherung des familiären Lebensunterhalts nicht ausreicht und die deshalb aufstockende Transferleistungen beziehen.[95] Das gemeinsame Merkmal dieser vom Sozialstaatsabbau negativ betroffenen Gruppen liegt in ihrer (aus Gründen wie Krankheit, Alter oder Geschlecht) eingeschränkten wirtschaftlichen Leistungsfähigkeit, die dazu führt, dass sie in besonderem Maße auf wohlfahrtsstaatliche Absicherungen angewiesen sind.

Das Schlüsselproblem für Familien bleibt im Zuge der gesellschaftlichen Modernisierungsprozesse die Vereinbarkeit von Erwerbstätigkeit und Familienarbeit. Durch die nach wie vor ungenügenden Angebote zur Kinderbetreuung in Verbindung mit der hohen Arbeitslosigkeit hat es sich eher vergrößert.[96] Angesichts fehlender oder unzureichender Kinderbetreuungsangebote machen besonders Frauen in Westdeutschland häufig Babypausen oder arbeiten unter ihrem Qualifikationsniveau in (frauendominierten) geringfügigen, Teilzeit- oder Niedriglohnjobs,[97] was keine eigenständige Existenzsicherung ermöglicht, selbst erworbene Sozialversicherungsansprüche z. B. in der Rente per Saldo reduziert und das Risiko von Altersarmut erhöht. „Sozialstaatlich begünstigt werden vorrangig Frauen, die sich dem traditionellen Leitbild der Ehefrau fügen",[98] kritisierte Susanne Schunter-Kleemann dies Anfang der 1990er-Jahre, während jene steuer- und familienpolitisch benachteiligt würden, die aus der Hausfrauenehe herausstrebten bzw. -fielen (z. B. alleinerziehende, geschiedene oder erwerbstätige Frauen). Gerhard Bäcker und Brigitte Stolz-Willig machten ein „vielfältiges Instrumentarium von Anreizen und Sanktionen im Bereich der Steuer, Sozial- und Familienpolitik sowie im Familien- und Unterhaltsrecht" für längere Erwerbsunterbrechungen bzw. eine lediglich geringfügige Beschäftigung der Frauen während der Kindererziehung im „Sinn

93 Vgl. Gesetz zur Änderung des Zweiten Buches Sozialgesetzbuch und anderer Gesetze v. 24.3.2006, in: BGBl I S. 558 ff.

94 Vgl. Ch. Butterwegge: Krise und Zukunft des Sozialstaates, a. a. O., S. 316 ff.

95 Deren Zahl hat seit Mitte der 1990er-Jahre offenbar stark zugenommen; vgl. Kap. 6 dieser Arbeit. Im Januar 2008 bezogen rund 1,2 Mio. Erwerbstätige aufstockende Leistungen zur Grundsicherung; vgl. Bundesagentur für Arbeit (Hrsg.): Der Arbeits- und Ausbildungsmarkt in Deutschland, Monatsbericht Mai 2008, Nürnberg 2008, S. 20. Der zweite Armuts- und Reichtumsbericht konstatierte zwar „keine Tendenz zur Verschärfung des Armutsrisikos bei Erwerbstätigkeit", Ausnahmen seien aber Haushalte mit mehr als zwei Kindern, kinderreiche Migrantenfamilien und Alleinerziehende; siehe BMGS (Hrsg.): Der 2. Armuts- und Reichtumsbericht, a. a. O., S. 26 u. 115 f.

96 Vgl. I. Gerlach: Familienpolitik, a.a.O., S. 110

97 Vgl. dazu S. Bothfeld: Arbeitsmarkt, in: dies. u.a (Hrsg.): WSI-FrauenDatenReport 2005, a. a. O., S. 133 ff.

98 Siehe S. Schunter-Kleemann: Wohlfahrtsstaat und Patriarchat – ein Vergleich europäischer Länder, in: dies. (Hrsg.): Herrenhaus Europa – Geschlechterverhältnisse im Wohlfahrtsstaat, Berlin 1992, S. 162

des Leitbildes der Hausfrauenehe und der Phasenerwerbstätigkeit" verantwortlich,[99] was sie zu dem Resümee veranlasste, dass die Ungleichheit zwischen den Geschlechtern sozialstaatlich überformt und verfestigt werde. Die Autoren forderten deshalb, die Reformdebatte über eine eigenständige soziale Sicherung von Frauen nicht allein auf die soziale Absicherung im Alter, sondern ebenfalls auf die Erziehungs- und Erwerbsphase von Müttern zu richten. Entsprechend werden Lücken der sozialstaatlichen (Ab-)Sicherung vor allem bei der zunehmenden Zahl jener Frauen sichtbar, welche den Normen der vom Ehemann abhängigen „Versorgerehe" nicht mehr entsprechen können oder wollen, wie bei alleinerziehenden Müttern, denen der Ernährer, aber auch die öffentliche Kinderbetreuungsinfrastruktur als Voraussetzung für eine kontinuierliche Erwerbsteilhabe fehlt.[100]

Kinderarmut bedeutet in zweiter Linie fast immer auch die Einkommensarmut von Familien oder Alleinerziehenden, meist Müttern. Im Zuge der Emanzipation von Frauen im Erwerbsleben seit den 1960er-Jahren, der Ökonomisierung zentraler Lebensbereiche und des verstärkten Abbaus sozialstaatlicher Leistungen hat sich auch die sozioökonomische Lage vieler Familien und besonders von alleinerziehenden Müttern prekarisiert, was sich beispielsweise in Unterbeschäftigungs- oder Niedriglohntätigkeiten von Frauen, den hohen Alg-II-Quoten Alleinerziehender sowie in steigenden Kinderarmutsquoten ausdrückt. Nach Ansicht Christoph Butterwegges ist ein Teil der Kinder und Jugendlichen offenbar so stark von Armut betroffen, weil das neoliberale Projekt des „Umbaus" der Gesellschaft und ihres Sozialstaates auf Kosten vieler Eltern gehe, auch weil diese nicht mehr über das Maß an Sicherheit früherer Elterngenerationen verfügten: „Von der gezielten Aushöhlung des ‚Normalarbeitsverhältnisses' über den durch steigende Mobilitäts- und Flexibilitätserwartungen der globalisierten Wirtschaft forcierten Zerfall der ‚Normalfamilie' bis zur ‚regressiven Modernisierung' des Wohlfahrtsstaates verschlechtern sich die Lebensbedingungen der Erwerbstätigen wie auch ihres Nachwuchses."[101] Damit verweist der Politikwissenschaftler bezüglich der Ursachen von Kinderarmut in reichen Staaten wie der Bundesrepublik auf die Konsequenzen der neoliberalen Umstrukturierung des Arbeitsmarktes sowie des Wohlfahrtsstaates, aber auch auf jene des Wandels familialer Lebensformen im Zuge von Individualisierung. Diese Umstrukturierungen bilden mit der Erosion der Normalfamilie den Hintergrund für die höheren Armutsrisiken vieler Frauen samt ihrer Kinder.

Butterwegge identifiziert außerhalb von „Normalfamilien" lebende Kinder, also aus geschiedenen Ehen und von Alleinerziehenden, als besonders armutsgefährdet, weil das System der sozialen Sicherung und speziell die Familienpolitik in Deutschland sehr ehezentriert seien. Von Armut betroffen seien somit in erster Linie jene Frauen, die wegen fehlender bzw. unzureichender Möglichkeiten der Kinderbetreuung keiner Erwerbsarbeit nachgehen könnten, deren Ehepartner (wie bei Migranten häufig der Fall) arbeitslos seien bzw. über ein geringes Einkommen verfügten und/oder die keine bzw. eine schlecht bezahlte Teilzeitstelle hätten. Schließlich ist mit diesen Entwicklungen auch das eklatant hohe Armutsrisiko alleinerzie-

99 Siehe G. Bäcker/B. Stolz-Willig: Vereinbarkeit von Beruf und Familie, a. a. O., S. 26. Dieser Trend dürfte sich mit der staatlichen Subventionierung der (frauendominierten) „Mini- und Midi-Jobs" im Zuge der sog. Hartz-Gesetze zu Beginn des 21. Jahrhunderts nochmals verschärft haben.

100 Vgl. auch zum Folgenden: U. Klammer: Soziale Sicherung, a. a. O., S. 315

101 Ch. Butterwegge: Kinderarmut im gesamtdeutschen Sozialstaat, in: Deutschland Archiv 3/2005, S. 436

hender Mütter im Falle einer Trennung oder Scheidung erklärbar,[102] die, sobald sie aus der Versorgungssituation der Ehe bzw. Partnerschaft herausfallen, aufgrund fehlender Kinderbetreuungsmöglichkeiten kaum noch Möglichkeiten haben, einer Erwerbstätigkeit nachzugehen. Häufig kommen für sie auch bloß Teilzeittätigkeiten infrage, da Kinderbetreuungseinrichtungen meist wenig flexible Öffnungszeiten haben und eine Vollzeiterwerbstätigkeit damit schwierig realisierbar ist. Eine Abhängigkeit von Sozialhilfe bzw. Alg II scheint damit, wie die hohen Bezugs- und Armutsrisikoquoten Alleinerziehender offenbaren, der gängigste Ausweg für Betroffene zu sein,[103] zumal Unterhaltszahlungen besonders in den 1980er- und 90er-Jahren eine quantitativ fast bedeutungslose Rolle bei der Struktur von Haushaltseinkommen spielten.

Das Ausmaß von (Kinder-)Armut in einer Gesellschaft ist von einem ganzen Bündel sozialstaatlicher Absicherungs- und Fürsorgeleistungen determiniert, die zudem für unterschiedliche Adressaten innerhalb der einkommensschwachen Bevölkerung durchaus je spezifische Wirkungen entfalten. Ein gewichtiger Einflussfaktor für das Kinderarmutsausmaß scheint die Höhe des Anteils der Steuern und sozialen Transferleistungen am Bruttoinlandsprodukt (BIP) zu sein, wie eine Unicef-Studie im Vergleich von 30 OECD-Ländern zeigt: Obwohl demnach keineswegs gradlinig aus der Höhe von Sozialausgaben auf Kinderarmutsquoten geschlossen werden kann, haben alle Staaten, die mehr als 10 Prozent des BIP für Soziales aufwenden, Kinderarmutsquoten unter 10 Prozent; gegenüber 15 Prozent in allen Staaten, die bis zu 5 Prozent des BIP dafür verwenden.[104] Für Deutschland wird von 1990 bis 2000 eine Steigerung der Sozialausgaben des BIP um rund 4,4 auf 27,2 Prozent belegt, die sich aber, aufgeschlüsselt nach Ausgaben für Gesundheit, Renten, Familie und Anderes im Wesentlichen auf die drei Bereiche außerhalb der Familienpolitik verteilen, während die Familienausgaben nur ein Plus von 0,25 Prozent verzeichneten.

Die Unicef-Untersuchung belegt zugleich, dass insbesondere Kinder aus einkommensarmen Familien und Rentner/innen von Sozialtransfers profitieren. Anhand des durchschnittlichen Anteils von Steuern und sozialen Transferleistungen am insgesamt verfügbaren Einkommen, der für verschiedene Altersgruppen aufgeschlüsselt wird, belegt die Studie, dass die deutsche Bevölkerung im Kindes- und Erwachsenenalter durchschnittlich über ein Einkommen verfügt, das mit bis zu 20 Prozent aus sozialen Leistungen subventioniert wird; erst ab dem Rentenalter steigt der Anteil von Transfer- und Sozialleistungen rapide auf über 80 Prozent des jeweils verfügbaren Einkommens. Bei der einkommensschwachen Bevölkerung liegt der Anteil von Transfer- und Sozialleistungen im Kindesalter bereits bei rund 83 Prozent, sinkt dann aber mit zunehmendem Lebensalter auf bis zu 40 Prozent bei 18-Jährigen, um danach (unter einigen Schwankungen) wieder auf bis zu 100 Prozent bei über 65-Jährigen zu wachsen.

Für die Situation der sozialen Sicherungssysteme in Deutschland ergibt sich die besondere Schwierigkeit, dass mit dem 1. Januar 2005 eine grundlegende Umstrukturierung vieler sozialstaatlicher Leistungssysteme erfolgte. Deshalb wäre es eigentlich notwendig, die Auswirkungen der entsprechenden Regelungen sowohl für den Zeitraum vor als auch

102 Vgl. dazu auch I. Gerlach: Familienpolitik, a. a. O., S. 106

103 Die Armutsrisikoquote von Alleinerziehenden mit im Haushalt lebenden minderjährigen Kindern in Nordrhein-Westfalen lag 2005 bei 37 bzw. bei Migranten bei 52 %; vgl. MAGS NRW (Hrsg.): Sozialbericht 2007, a. a. O., S. 125 u. 301. Zum Folgenden vgl. I. Gerlach: Familienpolitik, a. a. O., S. 105

104 Vgl. hierzu und zum Folgenden: Unicef Innocenti Research Center (Hrsg.): Child Poverty in Rich Countries 2005, a. a. O., S. 23 ff.

für jenen nach den Reformen zu analysieren; Letzteres kann aber aufgrund der Aktualität der jüngsten Reformen lediglich in Form von Tendenzaussagen geschehen, weshalb sich die folgenden Ausführungen weitgehend auf armutsrelevante Merkmale der bis Jahresende 2004 bestehenden sozialen Sicherungssysteme konzentrieren. Bis zu diesem Zeitpunkt galten Transferleistungen wie die Arbeitslosen- und die Sozialhilfe sowie Maßnahmen des Familienlastenausgleichs (Kinder- und Erziehungsgeld, Unterhaltsvorschuss sowie BAföG)[105] als die bedeutsamsten familienbezogenen Instrumente des Sozialstaates, um etwaige Armutsrisiken von Familien abzumildern. Nach Auskunft des zweiten Armuts- und Reichtumsberichts der Bundesregierung reduzierte sich die relative Einkommensarmut durch diese Leistungen bei Alleinerziehenden um 15 Prozent und bei Kindern um 9 Prozent.[106] Die armutsmindernde Wirkung sozialstaatlicher (Transfer-)Leistungen zeigt Abb. 8.1 für verschiedene Haushaltstypen.

Abbildung 8.1 Armutsrisikoquoten 2003 vor und nach Familienlastenausgleich und Sozialtransfers

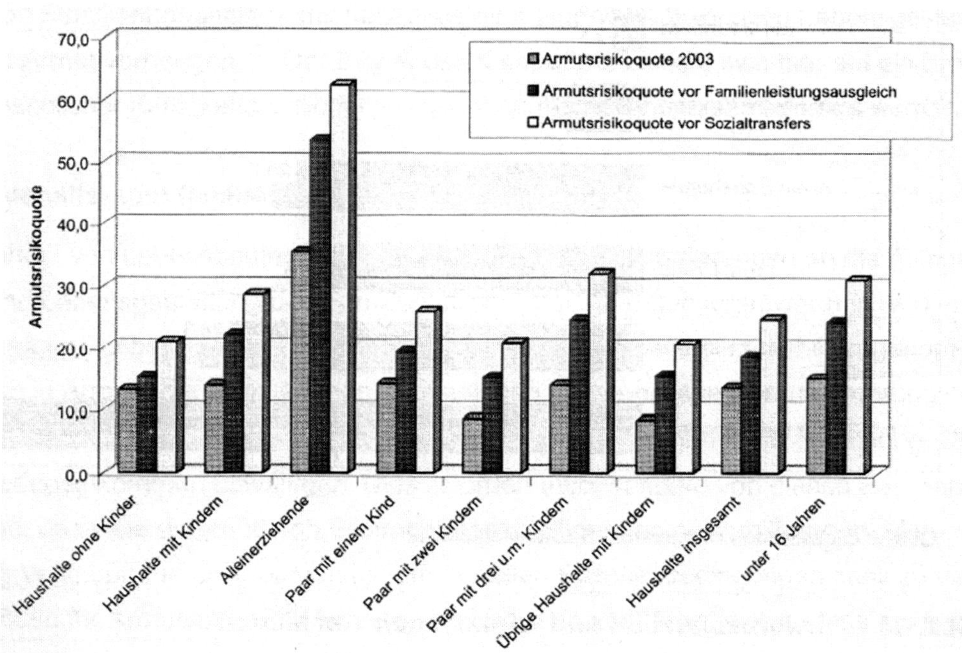

Quelle: Fraunhofer Institut, EVS, 1. Halbjahr 2003, in: BMGS (Hrsg.): Lebenslagen in Deutschland, a. a. O., S. 77

105 Zum horizontalen und vertikalen Familienlastenausgleich als „nicht-armutsfestes" Netz vgl. G. Bäcker: Armut und Unterversorgung im Kindes- und Jugendalter: Defizite der sozialen Sicherung, in: Ch. Butterwegge (Hrsg.): Kinderarmut in Deutschland, a. a. O., S. 252 ff.

106 Vgl. BMGS (Hrsg.): Lebenslagen in Deutschland, a. a. O., S. 76

Aus der Abbildung erschließt sich, dass die sozialen Transferleistungen[107] bei allen betrachteten Haushaltsformen mit bis zu 10 Prozent zu einer vergleichbar hohen Reduktion des Armutsrisikos beitragen. Hinsichtlich der armutsmindernden Folgen des Familienlastenausgleichs lassen sich verschiedenste Adressat(inn)en der Förderung ausmachen: Am meisten profitieren davon Alleinerziehende, die zwar auch nach Einrechung dessen und von sozialen Transfers mit 35 Prozent noch immer die höchste Armutsrisikoquote aufwiesen; diese hätte ohne Leistungen des Familienlastenausgleichs jedoch um mehr als 15 Prozent höher gelegen. Ersichtlich ist ferner, dass die armutsrisikomindernde Wirkung des Familienlastenausgleichs mit der Zahl der Kinder in Haushalten zunimmt, wobei die Armutsquote von Haushalten mit drei bzw. mehr Kindern um mehr als 10 Prozent und damit am weitesten gesenkt wurde, während bei kinderlosen Haushalten vor und nach dem Familienlastenausgleich kaum ein Unterschied in den Armutsrisikoquoten auszumachen ist. Der zweite Armuts- und Reichtumsbericht konstatiert, dass sich insbesondere die Kindergelderhöhungen der Jahre 1999, 2000 und 2002 unmittelbar auf die Einkommensstrukturen sowie die Armutsrisikoquoten ausgewirkt hätten.[108] So sei die Armutsrisikoquote von Paarhaushalten mit zwei Kindern durch die Erhöhungen seit 1998 um 8,6 und die von Alleinerziehenden um 7,6 Prozent gesenkt worden, während man die Armutsrisikoquote von Bis-zu-15-Jährigen um 6,4 und diejenige von 16- bis 29-Jährigen um 6,1 Prozent reduziert habe.

Abschließend sei noch ein Blick auf die kinderarmutsspezifischen Wirkungen des Sozialgeldes innerhalb der Grundsicherung für Arbeitsuchende nach dem SGB II erlaubt. Kritiker/innen bemängeln, dass die pauschalierten Leistungen in Höhe von monatlich 207 Euro für Unter-15-Jährige bzw. 276 Euro für Über-15-Jährige bei weitem nicht ausreichten, um Kinder und Jugendliche vor einem Leben in Armut, Mangelernährung und geringeren Teilhabechancen bezüglich Bildung, Freizeit und Kultur zu schützen.[109] Die Festlegung der Sozialgeldhöhe auf pauschal 60, inzwischen 70 bzw. 80 Prozent des Erwachsenenregelsatzes trage dem altersspezifischen Bedarf von Kindern ungenügend Rechnung und sei zu wenig altersspezifisch differenziert, womit sie u. a. gegen den Menschenwürdegrundsatz der Verfassung verstoße, urteilte außerdem das Bundessozialgericht im Januar 2009.[110]

---

107 Die als „Sozialtransfers" bezeichneten Einkommensbestandteile bestehen im Wesentlichen aus Leistungen der Arbeitslosenhilfe und der HLU (frühere Sozialhilfe im engeren Sinn). Ihre Höhe orientiert sich nach dem sog. Statistikmodell an Eckregelsätzen, die aus Daten zu Verbrauchsgewohnheiten unterer Einkommensschichten aus der alle 5 Jahre erhobenen Einkommens- und Verbrauchsstichprobe des Statistischen Bundesamtes (EVS) gewonnen werden. Allerdings führten bereits zu Beginn der 1990er-Jahre, so etwa 1993 und 1996, mehrere Reformen des Bundessozialhilfegesetzes dazu, dass der Anstieg der Eckregelsätze nicht mehr dem „Bedarfsdeckungsprinzip" folgt, sondern aus haushaltspolitischen Konsolidierungszwecken gedeckelt wurde. 1997 und 1998 wurde die regelmäßig vorzunehmende Regelsatzanpassung der Rentenentwicklung angepasst, was bei den immer häufiger als Sparinstrument genutzten „Nullrunden" für Rentner/innen ebenso zu einer weiteren Abkoppelung der Regelsätze von dem am soziokulturellen Existenzminimum ausgerichteten Bedarfsdeckungsprinzip beigetragen hat und weiterhin beiträgt. Vgl. Der Paritätische Wohlfahrtsverband (Hrsg.): Expertise. Die ab Januar 2005 gültige Regelsatzverordnung (RSV) und der Vorschlag des Paritätischen Wohlfahrtsverbandes für einen sozial gerechten Regelsatz als sozialpolitische Grundgröße, Berlin 2004, S. 8 ff.

108 Vgl. zum Folgenden: BMGS (Hrsg.): Lebenslagen in Deutschland, a. a. O., S. 22 f.

109 Vgl. R. Roth: „Ein Hartz für Kinder", Frankfurt a. M. 2007

110 Vgl. Bundessozialgericht: Vorschrift über die abgesenkte Regelleistung für Kinder unter 14 Jahre ist verfassungswidrig, Medieninformation v. 27.1.2008 (http://juris.bundessozialgericht.de/cgi-bin/rechtsprechung/list.py?Gericht=bsg&Art=ps; 1.2.09)

8.2.2 Sozialstaatszugang von und Familienleistungen für Migranten

Bezüglich der Zugänge zu Leistungen des Sozialstaates für Migrant(inn)en sind grundsätzlich jene vier Gruppen zu unterscheiden, zwischen denen in Kapitel 7.2.2 bereits differenziert wurde, nämlich erstens staatsbürgerlich inkludierte Migrant(inn)en wie Spätaussiedler/innen, zweitens EU-Bürger/innen und ihnen gleichgestellte Drittstaatler/innen mit verfestigtem Aufenthaltsstatus, drittens nachziehende Familienangehörige und temporäre Arbeitsmigrant(inn)en sowie viertens Migrant(inn)en mit prekärem Aufenthaltsstatus. Die sozialen Rechte ausländischer Migrant(inn)en richten sich grundsätzlich nach dem Aufenthaltsstatus bzw. dessen Verfestigungsgrad. Als Kriterien für das Ausmaß der Benachteiligung spielen des Weiteren die bisherige Aufenthaltsdauer des Migranten, seine (EU-/Nicht-EU-)Staatsangehörigkeit, das Zuwanderungsmotiv (Flucht oder Arbeitsaufenthalt) sowie etwaige Familienbande (Status als nachgezogener Familienangehöriger) eine wichtige Rolle.

Spätaussiedler/innen haben als Deutsche einen uneingeschränkten Zugang zu Leistungen des Sozialstaats, womit sie wesentlich leichter soziale Unterstützung in Anspruch nehmen können als ausländische Migrant(inn)en. Als privilegierte Migrantengruppe erhielten sie zusätzlich besondere Eingliederungshilfen, die seit den 1990er-Jahren sukzessive abgebaut wurden. Für Spätaussiedler/innen galten des Weiteren Sonderregelungen in den Sozialversicherungen: Sofern sie im Herkunftsland mindestens 150 Tage eine Beschäftigung ausgeübt hatten, wurden sie direkt in die Arbeitslosenversicherung aufgenommen; außerdem besaßen sie Anspruch auf Leistungen der Rentenversicherung, für die sie theoretisch in ihren Herkunftsländern Anspruch erworben hätten, und auf Leistungen der Unfallversicherung für Arbeitsunfälle, die im Aussiedlungsgebiet passiert waren.[111]

Für die zweite privilegierte Gruppe, also EU-Bürger/innen, gilt gemäß dem in Art. 6 verankerten Diskriminierungsverbot des EG-Vertrags („EGV") von 1957 bzw. 1992 sowie der Verordnung (EWG) Nr. 1408/71 von 1971, dass sie unabhängig von ihrem Erwerbsstatus und dem Aufenthaltstitel die gleichen sozialen Rechte und Pflichten haben wie Deutsche. Die darunter fallenden sozialen Rechte erstrecken sich auf alle Zweige der sozialen Sicherheit mit Ausnahme der Sozialhilfe, also auf Leistungen bei Krankheit und Mutterschaft, Invalidität, Alter, Arbeitsunfälle, Berufskrankheiten, Arbeitslosigkeit, Leistungen an Hinterbliebene, Familienleistungen sowie Sterbegeld. Gemäß bilateraler Kooperationsabkommen sind Drittstaatler/innen aus Marokko, Tunesien und Algerien dieser Gruppe durch das Gleichbehandlungsgebot gleichgestellt, was seit einem Urteil des EuGH von 1999 auch für türkische Staatsangehörige zutrifft.[112] Allerdings konnten auch EU-Bürger/innen und ihnen Gleichgestellte bei nicht nur vorübergehendem Bezug von Sozialhilfeleistungen ihr Aufenthaltsrecht verlieren, weil bei andauernder Arbeitslosigkeit die in den Römischen Verträgen verbriefte Freizügigkeit nicht mehr begründet werden konnte.[113]

Für alle übrigen Migrant(inn)en aus Drittstaaten galt nach dem Ausländerrecht a. F., dass sie gemäß ihres befristeten Aufenthaltstitels nur bedingt Ansprüche auf Sozialleistungen

---

111 Vgl. W. Hanesch/P. Krause/G Bäcker: Armut und Ungleichheit in Deutschland, a. a. O., S. 419

112 Vgl. ebd., S. 420, ergänzend: Bundesausländerbeauftragte (Hrsg.): Lagebericht 1997, a. a. O., S. 103 f.; dies. (Hrsg.): Lagebericht 2000, a. a. O., S. 57

113 Vgl. J. Velling: Immigration und Arbeitsmarkt, a. a. O., S. 96

hatten. Man erteilte bzw. verlängerte ihnen meist nur eine Aufenthaltsgenehmigung, sofern sie ihren Lebensunterhalt einschließlich einer ausreichenden Krankenversicherung eigenständig sicherten und dafür keine öffentlichen Leistungen in Anspruch nahmen.[114] Dies sollte eine „Zuwanderung in die Sozialsysteme" verhindern. Insbesondere der Bezug von laufenden Sozialhilfeleistungen stand der Erteilung einer Aufenthaltserlaubnis entgegen (§ 7 Abs. 2 AuslG a. F.). Waren Nicht-EU-Ausländer/innen indes bereits im Besitz einer solchen, lag ihre Ausweisung im Ermessen der Ausländerbehörden (§ 46 Nr. 6 AuslG a. F.).[115] Auf Leistungen der Sozialversicherung haben ausländische Migrant(inn)en anders als Spätaussiedler/innen gemäß ihren Beitragszeiten Anrecht. Man kann also davon ausgehen, dass sich ein Ausschluss oder eine Einschränkung im Leistungszugang gravierend auf ihre Einkommenssituation bzw. etwaige Armutsrisiken auswirkt.

Zu den wichtigsten Familienleistungen, die im Folgenden behandelt werden, zählten lange Zeit das Kindergeld, Kinderfreibeträge sowie das Erziehungsgeld, das Anfang 2007 vom Elterngeld abgelöst wurde. Das (anfangs nur Nichterwerbstätigen gezahlte) *Kindergeld* war 1955 in dem System des dualen Familienlastenausgleichs eingeführt und zuerst 1964 und dann 1975 grundlegend reformiert worden; seither wird es weitgehend einkommensunabhängig vom ersten Kind an gewährt.[116] Die zwischenzeitlich abgeschafften, schon 1949 eingeführten Kinderfreibeträge z. B. für Kinderbetreuung und Ausbildung wurden 1983 wieder eingeführt und dann sukzessive angehoben.[117] Ausländer/innen aus Drittstaaten, die nicht unter das o. g. Diskriminierungsver- bzw. das Gleichbehandlungsgebot fielen, hatten nur für im Inland wohnhafte Kinder[118] einen Kindergeldanspruch oder sofern diese hier ihren gewöhnlichen Aufenthalt hatten. Zum 1. Januar 1994 wurde ein Ausschluss von Migrant(inn)en eingeführt, die nicht über eine Aufenthaltserlaubnis oder -berechtigung (also einen sog. gewöhnlichen Aufenthalt) verfügten.[119] Der Gesetzgeber fügte diese Bestimmung in § 1 Abs. 3 des Bundeskindergeldgesetzes (BKGG v. 14.9.1994) ein. Im Inland lebende Kinder von Asylbewerber(inne)n und Geduldeten waren somit jahrelang vom Kindergeldanspruch ausgeschlossen, während jene von Asylberechtigten und Arbeitsmigrant(inn)en anspruchsberechtigt waren. Für im Ausland lebende Kinder von in der Bundesrepublik beschäftigten ausländischen Arbeitnehmer(inne)n schaffte man 1986 den Kindergeldanspruch ebenso wie jenen auf Kinder- und Ausbildungsfreibeträge ab, führte zugleich aber stuerliche Absetzungsmöglichkeiten für den Unterhalt von sog. Auslandskindern ein.[120]

Seit 1996, als das Optionsmodell eingeführt wurde, gehört das Kindergeld zum Steuerrecht. Die entsprechenden Regelungen sind im § 62 Abs. 2 des Einkommensteuergesetzes (EStG)

---

114 Zur Rechtslage in den 1990er-Jahren und zum Folgenden: vgl. ebd., S. 94 ff.

115 Beide Bestimmungen galten nicht für zurückkehrende junge Ausländer/innen und unter bestimmten Umständen für Familienangehörige, die einen Rechtsanspruch auf die Erteilung einer Aufenthaltserlaubnis hatten, sowie für Nichtdeutsche mit einer unbefristeten Aufenthaltserlaubnis oder einer Aufenthaltsberechtigung.

116 Vgl. I. Gerlach: Familienpolitik, a. a. O., S. 154 u. 162

117 Vgl. dazu ebd., S. 213; zur Höhe des Kindergelds von 1955 bis 2002 vgl. ebd., S. 216

118 Vgl. P. Flieshardt/J. Steffen: Renaissance der Familie? Praktische Tips und kritische Fragen zur „neuen" Steuer- und Sozialpolitik, Hamburg 1986, S. 40. Zum 1.1.1986 trat das Gesetz über die Gewährung von Erziehungsgeld und Erziehungsurlaub in Kraft.

119 Dies geschah durch das Erste Gesetz zur Umsetzung des Spar- und Konsolidierungs- und Wachstumsprogramms; vgl. Bundesintegrationsbeauftragte (Hrsg.): Sechster Bericht, a. a. O., S. 290

120 Vgl. ebd., S. 40, 59 u. 90 f.

verankert.[121] Inhaber/innen einer Duldung, Aufenthaltsgestattung, -bewilligung oder -befugnis (mit Ausnahme von Konventionsflüchtlingen) waren generell von Kindergeldleistungen ausgeschlossen.[122] Für nicht kindergeldberechtigte Ausländer/innen führte der Gesetzgeber Anfang 1997 einen monatlichen Freibetrag von (je nach Einkommensteuerveranlagung) 288 oder 576 DM monatlich ein, wodurch die Lohnsteuer unter Berücksichtigung dieses Freibetrags berechnet wurde.

Im Jahr 2000 änderte das Bundessozialgericht seine Rechtsprechung, als es von nun an bei Ausländer(inne)n aus den Anwerbedrittstaaten Jugoslawien, Marokko, Tunesien und der Türkei nicht mehr den Aufenthaltsstatus, sondern den Erwerbsstatus als entscheidend für die Gewährung von Kindergeld wertete.[123] Damit erlangten insbesondere viele Bürgerkriegsflüchtlinge mit einer Duldung oder einer Aufenthaltsbefugnis aus Ex-Jugoslawien einen Kindergeldanspruch, sofern sie erwerbstätig waren. Im Zuge der Harmonisierung EU-weiter Vorschriften wurde diese Regelung ebenfalls auf Bürger/innen aus Staaten wie Lettland, Litauen und Tschechien ausgedehnt, die das entsprechende europäische Abkommen ratifiziert hatten. Im Juni 2004 hob das Bundesverfassungsgericht in einem wegweisenden Urteil den Ausschluss von Migrant(inn)en mit humanitärem Aufenthaltsrecht (wie einer Duldung oder einer Aufenthaltserlaubnis) aus dem Kindergeldbezug gänzlich auf und wies den Gesetzgeber an, im Laufe des Jahres 2005 eine entsprechende Regelung zu treffen.[124] Das Zuwanderungsgesetz passte die alte Regelung jedoch unverändert an die neuen Aufenthaltstitel an, statt eine neue zu treffen,[125] sodass eine weitere Reform vonnöten war.[126] Saison- und Werkvertragsarbeitnehmer/innen haben nach wie vor kein Anrecht auf Kindergeld, wohl aber auf den neu eingeführten Kinderfreibetrag.

Die Zugangsregelungen für Nichtdeutsche bei dem von 1986 bis Ende 2006 gezahlten *Erziehungsgeld* waren mit jenen des Kindergelds deckungsgleich. Es wurde in Höhe von maximal 600 DM ab 1987 zunächst für 12 Monate gezahlt. Später wurde der mögliche Zeitraum des Erziehungsurlaubs auf 3 Jahre und die maximale Bezugsdauer des Erziehungsgeldes auf 24 Monate ausgeweitet; erst 2001 hob der Gesetzgeber allerdings die Einkommenshöchstgrenzen

---

121 Das Optionsmodell beinhaltete, dass entweder Kindergeld oder ein Kinderfreibetrag gewährt wurde, zugleich ersetzte man den Familienlasten- durch den Familien*leistungs*ausgleich; vgl. I. Gerlach: Familienpolitik, a. a. O., S. 198

122 Vgl. G. Classen: Sozialleistungen für MigrantInnen und Flüchtlinge, a. a. O., S. 134; auch zum Folgenden: Bundesausländerbeauftragte (Hrsg.): Lagebericht 1997, a. a. O., S. 100 f.

123 Vgl. auch zum Folgenden: dies. (Hrsg.): Lagebericht 2002, a. a. O., S. 159 f.

124 Vgl. Bundesintegrationsbeauftragte (Hrsg.): Sechster Bericht, a. a. O., S. 290. Als wegweisend schätzt die Integrationsbeauftragte das Urteil ein, da sich die Begründung der Beschlüsse (auch zum Bundeserziehungsgeldausschluss) auch auf weitere Bereiche des Sozialrechts übertragen lässt, in denen die Leistungsgewährung aufenthaltsrechtlich gestaffelt ist.

125 Seit Inkrafttreten des neuen Aufenthaltsgesetzes Anfang 2005 haben Ausländer nur einen Anspruch auf Kinder- bzw. Erziehungsgeld, sofern sie im Besitz einer „Niederlassungserlaubnis, einer Aufenthaltserlaubnis zum Zweck der Erwerbstätigkeit, einer Aufenthaltserlaubnis nach § 25 Abs. 1 und 2, den §§ 31, 37, 38 des Aufenthaltsgesetzes oder eine Aufenthaltserlaubnis zum Zweck des Familiennachzugs zu einem Deutschen“ haben; vgl. § 62 Abs. 2 Einkommensteuergesetz (EStG)

126 Vgl. § 62 Abs. 2 Einkommensteuergesetz (EStG) i.d. Fassung der Bekanntmachung v. 19.10.2002, in: BGBl. I S. 4210

moderat an.[127] Das Bundeserziehungsgeldgesetz bestimmte anfangs, dass Ausländer/innen mit „einem Wohnsitz oder dem gewöhnlichen Aufenthalt“ im Inland anspruchsberechtigt waren.[128] Im Juni 1993 führte der Gesetzgeber den Ausschluss von Personen ohne Aufenthaltsberechtigung oder -erlaubnis vom Erziehungsgeld ein, was zwar die meisten der angeworbenen Arbeitsmigrant(inn)en aus den Ländern der damaligen EWG und Asylberechtigte nicht betraf, wohl aber Asylbewerber/innen, Geduldete und andere Flüchtlinge mit humanitärem Status.[129] Ausländer/innen aus Drittstaaten, die nicht unter das sozialrechtliche Gleichbehandlungsgebot fielen und die über eine Aufenthaltserlaubnis oder eine Aufenthaltsberechtigung verfügten, hatten somit nach § 1 Abs. 1a des Bundeserziehungsgeldgesetzes (BErzGG) ein Anrecht auf diese Leistung, wie der EuGH 1996 feststellte.[130] Ein Leistungsausschluss bestand somit für Inhaber/innen einer Duldung, Aufenthaltsgestattung, -bewilligung oder -befugnis. Der Ausschluss wurde – wie beim Kindergeld – vom Bundesverfassungsgericht im Juni 2004 aufgehoben, das feststellte, er gelte nur für Personen, die keine Erwerbstätigkeit ausüben durften, während es offen ließ, ob dies auch für Ausländer/innen mit nachrangigem Arbeitsmarktzugang zutrifft.[131]

Für Jugendhilfeleistungen nach dem seit Anfang 1991 geltenden KJHG gilt, dass sie ausländischen Kindern und Jugendlichen, jungen Menschen, Eltern und Personensorgeberechtigten gewährt werden, sofern diese ihren gewöhnlichen Aufenthalt rechtmäßig oder aufgrund einer ausländerrechtlichen Duldung im Inland haben (§ 6 Abs. 2 SGB VIII). Gleiches gilt für den bis 2005 bestehenden Sozialhilfebezug, der nach § 120 BSHG als Hilfe zum Lebensunterhalt, Krankenhilfe, Hilfe für werdende Mütter und Wöchnerinnen sowie Hilfe zur Pflege gewährt wurde. Ausgenommen waren davon seit 1993 Nichtdeutsche im Asylbewerberleistungsbezug (Abs. 2), Ausländer/innen, die eingereist waren, um medizinische oder Sozialhilfe zu erlangen (Abs. 3), sowie Ausländer/innen mit einer Aufenthaltsbefugnis, die sich außerhalb des ihnen erlaubten Bundeslandes aufhielten; sie bekamen bloß „unabweisbar gebotene Hilfen“.[132] Zugleich sollten die Ausländerbehörden nach § 120 Abs. 4 Nichtdeutsche auf „Rückführungs- und Weiterwanderungsprogramme“ hinweisen. Die Ergänzung „in geeigneten Fällen ist auf eine Inanspruchnahme solcher Programme hinzuwirken“ bezieht sich auf Migrant(inn)en mit ungefestigtem Aufenthaltsstatus und deutet an, dass ihr Aufenthalt durch den Sozialhilfebezug gefährdet sein kann.

127 Vgl. Bundesausländerbeauftragte (Hrsg.): Lagebericht 2002, a. a. O., S. 158; I. Gerlach: Familienpolitik, a. a. O., S. 221. Zum Bundeserziehungsgeld vgl. auch S. Bothfeld: Vom Erziehungsurlaub zur Elternzeit. Politisches Lernen im Reformprozess, Frankfurt a. M./New York 2005, S. 44 ff.

128 Vgl. P. Flieshardt/J. Steffen: Renaissance der Familie?, a. a. O., S. 120

129 Durch das Gesetz zur Umsetzung des Förderalen Konsolidierungsprogramms; vgl. Bundesintegrationsbeauftragte (Hrsg.): Sechster Bericht, a. a. O., S. 290

130 Vgl. auch zum Folgenden: Bundesausländerbeauftragte (Hrsg.): Lagebericht 1997, a. a. O., S. 103; dies. (Hrsg.): Lagebericht 2000, a. a. O., S. 55

131 Vgl. Bundesintegrationsbeauftragte (Hrsg.): Sechster Bericht, a. a. O., S. 291

132 Vgl. auch zum Folgenden: Bundesausländerbeauftragte (Hrsg.): Lagebericht 1997, a. a. O., S: 102; dies. (Hrsg.): Lagebericht 2000, a. a. O., S. 58

9 Mikrosoziologische Erklärungsmodelle und Einflussfaktoren für (Migranten-) Kinderarmut

9.1 Auf Familien- und Kindesebene angesiedelte Erklärungsansätze für Kinderarmut

Im Folgenden werden einzelne Theorien zu Einflussfaktoren auf der Ebene von Familien und Kindern vorgestellt, welche die erhebliche Variation von Auswirkungen familiärer Armut bei Kindern erklären helfen. Das ist insofern angemessen, als erst aus den Ergebnissen fundierte Ansätze und Maßnahmen abzuleiten sind, die bei der konkreten Unterstützung betroffener Familien oder Kinder ansetzen. Die Aufmerksamkeit wird damit auf die vielfältigen mikrosozialen Prozesse, Einflussfaktoren und kindlichen Handlungsspielräume gelenkt, welche die Manifestation von Folgen familiärer Armut bei Kindern sowohl im Negativen als auch im Positiven beeinflussen. Die Bedingungsfaktoren werden von drei theoretischen Konzepten erhellt, die eine ressourcenorientierte Perspektive eröffnen: dem auf Befunde der sog. Resilienzforschung rekurrierenden, auch in der Kinderarmutsforschung verbreiteten Konzept von Risiko- und Schutzfaktoren, dem von der AWO-ISS-Studie entwickelten „Integrierten Modell zu Einflussfaktoren auf die Lebenssituation von (Grundschul-)Kindern in Armut" sowie dem Modell von Sabine Walper zur innerfamiliären Vermittlung armutsbedingter Entwicklungsbelastungen von Kindern. Die Ansätze werden im Folgenden skizziert, bevor die Wirkungsweise einzelner weiterer armutsmoderierender Faktoren am Beispiel von Beziehungsstrukturen und Bewältigungsstrategien auf Familien- und anschließend auf Kindesebene in den Blick genommen werden.

9.1.1 Risiko- und Resilienzfaktoren im Kindesalter

Armutsmoderierende Risiko- und v. a. Schutzfaktoren im Kindesalter untersuchte die internationale, insbesondere US-amerikanische Armutsforschung schon früh. Neben kontextuellen und individuellen Einflussfaktoren schenkte man besonders der interaktiven Ebene (Freunde und Gleichaltrigengruppe) sowie der sozialräumlichen Dimension (Nachbarschaft und Kommune) als relevanten Faktorengruppen Aufmerksamkeit.[1] Die deutschsprachige Armutsforschung wandte sich indes erst jüngst dem Thema des Bewältigungshandelns von Familien und Kindern unter Armutsbedingungen zu.[2] Eine wachsende Zahl von Untersuchungen sucht seither kindliche Stärken und Kompetenzen herauszuarbeiten, um Einflussfaktoren zu identifizieren, die Kinder trotz multidimensionaler Belastungen zu einer altersgerechten und gedeihlichen Entwicklung befähigen.[3] Weil sie sich eher auf die Herausarbeitung von Schutz- als von Risikofaktoren konzentrieren, werden solche Konzepte häufig als ressourcenorientiert bezeichnet, sind aber nicht zu verwechseln mit dem in der Armutsforschung verbreiteten Ressourcenansatz.

---

1 Vgl. A. Klocke: Armut bei Kindern und Jugendlichen, a. a. O., S. 298

2 Vgl. A. Richter: Wie erleben und bewältigen Kinder Armut?, a. a. O., S. 77 ff.; K. A. Chassé/M. Zander/K. Rasch: Meine Familie ist arm, a. a. O., S. 245 ff.; M. Zander: Armes Kind – starkes Kind?, a. a. O.

3 Vgl. G. Holz u. a.: Zukunftschancen für Kinder, a. a. O., S. 151 ff.; dies.: Kinderarmut in benachteiligten Stadtteilen, in: Difu-Projektgruppe, Bundestransferstelle Soziale Stadt (Hrsg.): info 15. Der Newsletter zum Bund-Länder-Programm Soziale Stadt 10/2004, S. 7 ff.

1. Risikofaktoren

Der Begriff des Risikofaktors stammt aus dem Gesundheitsbereich, wo alle Prädiktoren von Krankheiten als Risikofaktoren bezeichnet werden, durch deren Wirkung eine erhöhte Erkrankungswahrscheinlichkeit besteht.[4] Erklärungsmodelle unterscheiden meist zwei Risikofaktorengruppen: (biologische und psychologische) Merkmale des Individuums, die – wie ein schwieriges Temperament – die Vulnerabilität erhöhen, sowie (psychosoziale) Merkmale der Umwelt eines Individuums, die – wie Armut und ein schlechtes Familienklima – als Stressoren wirken.[5] Konstatiert wird, dass, je mehr Risikofaktoren auftreten, umso mehr Schutzfaktoren auch für eine positive kindliche Entwicklung etwa in Bezug auf die Gesundheit oder eine erfolgreiche Bildungsbiografie vonnöten sind.[6]

Tabelle 9.1 zeigt die Risikofaktoren für ein gedeihliches Aufwachsen von 6-jährigen Kindern, welche Gerda Holz und ihre Mitautoren in der AWO-ISS-Studie beobachteten. Bemerkenswert ist, dass ein „Migrationshintergrund" pauschal als Risikofaktor gilt, ebenso wie Armut, Kinderreichtum, geringe Bildungs- und Berufsqualifikationen von Eltern sowie das Aufwachsen in benachteiligten Sozialräumen – alles mithin sozioökonomische bzw. -strukturelle Faktoren, die bekanntermaßen besonders häufig bei Kindern aus Zuwandererfamilien zusammentreffen. Indes sind die aufgeführten familiären sowie sozio-emotionalen Risikofaktoren für diese Betroffenengruppe kaum wissenschaftlich belegt.

Tabelle 9.1 Risikofaktoren für 6-jährige Kinder im Querschnitt (1999)

Sozioökonomische/-strukturelle Faktoren	**Familiäre und soziale/emotionale Faktoren**
• familiäre Einkommensarmut • (Langzeit-)Arbeitslosigkeit der Eltern • geringer Bildungs- und Berufsstatus der Eltern • Migrationshintergrund • Trennung/Scheidung der Eltern • Aufwachsen mit vielen Geschwistern • Aufwachsen in einer Ein-Elternteil-Familie • Aufwachsen in belasteten Quartieren • Aufwachsen in Multiproblemfamilien/ problematischen Sozialmilieus	• gestörtes Familienklima • schlechte Eltern-Kind-Beziehung • wenig kindzentriertes Familienleben • geringe Erziehungs-, Bildungs- und Versorgungskompetenzen der Eltern • geringes oder fehlendes familiäres und soziales Netzwerk • elternbedingte Belastungen: - ungünstiges Gesundheitsverhalten (Rauchen, Alkohol) - gesundheitliche Beschwerden (z. B. psychosomatische Erkrankungen) - geringe Nutzung von Gesundheitsdienstleistungen

Quelle: G. Holz: Teil I: Gesundheitsdefizite und Gesundheitspotenziale sozial benachteiligter und armer Kinder, a. a. O., S. 48

4 Vgl. hierzu und zum Folgenden: G. Holz: Teil I: Gesundheitsdefizite und Gesundheitspotenziale sozial benachteiligter und armer Kinder, a. a. O., S. 46

5 Vgl. G. Holz: Lebenslagen und Chancen von Kindern in Deutschland, in: APuZ 26/2006, S. 10

6 Vgl. U. Egle/S. Hoffmann/M. Steffens: Psychosoziale Risiko- und Schutzfaktoren in Kindheit und Jugend als Prädisposition für psychische Störungen im Erwachsenenalter. Gegenwärtiger Stand der Forschung, in: Der Nervenarzt 9/1997, S. 683 ff.

2. *Resilienz- bzw. Schutzfaktoren*

Schutzfaktoren sind ebenfalls auf mehreren Ebenen anzusiedeln. Personale, d.h. in der Person des Kindes liegende (Resilienz-)Faktoren können etwa bestimmte Persönlichkeitsmerkmale, Bewältigungsstrategien oder ein widerstandsfähiges Immunsystem sein. Protektiv wirken zudem sowohl in der Familie als auch in der sozioökonomischen Umwelt des Kindes angesiedelte materielle und soziale Ressourcen, beispielsweise die Erwerbstätigkeit der Eltern, eine ausreichend große Wohnung und der soziale Rückhalt sowie die Absicherung der Familie durch sozialstaatliche Leistungen.[7] Die sog. Resilienzforschung rückt solche Schutzfaktoren in den Mittelpunkt, welche die psychische Widerstandskraft („Resilienz") stärken bzw. deren Genese unterstützen.[8] Sie erforscht protektive Faktoren zur Bewältigung von Belastungen u.a. durch Kinder bzw. Familien und folgt somit ressourcen- statt defizitorientierten Konzepten. Die Resilienzforschung macht ebenfalls Anleihen bei gesundheitswissenschaftlichen Theorien, so etwa beim salutogenetischen Modell Aaron Antonovskys, das dieser bereits 1979 unter der Fragestellung „Wieso bleiben Menschen trotz extremer Belastungen gesund?" entwickelte.[9] Darin belegt er generalisierbare Widerstandsressourcen,[10] die potenziellen Stressoren (im Sinn von Risikofaktoren) in Belastungssituationen derart entgegenwirken, dass das Wohlbefinden der betroffenen Personen nicht beeinträchtigt wird.

Resilienzansätze fragen nach Widerstandsressourcen, die Individuen zur Bewältigung von Belastungen (wie familiärer Armut) befähigen, sowie nach Prozessen des Entstehens und Wirksamwerdens solcher Ressourcen im Rahmen von Lebensverläufen.[11] Protektive Faktoren können psychologische Merkmale und Eigenschaften der sozialen Umwelt sein, welche die Wahrscheinlichkeit des Auftretens psychischer Störungen verringern. Gerda Holz nennt drei Typen von Schutzfaktoren, die für sozial benachteiligte Kinder große Bedeutung haben:[12]

1. individuelle Eigenschaften (Geschlecht, Alter sowie Charaktereigenschaften) der Kinder;
2. familiäre Charakteristika (Haushaltsgröße und Familienform) sowie Merkmale der familiären Interaktion (z.B. elterliche Beziehungserfahrungen und Bewältigungsstrategien);

---

7 Vgl. W. Lauterbach: Armut in Deutschland und mögliche Folgen für Familien und ihre Kinder, Oldenburg 2003, S. 32ff.

8 Zusammenfassend zur US-amerikanischen Resilienzforschung vgl. G. Opp/M. Fingerle: Risiko und Resilienzen in der frühen Kindheit am Beispiel von Kindern aus sozioökonomisch benachteiligten Familien. Amerikanische Erfahrungen mit Head Start, in: H. Weiß (Hrsg.): Frühförderung mit Kindern und Familien in Armutslagen, a.a.O., S. 164ff.; M. Zander: Armes Kind – starkes Kind?, a.a.O., S. 50ff.; zur Resilienzforschung im deutschsprachigen Raum vgl. ebd., S. 27ff.

9 Vgl. A. Antonovsky: Health, stress, and coping, London 1979, S. 185; zum Ressourcenkonzept und zu anderen salutogenetischen Modellen vgl. K. Hurrelmann: Sozialisation und Gesundheit, a.a.O., S. 132ff. Zur Bezugnahme der Resilienzforschung auf Antonovsky vgl. M Zander: Armes Kind – starkes Kind?, a.a.O., S. 30

10 Dazu zählte Antonovsky physische, biochemische, materielle, kognitive, emotionale, einstellungsmäßige, soziale und makrostrukturelle Faktoren, die bewirken, dass krankmachende Belastungsfaktoren gar nicht erst auftreten oder erfolgreich bekämpft werden können; vgl. ebd., S. 133

11 Vgl. hierzu und zum Folgenden: M. Fingerle: Resilienz – Vorhersage und Frühförderung, in: G. Opp u.a. (Hrsg.): Was Kinder stärkt, München/Basel 1999, S. 94, zit. nach: G. Holz/S. Skoluda: „Armut im frühen Grundschulalter", a.a.O., S. 41ff.

12 Vgl. G. Holz: Teil I: Gesundheitsdefizite und Gesundheitspotenziale sozial benachteiligter und armer Kinder, a.a.O., S. 50

3. außerfamiliäre Unterstützungssysteme, also in erster Linie soziale Netzwerke von Eltern und Kindern sowie institutionelle Unterstützungssysteme, von denen sowohl direkt als auch indirekt eine protektive Wirkung ausgehen könne.

Da der Familie für das Wohlbefinden von Kindern besonders im frühen und mittleren Kindesalter eine entscheidende Mittlerrolle zukommt, liegt ein Schwerpunkt der (deutschsprachigen) Kinderarmutsforschung auf den – gerade bei Kleinkindern bedeutsamen – familiären Faktoren, die als doppelte Valenz wirksam werden können, indem sie sowohl Risiken als auch Schutz implizieren.[13] Für das Bewältigungshandeln und die Vermeidung negativer Armutsfolgen bei Kindern halten Holz u. a. auf *Familien*ebene ein Bündel von Schutzfaktoren für bedeutsam:

- ein situationsgerechtes Handeln der Eltern, das möglichst erfolgreich ist und keine zusätzliche Belastung darstellt;
- ein positives Familienklima, aufbauend auf einer guten Partnerbeziehung;
- eine positive Eltern-Kind-Beziehung mindestens eines Elternteils;
- die Einbindung in ein stabiles Beziehungsnetzwerk zu Verwandten, Freunden und Nachbarn;
- das Vorhandensein von Zukunftsvorstellungen und Perspektiven für sich und das Kind;
- Investitionen in die Zukunft der Kinder, vor allem durch Förderung ihrer sozialen Kontakte;
- Gewährleistung von außerfamiliären Kontaktmöglichkeiten und von Teilhabe an kindlichen Alltagsaktivitäten;
- Nutzung von außerfamiliären Angeboten zur Entlastung, Reflexion und Regeneration.[14]

Daneben gilt das (aktive) Problemlösungs- und Bewältigungsverhalten von Eltern als besonders einflussreich, da Kinder ihre Problemlösestrategien meist von den Eltern erlernen. Auf Kindesebene wertet die Armutsforschung personale Merkmale wie z. B. positive Temperamenteigenschaften (Selbstwertgefühl, hohe Sozialkompetenzen, ein aktives Bewältigungshandeln, Kreativität u. v. m.), ein weibliches Geschlecht und intellektuelle Fähigkeiten (z. B. Problemlösekompetenzen) als förderlich.[15] Mit steigendem Alter gewinnen neben familiären Bewältigungsstrategien die eigenen sozialen Netzwerke[16] der Kinder an Relevanz.

Die AWO-ISS-Studie belegte einen Zusammenhang zwischen der Gesamtzahl von Schutzfaktoren und dem Lebenslagetyp der einbezogenen Kinder, da die im Wohlergehen aufwachsenden Kinder deutlich mehr Schutzfaktoren aufwiesen als die multipel deprivierten. Zudem war in der Längsschnittuntersuchung ein Zusammenhang zwischen der Zahl verfügbarer Schutzfaktoren und dem kindlichen Entwicklungsverlauf beobachtbar: „Kinder, die

13 Vgl. S. Walper: Wenn Kinder arm sind – Familienarmut und ihre Betroffenen, in: L. Böhnisch/K. Lenz (Hrsg.): Familien. Eine interdisziplinäre Einführung, Weinheim/München 1997; H. Weiß: Kindliche Entwicklungsgefährdungen aus psychologischer und pädagogischer Sicht, a. a. O., S. 36

14 Vgl. G. Holz: Teil I: Gesundheitsdefizite und Gesundheitspotenziale sozial benachteiligter und armer Kinder, a. a. O., S. 63

15 Vgl. M. Zander: Armes Kind – starkes Kind?, a. a. O., S. 39 ff.

16 Zu dem Netzwerkbegriff vergleiche das folgende Unterkapitel.

zwischen 1999 und 2003/04 eine gefestigte positive Entwicklung durchliefen, besaßen mehr Schutzfaktoren als Kinder, die im selben Zeitraum multipel depriviert waren".[17]

3. Spezifische Risiko- und Schutzfaktoren von Kindern mit Migrationshintergrund

Da die hiesige Kinderarmutsforschung diesbezüglich noch in den Kinderschuhen steckt, sind die höchst komplexen und vielschichtigen Risiko- und Resilienzfaktoren zwar für Kinder verschiedener Altersgruppen, aber fast gar nicht für (arme) Kinder mit Migrationshintergrund erhellt worden. Es stellt sich daher die Frage nach der Übertragbarkeit der gewonnenen Forschungserkenntnisse auf Kinder mit Migrationshintergrund bzw. nach möglicherweise notwendigen Modifikationen.

Wie eingangs gezeigt, gilt das Merkmal „Migrationshintergrund" in der *Kinderarmuts*literatur immer noch häufig pauschal als Risikofaktor für die kindliche Entwicklung.[18] In dieser Sichtweise drückt sich eine immanente Defizitorientierung aus, unter der man das „arme Ausländerkind" lange Zeit ausschließlich betrachtete.[19] Innerhalb der *Migrations*wissenschaften ist diese verkürzte Defizitperspektive indes allmählich einer stärkeren Ressourcenorientierung gewichen, was sich in einer wachsenden Zahl von Untersuchungen manifestiert, die ihr Interesse vornehmlich auf interkulturelle Kompetenzen und Potenziale als wertvolle zusätzliche Qualifikation und protektive Faktoren junger Zuwanderer richten.[20] Jede einzelne Perspektive für sich genommen wird der vielfältigen Migrationsrealität jedoch kaum gerecht. Insbesondere mit Fokus auf Kinder aus armen Zuwandererfamilien müssen sowohl Risiko- als auch Schutzfaktoren berücksichtigt werden, da beide zusammentreffen. Ihre Relevanz für die Auswirkungen familiärer Armut auf das Wohlbefinden von Kindern unterstrich das breite Spektrum von Lebenslagetypen armer (Migranten-)Kinder in der AWO-ISS-Studie. Es reichte von trotz Armut im Wohlbefinden aufwachsenden ausländischen ebenso wie deutschen Kindern, die erfolgreiche Bildungskarrieren durchlaufen, bis zu einer Minderheit von Kindern mit prekärem Aufenthaltsstatus in mutipel deprivierten Lebensverhältnissen aus Zuwandererfamilien, die sich aufgrund (ausländer)rechtlicher Einschränkungen (z.B. im Arbeitsmarktzugang oder wegen der Residenzpflicht) außerstande sahen, ihre Situation durch eigene Anstrengungen zu verbessern. Die tiefe Kluft zwischen zum Teil sehr bildungserfolgreichen Kindern aus nordeuropäischen Migrantenfamilien und den rund 40 Prozent aus der Türkei stammenden Minderjährigen, welche die Schule ohne Abschluss verließen, wirft weitere Fragen auf. Somit müssen enorme Unterschiede sowohl zwischen diversen Gruppen von Kindern mit Migrationshintergrund als auch zwischen einzelnen Kindern und

---

17 Siehe G. Holz: Lebenslagen und Chancen von Kindern in Deutschland, a.a.O., S. 10

18 Vgl. dies.: Teil I: Gesundheitsdefizite und Gesundheitspotenziale sozial benachteiligter und armer Kinder, a.a.O., S. 48

19 Vgl. E. Beck-Gernsheim: Wir und die Anderen, a.a.O., S. 80ff.

20 Vgl. U. Boos-Nünning/Y. Karakaşoğlu: Viele Welten leben, a.a.O., S. 14; A. Settelmeyer/K. Hörsch/R. Dorau: Die Wahrnehmung interkultureller Kompetenzen von Fachkräften mit Migrationshintergrund fördern!, Ergebnisse aus einem Forschungsprojekts des Bundesinstituts für Berufsbildung, in: Friedrich-Ebert-Stiftung (Hrsg.): Kompetenzen stärken, Qualifikationen verbessern, Potenziale nutzen, Bonn 2006, S. 51ff.

solchen in einem vergleichbaren Lebenskontext (etwa in benachteiligten Stadtteilen oder als Asylbewerber in einem Wohnheim) berücksichtigt werden.

Aufgrund der u. a. in kultureller, familiärer, sprachlicher und aufenthaltsrechtlicher Hinsicht besonderen Situation von Migrantenkindern kann man in Bezug auf ihre möglichen Risiko- und Schutzfaktoren zur Bewältigung von Armutsrisiken davon ausgehen, dass bei ihnen im Vergleich zu autochthonen Kindern einige zusätzliche Einflussfaktoren eine Rolle spielen, die höchst vielfältig und damit kaum verallgemeinerbar sind. Auf der individuellen Ebene wären migrationsspezifische Faktoren (z. B. eine fremdsprachige und interkulturelle Sozialisation) sowie – je nach familiärer Migrationsphase bzw. Einwandergeneration, Herkunftsnationalität u. v. m. – weitere Determinanten daraufhin zu prüfen, ob sie ausschlaggebend für die kindliche und familiäre Bewältigung von Problemlagen sind.

Ein solcher Einflussfaktor für Bewältigungspotenziale kann je nach Zuwanderergruppe beispielsweise eine Institution der ethnischen Gemeinde oder eine Migrantenselbstorganisation sein, denen man in der Migrationsforschung eine wichtige Rolle bei der sozialen Unterstützung sowie bei der Bewältigung von Problemlagen und Informationsdefiziten zuschreibt, weil sie ihren Mitgliedern als Interessenvertretung eine zum Teil ausdifferenzierte Palette an sozialen Diensten anbieten.[21] Allerdings können darauf vorwiegend in Städten lebende Angehörige größerer Migrantengruppen (etwa türkische und russlanddeutsche Zuwanderer) zurückgreifen, weil viele der Angebote herkunftshomogen ausgerichtet und vor allem in (westdeutschen) Ballungszentren mit einem hohen Zuwandereranteil angesiedelt sind.[22] Die in einer weitaus kleineren Zahl hier lebenden Migrant(inn)en mit Fluchthintergrund, die aus einer Vielzahl von Weltregionen stammen, können somit eher selten auf die Unterstützung solch herkunftshomogener Selbstorganisationen oder ethnischer Gemeinden zählen. Anders stellt sich indes die Situation von Migrant(inn)en mit irregulärem Aufenthaltsstatus dar. Für sie existieren ausgeprägte eigenethnische Unterstützungsnetzwerke, die für ein Leben in der Illegalität schon fast eine Conditio sine qua non darstellen. Wenn schließlich die Belastungssituation einer (EU-)Migrantenfamilie betrachtet wird, deren Mitglieder zwischen Herkunfts- und Aufnahmeland pendeln und so dem Typus der transnationalen Migration zuzuordnen sind,[23] wird deutlich, dass auch der Herkunftskontext einen Einflussfaktor bilden kann, weil eine zusätzliche Bewältigungsstrategie darin bestehen könnte, Aufenthalts- oder Ausbildungsphasen eines Kindes bei Verwandten im Herkunftsland zu organisieren.

Ein weiterer Faktor für das Bewältigungshandeln sind von Fall zu Fall Bestimmungen des Ausländerrechts. Bei einigen Statusgruppen von (legalen) Zuwanderern, nämlich (Flucht-) Migranten mit prekärem Aufenthaltsstatus, verhindern ausländerrechtliche Regelungen offenbar eine produktive Förderung der Ressourcen von Eltern und Kindern. Beispielhaft hierfür sind exkludierende Normen, die eine Inanspruchnahme von Jugendhilfemaßnahmen

---

21 Vgl. U. Hunger: Die Rolle von Migrantenselbstorganisationen im Integrationsprozess. Ein demokratietheoretischer Ansatz, in: S. Baringhorst u. a. (Hrsg.): Herausforderung Migration – Perspektiven der vergleichenden Politikwissenschaft, Münster 2006, S. 33 ff.

22 Vgl. MASSKS (Hrsg.): Selbstorganisationen von Migrantinnen und Migranten in NRW: Wissenschaftliche Bestandsaufnahme, a. a. O.; Sachverständigenrat für Zuwanderung und Integration (Hrsg.): Migration und Integration, a. a. O., S. 324 ff.

23 Vgl. L. Pries: Gespaltene Migration – gespaltene Gesellschaft? Migranten-Inkorporation in Zeiten der Transnationalisierung, in: W. Schroer/St. Sting (Hrsg.): Gespaltene Migration, a. a. O., S. 111

(wie die Hilfen zur Erziehung) oder Leistungen der Sozialhilfe bzw. des SGB II durch Ausländer/innen ohne gesicherten Status mit aufenthaltsrechtlichen Konsequenzen bis hin zur Nichtverlängerung der Aufenthaltserlaubnis bzw. Ausweisung sanktionieren. Eine mit dem Ziel der „Hilfe zur Selbsthilfe" begründete Aktivierung individueller Ressourcen mittels professioneller Hilfe wie bei Deutschen und dauerhaft ansässigen Migrant(inn)en, die für die Bewältigung armutsbedingter Problemlagen eingesetzt werden soll, strebt der Gesetzgeber bei Migrant(inn)en mit prekärem Status offenbar generell nicht an. Solche strukturellen, Eigenpotenziale beschränkenden Determinanten des Ausländerrechts treten bei (armutsbetroffenen) Kindern aus EU-Ausländer- und Aussiedlerfamilien allenfalls in der ersten Zeit nach Immigration und Niederlassung der Familie auf, wie die AWO-ISS-Studie dokumentierte.[24] Mit dem Wegfall elterlicher Aufenthalts- und Arbeitsbeschränkungen sowie dem Einbezug in Sprach- bzw. Integrationsmaßnahmen begännen sehr schnell die Eigenkräfte der Familien mit gefestigtem Aufenthaltsstatus zu wirken, was einen positiven Effekt auf langfristige Lebensperspektiven von Eltern und Kindern habe und damit langfristig oftmals assimilative Wirkungen nach sich ziehe.

Schenkt man den dürftigen migrationsspezifischen Erkenntnissen der Armutsforschung Glauben, behindern die ausländerrechtlich verankerten, strukturellen Zugangsbarrieren zu einem gefestigten Aufenthaltstatus, zum Arbeitsmarkt sowie zu sozialstaatlichen Leistungen die Entfaltung von Selbsthilfepotenzialen somit gerade bei jenen ausländischen Familien, die besonders von mit finanzieller Armut einhergehenden multidimensionalen Problemlagen betroffen sind. Die AWO-ISS-Studie kritisierte diese Rahmenbedingungen als „staatlicherseits nicht gewollte Integration" der Kinder aus Flüchtlingsfamilien mit prekärem Aufenthaltsstatus, die zu gravierenden materiellen und kulturellen Benachteiligungen führe.[25] In Bezug auf Familien, die Asylbewerberleistungen erhalten, kritisierten die ISS-Autor(inn)en, dass Hilfe zur Selbsthilfe, elterliche Eigeninitiative und eine positive Lebensperspektive verhindert würden.[26] Den unter (durch Sammelunterkünfte und die Abhängigkeit von Asylbewerberleistungen) eingeschränkten Lebensbedingungen aufwachsenden Kindern werde – unabhängig von eigenen und elterlichen Ressourcen, die man zur Armutsbewältigung einsetzen könne – aufgrund des befristeten elterlichen Aufenthaltsstatus nur ein so stark begrenzter Handlungsspielraum eröffnet, dass eine positive kindliche Entwicklung regelmäßig verhindert werde.

Festzuhalten ist bezogen auf die Analyse von Risiko- und Schutzfaktoren der Armutsbewältigung allochthoner Kinder insgesamt zweierlei: Zum einen muss bei einer ressourcenorientierten Betrachtung die Gesamtgruppe von „Kindern mit Migrationshintergrund" zumindest nach Herkunfts- und Statusgruppen sowie hinsichtlich der bisherigen Aufenthaltsdauer, Bleibeperspektive und weiteren Aspekten differenziert werden. Zum anderen fällt besonders bei nichtdeutschen Kindern der gesamtgesellschaftliche Kontext im Hinblick auf die mit dem Aufenthaltsstatus verbundenen (Zugangs-)Rechte etwa zu sozialstaatlichen Leistungen stärker als bei deutschen Kindern ins Gewicht.

24 Vgl. hierzu und zum Folgenden: B. Hock/G. Holz/W. Wüstendörfer: Folgen familiärer Armut, a. a. O., S. 134
25 Siehe ebd., S. 96
26 Vgl. hierzu und zu Folgendem: ebd., a. a. O., S. 134

9.1.2 Das integrative AWO-ISS-Modell „Einflussfaktoren auf die Lebenssituation armer Kinder“

Die AWO-ISS-Studie konnte verschiedenste Einzelfaktoren belegen, welche die Lebenslagen armer Kinder im Positiven wie Negativen beeinflussen und folglich bei der Erklärung der Auswirkungen von Kinderarmut im Einzelfall zu berücksichtigen sind. Diese Faktoren stehen nicht unverbunden nebeneinander, sondern können einander bedingen, sich gegenseitig positiv oder negativ verstärken und sogar fehlende Elemente ersetzen. Um sie zu einem Erklärungsmodell zusammenzuführen, welches die hochkomplexe und mehrdimensionale Situation von Kindern in Armut abbildet, entwickelten Gerda Holz und Susanne Skoluda ein integratives Modell, das Abbildung 9.2 darstellt. Es veranschaulicht multidimensionale Resilienz- und Risikofaktoren in Familien und bei 8-Jährigen, die ein Kinderleben unter Armutsbedingungen beeinflussen.

Abbildung 9.2 Auf die Lebenssituation von (Grundschul-)Kindern in Armut einwirkende Faktoren

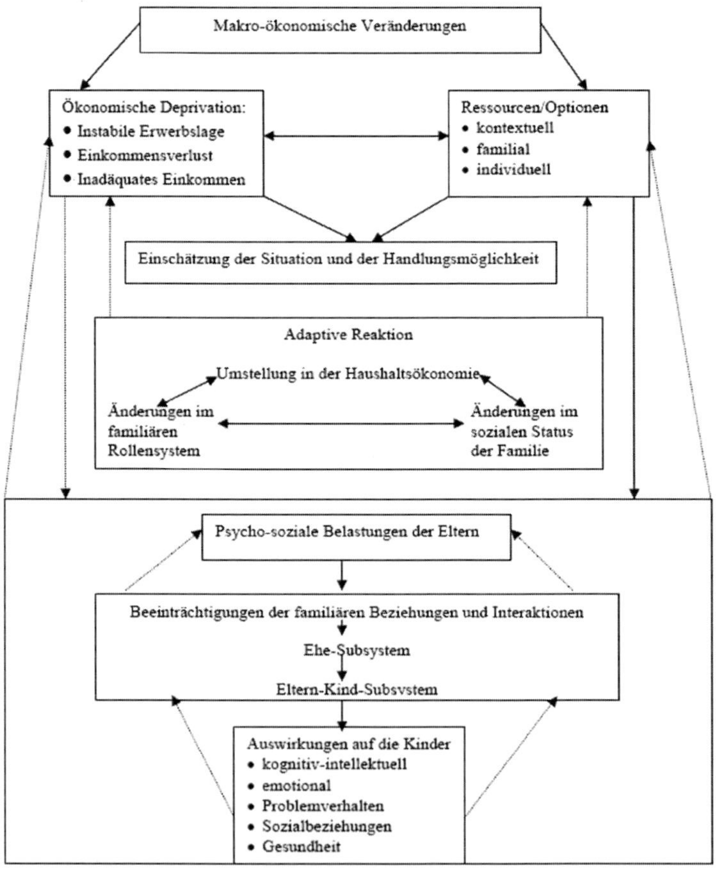

Quelle: G. Holz/S. Skoluda: „Armut im frühen Grundschulalter“, a. a. O., S. 52

Das Modell veranschaulicht das Zusammenwirken von gesellschaftlichen Rahmenbedingungen, der familiären Situation und kindlichen Faktoren auf die Lebenslage eines Kindes in Bezug auf dessen materielle Grundversorgung sowie seine gesundheitliche, soziale und kulturelle Entwicklung. In der oberen Hälfte sind Einflussfaktoren auf der Ebene der Familie wie deren Lebenssituation einschließlich der Probleme und Ressourcen abgebildet, welche sich auf die kindliche Versorgung und damit letztendlich auf die im Mittelpunkt stehende Lebenslage des betreffenden Kindes auswirken, sowie private und institutionelle soziale Netzwerke seiner Angehörigen. Die untere Abbildungshälfte führt Einflussfaktoren auf, welche auf der Kindesebene angesiedelt sind. Dazu zählen Ressourcen einschließlich Bewältigungsstrategien und Problemen, ferner die Schule, professionelle Hilfen und Fördereinrichtungen, die Wohnsituation sowie das soziale Netzwerk des Kindes. Umschlossen wird das Modell von gesellschaftlichen Rahmenbedingungen, die zum einen die (familienbezogene) Ebene des Arbeitsmarktes und die Verteilung gesellschaftlicher Ressourcen und zum anderen die (kindbezogenen) Ebenen des Erziehungs- und Bildungssystems sowie die (u. a. infrastrukturelle) Ausgestaltung kindlicher Lebensumwelten zeigen. Als Beispiele für Rahmenbedingungen mit positiver Wirkung besonders für sozial benachteiligte Gruppen nennen Holz und Skoluda das Kindergeld sowie kindbezogene Infrastrukturangebote. Allerdings haben sie die gesellschaftlichen Rahmenbedingungen nicht weiter konkretisiert, da sich ihr Forschungsinteresse primär auf familiäre und kindliche Vermittlungsprozesse von Armut richtete. Zwischen diesen einzelnen Einflussfaktoren bestünden vielfältige Wechselwirkungen und kumulative Effekte, welche die Pfeile nur andeuten.

Holz und Skoluda führen an, dass familiäre Faktoren wie die Lebenssituation einer Familie, das Bewältigungshandeln der Eltern und ihr Umgang mit den Kindern besonders die Lebenssituation jüngerer Kinder entscheidend prägten und private soziale Netzwerk, aber auch professionelle Hilfen für die Familie zusätzliche Ressourcen seien. Als wichtigsten Einflussfaktor dafür, ob die Lebenslage eines Kindes durch Wohlergehen, Benachteiligung oder mutiple Deprivation gekennzeichnet sei, werten Hock u. a. das Ausmaß gemeinsamer familiärer Aktivitäten. An zweiter Stelle liegt die Einkommensarmut der Familie, ein Migrationshintergrund sei der dritt- und „mehr als drei Kinder“ der viertstärkste Einflussfaktor für das Entstehen von Auffälligkeiten bei Kindern bzw. ihrem Lebenslagetyp.[27] Neben diesen familiären wirkten jedoch auch kindbezogene Faktoren, deren Bedeutung mit steigendem Alter des Kindes wachse. „Anders formuliert: Der Sichtweise und dem Bewältigungshandeln des Kindes kommt neben der Einschätzung und dem Handeln der Eltern ein zentraler Stellenwert zu.“[28]

9.2 *Familiäre Einflussfaktoren für die kindliche Bewältigung von Armutsrisiken*

Im Folgenden wird die Wirkungsweise einiger der o. g. Einflussfaktoren auf die Lebenssituation von Kindern vertiefend beleuchtet. Es werden – in geraffter Form – jene Aspekte behandelt, die als protektiv wirksame Faktoren auf der Ebene von einkommensarmen Eltern

27 Vgl. B. Hock/G. Holz/W. Wüstendörfer: Frühe Folgen, a. a. O., S. 73
28 Siehe G. Holz/S. Skoluda: „Armut im frühen Grundschulalter“, a. a. O., S. 51

und Kindern gelten. Der Fokus liegt dabei auf familiären Faktoren, weil diese für jüngere Kinder bei der Bewältigung entsprechender Problemlagen (wie Armut und Arbeitslosigkeit) besonders wichtig sind. Da Familien eigene soziale Einheiten bilden, die ihrerseits in weitere ökonomische und soziale Kontexte mit jeweils eigenen Ressourcen und Problemlagen eingebettet sind, erfahren daneben auch Eltern-Kind-Beziehungen, das Alter der Kinder sowie (inter)kulturelle Kontexte von Migrantenfamilien Aufmerksamkeit. Migrationswissenschaftliche Forschungsergebnisse zur Veränderung innerfamilialer Beziehungsgefüge unter Wanderungsbedingungen – die auf Ausführungen des Sechsten Familienberichts der Bundesregierung fußen – schließen sich an.

Die soziale Einheit „Familie",[29] die in ihren Funktionen und Strukturen sowie ihrem Bedeutungswandel vornehmlich von der (Familien-)Soziologie und der (Familien-)Psychologie erforscht wird, ist die wichtigste Sozialisationsinstanz für die kindliche Entwicklung von den ersten Lebensjahren bis zur mittleren Kindheit.[30] Familien stellen als Solidar- und Wirtschaftsgemeinschaft nicht nur den Lebensunterhalt, die Förderung des Nachwuchses sowie den intergenerationellen Austausch von Hilfeleistungen sicher, sondern dienen darüber hinaus der (gemeinschaftlichen) Bewältigung alltäglicher und außergewöhnlicher Belastungssituationen und fungieren als Ort der Regeneration und des Ausgleichs außerfamiliärer (z. B. schulischer oder beruflicher) Anforderungen. Im Kontext ökonomisch deprivierter Lebensbedingungen sind es vor allem familiäre Ressourcen – neben dem Familienklima insbesondere das ökonomische, kulturelle und soziale Kapital einer Familie –, welche die Folgen familiärer Armut für Kinder in den verschiedenen Lebensbereichen moderieren.

9.2.1 Die Schlüsselrolle der Familie bei der Bewältigung armutsbedingter Belastungen eines Kindes

Ob und in welcher Form sich familiäre Armut bei einem Kind negativ manifestiert, hängt maßgeblich von personalen, familiären und kontextuellen Faktoren ab, deren Bedeutung und Gewichtung sich im Laufe eines Kinderlebens verändern. Im frühen Kindesalter sind für das Bewältigungsverhalten familiäre Bedingungen wie das Familienklima bedeutsamer

29 Wird im Folgenden der Terminus „Familie" verwendet, so ist damit eine dauerhafte Lebens- und Versorgungsgemeinschaft von Erwachsenen und Minderjährigen unabhängig vom Bestand eines formalen elterlichen Eheverhältnisses gemeint. Die Formel „Familie ist dort, wo Kinder mit für sie sorgenden Erwachsenen zusammenleben" bringt dieses Verständnis am treffendsten auf den Punkt, da sie sich von alltäglichen, juristischen und sozialwissenschaftlichen Definitionen abhebt und die heutzutage dominierende Vielfalt von Familienformen (Normal- bzw. Kernfamilie, Ein-Elternteil-Familie, sog. Patchworkfamilie, nichteheliche Lebensgemeinschaft, Mehrgenerationenfamilie usw.) flexibel einschließt. Vgl. auch R. Peukert: Familienformen im sozialen Wandel, a. a. O., S. 24 ff.; ergänzend: H. Bertram (Hrsg.): Die Familie in Westdeutschland. Stabilität und Wandel familialer Lebensformen. DJI: Familien-Survey 1, Opladen 1991; F.-X. Kaufmann: Zukunft der Familie im vereinten Deutschland. Gesellschaftliche und politische Bedingungen, München 1995

30 Zu dem Funktionswandel und den sich ändernden Definitionen von „Familie" siehe S. Walper/R. Pekrun (Hrsg.): Familie und Entwicklung. Aktuelle Perspektiven der Familienpsychologie, Göttingen u. a. 2001, S. 9, außerdem zu Letzterem: BMFSFJ (Hrsg.): Familien und Familienpolitik im geeinten Deutschland, a. a. O., S. 23 f.

als individuelle Charaktereigenschaften der Kinder.[31] Im mittleren und späteren Kindesalter verlieren die familiären Konstellationen allmählich durch eine steigende Zahl selbst gewählter sozialer Kontakte an Relevanz; ebenso persönliche Charakteristika der Kinder. Ein Kernthema der Armutsforschung zu *jüngeren* Kindern ist die daher die Frage, wie familiäre Systeme armutsbedingte Belastungen von Kindern derart vermitteln, dass sich ein von „Wohlergehen" bis zu „multipler Deprivation" reichendes Spektrum an Lebenslagetypen findet.

Abbildung 9.3 Modell der innerfamiliären Vermittlung armutsbedingter Entwicklungsbelastungen von Kindern

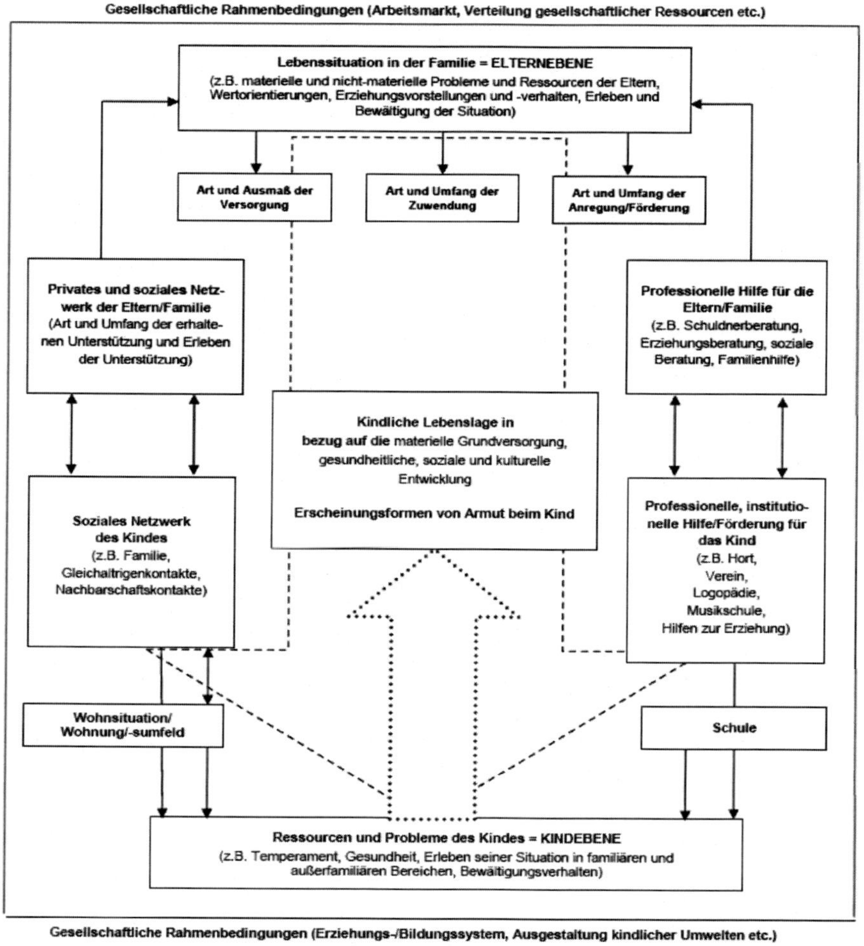

Quelle: S. Walper: Auswirkungen von Armut auf die Entwicklung von Kindern, a. a. O., S. 323

31 Vgl. S. Walper: Auswirkungen von Armut auf die Entwicklung von Kindern, a. a. O., S. 327 ff.

Als Vermittler und Interpreten der sozialen Umwelt spielen Eltern gerade für jüngere Kinder eine Schlüsselrolle. Die Resilienzforscher Günther Opp und Michael Fingerle heben im Kontext der *Früh*förderung die Relevanz elterlicher Persönlichkeitsmerkmale hervor, denen besonders bei Kleinkindern eine weitaus größere Bedeutung als den kindlichen Charaktermerkmalen zukomme.[32] Vor allem elterliche Ressourcen müssten gestärkt werden, damit Kinder widerstandsfähig gegenüber sozioökonomischen Belastungen würden, schlussfolgern Opp und Fingerle. Beispielsweise könne es notwendig sein, Eltern bei der Bewältigung von Alltagsproblemen oder Erziehungsaufgaben zur Seite zu stehen und ihre Stressbewältigungskapazitäten oder sozialen Ressourcen zu stärken, um ihre Widerstandsfähigkeit und damit auch jene von Kindern zu erhöhen. Als besonders wichtig erachten die Autoren das elterliche Erziehungsverhalten in frühen Lebensjahren, weil davon die spätere Bindungs(un)fähigkeit der Kinder abhänge. Allerdings halten sie eine alleinige Fokussierung auf die Eltern für genauso problematisch, zumal die Resilienzforschung z. B. „günstige Temperamentseigenschaften der Kinder" als Faktoren herausgearbeitet hat, welche die Wirkung von Risiken abfedern.

Das in Abb. 9.3 gezeigte Erklärungsmodell zur innerfamiliären Vermittlung armutsbedingter Entwicklungsbelastungen entwickelte Sabine Walper, Pädagogikprofessorin an der Universität München. Sie sah „die Reaktionen der Kinder im Wesentlichen als durch die Eltern vermittelt"[33] an und betrachtete besonders elterliche Einstellungen und Werthaltungen, die „den aus sozioökonomischen Härten resultierenden Handlungserfordernissen" entgegenkommen, als spannungsmildernde Faktoren.[34] Neben wenig materialistischen Werthaltungen begünstigten vor allem nichttraditionale Rolleneinstellungen eine weitgehend spannungsfreie Anpassung an durch Arbeitslosigkeit bedingte Rollenverschiebungen, konstatierte Walper. Persönlichkeitscharakteristika wie eine geringe Irritierbarkeit und hohe emotionale Stabilität von Eltern (und speziell Vätern) verhinderten zudem negative psychosoziale Konsequenzen, die sich u. a. als Belastungen der Kinder niederschlagen. Das Modell Walpers veranschaulicht das Zusammenspiel dieser relevanten Einflussfaktoren sowie die Mechanismen der Armutsvermittlung. In seinem Zentrum steht das System Familie sowie innerfamiliäre Vermittlungsmechanismen armutsbedingter Belastungen durch Reaktionen, Anpassungsbemühungen und das Bewältigungsverhalten der Eltern. Daneben werden psychosoziale Auswirkungen ökonomischer Deprivation auf das familiäre Beziehungsgefüge (z. B. eine Beeinträchtigung der Eltern-Kind-Beziehungen und Auswirkungen auf die Beziehung und das Erziehungsverhalten der Eltern) sowie außerfamiliäre Faktoren des Einflusses auf die Formen der Verarbeitung von Armut – bezogen auf Sozialbeziehungen, insbesondere Peergroups, die das subjektive Erleben materieller Benachteiligungen prägen – ausgewiesen.

Die Auswirkungen ökonomischer Mangellagen auf Kinder in den Bereichen der kognitiv-intellektuellen, emotionalen, sozialen und gesundheitlichen Entwicklung sah Walper als in erster Linie abhängig von den Belastungen, die durch elterliche Reaktionen auf Mangellagen hervorgerufen werden. Die Auswirkungen dieser Deprivation würden allerdings nicht nur von der finanziellen Härtesituation der Familie beeinflusst, sondern mehr noch von den zur Verfügung stehenden Ressourcen, die auf mehreren Ebenen anzusiedeln seien: Neben den

32 Vgl. hierzu und zum Folgenden: G. Opp/M. Fingerle: Risiko und Resilienzen, a. a. O., S. 173
33 Siehe S. Walper: Auswirkungen von Armut auf die Entwicklung von Kindern, a. a. O., S. 323 ff.
34 Vgl. hierzu und zum Folgenden: ebd., S. 341 u. 339

(im nächsten Abschnitt beschriebenen) individuellen Ressourcen von Kindern zählten dazu kontextuelle Ressourcen, wozu das Ausmaß und die wahrgenommene Qualität der sozialen Integration in ein informelles Netzwerk von Sozialbeziehungen, die Qualität des Wohngebietes, aber auch außerfamiliäre Betreuung gehörten. Zu familialen Ressourcen waren besonders elterliche Bildungsressourcen zu zählen sowie die Qualität von Elternpartnerschaften und die Fähigkeit von Müttern, innerfamiliäre Spannungen auszugleichen. Walper zufolge erweist sich vor allem die Qualität der Ehebeziehungen *vor* Eintritt der ökonomischen Deprivation als ausschlaggebend, weil bereits bestehende Dispositionen in den Reaktionen und Bewältigungsbemühungen der Eltern verstärkt zum Ausdruck kämen. Daher bedeuteten geringe Ressourcen in der Partnerschaft der Eltern und eine mangelnde Familienkohäsion für Kinder ein erhöhtes Risiko, problembehaftete Bewältigungsformen zu entwickeln. Walper führte außerdem an, dass ein niedriges Bildungsniveau der Eltern sowohl die Kumulation von Problemen als auch ein restriktiv-bestrafendes Erziehungsverhalten in Familien befördere. Die Bandbreite möglicher kindlicher Belastungsreaktionen erklärte Walper mit dem Vorhandensein bzw. Fehlen einer Vielzahl der Ressourcen auf den genannten Ebenen. Moderierend wirksam waren zudem Einflüsse von Vulnerabilitätsfaktoren, die zu je unterschiedlichen Prozessen und damit Konsequenzen von Armut für Kinder beitrugen. Aufgrund dieser Komplexität müssten Formen und Ausprägungen von Armut in ihren Konsequenzen für Kinder und Jugendliche viel differenzierter betrachtet werden, resümierte Walper.

9.2.2 Eltern-Kind-Beziehungen in armen Familien

Ein anderer Zweig der Kinderarmutsforschung sucht zu klären, ob sich familiäre Armut (un)mittelbar in Eltern-Kind-Beziehungen niederschlägt und in welcher Form sich Strukturen familiärer Beziehungen umgekehrt als Schutzfaktoren zur Bewältigung belastender Lebensbedingungen erweisen. Mehrfach ist konstatiert worden, dass familiäre Armut nicht nur die Partnerschaft von Eltern, sondern auch Eltern-Kind-Beziehungen[35] belaste. So führt Gerda Holz an, dass „manche Eltern, bedingt durch Armut und den damit verbundenen Mangel, ihre Aufgaben nur eingeschränkt wahrnehmen und wesentliche Anforderungen zum Beispiel bezüglich der sozialen und kulturellen Förderung nicht mehr ausreichend erfüllen“ könnten, und das, obwohl sie hohe Anstrengungen unternähmen, „um materiell bedingte Einschränkungen auszugleichen und die Teilnahme ihrer Kinder zu sichern.“[36] Die AWO-ISS-Studie

35 Eltern-Kind-Beziehungen werden aus interaktionstheoretischer und entwicklungspsychologischer Sicht als ein „komplexes Variablenmuster“ definiert, „das verschiedene, auf die jeweils andere Person (Elternteil, Kind) bezogene Bedürfnisse, Erwartungen, Ziele, Emotionen und Verhalten umfasst“. Siehe hierzu und zum Folgenden: G. Trommsdorff: Eltern-Kind-Beziehungen aus kulturvergleichender Sicht, in: S. Walper/R. Pekrun (Hrsg.): Familie und Entwicklung, a. a. O., S. 57 u. 39. Trommsdorf schlägt folgende Indikatoren zur Untersuchung der Qualität von Eltern-Kind-Beziehungen vor: die Partizipation von Kindern an den Entscheidungen der Familie, das Ausmaß von Selbstständigkeit, das Eltern ihren Kindern gewähren, das Vertrauen von Kindern in ihre Eltern (Wen suchen Kinder auf, um Trost/Rat zu holen?), die Art und Häufigkeit von Interaktionen hinsichtlich gemeinsamer Tätigkeiten und der Konflikthäufigkeit, das Ausmaß an Übereinstimmung von Eltern und ihren Kindern in Bezug auf die gegenseitige Wahrnehmung oder in Bezug auf Verhalten und Werte sowie die gegenseitige (oder nur einseitige durch Eltern oder Kinder erfolgende) subjektive Bewertung der Beziehungsqualität.

36 Siehe G. Holz u. a.: Zukunftschancen für Kinder, a. a. O., S. 199

fand heraus, dass Eltern-Kind-Beziehungen auch aus der Perspektive von Grundschulkindern in armen Familien schlechter als in nichtarmen bewertet wurden.[37] Dabei gilt eine gedeihliche, auf Zuwendung und Anregung basierende Beziehung zwischen einem Kind und seinen Eltern sowie den übrigen (Kern-)Familienmitgliedern sowohl in der familienpsychologischen als auch der Armutsliteratur als maßgebliche familiäre Bedingung für ein förderliches und schadloses Aufwachsen trotz materieller Benachteiligungen.[38] Eine hohe Bedeutung v. a. für die Qualität späterer sozialer Beziehungen wird besonders frühkindlichen Bindungserfahrungen samt einer warmherzigen Beziehung hauptsächlich zur Mutter attestiert.[39] Für die Eigenpotenziale von benachteiligten Kindern sei ein Erziehungsklima förderlich, das positiv, wenig konfliktreich, offen und die Selbstständigkeit der Kinder unterstützend ist, ebenso wie ein hohes Maß an familialer Unterstützung den kindlichen Entwicklungsverlauf fördere.[40] Die AWO-ISS-Studie zu *Vor*schulkindern nannte weitere Schutzfaktoren, welche das Wohlergehen armer Kinder begünstigten: „keine Überschuldung", „keine beengten Wohnverhältnisse", „Deutschkenntnisse mindestens eines Elternteils", ein „gutes Familienklima ohne regelmäßige Streitereien" sowie „gemeinsame und regelmäßige Aktivitäten in der Familie".[41] Neben den „harten Fakten" familiärer Armut wiesen besonders die zwei zuletzt genannten, familienbezogenen Aspekte auf die Relevanz von Elternleistungen hin, die offenbar als Schutzfaktoren das Risiko eines Kindes reduzieren, Auffälligkeiten zu entwickeln. Für Grundschulkinder sei neben einer möglichst geringen Problembelastung der Eltern das Gefühl, ihre (finanzielle) Situation bewältigen und gestalten zu können, ein relevanter familienbezogener Schutzfaktor.[42] Andere familiäre Ressourcen seien ein „situationsgerechtes elterliches Handeln", Regenerations- und Ausgleichsmöglichkeiten, ein eher autoritativer Erziehungsstil sowie die Unterstützung von Kindern in schulischen Angelegenheiten, sozialen Kontakten und außerschulischen Fördermöglichkeiten.

Andreas Klocke sieht in der Qualität von Eltern-Kind-Beziehungen (und mehr noch zur Mutter als zum Vater) den zentralen Schutzfaktor für das Wohlergehen von Kindern und Jugendlichen trotz materieller Deprivation; es gelte: „Je besser die Qualität der Beziehung, desto besser ist das Wohlbefinden der Jugendlichen in Armutslagen."[43] Als entscheidenden Mix zum Erfolg wertet Klocke „die Abstimmung, Unterstützung und sanfte Führung der Jugendlichen in und durch die Familie" sowie emotionale Bindungen und die Vertrautheit zu den Eltern.[44] Im Gegenzug stellten Streitigkeiten, psychosoziale Belastungen von Eltern sowie daraus resultierende Beeinträchtigungen familiärer Beziehungen Risikofaktoren dar, die unter Armutsbedingungen vermehrt aufträten und negative Auswirkungen ökonomischer

37 Vgl. G. Holz/S. Skoluda: „Armut im frühen Grundschulalter", a. a. O., S. 143

38 Vgl. G. Holz u. a.: Zukunftschancen für Kinder, a. a. O., S. 194. Zu familienpsychologischen (und soziologischen) Hintergründen von Familie und ihren Interaktionsformen vgl. ergänzend: S. Walper/R. Pekrun (Hrsg.): Familie und Entwicklung, a. a. O.

39 Vgl. B. Röhrle: Soziale Netzwerke, a. a. O., S. 47

40 Vgl. G. Holz: Teil I: Gesundheitsdefizite und Gesundheitspotenziale sozial benachteiligter und armer Kinder, a. a. O., S. 54; dies. u. a.: Zukunftschancen für Kinder, a. a. O., S. 194

41 Vgl. B. Hock/G. Holz/W. Wüstendörfer: Frühe Folgen a. a. O., S. 81 u. 124; dazu außerdem S. Walper: Auswirkungen von Armut auf die Entwicklung von Kindern, a. a. O., S. 339 ff.

42 Vgl. auch zum Folgenden: ebd., S. 129 ff.

43 Siehe A. Klocke: Armut bei Kindern und Jugendlichen, a. a. O., S. 303; G. Holz u. a.: Zukunftschancen für Kinder, a. a. O., S. 194

44 Siehe A. Klocke: Armut bei Kindern und Jugendlichen, a. a. O., S. 303 u. 309

Deprivation auf Kinder begünstigten. „Stabile und verlässliche Beziehungen zu mindestens einem Familienmitglied" wertet auch Wolfgang Lauterbach als wichtigste familienbezogene Bedingung für eine trotz Armut erfolgreiche *Bildungs*biografie, daneben seien auch „hohe elterliche Bildungsaspirationen" sowie die „elterliche Teilhabe am Schulgeschehen" bedeutsam.[45] Restriktiv wirkten umgekehrt das „Fehlen von stabilen, verlässlichen Beziehungen", ein „defizitäres kulturelles Kapital" bzw. ein „geringes Humankapital der Eltern", „niedrige Bildungsaspirationen" sowie „fehlende Verbindungen zwischen Elternhaus und Schule".

Sabine Walper betrachtet Veränderungen des Familienklimas und v. a. des elterlichen Erziehungsverhaltens als wesentliche Mediatoren, welche über die aus der Armut resultierenden Entwicklungsrisiken von Kindern entscheiden.[46] Zu den förderlichen Bedingungen kindlichen Aufwachsens gehöre auch die elterliche Souveränität, den Kindern in Zeiten relativer Armut eine selbstbewusste und positiv gefärbte Beziehung zu vermitteln.[47] Gerade bei Verarmungsprozessen und andauernden finanziellen Notlagen sei indes häufig beobachtbar, dass eine Be- oder Überlastung von Eltern entsteht, die womöglich in eine sich verschlechternde Partnerbeziehung, eine Verunsicherung oder in schlecht abgestimmte Erziehungsimpulse mündet. Ebenso könnten sich ein drohender Statusverlust und Verschiebungen der elterlichen Autorität in Nervosität, Reizbarkeit oder depressiven Verstimmungen bei den Eltern niederschlagen, die wiederum das Risiko für familiäre bzw. eheliche Konflikte erhöhen und die Eltern-Kind-Beziehungen unter Umständen erheblich beeinträchtigen.

Die Fachliteratur hat mehrfach auf eine besonders starke Belastung von Kindern aus Familien hingewiesen, deren Armut auf die Arbeitslosigkeit des Vaters zurückgeführt wird. Walper konstatiert, dass Verschlechterungen des familiären Beziehungs- und Erziehungsklimas jedoch meist nicht ursächlich durch die Armutssituation ausgelöst würden, sondern sich ohnehin schon angelegte Tendenzen nur verstärkten.[48] Andreas Klocke und Klaus Hurrelmann sehen Väter aufgrund der traditionell „in unseren Kulturkreisen" vorherrschenden Rolle des Ernährers bzw. Hauptverdieners besonders stark von dem Problem betroffen, dieser Rolle nicht mehr gerecht werden zu können.[49] Ihre rollenspezifische Verantwortung als Ernährer trägt offenbar dazu bei, dass Väter die ökonomische Deprivation als eigenes persönliches Versagen erleben, was zu gravierenden Konsequenzen für Gesundheit und Psyche führen kann. Kinder, die infolgedessen die Zurückhaltung oder Feindseligkeiten ihrer Eltern erführen, spürten deren mangelnde Fähigkeit, mit Problemen umzugehen; sie erführen schließlich die willkürlichen und widersprüchlichen Formen der Disziplinierung, die bis zu aggressivem Verhalten und Übergriffen in die Intimsphäre reichen könnten. „Alles das führt insgesamt zu einer starken emotionalen Belastung von Kindern in Familien mit finanzieller Deprivation und kann, je nach Temperament und persönlich-sozialer Ausgangslage des Kindes, zu Entwicklungskrisen, Problemverhalten und gesundheitlichen Beeinträchtigungen führen."[50]

45 Vgl. W. Lauterbach: Armut in Deutschland, a. a. O., S. 36
46 Vgl. hierzu und zum Folgenden: S. Walper: Auswirkungen von Armut auf die Entwicklung von Kindern, a. a. O., S. 331 und 329
47 Vgl. auch zum Folgenden: A. Klocke/K. Hurrelmann: Einleitung: Kinder und Jugendliche in Armut, in: dies. (Hrsg.): Kinder und Jugendliche in Armut, a. a. O., S. 16 ff.
48 Vgl. S. Walper: Ökonomische Knappheit im Erleben ost- und westdeutscher Kinder, a. a. O., S. 170 ff.
49 Vgl. auch zum Folgenden: A. Klocke/K. Hurrelmann: Einleitung: Kinder und Jugendliche in Armut, a. a. O., S. 16
50 Ebd., S. 17

Der Armutsforscher Stefan Sell folgert aus der großen Bedeutung familiärer Aktivitäten, dass elterliche Zuwendung zumindest partiell materiell defizitäre Familienbedingungen ausgleichen kann. Seines Erachtens liegt die ungünstigste Konstellation dann vor, wenn materielle Defizite mit geringer Kindzentriertheit bzw. seltenen familiären Aktivitäten einhergehen.[51] Armutslagen von Vorschulkindern werden also nicht nur durch die Eltern-Kind-Beziehungen, sondern auch ganz entscheidend durch die Einstellung der Eltern zu dem Kind, als Kindzentriertheit bezeichnet, bestimmt. Erst wenn Eltern mit der Situation überfordert sind, wirkt sich dies anscheinend negativ auf ihre Kinder aus.

9.2.3 Veränderungen innerfamilialer Beziehungsgefüge unter Emigrationsbedingungen

Inwiefern diese Forschungsbefunde zur Veränderung familiärer Beziehungen unter Armutsbedingungen auf Migrantenfamilien, deren Kinder zu den Hauptsrisikogruppen von Armut zählen, übertragbar oder modifikationsbedürftig sind, haben die herangezogenen Kinderarmutsstudien ausgeklammert. Allerdings hat die Migrationsforschung hinlänglich dokumentiert, dass sowohl kulturell geprägte Gewohnheiten des jeweiligen Herkunftskontextes als auch z. T. milieuspezifische Einflussfaktoren des Lebens im Aufnahmeland auf die Familienstrukturen in Migrantenfamilien, deren elterliche Rollenverteilung, die Ehegattenbeziehung, Eltern-Kind-Beziehungen u. v. m. wirken.[52] Über die Veränderung von Beziehungsstrukturen in Migrantenfamilien unter Armutsbedingungen, also etwa hinsichtlich von Eltern-Kind-Beziehungen oder der Häufigkeit familiärer Aktivitäten, liegen jedoch nur wenige, im Folgenden wiedergegebene Erkenntnisse vor.

Migrationssoziologische Studien haben insbesondere am Beispiel türkischer Einwanderer die Veränderungen von Normen, Strukturen und Rollen in Familien untersucht.[53] Meist geschah dies unter der Fragestellung, ob die etwa in normativen Orientierungen beobachtbaren Veränderungen eine Eingliederung der Familien in die hiesige Gesellschaft begünstigen oder eine segregative Wirkung haben. Eine kollektivistische Werthaltung, die z. B. russlanddeutschen Aussiedlerfamilien häufig zugeschrieben wird, fördert offenbar einen engen Familienzusammenhalt, der sich neben dem Einkommen und der sozialen Interaktion mit Einheimischen als eine zentrale Ressource für das Gelingen der Integration erweist.[54] In der Migrationsforschung misst man dem Familienzusammenhalt und der Qualität des Familienklimas darüber hinaus eine besondere Bedeutung zu, weil beide Faktoren für die

51 Vgl. St. Sell: Armutsforschung und Armutsberichterstattung, a. a. O., S. 26

52 Vgl. dazu den Überblick in: BMFSFJ (Hrsg.): Familien ausländischer Herkunft, a. a. O., S. 89 ff. Zur Diskussion theoretischer Modelle vgl. B. Nauck: Arbeitsmigration und Familienstruktur: Eine soziologische Analyse der mikrosozialen Folgen von Migrationsprozessen, Frankfurt a. M./New York 1985; ergänzend: M. Gemende: Familien ausländischer Herkunft – im Spannungsfeld zwischen Assimilation und Ethnizität, in: L. Böhnisch/K. Lenz (Hrsg.): Familien, a. a. O., S. 289

53 Vgl. BMFSFJ (Hrsg.): Familien ausländischer Herkunft, a. a. O., S. 92 ff.; ergänzend: H. Buchkremer/W.-D. Bukow/M. Emmerich (Hrsg.): Die Familie im Spannungsfeld globaler Mobilität, a. a. O.

54 Vgl. M. Hänze/E.-D. Lantermann: Familiäre, soziale und materielle Ressourcen bei Aussiedlern, in: R. K. Silberreisen/E.-D. Lantermann/E. Schmitt-Rodermund (Hrsg.): Aussiedler in Deutschland, a. a. O., S. 159. Zu kollektivistischen vs. individualistischen Werthaltungen bei Aussiedlern vgl. E.D. Lantermann/M. Hänze: Werthaltung, materieller Erfolg und soziale Integration von Aussiedlern, in: ebd., S. 165 ff.

Vermeidung bzw. Bewältigung psychischer Störungen, die z. B. infolge von Akkulturationsstress auftreten, als positive und protektive Ressource wirksam werden können.

Die in den 1970er- und 80er-Jahren noch hegemonialen Stereotype patriarchaler Familienstrukturen, rigider Normen insbesondere für weibliche Familienmitglieder und von jenen deutscher Eltern abweichender Erziehungsvorstellungen bei Ausländer(inne)n sind durch jüngere Forschungserkenntnisse widerlegt worden, die eine erhebliche Ausdifferenzierung der Familienstrukturen bei Zuwanderern dokumentiert haben.[55] Eine Untersuchung aus dem Jahr 1985 machte deutlich, dass türkische Ehefrauen durch die Emigration mehr Entscheidungsbefugnisse und Handlungskompetenzen bis hin zur Erwerbstätigkeit erlangten, während jene von Ehemännern abnahmen.[56] Eine zunehmende Teilhabe von Frauen an familiären Entscheidungen und einen Wandel der innerfamiliären Autoritätsstruktur stellen verschiedene Autoren auch für griechische Familien fest.[57] Der Sechste Familienbericht konstatierte unter Bezugnahme auf eine spätere Untersuchung Bernhard Naucks, dass in Bezug auf (geschlechtsspezifische) Aufgabenverteilungen und Entscheidungskompetenzen weniger Variabilität zwischen verschiedenen Herkunftsnationalitäten bestünden, als es die meisten Annahmen über die kulturelle Prägung der Geschlechterrollen nahe legten.[58] Es gebe zwar durchgängig weibliche (Putzen, Einkaufen) und männliche (Behördengänge) Tätigkeiten, Entscheidungen würden aber größtenteils von den Eltern gemeinsam getroffen und erst in zweiter Linie stellten sich Unterschiede ein, die mit der jeweiligen Herkunftsnationalität zusammen hingen. Bezüglich der Geschlechterrollen deute manches auf eine „etwas stärkere Polarisierung" in italienischen und griechischen als z. B. in türkischen und vietnamesischen Familien hin, weil bei Ersteren typisch männliche und weibliche Tätigkeiten deutlicher voneinander unterschieden würden und das Ausmaß gemeinsamer Entscheidungen geringer, aber jener des Mannes höher sei. Umgekehrt zeichneten sich vietnamesische und türkische Familien durch eine höhere Involviertheit des Mannes in alle familiale Aufgabenbereiche sowie ein höheres Ausmaß gemeinsamer Entscheidungen aus, womit das eingangs genannte Stereotyp erneut widerlegt wird. Als ein Spezifikum von Aussiedlerfamilien, für die außerdem eine vergleichsweise starke Stellung der Frauen in innerfamiliären Entscheidungsprozessen typisch sei, nennt der Sechste Familienbericht den Rückzug des Mannes von allen Aufgaben.[59] In allen Herkunftsnationalitäten nehme mit „dem Bildungsniveau der Ehefrau, mit ihrer Be-

---

55 Einen Überblick zu älteren und neueren Untersuchungen geben U. Boos-Nünning/Y. Karakaşoğlu: Viele Welten leben, a. a. O., S. 96 ff.

56 Vgl. B. Nauck: „Heimliches Matriarchat" in Familien türkischer Arbeitsmigranten? Empirische Ergebnisse zu Veränderungen der Entscheidungsmacht und Aufgabenallokation, in: Zeitschrift für Soziologie 6/1985, S. 450 ff., zit. nach: U. Boos-Nünning/Y. Karakaşoğlu: Viele Welten leben, a. a. O., S. 98

57 Vgl. W. Baros: Das Beziehungsgefüge zwischen griechischen Adoleszenten und ihren Eltern im Migrationskontext. Eine qualitative Analyse zur Konflikterhellung und Konfliktbewältigung bei griechischen Migrantenfamilien in Deutschland, Marburg 2000, S. 127

58 Einbezogen wurden Italiener, Griechen, Vietnamesen, Türken, Aussiedler und Deutsche; vgl. auch zum Folgenden: BMFSFJ (Hrsg.): Familien ausländischer Herkunft, a. a. O., S. 93. Quelle ist eine Expertise von B. Nauck: Eltern-Kind-Beziehungen in Migrantenfamilien – ein Vergleich zwischen griechischen, italienischen, türkischen und vietnamesischen Familien in Deutschland. Survey intergenerative Beziehungen in Migrantenfamilien. Expertise zum 6. Familienbericht 1998, in: Sachverständigenkommission 6. Familienbericht (Hrsg.): Familien ausländischer Herkunft in Deutschland: Empirische Beiträge zur Familienentwicklung und Akkulturation. Materialien zum 6. Familienbericht, Bd. I, Opladen 2000, S. 347 ff.

59 Vgl. BMFSFJ (Hrsg.): Familien ausländischer Herkunft, a. a. O., S. 93 f.

teiligung am Erwerbsleben, mit der Aufenthaltsdauer und den Deutschkenntnissen (...) der Einfluss der Frau auf familiäre Entscheidungen und das Ausmaß der Kooperation zwischen den Ehepartnern zu, wohingegen hohe Kinderzahlen und starke religiöse Bindungen den gegenteiligen Effekt haben (mit Ausnahme der vietnamesischen Familien)."[60]

Ursula Boos-Nünning und Yasemin Karakaşoğlu resümieren zwar eine Veränderung der Familienstruktur türkischer Einwanderer gegenüber jener im Herkunftsland, dies bedeute aber keine Anpassung an hierzulande übliche Familienstrukturen, zumal es eine starke Ausdifferenzierung und dadurch bedingte Variabilität innerhalb der Migrantenfamilien gebe.[61] Eine vergleichbare Pluralisierung von Familienstrukturen ist ebenfalls für Spätaussiedler/innen, bei denen Frauen besonders häufig Erwerbstätigkeit und Familie miteinander vereinbaren, sowie für andere Herkunftsgruppen aus den Anwerbestaaten, darunter besonders Griech(inn)en, festgestellt worden.[62] Die Heterogenität familiärer Rollen, normativer Orientierungen und sozioökonomischer Lebenslagen verschiedener Migrantengruppen verbietet, so kann man bilanzieren, eine Übertragung der Erkenntnisse auf andere als die jeweils untersuchte Teilgruppe.

1. Eltern-Kind-Beziehungen, der besondere Stellenwert der Familie und der „Wert" von Kindern

Nach Erkenntnissen kulturvergleichender Studien der familialen Sozialisationsforschung unterscheiden sich Eltern-Kind-Beziehungen in ihrer Qualität nicht nur nach der sozioökonomischen Situation der Familien, sondern auch nach deren kulturellem Herkunftskontext.[63] Gisela Trommsdorff führt dazu an, dass die Entwicklungsaufgabe von Kindern, sich in eine Gesellschaft einzugliedern, zwar universeller Natur sei, die konkrete Art der Eingliederung (wie etwa das Ausmaß elterlicher Verantwortung gegenüber den Kindern) jedoch durchaus kulturspezifisch definiert werde. Dementsprechend würden auch andere Entwicklungsaufgaben sowie Eltern-Kind-Beziehungen zwar individuell, aber gemäß gesellschaftlicher Werte und Normen gestaltet, seien also vor dem Hintergrund kultureller Traditionen einzuordnen. Folgt man dieser Annahme in Gänze, müssten größere Differenzen vornehmlich zwischen verschiedenen kulturellen Herkunftsgruppen von Zuwanderern, nicht aber innerhalb einer ethnisch-kulturell homogenen Gruppe anzutreffen sein. Jüngere Untersuchungen haben solche herkunftsspezifischen Ausprägungen von familialer Erziehung auch empirisch (etwa für Spätaussiedler/innen im Vergleich zu ausländischen Arbeitsmigranten) nachzeichnen können.[64] Gleichwohl werden nach wie vor auch Disparitäten innerhalb einzelner Herkunftsgruppen

60 Siehe ebd., S. 94

61 Vgl. U. Boos-Nünning/Y. Karakaşoğlu: Viele Welten leben, a. a. O., S. 99

62 Vgl. W. Baros: Das Beziehungsgefüge zwischen griechischen Adoleszenten, a. a. O., S. 130 ff.

63 Eine Zusammenfassung internationaler Forschungsbefunde findet sich bei G. Trommsdorff: Eltern-Kind-Beziehungen aus kulturvergleichender Sicht, a. a. O., S. 36 ff. Anhand einiger Beispiele von kulturell geprägten Verhaltens- und Beziehungsmustern japanischer und deutscher Mütter und ihrer Kinder wird außerdem die Schwierigkeit erörtert, ethnozentristische Indikatoren zur Beurteilung von Eltern-Kind-Beziehungen in kulturvergleichenden Studien zu vermeiden.

64 Zu den kulturspezifisch geprägten Erziehungsstilen verschiedener Gruppen ausländischer Migranten vgl. BMFSFJ (Hrsg.): Familien ausländischer Herkunft, a. a. O., S. 106 ff.

festgestellt – vornehmlich zwischen der ersten und nachfolgenden Generationen –, was auf die Wirkung weiterer, integrationsspezifischer Einflussfaktoren verweist.[65]

Darüber hinaus ist es plausibel anzunehmen, dass sich Eltern-Kind-Beziehungen in Zuwandererfamilien aus mindestens zweierlei Gründen von jenen einheimischer Familien unterscheiden: Erstens wird die Migration mehrheitlich als Familienprojekt realisiert, womit sich die Rollen und Funktionen der Mitglieder des Familienverbandes in Abgrenzung von der als fremd empfundenen Umgebung verändern und ihnen im Vergleich zu nicht immigrierten Familien eine insgesamt höhere Bedeutung zukommt. Der Zehnte Kinder- und Jugendbericht weist auf die bei Zuwandererfamilien besonders große Bedeutung von Geborgenheit im familiären Raum (als Verständnis und Vertrauen seitens der Eltern) hin, die migrationsendogene Belastungen abmildern oder sogar dazu beitragen könne, Wanderungen zu einer Bereicherung werden zu lassen.[66] Barbara Dietz bestätigt eine solche Bedeutung der Familie, die immer noch im Zentrum des sozialen Lebens stehe, ebenfalls für Spätaussiedler/innen – und das gelte auch für Jugendliche. Sie führt dies auf eine für die einzelnen Mitglieder weit größere wirtschaftliche und soziale Bedeutung der Familie in den Herkunftsländern zurück, die als Gemeinschaft gesehen werde, deren Zusammenhalt für alle von existenzieller Bedeutung sei, zumal man die Erfahrungen des Herkunftslandes und der Migration miteinander teile.[67] Dies weist auf den zweiten Sachverhalt hin, der für die Mehrheit ausländischer Migrant(inn)en zu konstatieren ist: Die in der Bundesrepublik lebenden Zuwandererfamilien stammen überwiegend aus Gesellschaften mit wenig ausgebauten sozialen Sicherungssystemen, wo intergenerationelle Beziehungen ohnehin einen höheren Stellenwert bei der gegenseitigen Existenzabsicherung haben. Für Familien mit unsicheren Aufenthaltsperspektiven dürfte der Familienverband besonders mit Blick auf die oft allgegenwärtige Option einer (erzwungenen) Rückkehr ins Herkunftsland von noch größerer Bedeutung sein.[68]

Als zentrale Dimension kultureller Unterschiede in innerfamilialen Beziehungsgefügen benennt der Sechste Familienbericht die Erwartungen und Werte migrierter Eltern, die diese ihrem Nachwuchs beimessen: Der „Wert“ von Kindern variiert je nach kulturellem Kontext zwischen eher utilitaristisch-ökonomischen und primär psychologisch-emotionalen oder sozialen Erwartungshaltungen, wie kulturvergleichende Studien gezeigt hätten.[69] Aufgrund eines Gutachtens zu kindlichen Lebensbedingungen konstatierte die Experten-

65 Vgl. z. B. W. Baros: Das Beziehungsgefüge zwischen griechischen Adoleszenten, a. a. O., S. 291
66 Vgl. BMFSFJ (Hrsg.): Zehnter Kinder- und Jugendbericht, a. a. O., S. 142
67 Vgl. B. Dietz: Jugendliche Aussiedler, a. a. O., S. 170
68 Vgl. BMFSFJ (Hrsg.): Familien ausländischer Herkunft, a. a. O., S. 95
69 Vgl. hierzu und zum Folgenden: ebd., S. 95 f. Während mit einer utilitaristisch-ökonomischen Einstellung zum Beispiel Erwartungen an eine frühe Mithilfe im Haushalt oder im Familienbetrieb sowie an Hilfe, Sorge und Unterstützung im eigenen Alter einhergingen, würden Kinder bei psychologisch-emotional orientierten Erwartungen primär als Bereicherung für ihre Eltern (in deren Selbsterfahrung der Elternrolle) begriffen. Wenngleich in allen Gesellschaften immer beide Dimensionen präsent seien, komme nur in Wohlstandsgesellschaften mit hohen sozialstaatlichen Leistungen eine ausschließlich psychologisch-emotionale Erwartung bei der Übernahme elterlicher Verantwortung in Frage, konstatiert der Sechste Familienbericht, während in Armutsgesellschaften ohne Sozialstaat immer Nützlichkeitserwägungen bei der Elternschaftsentscheidung im Vordergrund stünden. Für das Milieu kinderreicher Familien werde unabhängig von deren ethnischer Herkunft in der Literatur davon berichtet, dass ökonomisch-utilitaristische Werte dominierten. Vgl. B. Nauck: Lebensbedingungen von Kindern in Einkind-, Mehrkind- und Vielkindfamilien, in: ders./H. Bertram (Hrsg.): Kinder in Deutschland. Lebensverhältnisse von Kindern im Regionalvergleich, Opladen 1995, S. 158 ff.

kommission des Familienberichts, dass sich Werthaltungen von Familien (und folglich auch die Eltern-Kind-Beziehungen) im interkulturellen Vergleich erheblich unterschieden. Türkische Familien äußerten mit 99 Prozent der Väter die größte Zustimmung zu Items des psychologisch-emotionalen Wertes von Kindern,[70] mit einigem Abstand folgten deutsche und vietnamesische Eltern. Aussiedlereltern, Griech(inn)en und Italiener/innen stimmten dem zwar immer noch mehrheitlich zu, die Werte lagen mit 72 bis 51 Prozent jedoch deutlich niedriger. Die größten Unterschiede ergaben sich bezüglich der (als ökonomisch-utilitaristisch gewerteten) Frage, ob Kinder als Hilfe im Alter wahrgenommen werden: Während deutsche Väter mit 9 Prozent die geringste Zustimmung dazu äußerten und – in der Reihenfolge ihrer Nennung Italiener/innen, Griech(inn)en und Aussiedler/innen folgten – stimmten dem Vietnames(inn)en und besonders Türk(inn)en mit rund 45 bzw. 71 Prozent wesentlich häufiger zu. Zusammenfassend stellt der Familienbericht fest, dass ökonomisch-utilitaristische Erwartungen in vietnamesischen und türkischen Familien zwar eine größere Bedeutung als in deutschen, italienischen und griechischen Familien hätten, dies jedoch nicht mit einer verminderten Bedeutung psychologisch-emotionaler Werte verbunden sei. Insgesamt erführen psychologisch-emotionale Werte bei allen Nationalitäten eine stärkere Zustimmung als ökonomisch-utilitaristische. Aussiedlerfamilien platzierten sich ungefähr mittig zwischen den beiden Extremgruppen; Generationenbeziehungen hätten dort einen viel multifunktionaleren Charakter, statt wie von deutschen Familien auf ihre emotionale Dimension reduziert zu werden.

Die Erwartungen zugewanderter Eltern an ihre Söhne und Töchter im Hinblick auf Hilfeleistungen zeigen laut Sechstem Familienbericht bei verschiedenen Migrantengruppen ein „durchweg konsistentes Muster geschlechtsspezifisch differenzierter intergenerativer Erwartungen."[71] Von Töchtern wurde bei allen Herkunftsgruppen häufiger erwartet, dass sie in der Nähe wohnten und im Haushalt mithalfen; Letzteres war besonders bei italienischen und griechischen, nicht aber bei türkischen und vietnamesischen Familien ausgeprägt. Von ihren Söhnen erwarteten die Mütter aller Herkunftsgruppen eher finanzielle Unterstützungsleistungen (in familiären Notfällen und im Alter) als von ihren Töchtern, wobei türkische Eltern eine Ausnahme bildeten: Während Mütter höhere finanzielle Erwartungen an ihre Söhne richteten, erwarteten Väter dies häufiger von ihren Töchtern. Aussiedlerfamilien schließlich zeigten ein Erwartungsmuster, das dem der türkischen und vietnamesischen Familien mit ihren hohen Nützlichkeitserwartungen an Kindern nicht unähnlich sei.

Ursula Boos-Nünning und Yasemin Karakaşoğlu weisen in ihrer Literaturauswertung auf eine frühe Untersuchung Bernhard Naucks hin, nach der Mutter-Kind-Beziehungen in türkischen Migrantenfamilien sehr viel stabiler als Vater-Kind-Beziehungen sind und sich die Erziehungsstile in Zusammenhang mit Integrationsprozessen (Deutschkenntnisse, Bildung, interethnische Kontakten u. a.) allmählich änderten.[72] Am bedeutsamsten sei aber

70 Dazu wurden folgende Aussagen gerechnet: Kinder... 1. machen das Leben erfüllter, 2. geben das Gefühl gebraucht zu werden, 3. im Haus machen Spaß; vgl. BMFSFJ (Hrsg.): Familien ausländischer Herkunft, a. a. O., S. 96

71 Siehe ebd., S. 99 f. Die Ausführungen basieren auf Ergebnissen von B. Nauck: Eltern-Kind-Beziehungen in Migrantenfamilien, a. a. O., S. 347 ff.

72 Vgl. auch zum Folgenden: B. Nauck/S. Özel: Erziehungsvorstellungen und Sozialisationspraktiken in türkischen Migrantenfamilien, in: Zeitschrift für Sozialisationsforschung und Erziehungssoziologie 2/1986, S. 304,

der Befund, „dass die Veränderungen der Eltern-Kind-Beziehungen am wenigsten von der strukturellen Platzierung in der Aufnahmegesellschaft beeinflusst sind". Als einflussreich hatten sich nämlich „vornehmlich die Vermehrung individueller Alternativen durch kognitive Kompetenzen (Bildung, Sprache) und soziale Kontakte (Freunde, Partizipation)" erwiesen, nicht aber ökonomische Ressourcen; zudem seien die Zusammenhänge mit dem Individual- und Familieneinkommen sowie dem erworbenen Berufsprestige noch schwächer als bei den Indikatoren „Besitz langlebiger Konsumgüter" und „Wohnungsausstattung" gewesen. Besonders das zuletzt genannte Ergebnis ist bei der Frage nach der Übertragbarkeit der eingangs skizzierten Befunde für die armutsbedingten Veränderungen familialer Beziehungen in autochthonen Familien auf Migrantenfamilien von Bedeutung. Es deutet die auch andernorts dokumentierte Tendenz an, dass familiäre Ressourcen in armen Zuwandererfamilien Notsituationen besser abfedern helfen als in einheimischen Familien, für die man steigende Belastungen innerfamiliärer Beziehungen konstatiert.

2. Erziehungsziele und -verhalten von Eltern

Vor nicht allzu langer Zeit ging man in der Migrationsforschung noch allenthalben davon aus, dass die Erziehungsziele insbesondere türkischer Arbeitsmigrant(inn)en vornehmlich durch deren kulturell-patriarchalische Sozialisation im Herkunftsland geschlechtsspezifisch geprägt seien, sie auch im Aufnahmeland weitgehend unverändert beibehalten würden und die Eltern ein hohes Maß an Gehorsam ebenso wie Autorität einforderten.[73] Zugleich wurde kolportiert, dass die Erziehungsvorstellungen eingewanderter Eltern nicht mit „den deutschen" Erziehungsstilen und Normen in Einklang zu bringen seien.[74] Vor dem Hintergrund der eingangs beschriebenen Veränderung von Familienstrukturen durch Migrationsprozesse ist jedoch eher ein Wandel von kulturell geprägten Erziehungszielen und -stilen plausibel, der auch verschiedentlich mit steigender Verweildauer und intergenerationellen Integrationsprozessen von Migrant(inn)en dokumentiert wurde. So zeigten Bernhard Nauck und Sule Özel, dass sich die Erziehungspraktiken in türkischen Familien im Zuge von Eingliederungsprozessen veränderten und hierauf die Beherrschung der deutschen Sprache, der Lebenskomfort, Kontakte zu Deutschen, das elterliche Bildungsniveau sowie der Partizipationsgrad an deutschen Institutionen einwirkten. Wassilios Baros machte darauf aufmerksam, dass die für griechische Eltern der ersten Generation noch konstatierten rigiden geschlechtsspezifischen Erziehungsmuster gegenüber Töchtern bei jüngeren Eltern kaum mehr Zustimmung fanden und dass viele Griech*innen* mit einer gestiegenen innerfamiliären Autorität von der Migration profitierten.[75]

Für Aussiedlereltern gibt es indes widersprüchliche Befunde. Der Sechste Familienbericht führte sich auf die erwähnte Expertise Naucks beziehend an, dass Aussiedlereltern deutschen Eltern in den Erwartungen an Kinder und in der Ausgestaltung der Generationen-

---

zit. nach: U. Boos-Nünning/Y. Karakaşoğlu: Viele Welten leben, a. a. O., S. 102

73 Vgl. dazu die (älteren) Literaturangaben aus Kap. 7 in: U. Boos-Nünning/R. Grube/H. H. Reich: Die türkische Migration in deutschsprachigen Büchern 1961–1984, a. a. O., S. 308 ff. Zu griechischen Migrant(inn)en vgl. W. Baros: Das Beziehungsgefüge zwischen griechischen Adoleszenten, a. a. O., S. 133 ff.

74 Vgl. U. Boos-Nünning/Y. Karakaşoğlu: Viele Welten leben, a. a. O., S. 97

75 Vgl. W. Baros: Familien in der Migration, a. a. O., S. 135 ff.

beziehungen keineswegs am ähnlichsten seien; mit einer vergleichsweise starken Betonung von Nützlichkeitserwartungen platzierten sie sich zwischen griechischen und italienischen einerseits sowie den türkischen und vietnamesischen Eltern andererseits.[76] Hinsichtlich der Erwartungen von Aussiedlereltern an ihre Kinder fand man zudem eine ausgeprägte Geschlechtsdifferenzierung dergestalt, dass von Töchtern häufiger eine Mithilfe im Haushalt sowie ein „In-der-Nähe-wohnen" und von Söhnen eher finanziellen Hilfe in Notlagen erwartet wurden. Leonie Herwartz-Emden und Manuela Westphal machten darauf aufmerksam, dass sich Aussiedlerinnen aus der ehemaligen Sowjetunion zwar in ihren Erziehungsstilen von westdeutschen und türkischen Frauen unterschieden, aber eine starke Zustimmung sowohl zu traditionell-autoritären als auch zu permissiven (also „westlichen" Erziehungsidealen) zuzuordnenden Erziehungseinstellungen äußerten.[77] Dies zeige die ständig geforderte Auseinandersetzung um die in der Einwanderungssituation erforderlichen und die aus dem Herkunftskontext bekannten Erziehungshaltungen, wobei Aussiedlerinnen ihre normativen Erziehungseinstellungen nicht unbedingt veränderten, aber modifizierten; zudem müssten bei beiden Einwanderergruppen die Erziehungseinstellungen mit Bezug auf die Minoritätenlebenslage interpretiert werden.

Ursula Boos-Nünning und Yasemin Karakaşoğlu fanden in ihrer Befragung von über-14-jährigen Mädchen und jungen Frauen mit Migrationshintergrund ein überwiegend hohes Anspruchsniveau zugewanderter Eltern an ihre Töchtern bestätigt,[78] das sich in hoch angesetzten Erwartungen, Stolz sowie dem Achten auf Schulnoten manifestierte. Das von den Mädchen adaptierte Erziehungsverhalten beinhaltete zugleich auch unterstützende Elemente (Zusammenhalt der Familie und Bedeutung der Eltern für das Mädchen) sowie eine besorgte Grundhaltung. Mehr als die Hälfte (57 %) gaben an, dass ihre Eltern sie zu verstehen suchten (14 % verneinten dies eher), während sich bloß 40 Prozent im Ergebnis „von den Eltern am besten verstanden" fühlten (und 23 % dies verneinten). Bei den meisten Erziehungsfragen offenbarten sich zudem herkunftsspezifische Unterschiede: Als besonders anspruchsvoll empfanden Mädchen ex-jugoslawischer (61 %) und türkischer (59 %) Herkunft die Erwartungen ihrer Eltern („Eltern setzen große Hoffnungen in mich"), während italienische Mädchen (45 %) am häufigsten und Spätaussiedlerinnen (14 %) am seltensten meinten, dass ihre Eltern stolz auf sie seien. Letztere gaben zudem am seltensten an, dass ihre Eltern große Hoffnungen in sie setzten (50 %) und der Zusammenhalt stärker als in anderen Familien sei (14 %, die Mädchen aus anderen Herkunftsgruppen stimmten dieser Aussage zu 37 bis 41 % zu). Spätaussiedlerinnen hatten außerdem häufiger eine besorgte Grundhaltung, die sich in einer signifikant höheren Zustimmung zu den Antwortvorgaben „Eltern machen sich Sorgen, was aus mir wird" bzw. „sie sagen immer, ich mache nichts richtig" manifestierte. Zudem bekamen sie im Herkunftsgruppenvergleich am seltensten (materielle) Wünsche von ihren Eltern erfüllt, während türkische und griechische Mädchen dem am häufigsten zustimmten. Letztere waren, gefolgt von Italienerinnen, am häufigsten unter jenen zu finden, die sich verständnisvoll erzogen sahen, während in der Gruppe, welche ihre Erziehung als wenig

76 Vgl. BMFSFJ (Hrsg.): Familien ausländischer Herkunft, a. a. O., S. 99 f.

77 Vgl. auch zum Folgenden: L. Herwartz-Emden/M. Westphal: Konzepte mütterlicher Erziehung, in: L. Herwartz-Emden (Hrsg.): Einwandererfamilien: Geschlechterverhältnisse, Erziehung und Akkulturation, Osnabrück 2000, S. 119

78 Vgl. auch zum Folgenden: U. Boos-Nünning/Y. Karakaşoğlu: Viele Welten leben, a. a. O., S. 108 ff.

oder nicht verständnisvoll bewertete, Mädchen aus Aussiedlerfamilien und türkischer sowie jugoslawischer Herkunft (jeweils 18 %) häufiger als die übrigen (10–14 %) anzutreffen waren.

Die AWO-ISS-Studie fand schließlich einige weitere Besonderheiten von Erziehungszielen in Migrantenfamilien im Vergleich zu einheimischen heraus, von denen 8-Jährige berichtet hatten:[79] Ausländische Eltern äußerten seltener den Wunsch, dass sich die Kinder bei Schwierigkeiten an sie wenden sollten, und waren seltener der Auffassung, dass der Nachwuchs verstehen solle, warum etwas verboten werde. Auch der Wunsch, dass Kinder die größtmögliche Förderung erhalten sollten, sei seltener ausgesprochen worden. Stattdessen wünschten sich nichtdeutsche Familien eine möglichst frühzeitige Selbstständigkeit der Kinder, was in kinderreichen Familien nötig sei, um die Eltern durch Mithilfe zu entlasten. Signifikant seltener fanden in den Migrantenfamilien außerdem gemeinsame Aktivitäten von Eltern und Kindern statt, was bei allen erfragten gemeinsam erlebten Indikatoren zum Ausdruck kam: bei den Schularbeiten, beim „Lesen mit dem Kind", beim „Spielen" „Basteln und Malen", bei „Ausflügen" und „gemeinsamen Spielen am Wochenende". Schließlich hatten Kinder mit Migrationshintergrund anscheinend weniger außerfamiliale Gleichaltrigenkontakte und aus Elternsicht weniger Freunde, die sie mit nach Hause brachten, wiewohl ihre häufig zahlreichen Geschwister eine besondere Ressource darstellten.

9.2.4 Elterliche Bewältigungsstrategien und familiale Ressourcen

Das Bewältigungsverhalten („Coping"[80]) einer Person gilt als ein zentraler Erklärungsfaktor für deren individuelle Reaktion auf belastende Ereignisse, wenngleich das Wissen darum, in welcher Belastungssituation welches Copingverhalten eingesetzt wird, noch lückenhaft ist. Familiäre Ressourcen und insbesondere elterliche Bewältigungsformen von Stress, finanziellen Problemen und sonstigen Belastungen bilden zudem ein weites, von vielen Fachdisziplinen untersuchtes Feld. Hinsichtlich der Folgewirkungen ökonomischer Deprivation stellen elterliche Bewältigungsmuster bei konkreten Belastungen einen wesentlichen Bedingungsfaktor für kindliche Reaktionen dar. Im Kontext der Kinderarmutsforschung ist familiären Bewältigungsstrategien und familialen Ressourcen deshalb als Schutz- bzw.

79 Vgl. auch zum Folgenden: G. Holz/S. Skoluda: „Armut im frühen Grundschulalter", a. a. O., S. 150 f.

80 Mit dem Begriff der „Bewältigung" bezeichnet man das reaktive Handeln einer Person auf stresshafte bzw. belastende Ereignisse und Situationen, wozu chronische Belastungen (z. B. kindliche Unterversorgungslagen), kritische Lebensereignisse, schwierige Übergänge im Lebenszyklus, Alltagsbelastungen u. v. m. zählen können. Vgl. hierzu und zu den folgenden Ausführungen über Konzepte von Bewältigung sowie von personalen und sozialen Ressourcen die zusammenfassende Diskussion und weiterführende Literaturhinweise von A. Richter: Wie erleben und bewältigen Kinder Armut?, a. a. O., S. 77 ff. Unter „Coping", dem englischen Ausdruck für Bewältigungshandeln, verstehen Richard S. Lazarus und Raymond Launier die Gesamtheit der aktionsorientierten wie intrapsychischen Anstrengungen, die ein Individuum unternimmt, um ex- und internale Anforderungen, die seine Ressourcen beanspruchen oder übersteigen, zu bewältigen (d. h. zu meistern, zu tolerieren, zu reduzieren oder zu minimieren); vgl. ebd., S. 78. Dem „Transaktionalen Bewältigungsmodell" von Lazarus zufolge stellt Bewältigungshandeln die Reaktion auf die Auseinandersetzung einer Person mit ihrer Umwelt (Stress) dar, wobei Stress nicht von vornherein negativ konnotiert ist: Die Art und Weise, wie der Stress jeweils erlebt wird, hängt neben der konkreten Situation sowohl von sozialen als auch personalen Ressourcen ab. Vgl. B. Holz/S. Skoluda: „Armut in frühen Grundschulalter", a. a. O., S. 45

Risikofaktor eine hohe Aufmerksamkeit zuteil geworden.[81] Bei familialen Ressourcen werden zwei Arten unterschieden: außerfamiliale Ressourcen (wie ein privates soziales Netzwerk zur Unterstützung der Eltern) und innerfamiliale Ressourcen, zu denen das elterliche Bewältigungsverhalten gehört.[82]

Karl August Chassé, Margherita Zander und Konstanze Rasch fanden in ihrer Fallanalyse armer Grundschulkinder als typische Bewältigungsstrategie heraus, dass die Eltern in finanziellen Mangellagen zuerst ihre eigenen Bedürfnisse in Bezug auf die Wohnsituation, Bekleidung und Freizeitgestaltung einschränkten, bevor sie an Bedürfnissen der Kinder sparten. Das (sehr breite) Spektrum elterlicher Bewältigungsmuster könne nach dem Grad von Gestaltungsmöglichkeiten, der elterlichen und kindlichen Bedürfnissen geboten werde, in drei Kategorien unterteilt werden: „reduktive (Aufgabe von Bedürfnissen, Verzicht als dominante Bewältigungsleistung), adaptive (Bedürfniserfüllung in veränderter, aber reduzierter Form ermöglichend – für Eltern und Kinder) und konstruktive (Bedürfnisse durch Ressourcenmobilisierung teilweise ermöglichende) Strategien“.[83] Bei der Analyse waren die Familien mit reduktiven Bewältigungsmustern überwiegend durch mehrfache und starke Belastungen aufgefallen. Sie wiesen eine geringe formale Bildung sowie Schulden auf und hatten kleine, wenig leistungsfähige soziale Netzwerke. Bei ihnen trugen mehrfache und starke Belastungen offenbar zur Verengung des Bewältigungsspielraumes bei, was sich für die Kinder insofern nachteilig auswirkte, als „eine Kompromisssuche des abgespeckten Eingehens auf kindliche Bedürfnisse nicht mehr versucht“ werde. Bei den Eltern mit konstruktiven Bewältigungsstrategien wurde hingegen ein Wechselspiel von elterlicher Entlastung durch Netzwerke und aktiver elterlicher Ressourcenmobilisierung beobachtet. Zudem zeigten sich aktive Strategien der materiellen Entlastung, der Realisierung von Ansprüchen gegenüber Ämtern und der Suche nach günstigen Alternativen bei Freizeit und Urlaub. Schließlich könne man elterliche Bewältigungsstrategien danach bewerten, inwiefern Kindern die finanzielle Mangellage nachvollziehbar erklärt werde; anzutreffen seien positive (als Kombination von Erklärung/Kommunikation, dem Vorleben von Bewältigung sowie emotionaler und alltagspraktischer Unterstützung des Kindes beim Umgang mit finanziellem Mangel), ambivalente und negative Strategien (Verschweigen der Finanzmisere, Bagatellisierung von Problemen und Überforderung als feste Struktur).[84]

9.3 Bedingungsfaktoren zur Bewältigung von Armutsrisiken seitens der Kinder

Individuelle Belastungen, Kompetenzen und Bewältigungsstrategien von Kindern bilden mit deren steigendem Lebensalter wichtiger werdende Einflussfaktoren hinsichtlich der Auswirkungen finanzieller Deprivation auf die kindliche Entwicklung. In der Literatur werden soziale, kognitive und emotionale Kompetenzen sowie Bewältigungsstrategien von Kindern genannt, die ambivalent sowohl als Risiko- wie auch Resilienzfaktoren wirksam werden

81 Vgl. auch zum Folgenden: K. A. Chassé/M. Zander/K. Rasch: Meine Familie ist arm, a. a. O., S. 238 ff.
82 Vgl. G. Holz/S. Skoluda: „Armut im frühen Grundschulalter“, a. a. O., S. 169
83 K. A. Chassé/M. Zander/K. Rasch: Meine Familie ist arm, a. a. O., S. 238
84 Vgl. ebd., S. 243 f.

können. Sie gewinnen mit steigendem Lebensalter von Kindern an Bedeutung, während familiäre Einflussfaktoren tendenziell an Gewicht einbüßen. Die folgenden Ausführungen gelten für Kinder in Deutschland allgemein, da migrationsspezifische Besonderheiten von kindlichen Belastungssyndromen, Ressourcen und Copingstrategien bisher nicht erforscht sind.

1. Individuelle Belastungen von Kindern

Auf Kindesebene gelten verschiedenste (Persönlichkeits-)Merkmale als belastend; sie treten, wie die nachfolgend benannten emotionalen Defizite, in armen Familien signifikant häufiger auf als in nichtarmen.[85] Andreas Klocke nennt als typische emotionale Belastungssyndrome infolge ökonomischer Deprivation, die je nach Alter eines Kindes unterschiedlich artikuliert (und bewältigt) werden, eine „geringe Lebenszufriedenheit", „Gefühle der Hilflosigkeit und der Einsamkeit" sowie ein „geringes Selbstvertrauen". Allerdings sind diese Faktoren vornehmlich bei Kindern jüngeren Alters als im Wesentlichen durch die Eltern bzw. die Familie vermittelt anzusehen, insbesondere dann, wenn Kinder noch keine oder geringe Gleichaltrigennetzwerke etwa in Kindertagesstätten haben. Des Weiteren gilt der Stand der Sozialentwicklung eines Kindes, welcher infolge der Armut häufig beeinträchtigt ist, als beschleunigender oder dämpfender Faktor im Prozess der Bewältigung kindlicher Problemlagen. Erhebliche Persönlichkeitsstörungen und krisenhafte Entwicklungen von Kindern stellen deswegen zusätzliche Belastungsfaktoren dar.[86] Wie im fünften Kapitel am Beispiel einzelner Lebenslagendimensionen von Migrantenkindern illustriert, manifestieren sich kindliche Belastungssyndrome in den Bereichen der materiellen Grundversorgung einschließlich der Wohnbedingungen des Kindes, seiner kulturellen bzw. schulischen sowie seiner gesundheitlichen Situation. Kinder aus armen Familienverhältnissen sind vielfältigen Belastungsfaktoren stärker ausgesetzt, weshalb sie häufiger gesundheitliche u. a. Deprivationsformen entwickeln, welche die kindliche Entwicklung nachhaltig beeinträchtigen können.

Andreas Klocke und Klaus Hurrelmann sehen außerdem eine hohe „Sensibilität für Außenreize insbesondere im Bereich der Bewertung von Statusmerkmalen und Statusgütern", also die Unfähigkeit von Kindern, sich ihren sozialen Status in der Gleichaltrigengruppe in einer „erfolgs- und wettbewerbsbezogenen Kultur" ohne demonstrativen Konsum zu erarbeiten, als weiteren Risikofaktor.[87] Da die Wertschätzung in der Peergroup sowohl auf individuellem Verhalten als auch auf äußeren Merkmalen (wie Kleidung, Ausstattung und Besitz von statusrelevanten Gütern) basiere, lernten Jugendliche bestimmte Formen der Eindrucksbildung sehr früh, die sie als soziale Techniken für Anerkennung einsetzten. Kinder aus Familien, die in finanzieller Knappheit lebten, könnten mittels sichtbarer Zeichen von Lebensstil und -standard nicht so statusrelevanten Konsum demonstrieren, wie dies andere Gleichaltrige tun. Je stärker Jugendliche in ihrer Eindrucksbildung auf äußere Reize und Merkmale angewiesen seien, desto ungünstiger wirke sich dies in relativer Armut aus, in

85 Vgl. hierzu und zum Folgenden: A. Klocke: Armut bei Kindern und Jugendlichen, a. a. O., S. 303
86 Vgl. A. Klocke/K. Hurrelmann: Einleitung: Kinder und Jugendliche in Armut, a. a. O., S. 17
87 Siehe hierzu und zum Folgenden: ebd.

der sie als Bewältigungsstrategie entweder „Verzicht üben" oder versuchen könnten, einen Ausgleich durch illegale Formen (Diebstahl von Konsumgütern etc.) herbeizuführen.

2. Ressourcen und Schutzfaktoren armer Kinder

Eine ganze Reihe von kindlichen und familiären Ressourcen können als Schutzfaktoren wirksam werden, welche die konstruktive Bewältigung von Belastungssituationen fördern. So benennt die AWO-ISS-Studie als individuelle Schutzfaktoren von Grundschulkindern folgende „gesundheitsfördernden Eigenpotenziale": soziale und intellektuelle Kompetenz, Kreativität und Talent, im Temperament tendenziell flexibel und in der Beziehungsgestaltung annäherungsorientiert, befriedigende soziale Unterstützung, Selbstwirksamkeitserwartung und Leistungsmotivation, positives Selbstwertgefühl und Selbstsicherheit, Vorhandensein eines „besten Freundes" oder einer „besten Freundin", guten und engen Kontakt zu außerfamiliären Erwachsenen, einen aktiv-problemlösenden Bewältigungsstil und eine emotionale warmherzige Beziehung zur Mutter.[88] Somit scheinen zum einen ausgeprägte soziale Kompetenzen (wie produktive bzw. aktive Bewältigungsstile, die Erarbeitung sozialer Netzwerke in Gleichaltrigengruppen und Sport- oder Jugendverbänden) und zum anderen individuelle Eigenschaften wie emotionale und kognitive Fähigkeiten (z. B. Intelligenz und produktive Bedürfnisbefriedigung), die auf eine starke Persönlichkeitsstruktur beim Kind hindeuten, die Bewältigung von Belastungssituationen zu erleichtern. Neben solchen Persönlichkeitsmerkmalen von Kindern sieht Sabine Walper deren Einstellungen und Werthaltungen als maßgebliche individuelle Faktoren für die geschlechtsspezifisch-geprägten Reaktionen auf ökonomisch-deprivierte Lebensbedingungen.[89] Einer älteren Studie von Glen H. Elder zufolge seien unter den jüngeren Kindern insbesondere Jungen in ihrer Kompetenzentwicklung beeinträchtigt gewesen und hätten mit vermehrtem Problemverhalten, größerer Unsicherheit und mangelnder Kompetenz reagiert, während Mädchen sich im älteren Kindesalter besonders vulnerabel für ein negatives Erziehungsverhalten seitens der Väter gezeigt hätten, führt Walper aus.[90] Ihre körperliche Attraktivität schütze manche Mädchen jedoch vor ablehnendem Verhalten, stärkerer Ausbeutung und geringer emotionaler Unterstützung durch die Väter und habe sogar auf die sonstigen Sozialbeziehungen der Kinder einen positiven Einfluss. Schließlich habe sich das Temperament der Kinder als maßgeblich dafür erwiesen, wie die Väter ihnen gegenüber reagierten.

Soziale Netzwerke eines Kindes gelten als zentraler Schutzfaktor in schwierigen Situationen, wenngleich sie in bestimmten Konstellationen auch belastend wirken können. Dazu zählen nicht nur die (in Kap. 5.3 thematisierten) Gleichaltrigennetzwerke, die Kinder in Schule, Hort, Nachbarschaft und anderen Institutionen knüpfen, sondern ebenso Geschwisterbeziehungen und familiäre Netzwerke (zu Verwandten, Großeltern, Cousinen u. a.). Belegt ist indes, dass nichtarme Kinder deutlich mehr Beziehungen zu den genannten Personen-

88 Vgl. G. Holz: Teil I: Gesundheitsdefizite und Gesundheitspotenziale sozial benachteiligter und armer Kinder, a. a. O., S. 54

89 Vgl. S. Walper: Auswirkungen von Armut auf die Entwicklung von Kindern, a. a. O., S. 340

90 Vgl. ebd., S. 341

gruppen benennen und sie zudem positiver bewerten als arme Kinder, die schon im frühen Kindesalter Einschränkungen bei dem Aufbau und der Gestaltung von Kontakten erfahren.[91] Offenbar können gerade jene Kinder, die soziale (Unterstützungs-)Netzwerke am nötigsten haben, seltener darauf zurückgreifen.

3. *Kindliche Bewältigungsmuster*

Bewältigungsstrategien sind in der Kinderarmutsliteratur für Kinder ab dem Grundschulalter inzwischen gut belegt. Wie oben angeführt, gelten aktiv problemlösende Bewältigungsstrategien von Kindern als ein wichtiger protektiver Faktor, wohingegen destruktive, internalisierende Problembewältigungsstrategien kindliche Belastungen auch verstärken können. Obwohl inzwischen einige Untersuchungen vorliegen, fehlte lange ein konsistentes theoretisches Konzept zur Analyse der Bewältigung von mit Unterversorgungslagen einhergehenden Belastungen durch Kinder.[92] Andreas Bieligk konstatiert, man könne von den betroffenen Jugendlichen nicht erwarten, dass sie einer exakt und rational ausgehandelten Bewältigungsstrategie folgten. Vielmehr sei der Begriff insofern missverständlich, als er suggeriere, es gebe strategische Vorgaben, wie mit Armut umzugehen sei. Aufgrund der Ergebnisse von Interviews mit Expert(inn)en kategorisiert Bieligk folgende Typen kindlicher Bewältigungshaltungen: 1. „diejenigen, die sich in der Situation einrichten", 2. „diejenigen, die in der Situation resignieren", 3. „diejenigen, die aus Scham ihre Situation umdeuten und uminterpretieren", sowie 4. die „spezielle Bewältigungshaltung türkischer Familien".[93] Letztere zeichne sich dadurch aus, dass die erste Generation oftmals noch die Perspektive einer Rückkehr in das Herkunftsland habe und daher ein „Prinzip selbst gewählter Armut" dahinter stecke, um das erwirtschaftete Kapital in der Türkei zu investieren, womit für einen begrenzten Zeitraum genügend Kraft zum Ausharren vorhanden sei.[94] Allerdings verliere dieser innerfamiliäre Konsens zunehmend seine integrative Kraft, da er für Jüngere nicht mehr überzeugend und attraktiv sei, sodass sich hier stärker eine Bewältigungshaltung finde, die etwa auf den Aufbau einer eigenen beruflichen Existenz (z. B. im Dienstleistungssektor) abziele.

Chassé, Zander und Rasch fanden heraus, dass die von ihnen befragten 7- bis 10-Jährigen die Bewältigungsstrategien ihrer Eltern zwar häufig übernahmen, aber durchaus auch eigene Formen des Umgangs mit Armut entwickelten.[95] Für Kinder unterscheiden sie folgende Bewältigungsstrategien:

1. Gestaltungsmöglichkeiten eröffnende Strategien (z. B. das Nutzen von institutionellen Angeboten und Möglichkeiten, die „brückende" Personen eröffnen; Gleichaltrigen-

91 Vgl. G. Holz/S. Skoluda: „Armut im frühen Grundschulalter", a. a. O., S. 142
92 Vgl. hierzu und zum Folgenden: A. Bieligk: Die armen Kinder, a. a. O., S. 87 ff.; A. Richter: Wie erleben und bewältigen Kinder Armut?, a. a. O., S. 193; K.A. Chassé/M. Zander/K. Rasch: Meine Familie ist arm, a. a. O., S. 258 ff.
93 Vgl. A. Bieligk: Die armen Kinder, a. a. O., S. 87 ff.
94 Siehe ebd., S. 89
95 Vgl. hierzu und zum Folgenden: K. A. Chassé/M. Zander/K. Rasch: Meine Familie ist arm, a. a. O., S. 256 ff.

freundschaften in Schule und Freizeit pflegen und eingehen; aktive Reaktion wie Sparen, Eigeninitiative auf materielle Mangellage);
2. eher ohnmächtige Strategien (elterliche Zuwendung und Zeit einfordern; elterlichen Streit beenden wollen; Rückzug in Phantasiewelten und Fernsehkonsum; wechselnde Gleichaltrigenkontakte; aggressive Reaktionen z. B. im Umgang mit Sachen);
3. indirekte Reaktionen (psychosomatische Reaktionen und erhöhte Krankheitsanfälligkeit).

Die von Chassé u. a. als „Gestaltungsmöglichkeiten eröffnende" Bewältigungsformen klassifizierten Strategien sind als Schutzfaktoren zu werten, die Kindern einen konstruktiven Umgang mit Belastungen ermöglichen, während „eher ohnmächtige" Strategien und v. a. „indirekte Reaktionen" zusätzliche Belastungen bzw. Risikofaktoren auslösen bzw. darstellen können. Auf Letztere Bezug nehmend, sieht Antje Richter einen Konsens der Fachliteratur dahingehend, dass es unter kindlichen Bewältigungsformen auch solche gibt, die in ihren somatischen, psychischen und sozialen Konsequenzen für die Person schädlich oder unangemessen sind. Ihre Untersuchung schließt Forschungslücken v. a. hinsichtlich subjektiver Bewältigungsprozesse von 8- bis 11-Jährigen in Unterversorgungslagen. Die befragten, aus dem ländlichen Raum stammenden Kinder wiesen ein breites Spektrum von Bewältigungshandeln auf. Die „armen" Jungen der Untersuchungsgruppe legten häufiger ein problemmeidendes Verhalten an den Tag, während Mädchen und nichtarme Kinder eher ein aktiv problemlösendes Verhalten bevorzugten. Zu den Bewältigungsstrategien von (armen) Kindern mit Migrationshintergrund im Besonderen gibt Richters Untersuchung ebenso wie die übrigen, die vorgestellt wurden, leider keine Hinweise. Richter unterschied vier Bewältigungstypen, die sie den Kategorien eines „eher aktiv problemlösenden" (Kategorien 2 und 4) sowie eines „eher problemmeidenden" Bewältigungsverhaltens (Kategorien 1 und 3) zuordnete.

Kategorie 1: Mit sich selbst ausmachen
Diese Bewältigungsformen wirken durch die Steuerung bzw. Regulation der eigenen emotionalen Reaktionen durch die Kinder. Zu ihnen zählende Verhaltensstrategien sind „Anspruchssenkung", „sich gleichgültig machen", „hoffen und abwarten", „aufschieben", „Rückzug", „ausweichen", „Armut tabuisieren", „sparen", „sich selbst helfen" sowie „sich ablenken".[96] Solche internalisierenden, auf eigene Ressourcen zurückgreifenden Bewältigungsstrategien wendeten arme Kinder im Grundschulalter offenbar am häufigsten an.

Kategorie 2: Emotionale Unterstützung suchen bzw. gewähren
Mit diesen vor allem interaktionsbezogenen Bewältigungsformen suchen Kinder ihre Situation aktiv handelnd zu beeinflussen (statt diese resignierend hinzunehmen).[97] Solche Bewältigungsformen dienten meist dem Ausleben von Emotionen, wobei der vorhandene Handlungsspielraum als solcher wahrgenommen und auch als beeinflussbar erlebt werde. Dazu zählen „sich gegenseitig unterstützen", „sich mitteilen", „Hilfe und Verbündete suchen" sowie „sich entschuldigen".

96 Vgl. A. Richter: Wie erleben und bewältigen Kinder Armut?, a. a. O., S. 94 u. 194
97 Vgl. ebd., S. 96 u. 194

Kategorie 3: „Anstatt"-Handlung/Haltung
Diese (weiblich dominierte) Kategorie fasst „Mechanismen der Selbsttäuschung" zusammen, durch die das eigene Empfinden verändert wird (also etwa die Verdrängung, Negierung und Tabuisierung von Konflikten).[98] Dazu zählen Haltungen bzw. Handlungen wie „rationalisieren", „Wunschdenken", „andere abwerten", „projizieren", „kompensieren", „manipulieren", „blockiert sein" sowie „impulsiv konsumieren". Solche Strategien dienten dazu, Belastungen abzuwehren, zu verdrängen und inhaltlich umzuformen, womit sich das Kind der Chance entziehe, das Problem direkt zu bearbeiten und eine Lösung zu finden.

Kategorie 4: An die Umwelt weitergeben
Hier steht die aktive, durch das Ausagieren von Konflikten geprägte Situationsbewältigung im Vordergrund. Richter weist darauf hin, dass diese häufig in destruktives Handeln münde und meist keine langfristig befriedigende Lösung herbeiführe, da es sich primär um einen kurzfristigen Druckausgleich zur vorübergehenden Reduktion von Spannungszuständen handele.[99] Als Handlungen dieser Kategorie externalisierenden Charakters nennt Richter „impulsiv reagieren", „fordern", „sich abgrenzen", „klauen, betrügen" und „drohen".

Zu resümieren ist, dass sich das Wissen der Kinderarmutsforschung im Zuge der erst noch jungen Auseinandersetzung mit individuellen und familiären Einflussfaktoren auf die Manifestation der Folgen familiärer Armut bei Kindern enorm erweitert hat. Dies gilt sowohl in Bezug auf Risikofaktoren (wie familiäre Streitigkeiten oder zu wenige Familienaktivitäten), welche das Wohlbefinden von Kindern in Armut beeinträchtigen, als auch in Bezug auf Schutzfaktoren, die trotz ungünstiger Konstellationen das Aufwachsen eines Kindes ohne entwicklungsgefährdende Beeinträchtigungen ermöglichen. Resilienzfaktoren sind in dem Maße ins Zentrum der Aufmerksamkeit gerückt, wie sich das Handlungsfeld der sozialarbeiterischen Praxis von der Symptombekämpfung zu einer Präventionsorientierung und das Erkenntnisinteresse der Forschung von einer Defizit- zu einer Ressourcenorientierung verschoben hat. Gleichwohl konzentrieren sich sämtliche Untersuchungen auf autochthone Kinder und ihre Familien, sodass über die im Mittelpunkt dieser Arbeit stehende Untersuchungsgruppe diesbezüglich kaum Aussagen gemacht werden können. Nur vereinzelt weisen Studien auf etwaige Besonderheiten der familiären Situation von armen Kindern mit Migrationshintergrund, deren Ressourcen oder soziale Netzwerke hin.

98 Vgl. ebd., S. 99
99 Vgl. ebd., S. 102 u. 194

IV

Fazit und Ausblick

10 Resümee und Ausblick zur Kinderarmut bei Migranten

10.1 Fazit zu den Armutsrisikogruppen unter Kindern mit Migrationshintergrund

Nimmt man allein die Dimension der materiellen Armut in den Blick, kristallisieren sich für Kinder mit Migrationshintergrund einzelne Risikogruppen heraus. Differenziert nach den üblicherweise unterschiedenen Migrantengruppen zählen dazu die Gruppe ausländischer Kinder (meist von Arbeitsmigranten) insgesamt, innerhalb deren jedoch je nach Herkunftsnationalität große Unterschiede im Grad der Armutsbetroffenheit bestehen, sowie Kinder aus Spätaussiedlerfamilien. Besonders hohe Armutsrisiken tragen Kinder ohne EU-Staatsangehörigkeit und aus türkischen oder ex-jugoslawischen Familien. Die Kinder aus den übrigen Herkunftsstaaten ehemals Angeworbener wie Griechenland, Spanien oder Portugal weisen inzwischen offenbar ein deutlich geringeres Armutsrisiko auf als noch während der 1980er- und 90er-Jahre.

Neben jenem der EU- vs. Nicht-EU-Staatsangehörigkeit erhöhen weitere Merkmale die Armutsrisiken von Kindern mit Migrationshintergrund. An erster Stelle ist die Sicherheit des Aufenthaltsstatus zu nennen. Sie geht meist auf die – als zweites Merkmal – bisherige Aufenthaltsdauer eines Migranten bzw. seiner Familie in Deutschland zurück, weil mit der Länge des Aufenthalts in der Regel eine Verfestigung des Aufenthaltstitels einhergeht. Ausnahmen hiervon gelten für Flüchtlinge, deren Asylgesuch nicht anerkannt wird, bzw. für Geduldete, bei denen zwar Abschiebehindernisse anerkannt wurden, die sie aber nicht zu einem dauerhaften Aufenthalt berechtigen. Obwohl beide Gruppen in herkömmlichen Einkommensstatistiken meist ausgeklammert bleiben, sind ihre im Vergleich zu den eingangs genannten Gruppen wesentlich höheren Armutsrisiken hinlänglich dokumentiert, besonders wenn die Migrant(inn)en in den Geltungsbereich des Asylbewerberleistungsgesetzes fallen. Über die Risiken materieller Armut von illegalisierten Kindern ist wenig bekannt, weil sich die wissenschaftliche Aufmerksamkeit für diese Gruppe weitgehend auf Zugangsbarrieren zu Lebensbereichen wie Bildung, Gesundheit und soziale Netzwerke konzentriert, die mindestens ebenso stark wie materielle Armut zu der insgesamt extrem benachteiligten Situation dieser Kinder beitragen dürften. Insbesondere zu der Lebenssituation und möglichen Armutsrisiken von Migrantenkindern mit prekärem Status fehlen aktuelle Erkenntnisse weitgehend, sodass hier ein größerer Forschungsbedarf besteht.

Die sozialstrukturellen Merkmale, die das Armutsrisiko von Migrant(inn)en maßgeblich erhöhen, illustriert die Abbildung 4.1 für die Bevölkerung Nordrhein-Westfalens mit Migrationshintergrund. Der stärkste Einflussfaktor unter den einbezogenen Merkmalen war der Kinderreichtum einer Familie, da die Armutsrisikoquote von Haushalten mit Migrationshintergrund mit drei bzw. mehr Kindern bei 63 Prozent lag – zum Vergleich: Im Durchschnitt der Bevölkerung mit Migrationshintergrund lag diese mit 32 Prozent bei fast der Hälfte. Das zweithöchste Risiko trugen Erwerbslose (56 %), es folgten an dritter Stelle Alleinerziehende mit minderjährigen Kindern (52 %) sowie Personen ohne Schulabschluss und Unter-18-Jährige (je 43 %). Mit jeweils rund 39 Prozent annähernd gleich hohe Armutsrisiken trugen Nichterwerbspersonen und Paare mit minderjährigen Kindern. Zusammenfassen lässt sich also, dass die sozialstrukturellen Merkmale kinderreich, erwerbslos, alleinerziehend, jung und formal niedrig gebildet zu sein, die Armutsrisiken unter Zuwanderern erhöhen.

10.2 Fazit zu den Ursachen der hohen Kinderarmutsrisiken bei Migranten

Die Zusammenschau der Kapitel 6 bis 9 zeigt, dass die hohen Armutsrisiken und die überproportionale Armutsbetroffenheit vieler Kinder mit Migrationshintergrund aus mehreren Ursachenkomplexen entstehen. Ihre Armut ist in die klassen- und migrationsspezifische Strukturierung sozialer Ungleichheiten insofern eingebettet, als nicht nur haushaltsformenspezifische, sondern auch sozialstrukturelle und ethnische bzw. aufenthaltsrechtliche Polarisierungen beobachtbar sind.[1] Zu den wichtigsten Ursachenbündeln zählen die z. T. marginale Arbeitsmarktintegration und die Defizite in Prozessen struktureller Integration von Migrant(inn)en, Aspekte der Migrationsgesetzgebung, die zu (Teil-)Exklusionen von Zuwanderern aus dem Arbeitsmarkt und sozialen Sicherungssystemen führen, der durch den Sozialstaatsumbau vermehrt Mütter- und Kinderarmut produzierende neoliberale gesellschaftliche Wandel und schließlich die Kumulation von Risikofaktoren auf Kindes- und Familienebene.

Die gemeinhin als Hauptursache für ihre Armutsrisiken genannte hohe Arbeitslosigkeit unter Zuwanderern kann indes nur vordergründig als ursächlich gewertet werden, weil zu fragen ist, welche Einflussfaktoren sie wiederum bedingen, will man den wirklichen Ursachen auf die Spur kommen. Folgt man dieser erweiterten Fragestellung nach den letztlich entscheidenden Ursachen der höheren Armutsrisiken, gelangt man zu komplexeren Einflussfaktoren und Prozessen. So liegt, wie im Kapitel 6 ausgeführt, ein erster Grund für die gegenwärtige Benachteiligung von Migrant(inn)en auf dem Arbeitsmarkt in dessen seit langem stattfindendem Strukturwandel, an dem Zuwanderer nur bedingt partizipieren, da sie nach wie vor besonders in un- und angelernten Positionen sowie in Arbeiterberufen überrepräsentiert sind, während man sie in höher qualifizierten Angestelltenberufen, in Zukunftsbranchen oder im öffentlichen Dienst kaum antrifft. Damit arbeitet der fortschreitende Strukturwandel gegen Migrant(inn)en und trägt besonders in Krisenzeiten zu ihrer überproportionalen Arbeitslosigkeit bei, weshalb sie immer noch als „wirtschaftliche Reservearmee" fungieren. Berufliche Aufstiegsprozesse finden zwar auch unter Zuwanderern statt, erreichen aber fast nur die zweite und folgende Generationen, die sprachlich und kulturell bereits im Inland sozialisiert wurden und rechtlich weitgehend gleichgestellt sind.

Der zweite mit dem Strukturwandel verbundene Aspekt, der als ursächlich für die Arbeitsmarktbenachteiligung von Zuwanderern identifiziert wurde, liegt in der beobachtbaren Segmentation von Teilarbeitsmärkten. Diese ist hierzulande zwar nicht extrem stark ausgeprägt, Segmentationstendenzen lassen sich aber dennoch ausmachen, da bestimmte Beschäftigtengruppen in einigen Bereichen konzentriert tätig und Mobilitätsprozesse über die Segmentgrenzen selten anzutreffen sind. So zählen Migrant(inn)en der ersten Generation aus Staaten wie der Türkei oder Ex-Jugoslawien ebenso wie niedrig- und unqualifizierte Nichtdeutsche zu den Gruppen, denen überwiegend niedrig entlohnte oder geringfügige Beschäftigungsverhältnisse in einigen wenigen Branchen offen stehen. Der unter den Stichworten „Deregulierung" und „Flexibilisierung" seit den 1990er-Jahren vorangetriebene Wandel des Arbeitsmarktes, in dessen Gefolge prekäre und atypische Beschäftigungsverhältnisse enorm an Zahl zunahmen, dürfte wesentlich zu einer vermehrten Segmentation des Arbeitsmarktes entlang ethnischer und geschlechtsspezifischer Trennlinien beigetragen haben. Damit reduzierten sich auch die

1 Vgl. O. Groh-Samberg: Armut, soziale Ausgrenzung und Klassenstruktur, a. a. O., S. 265

beruflichen Aufstiegschancen von Migrant(inn)en; er dürfte sie zudem auf häufig unattraktive Arbeitsmarktsegmente verwiesen und ihre Arbeitslosigkeitsrisiken erhöht haben. Dies ist nicht nur der früheren Praxis der Anwerbung von „Gastarbeiter/innen“ v. a. für industrielle Fertigungsberufe geschuldet, sondern auch ein Resultat jüngerer Zuwanderungsprozesse in Verbindung mit einer Vielzahl von Bestimmungen des Ausländerrechts, die Neuzuwanderern, Migrant(inn)en ohne verfestigten Aufenthaltsstatus oder Nicht-EU-Bürger(inne)n einen nachrangigen Arbeitsmarktzugang zuweisen.

Ein dritter maßgeblicher Grund für die höheren Arbeitsmarktrisiken aufgrund geringer beruflicher Erfolge und Einkommen von Zuwanderern liegt in ihren durchschnittlich niedrigeren beruflichen Qualifikationen und – gewissermaßen vorgelagert – in ihren niedrigeren schulischen Bildungsabschlüssen. Mit der Benachteiligung von Kindern aus Migrantenfamilien und aus niedrigen Sozialschichten im gegliederten Schulsystem, die allerdings in dieser Arbeit weitgehend ausgeklammert bleibt, vererbt sich die Bildungsarmut, was maßgeblich zu höheren Ausbildungs-, Berufs- und folglich auch Armutsrisiken im Erwachsenenalter beiträgt. Gemäß humankapitaltheoretischer Annahmen erklären die unter Migrant(inn)en verbreitete Armut an formeller inländischer Ausbildung und ihr nachfolgende berufliche Qualifikationsdefizite einen erheblichen Teil der ethnischen Ungleichheit auf dem Arbeitsmarkt. Allerdings verbleiben bei nahezu allen empirischen Untersuchungen, welche die Einflussstärke des „Humankapitals“ beim Arbeitsmarkterfolg messen, unerklärbare „Resteffekte“ insbesondere für Zuwanderer aus der Türkei und Ex-Jugoslawien, die auf vorhandene Mechanismen der Diskriminierung schließen lassen. Wo genau solche Diskriminierungsprozesse anzusiedeln sind, müsste noch weiter erforscht werden, da sie kaum empirisch belegt sind. Wohl aber existieren Theorien, die sie (Fehl-)Entscheidungen von Arbeitgeber(inne)n oder einer verbesserungswürdigen Praxis der Anerkennung von im Ausland erworbenen Berufsabschlüssen zuschreiben.

Ein weiterer Ursachenkomplex in Bezug auf die höhere Migrant(inn)enarmut liegt in deren Kinderreichtum in Verbindung mit stagnierenden oder gar sinkenden (Real-)Löhnen. Die jahrelang eher mäßigen Lohnzuwächse von Arbeiter(inne)n und Angestellten sowie die Ausbreitung atypischer Beschäftigungsverhältnisse v. a. im Niedriglohnbereich bei gleichzeitig steigenden Lebenshaltungskosten führten dazu, dass die Einkommen vieler Erwerbstätiger allmählich nicht mehr ausreichten, um eine mehrköpfige Familie zu ernähren. Bei Migrant(inn)en kumulieren beide Faktoren, nämlich eine durchschnittlich höhere Kinderzahl mit einer überproportionalen Repräsentanz in atypischen Beschäftigungsverhältnissen sowie in Niedriglohnberufen, weshalb ihre Familien besonders hohe Armutsrisiken tragen.

Ein von der Migrationssoziologie aufgearbeiteter und hier in Kapitel 7 behandelter Erklärungskomplex für höhere Armutsrisiken von Migrant(inn)en liegt im Bereich von Eingliederungsprozessen, die im Zuge von Migration stattfinden und mit deren Misslingen in der strukturellen Dimension eine dauerhafte soziale Benachteiligung und erhöhte Armutsrisiken im Immigrationsland wahrscheinlicher werden. Hierbei ist zu unterscheiden zwischen frühen individualzentrierten (Assimilations-)Ansätzen und Konzepten, welche die dauerhafte Eingliederung von Einwanderern auf den unteren Hierarchieebenen einer Aufnahmegesellschaft als strukturellen ethnischen Unterschichtungsprozess beschreiben. Festzuhalten bleibt diesbezüglich, dass eine einfache ethnische Unterschichtung der einheimischen westdeutschen Gesellschaft, wie sie noch während der 1970er- und 80er-Jahre zu Recht konstatiert wurde, in dieser Pauschalität sicherlich nicht mehr beobachtbar ist. Trotz der erheblichen Ausdifferenzierung der Sozialstruktur innerhalb der Migrantenbevölkerung, von der ein großer Teil in Armut und eine wachsende Minderheit in Wohlstand lebt, lassen sich aber nach wie vor Unterschichtungsprozesse beobachten. Allerdings sind die mit weniger sozialen, arbeitsmarktbezogenen und politischen Rechten ausgestatteten Migrant(inn)en keine sozial und ethnisch homogenen (Herkunfts-)Gruppen wie zu Anwerbezeiten mehr, sondern es trifft besonders einige meist durch ausländerrechtliche Kategorien konstituierte Gruppen wie EU-Drittstaatler/innen und Zuwanderer mit nachrangigem Arbeitsmarktzugang.

Die ebenfalls im siebten Kapitel thematisierten Ethnisierungskonzepte konkretisieren einen Prozess, bei dem die Mehrheitsgesellschaft ethnischen Gruppen meist negative Merkmale zuschreibt, als deren Folge ihre Ausstattung mit minderen gesellschaftlichen Positionen (z. B. in der Arbeitsmarkt- oder Einkommenshierarchie) im Verteilungskampf um gesellschaftliche Ressourcen gerechtfertigt erscheint. Dieser Prozess trägt mithin dazu bei, ethnisch als fremd etikettierten Zuwanderergruppen – in den letzten Jahren handelt es sich primär um muslimische Einwanderer meist türkischer Herkunft sowie um sog. Russlanddeutsche – benachteiligte, armutsnahe Positionen im Arbeitsmarkt zuzuweisen. Komplementär wirken die über Jahrzehnte hinweg gewachsenen ausländer- und asylrechtlichen Bestimmungen, weil sie eine Statushierarchie innerhalb der Bevölkerung mit Migrationshintergrund etabliert haben, die insbesondere Drittstaatler/innen, (Roma-)Flüchtlinge bzw. Geduldete, Asylsuchende und Illegalisierte auf dem Arbeitsmarkt benachteiligen und somit in armutsgefährdete Lebenslagen bringen.

Die im achten Kapitel diskutierten Konzepte greifen einzelne Aspekte von Strukturen sozialer Ungleichheit auf, welche die gestiegene Armut von Kindern (auch mit Migrationshintergrund) im Kontext von Globalisierungsansätzen erklären. Vor allem die Arbeiten Ulrich Becks erklären die Struktur individualisierter sozialer Ungleichheit, die sich in den 1990er-Jahren u. a. in der gestiegenen Mütter- und Kinderarmut manifestiert. Hohe Armutsrisiken tragen demnach vor allem Kinder erziehende Frauen, die Individualisierungsprozesse aus familiären Sicherheiten herauslösten, sowie im Rahmen der „Neuen Armut" all jene (meist kinderreichen) Bevölkerungsgruppen, die Defizite in der Verwertung ihrer Arbeitskraft haben: gering- oder unqualifizierte Personen, Frauen, Ältere sowie ausländische Arbeitnehmer/innen. Im Zuge des Globalisierungsprozesses sieht Beck auch in Deutschland eine Gesellschaft „prekär Beschäftigter" (working poor) entstehen.

Die ökonomischen Globalisierungsprozesse in modernen Industriegesellschaften macht Gerhard H. Beisenherz für eine Globalisierungsarmut verantwortlich, die vor allem junge Mütter trifft, da diese dem Arbeitsmarkt nicht oder nur eingeschränkt zur Verfügung stehen können. Beisenherz sieht zugleich eine Polarisierung der Lebenslagen verschiedener Bevölkerungsgruppen heraufziehen, bei der Exklusion das zentrale Risiko anhaltender Armut in der späten Moderne ist. Die Globalisierung zeitigt auch insofern Auswirkungen auf das Zusammenleben von Familien, als sie an diese gestiegene Flexibilitäts- und Mobilitätsanforderungen stellt, die häufiger als früher eine Emi- bzw. Immigration bewirken, womit die grenzüberschreitende Wanderung zum Normalfall wird. Die Rolle von Migrantenfamilien als „Boten der Globalisierung" in Verbindung mit Diskriminierungs- und Deprivierungsvorgängen, welche Zuwanderer in Aufnahmegesellschaften erleben, sieht Wolf-Dietrich Bukow als ursächlich dafür, dass Migrant(inn)en häufig zu Globalisierungsverlierer(inne)n werden, die u. a. sozioökonomisch benachteiligt sind.

Christoph Butterwegges wohlfahrtsstaatsbezogener Ansatz schließlich weist die hohe Kinder- und Familienarmut als eine Folge neoliberaler Globalisierungs- bzw. Modernisierungsprozesse aus, deren Kernmerkmal ein sukzessiver Abbau von Sicherungsleistungen des Sozialstaates ist. Im Zuge dessen würden soziale Risiken reprivatisiert, was eine soziale Polarisierung innerhalb der Gesellschaft und eine Ausbreitung der (Kinder-)Armut begünstige, da die sozialstaatlichen Leistungen auf ein Minimum reduziert und die Verantwortung für die Sicherung des Lebensunterhalts unter dem Stichwort der Subsidiarität zunehmend in den familiären Bereich verlagert würden. Für Frauen, auf deren eigenständige soziale Sicherung sich bereits die patriarchale Ausrichtung des Wohlfahrtsstaates negativ auswirkt, hätten Individualisierungsprozesse wie Scheidung und ein Dasein als Alleinerziehende oftmals Armut zur Folge; verstärkt werde dies durch das Problem der fehlenden Vereinbarkeit von Kindererziehung und Berufstätigkeit. Butterwegge identifiziert daher außerhalb von „Normalfamilien" aufwachsende Kinder als besonders armutsgefährdet, zumal Leistungen des Familienlastenausgleichs sowie soziale Transferzahlungen die Gefährdung nicht ausreichend minderten. Für die Armutsrisiken von Kindern mit Migrationshintergrund erweist sich besonders der Zugang zu diesen sozialstaatlichen Leistungen als armutsrelevant. Er ist für verschiedene Migrantengruppen je nach Herkunftsstaatsangehörigkeit und Aufenthaltsstatus in Deutschland unterschiedlich geregelt, womit sich eine Zugangshierarchie bezüglich sozialstaatlicher Rechte nachweisen lässt.

Die bisher gerafft benannten Ursachenkomplexe für die höheren Armutsrisiken von Kindern mit Migrationshintergrund beziehen sich vornehmlich auf gesellschaftliche Strukturen, deren Untersuchung den Analyseschwerpunkt dieser Arbeit bildet. Auch Ansätze zur Bekämpfung der Ursachen von Kinderarmut unter Migranten müssten folglich primär hieran anknüpfen. Gleichwohl ist es ebenfalls bedeutsam, den Blick auf die von Armut und Deprivation schon betroffenen Kinder zu lenken und zu fragen, wie ihre Situation schnellstmöglich zu verbessern ist. Neben der besonders auf die Zukunft gerichteten Ursachenbekämpfung ist somit auch die „Symptomlinderung" von Kinderarmut im Hier und Jetzt, d.h. bei den betroffenen Kindern und Jugendlichen maßgeblich. Dafür sind vielfältige mikrosoziale Prozesse und Einflussfaktoren bedeutsam, die auf der Ebene von Eltern bzw. Kindern angesiedelt sind; sie thematisiert das neunte Kapitel. Zu ihnen zählen personale, familiäre und soziale Risiko- und Schutzfaktoren, deren Zusammenspiel entscheidet, ob sich die Folgen materieller Armut bei einem Kind negativ manifestieren oder ob es ihm trotz womöglich ungünstiger Rahmenbedingungen gelingt, in Wohlbefinden aufzuwachsen.

Da die Kinderarmutsforschung die Belange von Migrantenkindern in dieser Frage weitgehend unberücksichtigt gelassen hat, werden hier Punkte benannt, die im Allgemeinen als bedeutsame Risiko- und Schutzfaktoren herausgearbeitet worden sind. Zur Überprüfung ihrer Übertragbarkeit auf die Situation von Migrantenkindern verschiedener kultureller Herkunftskontexte im Besonderen müssten jedoch umfangreiche Studien durchgeführt werden. Festgehalten werden kann, dass zu den wichtigsten Schutzfaktoren auf Familienebene – die jeweils auch kulturell bzw. migrationsspezifisch geprägt sein dürften – eine positive Eltern-Kind-Beziehung zu mindestens einem Elternteil, ein gutes Familienklima, ein stabiles familiäres Beziehungsnetzwerk zu Freunden bzw. Verwandten (oder ethnischen Gemeinden) sowie gemeinsame familiäre Aktivitäten zählen. Da Eltern Vorbilder vermitteln, sind auch die elterlichen Strategien einflussreich, um Probleme und Belastungen zu bewältigen. Als

Risikofaktoren für das gedeihliche Aufwachsen eines Kindes gelten ein Migrationshintergrund, materielle Armut, Geschwisterreichtum, geringe Bildungs- und Berufsqualifikationen der Eltern sowie das Aufwachsen in benachteiligten Sozialräumen. Auf der Ebene des Kindes erweisen sich mit steigendem Alter kindliche Belastungen und Ressourcen sowie eigene Bewältigungsstrategien als einflussreich für das kindliche Wohlbefinden bzw. die Auswirkungen von materieller Armut.

10.3 Ausblick: Thesen zur Förderung der Integration und Gleichbehandlung von Kindern mit Migrationshintergrund aus einkommensarmen Familien

Thesenartig möchte ich zum Abschluss dieser Arbeit auf Ansatzpunkte zur Förderung der Integration und Gleichbehandlung von Kindern mit Migrationshintergrund aus einkommensarmen Familien hinweisen. Über die Beschreibung und Erklärungsansätze der Arbeit hinaus liefern die Thesen Anknüpfungspunkte zur politischen Bekämpfung der höheren Armutsrisiken und -betroffenheiten von Kindern, besonders solcher mit Migrationshintergrund. Sie lassen weiteren Forschungsbedarf zu Ursachen und Möglichkeiten ihrer Bekämpfung erkennen.

1. Um die Kinderarmut in *kinderreichen Familien* (darunter vielen mit Migrationshintergrund) sofort wirksam zu bekämpfen, ist eine verbesserte sozialstaatliche Absicherung der Kosten einer Familie – insbesondere in Form eines höheren Familienlastenausgleichs – notwendig, von dem besonders Geringverdiener/innen und arme Familienhaushalte z. B. im SGB-II- oder Sozialhilfebezug profitieren.
2. Um die strukturellen Ursachen der auf atypische Beschäftigung und Niedriglöhne zurückgehenden Armut von *Familien Erwerbstätige*r – darunter viele kinderreiche Arbeiter/innen mit Migrationshintergrund – zu bekämpfen, wäre ein Maßnahmebündel notwendig, das gewährleistet, dass auch kinderreiche Familien von Arbeit wieder leben können. Dazu zählen insbesondere gesetzliche Maßnahmen zur Re-Regulierung des Arbeitsmarktes, regelmäßige Reallohnerhöhungen sowie ein branchenübergreifender gesetzlicher Mindestlohn.
3. Um die hohen Armutsrisiken von Kindern *erwerbsloser Eltern* zu mindern und ihnen ein kindgerechtes, altersspezifisches Auskommen zu garantieren, ist eine deutliche Erhöhung zumindest der Sozialgeldsätze für Kinder und deren altersgemäße Staffelung empfehlenswert.
4. Um die hohen Armutsrisiken von Kindern *Alleinerziehender* zu senken, ist neben einer leichteren Durchsetzung von Unterhaltsansprüchen ein zügiger Ausbau der Betreuungsplätze für Unter-3-Jährige besonders in Westdeutschland sowie die Einführung eines Rechtsanspruchs auf kostenlose Kindertagesbetreuung ab dem 4. Lebensmonat notwendig, der Müttern eine volle Teilhabe am Erwerbsleben ermöglicht.
5. Um die Armutsrisiken von Kindern aus *Spätaussiedlerfamilien* zu senken, sind verstärkte Angebote zur Eingliederungs- und Deutschförderung sowie zur beruflichen Qualifizierung der Jugendlichen und ihrer Familienangehörigen sinnvoll.
6. Um die Armutsrisiken von Kindern *mit ungefestigtem Aufenthaltsstatus* besonders aus Drittstaaten wie der Türkei und Ex-Jugoslawien zu senken, sollte das Ausländerrecht

konsequent zu einem Integrations- und Gleichbehandlungsrecht ausgebaut werden, in dem alle Migrant(inn)en und Autochthone unabhängig von ihrer Herkunftsnationalität die gleichen sozialen und arbeitsmarktbezogenen Rechte erhalten. Dazu zählt insbesondere eine Angleichung der Rechtsstellung von Menschen aus Drittstaaten an jene von EU-Bürger/innen, beispielsweise im Arbeitsmarkt durch Verzicht auf das Vorrangprinzip.

7. Um die Armutsrisiken von Flüchtlingskindern *mit prekärem Status* abzubauen, ist zuvorderst ihre Ausgrenzung aus dem für Deutsche und andere Ausländer/innen geltenden System sozialer Sicherung aufzuheben, indem man das Asylbewerberleistungsgesetz abschafft.
8. Um die Verletzungen der Rechte von *illegalisierten Kindern* zu stoppen, sind zunächst (gesetzliche) Maßnahmen notwendig, die ihnen den Zugang zum Gesundheits- und Bildungssystem eröffnen. Legalisierungsofferten nach spanischem Vorbild könnten die u. a. durch Rechtlosigkeit und Armut geprägte Lebenssituation der Familien massiv verbessern und ihnen die Chance auf eine eigenständige, legale Sicherung ihres Lebensunterhaltes eröffnen.
9. Um der *Vererbung von Bildungsarmut* bei Kindern mit Migrationshintergrund vorzubeugen, ist unter anderem eine Neuausrichtung des Schulsystems notwendig, das Schüler/innen nach Begabung fördern muss und nicht selektiv sein darf, wie es beispielsweise Konzepte von „einer Schule für alle“ Kinder bis zum zehnten Schuljahr anstreben.
10. Um *berufliche Nachteile von Zuwanderern* zu mindern, empfehlen sich eine Erleichterung der Anerkennung im Ausland erworbener Berufsabschlüsse und eine konsequente Gleichbehandlungs- bzw. Antidiskriminierungspolitik im Bereich von Beschäftigung und Beruf.
11. Um die Kinderarmut vor Ort in benachteiligten Sozialräumen zu bekämpfen, sind vielfältige Anstrengungen der Kommune, des Landes und des Bundes, ganz besonders aber der kommunalen Kinder- und Jugendhilfe notwendig. Die Kürzungen bei Kinder- und Jugendfreizeitprojekten müssten zurückgenommen und es sollten kostenlose (Vereins-) Angebote in den Bereichen Sport und Kinderkultur sowie Präventionsangebote für Eltern besonders in benachteiligten Stadtteilen ausgebaut werden.

Verzeichnisse

1 Verzeichnis der Abbildungen und Tabellen

Abb. 1.1 Indikatoren und Unterversorgungsschwellen relativer und absoluter Armut in fünf Lebenslagendimensionen 34
Abb. 1.2 Fünf Dimensionen der Lebenslage eines Kindes 39
Abb. 1.3 Zuordnung der Erhebungs- zu den Lebenslagendimensionen 40
Abb. 2.1 Soziale Schichtung der westdeutschen Bevölkerung 2000 63
Tab. 2.2 Staatsangehörigkeit armer und nichtarmer Kinder im Vergleich 79
Abb. 4.1 Armutsrisikoquoten der Bevölkerung mit Migrationshintergrund*) in NRW nach sozialstrukturellen Merkmalen**) 121
Abb. 4.2 Bevölkerung nach Migrationshintergrund und Armutsrisikoquote 2005 122
Abb. 4.3 Armutsquoten bei Zuwanderern und Einheimischen 1998 und 2003 (in %) 124
Abb. 4.4 Anteil von türkischen Kindern, Kindern der Aussiedlerfamilien aus Russland und deutschen Kindern mit und ohne Geschwister im Haushalt (2002, in %) 125
Abb. 4.5 Armut und Prekarität von Kindern nach Herkunftsfamilien (in %) 128
Abb. 4.6 Niedrigeinkommensquoten nach Erwerbsstatus der Personen 1998 (alte Bundesländer, nur über 16 Jahre, in %) 132
Abb. 4.7 Bevölkerung nach Migrationshintergrund, Gemeindegröße und Armutsrisikoquote 137
Abb. 4.8 Sozialhilfeanteile der Haushalte am Jahresende 2004 in Deutschland (in %) 140
Abb. 4.9 Einkommensverteilung im Jahre 2003 nach Zuwanderergruppen 146
Tab. 4.10 Armut und Niedrigeinkommensquoten unter ausländischen Migranten der zweiten/dritten Generation 1985 bis 1998 (alte Bundesländer, in %) 151
Tab. 4.11 Grundleistungen gemäß Asylbewerberleistungsgesetz 1998, in DM (in €) 157
Abb. 4.12 Kinderarmutsquoten in Westdeutschland nach Staatsbürgerstatus (in %) 161
Tab. 4.13 Sicherheit des Aufenthaltsstatus und Armutsbetroffenheit (ohne EU-Staatsangehörige) 162
Tab. 4.14 Deutsche und Ausländer/innen nach Haushaltsgrößen (in %) 172
Abb. 4.15 Wohnformen nach Staatsangehörigkeit 1999 (in %) 180
Tab. 4.16 Art der Wohnung (in %) 185
Tab. 5.1 Gesundheitliche Beschwerden nach Nationalität und Geschlecht (in %) 219
Tab. 5.2 Subjektiv bewerteter Gesundheitszustand nach Nationalität (in %) 220
Abb. 5.3 Ausländeranteil nach Schulformen im Schuljahr 2004/05 (in %) 244
Tab. 5.4 Ausländische Schüler/innen in den Sonderschulen nach Jahren (1970 bis 1987) 256
Tab. 5.5 Ausländeranteile an Schüler(inne)n allgemeinbildender Schulen insg. und an Förderschulen mit dem Schwerpunkt Lernen nach Staatsangehörigkeit im Schuljahr 2005/06 (in %) 259
Abb. 5.6 Schüler/innen der 7. Klassenstufe im Schuljahr 2002/03 (in %) 264
Tab. 5.7 Ausländische Schüler/innen nach ausgewählten Staatsangehörigkeiten und Schulart der Sekundarstufe I und II (allgemeinbildende Schulen) im Schuljahr 2002/03 (in %) 267
Tab. 5.8 15-Jährige aus Familien mit Migrationshintergrund nach dem Geburtsland des Vaters und der Mutter, der Verweildauer in Deutschland und der Umgangssprache in der Familie 270
Tab. 5.9 Schulabschlüsse von Absolvent(inn)en der Schuljahre 1992, 1995, 2002 und 2005 (in %) 275
Tab. 5.10 Schulentlassene von allgemeinbildenden Schulen nach Abschlussart, Geschlecht und Nationalität 2001 (in %) 276

Abb. 5.11 Anteile ausländischer und ausgesiedelter Schüler/innen an allen Schüler(inne)n nach Schulform in NRW (in %) ... 280
Tab. 5.12 Kein Spielkontakt am Nachmittag: Die Gründe nach Region (Mehrfachangaben, in %) ... 307
Tab. 5.13 Freundeskreise junger Aussiedler/innen in Deutschland (n = 253, in %) ... 311
Tab. 5.14 Armut und Lebenslagetyp ... 323
Abb. 6.1 Erwerbstätigenquoten ausgewählter Nationalitäten in Deutschland nach Geschlecht, 2002 ... 343
Abb. 6.2 Erwerbsstatus von Deutschen, Ausländern und Aussiedlern 2004 ... 344
Tab. 6.3 Ausländische und deutsche Arbeitnehmer/innen nach Sektoren (in %) ... 346
Abb. 6.4 Beschäftigungsstruktur von Deutschen und Zuwanderern in Westdeutschland 1996 und 2004 (in %) ... 353
Abb. 6.5 Sprachkenntnisse und schulische sowie berufliche Bildung von Deutschen und Zuwanderern in Westdeutschland, 1996 und 2004 (in %) ... 383
Abb. 7.1 Typen der Sozialintegration von Migrant(inn)en ... 437
Abb. 7.2 Dimensionen ethnischer Differenzierung ... 439
Abb. 8.1 Armutsrisikoquoten 2003 vor und nach Familienlastenausgleich und Sozialtransfers ... 501
Tab. 9.1 Risikofaktoren für 6-jährige Kinder im Querschnitt – 1999 ... 508
Abb. 9.2 Auf die Lebenssituation von (Grundschul-)Kindern in Armut einwirkende Faktoren ... 514
Abb. 9.3 Modell der innerfamiliären Vermittlung armutsbedingter Entwicklungsbelastungen von Kindern ... 517

2 Verzeichnis der Abkürzungen

a. a. O.	am angegebenen Ort
a. F.	alte, vormals geltende Fassung eines Gesetzes
AiD	Ausländer in Deutschland (Zeitschrift)
ALG II	Arbeitslosengeld II
APuZ	Aus Politik und Zeitgeschichte, Beilage zur Wochenzeitung *Das Parlament*
AuslG	Ausländergesetz
AsylbLG	Asylbewerberleistungsgesetz
AsylVfG	Asylverfahrensgesetz
BA	Bundesagentur für Arbeit
Bd.	Band
BAFl	Bundesamt für die Anerkennung ausländischer Flüchtlinge
BAMF	Bundesamt für Migration und Flüchtlinge
BIB	Bundesinstituts für Bevölkerungsforschung
BMAS	Bundesministerium für Arbeit und Sozialordnung
BMGS	Bundesministerium für Gesundheit und Soziale Sicherung
BMFSFJ	Bundesministerium für Familie, Senioren, Frauen und Jugend
BMI	Bundesministerium des Inneren
BSHG	Bundessozialhilfegesetz
dass.	dasselbe
ders.	derselbe
DCV	Deutschen Caritasverband
DGB	Deutscher Gewerkschaftsbund
DJI	Deutsches Jugendinstitut
DPWV	Deutscher Paritätischer Wohlfahrtsverband
DIW	Deutsches Institut für Wirtschaftsforschung, Berlin
dies.	dieselbe(n)
etc.	et cetera
EVS	Einkommens- und Verbrauchsstichprobe des Statistischen Bundesamtes
Hrsg.	Herausgeber/in
HLU	Hilfen zum Lebensunterhalt
IAB	Institut für Arbeitsmarkt- und Berufsforschung der Bundesagentur für Arbeit
IGLU	Internationale Grundschul-Lese-Untersuchung
i. d. F.	in der Fassung
KJHG	Kinder- und Jugendhilfegesetz
KMK	Sekretariat der Ständigen Konferenz der Kultusminister der Länder in der Bundesrepublik Deutschland
KZfSS	Kölner Zeitschrift für Soziologie und Sozialpsychologie
MuB	Newsletter Migration und Bevölkerung
NGO	Nongovernmental Organisation (engl.) = nichtstaatliche Organisation
o. Ä.	oder Ähnliches
o. g.	oben genannte
OECD	Organisation für ökonomische Zusammenarbeit und Entwicklung (Organisation for Economic Co-operation and Development)
PISA	Programme for International Student Assessment
SGB	Sozialgesetzbuch
SOEP	Sozio-ökonomisches Panel
StBA	Statistisches Bundesamt
TIMMS	Third International Mathematics and Science Study
UNICEF	United Nations International Children's Emergency Fund
unpag.	unpaginiert, ohne Seitenangaben
UKZU	Unabhängige Kommission „Zuwanderung“ der Bundesregierung (2001)
u. U.	unter Umständen
u. a.	unter anderem
WHO	World Health Organisation (Weltgesundheitsorganisation)
ZAR	Zeitschrift für Ausländerrecht
ZfP	Zeitschrift für Pädagogik

3 Quellen- und Literaturverzeichnis

3.1 Wissenschaftliche Quellen

Ackermann, Lea: Illegal, scheinlegal, legal – Frauen ohne Menschenrechte, in: Jörg Alt/Michael Bommes (Hrsg.): Illegalität. Grenzen und Möglichkeiten der Migrationspolitik, Wiesbaden 2006, S. 165–169

Adolf, Thomas: Lebensmittelaufnahme und Vitaminversorgung Erwachsener in Abhängigkeit vom Einkommen, in: Eva Barlösius/Elfriede Feichtinger/Barbara M. Köhler (Hrsg.): Ernährung in der Armut. Gesundheitliche, soziale und kulturelle Folgen in der Bundesrepublik Deutschland, Berlin 1995, S. 89–105

Al-Jaar, Khalil: Gesundheit und Migration. Eine empirische Untersuchung des Zusammenhangs von psychosomatischen Krankheiten und psychosozialen Stressoren, Münster/Hamburg/London 2002

Allmendinger, Jutta: Bildungsarmut: Zur Verschränkung von Bildungs- und Sozialpolitik, in: Soziale Welt 50/1999, S. 35–50

Allmendinger, Jutta/Leibfried, Stephan: Bildungsarmut, in: APuZ 21–22/2003, S. 12–18

Allmendinger, Jutta/Ludwig-Mayerhofer, Wolfgang (Hrsg.): Soziologie des Sozialstaates, Weinheim/München 2000

Alt, Jörg: Illegal in Deutschland. Forschungsprojekt zur Lebenssituation „illegaler" Migranten in Leipzig, Karlsruhe 1999

Alt, Jörg: Leben in der Schattenwelt – Problemkomplex illegale Migration. Neue Erkenntnisse zur Lebenssituation illegaler Migranten in München, Leipzig und anderen Städten, Karlsruhe 2003

Alt, Jörg/Bommes, Michael (Hrsg.): Illegalität. Grenzen und Möglichkeiten der Migrationspolitik, Wiesbaden 2006

Alt, Jörg/Fodor, Ralf: Rechtlos? Menschen ohne Papiere, Karlsruhe 2001

Altgeld, Thomas/Hofrichter, Petra (Hrsg.): Reiches Land – kranke Kinder?, Frankfurt a. M. 2000

Altvater, Elmar/Mahnkopf, Birgit: Globalisierung der Unsicherheit, Münster 2002

Anderson, Philip: „Dass Sie uns nicht vergessen…". Menschen in der Illegalität in München. Eine empirische Studie im Auftrag der Landeshauptstadt, München 2003

Anderson, Philipp: Status Flüchtlingskind – Auswirkungen auf die Lebensverhältnisse in Deutschland, in: DJI, Projekt multikulturelles Kinderleben (Hrsg.): Flüchtlingskinder – Eine Randgruppe im multikulturellen Milieu, Projektheft 3/2000, S. 2–73

Andreß, Hans-Jürgen/Krüger, Anne/Sedlacek, Bronia K.: Armut und Lebensstandard. Zur Entwicklung des notwendigen Lebensstandards der Bevölkerung 1996 bis 2003. Gutachten im Rahmen des Armuts- und Reichtumsberichtes der Bundesregierung, Köln 2004

Andreß, Hans-Jürgen/Lipsmeier, Gero: Kosten von Kindern – Auswirkungen auf die Einkommensposition und den Lebensstandard, in: A:. Klocke/K. Hurrelmann (Hrsg.): Kinder und Jugendliche in Armut. Umfang, Auswirkungen und Konsequenzen, 2., überarb. Aufl. Wiesbaden 2001, S. 29–54

Andreß, Hans-Jürgen/Lipsmeier, Gero: Was gehört zum notwendigen Lebensstandard und wer kann ihn sich leisten? Ein neues Konzept zur Armutsmessung, in: APuZ 31–32/1995, S. 35–49

Angenendt, Steffen (Hrsg.): Asylum and Migration Policies in the European Union, Berlin 1999

Angenendt, Steffen: Kinder auf der Flucht. Minderjährige Flüchtlinge in Deutschland, Opladen 2000

Angenendt, Steffen (Hrsg.): Migration und Flucht. Aufgaben und Strategien für Deutschland, Europa und die internationale Gemeinschaft, Bonn 1997

Anhut, Rainer/Heitmeyer, Wilhelm (Hrsg.): Bedrohte Stadtgesellschaft. Soziale Desintegrationsprozesse und ethnisch-kulturelle Konfliktkonstellationen, Weinheim/München 1999

Anhut, Rainer/Heitmeyer, Wilhelm: Desintegration, Konflikt und Ethnisierung. Eine Problemanalyse und theoretische Rahmenkonzeption, in: dies. (Hrsg.): Bedrohte Stadtgesellschaft. Soziale Desintegrationsprozesse und ethnisch-kulturelle Konfliktkonstellationen, Weinheim/München 1999, S. 18–75

Antonovsky, Aaron: Health, stress, and coping, London 1979

Arbeiterwohlfahrt Bundesverband (Hrsg.): Sozialbericht 2002. Die Einwanderungsgesellschaft. Forderungen an das Jahrzehnt der Integration, Bonn 2002

Atabay, Ilhami: Ist dies mein Land? Identitätsentwicklungen türkischer Migrantenjugendlicher in der Bundesrepublik, Herbolzheim 2001

Attia, Iman/Marburger, Helga (Hrsg.): Alltag und Lebenswelten von Migrantenjugendlichen, Frankfurt a. M. 2000

Auernheimer, Georg: Einführung in die interkulturelle Erziehung, 2., überarb. Aufl. Darmstadt 1995

Auernheimer, Georg (Hrsg.): Schieflagen im Bildungssystem. Die Benachteiligung der Migrantenkinder, 3. Aufl. Wiesbaden 2009

Auernheimer, Georg: Schüler und Eltern italienischer Herkunft im deutschen Schulsystem, in: Maurizio Libbi/Nina Bergmann/Vincenzo Califano (Hrsg): Berufliche Integration und plurale Gesellschaft. Zur Bil-

dungssituation von Menschen mit italienischem Migrationshintergrund in Deutschland, Düsseldorf 2006, S. 56–70
Aydin, Kadriye: Eine erste Bilanz. Erfahrungen des Interkulturellen Rates in Deutschland, in: Henning Storz/Carolin Reißlandt (Hrsg.), Staatsbürgerschaft im Einwanderungsland Deutschland. Handbuch für die interkulturelle Praxis in der Sozialen Arbeit, im Bildungsbereich, im Stadtteil, Opladen 2002, S. 108–116
Bacher, Johann/Wenzig, Claudia: Sozialberichterstattung über die Armutsgefährdung von Kindern, in: Hans-Rudolf Leu (Hrsg.): Sozialberichterstattung über die Lebenslagen von Kindern, Opladen 2002, S. 111–137
Bade, Klaus J. (Hrsg.): Das Manifest der 60. Deutschland und die Einwanderung, München 1994
Bade, Klaus J.: Migration und Asyl im geteilten Deutschland, in: Blätter für deutsche und internationale Politik 2/2001, S. 230–240
Bade, Klaus J./Bommes, Michael (Hrsg.): Migration – Integration – Bildung. Grundfragen und Problembereiche, IMIS-Beiträge 23, Osnabrück 2004
Bade, Klaus J./Oltmer, Jochen (Hrsg.): Normalfall Migration, Bonn 2004 (Lizenzausgabe der Bundeszentrale für politische Bildung)
Bäcker, Gerd: Child and family poverty rates in Germany, in: Peter Krause/Gerhard Bäcker/Walter Hanesch (Hrsg.): Combating Poverty in Europe: the German welfare regime in practice, Burlington (USA) 2003, S. 289–304
Bäcker, Gerd/Neubauer, Jennifer: Soziale Sicherung und Arbeitsförderung bei Armut durch Arbeitslosigkeit, in: Ernst-Ulrich Huster/Jürgen Boeckh/Hildegard Mogge-Grotjahn (Hrsg.): Handbuch Armut und Soziale Ausgrenzung, Wiesbaden 2008, S. 501–522
Bäcker, Gerhard/Stolz-Willig, Brigitte (Hrsg.): Kind, Beruf, Soziale Sicherung. Zukunftsaufgabe des Sozialstaats, Köln 1994
Bäcker, Gerd/Stolz-Willig, Brigitte: Vereinbarkeit von Beruf und Familie als eine Zukunftsaufgabe des Sozialstaats, in: dies. (Hrsg.): Kind, Beruf, Soziale Sicherung. Zukunftsaufgabe des Sozialstaats, Köln 1994, S. 13–52
Bahlmann, Mechthild: Aussiedlerkinder – ein (sonder)pädagogisches Problem?, Münster/Hamburg/London 2000
Balluseck, Hilde von: Flüchtlingskinder und Jugendliche im System der Sozialen Ungleichheit, in: dies. (Hrsg.): Minderjährige Flüchtlinge. Sozialisationsbedingungen, Akkulturationsstrategien und Unterstützungssysteme, Opladen 2003, S. 21–32
Balluseck, Hilde von (Hrsg.): Minderjährige Flüchtlinge. Sozialisationsbedingungen, Akkulturationsstrategien und Unterstützungssysteme, Opladen 2003
Balluseck, Hilde von/Meißner, Andreas: Formen und Auswirkungen von Traumatisierung bei minderjährigen Flüchtlingskindern, in: Hilde von Balluseck (Hrsg.): Minderjährige Flüchtlinge. Sozialisationsbedingungen, Akkulturationsstrategien und Unterstützungssysteme, Opladen 2003, S. 76–78
Baringhorst, Sigrid/Hollifield, James F./Hunger, Uwe (Hrsg.): Herausforderung Migration – Perspektiven der vergleichenden Politikwissenschaft, Münster 2006
Barlösius, Eva/Feichtinger, Elfriede/Köhler, Barbara M. (Hrsg.): Ernährung in der Armut. Gesundheitliche, soziale und kulturelle Folgen in der Bundesrepublik Deutschland, Berlin 1995
Baros, Wassilios: Das Beziehungsgefüge zwischen griechischen Adoleszenten und ihren Eltern im Migrationskontext. Eine qualitative Analyse zur Konflikterhellung und Konfliktbewältigung bei griechischen Migrantenfamilien in Deutschland, Marburg 2000
Baros, Wassilios: Familien in der Migration. Eine qualitative Analyse zum Beziehungsgefüge zwischen griechischen Adoleszenten und ihren Eltern im Migrationskontext, Frankfurt a. M. 2001
Baumann, Jochen/Dietl, Andreas/Wippermann, Wolfgang: Blut oder Boden. Doppelpass, Staatsbürgerrecht und Nationsverständnis, Berlin 1999
Baumert, Jürgen/Schümer, Gundel: Familiäre Lebensverhältnisse, Bildungsbeteiligung und Kompetenzerwerb, in: Deutsches PISA-Konsortium (Hrsg.): PISA 2000. Basiskompetenzen von Schülerinnen und Schülern im internationalen Vergleich, Opladen 2001, S. 321–407
Baumert, Jürgen/Schümer, Gundel: Familiäre Lebensverhältnisse, Bildungsbeteiligung und Kompetenzerwerb im nationalen Vergleich, in: Deutsches PISA-Konsortium (Hrsg.): PISA 2000 – Die Länder der Bundesrepublik Deutschland im Vergleich, Opladen 2002, S. 159–202
Baumert, Jürgen/Stanat, Petra/Watermann, Rainer: Schulstruktur und die Entstehung differenzieller Lern- und Entwicklungsmilieus, in: dies. (Hrsg.): Herkunftsbedingte Disparitäten im Bildungswesen: Differenzielle Bildungsprozesse und Probleme der Verteilungsgerechtigkeit. Vertiefende Analysen im Rahmen von PISA 2000, Wiesbaden 2006, S. 95–188
Bayer, Hiltrud/Renate Bauereiss: Amtliche Statistik als Basis für die Darstellung regionaler Unterschiede in den Ressourcen für den Kinderalltag, in: Hans-Rudolf Leu (Hrsg.): Sozialberichterstattung zu Lebenslagen von Kindern, Opladen 2002, S. 205–250

Beauftragte der Bundesregierung für Ausländerfragen (Bundesausländerbeauftragte) (Hrsg.): Bericht der Beauftragten der Bundesregierung für Ausländerfragen über die Lage der Ausländer in der Bundesrepublik Deutschland, Bonn/Berlin 1997

Beauftragte der Bundesregierung für Ausländerfragen (Bundesausländerbeauftragte) (Hrsg.): Bericht der Beauftragten der Bundesregierung für Ausländerfragen über die Lage der Ausländer in der Bundesrepublik Deutschland, Bonn/Berlin 2000

Beauftragte der Bundesregierung für Ausländerfragen (Bundesausländerbeauftragte) (Hrsg.): Daten und Fakten zur Ausländersituation, 20. Aufl. Berlin 2002

Beauftragte der Bundesregierung für Ausländerfragen (Bundesausländerbeauftragte) (Hrsg.): Migrationsbericht der Beauftragten der Bundesregierung für Ausländerfragen über die Lage der Ausländer in der Bundesrepublik Deutschland, Bonn/Berlin 2002

Beauftragte der Bundesregierung für Ausländerfragen (Bundesausländerbeauftragte) (Hrsg.): Migrationsbericht der Ausländerbeauftragten im Auftrag der Bundesregierung, Berlin 2001

Beauftragte der Bundesregierung für Migration, Flüchtlinge und Integration (Bundesintegrationsbeauftragte) (Hrsg.): Daten – Fakten – Trends. Migrationsgeschehen. Stand: 2004, Berlin 2005

Beauftragte der Bundesregierung für Migration, Flüchtlinge und Integration (Bundesintegrationsbeauftragte) (Hrsg.): Daten – Fakten – Trends. Einbürgerung. Stand: 2004, Berlin, Mai 2005

Beauftragte der Bundesregierung für Migration, Flüchtlinge und Integration (Bundesintegrationsbeauftragte) (Hrsg.): Daten – Fakten – Trends. Bildung und Ausbildung. Stand 2004, Berlin 2005

Beauftragte der Bundesregierung für Migration, Flüchtlinge und Integration (Bundesintegrationsbeauftragte) (Hrsg.): Gesunde Integration, Berlin 2003

Beauftragte der Bundesregierung für Migration, Flüchtlinge und Integration (Bundesintegrationsbeauftragte) (Hrsg.): Migrationsbericht der Beauftragten der Bundesregierung für Migration, Flüchtlinge und Integration im Auftrag der Bundesregierung, Berlin/Bonn 2004

Beauftragte der Bundesregierung für Migration, Flüchtlinge und Integration (Bundesintegrationsbeauftragte) (Hrsg.): Sechster Bericht über die Lage der Ausländerinnen und Ausländer in Deutschland, BT-Drs. 15/5826, Berlin 2005

Beauftragte der Bundesregierung für Migration, Flüchtlinge und Integration (Bundesintegrationsbeauftragte) (Hrsg.): 7. Bericht über die Lage der Ausländerinnen und Ausländer in Deutschland, BT-Drs. 16/7600 Berlin Dezember 2007

Beauftragte der Bundesregierung für Migration, Flüchtlinge und Integration (Bundesintegrationsbeauftragte) (Hrsg.): 7. Bericht über die Lage der Ausländerinnen und Ausländer in Deutschland. Tabellenanhang, Berlin Dezember 2007

Beauftragter der Bundesregierung für Aussiedlerfragen (Hrsg.): Info-Dienst Deutsche Aussiedler. Nr. 113, Bonn, Jan. 2002

Beauftragter der Bundesregierung für Aussiedlerfragen (Hrsg.): Info-Dienst Deutsche Aussiedler. Zahlen, Daten, Fakten. Nr. 110, Bonn, Jan. 2001

Beck, Ulrich: Die Risikogesellschaft. Auf dem Weg in eine andere Moderne, Frankfurt a. M. 1986

Beck, Ulrich (Hrsg.): Die Zukunft von Arbeit und Demokratie, Frankfurt a. M. 2000

Beck, Ulrich: Jenseits von Klasse und Schicht? Soziale Ungleichheiten, gesellschaftliche Individualisierungsprozesse und die Entstehung neuer sozialer Formationen und Identitäten, in: Reinhard Kreckel (Hrsg.): Soziale Ungleichheiten. Soziale Welt, Sonderband 2, Göttingen 1983, S. 35–73

Beck, Ulrich (Hrsg.): Perspektiven der Weltgesellschaft, Frankfurt a. M. 1998

Beck, Ulrich: Was ist Globalisierung?, Irrtümer des Globalismus – Antworten auf Globalisierung, Frankfurt a. M. 1997

Beck, Ulrich: Weltrisikogesellschaft. Auf der Suche nach der verlorenen Sicherheit, Frankfurt a. M. 2007

Beck, Ulrich: Wohin führt der Weg, der mit dem Ende der Vollbeschäftigungsgesellschaft beginnt?, in: ders. (Hrsg.): Die Zukunft von Arbeit und Demokratie, Frankfurt a. M. 2000, S. 7–66

Beck-Gernsheim, Elisabeth: Was kommt nach der Familie? Einblicke in neue Lebensformen, 2. Aufl. München 2000

Beck-Gernsheim, Elisabeth: Wir und die Anderen. Vom Blick der Deutschen auf Migranten und Minderheiten, Frankfurt a. M. 2004

Becker, Gary, S.: Der ökonomische Ansatz zur Erklärung menschlichen Handelns, Tübingen 1982

Becker, Gary, S.: Human Capital. A Theoretical and Empirical Analysis with Special Reference to Education, 3. Aufl. Chicago/London 1993 (1. Aufl. 1964)

Becker, Irene/Hauser, Richard: Nicht-Inanspruchnahme zustehender Sozialhilfeleistungen (Dunkelzifferstudie). Endbericht zur Studie im Auftrag des Bundesministeriums für Gesundheit und Soziale Sicherung, Frankfurt a. M. 2003

Becker, Rolf/Lauterbach, Wolfgang: Vom Nutzen vorschulischer Kinderbetreuung für die Bildungschancen, in: dies. (Hrsg.): Bildung als Privileg?, Erklärungen und Befunde zu den Ursachen der Bildungsungleichheit, Wiesbaden 2004, S. 99–159

Becker, Rolf/Nietfeld, Markus: Arbeitslosigkeit und Bildungschancen von Kindern im Transformationsprozess. Eine empirische Studie über die Auswirkungen sozioökonomischer Deprivation auf intergenerationale Bildungsvererbung, in: KZfSS 51/1991, S. 55–79

Becker, Ursel/Oberloskamp, Helga: Kinder ausländischer Arbeitnehmer in der Bundesrepublik. Handbuch für Sozialarbeiter, Pädagogen, Juristen und sonstige Mitarbeiter der Jugendhilfe, Bonn o.J.

Behr, Hartmut: Zuwanderung im Nationalstaat. Formen der Eigen- und Fremdbestimmung in den USA, der Bundesrepublik und Frankreich, Opladen 1998

Beisenherz, H. Gerhard: Kinderarmut global und lokal: Armut als Exklusionsrisiko, in: Christoph Butterwegge (Hrsg.): Kinderarmut in Deutschland. Ursachen, Erscheinungsformen und Gegenmaßnahmen, 2. Aufl. Frankfurt a.M. 2000, S. 78–95

Beisenherz, H. Gerhard: Kinderarmut in der Wohlfahrtsgesellschaft. Das Kainsmal der Globalisierung, Opladen 2002

Below, Susanne von: Schulische Bildung, berufliche Ausbildung und Erwerbstätigkeit junger Migranten. Ergebnisse des Integrationssurveys des Bundesinstituts für Bevölkerungsforschung (BIB), Wiesbaden 2003

Bendel, Petra: Neue Chancen für die EU-Migrationspolitik?, in: Christoph Butterwegge/Gudrun Hentges (Hrsg.): Zuwanderung im Zeichen der Globalisierung. Migrations-, Integrations- und Minderheitenpolitik, 3. Aufl. Wiesbaden 2006, S. 123–134

Berg, Ulrike: Flüchtlingskinder in multikulturellen Stadtvierteln – Ergebnisse der Kinderbefragung, in: dies./ Karin Jampert/Anne Zehnbauer: Flüchtlingskinder, Eine Randgruppe im multikulturellen Milieu, Projektheft 3, Herausgeber: Deutsches Jugendinstitut (DJI), Projekt Multikulturelles Kinderleben, München 2000, S. 80–97

Berg, Ulrike/Jampert, Karin/Zehnbauer, Anne: Kinderleben im multikulturellen Stadtteil. Die Untersuchungsregionen, Projektheft 1 (2. Aufl. als PDF-Datei ohne Abbildungen), Herausgeber: Deutschen Jugendinstitut (DJI), Projekt Multikulturelles Kinderleben, München 1999

Berg, Ulrike/Jampert, Karin/Zehnbauer, Anne: Wie Kinder multikulturellen Alltag erleben. Ergebnisse einer Kinderbefragung, Projektheft 4, Abschlussbericht des Projekts Multikulturelles Kinderleben, Herausgeber: Deutsches Jugendinstitut (DJI), Projekt Multikulturelles Kinderleben, München 2000

Berger, Peter A./Hradil, Stefan (Hrsg.): Lebenslagen, Lebensläufe Lebensstile. Soziale Welt, Sonderband 7, Göttingen 1990

Berghahn, Sabine: Der Ehegattenunterhalt und seine Überwindung auf dem Weg zur individualisierten Existenzsicherung, in: Sigrid Leitner/Ilona Ostner/Margit Schratzenstaller (Hrsg.): Wohlfahrtsstaat und Geschlechterverhältnis im Umbruch. Was kommt nach dem Ernährermodell?, Wiesbaden 2004, S. 105–131

Bergmann, Karl E./Bergmann, Renate L./Ellert, Ute/Dudenhausen, Joachim W.: Perinatale Einflussfaktoren auf die spätere Gesundheit. Ergebnisse des Kinder- und Jugendgesundheitssurveys (KiGGS), in: Bundesgesundheitsblatt 5–6/2007, S. 672–676

Bertram, Hans (Hrsg.): Die Familie in Westdeutschland. Stabilität und Wandel familialer Lebensformen. DJI: Familien-Survey 1, Opladen 1991

Bieligk, Andreas: Die armen Kinder. Armut und Unterversorgung bei Kindern. Belastungen und ihre Bewältigung, Essen 1996

Blossfeld, Hans Peter/Mayer, Karl Ulrich: Arbeitsmarktsegmentation in der Bundesrepublik Deutschland. Eine empirische Überprüfung der Segmentationstheorien aus der Perspektive des Lebenslaufs, in: KZfSS 40/1988, S. 262–283

Boeckh, Jürgen: Migration und soziale Ausgrenzung, in: Ernst-Ulrich Huster/Jürgen Boeckh/Hildegard Mogge-Grotjahn (Hrsg.): Handbuch Armut und Soziale Ausgrenzung, Wiesbaden 2008, S. 364–380

Böhnisch, Lothar/Lenz, Klaus (Hrsg.): Familien. Eine interdisziplinäre Einführung, Weinheim 1997

Böhnke, Petra: Die exklusive Gesellschaft. Empirische Befunde zu Armut und sozialer Ausgrenzung, in: Stefan Sell (Hrsg): Armut als Herausforderung. Bestandsaufnahme und Perspektiven der Armutsforschung und Armutsberichterstattung, Berlin 2002, S. 46–64

Bommes, Michael/Halfmann, Jost (Hrsg.): Migration in nationalen Wohlfahrtsstaaten. Theoretische und vergleichende Untersuchungen, Osnabrück 1998

Bonacich, Edna: A Theory of Ethnic Antagonism. The Split Labour Market, in: American Sociological Review 37/1972, S. 547–559

Boos-Nünning, Ursula: Armut von Kindern aus Zuwandererfamilien, in: Christoph Butterwegge (Hrsg.): Kinderarmut in Deutschland. Ursachen, Erscheinungsformen, Gegenmaßnahmen, 2. Aufl. Frankfurt a.M./ New York 2000, S. 150–173

Boos-Nünning, Ursula: Kinder aus Zuwandererfamilien in einer Gesellschaft der Ungleichheit: Armut und Wohnen, in: Hansjosef Buchkremer/Wolf-Dietrich Bukow/Michaela Emmerich (Hrsg.): Die Familie im Spannungsfeld globaler Mobilität. Zur Konstruktion ethnischer Minderheiten im Kontext der Familie, Opladen 2000, S. 53–79

Boos-Nünning, Ursula: Kinder und Jugendliche mit Migrationshintergrund: Armut und soziale Deprivation, in: Margherita Zander (Hrsg.): Kinderarmut. Einführendes Handbuch für Forschung und soziale Praxis, Wiesbaden 2005, S. 161–180

Boos-Nünning, Ursula: Migration, Armut, Kinder: Risiken in der modernen Gesellschaft, in: BMFSFJ (Hrsg.): Kulturarbeit und Armut. Konzepte und Ideen für die kulturelle Bildung in sozialen Brennpunkten und mit benachteiligten jungen Menschen, Remscheid 2000, S. 33–46

Boos-Nünning, Ursula/Grube, Renate/Reich, Hans H.: Die türkische Migration in deutschsprachigen Büchern 1961–1984, Opladen 1990

Boos-Nünning, Ursula/Karakaşoĝlu, Yasemin: Viele Welten leben. Zur Lebenssituation von Mädchen und jungen Frauen mit Migrationshintergrund, Münster u. a. 2005

Borjas, George: Ethnic Capital and Intergenerational Mobility, in: Quarterly Journal of Economics 107/1992, S. 123–150

Bosch, Gerhard/Weinkopf, Claudia (Hrsg.): Arbeiten für wenig Geld. Niedriglohnbeschäftigung in Deutschland, Frankfurt a. M./New York 2007

Bothfeld, Silke: Arbeitsmarkt, in: dies./Ute Klammer/Christine Klenner/Simone Leiber/Anke Thiel/Astrid Ziegler: WSI-FrauenDatenReport 2005. Handbuch zur wirtschaftlichen und sozialen Situation von Frauen, Berlin 2005, S. 109–118

Bothfeld, Silke: Vom Erziehungsurlaub zur Elternzeit. Politisches Lernen im Reformprozess, Frankfurt a. M./New York 2005

Bothfeld, Silke/Klammer, Ute/Klenner, Christine/Leiber, Simone/Thiel, Anke/Ziegler, Astrid: WSI-FrauenDatenReport 2005. Handbuch zur wirtschaftlichen und sozialen Situation von Frauen, Berlin 2005

Bourdieu, Pierre: Ökonomisches Kapital, kulturelles Kapital, soziales Kapital, in: Reiner Kreckel (Hrsg.): Soziale Ungleichheiten. Soziale Welt, Sonderband 2, Göttingen 1983, S. 183–198

Bremer, Peter: Ausgrenzungsprozesse und die Spaltung der Städte. Zur Lebenssituation von Migranten, Opladen 2000

Bremer, Peter/Gestring, Norbert: Migranten – ausgegrenzt?, in: Hartmut Häußermann/Martin Kronauer/Walter Siebel (Hrsg.): An den Rändern der Städte. Armut und Ausgrenzung, Frankfurt a. M. 2004, S. 258–285

Breitfuss, Andrea/Dangschaat, Jens S.: Sozialräumliche Aspekte der Armut im Jugendalter, in: A. Klocke/K. Hurrelmann (Hrsg.): Kinder und Jugendliche in Armut. Umfang, Auswirkungen und Konsequenzen, 2., überarb. Aufl. Opladen/Wiesbaden 2001, S. 112–139

Brenner, Joachim: Die Arbeit des Fördervereins Roma in Frankfurt am Main, in: Interkulturell und Global 3–4/2003, S. 191–202

Brinkmann, Ulrich/Dörre, Klaus/Röbenack, Silke/Kraemer, Klaus/Speidel, Frederic: Prekäre Arbeit. Ursachen, Ausmaß, soziale Folgen und subjektive Verarbeitungsformen unsicherer Beschäftigungsverhältnisse. Herausgegeben von der Friedrich-Ebert-Stiftung, Bonn 2006

Brück-Klingberg, Andrea/Burkert, Carola/Seibert, Holger/Wapler, Rüdiger: Verkehrte Welt. Spätaussiedler mit höherer Bildung sind öfter arbeitslos, in: IAB-Kurzbericht 8/2007, S. 1–6

Buchkremer, Hansjosef/Bukow, Wolf-Dietrich/Emmerich, Michaela (Hrsg.): Die Familie im Spannungsfeld globaler Mobilität. Zur Konstruktion ethnischer Minderheiten im Kontext der Familie, Opladen 2000

Büchel, Felix/Frick, Joachim/Voges, Wolfgang: Der Sozialhilfebezug von Zuwanderern in Westdeutschland, in: KZfSS 49/1997, S. 272–290

Buhr, Petra: Dynamik von Armut. Dauer und biografische Bedeutung von Sozialhilfebezug, Opladen 1995

Buhr, Petra: Übergangsphase oder Teufelskreis? Dauer und Folgen von Armut bei Kindern, in: Andreas Klocke/Klaus Hurrelmann (Hrsg.): Kinder und Jugendliche in Armut. Umfang, Auswirkungen und Konsequenzen, 2., überarb. Aufl. Wiesbaden 2001, S. 78–92

Buhr, Petra/Ludwig, Monika/Leibfried, Stephan: Armutspolitik im Blindflug. Zur Notwendigkeit einer Erweiterung der Armutsberichterstattung, in: Dieter Döring/Walter Hanesch/Ernst-Ulrich Huster (Hrsg.): Armut im Wohlstand, Frankfurt a. M. 1990, S. 79–107

Bukow, Wolf-Dietrich: Die Familie im Spannungsfeld globaler Mobilität, in: Hansjosef Buchkremer/Wolf-Dietrich Bukow/Michaela Emmerich (Hrsg.): Die Familie im Spannungsfeld globaler Mobilität. Zur Konstruktion ethnischer Minderheiten im Kontext der Familie, Opladen 2000, S. 9–20

Bukow, Wolf-Dietrich: Feindbild Minderheit. Zur Funktion von Ethnisierung, Opladen 1996

Bukow, Wolf-Dietrich: Soziogenese ethnischer Minoritäten, in: Das Argument 181/1990, S. 422–426

Bukow, Wolf-Dietrich/Llaryora, Roberto: Mitbürger aus der Fremde. Soziogenese ethnischer Minoritäten, 3. Aufl. Wiesbaden 1998

Bundesagentur für Arbeit: Grundsicherung für Arbeitssuchende. Entwicklung bis Juni 2005. Bericht der Statistik der BA Dezember 2005, Nürnberg 2005

Bundesamt für die Anerkennung ausländischer Flüchtlinge (BAFl) (Hrsg.): Migration und Asyl in Zahlen, 9. Aufl. Nürnberg 2003

Bundesamt für die Anerkennung ausländischer Flüchtlinge (BAFl) (Hrsg.): Wanderungsbewegungen. Migration, Flüchtlinge und Integration, Schriftenreihe Bd. 10, Nürnberg 2003

Bundesamt für die Anerkennung ausländischer Flüchtlinge (Hrsg.): Zuwanderung und Asyl, Bd. 8 Schriftenreihe des BAFL, Nürnberg 2001

Bundesamt für Migration und Flüchtlinge (BAMF) (Hrsg.): Aktuelle Zahlen zu Asyl, Nürnberg, 17.10.2007

Bundesamt für Migration und Flüchtlinge (BAMF) (Hrsg.): Asyl in Zahlen. Tabellen, Diagramme, Karten, Erläuterungen, 15. Aufl. Nürnberg 2006

Bundesamt für Migration und Flüchtlinge (BAMF) (Hrsg.): Migration und Asyl in Zahlen, 12. Aufl. Nürnberg 2004

Bundesamt für Migration und Flüchtlinge (BAMF) (Hrsg.): Migration, Integration und Asyl in Zahlen, Nürnberg 2005

Bundesarbeitsgemeinschaft Jugendsozialarbeit (Hrsg.): Partizipation und Chancengleichheit zugewanderter Jugendlicher. Gestaltung der Integrationspolitik als Herausforderung an die Jugendpolitik, Bonn 2000

Bundesministerium für Arbeit und Soziales (BMAS) (Hrsg.): Lebenslagen in Deutschland. Der dritte Armuts- und Reichtumsbericht, Bonn 2008

Bundesministerium für Arbeit und Sozialordnung (BMAS) (Hrsg.): Daten und Fakten. Materialband zum ersten Armuts- und Reichtumsbericht der Bundesregierung, Bonn 2001

Bundesministerium für Arbeit und Sozialordnung (BMAS) (Hrsg.): Lebenslagen in Deutschland. Der erste Armuts- und Reichtumsbericht der Bundesregierung, Bonn 2001

Bundesministerium für Arbeit und Sozialordnung (BMAS) (Hrsg.): Repräsentativuntersuchung '95. Situation der ausländischen Arbeitnehmer und ihrer Familienangehörigen in der Bundesrepublik Deutschland, Bonn 1996

Bundesministerium für Arbeit und Sozialordnung (BMAS) (Hrsg.): Situation der ausländischen Arbeitnehmer und ihrer Familienangehörigen in der Bundesrepublik Deutschland. Repräsentativuntersuchung 2001. Teil A: Türkische, ehemalige jugoslawische, italienische sowie griechische Arbeitnehmer und ihre Familienangehörigen in den alten Bundesländern und im ehemaligen West-Berlin, Berichtsband, Offenbach/München 2002

Bundesministerium für Arbeit und Sozialordnung (BMAS) (Hrsg.): Situation der ausländischen Arbeitnehmer und ihrer Familienangehörigen in der Bundesrepublik Deutschland. Repräsentativuntersuchung 2001. Teil A: Türkische, ehemalige jugoslawische, italienische sowie griechische Arbeitnehmer und ihre Familienangehörigen in den alten Bundesländern und im ehemaligen West-Berlin, Tabellenband, Offenbach/München 2002

Bundesministerium für Bildung und Forschung (BMBF) (Hrsg.): Berufsbildungsbericht 2006, Berlin 2006

Bundesministerium für Bildung und Forschung (BMBF) (Hrsg.): Migrationshintergrund von Kindern und Jugendlichen: Wege zur Weiterentwicklung der amtlichen Statistik, Bonn/Berlin 2005

Bundesministerium für Familie, Senioren, Frauen und Jugend (BMFSFJ) (Hrsg.): Bericht der Bundesrepublik Deutschland an die Vereinten Nationen gemäß Artikel 44 Absatz 1 Buchstabe b des Übereinkommens über die Rechte des Kindes, Berlin 2001

Bundesministerium für Familie, Senioren, Frauen und Jugend (BMFSFJ) (Hrsg.): Elfter Kinder- und Jugendbericht. Bericht über die Lebenssituation junger Menschen und die Leistungen der Kinder- und Jugendhilfe in Deutschland, Berlin 2002

Bundesministerium für Familie, Senioren, Frauen und Jugend (BMFSFJ) (Hrsg.): Familien ausländischer Herkunft in Deutschland. Leistungen – Belastungen – Herausforderungen. Sechster Familienbericht, Berlin 2000

Bundesministerium für Familie, Senioren, Frauen und Jugend (BMFSFJ) (Hrsg.): Familien und Familienpolitik im geeinten Deutschland – Zukunft des Humanvermögens. Fünfter Familienbericht, Bonn 1995

Bundesministerium für Familie, Senioren, Frauen und Jugend (BMFSFJ) (Hrsg.): Zehnter Kinder- und Jugendbericht. Bericht über die Lebenssituation von Kindern und die Leistungen der Kinderhilfen in Deutschland, Bonn 1998

Bundesministerium für Familie, Senioren, Frauen und Jugend (BMFSFJ) (Hrsg.): Zwölfter Kinder- und Jugendbericht. Bericht über die Lebenssituation junger Menschen und die Leistungen der Kinder- und Jugendhilfe, Berlin 2005

Bundesministerium für Gesundheit und Soziale Sicherung (BMGS) (Hrsg.): Lebenslagen in Deutschland. Der 2. Armuts- und Reichtumsbericht der Bundesregierung, Berlin 2005

Bundesverwaltungsamt (Hrsg.): Aussiedler und deren Angehörige. Schriftliches und mündliches Verfahren, Monatsstatistik, Köln 2007

Bundesverwaltungsamt (Hrsg.): Statistik Altersstruktur Januar–Dezember 2005, Bonn 2006
Bund-Länder-Kommission für Bildungsplanung und Forschungsförderung: Förderung von Kindern und Jugendlichen mit Migrationshintergrund, Bonn 2003
Burkart, Günter: Individualisierung und Elternschaft, in: Jürgen Friedrichs (Hrsg.): Die Individualisierungsthese, Opladen 1998, S. 107–141
Burzan, Nicole: Soziale Ungleichheit. Eine Einführung in die zentralen Theorien, Wiesbaden 2004
Butler, Jeffrey: Gesundheitliche und soziale Lage von Kindern nichtdeutscher Herkunft in einem Berliner Innenstadtbezirk, in: Beauftragte der Bundesregierung für Migration, Flüchtlinge und Integration (Bundesmigrationsbeauftragte) (Hrsg.): Gesunde Integration, Berlin 2003, S. 106–108
Butterwegge, Christoph: Armut in einem reichen Land. Wie das Problem verharmlost und verdrängt wird, Frankfurt a. M./New York 2009
Butterwegge, Christoph: Globalisierung als Spaltpilz und „Zuwanderungsdramatik“ im postmodernen Wohlfahrtsstaat, in: ders./Gudrun Hentges (Hrsg.): Zuwanderung im Zeichen der Globalisierung. Migrations-, Integrations- und Minderheitenpolitik, 4. Aufl. Wiesbaden 2009, S. 55–102
Butterwegge, Christoph: Globalisierung, Standortsicherung und Sozialstaat, in: ders./Gudrun Hentges (Hrsg.): Politische Bildung und Globalisierung, Opladen 2002, S. 73–108
Butterwegge, Christoph: Globalisierung, Zuwanderung und Sozialstaat, in: Migration und Soziale Arbeit 3/4 2005, S. 174–183
Butterwegge, Christoph (Hrsg.): Kinderarmut in Deutschland. Ursachen, Erscheinungsformen, Gegenmaßnahmen, 2. Aufl. Frankfurt a. M./New York 2001
Butterwegge, Christoph: Krise und Zukunft des Sozialstaates, 3., überarb. Aufl. Wiesbaden 2006
Butterwegge, Christoph: Macht Armut rechtsextrem? Über die Zusammenhänge zwischen der Gesellschaftsentwicklung, prekären Lebenslagen und rassistischen Ideologien/Gewalttaten, in: Kritisches Forum e. V. (Hrsg.): Armut und Rechtsextremismus. Beiträge zur Diskussion um die „Krise des Sozialen“, Duisburg 1995, S. 34–53
Butterwegge, Christoph: Nutzen und Nachteile der dynamischen Armutsforschung, in: Zeitschrift für Sozialreform 2/1996, S. 69–91
Butterwegge, Christoph: Rechtfertigung, Maßnahmen und Folgen einer neoliberalen (Sozial-)Politik, in: ders./ Bettina Lösch/Ralf Ptak: Kritik des Neoliberalismus, 2. Aufl. Wiesbaden 2008, S. 135–220
Butterwegge, Christoph: Rechtsextremismus, Rassismus und Gewalt. Erklärungsmodelle in der Diskussion, Darmstadt 1996
Butterwegge, Christoph/Hentges, Gudrun (Hrsg.): Massenmedien, Migration und Integration, 2. Aufl. Wiesbaden 2006
Butterwegge, Christoph/Hentges, Gudrun (Hrsg.): Zuwanderung im Zeichen der Globalisierung. Migrations-, Integrations- und Minderheitenpolitik, 4. Aufl. Wiesbaden 2009
Butterwegge, Christoph/Holm, Karin/Imholz, Barbara/Klundt, Michael/Michels, Caren/Schulz, Uwe/Wuttke, Gisela/Zander, Margarita/Zeng, Matthias: Armut und Kindheit. Ein regionaler, nationaler und internationaler Vergleich, Opladen 2003
Butterwegge, Christoph/Klundt, Michael (Hrsg.): Kinderarmut und Generationengerechtigkeit. Familien und Sozialpolitik im demografischen Wandel, Opladen 2002
Butterwegge, Christoph/Klundt, Michael/Belke-Zeng, Matthias: Kinderarmut in Ost- und Westdeutschland, 2. Aufl. Wiesbaden 2008
Butterwegge, Christoph/Lösch, Bettina/Ptak, Ralf: Kritik des Neoliberalismus, 2. Aufl. Wiesbaden 2008
Butterwegge, Christoph/Reißlandt, Carolin: Folgen der Hartz-Gesetze für Migrant(inn)en, in: Gesundheits- und Sozialpolitik 3–4/2005, S. 20–24
Butterwegge, Christoph/Reißlandt, Carolin: Hartz und Migration, in: Blätter für deutsche und internationale Politik 1/2005, S. 90–98
Castel, Robert: Die Metamorphosen der sozialen Frage. Eine Chronik der Lohnarbeit, Konstanz 2000
Chassé, Karl August/Zander, Margherita/Rasch, Konstanze: Meine Familie ist arm. Wie Kinder im Grundschulalter Armut erleben und bewältigen, Opladen 2003
Clark, William A. V./Drever, Anita I.: Wohnsituation von Ausländern: Trotz Verbesserungen immer noch großer Abstand zu deutschen Haushalten, in: DIW-Wochenbericht 20/2001, S. 469–471
Classen, Georg: Sozialleistungen für MigrantInnen und Flüchtlinge. Grundlagen für die Praxis, Hildesheim 2005
Clemens, Wolfgang: „Lebenslage“ als Konzept sozialer Ungleichheit – Zur Thematisierung sozialer Differenzierung in Soziologie, Sozialpolitik und Sozialarbeit, in: Zeitschrift für Sozialreform 3/1994, S. 141–165
Coleman, James S.: Grundlagen der Sozialtheorie, Band 1: Handlungen und Handlungssysteme, München 1991
Corak, Miles/Fertig, Michael/Tamm, Markus: A Portrait of Child Poverty in Germany. RWI-Discussion Papers, No. 26, Essen 2005

Corak, Miles/Fertig, Michael/Tamm, Markus: A Portrait of Child Poverty in Germany. Unicef Innocenti Research Center. Innocenti Working Papers 2005–03, Florenz 2005

Currle, Edda/Wunderlich, Tanja (Hrsg.), Deutschland – ein Einwanderungsland? Rückblick, Bilanz und neue Fragen, Stuttgart 2001

Cyrus, Norbert: Zuwanderer aus Polen auf den formellen und informellen Arbeitsmärkten in der Bundesrepublik Deutschland. Ein Literaturbericht, Berlin 1998

Dahlgaard, Sven: Unbegleitete minderjährige Flüchtlinge in Hamburg, in: Karin Weiss/Peter Rieker (Hrsg.): Allein in der Fremde. Fremdunterbringung ausländischer Jugendlicher in Deutschland, Berlin 1998, S. 73–84

Dahrendorf, Ralf: Anmerkungen zur Globalisierung, in: Ulrich Beck (Hrsg.): Perspektiven der Weltgesellschaft, Frankfurt a. M. 1998, S. 41–54

Damanakis, Michael: Sozialisationsprobleme der griechischen Gastarbeiterkinder in den Grund- und Hauptschulen des Bundeslandes Nordrhein-Westfalen, Kastellaun 1978

Dangschat, Jens S. (Hrsg.): Modernisierte Stadt – Gespaltene Stadt. Ursachen von Armut und sozialer Ausgrenzung, Opladen 1999

Deegener, Günther/Körner, Wilhelm (Hrsg.): Kindesmisshandlung und Vernachlässigung. Ein Handbuch, Göttingen u. a. 2005

Deininger, Susanne/Schenk, Liane/Weilandt, Caren: Migrantensensible Vorgehensweise im Kinder- und Jugendgesundheitssurvey, in: Bundesintegrationsbeauftragte (Hrsg.): Gesunde Integration, Berlin 2003, S. 78–82

Deniz, Cengiz: Migration, Jugendhilfe und Heimerziehung. Rekonstruktion biographischer Erzählungen männlicher türkischer Jugendlicher in Einrichtungen der öffentlichen Erziehung, Frankfurt a. M. 2001

Deppe, Frank: Vom keynesianischen Wohlfahrtsstaat zum neoliberalen Wettbewerbsregime, in: Erna Appelt/Alexandra Weiss (Hrsg.): Globalisierung und der Angriff auf die europäischen Wohlfahrtsstaaten, 2. Aufl. Hamburg 2006, S. 21–45

Der Paritätische Wohlfahrtsverband (Hrsg.) (Verfasser: R. Martens): Expertise. Die ab Januar 2005 gültige Regelsatzverordnung (RSV) und der Vorschlag des Paritätischen Wohlfahrtsverbandes für einen sozial gerechten Regelsatz als sozialpolitische Grundgröße, Berlin 2004

Deutscher Bildungsrat (Hrsg.): Gutachten und Studien der Bildungskommission: Begabung und Lernen, Stuttgart 1969

Deutscher Bundestag (Hrsg.): Antwort der Bundesregierung auf die Kleine Anfrage der Abgeordneten Josef Philip Winkler, Markus Kurth, Volker Beck (Köln), weiterer Abgeordneter und der Fraktion Bündnis 90/Die Grünen, BT-Drucksache 16/7365, Berlin 2007

Deutscher Bundestag: Regierungserklärung der Bundesministerin für Verbraucherschutz, Ernährung und Landwirtschaft zur Bekämpfung von Über-, Fehl- und Mangelernährung vor dem Deutschen Bundestag, Berlin, 17.6.2004

Deutsche Shell (Hrsg.): Jugend 2000, 13. Shell Jugendstudie, Bd. I, Opladen 2000

Deutsche Shell (Hrsg.): Jugend 2000, 13. Shell Jugendstudie, Bd. II, Opladen 2000

Deutsches Institut für Wirtschaftsforschung (DIW) (Hrsg.): Repräsentative Analyse der Lebenslagen einkommensstarker Haushalte, Berlin 2003

Deutsches PISA Konsortium (Hrsg.): PISA 2000. Basiskompetenzen von Schülerinnen und Schülern im internationalen Vergleich, Opladen 2001

Deutsches PISA-Konsortium (Hrsg.): PISA 2000. Die Länder der Bundesrepublik Deutschland im Vergleich, Opladen 2002

Deutsches PISA-Konsortium (Hrsg.): PISA 2000. Ein differenzierter Blick auf die Länder, Opladen 2003

Diefenbach, Heike: Bildungsbeteiligung und Berufseinmündung von Kindern und Jugendlichen aus Migrantenfamilien. Eine Fortschreibung der Daten des Sozio-ökonomischen Panels, in: Sachverständigenkommission Elfter Kinder- und Jugendbericht (Hrsg.): Migration und die europäische Integration. Herausforderungen für die Kinder- und Jugendhilfe, München 2002, S. 9–70

Diefenbach, Heike: Ethnische Segmentation im deutschen Schulsystem. Eine Zustandsbeschreibung und einige Erklärungen für den Zustand, in: Jahrbuch Arbeit – Bildung – Kultur, Bd. 21–22 2003/04, S. 225–255

Diefenbach, Heike: Kinder und Jugendliche aus Migrantenfamilien im deutschen Bildungssystem. Erklärungen und empirische Befunde, Wiesbaden 2007

Diefenbach, Heike: Schulerfolgsquoten ausländischer und deutscher Schüler an Integrierten Gesamtschulen und an Schulen des dreigliedrigen Systems, in: Frank Swiaczny/Sonja Haug (Hrsg.): Migration – Integration – Minderheiten. Neuere interdisziplinäre Forschungsergebnisse. Materialien zur Bevölkerungswissenschaft, herausgegeben vom Bundesinstitut für Bevölkerungsforschung, Wiesbaden 2003, S. 77–95

Diekmann, Andreas: Einkommensunterschiede zwischen Männern und Frauen. Theoretische Perspektiven und empirische Ergebnisse zur Einkommensdiskriminierung von Arbeitnehmerinnen, Teil A, Forschungsbericht, Wien 1985

Diekmann, Andreas/Engelhardt, Henriette/Hartmann, Peter: Einkommensungleichheit in der Bundesrepublik Deutschland: Diskriminierung von Frauen und Ausländern?, in: Mitteilungen aus der Arbeitsmarkt- und Berufsforschung 26/1993, S. 386–398

Dietl, Andreas: Das Blutrecht gewinnt an Boden. Die Diskussion um die doppelte Staatsbürgerschaft, in: Jochen Baumann/Andreas Dietl/Wolfgang Wippermann: Blut oder Boden. Doppelpass, Staatsbürgerrecht und Nationsverständnis, Berlin 1999, S. 107–126

Dietz, Barbara: Jugendliche Aussiedler in Deutschland: Risiken und Chancen der Integration, in: Klaus J. Bade/ Jochen Oltmer (Hrsg.): Aussiedler: deutsche Einwanderer aus Osteuropa, Osnabrück 1999, S. 153–176

Dietz, Barbara: Jugendliche Spätaussiedler. Ausreise, Aufnahme, Integration, Berlin 1997

Dietz, Barbara: Kinder aus Aussiedlerfamilien: Lebenssituation und Sozialisation, in: dies./Renate Holzapfel: Kinder aus Familien mit Migrationshintergrund. Kinder in Aussiedlerfamilien und Asylbewerberfamilien – alleinstehende Kinderflüchtlinge, Opladen 1999, S. 9–52

Dietz, Barbara/Holzapfel, Renate: Kinder aus Familien mit Migrationshintergrund. Kinder in Aussiedlerfamilien und Asylbewerberfamilien – alleinstehende Kinderflüchtlinge, Opladen 1999

Dietz, Barbara/Roll, Heike: Jugendliche Aussiedler. Portrait einer Zuwanderergeneration, Frankfurt a. M. 1997

Difu-Projektgruppe, Bundestransferstelle Soziale Stadt (Hrsg.): Soziale Stadt. info 17. Schwerpunkt: Integration von Migrantinnen und Migranten, Newsletter zum Bund-Länder-Programm Soziale Stadt, Sept. 2005

Dingeldey, Irene: Einkommenssteuersysteme und familiale Erwerbsmuster im europäischen Vergleich, in: dies. (Hrsg.): Erwerbstätigkeit und Familie in Steuer- und Sozialversicherungssystemen. Begünstigungen und Belastungen verschiedener familialer Erwerbsmuster im Ländervergleich, Opladen 2000, S. 11–47

Ditton, Hartmut: Ungleichheit und Mobilität durch Bildung. Theorie und empirische Untersuchung über sozialräumliche Aspekte von Bildungsentscheidungen, Weinheim/München 1992

Döring, Dieter/Hanesch, Walter (Hrsg.): Soziale Sicherheit in Gefahr. Zur Zukunft der Sozialpolitik, Frankfurt a. M. 1995

Döring, Dieter/Hanesch, Walter/Huster, Ernst-Ulrich (Hrsg.): Armut im Wohlstand, Frankfurt a. M. 1990

Döring, Dieter/Hauser, Richard (Hrsg.): Politische Kultur und Sozialpolitik. Ein Vergleich der Vereinigten Staaten und der Bundesrepublik Deutschland unter besonderer Berücksichtigung des Armutsproblems, Frankfurt a. M./New York 1989

Doeringer, Peter B./Piore, Michael J.: International Labour Markets and Manpower Analysis, Lexington 1971

Eckert, Thomas: Bildungsstatistik, in: Rudolf Tippelt (Hrsg.): Handbuch Bildungsforschung, Wiesbaden 2005, S. 459–473

Egle, Ulrich/Hoffmann, Sven/Steffens, Markus: Psychosoziale Risiko- und Schutzfaktoren in Kindheit und Jugend als Prädisposition für psychische Störungen im Erwachsenenalter. Gegenwärtiger Stand der Forschung, in: Der Nervenarzt 9/1997, S. 683–695

Eisenstadt, Shmuel N.: The Absorption of Immigrants. A comparative Study based mainly on the Jewish Community in Palestine and the State of Israel, London 1954

Elkeles, Thomas/Kirschner, Renate/Kunert, Michael: Armut und Gesundheit bei Jugendlichen und jungen Erwachsenen. Sekundäranalysen von Daten der „Biogramm-Forschung“, in: Jürgen Mansel/Klaus Peter Brinkhoff (Hrsg.): Armut im Jugendalter. Soziale Ungleichheit, Ghettoisierung und die psychosozialen Folgen, Weinheim/München 1998, S. 158–172

Ellert, Ute/Neuhauser, Hannelore/Roth-Isigkeit, Angela: Schmerzen bei Kindern und Jugendlichen in Deutschland: Prävalenz und Inanspruchnahme medizinischer Leistungen. Ergebnisse des Kinder- und Jugendgesundheitssurveys (KiGGS), in: Bundesgesundheitsblatt 5–6/2007, S. 713–717

Ernst, Sabine: „Schaworalle“ – Erfahrungen aus einem Projekt mit Roma-Kindern aus Rumänien, in: Interkulturell und Global 3–4/2003, S. 203–210

Esping-Anderson, Gøsta: Die drei Welten des Wohlfahrtskapitalismus. Zur Politischen Ökonomie des Wohlfahrtsstaates, in: Stefan Lessenich/Ilona Ostner (Hrsg.): Welten des Wohlfahrtskapitalismus. Der Sozialstaat in vergleichender Perspektive, Frankfurt a. M./New York 1998, S. 19–56

Esping-Anderson, Gøsta: The Three Worlds of Welfare Capitalism, Princeton 1990

Esser, Hartmut: Aspekte der Wanderungssoziologie. Assimilation und Integration von Wanderern, ethnischen Gruppen und Minderheiten. Eine handlungstheoretische Analyse, Darmstadt/Neuwied 1980

Esser, Hartmut: Integration und ethnische Schichtung. Gutachten für die Geschäftsstelle der Unabhängigen Kommission „Zuwanderung“ des Bundesministeriums des Innern, Mannheim 2001

Esser, Hartmut: Interethnische Freundschaften, in: ders./Jürgen Friedrichs (Hrsg.): Generation und Identität. Theoretische und empirische Beiträge zur Migrationssoziologie, Opladen 1990, S. 185–206

Esser, Hartmut: Soziale Differenzierung als ungeplante Folge absichtsvollen Handelns, in: Edda Currle/Tanja Wunderlich (Hrsg.), Deutschland – ein Einwanderungsland? Rückblick, Bilanz und neue Fragen, Stuttgart 2001, S. 389–416

Esser, Hartmut/Friedrichs, Jürgen (Hrsg.): Generation und Identität. Theoretische und empirische Beiträge zur Migrationssoziologie, Opladen 1990

Ewers, Klaus/Lenz, Peter: Die Ausländerbeschäftigung unter dem Druck von Wirtschaftskrise und Konsolidierungspolitik, in: Claus Offe/Projektgruppe Arbeitsmarktpolitik (Hrsg.): Opfer des Arbeitsmarktes. Zur Theorie der strukturierten Arbeitslosigkeit, Neuwied/Darmstadt 1977, S. 185–225

Faist, Thomas: Immigration, Integration und Wohlfahrtsstaaten. Die Bundesrepublik Deutschland in vergleichender Perspektive, in: Michael Bommes/Jost Halfmann (Hrsg.): Migration in nationalen Wohlfahrtsstaaten. Theoretische und vergleichende Untersuchungen, Osnabrück 1998, S. 147–171

Feagin, Joe R./Booher Feagin, Clairece: Discrimination American Style, Malabar, Erstaufl. 1978, S. 1–41

Feil, Christine: Kinder, Geld und Konsum. Die Kommerzialisierung der Kindheit, Weinheim/München 2003

Flam, Helena: Einleitung, in: dies. (Hrsg.): Migranten in Deutschland. Statistiken – Fakten – Diskurse, Konstanz 2007, S. 7–34

Flam, Helena: Gesetze, Ämter, „gate keepers", in: dies. (Hrsg.): Migranten in Deutschland. Statistiken – Fakten – Diskurse, Konstanz 2007, S. 133–168

Flam, Helena (Hrsg.): Migranten in Deutschland – Statistiken – Fakten – Diskurse, Konstanz 2007

Flam, Helena/Klieres, Jochen: Gesetze, institutionelle Rahmenbedingungen und Orientierungen, in: Helena Flam (Hrsg.): Migranten in Deutschland. Statistiken – Fakten – Diskurse, Konstanz 2007, S. 64–85

Flieshardt, Peter/Steffen, Johannes: Renaissance der Familie?, Praktische Tipps und kritische Fragen zur „neuen" Steuer- und Sozialpolitik, Hamburg 1986

Fodor, Ralf: Rechtsgutachten zum Problemkomplex des Aufenthalts von ausländischen Staatsangehörigen ohne Aufenthaltsrecht und ohne Duldung in Deutschland, in: Jörg Alt/Ralf Fodor: Rechtlos? Menschen ohne Papiere, Karlsruhe 2001, S. 125–222

Franke, Martin/Geene, Raimund/Luber, Eva (Hrsg.): Armut und Gesundheit. Materialien zur Gesundheitsförderung, Bd. 1, Berlin 1999

Franz, Adelheid: Lebenssituation, soziale Bedingungen, Gesundheit: Menschen ohne Krankenversicherung, in: Jörg Alt/Michael Bommes (Hrsg.): Illegalität. Grenzen und Möglichkeiten der Migrationspolitik, Wiesbaden 2006, S. S. 180–190

Frick, Joachim R./Söhn, Janina: Das Sozio-oekonomoische Panel (SOEP) als Grundlage für Analysen zur Bildungslage von Personen mit Migrationshintergrund, in: BMBF (Hrsg.): Migrationshintergrund von Kindern und Jugendlichen: Wege zur Weiterentwicklung der amtlichen Statistik. Bonn/Berlin 2005, S. 81–90

Friedrich-Ebert-Stiftung (Hrsg.): Chancengleichheit für ausländische Jugendliche, Düsseldorf 1994

Friedrich-Ebert-Stiftung (Hrsg.): Kompetenzen stärken, Qualifikationen verbessern, Potenziale nutzen, Bonn 2006

Friedrichs, Jürgen (Hrsg.): Die Individualisierungsthese, Opladen 1998

Friedrichs, Jürgen/Blasius, Jörg: Leben in benachteiligten Wohngebieten, Opladen 2000

Frings, Dorothee/Knösel, Peter (Hrsg.): Das neue Ausländerrecht. Alle Gesetze und Verordnungen – mit umfangreichen Erläuterungen zum Zuwanderungsgesetz, Frankfurt a. M. 2005

Fuchs, Kirsten: Wovon der Besuch einer Kindestagesstätte abhängt…! Eine Auswertung des Mikrozensus für Kinder, in: Thomas Rauschenbach/Matthias Schilling (Hrsg.): Kinder- und Jugendhilfereport 2, Weinheim/München 2005, S. 157–173

Fuchs, Marek: Die Wohnsituation der Aussiedler, in: Rainer K. Silberreisen/Ernst-Dieter Lamtermann/Eva Schmitt-Rodermund (Hrsg.): Aussiedler in Deutschland: Akkulturation von Persönlichkeit und Verhalten, Opladen 1999, S. 91–104

Gaitanides, Stefan: Interkulturelle Öffnung der sozialen Dienste, in: Klaus Barwig/Wolfgang Hinz-Rommel (Hrsg.): Interkulturelle Öffnung sozialer Dienste, Freiburg i. Br. 1995, S. 65–81

Ganßmann, Heiner: Soziale Sicherheit und Kapitalmobilität. Hat der Sozialstaat ein Standortproblem?, in: Erna Appelt/Alexandra Weiss (Hrsg.): Globalisierung und der Angriff auf die europäischen Wohlfahrtsstaaten, 2. Aufl. Hamburg 2006, S. 47–64

Gardemann, Joachim: Soziale Lage und Gesundheit. Zur Gesundheitssituation von Flüchtlingskindern, in: Bundesgesundheitsblatt 45/2002, S. 889–893

Gardemann, Joachim: Zur Gesundheitssituation von Flüchtlingskindern, in: Beauftragte der Bundesregierung für Migration, Flüchtlinge und Integration (Hrsg.): Gesunde Integration, Berlin 2003, S. 101–103

Gebhardt, Dirk/Chicote, Florencio: „Wie steht es mit Diskriminierung in Berlin?" – Ergebnisse einer Fragebogenumfrage unter MigrantInnen und People of Colour in Berlin, in: Antidiskriminierungsnetzwerk Berlin des TBB (Hg.): Antidiskriminierungsreport Berlin 2003–2005, Berlin 2005, S. 24–42 (http://www.adb-sachsen.de/media/documents/1158325661.pdf?PHPSESSID=np30mob5a73a5a8bqc4tga8j05; 22.9.06)

Geißler, Rainer: Die Sozialstruktur Deutschlands. Ein Studienbuch zur sozialstrukturellen Entwicklung im geteilten und vereinten Deutschland, Opladen 1992

Geißler, Rainer: Die Sozialstruktur Deutschlands, 4., überarb. und akt. Aufl. Wiesbaden 2006

Geißler, Rainer: Facetten der Sozialstruktur, in: Victoria Jäggi/Ulli Mäder/Katja Windisch (Hrsg.): Entwicklung, Recht, Sozialer Wandel. Festschrift für Paul Trappe zum 70. Geburtstag, Bern u. a. 2002, S.537–551

Geißler, Rainer: Kein Abschied von Klasse und Schicht. Ideologische Gefahren der deutschen Sozialstrukturanalyse, in: KZfSS Sonderheft 38/1996, S. 319–338

Gemende, Marion: AussiedlerInnen: Von den integrierten „Volkdeutschen" zur neuen Problemgruppe, in: Wolfgang Schröer/Stephan Sting (Hrsg.): Gespaltene Migration, Opladen 2003, S. 95–107

Gemende, Marion: Familien ausländischer Herkunft – im Spannungsfeld zwischen Assimilation und Ethnizität, in: Lothar Böhnisch/Klaus Lenz (Hrsg.): Familien. Eine interdisziplinäre Einführung, 2., korrig. Aufl. Weinheim/München 1999, S. 283–298

Gemende, Marion/Schröer, Wolfgang/Sting, Stephan (Hrsg.): Zwischen den Kulturen. Pädagogische und sozialpädagogische Zugänge zur Interkulturalität, Weinheim/München 1999

Gerlach, Irene: Familienpolitik, Wiesbaden 2004

Giddens, Anthony: Konsequenzen der Moderne, Frankfurt a. M. 1995

Glatzer, Wolfgang: Integration und Partizipation junger Ausländer vor dem Hintergrund ethnischer und kultureller Identifikation. Ergebnisse des Integrationssurveys des BiB, Wiesbaden 2004

Glatzer, Wolfgang/Hübinger, Werner: Lebenslagen und Armut, in: Dieter Döring/Walter Hanesch/Ernst-Ulrich Huster (Hrsg.): Armut im Wohlstand, Frankfurt a. M. 1990, S. 31–55

Gogolin, Ingrid: Chancen und Risiken nach PISA – über die Bildungsbeteiligung von Migrantenkindern und Reformvorschläge, in: Georg Auernheimer (Hrsg.): Schieflagen im Bildungssystem, Die Benachteiligung der Migrantenkinder, 3. Aufl. Wiesbaden 2009, S. 33–50

Gomolla, Mechthild/Radtke, Frank-Olaf: Institutionelle Diskriminierung. Die Herstellung ethnischer Differenz in der Schule, Opladen 2002

Gordon, Milton M.: Assimilation in American Life. The Role of Race, Religion and National Origins, New York 1964

Govaris, Christos: „Wir haben ein eigenes Profil. Wir kennen uns in beiden Welten aus…". Das interkulturelle Selbstbild griechischer Migrantenjugendlicher in Deutschland, in: Josef Held/Ausma Spona (Hrsg.): Jugend zwischen Ausgrenzung und Integration, Bd. II, Ergebnisse eines internationalen Projekts, Riga 1999, S. 59–120

Granato, Mona: Jugendliche mit Migrationshintergrund – auch in der beruflichen Bildung geringere Chancen?, in: Georg Auernheimer (Hrsg.): Schieflagen im Bildungssystem. Die Benachteiligung der Migrantenkinder, 3. Aufl. Wiesbaden 2009, S. 103–121

Granato, Mona: Jugendliche mit Migrationshintergrund in der beruflichen Bildung, in: WSI-Mitteilungen 8/2003, S. 474–483

Granato, Nadia: Ethnische Ungleichheit auf dem deutschen Arbeitsmarkt. Schriftenreihe des Bundesinstituts für Bevölkerungsforschung Bd. 33, Opladen 2003

Granato, Nadia/Kalter, Frank: Die Persistenz ethnischer Ungleichheit auf dem deutschen Arbeitsmarkt. Diskriminierung oder Unterinvestition in Humankapital?, in: KZfSS 53/2001, S.497–520

Groh-Samberg, Olaf: Armut, soziale Ausgrenzung und Klassenstruktur. Zur Integration multidimensionaler und längsschnittlicher Perspektiven, Wiesbaden 2009

Groh-Samberg, Olaf/Grundmann, Matthias: Soziale Ungleichheit im Kindes- und Jugendalter, in: APuZ 26/2006, S. 11–18

Grossmann, Wilma Aden: „Pädagogische Erfolge brauchen einen langen Atem". Neue Anforderungen an den Kindergarten, in: Marita Kampshoff/Beatrix Lumer (Hrsg.): Chancengleichheit im Bildungswesen, Opladen 2002, S. 35–44

Gruber, Sabine/Rüßler, Harald: Hochqualifiziert und arbeitslos. Jüdische Kontingentflüchtlinge in Nordhein-Westfalen. Problemaspekte ihrer beruflichen Integration. Eine empirische Studie, Opladen 2002

Ha, Vu Thi Hoang: Schul- und Berufssituation vietnamesischer Kinder und Jugendlicher in den neuen Bundesländern, in: Friedrich-Ebert-Stiftung (Hrsg.): Chancengleichheit für ausländische Jugendliche, Düsseldorf 1994, S. 53–57

Hämmig, Oliver/Scholz, Jörg: Strukturelle Desintegration, Anomie und Adaptionsformen, in: Hans-Jürgen Hoffmann-Nowotny (Hrsg.): Das Fremde in der Schweiz, Zürich 2001, S. 163–196

Hänze, Martin/Lantermann, Ernst-Dieter: Familiäre, soziale und materielle Ressourcen bei Aussiedlern, in: Rainer K. Silberreisen/Ernst-Dieter Lantermann/Eva Schmitt-Rodermund (Hrsg.): Aussiedler in Deutschland. Akkulturation von Persönlichkeit und Verhalten, Opladen 1999, S. 143–161

Häußermann, Hartmut: Desintegration durch Stadtpolitik?, in: APuZ 40/41/2006, S. 14–22

Häußermann, Hartmut/Kapphan, Andreas: Berlin: Ausgrenzungsprozesse in einer europäischen Stadt, in: Hartmut Häußermann/Martin Kronauer/Walter Siebel (Hrsg.): An den Rändern der Städte. Armut und Ausgrenzung, Frankfurt a. M. 2004, S. 203–234

Häußermann, Hartmut/Kronauer, Martin/Siebel, Walter (Hrsg.): An den Rändern der Städte. Armut und Ausgrenzung, Frankfurt a. M. 2004
Häußermann, Hartmut/Kronauer, Martin/Siebel, Walter: Stadt am Rand: Armut und Ausgrenzung, in: dies. (Hrsg.): An den Rändern der Städte. Armut und Ausgrenzung, Frankfurt a. M. 2004, S. 7–40
Hamburger, Franz: Gefährdung durch gute Absichten, in: Kind – Jugend – Gesellschaft 3/2002, S. 79–80
Han, Petrus: Frauen und Migration, Stuttgart 2003
Han, Petrus: Soziologie der Migration. Erklärungsmodelle, Fakten, Politische Konsequenzen, Perspektiven, Stuttgart 2000
Han, Petrus: Theorien zur internationalen Migration. Ausgewählte interdisziplinäre Migrationstheorien und deren zentrale Aussagen, Stuttgart 2006
Hanesch, Walter: Armut und Armutspolitik, in: Hans-Uwe Otto/Hans Thiersch (Hrsg.): Handbuch Sozialarbeit und Sozialpädagogik, 2., überarb. Aufl. Neuwied 1999, S. 81–90
Hanesch, Walter/Adamy, Willy/Martens, Rudolf/Rentzsch, Doris/Schneider, Ulrich/Schubert, Ursula/Wißkirchen, Martin: Armut in Deutschland. Der Armutsbericht des DGB und des Paritätischen Wohlfahrtsverbands, Reinbek bei Hamburg 1994
Hanesch, Walter/Krause, Peter/Bäcker, Gerhard: Armut und Ungleichheit in Deutschland. Der neue Armutsbericht der Hans-Böckler-Stiftung, des DGB und des Paritätischen Wohlfahrtsverbands, Reinbek bei Hamburg 2000
Harmening, Björn: Wir bleiben draußen. Schulpflicht und Schulrecht von Flüchtlingskindern in Deutschland. Juristische Expertise im Auftrag von terre des hommes, Osnabrück 2005
Haug, Sonia: Die soziale Integration junger italienischer und türkischer Migranten, in: Frank Swiaczny/Sonia Haug (Hrsg.): Migration – Integration – Minderheiten. Neue interdisziplinäre Forschungsergebnisse. Materialien zur Bevölkerungswissenschaft des Bundesinstituts für Bevölkerungsforschung, Heft 107, Wiesbaden 2003, S. 97–127
Hauser, Richard: Armut und Zuwanderung in die Europäische Union, in: Dieter Döring/Walter Hanesch (Hrsg.): Soziale Sicherheit in Gefahr. Zur Zukunft der Sozialpolitik, Frankfurt a. M. 1995, S. 148–182
Hauser, Richard: Entwicklungstendenzen der Armut in der Bundesrepublik Deutschland, in: Dieter Döring/Richard Hauser (Hrsg.): Politische Kultur und Sozialpolitik. Ein Vergleich der Vereinigten Staaten und der Bundesrepublik Deutschland unter besonderer Berücksichtigung des Armutsproblems, Frankfurt a. M./New York 1989, S. 117–146
Hauser, Richard/Hübinger, Werner: Arme unter uns. Teil 1: Ergebnisse und Konsequenzen der Caritas-Armutsuntersuchung, Freiburg i. Br. 1993
Hauser, Richard/Hübinger, Werner: Arme unter uns. Teil 2: Dokumentation der Erhebungsmethoden und der Instrumente der Caritas-Armutsuntersuchung, Freiburg i. Br. 1993
Hauser, Richard/Kinstler, Hans-Joachim: Zuwanderer unter Caritas-Klienten, in: Richard Hauser/Werner Hübinger (Hrsg.): Die Caritas-Armutsuntersuchung. Eine Bilanz, Freiburg i. Br. 1995, S. 84–106
Hayek, Friedrich A.: Der Weg zur Knechtschaft, Neuausgabe München 1994
Heck, Gerda: Illegalisierte Migranten in Deutschland: Zwischen Opfermythos und organisierter Kriminalität. Plädoyer für einen Perspektivwechsel, in: Markus Ottersbach/Erol Yildiz (Hrsg.): Migration in der metropolitanen Stadtgesellschaft. Zwischen Ethnisierung und Neuorientierung, Münster 2004, S. 129–140
Heckhausen, Heinz: Förderung der Lernmotivation und intellektueller Tüchtigkeiten, in: Deutscher Bildungsrat (Hrsg.): Gutachten und Studien der Bildungskommission: Begabung und Lernen, Stuttgart 1969, S. 193–228
Heckmann, Friedrich: Die Bundesrepublik: ein Einwanderungsland?, Zur Soziologie der Gastarbeiterbevölkerung als Einwandererminorität, Stuttgart 1981
Heckmann, Friedrich: Einwanderung und die Struktur sozialer Ungleichheit in der Bundesrepublik, in: Reinhard Kreckel (Hrsg.): Soziale Ungleichheiten. Soziale Welt, Sonderband 2, Göttingen 1983, S. 369–388
Heckmann, Friedrich: Ethnische Minderheiten, Volk und Nation. Soziologie inter-ethnischer Beziehungen, Stuttgart 1992
Heinen, Ute: Zuwanderung und Integration in der Bundesrepublik Deutschland, in: Aussiedler. Informationen zur politischen Bildung 2. Quart./2000, S. 36–49
Heitmeyer, Wilhelm/Müller, Joachim/Schröder, Helmut: Verlockender Fundamentalismus. Türkische Jugendliche in Deutschland, Frankfurt a. M. 1997
Held, Josef/Riegel, Christine: Integrations- und Ausgrenzungsprozesse von Jugendlichen, in: Josef Held/Ausma Spona (Hrsg.): Jugend zwischen Ausgrenzung und Integration, Bd. II, Ergebnisse eines internationalen Projekts, Riga 1999, S. 59–88
Held, Josef/Spona, Ausma (Hrsg.): Jugend zwischen Ausgrenzung und Integration, Bd. II, Ergebnisse eines internationalen Projekts, Riga 1999

Hentges, Gudrun/Reißlandt, Carolin: Blut oder Boden – Ethnos oder Demos? Staatsangehörigkeit und Zuwanderung in Frankreich und in Deutschland, in: Dietrich Heither/Gerd Wiegel (Hrsg.) Die Stolzdeutschen. Von Mordspatrioten, Herrenreitern und ihrer Leitkultur, Marburg 2001, S. 172–195

Herbert, Ulrich: Geschichte der Ausländerpolitik in Deutschland. Zwangsarbeiter, Gastarbeiter, Flüchtlinge, München 2001

Herbert, Ulrich/Hunn, Karin: Beschäftigung, soziale Sicherung und soziale Integration von Ausländern, in: Manfred G. Schmidt (Hrsg.): Geschichte der Sozialpolitik in Deutschland seit 1945, Band 7: 1982–1989, Baden-Baden 2005, S. 779–801

Herwartz-Emden, Leonie: Migrant/-innen im deutschen Bildungssystem. Situationsbeschreibung: Kinder mit Migrationshintergrund, in: BMBF (Hrsg.): Migrationshintergrund von Kindern und Jugendlichen: Wege zur Weiterentwicklung der amtlichen Statistik, Bonn/Berlin 2005, S. 9–24

Herwartz-Emden, Leonie/Westphal, Manuela: Integration junger Aussiedler: Entwicklungsbedingungen und Akkulturationsprozesse, in: Jochen Oltmer (Hrsg.): Migrationsforschung und interkulturelle Studien, Osnabrück 2002, S. 229–259

Herwartz-Emden, Leonie/Westphal, Manuela: Konzepte mütterlicher Erziehung, in: Leonie Herwartz-Emden (Hrsg.): Einwandererfamilien: Geschlechterverhältnisse, Erziehung und Akkulturation, Osnabrück 2000, S. 99–120

Hinrichs, Wilhelm: Ausländische Bevölkerungsgruppen in Deutschland. Integrationschancen 1985–2000, Berlin 2003 (http://skylla.wz-berlin.de/pdf/2003/i03-202.pdf; 16.2.04)

Hirsch, Joachim: Der nationale Wettbewerbsstaat. Staat, Demokratie und Politik im globalen Kapitalismus, Berlin/Amsterdam 1995

Hirschmann, Albert O.: Denken gegen die Zukunft. Die Rhetorik der Reaktion, Frankfurt a. M. 1995

Hock, Beate/Holz, Gerda/Wüstendörfer, Werner: Folgen familiärer Armut im frühen Kindesalter. Eine Annäherung anhand von Fallbeispielen. Dritter Zwischenbericht zu einer Studie im Auftrag des Bundesverbandes der Arbeiterwohlfahrt, Frankfurt a. M. 2000

Hock, Beate/Holz, Gerda/Wüstendörfer, Werner: Frühe Folgen – langfristige Konsequenzen? Armut und Benachteiligung im Vorschulalter. Vierter Zwischenbericht zu einer Studie im Auftrag des Bundesverbandes der Arbeiterwohlfahrt, Frankfurt a. M. 2000

Hölling, Heike/Schlack, Robert: Essstörungen im Kindes- und Jugendalter. Erste Ergebnisse aus dem Kinder- und Jugendgesundheitssurvey (KiGGS), in: Bundesgesundheitsblatt 5–6/2007, S. 794–799

Hoffmann-La Roche und Urban & Fischer (Hrsg.): Roche Lexikon Medizin, 4. Aufl. München u. a. 1998

Hoffmann-Nowotny, Hans Joachim (Hrsg.): Das Fremde in der Schweiz, Zürich 2001

Hoffmann-Nowotny, Hans-Joachim: Migration. Ein Beitrag zu einer soziologischen Erklärung, Stuttgart 1970

Hoffmann-Nowotny, Hans-Joachim: Migration, soziale Ungleichheit und ethnische Konflikte, in: Ingrid Gogolin/Bernard Nauck (Hrsg.): Migration, gesellschaftliche Differenzierung und Bildung, Opladen 2000, S. 157–178

Hoffmann-Nowotny, Hans-Joachim: Soziologie des Fremdarbeiterproblems. Eine theoretische und empirische Analyse am Beispiel der Schweiz, Stuttgart 1973

Holm, Karin/Schulz, Uwe: Kindheit in Armut weltweit, Opladen 2002

Holz, Gerda: Kinderarmut in benachteiligten Stadtteilen, in: Difu-Projektgruppe, Bundestransferstelle Soziale Stadt (Hrsg.): info 15. Der Newsletter zum Bund-Länder-Programm Soziale Stadt 10/2004, S. 7–11

Holz, Gerda: Kinderarmut verschärft Bildungsmisere, in: APuZ 21–22/2003, S. 3–11

Holz, Gerda: Lebenslagen und Chancen von Kindern in Deutschland, in: APuZ 26/2006, S. 3–11

Holz, Gerda: Teil I: Gesundheitsdefizite und Gesundheitspotenziale sozial benachteiligter und armer Kinder im frühen Kindesalter, in: Antje Richter/Gerda Holz/Thomas Altgeld (Hrsg.): Gesund in allen Lebenslagen. Förderung von Gesundheitspotenzialen bei sozial benachteiligten Kindern im Elementarbereich, Frankfurt a. M. 2004, S. 1–87

Holz, Gerda/Richter, Antje/Wüstendörfer, Werner/Giering, Dietrich: Zukunftschancen für Kinder. Wirkungen von Armut bis zum Ende der Grundschulzeit. Endbericht einer Langzeitstudie (1997–2004) im Auftrag des AWO-Bundesverbandes e. V., Bonn/Berlin 2005

Holz, Gerda/Schlevogt, Vanessa/Kunz, Thomas/Klein, Evelin: Armutsprävention vor Ort – „Mo.Ki – Monheim für Kinder". Evaluationsergebnisse zum Modellprojekt von Arbeiterwohlfahrt Niederrhein und Stadt Monheim, Frankfurt a. M. 2005

Holz, Gerda/Skoluda, Susanne: „Armut im frühen Grundschulalter". Abschlussbericht der vertiefenden Untersuchung zu Lebenssituation, Ressourcen und Bewältigungshandeln von Kindern im Auftrag des Bundesverbandes der Arbeiterwohlfahrt, Frankfurt a. M. 2003

Holzapfel, Renate: Kinder aus asylsuchenden und Flüchtlingsfamilien: Lebenssituation und Sozialisation, in: Barbara Dietz/Renate Holzapfel (Hrsg.): Kinder aus Familien mit Migrationshintergrund. Kinder in Aussiedlerfamilien und Asylbewerberfamilien – alleinstehende Kinderflüchtlinge, Opladen 1999, S. 53–233
Holzberger, Marc: Die Harmonisierung der europäischen Flüchtlingspolitik, in: Christoph Butterwegge/Gudrun Hentges (Hrsg.): Zuwanderung im Zeichen der Globalisierung. Migrations-, Integrations- und Minderheitenpolitik, 2. Aufl. Opladen 2003, S. 111–121
Hondrich, Karl Otto: Der Neue Mensch, Frankfurt a. M. 2001
Hormel, Ulrike: Diskriminierung in der Einwanderungsgesellschaft. Begründungsprobleme pädagogischer Strategien und Konzepte, Wiesbaden 2007
Hornberg, Sabine (Hrsg.): Die Schulsituation von Sinti und Roma in Europa, Frankfurt a. M. 2000
Hradil, Stefan: Soziale Milieus – eine praxisorientierte Forschungsperspektive, in: APuZ 44–45/2006, S. 3–10
Hradil, Stefan: Soziale Ungleichheit in Deutschland, 8. Aufl. Opladen 2001
Hradil, Stefan: Sozialstrukturanalyse in einer fortgeschrittenen Gesellschaft, Opladen 1987
Hübinger, Werner/Hauser, Richard: Die Caritas-Armutsuntersuchung. Eine Bilanz, Freiburg i. Br. 1995
Hübinger, Werner/Neumann, Ulrich: Menschen im Schatten. Lebenslagen in den neuen Bundesländern, Freiburg i. Br. 1998
Huffschmid, Jörg: Globalisierung als Gegenreform. Das Thema: Neuverteilung von Reichtum, Macht und Lebenschancen, in: Regina Stötzel (Hrsg.): Ungleichheit als Projekt. Globalisierung, Standort, Neoliberalismus, Marburg 1998, S. 39–52
Huinink, Johannes/Wagner, Michael: Individualisierung und die Pluralisierung von Lebensformen, in: Jürgen Friedrichs (Hrsg.): Die Individualisierungsthese, Opladen 1998, S. 85–106
Hummrich, Merle: Bildungserfolg und Migration: Biographien junger Frauen in der Einwanderungsgesellschaft, Opladen 2002
Hunger, Uwe: Die Beschäftigungssituation von Migranten auf dem deutschen Arbeitsmarkt. Forschungsstand und Forschungsperspektiven, Münster 2000 (http://www.gesis.org/Information/soFid/fachbeitraege.htm; 19.7.05)
Hunger, Uwe: Die Rolle von Migrantenselbstorganisationen im Integrationsprozess. Ein demokratietheoretischer Ansatz, in: Sigrid Baringhorst/James F. Hollifield/Uwe Hunger (Hrsg.): Herausforderung Migration – Perspektiven der vergleichenden Politikwissenschaft, Münster 2006, S. 33–51
Hunger, Uwe/Thränhardt, Dietrich: Der Bildungserfolg von Einwandererkindern in den westdeutschen Bundesländern. Diskrepanzen zwischen den PISA-Studien und den offiziellen Schulstatistiken, in: Auernheimer, Georg (Hrsg.): Schieflagen im Bildungssystem. Die Benachteiligung der Migrantenkinder, 3. Aufl. Wiesbaden 2009, S. 51–67
Hurrelmann, Bettina: Ein erweitertes Konzept von Lesekompetenz und Konsequenzen für die Leseförderung, in: Georg Auernheimer (Hrsg.): Schieflagen im Bildungssystem, Die Benachteiligung der Migrantenkinder, 3. Aufl. Wiesbaden 2009, S. 161–176
Hurrelmann, Klaus: Gesundheitsrisiken von sozial benachteiligten Kindern, in: Thomas Altgeld/Petra Hofrichter (Hrsg.): Reiches Land – kranke Kinder?, Frankfurt a. M. 2000
Hurrelmann, Klaus: Sozialisation und Gesundheit. Somatische, psychische und soziale Risikofaktoren im Lebenslauf, 2. Aufl. Weinheim/München 1991
Huster, Ernst-Ulrich/Boeckh, Jürgen/Mogge-Grotjahn, Hildegard (Hrsg.): Handbuch Armut und Soziale Ausgrenzung, Wiesbaden 2008
Iben, Gerd (Hrsg.): Armut und Kindheit. Analysen und Projekte, Münster 1998
Institut für Arbeitsmarkt- und Berufsforschung der Bundesagentur für Arbeit (IAB) (Hrsg.): Kurzbericht 26/2006, Nürnberg
Jäger, Margaret/Kaufmann, Heiko (Hrsg.): Leben unter Vorbehalt. Institutioneller Rassismus in Deutschland, Duisburg 2002
Janssen, Andrea/Polat, Ayça: Soziale Netzwerke türkischer Migrantinnen und Migranten, in: APuZ 1–2/2006, S. 11–17
Jeschek, Wolfgang/Schulz, Erika: Bildungsbeteiligung von Ausländern: Kaum Annäherung an die Schul- und Berufsabschlüsse von Deutschen, in: DIW-Wochenbericht 39/2003, S. 588–595
Joos, Magdalena: Armutsentwicklung in den alten und neuen Bundesländern, in: Hans-Uwe Otto (Hrsg.): Aufwachsen in Armut, Opladen 1997, S. 48–78
Joos, Magdalena: Die Entwicklung der relativen Einkommensarmut von Kindern in Deutschland 1990 bis 1995, in: Jürgen Mansel/Georg Neubauer (Hrsg.): Armut und soziale Ungleichheit bei Kindern, Opladen 1998, S. 19–33
Joos, Magdalena: Die soziale Lage der Kinder. Sozialberichterstattung über die Lebensverhältnisse von Kindern in Deutschland, Weinheim/München 2001

Joos, Magdalena: Kinderbilder und politische Leitideen in der Sozialberichterstattung, in: Hans-Rudolf Leu (Hrsg.): Sozialberichterstattung zu Lebenslagen von Kindern, Opladen 2002, S. 35–66

Joos, Magdalena: Selektive Kontexte. Umwelten von Kindern und Erwachsenen in Ost- und Westdeutschland, in: Bernard Nauck/Hans Bertram (Hrsg.): Kinder in Deutschland. Lebensverhältnisse von Kindern im Regionalvergleich, Opladen 1995, S. 171–204

Jordan, Silke: Clearingverfahren und Erstaufnahme/Erstversorgung. Pädagogische Maßnahmen für unbegleitete minderjährige Flüchtlinge – Ein Bericht über die Bundesländer Berlin, Hessen, Hamburg und Bayern, in: Karin Weiss/Peter Rieker (Hrsg.): Allein in der Fremde. Fremdunterbringung ausländischer Jugendlicher in Deutschland, Berlin 1998, S. 85–96

Jordan, Silke: Fluchtkinder. Allein in Deutschland, Karlsruhe 2000

Kampshoff, Marita/Lumer, Beatrix (Hrsg.): Chancengleichheit im Bildungswesen, Opladen 2002

Kamtsiuris, Panagiotis/Atzpodien, Karen/Ellert, Ute/Schlack, Robert/Schlaud, Martin: Prävalenz von somatischen Erkrankungen bei Kindern und Jugendlichen in Deutschland. Ergebnisse des Kinder- und Jugendgesundheitssurveys (KiGGS), in: Bundesgesundheitsblatt 5–6/2006, S. 686–700

Kamtsiuris, Panagiotis/Bergmann, Eckhardt/Rattay, Petra/Schlaud, Martin: Inanspruchnahme medizinischer Leistungen. Ergebnisse des Kinder- und Jugendgesundheitssurveys (KiGGS), in: Bundesgesundheitsblatt 5–6/2007, S. 836–850

Kaufmann, Franz-Xaver: Herausforderungen des Sozialstaates, Frankfurt a. M. 1997

Kaufmann, Franz-Xaver: Zukunft der Familie im vereinten Deutschland. Gesellschaftliche und politische Bedingungen, München 1995

Keller, Berndt/Seiffert, Hartmut (Hrsg.): Atypische Beschäftigung – Flexibilisierung und soziale Risiken, Berlin 2007

Klammer, Ute: Soziale Sicherung, in: Silke Bothfeld u. a. (Hrsg.): WSI-FrauenDatenReport 2005. Handbuch zur wirtschaftlichen und sozialen Situation von Frauen, Berlin 2005, S. 307–383

Klein, Marie-Luise: Annäherung oder Distanzierung? – Zur Qualität interethnischer Beziehungen, in: Landesarbeitsgemeinschaft der Ausländerbeiräte Nordrhein-Westfalen (Hrsg.): Gleiche Wege – gleiche Ziele? Sport als Mittel zur Integration, Düsseldorf 2000, S. 49–66

Klein, Thomas: Geschwisterlosigkeit in Ost- und Westdeutschland, in: Bernhard Nauck/Hans Bertram (Hrsg.): Kinder in Deutschland. Lebensverhältnisse von Kindern im Regionalvergleich, Opladen 1995, S. 121–137

Kleinert, Corinna: Migration, in: Jutta Allmendinger/Wolfgang Ludwig-Mayerhofer (Hrsg.): Soziologie des Sozialstaates, Weinheim/München 2000, S. 351–381

Klemm, Klaus/Hansen, Georg: Kinder ausländischer Arbeitnehmer, Bochum 1979

Kleyer-Zey, Nele: Berufsorientierung junger Flüchtlinge, in: Hilde von Balluseck (Hrsg.): Minderjährige Flüchtlinge. Sozialisationsbedingungen, Akkulturationsstrategien und Unterstützungssysteme, Opladen 2003, S. 183–192

Klingelhöfer, Susanne/Rieker, Peter: Junge Flüchtlinge in Deutschland. Expertise zu vorliegenden Informationen, zum Forschungsstand und zum Forschungsbedarf. Deutsches Jugendinstitut e. V., Regionale Arbeitsstelle Halle 2003

Klink, Frauke: Psychosoziale und gesundheitliche Auswirkungen bei von Arbeitslosigkeit betroffenen und bedrohten Jugendlichen – geschlechtsspezifisch betrachtet, in: Thomas Altgeld/Petra Hofrichter (Hrsg.): Reiches Land – kranke Kinder?, Frankfurt a. M. 2000., S. 43–64

Klocke, Andreas: Armut bei Kindern und Jugendlichen und die Auswirkungen auf die Gesundheit. Gesundheitsberichterstattung des Bundes Heft 3/01, herausgegeben vom Robert Koch-Institut, Berlin 2001

Klocke, Andreas: Aufwachsen in Armut, in: Zeitschrift für Sozialisationsforschung und Erziehungssoziologie 4/1996, S. 390–409

Klocke, Andreas: Der Einfluss sozialer Ungleichheit auf das Ernährungsverhalten im Kindes- und Jugendalter, in: Eva Barlösius/Elfriede Feichtinger/Barbara M. Köhler (Hrsg.): Ernährung in der Armut. Gesundheitliche, soziale und kulturelle Folgen in der Bundesrepublik Deutschland, Berlin 1995, S. 185–203

Klocke, Andreas: Methoden der Armutsmessung. Einkommens-, Unterversorgungs-, Deprivations- und Sozialhilfekonzept im Vergleich, in: Zeitschrift für Soziologie 4/2000, S. 313–329

Klocke, Andreas/Hurrelmann, Klaus: Einleitung: Kinder und Jugendliche in Armut, in: dies. (Hrsg.): Kinder und Jugendliche in Armut. Umfang, Auswirkungen und Konsequenzen, 2., überarb. Aufl. Wiesbaden 2001, S. 9–26

Klocke, Arndt/Hurrelmann, Klaus (Hrsg.): Kinder und Jugendliche in Armut. Umfang, Auswirkungen und Konsequenzen, 2., überarb. Aufl. Wiesbaden 2001

Klocke, Andreas/Hurrelmann, Klaus: Psychosoziales Wohlbefinden und Gesundheit der Jugendlichen nichtdeutscher Nationalität, in: Jürgen Mansel/Andreas Klocke (Hrsg.): Die Jugend von heute. Selbstanspruch, Stigma und Wirklichkeit, Weinheim/München 1996, S. 193–208

Knopf, Hiltraud: Arzneimittelanwendung bei Kindern und Jugendlichen. Erfassung und erste Ergebnisse beim Kinder- und Jugendgesundheitssurvey (KiGGS), in: Bundesgesundheitsblatt 5–6/2007, S. 863–870

Konrad-Adenauer-Stiftung (Hrsg.): Projekt Zuwanderung und Integration: Zuwanderung – Stellungnahmen der Parteien und einiger gesellschaftlicher Gruppen, Sankt Augustin 2001

Konsortium Bildungsberichterstattung (Hrsg.): Bildung in Deutschland. Ein indikatorengestützter Bericht mit einer Analyse zu Bildung und Migration, Bielefeld 2006

Kontos, Maria: Migrantenökonomie – Auswege aus der Armut, in: Migration und Soziale Arbeit 3–4/2005, S. 211–218

Koordinatorenteam „interkulturelle Erziehung im Elementarbereich" des LZZ NRW: Die Ergebnisse der PISA-Studie und ihre Implikationen für die Förderung von Migrantenkindern im Elementarbereich, Solingen-Ohligs, Juli 2002

Kornmann, Reimer: Zur Überrepräsentation ausländischer Kinder und Jugendlicher in Sonderschulen mit dem Schwerpunkt Lernen, in: Georg Auernheimer (Hrsg.): Schieflagen im Bildungssystem. Die Benachteiligung der Migrantenkinder, 3. Aufl. Wiesbaden 2009, S. 71–121

Kornmann, Reimer/Kornmann, Aline: Erneuter Anstieg der Überrepräsentation ausländischer Schüler in Schulen für Lernbehinderte, in: Forschungsstelle Migration und Integration, Pädagogische Hochschule Freiburg (Hrsg.): Interkulturell und Global 1/2003, S. 259–266

Kossolapow, Line: Aussiedler Jugendliche. Ein Beitrag zur Integration Deutscher aus dem Osten, Weinheim 1987

Krause, Peter/Bäcker, Gerhard/Hanesch, Walter (Hrsg.): Combating Poverty in Europe: the German welfare regime in practice, Burlington USA 2003

Kreckel, Reinhard: Politische Soziologie der sozialen Ungleichheit, 3., erw. Aufl. Frankfurt a. M. 2004

Kreckel, Reinhard: Soziale Ungleichheit und Arbeitsmarktsegmentierung, in: ders. (Hrsg.): Soziale Ungleichheiten. Soziale Welt, Sonderband 2, Göttingen 1983, S. 137–162

Kreckel, Reinhard (Hrsg.): Soziale Ungleichheiten. Soziale Welt, Sonderband 2, Göttingen 1983

Kreyenfeld, Michaela: Soziale Ungleichheit und Kinderbetreuung. Eine Analyse der sozialen und ökonomischen Determinanten der Nutzung von Kindertageseinrichtungen, in: Ralf Becker/Wolfgang Lauterbach (Hrsg.): Bildung als Privileg?, Erklärungen und Befunde zu den Ursachen der Bildungsungleichheit, Wiesbaden 2004, S. 99–125

Krieger, Wolfgang/Ludwig, Monika/Schupp, Patrick/Will, Annegret: Lebenslage „illegal". Menschen ohne Aufenthaltsstatus in Frankfurt a. M., Karlsruhe 2006

Kristen, Cornelia: Ethnische Diskriminierung in der Grundschule? Die Vergabe von Noten und Bildungsempfehlungen, in: KZfSS 58/2006, S. 79–97

Kristen, Cornelia: Hauptschule, Realschule oder Gymnasium? Ethnische Unterschiede am ersten Bildungsübergang, in: KZfSS 54/2002, S. 534–552

Krohne, Julia Ann/Meier, Ulrich: Sitzenbleiben, Geschlecht und Migration, in: Gundel Schümer/Klaus-Jürgen Tillmann/Manfred Weiß (Hrsg.): Die Institution Schule und die Lebenswelt der Schüler. Vertiefende Analysen der PISA-2000-Daten zum Kontext von Schülerleistungen, Wiesbaden 2004, S. 117–147

Krohne, Julia Ann/Meier, Ulrich/Tillmann, Klaus-Jürgen: Sitzenbleiben, Geschlecht und Migration – Klassenwiederholungen im Spiegel der PISA-Daten, in: Zeitschrift für Pädagogik 3/2004, S. 373–392

Kronauer, Martin: Exklusion. Die Gefährdung des Sozialen im hoch entwickelten Kapitalismus, Frankfurt a. M./New York 2002

Kronauer, Martin/Vogel, Berthold/Gerlach, Frank: Im Schatten der Arbeitsgesellschaft. Arbeitslose und die Gefährdung sozialer Ausgrenzung, Frankfurt a. M./New York 1993

Krummacher, Michael/Waltz, Viktoria: Einbürgerung/Nichteinbürgerung und was dann? Integration und interkulturelle Arbeit im Stadtteil, in: Henning Storz/Carolin Reißlandt (Hrsg.): Staatsbürgerschaft im Einwanderungsland. Handbuch für die interkulturelle Praxis in der Sozialen Arbeit, im Bildungsbereich, im Stadtteil, Opladen 2002, S. 85–102

Krummacher, Michael/Waltz, Viktoria: Einwanderer in der Kommune. Analysen, Aufgaben und Modelle für eine multikulturelle Stadtpolitik, Essen 1996

Kühn, Heinz: Stand und Weiterentwicklung der Integration ausländischer Arbeitnehmer und ihrer Familien in der Bundesrepublik Deutschland. Memorandum des Beauftragten der Bundesregierung, Bonn 1979

Kühne, Peter: Arbeitsmarktintegration auch für Flüchtlinge, in: Ursula Mehrländer/Günther Schultze (Hrsg.): Einwanderungsland Deutschland. Wege nachhaltiger Integration, Bonn 2001, S. 222–239

Kühne, Peter/Rüßler, Harald: Die Lebensverhältnisse der Flüchtlinge in Deutschland, Frankfurt a. M./New York 2000

Kurth, Bärbel-Maria/Schaffrath-Rosario, Angelika: Die Verbreitung von Übergewicht und Adipositas bei Kindern und Jugendlichen in Deutschland. Ergebnisse des bundesweiten Kinder- und Jugendgesundheitssurveys (KiGGS), in: Bundesgesundheitsblatt 5–6/2007, S. 736–743

Lampert, Thomas/Mensink, Gert B. M./Romahn, Natalie/Woll, Alexander: Körperlich-sportliche Aktivität von Kindern und Jugendlichen in Deutschland. Ergebnisse des Kinder- und Jugendgesundheitssurveys (KiGGS), in: Bundesgesundheitsblatt 5–6/2006, S. 635–642

Lampert, Thomas/Richter, Matthias: Gesundheitliche Ungleichheit bei Kindern und Jugendlichen, in: ders./Klaus Hurrelmann (Hrsg.): Gesundheitliche Ungleichheit. Grundlagen, Probleme, Perspektiven, Wiesbaden 2006, S. 199–220

Lampert, Thomas/Ziese, Thomas: Armut, soziale Ungleichheit und Gesundheit. Expertise des Robert Koch-Instituts zum 2. Armuts- und Reichtumsbericht der Bundesregierung, Berlin 2005

Lange, Cornelia/Schenk, Liane/Bergmann, Renate: Verbreitung, Dauer und zeitlicher Trend des Stillens in Deutschland. Ergebnisse des Kinder- und Jugendgesundheitssurveys (KiGGS), in: Bundesgesundheitsblatt 5–6/2007, S. 624–633

Lantermann, Ernst-Dieter/Hänze, Martin: Werthaltung, materieller Erfolg und soziale Integration von Aussiedlern, in: Rainer K. Silberreisen/Ernst-Dieter Lantermann/Eva Schmitt-Rodermund (Hrsg.): Aussiedler in Deutschland. Akkulturation von Persönlichkeit und Verhalten, Opladen 1999, S. 165–184

Lauterbach, Wolfgang: Armut in Deutschland und mögliche Folgen für Familien und ihre Kinder, Oldenburg 2003

Lauterbach, Wolfgang/Lange, Andreas: Aufwachsen in materieller Armut und sorgenvoller Familienumwelt. Konsequenzen für den Schulerfolg von Kindern am Beispiel des Überganges in die Sekundarstufe I, in: Jürgen Mansel/Georg Neubauer (Hrsg.): Armut und soziale Ungleichheit bei Kindern, Opladen 1998, S. 106–129

Leggewie, Claus: Integration und Segregation, in: Klaus J. Bade/Rainer Münz (Hrsg.): Migrationsreport 2000. Fakten – Analysen – Perspektiven, Lizenzausgabe für die Bundeszentrale für politische Bildung, Bonn 2000, S. 85–107

Leibfried, Stephan/Leisering, Lutz/Buhr, Petra/Ludwig, Monika/Mädje, Eva/Olk, Thomas/Voges, Wolfgang/Zwick, Michael: Zeit der Armut. Lebensläufe im Sozialstaat, Frankfurt a. M. 1995

Leibfried, Stephan/Tennstedt, Florian (Hrsg.): Politik der Armut und Die Spaltung des Sozialstaats, Frankfurt a. M. 1985

Leibfried, Stephan/Voges, Wolfgang (Hrsg.): Armut im modernen Wohnfahrtsstaat, in: KZfSS, Sonderheft 32 (1992)

Leibold, Jürgen/Kühnel, Steffen/Heitmeyer, Wilhelm: Abschottung von Muslimen durch generalisierte Islamkritik?, in: APuZ 1/2 2006, S. 3–10

Leisering, Lutz: Dynamik von Armut, in: Ernst-Ulrich Huster/Jürgen Boeckh/Hildegard Mogge-Grotjahn (Hrsg.): Handbuch Armut und Soziale Ausgrenzung, Wiesbaden 2008, S. 118–132

Leitner, Sigrid/Ostner, Ilona/Schratzenstaller, Margit (Hrsg.): Wohlfahrtsstaat und Geschlechterverhältnis im Umbruch. Was kommt nach dem Ernährermodell?, Wiesbaden 2004

Lessenich, Stefan/Ostner, Ilona (Hrsg.): Welten des Wohlfahrtskapitalismus. Der Sozialstaat in vergleichender Perspektive, Frankfurt a. M./New York 1998

Leu, Hans Rudolf (Hrsg.): Sozialberichterstattung über die Lebenslagen von Kindern, Opladen 2002

Libbi, Maurizio/Bergmann, Nina/Califano, Vincenzo (Hrsg): Berufliche Integration und plurale Gesellschaft. Zur Bildungssituation von Menschen mit italienischem Migrationshintergrund in Deutschland, Düsseldorf 2006

Lindert, Jutta: Krankheit kennt keine Papiere, in: Bundesintegrationsbeauftragte (Hrsg.): Gesunde Integration, Berlin 2003, S. 143–148

Ludwig, Monika: Armutskarrieren. Zwischen Abstieg und Aufstieg im Sozialstaat, Opladen 1996

Lutz, Burkart/Sengenberger, Werner: Arbeitsmarktstrukturen und öffentliche Arbeitsmarktpolitik. Eine kritische Analyse von Zielen und Instrumenten. Göttingen 1974

Mackovic-Stegemann, Anna: Zielgruppenorientierte Gesundheitsförderung von Migranten – Optimierung über interkulturelle Teamarbeit, Dissertation an der Universität Osnabrück 2005

Mammey, Ulrich: Segregation, regionale Mobilität und soziale Integration, in: Klaus J. Bade/Jochen Oltmer (Hrsg.): Aussiedler: deutsche Einwanderer aus Osteuropa, Osnabrück 1999, S. 107 ff.

Mansel, Jürgen/Brinkhoff, Klaus-Peter (Hrsg.): Armut im Jugendalter. Soziale Ungleichheit, Ghettoisierung und die psychosozialen Folgen, Weinheim/München 1998

Mansel, Jürgen/Klocke, Andreas (Hrsg.): Die Jugend von heute. Selbstanspruch, Stigma und Wirklichkeit, Weinheim/München 1996

Mansel, Jürgen/Neubauer, Georg (Hrsg.): Armut und soziale Ungleichheit bei Kindern, Opladen 1998

Manske, Alexandra: Eigenverantwortung statt wohlfahrtsstaatlicher Absicherung. Anmerkungen zum Gestaltwandel sozialer Absicherung, in: Berliner Journal für Soziologie 2/2005, S. 241–258

Marburger, Helga (Hrsg.): Schule in der multikulturellen Gesellschaft. Ziele, Aufgaben und Wege interkultureller Erziehung, Frankfurt a. M. 1991

Marx, Reinhard: Die Anordnungen der Bundesländer zur Umsetzung des Bleiberechtsbeschlusses vom 17.11.06, in: ZAR 2/2007, S. 43–53

Mashkoori, Karim: Migrantenfamilien und deren Kinder, in: Beauftragte der Bundesregierung für Migration, Flüchtlinge und Integration (Hrsg.): Gesunde Integration, Berlin 2003, S. 104–105

Matthäi, Ingrid: Alleinstehende Migrantinnen: Integriert – isoliert – segregiert?, in: APuZ 40–41/2006, S. 34–38

Mayer, Toni: Entwicklungsrisiken bei armen und sozial benachteiligten Kindern und die Wirksamkeit früher Hilfen, in: Hans Weiß (Hrsg.): Frühförderung mit Kindern und Familien in Armutslagen, München/Basel 2005, S. 142–163

Mehrländer, Ursula/Hofmann, Roland/König, Peter/Krause, Hans-Jürgen: Situation der ausländischen Arbeitnehmer und ihrer Familienangehörigen in der Bundesrepublik Deutschland. Repräsentativuntersuchung 1980, Bonn 1981

Meier, Uta/Preuße, Heide/Sunnus, Eva-Maria: Steckbriefe von Armut. Haushalte in prekären Lebenslagen, Wiesbaden 2003

Meier-Braun, Karl-Heinz: Deutschland, Einwanderungsland, Frankfurt a. M. 2002

Meister, Dorothee M.: Die halbierte Integration. Aussiedlerjugendliche in Deutschland, in: Marion Gemende/Wolfgang Schröer/Stephan Sting (Hrsg.): Zwischen dem Kulturen. Pädagogische und sozialpädagogische Zugänge zur Interkulturalität, Weinheim/München 1999, S. 103–115

Mensink, Gert B. M./Kleiser, Christina/Richter, Almut: Lebensmittelverzehr bei Kindern und Jugendlichen in Deutschland. Ergebnisse des Kinder- und Jugendgesundheitssurveys (KiGGS), in: Bundesgesundheitsblatt 5–6/2007, S. 609–623

Meulemann, Heiner: Soziale Herkunft und Schullaufbahn: Arbeitsbuch zur sozialwissenschaftlichen Methodenlehre, Frankfurt a. M. 1979

Mielck, Andreas: Armut und Gesundheit bei Kindern und Jugendlichen: Ergebnisse der sozialepidemiologischen Forschung in Deutschland, in: Andreas Klocke/Klaus Hurrelmann (Hrsg.): Kinder und Jugendliche in Armut. Umfang, Auswirkungen und Konsequenzen, 2., überarb. Aufl. Wiesbaden 2001, S. 230–253

Mielck, Andreas: Soziale Ungleichheit und Gesundheit. Empirische Ergebnisse, Erklärungsansätze, Interventionsmöglichkeiten, Bern u. a. 2000

Milhok, Brigitte: Zurück nach nirgendwo. Bosnische Romaflüchtlinge in Berlin, Berlin 2000

Mingot, Karl/Neumann, Udo/Ludwig, Monika: Menschen in extremer Armut. Forschungsbericht im Auftrag des Bundesministeriums für Gesundheit und Soziale Sicherung, Darmstadt 2003

Ministerium für Arbeit, Gesundheit und Soziales des Landes Nordrhein-Westfalen (MAGS NRW) (Hrsg.): Sozialbericht NRW 2007. Armuts- und Reichtumsbericht, Düsseldorf 2007

Ministerium für Arbeit, Soziales und Stadtentwicklung, Kultur und Sport des Landes NRW (MASSKS NRW) (Hrsg.): Selbstorganisationen von Migrantinnen und Migranten in NRW. Adressenverzeichnis, Erkrath 1999

Ministerium für Arbeit, Soziales und Stadtentwicklung, Kultur und Sport des Landes NRW (MASSKS NRW) (Hrsg.): Selbstorganisationen von Migrantinnen und Migranten in NRW. Wissenschaftliche Bestandsaufnahme, Düsseldorf 1999

Ministerium für Gesundheit, Soziales, Frauen und Familie des Landes NRW (MGSFF NRW): Sozialbericht 2004. Armuts- und Reichtumsbericht, Düsseldorf 2004

Mochow, Ulrike: Segregation von Migranten in Berlin. Zur Geschichte eins integrationspolitischen Leitbildes, Bachelorarbeit an der Humboldt-Universität, Berlin 2006

Möller, Rudolf: „Lebenslage" als Ziel der Politik, in: WSI-Mitteilungen 10/1978, S. 553–565

Mohammadzadeh, Zahra: Gesundheitssicherung in der Migration: Die Rolle des Öffentlichen Gesundheitsdienstes, in: Martin Franke/Raimund Geene/Eva Luber (Hrsg.): Armut und Gesundheit. Materialien zur Gesundheitsförderung, Bd. 1, Berlin 1999

Mohr, Kathrin: Stratifizierte Rechte und soziale Exklusion von Migranten im Wohlfahrtsstaat, in: Zeitschrift für Soziologie 5/2005, S. 383–398

Münz, Rainer/Alscher, Stefan/Özcan, Veysel: Leben in der Illegalität, in: Rat für Migration: Integration und Illegalität in Deutschland, Osnabrück 2001, S. 77–90

Münz, Rainer/Seifert, Wolfgang/Ulrich, Ralf: Zuwanderung nach Deutschland. Strukturen, Wirkungen, Perspektiven, 2., akt. u. überarb. Aufl. Frankfurt a. M./New York 1999

Nahnsen, Ingeborg: Bemerkungen zum Begriff und zur Geschichte des Arbeitsschutzes, in: Martin Osterland (Hrsg.): Arbeitssituation, Lebenslage und Konfliktbereitschaft, Frankfurt a. M./Köln 1975, S. 145–166

Nassehi, Armin: Zum Funktionswandel von Ethnizität im Prozess gesellschaftlicher Modernisierung, in: Soziale Welt 42/1991, S. 261–282

Nauck, Bernhard: Arbeitsmigration und Familienstruktur. Eine soziologische Analyse der mikrosozialen Folgen von Migrationsprozessen, Frankfurt a. M./New York 1985

Nauck, Bernhard: Eltern-Kind-Beziehungen in Migrantenfamilien – ein Vergleich zwischen griechischen, italienischen, türkischen und vietnamesischen Familien in Deutschland. Survey intergenerative Beziehungen in Migrantenfamilien. Expertise zum 6. Familienbericht 1998

Nauck, Bernhard: Intergenerative Konflikte und gesundheitliches Wohlbefinden in türkischen Familien. Ein interkultureller und interkontextueller Vergleich, in: ders./Ute Schönpflug (Hrsg.): Familien in verschiedenen Kulturen, Stuttgart 1997, S. 324–352

Nauck, Bernard: Kommentar, in: Hans-Joachim Hoffmann-Nowotny (Hrsg.): Das Fremde in der Schweiz, Zürich 2001, S. 197–203

Nauck, Bernard: Lebensbedingungen von Kindern in Einkind-, Mehrkind- und Vielkindfamilien, in: ders./Hans Bertram (Hrsg.): Kinder in Deutschland. Lebensverhältnisse von Kindern im Regionalvergleich, Opladen 1995, S. 137–170

Nauck, Bernhard/Bertram, Hans (Hrsg.): Kinder in Deutschland. Lebensverhältnisse von Kindern im Regionalvergleich, Opladen 1995

Nestmann, Frank: Familie als soziales Netzwerk und Familie im sozialen Netzwerk, in: Lothar Böhnisch/Klaus Lenz (Hrsg.): Familien. Eine interdisziplinäre Einführung, Weinheim 1997, S. 213–234

Nestmann, Frank/Stiehler, Sabine: Wie allein sind Alleinerziehende? Soziale Beziehungen alleinerziehender Frauen in Ost und West, Opladen 1998

Neubauer, Georg: Armut macht krank – Reichtum erhält gesund?, in: Jürgen Mansel/Georg Neubauer (Hrsg.): Armut und soziale Ungleichheit bei Kindern, Opladen 1998, S. 190–199

Neuhäuser, Gerhard: Kindliche Entwicklungsgefährdungen im Kontext von Armut, sozialer Benachteiligung und familiärer Vernachlässigung. Erkenntnisse aus medizinischer Sicht, Probleme und Handlungsmöglichkeiten, in: Hans Weiß (Hrsg.): Frühförderung mit Kindern und Familien in Armutslagen, München/Basel 2000, S. 34–49

Neumann, Lothar F./Romahn, Hajo (Hrsg.): Wirtschaftspolitik in offenen Demokratien. Festschrift für Uwe Jens zum 70. Geburtstag, Marburg 2005

Neumann, Udo: Die Armut der Caritas-Klienten im Vergleich mit der Armut unter der westdeutschen Bevölkerung, in: Werner Hübinger/Richard Hauser (Hrsg.): Die Caritas-Armutsuntersuchung. Eine Bilanz, Freiburg i. Br. 1995, S. 70–81

Neumann, Ursula: Das Recht auf Bildung für Migranten- und Flüchtlingskinder, in: Bernd Overwien/Annedore Prengel (Hrsg.): Recht auf Bildung. Zum Besuch der Sonderberichterstatters der Vereinten Nationen in Deutschland, Opladen 2007, S. 237–245

Neumann, Ursula: Erziehung ausländischer Kinder, Düsseldorf 1980

Neumann, Ursula/Niedrig, Heike/Schroeder, Joachim/Louis H. Seukwa (Hrsg.): Lernen am Rande der Gesellschaft. Bildungsinstitutionen im Spiegel von Flüchtlingsbiografien, Münster/New York/München/Berlin 2003

Neurath, Otto: Wirtschaftsplan und Naturalrechnung. Von der sozialistischen Lebensordnung und vom kommenden Menschen, Berlin 1925

Nuscheler, Franz: Internationale Flucht, Migration und Asyl, Opladen 1995

Offe, Claus/Hinrichs, Karl: Sozialökonomie des Arbeitsmarktes: primäres und sekundäres Machtgefälle, in: Claus Offe/Projektgruppe Arbeitsmarktpolitik (Hrsg.): „Arbeitsgesellschaft". Strukturprobleme und Zukunftsperspektiven, Frankfurt a. M./New York 1984, S. 44–86

Offe, Claus/Hinrichs, Karl: Sozialökonomie des Arbeitsmarktes und die Lage benachteiligter Gruppen von Arbeitnehmern, in: Claus Offe/Projektgruppe Arbeitsmarktpolitik (Hrsg.): Opfer des Arbeitsmarktes. Zur Theorie der strukturierten Arbeitslosigkeit, Neuwied/Darmstadt 1977, S. 3–61

Offe, Claus/Projektgruppe Arbeitsmarktpolitik (Hrsg.): „Arbeitsgesellschaft". Strukturprobleme und Zukunftsperspektiven, Frankfurt a. M./New York 1984

Ofner, Ulrike, S.: Akademikerinnen türkischer Herkunft: Narrative Interviews mit Töchtern aus zugewanderten Familien, Berlin 2003

Oltmer, Jochen: Die Vorgeschichte der Aussiedlerzuwanderung, in: ZAR 1/2005, S. 18–25

Opp, Günther/Fingerle, Michael: Risiko und Resilienzen in der frühen Kindheit am Beispiel von Kindern aus sozioökonomisch benachteiligten Familien. Amerikanische Erfahrungen mit Head Start, in: Hans Weiß (Hrsg.): Frühförderung mit Kindern und Familien in Armutslagen, München/Basel 2000, S. 164–174

Organisation for Economic Co-operation and Development (OECD) (Hrsg.): Die Arbeitsmarktintegration von Zuwanderern in Deutschland, Paris 2005

Organisation for Economic Co-operation and Development (OECD) (Hrsg.): Trends in International Migration. Annual Report. 2003 Edition, Paris 2004

Osterland, Martin (Hrsg.): Arbeitssituation, Lebenslage und Konfliktbereitschaft, Frankfurt a. M./Köln 1975

Ottersbach, Markus/Yildiz, Erol (Hrsg.): Migration in der metropolitanen Stadtgesellschaft. Zwischen Ethnisierung und Neuorientierung, Münster 2004

Otto, Birgit/Siedler, Thomas: Armut in West- und Ostdeutschland. Ein differenzierter Vergleich, in: DIW-Wochenbericht 4/2003, S. 61–66

Otto, Hans-Uwe/Thiersch, Hans (Hrsg.): Handbuch Sozialarbeit und Sozialpädagogik, 2., überarb. Aufl. Neuwied 1999

Otto, Ulrich (Hrsg.): Aufwachsen in Armut. Erfahrungswelten und soziale Lagen von Kindern armer Familien, Opladen 1997

Overwien, Bernd/Prengel, Annedore (Hrsg.): Recht auf Bildung. Zum Besuch der Sonderberichterstatters der Vereinten Nationen in Deutschland, Opladen 2007

Pape, Klaus (Hrsg.): Arbeit ohne Netz. Prekäre Arbeit und ihre Auswirkungen, Hannover 2007

Park, Robert E.: Our Racial Frontier on the Pacific, in: ders.: Race and Culture, Glencoe (Illinois) 1950, S. 138–151

Park, Robert E.: Race and Culture, Glencoe (Illinois) 1950

Paugam, Serge: Armut und soziale Exklusion: Eine soziologische Perspektive, in: Hartmut Häußermann/Martin Kronauer/Walter Siebel (Hrsg.): An den Rändern der Städte. Armut und Ausgrenzung, Frankfurt a. M. 2004, S. 71–96

Peikert, Ingrid: Frauenarbeit – Proletarisierung auf Widerruf?, in: Claus Offe/Projektgruppe Arbeitsmarktpolitik (Hrsg.): Opfer des Arbeitsmarktes. Zur Theorie der strukturierten Arbeitslosigkeit, Neuwied/Darmstadt 1977, S. 63–92

Permien, Hanna/Zink, Gabriele: Endstation Straße? Straßenkarrieren aus der Sicht von Jugendlichen, München 1998

Peter, Erich: Die Rechtsstellung der Flüchtlingskinder in Deutschland, in: Hilde von Balluseck (Hrsg.): Minderjährige Flüchtlinge. Sozialisationsbedingungen, Akkulturationsstrategien und Unterstützungssysteme, Opladen 2003, S. 33–75

Peters, Wilfried: Aussiedlerzuzug – Entwicklungen und Perspektiven, in: ZAR 5–6/2003, S. 193–197

Peukert, Rüdiger: Familienformen im sozialen Wandel, 7., überarb. Aufl. Wiesbaden 2008

Philipps, Axel: Die Perspektive der Mainstream-Soziologie zu Migranten und Arbeitsmarkt, in: Helena Flam (Hrsg.) Migranten in Deutschland. Statistiken – Fakten – Diskurse, Konstanz 2007, S. 110–132

Piore, Michael, J.: Birds of passage. Migrant labour and industrial societies, Cambridge 1979

Piore, Michael, J.: Internationale Arbeitskräftemigration und dualer Arbeitsmarkt, in: Reinhard Kreckel (Hrsg.): Soziale Ungleichheiten. Soziale Welt, Sonderband 2, Göttingen 1983, S. 347–368

Poethko-Müller, Christina/Kuhnert, Robert/Schlaud, Martin: Durchimpfung und Determinanten des Impfstatus in Deutschland. Ergebnisse des Kinder- und Jugendgesundheitssurveys (KiGGS), in: Bundesgesundheitsblatt 5–6/2007, S. 851–862

Polat, Ülger: Zwischen Integration und Desintegration. Positionen türkischstämmiger Jugendlicher in Deutschland, in: Iman Attia/Helga Marburger (Hrsg.): Alltag und Lebenswelten von Migrantenjugendlichen, Frankfurt a. M. 2000, S. 11–25

Pries, Ludger: Gespaltene Migration – gespaltene Gesellschaft? Migranten-Inkorporation in Zeiten der Transnationalisierung, in: Wolfgang Schroer/Stephan Sting (Hrsg.): Gespaltene Migration, Opladen 2003, S. 111–126

Ptak, Ralf: Grundlagen des Neoliberalismus, in: Christoph Butterwegge/Bettina Lösch/Ralf Ptak: Kritik des Neoliberalismus, 2. Aufl. Wiesbaden 2008, S. 15–86

Pütz, Robert: Marginalisierte Unternehmer: Armut als Bestandteil der Migrantenökonomie, in: Migration und Soziale Arbeit 3/4 2005, S. 202–210

Quehl, Thomas: Institutioneller Rassismus – ein Lackmustest auch für die Schule?, in: Margaret Jäger/Heiko Kaufmann (Hrsg.): Leben unter Vorbehalt. Institutioneller Rassismus in Deutschland, Duisburg 2002, S. 165–201

Radtke, Frank-Olaf: Die Illusion der meritokratischen Schule. Lokale Konstellationen der Produktion von Ungleichheit im Erziehungssystem, in: Klaus J. Bade/Michael Bommes (Hrsg.): Migration – Integration – Bildung. Grundfragen und Problembereiche, IMIS-Beiträge 23, Osnabrück 2004, S. 143–178

Radtke, Frank-Olaf: Integrationsleistungen der Schule. Zur Differenz von Bildungsqualität und Beteiligungsgerechtigkeit, in: Vorgänge. Zeitschrift für Bürgerrechte und Gesellschaftspolitik 3/2003, S. 23–34

Rau, Johannes: Ohne Angst und Träumereien: Gemeinsam in Deutschland leben, Berlin 2000

Rauschenbach, Thomas/Schilling, Matthias (Hrsg.): Kinder- und Jugendhilfereport 2, Weinheim/München 2005

Ravens-Sieberer, Ulrike/Wille, Naidoo/Bettge, Susanne/Erhart, Michael: Psychische Gesundheit von Kindern und Jugendlichen in Deutschland. Ergebnisse aus der BELLA-Studie im Kinder- und Jugendgesundheitssurvey (KiGGS), in: Bundesgesundheitsblatt 5–6/2007, S. 871–878

Razum, Oliver: Migration, Mortalität und der Healthy-migrant-Effect, in: Matthias Richter/Klaus Hurrelmann (Hrsg.): Gesundheitliche Ungleichheit. Grundlagen, Probleme, Perspektiven, Wiesbaden 2006, S. 255–270

Redaktionsgruppe Memorandum: Memorandum Zuwanderung und Integration in den Neuen Ländern. Chancen, Risiken, Aufgaben, Berlin 2002

Renner, Günter: Vom Ausländerrecht zum Zuwanderungsrecht, in: ZAR 8/2004, S. 266–275

Reißlandt, Carolin: Fit für die Globalisierung? Die deutsche Migrations- und Integrationspolitik nach den rot-grünen Reformen, in: Christoph Butterwegge/Gudrun Hentges (Hrsg.): Zuwanderung im Zeichen der Globalisierung. Migrations-, Integrations- und Minderheitenpolitik, 3. Aufl. Wiesbaden 2006, S. 135–161

Reißlandt, Carolin/Nollmann, Gerd: Kinderarmut im Stadtteil. Intervention und Prävention, in: APuZ 26/2006, S. 24–32

Rerrich, Maria S.: „Bodenpersonal im Globalisierungsgeschehen". Illegale Migrantinnen als Beschäftigte in deutschen Haushalten, in: Mittelweg 36 5/2002, S. 4–23

Rheinisch-Westfälisches Institut für Wirtschaftsforschung e. V. (Hrsg.): Berufliche Integration von Zuwanderern. Gutachten im Auftrag der Unabhängigen Kommission Zuwanderung beim Bundesminister des Innern, Düsseldorf 2001

Richter, Antje: Wie erleben und bewältigen Kinder Armut?, Eine qualitative Studie über die Belastungen aus Unterversorgungslagen und ihre Bewältigung aus subjektiver Sicht von Grundschulkindern einer ländlichen Region, Aachen 2000

Richter, Antje/Holz, Gerda/Altgeld, Thomas (Hrsg.): Gesund in allen Lebenslagen. Förderung von Gesundheitspotenzialen bei sozial benachteiligten Kindern im Elementarbereich, Frankfurt a. M. 2004

Richter, Ingo: Menschenrecht auf Bildung?, in: Vorgänge. Zeitschrift für Bürgerrechte und Gesellschaftspolitik 3/2003, S. 15–22

Richter, Matthias/Hurrelmann, Klaus (Hrsg.): Gesundheitliche Ungleichheit. Grundlagen, Probleme, Perspektiven, Wiesbaden 2006

Riecken, Andrea: Migration und psychiatrische Erkrankungen. Aussiedler und Spätaussiedler im Niedersächsischen Landeskrankenhaus Osnabrück: 1990–1996. Diplomarbeit an der Universität Osnabrück 1999

Rieger, Uta: Rechtliche Probleme beim Zugang zu Bildung und Ausbildung für Kinder ohne sicheren Aufenthaltsstatus, in: Bernd Overwien/Annedore Prengel (Hrsg.): Recht auf Bildung. Zum Besuch des Sonderberichterstatters der Vereinten Nationen in Deutschland, Opladen 2007, S. 245–255

Ringel, Jutta/Balluseck, Hilde von: Die Schule, in: Hilde von Balluseck (Hrsg.): Minderjährige Flüchtlinge. Sozialisationsbedingungen, Akkulturationsstrategien und Unterstützungssysteme, Opladen 2003, S. 176–182

Ringel, Jutta/Liebenow, Dirk: Sekundäre Traumatisierung durch den Flüchtlingsstatus, in: Hilde von Balluseck (Hrsg.): Minderjährige Flüchtlinge. Sozialisationsbedingungen, Akkulturationsstrategien und Unterstützungssysteme, Opladen 2003, S. 133–143

Riphahn, Regine, T./Serfling, Oliver: Neue Evidenz zum Schulerfolg der zweiten Generation in Deutschland, in: Vierteljahreshefte zur Wirtschaftsforschung 2/2002, S. 230–248

Rittstieg, Helmut: Einführung, in: ders: Deutsches Ausländerrecht. Die wesentlichen Vorschriften des deutschen Fremdenrechts, 7., neu bearb. Aufl. München 1993

Robert, Rüdiger: Kinderarmut in Entwicklungsländern als Problem globaler Verteilungsgerechtigkeit, in: ders. (Hrsg.): Bundesrepublik Deutschland – Globalisierung und Gerechtigkeit, Münster 2002, S. 185–210

Robert Koch-Institut (Hrsg.): Kinder- und Jugendgesundheitssurvey (KiGGS) 2003–2006: Kinder und Jugendliche mit Migrationshintergrund in Deutschland. Bericht im Auftrag des Bundesministeriums für Gesundheit, Berlin, Juli 2008

Roebers, Claudia M.: Migrantenkinder im vereinigten Deutschland. Eine Längsschnittstudie zu differentiellen Effekten von Persönlichkeitsmerkmalen auf den Akkulturationsprozess von Schülern, Münster/New York/München/Berlin 1997

Röhrle, Bernd: Soziale Netzwerke und soziale Unterstützung, Weinheim 1994

Ronneberger, Franz (Hrsg.): Türkische Kinder in Deutschland. Referate und Ergebnisse des Seminars der Südosteuropa-Gesellschaft über Bildungsprobleme und Zukunftserwartungen türkischer Gastarbeiter, München 1977

Roth, Jürgen: Armut in der Bundesrepublik Deutschland. Untersuchungen und Reportagen zur Krise des Sozialstaates, 4. Aufl. Reinbek bei Hamburg 1981

Sachverständigenrat Zuwanderung und Integration (Hrsg.): Migration und Integration – Erfahrungen nutzen, Neues wagen. Jahresgutachten 2004, Nürnberg 2004

Salentin, Kurt/Wilkening, Frank: Ausländer, Eingebürgerte und das Problem einer realistischen Zuwanderer-Integrationsbilanz, in: KZfSS 55/2003, S. 278–298

Sassen, Saskia: Dienstleistungsökonomien und die Beschäftigung von MigrantInnen in Städten, in: Klaus M. Schmals (Hrsg.): Migration und Stadt. Entwicklungen, Defizite, Potentiale, Opladen 2000, S. 87–114

Sauer, Karin E.: Integrationsprozesse von Kindern in multikulturellen Gesellschaften, Wiesbaden 2007

Schacht, Anette: Sozialräumliche Milieus der Armut. Zur Bedeutung des Wohnens in benachteiligten Wohngebieten, in: Jens S. Dangschat (Hrsg.): Modernisierte Stadt – gespaltene Stadt. Ursachen von Armut und sozialer Ausgrenzung, Opladen 1999, S. 289–313

Schäfer, Claus: Effektiv gezahlte Niedriglöhne in Deutschland, in: WSI-Mitteilungen 7/2003, S. 420–428

Schenk, Liane/Knopf, Hiltraud: Mundgesundheitsverhalten von Kindern und Jugendlichen in Deutschland. Erste Ergebnisse aus dem Kinder- und Jugendgesundheitssurvey (KiGGS), in: Bundesgesundheitsblatt 5–6/2007, S. 653–658

Schlack, Robert/Hölling, Heike: Gewalterfahrungen von Kindern und Jugendlichen im subjektiven Selbstbericht. Erste Ergebnisse aus dem Kinder- und Jugendgesundheitssurvey (KiGGS), in: Bundesgesundheitsblatt 5–6/2007, S. 819–826

Schlack, Robert/Hölling, Heike/Kurth, Bärbel-Maria/Huss, Michael: Die Prävalenz der Aufmerksamkeitsdefizit-/Hyperaktivitätsstörung (ADHS) bei Kindern und Jugendlichen in Deutschland Erste Ergebnisse aus dem Kinder- und Jugendgesundheitssurvey (KiGGS), in: Bundesgesundheitsblatt 5–6/2007, S. 827–835

Schlaud, Martin/Atzpodien, Karen/Thierfelder, Wulf: Allergische Erkrankungen. Ergebnisse aus dem Kinder- und Jugendgesundheitssurvey (KiGGS), in: Bundesgesundheitsblatt 5–6/2007, S. 701–710

Schmals, Klaus M. (Hrsg.): Migration und Stadt. Entwicklungen, Defizite, Potentiale, Opladen 2000

Schmidt, Susanne: Kurdisch-Sein, mit deutschem Pass. Formale Integration, kulturelle Identität und lebensweltliche Bezüge von Jugendlichen kurdischer Herkunft in Nordrhein-Westfalen: Eine quantitative Studie, Bonn 2000

Schneider, Norbert F.: Berufliche Mobilität in Zeiten der Globalisierung und die Folgen für die Familie, in: Psychosozial 1/2004, S. 21–33

Schneider, Thorsten: Der Einfluss des Einkommens der Eltern auf die Schulwahl, in: Zeitschrift für Soziologie 6/2004, S. 471–492

Schönig, Werner: Gibt es in Deutschland absolute Armut? Lebenslagentheoretische Rekonstruktion, empirische Schätzung und Handlungsansätze, in: Lothar F. Neumann/Hajo Romahn (Hrsg.): Wirtschaftspolitik in offenen Demokratien. Festschrift für Uwe Jens zum 70. Geburtstag, Marburg 2005, S. 217–232

Schönwälder, Karen/Vogel, Dita/Sciortino, Guiseppe: Migration und Illegalität in Deutschland. AKI-Forschungsbilanz 1, Wissenschaftszentrum Berlin für Sozialforschung, Berlin 2004

Schone, Reinhard: Vernachlässigung von Kindern. Basisfürsorge und Interventionskonzepte, in: Hans Weiß (Hrsg.): Frühförderung mit Kindern und Familien in Armutslagen, München/Basel 2000, S. 71–88

Schröer, Wolfgang/Sting, Stephan: Gespaltene Migration, in: dies. (Hrsg.): Gespaltene Migration, Opladen 2003, S. 9–25

Schümer, Gundel: Zur doppelten Benachteiligung von Schülern aus unterprivilegierten Gesellschaftsschichten im deutschen Schulwesen, in: dies./Klaus-Jürgen Tillmann/Manfred Weiß (Hrsg.): Die Institution Schule und die Lebenswelt der Schüler. Vertiefende Analysen der PISA-2000-Daten zum Kontext von Schülerleistungen, Wiesbaden 2004, S. 73–114

Schümer, Gundel/Tillmann, Klaus-Jürgen/Weiß, Manfred (Hrsg.): Die Institution Schule und die Lebenswelt der Schüler. Vertiefende Analysen der PISA-2000-Daten zum Kontext von Schülerleistungen, Wiesbaden 2004

Schui, Herbert/Blankenburg, Sabine: Neoliberalismus: Theorie, Gegner, Praxis, Hamburg 2002

Schulte-Sasse, Hermann: Was bedeutet Migration für die Gesundheit?, in: Bundesmigrationsbeauftragte (Hrsg.): Gesunde Integration, Berlin 2003, S. 14–21

Schulze, Günter: Berufliche und soziale Integration türkischer Arbeitnehmer – Vergleich der ersten und zweiten Generation, in: Friedrich-Ebert-Stiftung (Hrsg.): Chancengleichheit für ausländische Jugendliche, Düsseldorf 1994, S. 59–68

Schunter-Kleemann, Susanne: Wohlfahrtsstaat und Patriarchat – ein Vergleich europäischer Länder, in: dies. (Hrsg.): Herrenhaus Europa – Geschlechterverhältnisse im Wohlfahrtsstaat, Berlin 1992, S. 141–180

Schwarze, Johannes/Mühling, Tanja: Forschungsprojekt Auswertung des Niedrigeinkommens-Panels (NIEP) im Hinblick auf eine mehrdimensionale Analyse von Armut im Auftrag des Bundesministeriums für Gesundheit und Soziale Sicherung, Bamberg 2003

Schwippert, Klaus/Bos, Wilfried/Lankes, Eva-Maria: Heterogenität und Chancengleichheit am Ende der vierten Jahrgangsstufe in den Ländern der Bundesrepublik und im internationalen Vergleich, in: Wilfried Bos/Eva-Maria Lankes u. a. (Hrsg.): IGLU. Einige Länder der Bundesrepublik im nationalen und internationalen Vergleich, Münster/New York u. a. 2004, S. 165–190

Seifert, Wolfgang: „Alte" und „neue" Zuwanderergruppen auf dem Arbeitsmarkt, 1990–95, in: ZeS-Arbeitspapier 6/1996, S. 54–66

Seifert, Wolfgang: Die Mobilität der Migranten: Die berufliche, ökonomische und soziale Stellung ausländischer Arbeitnehmer in der Bundesrepublik. Eine Längsschnittanalyse mit dem Sozio-ökonomischen Panel, 1984–1989, Berlin 1995

Seifert, Wolfgang: Migration als Armutsrisiko, in: Eva Barlösius/Wolfgang Ludwig-Mayenhofer (Hrsg.): Die Armut der Gesellschaft, Opladen 2001, S. 201–222.

Sekretariat der Deutschen Bischofskonferenz (Hrsg.): Leben in der Illegalität – eine humanitäre und pastorale Herausforderung, Bonn 2001

Sekretariat der ständigen Konferenz der Kultusminister der Länder in der Bundesrepublik Deutschland (KMK) (Hrsg.): Ausländische Schüler und Schulabsolventen 1991–2000. Statistische Veröffentlichungen der Kultusministerkonferenz, Nr. 163, Bonn, Okt. 2002

Sell, Stefan (Hrsg.): Armut als Herausforderung. Bestandaufnahme und Perspektiven der Armutsforschung und Armutsberichterstattung, Berlin 2002

Sell, Stefan: Armutsforschung und Armutsberichterstattung aus Sicht einer lebenslageorientierten Sozialpolitik, in: ders. (Hrsg.): Armut als Herausforderung. Bestandsaufnahme und Perspektiven der Armutsforschung und Armutsberichterstattung, Berlin 2002, S. 11–42

Semrau, Peter: Entwicklung der Einkommensarmut, in: Dieter Döring/Walter Hanesch/Ernst-Ulrich Huster (Hrsg.): Armut im Wohlstand, Frankfurt a. M. 1990, S. 111–128

Şen, Faruk/Sauer, Martina/Halm, Dirk: Intergeneratives Verhalten und (Selbst-)Ethnisierung von türkischen Zuwanderern. Gutachten des ZfT für die Unabhängige Kommission „Zuwanderung", Essen 2001

Senatsverwaltung für Bildung, Jugend und Sport (Hrsg.): Berliner Sprachstandserhebung und Materialien zur Sprachförderung für Kinder in der Vorschul- und Schuleingangsphase, Berlin 2002

Senatsverwaltung für Bildung, Jugend und Sport (Hrsg.): Ergebnisse der Sprachstandserhebung „Bärenstark", Berlin 2002

Sengenberger, Werner (Hrsg.): Der gespaltene Arbeitsmarkt. Probleme der Arbeitsmarktsegmentation, Frankfurt a. M./New York 1978

Settelmeyer, Anke/Hörsch, Karola/Dorau, Ralf: Die Wahrnehmung interkultureller Kompetenzen von Fachkräften mit Migrationshintergrund fördern!, Ergebnisse aus einem Forschungsprojekt des Bundesinstituts für Berufsbildung, in: Friedrich-Ebert-Stiftung (Hrsg.): Kompetenzen stärken, Qualifikationen verbessern, Potenziale nutzen, Bonn 2006, S. 51–59

Silberreisen, Rainer K./Lantermann, Ernst-Dieter/Schmitt-Rodermund, Eva (Hrsg.): Aussiedler in Deutschland. Akkulturation von Persönlichkeit und Verhalten, Opladen 1999

Silberreisen, Rainer K./Schmitt-Rodermund, Ernst-Dieter: Wohlbefinden der jugendlichen Aussiedler, in: Rainer K. Silberreisen/Ernst-Dieter Lantermann/Eva Schmitt-Rodermund (Hrsg.): Aussiedler in Deutschland. Akkulturation von Persönlichkeit und Verhalten, Opladen 1999, S. 257–276

Social Watch Deutschland (Hrsg.): Report 2003/Nr. 3 – Die Armen und der Markt. Ein internationaler Bericht zivilgesellschaftlicher Organisationen über den Fortschritt bei Armutsbekämpfung und Gleichstellung der Geschlechter, o. O. 2003

Solga, Heike: Institutionelle Ursachen von Bildungsungleichheiten, in: Rolf Wernstedt/Marei Ohnesorg (Hrsg.): Soziale Herkunft entscheidet über Bildungserfolg. Konsequenzen aus IGLU 2006 und PISA III, Berlin 2008

Solga, Heike: Ohne Abschluss in die Bildungsgesellschaft. Die Erwerbschancen gering qualifizierter Personen aus soziologischer und ökonomischer Perspektive, Opladen 2005

Sozialdemokratische Partei Deutschland, Parteivorstand (Hrsg.): Aufbruch und Erneuerung – Deutschlands Weg ins 21. Jahrhundert, Bonn 1998

Speth, Rudolf: Die politischen Strategien der Initiative Neue Soziale Marktwirtschaft. Arbeitspapier Nr. 96 der Hans-Böckler-Stiftung, Düsseldorf 2004

Stanat, Petra: Schulleistungen von Jugendlichen mit Migrationshintergrund: Differenzierung deskriptiver Befunde aus PISA und PISA-E, in: Deutsches PISA-Konsortium (Hrsg.): PISA 2000. Ein differenzierter Blick auf die Länder, Opladen 2003, S. 243–260

Starker, Anne/Lampert, Thomas/Worth, Anette/Oberger, Jennifer/Kahl, Heidrun/Bös, Klaus: Motorische Leistungsfähigkeit. Ergebnisse des Kinder- und Jugendgesundheitssurveys (KiGGS), in: Bundesgesundheitsblatt 5–6/2007, S. 775–783

Statistisches Bundesamt (StBA) (Hrsg.): Armut und Lebensbedingungen. Ergebnisse aus LEBEN IN EUROPA für Deutschland 2005, Wiesbaden 2006

Statistisches Bundesamt (StBA) Hrsg.): Bevölkerung und Erwerbstätigkeit. Bevölkerung mit Migrationshintergrund – Ergebnisse des Mikrozensus 2005. Fachserie 1 Reihe 2.2, Wiesbaden 2007

Statistisches Bundesamt (StBA) (Hrsg.): Datenreport 2006. Zahlen und Fakten für die Bundesrepublik Deutschland, Sonderausgabe der Bundeszentrale für politische Bildung, Bonn 2006

Statistisches Bundesamt (StBA) (Hrsg.): Datenreport 2004. Zahlen und Fakten für die Bundesrepublik Deutschland, Bonn 2004

Statistisches Bundesamt (StBA) (Hrsg.): Datenreport 2002. Zahlen und Fakten für die Bundesrepublik Deutschland, Sonderausgabe der Bundeszentrale für politische Bildung, Bonn 2002

Statistisches Bundesamt (StBA) (Hrsg.): Fachserie 11, Reihe 1. Bildung und Kultur, Allgemeinbildende Schulen, Schuljahr 2006/07, Wiesbaden 2007
Statistisches Bundesamt (StBA) (Hrsg.): Fachserie 11, Reihe 1. Bildung und Kultur, Allgemeinbildende Schulen, Schuljahr 2005/06, Wiesbaden 2006
Statistisches Bundesamt (StBA) (Hrsg.): Gesundheitsbericht für Deutschland, Stuttgart 1998
Statistisches Bundesamt (StBA) (Hrsg.): Leben in Deutschland. Haushalte, Familien und Gesundheit – Ergebnisse des Mikrozensus 2005, Wiesbaden 2006
Statistisches Bundesamt (StBA) (Hrsg.): Sozialhilfe in Deutschland. Entwicklung, Umfang und Strukturen, Wiesbaden 2003
Statistisches Bundesamt (StBA) (Hrsg.): Statistik der Sozialhilfe in Deutschland. Ausländer in der Sozialhilfe- und Asylbewerberleistungsstatistik 2003, Wiesbaden 2005
Sterbling, Anton: Besonderheiten der Armutslage und der sozialen Deprivation von Jugendlichen in Aussiedlerfamilien, in: Jürgen Mansel/Klaus-Peter Brinkhoff (Hrsg.): Armut im Jugendalter. Soziale Ungleichheit, Ghettoisierung und die psychosozialen Folgen, Weinheim/München 1998, S. 87–96
Stötzel, Regina (Hrsg.): Ungleichheit als Projekt. Globalisierung, Standort, Neoliberalismus, Marburg 1998
Stolzenberg, Heribert/Kahl, Heidrun/Karl E. Bergmann: Körpermaße bei Kindern und Jugendlichen in Deutschland. Ergebnisse des Kinder- und Jugendgesundheitssurveys (KiGGS), in: Bundesgesundheitsblatt 5–6/2006, S. 659–669
Storz, Henning: Einwanderungsland Deutschland, in: ders./Carolin Reißlandt (Hrsg.): Staatsbürgerschaft im Einwanderungsland Deutschland. Handbuch für die interkulturelle Praxis in der Sozialen Arbeit, im Bildungsbereich, im Stadtteil, Opladen 2002
Storz, Henning/Reißlandt, Carolin (Hrsg.): Staatsbürgerschaft im Einwanderungsland. Handbuch für die interkulturelle Praxis in der Sozialen Arbeit, im Bildungsbereich, im Stadtteil, Opladen 2002
Strengmann-Kuhn, Wolfgang: Armut trotz Erwerbstätigkeit. Analysen und sozialpolitische Konsequenzen, Frankfurt a. M./New York 2003
Strobel, Rainer/Kühnel, Wolfgang/Heitmeyer, Wilhelm: Junge Aussiedler zwischen Assimilation und Marginalität. Abschlussbericht (Kurzfassung), Bielefeld 1999
Szydlik, Marc: Die Segmentierung des Arbeitsmarktes in der Bundesrepublik Deutschland. Eine empirische Analyse mit Daten des Sozio-ökonomischen Panels 1984–1988, Berlin 1990
Szydlick, Marc: Ethnische Ungleichheit auf dem deutschen Arbeitsmarkt, in: KZfSS 48/1996, S. 658–676
Thalheimer, Philip: Fluchtmigration, in: Bundesamt für die Anerkennung ausländischer Flüchtlinge (BAFl) (Hrsg.): Wanderungsbewegungen. Migration, Flüchtlinge und Integration, Schriftenreihe Bd. 10, Nürnberg 2003, S. 29–53
Thompson, Kennteh (Hrsg.): The Early Sociology of Race and Ethnicity. Volume VI. Race and Culture. Robert Ezra Park, New York 2005
Thurow, Lester, C.: Generating Inequality. Mechanism of Distribution in the U.S. Economy, New York 1975
Tippelt, Rudolf (Hrsg.): Handbuch Bildungsforschung, Wiesbaden 2005
Toprak, Ahmet: Sozialisation und Sprachprobleme. Eine qualitative Untersuchung über das Sprachverhalten türkischer Migranten der zweiten Generation, Frankfurt a. M. 2000
Treibel, Annette: Migration in modernen Gesellschaften. Soziale Folgen von Einwanderung und Gastarbeit, Weinheim/München, 3., überarb. Aufl. 2003 (2., überarb. Aufl. 2002)
Trommsdorff, Gisela: Eltern-Kind-Beziehungen aus kulturvergleichender Sicht, in: Sabine Walper/Reinhard Pekrun (Hrsg.): Familie und Entwicklung, Perspektiven der Familienpsychologie, Göttingen 2001, S. 36–62
Tucci, Ingrid/Wagner, Gert G.: Einkommensarmut bei Zuwanderern überdurchschnittlich gestiegen, in: DIW-Wochenbericht 5/2005, S. 79–86
Ucar, Ali: Sind Migrantenkinder sonderschulbedürftig? Benachteiligung und Ausgrenzung der Kinder aus Migrantenfamilien im Bildungsbereich, in: Helga Marburger (Hrsg.): Schule in der multikulturellen Gesellschaft. Ziele, Aufgaben und Werge interkultureller Erziehung, Frankfurt a. M. 1991, S. 76–92
Unabhängige Kommission „Zuwanderung“ (UKZU) (Hrsg.): Zuwanderung gestalten – Integration fördern. Bericht der Unabhängigen Kommission „Zuwanderung“, Berlin 2001
Unicef Innocenti Research Center (Hrsg.): Child Poverty in Rich Countries 2005. Report Card No. 6, Florence 2005
Veil, Mechthild: Wider den Generationenvertrag und für eine eigenständige Sicherung von Frauen, in: Gerhard Bäcker/Brigitte Stolz-Willig (Hrsg.): Kind, Beruf, Soziale Sicherung. Zukunftsaufgabe des Sozialstaats, Köln 1994, S. 317–346
Velling, Johannes: Immigration und Arbeitsmarkt. Eine empirische Analyse, Baden-Baden 1995
Voges, Wolfgang/Jürgens, Olaf/Mauer, Andreas/Meyer, Eike: Methoden und Grundlagen des Lebenslagenansatzes. Endbericht, Bremen 2003

Vorbrodt, Eberhard: Medizinische Versorgung von Migranten mit ungesichertem Aufenthaltsstatus, in: Martin Franke/Raimund Geene/Eva Luber (Hrsg.): Armut und Gesundheit. Materialien zur Gesundheitsförderung, Bd. 1, Berlin 1999, S. 48–52

Wagner, Gert G.: Chancengleichheit – nicht nur ein Problem für Zuwanderer, in: Dieter Döring/Walter Hanesch (Hrsg.): Soziale Sicherheit in Gefahr. Zur Zukunft der Sozialpolitik, Frankfurt a.M. 1995, S. 129–147

Walper, Sabine: Auswirkungen von Armut auf die Entwicklung von Kindern, in: Anette Lepenies/Gertrud Nunner-Winkler/Gerd E. Schäfer/Sabine Walper: Normalität, Abweichung und ihre Ursachen, München 1999, S. 291–359

Walper, Sabine: Ökonomische Knappheit im Erleben ost- und westdeutscher Kinder und Jugendlicher, in: Andreas Klocke/Klaus Hurrelmann (Hrsg.): Kinder und Jugendliche in Armut, 2., überarb. Aufl. Wiesbaden 2001, S. 169–187

Walper, Sabine: Wenn Kinder arm sind – Familienarmut und ihre Betroffenen, in: Lothar Böhnisch/Karl Lenz (Hrsg.): Familien. Eine interdisziplinäre Einführung, Weinheim/München 1997, S. 265–281

Walper, Sabine/Pekrun, Reinhard (Hrsg.): Familie und Entwicklung. Perspektiven der Familienpsychologie, Göttingen 2001

Walter, Joachim/Grühl, Günter: Junge Aussiedler im Jugendstrafvollzug, in: Klaus J. Bade/Jochen Oltmer (Hrsg.): Aussiedler: deutsche Einwanderer aus Osteuropa, Osnabrück 1999, S. 177–189

Wehmann, Mareike: Freizeitorientierungen jugendlicher Aussiedler und Aussiedlerinnen, in: Klaus J. Bade/J. Oltmer (Hrsg.): Aussiedler: Deutsche Einwanderer aus Osteuropa, Osnabrück 1999, S. 207–226

Weiß, Hans (Hrsg.): Frühförderung mit Kindern und Familien in Armutslagen, München/Basel 2000

Weiß, Hans: Kindliche Entwicklungsgefährdungen aus psychologischer und pädagogischer Sicht. Erkenntnisse aus psychologischer und pädagogischer Sicht, in: ders. (Hrsg.): Frühförderung von Kindern und Familien in Armutslagen, München/Basel 2000, S. 50–70

Weiss, Karin: Ausländische Schüler in den neuen Bundesländern – eine Erfolgsstory, in: Georg Auernheimer (Hrsg.): Schieflagen im Bildungssystem. Die Benachteiligung der Migrantenkinder, 2., überarb. u. erw. Aufl. Wiesbaden 2006, S. 179–191

Weisser, Gerhard: Wirtschaft, in: Werner Ziegenfuss (Hrsg.): Handbuch der Soziologie, Stuttgart 1956, S. 970–1101

Welsch, Johann: Green Cards für die New Economy. Eine erste Bilanz, in: Blätter für deutsche und internationale Politik 12/2000, S. 1473–1482

Wendler, Ece: Kindesmisshandlung und Vernachlässigung in Migrantenfamilien, in: Günther Deegener/Wilhelm Körner (Hrsg.): Kindesmisshandlung und Vernachlässigung. Ein Handbuch, Göttingen u.a. 2005, S. 186–197

Wenzig, Claudia: Armut, Gesundheit und sozialer Kontext von Kindern, Hamburg 2005

Wernstedt, Rolf/John-Ohnesorg, Marei (Hrsg.): Soziale Herkunft entscheidet über Bildungserfolg. Konsequenzen aus IGLU 2006 und PISA III, Berlin 2008, S. 15–18

Willke, Gerhard: Neoliberalismus, Frankfurt a.M./New York 2003

Wittig, Ulla/Merbach, Martin/Brähler, Elmar/Siefen, Rainer Georg: Migration, Gesundheit und medizinisches System, in: Psychosozial 1/2004, S. 71–79

Zabel, Ulrika: Aus der Beratungsarbeit im Caritas Migrationsdienst Berlin, in: Sekretariat der Deutschen Bischofskonferenz (Hrsg.): Leben in der Illegalität in Deutschland – eine humanitäre und pastorale Herausforderung, Bonn 2001, S. 91–99

Zänker, Alfred: Der bankrotte Sozialstaat. Wirtschaftsstandort Deutschland im Wettbewerb, München 1994

Zander, Margherita: Armes Kind – starkes Kind? Die Chance der Resilienz, Wiesbaden 2008

Zander, Margherita (Hrsg.): Kinderarmut. Einführendes Handbuch für Forschung und soziale Praxis, Wiesbaden 2005

Zander, Margherita: Was wir über Kinderarmut wissen, in: Thema Jugend. Schattendasein, Zeitschrift für Jugendschutz und Erziehung 4/2002, S. 2–5

Zentrum für Antisemitismusforschung der Technischen Universität Berlin (Hrsg.): Zur Lage von Kindern aus Roma-Familien in Deutschland. Zusammenfassung der Ergebnisse einer Studie des Zentrums für Antisemitismusforschung der Technischen Universität Berlin im Auftrag von Unicef, o.O. 2007

Zenz, Winfried M./Bächer, Korinna/Blum-Maurice, Renate (Hrsg.): Die vergessenen Kinder. Vernachlässigung, Armut und Unterversorgung in Deutschland, Köln 2002

Ziegenfuss, Werner (Hrsg.): Handbuch der Soziologie, Stuttgart 1956

Zimmermann, Gunter, E.: Ansätze zu Operationalisierung von Armut und Unterversorgung im Kindes- und Jugendalter, in: Christoph Butterwegge (Hrsg.): Kinderarmut in Deutschland. Ursachen, Erscheinungsformen, Gegenmaßnahmen, 2. Aufl. Frankfurt a.M./New York 2001, S. 59–77

Zimmermann, Gunter E.: Formen von Armut und Unterversorgung im Kindes- und Jugendalter, in: Andreas Klocke/Klaus Hurrelmann (Hrsg.): Kinder und Jugendliche in Armut. Umfang, Auswirkungen und Konsequenzen, 2., überarb. Aufl. Wiesbaden 2001, S. 55–77

Zimmermann, Ines/Korte, Wolfgang/Freigang, Margrit: Kinder, Gesundheit und Armut aus Sicht der Gesundheitsberichterstattung in Hamburg, in: Thomas Altgeld/Petra Hofrichter (Hrsg.): Reiches Land – kranke Kinder?, Frankfurt a. M. 2000, S. 109–125

Zinnecker, Jürgen/Silbereisen, Rainer K.: Kindheit in Deutschland, Weinheim/München 1996

Zografou, Andreas: Zwischen zwei Kulturen. Griechische Kinder in der Bundesrepublik, Frankfurt a. M. 1979

Zuleeg, Manfred: Politik der Armut und Ausländer, in: Stephan Leibfried/Florian Tennstedt (Hrsg.): Politik der Armut und Die Spaltung des Sozialstaats, Frankfurt a. M. 1985, S. 295–308

3.2 *Internetliteratur*

Aktionsbündnisses gegen Abschiebungen Rhein-Main (http://www.aktivgegenabschiebung.de/links_medizin.html; 11.1.07)

„Amaro Kher" (http://www.amaro-kher.de; 20.02.09)

Bremer Institut für Arbeitsmarktforschung und Jugendberufshilfe (BIAJ) (Hrsg.): Kurzmitteilung: Deutsche und nichtdeutsche Arbeitslosengeld-II-Empfänger/innen. Ländervergleich März 2006, Bremen, 10.4.06

Bundesamt für Migration und Flüchtlinge (BAMF) (Hrsg.): Teilstatistik: „Aktuelle Zahlen zu Asyl", Nürnberg 21.9.06 (www.bamf.de; 12.10.06)

Bündnis 90/Die Grünen: Kleine Anfrage (Nr. 3602 vom 31.3.98) Berlin 1998 (http://home.snafu.de/rro/fv/index.html?info-22.htm; 24.3.03)

Beauftragte der Bundesregierung für Migration, Flüchtlinge und Integration (Bundesintegrationsbeauftragte) (Hrsg.): Berufliche Weiterbildung. Eintritte von Ausländern. Tabelle 34 (www.integrationsbeauftragte.de; 10.10.04)

Bundesamt für Migration und Flüchtlinge (BAMF) (Hrsg.): Teilstatistik „Migration und Asyl", Nürnberg 2005 (http://www.bamf.de/cln_043/nn_564242/SharedDocs/Anlagen/DE/DasBAMF/Downloads/statistik-1-migration-asyl.html; 28.04.06)

Bundessozialgericht: Vorschrift über die abgesenkte Regelleistung für Kinder unter 14 Jahre ist verfassungswidrig, Medieninformation v. 27.1.2008 (http://juris.bundessozialgericht.de/cgi-bin/rechtsprechung/list.py?Gericht=bsg&Art=ps; 1.2.09)

CDU, CSU und SPD: Gemeinsam für Deutschland – mit Mut und Menschlichkeit. Koalitionsvertrag zwischen CDU, CSU und SPD, Berlin 11.11.2005 (http://koalitionsvertrag.spd.de/servlet/PB/show/1645854/111105_Koalitionsvertrag.pdf; 8.8.08)

Classen, Georg/Rothkegel, Ralf: Die Existenzsicherung für Ausländer nach der Sozialhilfereform. Zu aktuellen Anwendungsproblemen der Leistungsgewährung für Ausländer nach II („Hartz IV"), SGB XII und AsylbLG sowie zur Bemessung des Regelsatzes nach SGB II/SGB XII, Berlin, Juli 2006 (http://www.fluechtlingsinfo-berlin.de/fr/pdf/Classen_Rothkegel_Hartz_IV.pdf; 2.2.08)

Classen, Georg: Das Asylbewerberleistungsgesetz und seine Novellen von 1997, 1998 und 2005, Berlin 2005 (http://www.fluechtlingsinfo-berlin.de/fr/gesetzgebung/KurzinfoAsylbLG-93-97-98-05.pdf; 9.6.06)

Franz, Vanessa: Arbeitslosigkeit und Sozialhilfebezug. Inwieweit sind Migranten von „Hartz IV" betroffen?, in: AiD, Integration in Deutschland 3/2004 v. 28. September 2004 (http://www.isoplan.de/aid/; 22.4.07)

Focus online: Rheinland-Pfalz: Aus für die Hauptschule (http://www.focus.de/schule/schule/bildungspolitik/rheinland-pfalz_aid_137577.html; 13.3.08)

Katholisches Forum Leben in der Illegalität (Hrsg.): Manifest Illegalität – für eine differenzierte und lösungsorientierte Diskussion, 2006 (http://www.forum-illegalitaet.de/ManifestUnterzeichnerPublikation.pdf; 3.9.06)

Krieger, Wolfgang/Ludwig, Monika: Vorstellung der Frankfurter Studie „Lebenslage illegal". Vortrag 27.3.2006, Tagung „Menschen ohne Papiere"/Arnoldshain (http://www.evangelische-akademie.de/admin/projects/akademie/pdf/material/062343_13.pdf; 22.1.07)

Künast, Renate: Regierungserklärung der Bundesministerin für Verbraucherschutz, Ernährung und Landwirtschaft zur Bekämpfung von Über-, Fehl- und Mangelernährung vor dem Deutschen Bundestag, 17. Juni 2004

Lehmann, Rainer H./Rainer Peek: Aspekte der Lernausgangslage und der Lernentwicklung von Schülerinnen und Schülern der fünften Klasse an Hamburger Schulen. Bericht über die Erhebung im September 1996 (LAU 5), Hamburg 1997 (http://lbs.hh.schule.de/welcome.phtml?unten=/schulentwicklung/lau/lau5/literaturverz.htm; 1.11.06)

Merten, Roland: Kinderarmut. Herausforderungen für (Sozial-)Politik, Textfassung eines Vortrags, Saarbrücken 2005 (http://www.imagiro.net/cgi-bin/fileserver.pl?fileid=42df48b8dbcf5&filename=ProfMerten.pdf; 8.9.06)

Netzwerk Migration in Europa e. V. (Hrsg.): Deutschland: Innenministerkonferenz beschließt Bleiberecht, in: Newsletter Migration und Bevölkerung 10/2006
Netzwerk Migration in Europa e. V. (Hrsg.): Deutschland: Zwei Berichte zu Armut bei Migranten, in: Newsletter Migration und Bevölkerung 3/2005
Netzwerk Migration in Europa e. V. (Hrsg.): Deutschland: Änderung des Asylbewerberleistungsgesetzes, Newsletter 6/1998
Pfeiffer, Christian/Wetzels, Peter/Enzmann, Dirk: Innerfamiliäre Gewalt gegen Kinder und Jugendliche und ihre Auswirkungen, in: Kriminologisches Forschungsinstitut Niedersachsen, Forschungsberichte Nr. 80, Hannover 1999 (http://www.kfn.de/versions/kfn/assets/fb80.pdf; 7.7.08)
Prenzel, Manfred/Artelt, Cordula/Baumert, Jürgen/Blum, Werner/Hammann, Marcus/Klieme, Eckhard/Pekrun, Reinhard (Hrsg.): PISA 2006 in Deutschland. Die Kompetenzen der Jugendlichen im dritten Ländervergleich, Zusammenfassung, o. O. 2008, S. 18 (http://www.ipn.uni-kiel.de/aktuell/publikationen.html; 7.1.08)
Schenk, Liane: Migrantenbericht, KIGGS, Studie zur Gesundheit von Kindern und Jugendlichen in Deutschland, Berlin o.J. (http://www.kiggs.de/experten/downloads/dokumente/Migrantenbericht.pdf; 3.8.06)
Schenk, Liane: Migrantenspezifische Teilnahmebarrieren und Zugangsmöglichkeiten im Kinder- und Jugendgesundheitssurvey, Berlin 2003 (http://www.kiggs.de/experten/downloads/dokumente/Sonderheft059.pdf; 3.8.06)
Statistisches Bundesamt (StBA) (Hrsg.): Ausländische Bevölkerung in Deutschland nach aufenthaltsrechtlichem Status am 31.12.2005 (http://www.destatis.de/basis/d/bevoe/bevoetab9.php; 26.9.06)
Süddeutsche Zeitung: Dossier Zuwanderung. Chronologie. Der Streit um das Zuwanderungsgesetz (http://www.sueddeutsche.de/deutschland/schwerpunkt/40/11029/; 7.1.04)
Tießler-Marenda, Elke: Zugewanderte: spezifische Aspekte der Hartzreformen. Vortrag auf der Fachtagung Hartz IV: Folgen für Ausbildungs- und Arbeitssuchende mit Migrationshintergrund, Gelsenkirchen am 20.01.2005

3.3 Pressemitteilungen und Zeitungsliteratur

BMI (Hrsg.): Bundesinnenminister Dr. Wolfgang Schäuble: Asylbewerberzugang im Jahr 2005 auf niedrigstem Stand seit 20 Jahren, Pressemitteilung v. 08.01.2006
Bundesministerium des Innern: 2005 – Spätaussiedlerzuzug weiter rückläufig, Pressemitteilung v. 10.01.2006
Cremer, Hendrik: Nebeneffekt Abschiebung. Mit der Einführung von Schulregistern werden erstmals auch Kinder erfasst, die illegal in Deutschland leben und zur Schule gehen. Für sie wächst die Gefahr der Ausweisung, in: taz v. 16.10.06
Geiger, Klaus F.: Das ist wohl kaum ein Neuanfang in der Einwanderungspolitik. Wie Parteien und Regierungen in Deutschland seit Jahrzehnten mit dem Begriff „Integration" Politik machen, in: Frankfurter Rundschau v. 25.10.2002
Joeres, Annika: Zwangsumsiedelung für Flüchtlinge, in: taz NRW (Köln) v. 22.6.2004
Statistisches Bundesamt (StBA) (Hrsg.): Asylbewerberleistungen im Jahr 2005 weiter rückläufig, Pressemitteilung v. 26.9.06 (http://www.destatis.de/presse/deutsch/pm2006/p4040083.htm; 26.9.06)

3.4 Gesetze, Richtlinien und Verordnungen

Arbeitsförderungsgesetz (AFG) v. 25.6.1969, in: BGBl. I S. 58
Ausländergesetz (AuslG) v. 9.7.1990, in: BGBl. I S. 1354
Aussiedleraufnahmegesetz (AAG) v. 28.6.1990, in: BGBl. I S. 1247
Asylbewerberleistungsgesetz (AsylbLG) i. d. F. v. 30.6.1993, in: BGBl. 1993 II S. 1189
Asylverfahrensgesetz (AsylVfG) i. d. F. der Bekanntmachung v. 27.7.1993, in: BGBl. I S. 1442
Bundessozialhilfegesetz (BSHG) v. 23.3.1994, in: BGBl I S. 646 ber. 2975
Einkommensteuergesetz (EStG) i. d. F. der Bekanntmachung v. 19.10.2002, in: BGBl. I S. 4210
Erste Gesetz zur Umsetzung des Spar-, Konsolidierungs- und Wachstumsprogramm v. 21.12.1993, in: BGBl. I S. 2353
Erstes Gesetz zur Umsetzung des Spar-, Konsolidierungs- und Wachstumsprogramms v. 21.12.1993, in: BGBl. I S. 2353

Europäische Union (Hrsg.): RICHTLINIE 2005/85/EG DES RATES v. 1.12.2005 über Mindestnormen für Verfahren in den Mitgliedstaaten zur Zuerkennung und Aberkennung der Flüchtlingseigenschaft, Brüssel 2005

Europäische Union (Hrsg.): Richtlinie 2000/43/EG des Rates zur Anwendung des Gleichbehandlungsgrundsatzes ohne Unterschied der „Rasse“ oder der ethnischen Herkunft v. 29.6.2000

Gesetz über Einreise und Aufenthalt von Staatsangehörigen der Mitgliedstaaten der Europäischen Wirtschaftsgemeinschaft v. 20.7.1969 in: BGBl. I S. 927

Gesetz über die Angelegenheiten der Vertriebenen und Flüchtlinge (Bundesvertriebenengesetz, BVFG) v. 19.5.1953, in: BGBl. I 1953, S. 201

Gesetz über die Gewährung von Erziehungsgeld und Erziehungsurlaub (Bundeserziehungsgeldgesetz – BErzGG) v. 6.12.1985, in: BGBl. I S. 2154

Gesetz über Einreise und Aufenthalt von Staatsangehörigen der Mitgliedstaaten der Europäischen Wirtschaftsgemeinschaft (Aufenthaltsgesetz/EWG) v. 20.7.1969, in: BGBl. I S. 927

Gesetz über die Festlegung eines vorläufigen Wohnortes für Spätaussiedler (WoZuG) in der Fassung des 4. Änderungsgesetzes v. 02.06.2000, in: BGBl. I S. 775

Gesetz über die Gewährung von Erziehungsgeld und Erziehungsurlaub (Bundeserziehungsgeldgesetz, BerzGG) v. 6.12.1985, in: BGBl. I S. 2154

Gesetz zur Änderung des Aufenthaltsgesetzes und weiterer Gesetze v. 14.3.2005, in: BGBl. 2005 I S. 721

Gesetz zur Umsetzung aufenthalts- und asylrechtlicher Richtlinien der Europäischen Union, v. 19.8.2007, in: BGBl. 2007 I S. 1970

Gesetz zur Umsetzung des Föderalen Konsolidierungsprogramms v. 23.6.1993, in: BGBl. I S. 944

Gesetz zur Umsetzung von aufenthalts- und asylrechtlichen Richtlinien der Europäischen Union v. 19.8.2007, in: BGBl. I S. 1970

Gesetz zur Änderung des Zweiten Buches Sozialgesetzbuch und anderer Gesetze v. 24.3.2006, in: BGBl. I, S. 558

Gesetz zur Steuerung und Begrenzung der Zuwanderung und zur Regelung des Aufenthalts und der Integration von Unionsbürgern und Ausländern (Zuwanderungsgesetz) v. 5.8.2004, in: BGBl. I, S. 1950 ff.

Gesetz zum qualitätsorientierten und bedarfsgerechten Ausbau der Tagesbetreuung für Kinder (Tagesbetreuungsausbaugesetz – TAG) v. 31.12.2004, in: BGBL. I, S. 3852

Gesetz zur Bereinigung von Kriegsfolgengesetzen (Kriegsfolgenbereinigungsgesetz, KfbG) v. 21.12.1992, in: BGBl. I S. 2094

Sozialgesetzbuch (SGB) – Allgemeiner Teil – v. 11.12.1975, in: BGBl. I, S. 3015

Sozialgesetzbuch (SGB), Zweites Buch (II) – Grundsicherung für Arbeit Suchende v. 24.12.2003, in: BGBl. I S. 2954

Sozialgesetzbuch (SGB), Drittes Buch (III) – Arbeitsförderung v. 24.3.1997, in: BGBl. I S. 594

Sozialgesetzbuch (SGB), Achtes Buch (VIII) – Kinder und Jugendhilfe, v. 3.5.1993, in: BGBl. I S. 638

Verordnung über Ausnahmeregelungen für die Erteilung einer Arbeitserlaubnis an neueinreisende ausländische Arbeitnehmer (Anwerbestoppausnahme-Verordnung) v. 21.12.1990, in: BGBl. I S. 3012

Verordnung über die Arbeitserlaubnis für nichtdeutsche Arbeitnehmer (Arbeitserlaubnisverordnung, AEV) i. d. F. v. 12.9.1980, in: BGBl. I, S. 1754, ber. 1981 S. 1245

Verordnung über das Verfahren und die Zulassung von im Inland lebenden Ausländern zur Ausübung einer Beschäftigung (Beschäftigungsverfahrensverordnung – BeschVerfV) v. 22.11.2004, in: BGBl. I, S. 2934

Verordnung über die Zulassung von neueinreisenden Ausländern zur Ausübung einer Beschäftigung (Beschäftigungsverordnung – BeschV) v. 22.11.2004, in: BGBl. I, S. 2937

Viertes Gesetz für moderne Dienstleistungen am Arbeitsmarkt v. 24.12.2003, in: BGBl. I , S. 2954